# Südostasien

Harald Uhlig



Fischer
Taschenbuch
Verlag

Dieser Neuausgabe liegt der Teil »Südostasien« des 1975 erschienenen Bandes 6122 »Südostasien – Austral-pazifischer Raum« zugrunde. Er wurde für diese Ausgabe überarbeitet und erweitert. (Der Teil »Austral-pazifischer Raum« wurde neu verfaßt und erschien als Band 6378 »Australien – Neuseeland – Südpazifik«, herausgegeben von Hanns J. Buchholz, 1984.)

Kartographie: L. Dreher, Gießen

Originalausgabe
Veröffentlicht im Fischer Taschenbuch Verlag GmbH,
Frankfurt am Main, Oktober 1975
Überarbeitete Neuausgabe, Februar 1988


Umschlaggestaltung: Jan Buchholz / Reni Hinsch
Gesamtherstellung: Clausen & Bosse, Leck
Printed in Germany
ISBN 3-596-26379

# Inhalt

# I Einführung

Südostasien steht mit mehreren sehr erfolgreichen Entwicklungsländern – aber auch mit weltpolitischen Spannungen, mit reichen Ressourcen und zugleich ökologischen Problemen – im Blickpunkt des Interesses. Mit der Schönheit seiner Tropennatur lockt es immer mehr als Reiseziel. In enger Nachbarschaft von Fortschritt, Prosperität und dem spektakulären »take-off« der wirtschaftlichen Entwicklung stehen immer noch Armut und Landnot, herrschen noch Krieg oder soziale Spannungen. Das Wachstum wird oft mit Zerstörungen der Umwelt – voran der Wälder – erkauft. Neben hochentwickelten, oft übervölkerten, alten Kulturlandschaften schreiten Pioniersiedlung und Landerschließung dynamisch fort, entstehen moderne Großstädte und wachsen – mit neu erschlossenen Rohstoffen – beträchtliche Industrien heran. Eigene Kräfte regen sich in Politik, Wirtschaft, Technik und Wissenschaft, der Rückstand aus der kolonialen Vergangenheit wird schnell aufgeholt. Aber auch die Mithilfe der Industrieländer ist gefragt, vielfach schon zur echten Partnerschaft geworden.
All das fordert Verständnis und vertiefte Kenntnis einer uns zunächst fremden Welt. Eine länderkundliche Zusammenfassung der vielen Aspekte, die diese Länder gestalten und das Leben ihrer Gesellschaften in ihrer räumlichen Ordnung prägen, steht vor einer ebenso vielfältigen wie schwierigen, aber auch fesselnden Aufgabe. Entwicklung und Erforschung, vom *natürlichen Potential* und den *geschichtlichen Grundlagen* bis zu *Gesellschaft, Wirtschaft* und *Politik* schreiten so schnell fort, daß ihre *räumliche Synthese* immer komplexer wird. Der Versuch dazu muß außer den Ergebnissen geographischer Forschung auch neue Erkenntnisse aus mehreren Nachbardisziplinen berücksichtigen, andere – wegen der Fülle des Stoffes – übergehen. Das Ziel ist, die Verflechtungen der verschiedenartigen (Geo-)Faktoren und Kräfte im Raum als ein *»Mensch-Erde-Ökosystem«* – in seiner vielfältigen *regionalen Differenzierung* – verständlich zu machen. Das ist auch eine Voraussetzung für die *Entwicklungsplanung* und sinnvolle Hilfe. Ihr will diese Länderkunde nicht mit theoretischen Ansätzen, sondern mit der pragmatischen Darstellung der Regionen und Landschaften, der Strukturen und Funktionen Südostasiens dienen.

## 2 Der Kulturerdteil Südostasien

### *Die geographische Lage: zwischen Eurasien und Australien, Indik und Pazifik*

SO-Asien umfaßt *zwei Großräume:* die kompakte *Halbinsel* des *festländischen SO-Asiens* und – verbunden über die schmale, weit nach SO vorspringende Malayische Halbinsel – *Inselindien* (Malayischer Archipel oder Indonesien im weiteren Sinne). Dieses erstreckt sich beiderseits des Äquators über ein Achtel des Erdumfanges und umfaßt nahezu 20 000 Inseln, davon etwa 3000 mit nennenswerter Bevölkerung und Größe. Der Archipel trennt *zwei Weltmeere,* Indik (Indischer Ozean) und Pazifik, voneinander und umschließt viele *Nebenmeere* und Meeresstraßen, als größtes das Südchinesische Meer; auch Java-, Celebes-, Flores-See u. a. überschreiten noch die Größe unserer Nord- oder Ostsee! Vom regelmäßigen System der *Monsun- und Passatwinde* bestimmt haben diese durch die Menschheits- und Siedlungsgeschichte hindurch, zusammen mit den *Wasserwegen* der Ströme, mehr *verbindend* als trennend gewirkt, während die tropischen Waldgebirge und Inseln über Land sehr viel schwerer zugänglich sind. Die kleineren Meeresstraßen erlauben Sicht und Fährverkehr von Insel zu Insel, dienen aber auch Hochseerouten, wie die Malacca-Straße mit dem Verkehrs- und Handelszentrum Singapur oder die Lombok-Straße, die bereits der *Tiefsee* angehört. Diese trennt verschiedene Kontinentalmassen, den *Sunda-Schelf* als *Flachmeersockel* Asiens vom *Sahul-Schelf,* der Australien, Neuguinea und die Inseln des östlichen Indonesiens trägt. Nach der modernen *Plattentektonik* umrahmen die »Pazifische« und die »Indisch-Ozeanisch-Australische Platte« (große Schollen der Erdkruste), die hier gegeneinander gedrängt werden, die weit nach S vorspringende »Eurasiatische Platte« und pressen deren Landmassen in den *Gebirgsbögen* SO-Asiens auf. Ihnen sind, von Sumatra bis zu den Philippinen, über 200 *Vulkane* aufgesetzt, während weitgespannte *Bergländer und Plateaus* das Festland und die Inseln gliedern. Durch die Aufschüttung ihrer Abtragungsmassen als Schwemmland auf dem Flachmeersockel wurden – den Inseln wie dem Festland – die großen Stromebenen, die Deltas und die tropischen Sumpftiefländer angelagert.
Insgesamt sind Inseln und Nebenmeere (ungeachtet der untermeeri-

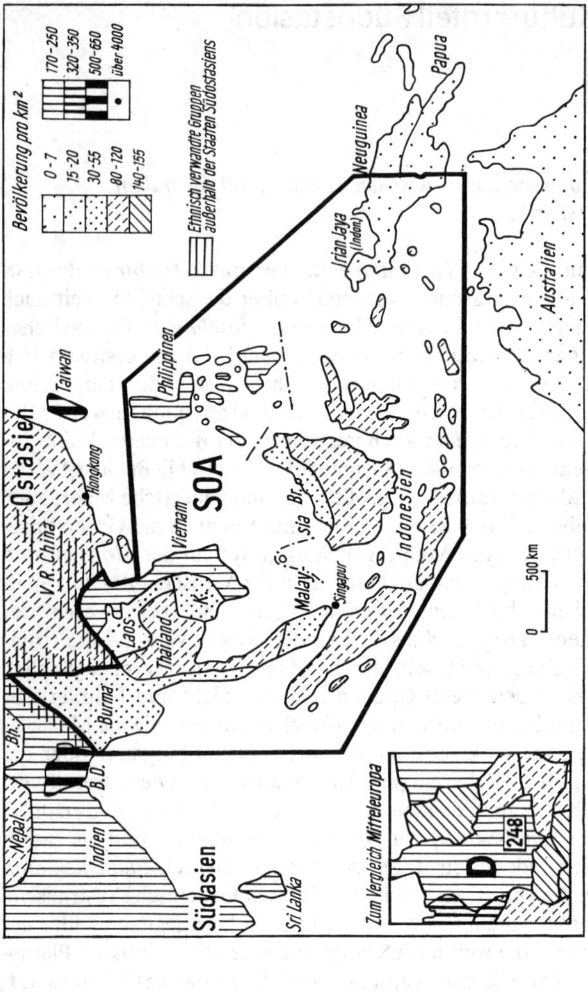


**Abb.1:** Der Kulturerdteil Südostasien
Abgrenzung nach Staaten, Bevölkerungsdichten, Vergleich
*(Entwurf: H. Uhlig, Kartogr.: L. Dreher)*

schen Tiefenverhältnisse) in sich so *geschlossen* und (see-)verkehrsfreundlich, *nach außen* dagegen durch einen Bogen von Gebirgs- und Steilküsten gegen Pazifik und Indik *abgeschlossen,* daß die Identität *Insel-Indiens* schon orographisch vorgezeichnet wird. Auch die Küsten und Deltas des Festlandes öffnen sich über das Südchinesische Meer gegen den Archipel. Die lange *Halbinsel Malaya* (Malacca-Halbinsel) ist klimatisch, ethnisch und geomorphologisch schon Inselindien zuzuzählen.

Das *festländische SO-Asien* wird im W und NW durch die schwer zugänglichen Waldgebirge der *Indo-Burmanischen Ketten* abgeschlossen. Nach N und O bilden die *»hinterindischen Stromfurchen«* und die Ausläufer des Himalaya einen weniger linienhaft festlegbaren, aber um so schrofferen Grenzsaum, verbunden mit dem Übergang in subtropische und gemäßigtere Gebirgsklimate. Sonst ist ganz SO-Asien, in einer großen *Dreigliederung,* die auch die natürliche Vegetation, die Böden und die Anbauverhältnisse bestimmt, *tropisch* geprägt. Das Festland, bis nach Halbinsel-Thailand hinein, wird vom *wechselfeuchten, tropischen »Monsunklima«,* vom Rhythmus einer sommerlichen Regen- und einer Trockenzeit während unseres nördlichen Winters – und dazwischen deutlichen Übergangsjahreszeiten – beherrscht.

Beiderseits des Äquators – von ca. 6 °N bis 6 °S – folgt das *immerfeucht-innertropische Klima,* das vor allem Sumatra, Borneo und Malaysia mit tropischen Regenwäldern überzog. Auch noch das westliche Java und die südlichen Philippinen, die Molukken und Irian Jaya gehören dazu. Von Zentral- und O-Java bis zu den Kleinen Sunda-Inseln ist dagegen wieder ein *monsunal-wechselfeuchtes Klima* bestimmend – nun auf der *Südhalbkugel,* mit der Regenzeit in unserem Winter und der Trockenzeit während des Nord-Sommers, die nach SO immer kräftiger wird.

*Anthropogeographisch* ist SO-Asien ein Raum der Begegnung und Durchdringung großer »Kulturgemeinschaften« (H. BOBEK, 1959), der Indischen im W und der Chinesischen im O. Beide haben SO-Asien so stark überlagert, daß dieses auch als *»Indo-Chinesischer Kulturerdteil«* (A. KOLB, 1963) angesprochen wird. Trotz aller kulturhistorischen Einwirkungen beider Nachbarn besitzt SO-Asien aber auch ein so starkes, in sich ethnisch, kulturell und in den Lebens-, Siedlungs- und Wirtschaftsformen *verbundenes Eigensubstrat* und eine so spezifische Assimilation der fremden Kultureinflüsse, daß die Bezeichnung *»Kulturerdteil SO-Asien«* bevorzugt wird, zumal der Indochina-Begriff mehrdeutig geworden ist (s. u.). Die *ethnische Struktur* bereitet freilich Probleme für eine *Abgrenzung* des südostasiatischen Kulturerdteils. Besonders in *China* reichen – durch die spätere chine-

sische Überwanderung zu Minderheiten gewordene – *südostasiatische Volksgruppen* noch weit nach O und N, vor allem Teile der ursprünglich von dort her erst in ihr heutiges Land eingewanderten *Thai-Völker,* weiter der Miao (Hmong), Yao und tibeto-burmanischen Bergvölker. Auch auf den Inseln Hainan und Taiwan leben noch südostasiatische Altvölker.
Im W und NW verzahnt sich der Siedlungsraum der Volksgruppen und Religionen von Burma und *Bangla Desh,* während auch die kleinen *nordostindischen Bundesstaaten* (Nagaland, Manipur usw.), Assam und der *östliche Himalaya* bis ins südliche Bhutan ethnisch stark von südostasiatischen Bergvölkern durchsetzt sind.
Am jenseitigen Ende, im Ostteil Indonesiens, wurde auf den *Kleinen Sunda-Inseln* und den *Molukken* ein älteres, melanesides Substrat von den malayischen Völkern überwandert, während *W-Neuguinea* überhaupt von *melanesischen und Papua-Völkern* bewohnt wird, deren Verwandte sich schon lange vor der Zeitenwende über die Inseln Melanesiens bis nach Fiji verbreitet haben. Die rasch zunehmende indonesische Zuwanderung war bisher im heutigen Irian Jaya auf einige Küstenstreifen beschränkt und wird erst jetzt – mit planmäßigen Umsiedlungen aus Java – ins Innere und gegen die Grenzen Papua-Neuguineas vorgeschoben.

### *Abgrenzung und Gliederung: ASEAN – Indochina – Burma*

So bleiben nur die politischen *Grenzen* der heutigen *Staaten,* wenn SO-Asien scharf abgegrenzt werden soll: *Burma, Thailand, Kambodscha, Laos* und *Vietnam* im festländischen und *Malaysia, Indonesien,* die *Philippinen, Singapur* und *Brunei* im insularen Teil. In diesen Grenzen mißt es rd. 4,5 Mio. ha (ähnlich der Größe Europas [ohne die Sowjetunion] oder des benachbarten Kulturerdteils Südasien) und hat rd. 395 Mio. EW (1986). In der Neuzeit wurden diese Staaten – bis zur Unabhängigkeit nach dem Zweiten Weltkrieg – durch die Zugehörigkeit zu verschiedenen *Kolonialreichen* geprägt. Nur *Thailand* vermochte seine *Unabhängigkeit* zu bewahren. Heute hat sich eine *neue politische Dreigliederung* ergeben: als wichtigstes Glied die dem »Westen« zuneigende ASEAN-Gemeinschaft (*Association of South East Asian Nations*) aus Thailand, Malaysia, Singapur, Indonesien, den Philippinen und (seit 1984) *Brunei.* Sie wurde 1975 als eine wirtschaftliche und kulturelle Gruppierung begründet, vom Vorbild der Europäischen Gemeinschaft (EG) geleitet. Die Erwartungen auf einen »gemeinsamen Markt« und gegenseitige wirtschaftliche Ergänzung wurden aber gerade am *wenigsten erfüllt,* denn fast alle Partner haben eine sehr ähnliche Ausstattung an Rohstoffen und Hauptprodukten, so daß sie auf dem Weltmarkt eher *konkurrieren* und sich gegenseitig nur im begrenzten Maße ergänzen können. Am stärksten ragt *Singapur* durch seine Handelsfunktion und seine am weitesten fortgeschrittene Industrialisierung heraus (der *Malaysia* jetzt rasch zu folgen versucht); der vereinbarte Ausbau gemeinsamer Grundstoffindustrien, mit denen jeweils ein Land alle Partner bedienen sollte, und auch der Abbau von Zollschranken kommt dagegen nur schleppend voran. Auch in der Schiffahrt und Hafenentwicklung, die zu den erklärten Zielen der Zusammenarbeit gehören, herrscht eher verstärkter Konkurrenzkampf.

Sehr viel wirkungsvoller hat sich die ASEAN aber als *politische Kraft* etabliert, die in wichtigen Fragen gut zusammenhält und – für den weitaus stärksten Block in SO-Asien mit 287 Mio. EW (1986) – mit einer Stimme spricht. Damit konnte die ASEAN eine weltweit beachtete Position erringen und erreicht das am meisten prosperierende, wirtschaftliche *Wachstum* aller Entwicklungs- bzw. »Schwellenländer«. *Interne Konflikte* – z. B. die Reibungen zwischen Malaysia, Indonesien (aus der Sukarno-Zeit) und Singapur, das Problem der malayisch-islamischen Minoritäten in S-Thailand, die aus vorkolonialen Sultanatsverträgen konstruierten Ansprüche der Philippinen auf das malaysische Sabah (N-Borneo) usw. – werden sorgfältig unter Kontrolle gehalten. Und auch im heutigen Konflikt um »Indochina« bilden die ASEAN, trotz teilweise divergierender Beurteilungen Chinas oder Vietnams, eine geschlossene Front. So ist ASEAN, ohne eigentlich ein militärisches Bündnis zu sein, zum beständigsten Faktor in der bewegten Zeitgeschichte SO-Asiens geworden. Allein der Fortschritt, daß heute Krieg oder Wirtschaftskrieg, Hunger oder gegenseitige Unterdrückung aus dem Bereich dieser sechs Kernländer SO-Asiens (in deren Geschichte Kampf und wechselseitige – oder von außen kommende – Unterwerfung lange die Regel waren) verbannt sind, rechtfertigt schon ihre Existenz. Wenn auch noch nicht alle Ziele realisiert sind, bietet ASEAN schon heute ein Muster für binnen- und außenwirtschaftliche Erfolge einer konstruktiven »kapitalistischen« Ordnung in den Entwicklungsländern, die mittels ihrer Assoziationspolitik Sicherheit und Prosperität und damit eine beachtete Kraft in der übernationalen Politik gewonnen hat.

Der Gegenpart, der das Zusammenrücken der ASEAN-Länder verstärkte, ist das vom wiedervereinigten, kommunistischen *Vietnam* beherrschte *»Indochina«,* gestützt durch die Sowjetunion und die Ost-

blockstaaten, heute bitter verfeindet dagegen mit seinem ideologisch wie kulturell nahestehenden, großen Nachbarn China.
Isoliert steht schließlich drittens *Burma* außerhalb beider Blöcke. Es hat seine Neutralität und seine wirtschaftlich ruinöse, selbstgewählte Abgeschlossenheit so weit getrieben, daß das an Ressourcen reiche Land, zerrissen von über 30jährigen, ethnisch und politisch motivierten Bürgerkriegen, gelenkt von einer eigenständig sozialistisch und buddhistisch geprägten »Einparteien-Demokratie« als Außenseiter am Rande blieb.

### *Völker – Sprachen – Kulturen*

Die *malayischen Völker und ihre Sprachen* Inselindiens faßt man als die *austronesischen* (die der »südlichen Inseln«, auch als »malayo-polynesische«) Sprachen zusammen. Ihnen stehen im festländischen SO-Asien die komplexeren Gruppen der *austro-asiatischen* (d. h. südasiatischen) Sprachen gegenüber. Von ihren Trägern wurden die *Mon, Khmer* und *Cham* als die ältesten, noch heute profilierten Gruppen zu staatsbildenden Völkern. Später wanderten von China her die *Thai-Völker* und entlang der Ostküste die stärker chinesisch geprägten *Vietnamesen* ein, deren Siedlungsvorstoß im 17. Jh. das Mekong-Delta erreichte und deren alte Stoßrichtung sich heute im Ringen um Kambodscha fortsetzt. Mehr von N her sind die *tibeto-burmanischen Völker,* das heutige staatstragende Volk der *Burmanen* selbst, das ältere Gruppen (Pyu, Mon u. a.) assimiliert hat, wie auch eine Reihe von *Bergstämmen* gekommen.
*Süd-* und *Ostasien* haben über Jahrhunderte kulturell so starken Einfluß genommen, daß SO-Asien vielfach als ein Zwischenglied, als jener »Indo-Chinesische Kulturerdteil« angesprochen wird. In seiner, der natürlichen Zergliederung entsprechenden, völkischen Vielfalt, mit alten Konflikten und Erbfeindschaften, vermag es als ein »Balkan Asiens« (C. A. FISHER) diesen übermächtigen Nachbarn weder politisch noch demographisch ein starkes Gegengewicht zu bieten. Dennoch war SO-Asien nur ein einziges Mal in seiner Geschichte unter einer einzigen Führungsmacht vereinigt: 1942–45 unter den japanischen Eroberern im Zweiten Weltkrieg! Ihr folgte der Weg in die Unabhängigkeit der jungen Staaten, und heute ist *Japan* zum stärksten Wirtschaftspartner geworden.
Die Anfänge des *indischen Einflusses* liegen um 500 bis 300 v. d. Zw., in jenem ersten vorchristlichen Jahrtausend, das große Bewegungen der Kulturvölker sah. Mit dem Wirken Buddhas und Jainas wie des

Konfuzius und Laotse in Süd- bzw. Ostasien, aber auch Zarathustras, Homers und Platos oder der biblischen Propheten, wurden die Mythologien durch kritisches Denken und die Anfänge der Philosophie abgelöst und die altweltlichen Kulturen entfalteten eigenes Leben, das die überkommenen Formen in Fluß brachte (A. KOLB, 1963). Mit den Ausstrahlungen von *Brahmanismus* und *Buddhismus* begann das Einströmen indischen Geisteslebens, das über Schrift, Literatur und Kunst, aber auch mittels technischer Innovationen (z. B. Bewässerung und Pflugbau) und staatlicher Organisation, mit der »Legitimation« der von Häuptlingen zu Fürsten und Königen aufsteigenden Herrscher, SO-Asien durchdrang. Wenig später setzte der Gegenstrom der Kultur, Zivilisation und – anders als der niemals direkt machtpolitisch wirksame indische – auch der des Oberherrschaftsanspruches *Chinas* ein. Die Einnahme Kantons und ganz Tonkings (111 v. Chr.) mag als sein historisches Signal gelten. Ihr folgten zahlreiche weitere chinesische Einflüsse und Errungenschaften, bis ins späte Mittelalter auch von den aus dem heutigen S-China einwandernden Thai-Völkern und noch im 19. und 20. Jh. von der jungen Zuwanderung der »Nan Yang«-Chinesen hereingetragen. Dadurch entstand eine gewisse *Verschmelzung* indischer, chinesischer und einheimischer Kulturelemente und blutsmäßiger Vermischungen – so wurde ausgeprägter »Synkretismus« einer der gemeinsamen Charakterzüge SO-Asiens!
Die langfristig wirksamsten chinesischen Einflüsse prägten die Ostränder des Festlandes, das heutige *Vietnam.* Seine Religionen, Herrschaftsformen, seine Silbensprache, Ackerbau- und Bewässerungstechniken, Handwerkskunst usw. sind chinesisch bestimmt. Aber schon die laotisch-annamitischen Gebirge und der untere Mekong markieren den Grenzsaum gegen das eigentliche »Hinterindien«, gegen die noch heute vom (*Theravada-*)*Buddhismus* und mit ihm dem Überwiegen der indischen Kultur geprägten Staatsvölker *Kambodschas, Thailands, Laos'* und *Burmas,* einschließlich ihrer älteren, assimilierten Hochkulturen (der Mon, Cham usw.) und eines Teiles der größeren völkischen Minderheiten (z. B. der Schan).
Diese vier Staaten sind das eigentliche *»Hinterindien«,* mit rd. 100 Mio. Menschen (1986). Die innerhalb des festländischen SO-Asiens bestehenden Unterschiede zwischen dem (kulturgeschichtlich bestimmten) Hinterindien und dem überwiegend chinesisch beeinflußten Vietnam haben deutsche Geographen (W. CREDNER, 1937; A. KOLB, 1963) wie der britische Kulturhistoriker R. LE MAY (1954/1967) schon länger betont. Jetzt zeigt sich aber auch ein Abrücken der französischen Wissenschaft von einer zu weit gespannten »Indo-China«-Konzeption, die aus der kolonialgeschichtlichen Territorialtradition

erwachsen war. Schon G. COEDÈS (1948/1964) hob die *»hinduisierten« Staaten* ab, und in der geographischen Gesamtdarstellung »Asie du Sud-Est« (J. DELVERT, 1967) wird das *sinisierte Vietnam* kulturgeographisch ganz *ausgeklammert!* Dennoch ist mit dem heutigen politisch-geographischen und publizistischen Begriff *»Indochina«* die aus der kolonial-französischen »Union von Indochina« – »L'Indochine« – überkommene Raumbezeichnung (eingeschränkter also als die für den ganzen »Kulturerdteil«) wieder aktuell geworden. Trotz aller kulturellen, (kultur-)technischen und ökonomischen Impulse, die ganz SO-Asien von China erfuhr, und trotz Chinas heutigen Eintretens gegen die Hegemonieansprüche Vietnams ist die Sorge vor der chinesischen Übermacht ein Grundmotiv in der Haltung aller südostasiatischen Völker geblieben. Die traditionelle thailändische »Überlebensdiplomatie«, die jetzt durch eine Annäherung an die V. R. China ein Gegengewicht zu Vietnam in der Auseinandersetzung um »Indochina« zu gewinnen sucht, vermag das nicht grundsätzlich zu ändern. Das Mißtrauen wurzelt tief in der Geschichte, sei es in der jahrhundertelangen Besetzung Tonkins, den Tributforderungen des Pekinger Hofes an die einstigen Fürsten Hinter- und Inselindiens oder in der allmählichen Sinisierung der thaistämmigen und tibeto-burmanischen Völkerschaften im heutigen SW-China. Erneuert wurde es durch die Einwanderungswellen des 19. und 20. Jhs., die zur Umwandlung der Bevölkerungsstrukturen ganzer Staaten und dem heute schätzungsweise 20 Mio. zählenden *»Nan Yang«-Chinesentum* führte. Mit ihrem wirtschaftlichen, bildungsmäßigen und politischen Gewicht ist die chinesische Präsenz ein Faktor, der aus der Struktur SO-Asiens nicht mehr wegzudenken ist, zugleich aber eine ständige *Abwehrhaltung* unter den Einheimischen wachsen ließ.

Mit rd. 235 Mio. Menschen (1986) ist *»Inselindien«* (»Insulinde«) gegenüber dem festländischen SO-Asien (160 Mio.) weitaus *volkreicher.* Der zunächst als gelehrter Begriff für den gesamten Archipel von G. W. EARL und J. R. LOGAN (1847) geprägte und von A. BASTIAN (1884) verbreitete Begriff *Indonesien* (von griechisch »nesoi«: Inseln) wurde politisch-geographisch auf den heutigen Staatsnamen eingeengt. Eine ähnliche Mehrdeutigkeit entsteht durch die Überlagerung des alternativ gebrauchten Gesamtbegriffes als »Malayischer Archipel« bzw. der *»malayischen Kultur«* mit dem Namen des heutigen Staates *Malaysia* (S. 415).

Die Ablösung von Hinduismus und Buddhismus durch den *Islam* im *insularen Raum,* der dort nicht nur religiös, über Schrift – das Arabische des Korans! – und Kunst, sondern auch als politisch-soziale Grundlage der malayischen Herrschaften maßgeblich wurde, schränkt

die alleinige Kennzeichnung SO-Asiens als ›Indo-Chinesischen‹ Kulturerdteil jedenfalls ebenso deutlich ein, wie die oben getroffene Unterscheidung zwischen »Hinterindien« und dem stärker sinisierten, vietnamesischen Ostsaum des Festlandes.
Das gilt ebenso für die Nachwirkungen der *europäischen Kolonialzeit.* Sie hat die Majorität der Bevölkerung eines ganzen Staates (Philippinen) *christianisiert* – neben zahlreichen kleineren Gruppen in den anderen Ländern – und damit auch kulturell und sozial verändert. Unabhängig von dieser religiösen Prägung einzelner Gruppen wurden aber im gesamten SO-Asien die Gesellschafts-, Wirtschafts- und Rechtsformen tiefgreifend verändert. Das gilt ebenso für das Bildungswesen, die heutigen Verkehrssprachen und -schriften, für Technik und modernen Verkehr, die Urbanisierung, das Gesundheitswesen, die gesamte Staats- und Verwaltungsorganisation, das Militär usw. Selbst die differenzierende Prägung durch die einzelnen Kolonialmächte war so stark, daß auch noch heute der einstige britische, französische oder holländische Einfluß, das Nachwirken portugiesischer Gestaltung in Ost-Timor und selbst das Erbe der schon längst erloschenen spanischen und der ihr folgenden nordamerikanischen Herrschaft auf den Philippinen in deutlichen Unterschieden spürbar bleiben.
Darüber dürfen aber die *einheimischen* Sprachen, Sozialstrukturen, Kultur- und Lebensformen nicht übersehen werden. Am eindrucksvollsten sind sie in ihrer Vielfalt dort, wo sie – besonders bei Bergstämmen – noch nicht von einer der »Hochreligionen« und der modernen Zivilisation überlagert wurden. Aber auch allen sozialen, religiösen und materiellen Phänomenen indischen, chinesischen, islamischen oder europäisch-christlichen Ursprungs wurde unverkennbar die Eigenart, die assimilierende oder umformende Kraft der südostasiatischen Menschen aufgeprägt!
In der englischen Literatur ist der wissenschaftsgeschichtliche Irrtum verbreitet, daß der *Begriff »Südostasien«* erst während des Zweiten Weltkrieges – durch das gemeinsame militärische Kommando für »South East Asia« – geprägt worden sei. Tatsächlich hat ihn aber schon der Wiener Ethnologe R. VON HEINE-GELDERN (1923) eingeführt (auch O. PESCHEL erwähnte ihn bereits 1875).
Die oben hervorgehobene Mittlerrolle der Binnenmeere schrumpft noch immer zur Peripherie, wenn man die südöstlichen Randinseln Indonesiens erreicht. Obwohl zwischen ihren Küsten und denen des nördlichen *Australiens* nur rd. 500 km Meeresbreite liegen, wurde sich das letztere dieser engen Nachbarschaft erst bewußt, als im Zweiten Weltkrieg japanische Bomben auf die isolierten Städte seines Nord-

Territoriums fielen! Seitdem ist Australien um nachbarschaftliche Beziehungen bemüht. Dies äußert sich in Entwicklungshilfen, aber auch in militärischen Beistandsverträgen mit den ihm (und Neuseeland) im Commonwealth verbundenen, einst britischen Gebieten Malaysia, Singapur und Brunei. Mit dem größten, volkreichsten und räumlich nächsten Nachbarn, *Indonesien,* ist man bemüht, über zeitweilige politische Irritationen hinweg Einvernehmen und die Verstärkung des wirtschaftlichen Austausches zu fördern. Zu Spannungen führten aber die 1963/69 vollzogenen Eingliederungen des westlichen Neuguineas als *Irian Jaya* (aus früherem holländischen Kolonialbesitz) und des bis 1976 portugiesischen *Ost-Timors* in den indonesischen Staat. Sympathien australischer Gruppen für anti-indonesische Widerstandsgruppen in beiden Territorien und Bedenken gegen die Bildung eines »Cordon sanitaire« durch Ansiedlung javanischer Transmigranten (S. 547) entlang der kaum kontrollierbaren Dschungelgrenze gegen das früher australisch verwaltete, seit 1975 unabhängige *Papua-Neuguinea,* halten einiges Mißtrauen wach. Die traditionelle »White Australia«-Politik des menschenarmen Kontinents – nur ca. 15,5 Mio. EW (1984), die ganze Austral-Südpazifische Region: rd. 24 Mio. EW (1980/81) – ist aber durch die Einwanderungserlaubnis für philippinische Gastarbeiter (seit 1974) und durch den moralischen Zwang zur Aufnahme vietnamesischer Flüchtlinge (»boat-people«) aufgelockert worden.

Ein *Zahlenvergleich* des 395 Mio. Menschen (1986) umfassenden SO-Asiens mit den *Nachbarn,* dem (auf ähnlicher Flächengröße – aber als kompakter Subkontinent) 1,050 Milliarden zählenden *Südasien* oder dem allein ebenso starken *China* (bzw. ganz *Ostasien:* 1,225 Milliarden – 1983) mag dazu verleiten, das Gewicht SO-Asiens zunächst etwas zu unterschätzen, ja es als gewisses »demographisches Vakuum« zwischen den beiden volkreichsten Blöcken der Erde zu sehen. Das wird aber durch andere Vergleiche relativiert: Ganz *Afrika* hat z. B. fast den siebenfachen Flächenumfang, mit rd. 505 Mio. EW aber nur 110 Mio. mehr Bewohner! Die dicht bevölkerten und urbanisierten zwölf *EG-Staaten* umfassen mit 320 Mio. EW eine um 75 Mio. niedrigere Bevölkerungszahl! Die südlichen »Nachbarn« *Australien* und *Neuseeland* bringen schließlich – bei einer Flächengröße wie ganz Süd- und SO-Asien zusammen – nur 18,7 Mio. EW (1984) auf diese »demographische Waage.«

Wenn das rapide *Bevölkerungswachstum* in SO-Asien – in einem Jahrzehnt (1972–1982) von 290 auf 380 Mio. Menschen! – auch allmählich gebremst und die notwendige Geburtenbeschränkung erkennbar wird, bleibt es noch immer ein brennendes Problem. Mit dem schnellen *ökonomischen Wachstum* verbindet es sich in verhängnisvoller Weise zu einer *Übernutzung,* wenn nicht dem »Verbrauch« *natürlicher Ressourcen.* Wirksame Maßnahmen zur Sicherung bzw. Verhinderung weiterer *Zerstörung* der *natürlichen Umwelt* (ESCAP-1985) – und mit ihr auch des menschlichen Lebensraumes – sind erst in Ansätzen zu finden. Der schnelle Aufbruch SO-Asiens in die moderne Welt läßt auf diesem, in den Tropen besonders diffizilen, Feld noch wichtige Aufgaben für Forschung, Praxis und Politik offen. Auch das Verständnis dafür muß in breiten Bevölkerungsschichten erst noch geweckt werden.

## 2.1 Die naturlandschaftlichen Grundlagen der Lebensräume in Südostasien

### 2.1.1 Geologischer Bau, Relief und Böden

Die Staaten SO-Asiens reichen von der Nordspitze Burmas in 28° 30' N bis zu den Kleinen Sunda-Inseln 11° südlich des Äquators und von der Arakan-Küste im W. (92° 20' ö. L.) bis zur Grenze des zu Indonesien gehörigen westlichen Neuguinea in 141° ö. L.; die Meeresflächen überwiegen gegenüber dem Lande etwa 4:1.
Der *festländische Teil* wird durch die Andamanen-See (Indischer Ozean (Indik) und den Siamesischen Golf (Südchinesisches Meer – Pazifik) eingefaßt. Mit der langgestreckten *Malayischen Halbinsel* reicht es bis fast zum Äquator – von der Nordspitze Burmas bis Singapur rd. 3300 km! Früher war der Name Malacca-Halbinsel, nach dem ersten europäischen Kolonialstützpunkt, gebräuchlicher – in den unabhängig gewordenen Staaten wird er kaum mehr verwendet.
Bei der Raumgliederung spricht die beinahe vollzogene Abschnürung der Malayischen Halbinsel vom Festland für deren Zuordnung zu *Inselindien,* dem sie auch mit ihrem immerfeucht-innertropischen Klima und nach ihrer ethnisch-kulturellen Struktur zugehört.
Der nördliche Bogen des *Archipels* umschließt das *Südchinesische Meer.* Zwischen den anderen Teilen erstrecken sich *Nebenmeere:* die Straße von Malacca zwischen Malaya und Sumatra (Malacca-»Straits«, nach der die historischen Kolonialgebiete der Straits-Settlements benannt wurden), Java-, Celebes- und Sulu-See, die Makassar-Straße, die Molukken-, Flores-, Ceram- und Banda-See. Südöstlich des Inselbogens trennen Arafura- und Timor-See Indonesien von Australien und *Neuguinea.* Mit 785 000 km$^2$ ist das letztere die zweit-

größte und *Borneo* (737 000 km²) die drittgrößte Insel der Erde. *Sumatra* umfaßt 474 000 km², *Java* 132 200 km² (vgl. Großbritannien: 244 200 km²). Über 6000 Inseln sind bewohnt, eine nennenswerte Bevölkerung haben über 3000 Inseln; die Gesamtzahl mit allen kleinen Korallen-Eilanden beläuft sich auf rd. 20 000 (einschl. der *Philippinen*). (Zahlen, ökolog. Ordnung usw. der Inseln: ARNBERGER, 1986).

Die *Nebenmeere* spielen kulturell eine mehr verbindende als trennende Rolle. Die südliche Außenküste von Java, die äußeren Inseln des Sunda-Archipels und der Philippinen sind von Tiefseegräben begleitet und abweisend mit steilen Flanken gegen den *Indischen* bzw. den *Pazifischen Ozean* gekehrt, während sich gegen die inneren Meere meist flache Küsten öffnen. Die girlandenförmige Anordnung der *Inselbögen* wird von Gebirgsketten bestimmt – eines der großen Bauelemente, die das festländische und das insulare SO-Asien verbinden.

Die in der Geologie heute aus der Theorie der Kontinentalverschiebungen (A. WEGENER) entstandenen Vorstellungen der *Plattentektonik* – des Konvergierens von größeren Schollen der Erdkruste mit Subduktionen (Untertauchen), dadurch verursachten *Gebirgsbildungen* (Orogenesen) und anschließenden Hebungen – vermögen für die jüngere Erdgeschichte die Entstehung des *Großreliefs* des festländischen SO-Asiens wie der Inselgirlanden und der sie flankierenden *Tiefseegräben* zu erklären. In diesem Raum stoßen drei große Schollen, die *Indisch-Australische Platte,* die *Pazifische Platte* und die *Eurasiatische Platte* (mit ihrer weit nach S und SO vorspringenden *Sunda-Scholle*) zusammen (Abb. 2). Die Indisch-Australische Platte umfaßt dabei teils kontinentale Bereiche (Indien, Australien mit dem *Sahul-Schelf* unter der Arafura-See) und teils ozeanische Abschnitte (Indischer Ozean). Die plattentektonischen Vorgänge in der früheren Erdgeschichte (Paläozoikum), die zum Bau der älteren Abschnitte dieses Bereiches führten, sind hingegen noch nicht ausreichend bekannt.

### *Die Gebirgsbildungen im festländischen Südostasien*

Im Verlauf der jüngeren Erdgeschichte taucht die Indisch-Australische Platte allmählich unter dem Rand der Eurasiatischen ab. Diese »Subduktionszone« liegt in *Burma* westlich der Arakan Yoma; weiter nördlich werden die Chin- und Naga-Ketten auf die Indische Kontinentalkruste aufgeschoben. Die geologische Konfiguration Burmas ist außerdem durch eine Rotation SO-Asiens stark beeinflußt; die Öffnung der Andamanen-See verursachte in der nördlichen Fortsetzung

die Störungszone der Verwerfungen an der Grenze vom Innerburmanischen Becken zum Schan-Hochland (BANNERT und HELMCKE, 1981). Wie in der Arakan Yoma erscheinen auch in einer nördlichen Zone *Indonesiens* Ultrabasitzüge, die dem Material der *ozeanischen Kruste* entstammen. Dieser abtauchende Rand wanderte dann ozeanwärts und ist heute entlang der großen Tiefseegräben außerhalb – südlich – des Inselbogens aktiv. Die Zonen der Gebirgsbildung entsprechen den mobilen Plattenrändern; sie wurden in den einzelnen Gebirgsbildungsphasen sukzessiv an die kontinentale Platte angefaltet. Aufdringende Gesteinsschmelzen formierten parallel zum Plattenrand in verschiedenen Phasen magmatische Bögen, die je nach Abtragungsstadium heute als plutonische oder vulkanische Gürtel erhalten sind. Aus dieser Plattenkollision entstammen die geotektonischen Großbewegungen, die mit Schollenkippungen, Absenkungen, Aufwölbungen, Einengungen und Dehnungen die Bildung neuer Gebirge und immer neuer Abtragungs- und Sedimentationsräume schufen.
Die Variszische (Karbon – Perm) Orogenese (HELMCKE, 1983) und auch die »Indosinischen« Deformationen (WORKMAN, 1977) in der Trias verbanden kleinere Teilschollen (teils mit Kernen aus Präkambrischen Gneisen – begleitet durch das Aufdringen granitischer Batholithe) zum *»Sunda-Sockel«*, der über lange Phasen herausgehoben und landfest war. Ihre Abtragungsmassen erfüllten weite Senken im heutigen *NO-Thailand, Kambodscha, Laos* und *S-Vietnam* mit den Sedimenten der »Khoratgruppe« (vorwiegend rote Sandsteine, Konglomerate, Tonschiefer, Salz- und Gipsbänke usw. – Jura bis Eozän). Die flachlagernden oder nur leicht verbogenen, aber noch herausgehobenen Sedimenttafeln bilden weite, sanft gewellte Plateaus, das *Khorat-Plateau* im NO Thailands als größtes, das im S mit steilen (z. T. mehrgliedrigen) Schichtstufen, Störungen und Flexuren abfällt. Im NW wird es schon von dem höher herausgehobenen, wohl zur variszischen Gebirgsbildung gehörenden Bergland von N-Thailand und Laos überragt.
Die inneren Teile des nördlichen Gebirgslandes in *Burma* und *Yünnan,* N-Thailand und Laos (paläozoische Gebirgsbildungen) sind nicht überall als Gebirgsketten ausgebildet, sondern enthalten weitgespannte, von steilwandigen Tälern gegliederte Hochländer, von denen das *Schan-Hochland* das markanteste ist. Der östlichen Deformationsfront des jungpaläozoisch-variszischen Orogens, das die zentralen Teile von Festlands-SO-Asien einnimmt (Deutung HELMCKE, 1983), folgen nach O Teile eines mittelpaläozoischen Orogens, dem auch die *»Annamitischen Kordilleren«* angehören, die in *Vietnam* bis 3280 m ansteigen. Auch ihm liegen noch große Teile jenes flachla-

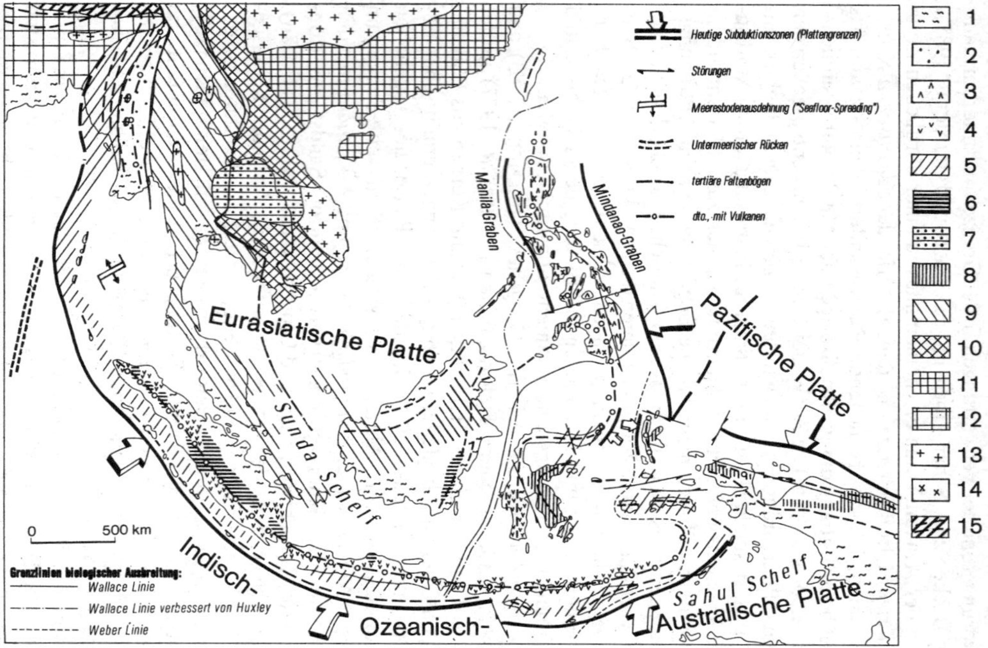
Heutige Subduktionszonen (Plattengrenzen)
Störungen
Meeresbodenausdehnung ("Seafloor-Spreading")
Untermeerischer Rücken
tertiäre Faltenbögen
dto., mit Vulkanen
Manila-Graben
Mindanao-Graben
Eurasiatische Platte
Pazifische Platte
Sunda Schelf
Sahul Schelf
Indisch-
Ozeanisch-
Australische Platte
0
500 km
Grenzlinien biologischer Ausbreitung:
Wallace Linie
Wallace Linie verbessert von Huxley
Weber Linie
1
2
3
4
5
6
7
8
9
10
11
12
13
14
15

**Abb. 2:** Südostasien
Geologisch-tektonischer Bau

1 Größere alluviale Aufschüttungstiefländer (Pleistozän, Holozän)
2 Innerburmanisches Tertiär-Becken
3 Philippinische Tertiär-Orogene; mesoz., tertiäre und quartäre Sedimente; Vulkanite usw.
4 Sunda-Orogen (Tertiär)
5 Molukken-Orogen; im N: Indo-Burmanische Ketten (Tertiär)
6 Sumatra-Orogen
7 Flachlagerndes Mesozoikum (Khorat)
8 Mesozoische Orogene O-Indonesiens (paläomesoz. Sedimente, Granite, u. ä., Ultrabasite)
9 Jungpaläozoisches Orogen (Malaya-Orogen, im N: Schan-Thai-Orogen)
10 Mittelpaläozoisches Orogen
11 Altpaläozoisches Orogen (»S-China-Massiv«)
12 Indischer Schild (unter Bedeckung)
13 Präkambrische Kristallinsockel
14 Ultrabasite (u. a. Krustengesteine)
15 Himalaya (vorwieg. Präkambrium; tertiäre Orogenese)

*(Entwurf: H. Uhlig, nach: D. Helmcke, 1982 und pers. Ausk.; Bender et al, 1983; H. L. Schmidt, 1979; J. A. Katili, 1973; F. Wolff, 1978. Kartogr.: L. Dreher)*

gernden, mesozoischen (Khorat-)Plateaus auf. In Burma, Mittel- und SO-Thailand ragen Teile des metamorphen präkambrischen *Kristallinsockels* (»Schan-Thai Massiv«) heraus, ähnlich in Vietnam (»Kontum-Massiv«).

Durch eine *junge Schollentektonik,* die das Relief synchron zu den jüngeren Gebirgsbildungen nochmals belebt hat, wurden auch die küstennahen Berge herausgehoben, die den zentralen Lebensraum *Kambodschas* vom Meer trennen. Wo der Untergrund des Massivs tiefer liegt und von jungen Aufschüttungen bedeckt wurde, ragen nur inselhaft einige Bergkuppen – während der Phasen mariner Transgressionen wirkliche Inseln – aus Graniten, Kalken, Sandsteinen oder Rhyolithen heraus, die »Phnom«, die für die Besiedlungsgeschichte wichtig wurden. In SO-Thailand blieben Teile des Massivs landfest. Wo *Granit* und andere Massengesteine dieses alten Landsockels eine kuppige Oberfläche bilden, entstehen im wechselfeuchten, tropischen Monsunklima die Bergkegel, Felsburgen und Blocktrümmer der *»Inselberge«.* (S. 282). Der größere, südliche Teil des alten Massivs liegt aber so tief, daß er sich heute unter dem Meeresspiegel befindet – der *Sunda-Schelf,* der erst seit dem nachpleistozänen Meeresanstieg unter dem Flachmeer versank (Abb. 2).

### *Die Gebirgsbildungen Inselindiens*

Die mittleren und östlichen Inselgruppen werden von komplizierten Scharungen der Gebirgssysteme gegliedert. Bergkämme werden vom Meer unterbrochen und setzen sich als *Inselketten* fort; oft sind sie kulissenartig gegeneinander versetzt. Sie sind in ihrer geotektonischen Entwicklung nicht einem System zuzuordnen, sondern wurden in verschiedenen Gebirgsbildungsphasen aneinandergefügt. Als ältestes erstreckt sich, das variszische Orogen des Schan-Hochlandes und Thailands fortsetzend, das *»Malaya-Orogen«* aus kristallinen, metamorphen und Sedimentgesteinen als »Rückgrat« der Malayischen Halbinsel bis weit nach S und schwenkt über die »Zinn-Inseln« Bangka und Bilitung auf dem Sunda-Schelf nach W und Zentral-Borneo ein. Ein magmatischer Bogen mit granitischen bis granodioritischen Intrusionen drang an der Wende Trias/Jura in die mesozoischen Sedimente (vor allem eine Flyschfazies der Trias) ein. Ihre Biotitgranite liefern die bedeutenden *Zinnvererzungen,* die im Zusammenhang der Lagerstätten des großen Zinngürtels von Burma bis Indonesien (S. 209) stehen. Einige Inseln ragen mit Ophiolithen als Teile der *ozeanischen Kruste* aus dem Meer. An das Malaya-Orogen schließt sich als zweite große Baueinheit W-Indonesiens das *»Sumatra-Orogen«* an, das die langen Bergkämme des *Barisan-Gebirges* aufbaut. Es taucht auch am *Nordrand Javas* und dann wieder in den südnördlich streichenden *Meratus-Bergen S-Kalimantans* auf (vorwiegend jungpaläozoische und mesozoische Ton- und Sandsteine, Kalke, auch kristalline Schiefer). Die ostindonesischen Inseln werden vom erzreichen *»Molukken-Orogen«* getragen, in dessen Faltenzüge bereits alttertiäre Ablagerungen einbezogen wurden.

*Der Vulkanismus*

Als jüngstes entstand das vulkano-magmatische *»Sunda-Orogen«,* auf dessen tertiär gefalteten Sedimenten und andesitischen Laven und Tuffen die pliozänen und heutigen *Vulkane* aufsitzen. Das kräftige Relief wird durch eine rasche Erosion der jungen Lockergesteine, bei weiterer Hebung der Gebirge, verstärkt. Die eindrucksvollsten und höchsten Faltenbögen, die vorwiegend die äußeren Ränder SO-Asiens säumen, entstanden – wie auch der Himalaya – mit den *tertiären* und zum Teil noch im Quartär andauernden *Gebirgsbildungen,* in denen die *alpidisch-himalayischen* mit den *circum-pazifischen Faltenketten* konvergieren. Von den »Indoburmanischen Ketten«, die Burma von Indien trennen, schwingen sie über die *Andamanen* und *Nikobaren* durch den Hauptbogen *Indonesiens* und der *Philippinen* bis Taiwan. In der Folge der jungen Bewegungen der Erdkruste – mit dem Zusammentreffen der großen Platten – wurden sie von einer der größten Vulkanketten der Erde bekrönt. Diese Vulkankette enthält über 200 Vulkane, von denen 93 in den letzten 200 Jahren noch tätig waren (= ⅓ der aktiven Vulkane der Welt!). Sie beginnt mit den *tertiären Vulkanen* Mittel-*Burmas* und zieht sich über die noch *tätigen Vulkanketten* von *Sumatra, Java, Bali,* der *Kleinen Sunda-Inseln* und der *Molukken* bis in die *Philippinen.* Auch den nach O, nach Neuguinea und in den Bismarck-Archipel abzweigenden Ketten sitzt noch ein gutes Dutzend tätiger Vulkane auf. Die höchsten Kegel sind 2000–3800 m hoch (S. 493ff.). Den Zerstörungen, die einzelne Ausbrüche bringen, steht die Bedeckung mit *nährstoffreichen Aschen* entgegen. Ihnen verdanken große Teile Javas, Sumatras, Balis und anderer Inseln ihre nachhaltig fruchtbaren Böden und damit ihre *Tragfähigkeit* für eine dichte Agrarbevölkerung, während die meisten tropischen Verwitterungsböden wegen der schnellen Erschöpfung der Nährstoffe sehr viel ungünstiger sind (S. 39). Auf *tertiären* Basaltdecken in Kambodscha, Laos und S-Vietnam entstanden die relativ fruchtbaren »terres rou-

ges«, die als Standorte der Plantagenwirtschaft Bedeutung gewannen.
Im Bereich der jungen Gebirgsbildung herrschen noch isostatische Bewegungen, die sich in *Erdbeben* und in der Fortbildung der die Inseln umziehenden *Tiefseegräben* bemerkbar machen. Insgesamt scheint die Konsolidierung des Landes von NW nach SO fortzuschreiten. So sind das festländische SO-Asien (das keinen rezenten Vulkanismus mehr hat) und seine Sedimentgesteine überwiegend vortertiären Alters. Dagegen bestehen rd. 70 % der Oberfläche Indonesiens – auf Java sogar 99 % – aus *neogenen Sedimenten* (Ablagerungen des Jungtertiärs und des Quartärs), die Laven und Aschen, junge Sandsteine, Mergel, Kalke, Korallenkalke und die jungen Alluvionen der Flüsse und Küsten umfassen.

### *Philippinen und Ostindonesien*

Die kompliziert gebauten Philippinen bestehen überwiegend aus ozeanischen und Inselbogen-Gesteinen; Riffkalke, Flysch und tertiäre Sedimente wechsellagern mit mächtigen, meist submarinen Ergußgesteinen (Ultrabasit, Ophiolithe); das Material aus der *tieferen Erdkruste* erreicht bis zu 25 km Mächtigkeit. Es enthält eine starke (und wirtschaftlich bedeutende) *Vererzung* (S. 610). Mächtige Transversal- und Längsstörungen und *Subduktionszonen* auf beiden Seiten der Inseln (*Mindanao-Graben* im O, *Manila-Graben* im W., Abb. 2), zwischen denen ein zweiseitig symmetrisch gebautes Faltengebirge (östl. und westl. Faltengürtel mit Kernen aus Metamorphiten) entsteht, lassen großtektonisch die Scholle der Philippinen als Nukleus einer *neuen Platteneinheit* erscheinen, die sich seit dem jüngeren Mesozoikum zwischen der Pazifischen und der Eurasiatischen Platte an einen paläozoischen Kern anbaut (F. WOLFF, 1978, W. KREBS, 1975). Spätkanäozoische *Vulkanite* bedecken große Teile der Inseln und setzen die indonesischen Vulkanreihen fort.
In *O-Indonesien* haben die Komplikationen der Pazifischen Platte, mit zahlreichen transversalen Verschiebungen, ähnliche Verhältnisse geschaffen. *Ultrabasite* (aus Subduktionszonen der Kreide; erzreich) stehen in paläo-mesozoischen Aufbrüchen des östl. *Sulawesi,* einiger *Molukken-Inseln* und *Irian Jayas* an. Die *Faltenzüge* bestehen aus paläo-mesozoischen Sedimenten mit Kernen aus Gneis, Granodiorit und kristallinen Schiefern. *Irian Jaya* ist an die *Australische Platte* angeschweißt (H. L. SCHMIDT, 1979). Etwa zeitgleich zum Molukken-Orogen wurden Geosynklinalserien mit vererzten *Granodiorit-Intrusio-*

nen angefaltet (»Ertzberg«), sie bilden auch die höchsten Bergketten (Puncak Jaya, 4884 m, S. 35).

*Die Sedimentationströge*

Vom Oligozän bis zum Pliozän (Tertiär) bestanden zwischen dem Vulkanitgürtel und der älteren Sunda-Scholle (z. T. auch auf der Außenseite des magmatischen Bogens) ausgedehnte *Vorlandsenken,* in denen die Abtragungsmassen der herausgehobenen Gebirge sedimentiert wurden. In den sich schnell absenkenden *Sedimentationströgen* bilden sich – um Java, Sumatra und Borneo bis 10 000 m mächtige – Schichten über der prätertiären Erosionsfläche in einer transgressiven Ablagerungsperiode, meist Sandsteine u. a. grobklastische Schichten. Später folgten ruhigere Ablagerungen von Flachmeerkalken und *Korallenriffen.* Die inneren Teile dieser Becken wurden stark verfaltet, zum Kontinent hin klingt die Verformung ab. Die *tertiären Schichten* im Beckeninneren dienten *Kohlenwasserstoffen* (aus organischen Substanzen; Muttergesteine im Mesozoikum) als Speicher, in denen sich – in den porösen Sandsteinen und in Riffkalken, d. h. in faziell bestimmten Lagerstätten und in »tektonischen Fallen« (an Verwerfungen und Antiklinen) – *Erdöl* und *Erdgas* in reichen Mengen sammelten (H. L. SCHMIDT, 1979). Von der Zentralsenke *Burmas,* durch den Bengalischen wie den Thailändischen Golf zieht sich diese Zone um *Malaya* und vor allem die *Großen Sunda-Inseln* (Sumatra, Java, Borneo), wo sie heute in zahlreichen Land- wie »offshore«-Bohrungen ausgebeutet und noch weiter prospektiert wird. In der *Südchina-See* ist um bisher weltferne Schwärme von *Koralleninseln* (Spratly-, Paracel- usw. -Inseln) auch wegen dieser Ölhoffnungen ein geostrategisches Ringen entbrannt (S. 230). Weitere Becken liegen auf dem *Sahul-Schelf,* um Neuguinea und Teile der Molukken und Aru-Inseln. Mit der Darstellung der Bodenschätze (S. 212) und einiger Staaten wird auf die Öl- und Gasfelder zurückgekommen (Abb. 17). Die wegen geringerer Tiefen bzw. Landfestigkeit am leichtesten zugänglichen *Erdöl- und -gaslager* finden sich unter den jungen Aufschüttungen, die auf dem Schelfsockel abgesetzt wurden.

*Flachmeersockel und Inseln*

Die heute meeresbedeckten Teile des Eurasiatischen Festlandsockels bilden den *Sunda-Schelf,* der mit 1 850 000 km$^2$ die größte Schelf-Platte

der Erde ist. Etwa mit der 200 m Tiefenlinie fällt er gegen die Tiefseebecken und -gräben ab.
Die Inseln des westlichen Indonesiens, die *Großen Sunda-Inseln,* und die *Malayische Halbinsel* ragen als die noch landfesten Teile aus dem Flachmeer heraus. Ihre *alluvialen Küstenebenen* – genau wie die Deltas und Schwemmlandebenen von Burma über Thailand und Kambodscha bis Vietnam – konnten nur entstehen, weil das von den Strömen ins Meer getragene *Abtragungsmaterial* auf dem *Flachmeersockel* eine ideale Ablagerungsfläche fand; in Sumatra und Borneo bildet dieses junge Land heute mehr als ein Viertel der gesamten Oberfläche. Erst östlich der *Makassar-Straße* und im Bereich der *Kleinen Sunda-Inseln* und *Molukken,* zwischen denen Tiefseebecken liegen, lösen *Steilküsten* mit nur noch schmalen, lokalen Schwemmlandstreifen die breiten Küstentiefländer ab. Dort ragen (wie auch an den Außenküsten Sumatras und Javas gegen den Indischen Ozean) die Gebirgsketten steil aus dem Meere auf. Ein Vergleich des stark zergliederten Sulawesi (Celebes) mit dem massigen Umriß von Borneo oder Sumatra macht diese Unterschiede deutlich.

### *Ströme – Fluß- und Küstenebenen – Deltas*

Die Gebirge Hinterindiens und die Himalaya-Ausläufer lassen mächtige Ströme entstehen, deren mitgeführte Schwemmstoffe die großen Ebenen der Unterläufe aufgebaut haben. Im Gebirge – z. T. *N-Thailands* – fließen sie meist in engen, gefällsreichen Kerbtälern und Schluchten. Diese sind siedlungs- und verkehrsfeindlich. Tektonisch vorgezeichnet, öffnen sich dazwischen aber häufig breite *»intramontane« Talbecken* und *Ebenen.* Diese wurden die *alten Siedlungsräume* und Zentren für *Territorialbildungen,* während die Wanderungsbewegungen eher über die Berge und Hochflächen gingen. Das gilt besonders für die dichtgescharten, gewaltigen Schluchten des *»hinterindischen Strombündels«,* wie des *Salween* und des *Mekong* (mit 4350 km der längste Strom SO-Asiens), die keineswegs jene naturgegebenen N-S-Wanderwege waren, als die sie gelegentlich dargestellt werden. Ihre *Schluchten* sind auf lange Strecken so schroff und tief in die Gebirge eingeschnitten, daß sie bis heute eher Hindernisse als Verkehrswege bilden. Als wild zerschnittenes »River Gorge Country« (SCHWEINFURTH, 1972; WARD, F. K., 1921, 1949) reicht es mit den östlichen Quelltälern des *Irawaddy* noch in den Kachin-Staat *Burmas* herein. Diese sind bereits lokalklimatisch extrem trocken, wie die langen, geradlinigen und in tiefen Schluchten liegenden Oberläufe von

Salween und Mekong, die erst mit ihren Unterläufen in die hinterindischen Territorien eintreten.
Die Flüsse *Inselindiens,* etwa in Malaya, Sumatra usw., boten umgekehrt die *Leitlinien* der sich stromauf, von den Mündungen her ins Innere vorschiebenden *Siedlungs- und Territorialentwicklung,* wie auch heute noch die mobile Siedlung mancher Stämme – z. B. der Dayak auf Borneo – mit Vorliebe den Flüssen folgt, auf denen mit Einbäumen leichtere Fortbewegung möglich ist als im Bergwald. In den breiten, *sumpfigen Tiefländern* von Sumatra, Neuguinea oder Borneo blieb in den schwer zu rodenden, amphibischen *Regenwäldern* und Mangrovegürteln die Siedlung lange auf diese Uferstreifen beschränkt. Historische Zentren (z. B. Palembang), moderne Häfen, aber auch eine agrarische Nutzung (z. B. Plantagen) konnten meist erst weiter landeinwärts entstehen. Eine dichtere, ländliche Besiedlung entstand dort dagegen zuerst auf den günstigen Aschenböden der vulkanischen *Hochländer.*
Die *Schwemmlandebenen* beider Klimazonen werden durch ein Kleinrelief gegliedert, das trotz der relativ geringen Höhenunterschiede geoökologisch wie kulturgeographisch ganz verschiedene, sich aber meist ergänzende Standorte für Nutzung und Besiedlung bietet. Die mit dem Erlahmen der Transportkraft der Flüsse im Tiefland ufernah einsetzende Sedimentation der Schwebstoffe ließ ausgeprägte, *natürliche Flußdämme* entstehen. Sie fallen zum Wasser mit Steilufern, nach außen dagegen flach ab, wo ihnen – analog zum niederdeutschen »Sietland« – *feuchte Senken* folgen, in denen die *Hochwässer rückgestaut* werden. Die Flußdämme haben gut drainierte, sandig-lehmige Mineralböden und werden, trotz der Wasserstandsschwankungen, nur gelegentlich überschwemmt. So bieten sie ideale Standorte für *Siedlung* und (Baum-)Gärten, mit Flußverkehr und guter Wasserversorgung, während die *feuchten Senken* und Auen dahinter naturgünstiges *Naßreisland* sind. Weiter wurden Schwemmkegel, Flußterrassen und *fossile Strandwälle* (zwischen verlandeten Lagunen) aufgeschüttet, auch sie sind günstige Standorte für Reisbauerndörfer (UHLIG, 1980 c).
In den großen *Alluvial-Ebenen* des Festlandes (z. B. Kambodscha) und der Inseln (z. B. in S-Sulawesi, Kalimantan usw.) entstanden in den *Rückstausenken* hinter den natürlichen Flußdämmen z. T. auch ausgedehnte *Seen.* Ihr flaches Wasser und die Ausdehnung der Seespiegel *schwanken* z. T. erheblich im Wechsel der regenzeitlichen Hochwässer und der trockeneren Monate (Tonle Sap [Kambodscha] u. a.).
In den periodisch oder permanent überschwemmten *Flußauen* und

*Deltas* waren für Besiedlung und Anbau stärkere – meist erst im 19./20. Jh. technisch mögliche – Eingriffe (Drainage, Hochwasserschutz, Deiche, Kanäle, Schleusen) nötig, um sie als heute dicht besiedelte *»Reiskammern«* – aber auch für *Stadtsiedlungen* wie *Bangkok* – zu erschließen, freilich mit großen Unterschieden zwischen den monsunalwechselfeuchten und den innertropisch-immerfeuchten Tropen. Auf dem monsunalen *Festland* bieten die *periodischen Überschwemmungen* mit anschließendem *Trockenfallen* nach der Regenzeit gute *natürliche Voraussetzungen* für die *Reiskultur;* vielfach müssen aber die Siedlungs- und Wirtschaftsformen den saisonalen Überschwemmungen im Süßwasserbereich angepaßt werden. In den *immerfeuchten Tropen* mußten die entsprechenden *Lebensräume* erst mühsam durch *Melioration* der dort *permanenten Sümpfe* und Moore und durch das Roden schwerer Regenwälder gewonnen werden; große Teile sind dort bis heute Wald geblieben. Durch den *Reisbau* mit Bewässerung wurden große Flächen *künstlich eingeebnet,* nicht nur auf Anbauterrassen an den Hängen, sondern auch in Talböden und Ebenen, deren Sohlen durch die *Sedimentation* im Stau der Dämmchen der bewässerten Felder immer gleichmäßiger aufgefüllt wurden.

### *Aufschüttungsebenen und Plateaus*

Die Höhenschichtendarstellungen vieler Atlanten oder Wandkarten verschleiern eine wichtige *Differenzierung der Ebenen* durch einen einheitlichen, meist dunkelgrünen Farbton für alle Bereiche von 0 bis 200 m. Dadurch wird der große geoökologische Unterschied zwischen den bisher besprochenen, nur wenig über dem Meeresspiegel gelegenen, grundwassernahen und jahreszeitlich überschwemmten Alluvialebenen und den trockeneren, etwas höheren Ebenen und Hügeln der älteren Aufschüttungsterrassen oder niederer Plateaus (bzw. »peneplains« auf durchlässigen Neogen-Gesteinen) verdeckt. Er ist aber für Landnutzung wie für Siedlungsentwicklung und -dichte von entscheidender Bedeutung (vergleichbar etwa mit den Unterschieden von Marsch und Geest in Norddeutschland); der Reisbau bedarf dort der künstlichen Wasserzufuhr. Das gilt auch für die in die intramontanen Becken und Küstenebenen geschütteten Schwemmfächer der »Vulkan-Schleppen«, die sanft abfallend, mit nährstoffreichen Böden und guten Bewässerungsmöglichkeiten, fruchtbare Ebenen und Hänge auf den vulkanischen Inseln bilden.
Die Aufschüttungen auf ein älteres Relief bezeichnete W. CREDNER (1935) als *»Überschüttungsebenen«*. Sie haben z. B. an der Westküste

der Thai-Malayischen Halbinsel Karstrandebenen mit jüngeren Sanden und Schottern überdeckt, die erst durch den Abbau der darin enthaltenen, großen Zinn-»Seifen« (sekundäre Lagerstätten) sichtbar werden.
Anstehende flachlagernde Schichten bilden Plateaus, z. B. alte Sandsteine das *Khorat-Plateau* Thailands, das mit höheren Randgebirgen, Flexuren und Schichtstufen nach W und S, dagegen sanft nach O zum Mekong abfällt. Auch aus den meeresbedeckten Schelfsockeln ragen *Kalk- und Mergeltafeln,* wie *Madura* oder Teile von *Timor,* als *Inseln* heraus, ähnlich wie die nur leicht gehobenen *Korallenriffe,* etwa die »1000 Inseln« vor der Küste N-Javas oder der flachen Aru-*Inseln*, die schon auf dem Sahul-Schelf, dem australischen Kontinentalsockel, liegen. Dieser trägt entlang der Südküsten Neuguineas (Irian) wieder große alluviale Tiefländer und Deltas.
Während bei klarem Wasser vor den Küsten Riffe und Koralleninseln wuchsen, entstanden an allen ruhigen und von den Schwebstoffmassen der Tieflandsflüsse belasteten Küsten ausgedehnte Schlickanlandungen – das jüngste, im Wechsel der Gezeiten noch überschwemmte bzw. trockenfallende Land, ein Äquivalent unseres Wattenmeeres, in den Tropen aber von den auf Stelzwurzeln gedeihenden *Mangrove*-Wäldern (S. 58) eingenommen! Wie vor den Deltas rückt auch hier eine fortschreitende Verlandung seewärts vor.

### *Höchste Berge und Gletscher*

Das Granodiorit-Massiv des *Kinabalu* in *Sabah* (N-Borneo) ist mit 4101 m die höchste Erhebung Inselindiens; nahe dem Äquator liegt es heute knapp unter der klimatischen Schneegrenze, trägt aber deutliche eiszeitliche Vergletscherungsspuren. *Rezente Gletscher* tragen dagegen die Berge im nördlichsten *Burma,* die schon den östlichen Randketten des Himalaya angehören; dort bildet der Hkakabo Razi mit 5877 m den höchsten Gipfel ganz SO-Asiens. Auch am jenseitigen Ende Indonesiens, auf der Südhalbkugel, finden sich auf dem Puncak Jaya (früher Carstensz-Spitze) in *W-Irian* (Neuguinea) noch einmal kleine Gletscher. Er war auf 5030 m vermessen; neuere Untersuchungen verzeichnen ihn nur noch mit 4884 m (KILMASKOSSU und HOPE, 1985). Die meisten der aus Sedimenten oder kristallinen Gesteinen aufgebauten Bergkämme der nichtvulkanischen Inseln und des Festlandes kulminieren um 2000–2700 m; auf Sulawesi (Celebes) übersteigen sie 3400 m, an der Grenze N-Vietnams gegen Yünnan 3200 m.

Die *Vulkankegel* Indonesiens erreichen im Kerinci auf Sumatra mit 3808 m die größte Höhe, gefolgt vom Rinjani (Lombok) mit 3726 m und dem Semeru (O-Java) mit 3676 m.

*Der tropische Karst*

Das häufige Ausstreichen von Kalken (von Permokarbon bis Tertiär) bildet einen eigenen Formenschatz und einen besonderen – bei Wasserverfügbarkeit bodengünstigen, sonst aber prekären – Lebensraum, wenn auch nur selten in größeren Gebieten.
Der Formenschatz entsteht überwiegend durch Lösung (Korrosion = »Zernagung«) der Gesteine, da ihr Calzitgehalt mit Regen- oder Bodenwasser Kohlensäure bildet, die – zusammen mit Humus und anderen organischen Säuren – Kalk löst. Die entstehenden Formen und die starke Durchlässigkeit, die den Oberflächenabfluß schluckt, werden als »Karst« (nach dem dinarischen Karstgebirge) bezeichnet. Während in den gemäßigten Klimaten überwiegend Hohlformen (Karren, Dolinen, Poljen, Trockentäler, Höhlen usw.) entstehen, erreicht im tropischen Karst im feuchtheißen Klima und vor allem unter feuchten Schwemmlandböden die Lösung eine vier- bis fünffache Intensität, und es treten markante Vollformen hinzu: der *tropische »Kegelkarst«*. Durch Mächtigkeit, Lagerung und petrographische Beschaffenheit der Kalke differenziert, bilden sie entweder dicht gescharte, 40–300 m hohe Felstürme, den *»Turmkarst«,* oder häufiger ganze Schwärme *halbkugelförmiger Kuppeln* (»Halbkugel«-, »Sinus«- oder »Bienenkorb«-Karst) von 30–70 m Höhe – z. B. »Gunung Sewu«, d. h. »1000 Berge«, in Java. Die hohe jahreszeitliche Feuchtigkeit begünstigt starken Außenbehang der Felsen mit Stalagtiten, die wir in Europa nur im Inneren der (auch im tropischen Karst häufigen) Höhlen kennen. Landnutzung und Siedlung hängen von der verschiedenartigen Struktur der Karstgebiete ab – wo irgend möglich, werden sie, wegen der *nährstoffreichen Kalkverwitterungsböden,* trotz schwieriger Reliefverhältnisse genutzt. Im Turmkarst, dessen Inneres eine Wildnis zerschrundeter Dolinen bzw. »Cockpits« und Felstürme bildet, sind nur die Ränder und die größeren Karsthohlformen (»Poljen«) begünstigt, an deren Felsfuß aber zahlreiche kleinere, gelegentlich auch große Karstquellen hervortreten, so daß die engeren Karstrandebenen ganzjährig Bewässerungsmöglichkeit (Naßreis) gewinnen (z. B. Maros, S-Sulawesi). Ohne größere Quellen bilden diese Fußflächen immerhin gute Böden für Mais u. a. (z. B. in Thailand).
Der *Halbkugelkarst* differenziert sich danach, ob *wassertragende* Mer-

gelhorizonte (mit Quellaustritten), die ebenfalls *Bewässerungsbau* auf guten Böden erlauben (z. B. Bone, Sulawesi oder Insel Bohol, Philippinen), vorkommen, oder ob Quellaustritte völlig fehlen. Dann ist in den Hohlformen, auf steinigen Terrassen oder selbst in der schmalen Bodenfüllung von Karren, nur *Trockenfeldbau* in der *Regenzeit* möglich (Trockenlandreis, Erdnuß, Tabak, Mais u. a.). In der Trokkenzeit herrscht dagegen volle Brache, und selbst die Wasserversorgung für Mensch und Vieh (Stauteiche – auf tonigen Böden – oder Tiefbrunnen) ist sehr prekär, besonders in den dicht besiedelten *Karstgebieten Javas* (UHLIG, 1980b). Flachlagernde *Kalk(-mergel-)tafeln* mit schwer erschließbarem Untergrundwasser müssen ebenfalls dem Trockenfeldbau und der Viehzucht überlassen bleiben, besonders auf Madura, der Südhalbinsel Balis, Teilen Timors usw.
Im Schan-Hochland finden sich großflächige *Karst-Poljen* (auf Tonböden darin auch der Inle-See – S. 237). *Die Höhlen des Karstes* sind bevorzugte Sitze der – vor allem buddhistischen – Klöster, aber auch Schlupfwinkel für Partisanen (z. B. das Karstgebirge des Phnom Malai knapp jenseits der thailändischen Grenze als Hauptquartier der »Roten Khmer«) und bedeutende prähistorische Fundstätten. Für den *Bergbau* finden sich wichtige sekundäre Lagerstätten in Karsthohlformen (Zinn, Brauneisen, Ilmenit, Gold, Phosphat); dazu kommt der Kalk für die *Zementwerke*. Besonders attraktiv (in wachsendem Maße auch für den Tourismus) sind jene Schwärme der vom Meere transgredierten und bizarren Inseln aus *Turm- oder Halbkugelkarstfelsen* (z. B. Phang-nga in S-Thailand; die »100 Inseln« im Lingayan-Golf von Luzon; die Baie d'Along in N-Vietnam usw. – ähnlich den malerischen Karstgebieten im benachbarten SW-China).

### *Die Kontinentalplatten und die Verbreitung der Arten*

Schon der kongeniale Zeitgenosse Darwins, A. R. WALLACE, erkannte an der Tier- und Pflanzenwelt, daß die beiden *Kontinentalsockel*, deren Schelfe während eines im Pleistozän niedrigeren Meeresspiegels über größere Flächen als heute landfest waren, durch die *Tiefseebekken* der Celebes-, Banda-, Sulu-, Flores-See usw. *getrennt* blieben. Die frühen pflanzlichen, tierischen – und selbst noch die ältesten menschlichen – Ausbreitungsbewegungen erfolgten noch über größere Landzusammenhänge oder schmalere Meeresarme. Bis über die heutigen *Großen Sunda-Inseln* konnten sich die Pflanzen und Tiere des *eurasiatischen Kontinents* ausbreiten; der Tiger erreichte noch Sumatra und Java, Orang-Utan und Tapir Borneo und der Elefant Sumatra, wäh-

rend die Großsäuger nie bis Sulawesi oder auf die Kleinen Sunda-Inseln kamen. Vom *australischen Festland* drangen umgekehrt Beuteltierarten und Paradiesvögel über die Kai-Inseln und die Molukken bis *Sulawesi* vor, wo sich die Biosphären beider Erdteile – mit einer reduzierten Anzahl mobiler Arten beider Seiten – überschneiden.
Die Grenzen der biogeographischen Ausbreitung, die *»Wallace«-Linie* (Abb. 2) und die späteren Verbesserungen durch die »Weber«- und die »Huxley«-Linie (Pflanzen, niedere und auch Großtiere) zeugen noch heute für diese erdgeschichtlichen Entwicklungen.
Auch die *Wildformen* von *Rind* und *Wasserbüffel* – in der *Naßreiskultur* domestiziert – gelangten nur vereinzelt über diese erdgeschichtlich bedingte Trennungslinie nach O; die östlichen Inseln und Melanesien blieben beim Anbau von *Knollenfrüchten* (Taro, Yams) und der Gewinnung des Marks der *Sago*-Palme, während der *Reis* erst heute dorthin gebracht wird.

### *Die Böden und ihre Tragfähigkeit*

Für den Anbau müssen in SO-Asien nach dem räumlichen wie nach dem Nutzungspotential die Böden sehr differenziert bewertet werden. Die Voraussetzungen für den traditionellen Naßreisbau sind deutlich anders als für das trocken bestellte Land, wo wiederum Ackernutzung mit einjährigen Pflanzen oder Baum- und Strauchkulturen – oder Kombinationen aus beiden – unterschiedliche Ökosysteme bilden. Auch die Reisböden sind in sich stark differenziert, meist aber alle stark anthropogen: durch menschlichen Eingriff verändert; sie werden bei dieser »Leitkultur« Monsunasiens näher behandelt werden.
Für die – meist erst in der Neuzeit dem Walde abgerungenen – Böden des nichtbewässerten Anbaues in den Tief-, Hügel- und Plateauländern (im Englischen meist wenig präzis als »upland«-soils den natürlich oder künstlich bewässerten »lowland«-soils des Reisbaues gegenübergestellt) ist eine grundsätzliche Unterscheidung zwischen den *monsunal-wechselfeuchten* und den *immerfeuchten* Tropen geboten.

### *Probleme des Anbaus auf tropischen (Wald-) Böden*

Fast alle Erweiterungen des Anbaues setzen die *Rodung* tropischen Waldes voraus. Galt dieser – aufgrund seiner üppigen Biomasse – früher als riesiges Potential agrarischer Landreserven, wuchs bald die Erkenntnis natürlicher *Beschränkungen* seiner *Tragfähigkeit bei acker-*

baulicher Nutzung (in jüngerer Zeit von W. WEISCHET (1977, 1984) als »ökologisches Handicap« der feucht-tropischen Ökosysteme herausgestellt).
Die agrarische Tragfähigkeit ist danach differenziert, ob es sich – dank des Ausgangsgesteins – um Böden mit hohem oder niedrigem *Basenstatus* handelt. Der günstigere Fall der ersteren ist leider auf etwa nur 5–18% des tropischen Areals beschränkt. Im immerfeucht-tropischen SO-Asien sind das vor allem die aus *nährstoffreichen vulkanischen Aschen* (Kalzium, Magnesium, Kalium usw.) gebildeten Böden. Selbst gelegentlicher Aschenfall (quasi eine »Kopfdüngung«) oder Flüsse (bzw. im Niederschlag gelöste Nährstoffe) aus vulkanischen Einzugsgebieten vermögen begünstigend zu wirken. Deshalb sind z. B. Sumatra oder das noch feuchttropische W-Java gegenüber dem im gleichen immerfeucht-tropischen Klima gelegenen Borneo (Kalimantan) – ohne Vulkanismus und mit wesentlich weniger basenhaltigen Böden – so bevorzugt, wie es auch in ihrer dichteren Besiedlung und intensiven Nutzung bzw. der wirksameren Reaktionsfähigkeit auf agrarische Verbesserungen zum Ausdruck kommt.
Weiterhin begünstigt sind die Böden auf lehmig-sandigen Fluß-Alluvionen, voran auf natürlichen Flußdämmen, und schließlich Böden auf kalkhaltigen Gesteinen (s. u.). Mehr als die Hälfte der Hügelländer im immerfeuchten SO-Asien tragen aber Böden mit *geringem Nährstoffgehalt* bzw. nur schwer korrigierbaren Nährstoffproblemen, wie Aluminium-Toxidität, Eisen- und Aluminium-Oxydation usw. Diese Eisen- und Aluminiumoxyde bilden harte Krusten, die die Anbaufähigkeit – außer für ökologisch angepaßte Baumkulturen – verringern. Sie bedingen die gelb-rote Färbung der feuchttropischen *Latosole oder Ferrosole* (von latein. »later« = der Ziegel, nach der Farbe, aber auch wegen des harten Verbackens bergfrisch abgestochener Lateritziegel als dauerhaftes Baumaterial und als Decke von Erdstraßen. Auch die Bauxitlager sind alte, aluminiumhaltige Latosole). Noch schwieriger sind die auf »sauren« Gesteinen – Sandsteinen, Mergeln, Graniten, Schiefertonen, Konglomeraten – weitverbreiteten rot-gelben Podsole (Oxisole), die vielfach nur armen (Sekundär-)Buschwald oder durch Degradation bei Übernutzung entstandene Hartgras-Savannen tragen.
Die starke *Verwitterung* in den warmen, immerfeuchten Tropen führt zur *Verarmung* der *Nährstoff-Kationen,* wie Kalzium, Kalium, Magnesium, Phosphate, Pottasche, Sodium (Natrium) und zur Auswaschung von Kieselsäure. In der tonigen Substanz bestehen diese Böden deshalb vorwiegend aus den Tonmineralen Kaolinit, Aluminium- und Eisenhydroxyden (»ferralitische« Böden – WEISCHET, 1984; DOMRÖS,

1980). Alle drei Substanzen bewirken extrem *geringe* Werte der *Kationenaustauschbarkeit* des Mineralbodens, d. h. der Fähigkeit des Bodens, die in der Bodenlösung freigesetzten Nährstoffkationen vor der dauernden Auswaschung dadurch zu bewahren, daß die Nährelemente vorübergehend an nicht bewegliche, raumfeste Bodenbestandteile angelagert werden. Die Kationenaustauschbarkeit bestimmt, wie viele durch Düngung (auch Aschendüngung oder Kalken) zugeführte Nährelemente vom Boden aufgenommen werden können. Was über diese Kapazität hinausgeht, wird mit dem Sickerwasser ausgespült; die ferralitischen Tropenböden haben sehr viel niedrigere Werte des Tonmineralbestandes (»*Restmineralgehalt*«) und der Kationenaustauschfähigkeit als z. B. normale Parabraunerden der Außertropen.
Schließlich ist die *Abbaurate der organischen Substanz* unter den hohen Temperaturen und der gleichmäßigen Feuchte unter tropischen Regenwäldern viel höher als in Wäldern der gemäßigten Breiten (BRUENIG, 1984). Nach Beseitigung des Regenwaldes (z. B. Rodung für Anbau) ist sie wesentlich größer als unter der ständigen Nachlieferung aus der großen Biomasse des tropischen Waldes, der weitgehend »eutroph« auf dieser, seiner eigenen organischen Substanz lebt. Die gerodeten Flächen sind sehr viel stärkerer Auswaschung (Auslaugung) durch die tropischen Starkregen ausgesetzt. Deshalb sinkt ohne Gegenmaßnahmen der Humus- und Nitratgehalt des ferralitischen Regenwaldbodens unter Feldbau so rapid, daß er nach zwei bis drei Ernten erschöpft ist. Auch die »Nährstoffallen« der *Pilzgeflechte* (Mycorrhiza) an den Nährwurzeln der ausdauernden Pflanzen werden dann zerstört und können damit ihre Nährstoffe nicht mehr weitergeben.
Die stark ausgelaugten, relativ sauren, *rot-gelben podsoligen Böden* nehmen vielfach auch die – z. T. als »peneplains« angesprochenen – flachwelligen Fußhügelzonen zwischen den alluvialen Küstentiefländern und den Gebirgen der großen tropischen Inseln ein. Man schätzt, daß sie etwa 40 % dieser Gebiete bedecken, die wegen ihrer *Landreserven* von Bedeutung sind (U. SCHOLZ, 1984), vielfach aber auch schon die großen Kautschuk- oder Ölpalmenpflanzungen tragen. Entscheidend für deren »Inwertsetzung« ist die Wahl einer diesen *ökologischen* Gegebenheiten *angepaßten Bodennutzung*. Im Trockenfeld-Daueranbau mit einjährigen Nahrungs- und Handelspflanzen allein ist ihre Kapazität bald erschöpft. Durchaus brauchbar sind sie aber, wenn sie vorrangig mit *Baum- und Strauchkulturen* bepflanzt werden, deren Arten im tropischen Regenwaldklima und auf dessen Böden heimisch sind, die dort vom Überfluß an Wärme und Feuchtigkeit profitieren und einen standortgemäßen *Ersatz* der *natürlichen* durch die *Kulturvegetation* bieten. Sie versprechen dann brauchbare Erträge und in

Verbindung mit ihnen – untergepflanzt, oder in Fruchtrotationen und mit Brachen, bzw. mit Ergänzung durch bewässerte Reisflächen – kann auch die Nahrungsversorgung, neben den »cash crops«, gesichert werden.

Auch der alte *Brandrodungs-Wanderfeldbau* (S. 150) beruht auf diesen Erfahrungen, daß der tropische Wald weitgehend »eutroph« auf seiner eigenen, auf dem Boden angereicherten, organischen Substanz lebt. Nach dem Roden oder Schwenden hält diese noch kurze Zeit vor, dann setzt rasche *Nährstoffverarmung* ein (besonders an Nitraten, Phosphor, Humus usw.). Beim Wanderfeldbau wird dem durch jährliches Wechseln der Anbauflächen (»shifting cultivation«!) und mehrere Jahre der Bodenregenerierung unter *Buschbrache* entgegengewirkt. Da er auch in den wechselfeuchten Klimazonen vorwiegend im Bergland betrieben wird, findet er wegen der stärkeren Niederschlagsexposition der Gebirge auch dort ähnliche ökologische Bedingungen.

Das stärkere Relief im *Bergland,* das ca. 30 % auf den innertropischen Inseln einnimmt, bedingt auch eine *stärkere Abtragung* und damit *höhere Restmineralgehalte* der Böden, außerdem verlangsamt sich der Oxydationsprozeß der Humusschicht, so daß *edaphisch* die Besiedlung der (z. T. reliefmäßig allerdings schwierigeren) *Hochländer begünstigt* wird. Wir finden deshalb auf den immerfeuchten Inseln – z. B. Sumatra – die bedeutendere, alte Siedlungs- und Kulturentfaltung eher in den Hoch- als in den (versumpften) Tiefländern; der *»Bergreis«* mit dem Pflanzstock im Wanderfeldbau war dort ökologisch die angemessenste Kulturart. Während der Naßreis dort nur auf begrenzten, natürlich gebotenen Standorten gedieh, konnte er in den großen Sumpftiefländern erst unter hohem technischen Aufwand und auch nur auf begrenzten Flächen entwickelt werden. Diese 20–25 % der innertropischen Inseln einnehmenden *Tieflandssümpfe,* oft unter schweren Regenwäldern, müssen – entgegen optimistischen Erwartungen selbst so erfahrener Tropengeographen wie noch E. H. G. DOBBY (1952), die große Hoffnungen auf eine Erschließung künftiger »Reisschüsseln« weckten – als wesentlich schwieriger nutzbar angesehen werden, als die Fußflächen und Hügelländer mit ihren rot-gelben, podsolischen Böden.

### *Die günstigeren monsunal-wechselfeuchten Tropen*

In den periodisch trockeneren, monsunal-wechselfeuchten Tropen – d. h. im festländischen SO-Asien, in Zentral- und O-Java und auf den Kleinen Sunda-Inseln sowie größeren Teilen der Philippinen – erscheinen dagegen die fersiallitischen Böden als etwas günstiger. Die *reduzierte Verwitterungsintensität* beläßt – im Zusammenhang mit dem o. a. Faktorenkomplex – ein etwas *höheres Nährstoffpotential.* In den Gebieten mit nur fünf bis acht humiden Monaten, d. h. einer markanten Trockenphase und dennoch befriedigender Sättigung der Bodenfeuchte während der monsunalen Regenzeit, herrschen deshalb bessere agrarklimatische und edaphische Bedingungen. Den letzteren kommt wohl auch eine gewisse Wiederanreicherung nach unten ausgewaschener Nährstoffe durch das *Wiederaufsteigen* (»Ascension«) mit der in der Trockenzeit verdunstenden Bodenfeuchte zugute. Zu beachten bleibt weiter in beiden Klimazonen die »Wiederaufbereitung« von Nährstoffen über die *Wurzelsysteme* und den *Laubwurf* der in den Feldern (selbst im bewässerten Reisland, bes. in Hinterindien) belassenen Bäume mit Wurzelsystemen bis zu 30 m Tiefe (»tree-pumps« – B. N. FLOYD, 1982; JORDAN and HERRERA, 1981) und das Heraufbringen von Nährstoffen in den *Termitenbauten,* die ebenfalls in den aus *Monsunwäldern* (nicht aus »Termiten-Savannen«, wie in anderen Erdteilen!) gerodeten (Reis-)Feldern häufig sind. Neue Erfahrungen brachte der starke Einsatz von Traktoren mit *Tiefpflügen* der tropischen Waldböden, die bisher in der »shifting cultivation« – aus ökologischer Erfahrung heraus – nur mit dem Pflanzstock ganz oberflächlich bestellt wurden. Durch vollständige *Beseitigung* der immensen *Wurzel-* und *Unkrautkonkurrenz* und das Aufpflügen von *Nährstoffen* aus *tieferen Bodenschichten* durch die starken Scheibenpflüge entsteht aber (wie etwa auch beim Gartenbau mit dem Spaten) eine so gründliche Bodenaufbereitung, daß günstige Ergebnisse entstehen, die den großen Gebieten der *Neulanderschließung* (S. 183) heute mit dieser technischen Innovation zugutekommen. Großbetriebe (z. B. für Zuckerrohr) unterhalten selbstverständlich ihren Maschinenpark; für Kleinbauern und »Pioniersiedler« setzt sich das Kontraktpflügen durch (Traktoren-)Unternehmer immer mehr durch. Auch die sehr viel höhere, agrarische Bevölkerungsdichte und die frühe Entfaltung des »tegalan«-(Trockenfeld-)Anbaues auf *Java* sind Ausdruck der relativ *günstigeren* Eignung der Böden des *monsunal-wechselfeuchten* gegenüber dem des innertropisch-immerfeuchten Klimas.

### *Edaphisch begünstigte und arme Trockenfeld-Ökosysteme*

In beiden Klimazonen liegen glücklicherweise auch beachtliche Areale *edaphisch* – d. h. vom Boden und Ausgangsgestein her – begünstigter Anbaugebiete, deren Böden sich durch nachhaltige

Nährstoffe, gute Struktur – allerdings oft auch Durchlässigkeit – auszeichnen. Sie waren schon lange die bevorzugten Siedlungs- und Anbauräume. In den *immerfeuchten Tropen* Indonesiens umfassen sie allerdings nur rd. 5% der nutzbaren Flächen; sie nehmen aber im *monsunal-wechselfeuchten* Zentral- und O-Java, Bali usw. größere Areale ein.
Am stärksten ist die *Gunst* der *Böden*, häufig mit Gebirgslagen zusammenfallend, in den Gebieten des *jungen Vulkanismus*. Die überwiegend kalk-alkalischen Laven und Aschen verwittern im Rohzustand zu Regosolen, dann zunehmend zu feinkrumigen *Andosolen* und *Latosolen*. Reichtum, Nachhaltigkeit (und bei erneuten Ausbrüchen die Auffrischung) an Nährstoffen gewähren hohe Fruchtbarkeit. Deshalb sind, trotz der Gefahren – besonders der Schlamm- und Aschenmuren der »Lahars«, die Felder und Siedlungen verheeren können – gerade die Hänge der Vulkane und die dazwischen liegenden Talbecken am dichtesten besiedelt. Nur in Ausnahmefällen – z. B. einigen noch bewaldeten, vulkanischen Hochflächen Sumatras – schränken *saure*, dacitische oder liparitische Laven und Aschen diese Bodengunst ein. Die aus tonreichen, dunkelgrauen (z. T. vulkanogenen) Alluvionen entstandenen *Vertisole* (»Grumosole«) mancher Ebenen – z. B. in O-Java – sind relativ schwer und durch Wasser- und Stickstoffmangel im Ertrag begrenzt.
Weitere, meist nur schmale und langgestreckte Standorte hoher Bodengunst sind die *natürlichen Flußdämme* (»Dammufer«) der monsunal-, wie der immerfeuchten Tiefländer (S. 33). Als Standorte *alter* bäuerlicher *Besiedlung* und historischer Zentren bieten sie gut durchlüftete, mineral- und basenreiche Lockerböden für Trockenfeld- und Gartenbau. Die direkte Nachbarschaft zum Naßreisland erhöht ihre Vorzüge. Prinzipiell ähnlich, aber mit ärmeren Sandböden, sind auch die oft serienhaft gestaffelt auftretenden fossilen *Strandwälle* entlang den Ausgleichsküsten. Die tieferen, in verlandeten Lagunen dazwischen gelegenen Reisfelder haben freilich weniger günstige Böden, meist Gleye und torfig-saure Histosole.
Nährstoffreiche Böden, aber eine *prekäre Wasserversorgung*, die zu feinster Anpassung an die Standortverhältnisse zwingt, kennzeichnen die Ökosysteme im *tropischen Karst* (S. 36) der flächenmäßig begrenzten, durch ihre Landnutzung und die markanten Reliefformen aber herausragenden *Kalkgebiete* (UHLIG, 1980 b). Mit Ausnahme von Reisfeldern an perrenierend fließenden Karstquellen, die ganzjährig bewässert und bestellt werden können, bedingt fehlendes Oberflächenwasser den Trockenfeldbau, der in den monsunal-wechselfeuchten Gebieten sogar ausschließlich auf die Regenzeit beschränkt ist.

*Madura* und andere flachlagernde, durchlässige *Kalk- und Mergeltafeln* werden dadurch agrarisch auf Trockenlandreis, Mais, Cassava und Hülsenfrüchte, ggf. kompensiert durch verstärkte Rinderzucht, begrenzt. Teilweise bieten aber – auch in *Hinterindien,* (Thailand, Burma, Laos) – nährstoffreiche Rendzinen und *Regurböden* auf *Karstrandebenen* u. ä. Flächen über kalkigem Untergrund recht günstige Bodenbedingungen, die z. B. von der Neusiedlung mit Trockenfeldfrüchten (S. 167) genutzt werden.
Extreme Armut bestimmt jene Bergländer, in denen sich *edaphische* und *klimatische Trockenheit* mit armen, *podsolischen* und *steinigen Böden* verbinden. Das bekannteste Beispiel bietet das *»Südergebirge«* (Gunung Kidul), der nichtvulkanische Südstreifen *Javas* (altvulkanische Tuffe, Konglomerate, Sandsteine, Kalke). Wegen des extremen Bevölkerungsdrucks wurde es dennoch besiedelt. Die in der Trockenzeit völlig brachliegenden, *unbewässerbaren Terrassen* eines auch in der Regenzeit nur bescheidenen *Trockenfeldbaues* (Mais, Cassava, Trockenlandreis, einige Baumkulturen und Bambushaine) zwischen ausgedehntem, steinigem Busch- und Ödland sind Ausdruck der Armut durch extrem abweisende ökologische Bedingungen. Auch weite Areale der *Kleinen Sunda-Inseln* tragen unter ähnlichen Gegebenheiten – außerhalb jungvulkanischer Böden und isolierter, kleiner »sawahs« – nur extensive *Landwechselwirtschaft,* Sekundärwälder und Dornbusch- oder Grassavannen.

### 2.1.2 Klima und Vegetation

Jahreszeitliche Verlagerungen der globalen Zirkulation und der Kontrast zwischen der geschlossenen Landmasse Asiens und den durch Nebenmeere abgegliederten »Subkontinenten« S-, SO- und O-Asiens verursachen den regelhaften Luftmassenaustausch, für den sich der Begriff »Monsun« eingebürgert hat. Gemeinsam werden diese drei »Kulturerdteile« auch als »Monsunasien« angesprochen. In SO-Asien mit seiner maritimen Inselwelt und dem tiefen Eingreifen des Meeres auch in das Festland ist die klimabestimmende Wirkung der feuchten, äquatorialen Luftmassen besonders stark. Das kräftige Relief bringt sie an vielen Stellen zum Aufsteigen und damit zur Auslösung der Niederschläge (Stauregen), so daß – mit Ausnahme einiger binnenländischer Becken – der südostasiatische Lebensraum am stärksten von allen Erdteilen vom Charakter der »feuchten Tropen« bestimmt wird.

*Drei Klimaregionen*

Die jahreszeitliche Verteilung der Niederschläge bestimmt die Untergliederung in *drei Klimaregionen*. In der Mitte erstreckt sich die breite Zone der *äquatorialen, immerfeuchten Tropen*. Sie wird durch eine nördliche (durch das Festland größere und kompaktere) und eine südliche (auf den kleinen Inseln weniger geschlossen ausgeprägte) Zone des *Monsunklimas* – überwiegend tropisch-sommerhumid – flankiert. In den inneren Beckenlagen des Festlandes und in einzelnen Leegebieten auf den südlichen Inselketten bringt der stärkere Rhythmus zwischen feuchter und trockener Jahreszeit schließlich den Übergang in die »wechselfeuchten Tropenklimate« (Abb. 3).

Auf den Bergen und Hochländern folgt eine kühlfeuchte klimatische Höhenstufe. Die gemäßigteren, mittleren Lagen bilden noch den Lebensraum einzelner Bevölkerungen (z. B. Schan-Hochland, Batak-Gebiet Sumatras, Hochland von Neuguinea), die höheren Gebirge bleiben aber außerhalb des Siedlungs- und Wirtschaftsraumes. Während in den Hochländern, besonders im N des Festlandes, aber auch auf den höchsten Gipfeln der innertropischen Zone bereits (nächtliche Strahlungs-)Fröste auftreten, bleiben selbst der Kinabalu (4101 m) und die höchsten Vulkane Indonesiens noch unter der gegenwärtigen klimatischen Schneegrenze. In den NO des Berglandes von Vietnam und Laos reicht ein Ausläufer des warm-gemäßigten, subtropischen – wintertrockenen, sommerfeuchten – »sinischen« Klimas herein.

Die *äquatoriale Klimazone* (»immerfeuchte Tropen«, »tropische Regenklimate« nach TROLL u. PAFFEN, 1968) ist wegen der in Äquatornähe aufsteigenden Luftbewegungen, bedingt durch die allgemeine Zirkulation (Konvergenz der Luftmassen) und die hohen Temperaturen nahe der Erdoberfläche (Konvektion), die regenreichste Zone der Erde. Zieht man das Fehlen ausgeprägter Trockenzeiten als Abgrenzungskriterium heran (Niederschlagsmittel von mindestens 60 mm für den trockensten Monat des Jahres), so ist ihre Grenze etwa zwischen 6 ° und 7 ° nördlicher Breite von der NW-Ecke Malayas über die Nordspitze Borneos zu den südlichen Philippinen zu ziehen, während jenseits des Äquators die Westhälfte Javas noch erfaßt wird und auf der Höhe von rund 6 ° südlicher Breite die Grenzlinie über die Südspitzen von Celebes ins südliche Neuguinea schwingt. Wegen ihrer langandauernden und hohen Niederschläge werden außerhalb dieser Zone auch noch die Ostflanken der Philippinen, die Westküsten Burmas und der südöstliche Zipfel Thailands (um Chanthaburi) in die »tropischen Regenklimate« einbezogen.

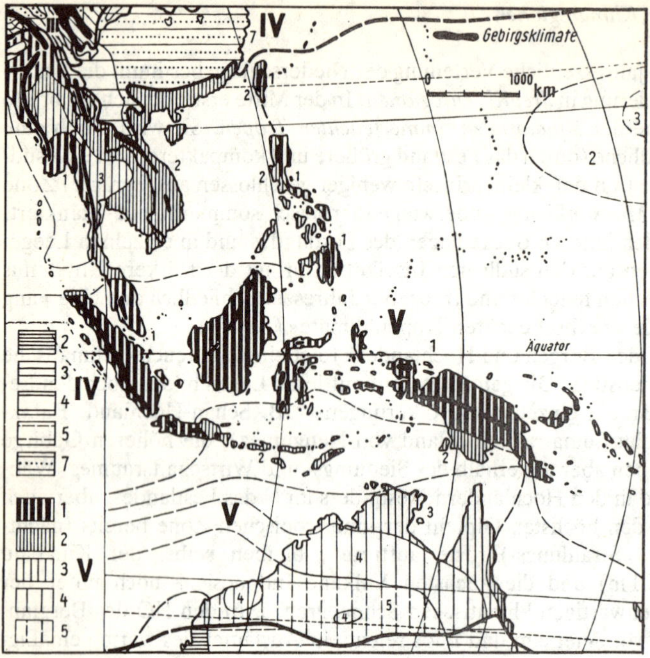


*Das »Tageszeitenklima«*

Die Sonneneinstrahlung zeigt in den äquatorialen Tropen kaum jahreszeitliche Differenzierungen; am Äquator beträgt der Unterschied zwischen dem kürzesten und dem längsten Tag nur zwei Minuten, er nimmt pro Breitengrad um etwa 7 Minuten zu. (Das wird im Lebensrhythmus ganz SO-Asiens mit der nach kurzer Dämmerung schon zwischen 18 und 19 Uhr einfallenden Nacht spürbar.) Die weitgehend konstante Strahlung verursacht ganzjährig gleichförmige Tages- und Monatsmitteltemperaturen, die Temperaturschwankungen im Tagesgang übertreffen bei weitem den des Jahresganges; es herrscht ein »Tageszeitenklima« statt eines »Jahreszeitenklimas« (C. TROLL). Es wird, besonders beiderseits des Äquators, durch ganzjährig hohe Strahlung verstärkt. Andererseits kann die Maritimität Inselindiens auch die Höhe der Temperaturen und die Tagesschwankungen reduzieren. Die Jahresschwankungen der Monatsmitteltemperaturen liegen im Tiefland nur zwischen 0,7 und 2,0 °C, bei Temperaturmitteln

**Abb. 3:** Südostasien – Jahreszeitenklimate

**IV Warmgemäßigte Subtropenzonen**
(im Tiefland wintermild, kühlster Monat 2° bis 13° C)
2 Winterfeuchte Steppenklimate: meist weniger als 5 Monate feucht (Gras- und Strauchsteppe)
3 Sommerfeuchte Steppenklimate: meist weniger als 5 Monate feucht (Dornsteppe)
4 Mehr als 5 Monate feucht (Kurzgras- und Waldsteppe)
5 Subtropische Halbwüsten- und Wüstenklimate
7 Ständig feuchte Grasland- Waldklimate (Lorbeer- und Nadelgehölze)

**V Tropenzone**
(im Tiefland kältester Monat über 18° C; jährliche Temperaturschwankung geringer als Tagesschwankung)
1 Immerfeuchte Regenwaldklimate (ohne ausgeprägte Trockenzeit)
2 Feuchtsavannenklimate (Trockenzeit von 2½ bis 5 Monate, vorwiegend Winter)
3 Wechselfeuchte Trockensavannenklimate (winterliche Trockenzeit von 5 bis 7½ Monate)
4 Dornsavannenklimate (Trockenzeit von 7½ bis 10 Monate, vorwiegend Winter)
5 Tropische Halbwüsten- und Wüstenklimate
(Ziffern der Legende nach dem Original der Karte für die ganze Erde.) Die wichtigste Unterscheidung für SO-Asien ist die zwischen den immerfeuchten Klimaten (V. 1) und der nördlichen und südlichen wechselfeuchten Tropenzone (V. 2)!

*(umgezeichneter Ausschnitt aus »Jahreszeitenklimate der Erde« von: C. Troll und K. H. Paffen, 1968)*

von 25°–28°C. Die Tagesamplitude der Temperatur beträgt dagegen zwischen 8° und 11°C. Das absolute Maximum der Temperaturen liegt für die meisten Stationen der äquatorialen Zone bei 37°C. Temperaturunterschiede werden in erster Linie durch die Bewölkungsverhältnisse, die die Sonnenstrahlung beeinflussen, bestimmt; sie wirken auch auf Luftfeuchtigkeit und Verdunstung ein. Tiefer Luftdruck, eine relativ ruhige Atmosphäre und vorwiegend glatte See sind charakteristisch. Lediglich lokale Faktoren, weitgehend durch die tageszeitlichen Temperaturunterschiede bedingt, wie Land- und Seewind, wandeln diese Verhältnisse ab. Der Tagesgang der Niederschläge läßt auf dem Lande ein Vorherrschen von Nachmittagsmaxima erkennen, die meist in heftigen Gewittern (Konvektion über der erhitzten Landoberfläche) niedergehen. Auf dem Meer und den kleinen Inseln fallen die maximalen Regenfälle während der Nacht und am frühen Morgen (nächtliche Konvektion über dem Meer, am Tag schnellere Erwärmung der Atmosphäre als der Wasseroberfläche) (NIEUWOLT, 1969).

Trotz des Unterschiedes zwischen der quasi jahreszeitenlosen äquatorialen Zone und den beiderseitigen, vom Niederschlagsrhythmus deutlich gegliederten *monsunal-tropischen Klimaregionen,* ist aber für ganz SO-Asien die Lage am Rande bzw. zwischen den Kontinenten von Asien und Australien sowie zwischen dem Indischen und dem Pazifischen Ozean von großer Bedeutung. Durch die jahreszeitliche N-S-Verlagerung der thermalen Zonen von Luftdruck und Winden – Verlagerung der innertropischen Konvergenzzone (I.T.C.) – wird ganz SO-Asien vom *System der Monsune* beherrscht (FLOHN, 1957). Mit der Auslösung der heftigen Niederschläge aus der labil geschichteten, feuchtigkeitsbeladenen Luft der tropischen Meere, die auf dem Lande aufsteigt, sind sie – auch für Vegetation und menschliches Leben – das bestimmende klimatische Phänomen.

Auch innerhalb der äquatorialen, immerfeuchten Zone regelt das Zusammenspiel der regenbringenden Winde mit dem Relief (Exposition, Luv- und Leewirkung) die Verteilung und Intensität der Niederschläge. Mit wachsender Entfernung vom Äquator machen sich auch dort schon Schwankungen der Niederschlagsverteilung im Jahresgang bemerkbar, die z. B. die Anbauzeiten der von der Feuchtigkeit abhängigen Produkte – besonders des »Bergreises« – bestimmen. Während des größten Teiles des Jahres sind in der äquatorialen Zone zwar die Niederschläge höher als die Verdunstung; während kürzerer Perioden (im nordwestlichen Malaya z. B. drei Monate) bleiben sie aber doch hinter der Verdunstung zurück, so daß ein Unterschied zwischen wirklicher und potentieller Verdunstung (der Verdunstung, die angesichts der thermischen Situation möglich wäre) entsteht. Dieses temporäre »Wasserdefizit« (NIEUWOLT, 1969) dessen Stärke mit der Ergiebigkeit der Niederschläge von Jahr zu Jahr schwankt, bedeutet, daß für ein darauf eingestelltes landwirtschaftliches Jahr die ungünstigste Situation einkalkuliert werden muß.

Während in den bekannten Klimadiagrammen von WALTER und LIETH (1960) die Dauer der ariden und humiden Monate nach der Formel Niederschlag > Temperatur ermittelt wird, geht eine verfeinerte Berechnung nach LAUER und FRANKENBERG (1981) von der Formel Niederschlag > »potentielle Landschaftsverdunstung« aus. Diese für die Landnutzung wesentliche Differenzierung wurde für den Reisbau SO-Asiens von H. UHLIG (1983/84) in farbigen Klimadiagrammen dargestellt. Die vielfach über die klimatischen Regenzeiten hinaus fortbestehende Bedeckung großer Reisbauflächen durch natürliche oder künstliche Bewässerung verändert zusätzlich das Lokalklima (»Reisfeldeffekt«).

*Der Monsun-Jahreslauf*

Der Monsunrhythmus SO-Asiens, der meist vereinfacht als Wechsel zwischen einer feuchten und einer trockenen Zeit angesehen wird, besteht genauer aus einem Zirkulationsmechanismus von mehreren Stadien, die sich mit den mittleren Zuständen in den Monaten Januar, April, Juli und Oktober gut darstellen lassen (Abb. 4).
Der bekannteste Abschnitt dieser Zirkulation ist der *SW-Monsun* im (N-)Sommer, Mai bis Ende September (Karte Juli). Über Australien liegt hoher Druck, über Asien zwei Tiefdruckgebiete mit Kernen über NW-Indien und Zentralchina. Sie verursachen einen vorwiegend aus SW, im südlichen Indonesien aus SO wehenden Wind. Er löst die höchsten Niederschläge dort aus, wo er feuchtigkeitsbeladen auf Küsten und Gebirge trifft. Besonders starke Niederschläge bringt er der Außenküste von Sumatra und den Gebirgen ganz Indonesiens, der Westküste der Philippinen, dem Küstensaum Burmas, der Küste Kambodschas und den Gebirgen des Festlandes. Für Hinterindien (mit Ausnahme der ostwärts gerichteten annamitischen Küste) ist dieser SW-Monsun die Hauptniederschlagszeit mit der fruchtbringenden Feuchtigkeit. Südlich des Äquators weht der Sommermonsun aber aus O bis SO, so daß man in Java vom »Ostmonsun« spricht.
Meteorologisch sind zwei Luftströmungen zu unterscheiden: der *verlängerte SO-Passat* von Australien, der dem südöstlichen Indonesien noch eine Trockenzeit bringt und dann, stärker feuchtigkeitsbeladen, in die SW-Richtung einschwenkt; er wird durch eine stark wechselnde, niederschlagsauslösende Luftmassengrenze über Sumatra und Malaya von den wirkungsvolleren, dem festländischen SO-Asien die *Sommerniederschläge* bringenden *Westwind-Luftmassen* des Indischen Ozeans getrennt.
Der Herbst bringt den Übergang zur *Intermonsunperiode* (Karte Oktober). Es bilden sich sekundäre Tiefs über Hinterindien, während die Tiefdruckgebiete über Zentralchina aufgefüllt werden. Die Temperaturunterschiede zwischen Land und Meer und die Luftdruckunterschiede gleichen sich aus; über Malaya und Indonesien entsteht eine flache Tiefdruckrinne. Die Zone der äquatorialen Kalmen (oder Mallungen) gewinnt ihre größte Breite, und die Konvergenzgebiete entlang der Luftmassengrenzen beherrschen das Wettergeschehen. So fallen an der Grenze zwischen SW- und NO-Monsun starke Niederschläge, die in Hinterindien noch bis in den späten Herbst kräftige Regenfälle bringen können.
Von November bis März (Karte Januar) entsteht zwischen Asien und Australien ein deutliches Druckgefälle, das den *NO-Monsun* verur-

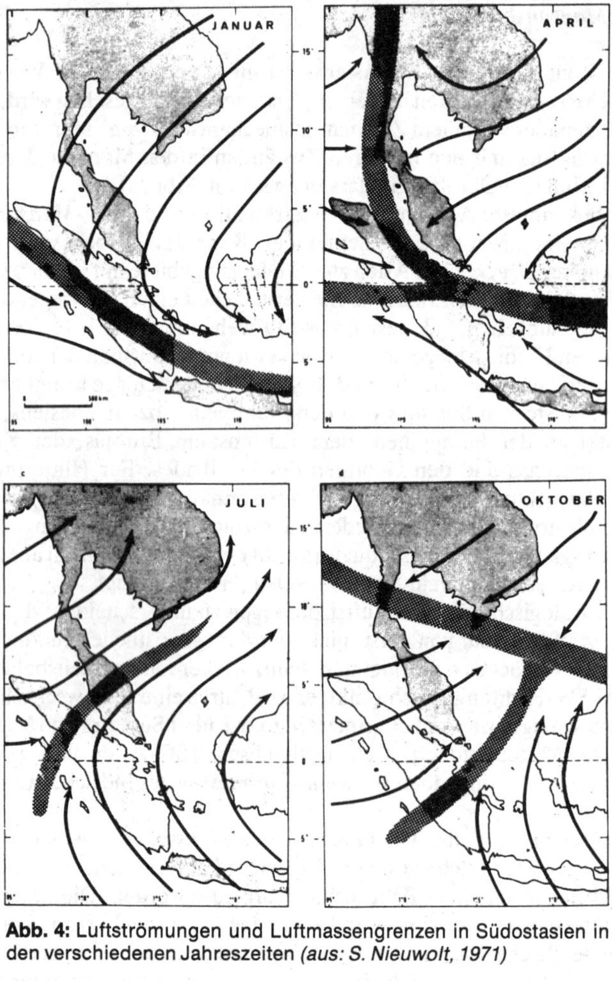


**Abb. 4:** Luftströmungen und Luftmassengrenzen in Südostasien in den verschiedenen Jahreszeiten *(aus: S. Nieuwolt, 1971)*

sacht. Er erreicht im äquatorialen Bereich, besonders über dem Südchinesischen Meer, seine größte Heftigkeit. In der Nähe des Äquators dreht sich der NO-Monsun und wird zum *javanischen W-Monsun*. Das zeigt, daß für keinen der beiden »Monsune« nur eine Windrichtung typisch ist; aus der Lage beiderseits des Äquators und der zergliederten Inselwelt resultieren vielmehr besonders für Indonesien deutliche

Veränderungen der am Boden vorherrschenden Windrichtungen (M. DOMRÖS, 1979). So erhalten die Südküsten und die Gebirge Javas, die Gebirge des südlichen Sumatras und von Celebes, ebenso die östlichen Flanken der Philippinen, die NO-Küste und die Bergländer Borneos, die O-Küste Malayas und die O-Küste Annams in dieser Zeit ihre größten, vielfach aus stürmischen Sturzregen bestehenden Niederschläge. Während starke Brandung an den ostexponierten Küsten die Schiffahrt und Fischerei behindert und teilweise Saisonwanderungen der Fischer in andere Gebiete auslöst, folgt der Ablauf des landwirtschaftlichen Jahres dieser Verteilung der Hauptregenzeiten, so daß im Reisbau gerade umgekehrte Anbau- und Brachperioden herrschen wie in den vom SW-Monsum beregneten Agrarlandschaften. Der NO-Monsun entsteht aus zwei Luftströmungen, kontinentalen Luftmassen aus N-Asien, die sich über dem Südchinesischen Meer mit Feuchtigkeit und Wärme beladen, und maritimer, warmfeuchter Tropikluft von einem nordpazifischen Hoch. Die wärmeren Luftmassen gleiten auf der kühlen Kontinentalluft auf; bis zum Erreichen der äquatorialen Zone gleichen sie sich weitgehend aus (NIEUWOLT, 1969).

Im März verursachen die zunehmende Dauer und Stärke der Sonneneinstrahlung über dem Festland steigende Nachmittagstemperaturen, die die Gewitter der »Mangoregen« auslösen. Ein flaches Tief lenkt den NO-Monsun nach W ab; allmählich – noch unterbrochen durch Vorstöße regenbeladener Monsunwinde – werden die NO-Strömungen schwächer und weichen aus den äquatorialen Breiten zurück (Karte April). Wiederum verbreitert sich dort die Kalmenzone; ein flaches, gestrecktes Tief liegt über dem Äquator. Gegen die Passatluftmassen des weichenden NO-Monsuns und die des SO-Passats vom Südpazifik und Australien setzen sich allmählich die äquatorialen Luftmassen vom Indischen Ozean durch und leiten das erneute Vordringen des SW-Monsuns ein.

Während dieser Jahresgang der Monsune in der äquatorialen Zone nur schwächer zum Ausdruck kommt und in größeren Teilen Indonesiens das Grundschema so stark verändert wird, daß keine signifikante Saisonalität der jährlichen Niederschlagsverteilung mehr spürbar wird (DOMRÖS spricht vom *»immerfeuchten Monsunklima«*), verursacht er in *Hinterindien* eine deutliche Gliederung in *drei Niederschlags- und Temperaturjahreszeiten,* die mit den für die Stromebenen repräsentativen Mittelwerten von Phnom Penh verdeutlicht werden sollen. Die vom SW-Monsun ausgelöste, feucht-schwüle Regenzeit (Juli bis Oktober) bringt dort Monatsniederschläge um 360 mm und eine Mitteltemperatur von 27,7 °C (Juli); die mittleren täglichen Maxima steigen bis 31,1 °C. Nach dem Regen folgt eine Abkühlung und eine relativ angenehme Zeit (Oktober bis Februar), in der die Kulturlandschaft im vollen Grün, häufig unter strahlendem Himmel, steht; die monatlichen Niederschlagsmittel betragen nur um 29 mm (Januar), die Temperaturmittel 25,8 °C, die mittleren täglichen Maxima 30,2 °C. Dann folgt bis zum Eintreten der neuen Monsunregen die unangenehme, trockenheiße Jahreszeit, in der auch die Agrarlandschaft mit abgeernteten, graubraunen Reisfeldern und trockenliegenden Sümpfen wenig reizvoll wirkt. Die Temperaturmittel steigen im April auf 33,8 °C, die absoluten Maxima bis 40,5 °C; Niederschläge sind äußerst selten.

*Regionale Klimaunterschiede*

Das Jahresmittel der Niederschläge in Phnom Penh entspricht mit 2310 mm dem größeren Teil der Tiefländer, da bei der Stärke der monsunalen Regenfälle auch die nördlich der äquatorialen Zone gelegenen Gebiete nahezu die gleichen Gesamtregenmengen erhalten (zwischen Jahresmitteln von 1800 mm und – an exponierten Küsten oder im Stau von Gebirgen – von 3000 mm; in den im Regenschatten gelegenen Tief- und Hügelländern 1000–1500 mm). Noch trockenere Gebiete, die bereits dem Klimatyp der »wechselfeuchten Tropenklimate« (TROLL u. PAFFEN, 1968) entsprechen, finden sich in einigen binnenländischen Becken. Das trockenste ist das am mittleren Irawaddy in Burma, das nur um 500 mm Niederschlag erhält, was bei den heißen Temperaturen schon zur Savannenbildung mit Dornbüschen führt. Abgeschwächt tritt diese jahreszeitliche Trockenheit auch in den oberen Stromebenen des Maenam (Thailand) und am Mekong auf. In Leelagen (verstärkt durch den dort noch trocken vom australischen Festland wehenden SW-Monsun) finden sich relativ trockene Areale auch auf einigen südöstlichen Inseln Indonesiens (auf Sulawesi wurde z. B. im Palu-Tal nur 547 mm Niederschlag/Jahr ermittelt) und, wieder abgeschwächt, im zentralen Seegebiet der Philippinen, das von regenfangenden Gebirgsinseln eingerahmt wird. Lokalwinde – *föhnige Fallwinde* – sind durch die vielen Gebirge mit benachbarten Becken, Tiefländern oder Küsten häufig, da die Monsunwinde beim Auftreffen auf die Berge dem Föhnprinzip unterliegen und feuchte Luv- gegenüber trockenen Leeflanken entstehen (z. B. feuchte S- und trockene N-Küste in O-Bali; oder Fallwinde wie der »Bohorok« in N-Sumatra, der »Kumbang« in Zentraljava u. a.).

Die Sonnenscheindauer ist meist an den Küsten höher, landein- und gebirgswärts nimmt sie durch zunehmende Bewölkung ab, die aus

Konvektion und den tagesperiodischen Lokalwinden resultiert. In *regenexponierten Gebirgen* steigen in Lagen um 1200 bis 1500 m die Extremwerte bis zu über 7000 mm Niederschlag (Tendjo/Zentraljava; DOMRÖS, 1979) im *Jahresdurchschnitt* an. In größeren Höhen nimmt die Menge der Niederschläge wieder etwas ab, an die Stelle des Schauertyps treten dort längerwährende, aber meist weniger starke Dauerregen. Im bewohnten Tief- und Hügelland sind die Regenfälle dagegen im allgemeinen kürzer als in den gemäßigten Breiten; dafür ist die Heftigkeit (Regenmenge) der tropischen Regen sehr viel stärker (größere Regentropfen). Maximal wurden in Singapur in einer Stunde bis 120 mm, in Kuala Trengganu (NO-Küste Malayas) an einem Tage bis zu 481 mm gemessen (NIEUWOLT, 1969) – in Deutschland gelten als Mindestmenge für »wolkenbruchartige Regenfälle« bereits 34 mm in einer Stunde!

Da bei diesen starken Regen ein Großteil durch schnellen oberflächlichen Abfluß verlorengeht (und zugleich durch die Abspülung erhebliche Schäden angerichtet werden), sind sie für die Landwirtschaft wenig vorteilhaft; für diese kommt es mehr auf die tägliche Niederschlagshäufigkeit an.

Die in Ostasien häufigeren Wirbelstürme der *Taifune* richten in SO-Asien in den östlichen Randgebieten (Vietnam, Philippinen, südöstliches Indonesien) strichweise Verwüstungen an, in anderen Regionen – z. B. N- und O-Thailand – können sie sich durch tagelange Starkregen bemerkbar machen. Taifune (chines.: t'ai fung – starker Wind) sind tropische Wirbelstürme (z. B. »Manila-Zyklone«; in der I.T.C. gebildet) mit orkanartigen Luftwirbeln um einen nach W, dann (durch Einfluß der Erdrotation) nach N wandernden Tiefdruckkern; sie entstehen überwiegend zwischen Juli und November und richten bes. auf den Philippinen, in N-Vietnam, Hainan und SW-China schwere Verwüstungen an. Beachtlich können auch die Schwankungen der Jahresmittel sein; in Jakarta lag in einem Zeitraum 77 registrierter Jahre das absolute Jahresminimum bei 1177 mm, das Maximum bei 2397 mm Niederschlag; im Zweijahresrhythmus treten Schwankungen um 400 mm auf.

### *Klima und Mensch*

Die feuchtwarme Luft und die große Niederschlagshäufigkeit erfordern Maßnahmen gegen Nässe, Pilze, Bakterien, Insekten, zur Melioration der Anbauflächen, zum Schutz vor Überschwemmungen usw. Der vorherrschende Pfahlbau der einheimischen Häuser ist in diesem Klima die optimale Bauweise. Die zahlreichen organischen und anorganischen Zerstörungskräfte haben auch sehr rasch alle Kulturdenkmäler, die nicht aus Stein gefügt sind, vergehen lassen. Deshalb sind von den großen mittelalterlichen Stadtkulturen meist nur die Tempel- und Palastruinen überliefert.

Die »physiologischen Temperaturen«, das Hitze- und Schwüleempfinden des Menschen, werden durch Lufttemperatur und Luftfeuchtigkeit bestimmt, von Luftbewegungen angenehm beeinflußt. Während die Bewohner der gemäßigten Breiten, für die mittlere Temperaturen um 21 °C optimal sind, mehr als 24 °C schon als unangenehm empfinden, liegt dieser Wert für ständige Bewohner der Tropen 2°–3 °C höher. Für Singapur wurde ein »Temperatur-Feuchtigkeitsindex« errechnet, der während der Tagesstunden eine durchschnittliche »physiologische Temperatur« von 25°–28 °C ergibt; nicht selten werden aber Tiefstwerte in der Nacht von 22 °C und Tagesmaxima von 31 °C erreicht, die schon nahe an der Grenze der Gesundheitsschädlichkeit liegen (NIEUWOLT, 1969). Temperaturunterschiede von Tag zu Tag werden durch die verschieden starke Bewölkung hervorgerufen; die Einheimischen sind schon für kleine Unterschiede der »physiologischen Temperatur« empfindlich. Der Besucher aus gemäßigten Klimaten muß sich mehrere Wochen lang an die hohen Temperaturen gewöhnen. Am Anfang empfindet er fast alle Tage als heiß und drükkend, allmählich spürt er aber auch die Temperaturdifferenzierung; die Anpassung wird durch Kleidung, Nahrung und Lebensgewohnheiten mitbestimmt. Viele Beschreibungen übertreiben die Unannehmlichkeiten des tropischen Klimas, die sich meist auf die physiologisch unangenehmen frühen Nachmittagsstunden beschränken. Seebrisen (bzw. Land- und Seewind), abnehmende Temperaturen und stärkere Luftbewegungen bewirken, daß Küsten- und Höhenstandorte günstiger sind (Temperaturabnahmen pro 1000 m zwischen 7° und 10 °C). Höhenkurorte (»hillstations«) und höher gelegene »Sommerhauptstädte« oder Verwaltungszentren spielten deshalb für die Kolonialgesellschaft eine bedeutende Rolle; sie werden aber auch heute noch gern frequentiert bzw. als Schul-, Verwaltungs- oder Fremdenverkehrszentren ausgebaut, wie etwa Bogor (»Buitenzorg«) und Bandung auf Java, Bukittinggi (Fort de Kock) oder Brastagi auf Sumatra, Dalat (Annam), Maymyo und Taunggyi (Burma), Baguio auf den Philippinen oder die Cameron Highlands in Malaya u. a. Das kühle Höhenklima wird auch vom Marktgartenbau für Gemüse und Früchte der gemäßigten Breiten in verkehrserschlossenen Höhenlagen genutzt (S. 191), manchmal in der Nachbarschaft von Tee- oder Kaffeeplantagen, die als Sträucher des tropischen Bergwaldes bevorzugt im Gebirge angebaut werden.

Die *Abnahme* der *Temperaturen* mit zunehmender Meereshöhe vollzieht sich sehr rasch, sie kann – auf Java schon ab 1500 m (DOMRÖS, 1976) – in Geländemulden zu kurzen, nächtlichen Strahlungsfrösten führen. Zum anderen läßt auch die starke *Bewölkungshäufigkeit* der Gebirge feuchtkühle Temperaturen und eine Verminderung der Sonneneinstrahlung entstehen, was sich in den relativ niedrigen Obergrenzen des Anbaues (S. 143) widerspiegelt.
Merklich ist weiter eine rasche, winterliche Temperaturabnahme in den Hochländern des nördlichen SO-Asiens. Bereits in Chiang Mai können die weihnachtlichen Temperaturen nachts empfindlich kühl sein, und der Doi Inthanon (2576 m) kann bereits nächtlichen Frost haben.

### *Natürliches Pflanzenkleid und Waldnutzung*

Das feuchtwarme Tropenklima erzeugt einen überwältigenden Reichtum an organischem Leben. Allein für den insularen Bereich wird der *Florenbestand* auf 45 000 Spezies geschätzt, für die Tropenwälder SO-Asiens auf allein 25 000 Arten von Blütenpflanzen.
Im Urzustand war praktisch das gesamte Land bewaldet; auch heute noch besteht das Kulturland häufig aus Rodungsinseln im Walde – viel stärker als in Indien oder China, die, neben dichterer Bevölkerung, auch trockenere Klimagebiete haben. Große Teile des Waldes sind freilich nicht mehr »Urwald« (unberührter Primärwald), sondern durch Wanderfeldbau oder andere, wieder aufgegebene Kultivierung bzw. durch Holznutzung zu Sekundärwald verändert und erheblich verarmt. Durch Degradierung breiten sich anstelle des Waldes Alang-Alang-Savannen (Imperata cylindrica) aus. Der immergrüne tropische Regenwald ist so dicht und artenreich, daß der forstwirtschaftliche Nutzen dadurch begrenzt wird, daß pro ha Waldfläche meist nur 10 bis 15 Stämme wertvollen Nutzholzes anfallen, deshalb stammen auch nur etwa 10 % der forstwirtschaftlichen Weltproduktion aus den im forstlichen Wert häufig überschätzten »tropischen Urwäldern«; die große Masse kommt vielmehr aus den Nadelwäldern der nördlichen Hemisphäre (WECK, 1959).
Die Undurchdringlichkeit des tropischen Regenwaldes – oft überschätzt – ist ein Hindernis für größere Siedlungs-, Verkehrs- oder militärische Bewegungen. Das Durchkommen wird durch die Fülle des Unterwuchses, der Kriech- und Kletterpflanzen, Bambusarten und dornigen Kletterpalmen (z. B. die nützliche Rotanliane) erschwert, die aber auch als *Rohstoffe* für Seile, Fasern, Harze, Wildkautschuk, Blätter (zum Dachdecken), Holz, Bauten, Werkzeuge usw. für die

Wirtschaft und Siedlung nützlich sind. Das gilt besonders für die über 250 *Bambusarten,* die vom Blasrohr über den Hausbau bis zu Wassereimern zahlreiche Nutzungsmöglichkeiten bieten, weiter für die ca. 150 Palmenarten, die mit Kokos-, Sago-, Areka- und verschiedenen Zuckerpalmen für die Ernährung und ebenfalls für den Hausbau wichtig sind. Die in der Plantagenwirtschaft so bedeutende Ölpalme (Elaeis guineensis) wurde aus Westafrika eingeführt, der Kautschuk (Hevea brasiliensis) aus dem Amazonasgebiet; zahlreiche Wildkautschukbäume sind aber auch im heimischen Wald vorhanden. Hinzu kommen zahlreiche andere Fruchtbäume.

Der *tropische immergrüne Regenwald* bildet im feuchtwarmen Äquatorialklima die üppigste Pflanzenformation der Erde. Seine gewaltige Biomasse ist jedoch kein Anzeichen für fruchtbare Böden, sie ernährt sich vielmehr »eutroph«, d. h. in einem engen Kreislauf aus ihrer eigenen, absterbenden organischen Substanz. Daher wirken sich Bodenunterschiede auf die Artenzusammensetzung weniger aus als klimatische Differenzierungen; nach Rodung für den Anbau verlieren die tropischen Waldböden oft sehr schnell ihre Nährstoffe (S. 39). Die erdgeschichtlich bedingte Trennung der Arten (S. 37) wirkt sich auch in den *Florengesellschaften* aus, in dem die Regenwälder Malayas, Sumatras und Borneos usw. mehr eurasiatisch, die O-Indonesiens (Molukken, Irian Jaya) mehr australisch geprägt sind. In W-Indonesien gehört fast die Hälfte aller Bäume zur Familie der Dipterocarpaceen. Trotz unterschiedlicher Arten ist das Erscheinungsbild der *Regenwälder* recht ähnlich; oft zeigen sie eine Stockwerkbildung mit drei Niveaus von Kronendächern, das oberste von 30–40, manchmal 50 m hohen Bäumen mit geraden, hohen Stämmen. Ist dieses noch locker, weist das zweite »Stockwerk« um 20 m ein dichtes, wenig lichtdurchlässiges Dach auf, das auch das dritte (um 8–10 m) beeinträchtigt. Epiphyten, Lianen und Orchideen und andere Parasiten siedeln sich dazwischen an. Die lichtarme Bodenschicht trägt dagegen nur spärlichen Strauch- und Krautwuchs, so daß der Primär-, im Gegensatz zum Sekundärwald durchlässiger ist, als es von außen – z. B. von Flußufern aus – erscheint. Meranti (Shorea sp.), verschiedene Dipterocarpen und der Kampferbaum (Dryabalanops sp.) sind besonders wertvoll. Nach O, von den laubwerfenden *Monsunwäldern O-Javas* an, werden sie von *Teak* und in den trockenen Monsunwäldern im SO (Timor, Sumba) vom *Sandelholz* – heute weitgehend ausgerottet – abgelöst. Auch auf dem Festland nördlich des 6. und 7. Breitengrades und zum anderen im südöstlichen Inselbereich weicht in den Gebieten mit weniger als 2000 mm Niederschlag der immergrüne Regenwald diesem monsunal-tropischen Fallaubwald. Während der Regenzeit mag für

den Laien optisch kein großer Unterschied zum Regenwald zu erkennen sein, aber nach dem Laubfall in der Trockenzeit (Feuergefahr!) ist der Aspekt deutlich anders. Der Unterwuchs – besonders Bambus – ist auch hier stark, die großen Bäume stehen etwas weitständiger und sind weniger hoch. Stärke und Dauer der Niederschläge differenzieren in einen *feuchten* (auch: »frischen laubabwerfenden« – H. HESMER, 1970) und in einen *trockenen Monsunwald.* Der erstere ist durch das Wertholz des Teak-Baumes (Tectona grandis), aber auch durch mehr Unterwuchs, größere Artenvielfalt und höhere Resistenz gegen Feuer ausgezeichnet. Der trockene Monsunwald hat dünnere, niedrigere Stämme, ist sehr viel artenärmer, hat mehr Grasunterwuchs und wird noch rascher zu Buschwerk und Gestrüpp degradiert. Die periodisch überschwemmten Ebenen der großen Ströme der monsunal-tropischen Zone tragen, neben ausgedehnten Schilffluren, auch einen überschwemmungsbeständigen *Sumpfwald* (besonders Hydrocarpus-Arten). In *Zentralburma* sind Akazien, Euphorbien und andere Sukkulenten die Anzeiger eines ungewöhnlichen *Trockenklimas.*
Die verminderte Wärme verringert mit dem Anstieg in die Gebirge die Artenvielfalt, der Pflanzenwuchs (und seine Höhe) verlangsamt sich. Ab ca. 1500 m folgt der *Gebirgsregenwald* mit (immergrünen) Eichen, Baumfarnen (bis 8 m!) und dem »Vogelnestfarn« (Asplenium nidus) in den Astgabeln. Das hinterindische Bergland trägt in 1000–1600 m auch *Kiefernwälder* (Pinus khesiya; P. merkusii); auf den Sunda-Inseln können Kasuarinen-Arten auf den ersten Blick Nadelhölzer vortäuschen (im Monsunklima O-Javas gelangen auch Kiefern-Aufforstungen).

*Höhenstufen und Küsten*

Im nebelreichen Kondensationsniveau (2000–2200 m) folgt der tropische Höhenwald oder *»Nebelwald«* (C. VAN STEENIS, 1950). Moose und Bartflechten umhüllen diesen niedrigen, gekrümmten und artenarmen Wald. Ab 3500 m (fast tägliche Nachtfröste in den äquatorialen Breiten) macht der Wald den *Polstergrasfluren,* Strauchheiden und Schopfblattgewächsen Platz, die von TROLL (1959) nach dem südamerikanischen Äquivalent als »Páramo«-Vegetationsstufe bezeichnet wurde. Außer in den hohen Gebirgen *Irian Jayas* tritt sie in SO-Asien aber nur punktuell (z. B. am Kinabalu) in Erscheinung; die Gipfel der hohen *Vulkane* zeigen dagegen eher eine edaphisch veränderte Vegetation. »Azonale Formationen«, d. h. nicht klimatisch, sondern standortbestimmt, sind auch die riesigen *Sumpfwälder* in S-Kalimantan,

O-Sumatra und im südlichen Irian (Neuguinea), mit niedrigem Wuchs und Artenarmut auf Grundwasserstau und Torfböden.
Die Küsten werden im geschützten Flach- und Gezeitenwasser von Mangrove gesäumt, zwischen der Schlickanlandung erfolgt. Sie umfaßt etwa 30 Arten, die einen bis zu 20 m hohen, auf Stelzwurzeln stehenden Wald bilden. Die Mangrove wird forstlich genutzt (Pfähle, Bauholz, Köhlerei, Gerbstoffe). Im Brackwassersaum gegen das Festland folgt die *Nipahpalme,* deren lange Wedel besonders zum Dachdecken gefragt sind (»Atap«). In den Süßwassersümpfen der immerfeuchten tropischen Tiefländer dominiert die *Sagopalme.* Das Mark ihrer Stämme bildet die Grundlage der Ernährung für einige Bevölkerungsgruppen mit Sammelwirtschaft; örtlich findet auch marktwirtschaftliche Verarbeitung statt.

*Die fortschreitende Waldzerstörung*

Der Waldbestand SO-Asiens wird heute durch eine rapide *Entwaldung* gefährdet. Rodungen für Neusiedelgebiete (S. 183), der Brandrodungs-Wanderfeldbau (S. 150), starker Holzeinschlag für den Export, Köhlerei und Brennholzentnahme und andere Zerstörungen bedrohen den Bestand ausgedehnter Ökosysteme (S. 199). Auf den *Philippinen* und in *Thailand* ist die Entwaldung am stärksten fortgeschritten. Im letzteren ergab die Auswertung von LANDSAT-Satellitenbildern einen *Rückgang der Waldfläche* von 57 % 1961 auf 29 % 1983, d. h. in zwei Jahrzehnten eine Rodung, die in ihrer Größe nahezu dem gesamten Waldbestand der Bundesrepublik Deutschland entspräche (R. RIETHMÜLLER et al., in: UHLIG [Hg.], 1984).
In *Indonesien* waren 1981 noch 63 % der Gesamtfläche mit Primärwald bestanden, ca. 25 % Sekundärvegetation (Sekundärwald, Savanne, Busch) und nur ca. 12 % besiedelt bzw. agrarisch genutzt (ESCAP, U. SCHOLZ, 1986). Holzeinschlag und Siedlung schreiten aber rasch fort (Tabelle 6 im Anhang).

### 2.1.3 Das Hazard der Naturkatastrophen

Die stürmische Entwicklung der Sozialgeographie hat zeitweise die Forschung und Lehre so stark bestimmt, daß die Bindungen des Menschen an die Natur etwas an den Rand des Interesses gedrängt wurden; ein zu undifferenzierter »Determinismus« um die Jahrhundertwende hatte diese Reaktion bereits vorgeprägt. Mit dem erwachten Bewußtsein für die Belastungen und Schäden der *Umwelt* und dem wachsen-

den Verständnis für das *»Mensch-Erde-Ökosystem«* als eine der grundsätzlichen Fragestellungen der Geographie hat auch die Bedeutung *natürlicher Hazards,* die Gefährdung und Zerstörung menschlichen Lebens und der Kulturlandschaft durch Naturkräfte, wieder stärkere Beachtung gefunden.
Die Probleme der *Instabilität* gefährdeter Ökosysteme in SO-Asien werden zwar in den jeweiligen allgemeinen und regionalen Kapiteln angesprochen, eine kurze Zusammenschau der größten Gefährdungen der Lebensräume erscheint aber ebenso angebracht, wie die Hinweise auf die vom Menschen ausgelösten Schädigungen. Einige der exzessiven Wirkungen des *tropischen Klimas* wurden schon angesprochen. So sollten die *Taifune* (S. 53 u. S. 593) nicht allein als klimatologisches Phänomen, sondern auch als fast alljährlich wiederkehrende Naturkatastrophen beachtet werden. Unter Einbeziehung etwas schwächer eingestufter »tropischer Stürme« rasen jährlich bis zu 20 Taifune über die *Philippinen* und Teile *Vietnams.* Trotz Voraussagen von Geschwindigkeiten (bis 180 km/h) und Zugbahnen zerschlagen sie ganze Küstensiedlungen und Plantagen, zerstören Straßen, Telefonleitungen usw. und fordern (mehrfach in den letzten Jahren) in schlimmen Fällen 300–500 Todesopfer. Aber auch *Monsunlagen* können in den verschiedensten Regionen zu tagelangen *Starkregen* anschwellen und häufig über die normalen, im Anbaurhythmus des natürlich bewässerten Anbaus willkommenen und vorausgesehenen Überschwemmungen hinaus, zu Katastrophenhochwässern werden. Nicht selten verbinden sich *Vulkanausbrüche* und Starkregen, die von ihrer kombinierten Wirkung ausgelösten Schlamm-Muren (Lahars) verschütten Menschen, Dörfer, Reisfelder und Bewässerungsanlagen. Die Nährstoffbegünstigung der vulkanischen Aschenböden zieht – gerade auf den am dichtesten bevölkerten Inseln Indonesiens und der Philippinen – Siedlung und Anbau im besonderen Maße an, zu selten wird aber daran gedacht, daß kaum ein Jahrzehnt ohne Hunderte von Todesopfern durch Lava, Aschenauswürfe (S. 424) und jene Lahars vergeht (FEIGE, 1986; PICHLER, 1985; RITTMANN, 1981). Verbunden durch die gleichen Kräfte – den Fortgang der Gebirgsbildungsprozesse an den Nahtstellen der Plattentektonik (S. 24) – ist die Häufigkeit und Schwere der *Erdbeben* ein weiterer Gefahrenherd, der Menschen, Siedlungen und auch die historischen Kulturdenkmäler (zuletzt Pagan, S. 241) bedroht. Noch katastrophaler ist oft die Wirkung von *Seebeben.* Ihre hohen, plötzlichen Flutwellen werden mit extremer Wucht in die Buchten der Steilküsten – z. B. Javas und der Kleinen Sunda-Inseln – gedrückt, und ihre haushohen Flutwellen schlagen in Minuten über ganzen Küstenstrichen zusammen – 1979 ertranken da-

bei z. B. allein auf der Insel *Lomblen* (östl. von Flores) ca. 1200 Menschen, 1977 mehrere Hundert auf *Bali, Flores* und *Lombok*.
Der *vulkanologische Dienst,* schon von den Holländern aufgebaut, beobachtet und warnt im voraus. Dennoch ist es erst im begrenzten Maße gelungen, den Gefahren wirkungsvoller zu begegnen bzw. auszuweichen. Ähnlich steht es um ein Abkommen der ASEAN-Staaten, ein gemeinsames Zentrum für Erforschung, Erfahrungsaustausch und Abwehr der Naturkatastrophen zu bilden. Es bleibt eine internationale Aufgabe für die Geowissenschaften, mit ihrer Forschung und deren Anwendung zur Entwicklung von Schutzmaßnahmen zur Abwehr dieser natürlichen Gefahren beizutragen!

## 2.2 Die Dynamik der Bevölkerung

### 2.2.1 Die einheimischen Völker

Wie bei der erdgeschichtlich beeinflußten Verbreitung der biologischen Arten sind wohl auch während der frühen Entfaltung des menschlichen Lebens in SO-Asien noch größere Teile des Sunda-Schelfes landfest bzw. die Inselketten so dicht gereiht gewesen, daß sie das Vorrücken tierischer wie menschlicher Wanderungen erleichtern konnten. Andererseits wurden Teile der heutigen alluvialen Tiefländer noch in historischer Zeit aufgeschüttet und erst in der Neuzeit von der Besiedlung erfaßt. Die jahreszeitlichen monsunalen Wechsel der Winde begünstigten die Seewanderungen und die gesicherte Rückkehr der Segelschiffe, trotzdem scheint die Verbreitung der Menschenrassen überwiegend nach S und auf den Inseln nach O gerichtet gewesen zu sein. Zu den ältesten, bekannten Hominidenresten überhaupt, die nur durch noch früher datierte Funde aus China übertroffen werden, gehört der auf Java gefundene Pithecanthropus erectus, der erste Aufrechtgehende, der ins Mittelpleistozän, vor etwa ½ Mio. Jahren, zurückzudatieren ist. Schon mit Steinwerkzeugen ist der nächste Fund, der Solo-Mensch aus der letzten Zwischeneiszeit verbunden, während der etwa 10 000 Jahre alte Wajak-Mensch (beide Java) den ersten Homo sapiens-Typ vertreten dürfte. Funde von Steinbeilen und frühen Hackbauspuren lassen seit dem Neolithikum den Beginn der Agrarwirtschaft erkennen.

*Die Reste der Altvölker und die Melanesiden*

Die vermutlich ältesten der heute noch in SO-Asien lebenden Menschengruppen gehören dem asiatisch-ozeanischen Teil des negriden Rassenkreises an. Sie haben dunkelbraune bis schwarze Haut und sind kraushaarig; meist werden sie nur noch in Schlupfwinkeln des tropischen Regenwaldes durch restliche Gruppen von Jägern und Sammlern vertreten, den kleinwüchsigen »Negritos«. Es ist umstritten, ob sie die Reste einer eigenen, älteren Rasse der Negriden sind, oder ob es sich, wie spätere Forscher (z. B. SCHEBESTA, 1952–57) annehmen, um sekundären Zwergenwuchs durch Mutation in der Urwaldumgebung handelt. Die vermutete Verwandtschaft zu den Pygmäen Afrikas ist widerlegt, so daß auch ihr von den Spaniern auf den Philippinen eingeführter Name (»Negerlein«) eigentlich irrig ist. Reste auf der Malayischen Halbinsel wurden auf 2500 geschätzt (als größte Gruppe die Semang), weiter finden sie sich auf Sumatra (Orang Akit). Die größte Zahl erreichen sie noch auf den Philippinen (schätzungsweise 60 000), u. a. die Aëta auf Luzon, weitere Gruppen auf Mindanao und Palawan.
Die heute noch sehr viel bedeutenderen Vertreter des negriden Rassenkreises sind aber die Melanesiden, die vom östlichen Indonesien über ganz Melanesien und Mikronesien bis zu den Fiji-Inseln verbreitet sind (ihnen stehen auch die Melaniden oder Schwarzinder im südlichen Indien, wie Munda und Dravida, nahe). Ebenfalls dunkelhäutig und kraushaarig, verkörpern sie aber überwiegend einen großwüchsigen, progressiven Typ. Nach sprachlichen Kriterien kann man sie in eigentliche Melanesier und Papua unterteilen. Die ersteren, mit etwa 350 000–500 000 Menschen zahlenmäßig ein relativ kleiner Zweig, sind allein auf Neuguinea schon auf nahezu 100 Sprachen und Dialekte aufgesplittert. Das Gros spricht Papua-Sprachen und Dialekte, mit denen Neuguinea insgesamt auf etwa 700 Einzelidiome kommt. Die Papua bilden das Hauptelement seiner Bevölkerung. Aber auch auf den östlichen Inseln Indonesiens – Flores, Sumba, Timor, den Molukken usw. – treten die Melanesiden als einheimische Hauptbevölkerung immer stärker hervor, fast so, als sei die »Decke« der späteren mongoliden Dominanz SO-Asiens hier zu kurz geblieben, so daß am Rande das ältere Rassensubstrat zum Vorschein kommt!
Neben den letzten Negritogruppen leben noch Splitter von braunen, wellhaarigen weddiden Altvölkern, die – auch über die Nikobaren oder die Mentawei-Inseln – Zuströme von indischen Altvölkern vermuten lassen (z. B. die Senoi in Malaya; die Toala auf Celebes, aber

auch Teile der »Moi« und »Kha« in den Bergwäldern Hinterindiens).
Die heute vorherrschenden Völker sahen in diesen Waldbewohnern »Wilde« oder unterwarfen sie als Sklaven, was noch die abschätzigen Sammelbegriffe »Sakai« oder »Moi« ausdrücken (im französischen Kolonialgebrauch »Montagnards«). Heute ist das Verständnis für die Reste der Vorbevölkerungen – mit mehr oder weniger geglückten Versuchen einer Eingliederung in die moderne Gesellschaft – gestiegen; in Malaysia werden sie z. B. offiziell als »Orang Asli«, d. h. »Altmenschen«, betreut.

### *Ursprung und Verbreitung der südostasiatischen Völker – alte und neue Hypothesen*

Nicht nur Ursprung und Ausbreitung dieser »Altvölker« liegen wissenschaftlich noch im Dunkel, sondern auch die schon seit einigen Jahrzehnten akzeptierten, als Grundlage der Bevölkerungsentwicklung auch in die Länderkunden übernommenen Hypothesen der Ethnologen und Prähistoriker über die *»Wanderungswellen«* der südostasiatischen Völker sind so ins Wanken geraten, daß eine Diskussion des heutigen Standes geboten ist. Die *»Diffusionstheorie«* der »Wiener Schule« (R. VON HEINE-GELDERN) ging von der Einwanderung von Menschenrassen vom südwestchinesischen Festland und Assam in verschiedenen Phasen bis auf die östlichen Inseln aus, ausgedrückt in der Persistenz einander ähnlicher Kulturen.
Als erste differenzierbare Gruppen des Homo sapiens wurden die Jäger und Sammler der mesolithischen *»Hoabinh«*-Kultur (nach dem Erstfundort in Tonkin; auf 10–4 Jahrtausende v. d. Zw. datiert) angesehen. Ihnen sei vor vier bis fünf Jahrtausenden die erste der heute noch ethnisch erkennbaren »Wanderungswellen«, die der bereits agrarischen, *neolithischen* (jungsteinzeitlichen) *»Proto-Malayen«* (= »Altindonesier«), gefolgt und ihnen wurde die Ausbreitung der malayischen Sprache, des Reisbaues, der Haustierzucht, der Töpferei und des Auslegerbootes – Voraussetzung für die Besiedlung der Inseln – zugeschrieben. Die altindonesischen Hochlandsvölker, wie Batak, Toraja, Dayak u. a., galten als ihre heute weit über die Inseln verstreuten Nachfahren, die in sippenbäuerlicher Struktur, mit »animistischen« Stammeskulten überwiegend als Brandrodungs-Wanderfeldbauern lebten.
Vor etwa zwei Jahrtausenden seien die *»Deutero-Malayen«* (= »Jungindonesier«) gefolgt, auf dem Festland mit den Vertretern der

*»Dong-son«-Kulturen* (nach erstmals in Dong-son, ebenfalls in Tonkin, gefundenen, typischen Bronzetrommeln) verbunden. In beiden wurde die höchste Entwicklung der »prä-urbanen«, d. h. zunächst noch nicht kulturell indisierten Gesellschaften gesehen, aus denen die späteren »Hochkulturvölker« (mit Schriftsprachen, Hochreligionen, Pflugbau, Königtum usw.), die *»herrschaftlich organisierten Agrargesellschaften«* nach H. BOBEK (1959), hervorgingen, z. B. Javanen, Balinesen u. a. bzw. die Mon, Khmer u. a. auf dem Festland.

R. V. HEINE-GELDERN, der Hauptexponent der Hypothese der »Wanderungswellen« (1923, 1932, 1957) (vgl. auch G. COEDÈS, 1964, D. E. G. HALL, 1955; N. KROM, 1931 u. a.), hatte aber auch eine Unterscheidung der *»Jungindonesier«* aufgrund des stärkeren, *indischen Kultureinflusses* in den Tiefländern gegenüber den in den »Rückzugsgebieten« der Berg- und Waldländer isolierten, *»altindonesischen«* Völkern erwogen. Die Vorstellung eines *»Rückzuges«* bzw. der »Verdrängung« durch jüngere Wanderungswellen in die Bergländer wird *nicht* den *geoökologischen* Gegebenheiten gerecht, da diese besonders in den immerfeuchten Tropen die durchaus günstigeren Lebensräume bilden. Gestützt auf neue Funde und Datierungsmöglichkeiten (Radiokarbonmethode ($^{14}$C); Thermolumineszenz von Metallen usw.), aber auch auf neuere Theorien, sind die Vorstellungen über die »Wanderungswellen« und über die *Chronologie* inzwischen *revidiert* worden – angesichts des noch weitmaschigen Fundnetzes freilich wiederum mehr hypothetisch, wie P. WHEATLEY (1983) in einer kritischen Bewertung neuerer Arbeiten hervorhebt. Anstelle von »Wanderungswellen« mit weitgehender Persistenz einander ähnlicher Kulturen hat vor allem W. G. SOLHEIM II (1969; 1972) eine neue Gliederung eines andauernden Prozesses *ethnischer* und *kultureller* Differenzierung und neue Datierungen aufgestellt.

Die frühesten Spuren einer *»lithischen Periode«* paläanthropischer Bevölkerungen (mit Steinkeilen und -schabern, »chopper-tools«) werden vor 40–25 Jahrtausenden (Altsteinzeit) angesetzt. Ihr folgt – analog zum Hoabinh – bis vor ca. 20 000 Jahren eine *»lignische« Periode* (mit Stein- und Holzwerkzeugen). Vor 20–10 000 Jahren werden in einer *»crystallitic period«* erste Differenzierungen gesehen, wobei kulturelle Fortschritte, wie Schnurkeramik oder protoagrarische Ansätze (Sammeln und Vermehren von Nutzpflanzen) von NW-Thailand bis Timor erkennbar werden.

Anstelle der mittel- und jungsteinzeitlichen (sogen. »proto-malayischen«) »Wanderungswelle« wird dann eine *»Extensionistische«* (Ausbreitungs-) *Periode* vor 10 000–2000 Jahren mit vermutetem Bevölkerungswachstum und kultureller Konsolidierung unterschieden. Ihre

Anfänge fielen demnach mit dem post-pleistozänen Meeresspiegelanstieg und der Herausbildung der heutigen Land-, Meer- und Inselaufgliederung – mit dem Auslegerboot ab ca. 4 Jt. v. Chr. überwindbar – zusammen. Sie gilt als Phase der *Bevölkerungsbewegungen* aus den intramontanen Becken in die Tiefebenen und der Verbreitung traditioneller Kulturelemente vom Festland auf die Inseln, z. B. der Entwicklung des *(Naß-)Reisbaues* (ca. 3500 v. Chr.), der *Domestikation* von Rind und Schwein und gartenähnlichen Anbaues (GORMAN, 1977). *Metallverarbeitung* wird ebenfalls ca. 3500 vor, erster Bronzeguß ab 2300 v. d. Zw. in NO-Thailand erkennbar (d. h. früher als bisher bekannte Funde aus O-Asien!).

Das jüngste Glied in SOLHEIMS Modell – hypothetisch wie das von HEINE-GELDERN und durch künftige Funde und Forschungen erst noch zu belegen oder zu korrigieren – wird als *»Period of Conflicting Empires«* den proto-historischen und historischen Phasen gleichgesetzt, die die relativ schnelle Institutionalisierung zentraler Macht und daraus entstehender Staaten, eines *frühen Städtewesens* und mit diesen der *indischen Kultureinflüsse* brachten. Diese höher entwickelten Kulturen nahmen aber anfangs nur begrenzte Teile SO-Asiens, hauptsächlich die Tiefländer und intramontanen Ebenen des Festlandes und des heutigen westlichen Indonesiens ein, während in den *Bergländern* und auf entlegenen Inseln isolierte Gruppen in *»ökologischen Nischen«*, nach dem jeweiligen Stande der Gesellschaftsentfaltung und Technologie, in *sippenbäuerlichen* Strukturen lebten.

Liegt für die herrschaftlich organisierten Völker in den Gunsträumen eine vielfach ähnliche kulturelle Entwicklung durch die Verschmelzung heimischer (»präindischer«) Traditionen, Sprachen usw. mit Hinduismus, Buddhismus und indischem Staatswesen – auf dem Festland kamen bald auch chinesische Einflüsse hinzu – nahe, so bleiben die zahlreichen Analogien in den bisher als »proto-malayisch« klassifizierten Kulturen doch ein noch weitgehend offenes, faszinierendes Problem. (Das gilt auch für die unter den »Hochreligionen« – zu denen noch Islam und Christentum kamen – fortlebenden älteren, »animistischen« Traditionen.) Ähnliche Formen des *Ahnenkultes,* sichtbar z. B. in hölzernen Figuren in den Felsengräbern der *Toraja* (Celebes), an symbolischen Dorftoren der *Akha* (N-Thailand), bei den *Batak* (Sumatra), auf *Nias* oder bei den *Ifugao* (Luzon); *Steinsetzungen* (Menhire) oder die *Büffelkulte* (Opferzeremonien, Gehörne an den Häusern, dem Büffelgehörn nachempfundene Hausgiebel) bei den *Minangkabau* (die zwar zu den indisierten und islamisierten Kulturen gehören, aber im Hochland Sumatras leben), wie bei den »proto-malayischen« Toraja, Ifugao oder Batak, seien als beispielhafte Phänomene genannt – über Tausende von Kilometern und durch das Meer voneinander getrennt! Ähnliches gilt für Kultformen wie die *Kopfjagd,* für die Bauform des *Langhauses* (bei den *Dayak* Borneos, aber in Analogien einst bis Burma und Assam verbreitet), für ähnliche Ornamente und Symbole in der Bau- oder Textilkunst u. a., und für den *Pflanzstockbau* im Brandrodungs-Wanderfeldbau, obwohl dessen Parallelen auch ökologisch naheliegend erscheinen.

### *Ethnische Kulturtradition gegen nationale Integration?*

Die kulturelle Eigenständigkeit der vielfältigen Volksgruppen und *Minoritäten* ist leider – über SO-Asien hinaus in vielen Entwicklungsländern – ein kontroverses Problem. Die Ziele der nationalen Integration, das »nation-building«, kollidieren oft mit der Bewahrung der regionalen Traditionen, und vielfach sind Regierungsorgane bewußt oder unbedacht auf Nivellierung, Modernisierung, *Assimilierung* an die »staatstragende« Gesellschaft bedacht (wie es auch in der Intention der Ausbreitung der jungen Nationalsprachen liegt.)
Dieser Tendenz zum Wandel im Sinne der jungen Staaten stehen andere, auf die Bewahrung der kulturellen Traditionen bedachte Strömungen gegenüber, unter denen leider ausländische Wissenschaftler und kulturell Interessierte meist überwiegen, während bewahrende Kräfte aus den eigenen völkischen Gruppen oder, noch wichtiger, verständnisvolle Administratoren und Kulturträger aus den politisch maßgebenden »Staatsvölkern« nur begrenzten Einfluß haben. Eher tendieren diese dazu, traditionelle ethnische Ausdrucksformen in modernisierten Imitationen – besonders in städtischen, öffentlichen Bauten, in der Kleidung, der Kunstpflege und der für den Tourismus entfalteten *»Folklore«* – wiederzubeleben, während der authentische Bestand leider rasch der Modernisierung (oder politischen Zielen) zum Opfer fällt. Sicher ist gegen die Wiederbelebung *einheimischer Elemente,* z. B. in der *modernen Baukunst,* nichts einzuwenden. *Nationales Image* und das Gesicht der modernen Städte und Repräsentativbauten werden durch diese Ausdrucksformen oder Stilelemente nur bereichert. Das sollte aber nicht die Alternative zur Bewahrung der echten Traditionen und des differenzierten, ethnisch-kulturellen Erbes bleiben, sondern aus diesem hervorgehen, und es sollten auch die Originale selbst lebendig erhalten werden. Das gilt auch für die großen *Siedlungsprojekte,* z. B. die indonesische Transmigration, die in starkem Maße (wiederum z. T. unabsichtlich, z. T. aber auch gezielt) zur Überlagerung von weniger emanzipierten Altvölkern und

Minderheiten mit Zuwanderern (in diesem Falle z. B. Javanen) und damit zur Einschmelzung in eine weniger kulturell differenzierte »Staatsgesellschaft« beitragen.
Wie schwer es ist, trotz offizieller Anerkennung des *ethnischen Pluralismus* (z. B. im Leitspruch des Staatswappens Indonesiens: »Einheit in der Vielfalt«), in der politischen Praxis der jungen Staaten die Gleichberechtigung der Minderheiten zu respektieren, zeigen zahlreiche *Konflikte,* wie die jahrzehntelangen Bürgerkriege in *Burma,* die Sezessionsbestrebungen in *Indonesien* (nach der Unabhängigkeit in Aceh, Ambon usw., heute der Widerstand in Ost-Timor und der Papua in Irian Jaya), der Kampf der Miao (Hmong) in *Laos,* der Moro-Konflikt auf den *Philippinen* usw. Selbst die parlamentarische Mehrheit *Malaysias* findet sich nur schwer damit ab, daß 1985 die ethnisch fundierte Partei der Kadazan (z. T. christlich) in die Regierungsverantwortung für den Bundesstaat *Sabah* gewählt wurde (S. 431).

### *Die Völker der malayischen Kultur*

Die Hauptkräfte der inselindischen Nationen bewohnen als Angehörige von Hochkulturen (mit Pflugbau) und Hochreligionen die heutigen Gunsträume der Küstenebenen und Talbecken, z. T. auch bodenbegünstigte, mit vulkanischen Aschen bedeckte, höhere Plateaus. Die Formierung zur eigentlichen malayischen Kultur erfolgte im Bereiche Malayas, Javas und Sumatras zunächst durch *Buddhismus* und *Hinduismus,* seit dem 13./15. Jahrhundert vorwiegend durch den *Islam.* Von dort breitete sie sich über den Archipel aus, die *Philippinen* eingeschlossen, wo die malayische Kultur später z. T. vom *Christentum* umgeprägt wurde (mit Ausnahme der »Moros« der südlichsten Inseln und der bei ihren Stammesreligionen verbliebenen Bergvölker). Die alten Sammelbegriffe *Malayen* bzw. Indonesier gelten heute jeweils auch noch in einem engeren Sinne: der der Malayen für die »Küstenmalayen« auf der Halbinsel und auf Sumatra, sowie in der jüngsten Geschichte der der »Malaysier« (engl. Malaysians) für alle alt- und jungmalayischen Angehörigen des heutigen malaysischen Staatsgebietes (S. 415). In der englischen Wissenschaftssprache wurde dieser heutige politische Begriff »Malaysians« im gegenteiligen Sinne zur Unterscheidung der gesamten malayischen Völkergruppe von den Staatsangehörigen des kolonialen Malayas (»Malays«) verwendet. Der Begriff *Indonesier* gilt seit 1947 eingeengt für die Angehörigen des indonesischen Staates; sie enthalten Millionenvölker wie Javanen, Sundanesen, Maduresen, Balinesen, Bugis, Aceh, Minangkabau

u. a., wie auch nur kleine isolierte Gruppen, die eigene malayische oder melanesische Sprachen sprechen. Seetüchtige Schiffe gehören zu den kulturellen Errungenschaften, die diese Bevölkerungswelle nach SO-Asien brachte. Mit ihren Auslegersegelbooten sind Siedlungsvorstöße über Taiwan bis Japan gegangen, im O haben sich die *Polynesier* von ihnen abgespalten und über die Weite der pazifischen Inseln verbreitet, nach W ging ein Kolonisationsvorstoß über den Indischen Ozean bis *Madagaskar,* dessen Hochland noch von Völkern malayischen Ursprungs besiedelt wird.

*Die Hochkultur- und Staatsvölker des festländischen Südostasien*

Noch komplexer ist die Dynamik der Völker im festländischen SO-Asien. Versuche, sie unter dem Sammelbegriff »Indochinesen« den Indonesiern gegenüberzustellen, werden der rassischen und sprachlichen Vielfalt kaum gerecht. Vielleicht war das Vorrücken dieser von der Sprachwissenschaft als »Austro-Asiaten« (S-Asiaten) bezeichneten Völker auf dem Festland ein Faktor, der die Malayen weiter in die Inselwelt drängte. Ihre älteste Schicht sind die Mon- und Khmer-Völker. Die *Khmer* treten als die Träger der mittelalterlichen Hochkultur im unteren Mekong-Gebiet (Angkor!) hervor und bilden noch heute das Staatsvolk Kambodschas. Die *Mon* (und auch die Pyu) erschlossen die zentralen Tiefländer Thailands und Burmas, wurden aber stärker von den später nachrückenden Thai und Burmesen überlagert und assimiliert; sie blieben in Niederburma nur als Minderheit, ohne eigenes Territorium, erhalten. Ähnlich erging es den *Cham* im Mekong-Mündungsgebiet, die ihre staatliche Macht (Champa) nicht gegen die der Khmer und später die der Annamiten (Vietnamesen) zu behaupten vermochten. Während sie heute als völkische und religiöse (islamische bzw. hinduistische) Minderheit in ihren Dörfern zwischen solchen der Khmer oder Vietnamesen im Tiefland weiterleben, wurden andere Altvölker, z. B. die *Lawa*, in die natürliche und kulturelle Umwelt der Bergvölker abgedrängt oder aber vom »Staatsvolk« assimiliert.
Die Staatsbildungen aller bisher genannten Ethnien unterlagen den später von SW-China her nachrückenden Völkerschaften, die zunehmend *jungmongolide,* sinide Einflüsse zeigen. Das gilt am stärksten für ihren östlichen, den *annamitischen* Zweig, in gewissem Umfang aber auch für den mittleren, den der *Thai-Völker* (Thai-Lao-Schan) und für die im N und W zuwandernden Völker mit tibeto-burmanischen Sprachen, unter denen die *Burmesen* staatsbildend wurden. Bei aller Dynamik der Wanderungswellen und der wechselnden Ge-

schicke ihrer Königreiche unter indisch geprägten Dynastien ist für alle die Zugehörigkeit zu Hochreligionen und *Hochkulturen* mit Seßhaftigkeit, Naßreisbau im Pflugbau, bedeutenden Stadtanlagen mit Kultbauten und frühe Entfaltung territorialer Organisation kennzeichnend.

*Die Bergstämme und ihre Entwicklungsproblematik*

In einem noch heute anhaltenden Bewegungsprozeß – der laufenden Aufschließung und Verlagerung von Siedlungsraum im *Wanderfeldbau* (S. 150) – trat zu diesen Hochkulturvölkern im Laufe der jüngeren Jahrhunderte und Jahrzehnte eine Vielzahl kleinerer und größerer *Bergstämme* anderer Struktur und mit unterschiedlicher kultureller Prägung. Zwischen und über den seßhaften Reisbauernkulturen in Tälern und Ebenen erweiterten sie ständig ihren Lebensraum und komplizierten das bunte Mosaik der ethnischen Gruppen, ohne nach der Bildung von Herrschaften und Territorien zu streben. Zu ihnen gehören weitere tibeto-burmanische Völker, z. B. die *Lollo, Lissu, Lahu, Akha* u. a., weiter die verbreiteten Stämme der *Miao* (sprich: Meo – nach ihrer eigenen Sprache neuerdings meist als *»Hmong«* bezeichnet) und *Yao* und eine Reihe älterer, den Mon und Cham entfernt verwandter Bergvölker in *Vietnam.* Auch die *Karen* im burmesisch-thailändischen Grenzgebiet können noch dazu gerechnet werden, obwohl diese z. T. in ihren Wirtschafts- und Siedlungsformen den »Staatsvölkern« näherstehen. Das entspricht der Entwicklung einiger der größeren *»altindonesischen«* Völker in den *Hochländern Inselindiens,* die z. T. geschlossenere Stammesgebiete einnehmen und ebenfalls zu einer völkischen Profilierung gelangen konnten (z. B. die *Batak* auf Sumatra). Auch dort sind Daueranbau und -siedlung stärker verbreitet, vielfach auch christliche Missionierung.
Eine besondere Stellung nehmen einige Bergvölker auf *N-Luzon* (Philippinen) ein, die trotz starker Isolierung bis in die jüngere Zeit Seßhaftigkeit und großartige Kulturleistungen vollbracht haben. Das gilt vor allem für die riesige Steilhänge überziehenden, z. T. aus Stein gefügten und künstlich mit Boden gefüllten *Bewässerungs-Reisterrassen* der *Ifugao,* die vom philippinischen Parlament einmal sogar als »achtes Weltwunder« deklariert wurden (H. CONKLIN, »Atlas of Ifugao«, 1980; H. UHLIG, 1984), oder für die Steinterrassen der *Bontoc* (mit Fruchtwechsel Reis – Süßkartoffeln). Nur teilweise christlich missioniert, haben beide darüber hinaus komplexe Ahnenkulte und Stammesriten, hohe Textil- und Holzkunst und farbige Trachten er-

halten. Andere Stämme stehen im Konflikt mit der Regierung wegen geplanter hydroelektrischer Staudämme; die Ifugao sind inzwischen eine Attraktion für den Tourismus geworden. Auch die Bergvölker im Inneren der sonst heute sinisierten Inseln *Hainan* und *Taiwan* gehören noch zu den südostasiatischen Stammeskulturen, ebenso in *Yünnan* und anderen Teilen SW-Chinas.

Sprachlich sowie nach ihren Lebens- und Wirtschaftsformen (und in einzelnen Ländern auch nach ihrem staatsbürgerlichen Status) von den »Staats«- oder »Hochkulturvölkern« unterschieden, sind die Bergstämme, vor allem im festländischen SO-Asien, für die wissenschaftliche Einordnung sowie sozialökonomisch und politisch ein erhebliches Problem (LE BAR, HICKEY and MUSGRAVE, 1964; KUNSTADTER et al., 1967; 1978). Das Problem der »ethnischen Identität« wurde in Revision der älteren Konzepte der Einheit bzw. Identifikation ethnischer Gruppen durch LEACH (1954) oder LEHMAN (1967) dahin interpretiert, daß die in *Hinterindien* oft von Dorf zu Dorf *wechselnden Ethnien* nicht starr, sondern durch flexible, historische Rollen definiert seien und nicht kulturell homogen sein müssen, sondern z. T. nur aus traditionellen Entscheidungen einer Zuordnung hervorgegangen seien; ihr Selbstverständnis gründe sich nicht immer auf historische Urahnen, sondern sekundäre und relativ junge politische Systeme. Es gäbe z. B. keine bestimmten kulturellen Merkmale, die in *Burma* alle Minderheiten von der burmesischen »Majorität« unterscheiden würden. Weder Siedlungsweise (in Ebenen oder dem Bergland), Wirtschaftsform (Bewässerungs- versus Brandrodungsbau), Religion (Buddhismus versus »Naturreligionen«) noch die burmesische Sprache ergäben eindeutig unterscheidende Kriterien, die ethnischen Grenzen liefen oft quer durch diese Dichotomien. R. MISCHUNG (1984) schränkt diese Thesen der Annahme einer ethnischen Identität nach rein pragmatischen, ja ggf. opportunistischen Kriterien wieder etwas ein und zeigt am Beispiel der *Karen*, daß ethnische Identitäten, einmal verfestigt, ihre eigene Dynamik gewinnen können und selbst dann noch tradiert und akzeptiert werden, wenn der »Nutzen« einer solchen Selbstidentifikation fraglich geworden ist. Anders wäre wohl auch z. B. der schon fast drei Jahrzehnte währende Unabhängigkeitskampf der Karen in Burma (S. 252) kaum zu erklären. Das sagt nicht, daß sie in geschlossenen, territorialen Organisationen leben, einheitliche Sprachen, Trachten oder Lebensformen haben müßten. So werden als Karen ethnische Gruppen zusammengefaßt, die sich z. T. kaum sprachlich verständigen können oder sowohl in isolierten »bodenvagen« Bergdörfern wie in (Naßreisbau-)Siedlungen buddhistisch legitimierter Kleinfürstentümer seßhaft und territorial organisiert leben

## Übersicht über die ethnische Schichtung im Bergl.

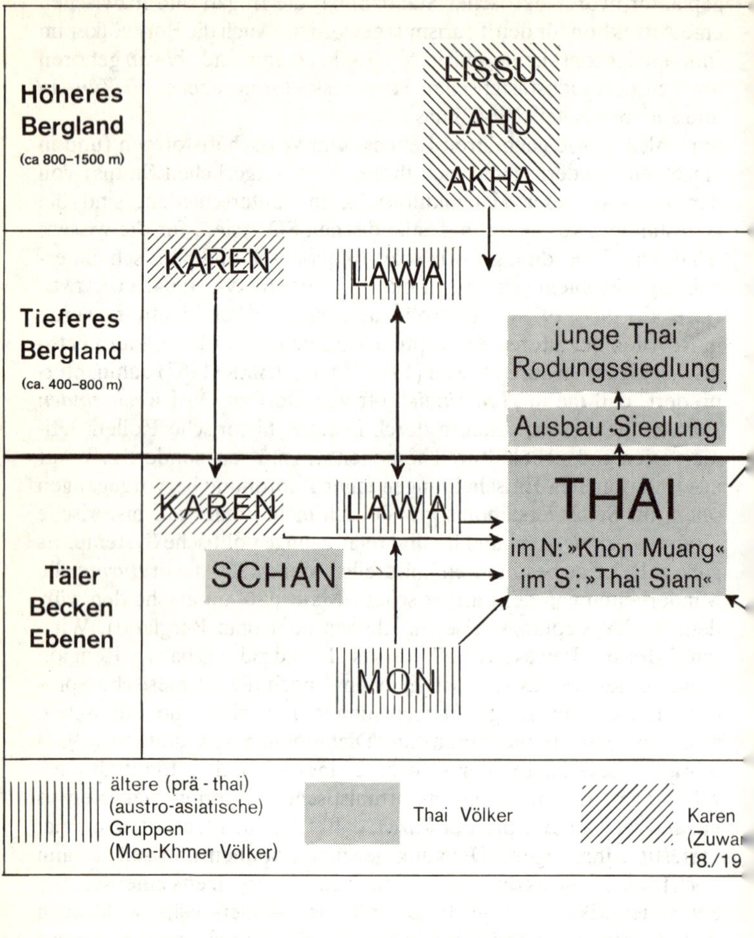

## – Thailands

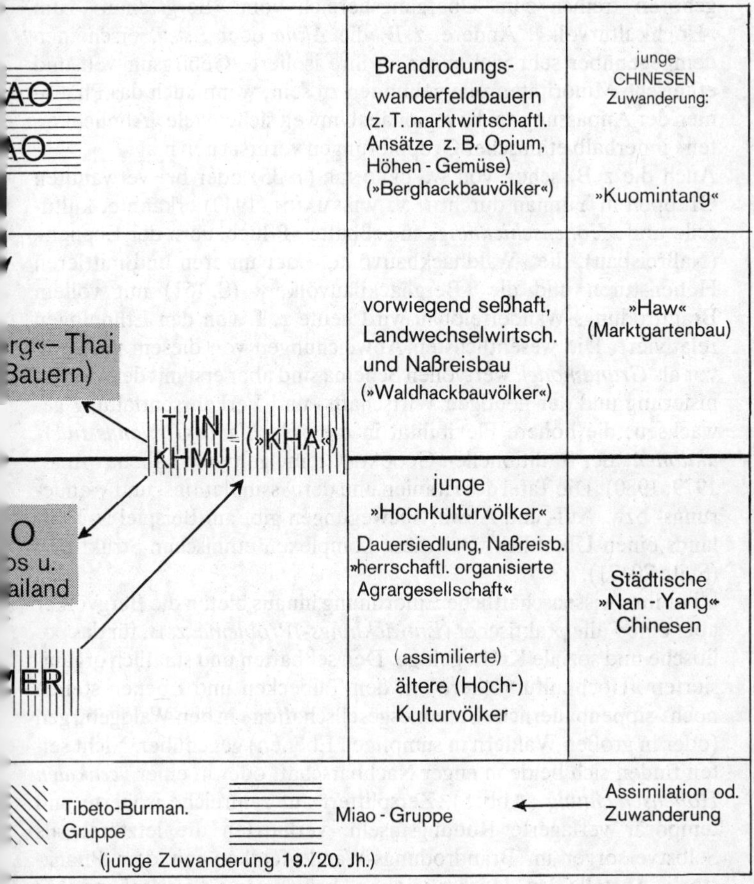


Entw.: H. UHLIG

können. Die Karen, die ja z. T. selbst städtisch in Rangun wohnen, gehören freilich zum Übergangsbereich vom »Bergstamm« zum »Hochkulturvolk«. Andere, z. B. die *Akha* oder *Lissu,* erscheinen demgegenüber sehr viel enger an ihre isolierte Gebirgsumwelt und ethnische Minoritätenrolle gebunden zu sein, wenn auch das Phänomen der Anpassung an die regionale Umwelt sicher viele »Ähnlichkeiten« innerhalb ethnischer Gruppierungen verursachen mag.
Auch die z. B. schon von W. CREDNER (1935) oder bei verwandten Gruppen in Yünnan durch H. V. WISSMANN (1942) erkannte, kulturelle und *»Höhenschichtung«* in seßhafte »Pflugbauern der Ebenen« (Naßreisbau), die »Waldhackbauvölker« der unteren und mittleren Höhenstufen und die »Berghackbauvölker« (S. 151) mit vollem Brandrodungs-Wanderfeldbau wird heute z. T. von den Ethnologen relativiert. Die wesentlichsten Abweichungen von diesem nach wie vor als *Grundmodell* wertvollen Schema sind aber erst mit der Modernisierung und der heutigen Wirtschafts- und Verkehrsentfaltung gewachsen, die höhere Flexibilität in die *»Hochlands-Tieflands-Interaktionen«* der traditionellen Geoökosysteme gebracht haben (UHLIG, 1979; 1980). Die Tafel der Ethnien und der Assimilations- und Wanderungs- bzw. Auf- und Abwärtsbewegungen gibt am Beispiel N-Thailands einen Überblick über diese komplexen ethnischen Strukturen (Seite 70/71).
Über ihre wissenschaftliche Einordnung hinaus bieten die Bergvölker aber eine Fülle praktischer *(Entwicklungs-)Probleme,* z. B. für das politische und soziale Kräftegefüge. Den seßhaften und staatlich organisierten »Hochkulturvölkern« in den Talbecken und Ebenen stehen noch »sippenbäuerliche Stammesgesellschaften« in den Waldgebirgen (oder in großen Wäldern in sumpfigen Ebenen) gegenüber. Nicht selten finden sich beide in enger Nachbarschaft oder in einer *vertikalen Höhenschichtung* (Abb. 5). Zersplittert auf zahlreiche isolierte und temporär verlagerte Rodungsinseln, verharrten die letzteren als Selbstversorger im Brandrodungs-Wanderfeldbau mit dem Pflanzstock. Anstelle der »Hochreligionen« bewahrten sie weitgehend ihre *Stammesriten.* Zu diesen gehörte, vor allem im insularen Bereich, aber auch im N bis zu den Naga an der burmanisch-indischen Grenze oder den Wa im Schan-Hochland (S. 245), die *Kopfjagd:* das Erbeuten der Schädel von Angehörigen feindlicher Stämme, das von dem Glauben getragen wurde, daß damit die Kräfte und Fähigkeiten des Erschlagenen auf den Träger der Trophäe übergehen würden; oft mit Initiationsriten für den Stand der Krieger verbunden. Offiziell verboten, wirkt die Vorstellungswelt der Kopfjagd, z. B. in bestimmten Tätowierungen oder mit dem Aufbewahren von Körben oder Netzen voller alter

Schädeltrophäen bei den Dayak und anderen Gruppen, noch bis heute nach.

Die geistige und materielle Eigenkultur der Bergstämme verleiht ihren Beziehungen zu den »Staatsvölkern« – auch dort, oder gerade dort, wo sie noch außerhalb der staatsbürgerlichen Integration geblieben sind – nicht nur ethnologisches Interesse, sondern ist ein vitaler Teil des heutigen sozialen und politischen Kräftespiels. In manchen Gebieten sind sie zur konstruktiven Teilnahme und sogar schon zu führenden Rollen in der modernen Landesentwicklung vorgestoßen (z. B. die Batak in Indonesien oder die Dayak in O-Malaysia). Andernorts stehen sie im Unabhängigkeitskampf oder passivem Widerstand (z. B. die Karen, Kachin u. a. in Burma, s. S. 251), wurden in kommunistische Partisanendienste gezogen oder bildeten gerade umgekehrt die härtesten Verteidiger der traditionellen Ordnung, wie z. B. die Miao-Divisionen der königstreuen laotischen Truppen, die heute die *Flüchtlingslager* in Thailand füllen (S. 321). Die *Zerstörung* der *Wälder* durch Brandrodung mit rasch wechselnden Anbauflächen und die Bemühungen um einen Ersatz durch Daueranbausysteme (S. 155) sind ebenso mit diesen Minderheitsproblemen der Bergstämme verbunden wie der *Opium*anbau und -schmuggel im dadurch weltbekannt gewordenen »Goldenen Dreieck« (S. 165).

## 2.2.2 Die außenbürtigen Einflüsse auf Kultur und Bevölkerung Südostasiens

### 2.2.2.1 Die kulturellen, sozialen und politischen Einwirkungen Indiens und Chinas

*Das Erbe der indischen Kultur*

Im Jahrtausend v. d. Zw., besonders wohl unter der Maurya-Dynastie (324–187) Kaiser Ashokas, wird die Einwirkung Indiens auf SO-Asien spürbar. Indischer Seehandel und die Suche nach Gold, Silber und Zinn erschlossen Küsten und Inseln; missionierende Mönche gründeten Klöster im festländischen Hinterindien. Ihnen folgten Brahmanen, die den Hinduismus in die frühen Fürstentümer von *Java, Fu-Nan* (vor den Khmer in der Mekong-Ebene) oder *Champa* (im heutigen Vietnam und Kambodscha) brachten. Während der langen Auseinandersetzungen mit den von N und W in Indien einfallenden Völkern (2. Jh. vor bis 7. Jh. nach d. Zw.) mögen Angehörige von Fürstenhäusern, der brahmanischen Bildungsschicht und Söldner

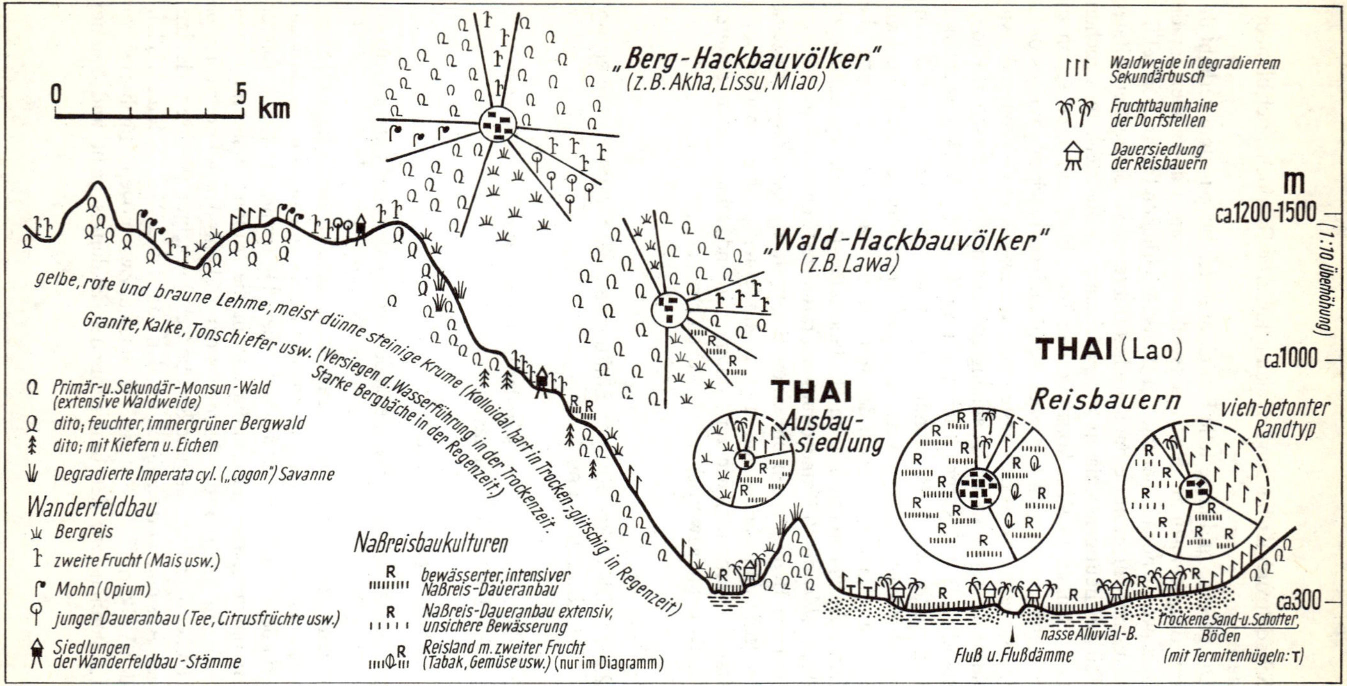
0 5 km
„Berg-Hackbauvölker"
(z.B. Akha, Lissu, Miao)
„Wald-Hackbauvölker"
(z.B. Lawa)
THAI
Ausbau-siedlung
THAI (Lao)
Reisbauern
vieh-betonter Randtyp
Waldweide in degradiertem Sekundärbusch
Fruchtbaumhaine der Dorfstellen
Dauersiedlung der Reisbauern
m
ca.1200-1500
(1:10 Überhöhung)
ca.1000
ca.300
gelbe, rote und braune Lehme, meist dünne steinige Krume (Kolloidal, hart in Trocken-, glitschig in Regenzeit)
Granite, Kalke, Tonschiefer usw. (Versiegen d. Wasserführung in der Trockenzeit.
Starke Bergbäche in der Regenzeit.)
Primär- u. Sekundär-Monsun-Wald (extensive Waldweide)
dito; feuchter, immergrüner Bergwald
dito; mit Kiefern u. Eichen
Degradierte Imperata cyl. („cogon") Savanne
Wanderfeldbau
Bergreis
zweite Frucht (Mais usw.)
Mohn (Opium)
junger Daueranbau (Tee, Citrusfrüchte usw.)
Siedlungen der Wanderfeldbau-Stämme
Naßreisbaukulturen
bewässerter, intensiver Naßreis-Daueranbau
Naßreis-Daueranbau extensiv, unsichere Bewässerung
Reisland m. zweiter Frucht (Tabak, Gemüse usw.) (nur im Diagramm)
nasse Alluvial-B.
Trockene Sand- u. Schotter Böden
(mit Termitenhügeln: T)
Fluß u. Flußdämme

nach Hinter- und Inselindien ausgewichen sein, wo sie, mit der Ausstrahlungskraft ihrer höher entwickelten Religionen, Kunst, Architektur, des frühen Städtewesens, der Bewässerungs- und Verkehrstechnik, des Handwerks und Handels usw. zu politischen, technischen und militärischen Beratern aufstiegen. Wahrscheinlich ist, daß heimische Häuptlinge, nach der Aufnahme von Handelskontakten, dem Beispiel südindischer Fürsten folgend, sich die Dienste von *Brahmanen* sicherten, die, im Schreiben und der Verwaltung geschult, ihre Herrschaft legitimieren und die Staaten organisieren konnten (VAN LEUR, 1956; COEDÈS, 1964). Kennzeichnend ist etwa ein Tempel mit Brahmanen für das Hofzeremoniell, der selbst noch im modernen Bangkok erhalten blieb – ein typischer Überrest der »Übernahme« von Spezialisten oder der Kulturassimilation aus überlegenen Kulturen oder von einstmals unterworfenen Gegnern. Mit den Wandlungen von der Stammesstruktur zu »herrschaftlich organisierten Agrargesellschaften« wuchsen schließlich die ersten *Reichsbildungen* durch kulturell *indisierte* Dynastien heran. Hinduistische und buddhistische Religion waren die wichtigsten Medien des indischen Kultureinflusses. Trotz ihrer gegensätzlichen Ideen existierten sie in SO-Asien jahrhundertelang friedlich nebeneinander, vielfach ineinander verfließend und unter Einschmelzung älterer, stammesreligiöser Vorstellungen (»Synkretismus«) als einander ergänzende Facetten der gemeinsamen indischen Kulturgrundlage (C. A. FISHER, 1964). Der Brahmanismus (d. h. Hinduismus – nach seiner höchsten Priesterkaste benannt) entfaltete Shiva-, Vishnu- und andere Kulte nebeneinander. Seine im Mutterland auch sozialgeographisch so bedeutende Verbindung mit dem Kastenwesen kam jedoch in SO-Asien nur wenig zur Entfaltung, in sehr verwischter Form lebt es nur noch in Bali fort, dem einzigen geschlossenen Relikt.

**Abb. 5:** Die vertikale Schichtung der Volksgruppen, Siedlungs- und Wirtschaftsformen am Beispiel Nord-Thailands *(nach: H. Uhlig, 1969)*
Die über dem Profil eingesetzten (schematischen) Landnutzungs-Diagramme wurden bei den »Berg- und Waldhackbauvölkern« wegen des Fehlens fest begrenzter Dauerfelder ohne Umrandung gelassen *(Begriffe nach: W. Credner)*

### *Der Buddhismus*

Der Buddhismus, um 560 v. d. Zw. in Nordindien entstanden, spaltete sich in den Mahayana-Buddhismus, in dem Buddha in den Status eines Gottes erhoben und auch die Anbetung einer Anzahl minderer Gottheiten entwickelt wurde, und den *Hinayana*-Buddhismus, der die ursprüngliche Lehre reiner erhält, heute meist als »*Theravada*-Buddhismus« (von »Thera«, der Lehrer) oder auch als südlicher Buddhismus bezeichnet. Während der Mahayana-Buddhismus (nördlicher Buddhismus) in Tibet in der Form des Lamaismus und zum anderen in Japan und China und von dort mit der Zuwanderung der »Übersee-Chinesen« in der Diaspora auch in SO-Asien seine Hauptverbreitung fand, sowie von China her die annamitische Kultur (Vietnam) prägte (in Verbindung mit Glaubensrichtungen wie Taoismus, Konfuzianismus) werden Ceylon, Burma, Thailand, Kambodscha und Laos vom Theravada-Buddhismus bestimmt.
Über Schrift und Literatur – vergl. die Bedeutung der lutherischen Bibelübersetzung für die Formierung der deutschen Schriftsprache – wirken diese Religionen (der Mahayana-Buddhismus auf Sanskrit-Grundlage und dann durch die chinesische Schrift überlagert, der Hinayana-Buddhismus mit der südindischen Pali-Sprache und indischen Schriften) bis in die heutigen Staatssprachen fort. Die Ausbreitung des indischen Pflugtyps über die größeren Teile des südostasiatischen Festlandes spricht dafür, daß der Naßreisbau entweder von Indien eingeführt oder, wahrscheinlicher, daß seine Technik sehr stark von dort her verbessert worden ist.

### *Der Einfluß Chinas*

Etwa entlang des unteren *Mekong* läßt sich ein *Grenzsaum* zwischen dem Vorwiegen indischer im W und chinesischer Kulturlandschaftselemente im O (z. B. Pflug- und Bewässerungstypen) erkennen; die heutigen Auswirkungen und die Unterscheidung dieses kulturhistorischen vom gegenwärtigen politisch-geographischen »Indochina« wurden schon angesprochen (S. 19). In der geistigen und materiellen Gesamtwirkung – und durch die Erneuerung ihres Einflusses mit den Zuwandererwellen seit dem 18. Jahrhundert – sind aber heute der indische wie der chinesische Einfluß praktisch in ganz SO-Asien spürbar.
Die *chinesische* Einwirkung begann spätestens mit dem Seehandel der Han-Zeit (206 v. – 214 n. d. Zw.), der schon Borneo, Java, Celebes und – über die Landenge von Kra hinweg – selbst Sumatra erreichte.

Bis dahin war die chinesische Kultur weitgehend auf ihr Kernland um den Yangtse beschränkt geblieben, während die heutigen südchinesischen Provinzen Kwangtung (Guangdong) und Kwangsi (Guangxi) noch überwiegend von *Thai-Völkern* besiedelt waren, aus deren Vermischung mit älteren, den Malayen nahestehenden Gruppen im Delta-Land des Roten Flusses die heutigen *Annamiten* (Vietnamesen) entstanden (C. A. FISHER, 1964). Von 111 v. d. Zw. an wurde das Küstenland bis zur »Pforte von Annam« – der nahe der langjährigen Demarkationslinie zwischen Nord- und Süd-Vietnam gelegenen engsten Einschnürung des Küstensaumes durch die Gebirge – für fast ein Jahrtausend von China annektiert und damit die intensive *chinesische Prägung N-Vietnams* begründet. Neben den geistigen und handwerklichen Grundlagen wird sie auch in der hohen Entwicklung der Bewässerungs- und Feldbautechniken, der Wasserkontrolle, des Deichbaus und des intensiven Gartenbaues deutlich (Düngung durch menschliche Fäkalien, die außer von Chinesen und Vietnamesen sonst in SO-Asien nicht angewandt wird), sowie in den Eßgewohnheiten (chinesische *Eßstäbchen* – in stärker indisch geprägten Gebieten ursprünglich Essen mit der Hand) und den in chinesischer Bauweise *ebenerdigen Häusern* (gegenüber der südostasiatischen *Pfahlbauweise)* usw. Die *Thai-Völker* in *S-China* wurden von der chinesischen Staatsmacht und Besiedlung allmählich in die Bergländer von Kweitschau (Guizhou), Yünnan und in die nördlichen Teile Siams und Burmas abgedrängt. Von dort wanderten die *Thai, Schan* und *Lao* erst seit dem *Mittelalter* in ihre heutigen Staatsgebiete ein. Größere Gruppen, wie die »Schwarzen Thai« (nach ihrer Kleidung) blieben aber in China und N-Vietnam zurück, ihre Nachkommen leben meist in »autonomen« Gebieten verschiedenen Status im heutigen China (HEBERER, 1984). Die nach S wandernden Thai und Burmesen trugen aber erhebliche chinesische Einflüsse mit in ihre neue Heimat. Dort stießen sie dann auf die indische Gegenströmung, sei es direkt durch brahmanische Mittler, mehr noch aber unmittelbar, indem sie mit der Unterwerfung der schon länger in Hinterindien ansässigen und stärker *indisierten Mon, Cham, Pyu* und *Khmer* zugleich diese indischen kulturellen Komponenten assimilierten. In *Inselindien* blieben die chinesischen Einflüsse zunächst sporadischer. Dort wurde der Handel durch Frühformen diplomatischer Beziehungen ergänzt, mit denen die Chinesen die bedeutenderen Königreiche des »Nan Yang« – d. h. der »Südlichen See«, ihres Einflußgebietes im indo-pazifischen Raum, das noch heute den »Nan Yang-Chinesen« ihren Namen gibt – an ihren Machtbereich zu fesseln suchten. Sie bestanden im Austauschen von Gesandtschaften und Geschenken, die von den Chinesen als Tribute interpretiert, von den einheimischen Herrschern mehr im Interesse des *Seehandels* mit China, das nur mit Ländern verkehrte, die diesen Gepflogenheiten folgten, zugestanden wurden. Zeitweilig wurden diese lockeren Bindungen durch militärische Expeditionen der Chinesen verschärft, die unter den Mongolen-Kaisern (1279 bis 1368) bis *Burma, Annam* und *Java* führten. Um die chinesische Vormacht zu festigen, wurde 1407–1428 unter den Ming-Kaisern Annam erneut okkupiert und Marine-Expeditionen in den »Nan Yang« entsandt, um die Tribute anzumahnen. Nomadische Eindringlinge an seinen W-Grenzen banden dann aber für längere Zeit Chinas Kräfte, und es kam nur noch 1766 zu einer Invasion Burmas (C. A. FISHER, 1964).

Diese historischen Reminiszenzen stärken das Mißtrauen gegenüber der politisch-militärischen Übermacht *Chinas.* Nachhaltiger wirksam wurde aber der direkte Zustrom der Chinesen in den »Nan Yang«, der schon im 13. Jh. mit der Ansiedlung von Händlern und Handwerkern in verschiedenen Häfen der Philippinen, Indonesiens, Malaysias und des Festlandes begann. Während der isolationistischen Politik Chinas in der frühen Neuzeit versuchten die Mandschu-Kaiser vorübergehend, das Fortschreiten dieser Auswanderung zu unterbinden, in der folgenden Kolonialzeit sollte es aber viel größere Ausmaße gewinnen.

Zuvor vollzogen sich jedoch durch das Mittelalter hindurch Aufstieg und Untergang der verschiedenen festländischen wie insularen Reichsbildungen der Hochkulturen SO-Asiens (vgl. z. B. J. VILLIERS, 1965; H. GOETZ u. U. GUNZERT, 1971, mit historischen Karten), für die die kulturellen, sozioökonomischen und politischen Einflüsse von Indien und China her entscheidende Impulse waren. In dieser Zeit erlebte SO-Asien Perioden großer kultureller und zivilisatorischer Leistungen. Die Verschmelzung von Hinduismus und Buddhismus, aber auch die Assimilation unterworfener Bevölkerungsgruppen, bei denen häufig die Eroberer unter den Einfluß höherer, besiegter Kulturen gerieten, führten zu einem ständigen Wachsen der kulturellen Gemeinsamkeiten.

Die großartigsten Zeugnisse dieses säkularen Prozesses, die Tempel- und Palastruinen der historischen *Königsstädte,* sprechen in ihrer regionalen Häufung, z. B. die Bauten aus der über 600jährigen Geschichte *Angkors* oder die Ruinenstätten *Burmas, Thailands* und *Javas,* vom wechselnden politischen Geschick. Nur selten stellten Eroberer oder auch wiedererstarkende Herrschaften die Städte der Vorgänger wieder her, die durch Niederlage und Zerstörung im Ansehen gemindert waren. Häufiger sollte vielmehr der Glanz neuer, in ihrer Anlage kultisch bestimmter und gegliederter »Gott-Königs«-Städte

die Macht manifestieren, zu der neben der künstlerischen Prachtentfaltung auch zivilisatorische Leistungen traten.
Während die Staaten des Festlandes in den *Talbecken* und *Stromebenen* natürlich vorgezeichnete *Kernräume* fanden, von denen sie ihre Territorien ausdehnten (das gilt auch für ihre heutigen Nachfolgestaaten: Burma mit dem breiten Irawaddytal, Thailand am Maenam Chao Phraya, Kambodscha, Laos und das südliche Vietnam am Mekong, Tonking [N-Vietnam] am Roten Fluß), dehnten sich die größeren Territorialbildungen des insularen Raumes über die Binnenmeere hinweg auf die Küstensäume und Tiefländer *mehrerer Inseln* aus, sowohl die historischen Reiche *Srivijaya, Majapahit* usw., wie die heutigen Staatsgebiete Indonesiens, Malaysias und der Philippinen.

### 2.2.2.2 Das Eindringen von Islam und Christentum

Den langen, evolutionären Einwirkungen von Brahmanismus und Buddhismus folgten am Ausgang des Mittelalters und in der frühen Neuzeit kurz hintereinander – und hart miteinander konkurrierend – neue außenbürtige Kräfte, die wesentliche Wandlungen bringen sollten: der *Islam* und das mit dem *Christentum* verbundene Vordringen der europäischen Kolonialmächte. Sie sollten nicht nur zwei weitere Weltreligionen nach SO-Asien bringen und die territoriale Ordnung der heutigen Staaten vorzeichnen, sondern zugleich die bis dahin stärkere Gemeinsamkeit des »indo-chinesischen« Kulturerdteiles deutlich untergliedern. Das *Festland* – »Hinterindien« – verblieb als Domäne des *Buddhismus;* außer Siam freilich von den kolonialeuropäischen Einflüssen betroffen. Verbunden mit diesen wurden einige Bevölkerungsgruppen von der *christlichen* Mission gewonnen (z. B. in Vietnam und unter den Karen Burmas). Wie die *islamischen* Gruppen auf dem *Festland* (z. B. die Cham in Kambodscha, die malayische Minderheit in S-Thailand, die zugewanderten indischen Muslim [»Bangladeshi«] in Burma usw.) blieben sie aber nur *Minoritäten.* Einschneidende Wandlungen und damit eine starke Differenzierung der bisherigen kulturellen Einheit SO-Asiens vollzogen sich aber im gesamten *Inselindien.* Im Bereich des heutigen Indonesien und Malaysia wurde die malayische Kultur nun wesentlich vom *Islam* umgeprägt. Die Kolonialmächte beschränkten sich dort auf eine Förderung der christlichen Missionen unter einigen Bergvölkern, die aber mehrheitlich ihre heimischen Kulturen bewahren konnten. Auf den *Philippinen* ging dagegen die Errichtung der spanischen Kolonialmacht Hand in Hand mit der weitgehenden *Christianisierung* der dortigen jungmalayischen Völker. Lediglich die südlichsten Inseln, der *Sulu-Archipel* (Sultanat Jolo) und Teile von *Mindanao* waren schon vor der spanischen Besitzergreifung zu den östlichsten Stützpunkten des *Islam* geworden – fast gleichzeitig mit dem Fall der letzten islamischen Bastionen in Spanien (Granada, 1492). So trafen die Spanier im 16. Jahrhundert – von Mexiko her über den Pazifik vorstoßend – dort erneut mit den »Moros« (= Mauren) zusammen. Die blutigen Unruhen auf den südlichen Philippinen sind praktisch ein Fortdauern dieser Auseinandersetzungen zwischen der islamischen und der christlichen Besiedlung dieser Inseln. Ebenso ist der noch anhängige außenpolitische Streit um den Besitzanspruch der Philippinen auf das malaysische Sabah (S. 412) eine – als Anspruch der mehrheitlich christlichen Philippinen fast paradoxe – Folge dieser weit über See nach O vorgeschobenen islamischen Sultanate, zu denen weitere auf *Celebes,* den *Molukken* und anderen östlichen Inseln Indonesiens kamen.

Zahlenmäßig wird die Bedeutung des *Islam* darin deutlich, daß ihm heute fast die Hälfte der Bevölkerung SO-Asiens angehört. Der mit Abstand volkreichste, mehrheitlich islamische Staat der Erde liegt nicht etwa in den Ursprungsgebieten des Glaubens, im Vorderen Orient, sondern in SO-Asien: Indonesien!

Der Islam kam über *Vorderindien* und durch Vermittlung *arabischer* und persischer Seefahrer nach *Inselindien* (die Nachfahren arabischer Händler spielen, gestützt auf ihre religiöse Autorität, verschiedenenorts auch noch heute eine gesellschaftliche Rolle). Das strenggläubige *Aceh* (Atjeh) im N Sumatras wurde 1295 zuerst von der neuen Lehre erreicht. 1414 wurde *Malacca* einer der Hauptstützpunkte des östlichen Islam, nach der Eroberung durch die Portugiesen von *Johor* und *Brunei* abgelöst. Auf *Java* ging das letzte der hinduistischen Großreiche, das erneuerte Majapahit, in langen Kämpfen in islamischen Nachfolge-*Sultanaten* auf – z. B. Bantam, Mataram oder in den zuletzt als »Vorstenlande« noch bis zum Ende der Kolonialzeit überlebenden *Fürstentümern* von Yogjakarta und Surakarta (Solo). Dort bestätigte sich aber die Kontinuität und Assimilationskraft der Kulturen SO-Asiens, da gerade diese Fürstenhöfe zugleich die stärksten Bewahrer der älteren, hindu-javanischen Tradition werden sollten (S. 106).

### 2.2.2.3 Die Entstehung der europäischen Kolonien in Südostasien

Die Anfänge der europäischen Besitzergreifung sind Teil einer weltumfassenden Expansion, die noch dramatischer als die des Islam begann: binnen dreier Jahrzehnte, um die Wende vom 15. zum 16. Jh., entdeckten iberische Seefahrer Amerika, öffneten die Seewege um die südlichen Kaps von Afrika und erreichten von W über Indien (die Portugiesen) und von O über Mexiko (die Spanier) Süd- und Ostasien.

*Der portugiesische Seehandel*

Der *Gewürzhandel* – bei den damaligen Konservierungsmöglichkeiten sehr viel bedeutender als heute – zog die ersten europäischen Seefahrer nach SO-Asien. Er führte unter Nutzung der periodisch wechselnden Monsun- und Passatwinde (»Trade Winds«) die portugiesischen Schiffe um Afrika und entlang der Stützpunkte an den indischen Küsten bis zu den *Molukken.* Dort hatten die Sultane von Ternate, Tidore, Ambon und Banda unter ihrer Bevölkerung den Gewürzanbau organisiert und wurden die wichtigsten Lieferanten von Muskat und Nelken, während Ingwer und Pfeffer in einem größeren tropischen Bereich erhältlich waren. Ab 1530 wurden sie zu jährlichen Tributen von Nelken gezwungen und auf portugiesische Monopole festgelegt; durch die Gegenlieferungen von indischen Textilien konnten die Portugiesen auch in dieser Richtung das Erbe des indischen Seehandels übernehmen. Ihre Interessen waren aber nicht auf den Erwerb größerer Gebiete gerichtet, sie konzentrierten sich auf Stützpunkte für den eigenen Handel und zur Kontrolle der Konkurrenz der indischen und muslimischen Kauffahrer, die bisher über den Vorderen Orient – mit Umschlag auf die venezianische Flotte – den indonesischen Gewürzhandel monopolisiert hatten. *Malacca,* ein Hauptgewürzmarkt, wurde 1511 den Muslim entrissen, eine Kette von Stützpunkten an den Küsten von Indien über Burma (Bassein), Siam und Kambodscha folgte und wurde nach O bis *Timor* ausgedehnt, dessen östliche Hälfte bis 1976 einen Rest des *portugiesischen* Besitzes und das letzte koloniale Territorium in SO-Asien bildete. Die Vorherrschaft der portugiesischen Schiffe engte auch den chinesischen Seehandel immer weiter ein. Ihren Stützpunkten prägten die Portugiesen mit dem *katholischen* Glauben, ihren Festungs- und Kirchenbauten und der Hinterlassenschaft von Nachfahren malayisch-portugiesischer Mischlinge (auch noch in Malacca als Katholiken bis heute abgeschlossen von der übrigen Bevölkerung) unverkennbare Züge auf.

### *Spanien prägt die Philippinen*

Der gewinnbringende Gewürzhandel zog aber auch die *Spanier* an; er war ein wichtiger Anstoß für Magellans Umsegelung Südamerikas. Mit den Passaten segelnd, entdeckte er die *Philippinen* und erreichte 1521 Tidore, was zum Konflikt mit den Portugiesen um die Kontrolle über die *Molukken* führte, die nahe der zwischen Portugal und Spanien im päpstlichen Schiedsspruch von Tordesillas (1494) gezogenen Teilungslinie der Erde lagen. Später beschränkten die Spanier ihre Interessen auf die *Philippinen,* beginnend mit der Eroberung Cebus durch Legaspi (1565) und der Gründung der Hauptstadt Manila auf Luzon (1571). Mexikanische Silberdollars, die chinesische Händler zum Umschlag chinesischer Seiden und Porzellane nach Manila lockten, wurden zur internationalen Währung in den Häfen SO-Asiens. Anders als die Portugiesen, beteiligten sich die Spanier selbst wenig am Handel, teilten aber das Land nach dem feudalen System des Mutterlandes und ihrer lateinamerikanischen Kolonien in Großgrundbesitze auf. Ihre koloniale Verwaltung, mit katholischer Missionierung verbunden, wurde über das ganze Land ausgedehnt, und die nur wenig von der indischen Ausstrahlung berührten Stammesgesellschaften wurden unter Leitung der spanischen Patres zu einem *christlichen* Außenposten der *lateinamerikanischen Zivilisation* auf asiatischem Boden. Mit Ausnahme des islamischen südlichen Drittels (Sulu, Mindanao, Palawan) war dieser Status lange vor der US-amerikanischen Eroberung und Vertreibung der Spanier (1898) vollendet; noch heute ist das *spanische Kulturerbe* ein Merkmal der Unterscheidung der *Philippinen* vom übrigen SO-Asien.

### *Die Holländer und ihre portugiesischen und britischen Konkurrenten in Inselindien*

Um die Wende des 17. Jhs. ging die Vorherrschaft auf den Weltmeeren an Holland und England über, zugleich richteten sich deren Interessen auf SO-Asien. Die 1600 gegründete englische »East India Company« wurde von der 1602 aus älteren Handelsgesellschaften zusammengeschlossenen »Vereenigten Oostindischen Compagnie« und von der französischen und dänischen Konkurrenz überflügelt. 1605 nahmen die *Holländer,* die nicht entlang der Küsten, sondern direkt über den Indischen Ozean segelten und im *javanischen* Fürstentum *Bantam* ihren ersten Stützpunkt hatten, den Portugiesen *Ambon* ab; 1616 hatten sie bereits 15 Handelsposten, vor allem auf den *Molukken.* 1641 ent-

rissen sie *Malacca* den Portugiesen, das die Durchfahrt durch die »Straits« kontrollierte. Auch nach Kambodscha, Burma und Thailand und selbst Laos drangen holländische Kaufleute vor – Steinfiguren und Halbreliefs überliefern das noch heute an den Tempeln von Bangkok oder Luang Prabang. Die *britische* Konkurrenz errichtete mehrere Agenturen, von *Aceh* (N-Sumatra) bis *Makassar* (Celebes), in *Pattani* (S-Thailand) und in *Ayuthia* (nördlich Bangkok). Seit 1619 wurde sie durch den ersten *holländischen* Generalgouverneur, Jan Pieterzon Coen, aus *Indonesien verdrängt,* der im gleichen Jahre die Hauptstadt *Batavia* gründete – heute Jakarta, nach dem ursprünglichen Jakatra; der Name »Batavia« wurde nach dem humanistisch-lateinischen Namen Hollands, Batavia (vom Germanenstamm der Bataver abgeleitet), gebildet.
Lediglich der Hafen *Bengkulen* an der Westküste Sumatras blieb von 1685–1824 in *britischer* Hand. Bis zur japanischen Eroberung im Zweiten Weltkrieg und der 1949 folgenden Unabhängigkeit Indonesiens blieb Holland die Vormacht im insularen SO-Asien. Anfänglich war auch die holländische ostindische Kompanie nur am Handelsumschlag interessiert. Neben den Gewürzen der Molukken, dem Reis Javas, dem Sandelholz von Timor und dem Pfeffer von Sumatra und Borneo, begründete auch der Umschlag von Zimt aus Ceylon, Kupfer aus Japan, indischen Tuchen, chinesischen Seiden und Porzellan und persischen Edelsteinen den »Kolonialwarenhandel« über Batavia mit den blühenden holländischen Hafenstädten der Renaissancezeit. Die Kontrolle des Gewürzschmuggels und der Piraterie sowie das Schutzbedürfnis für Batavia führten dann zu ersten territorialen Eroberungen auf den Molukken und in W-Java; seit dem Schrumpfen des Handels bildeten sie die Ausgangsgebiete der ersten Pflanzungen und des Ausbaues zum flächenhaften Kolonialbesitz. *Chinesische* Siedler begannen im Umkreis von Batavia mit der *Zuckerpflanzung, Kaffee* wurde von Indien eingeführt, und bald entwickelte sich mit heimischen (Reis) und eingeführten Kulturpflanzen anstelle von Tributzahlungen der Fürsten die Abgabe von Zwangskontingenten von Agrarerzeugnissen. Aus den holländisch-indonesischen Mischehen wuchs eine neue Bevölkerungsschicht, die »Eurasier« heran; bald sollte aber die von der Kolonialregierung geförderte Zuwanderung der Chinesen bei weitem die Zahl der Europäer und ihrer Abkömmlinge übertreffen.

### *Die »Straits Settlements« mit Singapur und Nord-Borneo im britischen Weltreich*

Die britischen Interessen lagen im späten 18. und frühen 19. Jahrhundert in SO-Asien zunächst in einer Flankendeckung für *Indien,* besonders gegen die rivalisierenden Franzosen. Eine Flottenbasis an der Ostseite des bengalischen Golfes sollte die Bewegungsfreiheit der (Segel-)Kriegsschiffe sichern, die während des NO-Monsuns blockiert in den Häfen der Koromandelküste lagen; weiter war der Seehandel mit China (Opium aus Bengalen gegen Tee aus Kanton) und zu den Gewürzinseln zu sichern. Beides motivierte die Erwerbung der Insel *Penang* (1786) vor der malayischen Küste, am Nordeingang der Malacca-Straße (= »Straits«). Zusammen mit der etwa gleichzeitig beginnenden britischen Kolonisation Australiens sahen sich die Holländer, die sich der englischen Konkurrenz in Indonesien seit dem Ende des 17. Jhs. entledigt hatten, erneut von der britischen Macht umklammert. So müssen die weiteren Erwerbungen von Stützpunkten und Kolonien, aber auch die Erhaltung dazwischenliegender »Pufferstaaten«, neben den kommerziellen Interessen nun auch im geopolitischen Kräftespiel zwischen *Frankreich* und *England* im festländischen und den *Niederlanden* und England im insularen SO-Asien gesehen werden.

Als Folge der napoleonischen Unterwerfung der Niederlande besetzten die *Engländer* ab 1794 zunächst *Malacca,* die Molukken und die Westküste Sumatras, von 1811 bis 1816 auch Java. Der bisherige Gouverneur von Penang und spätere Gründer Singapurs, Sir Stamford Raffles, hinterließ in dieser kurzen Epoche durch die Abschaffung der zwangsweisen Arbeitsverpflichtungen, die Befreiung von allen Anbauzwängen und durch administrative Reformen bedeutende Wirkungen; sein Traum eines geschlossenen britischen Kolonialreiches von Indien bis Australien mußte aber gegenüber Englands europäischen Interessen an einem befreundeten Holland zurückstehen, das diesem die Rückgabe seiner indonesischen Gebiete sicherte.

Immerhin baute Raffles 1819 die britische Kontrolle über die Meeresstraßen durch die Gründung *Singapurs* in einer strategischen und handelspolitischen Schlüsselstellung aus. Mit den späteren Erwerbungen an der *Nordküste Borneos* – ab 1842 Sarawak durch den »weißen Rajah« James Brooke, 1846 die vor Brunei gelegene Insel *Labuan* (mit ihren Kohlenlagern als Flottenstützpunkt ein wichtiges Glied der »Straits Settlements«) und schließlich *North Borneo* (heute Sabah) durch eine Handelskompanie – sicherte sich Großbritannien die Kontrolle über das Südchinesische Meer und die Seewege nach O-Asien (ab 1842 Hongkong) und Australien. Zugleich wurde damit aber auch bereits der heutige territoriale Bestand *Malaysias* vorgezeichnet. *Penang*, das den versandenden Hafen von Malacca überflügelte, und vor allem *Singapur* konnten sich als *Freihäfen*, umgeben von den durch traditionelle, monopolistische Praktiken behinderten Seehäfen der holländischen und spanischen Besitzungen, großartig entfalten, und das britische Interesse verblieb noch primär beim Handelsumschlag, als sich die holländische Verwaltung Indonesiens (mit wachsender territorialer Erweiterung) schon stärker auf die Entwicklung als Pflanzungsgebiet für tropische Rohstoffe orientierte.

### *Hollands Kolonialwirtschaft*

Mit der Einführung des »Cultuurstelsel«, eines Systems des vorgeschriebenen Anbaues (S. 532), bei dem jeder Bauer 1/5 seines Landes mit Exportprodukten – Kaffee, Zucker, Indigo, später auch Tee und Chinarinde – zu bebauen und anstelle von Steuern abzugeben hatte, wurde die Agrarerzeugung gelenkt (GRETZER, 1939; GEERTZ, 1963; DAHM, 1978). Unter Nutzung der günstigen vulkanischen Böden konzentrierte sich dieser intensive Ausbau weitgehend auf *Java,* womit die Grundlagen für dessen Bevölkerungsverdichtung gelegt wurden, während umgekehrt die wirtschaftliche und infrastrukturelle Erschließung der anderen Inseln zurückblieb; beide Fakten bilden heute große Entwicklungsprobleme für Indonesien.
Der Ausbau der Transportkapazität für diese Erzeugnisse und die Verkehrserschließung ihres insularen Kolonialreichs ließen vor dem Zweiten Weltkrieg die Niederlande zur drittgrößten Handelsflotte der Welt kommen. Ihre weitgehende Zerstörung durch den Krieg und während der Auseinandersetzungen um Indonesiens Unabhängigkeit haben dem letzteren schwere Verkehrsprobleme hinterlassen, die durch den Ausbau der Straßen und Flugnetze und wiederhergestellte Schiffe erst teilweise überwunden werden konnten.

### *Die britisch-französische Rivalität um Burma und »Indochina« – das neutrale Siam*

Das festländische SO-Asien wurde von den Stützpunktsystemen und Rivalitäten der europäischen Kolonialmächte bis zum 19. Jh. nur am Rande berührt. Durch die damalige politische Schwäche Chinas wurden auch die Landflanken vor Angriffen von außen bewahrt; die Konflikte zwischen den hinterindischen Kräften dauerten dagegen an. So geriet besonders *Kambodscha* immer stärker in die Zange zwischen *Siamesen* und *Annamiten,* und das *französische* Eingreifen stieß in ein zähes territoriales Ringen hinein. Die *britische* Politik begann bereits die Bedeutung *Thailands* als neutraler Partner in den Auseinandersetzungen mit den territorialen Interessen der Franzosen und der Holländer zu erkennen, bremste aber eine weitere Ausdehnung der siamesischen Oberherrschaft über die nördlichen malayischen Sultanate mit Verträgen ab.

Das britische Verhältnis zu *Burma* wurde dagegen immer gespannter, als dieses in Verkennung der Stärke der britischen Macht in Indien 1813–16 Manipur und Assam an sich riß und 1824 von Arakan aus gegen Chittagong vorzustoßen suchte. Das löste den ersten Burmakrieg aus, der 1826 die Rückgabe der (völkisch südostasiatischen, aber außerhalb der Gebirgsumwallung in Vorderindien gelegenen) Gebiete von Assam und Manipur und die Abtretung von Küstenstreifen in Arakan und auf der Tenasserim-Halbinsel erzwang, wodurch die britische Flankensicherung des bengalischen Golfes ausgebaut werden konnte. Im zweiten Burmakrieg (1852) wurden das Irawaddy-Delta und Nieder-Burma an Britisch-Indien angegliedert. Dann beeinflußten die französischen Erwerbungen in Indochina, mit dem Versuch, über die Ströme Hinterindiens oder durch Eisenbahnbauten den Zugang nach China durch die »Hintertür« zu öffnen, die territoriale Politik. In Konkurrenz zur *britischen* Kontrolle des *Chinahandels* griff *Frankreich* auf ein altes Interessengebiet zurück, in dem seit der Mitte des 17. Jhs. französische Missionare zu wirken begonnen hatten. Feindseligkeiten des annamitischen Kaisers – von Franzosen wie Chinesen, die im Friedensvertrag nach dem zweiten Opiumkrieg (1858) die Duldung der christlichen Missionen in China vereinbart hatten, als Vasall Chinas angesehen – gegen diese Missionen wurden der Vorwand für die Einnahme von *Tourane* (1858) und *Saigon* (1859), die Osthälfte Cochinchinas (das Mekongdelta-Gebiet) folgte 1862. Das 1863/64 errichtete *französische Protektorat* über *Kambodscha* bewahrte dieses Land vor seiner völligen Unterwerfung durch die dort um die Vorherrschaft kämpfenden Vietnamesen und Thai. Nachdem die Franzosen erkennen mußten, daß die zahlreichen Stromschnellen des *Mekong* ihre Hoffnungen auf einen *Wasserweg* ins Innere Chinas enttäuschten, zwangen sie *Annam* 1882 zur Annahme eines Protektorates über sein gesamtes Territorium und über *Tonking* (N-Vietnam), dessen Roter Fluß (Song-Koi) besseren Zugang nach S-China versprach. Auch diese Erwartungen erfüllten sich aber nur bedingt, sie konnten erst 1910 mit dem Bau der *Eisenbahn* von Haiphong nach

Kunming realisiert werden. *China*, das die Oberherrschaft über Annam beanspruchte, protestierte vergebens gegen die französischen Annexionen, die auch die Interessen der Briten in Burma, das sie nun von O her durch die französischen Ansprüche bedroht sahen, erneut aktivierten. Sie nahmen deshalb Vereinbarungen des letzten burmesischen Königs (in Mandalay) mit den Franzosen über Schiffahrtsrechte auf dem Irawaddy, die schon von den Briten beansprucht wurden, einen Bahnbau und eine französisch finanzierte Bank von Burma zum Anlaß des *dritten Burmakrieges* (1885), der mit der Angliederung auch Ober-Burmas an Britisch-Indien endete. Auch die Pläne für einen Kanalbau durch die *Landenge von Kra* (S. 314) wurden ein Teil der britisch-französischen Rivalitäten. 1883 legte Lesseps dem siamesischen König einen Plan zum Durchstich vor, der den Suez-Kanal als »Route française au Tonkin« fortsetzen sollte, zugleich aber auch *Singapurs* Schlüsselstellung in Frage gestellt hätte.
Anstelle Burmas griff *Frankreich* nach den *laotischen* Fürstentümern, die es auf Grund seiner neuen Position als Herrscher Annams beanspruchte, obwohl die siamesischen Oberherrschaftsansprüche historisch stärker begründet waren (der Hof von Luang Prabang hatte zur Absicherung seines Fortbestandes mit beiden Seiten Verträge ausgehandelt). Historisch wie über die leichteren natürlichen Zugänge, die durch den Ausbau der thailändischen Verkehrslinien neu aktiviert worden sind, ist *Laos* ebenso eng mit dem ethnisch verwandten *Thailand* verbunden wie mit den *Schan-Staaten*. Diese hatten die Briten nach der Eroberung von Ober-Burma zunächst als neutrales »Niemandsland« unter der Herrschaft ihrer mehr als 30 kleinen Stammesfürsten belassen – um einem französischen Griff zum Salween zuvorzukommen, gliederten sie nun auch diese (vorher unter burmesischer Oberherrschaft stehenden) Fürstentümer ihrem Kolonialgebiet ein. Frankreichs Druck auf Siam, ihm noch alle verbliebenen laotischen Gebiete östlich des Mekong (Vientiane) abzutreten, führte 1893 zur erneuten britisch-französischen Krise. Ihrer Beilegung verdankt *Siam* – neben seiner Politik einer zeitgerechten Öffnung und einer geschickten Neutralität –, daß es als »Pufferstaat« zwischen den französischen und britischen Interessengebieten niemals unter koloniale Herrschaft kam.

### *Die Arrondierung von »Niederländisch-Indien«*

In *Inselindien* war inzwischen die Ausweitung und Konsolidierung der niederländischen Besitzungen erfolgt. Nur um *Aceh* im N Sumatras gab es noch Spannungen, dessen Unabhängigkeit die Engländer als

Flankendeckung für die »Straits« den Holländern abgenötigt hatten. Erst 1873 wurde es, als notorischer Piratenschlupfwinkel, mit britischem Einverständnis von den Holländern besetzt, leistete aber noch über zwei Jahrzehnte Widerstand. Die Angliederung des heutigen *»Irian Jaya«* (West-Neuguinea) an Indonesien geht auf die seit 1826 von den Niederländern beanspruchte Souveränität über die westliche Hälfte der Insel zurück, die allerdings erst verifiziert wurde, als die deutschen und die britischen Erwerbungen im östlichen Neuguinea (später das australisch verwaltete und heute autonome Papua and New Guinea) 1884/85 die Holländer zu beunruhigen begannen.

### *Die USA annektieren die Philippinen*

Die spanische Macht auf den Philippinen brach im spanisch-amerikanischen Kriege von 1898/99 zusammen, der – eigentlich um Puerto Rico und Cuba geführt – die Philippinen in ihrem historischen Zusammenhang mit Lateinamerika erfaßte. Für die USA, die nun die Inseln übernahmen, wurden sie geopolitisch ein weit vor der eigenen Pazifikküste gelegenes Glacis, vor allem gegen die wachsende japanische Macht. Mit der modernen Gesellschafts- und Wirtschaftsentwicklung haben die wenigen Jahrzehnte der *amerikanischen* Herrschaft noch eine nachhaltige Umprägung der kulturellen (u. a. Verdrängen des Spanischen durch das *Englische* als erste Verkehrs- und Umgangssprache) und wirtschaftlichen Strukturen gebracht.

### *Das britische Malaya*

Nach der schrittweisen Ausdehnung der holländischen Kontrolle über die indonesischen Inseln und der britischen und französischen Erwerbungen in Hinterindien griff Großbritannien auch in *Malaya* über die ursprüngliche Begrenzung auf die »Straits Settlements« (Penang, Singapur, Malacca, die Insel Labuan [Nord-Borneo] und zeitweise die »Dindings« – ein Küstenstreifen im malayischen Perak, zur Kontrolle der Piraterie in der Malacca-Straße erworben) hinaus, nachdem schon um 1800 am Gegenufer von Penang die »Provinz Wellesley« erworben und zu einer frühen Entwicklung der kolonialen Marktwirtschaft geführt worden war. Ab 1874 wurde das *britische Protektorat* auf die »inneren« *Malayenstaaten* (Selangor, Perak, Pahang, Negri Sembilan) ausgedehnt, 1914 folgten Johor und die vier nördlichen Sultanate (Kedah, Kelantan, Trengganu, Perlis), die bis 1909 noch unter thailändischer Oberherrschaft gestanden hatten.

## 2.3 Die sozialökonomischen, demographischen und territorialen Auswirkungen der Kolonialzeit

Gemessen an der geschichtlichen Tiefe SO-Asiens umfaßte die Kolonialzeit nur einen verhältnismäßig kurzen Zeitraum. Zwar waren die vereinzelten altkolonialen Stützpunkte zwei bis vier Jahrhunderte in der Hand der europäischen Seemächte, die großflächige Gestaltung kolonialer Territorien blieb aber im wesentlichen auf ein gutes Jahrhundert beschränkt. Dennoch hat das eine Revolutionierung des wirtschaftlichen, sozialen und politischen Lebens, die Öffnung zur modernen Welt und die Umgestaltung großer Kulturlandschaftsräume gebracht. Als besondere weltgeschichtliche Verkettung erscheint es, daß ausgerechnet auch das moderne Wiederaufleben der *chinesischen* und *indischen* Einflüsse – getragen von den *Masseneinwanderungen* im 19. und 20. Jh. – eine Folge der kolonialwirtschaftlichen Entwicklung unter europäischer Führung werden sollte; der heutige soziale und *völkische Pluralismus* kam erst dadurch zu seiner vollen Entfaltung. Auch die politische Karte SO-Asiens ist das Ergebnis der europäischen Herrschaft, da – bis auf wenige Ausnahmen – die im 19. Jh. im Kräftespiel der Kolonialmächte entstandenen und erstmals linienhaft festgelegten *Grenzen* die Territorien markierten, die zu den heutigen Staaten wurden. Vielfach lagen ihnen zwar schon Kernräume historischer Hochkulturen zugrunde, und die Zufälligkeit der territorialen Parzellierung ist nicht mit der im kolonialen Afrika vergleichbar, dennoch zeichnete auch sie latente Konflikte vor.

Unter dem *Einfluß Europas* bildeten sich zahlreiche soziale Strukturen heraus, ohne die die heute unabhängigen Staaten nicht mehr denkbar wären. Das gilt für die Entwicklung von Medizin und Hygiene, das Bildungswesen, aber auch für zahlreiche Rechtsnormen, den Grundsatz der Gleichheit vor dem Gesetz, die Grundlagen der zivilen und staatlichen Verfassung nach internationalen Gepflogenheiten, die Hebung der sozialen Stellung der Frau, die Entwicklung von Presse und anderen Informationsmedien usw. Die politischen und gesellschaftlichen Gepflogenheiten, die Verwaltungspraktiken, die Verkehrssprache und die wirtschaftlichen Ziele der einzelnen Kolonialmächte haben diese noch differenziert, so daß auch die heute unabhängig gewordenen Nationen noch unverkennbar die Einflüsse britischer, französischer, niederländischer, portugiesischer, spanischer und amerikanischer Institutionen, Verhaltensweisen, Bildungsformen usw. zeigen. Auch Demokratie und Parlamentarismus wurden in dieser Zeit hereingetragen – und die meisten Vorkämpfer der Unabhängigkeit und der anschließenden Staatsbildung waren Mitglieder einer

Elite, die ihre Schulung durch europäische Lehrmeister erfahren hatte und die dann in der Auseinandersetzung mit ihnen eine eigene politische Figur gewannen. Auch der Kampf, den sie – oder eine heranwachsende Opposition – um die Lösung noch schwelender sozialer Probleme führen, wie z. B. die vielfach noch erhebliche Abhängigkeit der bäuerlichen Bevölkerung von einer landbesitzenden, rentenkapitalistischen Zwischen- oder Oberschicht, ist aus der Vorstellungswelt dieser Demokratie entstanden.

### 2.3.1 Die Anfänge der modernen Bevölkerungsentwicklung

Abgesehen von der beginnenden Urbanisierung, hat die gesamte *Bevölkerungsentwicklung* durch die Fortschritte der Hygiene und den Rückgang der Sterblichkeit, die Zunahme der Lebendgeburten, die Schaffung von Arbeitsplätzen und die Arbeiterzuwanderungen eine sprunghafte Steigerung erfahren. Auch aus dem Europa und Amerika des 18. bis 20. Jhs. ist uns ein starkes Anwachsen der Bevölkerung vertraut. In SO-Asien kam es aber zu besonders drastischen Steigerungsraten, für die neben der allgemeinen technischen und Zivilisationsentwicklung auch die Sicherung von Gesetz und Ordnung (Unterbindung der fortwährenden Stammesfehden und der Piraterie oder von Kriegen zwischen rivalisierenden Territorialherrschaften) und die Aufschließung großer und neuer Nähr- und Siedlungsräume eine Rolle spielten. Dazu trug weiter die Intensivierung und Erweiterung des bäuerlichen Anbaulandes, z. B. auf Java, und die Melioration und Besiedlung der großen Stromdeltas (Irawaddy, Maenam, Mekong) bei, die große Gebiete der heutigen »Reisschüsseln« überhaupt erst in Nutzung und Besiedlung gebracht haben.
Die Bevölkerung *Javas* ist von 1815 (ca. 4,8 Mio) bis 1980 um das ca. 18fache (91 Mio.) gewachsen; die der *Philippinen* von 1876 (5,5 Mio.) bis 1983 (52,1 Mio.) und die *Thailands* von 1850–1983 von 5,5 Mio. auf 50 Mio. jeweils um mehr als das *Neunfache*. In *Burma* begann die entsprechende Entwicklung erst um 1891 (8,5 Mio.), verlangsamte sich um 1970 bei gut 28 Mio. und erreichte 1983 36,7 Mio. 1830 zählte die *Gesamtbevölkerung SO-Asiens* erst 25,8 Mio. – bis 1986 ist diese über das *15fache,* auf 395 Mio., angestiegen!

### 2.3.2 Der Zweite Weltkrieg und die Unabhängigkeit

Der Zweite Weltkrieg und seine Folgen schlossen die Kolonialepoche weitgehend ab. Den *Japanern* gelang es 1942, das gesamte SO-Asien in einer Hand zu vereinigen; 1945 hatten sie es in Kämpfen, die regional – Burma, Borneo, Philippinen – sehr hart, in anderen Gebieten dagegen glimpflicher und schneller verliefen, wieder zu räumen. Unter ihrem Schutz waren die ersten Staatsgründungen der ihre *Unabhängigkeit* erstrebenden Nationen erfolgt. Auch die Entkolonialisierung der ersten Nachkriegszeit verlief nicht ohne Dramatik, da *Niederländer* und *Franzosen* versuchten, ihre einstigen Besitzungen erneut in »Unionen« mit den europäischen Mutterländern zu vereinigen. Beide scheiterten; die Franzosen im ersten Indochinakrieg, dessen Ende in Dien Bien Phu (1954) schon die Saat zum neuen Krieg in sich trug.

Neben dem Ausmaß der *Kriegszerstörungen*, die in Burma am schwersten waren, hat auch die Art des Überganges zur Unabhängigkeit auf die weitere Entwicklung der jungen Staaten eingewirkt. *Indonesien* und *Burma* entledigten sich am schroffsten der alten Bindungen, und neben den Auseinandersetzungen mit den früheren Kolonialherren stürzte auch das innere soziale und wirtschaftliche Gefüge in schwere Krisen, so daß beide Staaten, die in ihrer wirtschaftlichen und infrastrukturellen Entwicklung vor dem Zweiten Weltkrieg in SO-Asien mit an der Spitze standen, gerade in die größten Wiederaufbauschwierigkeiten gerieten. *Malaysia, Singapur, Kambodscha* und die *Philippinen* vollzogen die Lösung vom Kolonialregime in einer schrittweisen, im weitgehenden Einvernehmen erfolgenden Entwicklung und sicherten sich den weiteren Beistand der früheren Kolonialmächte, so daß die wirtschaftliche Struktur und Stabilität, aber auch die ausländischen Investitionskräfte erhalten und weitergenutzt werden konnten, wodurch vor allem Malaysia und Singapur, trotz des Bürgerkrieges gegen die Dschungelpartisanen (1948–1957), ein schneller Aufstieg glückte. Das kleine, durch seine Ölfelder reiche *Brunei* blieb auf eigenen Wunsch bis 1983 britisches Protektorat; der Ostteil Timors als portugiesische Provinz bis 1976 noch ein Relikt der kolonialen Geschichte. Das unabhängig gebliebene *Thailand,* das sich im Kriege auf die Seite der Japaner geschlagen, dann aber rechtzeitig von diesen gelöst hatte, wurde von den Siegermächten großzügig behandelt. In seiner als internationaler Umschlagplatz günstigen Lage und mit dem Anschluß an die westliche Bündnispolitik konnte es eine schnelle Modernisierung einleiten.

Politische Eiferer könnten die Aufzählung eines Teiles der vielfältigen Wandlungen und Nachwirkungen der kolonialen Epoche als eine

Rechtfertigung des Kolonialismus mißdeuten. Das Rad der Geschichte kann jedoch nicht zurückgedreht werden. Die Verurteilung der politischen Unterdrückung, Mißachtung der Menschen und wirtschaftlichen Ausnutzung durch den Kolonialismus kann in einer Bestandsaufnahme der Entwicklung von Land und Bevölkerung in einer Länderkunde SO-Asiens nicht unerwähnt bleiben. Die Strukturveränderungen jener Zeit, die den alten Kulturerdteil in die moderne Welt eingliederten, waren tiefgreifend.

### 2.3.3 Die kolonialzeitliche Entstehung der modernen Wirtschaftsformen

Die Fernwirkungen der »industriellen Revolution« in Europa lösten einen sprunghaft wachsenden Bedarf an tropischen *Rohstoffen* aus. Zusammen mit der Steigerung der Transportkapazitäten und -geschwindigkeiten (Erfindung der Dampfschiffe) führte das zu tiefgreifenden *Umgestaltungen* der *Wirtschaft* und in ihrem Gefolge der *Bevölkerungsstruktur* in SO-Asien. Im Wettbewerb mit anderen tropischen Rohstoffgebieten, besonders mit den früh kolonialwirtschaftlich entwickelten Karibischen Inseln, brachte die Verkürzung der Seewege durch den Suez-Kanal für SO-Asien neue Vorteile. Während die »klassischen« Kolonialwaren meist im Handelsaustausch von den einheimischen Bevölkerungen bzw. ihren Herrschern in den altkolonialen Stützpunkten erworben und umgeschlagen wurden und allenfalls in deren Umkreis kleinere chinesische Gewürzpflanzungen entstanden, setzte nun die rasche Expansion der *Rohstofferzeugung* ein. Mit ihr wuchs die Umorientierung der bäuerlichen Wirtschaften von der Selbstversorger- auf die *Marktwirtschaft.* Die älteren, noch vom merkantilistischen Geiste getragenen Zwangsbewirtschaftungen wurden unter einer liberaleren Politik im späten 19. Jh. abgebaut. Mit der kulturtechnischen Aufschließung (Bewässerung und Melioration) großer Siedlungsräume (z. B. auf Java, im Irawaddy- und Mekong-Delta, in Tonking, Malaya usw.) wurde die bäuerliche Produktion von Weltmarktprodukten, besonders Reis, aber auch Zuckerrohr, Tabak usw. gesteigert. Dem folgte die Ausdehnung der *Plantagenwirtschaft,* z. T. durch Einzelpflanzer, zunehmend aber durch Kapitalgesellschaften, die den großflächigen Anbau von Kautschuk, Tee, Kaffee, Chinarinde, Zucker, Tabak, Kokospalmen (später Ölpalmen), Ananas usw. vorantrieben. Die großen Reserven an noch wenig berührten tropischen Waldgebieten im Tief- und Hügelland boten eine wichtige Voraussetzung für die Plantagenwirtschaft, während in dichtbesetzten

Bauernländern (z. B. Java) nur begrenzte Möglichkeiten für diese verfügbar waren. Das verlagerte nicht nur das Schwergewicht der wirtschaftlichen Entwicklung in die noch wenig aufgeschlossenen Räume, wie das spätere »Cultuurgebied« des Küstentieflandes von NO-Sumatra oder das westliche Malaya, sondern gab überhaupt den Anstoß zur territorialen Expansion, zur Bildung von »Flächenkolonien«; auch die Erschließung der *Zinn-, Erdöl-,* Eisenerz-, Edelmetall-, Kupfer-, Bauxit- und anderer Lagerstätten verstärkte den Anreiz zur vollen Besitzergreifung der von den einzelnen Mächten beanspruchten Territorien.

Neben der weltwirtschaftlichen Aufschließung der vorhandenen pflanzlichen und mineralischen Rohstoffe und dem Ausbau der entsprechenden *Infrastruktur* (Straßen, Bahnen, Häfen, Aufbereitungsanlagen, Verwaltungsorganisation, Heranbildung und Ansiedlung der Arbeiterschaft usw.) wurden viele *Handelsgewächse* neu eingeführt (Kautschuk aus Südamerika, Ölpalmen aus W-Afrika, Kaffee aus Arabien, Afrika und Brasilien usw.). Die alten und neuen Anbauareale wurden, wie auch die für heimische Nahrungs- und Handelsgewächse, durch Sortenwahl, Schädlingsbekämpfung, Einführung künstlicher Düngung, Melioration und Bewässerung intensiviert und weltmarktfähig erschlossen.

### *Die Zuwanderung der fremdvölkischen Asiaten*

#### *Chinesen und Inder*

Mit der Kolonialwirtschaft war auch der Menschenbedarf gewachsen, der aus der heimischen Bevölkerung nur begrenzt gedeckt werden konnte, während der Bevölkerungsüberschuß Chinas und Indiens sich zur Einwanderung anbot. So entstand im 19. und frühen 20. Jh. eine *neue* Welle der *»indo-chinesischen« Überlagerung* SO-Asiens, die nun stärker *demographische* als kulturelle Wandlungen bringen sollte. Ihre Vorläufer, die schon seit dem 13., verstärkt seit der »altkolonialen« Zeit des 17. und 18. Jhs., in die Hafenstädte einsickernden, chinesischen Händler und Handwerker oder die Zucker- und Gewürzpflanzer im Umkreis der alten Handelsstützpunkte – malayisch als »Babas« bezeichnet und vielfach schon stark im neuen Heimatland assimiliert, z. T. auch christianisiert – wurden anfänglich zu Mittlern dieser Großeinwanderung; neben ihnen waren auch einzelne Inder, Araber usw. schon früh zugewandert. Die Entstehung der Großbetriebe des (Zinn-) Bergbaues und der Plantagenwirtschaft ließ den Menschenzustrom

sprunghaft ansteigen. Die Einheimischen waren meist weder willens noch gewohnt, eine abhängige Lohnarbeit mit geregelten Arbeitszeiten anzunehmen; bei ihrer traditionellen Lebensform als Reisbauern, die während der saisonalen Arbeitsspitzen auch alle Arbeitskräfte band, gab es wenig Anreiz dazu. Weiter konnte größeres Plantagenland nur dort erschlossen werden, wo unberührte Wälder zur Rodung verfügbar waren, d. h. wiederum in menschenarmen Gebieten. So mußten Scharen chinesischer und – für die unter der gemeinsamen britischen Verwaltung stehenden Gebiete – indischer Arbeiter angeworben werden, die in einer langen und wechselhaften Geschichte der Wanderungsbewegungen einströmten (PELZER, 1935; PURCELL, 1951; SOLICH, 1960; KÜCHLER, 1968; KÜHNE, 1970, 1980; GOSLING and LIM, ed., 1983). Ein besonderer Magnet für die chinesischen Zuwanderer waren die *Zinngruben Malayas,* der indonesischen Inseln *Bangka und Belitung* (Billiton) und des südlichen Thailands *(Phuket)* oder die *Goldfelder Borneos.*
Noch bis ins 20. Jh. hinein überwogen, vor allem bei den Chinesen, die Männer; die »Kulis« kamen meist mit der Absicht, für einige Jahre durch schwere Arbeit Geld zu verdienen und dann nach China zurückzukehren. Verschiedene Umstände veranlaßten sie aber vielfach zum Bleiben. Mischehen mit einheimischen Frauen nahmen zu, allmählich verstärkte sich aber auch der Zustrom chinesischer Frauen, besonders in den 1920er und 30er Jahren während der Wirtschaftskrisen Chinas. Mit dem Ausbau der Existenzen und der allmählichen Balance der Geschlechterproportion – heute mit einer chinesischen Bevölkerung, die z. T. schon in der dritten und vierten Generation in SO-Asien geboren ist – festigte sich die Verwurzelung im »Nan Yang«. Große chinesische Friedhöfe – der Begräbnisplatz der Ahnen bezeichnet die Heimat des Chinesen – sind ein Ausdruck dafür. Neben ihren Tempeln sind aber auch die der *Hindu* und *Sikh* oder die *Moscheen* der indischen Muslim die äußere Manifestation einer dauerhaften Niederlassung. Die *Inder,* deren Zuwanderung vor allem nach Malaya und Burma ging, kamen mehr im Verbande ganzer Familien. Besonders die dunkelhäutigen Tamilen Südindiens rückten geschlossen in die »labour lines«, die Arbeitersiedlungen der Plantagen ein, wo sie oft durch mehrere Generationen hindurch auf der gleichen Plantage seßhaft blieben und – in fester Stellung und bei voller Versorgung – wenig Drang zum weiteren Aufstieg zeigten; ähnlich in öffentlichen Diensten (Straßen- und Bahnbau usw.). Freilich wird der Sammelbegriff *die Inder* der völkischen und sozialen Vielfalt ebensowenig gerecht wie *die Chinesen.* Es sind ja Zuwanderer aus großen und vielfältigen Kulturerdteilen, und auch unter den Indern SO-Asiens ist die ganze Viel-

falt der indischen Rassen, Sprachen und Religionen vertreten. Deutlich ist die Neigung einzelner Volksgruppen zu bestimmten Berufen (und daraus resultierenden entsprechenden sozialen Stellungen). Während die Tamilen häufig im Status der Arbeiter verharren, sind Panjabi oder Bengalen mehr als Händler, Geldverleiher, Verwaltungsangestellte oder in den akademischen Berufen zu finden; die Sikh vorwiegend als Kraftfahrer, Techniker, Polizisten (aber auch als Milchviehhalter) usw.

Unter den *Chinesen* haben die Hakka den größten Anteil an den landwirtschaftlich Tätigen, während die Kantonesen vorwiegend Kaufleute, Bankiers usw., die Hokkien, Fukien (Fujian), Hailam u. a. Handwerker stellen; gelegentlich findet sich eine Konzentration einzelner Gruppen in bestimmten Gebieten, andernorts sind sie stärker gemischt – aber in sich immer sozial differenziert.

In einigen Territorien konnten sich Chinesen von Anfang an als Agrarkolonisten niederlassen. Häufiger ist aber der chinesische Anteil an der *Agrarbevölkerung* erst sekundär entstanden, sei es durch wilde Landnahme (als »squatter« auf Bergbauland oder an den Rändern der Wälder) oder durch allmähliches Emporarbeiten von Lohnarbeitern zu Besitzern eigener »small-holder«-Plantagen oder von intensiven Marktgartenbau- und kleinen oder großen Spezialkulturbetrieben (Pfeffer, Zuckerrohr, Mais, Ananas usw.). An verschiedenen Punkten der Küste, vor allem Malayas, wurden auch chinesische Fischer im Mangrovesaum seßhaft.

Prekärer ist die soziale Stellung der chinesischen und indischen »Zwischenschichten«, die sich mit »rentenkapitalistischen« Praktiken in die heimische Agrargesellschaft einschieben konnten. Durch geschickte Geschäfte, die Herstellung von *Schuld- und Zinsabhängigkeiten* (z. B. durch Vorauskredite auf die Ernten, auf Versorgungsgüter, für Heiratsaufwendungen zu überhöhten Zinssätzen) gewannen sie in manchen Gebieten bedeutenden Einfluß. Über Schlüsselpositionen – z. B. die *Reismühlen,* die in Indonesien oder Kambodscha meist in chinesischen, in Burma in indischen Händen waren – konnten sie vielfach die heimischen Bauern oder Pächter ausnutzen. Dabei waren oder sind ähnliche Strukturen durchaus auch innerhalb der einheimischen Gesellschaft vorhanden (besonders Pachtabhängigkeiten), bei fremdvölkischer Herkunft der finanziell überlegenen Mittlerschichten gewann dieses soziale und ökonomische Problem aber erhöhte Brisanz. So wurde die Verschuldung der burmesischen Reisbauern an die indischen »Chettyars« *(Geldverleiher)* oder auch der indische Landerwerb in den kolonialzeitlich aufgeschlossenen Reisbaugebieten Nieder-Burmas (wo sich indische Reisbauern auch mit eigener harter Arbeit während der Melioration Land erworben hatten) einer der Anlässe für die Ausweisung und Enteignung vieler Inder bei der Erringung der burmesischen Unabhängigkeit. Auch die von Zeit zu Zeit wiederkehrenden *Pogrome* gegen die *Chinesen,* z. B. in Indonesien, gehen auf ähnliche Ursachen zurück. Dabei ist die Herstellung von Schuldabhängigkeiten in ländlichen Bereichen nur ein Teilaspekt.

### *Die Konzentration der Chinesen und Inder im urbanen und tertiären Sektor*

Sehr viel bedeutender sind die fremdvölkischen Gruppen und ihre ökonomische Überlegenheit in den Städten und in »städtischen« Berufen, in *Handel,* Handwerk und im *Dienstleistungssektor.* Auch innerhalb der Fremdbevölkerungen ist aber die soziale und finanzielle Differenzierung sehr stark, so daß sie auch in sich selbst alle Einkommensgruppen umfassen. Im Rahmen der Gesamtbevölkerungen der einzelnen Staaten nehmen die fremdvölkischen Asiaten jedoch einen erheblichen Anteil des allmählich anwachsenden »Mittelstandes« ein. Ihre Konzentration in den Städten ist so stark, daß sie nicht nur überwiegend chinesische, indische oder auch vietnamesische (s. u.) *Stadtviertel* bilden, sondern daß gewöhnlich auch die wirtschaftlichen und funktionellen Zentren (»Central Business District«) mit diesen identisch sind. Oft ist das eine geschlossene *»China Town«* von erheblicher Größe, wie z. B. Sampeng in Bangkok oder Glodok in Jakarta, die die wirtschaftlichen Zentren dieser Hauptstädte und ihrer Staaten (größter Geldumlauf!) bilden, oder Cholon als – jetzt dezimierte – chinesische Industrievorstadt Saigons. 70% aller registrierten Geschäftsinhaber gehörten 1956 in Malaya der chinesischen Volksgruppe an. Meist entstand durch die größere Beweglichkeit und Geschäftstüchtigkeit, aber auch durch Fleiß, handwerkliches Geschick oder Bildung der Zuwanderer eine Kluft zu den Einheimischen, die zu Mißtrauen und bei sozialen Spannungen zu Gewalttätigkeiten führen kann. Das wurde z. B. in den blutigen Kämpfen in Malaya 1969 erschreckend deutlich, wo längst der Rassenfrieden gesichert zu sein schien. Andere soziale und religiöse Verhaltensweisen, die fremden Sprachen, aber auch Loyalitätsgefühle für das Ursprungsland, die selbst bei antikommunistischen Chinesen eine gewisse patriotische Befriedigung über das Wiedererstarken des chinesischen Vaterlandes erkennen lassen, oder der (z. B. im malayischen Bürgerkrieg überwiegende) Anteil von Chinesen an Partisanen- und Aufstandsbewegungen, sind weitere Ursachen des Mißtrauens.

*Die Vietnamesen in Kambodscha und Laos*

Ähnliches gilt für eine dritte Gruppe fremder Zuwanderer: für die Vietnamesen in Kambodscha und Laos. Auch sie sind während der Kolonialzeit von den Franzosen als *Plantagenarbeiter,* Handwerker und Händler, *Angestellte,* kleine Beamte usw. aus dem überfüllten N-Vietnam, wo sie nicht selten *katholisch* missioniert wurden, hereingeholt worden; auch sie haben durch ihre größere Wendigkeit und bessere Schulung die Einheimischen überflügelt und sich als eine überlegene, in vielen Wirtschaftszweigen dominierende Gruppe etabliert. Als Kambodscha 1970 in den vietnamesischen Krieg hineingerissen wurde, brach sofort eine blutige Verfolgung der vietnamesischen Minderheiten aus, die als Sympathisanten des Vietkong verdächtigt wurden und paradoxerweise unter dem Schutz der als Verbündete den Kambodschanern zu Hilfe kommenden südvietnamesischen Truppen nach Süd-Vietnam flüchten mußten.

Seit dem Einsatz *vietnamesischer* Truppen in *Kambodscha* und *Laos* hat diese Frage eine neue Aktualität gewonnen, nicht nur wegen der militärischen Präsenz, sondern wegen ihres zivilen »Gefolges«. Das bedeutet nicht nur die Wiedererrichtung einer fremden, vietnamesischen »Elite« (statt der Händler und anderer »tertiärer« Berufe jetzt als politische und wirtschaftliche Berater bzw. Führungskräfte), sondern auch die erneute *Zuwanderung* von Siedlern und Fischern (S. 344), mit denen erneut eine bleibende vietnamesische Minderheit heranwächst; verläßliche Zahlen sind noch nicht verfügbar (nach offiziellen kambodschanischen Angaben wieder 100 000, nach denen der Widerstandsbewegung ca. 600 000 Vietnamesen in Kambodscha). Vor der Vertreibung bestand um 1970 die gleiche Zahl einer ca. 600 000 Menschen starken vietnamesischen Minderheit; in Laos betrug sie knapp 100 000.

Die Haltung der Kolonialmächte zur fremdvölkischen Zuwanderung schwankte zwischen Förderung der Einwanderung, gewissen Beschränkungen oder auch restriktiven Maßnahmen zum Schutze der Einheimischen; insgesamt vermochte sich aber kein Land – auch nicht das unabhängig gebliebene Thailand, das einen starken Anteil chinesischer Bevölkerung in den Städten, Plantagen und Bergbaugebieten hat – diesem Zustrom zu verschließen. Mit ihrer starken Stellung im *Finanzwesen* (die chinesischen Banken halten auch die Fäden der wirtschaftlichen Verbindungen zur Volksrepublik China in den Händen) und als aktivste Kräfte in Handel, Handwerk und *kleinindustrieller* Fertigung, sowie mit ihrem hohen Anteil an den Studenten und *Akademikern* (Ärzten, Lehrern, Juristen usw.), sind heute die fremdvölkischen Gruppen kaum mehr aus dem Leben SO-Asiens wegzudenken; in den *Städten* bilden sie oft die Mehrheit der Bevölkerung. Trotz ihrer recht verschiedenen Grade der Emanzipation – von der Beherrschung des Stadtstaates Singapur bis zur äußerlich (z. B. Annahme heimischer Namen) »getarnten« und politisch rechtlosen Existenz in einigen anderen Ländern – ist praktisch die wirtschaftliche und finanzielle Kraft der Zuwanderer keinem der jungen Staaten entbehrlich. Oft sind auch Mitglieder dieser Minderheiten – oder noch häufiger die Nachfahren aus Mischehen – in hohe Staatsämter und politische Schlüsselstellungen aufgestiegen.

Genaue Statistiken sind bei der unterschiedlichen Haltung der einzelnen Regierungen zu den Fremdgruppen für ganz SO-Asien kaum zu erhalten. Die Schätzung von rd. 20 Mio. Chinesen erscheint heute realistisch. In Singapur bilden sie 76,2 %, in W-Malaysia 37 %–38 % der Bevölkerung. Je 4–5 Mio. Chinesen sind für Indonesien und Thailand anzunehmen, in Burma, Kambodscha und auf den Philippinen je 0,3–0,6 Mio. Über die Zahl der Inder in Burma – vor der Unabhängigkeit über 1 Mio. – schwanken heute die Schätzungen zwischen 300 000 und 900 000. In W-Malaysia bilden sie 11 % der Bevölkerung.

Die wirtschaftliche Entwicklung hat auch innerhalb Indonesiens größere Bevölkerungsbewegungen ausgelöst, die bei dessen ethnischer Vielfalt im interinsularen Austausch ebenfalls den Charakter fremder Zuwanderung gewinnen konnten; zugleich verstärkte sie eine Abwehrhaltung der anderen Völker gegenüber dem Führungsanspruch der *Javanen*. Größere javanische Zuwanderung führte in die wachsenden Plantagengebiete Sumatras (als Parallele zur Zuwanderung der Inder und Chinesen in die Plantagengebiete Malayas oder der Vietnamesen in die Kambodschas). Neuerlich wird sie durch die »Transmigrasi«-Umsiedlung (S. 547) fortgeführt. Freilich ist auch ein beträchtlicher Gegenstrom von den Volksgruppen der einstigen »Außeninseln«, besonders Sumatras, nach Jakarta und in die anderen Großstädte im Gange.

Vor dem Zweiten Weltkrieg liefen Versuche japanischer Ansiedlungen auf den *Philippinen,* die nach 1945 wieder aufgegeben wurden. Inzwischen sind aber die *Japaner* allenthalben durch ihre ökonomische und technische Stärke als wirtschaftlicher Partner mehr als früher in Erscheinung getreten.

## 2.4 Sprachen, Religionen und Bevölkerung

### 2.4.1 Die Sprachen Südostasiens

Im Mosaik der Völker und Sprachen SO-Asiens sind ethnologische und linguistische Forschung stark miteinander verbunden; entsprechend finden sich auch in der Terminologie manche Überschneidungen. Die vermutlich am frühesten verbreiteten Sprachen sind die *austronesischen* (d. h. »Sprachen der südlichen Inseln«), früher auch als »malayo-polynesische« Sprachen zusammengefaßt. Sie werden von den meisten Völkern des Archipels gesprochen. Vermutlich etwas später verbreitete sich der entfernt verwandte *austro-asiatische* (südasiatische) Sprachbund, zu dem vor allem die Mon-Khmer-Völker gehören; sie haben Beziehungen zu den Munda-Sprachen Indiens. Die austronesische und die austroasiatische Sprachgruppe werden zusammen als die *»austrische«* Sprachfamilie der *sino-tibetischen* gegenübergestellt.

Die Träger der austronesischen Sprachen haben offenbar die der *»melanesischen«* überwandert, die noch auf den östlichen Inseln Indonesiens und in Neuguinea verbreitet sind. Neben ihnen steht unabhängig die große Gruppe der Papua-Sprachen.

Mit den späteren Einwanderern in das hinterindische Festland lagerten sich dort die Träger der »sino-tibetischen« Sprachen über die der austro-asiatischen. Sie werden in SO-Asien in den *»siamo-chinesischen«* und den *»tibeto-burmanischen«* Zweig gegliedert. Jüngere Sprachforschungen bezweifeln die Zusammenhänge des Thai mit dem Chinesischen und möchten es als Teil einer eigenen »Thai-Kadai«-Sprachgruppe ansehen (zu der außer Thai auch die Sprache der Altvölker auf der Insel Hainan zählen würde), die erst nachträglich zahlreiche chinesische Lehnwörter aufgenommen habe. Die *Thai-Sprachen* verbreiteten sich mit den Wanderungen der aus S-China in Hinterindien einrückenden siamesischen, laotischen und Schan-Völker über große Teile des Festlandes; über 10 Mio. Menschen sprechen aber auch im heutigen China noch Sprachen dieser Gruppe. Tibeto-burmanische Sprachen, deren Herkunft stärker in Tibet und im Himalaya gesucht wird, sprechen – außer den *Burmanen* – eine Reihe von *Bergstämmen,* wie Akha, Lissu, Lollo u. a.; auch die Sprache der *Karen* ist ihnen möglicherweise verwandt. Die noch heute anhaltenden Wohnsitzverlagerungen von Brandrodungs-Wanderfeldbauern lassen ahnen, wie die weitläufige Verbreitung und Aufsplitterung dieser Sprachen vonstatten ging. Die über weite Gebiete Hinterindiens und S-Chinas verstreuten *Miao,* (Hmong) Yao, Man usw. sprechen wie-

derum eigene, zwischen den austro-asiatischen und sinischen Gruppen stehende Sprachen (MATISOFF, 1982; 1986).
Die Verdrängung oder Überlagerung der älteren Schicht der austro-asiatischen Sprachen durch die sino-tibetischen auf dem Festland ist sehr stark; als »Staatssprache« hat sich von den ersten nur das *Khmer* gehalten. Ihre anderen Idiome gehören heute abgedrängten Minderheiten wie den Wa, Lawa, Palaung usw. Auf der *malayischen Halbinsel* haben die Reliktvölker des älteren rassischen Substrates ihre eigene Sprache verloren und ein austro-asiatisches Idiom übernommen (z. B. Semang, Senoi, Jakun). Die *Mon* in Burma haben heute weitgehend die burmanische Sprache angenommen. Die ursprüngliche Sprache der Cham war den malayischen Sprachen näher verwandt.

### *Sprachen der Minderheiten und die neuen »Staatssprachen«*

Während die größeren *Regionalsprachen* aus den genannten Sprachbünden von vielen Millionen Menschen gesprochen werden (z. B. Javanisch, Thai usw.), sind andere auf mittelgroße und kleine Volksgruppen und viele auf kleinste, in abseitigen Lagen lebende Volkssplitter beschränkt. So werden allein auf den Philippinen 87 verschiedene Sprachen gezählt, im gesamten inselindischen Raum etwa 250.
Zu den heimischen Sprachen kamen zusätzlich die der fremdvölkischen Asiaten, d. h. jeweils etwa ein Dutzend verschiedener *chinesischer* und *indischer Sprachen* der jüngeren Zuwanderer. Bedingt durch die Nachbarschaft bzw. den Wanderungsvorgang, bildet in Burma das Bengalische, in Malaya das Tamil die wichtigste indische Sprache; aber auch Malayalam, Gujarati, Oriya, Telugu, Panjabi, Marathi usw. werden dort gesprochen. Urdu spielt in beiden Ländern unter den islamischen Indern eine Rolle, ebenso das überregionale Hindi. Stärker verbunden durch gemeinsame Schriftzeichen konnte, neben den verschiedenen chinesischen Einzelsprachen, die Lehre des (dem Mandarin entlehnten) *Hochchinesischen* seit den 20er Jahren – und heute von Singapur aus forciert – in fast allen chinesischen Schulen SO-Asiens an Bedeutung gewinnen. Um – im Interesse der nationalen Konsolidierung – die Vielfalt der heimischen und der nachträglich hinzugekommenen Sprachen zu überwinden, sind die meisten Staaten SO-Asiens bemüht, eine »*Nationalsprache*« einzubürgern. Einige haben die Sprache der stärksten Volksgruppe zur Staatssprache gemacht (z. B. Thai, Khmer, Vietnamesisch, Burmesisch oder Tagalog). Letzteres ist die Muttersprache der Tagalen (ca. 25 % der Bevölkerung); die seit 1964 von dieser als »Pilipino« abgeleitete »Staatsspra-

che« wird von ca. 50 % der Nation verstanden. Indonesien und Malaysia haben eine neue *»Bahasa Indonesia«* bzw. *»Bahasa Malayu«* geschaffen, die beide auf der alten »lingua franca« des »Bazar-Malayischen« aufbauen und mit gemeinsamen Regel- und Begriffsbildungen einander angenähert werden; unterschiedlich sind aber die hier aus dem Holländischen, dort dem Englischen (für moderne Begriffe) entnommenen Lehensworte. Abgesehen von den Schwierigkeiten der mehrsprachigen Erziehung der Schulkinder (Muttersprache und ggf. eine andere »Staatssprache« – und dazu auf den höheren Schulen noch europäische Sprachen), stoßen diese Bestrebungen aber auf den politisch fundierten Behauptungswillen der *Regionalsprachen* und den – mit Rücksicht auf die Teilnahme am öffentlichen Leben bzw. auf berufliches Fortkommen jetzt nachlassenden – passiven Widerstand der Chinesen und Inder. Sie bevorzugen das *Englische,* das in Burma, Malaysia, Singapur und auf den Philippinen der Verständigung zwischen den verschiedenen Volksgruppen dient, zugleich aber auch den Zugang zur Welt (Handel, Technik, wissenschaftliche Literatur, Auslandsstudium usw.) eröffnet. *Englisch* wird deshalb als erste Fremdsprache gelehrt; in mehreren Staaten ist es auch noch als weitere offizielle Sprache zugelassen; auf den Philippinen wird es etwa von 45 % der Bevölkerung gesprochen. Unterschiedlich ist die Handhabung des *Englischen* als *Unterrichtssprache:* Während es z. B. in *Singapur* (gegen das Chinesische) voll durchgesetzt wurde, in *Burma* an den Universitäten neuerlich wieder eingeführt wurde, ist es in *Malaysia* – wo Englisch als Umgangssprache noch besonders bedeutend ist – jetzt fast vollständig durch die Bahasa Malayu verdrängt worden (auch in *Indonesien* in Schulen und Universitäten einheitlich Bahasa Indonesia). Etwa 2 % verstehen auf den Philippinen noch das aus der älteren Kolonialzeit stammende Spanisch, während Portugiesisch in Ost-Timor nun durch Indonesisch ersetzt wird. Das *Französische* hat sich, von der sehr aktiven französischen Kulturpolitik unterstützt, in den einstigen Ländern »Indochinas« in der Oberschicht erhalten, wurde z. T. aber (bes. in Süd-Vietnam) vom Englischen überholt. Das *Holländische* wurde als Folge der harten Auseinandersetzungen bei der Entkolonialisierung stärker zurückgedrängt; den Älteren ist es aber noch geläufig. *Thailand* kannte als nichtkoloniales Land diese Probleme nicht, im modernen Leben wird aber Englisch weitgehend verstanden. *Deutsch* findet als zweite Fremdsprache in Indonesien (und Thailand) das relativ stärkste Interesse.

*Die Schriften*

Mit Ausnahme des *Vietnamesischen,* das von der chinesischen Schrift auf ein latinisiertes Alphabet umgestellt wurde, blieben in den *hinterindischen Hochsprachen* die aus der alten südindischen religiösen Literatur des Hinayana-Buddhismus entstandenen Schriften erhalten. Die Philippinen, Indonesien und Malaysia haben dagegen die *lateinische* Schrift eingeführt, so daß die Staatssprachen auf malayischer Grundlage lateinisch geschrieben werden, während bei den Regionalsprachen z. T. noch Schriften auf indischer (Sanskrit) Grundlage bzw. die arabische Schrift des Korans erhalten blieben (s. u.). So, wie die lateinische Schrift heute den Zugang zur Welt eröffnet und die Konsolidierung der jungen Nationalsprachen erleichtert, ist für die *ältere* Entwicklung der *indische Kultureinfluß* (vergleichbar dem des klassischen Griechenlands und Roms auf Sprachen und Geisteswelt Europas) von unschätzbarer Bedeutung, da die Sanskrit- oder Pali-Grundlagen die Fixierung der Literatursprachen ermöglichten, was wesentlich zur Verbreitung und einheitlichen Entwicklung über größere Gebiete hinweg beitrug; auch Grammatik und Wortbestand wurden sehr stark davon berührt. (Ebenso bestimmend war das literarische und künstlerische Erbe, das für Dichtung, Tanz, Theater, Skulptur usw. mit den Epen des Ramayana, der Puranas, des Mahabharatha usw. die wichtigsten Inspirationen gab.) Lediglich für das *Vietnamesische* war wieder der *chinesische* Einfluß bestimmend, etwas modifizierte chinesische Schriftzeichen dienen dort noch heute dem religiösen Gebrauch.

Fast in allen Hauptstädten erscheinen heute auch Zeitungen in englischer Sprache. Die weitere Benutzung des *Englischen* in den früheren britischen Gebieten und auf den einst amerikanisch verwalteten Philippinen, aber auch seine schnelle Ausbreitung als erste Fremdsprache in Thailand, Indonesien und Süd-Vietnam, haben seine Stellung als erste Verkehrssprache SO-Asiens nicht nur erhalten, sondern erweitern sie ständig, so daß mit seiner Hilfe fast überall eine Verständigung möglich ist.

## 2.4.2 Die Religionen und ihre sozialgeographischen Auswirkungen

*Hinduismus und Buddhismus*

Die Entwicklung der von Indien und China her beeinflußten »Hochkulturen« SO-Asiens ist eng mit den religiösen Vorstellungen verbunden. Es wurde schon erwähnt, wie die Gemeinsamkeit des eigentlichen »Hinterindiens« in Kultur, Kunst, Literatur und Schrift, Staatsformen und sozialen Strukturen – nach vorangehendem Synkretismus (Verschmelzung) hinduistischer und buddhistischer Glaubensvorstellungen – schließlich durch die gemeinsame Zugehörigkeit von *Thailand, Laos, Kambodscha* und *Burma* zum *Hinayana-* (oder Theravada-) *Buddhismus* verfestigt wurde. Diese Glaubensform verbindet sie mit Sri Lanka (Ceylon). *Vietnam* wird dagegen als einziges südostasiatisches Land vom *Mahayana*-Buddhismus (»nördlicher Buddhismus«), zusammen mit den chinesischen Kulten des Taoismus und Konfuzianismus, bestimmt. Daneben haben sich Sekten angesiedelt, die Elemente verschiedener Religionen in sich vereinigen, besonders die Cao Day und die Hoa-Hao, die, wie die Katholiken, auch in den politischen Auseinandersetzungen Vietnams eine Rolle spielen sollten. Die Ausbreitung der Nan Yang-Chinesen im 19. und 20. Jh. bewirkte eine *erneute* Schicht *chinesischer Kultformen* in den Chinesenvierteln der Städte, an ihren Tempeln, aber auch im Brauchtum (Feste, Trauerfeiern usw.) erkennbar. Ein Teil der schon länger in den älteren Kolonialgebieten seßhaften Chinesen ist auch zu christlichen Konfessionen und Sekten übergetreten.

*Islam*

In *Inselindien* hat der Islam – mit einigen Ausnahmen – das Erbe von Buddhismus und *Hinduismus* angetreten; der letztere fand nur auf *Bali* und Teilen Lomboks ein Refugium. Dieser Hinduismus ist in seiner Isolierung aber in mittelalterlichen Formen erstarrt, zugleich sind zahlreiche Elemente des Buddhismus eingeschmolzen. In seinen ausgereiften, künstlerisch reichen Ausdrucksformen unterscheidet er sich von den grellfarbigen und mit bescheidenen Mitteln errichteten Tempeln, die seit der *indischen Arbeitereinwanderung* im 19. und 20. Jh. in Malaysia, Singapur und Burma neu errichtet wurden. Neben ihnen etablierten sich ebenso die anderen indischen Religionsgruppen, während die Moscheen der (heute als »Pakistani« angesprochenen) islamischen Zuwanderer im buddhistischen Burma mehr auffallen als im ohnehin islamischen Malaysia.

Abgesehen von einigen strenggläubigen Gebieten, z. B. Aceh, Madura, Sulu (südliche Philippinen), den nordöstlichen Sultanaten Malayas, Brunei, war der südostasiatische *Islam* toleranter und weniger von puritanischem Ernst bestimmt als im Vorderen Orient oder in Pakistan. Das kommt auch im Fehlen der Verschleierung und der generell freieren Stellung der Frau, ja sogar in der regionalen Erhaltung matrilinearer Sozialformen (z. B. bei den Minangkabau) zum Ausdruck. Nicht nur Klima und Umwelt der Tropen sind dafür verantwortlich, es ist vor allem das mäßigende Erbe eines Jahrtausends hinduistischer und buddhistischer Geschichte, das der Bekehrung zum Islam vorausging und auch zahlreiche Einflüsse und Relikte aus *vorislamischer,* vorbuddhistischer oder vorhinduistischer Zeit überleben ließ (COEDÈS, 1948). Ein Ausdruck dieser *Verschmelzungen* ist es, daß das mehrheitlich islamische Indonesien die gleiche Symbolfigur des »Himmelsadlers« Garuda – des Reittiers des Hindu-Gottes Vishnu – als Staatswappen führt, wie das buddhistische Thailand.

Trotz aller Assimilation an die heimischen Kulturen hat aber die bisherige, relative Toleranz des *Islam* in den letzten Jahren, geschürt von einer weltweiten muslimischen »Renaissance«, einer erneuten Aggressivität Platz gemacht, von einigen Regierungen zur Förderung *nationaler Ziele* – oder als Zugeständnisse an virulente *islamische Oppositionsparteien* (Malaysia, Indonesien) – unterstützt oder widerstrebend geduldet. Am stärksten gilt das für Malaysia (S. 465), wo der Islam teilweise zur Stärkung der Malayen gegen die andersvölkischen Gruppen mobilisiert wird, aber auch innenpolitische Kraftproben (Sultane gegen Zentralregierung, regionale Konflikte) dahinter stehen; z. B. wird die (mit der Einführung der Bahasa Malayu in lateinischer Schrift) zunächst abgeschaffte, *arabische Schrift* heute in der Öffentlichkeit wieder stark herausgestellt; der Bau aufwendiger Moscheen ist – zum Ärgernis der anderen Volksgruppen – im ganzen Land in vollem Gange. Gerade die akademische Jugend wurde davon sehr viel stärker erfaßt als etwa die bäuerliche Bevölkerung. In *Indonesien* ist es mehr ein Ringen zwischen der prononciert weltlichen Regierungslinie mit ihrer überkonfessionellen Staatsphilosophie (»Pancasila«) und den – einer Religion gleichgestellten – javanischen Mythen gegen die politisierten Forderungen stark islamischer Gebiete nach einer islamischen Staatsreligion, die dort mehr der ländlichen Jugend in den Koranschulen oktroyiert wird. Auf den südlichen *Philippinen* (S. 598) und im südlichen *Thailand* (s. u.) kam es vor allem in den 70er Jahren zu blutigen Kämpfen zwischen Militär und *islamischen Separatisten,* die

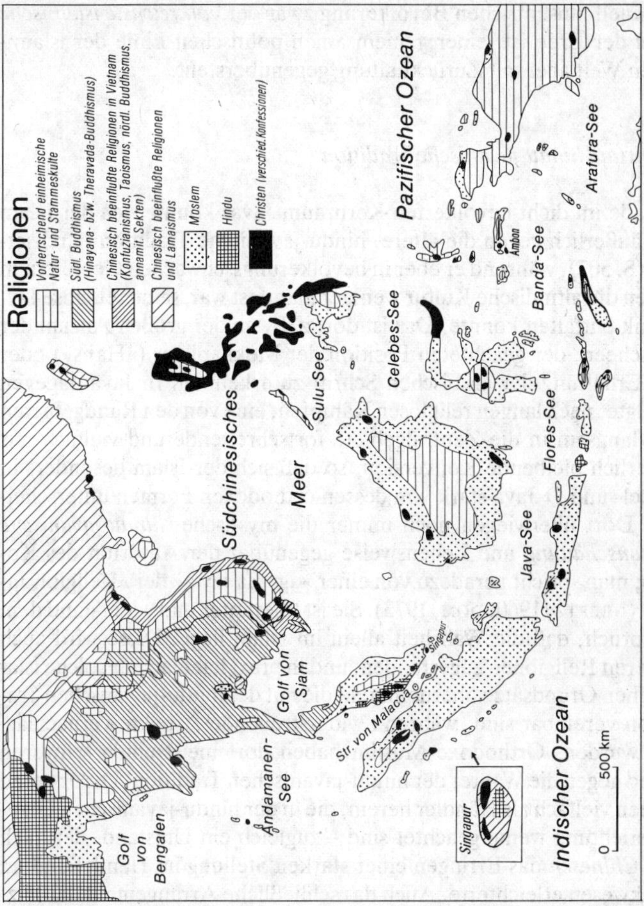


**Abb. 6:** Vorherrschende Religionen in Südostasien

in beiden Gebieten erst Mitte der 80er Jahre (vorläufig?) beigelegt werden konnten. Trotz aller gegenwärtigen und historischen, religiösen Konflikte und ihrer räumlichen Vielfalt (Abb. 6) haben die Beständigkeit und der verbreitete Synkretismus der kulturellen und sozialen Kräfte SO-Asiens nicht nur das indische Kulturgut assimiliert und abgewandelt, sondern auch den Islam, wie die chinesischen und europäisch-christlichen Einflüsse deutlich modifiziert. Das ist auch von politischer Bedeutung, weil *Indonesien* mit einer zu 85 % bis 90 %

nominell muslimischen Bevölkerung zwar der *volkreichste islamische Staat* der Erde ist, einer gemeinsamen politischen Linie der islamischen Welt aber mit Zurückhaltung gegenübersteht.

### *Islam und hindu-javanische Tradition*

Gerade im dicht bevölkerten Kernraum Javas konnte sich der Islam nur äußerlich gegen die ältere, hindu-javanische Tradition durchsetzen (S. 507), während er eher in bevölkerungsschwachen Gebieten, in denen die altindische Kultur weniger manifest war, seine religiöse Dynamik entfalten konnte. Das ist dort z. B. an der großen Anzahl der Moscheen, der geachteten Position der Mekkapilger (»Hajis«) oder der Erhaltung der arabischen Schrift zu erkennen. In Java dagegen erfolgte, nach langen religiösen Kämpfen, eine von den Randgebieten erst langsam in die Zentralgebiete fortschreitende und vielfach nur äußerlich bleibende Konversion, so daß sich der Islam besonders in Mittel- und O-Java stark von dessen orthodoxen Formen unterscheidet. Dort überwiegen noch immer die mystische, *hindu-javanische Weltanschauung* und Lebensweise gegenüber der Autorität des Korans; man spricht geradezu von einer »agama jawa« der »Religion Javas« (GEERTZ, 1960; DOM, 1973). Sie ist toleranter und widerstand dem Anspruch, daß die Wahrheit allein im Islam liege. Diese wird auch anderen Religionen zugestanden, und in praxi hat man nur solche islamischen Grundsätze übernommen, die mit der hindu-javanischen Tradition vereinbar sind, während widerstrebende Aspekte vernachlässigt wurden. Orthodoxe Muslim haben dort meist einen schweren Stand gegen die Wahrer der hindu-javanischen Tradition. Die ersteren kamen vielfach als Händler herein, die in der hindu-javanischen Glaubensrichtung wenig geachtet sind – zugleich ein Umstand, der auch den *Chinesen* das Erringen einer starken Stellung im Handel und im Bankwesen erleichterte. Auch das schließliche Arrangement der letzten *javanischen Fürstentümer* mit der holländischen Kolonialmacht beruhte weitgehend auf der Unterstützung, die ihr diese gegenüber dem orthodoxen Islam gewährte. So kommt es, daß die nominell islamischen Fürstenhöfe Javas zu den Hütern der alten hindu-javanischen Tradition geworden sind, mit allen großartigen künstlerischen Ausdrucksformen der Tanz- und Puppenspiele, die aus den zunächst der Geisterbeschwörung dienenden Schattenspielen (»Wayang«) hervorgegangen sind, der Gamelan-Musik, der Architektur und skulpturellen Kunst der Tempel, Silber- und Batik-Handwerk usw. Ihre Motive sind ganz hindu-javanisch, und selbst die alten Götter finden als

Geister, Feen usw. wieder ihren Platz, während die Helden der javanischen Vorzeit unter Namen aus islamischen Epen – u. a. der persischen Version des Alexanderliedes (H. GOETZ) – fortleben und hinduistische, buddhistische und selbst vorhinduistische Natur- und Geisterbeschwörung mit dem neuen Glauben verschmolzen wurde.

*Islamische Minderheiten in Hinterindien*

Nachwirkung historischer Entwicklungen sind einige isolierte *religiöse Minderheiten,* z. B. die der *Cham,* die sich in Kambodscha als Muslim (offiziell »Khmer Islamiques«) und im S, jenseits der vietnamesischen Grenze, als Hindu von ihrer buddhistischen Umgebung abheben. Während die letzteren noch ein Relikt der hinduistischen Cham-Kultur bilden, erfolgte die *islamische* Missionierung durch malayische Einflüsse, die im 16./17. Jh. in Kambodscha über dynastische Verbindungen (und mit einigen Zuwanderern) wirksam wurden. Die sogenannten *»Thai-Islam«* hingegen, die muslimischen Bewohner der südlichsten Provinzen Thailands, gehören zum malayischen Kulturgebiet und verblieben seit der Unterwerfung ihrer Sultanate durch die Siamesen im 17. und 18. Jh. bei Thailand. Schwerwiegend ist ihre politische Identifikation mit dem islamischen Malayentum, aus der – neben den gemeinsam bekämpften kommunistischen Partisanen – ein zeitweise sehr virulenter, zweiter bewaffneter *Widerstand* gegen die Thai entstand (S. 321), der offiziell aber von Malaysia und Thailand sehr diskret behandelt wird, um die Zusammenarbeit im ASEAN-Bündnis nicht zu belasten. Andererseits spielte für die Errichtung einer internationalen *Muslim-Universität* in *Malaysia* (S. 464) wohl auch die Jugend dieser Irredenta in S-Thailand eine Rolle. Das zeigt sich umgekehrt an der geringen Zahl muslimischer Studenten an der thaisprachigen Universität Hat Yai/Pattani (S. 288), die – auch wegen des andersartigen Bildungswesens der Koran-Schulen – bisher kaum 10% islamischer Studenten zählt.

*Stammeskulte*

Im Inneren des Festlandes und der Inseln haben die *Bergvölker* mit ihren Wirtschafts- und Sozialformen weitgehend auch die alten Stammesreligionen bewahrt. Mit Ahnen- und Schamanenkulten, Saat- und Ernteriten, Kopfjagd (S. 72), Beschwichtigungen von Naturgeistern usw. sind sie von erheblicher Eigenständigkeit und entwickeln z. T.

beachtliche künstlerische Ausdrucksformen; die grob verallgemeinernde Kennzeichnung als »Animisten« oder »Heiden« ist wissenschaftlich nicht mehr haltbar. Alle »Hochreligionen« SO-Asiens sind auch heute noch von starken Überresten dieser *heimischen Kultformen* und Geisterbeschwörungen *durchsetzt.* So finden sich z. B. selbst zwischen den modernsten Großstadtbauten Bangkoks noch die kleinen bunten Häuschen für den »Pi«, der die bösen Geister fernzuhalten hat und dem noch immer Blumen- und Speiseopfer dargebracht werden, oder die gleichen alten Abwehrzeichen an den Reisfeldern der buddhistischen, islamischen oder hinduistischen Bauern.

### *Christentum*

Während die christlichen *Missionen* in den Gebieten der anderen »Hochreligionen« meist nur wenig Fuß fassen konnten, waren es einige größere Bereiche von Bergvölkern, wo sie auf die (auch dort noch »durchscheinenden«) Stammeskulte christliche Konfessionen aufpflanzen konnten, z. B. bei den Batak in Sumatra, auf der Minahasa-Halbinsel und im zentralen Hochland von Celebes, auf Ambon, bei den Karen in Burma usw. Ihnen stehen einige schon länger *christianisierte Gebiete* gegenüber, in denen die frühe koloniale Erschließung mit intensiver Missionstätigkeit einherging und dabei auf Gebiete traf, die nur am Rande von der indischen Kultur geprägt und vom Islam noch nicht erreicht waren: die nördlichen zwei Drittel der *Philippinen* und die günstigeren Lebensräume von *Timor,* deren Bevölkerung von den Spaniern bzw. den Portugiesen schon im 16. Jh. zum katholischen Glauben bekehrt wurde. Ebenfalls schon mit Ansätzen im 17. Jh. und dann verstärkt mit der Kolonialisierung, die sich dort anfänglich mit den französischen Missionsinteressen verband, gelang es auch in *Tonking* (N-Vietnam), etwa 1,5 Mio. Katholiken zu gewinnen. Etwa 900 000 wichen 1954 als Flüchtlinge aus Nord- nach Süd-Vietnam aus, wo sie maßgeblichen politischen Einfluß gewannen.

## 2.4.3 Bevölkerung, Bildung und sozialökonomische Probleme

Da sich nur an wenigen Stellen Übereinstimmung zwischen naturräumlich vorgezeichneten Grenzen und der Verbreitung der südostasiatischen Völker oder zwischen den historischen und den gegenwärtigen Territorien findet, läßt sich – auch im Interesse der statistischen Erfassung – SO-Asien als geographische Raumeinheit nur in den

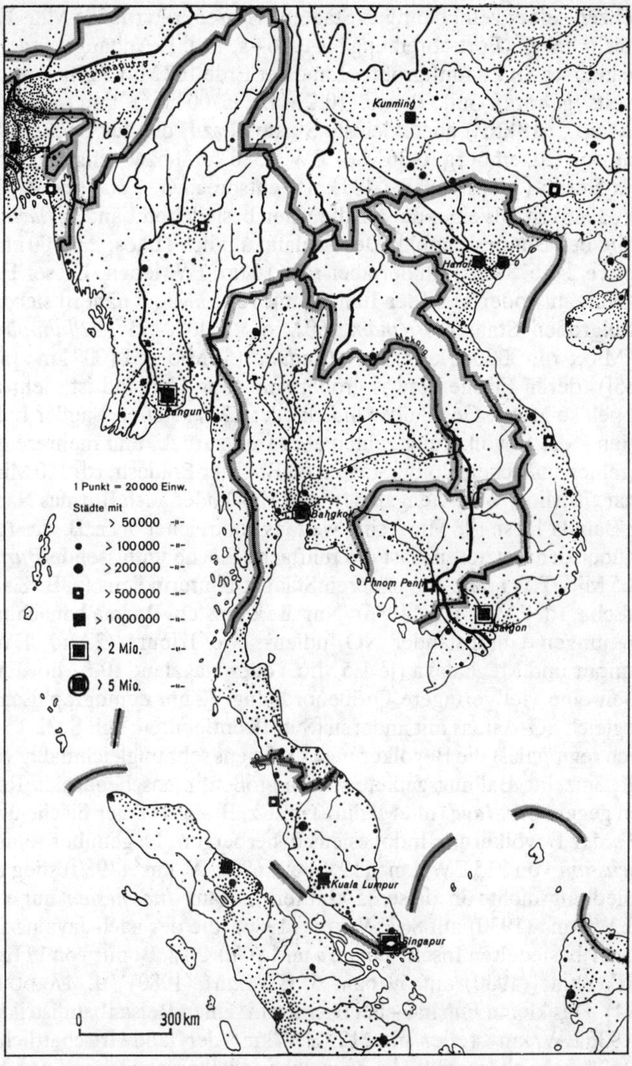


**Abb. 7:** Bevölkerungsverteilung im festländischen Südostasien

Grenzen seiner zehn heutigen Staaten erfassen, die rd. 395 Mio. EW erreicht haben (Fortschreibung bis 1986 – s. Tab. 1, Anhang). *Indonesien* überschritt als fünftgrößtes Land der Erde 162 Mio. (1986), andererseits gehören mit *Brunei* (0,2 Mio., 5700 $km^2$) und *Singapur* (2,5 Mio., 618 $km^2$) auch kleinste Staaten dazu, die der Größenordnung von Luxemburg (0,36 Mio. EW, 2586 $km^2$) bzw. Singapur etwa West-Berlin (2,2 Mio. EW, 480 $km^2$) entsprechen. *Laos* (ca. 4 Mio. EW, 1986) ist, als eines der am dünnsten besiedelten Länder, *flächenmäßig* der Bundesrepublik Deutschland ähnlich (Laos: 236 800 $km^2$, letztere 248 678 $km^2$), in der aber rd. 61 Mio. EW leben. Dieser Einwohnerzahl (oder z. B. der Italiens mit rd. 57 Mio.) nähern sich die mittelgroßen Staaten *Vietnam* (60 Mio., 330 000 $km^2$), *Philippinen* (54 Mio., rd. 300 000 $km^2$) und *Thailand* (52 Mio., 514 000 $km^2$ [alle 1986]), deren Flächen etwas größer sind (nur Thailand ist mehr als doppelt so groß). Gegenüber *Indien* oder *China* stehen – außer Indonesien – die Bevölkerungszahlen aber weit zurück, und mehrere der einzelnen indischen Unionsstaaten (z. B. Uttar Pradesh, rd. 110 Mio.; Bihar, 70 Mio.; West-Bengalen, rd. 60 Mio.) oder auch Burmas Nachbar Bangla Desh (98 Mio.) sind weitaus volkreicher als z. B. das (gegenüber dem letzteren) fast die fünffache Fläche umfassende *Burma* (38,5 Mio. EW) oder die anderen Staaten Hinterindiens (z. B. Kambodscha, rd. 7 Mio. EW, 1986). Nur die kleinsten, Burma benachbarten, jungen Unionsländer NO-Indiens, wie Tripura (2 Mio. EW), Manipur und Meghalaya (je 1,5 Mio.) oder Nagaland (0,8 Mio. EW) haben eine viel geringere Größenordnung. (Zum demographischen Vergleich SO-Asiens mit anderen [Sub-]Kontinenten: vgl. S. 22.)

Auch regional ist die Bevölkerung SO-Asiens sehr ungleichmäßig verteilt; einzelne Ballungsgebiete stehen großen, menschenarmen Räumen gegenüber. *Java* (mit Madura) muß z. B. auf 7 % der Fläche über 64 % der Bevölkerung Indonesiens beherbergen. Gegenüber seinem *Wachstum* von 315 EW/$km^2$ (1930) auf 690 EW/$km^2$ (1980) stieg die Besiedlungsdichte in diesen 50 Jahren in ganz *Indonesien* nur von 32 EW/$km^2$ (1930) auf 86 EW/$km^2$ (1986), die der nach Java nächst »stark« besiedelten Inseln *Sumatra* und *Sulawesi* z. B. nur von 17 bzw. 22 EW/$km^2$ (1930) auf 59 bzw. 55 EW/$km^2$ (1980) (H. PARDOKO, 1984). Das kleine *Bali* hat – bei Dichten in seinen Reisanbaudistrikten bis 930 EW/$km^2$ (oder bis 1125 EW/$km^2$ der landwirtschaftlichen Nutzfläche), aber größeren, von unbesiedelbarer, grober Lava bedeckten Gebieten – insgesamt nur 439 EW/$km^2$ (BUNDSCHU, 1985), Kalimantan dagegen nur 12 EW/$km^2$ und West-Irian hatte (1980) erst 3 EW/$km^2$. Das in der Einwohner/Land-Relation sehr viel begünstigtere *Thailand* hatte dagegen (1980) nur 86 EW/$km^2$ (in Zentral-Thailand 138 EW/km²), von diesen sind allerdings über 60 % in Bangkok konzentriert. Auch außerhalb Indonesiens stehen sich einige *ländliche Dichtegebiete* (z. B. *Tonking-* oder *Irawaddy-Delta*, Zentralebene von *Luzon* um Manila und die Talbecken im *nördlichen Thailand* usw.) und schwach besiedelte Wald- und Berggebiete oft ziemlich unvermittelt gegenüber.

Manche der heutigen Hauptbevölkerungs- und Anbaugebiete, besonders der *hinterindischen Deltas*, und große, sumpfige Küstenstreifen in der immerfeuchten Tropenzone wurden aber erst im 19./20. Jh. mit modernen Mitteln melioriert und in Besiedlung genommen, so daß sich erhebliche Verschiebungen in der Bevölkerungsverteilung ergaben.

Mit den *neuen Wirtschaftsformen* der Kolonialzeit wuchsen ebenfalls völlig *neue Gebiete* mit dichter Bevölkerung heran, wie das »Cultuurgebied« im Tiefland von NO-Sumatra oder der »Kautschuk- und Zinngürtel« an der Westküste Malayas. Eine dichtere Besiedlung in den *Hochländern* konnte dort entstehen, wo die Gunst nährstoffreicher Böden aus vulkanischen Aschen der sonst sehr raschen Verarmung der vom Walde entblößten, tropischen Gebirgsböden entgegenwirkt, z. B. auf Teilen von Java, Sumatra, Bali oder Flores. Sonst sind die tropischen Waldgebiete nur sporadisch besiedelt. Auch die – noch nicht einmal sicher – durch DDT gebannte Malaria-Gefährdung der Hügel- und niederen Bergländer, die Bindung der traditionellen Lebensformen des Naßreisanbaues an die Täler sowie das Vortragen ihrer Siedlungsbewegungen über die Wasserwege hatten bisher die Erhaltung großer Waldgebiete begünstigt (S. 55).

Das Verhältnis der Bevölkerungsdichte zur *agrarischen Nutzfläche* läßt erkennen, daß die eigentlichen *Lebensräume* wesentlich dichter besetzt sind, als es die Durchschnittsdichten pro km² für die Staatsgebiete aussagen. Bei Eliminierung der weitgehend menschenleeren Flächen der Gebirge und Wälder ergibt sich ein anderes Bild über die Besetzung der eigentlichen Nährräume Indonesiens, der Philippinen oder Vietnams, die bei einer solchen Betrachtung den dicht besiedelten Gebieten Indiens oder Chinas kaum nachstehen.

Unter Einsatz der entsprechenden technischen, finanziellen und wissenschaftlichen Mittel könnten aber noch Raumreserven erschlossen werden. Die größeren Neusiedlungsprojekte, die schon kräftige Veränderungen in der Bevölkerungsverteilung bzw. Landnutzung gebracht haben, werden bei der regionalen Darstellung (und S. 183) beschrieben.

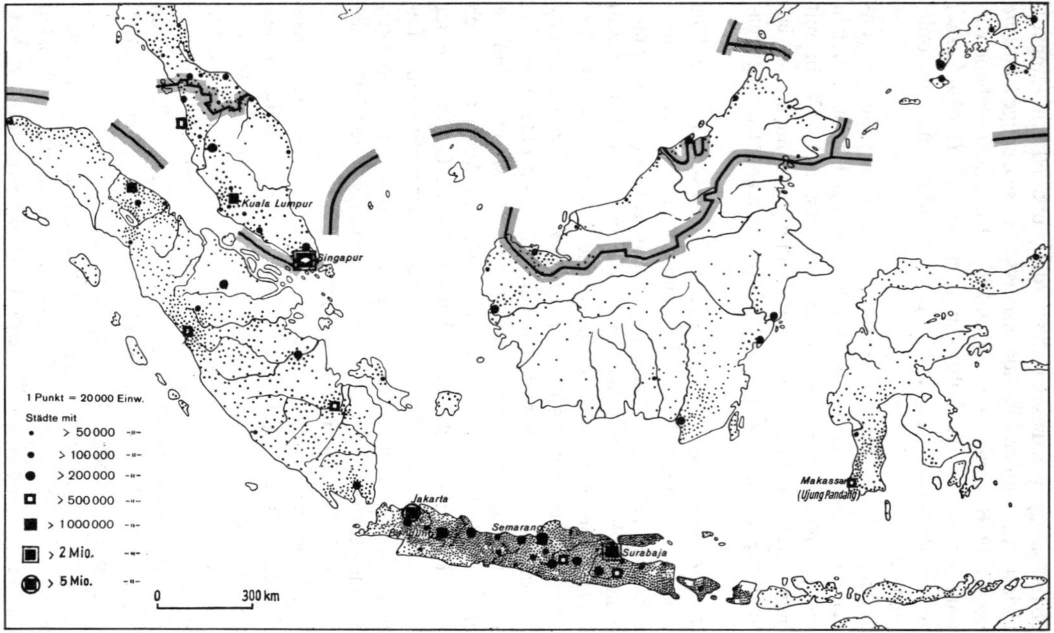


**Abb. 8:** Bevölkerungsverteilung im insularen Südostasien (westlicher Teil)

*Die Bevölkerungsentwicklung*

Die Verbesserungen der Infrastruktur, die schon in der Kolonialzeit begannen, haben größere Teilräume SO-Asiens früher als andere tropische Gebiete an den Fortschritten der modernen Hygiene teilhaben lassen. Mit den steigenden Geburtsraten und erhöhter Lebenserwartung ist das *natürliche Bevölkerungswachstum* von Durchschnittswerten um 1,5 %–1,7 % in den 20er bis 40er Jahren auf 2,1 %–3,5 % jährlich angestiegen (Tabelle 2; Anhang). Die Bemühungen um eine Geburtenkontrolle sind aber partiell schon wirksam geworden, so daß das Bevölkerungswachstum SO-Asiens, das 1960–1970 jährlich 3,4 % betrug, im Jahresmittel 1976–82 in den einzelnen Staaten nur noch zwischen 1,2 % (*Singapur*) und 2,6 % (*Philippinen*) bzw. 2,8 % (*Vietnam*) – im Durchschnitt bei 2,2–2,4 % – lag. *Thailand*, Malaysia, Singapur und auch *Indonesien* ist es gelungen, das Wachstum schon zu drosseln (SCHUBNELL, 1984). Lediglich *Kambodscha* scheint erst in den letzten Jahren – nach den grauenhaften Dezimierungen durch das Pol-Pot-Regime – ein neues Wachstum zu verzeichnen. In *Malaysia*, das, von der Westküste abgesehen, noch relativ dünn besiedelt ist, werden sogar wieder Überlegungen zugunsten eines stärkeren Wachstums diskutiert (S. 416).
Die *Vorausschätzungen* für die Bevölkerungsentwicklung SO-Asiens (1830: 25,8 Mio. – 1920: 110 Mio. – 1972: 290 Mio. – 1986: 395 Mio.) lassen für das Jahr 2000 etwa 529 Mio. Menschen (FEER, Yb 1985) erwarten. Eine Folge seiner zwei bis vier Generationen später als in Mittel- und W-Europa – ohne die gleichzeitige Industrialisierung! – erfolgenden »Bevölkerungsexplosion« ist ein starkes Überwiegen der Jugendlichen, so daß die Belastung der arbeitsfähigen Jahrgänge für die Ernährung der jüngeren wesentlich höher ist als in Europa (vgl. Tabelle 3).

*Starke jugendliche Bevölkerungen – Arbeitsplatzprobleme und Bildungswesen*

Mit Anteilen von z. B. 43,4 % (Laos), 41,3 % (Burma), 41 % (Indonesien) und 40,6 % (Philippinen) u. ä., sowie noch 27,1 % in Singapur (1980 – FEA, 1986), haben die Staaten SO-Asiens einen hohen Anteil *jugendlicher Bevölkerung* unter 15 Jahren. Es wachsen sehr starke Jahrgänge heran, so daß das Arbeitskräfteangebot sprunghaft steigen wird. Die Schaffung industrieller *Arbeitsplätze* ist deshalb ein ebenso dringliches Entwicklungsproblem wie der Ausbau der Schulen, Uni-

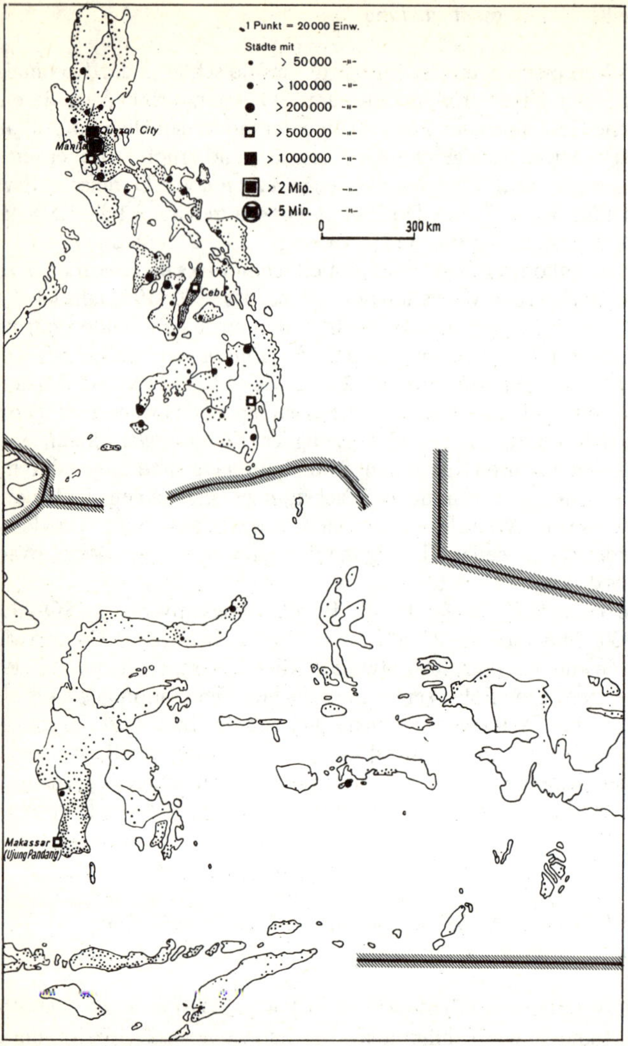


**Abb. 9:** Bevölkerungsverteilung im insularen Südostasien (östlicher Teil)

versitäten und der technischen Ausbildung. Die in einigen Ländern neben der Bildungstradition der buddhistischen Klöster schon früh eingeführte *Schulpflicht* (Thailand z. B. schon 1921) hat sich heute zu einem energischen Ausbau des Schulwesens in allen südostasiatischen Ländern gesteigert und wird auch in ländlichen Gebieten schon durch höhere Schulen ergänzt. Malaysia zeichnet sich dabei durch besondere Aktivität aus, aber auch die anderen Staaten sind bemüht – z. T. trotz politischer oder wirtschaftlicher Probleme, wie in Laos oder Burma – nicht nachzustehen.

Gestützt auf das Heranwachsen der starken Jahrgänge, die schon zum Schulbesuch kommen, sind die Anteile der Analphabeten, die im Vergleich zu anderen Entwicklungsländern ohnehin günstig liegen, inzwischen noch gesunken. In Thailand war z. B. schon 1960 der Anteil der Analphabeten bei der männlichen Bevölkerung zwischen 15 und 20 Jahren nur noch 9 %. Indonesien zählte 1976 bei den 15–25jährigen 11 %, bei allen Männern über 15 Jahren 25 %; die Philippinen bei den 15–25jährigen sogar nur noch 4,1 %, bei den 10–45jährigen 7 % und in der Gesamtbevölkerung 11 % (1980) Analphabeten. Auch die übrigen Staaten weichen nicht wesentlich von diesem günstigen Bild ab.

Die Zahlen der Studenten müssen vorsichtig interpretiert werden, da besonders hohe oder niedrige Ziffern unterschiedliche Qualifikationskriterien für die »Hochschulen« erkennen lassen. Der Ausbau der *Universitäten* ist aber in vollem Gange, und zu den älteren Hochschulen der Hauptstädte werden zunehmend jüngere Universitäten in der Provinz gegründet, um den übermäßigen Konzentrationen des Bildungswesens und der gehobenen Berufe des »tertiären« Wirtschaftssektors in den *Metropolen* – bei gleichzeitiger *Unterausstattung* des *Landes* – entgegenzuwirken. Teilweise zeichnet sich aber die Gefahr ab, daß im Verhältnis zur Schaffung von produktiven und angemessen besoldeten Arbeitsstellen für Akademiker schon eine zu große Zahl von Universitätsabsolventen und damit ein »akademisches Proletariat« heranwächst, zumal die sozialen Verhaltensnormen der Asiaten vielfach einem praktischen »Zupacken« der Gebildeten oder durch höheren Stand Privilegierten entgegenstehen. Besonders dringend ist deshalb die Auffüllung der Lücke zwischen der Masse der ungelernten Arbeiter und den – vielfach zur »Büro-Aristokratie« werdenden – Hochschulabsolventen durch die Heranbildung einer technisch geschulten Mittelschicht (Elektriker, Maschinenbauer, Automechaniker, Bautechniker usw.). Mit dem Einstieg in diese Lücke haben die deutschen Entwicklungshilfeprojekte *technischer Schulen* in mehreren Ländern besonders wirksame und dankbar angenommene Aufbauhilfen geleistet – bezeichnenderweise unterlag man an einigen Stellen dem einheimischen Bestreben, auch diese für die Heranbildung von Praktikern vorgesehenen Schulen als technische Fakultäten den Universitäten einzugliedern.

### *Die Beschäftigungsstruktur*

Der *städtische Mittelstand* der Handwerker, Gewerbetreibenden und Dienstleistungen wird noch überwiegend von den *fremdvölkischen* Zuwanderern – Chinesen, Indern, Vietnamesen – gestellt. Das Aufblähen der *Bürokratie*, besonders in den frühen Stadien der Unabhängigkeit, und die Zunahme der Straßen- und Kleinhändler, Rikschafahrer, Gelegenheitsarbeiter und anderer *unterbezahlter städtischer Gruppen*, die in Wahrheit eher »versteckte Arbeitslose« sind, ging viel schneller vonstatten als das Anwachsen der industriell produktiven Bevölkerung. So sind die Städte mehr zu Zentren von Konsum und Verteilung als wirklicher Produktion geworden, ein die sozialökonomische Entwicklung belastender Unterschied zum Wachstum vieler Städte in der westlichen Welt, an dem die Industrialisierung stärkeren Anteil hatte. In den meisten Ländern SO-Asiens erreicht der Bevölkerungsanteil in *Industrie und produzierendem Gewerbe* erst 8–9% (Laos nur 6%), etwas mehr schon auf den Philippinen (11,5%), in Vietnam (14%) und bes. in Malaysia (15,3%). Zu den »Newly Industrializing Countries« (NIC) rückte *Singapur* mit 27,8% auf. Die Zahl der im »tertiären Sektor« Beschäftigten liegt bei 40%; Singapur ragt mit 40,3% im Handel (und 21,7% Verwaltung), Brunei mit über 70% Verwaltung und umgekehrt Vietnam mit nur 5% im Handel (Verwaltung?) heraus (Tabelle 4 im Anhang). Damit entspricht der »tertiäre« Anteil weitgehend dem westlicher Länder, verwaltet und bedient aber eine meist noch sehr viel größere *agrarische Bevölkerung*. Diese hält noch Anteile zwischen 66,8% und 64,8% (Burma, Thailand); 52,2% (Philippinen) und 54,8% (Indonesien), aber nur noch 37% (Malaysia), 5% in Brunei und 1% in Singapur. Für Kambodscha und Laos liegen die Schätzungen bei 75–78%, für Vietnam bei 70% (FEER, Yb 1985) (zum Vergleich Bundesrepublik Deutschland: unter 4%). Viele *Agrargebiete* sind *überbevölkert* und mehr außeragrarische Arbeitsplätze ein dringendes Erfordernis. *Thailand* z.B. hatte 1960 rd. 11 Mio. Agrarbeschäftigte. Wenn man ihr Pro-Kopf-Einkommen in angemessener Weise hätte steigern bzw. erhalten wollen, hätte ihre Zahl – unter Berücksichtigung der mittels agrarischer Intensivierungen, nicht aber durch den Einsatz größerer Arbeitskräfte sinnvollen Produktionssteigerung – bis 1980 auf nicht mehr als 15 Mio. ansteigen dürfen, tatsächlich hatte sie 1980 aber schon 18 Mio. überstiegen. Neben der Intensivierung der agrarischen Nutzung ist dort das Ventil der *Neulanderschließung* und agraren Diversifizierung geöffnet worden (S. 183), freilich auf Kosten der Wald- und Bodenerhaltung. In *Indonesien* wird – ebenfalls neben der agrarischen Neusiedlung – der Trend zur Urbanisierung immer stärker. HORSTMANN (1982) hat aber auch die Aufmerksamkeit darauf gelenkt, daß in der hohen Zahl der »Landlosen« schon traditionell eine erhebliche Zahl in *ländlichen Gewerben* Tätiger enthalten ist und eine Tendenz zum Wachsen *teilurbanisierter Regionen* besteht. In *Malaysia* hat bereits eine Konzentration – z. B. der Reisproduktion – auf die intensiven und modern ausgebauten Anbaugebiete und umgekehrt das Auslaufen von weniger produktiven, traditionellen Kleinbetrieben (bzw. deren Umwandlung in organisierte Kleinpflanzer für Kautschuk u. ä.) zugunsten der Abwanderung in die Städte und Industrien begonnen (S. 436). Auch die schnell wachsende Ablösung der bäuerlichen Selbstversorgerwirtschaft, die noch immer einen nennenswerten Anteil der Produktion umfaßt, durch *marktwirtschaftlich* orientierte Betriebe und die Abwanderung in neu erschlossene Agrarsiedlungsgebiete ist wirtschaftlich nur im begrenzten Umfang sinnvoll; die wirtschaftliche Zukunft hängt von einer Steigerung der Produktionskraft und der Zahl der Arbeitsplätze auf dem *industriell-gewerblichen Sektor* ab. Besonders dringlich werden diese für den bereits in die wachsenden Großstädte eingeströmten und noch immer nachrückenden Bevölkerungsüberschuß benötigt, für den mit dem Übergang in die städtische Umwelt die Probleme keineswegs gelöst sind, solange kein entsprechendes Angebot produktiver, gewerblicher Arbeitsplätze bereitsteht!

## 2.5 Landwirtschaft und Agrarlandschaften

### 2.5.1 Die ländlichen Siedlungs- und Hausformen

Die Formen der ländlichen Siedlungen SO-Asiens zeigen auch bei uns bekannte Grundtypen: eng bebaute oder locker gestellte Haufendörfer, die in Schwarmsiedlungen übergehen können; Weiler, Einzelhöfe und auch Reihensiedlungen, entweder durch natürliche Lagen (z. B. Flußdämme) vorgezeichnet oder als Ergebnis planmäßigen Siedlungsausbaues (besonders auf Aushüben der Kanäle in jungen Reisbaubewässerungsgebieten); dazu kommen die »Reißbrettgrundrisse« der Neusiedlungsprojekte oder Streusiedlungen in spontanen Rodungsgebieten.

Zur Gewinnung eines schattigen Lokalklimas ist die Einbettung in Haine von (Frucht-)Bäumen und Sträuchern, besonders Kokos- und Arekapalmen, Bananen und verschiedene, bei uns kaum bekannte, aber für die Ernährung wichtige Früchte der Tropen, charakteristisch; gleichzeitig erfolgt dort auch der Anbau von Gemüse und Knollenfrüchten und die Kleinviehhaltung. Auch in den Neulandprojekten ist es die Sorge der Siedler, möglichst schnell um ihre neuen Hütten Baumpflanzungen anzulegen, um bald in den Genuß der Gartenproduktion und des Schattens zu kommen; vielfach trägt Blumen- und Ziersträucherschmuck zum freundlichen Gesicht der Dörfer bei.
Die Hausformen werden überwiegend vom Pfahlbau bestimmt. Er wird nicht nur im Wasser oder Überschwemmungsgebiet, sondern selbst an steilen Hängen im Gebirge angewendet. Seine natürliche Ventilation schafft für tropisch-feuchte Gebiete die optimale Wohnweise, zugleich schützt das Pfahlbauhaus vor Ungeziefer, Schlangen usw., und im Schatten unter dem Haus ist Platz für Geräte und Vorräte, Heimarbeit (Weben, Spinnen und andere Handwerke), Kleintierhaltung und auch den Aufenthalt während der heftigen Regen.
Ein Ausnahmegebiet mit ebenerdigen Bauernhäusern bilden Java, Bali und Lombok (wohl indischer Kultureinfluß), abgesehen vom sundanesischen W-Java, wo noch die älteren Häuser auf kurzen Eckpfählen stehen. Die neueren Dorfteile Javas an Straßen, Kanälen usw. bestehen vielfach aus modernisierten (Ziegel-, Bims-)Steinbauten mit ziegelgedeckten Walmdächern und Glasfenstern, die wohl unter dem Einfluß holländischer Baunormen aufgekommen sind. In Vietnam ist es dagegen der chinesische Kultureinfluß, der bei den dortigen Bauernhäusern eine weitere Ausnahme vom südostasiatischen Pfahlbau bringt. Ein Beleg für das Bewußtsein dieser ethnisch-kulturellen Differenzierung ist ein Grenzziehungsabkommen aus dem 17. Jh., das als Prinzip festlegte: Das Gebiet mit *Pfahlbauhäusern (»Häuser auf Stelzen«) gehört zu Laos*, das mit Häusern auf dem *Boden* zu *Annam* (Vietnam) (Avimor, 1985). Auch unter den Bergstämmen pflegen die Miao, die als eine der letzten Wanderwellen von SW-China her einrückten, als einzige den ebenerdigen Bau. Und selbstverständlich sind auch die zugewanderten Chinesen selbst überall in SO-Asien bei ihrer ebenerdigen Bauweise geblieben, so daß die Häuser chinesischer Agrarkolonisten, Gartenbauern usw. leicht von denen der einheimischen Bevölkerung zu unterscheiden sind. Trotz allen Fleißes und meist auch relativen Wohlstandes ihrer Bewohner erscheinen diese chinesischen Hütten meist einfacher, schmuckloser und außerhalb der Wohnräume wenig gepflegt.
Die Blumen, das Schnitzwerk und die Bau-Ornamentik des malayi-

schen Kulturraumes sind bei chinesischen Siedlungen kaum zu finden. Ausnahmen chinesischer Pfahlbausiedlungen finden sich bei (Fischer-) Dörfern im Gezeitenwasser.

*Die Wassersiedlungen*

*Saisonal* tief *überschwemmte* Gebiete mit »schwimmendem Reis« (S. 132) in Zentralthailand haben nicht nur Häuser und Ställe auf besonders hohen Pfählen (und »Warften« für die schweren Büffel), sondern auch zweistöckig gebaute Marktorte, in denen zur Überschwemmungszeit die Erdgeschosse geräumt und alle Geschäfte, Werkstätten usw. in die durch Laufstege und Boote erreichten Obergeschosse verlegt werden (»temporäre Wassersiedlung«, UHLIG, 1979 c). Der Typ der ins Wasser gebauten Siedlungen (malayisch: »Kampong Ayer«, d. h. *Wasserdorf*) ist aber auch unter allen einheimischen Völkern SO-Asiens verbreitet. Zahlreiche Dörfer sind im (Gezeiten-, Fluß- oder Seen-)Wasser oder in Gebieten periodischer Überschwemmung angelegt, teilweise dann nur im Boot oder über Laufstege erreichbar. Für die Fischer in der Mangrove bilden *Wasserdörfer* eine günstige Wohnform, mit Schutzlage, bei leichter Erreichbarkeit im Boot. Da mit jeder Flut eine natürliche Reinigung erfolgt, haben diese Dörfer – auch wenn sie bei Ebbe im Schlick weniger erfreulich wirken – durchaus eine hygienische Lage (andere Fischerdörfer stehen aber auch auf Pfahlbauten am Ufer, auf kokosbestandenen Sandstränden usw.). Selbst im Hochland – z. B. im *Inle-See* des Schan-Hochlandes in 1000 m Höhe – finden sich ganze Dörfer in Pfahlbauweise im Wasser, dort mit Anbau auf künstlichen Inseln. In den *Hafenstädten* sind oft ganze Viertel als Wassersiedlungen gebaut (z. B. die Altstadt von *Brunei*); es fällt manchmal schwer, den Übergang zwischen ländlicher und städtischer Siedlung des »Kampong Ayer«-Typs zu definieren. Selbst nach der Kriegszerstörung mit modernen Baumaterialien wiederhergestellte Dörfer und Stadtviertel – z. B. in Kota Kinabalu und Sandakan (O-Malaysia) – wurden wieder auf Pfählen im (Gezeiten-) Wasser errichtet. Daneben finden sich wirklich »schwimmende« Siedlungen aus *Hausbooten* oder aus Häusern, die (samt Nebengebäuden, Kleinviehställen) auf (Bambus-)Flößen am Ufer festgemacht werden (indones.: »rumah lanting« = »*schwimmendes Haus*«), z. B. in Malaysia, Thailand oder vor allem in indonesischen Tieflandstädten, etwa Palembang oder Banjamarsin, in den vietnamesischen Stadtvierteln in Kambodscha, im Tonking-Delta usw. (»permanente Wassersiedlung«).

*Das Langhaus*

Während Wassersiedlungen auch in anderen Kulturkreisen Monsunasiens und der pazifischen Inselwelt auftreten, ist ein anderer, landfester Siedlungstyp, das Langhaus, für SO-Asien – von den Ausläufern im östlichen Himalaya bis zum Hochland Vietnams, vor allem aber auf Borneo und Celebes – besonders kennzeichnend. Oft beherbergt es ein ganzes Dorf in einem einzigen Gebäude, das sich auf Tausenden von Pfählen drei bis vier Meter über der Erde erhebt. Darunter tummeln sich Schweine, Hunde und Hühner und vertilgen die Abfälle. Oft gewinnen die Häuser bis 100 m Länge und beherbergen bis zu 70 Familien; häufiger werden sie für 10 bis 25 Familien gebaut (im Inneren N-Borneos Extremfälle bis 800 m Länge und über 1000 Bewohner in einem Gebäude! – T. HARRISSON, 1964). Andere Stämme, z. B. die Land-Dayak (Sarawak) legen Dörfer aus mehreren Langhäusern an, die entweder regellos stehen und durch Laufstege miteinander verbunden sein können oder sich um einen angerförmigen Platz gruppieren, in dessen Zentrum gemeinschaftliche Einrichtungen, besonders Kult- oder Jünglingshäuser (auch »head-houses« für die Aufbewahrung von Schädeltrophäen der Kopfjagd) stehen.

Beim ursprünglichsten Typ – z. B. bei den Kelabit in N-Borneo – ist das Langhaus wirklich noch eine *Gemeinschaftsbehausung* des ganzen Dorfes in einem langgestreckten, gemeinsamen Raum. Meist sind aber Zwischenwände aus Bambus, Rinde usw. gezogen worden, und jede Familie besitzt so ihr eigenes »Abteil«. Das hat einige Ethnologen (FREEMAN, 1955; GEDDES, 1954) dazu bewogen, die soziale Bindung einer sippenartigen Gemeinschaft zu bestreiten. Sie betrachten das Langhaus, bei dem heutigen Fehlen einer sozialen Hierarchie, nur als äußerliche, zweckmäßige Aneinanderreihung von Wohneinheiten. Die ursprünglich zahlreichen Bindungen – kultisch, im gemeinsamen Besitz des Wanderfeldbaulandes usw. – und jene Überbleibsel des innen offenen Gemeinschaftslanghauses lassen jedoch diese Siedlungsform als einen Modellfall für die Wohnweise von Dorfgemeinschaften auf der »sippenbäuerlichen Wirtschafts- und Gesellschaftsstufe« erscheinen (UHLIG, 1966). Die Auflösung dieser Bindungen in den heutigen Lebensformen ist erst das Ergebnis eines modernen »Sippenverfalls« durch die wachsenden Kulturkontakte. Bei den meisten Langhäusern liegen vor den Wohnabteilen überdachte Veranden und offene Plattformen, die als Verkehrswege, für häusliche Arbeiten, der Ablage von Geräten, zum Trocknen von Feldfrüchten usw. dienen. Zugleich sind sie Versammlungs-, Beratungs- und Festplätze. Andere Typen des Langhauses haben einen geschlossenen Mittelgang mit Familienabteilen zu beiden Seiten. Wieder andere, wie die der Karo-Batak (Sumatra), zeigen statt der langgestreckten Form einen hohen, kubischen Raum unter gewaltigen Walmdächern, der innen in durchschnittlich acht Familienabteile aufgegliedert wird.

Bei einer isolierten Betrachtung als bloße Siedlungs- und Hausform kommt man nur zu einem bedingten Verständnis; das Langhaus ist vielmehr Teil eines ganzen Komplexes *kultureller* und *sozialgeographischer* Erscheinungen. Ganz überwiegend wird es von Gruppen bewohnt, die noch den Brandrodungs-Wanderfeldbau mit dem Pflanzstock betreiben. Bei deren Beweglichkeit werden auch diese riesigen Bauten ohne weiteres nach einigen Jahren abgerissen und an anderen Stellen neu errichtet, sei es im Wanderzyklus der Anbauflächen oder aus anderen, z. B. kultischen, Anlässen, wegen böser Omen u. dgl.

Fast alle Langhausbewohner bewahren – örtlich auch unter einem äußerlichen Mantel christlicher Missionierung – noch Teile ihrer alten Stammesbräuche und Verhaltensnormen, deren bekannteste die *Kopfjagd* war (S. 72). Faszinierend ist es, Schädeltrophäen etwa in Langhäusern Sarawaks noch in der engen Nachbarschaft moderner Siedlungsprojekte, höherer Schulen usw. auffinden zu können – ein beredter Ausdruck des rapiden sozialen Wandels!

Mit dem Vordringen *marktwirtschaftlichen Daueranbaues*, der Verkehrserschließung und der Eingliederung der »Stämme« in das Leben der jungen Staaten erfolgt oft eine schnelle *Auflösung* der alten Lebens- und Wirtschaftsformen; mit der Ablösung des Brandrodungs-Wanderfeldbaues zerbricht dabei auch die alte Gemeinschaft. Der einzelne muß seine Pflanzungen nun als Individualbesitz pflegen, und damit schwinden auch die Bindungen an die Gemeinsamkeit des Langhauses. Sehr rasch erfolgt dann ihr Abriß oder Verfall und der Ersatz durch Einzelhütten im Stile hölzerner Bungalows (UHLIG, 1970), wenn nicht schon ein erwachendes Traditionsbewußtsein zum planvollen Erhalten (etwas modernisierter) Langhäuser als Ausdruck der kulturellen Eigenständigkeit führt.

### *Die Plan- und Plantagensiedlungen*

Planmäßig und einheitlich gestaltete Formen der ländlichen Siedlung sind zuerst in den Plantagengebieten aufgekommen: die »labour-lines« oder »estate-villages«, in denen die meist *zugewanderte Arbeiterschaft* (z. T. mit kleineren Landzuteilungen für die Selbstversorgung) einquartiert wurde. Anstelle der älteren monotonen Baracken sind in der neueren Entwicklung freundlichere, in den Baumhainen der Pflanzungen ausgebreitete Siedlungen entstanden; sie sind funktionell (und oft auch in ihrer sozialen, ethnischen und religiösen Zusammensetzung) einseitig, vielfach von der Plantagenleitung medizinisch, mit Strom und Wasser, Schulen usw. versorgt. Heute entstehen weitere *Plansiedlungen* in den vielen neuen Siedlungsprojekten, in denen kleine Bauern mit staatlicher Hilfe in neu erschlossenen Anbaugebieten für marktwirtschaftliche Produktion angesiedelt und damit in die moderne Gesellschaft eingegliedert werden. Als planmäßige Rodungsgebiete, verbunden mit Straßenbau und allgemeiner Erschließung, Zuweisung von festem Landbesitz (langfristige Darlehen) und staatlicher Hilfe bei der Rodung und Neupflanzung, genossenschaftlicher Vermarktung usw. erscheinen sie äußerlich sehr geordnet, meist sind sie auch mit einheitlichen, subventionierten (oft vorfabrizierten) Häusern (in der heimischen Tradition auf Pfählen) bebaut. Die Siedlungen der spontanen Rodungskolonisation (S. 183) sind meist als Einzelhöfe locker verstreut.

### *Baumaterialien und regionale Haustypen*

Während in den Neusiedlungen auch moderne *Baustoffe* – Wellblech, Eternit, Spanplatten usw. – zur Verwendung kommen, die z. T. auch schon in die traditionellen Bauformen eingefügt werden (z. B. Wellblechdächer auf den geschwungenen Giebeln der Minangkabau-Häuser!), wurden die ursprünglichen Bauten von den reichen Traditionen der Holzverarbeitung ohne Nägel oder Eisen bestimmt. Eine wichtige Rolle spielen die elastischen und vielseitig verwendbaren *Bambusarten* (daraus auch Wasserleitungen, Schöpfräder, geflochtene Wände, verschiedenste Geräte, Fischfallen usw.) und andererseits dauerhafte Edelhölzer – besonders *Teakpfeiler* –, die die kräftiger gefügten Häuser der binnenländischen Bauernkulturen tragen. Zur *Dachbedeckung* dient meist Palmstroh, besonders das der Nipahpalme. Im hinterindischen Binnenland werden aber Dächer auch aus Matten von zähen, getrockneten Blättern bestimmter Waldbäume (Dipterocarpus-Arten) hergestellt; der malayische Begriff »Atap« umfaßt diese Bau- bzw. Dachdeckmaterialien. Neben ihnen sind aber auch Schindeldächer verbreitet.
Die Fülle der traditionellen *regionalen Haustypen* ist so groß und so reich an Besonderheiten, Schmuck- und Kunstformen (und auch religiös bestimmten Zutaten), daß ihre Darstellung hier den Rahmen sprengen würde; es sei nur an einige besonders markante Formen, wie das elegante, sattelförmig hochgeschwungene Dach der Toba-Batak-

Häuser, die pagodenartig gestaffelten, dem Schwung von Büffelhörnern nachgebildeten Dächer der kunstvollen Minangkabau-Häuser (beides Beispiele aus der reichen Fülle der Bauformen Sumatras), an die hochgestelzten und von reich verzierten, extrem hochgetürmten Dächern gekrönten, rechteckigen Häuser der Tutuala im östlichen Timor, die malerischen, nach einer strengen sozialen Hierarchie differenzierten Häuser der Toraja auf Celebes usw. erinnert (Bilder z. B. bei IMBER und UHLIG, »Indonesien«, 1973). Kunstvoll gestaltet sind auch oft die zahlreichen Nebengebäude, besonders die *Reisspeicher*, die – wie auch die Wohnhäuser selbst – mit kultischen Zutaten verziert werden. Scheiben an den Holzpfeilern sollen Mäuse und Ratten von den Vorräten fernhalten. Auch Haustempelchen, Geisterabwehrmauern usw. bereichern das Gehöft, besonders auf *Bali*, wo das Wohnhaus selbst relativ schmucklos und das ganze Gehöft – zum Abweisen der bösen Geister – von Mauern umgeben ist, während für die Fülle der Tempelchen, Speicherhäuser und die zahlreichen größeren Hindutempel hohe Kunstentfaltung zur Geltung kommt.

### *Kultbauten, Wehrsiedlungen, Flurformen*

Die ländlichen Moscheen im indonesisch-malayischen Raum sind in einigen strenggläubigen Gebieten dicht geschart, in anderen Teilen der Inseln treten sie weniger stark hervor. In den buddhistischen Ländern des Festlandes ist das in traditionellen Bauformen gehaltene »Wat« (Kloster[-schule] und Tempel) ein charakteristisches Element fast jeder Siedlung und auch funktionell noch stark mit dem dörflichen Leben verbunden.

Wehrdörfer, die vor einigen Jahren in Südvietnam (und neuerlich auch im Bürgerkrieg auf Mindanao, Philippinen – S. 607) errichtet wurden, oder auch die »emergency«-Siedlungen Malayas haben eine gewisse Tradition in einigen alten *Wehrsiedlungstypen*, von denen die mit Barrikaden aus Bambusspießen gesicherten Naga-Dörfer im burmesisch-indischen Grenzgebiet besonders markante Beispiele sind. Die Umhegung der einzelnen Gehöfte mit Dornhecken und -zäunen, wie sie z. B. im trockenen Irawaddy-Tiefland Burmas auftritt, ist dagegen mehr eine Funktion der dort relativ starken Rinder- und Ziegen-Weidewirtschaft.

Unter den *Flurformen* herrschen kleingekammerte Blockfluren in Gemengelage, bei Naßreisfeldern meist mit Dämmchen eingefaßt, vor. Sie dominieren auch im Trockenfeldbau, bei Brandrodungs-Wanderfeldbau meist in besonders regellosen Formen. Schmale oder breite,

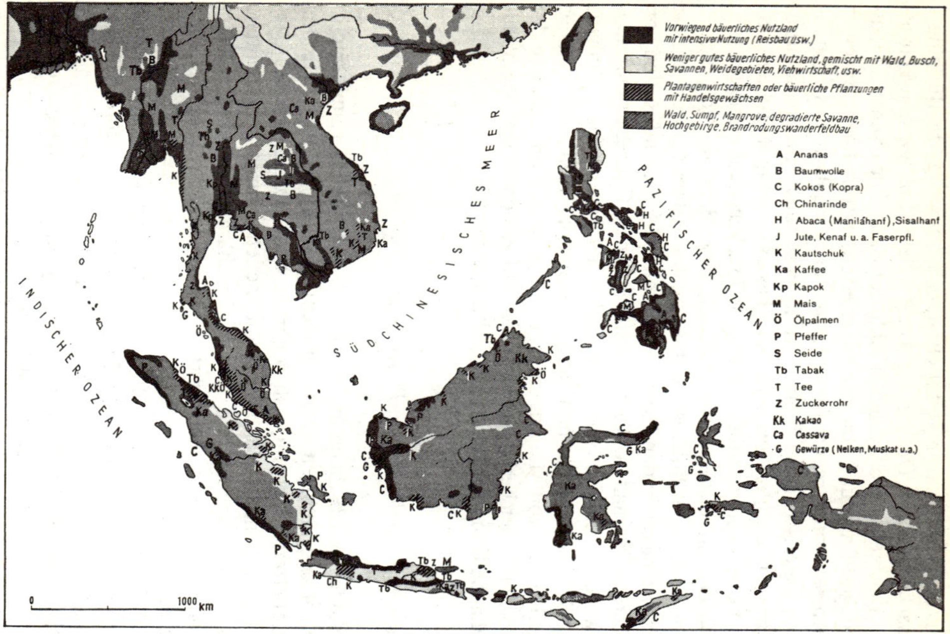


**Abb. 10:** Agrarlandschaften und vorherrschende Landnutzung in Südostasien
*(Entwurf: H. Uhlig, Kartogr.: L. Dreher)*

streifenförmige Fluren, letztere z. T. mit Hofanschluß, sind seltener und meist erst bei jüngerer Erschließung von Naßreisland oder bei den planmäßigen Neusiedlungsprojekten entstanden. Wegen der Erbteilung des Besitzes in Großfamilien, Unterpachten usw. stimmen die Besitzstücke nicht immer mit den sichtbaren Parzellenformen überein.

### 2.5.2 Die agrargeographische Struktur

Die Landwirtschaft bietet noch 52%–65% der Erwerbstätigen Arbeitsplätze und Einkommen (Tabelle 4 u. 6). Bis zur Hälfte der Volkseinkommen wird in der Land- und Forstwirtschaft erzielt, die auch mittels der Steuern und der *Exporteinnahmen* noch eine Stütze der meisten Staatshaushalte bildet, wenn auch die junge Expansion der Erdöl- und Erdgaswirtschaft z. T. kräftige Verschiebungen gebracht hat. Diese große Bedeutung beruht auf ihrem hohen Anteil an der weltmarktorientierten Produktion. Wenn auch ein erheblicher Anteil der bäuerlichen Wirtschaft noch der *Selbstversorgung* dient, so wird der *weltmarktwirtschaftliche* Absatz doch von drei bedeutenden Säulen getragen: den (ursprünglich schon vorhandenen und später z. T. marktwirtschaftlich erweiterten) bäuerlichen Wirtschaften, den (neueren) spezialisierten Kleinbetrieben der »small-holder« verschiedenen Ursprungs und den Plantagenwirtschaften. In der frühesten kolonialwirtschaftlichen Phase erzeugten die Bauern allein die Ausfuhrwaren (besonders Gewürze). Die Ergänzung durch spezialisiertere (meist von zugewanderten Chinesen angelegte) Kleinpflanzungen war der erste Schritt eines Ausbaues. Seine moderne Fortentwicklung hat die Betriebstypen der »small-holder« hinzugefügt, deren Umfang und Besitzstruktur bäuerlich, deren Produktion aber überwiegend spezialisiert und auf Handelsgewächse ausgerichtet ist. Drittens entstanden die großen Plantagenbetriebe mit Fremdkapital und Fremdarbeiterschaft und mit ausschließlicher Spezialproduktion für den Weltmarkt. Ein vierter Entwicklungsschritt veränderte schließlich noch in einigen Ländern die erstgenannten, bäuerlichen Betriebe durch die zusätzliche Aufnahme der neuen Handelsgewächse, z. B. in Kautschuk- oder Kokoshainen (Malaysia, Indonesien), während in anderen Ländern (z. B. Thailand, Burma, Kambodscha, Vietnam) der weltmarktwirtschaftliche Ausbau des traditionellen Reisanbaues in alten und neuen Bauernbetrieben erfolgte. Etwas abweichend verlief die Entwicklung auf den *Philippinen*, deren hauptsächliche Produktion von Handelsgewächsen (Zuckerrohr, Tabak, Manilahanf usw.)

mehr in der Tradition des spanisch-amerikanischen, individuellen Großgrundbesitzes (von Latifundien- bzw. »Farm«-Charakter) als von Plantagen in Gesellschaftsbesitz oder von bäuerlichen Betrieben erbracht wird.
Da auch der Anbau *traditioneller Nahrungspflanzen* (besonders von Reis) in bäuerlichen Betrieben vielfach (welt-)marktwirtschaftlich entwickelt wurde, kann die Unterscheidung zwischen der Erzeugung weltwirtschaftlich wichtiger Handelsgewächse und heimischer Nahrungspflanzen jedenfalls nicht mehr durch eine einfache Gegenüberstellung von Plantagen- und Bauernbetrieben getroffen werden. Der Reisbau – auch für den Welthandel – ist in jedem Falle bäuerlich geblieben. Die meisten der eigentlichen »Handelsgewächse« (Kautschuk, Kokos- und Ölpalme, Zuckerrohr, Tabak usw.) werden dagegen sowohl von Plantagen- wie von spezialisierten »smallholder«- und von gemischt-bäuerlichen Betrieben erzeugt. Zwischen den einzelnen Staaten, aber auch im kleinräumigen Wechsel charakteristischer Agrarlandschaften, bestehen starke Kontraste; sie ordnen sich fast immer bestimmten regionalen Grundtypen ein. Das resultiert häufig aus der Anpassung der Wirtschaftsformen an die landschaftsökologischen *Standortfaktoren*, z. B. aus der bevorzugten Nutzung der monsunal überschwemmten Ebenen durch den Naßreisbau, der Waldböden der feucht-tropischen Hügelländer durch die Plantagenwirtschaft oder der Hänge der Waldgebirge durch den Brandrodungs-Wanderfeldbau.

### 2.5.2.1 Die geoökologische und agrargeographische Vielfalt des Reisbaus in Südostasien

Monsunasien – S-, SO- und O-Asien – werden zu Recht als die *»Reisbau-Kulturerdteile«* bezeichnet: Der Reis sichert ihre Ernährung, bestimmt die ländliche Kulturlandschaft und ihre Lebensformen und bringt wichtige Exporterträge. Meist wird er im gemischtbäuerlichen Betrieb angebaut, ergänzt durch Kokospalmen, Kautschuk, Gewürze und andere Baumfrüchte, Trockenfeld- und Knollenfrüchte, Vieh- und Geflügelhaltung und bäuerlichen Fischfang. Seine geoökologische und agrargeographische Vielfalt wird in den Lehrbüchern und regionalen Darstellungen meist nur begrenzt erfaßt; für SO-Asien ist deshalb hier eine ausführlichere Behandlung geboten.

*Ursprung und Gunsträume*

Die früheste Nutzung des Reises wurde bisher auf ca. 3500 v. Chr. angesetzt; neuere Ausgrabungen erbrachten verkohlte Reiskörner, die in NO-Thailand wahrscheinlich bis in das 4. Jt. v. Chr. (S. 281) zurückgeführt werden können (BAYARD, 1973). Das entspricht Funden aus dem unteren Yangtze-Gebiet und den – noch etwas unsicheren – Daten steinzeitlicher Ausgrabungen in Karsthöhlen auf Sulawesi (GLOVER, 1977). Auch gegenüber anderen, kritischen Bewertungen erscheint es als ziemlich sicher, daß der Reisbau SO-Asiens schon Jahrtausende v. Chr. nachweisbar wird; die Entwicklung planmäßiger Bewässerung dürfte mit der Ausbreitung der Hochkulturen um 500 v. Chr. einen starken Erweiterungsschub gebracht haben (zusammenfassend: GORMAN, 1977; WHEATLEY, 1983). Offen bleibt, ob die frühen Funde schon von angebautem oder noch von gesammeltem wilden Reis stammen.

Auch sprachliche Belege – prä-Sanskrit-Begriffe – belegen, daß der Reisbau in SO-Asien heimisch und nicht erst eine indische oder chinesische Innovation war. In Übereinstimmung mit den geoökologischen Voraussetzungen werden die monsunal überschwemmten Becken und die Ebenen am Rand der Gebirge, vom östlichen Himalaya über Hinterindien bis O-Asien, als *Ursprungsgebiet* des *domestizierten Reises* (Oryza sativa) angenommen (T. T. CHANG, 1976; R. D. HILL, 1977). Von dort aus verbreitete sich die geographische Rasse der tropischen »indica«-Reise über ganz SO-Asien, mit der Variante »javanica«-Reis in Inselindien. *Tropischer Reis* hat langwüchsige und weiche Halme, an Überschwemmung und Unkrautkonkurrenz angepaßt. Bei neuen *Hochertragssorten*, die meist aus halbhohen *Hybriden* mit dem kurzen und steifen Stroh der dritten, besser für die Subtropen geeigneten »japonica«- (oder »sinica«-)Rasse entwickelt werden, züchtet man kürzere Statur und kürzere Vegetationszeiten, die Ertragsminderungen durch Niederlegen, Schädlinge, Auswaschen des Kunstdüngers oder dessen Absorption durch zu lange Halme mindern.

Die jährlichen Wechsel niederschlags- und überschwemmungsreicher Perioden mit sonnenschein- und strahlungsreichen, warmen und trockenen Perioden, in denen die Felder noch ausreichend bewässert bleiben, sind in den *monsunal-wechselfeuchten* Gebieten ideal für Wachstum und Reifen. In den *innertropischen* Breiten ist dagegen die überreiche Feuchtigkeit mit stärkerer Wolkenbedeckung und geringerer Strahlungsintensität bzw. -dauer verbunden, während trokkene, zum Reifen günstigere Perioden kürzer und unregelmäßig sind; anstelle nur periodisch überschwemmter Tiefländer herrschen

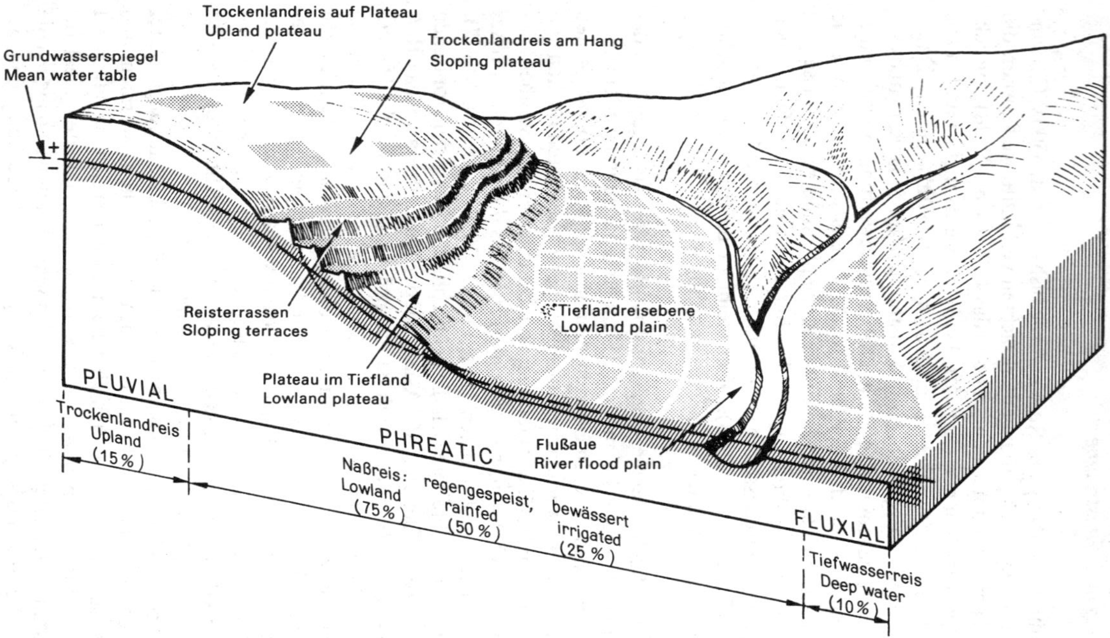


**Abb. 11:** Die physiographisch und hydrologisch differenzierten Reisbausysteme der Erde *(aus: J. L. O'Toole und T. T. Chang, 1978)*

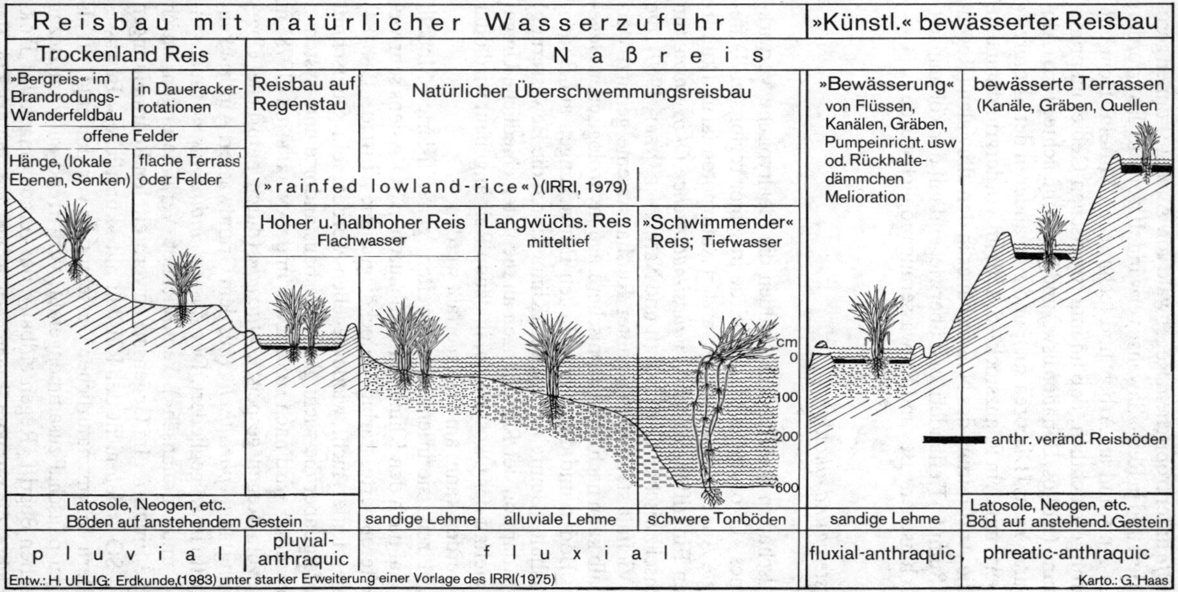


**Abb. 12:** Querschnitt (»Toposequenz«) durch die Reisbautypen und -standorte Südostasiens *(aus: H. Uhlig, 1983)*

*Dauersümpfe* unter tropischem Regenwald vor. Auch sie können gerodet, melioriert und in Reis-»Sawahs« verwandelt werden; das erfordert aber *hohen* Aufwand an Arbeit und technischen Mitteln. Dem entspricht kulturgeschichtlich, daß im innertropischen Gebiet ursprünglich die Baum- (Kokos, Bananen usw.) und Knollenfrüchte, Taro (Alocasia sp.) und Yams (Discorea sp.), und zum anderen der »Bergreis« (unbewässert, mit dem Pflanzstock – S. 150) im Vordergrund standen, während die Ausbreitung des Naßreisbaues in den alluvialen (Regenwald- und Sumpf-)Tiefländern erst überwiegend mit der kolonialzeitlichen, »technischen« Be- und Entwässerung möglich wurde.

### *Reisbausysteme und -ökotope*

Kulturlandschaften des Reisbaues bilden die idealtypische Verwirklichung eines »Ökosystems Mensch-Erde in seiner regionalen Differenzierung«. Aus einem selektiv genutzten Naturpotential und kulturtechnischen Eingriffen entstehen *»quasi-natürliche« Ökosysteme* (im »Stoffwechsel zwischen Gesellschaft und Natur« – E. NEEF, 1969), die mit einer Vielfalt standortangepaßter Reisbausysteme genutzt werden. Deshalb kann nach topographischer Lage, hydrologischen Gegebenheiten, Böden und den menschlichen Einwirkungen auf Böden, Wasserhaushalt, Kleinrelief, (Lokal-)Klima (durch die Bewässerung) sowie der Adaption der Reispflanzen an die unterschiedliche Umgebung die Vielfalt der Ökosysteme, in denen Reis angebaut wird oder angebaut werden kann, am besten erfaßt werden.
Die Abb. 11 zeigt sie in einem weltweiten, generalisierten Modell. Drei regional nach den Klima- und Anbauzonen SO-Asiens sehr viel stärker differenzierte, farbige Blockdiagramme (UHLIG, 1983/84) können hier leider nicht wiedergegeben werden, ein Querschnitt (Abb. 12) zeigt aber die wichtigsten Reisbaustandorte und -systeme. Die *Wasserzufuhr* wird nach MOORMANN und VAN BREEMEN (1978) in »*pluvial*« (vom Regen gespeist), »*fluxial*« (durch natürliche Überschwemmung) und »*phreatisch*« (aus dem Grundwasser: Aufdrücken, Quellaustritte usw.) gegliedert. Der Zusatz »*anthraquisch*« (aus: »anthropisch« und »aquatisch«) kennzeichnet Veränderungen durch menschliche Eingriffe. Im Gegensatz zu verbreiteten Lehrmeinungen herrscht in SO-Asien nicht der Reisbau mit »künstlicher« Bewässerung, sondern der mit natürlicher Wasserzufuhr vor (im Engl. oft als »rainfed« zu pauschal zusammengefaßt; verwirrend auch im Bezug zum deutschen Begriff »Regenfeldbau«, der gerade umgekehrt Trokkenlandfrüchte, die nur vom Regen gespeist werden, meint). Der Be-

griff »künstliche Bewässerung« wird zur deutlicheren Unterscheidung von den natürlichen Bewässerungstypen beibehalten; engl. beides nur: »irrigation«. Die Prozentanteile der Reisbausysteme in der Abb. 11 treffen für Süd- und SO-Asien ziemlich genau zu (Tabellen in: UHLIG, 1981); andere – weltweite – Schätzungen kommen auf 50% »künstlich« bewässerte Reisflächen, da diese in O-Asien, USA und Europa stark überwiegen. In Thailand aber stehen sich z. B. 77% natürlich und nur 23% künstlich bewässerte Reisflächen gegenüber, in Burma 79% gegenüber 17% (plus 4% Trockenlandreis).

*Der Überschwemmungsreisbau im wechselfeuchten Monsunklima*

In den Tiefländern des festländischen SO-Asiens herrschen naturnahe, direkt von der *jahreszeitlichen* (»monsunalen«) Überschwemmung durch Flüsse oder natürliche Rückstauseen gespeiste Felder vor. Die Drainage durch Abfluß, Versickern und Verdunstung ist so langsam, daß der Reis in der Wachstumszeit ausreichend versorgt ist und die kumulierte Dauer der Überschwemmung den Anbau anderer (Trockenland-)Früchte meist ausschließt, so daß nur *eine Ernte* pro Jahr erzielt werden kann.
Im monsunalen Jahresrhythmus fallen diese überschwemmten Reisfelder *wieder trocken* und werden meist auch trocken gepflügt (zunehmend mit Traktoren) und gesät, so daß es kaum zur Bildung typischer »Reisböden« kommt. Rasches Austrocknen und Aeration (Reduktion des Oberbodens bei kürzerem, Verbacken zu harten tonigen Krusten bei längerem Wassermangel) bringen Verdunstungs- und Nährstoffverluste, die aber durch die *Schwebstoffführung* der nächstjährigen Überschwemmung ausgeglichen werden. Alluviale Stromebenen, wie die des Maenam Chao Phraya, Irawaddy, Mekong und Tonle Sap bieten ideale Ökotopengefüge: *natürliche Flußdämme* und *Schwemmkegel* und dahinter Auen als *Rückstausenken* oder *Rückstauseen* (Tonle Sap u. a.). Das *»aquatische Milieu«* des Naßreises kehrt die »Eschgunst« (MÜLLER-WILLE) der trockenen Getreidestandorte gemäßigter Breiten um: Gerade die feuchten Senken sind für den Reis optimal. Die Flußdämme mit sandig-lehmigen, durchlässigen Böden sind die ältesten Siedlungsstandorte – in Kambodscha z. B. früher mit EW-Dichten um 400 EW/km$^2$ gegenüber einem Landesdurchschnitt von 37 EW/km$^2$ (1968). Sie werden nur gelegentlich kurz überschwemmt und tragen Baum-, Garten- und Trockenfeldkulturen. Ähnliche Ökotopengefüge bilden die an Brandungsküsten häufigen Serien fossiler Strandwälle und verlandeter Lagunen.

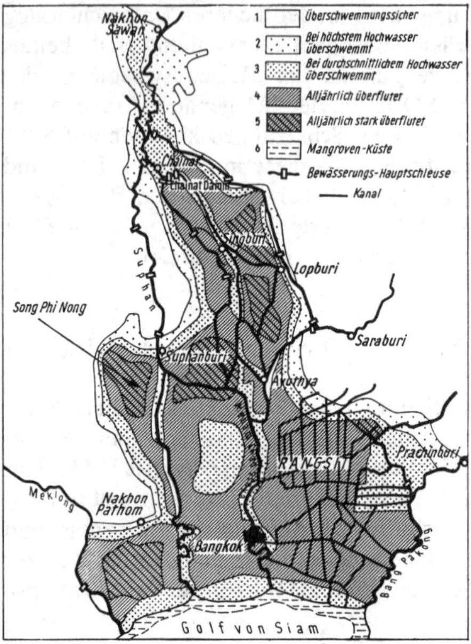


**Abb. 13:**
Das Maenam-Delta
Als Beispiel für die naturräumliche Differenzierung und die Melioration (Be- und Entwässerung) der großen Stromdeltas *(nach: J. Delvert, 1968; van der Kevie, 1970)*

Der *flach überschwemmte Bereich* (ca. 5–15 cm, gelegentlich durch Trockenheit gefährdet) kann noch mit kurz- bis mittelwüchsigen Hochertragssorten bestellt werden. Wassertiefen von 15–50 cm sind für *mittelhohen Reis* (langzeitreifend; photoperiodisch sensitiv) geeignet, um ein Reifen vor Rückgang der Überschwemmung zu vermeiden. Bei kurzer Überschwemmungszeit oder gut kontrollierbarem Wasser (meist mit techn. Verbesserungen) wird der Reis in *Saatbeeten* vorgezogen und dann *verpflanzt*, häufiger ist aber im Überschwemmungsanbau die weniger arbeitsintensive *Breitsaat*.

Wassertiefen bis über 1 m erfordern die – noch aufrecht wachsende – Anpassungsform des *Tiefwasserreises*. Standorte mit 1–3 m (extrem bis 6 m) tiefer Überschwemmung werden dagegen mit dem »*Schwimmenden Reis*« genutzt. Seine elastischen Halme können täglich bis zu 10 cm mit dem steigenden Wasser mitwachsen. Von den Halmknoten treiben zusätzliche Schwimmwurzeln aus (Abb. 12). Die Ernte erfolgt meist nach Abfluß des Wassers am Boden. Schwimmfähigkeit und schnelles Wachstum dürften von Wildreissorten ererbt worden sein. Die Anbauflächen liegen in den mittleren und unteren Teilen der Ebenen (weniger in den äußeren Teilen des Deltas mit ihren geringen Höhendifferenzen und schnellem Abfluß). Sie finden sich in flußnahen Senken hinter dem Flußdamm, an den Rändern der Ebenen (Rückstau hinter Schwemmkegeln der Nebenflüsse – s. Abb. 13!) und im periodischen Überschwemmungsbereich schwankender Seespiegel (z. B. Tonle Sap). Bangla Desh hat die größten Schwimmreisareale; Thailand, Burma und Kambodscha folgen in SO-Asien (Gesamtanteil aber nur ca. 5 % der Flächen).

Wesentlichster Vorteil gegenüber den immerfeuchten Tropen ist, daß im monsunalen Klima alle Felder – auch die des »Schwimmenden Reises« – wieder *trockenfallen*, so daß (außer in Staunässesenken) *keine* organogenen *Sumpfböden* entstehen.

Der relativ extensive Anbau erfordert größere Flächen – Betriebe von 4–8 ha herrschen z. B. in Zentralthailand (anstelle der sprichwörtlichen 0,5–1 ha Reisbaubetriebe) vor. Die Erträge der großen Flächen – bei relativ geringen Arbeitskraftkosten – erlauben auch bei der einmaligen Ernte pro Jahr einen *marktwirtschaftlichen* Anbau. Die häufige Nachbarschaft zu Zentren *historischer Hochkulturen* – z. B. Angkor, Ayuthia, Lopburi, Pegu – läßt auf eine alte Nutzung einiger tief überschwemmter Reisbauökotope schließen. *Fischfang* und *Entenzucht* in den überschwemmten Feldern bieten hier (aber auch in den künstlich bewässerten Systemen) eine wichtige (Protein-)Ergänzung zur Reiskost.

Bei dem regenzeitlichen Wasserüberangebot besteht auch die meist erst im 19./20. Jh. ausgebaute *»künstliche« Bewässerung* der großen *Deltas* (Abb. 13) eigentlich nur aus Drainage, Melioration und Hochwasserschutz, d. h. einer relativ einfachen *»flußgespeisten Kanalbewässerung«*. Bei günstigen Betriebsgrößen (auch bei Pacht), Bevölkerungsdichten und Bearbeitungs- und Mechanisierungsmöglichkeiten sind dennoch Reisüberschußgebiete entstanden, obwohl auch dort nur eine jährliche Ernte vorherrscht (im Maenam-Delta z. B. nur ca. 20 % zweimal Reis oder Fruchtwechsel, etwa mit Wassermelonen). Angesichts steigender Arbeitskraftkosten nimmt die extensivere *Breitsaat* gegenüber dem Verpflanzen z. T. sogar wieder zu. Die unteren Deltas wurden oft erst im 19. Jh. aus überschwemmungsreichen Schilf- und Buschsavannen durch Transportkanäle und Stichgräben erschlossen, anfangs mit einfacher »shifting cultivation« (S. 150) durch spontane Siedler (HANKS, 1972), dann schrittweise intensiviert. Selbst im 1890 begonnenen Rangsit-Kanalsystem bei Bangkok wurden erst kürzlich (durch den Ausbau des Chainat-Dammes) die vollen Bewässerungsziele erreicht (Abb. 13).

*Burmas* Reisflächen wurden erst mit den Deich- und Kanalbauten im Irawaddy-Sittang-Delta von 0,4 Mio. 1860 bis 1931 auf 5,1 Mio. ha

ausgebaut – eine Fläche, die nach den Kriegsfolgen erst heute wieder erreicht wurde.
Auch im *Mekong-Delta* baute man ab 1870 ähnliche Be- und Entwässerungskanäle (z. T. bestand aber dort schon alte Besiedlung); die periodisch vom See überflutete *Tonle Sap-Ebene* (S. 340) reguliert das Wasserregime auf natürliche Weise. Ganz anders das *Tonkin-Delta*: Es wird durch häufiges Zusammentreffen der Stoßhochwässer des Roten Flusses aus den nahen Gebirgen mit Springfluten und Taifunen vom Meer her bedroht, aber schon seit über 2000 Jahren mit eingedeichten Feldern, warftartigen Wohnhügeln usw. besiedelt. Trotz der chinesischen Wasserbaukunst konnte es erst durch die Deiche des 20. Jh. wirklich gesichert werden (P. GOUROU, 1936).

### *Der Überschwemmungsreisbau in den immerfeuchten Tropen*

Während in Hinterindien die Überschwemmungsfelder jährlich wieder trockenfallen, entstanden in den *ganzjährig wassergesättigten* Küstenebenen und -deltas von Sumatra, Borneo, Malaysia usw. morphologisch zwar ähnliche, geoökologisch aber unterschiedliche Reisbaustandorte und -systeme. Noch in jüngerer Zeit als riesiges Potential für künftige »Reiskammern« angesehen (E. H. G. DOBBY, 1952/53), begrenzen die Schwierigkeiten und Kosten ihrer Erschließung auf tiefen Sümpfen und in schweren Regenwäldern doch sehr entscheidend ihre Aufschließung.
Obwohl die absoluten Niederschläge mit 2500–3500 mm Jahresmittel die der feuchteren Monsuntropen nicht wesentlich übertreffen (nur extreme Staulagen 3000–6000 mm), schaffen die acht- bis zehnmonatigen Regenperioden (unterbrochen von nur wenigen trockeneren Wochen, die aber den Rhythmus der Reisbestellung bestimmen) ganzjährig *humide* Verhältnisse und *organogene Naßböden* (Gleye, Histosole). Malayischer Tradition folgend, rückte deshalb nur eine schwache *Besiedlung* von den Deltas auf den natürlichen Flußdämmen landeinwärts vor, kaum 10 % dieser riesigen Tiefländer erfassend.
Wieder bilden die *Rückstausenken* hinter den *Flußdämmen* die ältesten Reisbauökotope (indones.: »sawah lebak« – d. h. »Naßreisfeld der Flußaue«). Sie haben noch an ihrem Rande an den sandig-lehmigen Flußdammböden teil und stoßen jenseits an die mineralischen Böden der Flußterrassen oder der neogenen Peneplain. Die Überschwemmung geht dort in den relativ trockeneren Monaten (südl. des Äquators: Juli–August) etwas zurück, so daß flachere Teile fast trokkenfallen und nur tiefere sumpfig bleiben (U. SCHOLZ, 1987). Auch

hier verwendet man eine Abfolge von *Flach- bis Tiefwasserreis*, aber *verpflanzt* (»Schwimmender Reis« war in Inselindien nicht vorhanden). Wegen der reichen organischen Substanz bleibt der Oberboden ein *tiefer Schlamm*, unter dem keine Pflugsohle entsteht. Er ist so fragil, daß er nur von Hand oder durch Treten bestellt werden kann, wobei die Bauern hüfthoch im Wasser stehen. Stoppeln und Unkraut werden mit Haumessern oder Schwungsicheln abgehauen und untergetreten. Der Reis aus den Saatbeeten muß mit kurzen, starken Pflanzstöcken oder Haumessern *verpflanzt* bzw. in die Grassoden eingedrückt werden. Üppige Wurzel- und Unkrautkonkurrenz läßt das Feld schon nach halbjähriger Brache wieder in Gras, Schilf u. ä. versinken, so daß es vor der Bestellung neu geräumt werden muß. Die *Saatbeete* sind hier – bei der starken Nässe – nach oben gewölbt (»Trockensaatbeete«); oft ziehen sie sich als Streifen auf den natürlichen Flußdämmen hin (im Extremfall selbst »schwimmende Saatbeete« auf verankerten Bambusflößen). Die häufiger überfluteten Flußdämme tragen z. T. auch schmale Felder, in denen alternativ naß- oder trockenwachsender Reis gedeiht. Er gibt Hinweise auf den ökogeographischen Trennungsprozeß von Naß- und Trockenlandreis bzw. »Bergreis«, die keine unterschiedlichen Varietäten, sondern nur Anpassungsformen sind (S. 142)! Das *Verpflanzen* folgt hier meist dem Fallen des Wassers in die (kurze) *trockenere Periode* hinein. Auch das ist eine Anpassung an die klimaökologischen Unterschiede gegenüber den monsunalen Klimaregionen, wo *umgekehrt* mit dem Einsetzen von Regen und Überschwemmung in das steigende Wasser verpflanzt oder gesät wird.

Wesentlich extensiver ist der Reisbau auf *dauernd* nassen, *organogenen Sumpfböden*, deren Bestellung in tieferen Mooren ausklingt. Nur dort ist der Begriff »*Sumpfreis*« berechtigt, der oft ungenau als Synonym für Naßreis verwendet wird, obwohl dieser meist auf Feldern wächst, die – natürlich oder künstlich bewässert – wieder trockenfallen. Echter Sumpfreis wächst nur auf bescheidenen Flächen, denn über 1 m tiefe organogene Torfböden sind kaum noch nutzbar. Bei *Brandrodung* auf abgetrockneten Mooroberflächen entstehen Übergänge zur »shifting cultivation«. Bei starkem Rückstau (Hauptflüsse, Küste) bleiben auch Seitentäler ständig vernäßt (malayisch: »*paya*« = Sumpf). Sie tragen nur bescheidenen Selbstversorgerreisbau. In etwas höheren, gut drainierten Lagen kann er dagegen zu be- und entwässerbarem Anbau verbessert werden (z. B. in W-Malaysia und Sumatra).

Auf gerodeter Mangrove differenzieren Boden- und Wassertiefe den Anbau. Tiefe, organische Gleye (60–150 cm) können nur in *Handar-*

*beit* im Wasser bestellt werden; seichte Gleye über Schlick und Schluff dagegen auch mit Büffel oder Traktor. Beide finden sich in den Reisbauökotopen *verlandeter Lagunen* (hinter alten Strandwällen, die die Siedlungen und Kokospalmen tragen). Zum Höhepunkt der Regenzeit drückt auf allen *sumpfigen Standorten* das *gesättigte Grundwasser* auf, so daß *Mischformen* zwischen phreatischem, *Regenstau-* (pluvialem) und *Sumpfreis* (z. T. fluxial) entstehen. Mit der Annäherung an die wechselfeuchten Klimate (z. B. in W-Java oder NO-Malaya) trocknen die Böden schon stärker ab, und in morphologisch gleichen Lagen wird besserer Reisanbau, z. T. mit ergänzender Bewässerung, möglich.

Jung ist der Anbau von *Tiefwasserreis* (1–1,60 m hoch) im Rückstau des Flußwassers der innertropischen Deltas durch den Tidenhub. Durch Stichkanäle und Verbindungen der Deltaarme wurde der etwa 5 km breite »direkte« Gezeitenstaueinfluß beiderseits des Stromes auf ca. 15 km Überschwemmung erweitert. Dieser *Reisbau auf Gezeitenrückstau* wurde erst 1880/90 von den *Banjar* in S-Kalimantan (Barito-Delta) erprobt. Das mobile Küstenvolk der *Bugis* (aus S-Sulawesi) besiedelte dann damit die Deltas von Sumatra. Wegen des verstärkten Flußwasserdruckes in den regenreichsten Monaten wird dieser Reis, abweichend von den anderen Ökosystemen der nassen Tiefländer, in den starken Regenperioden bestellt, um die *Entsalzung* durch Ebbstrom und Regen im Brackwasserbereich zu fördern, da der Reis nur eine begrenzte Salzwassertoleranz besitzt. Er wird dort bis zu dreimal verpflanzt, um Wachstum, Erträge und das Behaupten gegen die Sumpfunkräuter zu fördern.

Der »Gezeitenreisbau« bliebe eine Sonderform, hätte er nicht (erstmals 1935, verstärkt seit 1967) durch den technischen Ausbau für die »*Transmigration*« (S. 549) in den Deltas von *Sumatra* und *Kalimantan* Zukunftsbedeutung gewonnen. Er nimmt schon jetzt in Sumatra 13 % der Reisbauflächen ein (U. SCHOLZ, 1983, 1987).

### *Die Reisbausysteme und -ökotope mit künstlicher Bewässerung*

Die wasserreichen Tiefländer und Deltas sind trotz ihrer »flußgespeisten Kanalbewässerung« (S. 133) noch so »naturnah«, daß sie überwiegend nur eine jährliche Reisernte tragen. Leider kann wegen der nur teilweise möglichen ganzjährigen Wasserzufuhr aber auch der größte Teil der *»künstlich« bewässerten* Flächen nur mit einer – statt der thermisch möglichen zwei – jährlichen Reisernten (»double-cropping«) bestellt werden. »Künstlich« bewässert (vgl. auch »Wasserkunst« als alten Begriff für Wasserbauten) heißt, daß von Natur aus sonst trokkenbleibendes Land durch Wasserzufuhreinrichtungen – während der Regenzeit oder im günstigsten Falle ganzjährig – bewässert wird oder daß unsichere natürliche durch künstliche Wasserzufuhr ergänzt werden kann. Insgesamt sind aber nur etwa 25% der Reisfelder SO-Asiens künstlich und nur 6–7% *ganzjährig bewässerbar*.

Einfache Bewässerungssysteme, z.B. mittels Ableitung über (Bambus- oder Stein-)Wehre, Kanälchen und Verteiler oder Schöpfeinrich-

Typen der Bewässerung in Südostasien

| Wasserzufuhr | | Vorgeschlagener Begriff | Einrichtungen, Untergliederungen | Lage, klimatische Differenzierung |
|---|---|---|---|---|
| fluxial | Schwerkraftbewässerung | natürliche, periodische Überschwemmungsbewässerung | flach: Kurzstrohreis mittel: Tiefwasserreis, aufr. tief: »Schwimmender Reis« | Alluviales Tiefland, Deltas, durch Flüsse oder periodisch schwankende Seen, monsualwechselfeucht |
| (anthraquisch-) fluxial | | Verbesserte Überschwemmungsbewässerung | Rückhaltedämmchen, Deiche, Drainage, Durchstiche | dto. |
| (anthraquisch-) fluxial | | Gezeitenrückstaubewässerung | Stichkanäle | Deltas, immerfeuchte Tropen |
| anthraquisch-fluxial | | Flußgespeiste Kanalbewässerung (meist »technische Bewässerung«) | Staudämme (-wehre), Kanäle, Verteiler, Deiche, Drainage | Stromtiefländer (auch Plateaus), ganz SO-Asien, regenzeitlich oder ganzjährig |
| anthraquisch-fluxial | | Hang-Kanalbewässerung (z.T. technische Bewässerung) = »Terrassenbewässerung« | Wehre, Verteiler, Kanäle, Gräben, Überläufe | Bergland und gebirgsnahe Becken, häufig Terrassen, regenzeitlich oder ganzjährig |
| (anthraquisch-) phreatisch | | Quellbewässerung | Rinnsale, Gräben, Überläufe | dto. |
| anthraquisch-fluxial | Hebe-Bewässerung | Hebebewässerung (aus Flüssen und Kanälen) | Schöpfräder u. ä. | Eingeschnittene Flüsse im Bergland, Heben aus Tieflandflüssen und Kanälen |
| anthraquisch-phreatisch | | Hebebewässerung (aus Grundwasser) | Brunnen, Pumpen oder traditionelle Hebewerke, Handschöpfeinrichtungen | Ebenen mit Grundwasser wenige m unter Flur, Karst mit wassertragenden Schichten |

Typen der Bewässerung in Südostasien

| Wasserzufuhr | | Vorgeschlagener Begriff | Einrichtungen, Untergliederungen | Lage, klimatische Differenzierung |
|---|---|---|---|---|
| anthraquisch-pluvial | | Regenstaubewässerung (Reis auf Regenstau) | Rückhalten des Regens, Einebnen und -dämmen jeden Feldes | Ebenen, Plateaus, Hänge (Terrassen), regenzeitlich (selten ganzjährig) |
| anthraquisch-pluvial (fluxial) | (Regen-)Stau-Bewässerung | Stauteichbewässerung (tanks) | Stau der lokalen Regeneinzugsgebiete, Erddamm, Kanälchen | Ebenen, Plateaus, regenzeitlich (in SO-Asien recht selten) |
| anthraquisch-pluvial | | Alternativ naß/trockener Reisbau | Regenstau, in Wassermangelphasen trocken | Plateaus, Ebenen, Terrassen oberhalb der Quellhorizonte, unsichere Niederschläge oder durchlässige Böden |
| phreatisch- (u. pluvial, ggf. auch fluxial) | | Sumpfreis | Verpflanzen in permanenten Sumpf | Alluviale Tiefländer, immerfeuchte Tropen |

(aus: H. Uhlig, 1983/84)

tungen, wurden vielfach schon in alter bäuerlicher Tradition angelegt. Die »subak«-*Bewässerungsgenossenschaften* in Bali haben durch Überleitungen über Schluchten, durch Kanaltunnel und präzise Organisation schon früh ein Optimum der Wasserversorgung und -verteilung erzielt. In Einzelfällen haben aber selbst isolierte Stammesgesellschaften mächtige Terrassenanlagen im Großfamilienverband durch Jahrhunderte hindurch ausgebaut und mit bewässertem Reis (ohne Pflugbau!) bestellt, z. B. die *Ifugao* im Bergland von N-Luzon (S. 594) oder die *Toraja* auf Celebes.

Meist ging jedoch größerer Ausbau von Staudämmen, Kanälen, Terrassensystemen und einer kontrollierten Wasserverteilung mit der Entfaltung einer *»herrschaftlich organisierten Agrargesellschaft«* (H. BOBEK, 1959) einher, wie in den historischen Königreichen der Mon, Cham, Khmer (Angkor), Thai oder bei den Burmanen auf dem Festland. Auf *Java* gab es auch schon vor den hindu-javanischen Hochkulturen Naßreisbau, während unter *indischem* (z. B. im Majapahit-Reich) – oder parallel dazu *chinesischem* Kultureinfluß in Tonkin und Annam – Pflugbau, Verpflanzen, Bewässerungstechniken und Hebewerke, z. T. zwei jährliche Ernten und andere »Innovationen« hinzukamen.

In den Gebirgsbecken und an den Vulkanhängen wird das Wasser aus Quellen, Bächen oder größeren Flüssen von Stauwehren und Verteilerschleusen durch eine »*Hang-Kanalbewässerung*« in die eingeebneten und ggf. terrassierten und eingedämmten Feldchen zu- und abgeleitet.

Wo kein fließendes Wasser zugeführt werden kann, wurden – neben dem Anbau von Regenstaureis – *Hebewerke* zum Pumpen oder Schöpfen aus Brunnen (Grundwasser) oder Flüssen ausgebaut; örtlich auch der Regenabfluß in *Stauteichen* (»tanks«) gestaut, vor allem in Plateaulagen.

Im 19./20. Jh. begann der *technische Ausbau* – holländische Wasserbaukunst oder Werke britischer und französischer Ingenieure –, der von den unabhängig gewordenen Staaten fortgesetzt wurde.

*Kernräume* der durch Jahrhunderte fortschreitenden Erweiterung des ebenen Landes durch bewässerte Terrassen sind die *intramontanen Becken* – lokalklimatisch und durch den Wasserzufluß aus den umliegenden Gebirgen begünstigte Altsiedelräume. Auf vulkanischen Aschen wird der Abfluß verzögert und gleichmäßig in die Bewässerungssysteme gespeist. Die Böden sind bei ständiger Durchfeuchtung standfest, dennoch bedürfen die Terrassen ständiger Pflege und können durch vulkanische Schlamm- und Lava-Muren (S. 59) zerstört werden. Die Terrassen sind meist 1–4 m hoch und ca. 1–12 m breit. Insgesamt sind die geoökologischen wie kulturtechnischen Unterschiede dieser reliefstarken »Hang-Kanalbewässerung« gegenüber der »flußgespeisten Kanalbewässerung« der nassen Tiefebenen sehr deutlich. Die extrem hohe Besiedlungsdichte – in Teilen Javas nehmen die großen Dörfer schon fast die gleiche Fläche ein wie die Reisfelder (Abb. 33), die mit der Erbteilung oder Pacht zu 0,1–0,5 ha großen Betrieben geschrumpft sind – erzwingt hohe Anbauintensität und so starke Eingriffe in das Geoökosystem, daß aus dem natürlichen ein »man-made environmental-system« wird.

Die *eingedämmten Reisfelder* wirken als »*Sedimentfallen*«, die nicht nur die Nährstoffzufuhr und -erhaltung fördern, sondern auch die Einebnung des Reliefs (Terrassen, Kastentäler) verstärken. Unter dem laufend aufgehöhten Oberboden (5–10 mm aerobische Oberfläche und eine in ihrer Struktur veränderte 10–50 cm tiefe anaerobische Reduktionszone – Abb. 12) bildet sich eine *Pflugsohle*. Das »*Durchkneten*« dieser Böden durch Pflügen (je nach Böden und Tradition mit Wasserbüffeln oder Rindern), Trampeln, Walzen, Eggen, Harken usw. *unter Wasserbedeckung* (»puddling«) verwandelt sie in eine wassergesättigte »Paste«, verringert die Durchlässigkeit, erleichtert Verpflanzen und Unkrautkontrolle und löst Bodenaggregationen

durch kolloidales Aufschwellen oder mechanisch auf. Gesteigerte Mikroporösität verstärkt die Wasserhaltekapazität, besonders bei schwellungsfähigen Tonmineralien; Ton- und Algenschichten halten Gase im Boden, und es erfolgen bodenchemische und mineralische Veränderungen (MOORMANN u. VAN BREEMEN, 1978). Die kumulativen Wirkungen dieses »anthraquischen Ökosystems« (S. 130) begünstigen die traditionelle Reismonokultur, mit »Selbstverträglichkeit« der Reispflanze auch bei jahrzehntelanger »Einfelderwirtschaft«. Umgekehrt vermindern sie die Anbaugunst für andere (Trockenland-) Früchte, weshalb sich die – inzwischen als ertragreicher erwiesenen – Fruchtfolgen von Naßreis mit Trockenfeldfrüchten (Gemüse, Tabak, Mais, Erdnüsse, Soja, Kartoffeln u. a. – die »Multiple Cropping Systems« – erst langsam durchzusetzen beginnen.
Das *Verpflanzen* des in Saatbeeten vorgezogenen Reises bringt höhere Flächenerträge, bessere Unkrautkontrolle und kürzeren Feldbesatz (bei Mehrfachnutzung). Neben der Eignung des Ökosystems entscheiden auch Arbeitskraft- und Kostenintensität, Betriebsgröße und regionale Traditionen zwischen Verpflanzen oder *Breitsaat*. Die Wasserverfügbarkeit (nur zusätzlich – oder volle Bewässerung; nur in der Regenzeit – oder ganzjährig), Bodendurchlässigkeit, Länge und Dichte der Kanäle, die Verdunstung usw. bestimmen mit, ob nur *eine* (regenzeitliche) oder *zwei* und – in seltenen Gunstlagen – sogar *drei Reisernten* pro Jahr bzw. Fruchtwechsel angewandt werden.
Bali, Java sowie Teile von Lombok, Sumatra, Sulawesi, Luzon und N-Vietnam sind die Hauptgebiete der *Terrassenkultur* SO-Asiens. In den Bergländern Hinterindiens ist diese relativ schwach ausgeprägt und meist nur auf flache Terrassierung der ansteigenden Talsohlen und -schlüsse und unteren Gehänge beschränkt. Steilere Hänge bleiben der »shifting cultivation« bzw. dem Dauertrockenfeld überlassen. Die Talbecken selbst und auch die oberen Teile der großen Stromebenen sind aber dort ebenfalls intensiv bewässert und mit den kleingekammerten Feldchen alter Reisbauerndörfer besetzt. Auf den relativ trokkenen östlichen Inseln, von Sumbawa bis Timor, bleibt der Naßreisbau (vielfach auf Regenstau) nur auf einzelne kleine Becken und Ebenen beschränkt. Insgesamt hat die Jahrhunderte währende Entwicklung mit indischen, chinesischen, kolonialeuropäischen und eigenständigen Kulturtechniken dazu geführt, daß Anbau wie Bewässerung vielfältige Formen bieten. Teilweise lassen sie deutlich ihre Herkunft erkennen, z. B. die menschengetriebenen chinesischen Tretmühlen, die sich noch in Bewässerungswerken des östlichen Mekong-Deltas finden, oder indische »tanks«, verschiedenste Brunnen- und Pumpwerke (z. B. Windräder – holländische Vorbilder?), aus Bambus kon-

struierte Schöpfräder (z. B. Sumatra), Schwingeimer oder Wasserschaufeln in Burma und Thailand usw. Heute werden sie mehr und mehr von dieselgetriebenen Kettenpumpen oder modernen Elektropumpen und durch Schleusen an Flüssen oder Stauseen (die zugleich hydroelektrischer Kraftgewinnung dienen) ersetzt.

*Der Reisbau mit pluvialer Wasserzufuhr*

Wo weder Überschwemmung noch künstliche Bewässerung verfügbar sind, muß der Reisbau auf eine der drei Formen des *Anbaues auf Regenfall* gestützt werden: Reisbau auf Regenstau, Trockenlandreis im Wanderfeldbau (»shifting cultivation«) oder in Dauerackerrotationen (Abb. 12).

Der am weitesten verbreitete »*Reisbau auf Regenstau*« (»Regenstaureis«) ist mit seinen geschlossenen Erddämmchen um jedes einzelne Feldchen eine Übergangsform zwischen Naßreisbau und Trockenlandreis (indones.: »Regen«- oder »Himmels-sawah«). (Der Begriff »Regenfeldbau« führt hier irre und träfe nur für den letzteren zu.) Der Ursprung war das Abdämmen natürlicher Dellen und flacher Talschlüsse; dem folgte das künstliche (»anthraquische«) Einebnen oder Terrassieren und Einfassen immer weiterer vom fließenden Wasser nicht erreichter Felder auf Plateaus, neogenen Terrassen, höheren Talbodenteilen usw. Bei nicht sehr durchlässigen Böden und verläßlichen Regenperioden (für in 90–120 Tagen reifende Varietäten mindenstens 1200 mm), kann nur *eine* Ernte pro Jahr erzielt werden. In *Hinterindien* nimmt der *Regenstaureis* ca. ¼ (ähnlich in Vorderindien) und in *Inselindien* ca. ⅕ der gesamten Reisflächen ein. Trotz intensiver Bearbeitung der wassergesättigten Oberböden erfolgt nur geringe Nährstoff- und Sedimentzufuhr, da das Regenwasser kaum Nähr- und Schwebstoffe bringt. Mineraldüngung wäre nötig, ist für die meist armen Regenstaureisbauern aber selten erschwinglich. Selbst gute vulkanische oder Kalkböden im übervölkerten Java, Bali oder Lombok tragen Reis auf Regenstau, wenn die fluviatile Wasserzufuhr nicht ausreicht oder fehlt. Auf den *Philippinen* bildete der Regenstaureis – bis zum verstärkten Bewässerungsausbau ab 1948 – den Hauptanteil aller Reisflächen (KOLB, 1942; PELZER, 1945). Vielfach bleiben (bes. in Hinterindien) seine Felder von *Termitenbauten* durchsetzt, die nur in kleinen Stückchen (zur Nährstoffergänzung) nach und nach eingepflügt werden. Mit ihnen wurde häufig ein lockerer *Baumbestand* des gerodeten Monsunwaldes in den Feldern belassen; häufig auch die Borassus-(Zucker-)palme.

### *Der Trockenlandreis*

Wo Niederschlag, Luft- und Bodenfeuchte den Anbau auch ohne Stau des Regens erlauben, spricht man von »Trocken«- bzw. besser von »Trockenlandreis« (engl. dryland-rice). Lange wurde übersehen, daß er in *zwei verschiedenen* Anbau- und Ökosystemen auftritt: im *Brandrodungs-Wanderfeldbau*, d. h. mit dem Pflanzstock und im Landwechsel, deutsch auch »*Bergreis*« (engl. dry upland-rice), und zum anderen in *Daueracker-Rotationen* (im *Pflugbau* mit *Fruchtwechsel*). Es sind nicht andere Reisvarietäten, sondern ökogeographische Anpassungstypen verschiedenster Abarten, »Genotypen« mit kurzer Reifezeit, geringem Halmtrieb, tiefen und dicken Wurzeln und anderen histologischen Mechanismen zur Verstärkung der Trockenheitsresistenz (T. T. CHANG, 1976). Diese Eigenschaften wurden durch fortgesetzte Selektion erzielt; sie sprechen für eine jüngere Entwicklung als die des Naßreises (gegenüber einigen umgekehrten Theorien). Die *»semiaquatische« Physiologie* von Oryza sativa und seine Anpassungsfähigkeit an nasse und zeitweilig trockene Standorte machen den Ursprung des Reises in den saisonal überschwemmten Altsiedelgebieten (z. B. mit natürlichen Flußdämmen) der Monsuntropen ökologisch plausibel; von dort konnte der Naßreis in immer tieferes Wasser, der Trokkenlandreis auf nährstoffreiche, unbewässerte, aber niederschlagsreiche Lagen im Bergland fortentwickelt werden.

### *Der Bergreis im Brandrodungs-Wanderfeldbau*

In der »shifting cultivation« der Bergstämme steht der Bergreis an erster Stelle der Anbauzyklen; religiöse Kulte unterstreichen seinen Vorrang in diesem *Feld-Wald-Wechselwirtschaftssystem*. Dem Schwenden des Waldes folgen ein, maximal zwei Jahre Bergreis und Begleitfrüchte. Dann folgt Flächenwechsel, und im Normalfall soll erst nach 7–15 Jahren Buschbrache eine erneute, wieder mit Reis beginnende Nutzung folgen. Der *Pflanzstock* ist das *ökologisch adäquate* Anbaugerät, mit dem nur kleine Löcher für die Saat gestochen werden, sonst bleibt der Waldboden in Struktur, Bodenfeuchte und Nährstoffgehalt ungestört (Hacken oder Pflügen würde diese zerstören). Die guten Reiserträge des ersten Jahres fallen dann durch *Nährstoffauswaschung, Unkrautkonkurrenz* und Stockausschlag des Waldes rasch ab und *erzwingen* den *Flächenwechsel*. Dieser extensive Flächenverbrauch nötigt in dicht besiedelten Gebieten heute zur Ablösung durch Dauerfeldbau (einschl. Trockenlandreis); auf Borneo und anderen Inseln oder bei den Bergstämmen Hinterindiens ist der Bergreisbau aber nach wie vor bedeutend. Auch Kombinationen von Naßreis (auf der bewässerbaren Talsohle oder auf Terrassen) mit Bergreis (auf den Hängen) in einem Betrieb finden sich bei seßhaft gewordenen Bergstämmen, bei Neusiedlern aber auch in älteren, marginalen Siedlungsräumen.

### *Der Trockenlandreis auf Dauerfeldern*

Anders als im mittleren Himalaya, wo Trockenlandreisbau auf unbewässerten Terrassen ein fester Bestandteil der alten Daueracker-Rotationen ist (bzw. noch stärker war – NITZ, 1966; UHLIG, 1973), hat sich dieser in SO-Asien – gegenüber der alten Anbauform des Bergreises – erst in neuerer Zeit ausgebreitet. Er braucht ebene Standorte (unbewässerte, offene Terrassen oder Flächen) und ca. vier Monate mit mindestens 200 mm monatlichem Regenfall. Die Felder werden gepflügt (oder Pflanzstockuntersaat unter Baumkulturen) und im Fruchtwechsel (mit Leguminosen, Baumwolle oder anderen Getreiden) bestellt; Dünger und Brachen sind zur Nährstoffergänzung nötig (Flächenertrag in Indonesien ca. 1 t/ha gegenüber durchschnittlich 2,9 t/ha bei Naßreis). Auf den Philippinen wird Trockenlandreis häufig unter Baum- und Strauchkulturen gepflanzt, in Indonesien eher zwischen Mais, Cassava u. a.; er wird dort als »padi gogo« vom Bergreis = »padi ladang« unterschieden. In Sumatra nehmen Trockenland-(und Berg-)reis ca. 2/3 aller Reisflächen ein, bringen freilich nur 1/10 der ha-Erträge (U. SCHOLZ, 1983). In tropischen Karstgebieten ohne Bewässerungsmöglichkeiten wurde der Trockenlandreis (untergepflanzt mit Erdnuß, Soja u. a.) zu einem Grundnahrungsmittel.

### *Höhengrenzen des Reisbaus*

Durch Adaptionsdruck und anthropogene Selektion erreichte der Reis eine größere Variationsbreite von Standorten als jede andere Kulturpflanze, doch sind die *thermisch* bedingten Höhengrenzen des Anbaus ziemlich eng (UHLIG, 1973, 1978). Während der bewässerte Reis (nicht etwa der »Bergreis«) in den sommerlich lokalklimatisch begünstigten, trocken-warmen, sonnenschein- und strahlungsreichen Hochtälern und -becken des Himalaya, Hindukusch und des Hengduan Shan (China) durchschnittlich 2100–2200 m (in Extremlagen bis 2850 m) erreicht, kann er in den tropischen (Vulkan-)Gebirgen SO-

Asiens nur bis 1480 m (Java, Sulawesi, Philippinen; wenige Ausnahmen in Sumatra bis 1600 m) angebaut werden, meist aber nur bis 1100–1200 m. Trotz der Züchtung *kälteharter* Sorten beschränken die starke *Bewölkung* und der Regen (und in ihrer Folge Strahlungs-, Sonnenschein- und Wärmemangel – besonders zur Keim-, Blüte- und Reifezeit) in den inneren Tropen einen höheren Anbau; auch in Hinterindien liegen wegen der Kühle und Bewölkung der Hochlagen die Grenzen von Naß- und Bergreis bereits bei 1250 m. Zwei jährliche Reisernten sind schon in Lagen über 500–800 m nicht mehr ökonomisch sinnvoll. Selbst gut ausgebaute und bewässerte Terrassen tragen in den höheren Lagen Indonesiens und der Philippinen nur eine Reisernte, wenn möglich im Fruchtwechsel mit Kartoffeln, Kohl oder Süßkartoffeln.

### *Innovationen im Reisbau*

Ertragssteigerungen durch höhere Anbauintensität (statt flächenhafter Erweiterung) sind ein wichtiges Anliegen der Entwicklungspolitik und des Kampfes gegen den Hunger. In der Öffentlichkeit häufig nur teilweise verstanden, wurde es unter dem Schlagwort »*Grüne Revolution*« zum Gegenstand vieler Diskussionen; wissenschaftlich sollte besser von »*Innovationen*« gesprochen werden (UHLIG, 1980). Diese sind freilich in SO-Asien nichts ganz Neues, denn den heutigen gingen schon frühere Neuerungen, Ertragssteigerungen und Flächenerschließungen für den Reisbau voraus. Allein die Melioration der hinterindischen Deltas als »Reiskammern« seit 100 Jahren wird schon als eine »erste Grüne Revolution« bezeichnet (BARKER u. HERDT, 1979). 1850–1950 wurden über 20 Mio. ha für Reisbau gerodet und melioriert und der Bewässerungsausbau gesteigert. Mit der Flächenausdehnung sank allerdings der durchschnittliche ha-Ertrag, da auch marginales Land erfaßt wurde. Heute steht Ertragssteigerung durch *Intensivierung* und *Diversifikation* der Agrarwirtschaft im Vordergrund.

Das *Verpflanzen* des Reises – in O-Asien alt – ist in SO-Asien (außer von Teilen Vietnams, Javas und Balis) erst eine relativ junge Entwicklung, ebenso auch zwei jährliche Reisernten (»*double cropping*« – Zucht von Sorten, die 30–50 Tage schneller reifen). Was z. T. in China schon im 11. Jh. bekannt war, ist in SO-Asien weitgehend eine Neuentwicklung des 19./20. Jh. und noch immer auf ca. 25 % der Flächen beschränkt.

Die Einführung des *Fruchtwechsels* zwischen Naßreis und anderen Fruchtarten in der Trockenzeit (»Winter«) begann in den meisten

Gebieten erst nach 1945. Früher wurde der Reis überhaupt nur im »Einfeldersystem« angebaut, und auch noch heute ist das in großen Gebieten – besonders des Anbaues auf Regenstau oder in den immerfeuchten Tiefländern – so geblieben. Die Ausdehnung *gemischter Rotationen* im Naß- wie im Trockenlandreisbau (»Rice Based-« oder »Multiple Cropping Systems«) ist heute ein wichtiges Entwicklungsziel, gefördert durch das »International Rice Research Institute« (IRRI) in Los Baños bei Manila (1960 mit Hilfe der Vereinten Nationen [auch der Bundesrepublik Deutschland] begründet, nach dem Beispiel der Züchtung ertragsstarker Weizensorten durch eine internationale Forschungsgruppe der 50er Jahre in Mexiko – 1970 Friedensnobelpreis an M. BORLAUG).

Hauptziel ist die Züchtung neuer *Hochertragshybridsorten* (»High Yielding Varieties« = HYV oder neuerlich »*Modern Varieties*« = MV, da nicht alle [z. B. standortbedingten, schädlings- oder krankheitsresistenten usw.] neuen Varietäten auch höhere Eträge bringen). Die »HYV« sind aber nur ein Teil der Neuerungen, die erst im Verbund mit Kunstdünger, Schädlingsbekämpfung, Pestiziden, Herbiziden, verbesserter Bewässerung, Rotationen, Mechanisierung usw. wirksam werden.

*Die neuen Hochertragssorten (HYV und MV)*

Forschungsansatz waren Kreuzungen der tropischen »indica«-Varietäten, deren an die Überschwemmungen angepaßtes, langes und weiches Stroh die schweren Rispen der Hochertragsneuzüchtungen nicht zu tragen vermochte (Niederlegen bei Wind- und Wasserdruck, ungünstige Mineraldüngerreaktion u. a., Vorteile: Behauptung gegen Unkrautkonkurrenz und Hochwasser), mit ertragsstarken »japonica«-Varietäten mit *kurzen*, steifen *Halmen* (»semi-dwarf varieties«). Die neuen Hybridreise haben verbesserte physiologische und morphologische Charakteristika, z. B. photosynthetische Eigenschaften für verkürzte bzw. standortgünstigere Wachstumszeiten (z. B. 110–140 statt 120–180 Tage), veränderte Blattstruktur, reichere Rispen, bessere Düngerreaktion usw. Vom reinen Hochertragsziel, das optimale Bewässerungs- und Düngerverhältnisse voraussetzte und deshalb anfangs nur von gutgestellten, größeren Betrieben genutzt werden konnte, wurde die Züchtung bald auf verschiedenste Sorten zur besseren Anpassung auch an *kritische Anbaustandorte* gerichtet, und man erzielte »environment specific varieties«, z. B. für Tiefwasserreis, Trockenlandreis, Regenstaureis (Trockenheitsresistenz), verbesserte Kältetoleranz (Höhengrenzen), Salztoleranz (an Küsten), sowie Varietäten mit Resistenz gegen bestimmte Schädlinge oder Krankheiten. In der »Genbank« des IRRI werden alle traditionellen regionalen Varietäten tiefgefroren aufbewahrt und gegebenenfalls mit in der Forschung und Pflanzenzüchtung eingesetzt. Bei weit höheren Erträgen unter Versuchsbedingungen hofft man auch auf praktische Steigerungen von den in SO-Asien noch vorherrschenden Durchschnittswerten von 1,2–2,9 t/ha auf ca. 3–6 t/ha im Jahr. Verkürzte Wachstumszeiten erlauben die Verstärkung des Doppel- oder des Fruchtwechselanbaus; dazu bleiben auch Ausbau und Verbesserung der Bewässerung vorrangig. Physiologisch brauchen die neuen Sorten zwar nicht mehr Wasser, aber volle Ertragsfähigkeit und Düngerreaktion fordern eine gesicherte Wasserzufuhr. Die zweite Ernte, in den monsunalen Gebieten die Trockenzeiternte, bringt bei hoher Sonnenstrahlung (unter Bewässerung) gute Erträge; der Exportreis stammt oft aus dieser »off-season«-Ernte. Die erste Ernte (mehr mit traditionellen Sorten und gewohnter Geschmacksrichtung) dient stärker der Eigenversorgung.

Der Erfolg der Hochertragssorten hängt von den *Mineraldüngergaben* ab, die nach den geoökologischen Verhältnissen sehr differenziert einzusetzen sind. In Rotationen mit anderen Fruchtarten sind diese Sorten erfolgreicher als in Reis-Monokultur. In den warmfeuchten Reisökotopen mußte bisher mit 5–12% Verlust durch *Schädlinge* und *Pflanzenkrankheiten* gerechnet werden (WILHELMY, 1975). *Pestizide* und *Herbizide* sollen deshalb die kostspieligeren Hochertragssorten gegen Viren, Pilze und Insekten schützen. Sie bringen freilich auch ökologische Risiken und Nachteile, da sie besonders den wichtigen *Fischfang* und die Entenzucht in den Reisfeldern beeinträchtigen. Der Ausbau zusätzlicher Fischteiche – in W-Java oder China schon alte Tradition – ist deshalb dringlich. Das gilt auch für verbesserte Abwehr von Ratten, Vögeln, Krabben und anderen Ernteschädlingen.

In den beiden letzten Jahrzehnten stieg die *Mechanisierung* sprunghaft an, besonders unter japanischem Einfluß. Existierten z. B. in *Thailand* 1957 erst wenige Traktoren, waren es 1982 bereits 107528 [FAO] (ein großer Anteil davon allerdings für die moderne Trockenlandbestellung (S. 309). Vergleiche in gängigen Lehrbüchern (z. B. ANDREAE), die einen noch extrem traditionellen Reisbau in Thailand modernen Betrieben der USA gegenüberstellen, sind überholt (aber auch schon früher herrschte in Thailand hochentwickelter Pflugbau). Für größere Betriebe im Überschwemmungsreisbau – auf trockenem Feld gepflügt – werden schwere *Traktoren* eingesetzt; in Malaysia werden bereits größere Feldkomplexe genossenschaftlich mit Mähdreschern geern-

tet. Wegen der Kosten für neue Hochertragssorten und den verbesserten Anbau zogen zunächst die größeren und besser gestellten Bauern (mit guten Bewässerungsverhältnissen) den meisten Nutzen aus den Innovationen. Entgegen der deshalb oft ablehnenden, sozioökonomischen Kritik haben die ertragssteigernden oder -sichernden Neuerungen jetzt aber auch schon viele sozial oder durch ungünstige Ökosysteme benachteiligte Kleinbauern erreicht und bringen, nach Überwindung der Umstellungsschwierigkeiten, auch diesen verbesserte Ertrags- und Existenzbedingungen (S. 436 u. 526).
Ländliche *Traditionen* und *Sozialgefüge* wurden z. T. nachhaltig beeinflußt, z. B. Ernteabläufe, die in die gewohnheitsrechtliche Sicherung der armen Dorfgenossen eingreifen, oder religiöse Bindungen, wie die Handmesserernte aus kultischen Gründen, die durch Sichelschnitt, Dreschen und Verladen des Rohreises auf den Feldern ersetzt wird. Auch der Zusammenhalt der alten »subak«-Bewässerungsgenossenschaften (Bali) kann bedroht werden, wenn die größeren Bauern zur Modernisierung drängen und die ärmeren sich dagegen stemmen. Das sind nur wenige Beispiele, es wäre aber kaum realistisch, traditionelle bäuerliche Bereiche aus der sozioökonomischen Fortentwicklung SO-Asiens ausklammern zu wollen. Eine verantwortungsbewußte Entwicklungspolitik muß sich dieser Probleme intensiv annehmen und vertretbare Lösungen suchen. Nicht zu übersehen sind die Vorteile für die *Ernährungssicherung* – besonders für die rapide wachsenden Stadtbevölkerungen. Verbesserungen des agrarischen Kredit- und Genossenschaftswesens und die Erfüllung lang versprochener Landreformen würden die Stabilisierung der Neuerungen wesentlich fördern.
Schon 1965–1972/73 konnten folgende *Steigerungen der Reisproduktion* geschätzt werden (DALRYMPLE, 1979):

| | Jährl. Rate des Produktions-Wachstums | der Steigerung des bestellten Flächenumfangs | Anteil aufgrund des verbesserten ha-Ertrages | des HYV-Saatgutes und Düngemitteleinsatzes |
|---|---|---|---|---|
| Malaysia | 5,7 % | 66,7 % | 33,3 % | 24,5 % |
| Indonesien | 4,8 % | 39,6 % | 60,4 % | 22,0 % |
| Philippinen | 3,4 % | 26,5 % | 73,5 % | 44,1 % |
| Thailand | 2,1 % | 90,5 % | 9,5 % | 14,3 % |

Diese Tabelle spiegelt noch die Phasen der inzwischen gebremsten Flächenausdehnung in Malaysia und Thailand, der Intensivierung und Bewässerungsverbesserungen in Indonesien und der Pionierrolle der Philippinen in den Innovationen wider. Die *Ausbreitung der HYV*

*(= MV)* in elf Ländern, die zusammen mehr als die *Hälfte* der Reisflächen der Welt umfassen (Indonesien, Philippinen, Thailand, W-Malaysia, Burma, Indien, Bangla Desh, Pakistan, Sri Lanka, Nepal und S-Korea), zeigt der Auszug aus folgender Tabelle (HERDT u. CAPULE 1983):

| | Reisland in 1000 ha (11 Staaten) | HYV (= MV) in 1000 ha | HYV in % | zum Vergleich: *Welt*-Reisanbaufläche in 1000 ha |
|---|---|---|---|---|
| 1964–65 | 71 090 | 0 | 0 | 125 091 |
| 1974–75 | 78 186 | 20 230 | 25,9 | 137 824 |
| 1980–81 | 83 337 | 32 945 | 39,5 | 144 479 |

In Burma waren bis 1980/81 29 % der Reisflächen mit HYV bestellt und 47,1 % verbessert, einschließlich Reis mit natürlicher Überschwemmung oder Trockenlandreis; in Indonesien: 60 % HYV (differenziert nach Biotop-Typen [z. B. hinsichtlich typischer Schädlinge]) und überwiegend auf Java, Bali und Sumatra; in W-Malaysia: 40–50 %; Philippinen: 77,4 % (einschließlich größerer Flächen mit natürlicher Wasserzufuhr und Trockenlandreis). Thailand wies nur ca. 10 % aus – sein zahlenmäßiger Rückstand erklärt sich aus der Beschränkung auf Verbesserung und Intensivierung vorhandener Hochqualitätssorten für den Export und zum anderen hohen Anteilen an Tiefwasserreis und Regenstaureisgebieten.

*Sozioökonomische Struktur – Reishandel und -versorgung*

Vor 1940 exportierte SO-Asien billigen Reis, vor allem nach O-Asien – gestützt auf die Arbeitskraft kleiner Familienbetriebe, die primär Subsistenzbauern waren und nur ihre Überschüsse verkauften. Heute ist die *marktwirtschaftliche* Orientierung, ergänzt durch Subsistenzwirtschaft in abgelegenen und ungünstigen Gebieten, sehr viel stärker. Der Binnenhandel nimmt aber den größten Anteil der Erzeugung auf, und nur 2–3 % der Ernte bleiben für den *Export* (WILHELMY, 1975). Kleine Spitzen (meist unter 1 Mio. t) werden zur Deckung von Versorgungslücken innerhalb SO-Asiens gehandelt. Thailand steht mit 13–14 % Anteil am *Reisweltmarkt* an der Spitze, gefolgt von Burma. (In der absoluten Produktion liegen sie aber erst an sechster und siebter Stelle der Welt, Indonesien [nach China und Indien] auf dem dritten Rang.) Kambodscha und Vietnam, früher ebenfalls Exportländer, ringen heute um ihre Eigenversorgung. Ein großer Erfolg der Innovationen ist es, daß die Philippinen (ca. 1976) und nun auch Indonesien (seit 1981) ihre seit der Unabhängigkeit (und mit dem rapiden Bevölkerungswachstum) eingebüßte *Eigenversorgung* wieder sicherstellen konnten. Malaysia erzeugt 70–80 % selbst und kauft den Rest dazu. Die Einkommen aus seinem Handelsgewächsanbau sind sehr viel höher.

Bei dem Bedarf eines Haushaltes (drei tägliche Reismahlzeiten, d. h. 350–450 g Reis pro Tag bzw. 130–150 kg/Jahr pro Kopf) werden etwa ¾ der Reisernte im *Eigenkonsum* der Bauern verbraucht. Dieser hohe Eigenverbrauch im Familienbetrieb unterscheidet den südostasiatischen Reisbauern vom kommerziellen Reisfarmer der Neuen Welt. Innerhalb dieser *Familienbetriebe* verursachen die unterschiedlichen geoökologischen und sozialen Voraussetzungen große Unterschiede: so erzielt z. B. ein *extensiver* Tiefwasserreis/Breitsaatbetrieb in der Maenam-Ebene mit 4–8 ha (*eine* jährliche Ernte) und ein *intensiver* 0,5–1 ha-Betrieb mit bewässertem und verpflanztem Reis (mit *zwei* jährlichen Ernten und zusätzl. Gemüseanbau) in Java (oder selbst in N-Thailand) ziemlich ähnliche Nettoerträge, der letztere aber mit wesentlich höherem Arbeitskraft-»input« (vgl. S. 298 u. 528).

Die *ha-Erträge* schwanken mit den ökogeographischen Anbautypen, der Bewässerungs- und Anbauintensität und den Fruchtfolgen; sie bleiben aber mit 1–3 t/ha erheblich unter denen von O-Asien, USA oder Europa. Neben der genannten Marktproduktion aus den Überschüssen von Familienbetrieben und dem bisherigen sozialökonomischen und technologischen Rückstand (Bewässerung, Mechanisierung, Betriebsgrößen, Löhne usw.) beruht das aber auch auf der geringeren Ertragsintensität im tropischen gegenüber der im subtropischen oder gemäßigten Klima.

Im marktwirtschaftlichen Anbau wurde das traditionelle zeitraubende Reisschälen (Stampfen in Mörsern oder Mahlen zwischen Steinen; auch Wassermühlen) durch dampf- oder dieselgetriebene Reismühlen ersetzt. Diese agrarindustriellen Einrichtungen, die vielfach mit dem Aufkauf des Reises von den Bauern und der weiteren Vermarktung verbunden sind, wurden das Objekt sozialpolitischer Auseinandersetzungen, da ihre Besitzer häufig ihre Mittlerstellung zwischen Reisbau und Händlern nutzten, um sich den Löwenanteil der Gewinne bzw., über Vorschüsse, Zinsabhängigkeit usw., auch Kontrolle über den Boden zu sichern. Verschärft wurde dieses Problem dadurch, daß besonders die Chinesen oder Inder diese Schlüsselpositionen erworben hatten, so daß bei der Erringung der Unabhängigkeit Enteignungen und Verfolgungen dieser Gruppen ausgelöst wurden. In den sozialistischen Ländern wurde das durch Verstaatlichung gelöst; in den anderen

setzen sich heute genossenschaftliche Formen durch, zunehmend mit modernen, kombinierten Trocknungs-, Silo- und Reismühlenanlagen.
Es wäre eine unzulässige Vereinfachung, die z. T. noch bestehenden Mißstände in den Landbesitzverhältnissen zu einseitig mit den fremdvölkischen Zwischenschichten zu verbinden. Auch in den einheimischen Sozialstrukturen bilden Pachtabhängigkeiten z. T. noch Probleme, während sie in einigen Ländern durch Landreformen verschiedener Intensität teilweise gelöst wurden. Besonders stark werden die staatlich finanzierten und gelenkten Neusiedlungsprojekte dazu genutzt, der einheimischen bäuerlichen Bevölkerung zu unabhängigem, arrondiertem Landbesitz in wirtschaftlichen Betriebsgrößen zu verhelfen. Wenn auch das Überwiegen der alten Selbstversorgerwirtschaft in den verkehrserschlossenen Gebieten durch die Marktwirtschaft abgelöst wurde, so bleibt die Kapitalschwäche der Kleinbetriebe noch immer ein Hemmnis.

#### 2.5.2.2 Der Brandrodungs-Wanderfeldbau

Die »klassische« Agrarstruktur SO-Asiens wurde von einem »Dualismus« bestimmt, in dem sich die *Naßreis*-Dauerkulturen mit *permanenter* Siedlungsweise (überwiegend die der »Hochkultur«- oder der »Pflugbauvölker«) und der *Brandrodungs-Wanderfeldbau* auf *wechselnden*, in den Waldgebirgen geschwendeten Anbauflächen (mit episodischer *Siedlungsverlagerung* und dem *Pflanzstock* als Hauptwerkzeug) gegenüberstanden. Der letztere blieb überwiegend bei den Stammeskulturen erhalten, obwohl ihn auch Teile der »Hochkulturvölker« anwenden (und umgekehrt). Abgesehen von den *melanesid* geprägten, östlichsten Inseln Indonesiens (mit *Taro-Yams-Süßkartoffeln-Sago*), ist der *Trockenlandreis* im *Pflanzstockbau* (auf wechselnden Schwendflächen; deutsch: »Bergreis«) seine erste und wichtigste Anbaufrucht (S. 142).
Voraussetzung für eine *ökologische Tragfähigkeit* dieser Feld-Wald-Wechselsysteme war die Existenz ausgedehnter, tropischer Wälder mit einer Bevölkerungsdichte möglichst unter 50 EW/km$^2$, denn bei ausreichenden *Buschbrache*-Ruhephasen (7–15 Jahre) konnten sich Wald und Boden (bis auf die forstlichen Werthölzer) wieder *regenerieren*. Solange die Bergvölker auf die einfachen, ihnen verfügbaren Werkzeuge beschränkt blieben, bildete der Brandrodungs-Wanderfeldbau ein notwendiges und auch ökologisch vertretbares System der Ernährungssicherung auf den nicht bewässerbaren Flächen und Hän-

gen. Erst die neuzeitliche »Bevölkerungsexplosion« – gefördert durch intensivere medizinische Betreuung – hat den *Bevölkerungsbesatz* der Waldgebirge so anwachsen lassen, daß mit immer größeren Brandrodungsflächen in immer rascher wiederholten Anbaufolgen eine akute *Bedrohung* dieser *Ökosysteme* entstand. Gebunden ist der Bergreis an geschwendete, durch die Aschen vorübergehend mit Nährstoffen angereicherte Waldböden, die eine ausreichende Wasserspeicherkapazität aufweisen. Während der Wachstumszeit sollten mindestens ca. 1200 mm Niederschlag fallen.

Die wissenschaftliche *Terminologie* ist nicht einheitlich. Im englischen und internationalen Gebrauch hat sich neben »swidden-« oder »slash and burn-agriculture« vor allem der Begriff *»shifting cultivation«* durchgesetzt. Unter den vielen Begriffen aus den einheimischen Sprachen ist vor allem der indonesische »ladang« bekannt geworden (oft der »sawah« des Naßreis-Dauerfelds gegenübergestellt). An sich bedeutet »ladang« aber einfach Rodung für neuen Anbau, weshalb z. B. in Malaya selbst Kautschukplantagen mit diesem Wort angesprochen werden. Die aus der Karen-Sprache (Burma) stammende Bezeichnung »Taunggya« ist vor allem mit der Fortentwicklung eines gemischten land- und forstwirtschaftlichen Anbaues (S. 163) wissenschaftlich verbreitet worden. Im Deutschen wird auch Schwendbau verwendet (G. LÖFFLER, 1957), da genauer nicht gerodet, sondern der Wald nur geschlagen und gebrannt wird, der schon während der noch andauernden Bestellung wieder neu auszutreiben beginnt. Nach L. WAIBEL kann zwischen Wanderfeldbau (wenn mit der Verlagerung der Felder von Zeit zu Zeit auch die Siedlungen verlegt werden) und Landwechselwirtschaft (nur Verlagerung der Anbauflächen bei dauernder Siedlung) unterschieden werden; beide Formen treten in SO-Asien auf. Da diese Unterscheidung international nur wenig beachtet wird, der Begriff Brandrodungs-Wanderfeldbau recht umständlich ist und auch die Siedlungsverlagerungen immer seltener werden (in Sumatra z. B. praktisch erloschen sind), schlägt U. SCHOLZ (1987) vor, sich auch im Deutschen – in direkter Übersetzung von »shifting cultivation« – auf den vereinfachten Begriff »Wanderfeldbau« zu beschränken. Der ältere Begriff (Wander-)Hackbau, der auf E. HAHN (1892) zurückgeht, sollte in SO-Asien vermieden werden, da es sich dort um einen Pflanzstockbau handelt, mit dem ökologisch genau der gegenteilige Effekt wie beim (Um-)Hacken der Schollen entsteht: Die Struktur des Waldbodens und die in ihm gespeicherte Feuchte sollen nicht gestört werden, deshalb wird nur ein Loch für die Saat gestoßen und wieder zugetreten. Hacken finden nur zum Jäten oder als zusätzliche Geräte für später eingeführte Zweitnutzungen (z. B. Maniok) Verwendung.

Der Bergreis bildet fast immer die erste Saat, die nach dem Schlagen und Brennen des tropischen Waldes eingebracht wird, da er die höchsten Ansprüche an den Feuchtigkeits- und Nährstoffgehalt des Bodens stellt; zugleich ist seine erste Ernte, dank der im Boden gespeicherten Nährstoffe, meist überdurchschnittlich gut. Als die auch in der kulturgeschichtlichen Entwicklung maßgebliche Frucht ist seine Saat und Ernte stark mit den religiösen Riten und dem Geisterabwehrzauber verbunden, die bei den anderen Früchten nicht oder nur in geringerem Maße beachtet werden; erst auf den südöstlichen Inseln Indonesiens und auf Neuguinea, in den Gebieten des melanesischen Bevölkerungssubstrates, tritt für die Knollenfrüchte, vor allem Taro und Yams, die kultische Bedeutung hervor. Nach dem Bergreis folgen (z. T. schon dazwischen gesät) noch ein bis zwei Ernten von Maniok, Taro, Mais, Tabak, Zuckerrohr, Bananen, Kaffee und anderen Fruchtbäumen und -büschen, gewöhnlich bunt durcheinander gebaute Zweitfrüchte. Zwischen ihnen wächst dann wieder der Sekundärbusch hoch, und nach ein bis drei Ernten wird das Feld – das nicht scharf begrenzt ist, sondern in unregelmäßigen Formen in den Wald übergeht – wieder für zehn bis zwanzig Jahre dem nachwachsenden tropischen Wald überlassen. Die einzelne Familie oder die Dorfgemeinschaft rodet Jahr für Jahr neue Flächen und kehrt nach dem entsprechenden Zyklus schließlich wieder zum erneuten Brennen und Nutzen einer früher schon bebauten Rodung zurück. Bei manchen Stämmen verbleiben die Besitzrechte bei der erstmals eine Fläche rodenden Gruppe, die sie durch Marken im Wald kennzeichnet; bei anderen erlischt der Anspruch mit dem Verlassen des Feldes. Weit von der Hauptsiedlung entfernte Felder werden mit temporären Hütten ausgestattet, die dann wieder verfallen. Ist der Boden eines Gebietes erschöpft, erfolgt die völlige Verlagerung der Siedlung und der Anbauflächen in neue Waldgebiete. Dadurch sind die Brandrodungs-Wanderfeldbaustämme noch heute in stetiger Bewegung. So haben sich z. B. die Iban im Verlaufe weniger Jahrzehnte von SW her über das ganze Innere Sarawaks ausgebreitet, während auf den Bergen Thailands die stete Südwärtswanderung von Gruppen der Miao, die erst um die Jahrhundertwende aus S-China und Laos hereinkamen, schon bis auf etwa 300 km an Bangkok heranreicht. Auch aus kultischen Anlässen können Verlagerungen ganzer Dörfer oder Aufsplitterung und Neubildung von Dorf- und Stammesgruppen erfolgen, so daß im Durchschnitt alle zehn bis fünfzehn Jahre eine Siedlungsverlagerung stattfindet.

Das Zurückfallen der mühsam gewonnenen Anbauflächen an die Buschbrache ist deshalb erforderlich, weil der Nährstoffgehalt (Ni-

trate) des tropischen Waldbodens nach der Rodung sehr schnell erschöpft wird (S. 39). Der Regenwald lebt weitgehend »eutroph«, d. h. auf seiner eigenen organischen Substanz (Verwesen des fallenden Laubes, Holzes, von Tierkadavern usw.); sobald der Boden durch Schwenden und Anbau aber entblößt ist, wird er durch die starken Regen (auch Bodenerosion) bloßgelegt und ausgelaugt. Das zwingt zu Regenerationspausen durch Wiederbewaldung. Solange so große Waldflächen verfügbar sind, daß lange Ruhefristen eingehalten werden können, ist diese – bei den ökonomischen Mitteln und der technischen Entwicklung der Bergstämme, die ohne Bargeldeinkommen kaum Möglichkeiten zur Verbesserung haben – schwer veränderbare Wirtschaftsform durchaus tragbar. Es entsteht lediglich ein Verlust wertvoller Hölzer, meist aber in Gebieten, in denen diese wegen der Transportschwierigkeiten nur bedingt nutzbar wären. Bodenverarmung, das Aufkommen von Sekundärsavannen mit dem »Alang-Alang«-Gras (= Imperata cylindrica), dessen Wurzelfilz mit den Werkzeugen der Brandrodungsbauern nicht mehr bewältigt werden kann und dessen harte Halme, außer im jungen Zustand, auch vom Vieh nicht angenommen werden, Waldzerstörung und Bodenerosion sind die Folge, die wiederum Störungen des Wasserhaushaltes und Verschlickung der Bewässerungsanlagen der Täler nach sich ziehen. So ist heute im gesamten Monsunasien, wo schätzungsweise noch 50 Mio. Menschen durch den Brandrodungsbau ihren Lebensunterhalt finden (J. SPENCER, 1966), diese Lebens- und Wirtschaftsform zu einem der dringlichsten Entwicklungsprobleme geworden, und Regierungen und Entwicklungshilfe-Organisationen sind bemüht, Alternativen zu einer dauernden Seßhaftmachung und Eingliederung der Bergstämme in die Marktwirtschaft zu finden.
Die fluktuierenden, in manchen Gebieten (Java, Bali, Sumatra, W-Malaysia) schon fast verschwundenen, in anderen Räumen (übriges Indonesien, Thailand, Laos, Kambodscha, Burma, Philippinen usw.) immer neuen Zugang erhaltenden *Flächen* der »shifting cultivation« sind schwer abzuschätzen – SPENCER hatte sie auf 100–112 Mio. ha tropischen Waldlandes in *ganz Monsunasien* veranschlagt, von denen jeweils etwa 18–21 Mio. ha unter Anbau, der Rest in Buschbrache lagen. Da bis auf wenige Ausnahmen (z. B. Sumatra, wo U. SCHOLZ [1983] auf Grund einer systematischen Erhebung der ganzen Insel auf den überraschend niedrigen Wert von nur noch ca. 5 % echten Wanderfeldbaus kommt) kaum exakte Aufnahmen oder Statistiken vorliegen, müssen diese Zahlen aber heute mit Vorsicht interpretiert werden. Anstelle der »integralen shifting cultivation« hat sich jedoch die Brandrodung zur Gewinnung neuer (Dauer-)Flächen (S. 159 u. 198)

wieder stark ausgebreitet. Die FAO machte 1981 die »shifting cultivation« für ca. 49% der Waldzerstörung in Tropisch-Asien verantwortlich. Für das *festländische* SO-Asien (einschl. der angrenzenden, tropischen Teile W-Chinas) wurde eine »shifting cultivation«-Bevölkerung von 11–12 Mio., d. h. 8% der Gesamtbevölkerung, geschätzt, aber die von ihr bewohnten (Gebirgs-)Areale sind fast ebenso groß wie der Lebensraum der gesamten übrigen, seßhaften Bevölkerung. Die meisten Brandrodungs-Wanderfeldbaustämme dürften in Laos und Vietnam leben, wo sie auf je 4–5 Mio. Personen geschätzt werden, das hieße für Laos etwa *25%* seiner *Gesamtbevölkerung*. Im insularen SO-Asien schätzt man sie auf 16–17 Mio. Personen, d. h. etwa 8% der Bevölkerung (ESCAP, 1986). Neben den Auswirkungen auf die Waldreserven und den Landschaftshaushalt (Wasser, Böden) erzeugt auch das Mißverhältnis der benötigten Flächen gegenüber denen der seßhaften Dauerfeldbauern Konflikte: Während im intensiven Naßreisbau eine Familie schon mit 0,4 bis 0,5 ha ihren Unterhalt finden kann, benötigt im Brandrodungs-Wanderfeldbau eine Familie jeweils etwa 1 ha bebauten Landes zur Selbstversorgung, der mit dem 8- bis 12fachen Flächenbedarf für das Umtriebsland im Sekundär- oder Primärwald multipliziert werden muß (UHLIG, 1970).
Als völkische Minderheiten mit anderen sozialen Normen stehen die Brandrodungsbauern meist auf gespanntem Fuß mit den Bevölkerungen der Täler und Ebenen. Der Anreiz zum Erwerb von Artikeln des Marktes (von Scheren, Messern, Feuerzeugen und Taschenlampen bis zu Nähmaschinen, Transistorradios oder Waffen) macht es wünschenswert, zu Bargeld zu kommen. Dieses ist mit dem Anbau des Bergreises, mit dem gerade die Selbstversorgung sichergestellt werden kann und der gegenüber dem Reisbau auf den intensiven, verkehrserschlossenen Anbauflächen der Täler und Ebenen auch nicht konkurrenzfähig ist, nicht zu verdienen, und auch die zusätzlichen Sammel- und Jagdprodukte (Harze, Wildhonig, Bambus, Pilze, Edelsteine, Kleintiere) bringen nur geringe Erträge. So besteht die latente Verführung, illegale Einkommensquellen zu nutzen. Die politische Unruhe, besonders des Indochinakrieges und seiner Auswirkungen auf die Nachbarländer, hat Teile der Brandrodungsbevölkerungen in Kriegs-, Partisanen- oder Agentendienste und zu dem besonders prekären *Opiumproblem* geführt (S. 165). Die Erschöpfung der durch den Brandrodungs-Wanderfeldbau zu stark genutzten Böden wirkte sich z. B. in den 70er Jahren besonders gravierend auf das Schicksal vieler Stämme in Laos und Vietnam aus, die als Flüchtlinge auf engem Raum in den von den nationalen Regierungen zuletzt kontrollierten Gebieten zusammengedrängt lebten. Dort war der Überbesatz der dicht an

dicht mit Bergreisfeldern bebauten Waldhänge schon so stark geworden, daß die Ernteerträge rapide sanken und nur durch Nahrungszulieferungen von Hilfsorganisationen der Hunger abgewendet werden konnte.
*Konflikte* erwachsen aus den verschiedenartigen aufeinanderprallenden *Rechtsauffassungen:* Während der Brandrodungsbauer nach den Traditionen seines Stammes glaubt, der rechtmäßige Besitzer der Waldgebiete zu sein, betrachtet die Forstverwaltung des Staates seine Holzentnahmen als Forstfrevel. Nicht selten entstehen auch Auseinandersetzungen zwischen neuen Kolonisten und Bergstämmen, die das von den ersteren aufgesiedelte Gebiet als ihr Eigentum ansehen. In N-Borneo wurde dem schon lange dadurch Rechnung getragen, daß fremde Ansiedlung nur auf schmalen Streifen beiderseits der öffentlichen Verkehrswege erlaubt wurde, während die Waldgebiete des Inneren Reservate der Stämme blieben. Kommen religiöse Differenzen hinzu, können sich solche Landkonflikte leicht zu blutigen Auseinandersetzungen steigern, wie 1971/75 auf Mindanao (Philippinen) zwischen christlichen Neusiedlern und islamischen Brandrodungsbauern oder neuerlich zwischen Siedlern und agroindustriellen Pflanzungen.

### *Die Ablösung der »shifting cultivation« durch Dauerkulturen*

Heute ist es deshalb eine wichtige Maßnahme der *Entwicklungspolitik,* die Brandrodungsbauern durch marktwirtschaftlich ertragsfähige *Alternativkulturen* zu Daueranbau und Dauersiedlung und zur Eingliederung in das wirtschaftliche und soziale Leben der Staaten zu bringen. Das ist nicht leicht, da die Konkurrenz der Bauern im Tal und die langwierigen Zugangswege zum Markt nur eine schmale Auswahl von Produkten lassen. Trotzdem sind in der Umstellung auf den Anbau von Citrusfrüchten und anderen Baumkulturen, Tee, Kautschuk, Kokos, Naßreis, Gemüse im Höhenklima, Gewürze (Pfeffer, Zimt usw.) und in der Viehzucht schon beträchtliche Fortschritte erzielt worden. Der günstigste Weg führte über die Nutzung der ökologischen und betrieblichen Funktion des Wanderfeldbaues: Anstelle des wiederaufwachsenden Sekundärwaldes wurden in den Feuchttropen heimische, nutzbare Bäume und Sträucher schrittweise als »*künstlicher Sekundärwald*« gepflanzt – vorzugsweise *Kautschuk* und *Kaffee*, weiter Zimt, Nelken, Pfeffer u. a. Im Verlauf eines Flächenwechselzyklus von sieben bis zwölf Jahren entstanden so Haine für »*cash crops*«, die mit der Erzeugung von Marktfrüchten eventuelle Engpässe in der

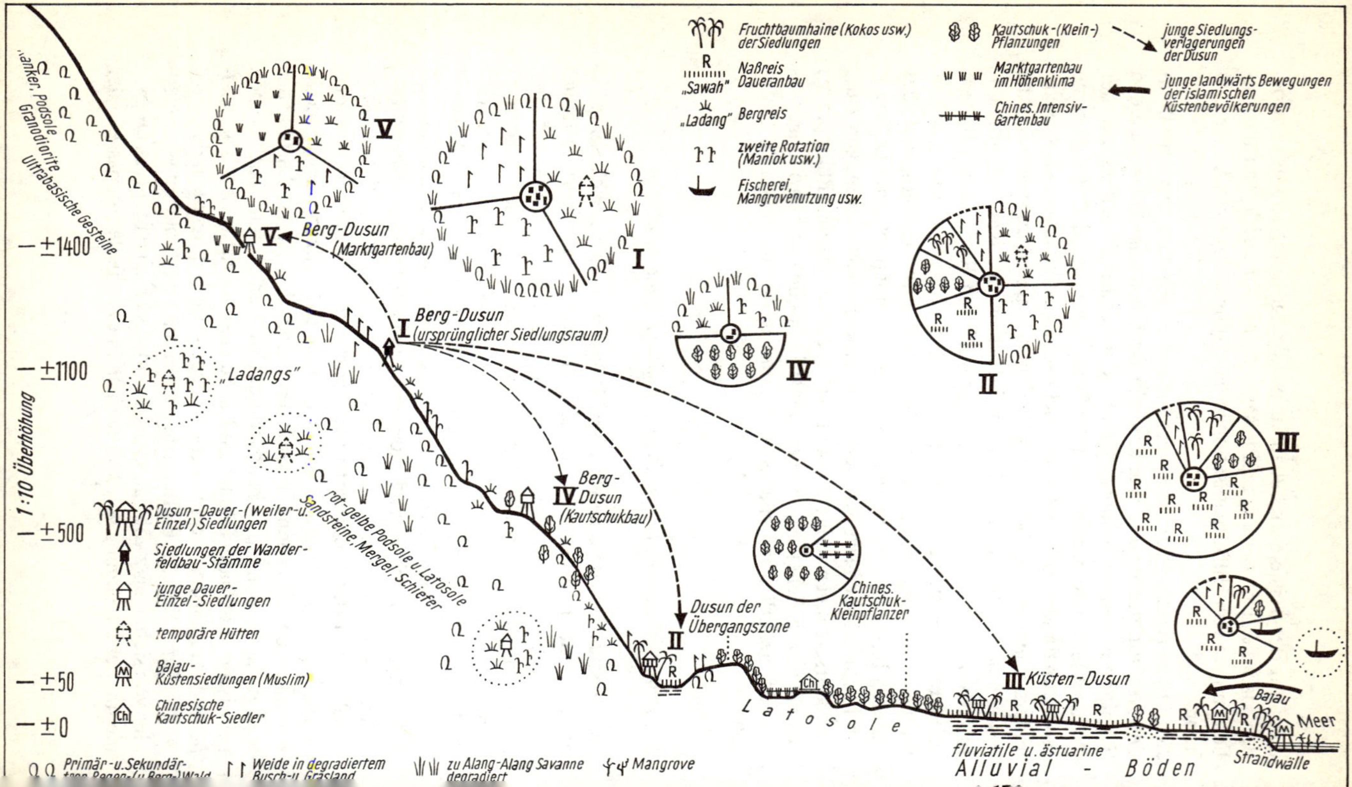

Fruchtbaumhaine (Kokos usw.) der Siedlungen
Naßreis Daueranbau
„Sawah"
„Ladang" Bergreis
zweite Rotation (Maniok usw.)
Fischerei, Mangrovenutzung usw.
Kautschuk-(Klein-) Pflanzungen
Marktgartenbau im Höhenklima
Chines. Intensiv-Gartenbau
junge Siedlungsverlagerungen der Dusun
junge landwärts Bewegungen der islamischen Küstenbevölkerungen
V
I
IV
II
III
Berg-Dusun (Marktgartenbau)
Berg-Dusun (ursprünglicher Siedlungsraum)
Berg-Dusun (Kautschukbau)
Dusun der Übergangszone
Chines. Kautschuk-Kleinpflanzer
Küsten-Dusun
Bajau
Meer
Strandwälle
„Ladangs"
Ranker, Podsole
Granodiorite
Ultrabasische Gesteine
rot-gelbe Podsole u. Latosole
Sandsteine, Mergel, Schiefer
Latosole
fluviatile u. ästuarine
Alluvial - Böden
— ±1400
— ±1100
— ±500
— ±50
— ±0
1:10 Überhöhung
Dusun-Dauer-(Weiler-u. Einzel) Siedlungen
Siedlungen der Wanderfeldbau-Stämme
junge Dauer-Einzel-Siedlungen
temporäre Hütten
Bajau-Küstensiedlungen (Muslim)
Chinesische Kautschuk-Siedler
Weide in degradiertem Busch-u. Grasland
zu Alang-Alang Savanne degradiert
Mangrove

Nahrungsmittelproduktion mehr als ausgleichen. So gibt es unter den autochthonen Bauern Sumatras heute praktisch keine größere Gruppe, die nicht in irgendeiner Weise auch für den Markt produziert. Über die Hälfte der landwirtschaftlichen Nutzfläche ist mit sog. »cash crops« bepflanzt. Selbst auf den rotgelben podsolischen Böden bringen Kautschuk und in stark reliefierten Berggebieten Kaffee noch annehmbare Erträge.

Risikoausgleich gegenüber dem Markt, Sicherung der eigenen Grundnahrungsmittel und bessere Nutzung der Arbeitskraftkapazität werden dadurch erzielt, daß ein Teil der Grundnahrungsmittel zusätzlich erzeugt wird: *Naßreis*, wenn bewässerte Talsohlen oder Terrassen verfügbar sind, sonst *Trockenlandreis, Gemüse* usw. Das gemischte Pflanzen von Trockenlandreis in Rotation mit anderen Feldfrüchten oder Brache zwischen den Baum- und Strauchfrüchten folgt auf zahlreichen neuen Flächen einem Brandrodungsbau, wobei nach Schwenden (meist alten Sekundärwaldes) eine Bergreissaat von »cash crops« abgelöst wird. Mit dem Einsatz von *Traktoren* – aber auch *biologischen Mitteln* (Kriechpflanzen, Bäume) – wird schrittweise eine *Wiedernutzung* der durch Übernutzung entstandenen Savannen (Imperata cylindrica) eingeleitet; nach dem Abbrennen der harten Halme versucht man, junge Gräser als ergänzendes Viehfutter zu nutzen. Der *Höhen-Marktgartenbau* (S. 191) hat sich – für Bergstämme wie aufwärtsrückende Neusiedler aus den Tälern – mit wachsender Straßenerschließung zur wichtigsten Alternative für die »shifting cultivation« entwickelt. In Thailand wird er z. B. vom Department of Public Welfare (Hilltribe Division), von Projekten des Königshauses, der Universitäten oder der Entwicklungshilfe (z. B. UNDP/FAO) vorangetrieben. Zunächst litten die neuen Dauersiedel- und Anbauprojekte (»Nikhom«) unter mangelndem Verständnis der Beamten für die Bergvölker, die sie den Lebensformen der Täler anzupassen versuchten. Inzwischen sind ermutigendere Ergebnisse integrierter Entwicklungen (einschl. Schulen, Gesundheitsdiensten, Jeep-Straßen usw. in den

**Abb. 14:** Die Ablösung des Brandrodungs-Wanderfeldbaues durch Dauersiedlung und marktwirtschaftlichen Daueranbau am Beispiel von Sabah/Ost-Malaysia
II–V: Verschiedene Typen neuer Dauersiedlungen und -wirtschaftsformen als Beispiele für die Ablösung des ursprünglichen Brandrodungs-Wanderfeldbaues der Dusun (= Kedazan) (I). Im Küstentiefland Konkurrenz chinesischer Agrarkolonisten und malayischer Zuwanderer (Bajau).
Zu den Kreis-Diagrammen: vgl. die Erläuterungen zu Abb. 5 (S. 75)
*(nach: H. Uhlig, 1970)*

Bergen) zu verzeichnen. Der Übergang vom *Wander-* zum *Dauerfeldbau* wurde mit neuen Fruchtfolgen, besonders *Leguminosen* (Soja, Erdnuß, Mungbohnen [Phaseolus aureus]), Sesam, Mais, unter Kunstdüngereinsatz und tiefgründiger Bodenbearbeitung und durch Baum- und Strauchkulturen eingeleitet. Versuche, *marktfähige* Gewächse zu erzeugen, gehen so weit, daß neben europäischen Gemüsen selbst Schnittblumen auf ehemaligen Brandrodungshängen angebaut und mit Kühlgeländewagen zum Flugplatz und von dort weiter als Luftfracht auf die Märkte von Singapur, Hongkong oder Bangkok gebracht werden. Singapur nimmt auf diesem Wege auch Produkte des Höhenanbaues aus Sumatra und aus dem malaysischen Sabah auf. Während im letzteren die »Ablösung« durch Daueranbauformen seit einigen Jahren gut in Gang gekommen ist (Abb. 14), wurden die Bauern in Indonesien schon in der holländischen Zeit zu marktwirtschaftlicher Produktion angehalten. Dadurch haben sich auf einigen Inseln – z. B. Sumatra, Celebes – verschiedene Bergvölker bereits seit längerer Zeit um die Einführung von *permanenten* (Handels-)Gewächsen, z. B. Zimtbäumen, Kaffee und selbst Wertholzstämmen, und eine teilweise Ablösung ihrer Wanderfeldbauflächen durch einen gemischten, dauerhaften Anbau bemüht. U. SCHOLZ (1987) gebraucht für diese bäuerlichen Pflanzungen in Indonesien den Begriff »ladang-Folgekulturen«. Allgemeiner kann dementsprechend von »*Wanderfeldbau-Folgekulturen*« gesprochen werden. Sie haben z. B. in Sumatra mit ihrer sukzessiven Umwandlung der ertragsarmen und ökologisch gefährdeten »ladang«-Flächen zu marktwirtschaftlichen Dauerkulturen schon ca. 1910–1930 die eigentliche »Agrarrevolution« vorweggenommen; in Java vielfach noch früher!

Für den Durchschnitt des gesamten *monsunasiatischen* Bereiches der »shifting cultivation« rechneten K. PELZER (1958) und J. SPENCER (1966) mit einer jährlichen Umwandlung von 0,4–0,8 Mio. ha Land in bäuerliche Dauernutzung. Inzwischen sind diese Zahlen durch Projekte der oben genannten Art, Eigeninitiativen (wie die der Karen – S. 164), aber auch die starke *spontane Neusiedlungsbewegung* ganz erheblich gesteigert worden. Umgekehrt hat sich freilich – gerade im Zusammenhang mit der letzteren und nun auch durch Angehörige der »seßhaften« Hochkulturen (z. B. Thai, Aceh u. a.) – eine *Neubelebung* (meist ungeregelter und wenig sorgfältiger) *Brandrodung* breitgemacht. Da sie meist das Ziel hat, künftiges Daueranbauland aufzuschließen, kann man sie als »initiale« Brandrodung (= »incipient shifting cultivation«) von der »integralen«, die fest in den Stammeskulturen eingebunden ist, unterscheiden (H. C. CONKLIN, 1957). Mit *Motorsäge* und *Traktor* wird dieser neu auflebende Schwendrodungsbau durch die Neusiedler, regional z. T. aber auch als ein »*kommerzieller Wanderfeldbau*« (Soja, Cassava, Mais usw.) – mit bedrohlichen ökologischen Folgen – betrieben (U. SCHOLZ, 1982). Durch das Bergaufrücken der neuen Brandroder aus dem Tiefland und umgekehrt das Herabrücken der Bergstämme bzw. ihre wachsende Eingliederung in das wirtschaftliche und politische Leben entstehen neue, miteinander verzahnte oder konkurrierende »Lowland-Highland-Interactive Systems« (IVES, SABHASRI, VORAURAI et al., 1980).

Die *Feld-Gras-Wirtschaft* der gemäßigten Klimate (der in feuchten Klimaten geübte Wechsel von Grasland und Acker; in der ursprünglichen Feld-Gras-Wirtschaft fiel die Fläche nach der Ackerrotation durch natürliche Wiederberasung an das Grünland zurück; bei der »verbesserten« werden Gras und Klee eingesät) wurde nicht zufällig erwähnt, sie ist vielmehr im Prinzip ein dem Wanderfeldbau (bzw. der Landwechselwirtschaft) nahestehendes Feldsystem. Durch Übergangsformen läßt sich das im N-Teil SO-Asiens bestätigen. Im wechselfeuchten, schon subtropisch-gemäßigten Klima (das bei zeitweilig aufsteigender Bodenfeuchte offenbar eine geringere Nährstoffauswaschung als in den immerfeuchten Tropen bedingt) des Schan-Hochlandes finden sich in einigen savannenartigen Talbecken – neben dem echten Brandrodungs-Wanderfeldbau der Waldgebirge – schon Formen einer »wilden Feld-Gras-Wirtschaft« mit Pflügen statt Pflanzstockarbeit und regelmäßig begrenzten und in Abständen erneut bestellten Feldern.

### Übersicht: Modellhafte Situationen im Brandrodungs-Wanderfeldbau und die Stadien ihrer Ablösung (aus: Uhlig, 1971)

*Modell 1: Ursprüngliche, ökologisch ausgeglichene und sozialökonomisch ungestörte Struktur des Brandrodungs-Wanderfeldbaues*

| *Geoökologische Situation* | *Agrarische Nutzung* | *Siedlung* | *Sozialökonomische Entwicklungen bzw. Zustände* |
|---|---|---|---|
| Primärwald (eutroph lebender tropischer Regen- oder Bergwald). Fällen und Schwenden. 1–4 Anbaunutzungen, allmähliches Nachwachsen des Sekundärwaldes (Stockausschlag). | Fällen, Schwenden, Jäten (Aschendüngung). Bergreis, Einsaat mit Pflanzstock, möglichst Bewahrung der Bodennährstoffe und -feuchte, mehrfaches Jäten, Rückgliederung in den | Stark sippengebundene Gemeinschaftssiedlung (Langhaus oder Weiler) für 1–4 Nutzungszyklen. (Frühere Verlagerungen ggf. aus kultischen Gründen, bei Abzweig von Tochtersied- | Stark sippengebundene Dorfgemeinschaft. Anbau – besonders des Bergreises – und sonstige soziale Anlässe mit starker Einbindung in die stammesreligiösen Riten. Sippenbäuerliche Struktur ohne Organisation größerer Territorialverbände. Gewohnheits- |

| *Geoökologische Situation* | *Agrarische Nutzung* | *Siedlung* | *Sozialökonomische Entwicklungen bzw. Zustände* |
|---|---|---|---|
| Rasche Verarmung an Nährstoffen und Bodenfeuchte nach der Entblößung des Bodens von der organischen Oberbodenschicht infolge des Fällens und Schwendens der Waldbedeckung. Volle Regeneration als Sekundärwald (ohne forstlichen Wert) nach 10–15 Jahren. Wiederherstellung von Bodennährstoffen und -feuchte. Erneutes Schwenden und Nutzung; weiterer, allmählich ärmerer Sekundärwald. Nach mehreren Nutzungen Aufgabe der Nutzungen, längerer Sekundärwald. | Sekundärwald nach einer Nutzung oder 1–3mal Folgefrüchte, z. B. Taro, Maniok, Bananen, Chilli usw. Wiederaufwachsen des Sekundärwaldes. Nach 8–15 Jahren erneute Nutzungsperiode. Nach 1- bis 4maligem Nutzungs- und Sekundärwaldzyklus Aufgabe der Anbauflächen und Verlagerung in neue Primärwaldgebiete. Flächenbedarf pro Familie pro Anbau- und Sekundärwaldzyklus 10–12 ha, davon je 1–2 ha unter Anbau, der Rest Sekundärwald in verschiedenen Phasen (d. h. etwa 10facher Flächenbedarf desjenigen bei Dauerfeldbau, z. B. von Naßreis!). | lungen usw.) Temporäre Außensiedlungen in den jeweils bebauten Flächen (Einzelhütten). Aufgabe, Verfall und Neuerrichtung der temporären Siedlungsstaffeln mit der Flächenrotation. Verlagerung der Hauptsiedlungen in neue Primärwald- bzw. Anbaugebiete. | rechtliche Besitzansprüche auf die von einem Brandrodungszyklus betroffenen Waldflächen bzw. der Einzelfamilien auf die von ihnen erstmals gerodeten Flächen. Selbstversorgerwirtschaft, Anbauergänzung durch Jagd und Sammelprodukte des Waldes; von diesen geringe Bareinkünfte oder Tauschhandel zur Deckung bescheidener Warenbedürfnisse von außen. Geringe soziale und politische Kontakte mit den »Staatsvölkern« der Ebenen. Bevölkerungsentwicklung stagnierend oder nur langsam wachsend. |

*Modell 2: Wandlungen und Defekte der Lebens- und Wirtschaftsformen durch moderne Innovationen in den tropischen Entwicklungsländern*

| *Geoökologische Situation* | *Agrarische Nutzung* | *Siedlung* | *Sozialökonomische Entwicklungen* |
|---|---|---|---|
| Primärwald (wie Modell 1). Fällen und Schwenden (wie Modell 1). Aufgrund des wachsenden Bevölkerungsbesatzes zunehmende | Zunächst wie Modell 1. Laufende Verlängerung der jeweiligen Nutzungsperioden bzw. Rückkehr auf die gleichen Flächen und erneutes | Wie in Modell 1, allmähliches Entstehen zusätzlicher Individualsiedlungen. Verstärkte Neigung zum Absplittern von Teilsiedlungen, zur | Verstärkte Kontakte zur Außenwelt. Starkes Bevölkerungswachstum (Drosselung der Sterblichkeit und Steigerung der Geburtenraten unter dem Einfluß der modernen Hygiene und medizi- |

| *Geoökologische Situation* | *Agrarische Nutzung* | *Siedlung* | *Sozialökonomische Entwicklungen* |
|---|---|---|---|
| Knappheit der Flächen und laufende Beschleunigung der Umtriebszeiten, besonders Verkürzung der Regenerationszeiten unter Sekundärwald. Mangelhafte Wiederherstellung des organischen Oberbodens; wachsende Verarmung an Nährstoffen (besonders Nitrate); Störung des Bodenfeuchtehaushaltes; Erosionsschäden. Störung der Bewässerungssysteme in den benachbarten Tiefländern durch Aufschlicken, zu schnellen Abfluß usw. Degradation zu Savannen mit Alang-Alang-Gras (= Imperata cylindrica) mit dichtem Wurzelfilz, der mit den ursprünglichen bäuerlichen Geräten nicht mehr gerodet werden kann. Zerstörung forstlich wertvoller oder für die Regulierung des Wasserhaushaltes wesentlicher Waldreserven. | Schwenden des noch nicht genügend regenerierten Sekundärwaldes in immer kürzeren Abständen. Sinken der Erträge auf den verarmten Böden; gesteigertes Bedürfnis nach Ausweitung auf neue Flächen. Ggf. schnellere Weiterverlagerung der Anbau- und Siedlungsflächen und dadurch verstärkte Beanspruchung der Waldreserven. Ggf. zusätzliche Aufnahme illegaler Anbauprodukte (Mohn für Opium) zum zusätzlichen Bargelderwerb. | schnelleren Siedlungsverlagerung usw. auf Grund der verschlechterten sozialökonomischen Gegebenheiten. | nischen Versorgung). Beschleunigung der Anbauzyklen und Expansion der »shifting cultivation«-Flächen. Nutzung bis über die Grenzen der ökologischen Trag- bzw. Regenerationsfähigkeit (vgl. Spalte geoökologische Situation). Gesteigerte Bemühungen um Bargeldeinkünfte zur Deckung der wachsenden Bedürfnisse nach nicht selbst erzeugten Gütern. Bei wirtschaftlichen Engpässen Hinwendung zu illegalen Einkommensmöglichkeiten (z. B. Opiumanbau, Schmuggel, Agenten- und Partisanentätigkeit, z. T. unter Herstellung von Schuldabhängigkeitsverhältnissen von außen her – besonders in politischen Konfliktgebieten). Zunahme der Konflikte mit den »Staatsvölkern« z. B. wegen fortschreitender Zerstörung der Forstreserven, Störungen von Wasserhaushalt und Bewässerungssystemen und wegen der Folgen o. a. illegaler Gelderwerbsmethoden; Auseinandersetzungen mit andersvölkischen Agrarkolonisten, die sich in Unkenntnis der gewohnheitsrechtlichen Besitzansprüche an den periodisch geschwendeten Waldgebieten in diesen niederlassen usw.; allgemeine politische Konflikte auf Grund der verschiedenen Ethnien, Religionen, Mentalitäten usw. |

*Modell 3: Ablösung des Wanderfeldbaues (»shifting cultivation«) durch marktwirtschaftliche Dauerkulturen in tropischen Entwicklungsländern*

| *Geoökologische Situation* | *Agrarische Nutzung* | *Siedlung* | *Sozialökonomische Entwicklungen* |
|---|---|---|---|
| Zunächst wie Modelle 1 und 2. Anstelle des spontanen Wiederwachsens von Sekundärwald schrittweise Anpflanzung von Dauerkulturen. Einsatz von Kunstdünger, modernen Geräten usw. Ggf. Erosionsschutz (Konturpflügen, Terrassieren). | Fällen, Schwenden, Jäten usw. wie Modell 1.<br>Bergreis (wie Modell 1).<br>Folgefrüchte (wie Modell 1).<br>Anpflanzung von Dauerkulturen, z. B. Kokospalmen, Pfeffer, Kaffee, Tee, Hevea brasiliensis (= Kautschuk), Citrusfrüchten, Gemüse in Höhenlagen usw.; z. T. Umsiedlung und Flächenerschließung für bewässerten Dauer-Reisbau. Zusätzliche Selbstversorgung mit (Berg-)Reis, Taro, Maniok, Gewürzen, Bananen usw.<br>a) in auslaufenden randlichen Wanderfeldbauflächen,<br>b) in zusätzlichen neuen Dauerfeldern. | Auflösung der ursprünglichen, sippengebundenen Gruppensiedlungen; Entstehen von neuen Dauereinzelsiedlungen auf den in Dauerfelder überführten Rodungen aus den bisherigen temporären Außensiedlungen. Ablösung der sippengebundenen Siedlungsformen (z. B. Langhäuser) durch Einzelhäuser an der alten Dorfstelle oder – bei zunehmender Tendenz zur »Vereinödung« – in den neuen individuell genutzten Anbau- bzw. Besitzflächen. Ggf. Umsiedlung in neue, mit staatlicher Hilfe (z. T. einheitlich aus vorgefertigten Bauteilen) erstellte Siedlungsprojekte mit entsprechendem Ausbau der Infrastruktur, zentralörtlicher Versorgung usw. | Umstellung auf marktwirtschaftliche Dauerkulturen. Diese sprengen die bisherigen gemeinsamen Rotationen und Flächenwechselzyklen; ebenso die zeitweiligen, gemeinsamen Siedlungsverlagerungen. Staatliche Hilfen für die Einführung neuer Anbauprodukte, für die Beschaffung von Kunstdünger, Geräten usw.; z. T. Umsiedlung in staatlich gelenkte Neusiedlungsprojekte unter Zuweisung von Land mit festen Besitztiteln, vermessenen Besitzgrenzen usw.; volle Entwicklung des Individualbesitzes der Kleinfamilien. Weiteres Wachsen der Kontakte mit der Außenwelt, Verkehrserschließung, Einführung von Schulen usw.<br>Lockerung der Sippenverbände, der religiösen Riten; z. T. Einfluß von Missionen oder der Religionen der Staatsvölker (z. B. Islam, Buddhismus usw.).<br>Beginn individueller Mobilität, Zu- und Abwanderung. Beginnende Eingliederung in die Gesellschaft des »Staatsvolkes«. In Fällen besonders fortschreitender Entwicklung bereits Übernahme politischer Verantwortung und Führungsrollen; Entsenden von Schulabsolventen auf Universitäten, Ausbil- |

| *Geoökologische Situation* | *Agrarische Nutzung* | *Siedlung* | *Sozialökonomische Entwicklungen* |
|---|---|---|---|
| | | | dung von Lehrern, Agrarexperten usw. aus den eigenen Stammesgruppen. Bildung politischer Parteien. |

Während in den Hauptgebieten der Plantagenwirtschaft wegen fallender Weltmarktpreise und der Konkurrenz synthetischer Produkte die Kautschukproduktion gedrosselt wird, ist die gleichzeitige Umstellung früherer Wanderfeldbauern in O-Malaysia auf *Kautschuk-Kleinpflanzungen* durchaus noch lohnend. Sie läßt sich im Zyklus einer Brandrodungsrotation vollziehen, wobei die Regeneration der jeweils aufgelassenen Fläche nicht mehr durch Sekundärwald, sondern durch angepflanzten Kautschuk-»Wald« erfolgt. Nach etwa acht Jahren sind die ersten Kautschukpflanzungen zapfreif und bringen Bareinkommen. Mit familieneigenen Arbeitskräften können diese Kleinbauern mit Kautschuk etwa DM 200,– Bareinkommen monatlich erwirtschaften. Da sie zusätzlich ihre weitere Eigenversorgung mit Reis, Früchten, Kokospalmen, Geflügel- und Schweinehaltung selbst sichern und nur geringe Bedürfnisse und Lebenskosten haben – ja bisher überhaupt kein Bareinkommen kannten –, bedeutet das für sie eine deutlich verbesserte Existenz, die zugleich dem malayischen Markt einen Teil des Rohkautschuks preisgünstig zuführt, der durch die Drosselung der Plantagenproduktion ausfallen würde.

Eine volkswirtschaftlich vorteilhafte, in der Praxis aber erst in begrenztem Umfange genutzte Form der Ablösung ist der *»kombinierte land- und forstwirtschaftliche Anbau«* (H. HESMER, 1970). Dabei erhalten die Bauern von den staatlichen Forstverwaltungen in Rotation ihre Schwendflächen zugewiesen. Nach der Brandrodung und der ersten agrarischen Nutzung sind sie verpflichtet, die ihnen zur Verfügung gestellten Setzlinge von Teak und anderen Werthölzern zwischen ihre Anbaugewächse einzupflanzen. Nach einer bestimmten Zeit übergeben sie – gegen eine zusätzliche Prämie – diese Flächen im Austausch gegen neue wieder der Waldwirtschaft (»Taunggya-Wirtschaft«, S. 198). Jüngere Erfahrungen bewerten diese *»agro-forestry«*-Projekte kritischer, da sie einseitig den forstlichen Interessen dienen, während sie den Bauern kaum die Chancen zum Aufbau dauerhafter, marktwirtschaftlich nutzbarer Anbauflächen und einer Stabilisierung ihres Lebensstandards lassen. Auch das Problem geregelter, bauerneigener Wälder (bzw. von entsprechenden Berechtigungen) zur Deckung des

*Brenn- und Nutzholzbedarfes* ohne ökologische Schäden ist noch weithin ungelöst (CHAPMAN, 1980; GRANDSTAFF, 1980). Eine verbesserte, zur Dauersiedlung führende Kombination aus *Dauer- und Wechselnutzung* haben einige der Wald- und Bergvölker in N-Thailand und Burma entwickelt, besonders die Lawa und Karen (S. 69). Zusätzlich zu ihren Brandrodungsfeldern legten sie bewässerte Reisterrassen neben dem dadurch stationär gewordenen Dorf an oder bauten zusätzliche, temporär genutzte Hütten, wenn wasser- und geländebedingt diese Felder weiter abseits entstanden. Gleichzeitig wurde aus dem übrigen Wanderfeldbau eine Landwechselwirtschaft, indem sie nun ihren Bergreis (und die Begleitfrüchte) in geregelten Schlägen – je ein bis zwei Jahre Anbau, dann streng eingehaltene Buschbrache für ca. acht Jahre – anbauen, unter Erhaltung von Schutzwald auf den Wasserscheiden, in Bacheinschnitten usw. Die Stabilisierung von Siedel- und Anbauland wird noch gelegentlich durch Einbrüche anderer Stämme – z. B. der Hmong – oder landsuchender Thai in die geregelten Sekundärwälder gestört, ist aber insgesamt recht erfolgversprechend – und aus eigener Motivierung der Bergvölker erwachsen (UHLIG, 1979, 1980; KUNSTADTER et al., 1978, 1980).

### *Wanderfeldbau und Opiumproblem im »Goldenen Dreieck«*

Eine Eskalation der Konflikte um den Wanderfeldbau und die soziale Segregation der Bergvölker brachte der Anbau von *Mohn* für die *Opium-* und Heroinerzeugung. Die hohen Gewinne und die Lage der Hauptanbaugebiete sowie der Handel oder Schmuggel und die Bekämpfung dieser für die internationale Drogenszene verhängnisvollen Ausweitung der »shifting cultivation« brachten dem *Dreiländereck* von Burma, Thailand und Laos die Bezeichnung »Goldenes Dreieck« ein.

Die Hauptzugänge zum »Weltmarkt« sind über Chiang Mai – Bangkok, obwohl die strengen Kontrollen und drakonischen Strafen auch zu anderen Routen führten. Der laotische Anteil ist heute schwer durchschaubar, das gilt auch für möglicherweise aus Yünnan über N-Burma einfließende Anteile, obwohl Anbau und Genuß von Opium in der V.R. China verboten sind. Hauptanbaugebiete sind die von Rangun aus nur sporadisch kontrollierbaren, nordöstlichen Schan-Hochlande, wo Handel, Verarbeitung und der Transport bzw. Schmuggel mit bewaffneten Tragochsenkarawanen in der Hand jener Teilgruppen der »Unabhängigkeitsarmeen« (S. 255) liegen, die den ursprünglich zur Finanzierung ihrer Truppen ausgebauten Opiumhandel monopoli-

siert haben. Im rücksichtslosen Kampf untereinander und in den 80er Jahren in harten Gefechten mit thailändischen und burmesischen Truppen wurde unter dem Druck der internationalen Rauschgiftkontrollorganisation die Bekämpfung immer schärfer. 1982 konnten z. B. Thai-Truppen – unter Einsatz von Kampfhubschraubern – den bekanntesten »Heroinkönig« mit seiner »Shan United Army« über die burmesische Grenze zurückwerfen und seine Heroinraffinerien und Nachschubbasen in Thailand zerstören. Burmesische Truppen griffen ein, seit sich die burmesisch-kommunistische Rebellenarmee (BCP) stärker in den Opiumhandel eingeschaltet hat.
Nach Thailand kam der Mohnanbau erst seit etwa 1920 mit der Zuwanderung weiterer *Miao* (= Hmong)-Gruppen. Einzelnen Dörfern bringt er hohe Einnahmen, wenn auch der größte Anteil des Gewinns den Zwischenhandels- und Schmuggelorganisationen zufließt. Auch die Lissu, Lahu und Karen haben teil, von den übrigen Bergstämmen nur kleinere Gruppen – angeleitet durch chinesischstämmige Händler, die z. T. in den Bergdörfern dieser Stämme leben. Der Zustrom der Miao-Flüchtlinge aus Laos (S. 321) hat die Lage verschärft und erklärt z. T. die restriktive Behandlung ihrer Ansiedlung durch Thailand.
Für die Bergstämme ist *Mohn* vielfach die lukrativste, leicht transportable und hohe Erträge versprechende *»cash crop«*, mit der sie ihre Ansprüche auf den Märkten decken können. Der Durchsetzung des Anbauverbotes (in Thailand theoretisch schon seit 1956) stehen die Entlegenheit schwer zugänglicher Waldgebirge und politische und soziale Rücksichtnahmen auf die Bergstämme (und auch Korruption), vor allem aber die erst in Ansätzen erfolgreiche Schaffung tragfähiger Anbaualternativen (S. 155) entgegen, während der Mohnanbau nicht nur den Lebensunterhalt garantiert, sondern einen *erheblichen Verdienst* bringt. So bestellte z. B. ein Miao (= Hmong)-Dorf von 71 Haushalten rd. 272 ha Wanderfeldbauland, davon rd. 80 % mit Mohn, d. h. durchschnittlich 3,6 ha pro Familie, einzelne sogar bis 11 ha (W. R. GEDDES, 1970, 1973). 1965 wurde für dieses Dorf ein Ertrag von 1¾ t Opium, d. h. pro Haushalt von etwa 1000,– US-$ geschätzt; 1965/66 für ganz Thailand eine Gesamterzeugung von ca. 146 t. Inzwischen sind Konkurrenten (z. B. Pakistan, Türkei) auf den (illegalen) Markt getreten. Die erfaßte Ernte jenes Miao-Dorfes (im Gebiet von Hot, südlich Chiang Mai) beleuchtet zugleich die *Mobilität* des Brandrodungs-Wanderfeldbaues: Erst in den frühen 60er Jahren dorthin verlagert, erreichte es um 1965 die optimale Mohnernte eines »shifting cultivation«-Zyklus, löste sich aber bereits 1967 (nach Erschöpfung der Böden) wieder auf. Wanderungsbewegungen verschiedener Familiengruppen führten zu bis fast 200 km entfernten neuen Niederlassungen.

Nach Stichproben des internationalen »Opium Survey« hatten 92,1 % aller erfaßten Miao-Haushalte innerhalb von zehn Jahren ihre Siedlungs- und Anbauplätze gewechselt (die anderen Bergstämme nur zwischen 76 und 24 %). Der *Mohnanbau* nimmt – klimabedingt – die *Höhenstufe* von 900-1600 m ein, d. h. er konkurriert nur unwesentlich mit dem Bergreis, dessen höchste Anbaugrenze in Thailand mit 1250 m, meist aber unter 1100 m ermittelt wurde (UHLIG, 1978). Da jedoch um 900–1200 m auch der Hauptsiedlungsraum der oberen Bergstämme liegt, ist dort der Druck auf das Land am stärksten. Saisonal überschneiden sich die beiden etwas (*Bergreis:* April-November, d. h. in der Regenzeit, *Mohn:* August-Februar, d. h. in der kühleren und trockenen Zeit). Das arbeitsaufwendige Zapfen der reifen Mohnkapseln (Anritzen mit einem Messer, das den Opiumsaft austreten läßt) konkurriert daher zeitlich mit dem Schwenden der Anbauflächen für Bergreis. Deshalb wird die Rotation *Mohn-Mais* bevorzugt, da letzterer nur von April bis August die Felder besetzt und zusätzliche Schweinezucht fördert, die höhere Einkommen bringt als Selbstversorgung mit Reis. So entwickelten sich über die Opiumerzeugung auch weitere agrarische Innovationen und marktwirtschaftliche Erschließungen bei den Bergstämmen. Der Mohn wird 8 bis 20 Jahre auf den gleichen Feldern bestellt. Dann erzwingt völlige *Bodenerschöpfung* die Verlagerung, so daß das Anwachsen der Miao-Bevölkerung mit dieser Wirtschaftsweise den *ökologischen Druck* auf die Land- und Waldreserven und die Konflikte mit den Forstbehörden steigert. Diese entstehen auch mit benachbarten Stämmen, z. B. den Karen, wenn die Miao in deren Waldbrachen neue Opiumfelder roden. Andere Daueranbaukulturen – z. B. *Höhenmarktgartenbau* – die auch einige Miao-Gruppen erfolgreich aufgenommen haben, verdienen deshalb besondere Förderung, denn nur wirtschaftlich tragfähige Alternativen werden die Bergstämme zur Aufgabe des ertragreichen Mohnanbaues bringen können.

#### 2.5.2.3 Trockenfeldbau und Baumkulturen

Die ursprüngliche Alternative der bäuerlichen Wirtschaft: Naßreisbau oder »shifting cultivation« wurde seit der Kolonialzeit nicht nur durch die »Plantagengewächse«, sondern – und heute besonders rasch – auch durch den marktwirtschaftlichen Anbau ein- und mehrjähriger *(Handels-)Gewächse* (*»cash crops«*) auf *unbewässerbarem* Land deutlich erweitert. H. RUTHENBERG übernahm (1976, 116) den englischen Begriff »systems with permanent upland cultivation«. Die Übertragung des englisch für unbewässertes Land benutzten Wortes »upland« kann aber angesichts der üblicheren deutschen Übersetzung mit »Hochland« zu Verständigungsschwierigkeiten führen. Hier wird deshalb von *»Daueranbau im Trockenland«* gesprochen, was im feuchten, tropischen Klima *nicht* als Wassermangelfläche, sondern lediglich als nicht natürlich überschwemmtes oder künstlich bewässerbares Land zu verstehen ist.

Alt ist schon der *gemischte Anbau* von Baum- und Strauchfrüchten, Gemüsen, Knollenfrüchten, Gewürzen, Zuckerrohr (zum Verzehr) und von Zuckerpalmen, Kokospalmen, Arekapalmen und Betelpfeffer (zum Kauen als Stimulans), Baumwolle, Bananen usw. in den *bäuerlichen Gärten* (»kampong-Hain«), wobei neben dem Eigenbedarf durchaus schon Markt- und Exportprodukte erzeugt wurden (z.B. für den vor- und frühkolonialen Gewürzhandel). Auch der *Bambus* bietet – in Gärten und Hainen, nicht nur im Wald – neben dem vielfältigen Gebrauch des Rohrs mit den jungen Sprossen ein begehrtes Gemüse. Pioniere der Ausbreitung *neuer Handelsgewächse* waren anfangs die *chinesischen Kleinpflanzer*, soweit sie in den altkolonialen Territorien Agrarland erwerben durften. Noch wirksamer wurde aber die nachdrückliche – im frühen 19. Jh. zunächst zwangsweise – Anleitung der *javanischen Bauern* durch die Holländer zum zusätzlichen Anbau *exportfähiger Agrarprodukte* (»Kolonialwaren«). Ihr wurde vielfach durch Dauerfeldbau im *Trockenland* Folge geleistet, wo der Trockenlandreis (S. 142) hinzukam, meist in Rotation mit Erdnüssen, Soja- u. a. Bohnen, Mais, Gemüse, Süßkartoffeln (Ipomea batatas), Cassava, Tabak usw., oder untergepflanzt unter Baumfrüchten. Diese wurden in den immerfeuchten Tropen zu den *Baum- und Strauchkulturen* – Früchte, *Gewürze* (wie Zimt, Pfeffer, Nelken u. a.), *Kaffee*, Kakao, *Kautschuk* usw. – entwickelt (ausführl.: S. 180), die entscheidend zu einer *Diversifikation* der bäuerlichen Wirtschaft beitrugen, was bald auch auf andere Teile SO-Asiens ausgriff. Indonesisch faßt man alle einjährigen »Nicht-Reis«-Nahrungspflanzen (Mais, Bohnen usw.) als *»palawija«* zusammen. In den *immerfeuchten* Tropenklimaten konnte sich besonders die gemischt-bäuerliche *Kombination* von *Kautschuk* als Handels-, und Naß- oder Trockenlandreis als Selbstversorgungsprodukt durchsetzen. Traditionell sind verschiedene *Palmen*, besonders *Kokos*, sowohl im bäuerlichen Bereich (Kochöl) wie zur kommerziellen Pflanzung (für Kopra und Fasern) von Bedeutung. Die *Zuckerpalme* (Borassus flabillifer) ist ein Charakterbaum der klimatisch trockeneren Gebiete (z. B. im Inneren von Burma, Thailand und Kambodscha [LUBEIGT, 1979] und in Teilen Indonesiens), sie liefert (neben dem

Zuckerrohr) besonders den ländlichen Gebieten Zucker, Palmwein und Blattwedel zum Hausbau.
In den immerfeuchten Tieflandsümpfen ist die *Sagopalme* ein Grundnahrungsmittel. Das Mark wird zu stärkehaltigem Mehl bzw. Brei verarbeitet (vom feuchten Standort her ist sie freilich kaum zum »Trokkenland«-Anbau zu zählen). Das gilt auch z. T. für eine der ältesten Kulturpflanzen SO-Asiens, den *Taro* (Colascasia sp.). Wegen seines Wasserbedarfs wird er gern an feuchten Stellen, Quellaustritten oder in »Pflanzgruben« (Grundwassernähe und Regenstau) gesetzt, z. T. auch einfach bewässert. Im östlichen Indonesien kommt die Wurzelknolle des *Yams* hinzu.
Aus Lateinamerika kam in jüngerer Zeit (ähnlich wie die *Süßkartoffel* – Ipomea batatas) die heute am weitesten verbreitete Knollenfrucht, die *Cassava* (oder Maniok – Manihot esculenta – verarbeitet auch »Tapioca«). Für den menschlichen Verzehr dienen (süßere) Spezies (M. dulcis) nur in sehr (wasser-)armen Gebieten SO-Asiens, ihre Verbreitung erfolgte aber zunächst durch chinesische Kleinpflanzer für die Schweinemast. In den 70er Jahren erfuhr die Cassava eine sprunghafte Verbreitung (in Thailand z. B. Verdreizehnfachung ihres Anbauareals von 1961–1978) als *»cash-crop«* des *Trockenfeldlandes*, besonders von Neusiedlungsgebieten oder auf nährstoff- und wasserarmen Böden (S. 301), dort für den Export angebaut, während *Indonesien* seine große Ernte weitgehend selbst verbraucht (GEINITZ, 1985). Die junge Rodungskolonisation – staatlich gelenkt oder spontan (S. 183) – hat den großflächigen Trockenlandanbau auch für *Mais* (Export als Futtermittel), *Zuckerrohr*, Ananas, Sojabohnen, Baumwolle u. a. enorm erweitert, so daß der alte *»Dualismus«* zwischen Naßreis-(Dauer-)Anbauland und »shifting cultivation« selbst in den bäuerlichen Betrieben *kaum mehr gilt.* Diese Erweiterung um den früher in den asiatischen Tropen ungewohnten Daueranbau im Trockenland erfolgte häufig auf dem Wege »initialer shifting cultivation« (S. 158) und steht wegen der Brandrodung dieser auch noch nahe – oder sie ist zu einer modernen, »kommerziellen shifting cultivation« geworden (U. SCHOLZ, 1982); die Bodenbearbeitung erfolgt weitgehend mit dem Traktor. Das macht die Frage der Tragfähigkeit tropischer (Wald-)Böden für solche Dauerkulturen zu einem geoökologischen Problem (S. 39), dessen Bewältigung die Agrar- und Siedlungsentwicklung stark bestimmen wird.

### 2.5.2.4 Plantagenwirtschaft, Kleinpflanzer und bäuerlicher Anbau mehrjähriger Handelsgewächse

Mit Malaysia, Indonesien und Thailand, die zusammen über 80 % der Weltproduktion von *Naturkautschuk* und *Palmöl* und, einschl. der Philippinen, hohe Anteile auch weiterer Welthandelsgewächse erbringen, steht SO-Asien an der *Spitze* der *Welterzeugung* von Plantagenprodukten; dem entspricht eine hohe Bedeutung für Exportaufkommen, Sozialprodukt und die Agrarlandschaften. Vereinfachend als *»Plantagenwirtschaft«* – und damit noch als Prototyp einer kapitalistischen Agrarindustrie mit einem kolonialwirtschaftlichen »Nachgeschmack« – zusammengefaßt, hat sie aber so bedeutende Wandlungen und Ausweitungen erfahren, daß zunächst eine Definition und Gliederung diskutiert werden soll.

Die Plantagen haben ihre Monopolstellung verloren und viele Merkmale der »klassischen« Plantagendefinitionen (z. B. WAIBEL, 1933 – vgl. HOTTES, 1984) treffen nicht mehr zu. Geblieben ist, daß sich der Aufbau auf Weltmarktprodukte konzentriert, die *technischer Aufbereitung* bedürfen und Dauer- bzw. mehrjährige Gewächse sind, vor allem Baum- und Strauchkulturen und Feldpflanzen wie Zuckerrohr, Tabak u. a. Nur noch partiell trifft das Merkmal der *Monokultur* zu, da besonders die Kleinbetriebe Mischformen zeigen und auch große Plantagen den Risikoausgleich durch den Verbund verschiedener Produkte suchen. Die einstige Monopolstellung der Großbetriebe aufgrund der rasch notwendigen *agrar*-industriellen Verarbeitung wurde aufgebrochen, seit Möglichkeiten der Aufbereitung auch im Kleinbetrieb und genossenschaftliche Verarbeitungs- und Transporteinrichtungen entwickelt wurden.

Heute können mindestens drei Typen unterschieden werden: *Großbetriebe*, die eigentlichen *»Plantagen«* (engl. »estate«), für die eine Größe zwischen 40 bis 2000 ha kennzeichnend ist (in Extremfällen bis 9000 ha). Sie setzen zahlreiche Lohnarbeitskräfte ein. Die Arbeits- und Lebensbedingungen der *Plantagenarbeiterschaft* wurden verbessert, ihre Kennzeichnung als »ländliches Proletariat« (D. KÜHNE, 1979) trifft für die Mehrzahl kaum noch zu; das Interesse der jungen Staaten, ihre Bürger vor Ausbeutung durch fremdes Kapital zu schützen, und der Druck der Gewerkschaften hat die Lohn- und Arbeitsbedingungen verbessert. Im – gewiß am günstigsten ausgestatteten – W-Malaysia liegen die Einkommen für Plantagenarbeiter heute z. T. höher als die selbständiger Kleinpflanzer und haben die von Industriearbeitern erreicht (R. D. HILL, 1982). Das bedeutet (mit den Sozialleistungen), daß Plantagenarbeitskräfte keineswegs mehr »billig«

sind, was zur Verlagerung auf Kleinbetriebe beigetragen hat. (Sklavenarbeit, ein Kennzeichen der frühen Plantagenwirtschaft in der Karibik, hat es in SO-Asien nicht gegeben.) Viele frühere (besonders chinesische) Plantagenarbeiter haben sich selbständig gemacht und bilden einen Grundstock des zweiten Typs: der *Kleinpflanzer* (»smallholder«). Theoretisch werden sie mit einer Betriebsgröße bis 10 ha begrenzt; oft haben sie auch nur 2–3 ha. Es verbleibt ein Bereich von Mittelbetrieben zwischen der 10 und der 40 ha-Marge, der viele Übergangsformen umfaßt. Bei gleichen Produkten und Anbauformen (weshalb die deutsche *Unterscheidung* zwischen *»Plantage«* und *»Pflanzung«* für Groß- bzw. Kleinbetriebe *kaum brauchbar* ist – engl. heißt z. B. beides »plantation«) herrscht heute schon der Kleinbesitz, oft mit familieneigenen Arbeitskräften, vor. Die Bandbreite reicht von plantagenähnlichen Betrieben im Besitz einzelner Unternehmer bis zum Kleinstpflanzer, der, wie die ursprünglichen chinesischen »smallholder« in Malaya, nur wenige Bäume besitzt und zapft. Eigentums-, Pacht- oder von Verwaltern für abwesende städtische Eigner geleitete Betriebe stehen nebeneinander. Häufig sind agrarische Zusatzaktivitäten, z. B. Schweine- oder Geflügelzucht (mit Abfallprodukten der Plantage) oder Gemüse-, Gewürz- usw. -anbau. Aber auch die organisierten Kleinpflanzer der staatlichen Neusiedlungsprojekte (FELDA, Transmigrasi usw., S. 183) mit Ölpalmen oder Kautschuk gehören in diese Kategorie.

Obwohl die Literatur meist nur Groß- und Kleinbetriebe unterscheidet, ist es genauer, noch einen dritten Typ, den der *gemischt-bäuerlichen Kleinbetriebe* auszugliedern. Dort bringen die Handelsgewächse meist nur ein *Zusatzeinkommen*, während Ursprung und Hauptaktivität bei Naß- oder Trockenreisbau und/oder anderen Trokkenlandfrüchten liegt. Oft sind es die Flächen *ehemaliger Landwechselwirtschaft*, die in Baumkulturen übergeführt wurden, z. B. ist der Kautschuk ökologisch wie sozialökonomisch besonders gut geeignet, frühere »shifting cultivation« schrittweise durch Baumpflanzungen statt eines Sekundärwaldes zu ersetzen (S. 155).

### *Ursprünge und Ausbreitung der Plantagenwirtschaft*

Die Anfänge der Plantagenwirtschaft liegen beim frühkolonialen Gewürzanbau und -handel auf den Molukken. Es folgten die holländischen und britischen Stützpunkte, in denen die Niederlassung chinesischer Pflanzer gefördert wurde (Zucker, Cassava, Gewürze usw.). Im 17. Jh. breiteten sich Zuckerrohranbau um Batavia oder Pfefferanpflanzungen in Brunei aus; im 18. Jh. begann das Pachten von Reisland für den *Zuckerrohranbau* in den mitteljavanischen Fürstenländern, der in der holländischen Kolonialwirtschaft den größten Umfang gewann. Neben Zucker und *Pfeffer* waren *Gambir* (Uncaria gambir – als Gerbstoff) und *Maniok* (= Cassava [S. 168]) ihre Hauptprodukte; auch auf Penang und in Indonesien entstanden chinesische Pflanzungen für *Muskat* und *Nelken, Zimt, Ingwer, Indigo* usw. Um 1860 bestanden in Malaya (und Singapur) schon 1200 Pflanzungen mit ca. 15000 chinesischen Arbeitern. Sie betrieben anfangs einen Brandrodungs-Wanderfeldbau im großen Maßstab, auf wechselnd bebauten Landkonzessionen, bis diese degradiert als Ödland liegenblieben und die Kolonialmächte dieser Landverwüstung Einhalt gebieten mußten, zumal auch eine gewisse Konkurrenz mit den aufkommenden Europäer-Pflanzungen um die verfügbaren Flächen entstand. Sozialökonomisch wie ökologisch noch wenig ausgewogen, bezeichnet diese Frühphase doch den Beginn der großen Neulandaufschließung.

Die *frühen europäischen Pflanzer*, die den Landbesitz nach heimischen Vorstellungen als dauerhafte Investition betrachteten – mit tiefem Umpflügen, Reinjäten der Pflanzungen usw. –, waren zunächst weniger erfolgreich. Mangelnde Anpassung an die ökologischen Bedingungen der Tropen, Unkenntnis der pflanzlichen und tierischen Schädlinge, Nährstoffverluste durch Bloßlegen der Scholle, das Fehlen von Arbeitskräften und Kapital bei Einzelunternehmern brachten, neben gesundheitlichen Risiken, zahlreiche Rückschläge. Auch sie versuchten sich anfangs mit Gewürzen. Erst das Zuckerrohr brachte mit größerem Kapitaleinsatz und der sich entfaltenden Technik (Dampfkraft) dauerhafte Ergebnisse, besonders auf Java (S. 540), während die in Malaya (Penang; Provinz Wellesley) entstandenen britischen *Zuckerplantagen* bis 1914 wieder im Reis- oder Kautschukland aufgingen; der arbeitsintensive und zugleich transportgünstige Gewürzanbau wurde wieder den bäuerlichen Betrieben überlassen.

Die *Kokosnuß* wurde eine wichtige frühkoloniale Plantagenfrucht; größere Exporte von *Kopra* (das getrocknete Fruchtfleisch – für Speiseöl-, Margarine-, Seifen- und Kosmetikagewinnung) begannen um 1850. Unter der Konkurrenz der Ölpalme gingen aber später (besonders in Malaysia – nicht aber auf den Philippinen – s. u.) ihre *Plantagen*flächen rapide zurück. Andere Kokospflanzungen wurden mit *Kakao* untergepflanzt. Obwohl die *Kokosplantagen* z. B. in Malaysia heute nur noch ca. 10 % ihres früheren Bestandes ausmachen, behielt die Kopraproduktion ihre Bedeutung. Der Anbau ist jedoch auf *Kleinpflanzungen* und in die *gemischt-bäuerlichen Betriebe* übergegangen, die das mühsame Ernten und Aufschlagen der Nüsse kostengünstiger leisten als Lohnarbeitskräfte; auch das Trocknen und Vermarkten der Kopra ist für den bäuerlichen Betrieb kein Problem. Spezialisierte Kokoskleinpflanzungen (z. T. auch im nicht-agrarischen Besitz), besonders auf den Philippinen, in Minahasa (Sulawesi) oder durch Malaysia-Chinesen, koppeln den Anbau z. B. mit Gemüseanbau oder Schweinezucht (Verfüttern der Kokosabfälle). Die *Philippinen* sind heute der größte Kokoserzeuger der Erde (Anteil am Koprawelthandel: 40%); der Gesamtanteil SO-Asiens an der Welt-Kopraproduktion erreicht 72% (HOHNHOLZ, 1986). Die philippinische Kokosanbaufläche stieg von 1,8 Mio. ha (1970) auf 3,3 Mio. ha 1978 (Stat. B. A.), überwiegend durch das Wachstum der Pflanzungen kleiner und mittlerer Unternehmer – ein bemerkenswerter Kontrast zur Verdrängung durch Kautschuk- und Ölpalmenplantagen in Malaysia, während diese auf den Philippinen bisher keine große Rolle spielten. Erst mit der Bildung der das Management beherrschenden kapitalkräftigen Gesellschaften begann im späten 19. und ersten Drittel des 20. Jh. die Entwicklung der großräumigen *Plantagenwirtschaft*. Das Plantagengebiet NO-Sumatras hat im Landerwerb holländischer Pflanzer von den heimischen Fürsten seinen Ursprung, später erleichterte die koloniale Verwaltung die Entwicklung.

Die große Ausdehnung löste der Massenbedarf an *Rohstoffen* im *Industriezeitalter* aus; die *Motorisierung* revolutionierte – über das Wachsen der Kautschukpflanzungen für die *Reifenindustrie* – auch die wirtschaftliche Struktur und die Agrarlandschaft SO-Asiens. Während sich die dort heimischen, einen Gummisaft liefernden Bäume weltwirtschaftlich nicht eigneten, brachte die Einführung der *Hevea brasiliensis* (Familie der Euphorbien, also genauer eines Para-Kautschuks), deren Samen 1876 aus dem Amazonastiefland herübergeschmuggelt wurde, ab 1895 die größte Entfaltung der Plantagengebiete, die schließlich riesige, äußerlich eintönigen Laubforsten gleichende Pflanzungen bildeten. Arbeits- und Kapitalaufwand für Rodung, Verkehrserschließung, Aufbereitungsanlagen und Marktorganisation bedingten die anfängliche Monopolstellung großer Aktiengesellschaften.

### *Geoökologische Grundlagen der Plantagenwirtschaft*

Die Rodung kaum berührter Waldgebiete erbrachte die optimalen Plantagenstandorte, denn bereits dicht besiedeltes Bauernland ist dafür kaum zu nutzen. Gerade die *Waldböden* der tropischen Hügel- und Plateauländer – auch auf Latosolen und Podsolen (S. 39) –, die für den

Reisbau wenig geeignet und deshalb kaum bevölkert waren, boten *gutes Plantagenland*, besonders in den immerfeuchten Tropen, da ja die Hauptprodukte, Kautschuk und Ölpalme, selbst Pflanzen des tropischen Regenwaldes sind (wenn auch aus anderen Kontinenten stammend) und ohne Probleme den Wald durch eine *standortgerechte Kulturvegetation* ersetzen konnten. Die Bodenansprüche der Ölpalme sind etwas höher. Sie braucht Böden von basischen oder schwach sauren Ausgangsgesteinen oder gut drainiertes, älteres Alluvium, locker texturierte Tone, Lehme und sandige Lehme mit guter Wasserhaltekapazität und Nährstoffangebot, ergänzt durch den Laubfall und Bodendecker (bevorzugt Legumimosen) sowie durch Mineraldünger. Im Gegensatz zu gemischt-bäuerlichen Betrieben, in denen unter dem Kautschuk oft andere ein- und mehrjährige Kulturen untergepflanzt werden, bleiben Plantagen normalerweise davon frei, damit kein Konkurrieren um Nährstoffe oder die Arbeitskraft entsteht. Während die Kleinpflanzer ihre Bäume meist ungeregelt und unterschiedlich alt pflanzen, bei Kautschuk 400–600 Bäume auf dem ha, ist die Dichte bei guten Plantagen (auf eingeebneten oder terrassierten Flächen) nur 300–400/ha (in geraden Reihen mit 6–9 m Abstand), bei der Ölpalme rd. 300/ha (Kleinpflanzer bis 600/ha). Die Produktion an pflanzlicher Trockenmasse entspricht beim Kautschuk etwa der des tropischen Regenwaldes. Obwohl Kautschuk noch in 600–700 m Höhe gepflanzt wurde, findet er normalerweise unter 75–100 m Höhe sein klimatisches Optimum. Hanglagen werden durch Konturpflügen gegen Bodenerosion geschützt.

Das Produkt ist der weiße Saft der Hevea, die *Latex*-»Milch«, gezapft durch Anschneiden der Stämme in schrägen Schnitten und Sammeln der austretenden Kautschukmilch in kleinen Schalen. In den Verarbeitungsstellen erfolgt mittels chemischer Zusätze eine Verfestigung (Koagulation). Die jungen Bäume, die als Stecklinge in Pflanzgärten gezogen werden, werden nach sieben bis acht Jahren zapfreif; nach rd. 25 Jahren haben sie ihre produktive Phase überschritten. Rechtzeitiges *Verjüngen* durch Roden und Neupflanzen ist daher wichtig, wenn auch kostspielig und arbeitsintensiv. Deshalb wird es von Kleinpflanzern oder in Zeiten wirtschaftlicher Schwäche (z. B. in den indonesischen Pflanzungen vor 1967) oft vernachlässigt. Die *Ölpalme* fruchtet bereits nach drei bis vier Jahren und bleibt etwa 22 Jahre produktiv. Ihre oberirdische Substanz ist etwa nur die Hälfte der des Kautschuks; die schweren und kompakten Fruchtstände der Ölkerne bilden aber fast 2/3 ihrer gesamten Trockenmasse, während Latex nur etwa 5 % der pflanzlichen Masse ausmacht. Kautschuk bewahrt deshalb stärker den natürlichen und künstlichen Energie-»input«, während die Entfernung einer größeren Biomasse bei der Ernte der Palmfrüchte das Ökosystem stärker belastet. Die Durchschnittsfläche pro Arbeitskraft beträgt bei Kautschuk 3,1 ha, bei Ölpalmen 4,9 ha, bei Kokos 6,2 ha (R. D. HILL, 1982). Die Verbindung ökologischer und betriebstechnischer Aspekte legt nahe, in Plantagen, die einen großen relativ kostenintensiven *ständigen Arbeiterstamm* erfordern, Pflanzen anzubauen, die im immerfeucht-innertropischen Klima ganzjährig und kontinuierlich geerntet werden wie Kautschuk, Ölpalme, Tee, ggf. Kokos. Saisonal geerntete Produkte (Kaffee, Gewürze, Tabak, Zukker usw.) werden heute dagegen überwiegend im Kleinbetrieb und oft neben anderen Fruchtarten angebaut, bevorzugt im monsunalwechselfeuchten Klima.

### *Kautschuk und Ölpalmen*

In Malaya stieg die Kautschukanbaufläche von 2400 ha um 1900 in zehn Jahren auf 218000 ha; in *Malaysia und Indonesien* zusammen gab es 1982 1002700 ha *Kautschuk* in *Plantagen* und 3485000 ha *in Kleinbetrieben*, insgesamt 4487700 ha. Die ASEAN-Staaten erreichten 1982 insgesamt 6165700 ha; »Indochina« nur noch ca. 115000 ha. Die *Produktion* betrug 1982 in Malaysia 945400 t Naturkautschuk in den Klein- und 585600 t in den Plantagenbetrieben, in Indonesien 582000 t (Kleinbauern) und 279000 t (Plantagen), in Thailand 530000 t; auf den Philippinen 65000 t; in den ASEAN-Staaten zusammen: 2987000 t; Vietnam: 40000 t (GEINITZ, 1985 – s. Tabelle 7 im Anhang).

Das Risiko einer *Monokultur* so gewaltigen Ausmaßes – spürbar seit der Entwicklung des *synthetischen Kautschuks* – erklärt die rasche Ergänzung durch eine zukunftsträchtige zweite Baumkultur, durch die *Ölpalme* (Elaeis guineensis). Sie dient dem wachsenden Bedarf an pflanzlichen Speiseölen und -fetten und zur Seifenerzeugung. Die aus Westafrika stammende Palme wurde zwar 1848 schon nach Java gebracht, aber erst seit 1911 in Sumatra und 1917 in Malaysia plantagenmäßig gepflanzt. Ihre Anbaufläche – überwiegend in diesen beiden Gebieten – betrug 229000 ha in Indonesien (1979), in Malaysia wurde sie von 788000 ha (1978) auf 1,4 Mio ha (= 65 % der Weltproduktion 1984) gesteigert.

Die Frucht bedarf *sofortiger Verarbeitung*, sonst bildet sie Fettsäuren und wird ranzig. Das belastet die Plantagen mit hohen Investitionen und technischen Leistungen für die *Aufbereitungsanlagen* (Raffinerien), Transporteinrichtungen und Neupflanzungen, die ein Areal von 2000 ha voraussetzen, um rentabel zu sein. Deshalb blieb die Ölpalme

– im Gegensatz zum heute schon stärker im Kleinbetrieb angebauten Kautschuk – lange Zeit die Plantagenfrucht par excellence. Dieses agroindustrielle Anbaumonopol wurde erst durch die junge *Regionalentwicklung* in Malaysia aufgebrochen, das seine Neusiedlungsprojekte (S. 445) immer stärker auf *Ölpalmen- und Kautschukkleinpflanzer* ausrichtet. Zur Förderung der Diversifikation hat Malaysia die Neupflanzung von Ölpalmen anstelle überalterter Kautschukbestände subventioniert.

*Bevölkerungsentwicklung, Infrastruktur, Betriebssysteme und Kulturlandschaft*

Abgesehen von der Umwandlung großer Waldländer in hochorganisierte, spezialisierte und relativ einheitliche Agrarlandschaften erforderten die Pflanzungen einen schnellen Ausbau des *Verkehrsnetzes*, der Siedlungen, der Dienstleistungen und des *(Außen-)Handels*. Zum anderen brachten sie, über die *Arbeiterwanderungen*, tiefgreifende Bevölkerungsbewegungen mit erheblichen ethnischen und sozialgeographischen Wandlungen. Die Rodung und Anlage in vorher kaum besiedelten Waldgebieten löste starken Bedarf an Arbeitskräften aus, die es dort nicht gab oder – z. B. als altansässige Reisbauern – für die Lohnarbeit nicht zu gewinnen waren. So wurden großräumige Arbeiterwanderungen nötig (K. PELZER, 1935). In Malaya stellte man zunächst wegen des Zinnbergbaues (S. 450) zugewanderte Chinesen ein, diese zeigten aber meist die Tendenz zur Verselbständigung als »smallholder« oder zur Arbeit nur auf chinesischen Pflanzungen. Der damalige Verbund Malayas im *britisch-indischen* Kolonialreich erleichterte statt dessen die Anwerbung und Einwanderung arbeitsuchender Inder und ihrer Familien, vor allem Tamilen aus dem Hinterland von Madras, so daß die Plantagenwirtschaft Malayas überwiegend mit *indischen Arbeitskräften* aufgebaut wurde, die bis heute deren Gros, aber auch das der Angestellten und des mittleren Managements (oft aus anderen indischen Volksgruppen) stellen. Die heute in W-Malaysia rd. 11 % bildende indische Bevölkerung ist als drittstärkste Volksgruppe überwiegend durch diese Arbeiterwanderungen entstanden!

Die *Tamilen* stellen noch heute die Mehrheit der rd. 252000 Arbeitskräfte auf den Plantagen der malayischen Halbinsel, leben überwiegend in den Plantagensiedlungen und bestimmen auch deren Gewerkschaften und politische Parteien. Von den ca. 46000 chinesischen Plantagenarbeitern war dagegen nur etwa ein Viertel unter festem

Kontrakt, während die Mehrheit in ihren eigenen Siedlungen wohnt und nur zur Lohnarbeit kommt, ebenso wie die sich immerhin auf ca. 64000 belaufenden malayischen Arbeitskräfte. Addiert man pro Arbeitskraft nur zwei zusätzliche abhängige Familienmitglieder, ergeben sich rd. 1 Mio. Menschen, die allein in Malaysia unmittelbar von der Plantagenarbeit leben.

In *Indonesien* bot sich das übervölkerte Java zur Anwerbung von Plantagenarbeitern an; durch ihre massenhafte Übersiedlung in die Pflanzungen *NO-Sumatras* entstanden auch dort große Bevölkerungsverschiebungen und ethnische Differenzierungen, zumal anfangs ebenfalls chinesische Arbeitskräfte und später noch Batak aus dem Hochland in das ursprünglich nur dünn besiedelte Gebiet wanderten. Schon 1929 boten die Plantagen außerhalb Javas (mit dem Schwergewicht in NO-Sumatra) rd. 49000 Kontraktarbeitern Beschäftigung (RÖLL, 1975).

Die Kautschukplantagen in *Kambodscha* und *S-Vietnam* bedurften der Zuwanderung von Tonkinesen (vielfach Katholiken aus dem übervölkerten N-Vietnam). Das sollte später im Vietnamkrieg Bedeutung gewinnen, wo die Plantagengebiete als Stützpunkte des Vietkong dienten und eine Ursache für die Einbeziehung Kambodschas in die Kampfhandlungen werden sollten.

In *Malaya* verlief die Plantagenausbreitung in enger Verzahnung mit der des Zinnbergbaues, dessen Lagerstätten oft direkt benachbart sind. Neben der Rekrutierung von Arbeitskräften wirkte sich das in gegenseitiger Förderung des Ausbaues des Verkehrsnetzes und der Siedlungen und zentralen Orte aus; fast alle größeren *Städte*, einschl. Kuala Lumpur oder Ipoh, Seremban u. a., sind als Bergbau- und Plantagenwirtschaftszentren bzw. -siedlungen entstanden, so daß dieser stärkste Bevölkerungs- und Wirtschaftsraum Malaysias *»Kautschuk- und Zinngürtel«* (»rubber and tin belt«) genannt wurde.

Im Tiefland *NO-Sumatras* wuchs – ohne Verbindung mit dem Bergbau – die von den Holländern einst als »Cultuurgebied« bezeichnete Plantagenregion heran, mit Tabak, Kautschuk, später ebenfalls durch die Ölpalme (und im Hochland durch Tee) ergänzt. Daneben sind zahlreiche kleinere Gebiete und Einzelstandorte von *Plantagen* und – noch viel breiter gestreut – von Kleinpflanzern und gemischt-bäuerlichen Betrieben entstanden, in Malaya zunächst nur vereinzelt im Inneren und auf der Ostseite, sowie in *Sabah*, wo allerdings heute die Neusiedlungen rasch wachsen. In den weniger dicht besiedelten Räumen *Javas* entstanden – neben den Zucker- und Tabakpflanzungen in Rotation auf den Reisfeldern (S. 540) – kleinere *Kaffee-* und Kautschukplantagen. Sie wurden aber stark reduziert, und nur noch die *Teeplantagen* im

*Hochland* blieben von Bedeutung (S. 536). Sie waren früher z. T. mit *Chinchona-Pflanzungen* verbunden. Einzelne Plantagen wurden auch in S- und W-Kalimantan, Teilen von Sulawesi usw. angelegt.
Neben den technischen *Verarbeitungsstätten*, beim Palmöl fabrikartige Raffinerien, sind auch die *Plantagensiedlungen* kennzeichnend. Sie sind meist genormt und in Baustil und Grundriß hierarchisch gegliedert – vom Bungalow des Verwalters (oder Besitzers) über die der Angestellten bis zu den »coolie-lines«, den reihenhausförmigen Baracken für die Arbeiterfamilien, in Malaya meist als geschlossene indische Enklave. Ergänzt durch Schulen, Wasch- und Badeanlagen, medizinische Stationen usw., alle von den Plantagen finanziert, sowie Hindu-Tempel (bzw. auch islamische Moscheen oder christliche Kirchen [z. B. in Kambodscha]) bilden sie selbständige Siedlungen vom Umfang großer Dörfer oder kleiner Städte, liegen aber fast immer isoliert inmitten ihrer Pflanzungen.

### *Umbrüche seit der Unabhängigkeit*

Der Übergang von der Kolonialzeit zur Unabhängigkeit führte zu tiefgreifenden Strukturwandlungen der von europäischen und amerikanischen Gesellschaften getragenen, export-, kapital- und (fremd-)arbeitskraftorientierten, agroindustriellen Großbetriebe, obwohl sie als die bestorganisierten Unternehmen der Tropen galten.
In *Indonesien* und *Burma* waren die anfänglichen Enteignungen und Zerstörungen so gravierend, daß sie in den regionalen Darstellungen ausführlicher kommentiert werden müssen. *Malaysia* wählte dagegen eine Politik der Erhaltung der gut funktionierenden Betriebe und der Besitzrechte und erzielte damit zunächst einen großen Vorsprung in der Steigerung der Produktions- und Exportwerte, der Arbeitsplätze und der Entwicklung der Infrastruktur, wodurch es seine sozialökonomische Stabilität sicherte und in der Weltproduktion von Kautschuk und Palmöl (wie auch von Zinn) an die erste Position vorstoßen konnte. Das bedeutet nicht, daß das kolonialwirtschaftliche System unverändert blieb, der 1957 unabhängig gewordene Staat machte vielmehr schrittweise die Plantagen seiner Siedlungs- und Wirtschaftspolitik nutzbar, indem er das verbleibende Fremdkapital und die ausländischen Betriebsleitungen straffer in die nationale Wirtschaft eingegliedert. Mit Steuern, Abgaben und Auflagen (z. B. zugunsten der Entwicklung der Kleinpflanzer) wurden sie über das heimische Bank- und Handelswesen in die nationale Wirtschaft eingebunden. So blieben ihr Know-how, ihre technische Ausstattung und ihr Entwicklungspoten-

tial genutzt, zugleich wurde eine immer stärkere Beteiligung asiatischen Kapitals und einheimischer Führungskräfte forciert. Mit den Erträgen seiner florierenden Wirtschaft und »sanftem Druck« wurden schließlich – mit staatlichen wie privaten Mitteln – die Aktienmehrheiten der Plantagengesellschaften schrittweise aufgekauft und die weiterhin führenden großen Pflanzungen sind – trotz ihrer alten englischen Firmennamen – heute weitgehend im malaysischen Besitz. Zugleich wurde Malaysia auch führend im schnellen Ausbau des *Kleinpflanzersektors* (s. u.).
In *Thailand* kam der Kautschukanbau im feucht-tropischen Süden – an der Grenze zum malayischen Anbaugebiet – erst nach dem Ersten Weltkrieg zur Entfaltung, da das Königreich Siam einer Niederlassung ausländischen Besitzes entgegenwirkte. Transport- und Arbeitskraftschwierigkeiten standen im Wege, und so blieben z. B. auch Versuche deutscher Handelsgesellschaften, sich 1908 in SO-Thailand mit Plantagen zu etablieren, erfolglos (FRYER, 1970). Erst seit den 20er Jahren konnten sich Kautschukpflanzungen, meist in kleineren thai-chinesischen Besitzeinheiten, stärker ausbreiten. Heute ist das Land vorwiegend in Thai-Besitz, wird aber oft von chinesischen Pflanzern in Familienbetrieben gepachtet oder im Auftrag der – z. T. nicht ortsansässigen – Eigner bestellt. Die im Vergleich zu Malaysia und Indonesien relativ kleinen bzw. stark zersplitterten Pflanzungen kamen gegen die benachbarten Konkurrenten erst allmählich auf.
Mit der heutigen Entwicklungspolitik einer agrarischen Diversifikation (gegenüber der früher einseitigen Dominanz des Reisbaues) wurde aber, besonders durch Prämien für die Verjüngung und Neupflanzung von höherwertigen Kautschukbeständen, eine erhebliche Ausdehnung und Modernisierung erzielt, auch unter zusätzlicher Ausdehnung von den früheren Spezial- auf gemischtbäuerliche Betriebe. Und während Malaysia vom – weltmarktunbeständigen – Kautschuk zugunsten der Ölpalme und der Freistellung der Arbeitskräfte für den Industrieaufbau schon allmählich abrückt, verstärkt Thailand (mit niedrigeren Lohnkosten) dessen Anbau. Das gilt sowohl für seine immerfeuchten *Südprovinzen* wie auch den feucht-tropischen »Klima-Auslieger« um *Chanthaburi* (im SO), von dem aus neuerlich (noch experimentierende) weitere Anbauausweitungen nach N gewagt werden.
Die Nutzung des Holzes der gerodeten Altbestände zur Gewinnung von Holzkohle – z. T. selbst mit Export nach Malaysia – schafft zusätzliche Erträge und vermindert den Brennstoffmangel. Thailand wuchs inzwischen zum drittgrößten Kautschukproduzenten der Erde heran. In den 80er Jahren wurde auch die *Ölpalme* – zunächst noch in relativ

verstreuten Pflanzungen im tropisch-feuchten SW-Thailand – eingeführt; bis 1985 waren drei moderne Raffinerien entstanden.

In *Burma* waren die Kautschukplantagen klimatisch überwiegend auf die verkehrsentlegene Tenasserim-Halbinsel beschränkt (nur einige kleinere Plantagen noch nördlich Rangun), so daß sich das britische Kapital damals in Malaya und Ceylon günstigere Möglichkeiten gesucht hatte. In den Wirren nach der Unabhängigkeit (S. 243) wurde der Plantagenbesitz weitgehend zerschlagen; jahrelang unterblieben Pflege und Nachpflanzungen, und die nun verstaatlichten restlichen Plantagen blieben wenig produktiv. Erst in den 80er Jahren wurde die Reaktivierung verstärkt, und seit 1985 wird sogar die Einführung der Ölpalme diskutiert.

In *Süd-Vietnam* und *Kambodscha* waren in der französischen Kolonialzeit größere Kautschukpflanzungen, besonders auf den fruchtbaren Basaltverwitterungsböden (»Terres Rouges«) beiderseits der Grenze, entstanden. Sie wurden nach der Unabhängigkeit von französisch-belgischen Gesellschaften unter staatlicher Beteiligung weitergeführt. Dann gerieten sie in die Kampfzone des Krieges und erlitten erhebliche Schäden. Heute wird ihr Wiederaufbau versucht, da Kautschuk eines der wenigen Produkte zum Ausgleich von Devisenschulden gegenüber dem Ostblock ist und für den Eigenbedarf (Reifen) wachsende Bedeutung gewinnt; Vietnams Ausbau stagniert bei 100000 ha, in Kambodscha fiel er von 48000 auf ca. 12000 ha.

Auf den *Philippinen* wurden Versuche, mit amerikanischem Kapital auf Mindanao größere Kautschukpflanzungen zu errichten, zunächst gebremst; auch ein »smallholder«-Sektor kam, bei einer restriktiven Einwanderungspolitik gegenüber den Chinesen, nicht zur Entfaltung. Erst mit dem heutigen Ausbau des modernen »Agro-business« (S. 607) sucht man auch im Kautschuk- und Ölpalmenanbau einen Anschluß an diese im übrigen SO-Asien so erfolgreiche Entwicklung (bisher ca. 53000 ha Kautschuk). Die Bestände von *Laos* und *Brunei* waren 1982 minimal; die *Singapurs* mußten der städtischen Bebauung weichen, es blieb aber wichtiger Umschlagplatz.

### *Von den Großplantagen zur Kleinpflanzerwirtschaft*

Mit den Umbrüchen durch die Unabhängigkeit kam es zu einer starken Ergänzung bzw. Verlagerung des Anbaues von Plantagengewächsen in die Kleinbetriebe. Mit regionalen Unterschieden und durch verschiedene Ursachen vollzieht sich dieser Prozeß in allen ASEAN-Ländern. Wirtschaftliche Gründe für die *Verlagerung* des Kautschukanbaues in die *Kleinbetriebe* waren z. B. die Preisabhängigkeit vom Weltmarkt und das Vordringen des Synthesekautschuks (s. u.), die steigende Belastung der Plantagen durch Lohnkosten, aber auch die Arbeitsleistung und das Eigenkapital zahlreicher kleiner Pflanzer und Unternehmer aus der chinesischen Zuwandererschicht wie aus den einheimischen Bevölkerungen. Entwicklungspolitisch forciert wurde dann die planmäßige Ansiedlung einheimischer Kleinbauern als Gegengewicht zum Fremdkapital der Plantagenwirtschaft. Zugleich sollen damit die gemischt-bäuerlichen Betriebe und die staatlich gelenkten Neusiedler von der Subsistenz- zur Marktwirtschaft geführt werden. Auch die zur ökologischen wie sozialökonomischen Stabilisierung gebotene *Ablösung der »shifting cultivation«* (S. 155) führt z. T. zu Kleinpflanzerbetrieben besonders für Kautschuk, da z. B. bei einer in acht Jahren rotierenden Landwechselwirtschaft statt des natürlichen Sekundärwaldes als »Wanderfeldbau-Folgekultur« Kautschukstecklinge gepflanzt werden können, die bei Abschluß dieses »Zyklus« bereits die erste Zapfreife bringen. Förderungs- und Beratungsmaßnahmen flankieren diese Umstellung auf permanente Kleinpflanzer-Marktwirtschaft. Noch älter war dieser Prozeß (unter holländischem Einfluß) schon im 19. Jh. auf *Java*; er führte bald auch auf Sumatra, Bali, Sulawesi usw. zur Umwandlung früherer »ladang«-Landwechselwirtschaften in *gemischte Baum- und Strauchkulturen*, besonders mit Kautschuk, Kaffee und Pfeffer (S. 158 und 539). Förderungsprogramme sollen heute diese Zusatz-Kautschukwirtschaft und die bäuerlichen Erträge erhöhen. In besser organisierten Kleinbetrieben wird die zur Gerinnung gebrachte Latexmasse mittels handbetriebener Mangeln zu »sheets« (flachen Kautschuk-»Schwarten«) verarbeitet und in dieser Form verkauft, während die Großbetriebe den Kautschuk heute meist in Ballen gepreßt versenden. Während diese z. T. in die Kolonialzeit zurückreichenden Entwicklungen stetig gewachsen sind, haben heute die staatlich gelenkten *Neusiedlungsprogramme* eine neue, sozialökonomisch, flächen- und produktionsmäßig revolutionierende Phase des kleinbetrieblichen Anbaues von Plantagenprodukten gebracht. Das gilt ganz besonders für die umfangreichen Siedlungsprojekte Malaysias und Indonesiens (S. 444 und S. 547). Nach Flächenumfang, Anlage und Pflege, aber auch Qualität und Vermarktung, entsprechen sie fast den Plantagen. Die Verarbeitung erfolgt in *genossenschaftlichen Anlagen*, die Pflanzungsflächen sind in gleichmäßige Besitzstreifen (durchschnittlich 3-6 ha) gegliedert. Für den *Kautschuk* bot das kaum Probleme, erleichtert wurde es durch die staatliche Anlage von Siedlungen und Infrastruktur – vom Roden des Waldes bis zum Pflanzen der Stecklinge schon vor der Zuteilung des Landes – und durch kredit- und landwirtschaftliche Beratungs- und Vermarktungssysteme.

Die bedeutendste Neuerung ist aber die in Malaysia begonnene Anlage ganzer *Neusiedlungsprojekte* mit *Ölpalmen*, die höhere Erträge und eine Zukunftssicherung versprechen. Anfangs wurde die Verarbeitung durch die vom Staat dazu verpflichteten Plantagen in der Nachbarschaft der Projekte gestützt, bis mit genossenschaftlichen Verarbeitungsanlagen und Transportmitteln dieses zunächst als Monopol für Großplantagen angesehene Produkt auch zur Gründung bäuerlicher Existenzen genutzt werden konnte.

*Indonesien* hat sein *Transmigrationsprogramm* durch einen »Nucleus Estate and Smallholder Scheme« (NES) erweitert, in dem ebenfalls Plantagenbetriebe die Kleinsiedler unterstützen und der auf 1,2 Mio. ha neuer Pflanzungen konzipiert ist. Wie Tab. 7 (Anhang) zeigt, wird die *Kautschukanbaufläche* Indonesiens bereits heute zu rd. 80 % von *Kleinbetrieben* bewirtschaftet. Die staatlichen und privaten Plantagen, die einst die Entwicklung dieser agroindustriellen Exportprodukte in Gang brachten, sind aber noch in Qualität, Verarbeitung und Vermarktung überlegen; so bringen jene 80 % der kleinbäuerlichen Anbauflächen nur 70 % von Indonesiens Gesamtertrag (geringere ha-Erträge mangels Dünger, Schädlingsbekämpfungsmitteln, moderner Betriebsverfahren, Nachpflanzen usw.). In *Malaysia* hat die Förderung der Neusiedler aber schon zu einer so günstigen Ertragslage auch in den *Kleinbetrieben* geführt, daß diese durchschnittlich doppelt so hohe Erträge wie die indonesischen Kleinpflanzer und etwa gleich hohe Erträge wie die indonesischen Staatsplantagen erbringen. Die Erträge der privaten malayischen Plantagen wiederum sind doppelt so hoch wie die der indonesischen (GEINITZ, 1985). Indonesiens Plantagen sind heute zu 45 % staatlich, zu 40 % in privatem einheimischem und zu 15 % in ausländischem Besitz. Die Fläche der kleinbäuerlichen Pflanzungen *Malaysias* ist von 1960 bis 1980 auf das Doppelte, ihre Produktionsmenge um das Dreifache angestiegen. Insgesamt erzeugt *SO-Asien* heute rd. 80 % der etwa 3,7 Mio t/Jahr betragenden *Naturkautschuk-Weltproduktion*. *Malaysia* steht mit 41,4 % (1,5 Mio. t, 1982) an erster, Indonesien mit 23,3 % (0,86 Mio. t) an zweiter und Thailand mit 14,3 % (0,53 Mio. t) an dritter Stelle der Hauptanbauländer (1982). Mit großem Abstand liegen sie vor Indien, China und Sri Lanka als den nächsten (mit je 3,5–4 %) und erst recht vor dem auf 9,5 % beschränkten Anteil aller übrigen Erzeugerländer in Asien, Afrika und Südamerika zusammen.

Der *Naturkautschuk* steht im ständigen *Verdrängungswettbewerb* mit dem *Synthesekautschuk*. Erste deutsche Versuche liefen vor und im Zweiten Weltkrieg auf Kohlebasis (»Buna«); heute bestimmt der, vor allem amerikanische, Synthesekautschuk ca. *70% des Weltmarktes* an Elastomeren. Die Gründe, die zu dieser Situation führten, sind: günstige Rohstoffbasis Erdöl, Marktpolitik, strategische Überlegungen, besonders der USA, mangelnde Fähigkeit der Naturkautschukerzeuger, die Weltmarktnachfrage zu befriedigen. Letzteres geht z. T. auf *überalterte Pflanzungen* zurück, da die schon zur Bestandserhaltung nötige Neupflanzungsrate von jährlich ca. 3% nur etwa zur Hälfte erfüllt wird und besonders Indonesien erst eine lange Erholungsphase seit der Rezession seiner Plantagen (s. o.) benötigte. Die im Erlös und in ihren Zukunftsaussichten günstigere *Ölpalmenpflanzung* tritt als *»innere« Konkurrenz* hinzu. Dennoch schätzte die Weltbank (1983) den Naturkautschuk noch als relativ sicheren Devisenbringer für die Entwicklungsländer ein; zur Preisstabilisierung dienen internationale Erzeuger- und Verbraucherländer-Abkommen (UNCTAD). 1985 sind die Weltmarktpreise allerdings stark abgefallen. Hauptabnehmer ist die *Auto- und Flugzeugreifenindustrie* (50–60%), weitere 10% werden für Autoteile, der Rest für technische Produkte, Transporteinrichtungen, Bekleidung usw. genutzt.
Mit seinen Anteilen am *Exporterlös* der drei Haupterzeugerländer ist der Kautschuk von 1966 bis 1980 in Malaysia von 38% auf 16,4%,in Indonesien von 32% auf 5,4% und in Thailand von 13% auf 9,5% abgefallen. Das bedeutet aber keine Ertragsminderung, sondern beruht in Indonesien und Malaysia auf dem sprunghaft gestiegenen Anteil der Erdölexporte und in allen drei Ländern auf den wachsenden Ausfuhren ihrer verarbeitenden Industrien (GEINITZ, 1984). Dennoch werden aber damit bereits Prognosen für eine wohl divergierende künftige Entwicklung erkennbar. Malaysia ist auf dem Wege zu einem bedeutenden Erdöl- und Erdgasexportland und zu forcierter Industrialisierung (S. 454). Das bringt nicht nur jene prozentuale Zunahme anderer Exportgüter, sondern auch ein wachsendes Mißverhältnis zwischen den immer teurer werdenden Arbeitskräften und den Weltmarktpreisen für Kautschuk und Palmöl. Deshalb dürfte der künftige Ausbau der letzteren Grenzen haben – wohingegen Indonesien mit seinem Überfluß an Menschen und an Landreserven die Produktion tropischer Baumpflanzungen immer weiter steigert. Und während Malaysia seinen Erdölsektor noch ausbaut, ist Indonesien bereits in der Situation, seine zu einseitig von Erdöl und Erdgas getragene finan-

zielle Basis diversifizieren zu müssen, um bei Preisverfall oder Erschöpfung seiner Reserven nicht in Krisen zu geraten. Dem wirkt es mit den Pflanzungen in den »Transmigrations«- und »Nucleus Estate«-Programmen entgegen. Da auch Thailand stark in der Kautschuk- und Ölpalmpflanzung expandiert, ist der Tag abzusehen, an dem ein stärker industrialisiertes, an Arbeitskräften knappes Malaysia seine heutige Weltmarktführung bei den Plantagenprodukten wahrscheinlich seinen Nachbarn überlassen dürfte.

#### 2.5.2.5 Die junge Pioniersiedlung: spontane und geplante Rodungskolonisation

Trotz Modernisierung und zunehmender Geburtenkontrolle bestehen noch immer starkes Bevölkerungswachstum und weiterer *Landbedarf*. Steigerung der agrarischen Nahrungs- und Exportproduktion, trotz der Industrialisierung noch zu wenige außeragrarische Arbeitsplätze, Hebung des ländlichen Lebensstandards, Erschließung von Ressourcen und selbst innenpolitische Ziele machen die *Neulanderschließung* zu einer vordringlichen *Entwicklungsaufgabe* in den ASEAN-Ländern. Die Ausdehnung der Anbauflächen, der Trockenfeldbau für »cash crops«, Plantagenprodukte in Kleinbetrieben, Innovationen im Reisbau usw. haben die Agrarstruktur verändert und erweitert. Junge Bauern aus übervölkerten Reisbauerndörfern mit zu geringen Betriebsgrößen und engen agrarsozialen Verhältnissen, landlose oder verschuldete Kleinbauern und -pächter sowie die Eindämmung der »shifting cultivation« drängen nach der Öffnung weiterer Landreserven in unterentwickelten Landesteilen. Bei geplanter Neusiedlung werden sie auch zum Instrument des *»nation building«*, des wachsenden nationalen Verbunds in den ethnisch und sozial differenzierten, postkolonialen Staaten. Freilich bedeutet das einen wachsenden *Druck* auf die *Waldreserven*, die schon dem kommerziellen *Holzeinschlag* und weiterer *Brandrodung* ausgesetzt sind, was *ökologische Gefahren* heraufbeschwört. Konsolidierung durch eine intensivierte Forstpolitik sowie Schutz und systematisches standortgemäßes *Nachpflanzen* der verbleibenden Bestände sind meist noch *zu wenig entwickelt.* Besitzrechtliche, sicherheitspolitische und ethnisch-kulturelle Konflikte, z.B. durch den Zugriff auf gewohnheitsrechtliche *Waldreserven* von *Stammesbevölkerungen* mit Landwechselwirtschaft, wobei die Menschen in neue Plansiedlungen umgesetzt werden, spekulative Ausbeutung von Waldböden ohne Rücksicht auf die natürliche Substanz, selbst *Interessenkollisionen* zwischen staatlichen Autoritäten, z. B. Forst-, Agrar- und Siedlungs- und Katasterbehörden, und vor allem zwischen den *staatlich gelenkten* und den *spontanen*, z. T. »squatter«-haften *Landerschließungen*, fügen den ökologischen auch vielfältige sozialökonomische Probleme hinzu.

Insgesamt ist aber die gegenwärtige *»Neusiedlungswelle«* in SO-Asien ein säkularer Prozeß, der in Umfang und Auswirkungen durchaus der großen mittelalterlichen Rodungsperiode in den Waldgebirgen Europas oder dem Vorrücken der amerikanischen »Frontiers« im 19. Jh. vergleichbar ist.

Die von K. PELZER erstmals (überwiegend am Beispiel Indonesiens) beschriebene »*Pioneer Colonization* in SE-Asia« (1945) wurde seither nur in einzelnen (Länder-)Studien und fast ausschließlich für den Sektor der *staatlichen Plansiedlungen* behandelt. Der wohl erste Versuch einer *beide Neusiedlungstypen* zusammenfassenden Darstellung, mindestens für die (der Forschung zugänglichen) ASEAN-Staaten, wurde – unter Abwägung der Vor- und Nachteile *»spontaner versus geplanter« Neusiedlung* – von UHLIG, Hrsg. (1984; 1979; U. SCHOLZ, 1980) vorgelegt. Bei ähnlichen Motiven verläuft sie in den einzelnen Ländern doch so unterschiedlich und ist von so großem Gewicht für deren räumliche Erschließung, daß sie in den regionalen Kapiteln ausführlicher dargestellt werden muß. Einige vergleichende Aspekte sind aber von allgemeinerer entwicklungspolitischer und siedlungs- und agrargeographischer Bedeutung, z. B. die Unterschiede der *regionalen Dimensionen*: Während in Indonesien die *»Transmigration«* Tausende von Siedlerfamilien auf dem See- oder Luftwege in eine natur- wie kulturräumlich fremde Umwelt, oft in eine andere Klimazone bringen muß (ähnlich auf den Philippinen), bleiben die Neusiedler Thailands oder Malaysias gewöhnlich im Radius einer mehrstündigen Busreise von ihren Heimatorten. Die Produktions- und damit Erschließungsformen reichen vom *Trockenfeldland* für einjährige »cash crops« in Thailand, über plantagenwirtschaftliche *Baumkulturen* in Kleinbetrieben in Malaysia bis zu einer ökologisch und ökonomisch differenzierten breiten Palette, unter Einbeziehung des *Reisbaues*, in Indonesien und auf den Philippinen. Gemeinsam ist allen die Überwindung der im alten Sinne »pionierhaften«, subsistenzwirtschaftlichen »Urwaldrodung« mit Handgeräten und dem Aufopfern der ersten Generation für das bloße »Urbarmachen«. *Staatliche Siedlungsprogramme* erfolgen vielmehr mit intensiver, subventionierter Landaufschließung schon vor dem Eintreffen der Siedler. Die *spontane Rodung* bedient sich moderner Mittel, wie Traktor und Motorsäge, und häufig auch des Kapitals und Managements oder des durch Pacht oder Darlehen getragenen Einsatzes mittelloser Siedler – in einer *kommerziellen*

Agrarwirtschaft. Die in der Relation zu seiner Gesamtbevölkerung und -fläche sehr große und schnelle Neulandaufschließung Malaysias ist nahezu ausnahmslos *geplant* und großzügig finanziert. Mehrere staatliche Organisationen, z. T. Träger ganzer *Entwicklungsregionen*, bereiten die Projekte von der Grundlagenforschung (z. B. Böden, Anbausysteme) über die Siedlerauswahl bis zur Anlage der neuen Dörfer und Pflanzungen vor und sorgen von genossenschaftlichen Verarbeitungsanlagen bis zur agrarischen Beratung und Infrastrukturentwicklung (Straßen, Schulen, zentrale Orte usw.) für die Neusiedler. In Thailand überwiegt im Gegenteil die *spontane* (anfänglich oft illegale) Landnahme, getragen von freien Initiativen und Mitteln, mit variablen und flexiblen Anbaustrukturen. Auch sie konkurriert dort mit einer *geplanten* Neusiedlungsentwicklung durch staatliche Behörden, deren Ausmaß und Erfolge keineswegs unbedeutend sind, die *spontane* Aufschließung übertrifft sie aber um ein Vielfaches an Fläche, Siedlerzahlen und Erträgen – freilich auch an ökologischen und z. T. wirtschaftlichen und agrarsozialen Risiken. Indonesien führt mit seinem *»Transmigrationsprogramm«* das größte und älteste Vorhaben jetzt mit neuer Energie weiter, das bedeutende regionale Auswirkungen hat, wenn auch die ursprüngliche Prämisse, eine spürbare Entlastung des übervölkerten Java, längst durch andere Ziele ersetzt werden mußte. Weniger bekannt ist, daß – z. B. der Transmigration folgend, z. T. unabhängig davon – daneben auch dort ein ständiger *spontaner* Neusiedlungsprozeß läuft, der zahlenmäßig schwer zu fassen ist, aber den offiziellen Programmen nicht viel nachsteht. Die »Transmigrasi« litt anfangs unter Mangel an Finanzierung und Organisation, die Pioniergeneration wurde noch vielfach »verschlissen« oder mußte sich mit ungünstigen Lebens- und Ertragsverhältnissen abfinden; zeitweise überwucherte Propaganda die tatsächliche Wirkung. Mit dem Wiedererstarken der Wirtschaft hat aber das »Transmigrationsprogramm« im vergangenen Jahrzehnt so stark an Ausstattung, Umfang und Effizienz gewonnen, daß es dem Malaysias kaum noch nachsteht, dieses aber in den Dimensionen übertrifft. Auf den Philippinen liefen staatlich getragene (z. T. mit der Landreform verknüpfte) und spontane Siedlung in wechselhaften Entwicklungsphasen nebeneinander her, die *Waldzerstörung* war dabei – von 60 % Wald (1960) auf 27 % (1985) (CADELINA, 1980) – offenbar noch gravierender als in Thailand. Durch das *»Agro-business«* wurden die Rodungen meist wirtschaftlich erfolgreich, oft aber auf Kosten verdrängter (oder zu Lohnarbeitern gewordener) kleiner Siedlungspioniere. Beeinträchtigt wird dort die Entwicklung durch soziale, besitzrechtliche, ethnische und politische Konflikte; diese überschatten z. T. die Ergebnisse der, vor allem auf

Mindanao und Palawan, wirtschaftlich erfolgreichen Erschließung und des regionalen Transfers zahlreicher »Pioniere« in neue Existenzen.

Bei Abwägung der Vor- und Nachteile *»spontaner versus geplanter Neusiedlung«* (KLEMPIN, 1978; UHLIG, 1984) ist festzustellen, daß staatlich gelenkte und finanzierte Kolonisation stärker den öffentlichen Interessen dient, besseren Schutz der natürlichen (Wald-)Reserven und der neuen Agroökosysteme erlaubt, eine gezieltere (z. T. politisch motivierte) Auswahl und Ausbildung der Siedler und größere Sicherheit und die Möglichkeit zu »integrierter Entwicklung« gewährt. Nachteile sind hohe öffentliche Kosten und Subventionen, mögliche Fehler in Leitung, Administration und Kontinuität und die stärkere Einwirkung politischer Interessen, geringere Flexibilität, zögernde Rückzahlung der Kredite, starre Bemessung (häufig zu knapper) Betriebsgrößen ohne Rücksicht auf die Standortverhältnisse. Hinzu kommen die »Probleme der zweiten Generation« (T. S. BAHRIN, 1986), wie mangelnde Ausbauflächen für die erwachsenen Kinder, geringe Weiterentwicklungschancen (außer bei Abwanderung, besonders in die Städte), Langeweile im wohlorganisierten, aber eintönigen, genormten und gelenkten, räumlich oft isolierten Siedlungsverband. Die *spontane Landaufschließung* verbraucht dagegen weniger öffentliche Mittel, absorbiert schneller die Bevölkerungsüberschüsse, hat größere Anteile erfahrener oder investitionsbereiter Agrarunternehmer und ist attraktiver für einsatzfreudige Siedler, die auch bei Mangel an Mitteln oder bei geringer und noch lückenhafter administrativer Kapazität nach raschem Existenzaufbau streben. Die Nutzung von Innovationen, Mechanisierung, Marktlücken usw. ist größer und flexibler, das freie Spiel wirtschaftlicher Kräfte kommt – auch unter »trial and error« – zur wirksameren Entfaltung. Dem stehen freilich gravierende Nachteile gegenüber, voran meist rücksichtsloser Umgang mit den natürlichen Ressourcen (Wald und Boden werden zum »Verbrauchsgut«), agrarsoziale Spannungen und Konflikte mit den Behörden, in den anfänglichen »Pionierzeiten« bis zu Sicherheitsrisiken ansteigend, nur teilweise Konvergenz mit der staatlich-regionalen Planung usw. Vielfach kommt aber der stärkere Piongeist progressiver und innovationsbereiter Bauern und Agrar-

**Abb. 15:** Das schnelle Fortschreiten der Waldrodung und spontanen Neusiedlung am Beispiel SO-Thailands (nach Auswertung von Satellitenaufnahmen und Karten durch das Royal Thai Forestry Department, *aus: H. Uhlig, 1979 und 1984*)
1–3 bezeichnen intensiv untersuchte Gebiete

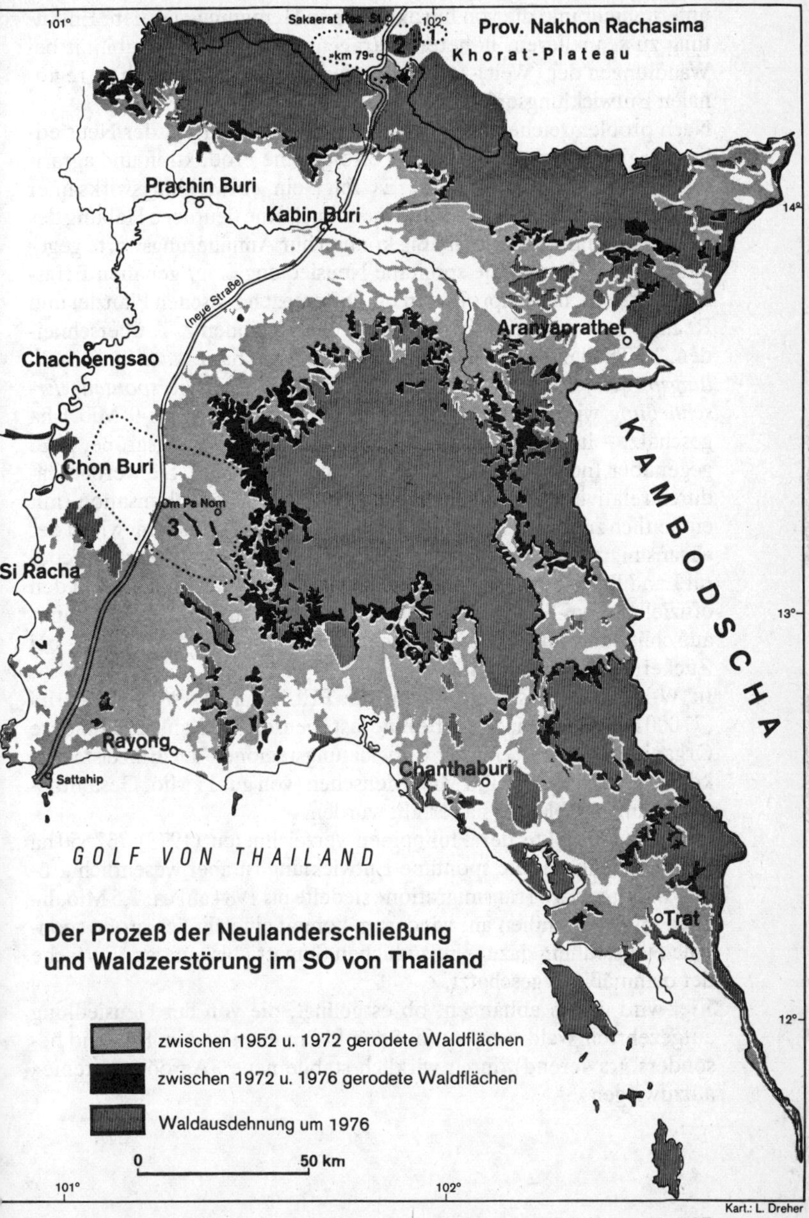


**Der Prozeß der Neulanderschließung und Waldzerstörung im SO von Thailand**

Kart.: L. Dreher

unternehmer und die von bürokratischen Hemmungen freiere Entfaltung zu schnelleren, höheren Erträgen, zu größerer Flexibilität bei Wandlungen der (Welt)-Marktsituation und langfristig auch zu regionalen Entwicklungserfolgen.
Nach problemreichen Anfangsjahren hat die Mehrheit der Neusiedlungsregionen beider Typen eine erfolgreiche Produktion und agrarische *Diversifikation* erreicht. Es folgt ein entwicklungswirksamer Ausbau der Infrastrukturen und meist auch eine deutliche Hebung des Lebensstandards. Zahlenmäßig können nur Annäherungswerte gegeben werden, da sich die spontane Neusiedlung einer genauen Erfassung entzieht, in Planprojekten oft Differenzen zwischen Planziel und Realität bestehen und sich Projekte und Regionen z. T. überschneiden. In Thailand wurden (bis 1979) 0,75 Mio. ha in *staatlichen Siedlungsprojekten* erschlossen (ca. 240000 Familien), die *spontane Erschließung* wird dagegen auf 5–6 Mio. (wenn nicht bis 9 Mio.) ha geschätzt – im Vergleich der Flächen und Bevölkerungsgröße, z. B. gegenüber Indonesien, sind dies enorm *hohe Zahlen*. Sie werden dadurch relativiert, daß sie nicht nur kleinbäuerliche Kolonisation (mit einheitlich zugeteilten, geringen Betriebsgrößen) umfassen, wie in der »Transmigration« Indonesiens oder den FELDA-Projekten (= Federal Land Development Authority, S. 445) Malaysias (und auch in den offiziellen Thai-Siedlungsprojekten), sondern daß hier auch die Landaufschließung für *agrarische Großbetriebe* (bis über 100 ha z. B. bei Zuckerrohr) mit einfließt.
In W-Malaysia besiedelte allein die FELDA (bis 1981) 607240 ha (71000 Familien), hinzu dürfte eine fast ebenso hohe Zahl durch andere Organisationen bzw. in den Entwicklungsregionen der Einzelstaaten kommen, so daß etwa 0,8 Mio. Menschen (von gut 11 Mio. Gesamtbevölkerung in W-Malaysia) erfaßt wurden.
Die Staatsprojekte der Philippinen verzeichneten (1978) 737650 ha (49800 Familien), die spontane Entwicklung ist aber wesentlich größer. *Indonesiens* »Transmigration« siedelte bis 1984 auf ca. 1,5 Mio. ha über 350000 Familien an, wiederum kommt eine ähnlich große spontane Neusiedlung dazu – im südlichen Sumatra bis auf das Vierfache der planmäßigen geschätzt.
Viel wird davon abhängen, ob es gelingt, die von der Neusiedlung aufgezehrten Waldreserven (auf den Philippinen und in Thailand besonders gravierend) durch wirklich stabile neue »Agroökosysteme« aufzuwiegen.

#### 2.5.2.6 Der (Markt-)Gartenbau

Der Gartenbau tritt als wichtiger Zweig der südostasiatischen Landwirtschaft in zwei Formen auf: als ergänzender Bestandteil der bäuerlichen Wirtschaft zur Selbstversorgung und mit kleinen Überschüssen für den lokalen Markt oder als junge, kommerzielle Erweiterung durch zugewanderte und auch durch einige heimische Bevölkerungsgruppen. Neben den geringen Betriebsgrößen und dem Überwiegen von Familienbesitz und -arbeitskräften ist der Absatz auf dem Binnenmarkt (von regionalen Exporten, wie etwa von Sumatra nach Singapur und der beginnenden Vermarktung über die Konservenindustrie abgesehen) ein Unterscheidungsmerkmal gegenüber den exportorientierten Plantagen. Chinesische Gartenbauern verbinden aber in einigen Gebieten den Gemüseanbau auch mit der Produktion von Kautschuk, Kopra und anderen Plantagenprodukten.

In den *Baumhainen* um die Siedlungen bildet der Anbau von Kokos-, Areka- (Betel-), Zucker- und anderen Palmen, Fruchtbäumen und -sträuchern, Ananas, Knollenfrüchten (Taro, Yams, Süßkartoffeln, Maniok usw.), Tabak und Zuckerrohr für den Hausgebrauch, Gemüsen, Salaten und Gewürzen eine wichtige Ergänzung zum Reisbau (»kampong-horticulture«). Die Anpflanzung erfolgt meist sehr gemischt, einzelne Beete sind zum Schutz gegen das Kleinvieh eingezäunt. Der über den Eigenkonsum hinausgehende Ertrag wird zum Verkauf auf die lokalen Märkte getragen.

Am Rande größerer Bevölkerungsballungen konnte sich der hauptberufliche Gartenbau entfalten; ein bekanntes Beispiel sind die Gartenbauern zwischen den »Klongs« (Kanälen) der Vorstädte von Bangkok. Die durch Aushub aus den Flüssen und Kanälen künstlich erhöhten, an organischer Substanz reichen Beete, die durch die Kanäle leicht zu bewässern sind, bieten von den Boden- und Kleinklimaverhältnissen her ebenso optimale Bedingungen für einen gemischten und hochintensiven Anbau wie durch den Transport der Produkte im Boot (»schwimmender Markt«). Neben Gemüsen, Salaten, Obst, Bananen usw. gewannen *Schnittblumen* einen hohen Marktanteil. Aber auch in einigen sehr marktfernen Lagen, unter der speziellen Begünstigung eines »amphibischen« Standortes, finden sich weitere Beispiele *wassergebundenen* Gartenbaues, z. B. auf dem Inle-See im Schan-Hochland (dort sogar mit »schwimmenden Beeten« auf Schilfrohrflößen).

Neuere Innovationen sind dagegen der Anbau von Gemüse, Knoblauch, Melonen usw. in *Rotation mit Naßreis* (auf den früher brachliegenden Feldern nach der monsunalen Regenzeit). Dieser Fruchtwechsel war ursprünglich eine Ausnahmeerscheinung in den wenigen Fällen der Ansiedlung von chinesischen Reisbauern (z. B. um Malacca). Mit zunehmender Intensivierung wird er auch in anderen Reisbaugebieten (z. B. Thailand) aufgenommen. Eine längere Tradition hat er schon in Java und Teilen Sumatras, wo nahe der Höhengrenzen des Reisbaues auch Rotationen von Reis mit Gemüse, Kohl oder Kartoffeln geübt werden (»Multiple Cropping Systems« – BEETS, 1982).

Im Umkreis aller städtischen Märkte, aber auch in einigen auf den Fernverkehr angewiesenen Gebieten chinesischer Agrarkolonisation, entstand weiter ein sehr bedeutender *chinesischer Marktgartenbau.* Ihn kennzeichnet die ganze *Intensität* des *Nährstoff-Kreislaufes* der chinesischen Landwirtschaft. In Stadtnähe ist er voll auf Salate, Gemüse, Süßkartoffeln usw. eingestellt, in stadtfernen Gebieten dagegen auf die Kombination mit anderen Handelsgewächsen, wie Kautschuk, Pfeffer, Ananas usw. Die stärkste Ballung chinesischer Marktgartenbauern findet sich in Singapur, wo ein hoher Anteil der noch nicht städtisch verbauten Nutzfläche der Insel von ihnen besetzt wird und – wie in allen Großstädten – die große Zahl der chinesischen Haushalte, Restaurants und der offenen Speisestände auf den Straßen die Abnahme des vielfältigen Angebotes sichert.

In mühsamer Handarbeit werden auf kleinstem Raum hohe ha-Erträge und bis zu vier Ernten jährlich erzielt. Das Land – oft zu hohen Preisen von einheimischen Landbesitzern gepachtet – wird so intensiv genutzt, daß Durchschnittsgrößen von 0,3–0,6 ha für fünf- bis achtköpfige Familien die Ernährungsgrundlage bilden, die freilich in 12–14stündigem Arbeitseinsatz tätig sind, wozu vor allem intensive *Bewässerung von Hand* – bis zu fünfmal am Tage – mit verflüssigtem Dünger (z. T. unter Zusatz menschlicher Fäkalien) und ein ausgeklügeltes System ineinandergreifender Fruchtfolgen nötig sind. Im Mittelpunkt der kleinen Betriebe liegt meist ein Fischzucht- und Bewässerungsteich, darüber ein Schweinestall, dessen Jauche direkt in den Teich fließt und durch die Algenbildung zur Ernährung der Fische beiträgt. Abfälle der Fischzucht und des Gartenbaues sowie Maniok usw. bilden wiederum die Grundlage der Schweinezucht. Blattgemüse erfüllen die innerste, für die Handbewässerung gut erreichbare Anbauzone. Nach außen folgen »Anbauringe« weniger intensiv bewässerter Gewächse, in den Außenbereichen die unbewässerten Handelspflanzen, z. B. Gewürznelken, Chilli, Tabak, Pfeffer, Kautschuk usw. In küstennahen Gebieten, z. T. mit dem Marktgartenbau verbunden, wurden weitere Teiche für Krabben-, Garnelen- und Fischzucht (»prawn ponds«) angelegt, die besonders im Gezeitenbereich Singapurs oder Bangkoks große Flächen einnehmen.

Neuere Umsiedlungsbewegungen, z. B. in die »emergency«-Dörfer für chinesische »squatter« während des malayischen Bürgerkrieges, haben neue geschlossene Dörfer mit ausgedehnten Gartenbaufluren und z. T. mit größeren Schweine- und Fischzuchtbetrieben entstehen lassen. Auch auf dem Ödland aufgelassener Tagebaubetriebe, besonders in den Zinngebieten, hat sich im Umkreis der Bergbausiedlungen der Gartenbau von »squatters« etabliert, z. T. auch als *Nachfolgeberuf* für Bergarbeiter, die durch Stillegung von Abbaugebieten ihr Einkommen verloren hatten, z. B. in den alten Goldbergbaugebieten Borneos.

Ein dritter Typ des Marktgartenbaues nutzt eine naturgeographische Differenzierung, die freilich gute Straßenerschließung zum schnellen Transport auf die Märkte voraussetzt: das tropische *Höhenklima*, das in Lagen zwischen 800 und 1500 m die idealen Voraussetzungen zum ganzjährigen Anbau von Gemüsen und Früchten der *gemäßigten Klimazonen* bietet. Da diese im »normalen« Lebensraum der tropischen Tiefländer nicht erzeugt werden können, erbringen sie gute Preise. Seinen Ursprung fand dieser Anbau in den »hill stations«, den Erholungsorten oder Sommerresidenzen der Kolonialzeit, mit denen neue, größere Siedlungen im kühlen Höhenklima entstanden. Zugleich erfolgte dort die Einführung europäischer Gartenbaugewächse. Weitere Ansatzpunkte boten die Teeplantagen im Höhengebiet, die ebenfalls Verkehrserschließung in die Waldgebirge brachten. Schließlich wurde auch der zunehmende Ausbau der Paßstraßen für die Erschließung neuer Marktgartenbaugebiete genutzt.

Kohl, Tomaten, Zwiebeln, Sellerie, Bohnen, Kohlrabi und verschiedene Früchte und Obstarten (selbst Erdbeeren, Äpfel und Birnen usw.) und zum anderen wieder Blumen bilden die Hauptprodukte, die meist mit Lastwagen auf die Märkte der Städte gefahren werden. Auch für (Früh-)Kartoffeln wurden im Höhenklima Anbauflächen gerodet. Die bereits erwähnten Reis-Kartoffel- (oder Kohl-)Rotationen auf hochgelegenen »Sawahs« in Java und Sumatra kann man ebenfalls zum Höhen-Marktgartenbau zählen.

Die *ethnischen* Grundlagen sind sehr verschieden. Einerseits haben wieder Chinesen und andere (z. B. indische) Zuwanderer diese neuen Chancen des Landerwerbs und der Begründung ertragversprechender Agrarexistenzen genutzt, zweitens Angehörige der heimischen Hochkulturvölker, die ebenfalls z. T. intensiven Gartenbau gewohnt waren (besonders die Javanen, die Minangkabau usw.), und drittens Teile der Bergstämme, die als einzige in diesen Höhengebieten schon heimisch waren. Für sie hat sich mit dieser neuen Entwicklung – soweit sie Verkehrsanschluß erhielten – eine günstige Chance zur *Ablösung* des

*Brandrodungs-Wanderfeldbaues* durch eine lohnende, dauernde Spezialkultur ergeben, und z. B. bei den Bontoc auf Luzon, bei Gruppen der Batak auf Sumatra, den Orang Lawu (Java), den Kadazan in Sabah u. a. hat der Übergang zum Marktgartenbau einschneidende Wandlungen der gesamten Lebens- und Wirtschaftsformen gebracht.
Der Differenzierung der beteiligten Völker entspricht eine Vielfalt der Technik und Intensität der *Bodenbearbeitung*, die von sorgfältig terrassierten und intensiv bewässerten und gedüngten Daueranbauflächen bis zu Übergangsformen aus der »shifting cultivation« reicht, in denen die Kohlköpfe noch zwischen den Stubben des geschwendeten Bergwaldes an steilen Hängen stehen und in Tragkörben zu den Straßenanschlüssen gebracht werden müssen (UHLIG, 1970). Auch die Versuche von Citrusanpflanzungen, Tee- und Kaffeeanbau usw. durch einige Bergstämme in den Waldgebirgen des festländischen SO-Asiens gehören in den Rahmen dieser bisher wenig beachteten agrargeographischen Entwicklung, die parallel dazu auch in den Gebirgen des indischen Subkontinents – Himalaya, Nilgiri- und Khasia-Berge – Bedeutung gewann.

### 2.5.2.7 Die Viehwirtschaft

Während die Gebiete des dichten, tropischen Regenwaldes keine günstigen Voraussetzungen für eine Großviehhaltung bieten, leben in den lichteren, trockeneren Wäldern der monsunal-wechselfeuchten Räume *Wildrinder* – das Banteng (Bos sundaicus), die Wildform des »Bali-Rindes«, und das erst 1937 entdeckte Kouprey (Bos sauveli) in Kambodscha –, deren Domestizierung für eine frühe Bedeutung der Viehhaltung in der bäuerlichen Wirtschaft spricht. Das *Rind* (heimische Rassen und Einkreuzungen indischer Zebu-Rinder) ist vor allem zum Pflügen und zum Ziehen der oft kunstvoll verzierten, zweirädrigen Bauernkarren unentbehrlich. Auf den schweren, sumpfigen Böden der feuchten Tiefländer ist an seiner Stelle der *Wasserbüffel* das unentbehrliche Arbeitstier, dessen Wohlbefinden mehrstündiges, tägliches Suhlen im Wasser oder Schlamm erfordert (zur Abkühlung der sich stark erwärmenden Haut). Rinderweide bieten die lichten Monsunwälder, besonders in den relativ trockenen und deshalb weniger intensiv bebauten Gebieten, wie auf dem Khorat-Plateau oder im zentralen Burma. Man kann generell die Waldweide als die wichtigste Grundlage der Viehwirtschaft in SO-Asien bezeichnen.
Neben den naturräumlichen wirken auch die kulturellen Einflüsse dif-

ferenzierend auf die Viehhaltung ein. So ist es auffällig, daß die stärker *indisch* beeinflußten Länder – z. B. Thailand, Burma, Kambodscha, Indonesien – eine ungleich stärkere Rinderhaltung und -nutzung aufweisen als der mehr chinesisch geprägte Raum, besonders Vietnam. Dort – wie bei den *chinesischen* Agrarsiedlern – steht dafür die Schweinezucht an erster Stelle, in Großstadtnähe (z. B. Singapur) in modernen Mastbetrieben. Sie fehlt aus religiösen Gründen in den islamischen Gebieten. Während sie auch bei den Hinayana-Buddhisten gering ist, spricht ihre große Bedeutung in der Wirtschaft der *Bergstämme* für die ursprüngliche Bedeutung der Schweinehaltung in den alten Kulturen SO-Asiens. Im melanesisch-papuanischen Irian Jaya ist der Besitz von Schweinen noch von höchstem Prestigewert, und rituelle Schlachtungen (mit anschließenden Gelagen) sind Teile des Kultes.

Zuwanderergruppen indischen Ursprungs haben sich gern auf *Rinderweidewirtschaft* und *Milchversorgung* (z. B. Sikh in Malaya, indische Muslim oder einstige Gurkha-Soldaten in Burma) spezialisiert. Örtlich bietet verstärkte Rinderzucht den Dörfern, deren Reisfelder in ertragsunsicheren Randlagen liegen, ein Ergänzungseinkommen durch Verkauf von Zugvieh in andere Dörfer mit intensivem Reisbau, denen es an Weideflächen mangelt.

In den Gebieten der großen jahreszeitlichen Überschwemmungen der – in der Trockenzeit als Stoppelweide dienenden – Reisfelder (z. B. Kambodscha), erfolgen während der Hochwasser- und Anbauzeit *Herdenwanderungen* in höher gelegene Waldgebiete (»tropische Transhumance«). In jüngerer Zeit haben sich auch einige Stammesgruppen auf (Fleisch-) Viehzucht spezialisiert (nach dem Vorbild neuweltlicher Ranchbetriebe), z. B. ein Teil der Bajau und Dusun in Sabah. Aber auch aus den Reisbaugebieten hatte die Lieferung von Rindern und Büffeln als Fleischvieh Bedeutung, besonders für die Versorgung der Großstädte und zum Export (nach Hongkong, Singapur usw.). Die gegenwärtige, schnelle Mechanisierung ersetzt aber in einigen Ländern – voran Malaysia und Thailand – die Wasserbüffel und Rinder, so daß diese Komponente der Viehlieferung aus *bäuerlichen* Betrieben sehr *geschrumpft* ist. An ihre Stelle treten *spezialisierte* Fleisch-Weidewirtschaftsbetriebe. Versuche, auch eine Milchwirtschaft zu entwickeln (u. a. durch Versuchsfarmen der deutschen und der dänischen Entwicklungshilfe), die eine wichtige Ergänzung der fett- und proteinarmen Ernährung bilden könnte, stehen noch in den Ansätzen; sie setzen die Verbesserung und Ausweitung von Futterbau und Weideflächen voraus.

*Geflügel* ergänzt allenthalben die bäuerliche Wirtschaft, während im

Umkreis der größeren Bevölkerungsballungen – meist durch chinesische Unternehmer – zahlreiche moderne Hühnerfarmen entstanden. Im »amphibischen« Reisbauland hat vor allem die Entenzucht wirtschaftliche Bedeutung. Daneben ließ die starke Vorliebe für Enten in der chinesischen Küche in der Nähe der Großstädte zahlreiche Spezialbetriebe zur Entenmast entstehen.
Trotz des tropischen Klimas gibt es in Inselindien auch dörfliche *Ziegenhaltung*. Da sie bei der üppigen Vegetation kaum Schäden verursacht und das Fleisch eine wertvolle Ergänzung der Ernährung bietet, wird die Verbesserung und Erweiterung dieser Ziegenhaltung auch entwicklungspolitisch gefördert. Trag- und Reitpferde werden besonders in den Gebirgsländern und auf den Sunda-Inseln gehalten.

#### 2.5.2.8 Die Fischerei

Neben dem bäuerlichen Fischfang, vor allem in den überschwemmten Reisfeldern, tragen auf den großen Flüssen und Seen hauptberufliche Fischer wesentlich zur Ernährung bei. Mit dem ersteren wetteifern sie in der Vielfalt der Fischfallen, Reusen, Netze, Angeln, Fangschleusen usw. aus Holz, Bambus, Lianen und anderen traditionellen Materialien. Außer den Uferstandorten sind besondere, ihrem Lebensraum angepaßte Lebensformen – wie die Hausbootdörfer vietnamesischer Fischer auf dem Tonle-Sap und den Flüssen Kambodschas, die z. T. mit den periodischen Wasserstandsschwankungen verlegt werden und auf ihren Bambusflößen selbst Schweineställe, Lebendbecken usw. mitführen – zugleich ein Ausdruck ihrer deutlichen sozialen Segregation.
In den dorfnahen Fluren und in den Küstenniederungen und einstigen Lagunen in Java, auf den Philippinen usw. spielen künstliche Fischzuchtteiche eine wichtige Rolle. In ganz SO-Asien kommen dazu die Fischteiche der chinesischen Gartenbauern und die Krabbenzuchtteiche im Gezeitenbereich. Erweitert auf Fischzucht, Garnelen, Langusten usw. hat diese auch im Brackwasser und in der Mangrove entwickelte *»Aquakultur«* große Küstenstreifen – z. B. fast die ganze Nordküste von Java – in künstliche, in intensiver Nutzung stehende Ökotope umgewandelt. Wegen des hohen Ernährungs- und Marktwertes haben Entwicklungshilfe- und Regierungsmaßnahmen in mehreren Staaten (einschl. des Baus von Kühlhäusern, Gefrieranlagen, Konservenfabriken usw.) dem Ausbau dieser Nutzungsform der Küsten große Aufmerksamkeit zugewandt (S. 545). Teil der Entwicklungsplanung ist auch die Anlage verschiedener Versuchsanstalten zur Aus-

breitung moderner, rationeller Fischzuchtmethoden, z. B. des schnell wachsenden »Graskarpfens«.

Die Tradition der *See- und Küstenfischerei* – vor allem unter den seegewohnten Küsten-Malayen – kam in figürlichen Schnitzereien und der bunten Bemalung (Dämonenabwehr) ihrer Auslegerboote, z. T. mit besonderen regionaltypischen Besegelungen, zum Ausdruck. Im küstennahen Flachmeer sind vielfach riesige Fischfallen mit mehr als 10 m hohen Plattformen für Stellnetze – aus dem wasserbeständigen, teuren Holz der Nibong-Palmen – aufgestellt, die zu Hindernissen für die Schiffahrt werden können und deshalb heute z. T. aufgegeben werden (ZIMMERMANN, 1973). Außerhalb der malerischen Dörfer auf palmenbesetzten Stränden bewohnen auch Fischergruppen z. T. schwer zugängliche Pfahlbauten in der Mangrove (KUNSTADTER, et al., 1986) oder auf Koralleninseln; manchmal stehen die Dörfer auf großen Pfahlbau-Plattformen, die zugleich der Trockenfischbereitung dienen. Fast ganz ohne Kontakt zur Außenwelt sind schließlich die Reste der »Orang Laut« (Meeresleute; malayischen – z. T. auch prämalayischen Ursprungs) die als »Seenomaden« gänzlich auf ihren Booten oder entlegenen Inselchen leben (TAUCHMANN et al., 1985).

Für die Ernährung der Küstenbevölkerung spielt weiter das Sammeln von Meerestieren an den Stränden und der Fang mit Handnetzen, Speeren usw. im flachen Küstenwasser bzw. bei Ebbe eine Rolle. Zur Erweiterung der Ernährungsgrundlage haben heute fast alle Regierungen durch Förderungsprogramme die traditionelle Küstenfischerei durch die Einführung und Subventionierung von Außenbordmotoren, Nylonnetzen, verbesserten Anlandungs- und Vermarktungseinrichtungen usw. zu einer modernen Seefischerei entwickelt (S. 310 u. a. Länderkapitel). Erhebliche Fangerträge haben vor allem Indonesien, Thailand und die Philippinen, deren Fanganlandungen etwa den gleichen Umfang wie die Islands oder Frankreichs erreichen. Für wertvolle Fänge, wie Hummer und Langusten, sind modernisierte Fangeinrichtungen und Konservenfabriken (z. B. in S-Thailand) errichtet worden; insgesamt ist die kommerzielle Entwicklung der Seefischerei aber noch eine wichtige Zukunftsaufgabe, der sich auch verschiedene Entwicklungsprojekte gewidmet haben; sie versuchen u. a. eine moderne Hochseefischerei in Gang zu bringen, die bisher weitgehend eine Domäne japanischer Fangflotten blieb.

### 2.5.2.9 Die Forstwirtschaft und die Gefahren der Entwaldung

In der für Export und Binnenmarkt aller südostasiatischen Länder bedeutsamen Forstwirtschaft ist zwischen den immerfeuchten Regen-(und Berg-)wäldern und den laubwerfenden Monsunwäldern zu unterscheiden. Die *holzwirtschaftlich wichtigsten Baumarten* der ersteren gehören fast alle zur artenreichen Unterfamilie der Dipterocarpoideen (kurz: *Dipterocarp*-Wälder), die, meist nur nach der Holzfarbe unterschieden, unter verschiedenen regionalen Namen gehandelt werden (z. B. Yang in Thailand; Kanyin in Burma; Lauan, Meranti oder Apitong in Indonesien). Bedeutend ist die Gewinnung von *Furnierhölzern*. Die in mehreren Ländern – z. T. mit deutscher Hilfe – errichteten Verarbeitungsfabriken bilden einen rohstofforientierten Schritt zum Industrieausbau.

Häufig wird der forstliche Reichtum der tropischen »Urwälder« *überschätzt*. Sie erbringen nur etwa 10 % des Forstertrages der Erde; das meiste Holz stammt aus den Nadelwäldern der Nordkontinente – wo freilich mehr der Massenbedarf (Gruben-, Schnitt- und Papierholz usw.) gedeckt wird, während aus den Tropen vorwiegend *Edelhölzer* exportiert werden. Bei der üppigen Artenfülle des Regenwaldes finden sich pro ha Waldfläche durchschnittlich aber nur sieben bis zehn, in monsunalen Wäldern bis etwa 25 nutzbare Stämme (J. WECK, 1959), so daß meist ein Vielfaches an Bäumen geräumt werden muß, um diese wertvollen Stämme gewinnen zu können. Deshalb sind groß angelegte Einschläge mit Verkehrserschließung und modernen Maschinen heute am lohnendsten; günstig ist die Kombination von forstlichem Einschlag mit der Rodung für Neusiedlungsgebiete.

Wegen der hohen *Exportwertgewinne* haben mehrere Länder, voran Indonesien (bes. in Kalimantan), Malaysia (vor allem in Sabah und Sarawak) und die Philippinen in den 60er und 70er Jahren riesige *Einschläge* von Werthölzern vorgenommen bzw. haben die Wälder auf dem Stamm an ausländische (vor allem japanische) Konzessionäre verkauft und diesen – mit Auflagen – die Erschließung, den Einschlag, den Transport (mit Lkws oder Flößen) und auch die Verschiffung und den Export der Rundhölzer überlassen. *Sandakan* (Sabah), das zeitweilig 25 % des Weltexports tropischer Werthölzer verschiffte, oder *Samarinda* (O-Kalimantan) sind Beispiele spezialisierter Holzexporthäfen und Verarbeitungsplätze; den Aufstieg eines Holzfällercamps zum wichtigsten Holzverarbeitungsstandort der Philippinen auf Mindanao beschrieb K. HAUSHERR (1982). Zum einen wegen der starken *ökologischen Schädigung* der Wälder und zum anderen, um diese wertvollen Ressourcen nicht als reinen Rohstoffexport zu vergeuden,

haben fast alle Staaten SO-Asiens seit einigen Jahren die *Holzwirtschaftspolitik* einschneidend *verändert*. Die *Exporte* von unverarbeitetem Rundholz und auch der Umfang der Einschläge wurden drastisch *eingeschränkt* und eigene *holzverarbeitende Industrien* (Furnier- und Sperrholz u. a.) aufgebaut und zwischengeschaltet.
Mit 59% der *Primärwaldfläche* ganz Tropisch-Asiens ist das insulare SO-Asien der wichtigste *Hartholzexporteur* der Erde geworden, von 1969–79 stieg seine jährliche Stammholzproduktion von 36 Mio. $m^3$ auf 64 Mio. $m^3$ und sein Anteil an der gesamten Hartholzproduktion Tropisch-Asiens von 74 auf 81%. Indonesien verdreifachte die Produktion von 8 auf 26 Mio. $m^3$ und die Exporte von 4 auf 19 Mio. $m^3$; davon etwa 50% aus Kalimantan, wo in den 70er Jahren über 100 Konzessionen eingeschlagen wurden. Malaysias Produktion stieg in diesem Zeitraum von 17 auf 30 Mio. $m^3$ (ESCAP – SCHOLZ 1986). Trotz der verstärkten Bemühungen um »selektiven« Einschlag (nur der Werthölzer) werden immer noch mehr als 40% der verbleibenden Bäume und auch der geschlagenen Fläche beschädigt (KARTANIWATA et al., 1981). Erst allmählich wird diesen riesigen Waldverlusten durch Einschränkungen und die noch sehr schleppende Wiederaufforstung entgegengewirkt. Internationale Organisationen schalten sich in die Bemühungen um eine sorgfältige Walderhaltung bzw. forstliche Nutzung ein (z. B. ESCAP). Das schlimmste Beispiel für Übernutzung boten wohl die Philippinen in den 60er Jahren, der nach 1970 mit einer Drosselung der Stammholzproduktion von 11 auf 7 Mio. $m^3$ und der Exporte von 9 auf 2 Mio. $m^3$ zugunsten verstärkter eigener Verarbeitungsindustrien begegnet wurde; z. T. muß bereits aus Indonesien Rohholz importiert werden!
Ähnlich ist die Situation in Thailand, das ebenfalls vom Holzexport- zum Holzimportland (besonders aus Malaysia) geworden ist (S. 309); die spezielleren Schwierigkeiten der Forstwirtschaft in Burma und Vietnam werden dort dargestellt. Der Anteil des festländischen SO-Asiens am gesamten Rundholzaufkommen Tropisch-Asiens fiel von 12% (1968/70) auf 7% (1977/79), vor allem aufgrund der Rodung und der Übernutzung der Bestände Thailands und Burmas und der Kriege in »Indochina« (ESCAP – SCHOLZ, 1986).
*Holzwirtschaftlicher* Einschlag ist freilich nur ein partieller Faktor in der die Umwelt gefährdenden, rapiden Entwaldung in SO-Asien. Von ebenso großer Bedeutung sind die Rodungen für neue *Anbau- und Siedlungsflächen* (S. 183) und *»shifting cultivation«*, die *Brennholz-* und *Holzkohlegewinnung*, die Waldweide, aber auch der »großzügige« Kahlschlag für Straßenbau (oft mit verbreiterten Sicherheitsstreifen in strategisch wichtigen oder »sensitiven« Gebieten) und die wachsenden

Stadt- und Industriegebiete. Die laufende *Entwaldung* wird im insularen SO-Asien auf rd. 0,9 Mio. ha/Jahr geschätzt. Im Vergleich zur noch erhalten gebliebenen Waldfläche ist ihre Rate im festländischen SO-Asien mit durchschnittlich 0,9 %/Jahr (gegenüber 0,6 %/Jahr für ganz Tropisch-Asien) relativ stärker. Die absolut höchste Entwaldungsrate erreichte jetzt Thailand mit 3,2 %, die Philippinen lagen davor noch höher, sind aber jetzt auf ca. 1 %/Jahr zurückgekommen. Beide werden lediglich noch von Nepal mit 4,3 %/Jahr übertroffen. Sehr hoch (schätzungsweise 1,3 %/Jahr) ist der Verlust durch »shifting cultivation« in Laos (auch das stark von südostasiatischen Minoritäten bewohnte SW-China erfährt dadurch, neben Rodung zur Anlage von Kautschukplantagen und anderen Agrarflächen, eine starke Waldreduzierung). Insgesamt bringt die Nutzung der tropischen Wälder *hohe Erträge* für Export, Industrieaufbau, Bauholz usw., das Ausmaß seiner *Waldverluste* gefährdet aber schon seine Umwelt in bedrohlichem Maße (s. Tabelle 6 im Anhang).

Im frischen, *laubwerfenden Monsunwald* in den Hügelländern des Festlandes und zum anderen im südlichen Monsungebiet des mittleren und östlichen Java und auf den kleinen Sunda-Inseln bietet der Teakbaum (Tectona grandis) das wertvollste Holz. Vielfach sind die verkehrserschlossenen Waldgebiete aber schon völlig ausgeschlagen; Nachpflanzungen und Schutzmaßnahmen haben erst in den letzten Jahrzehnten eingesetzt, das Nachpflanzen von Teakbeständen ist meist überhaupt die einzige Form des forstlichen Anbaues, während sonst meist nur Einschlag von Naturwäldern und Forstschutzmaßnahmen wahrgenommen werden.

Die *Aufforstung* von Teak hat sich auch als der produktivste Beitrag des von verschiedenen Forstverwaltungen – zuerst 1856 durch den Deutschen D. BRANDIS, der später zum Direktor des britisch-indischen Forstdienstes aufrückte, bei Karen-Stämmen in Burma – entwickelten kombinierten land- und forstwirtschaftlichen Anbaues (»Taunggya-System«) erwiesen, mit dem ein Weg zur Ablösung des Brandrodungsbaues gefunden wurde. Von den heute auf *Java* stehenden Teakbeständen von etwa 800000–900000 ha wurde z. B. die Hälfte künstlich und zum größten Teil im kombinierten Anbau angelegt (H. HESMER, 1970); die entsprechenden Reinbestände unterscheiden sich deutlich vom sonst so stark gemischten Bild der tropischen Wälder. Als weitere Werthölzer seien das extrem harte Eisenholz (Xylia dolabriformis bzw. Bornesisches Eisenholz: Eusideroxylon malagangai), das Sandelholz und aus den innertropischen Süßwassersümpfen Ramin (Gonystylus bancanus) genannt.

Auch die aus zahlreichen Arten bestehenden *Mangrove*wälder wer-

den forstlich bewirtschaftet; sie liefern Gerbrinde, Pfähle, Bauholz und Holzkohle. Letztere wird auch in zahlreichen Meilern im trockenen Monsunwald gewonnen, was leider zu dessen immer stärkerer Degradierung beiträgt. *Holzkohle* ist vor allem in den großen Städten, vielfach ein noch kaum entbehrlicher Brennstoff (zum Kochen, für Gewerbe usw.) und wird in riesigen Mengen dorthin transportiert. Die großen Meiler in der Mangrove, aber auch die in den armen (Monsun-) Waldgebieten ein (oft illegales) Nebeneinkommen bringende bäuerliche Köhlerei, sind zu einer starken Gefährdung dieser Ökosysteme geworden. Die Gewinnung alternativer Energieträger, z. B. Erdgas, Kerosin, Strom usw. ist auch deshalb dringlich (CORVINUS, 1984).
Erheblichen *Nebennutzen* bringen die *Sammelprodukte*, wie Lacke (u. a. vom »Lackbaum« [Melanhorrhoea usitata] für die schwarzen Lackarbeiten Hinterindiens), Sticklack, Baumöl (»Tung«), (Damar)-Harze, Rotan (u. a. für die Korbmöbel), Bambus, Wildkautschuk, Pilze, Wildhonig usw. Die Nutzung der *Nadelwälder*, die in den Gebirgen sowohl Hinterindiens wie auch auf Sumatra, Java oder den Philippinen (und auch in Neuguinea) bedeutende Flächen einnehmen (vor allem Kiefern: Pinus merkusii, P. khesiya, P. insularis, Araukarien und Agathis-Arten) ist, wie die der tropischen Bergwälder, wegen der schwierigen *Transportlage* begrenzt. Die *Flößerei* auf den großen Strömen ist noch immer die wichtigste Transportform. *Arbeitselefanten* sind nützliche Helfer bei der schwierigen Arbeit des Bergens der schweren Stämme aus den tropischen Wäldern; sie werden aber mehr und mehr durch moderne Maschinen und Traktoren ersetzt, die aber wesentlich größere Schäden bei den verbleibenden Bäumen und den Waldböden verursachen.
Die größte Waldfläche aller süd- und südostasiatischen Länder besitzt Indonesien (mit starkem Abstand vor Indien und Burma); Singapur ist das einzige Land ohne Wirtschaftswald, aber ein wichtiger Holzumschlag- und Verarbeitungsplatz.

## 2.6 Die Städte in Südostasien

Gegenüber dem hohen Anteil der Agrarbevölkerung umfassen die Großstädte nur etwa 10–20 % der Bevölkerung; ihr politisches, wirtschaftliches und demographisches Gewicht als »Motor« der modernen Entwicklung ist aber erheblich größer und ihr Wachstum heute rapid!

### *Das ältere Städtewesen*

Wenn auch nur noch in wenigen der heutigen Großstädte eine Verbindung zum historischen Städtewesen erkennbar ist, hat SO-Asien doch eine bedeutende *urbane Tradition*. Die Ursprünge der Bildung von Herrschaft, Territorien und – als deren Zentren – der frühesten Stadtgründungen (z. B. in den *ältesten*, erkennbaren *Kulturen* von Fu-Nan, der Pyu und Mon, in der malayischen Inselwelt – wieder unter den Kultureinflüssen Indiens und Chinas) hat P. WHEATLEY (1983) in einer historisch-geographischen Studie erhellt. Die Ruinen der *Tempel- und Palaststädte* der mittelalterlichen *Königssitze* lassen dann schon hochentwickelte (haupt-)städtische Gesellschaften erkennen, hierarchisch gegliedert in einer vom »Gott-Königtum« bestimmten baulichen Ordnung, die ein mythologisch geprägtes, verkleinertes Abbild des Kosmos darstellten. Vom zentralen Tempelbezirk – nach dem Vorbild des heiligen Berges Meru auf einem natürlichen oder künstlichen Hügel – führten die Achsen der zeremoniellen Zwecken dienenden Hauptstraßen zu den Toren und Wallgräben, die als Verkörperung des Weltmeeres in die mythologische Bedeutung einbezogen waren; die *Stadtanlage* wurde zum Ausdruck der Verschmelzung der *geistigen* und *weltlichen Herrschaft* gestaltet. Hofgesellschaft und Beamte, Baumeister, Künstler und Handwerker bildeten den Kern der Stadtbevölkerung, denen sich die entsprechenden Dienstleistungsgruppen anschlossen, während eine große Zahl umliegender Dörfer zur Versorgung dienstpflichtig war. Über die Städte hinaus, von denen nur die *Ruinen* der aus Stein, gebrannten Ziegeln oder aus Laterit gebauten Paläste, Tempel, Stadttore oder Skulpturen erhalten blieben, während die Masse der Profanbauten aus Lehm und Holz der tropischen Verwitterung und den Termiten zum Opfer fiel, verbanden *Straßensysteme* mit Brücken und Rasthäusern, Poststationen und Hospitälern das Land mit diesen Zentren. Auch noch die *Königsstädte* des 18. und 19. Jhs., wie Mandalay als letzter Sitz der burmanischen und Hué als der der annamitischen Könige, oder Bangkok, dessen Tempel- und Palastzentrum noch heute diese Funktion fortführt, wurden nach diesen Prinzipien gestaltet.

In kluger Wahl der *Lage* wurden die alten Königsstädte bevorzugt auf trockenen Standorten an Flüssen (Transport, Wasserversorgung) und periodisch überschwemmten Sümpfen (Naßreisanbau, Fischfang, Schutzfunktion) begründet. Die Stauseen für zusätzliche Bewässerungsflächen dienten zugleich kultischen Belangen und wurden nach indischem Vorbild mit den Tempel- und Palastanlagen verbunden. Am Beispiel des Prototyps von *Angkor* werden diese Gesichtspunkte noch ausführlicher dargestellt; vgl. auch Pagan (S. 240 und 345).

Der Entwicklung von Handel, Siedlungsbewegungen und Staatsbildungen über den See- bzw. Flußverkehr in Inselindien entspricht die Entstehung der meisten dortigen urbanen Zentren in den *Flußmündungen*, wo sie vielfach auf Pfählen oder mit Hausbooten (bzw. Häusern auf Flößen) im Gezeitenwasser lagen. Die Altstadt von Brunei, die Wasserviertel von Palembang und Banjarmasin oder die Fischersiedlungen im Hafen von Penang, aber auch in den Mangrovesäumen, zeigen noch heute diesen Typ der *Wassersiedlung* (»Kampong Ayer«); auch auf dem Festland leben z. B. die vietnamesischen Zuwanderer in den Städten Kambodschas überwiegend auf schwimmenden Siedlungen (UHLIG, 1979). Im Inneren der Inseln entstanden dagegen – wie in Hinterindien – indonesische Fürstensitze auch in den Ebenen und Talbecken mit Stadtanlagen um einen zentralen Palastbezirk (H. LEHMANN, 1936) wie in Yogjakarta und Solo (Surakarta). Vielfach blieben die Zentren aber dörflich, wie die Sitze mancher malayischer Sultanate, die nur von Istana (Palast) und Moschee überragt wurden oder mit zahlreichen Hindutempeln ausgestattete »Kampongs« (d. h. Dörfer) blieben, wie in Fürstensitzen auf *Bali*.

### *Die kolonialzeitlichen Städte*

Eine weitere Gruppe historischer Städte bilden die *frühkolonialen* Stützpunkte. Manila zeigt z. B. heute noch – durch die Bombenzerstörung des Zweiten Weltkrieges beschädigt – mit seinem altspanischen Kern »Intramuros« das Bild der lateinamerikanischen Gründungsstadt (S. 613). Die rechteckige »Plaza« mit barocker Kirche und klösterlichem Konvent (heute meist Schule) bestimmt selbst das Gesicht der kleinen, ländlichen zentralen Orte der Philippinen. Malacca, als malayischer Fürstensitz zunächst 1410 vom Islam und dann 1511 von den Portugiesen erobert, 1614 von den Holländern und 1824 von den Engländern erworben, bietet ein eindrucksvolles Beispiel der historischen »Schichtung« der Kultur- und Bauelemente, verstärkt durch die des Pluralismus seiner städtischen Gesellschaft aus Malayen, chinesischen, indischen und arabischen Händlern und Handwerkern, portugiesisch-malayischen Mischlingen und Europäern. Jakarta durchlief die beispielhafte Entwicklung von der als holländisches Batavia in den feuchtheißen Küstensümpfen mit »Grachten« im 17. Jh. angelegten Kolonialstadt zur luftigen, in das höhere Gelände verlagerten *Tropenstadt* mit halboffenen Bungalows in schattigen Gärten und Alleen, die

nach großer flächenhafter Ausdehnung in den 20er und 30er Jahren heute durch moderne Hochbauten ergänzt werden (S. 555).
Penang (gegründet 1789), Singapur (1819) und später auch Rangun (neben dem älteren Kern einer Tempelstadt) folgten als britische Gründungen in strategischen Lagen; als *Freihäfen* wuchsen die beiden ersteren sprunghaft an. Ihre Zentren tragen das Gepräge des georgianischen und viktorianischen Kolonialstils mit repräsentativen Bauten der Staats- und Handelsmacht (Regierungs-, Verwaltungs- und Gerichtsgebäude, Handelshäuser, Banken, Reedereien usw.), die von christlichen Kirchen (hier in typisch britischer Formgebung), indischen und chinesischen Tempeln und islamischen Moscheen und den dicht gedrängten Häusern der chinesischen Händler umringt werden. Die einstigen Europäerviertel sind mit kolonialzeitlichen Villen in schattigen Parks in den höher gelegenen, kühleren Stadtrandvierteln heute das Quartier der einheimischen Eliten.

### *Chinatown – Viertel der Einheimischen – »Slums«*

Drangvolle Enge und nie endende Geschäftigkeit kennzeichnen die funktional nicht voneinander getrennten Geschäfts-, Werkstatt- und Wohnquartiere der Chinatowns, der aus geradlinigen *Reihenhäusern* (mit offenen Läden oder Werkstätten in den Untergeschossen) gefügten Chinesenviertel. Die überbelegten Häuser in den rostförmigen Gassen, oft mit mehrfachen Einliegerwohnungen in den tiefgestaffelten, schmalen Bauparzellen, die in ihren älteren Teilen heute als menschenunwürdige »slums« betrachtet und nach Möglichkeit abgerissen oder saniert werden, hatten Belegungsdichten von drei bis sieben Personen in kaum 20 $m^2$ großen Einfamilien-»Zimmern«. In der »Upper Nanking Street« in Singapur (B. KAYE, 1960) lebten 56% der Bewohner in solchen Quartieren. Auch die Inder blieben meist in geschlossenen Vierteln, die mit dem malayischen Begriff »Kampong Kling« bezeichnet werden. Vielfach bilden auch barackenartige »labour-lines« für Bahn- oder Straßenarbeiter geschlossene indische Kolonien. In Rangun hat sich das verarmte Proletariat der indischen Zuwanderer in den verfallenen Gassen der eng bebauten Altstadt gesammelt (s. u.). Die Viertel malayischer (bzw. javanischer u. a.) Stadtbevölkerungen bestehen, dem dörflichen Vorbild entsprechend, dagegen aus lockeren Bungalows zwischen Baumhainen, die oft den Namen *»Kampong Bahru«* (neues Dorf) tragen; ihnen entspricht das »Kwetthit« in Burma. Ähnlich, wenn auch dichter geschart, sind die Ansammlungen der Holzhäuser der älteren thailändischen Stadtbevölkerungen; gern werden auch dort städtische Viertel auf Pfahlbauten ins Wasser gestellt. Die zweistöckigen hölzernen Reihenhäuser der Geschäfts- und Handwerkerstraßen werden in Thailand heute in schneller Folge von Betonbauten verdrängt. Neben den überfüllten, sozial abgesunkenen Innenstadtgebieten ist am Rande oder auf freigebliebenen ungünstigen Flächen (z. B. sumpfigen Talauen) der Großstädte ein zweiter Typ von *Slumsiedlungen* in Form von Budenstädten herangewachsen, die weitgehend von »squattern« in illegaler Besiedlung besetzt werden. In Jakarta wurde ihre Zahl 1961 auf 750000 geschätzt, der jährliche Zuwachs des *Wohnungsbedarfes* beträgt ca. 200000, während nur etwa 100000 erstellt werden können. Man behilft sich deshalb z. B. mit einem Sanierungsprogramm für die »kampung«-Notquartiere, z. B. durch Anlage von Standwasserleitungen, Müllentsorgung usw., für die auf ca. 3,8 Mio. angewachsenen städtischen »squatter« (S. 558). In Manila soll ihre Zahl von 320000 (1961) über 1,1 Mio. 1967 (A. KOLB, 1976) auf 1,6 Mio. (1980 – FEA, 1986) angestiegen sein, d. h., über ein Viertel der Bevölkerung wohnt in solchen Unterkünften. Ähnliches gilt für Bangkok. Mit staatlichen Mitteln wurden in den meisten Städten inzwischen ausgedehnte *Wohnblocks* errichtet – die nach chinesischer Weise an Tausenden von langen Stangen aus allen Fenstern zum Trocknen herausgehängte Wäsche läßt erkennen, daß sie dicht wie die Bienenwaben besetzt sind –, um dorthin die von der energisch vorangetriebenen *Slumsanierung* betroffenen Bewohner in hygienisch günstigere und kommunalpolitisch geordnetere Verhältnisse umzusiedeln. In *Singapur* wurde dieser Vorgang in ein umfassendes Stadterneuerungsprogramm (S. 479) eingegliedert, durch das große, neue Stadtviertel aus modernen Wohnhochhäusern »westlichen« Stils aufwuchsen, die dicht mit chinesischen Familien belegt sind. Nicht selten haben diese Sanierungsprogramme mit dem zähen Widerstand der »squatters« gegen die Umsiedlung zu ringen, da sie in ihren Budenstädten ohne Mieten, Wasser- oder Stromkosten und mit der Möglichkeit zur Hühner- und Schweinehaltung sowie der Ausübung zahlreicher kleiner Gewerbe kostengünstiger und in einer gewohnteren Umwelt leben können als in den Hochhausblöcken des sozialen Wohnungsbaus. Während *Singapur* die »Slums« vollständig beseitigt und die Bewohner in die modernen »New Towns« und »Housing Estates« (vielfach in sozialem Wohnungsbau) umgesiedelt hat, wird in den indonesischen Großstädten die Neubauentwicklung von immer neuer Land-Stadt-Wanderung überrollt, ähnlich in Manila (Tondo) und Bangkok (Klong Thoey).

Malaysia folgt dagegen mit seinem raschen Aufbau Singapur, und die zunehmende Eingliederung der Malayen in die Stadtbevölkerung

(S. 462) verdrängt bereits die o. a. traditionell-ländlichen Stadtviertel mit ihren Baumgärten durch immense Neubautätigkeit. Rangun und Hanoi stagnieren demgegenüber in ihrer Bauentwicklung, ihre kolonialzeitliche Bausubstanz ist überbelegt und in tristem Verfall.
Das in der Kolonialzeit entstandene Charakteristikum der sog. *»dual economy«* der Städte hat sich mit deren moderner Expansion z. T. noch verstärkt oder mindestens erhalten. Hart neben eleganten Wolkenkratzern, Büros, Banken, vollklimatisierten Supermärkten und Selbstbedienungsläden mit überwältigend großem und modernstem Warenangebot existieren noch die zahllosen *Kleinsthändler* (»pedlers«), ambulanten Küchen und Handwerker (vielfach mit einer »Werkstatt« auf der Straße). Oft sind es Chinesen oder andere Minderheiten, ebenso häufig aber stammen sie auch aus den eigenen, sozial schwachen Schichten der Stadtbevölkerung, manche sind neue Zuwanderer aus den »slums«, andere haben schon eine alte Tradition. Dem westlichen Bankgeschäft mit festen Zinssätzen steht der völlig anders strukturierte asiatische Geldverleih (»Chettyars«, Wechsler usw.) oder neuerdings die (moderne) »islamische Bank« ebenso unvermittelt gegenüber wie die in die alten, besonders chinesischen Wohnviertel integrierten Kleingewerbe im Familienbetrieb den nicht weit davon entfernten modernen Industrieparks. Man könnte diese Gegenüberstellung beliebig fortsetzen – etwa an die buddhistischen »Hausgeist«-Häuschen (»Pi«) vor modernen Büro- oder Hotelbauten Bangkoks oder an die sich in eloxierten Glasfassaden spiegelnde, historische Moschee im Herzen Kuala Lumpurs erinnern –, es bleibt dieses schroffe *Nebeneinander* asiatischer Traditionen und modernster, westlich oder japanisch geprägter Entwicklung, das den Städten SO-Asiens nicht nur ihre faszinierende Atmosphäre gibt, sondern auch eine Fülle sozialer und wirtschaftlicher Spannungen und Entwicklungsprobleme erkennen läßt (McGEE, 1963; 1967; D. KÜHNE, 1976; W. RÖLL, 1979 u. a.).

### *Die Probleme der »primate city«*

Fast jedes südostasiatische Land hat eine überragende Metropole (BRONGER, 1985), die »primate city« (JEFFERSON, 1939; McGEE, 1967), die als Zentrum ein Vielfaches der Größe und die entsprechende Konzentration aller zentralen Funktionen gegenüber den zweitgrößten und folgenden Städten aufweist. Das gilt für Manila, Rangun, Saigon und Hanoi, aber ebenso für Bangkok, in dessen sozialem Gefüge an der Stelle der einstigen Kolonialherren die heimische Oberschicht (und die chinesischen Finanzkräfte) von Anfang an an der Spitze stand. Singapur – heute Stadtstaat – spielte diese Rolle für Malaya. Unter den jüngeren Hauptstädten – im Gegensatz zu den anderen im Binnenland gelegen – durchläuft heute aber auch Kuala Lumpur eine so stürmische Entwicklung, daß es schon zu den großen Metropolen aufgeschlossen hat. *Indonesien* weist als einziges Land neben der Hauptstadt *Jakarta* (1980: 6,5 Mio. EW) vier weitere Millionenstädte auf (S. 554). Bangkok zählte in den zum geschlossenen Stadtgebiet gehörenden Gemeinden 1983 bereits 5,3 Mio. EW (S. 290). Manila erreicht mit seinen Vorstädten (die aber administrativ selbständig sind, darunter die eigentliche Regierungshauptstadt Quezon City) 6,6 Mio. EW (1980). Saigon (Ho Chi Minh-Stadt), mit der Industrievorstadt Cholon, lag 1969 bei 2,7 Mio., stieg bei Kriegsende extrem weiter an, wurde aber nach 1976 wieder auf ca. 2 Mio. reduziert. (S. 391). Singapur (Stadtgebiet) hatte 2,1 Mio. EW (1970) und Rangun (mit Vororten) 3,3 Mio. (1977).

In der städtebaulichen Prägung, aber auch im kulturellen »Milieu«, wirkt noch jeweils die einstige Kolonialmacht nach, die Singapur, Rangun oder *Kuala* Lumpur ebenso unverwechselbar kolonialbritische, wie *Saigon* oder Hanoi und *Phnom* Penh französische und den indonesischen Großstädten holländische Ausdrucksformen hinterlassen haben. In Bangkok vollzieht sich ein rapider Übergang vom Tempel- und Palastzentrum und den hölzernen Reihenhäusern der 20er und 30er Jahre zur modernen Weltstadt allgemeinerer, »westlicher« Prägung. Da die meisten Metropolen zugleich die *Haupthäfen* ihrer Länder sind, verstärkt sich ihre Rolle als Handelsmittler und auch der entsprechend große »tertiäre« Bevölkerungsanteil, der in der Kolonialzeit zu einseitig im *Dienstleistungssektor* heranwuchs. Das *industrielle* Gegengewicht, teilweise aber auch die Spitzenkräfte im Verwaltungs-, Bildungs- und Gesundheitswesen sind dagegen noch knapp. Fast alle Länder ringen mit dem entwicklungspolitischen Problem, daß die junge, heimische Elite – jene Spitzenkräfte des »tertiären« Bereiches – sich fast ausschließlich in den Hauptstädten sammelt, während in den Kleinstädten und auf dem Lande Mangel an Ärzten und anderen Akademikern herrscht (z. B. vereinigen sich in Bangkok zwei Drittel aller Akademiker und 78 % aller Ärzte des Landes, während das Stadtgebiet nur ca. 10 % der Gesamtbevölkerung Thailands umfaßt).

Als Sitze der einstigen kolonialen Verwaltung und heute wieder als Sammelpunkte der den internationalen Einflüssen geöffneten »Elite« sind die Großstädte am meisten der *Modernisierung* geöffnet, so daß mit den Hauptstädten zugleich auch die Zentren der nationalen Identität der jungen Staaten besonders der »Verwestlichung« ausgesetzt sind und ihrem ländlichen Hinterland entfremdet werden. Moderne Hochbauten und Geschäftsviertel im internationalen Stil, eine extreme Verkehrsflut, die durch das Fehlen angemessener *Nahverkehrsmittel* wie Straßen-, U- und Stadtbahnen – in Manila und Singapur jetzt im Ausbau – oder ein leistungsfähiges Busnetz noch vergrößert wird, und Umstellungsschwierigkeiten der dieser Entwicklung noch nicht gewachsenen Verhaltensformen steigern die städtischen Verkehrsprobleme oft ins Chaotische. Bangkok hat z. B. 475000 (1982) Kraftfahrzeuge! Aber auch mit Fernsehen, Kino, Sport und Unterhaltung, Hotels und Fremdenverkehr, Warenangebot, technischer Ausstattung (Klimaanlagen!) usw. vollziehen sich rapide Wandlungen und Angleichungen dieser Großstädte an den internationalen Standard – mit der bemerkenswerten Ausnahme des isolierten und wirtschaftlich stagnierenden Rangun. Neben der Modernisierung und dem Gefälle in Einkommen und Lebensstandard ist es das Überwiegen der *fremdvölkischen Asiaten* in den Stadtbevölkerungen, das die Kluft zwischen Großstadt und Land vertieft. In den städtischen Bevölkerungen steigt der Anteil der (außer den Plantagengebieten und Bergbausiedlungen) überwiegend dort konzentrierten chinesischen und indischen (und in Kambodscha und Laos vietnamesischen) Minderheiten bis auf 75%. Das gilt aber auch in den kleinen, ländlichen »zentralen Orten«, seien sie aus Marktflecken oder aus Eisenbahnknotenpunkten, Verwaltungssitzen, kleinen Häfen oder Bergbausiedlungen herangewachsen; besonders der Handel und das Finanzwesen sind zum überwiegenden Teil in chinesischer oder indischer Hand.

### *Der Ausbau von Industrievierteln und Satellitenstädten*

Mit der Förderung des Industrieausbaues – besonders der Errichtung von staatlich begünstigten »Industrial Estates« – wurde auch die moderne Stadtplanungskonzeption der »New Towns«, planerisch gestaltete Satellitenstädte zur Entlastung der übervölkerten Großstädte, eingeführt. Jurong (Singapur) und Petaling Jaya (bei Kuala Lumpur) sind als erfolgreiche Beispiele besonders bekannt geworden, inzwischen sind in Malaysia mehrere solcher »New Towns« – z. T. mit neuen Industriegebieten (S. 462) – im Aufbau. Daß man die Notwendigkeit zur *Dezentralisierung* erkannt hat, wird in der staatlich geförderten Entwicklung größerer Provinzstädte deutlich. Mit der Gründung neuer Universitäten wird versucht, dort auch das geistige Leben und die Entwicklung eines gehobenen tertiären Bevölkerungssektors zu fördern. Durch diese Maßnahmen sind in den jüngeren Jahren eine ganze Anzahl weiterer Orte zu großstädtischem Format herangewachsen, und es bahnt sich durchaus eine Wandlung des bisher zu einseitig von der Polarität zwischen Metropole und zurückgebliebenem Land bestimmten Verteilungsbildes der städtischen Funktionen an.

### *Die »städtische« Bevölkerung*

Eine genauere Erfassung der Anteile der *»städtischen Bevölkerung«* bleibt schwierig, da die statistischen Merkmale der einzelnen Staaten sehr verschieden sind. In einer Stadtgeographie SO-Asiens hatte McGEE (1967) versucht, die durch zu niedrige Schwellenwerte für »städtische« Siedlungen fragwürdigen Zahlen der amtlichen Statistiken nach der Zentralität und einer Untergrenze von 20000 EW zu korrigieren und kam dabei auf 10–20 % geringere Werte. Inzwischen ist die Urbanisierung aber erheblich fortgeschritten, und die relativ hohen Werte von 29,4 % »städtischer« Bevölkerung für Malaysia und 22,2 % für Indonesien (1982 – nach FEA, 1986) sind nicht unwahrscheinlich. Zu hoch dürften aufgrund der Klassifizierung vieler großflächiger, aber nicht voll urbaner Verwaltungseinheiten als »Städte« die Zahlen von 37,4 % für die Philippinen und 27,2 % für Burma sein. Realistischer erscheinen die 19,3 % für Vietnam und 14,3 % für Thailand. In Kambodscha (13,9 %) und Laos (13,4 %) wirkt sich die geringe Gesamtbevölkerung der Länder in Relation zu den wenigen, aber *relativ* großen Städten aus. Wenn Singapur mit nur 74,1 % erscheint, sind umgekehrt die nicht im geschlossenen Bebauungsgebiet lebenden Bewohner (weit mehr als die nur noch ca. 1 % agrarisch Tätigen) gezählt, zutreffender sind dort die schon 1967 (McGEE) angegebenen 92 %.

Im Gegensatz zu Europa, wo die starke Verstädterung die Folge der Industrialisierung war, wächst in den meisten südostasiatischen (und weltweit in fast allen) Entwicklungsländern die Land-Stadt-Wanderung sehr viel schneller als die gewerblichen Arbeitsplätze. Der »pull-factor« ist die Hoffnung auf ein besseres Einkommen in der Stadt, die aber meist nur partiell und spät erfüllt wird, weshalb städtische Armut und »slums« immer wieder nachwachsen und (außer in Singapur und Malaysia) die *Stadterneuerungsprogramme* und den *Wohnungsbau* immer erneut überholen. Dennoch dürfte der starke *Verstädterungstrend* anhalten, und Projektionen der UN erwarten zum Jahr 2000 eine *Verdoppelung* der städtischen Bevölkerungen, für Jakarta z. B. ca. 14,3 Mio. EW.

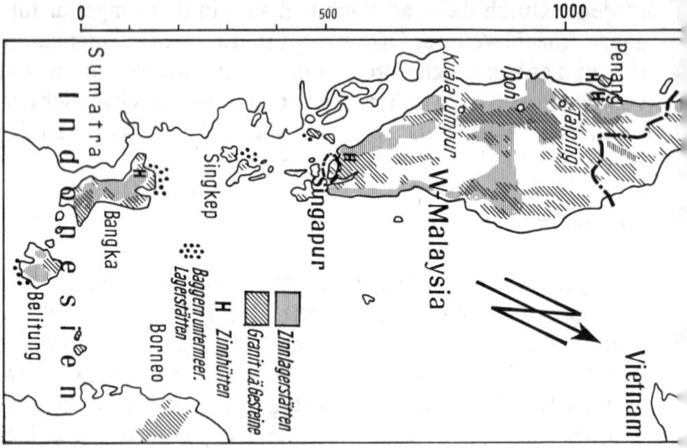


Die nationalen Entwicklungspläne sehen in jüngerer Zeit meist eine Lenkung des Ausbaues einer begrenzten Anzahl räumlich gut verteilter *Oberzentren* vor, z. B. von »Regionalzentren« in Thailand (S. 292), Indonesien (S. 564) u. a. Auch für die Steuerung von Wachstum, Bebauungs- und Verkehrsentwicklung der großen Metropolen wurden Planungsregionen gebildet, z. B. »JaBoTaBek« für Groß-Jakarta (S. 554).

## 2.7 Bodenschätze, Bergbau und Energiewirtschaft

### 2.7.1 Der Erzbergbau

Die Zinnproduktion war, besonders in Malaya, auch eine wichtige Triebkraft zur Städtegründung. Durch die gegenseitige Förderung bei der Erschließung (Einwanderung der fremden Arbeitskräfte, Ausbau des Verkehrsnetzes, der Infrastruktur und der zentralen Orte) sind an dessen W-Küste die Plantagenwirtschaft und der Zinnbergbau so stark zu gemeinsamen Trägern der Landesentwicklung geworden, daß dieser ganze Raum als *»Kautschuk- und Zinngürtel«* bezeichnet wird. Die Mehrzahl der Städte, darunter die Hauptstadt Kuala Lumpur und Ipoh, die zweitgrößte Stadt, sind als Bergarbeitersiedlungen entstanden.

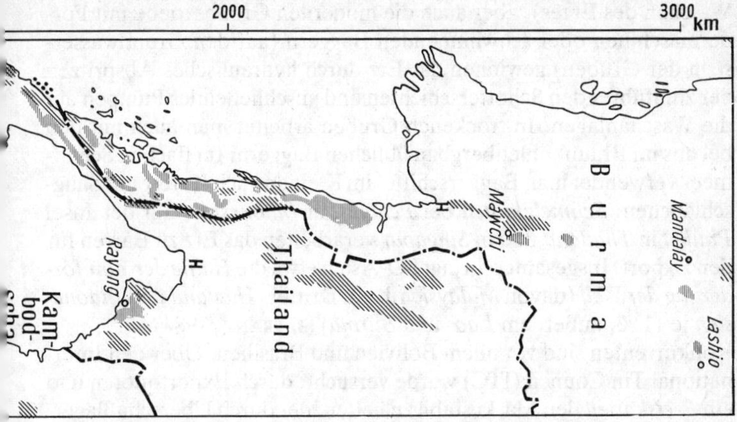


**Abb. 16:** Der Gürtel der Zinnlagerstätten in Südostasien
*(Entwurf: H. Uhlig, nach: P.P. Courtenay, 1968; J. Franz, 1984, und eigenen Ergänzungen)*

*Südostasiens Zinngürtel*

Vom Schan-Hochland im Norden von Burma zieht sich durch Thailand, die malayische Halbinsel und über die östlichen Randgebiete Sumatras bis Bangka, Belitung und Singkep in Indonesien die größte Zinnlagerstätte der Erde: eine dem tektonischen Bau folgende, langgestreckte Zone über ca. 3000 km (Abb. 16).
In Indonesien begann schon 1709 die Zinnförderung auf Bangka, die eine starke *chinesische* Zuwanderung auslöste. Das Muttergestein sind granitische bis granodioritische Intrusionen eines magmatischen Bogens (Trias/Jura) im Malaya-Orogen (S. 26); später drangen im Tertiär erneut intramediäre Vulkanite auf. Die bedeutendsten *Zinnvererzungen* (Kassiterit – $SnO_2$) liefern die *Biotitgranite*. Es gibt vielfältige Mineralisationsformen der Zinnerzkörper, sie können z. B. im Randbereich von Graniten, Pegmatiten oder Apliten fein verteilt, pneumatolytisch in Gneisen angereichert sein oder hydrothermalen Gängen im Nebengestein folgen (H. L. SCHMIDT, 1979). Die tiefgründige tropische Verwitterung hat das Erz aus dem Gefüge seines granitischen Muttergesteins gelöst, und die Abflüsse der reichen Niederschläge haben es in den alluvialen Küstenebenen aufgeschüttet. So kann der Abbau überwiegend auf *sekundärer Lagerstätte* in Zinn-»Seifen« leicht im Tagebau erfolgen. Zahlreiche chinesische Klein- und Mittelbetriebe (mit den hohen Bambusgerüsten der »Palongs« zum

Waschen des Erzes), aber auch die modernen Großbetriebe mit Fördermaschinen oder schwimmenden Baggern (auf den Grundwasserseen der Gruben) gewinnen das Erz durch hydraulisches Abspritzen der zinnführenden Schotterschichten und anschließendes Pumpen auf die Waschanlagen. In trockenen Gruben arbeitet man auch mit den bei uns im Braunkohlenbergbau üblichen Baggern. Im flachen Schelfmeer verwendet man Baggerschiffe, im Kleinen auch Kutter mit Saugschläuchen. *Schmelzhütten* bei *Penang*, in *Indonesien*, auf der Insel *Phuket* in *Thailand* und in *Singapur* verarbeiten das Erz zu Barren für den Export. Insgesamt erbringt SO-Asien etwa die *Hälfte der Zinnförderung der Welt* (davon *Malaysia* rd. ein Drittel, *Thailand* und *Indonesien* je 11 %, außerdem *Laos* und *Burma*) (J. FRANZ, 1984).
Konkurrenten sind vor allem Bolivien und Brasilien. Über den International Tin Council (ITC) wurde versucht, durch Exportquoten und ein *Preiskartell* den Markt stabil zu halten, der durch Überschußlagerbestände und neue Technologien und Materialien in den Zinnplatten- und Verpackungsindustrien *gefährdet* ist. 1985 ist dieser organisierte Weltmarkt durch Preisverfall in eine schwere Krise geraten, die zur Stillegung vieler Gruben, vor allem in Malaysia (S. 452), führte. Starker Zinnschmuggel aus Thailand (unterschiedliche Besteuerung und Umgehung der Exportquoten) und die Schmelzhütten des nicht selbst zinnfördernden Singapur belasten den Markt. In Malaysia sank der Anteil des Zinns am nationalen Exportwert von 19,7 % (1970) auf 9,6 % (1979) und 1985 noch wesentlich tiefer, obwohl das Land seit rd. 100 Jahren an der Weltspitze der Erzeuger steht. In Indonesien fiel die Förderung am Kriegsende und in der Sukarno-Ära stark ab, heute erreicht sie etwa wieder die Hälfte der Vorkriegsjahre; die Gruben wurden jetzt von einer deutschen Gesellschaft übernommen und modernisiert. Möglicherweise gewinnen *Nebenprodukte* wie Ilmenit, Monazit, Zirkon, Tantalerze, Wolfram usw. künftig an Bedeutung.

### *Erze und Stahlgewinnung*

Neben SO-Asiens Hauptbodenschätzen – Zinn, Erdöl und Erdgas – sind *Nickel* (Philippinen, O-Indonesien) und *Kupfer* (dieselben und O-Malaysia) von Bedeutung: weiter *Blei/Zink*, Mangan, Molybdän, Silber und Gold usw. Ihre bedeutenderen Vorkommen werden in den Länderkapiteln angesprochen. *Burma*, einst wichtiger Erzproduzent, ist durch seine politischen und wirtschaftlichen Nöte (S. 267) nur begrenzt förder- und lieferfähig.
*Bauxit* wird seit 1935 auf Bintan (Riau-Inseln) abgebaut, wo es als

lateritisches Verwitterungsprodukt auf triassischen Schiefern, Vulkaniten und granitischen Intrusionen in großer Mächtigkeit ansteht. Neue Lagerstätten werden in W-Kalimantan prospektiert. Die Förderung wird überwiegend nach Japan exportiert. Mit dem Wasserkraftausbau des Asahan-Projekts in N-Sumatra ist der Aufbau einer eigenen Aluminiumverhüttung im Gang. Kleinere Förderung erfolgt in Malaysia; Lagerstätten haben die Philippinen auf Samar.
Im Abbau von *Eisenerzen* haben die Philippinen eine alte (evtl. schon vorspanische) Tradition, die im 18. Jh. von Chinesen ausgebaut wurde. 1972 überschritt die Förderung mit 2,5 Mio. t/Jahr ihren Höhepunkt. Eigene Hütten- und Stahlwerke sind geplant bzw. im Ausbau. Dagegen hat Indonesien – nach kleineren Stahlbarren-, Draht-, Rohr- usw. Walzwerken bei Jakarta und Surabaya – mit dem Aufbau der Krakatau Steelworks an der W-Küste Javas ein großes Stahlwerk aufgebaut. In den 60er Jahren – ursprünglich mit russischer Hilfe – begonnen, aber wieder eingestellt, wurde es mit japanischen, deutschen und US-Firmen seit 1974 zügig ausgebaut. Es produziert aber noch mit australischen Erzen; das bedeutende eigene Eisenerzpotential (besonders Kalimantans und Sulawesis) kann erst begrenzt wirtschaftlich genutzt werden. Die schwarzen *Eisensande* an Javas Südküste (Ilmenit) werden bei Cilacap seit 1970 abgebaut und als Konzentrat nach Japan exportiert.
W-Malaysia förderte in den 30er–60er Jahren größere Mengen Eisenerz (Kontakt- und Lateriterze) und exportierte nach Japan. Die Förderung ist heute eingestellt. Neben einigen kleinen Hütten (z. B. Prai bei Penang) wurde aber ein modernes *Stahlwerk* in Trengganu (Ostküste) zunächst mit Importerzen in Betrieb genommen (S. 455).

### 2.7.2 Erdöl und Erdgas

*Die Erdölwirtschaft*

Erdöl und Erdgas gehören *heute* zu den *bedeutendsten Wirtschaftsfaktoren* SO-Asiens. Schon ungewöhnlich *alte* Nutzungen sind aus Burma bekannt: Dort wurde aus bergmännisch angelegten Erdölbrunnen (zu Beleuchtungszwecken) schon seit dem 13. Jh. geschöpft, im 18. Jh. dienten einige Hundert Brunnen um Yenangyaung dem gleichen Zweck. 1897 nahm die britische Burmah Oil Company die moderne Förderung auf, 1892 schon die niederländische Petroleum Gesellschaft auf Sumatra, aus der 1907 die Royal Dutch/Shell Gruppe hervorging. 1911/1929 kamen Sarawak und Brunei hinzu.

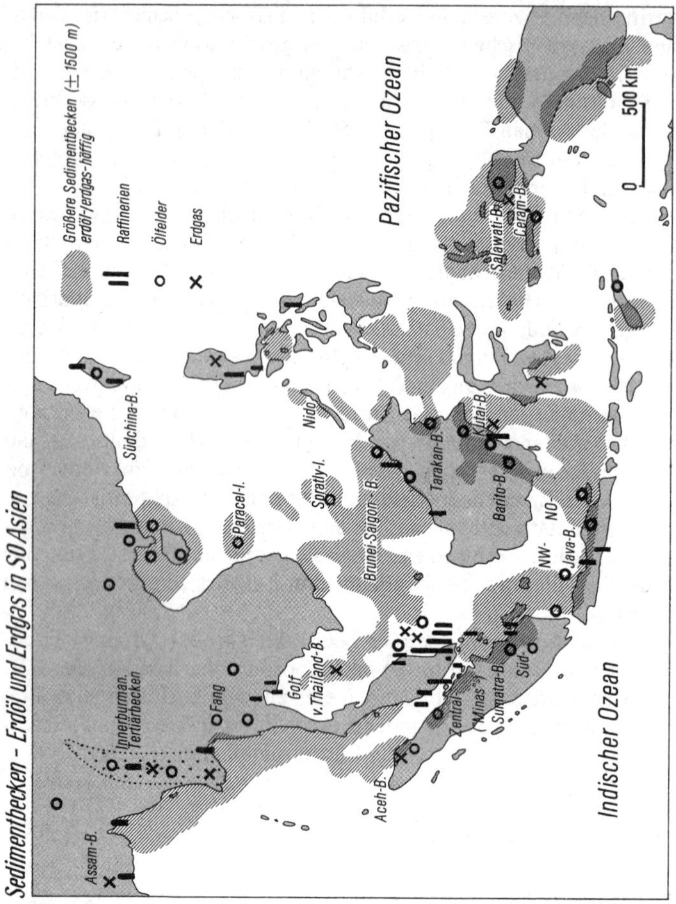


**Abb. 17:** Die Sedimentationsbecken für Erdöl und Erdgas in Südostasien *(Entwurf: H. Uhlig, nach: H. L. Schmidt, 1979; Petro Atlas, 1982, Siddayao, 1980. Kartogr.: L. Dreher)*

Erschöpfung erster Lager, Kriegszerstörungen und die Umstürze der Unabhängigkeitszeit ließen diese Bedeutung wieder sinken, bis die Förderung in den 60er Jahren sprunghaft anstieg und mit der wirtschaftlich lohnenden Erbohrung *untermeerischer Lagerstätten* (zuerst 1970/71 in Brunei und Sarawak) ein kometenhafter Anstieg begann, der in einigen Staaten SO-Asiens Erdöl und -gas zum wichtigsten Pfeiler der Wirtschaft werden ließ, in anderen wenigstens die entwicklungshemmende Abhängigkeit vom Öl-Import gemindert hat.

*Die Sedimentationsbecken*

Zwischen den jungen magmatischen Gebirgsbögen und der älteren Sunda-Scholle (S. 25) sammelte sich im Tertiär in den ausgedehnten Vorlandsbecken das Abtragungsmaterial der herausgehobenen Gebirge in mächtigen Sedimentationsschichten. Auch Zwischenbecken auf der Außenseite und Randbereiche zwischen dem nichtvulkanischen Außenbogen und der Subduktionszone nahmen große Mengen Abtragungsschutt auf, die in den *Meeren vor Sumatra, Java und Borneo Sedimentationströge* bis zu 10000 m füllten (H. L. SCHMIDT, 1979). Die großen Flachmeersockel – fast ⅕ des Schelfareals der Erde liegt in SO-Asien – boten ideale Ablagerungsmöglichkeiten. Ihre tertiären Schichten dienen den *Kohlenwasserstoffen* als Speicher, die aus organischem Material über 600 Mio. Jahre in Sedimentschichten abgelagert und den Wirkungen von Druck, Temperatur und physikalisch-chemischen Prozessen ausgesetzt waren; die Muttergesteine liegen vorwiegend im Mesozoikum. Die größten *Erdöllager* haben sich in hochporösen Sandsteinen und z. T. in kohlenwasserstoffhaltigen Kalkriffen angesammelt.

*Die untermeerische Förderung*

Die Förderung begann auf den *landfest* gewordenen Teilen der Sedimentationsbecken, hat sich seit den 1970er Jahren aber stark auf die *untermeerischen Lagerstätten*, die »offshore hydrocarbon reservoirs« verlagert, die überwiegend an den Kontinentalrändern liegen. Moderne Bohrschiffe bewältigen etwa 1800 m Bohrtiefe (und bis zu 1300 m Wassertiefe), die Mehrheit des südostasiatischen Erdöls liegt aber auf dem nur 200 m tiefen *Sunda-Flachmeersockel*. Erwartete technische Fortschritte lassen auch tiefere Meeresteile des südchinesischen Meeres, das stark erdölhaltig ist, in das wirtschaftliche und politische Interesse rücken (»Südchina-Becken« – mit den Spratly- und Paracel-Inseln und Wassertiefen von 1000–4000 m – S. 230); die Lagerstätten unter 3000 m Tiefe erscheinen in absehbarer Zukunft aber nicht abbaufähig. Die erdgas- und erdölhöffigen *Sedimentbecken Inselindiens* und des Golfes von Thailand, der Andamanensee und des südchinesischen Meeres zeigt Abb. 17. Der südliche Rand der letzteren trägt die Felder von Brunei und O-Malaysia. In Mittel- und S-Sumatra ist das riesige »Minas«-Feld (miozäne Sandsteine; landfest und untermeerisch) Indonesiens wichtigste Förderstelle; weiter N-Java, drei große Becken in O-Kalimantan, das Makassar-Becken und die Sedimentationsräume am Nordrand der australischen Scholle in Irian Jaya. Im Golf von Thailand konnten erst 1976 die Ölfelder W-Malaysias und die *Erdgasfelder* Thailands (1980) erschlossen werden. Die Erdölfunde Thailands sind auf kleine Landvorkommen beschränkt (S. 314), und auch die Lagerstätten Burmas sind landfest, während die untermeerische Exploration dort noch wenig Erfolg brachte.

*Die Förderung und ihre ökonomische Bedeutung*

Obwohl SO-Asien im weltweiten Vergleich nur etwa *5 % der Welterdölförderung* (und *4 % der Welt-Erdgasförderung*) erbringt sowie über 3 % der Welt-Erdölreserven und 40 % der Erdgasreserven verfügt (im Umfang etwa W-Europa mit dem Nordsee-Erdöl und Erdgas entsprechend; Petro-Atlas, 1982), ist die wirtschaftliche Bedeutung für diese Entwicklungsländer enorm. Das gilt vor allem für *Indonesien, Malaysia* und *Brunei*, die – über den eigenen Energiebedarf hinaus – *hohe Exporterlöse*, Steuern und *wirtschaftliche Entwicklungsimpulse* erzielen. In Indonesien (das 1939 schon 8,5 Mio. t/Jahr erreicht hatte, 1946 aber auf das Niveau von 1900 mit 0,3 Mio. abgefallen war und bis 1949 erst wieder 6 Mio. t gebracht hatte) stieg mit der Entdeckung von 90 neuen Erdölvorkommen die Förderung und Erschließung von 21 Mio. t 1961 auf 78 Mio. t 1980. Die *Öleinnahmen* deckten 1980 fast 79 % des *Staatshaushalts* und machten 73 % der indonesischen Exporte aus. Ab 1977 kam das *Erdgas* hinzu (1981: 14 Mrd. $m^3$). Neben Pipelines und Verladepiers konnten eine beachtliche *Raffineriekapazität* und eine *petrochemische Industrie* (bes. Düngemittel) aufgebaut und Impulse für die Infrastrukturentwicklung erzielt werden; zahlreiche Entwicklungsprogramme (vom Stahlwerk bis zur »Transmigration«) werden wesentlich durch die *Erdöl- und -gaseinnahmen* gedeckt. Um so schwerer wurde Indonesien von den starken Einbrüchen

der Weltmarktpreise für Erdöl (um 1983–86) getroffen, die zur Drosselung verschiedener Projekte zwangen. Indonesien ist das einzige OPEC-Mitglied SO-Asiens. Malaysia, das 1972 die seit 1911 laufende Förderung von Miri (Sarawak) zunächst wegen Erschöpfung einstellen mußte, hat schon kurz danach mit der Erschließung der »off-shore«-*Öl- und Gasfelder* vor O-Malaysias Küsten wieder Überschüsse erzielt und ist seit der Aufschließung der W-Malaysia-Felder (im südl. Golf von Thailand) das zweitgrößte Ölförderungsland SO-Asiens geworden. 1973–81 hat sich seine Förderung verdreifacht, die Öl- und Gasexporte kommen bereits den Erlösen der »klassischen« Exportprodukte Malaysias, Zinn, Kautschuk und Palmöl, nahe (1981: 11 Mio. t Erdöl, 9,5 Mrd. $m^3$ Erdgas.) Ihm folgt das von O-Malaysia umschlossene, geologisch die gleichen Felder erbohrende Brunei, das 1981 9 Mio. t Erdöl und 9,5 Mrd. $m^3$ Erdgas förderte. Burma erzielt am Irawaddy (⅘ aus dem 1970 erschlossenen Feld von Mann) 0,6 Mio. t Erdöl/Jahr. Thailand hat nur kleine Vorkommen im Inland. Nach vergeblicher Öl-Exploration im Golf von Thailand war ab 1981 dort in zwei Feldern die *Erdgasförderung* erfolgreich, die über eine untermeerische Rohrleitung Bangkok und die im Aufbau stehende petrochemische Industrie des *»Eastern Seaboard Development«*-Projektes (S. 313) versorgt und die durch Ölimporte bisher kostspielige *Energieversorgung* entlastet. Vietnam, Laos und Kambodscha sind von sowjetischen *Importen* abhängig. Die Philippinen konnten bisher nur im Nido-Feld östlich Palawan und auf jüngeren Nebenfeldern eine bescheidene – beim hohen Energiebedarf des Landes zu geringe – Förderung erschließen.
*Singapur* hat zwar keine eigene Förderung, konnte aber mit der *größten Raffinerie-* und *Tankerumschlag-Kapazität* SO-Asiens, Zulieferindustrien und Versorgungsdiensten für die Bohrinseln einen wirtschaftlich bedeutenden Anteil am Erdöl- und -gas»boom« gewinnen. Der Energiebedarf des hochindustrialisierten und urbanisierten, aber ölarmen *Japans* sowie Süd-Korea, Taiwan, Hongkong sichern SO-Asien potente Abnehmer. Auch die japanischen *Tankerflotten* aus Nahost sind mit den Durchfahrten durch die Malacca-Straße (bzw. die größten Tanker durch die Lombok-Straße) auf die seerechtliche Kooperation SO-Asiens angewiesen (S. 227).
1978 betrug die *»off-shore«-Förderung* schon 45 % der südostasiatischen Erdöl- und -gasproduktion (weltweit 20 %), inzwischen hat sie die *Landförderung* weit *überrundet*. Über den wirtschaftlichen Eigenwert hinaus hat die – seit den 70er Jahren massiv – steigende Fördermenge bedeutende *Folgewirkungen*: Häfen, Pipelines, petrochemische Industrien usw., Verfügbarkeit reichlicher und billiger Erdöl- und

-gasmengen für Motorisierung, Energieversorgung und Industrieaufbau, Deviseneinnahmen, erhöhte Staatseinnahmen, direkte einheimische »input«-Wirkungen (Arbeitsplätze in den energiebezogenen Sektoren), indirekte Produktions- und Einkommenseffekte usw. Noch nicht genügend unter Kontrolle sind freilich die *negativen Umwelteinflüsse*, wie ökologische Risiken (marine Pollution, besonders bei Erdöl- oder -gas»ausbrüchen« bei den Bohrungen, Schädigung der Korallenriff-Ökotope, der Mangrove, der Strände usw.), Luft- und Wasserbelastungen durch die seismische Exploration und durch die Folgeindustrien wie Raffinerien, Petrochemie, Düngerfabriken usw. (SIDDAYO, 1980). Man wird sorgfältig kontrollieren müssen, daß diese nicht die großen Entwicklungsimpulse schmälern, die dem volkreichen Indonesien und seinen Nachbarn durch die rapide Entfaltung der Erdölwirtschaft zugute kommen. Trotz dieser Probleme und des Rückschlags auf dem Weltmarkt um die Mitte der 80er Jahre hat der jung erschlossene Ölreichtum aber insgesamt große sozio-ökonomische Möglichkeiten für SO-Asien eröffnet.

### *Die Erdgasgewinnung und der Export von verflüssigtem Erdgas (LNG)*

Das letzte Jahrzehnt brachte eine neue, weltwirtschaftlich bedeutende Energiequelle: die reichlichen, aber bisher wegen der Transportprobleme schwer verwendbaren (bzw. z. T. sogar »abgefackelten«) *Erdgaslagerstätten.* Ihre Erschließung wurde durch die neu entwickelte *Verflüssigung* zu »Liquified Natural Gas« (LNG) lohnend, für das *Brunei* unter hoher Staatsbeteiligung als erstes Konzessionen an internationale Gesellschaften vergab, mit Bohrplattformen vor der Küste. Ab 1972 ermöglichte es auch die Verflüssigung und Verschiffung an seiner Küste (S. 469). Das *Methan-Gas* wird auf −160°C gefroren und ändert dabei seinen Aggregatzustand in eine Flüssigkeit, die nur noch 1/600 stel des ursprünglichen Volumens einnimmt. Spezielle *Kühltanker* (»cryogenic tankers«) bringen die eisige Fracht zu eigenen »terminals« in Japan, wo die Rückverwandlung in Gas und die Verteilung durch Rohrleitungen an die Verbraucher, ca. 80% an Elektrizitätswerke, aber auch an Fabriken und in Fernheizsysteme, erfolgt.
Seit 1977 sind zwei Gasgewinnungs- und Verflüssigungsanlagen in Indonesien (Bontang Bucht in O-Kalimantan und Lhokseumawe in N-Sumatra) in Betrieb, die mit jährl. 8,7 Mio. t (1/6 des Exporteinkommens Indonesiens) Brunei noch übertreffen. Zusammen lieferten Brunei und Indonesien 1980 bereits *65 % des Weltaufkommens* an ver-

flüssigtem Gas (LNG) (vor Algerien, Abu Dhabi, Libyen und Alaska). *Japan* war 1981 mit 79 % des Welt-LNG-Aufkommens das wichtigste der Käuferländer und bestreitet damit fast 80 % seiner Elektrizitätserzeugung. Süd-Korea und Taiwan sind mit eigenen »terminals« und »Regasification«-Anlagen ebenfalls SO-Asiens Abnehmer.
Seit 1983 sind auch *Malaysias* LNG-Anlagen (Bintulu in Sarawak) in Betrieb. Hätte der Preis von 1981 gehalten werden können, würde ab 1985 LNG selbst die Exporterlöse von Kautschuk, Zinn, Edelhölzern oder Roh-Erdöl übertreffen. Seit 1982 haben aber *Preiseinbrüche* zu hochfliegende Hoffnungen gedämpft, und Indonesien hat z. B. ein weiteres Projekt (Insel Natuna, südchinesisches Meer) zurückgestellt, das trotz seiner riesigen Reserven wegen der Preisentwicklung und des hohen Karbon-Dioxyd-Gehaltes seiner Gasfelder zunächst noch nicht entwickelt werden soll. Die Ursachen für fallende Preise und Absatzchancen reichen von den (in Japan intensiven) Maßnahmen zur Energieeinsparung und zur Erschließung alternativer Energiequellen seit den Erdölkrisen der 70er Jahre über hohe Investitionen und laufende Kosten für Anlagen, Verarbeitung, Transport, »terminals« und Rückverwandlung des LNG bis zu neuen Konkurrenten (z. B. aus Sachalin [UdSSR] nach Japan, aus Brit. Columbia [Kanada] und evtl. bald auch Australien). Die *Kosten* der Schiffsfracht mit den *Spezialtankern* betragen das Fünffache pro Einheit erzeugter Energie als für die entsprechende Menge Roherdöl. (FEER, 1982). Trotz dieser Dämpfung der anfänglich außergewöhnlichen Exportgewinne, mit denen SO-Asien (wie bei Kautschuk, Palmöl oder Zinn) die *Führung* auf dem *Weltmarkt* übernehmen konnte, ist mit dem LNG eine Energiequelle hinzugekommen, die zunächst die Exporterlöse des Erdöls sogar übertrifft. Auch *Thailand* hoffte, ab 1987 am LNG-Geschäft teilzunehmen. Die Konkurrenz der Nachbarn auf einem noch nicht stabilisierten Markt, technische Schwierigkeiten bei der Erschließung seiner zwei Erdgasfelder im Golf von Thailand und das eigene Defizit in der Energieversorgung ließen es aber umdisponieren. Seine *Erdgasförderung* wird in Rohrleitungen zur Küste befördert und *direkt* für die *eigene Energieerzeugung* eingesetzt. Über eine Gastrennungsanlage soll es außerdem der Fabrikation von *Kunstdünger* zugeführt werden.

### 2.7.3 Kohle und Energieversorgung

Seit Mitte des vorigen Jahrhunderts in kleinen Gruben abgebaut, wurde die *Kohle* in der *Energiegewinnung* stark durch *Erdöl- und -gas verdrängt*. Früher hatte sie für Dampfschiffahrt, Eisenbahn und Elek-

trizitätsgewinnung größeren Wert. Lediglich die hochwertige Anthrazit-Kohle im N *Vietnams* hat ihre große Bedeutung für die Industrialisierung und – in ihrer küstennahen Lage – für den Export behalten (S. 405). Sonst herrschen kleinere Braunkohlenlager vor, in *Indonesien* z. B. in Sumatra und Kalimantan.
Die *Philippinen* förderten bis 1962 aus zahlreichen Kleingruben (»Camote-mining«) tertiäre Braunkohlen (auf Cebu 1976 noch ca. 70 Kleinstminen). Ein neues Kraftwerk auf Cebu soll mittels verbesserter Kohlenförderung betrieben werden.
Malaysia hat die Braunkohlenförderung ganz eingestellt. Größer sind – wegen seiner Energie-Engpässe – die Anstrengungen in Thailand. Dort werden die *Braunkohlegruben* von Mae Mo bei Lampang und im S bei Krabi weiter betrieben; dazu kam ein forcierter Ausbau der Wasserkraft, von *Großstaudämmen* (Bhumipol-, Sirikit- u. a. Dämmen) bis zu zahlreichen mittelgroßen und kleineren Stauseen, vor allem im NW und NO. Letztere entstanden im Verbund des Mekong-Projektes (S. 226), dem auch der Nam Ngum-Damm in Laos zu danken ist, von dem (als wichtige Deviseneinnahme für Laos) trotz des politischen Umbruchs auch heute Strom nach Thailand exportiert wird. Alle Dämme dienen zugleich der Bewässerung und der Hochwasserregulierung.
Auch Vietnam, Malaysia und Indonesien haben intensiv *hydroelektrische Anlagen* und Bewässerung ausgebaut, z. B. *Asahan-Damm* (Sumatra) oder *Jatiluhur* (Java). Malaysia baut nicht nur im W-Teil (z. B. Perak), sondern in Großprojekten auch in Sarawak aus, wo es zu Umsiedlungsproblemen mit dort ansässigen Iban-Gruppen kam. Noch stärker sind diese auf den Philippinen (*Chico-Damm*, N-Luzon), denn vielfach sind die absperrbaren Talbecken nur schwer ersetzbares Reisbauland der Bergvölker. Leider fehlt es (wie anfangs auch in Thailand) oft noch an entsprechend umsichtigen und befriedigend ausgestatteten Umsiedlungshilfen.
Die *Umweltschäden* durch den starken *Brennholz- und Holzkohleverbrauch* wurden schon diskutiert (S. 199). Kerosin (zum Kochen) ist wegen der Brandgefahr (besonders in den Slumsiedlungen) ein riskanter Ersatz. Ein rascher, weiterer Ausbau der *Elektrifizierung* auf der Basis von *Erdöl/Erdgas-* und *Wasserkraftwerken* ist deshalb eine wichtige Aufgabe.
Eine geographische Bewertung der *Energieversorgung* der Entwicklungsländer SO-Asiens und besonders des Beispiels Malaysia hat erstmals F. CORVINUS (1984) vorgelegt. Die regional sehr unterschiedlichen Energiequellen – von der *Holzkohle* bis zur *geo-thermischen Kraftgewinnung* – werden mit den einzelnen Ländern behandelt.

## 2.8 Industrie- und Wirtschaftsentwicklung

*Regional- und Entwicklungsplanung*

Dem früheren Charakter als *koloniale Ergänzungsräume* entsprechend, stand zunächst für Bergbau wie Plantagenwirtschaft die einseitige Orientierung auf die Erzeugung von *Rohstoffen* im Vordergrund, so daß die jungen Staaten am Anfang ihrer Selbständigkeit meist nur über bescheidene Ansätze von Konsumgüter-Industrien verfügten. Die Unabhängigkeit mit dem *Aufbau eigener Volkswirtschaften*, dem Zwang zur raschen Schaffung außeragrarischer *Arbeitsplätze*, zur Steigerung der eigenen Produktionskraft und zur Überwindung der Weltmarktabhängigkeit hat inzwischen beachtliche Anstrengungen zur eigenen *Industrialisierung* ausgelöst. Entwicklungshilfe aus den Industrienationen hat mit Kapital- und technischer Hilfe diesen Industrieaufbau gefördert. Zahlreiche ausländische Firmen sind mit direkten Investitionen für Fabrikationsstätten aktiv geworden, die vor allem in den »Industrial Estates«, den planmäßig entwickelten Industrieparks, gute Bedingungen fanden und dazu beitragen, die wirtschaftlich einseitige Situation auszugleichen. Neben den USA, den europäischen Staaten und Australien hat sich vor allem die japanische Wirtschaft mit hohen Investitionen, japanischem Führungspersonal und Zweigwerken so stark engagiert, daß sie heute zum *stärksten Wirtschaftspartner* geworden ist.

Der Umfang und die zunächst ungewohnten Geschäftspraktiken der *Japaner* lösten zeitweilig Sorgen vor Überfremdung und wirtschaftlicher Vorherrschaft aus, die in den 70er Jahren sogar zu Protestdemonstrationen führten. Inzwischen hat sich aber die Leistungs- und Investitionsfähigkeit der japanischen Unternehmer weitgehend durchgesetzt, gilt schon als Vorbild und ist leistungsstärkster Partner für die Entwicklung der heimischen Industrie und Infrastruktur, z. B. Malaysias (S. 457), die auch Süd-Korea einschließt und nicht nur Taiwan und Hongkong, sondern bereits auch die VR China als neuen Wirtschaftspartner im Blick hat. In Burma verstanden es die Japaner, nach anfänglichen Reparationsleistungen für die Schäden des Zweiten Weltkrieges, zu den wichtigsten Investoren aufzusteigen. Die europäische Wirtschaft, vor allem die als Partner der ASEAN (S. 16) angesehenen EG-Länder haben sich ebenfalls stark mit Investitionen, Zweigwerken und technischen Entwicklungshilfen im Industrieaufbau engagiert; die Bundesrepublik *Deutschland* gehört in mehreren Ländern mit zu den wichtigsten Wirtschaftspartnern.

In der jüngeren Zeit gewinnen aber auch die landeseigenen Beiträge

zur Industrieentwicklung zusehends an Gewicht, sei es durch die staatliche *Entwicklungs-Planung* wie durch das *heimische Kapital*, voran in Singapur und Malaysia, beachtlich aber auch in Indonesien und Thailand. Der unternehmerische chinesische Bevölkerungsanteil ist dabei zwar besonders aktiv, aber auch die einheimische Bevölkerung wird mehr und mehr in den Industrieaufbau einbezogen, in Malaysia z. B. schon mit deutlichen Auswirkungen auf die *Land-Stadt-Wanderung* (dies gilt auch für traditionell ländliche Gruppen). Beachtenswert sind aber auch einige ältere Beispiele für einheimische Unternehmen, wie die schon vor längerer Zeit von Batak begründete und inzwischen kräftig entwickelte Textilindustrie von Medan (Sumatra).
Die Unterschiede der Wirtschaftssysteme, der politischen Stabilität und des eigenen Rohstoffaufkommens haben die Art und das Tempo der Industrie-Entwicklung ebenso differenziert wie der Umfang der Bevölkerungen, da die Kaufkraft bzw. der Binnenmarkt und die Produktivität von Volkswirtschaften mit nur knapp 4 oder 7 Mio. EW (Laos bzw. Kambodscha) gegenüber von solchen mit 30 bis 50 Mio. oder gar den 162 Mio. Indonesiens unterschiedliche Voraussetzungen bilden. Daß diese aber nicht allein ausschlaggebend sind, sondern daß bei starker wirtschaftlicher Kraft auch kleinere Bevölkerungen zu schnellerer industrieller Entwicklung geführt werden können, haben Singapur und Malaysia unter Beweis gestellt.
*Malaysia* wird bereits als industrielles *»Schwellenland«* bewertet, während *Singapur* schon zu den dynamischen, jungen Handels- und *Industrieländern*, den »Newly Industrializing Countries« (NIC's) gerechnet wird (mit Taiwan, Süd-Korea und Hongkong).
War die wirtschaftliche Entwicklung der meisten ASEAN-Länder im vergangenen Jahrzehnt von kräftigen, jährlichen Wachstumsraten bestimmt, hat die weltwirtschaftliche Rezession Mitte der 80er Jahre, besonders der rapide Preisverfall auf den Kautschuk-, Palmöl-, Zinn- und Erdöl-Märkten, jedoch erstmals rückläufige Tendenzen, ein Stagnieren des Wachstums und z. T. schon Schwierigkeiten bei der Finanzierung des weiteren Aufbaues bzw. der Erfüllung der Schuldendienste gebracht. Noch schwieriger sind die Probleme der Stagnation und der Verschuldung für Burma und die »Indochina«-Länder. Es wird bei den einzelnen Staaten noch auf diese Fragen eingegangen werden.

*Die älteren Leicht- und Konsumgüterindustrien*

Die Entwicklung begann meist mit Konsumgüterindustrien – für Nahrungs- und Genußmittel, Textilien und Bekleidung, Schuhe, Papier- und Kunststoffe, Fabriken für Elektrotechnik und Maschinenbau, Zement- und Düngemittel, Pharmazeutika, Remontage von Fahrrädern, Nähmaschinen, Radios usw. –, gefolgt von Verarbeitungsindustrien für eigene – traditionelle oder neue – Anbauprodukte wie Baumwolle, Jute und Kenaf, Obstkonserven (u. a. Ananas) oder Holzverarbeitungsindustrien (Furnier- und Sperrholz, Möbel, Zellstoffe) sowie von Kautschuk zu Schaumgummi, Reifen u. ä.

*Kleingewerbe und Handwerk*

Trotz der modernen Industrialisierung bleiben als weitere Stütze der heimischen Wirtschaft die – statistisch wie in der Landschaft – weniger hervortretenden Kleingewerbe und Handwerke von volkswirtschaftlicher Bedeutung, sowohl auf den Grundlagen der heimischen Handwerkstradition wie des Geschäftssinnes der Chinesen, die in überfüllten Werkstätten, Schuppen oder Höfen eine erstaunliche Aktivität entfalten. Ihr Waren- und Reparaturangebot ist eine wesentliche Stütze der Versorgung. Klein- und auch Heimindustrien, die aus den heimischen (Kunst-)Handwerken hervorgingen, haben sich z. T. bis zur Exportbedeutung entwickelt, besonders die Erzeugung und Verarbeitung von Seide, Batik, Schmuck und Silberschmiedewaren, Lackarbeiten, Holzschnitzereien, Keramik, Kleinmöbeln, Matten usw. Eine *entwicklungspolitisch* wirksame Maßnahme ist die – z. B. in Java beginnende – Mobilisierung der ländlichen Gewerbebetriebe für die Zulieferung von Teilen für größere Fabriken (etwa für landwirtschaftliche Maschinen u. ä.).

### 2.8.1 Neue Industrien und moderne Technologie

Einen großen Schub brachte der Aufstieg der *elektronischen* (Leicht-) Industrien (Fernsehtechnik, Computer usw.), die in SO-Asien ein großes Angebot geschickter und fleißiger Arbeitskräfte anlernen konnten und den Weg zu modernen Fertigungstechniken und Industrieanlagen und -standorten bereiteten. Nach den anfänglichen kleineren Elektroschmelzöfen (z. B. Rangun, Butterworth/Penang, Illigan [Mindanao]), Werften, Maschinenbau, Zinnschmelzhütten usw.

folgten bald *Schwerindustrien*. In den 80er Jahren sind nun auch die ersten großen, integrierten *Stahlwerke* an bisher abseitigen *Küstenstandorten* (»Krakatau Steel Works«) in W-Java, Kemaman (Trengganu – O-Küste von Malaya) oder an der N-Küste Mindanaos (Philippinen) in Produktion gekommen. Über die zahlreichen *Remontagewerke* (»assembly-plants«) ausländischer *Kraftfahrzeugfirmen* hinaus ist – revolutionierender Schritt in der industriellen Entwicklung – 1985 in *Malaysia* die erste eigene *Automobilfabrikation* (S. 456) und in Indonesien der Flugzeugbau (S. 574) aufgenommen worden!

### *Die petrochemischen Grundstoffindustrien*

Ebenso gewichtig war die Folgewirkung der großen, jungen Erdöl- und Erdgaserschließung, die mit neuen Großanlagen der *Petrochemischen Industrie* – voran am »klassischen« Raffinerie- und Tanker-Umschlagplatz *Singapur*, gefolgt von Indonesien und Malaysia – nicht nur exportwirksame (z. B. Erdgasverflüssigung), sondern durch die Gewinnung von Energie, Düngemitteln und Kunststoffen für die eigene Agrar- und Industrieentwicklung bedeutsame Werke an verschiedenen, z. T. bisher völlig entlegenen (z. B. O-Kalimantan) Standorten entstehen ließ. Von ihnen erhofft man sich wiederum Innovations-Wirkungen für die Bildung neuer industrieller und urbaner *Entwicklungszonen*. Beim Verfall der Mineralöl-, Zinn-, Kautschuk- und anderen Preise auf dem Weltmarkt Mitte der 80er Jahre entstanden bereits Befürchtungen des Aufbaues von Über-Kapazitäten und gegenseitiger *Konkurrenz* der in ihren wirtschaftsgeographischen Grundlagen ähnlich ausgestatteten ASEAN-Partner. Das zeigt sich auch daran, daß man einem ursprünglichen Hauptziel dieses Zusammenschlusses, dem Aufbau gemeinsamer Grundstoffindustrien, wobei jeweils ein Land eine spezielle Produktion für den Markt der ganzen Gemeinschaft übernehmen soll, noch relativ am wenigsten nahegekommen ist. Vietnam (mit östlichen Hilfen) und Burma (mit – zögernd und begrenzt angenommenen – vor allem japanischen und deutschen Hilfen) versuchen, diesem Entwicklungsprozeß zu folgen, blieben aber mit ihrer geringen Wirtschaftskraft weit zurück, obwohl beide über gute mineralische Rohstoffgrundlagen und Arbeitskräfte verfügen; in der Erdöl- und Erdgasproduktion (vor allem aus den zukunftsträchtigen »off-shore«-Feldern) sind beide noch nicht aus den Anfangsschwierigkeiten herausgekommen. In bezug auf diese wichtige Rohstoff- und Energiequelle sind auch die Philippinen bisher nicht vom Glück der Erschließung bedeutender Lagerstätten begünstigt worden.

### 2.8.2 Der Aufschwung des Tourismus

Ein neuer Wirtschafts- und Planungsfaktor, der zugleich die Länder SO-Asiens mit der Welt verbindet und die Begegnung mit seiner Tropennatur, seinen reichen Kulturen und aufgeschlossenen Menschen immer mehr Einzel- und Gruppenreisenden zum Erlebnis werden läßt, ist die schnelle, moderne Entwicklung des *Fremdenverkehrs*. Einzelne Gebiete oder Sehenswürdigkeiten waren schon in der *Kolonialzeit* gesuchte Ziele, aber bei den langen und teuren *Seereisen* nur *wenigen* Ferntouristen – eher im Naherholungsverkehr (z. B. zu den *Höhenkurorten*) den draußen tätigen Europäern – erreichbar. Erst die moderne Entwicklung des Verkehrswesens und der Infrastrukturen – voran des *Luftverkehrs* – hat SO-Asien dem großen Reiseverkehr geöffnet, und die Zahl der jährlichen Besucher ist von wenigen tausend in einigen Ländern auf mehr als 2 Mio. emporgeschnellt. Mit *Hotelneubauten* und zahlreichen anderen Einrichtungen, nationalen und privaten Tourismus-Organisationen und dem Einbau als wichtiger Entwicklungsfaktor in die nationale und regionale *Planung*, ist das Fremdenverkehrswesen heute, mindestens in allen ASEAN-Staaten, zu überragender *ökonomischer Bedeutung* herangewachsen. In einigen Ländern ist es bereits als Devisenbringer in Wettbewerb mit den wichtigsten Exportprodukten getreten. Zugleich trägt es dazu bei, SO-Asien in der Welt um ein Vielfaches bekannter zu machen, als es noch vor 1–2 Jahrzehnten war; Verständnis und völkerverbindende Freundschaft, aber auch *soziale* und *psychologische* Probleme sind mit ihm gewachsen.
Übersehen wird vielfach, daß der Fremdenverkehr in SO-Asien längst nicht mehr ausschließlich aus Ferntourismus fremder Gäste besteht, sondern daß sich immer stärker auch *einheimischer* bzw. intra-regionaler *Tourismus* entwickelt. Besonders der *Naherholungsverkehr* aus den großen Städten (im Falle Singapurs und seiner Nachbarn auch grenzüberschreitend) wächst immer stärker und findet wegen seiner Einflüsse auf die *Siedlungs-* und *Wirtschaftsstruktur* und zur Förderung von Entwicklungszonen immer mehr Berücksichtigung in den regionalen Planungen und Entwicklungsprogrammen (DRESS, 1979; MARR, 1982). Auch in den Ferntourismus in benachbarte Länder sind mehrere Staaten mit Bus- oder Flugreiseunternehmen schon kräftig eingestiegen; Touristen aus Singapur oder Malaysia sind z. B. in N-Thailand schon ebenso häufig wie Europäer oder Japaner. Neben beiden letzteren sind auch die USA und Australien (die letzteren vor allem in Indonesien) stark mit Touristen vertreten. Die *deutschen* Urlauber oder Reisenden bilden in den meisten zugänglichen Ländern

mit die stärksten Besucheranteile. In den einzelnen Länderkapiteln wird auf die Struktur und Ziele des Tourismus noch detaillierter eingegangen (Tabelle 8 im Anhang).

### 2.8.3 Städtische Industriestandorte und Dezentralisierung

Heute sind in den *Randgebieten* fast aller *Großstädte* – z. B. Manila, Bangkok, Kuala Lumpur, Jakarta – zahlreiche Konsumgüterindustrien etabliert; Surabaya ist zu einer ausgeprägten Industriestadt geworden. Seine industrielle Entwicklung begann schon in der kolonialen Zeit. Ähnliche Voraussetzungen bestanden auch in Nord-Vietnam, das unter dem Zwang des Krieges (und mit den entsprechenden Hilfen durch die Sowjetunion, die VR China und die Ostblockländer) und seiner heutigen Isolation zu einer relativ starken Industrialisierung kam. Neben jenen großstadtnahen Standorten hat sich für jüngere Industriegründungen, sei es in »Industrieparks« oder einzelnen Werken, die planerische Initiative der *Dezentralisierung*, d. h. der Entlastung der hauptstädtischen Ballungen und einer Verteilung neuer Entwicklungsansätze (»growth poles«) auf kleinere Städte oder völlig neu industrialisierte und urban besiedelte Standorte durchgesetzt. Bei den *Grundstoffindustrien* kommen oft die *rohstoff- und transportorientierten* Standorte an z. T. bisher nur schwach besiedelten Küsten diesem Bestreben entgegen.
Alle Staaten SO-Asiens haben die Notwendigkeit einer Stadt- und Landesplanung für die Entwicklung ihrer Territorien erkannt und entsprechende Organisationen bzw. Behörden aufgebaut. Intensität und Einflußmöglichkeit sind in den einzelnen Ländern unterschiedlich, am ausgeprägtesten ist ein »Planungsbewußtsein« und die entsprechende Organisation von der nationalen bis zur lokalen Ebene wohl in Malaysia entwickelt worden. Einzelne Planungs-Initiativen und Projekte werden mit der regionalen Darstellung behandelt. Im Unterschied zur Stadt-, Regional- und Landesplanung in den europäischen Industriestaaten, die sich in erster Linie mit der Ordnung und besseren Nutzung schon stark entwickelter und dicht besetzter Räume zu befassen haben, bestehen die Aufgaben in SO-Asien mehr in einer Neu-Planung, in der *Entwicklung* bisher schwach und einseitig ausgestatteter oder überhaupt noch unerschlossener Gebiete. Dem stehen allerdings auch einige *Ballungsräume* mit extremer ländlicher Überbevölkerung und ebenso schneller Expansion ihrer städtischen Bevölkerungen gegenüber; Java liegt dabei an erster Stelle.
Eine der wesentlichsten Aufgaben der Planungsträger ist die Umset-

zung der zunächst im makro-ökonomischen Maßstab der *nationalen Entwicklungspläne* (z. B. 5-Jahrespläne) gesetzten Ziele in die Entwicklung einzelner Regionen (z. B. DÜRR, 1975, 1978, 1982; D. BRONGER, 1983 u. a.). Die nationalen Pläne und auch der Großteil der ausländischen Entwicklungshilfen beruhen noch überwiegend auf Schlüsselzuweisungen für einzelne Sektoren (z. B. Industrialisierung, Bildung, Familienplanung) im ganzen Lande. Die Umsetzung dieser Rahmenziele in die praktische Ebene der Stadt-, Regional- oder Landesentwicklung und die verstärkte Hinwendung von der *sektoralen* zu einer *regionalen integrierten Entwicklungsplanung*, von der Förderung einzelner Projekte zur Entwicklung ganzer Gebiete, wird mehr und mehr zum Hauptanliegen der Planungskonzepte. Dieser Trend ist nicht nur bei einzelnen nationalen Institutionen, sondern auch in der von außen kommenden Hilfe zu erkennen. Als Beispiel sei auf das Projekt der deutschen technischen Hilfe zur regionalen Entwicklung von Sumatra verwiesen (JUNGHANS, KÖTTER u. a. 1974).

### 2.8.4 Das internationale »Lower Mekong«-Projekt

Das größte, vier Staaten berührende Projekt der Entwicklungsplanung in SO-Asien ist der *»Lower Mekong Valley Scheme«*. Er umfaßt die Regulierung des Mekong und mehrerer Zuflüsse durch insgesamt elf Staudämme, von denen sechs zugleich der hydroelektrischen Kraftgewinnung dienen sollen. Ihr geplantes (und z. T. schon begonnenes) *Verbundnetz* – im ganzen soll das 25fache der Energiemenge erzeugt werden, die Thailand, Kambodscha, Laos und Süd-Vietnam bisher zusammen produzieren (künftige Kapazität: 4,2 Mio. KW) – würde die Stromversorgung dieser Länder reichlich sichern und die Voraussetzungen für eine verstärkte Industrie-Entwicklung schaffen. Mit der Hochwasserkontrolle und ausgedehnten *Bewässerungseinrichtungen* sollen große Landstriche in regelmäßige Bestellung (mit zwei Ernten jährlich) genommen werden, während zugleich auch die durchgehende *Schiffahrt* auf dem Mekong, die bisher durch zahlreiche Stromschnellen, Wasserfälle und enge Schluchten unterbrochen wird, als international bedeutender Verkehrsweg entwickelt werden soll. Einer der Dämme soll den Tonle Sap-See, der bisher im Monsun-Rhythmus riesigen Schwankungen von Wasserstand und -fläche unterworfen ist, auf dem Stand seines Hochwasserspiegels halten. Damit soll eine Steigerung der Fischereierträge, der Bewässerungsmöglichkeiten und die Verhinderung des Eindringens von Salzwasser in das Mekong-Delta während der Niedrigwasserzeit erzielt werden.

Der Plan entstand 1951 aus einer Studie über die Entwicklung der Wasser-Ressourcen der ECAFE (Economic Commission for Asia and the Far East der UN, jetzt: ESCAP, Economic and Social Council for Asia and the Pacific) und wurde 1957 eingeleitet. Umfängliche wissenschaftliche Untersuchungen gingen voran, darunter die Erstellung eines Planungsatlas (United Nations, 1968; mit zweibändiger Bibliographie, 1969). Ein ungewöhnlicher Erfolg war es auch, die vier betroffenen Staaten, die untereinander durch zahlreiche Rivalitäten und Konflikte in schwierigen Beziehungen stehen, zur Beteiligung an diesem gemeinsamen Projekt zu bewegen. Seine wichtigsten Installationen und Auswirkungen übergreifen jeweils die Grenzen und müssen in internationaler Zusammenarbeit errichtet werden. Allen Partnern sind aber die wirtschaftlichen Vorteile einsichtig. Über die UN wurde die finanzielle Trägerschaft durch ein internationales Entwicklungskonsortium gewonnen. Die 1961 für die ersten fünf Ausbaustufen geschätzten Kosten von 2000 Mio. US $ werden inzwischen sicher um ein Vielfaches überschritten; andererseits ist diese Summe aber nicht ungewöhnlich. Die USA stellten allein 1956–1960 den 6fachen Betrag für internationale Hilfsmaßnahmen zur Verfügung (FRYER, 1970).
Unglücklicherweise haben die »Indochina«-Kriege die zeitgerechte Ausführung des Projektes verhindert. Zeitweilig wurde sogar gehofft, auch Nord-Vietnam zur Beteiligung bewegen und den Mekong-Plan zu einem Bestandteil einer Friedensregelung machen zu können. Ungeachtet der kriegerischen Verwicklungen sind aber beachtliche *Teilprojekte* dennoch bereits fertiggestellt worden oder in Arbeit. Das gilt besonders für den Anteil Thailands, das seine Entwicklungsplanung für das zurückgebliebene Khorat-Plateau im NO des Landes mit dem Gesamtprojekt integriert hat und dort bereits mehrere große Staudämme und -seen fertiggestellt hat. Gleichzeitig wurden ausgedehnte Bewässerungsgebiete und -einrichtungen, Flußregulierungen und Kanäle in Betrieb genommen. 1971 erfolgte sogar die Vollendung des Nam Ngum-Dammes in Laos, etwa 80 km nordöstlich von Vientiane in unmittelbarer Nähe damals umkämpfter Gebiete gelegen (durch japanische Firmen gebaut). Er exportiert auch heute elektrischen Strom über den Mekong hinweg in das Verbundnetz nach Thailand und hat mit der Stromversorgung für Vientiane und Umgebung erhebliche wirtschaftliche Impulse in das zurückgebliebene Land gebracht. In Kambodscha war nach Überwindung politischer und finanzieller Schwierigkeiten das Prek Thnot Projekt nahe Phnom Penh begonnen worden, das aber wegen des Krieges stagniert. Einzelne Teilprojekte, z. B. die Errichtung des großen Pa Mong Dammes und Stausees im Mekong-Lauf unmittelbar oberhalb Vientiane, sind in der Abwägung

ihrer Vor- und Nachteile umstritten. Der »Indochina-Konflikt« läßt es noch nicht übersehen, ob bzw. in welcher Form dieses bedeutende internationale Entwicklungsprojekt je zu Ende geführt werden kann, das nach Dimension und Auswirkungen Entwicklungsvorhaben wie dem Tennessee Valley Scheme (USA) oder dem Damodar Valley Projekt (Indien) vergleichbar ist.

## 2.9 Die Aufteilung der Meere

Die staatliche Aufteilung des Festlandes und der Inseln ist weitgehend abgeschlossen. Statt dessen erleben wir – von der Öffentlichkeit trotz seiner Bedeutung wenig beachtet – gegenwärtig die Aufteilung des Meeresbodens. Anstelle der traditionellen »Freiheit der Meere« erstreben jetzt fast alle Küstenstaaten – die SO-Asiens mit zahllosen Inseln und besonders langen Küsten (einzige Ausnahme: das Binnenland Laos) – eine möglichst große Verfügbarkeit über die *»Ressource Meer«*, besonders die untermeerischen Bodenschätze auf den Schelfsockeln (S. 212), die Fischgründe, die Schiffahrtswege und die geostrategischen Positionen.

Durch Jahrhunderte kaum beachtet, sind auf das Meer ausgedehnte *Hoheitsansprüche* seit der Erschließbarkeit der *untermeerischen Lagerstätten* (Erdöl, Erdgas, künftig evtl. auch Manganknollen [Mangan, Kobalt, Nickel]) plötzlich zu höchster Aktualität gelangt und eine umstrittene, z. B. von den USA abgelehnte, von der Bundesrepublik Deutschland und Großbritannien mit Stimmenthaltung quittierte *internationale Seerechtskonvention* der Vereinten Nationen von 1982 hat diese Regionalisierung der Meere vorläufig geregelt (H. J. BUCHHOLZ, 1983; 1984).

In SO-Asien sind dadurch erhebliche Ansprüche auf die Meere zu einem aktuellen Problem der Politik bzw. seiner politischen Geographie geworden. Naheliegend für die beiden größten und am weitesten über das Meer ausgedehnten insularen Staaten der Erde, haben Indonesien und die Philippinen zuerst und besonders weit gespannt ihre Ansprüche geltend gemacht. Sie verlangen schon seit den 50er Jahren – und die Seerechtskonvention 1982 hat das festgeschrieben – den *»Archipelstatus«*, d. h. die souveränen Rechte vom Meeresboden bis zum Luftraum über ein durch gerade Basislinien um die Eckpunkte ihrer äußersten Inseln umgrenztes Meeresareal, innerhalb dessen eine geographische, wirtschaftliche und politische Einheit liegen muß und das Verhältnis Wasserfläche : Landfläche maximal 9 : 1 betragen darf. Dieser Status wurde trotz weltweiter Proteste der Großmächte und der betroffenen Nachbarn behauptet; lediglich das internationale Seefahrtsrecht der *»freien Durchfahrt«* bleibt erhalten. W- und O-Malaysia werden z. B. durch den indonesischen Hoheitsanspruch über Teile des Südchinesischen Meeres voneinander getrennt (S. 412); im Golf von Thailand und auf dem anschließenden *Sunda-Schelf* überlagern sich die Meereszonen Thailands, Malaysias, Indonesiens, Kambodschas und Vietnams; im *Südchinesischen Meer* die der Philippinen, Malaysias, Indonesiens, Vietnams, der V. R. China und der Republik China (Taiwan). Besonders umstritten sind die Souveränitätsforderungen über die in dem Südchinesischen Meer liegenden, bisher unbesiedelten Korallenriffe der *Paracel-* und der *Spratly-Inseln* (HEINZIG, 1976; SENFTLEBEN, 1976), um die es bereits bewaffnete Konflikte gab. Vor den Küsten beanspruchen inzwischen alle Staaten SO-Asiens (außer Singapur – s. u.) die Nutzungsrechte am *Festlandssockel* (bis zur technisch erreichbaren Tiefe – geographisch der Schelfsockel bis zum Kontinentalabfall in rd. 200 m Meerestiefe) in Form der 200 sm (= 370,4 km) breiten *»Exklusiven Wirtschaftszone«*, besonders für die untermeerischen Erdöl- und -gaslagerstätten. Aus den Basislinien der unterschiedlich konfigurierten Küsten ergeben sich zwangsläufig zahlreiche *Überschneidungen* der Ansprüche. Während die *ASEAN-Staaten* (S. 16) sowie Indonesien und Australien diese weitgehend durch freundschaftliche Abkommen bzw. solche über gemeinsame Nutzung geregelt haben, bestehen zwischen den ASEAN-Ländern (vor allem Thailand, in zweiter Linie Malaysia und Indonesien) einerseits, und Vietnam und Kambodscha andererseits, sehr divergierende Ansprüche. Eine provisorische Balance zwischen Thailand und Vietnam hat sich vorläufig zu Lasten des ohnmächtigen Kambodschas eingespielt – dies ist politisch wie historisch-geographisch keine atypische Situation (S. 354)! Sonst hat sich gerade Thailand hinsichtlich des Anspruches auf die Ausweisung eigener Meereszonen, mit Rücksicht auf seine gutentwickelte *Fischerei-Industrie* (s. u.), die sehr stark in internationalen Gewässern arbeitet (an zweiter Stelle die der Philippinen), eher zurückgehalten.

Berühren die ökonomischen Zonen vor allem die Exploration und Nutzung der untermeerischen Bodenschätze und die *Fischereirechte*, so ist eine Erweiterung eines dritten Seerechtsanspruches, der sich auf eine 12 sm (früher nur 3 sm) breite *»Küstenzone«* als *»Eigenmeer«* erstreckt, in SO-Asien für die *internationalen Schiffahrtswege* von gravierender Bedeutung.

Als Sukarno 1957/60 den gesamten Meeresraum zwischen Indonesiens Inseln als »Eigengewässer« proklamierte (eine Wasserfläche von

2,3 Mio km$^2$, von 15126 km Basislinien umschlossen), wurde der Widerstand der Weltmächte und der Nachbarstaaten so stark, daß 1962 die »Archipelgewässer« wieder für die »friedliche Durchfahrt« aller Nationen geöffnet werden mußten, wenn auch die Meerengen gelegentlich für fremde Schiffe bestimmter Nationalitäten gesperrt wurden. Mit der *Malacca-Straße* (an der schmalsten Stelle nur 20 sm breit, jährlich ca. 40000 Schiffsbewegungen), der Sunda- und der Lombok-Straße kontrolliert Indonesien den wichtigsten Ein- und Ausgang des Pazifischen Ozeans und die *Hauptschiffahrtswege* zwischen O-Asien, Europa und Arabien. Allein 90 % der Erdöleinfuhren Japans werden auf diesem Wege transportiert; Singapurs wirtschaftliche Existenz (und früher seine britisch bestimmte, geostrategische Position) hängen davon ab (vgl. die historischen Interessenskonflikte zwischen den arabischen und chinesischen, dann zwischen den portugiesisch-holländisch-britischen und später auch französischen Schiffahrts- und Kolonialinteressen – [S. 83ff.], die stark auf die Kontrolle dieser Meeresstraßen, voran der Malacca-»Straits«, gerichtet waren).

Die seerechtlichen Konflikte um den Golf von Thailand, den Sunda-Schelf und das Südchinesische Meer lassen sich wie folgt zusammenfassen: Das Flachmeer des Sunda-Schelfs enthält reiche *Erdöl- und Erdgaslagerstätten*. Sechs Staaten möchten möglichst große Anteile dieses Schelfs für sich gewinnen. Alle sechs sind auf kommerziellen *Fischfang* in den umliegenden Meeren angewiesen und bemühen sich um möglichst große Anteile seines Wassers. Der Gesamtbereich ist stark insular zergliedert. Zahlreiche kleine *Inseln*, die früher wertlos erschienen, gewannen Bedeutung für die Abgrenzung seerechtlicher Regionen; ihre nationale Zuordnung ist aber oft *umstritten*. Bis auf Thailand waren alle Staaten einst nach Interessen der Kolonialmächte verwaltet worden, die daraus resultierenden Rechtsansprüche sind oft unklar und im Widerspruch zu traditionellen Raumgliederungen. Die Staaten sind von unterschiedlicher Größe, wirtschaftlicher Stärke und politischer Struktur, was die Einigung über die *Seerechtsgrenzen* erschwert. Neben dem »Archipelstaat« Indonesien, mit fast 32000 km Küstenlänge, stehen drei Festlandstaaten (Vietnam, Thailand und Malaysia) mit 2000 bis 3000 km Küstenlänge; Malaysia ist freilich ebenfalls durch das Meer in zwei Landesteile getrennt. Kambodscha ist mit nur 388 km Küstenlänge im Nachteil, Singapur mit seinen nur 45 km ist dagegen in seiner geostrategischen Schlüsselposition bedeutend, aber auch zugleich exponiert! Aus diesen unterschiedlichen Größen und Lagen resultieren verschiedene Verhaltensweisen; theoretisch erlaubt die Größe des jeweiligen Potentials eine entsprechende Flexibilität bei gegenseitigem Übereinkommen. SO-Asien ist

ein Durchgangsgebiet mit weltwirtschaftlich und strategisch bedeutenden Meeresstraßen. Die Anwendung gerader Basislinien und die Ausweitung des »Küstenmeeres« auf 12 sm sind von allen akzeptiert worden. Schwierigkeiten brachte die Ausweisung gerader Basislinien als Archipelgrenzen durch Indonesien, sie wurden aber mit Malaysia und Thailand 1981 durch Vereinbarungen behoben. Der Anspruch des letzteren auf den inneren Golf von Thailand als »historische Bucht« wurde von der Seerechtskonvention akzeptiert.
Traditionell beansprucht China – die Volksrepublik wie Taiwan – das gesamte *Südchinesische Meer* mit allen Inseln und bis dicht vor die Küsten aller anderen Anrainer. Die Philippinen fordern seit 1955 den »Archipelstatus« und haben sehr großzügig über die äußeren Punkte ihrer Inseln Basislinien von 15138 km gezogen, die 510786 $km^2$ Meeres- und Insel-Fläche umspannen. Sie beanspruchen theoretisch auch die Souveränität über Sabah (Malaysia – S. 412) und seit 1956 über die gesamten Spratly-Inseln. Deren Besitz ist am meisten umstritten; Vietnam, China, die Philippinen und Malaysia betonen ihre Ansprüche durch eine *militärische Besetzung* einzelner *Inseln*, obwohl die Lebensbedingungen dort extrem schwierig sind.
Vietnam wünscht möglichst große Anteile im Südchinesischen Meer und kommt – außer mit den ASEAN-Ländern und Kambodscha – häufig in Kollision mit China. Über die regionalen Konflikte hinweg setzen die strategischen Aspekte und die *Stützpunkte* der *Großmächte* – der USA auf den Philippinen, der Sowjetunion in Vietnam und der direkt anliegenden Volksrepublik China – sowie die Interessen Japans und beider Korea weitere Akzente im Kräftespiel um SO-Asiens Meere.
Bei aller Einigkeit auf der Regierungsebene kommt es – auch innerhalb der ASEAN – immer wieder zu *Konflikten* um *Fischereigebiete*. Besonders die am besten ausgerüsteten und ggf. auch relativ hart vorgehenden Thai-Fischer werden oft des Eindringens in malaysische und burmesische Gewässer angeklagt, was zu handgreiflichen Auseinandersetzungen, Schießereien, Beschlagnahme von Booten und Festsetzung von Besatzungen usw. führt.
Keineswegs erloschen ist auch das alte südostasiatische Erbe des *Piratentums*. Gerade in den 80er Jahren kam es immer wieder zu Überfällen auf die nur mit kleinen Besatzungen fahrenden, modernen Großtanker in der Malacca-Straße, zu Plünderungen und Morden auf vietnamesischen Flüchtlingsbooten (S. 388) durch Fischer, die sich als »Nebenerwerbs-Piraten« betätigten und sogar zu Überfällen schwer bewaffneter philippinischer Aufständischer mit Motorschnellbooten auf Küstenstädtchen in Sabah. Die Staaten bemühen sich, durch Sicherheits-

abkommen und verbesserte Ausstattung der Küstenwach-Verbände (einschließlich Schnellbooten und Hubschraubern) diese Gefährdung des Seeverkehrs unter Kontrolle zu halten. Die ungeheure natürliche Zergliederung der riesigen Insel- und Küstengebiete und die alten Traditionen der Freibeuterei und auch des Schmuggels, heute mit moderner Bewaffnung und Bootsausstattung, machen das aber zu einer schweren Aufgabe.

# 3. Die Staaten Südostasiens

## 3.1 Das festländische Südostasien

Das festländische SO-Asien wird häufig mit zwei Begriffen gleichgesetzt, die sich bei genauerer Betrachtung nicht decken: Hinterindien und Indochina. Der zwar eurozentrisch geprägte, aber die Bindung an die indische Kultur klar ausdrückende Name *Hinterindien* kommt nur den vier noch heute vom *Theravada-*(=*Hinayana-*)*Buddhismus* bestimmten Ländern *Burma*, *Thailand*, *Kambodscha* und *Laos* zu. Ihr ethnisches und kulturelles Eigensubstrat wurde von Hinduismus und Buddhismus so stark geprägt, daß sie auch heute, über politische Schranken hinweg, eine kulturgeographische Einheit bilden.
Der Indochina-Begriff wurzelt in jener übergreifenden Sammelbezeichnung für die Gesamtheit des von Indien und China her beeinflußten SO-Asiens als *»Indo-Chinesischer Kulturerdteil«* (A. KOLB); erst die Kolonialgeschichte begrenzte ihn mit der französischen *»Union de l'Indochine«* auf Vietnam, Kambodscha und Laos. Während sich die unabhängig gewordenen »hinterindischen« Königreiche Kambodscha und Laos aus den frühen Phasen des Krieges um Vietnam heraushalten und sich verselbständigen konnten, führte das Übergreifen des Konflikts und schließlich die *vietnamesische Besetzung* von Laos und Kambodscha (1978) wieder zur Erweiterung des Indochina-Begriffs.
*Vietnam* ist aber – abgesehen von seiner peripheren Lage jenseits der »Annamitischen Kordillere«, die es auch physisch von Hinterindien trennt – nur am Rande *indo*chinesisch beeinflußt worden, im wesentlichen über die unterworfenen und assimilierten Bewohner seiner eroberten, südlichen Landesteile, der Cham und Khmer. Seine eigene Kultur stand dagegen länger als ein Jahrtausend unter der Prägekraft Chinas und wurde tiefgreifend *sinisiert*. Daran ändert auch nichts, daß es heute mit dem Mutterland dieser Kultur, China, bitter verfeindet ist. Dieses fühlt sich durch ein sowjetisch gestütztes »Groß-Indochina« an seiner Südflanke bedroht.
*Burma*, das vom übrigen SO-Asien aus weit nach N ausgreift, hat als einziger Staat SO-Asiens lange *Landgrenzen* mit beiden großen Flankenmächten China und Indien. Im heutigen politisch- und wirtschaftsgeographischen Gefüge hat es sich so stark isoliert, daß im festlän-

dischen SO-Asien anstelle der kulturhistorischen Gliederung in Hinterindien und Vietnam praktisch eine *Dreigliederung* entstanden ist: das »erneuerte« *Indochina* aus Vietnam, Kambodscha und Laos, das neutrale *Burma* und – als *einziges* Glied der ASEAN-Gruppe auf dem Festland – *Thailand*.
Das orographisch noch am Festland hängende *W-Malaysia*, das dadurch z. B. verkehrstechnisch an dieses unmittelbar angebunden ist, wird, seiner kulturellen Zugehörigkeit wie seiner klimageographischen Situation entsprechend, als Teil Inselindiens behandelt.

### 3.1.1 Die Union von Burma

Mit 676552 km$^2$ ist Burma der flächengrößte Staat des südostasiatischen Festlandes (z. Vgl. Frankreich: 550986 km$^2$); mit 38,5 Mio. EW (1986; 35,3 Mio., Zensus 1983) steht es aber hinter Vietnam und Thailand; die Dichte von 53,8 EW/km$^2$ ist relativ gering, die Bevölkerung ist aber stark auf einzelne Gunsträume konzentriert (268 EW/km$^2$ landwirtschaftliche Nutzfläche). Die deutsche *Schreibung* »Birma« trifft die Aussprache des Namens – etwa »Börma« – nicht besser als die englische »Burma«; man sollte der letzteren, die im Lande selbst die amtliche Schreibweise ist, den Vorzug geben. Neben dem relativ hohen Bildungsstand ist auch der völkische und sprachliche Pluralismus für die Erhaltung des *Englischen* als zweiter Verkehrssprache verantwortlich. Wie die Bezeichnung »Union« ausdrückt, ist Burma kein Nationalstaat, sondern dem eigentlichen Volk der *Burmanen* (23,6 Mio., ca. 65–67 % der Bevölkerung) stehen in der Gesamtheit der Burmesen (als Bezeichnung für alle *Bürger* des *Staates* Burma) gut 13 Mio. Angehörige anderer Ethnien gegenüber. Die Stärke der *völkischen Minderheiten* und ihre noch nicht überwundene Abneigung, die einstige britische Kolonialherrschaft, unter der erst die Konsolidierung in den heutigen Staatsgrenzen erfolgte, gegen eine Vorherrschaft der Burmesen einzutauschen, sind u. a. Ursachen für die seit der Unabhängigkeit anhaltenden *Bürgerkriege*. Burmas Staatsgebiet reicht bis über 28°N an den Rand Tibets hinauf. In der nördlichsten Spitze erhebt sich über den Quellflüssen des Irawaddy in den O-Ausläufern des Himalaya der *vergletscherte* Hkakabo Razi (Kakarporazi) bis 5887 m. Das jenseitige Ende, Kawthaung (Landenge von Kra, 10°N), der frühere »Victoria Point«, liegt rd. 2100 km südlicher in den *warmfeuchten Tropen* der malayischen Halbinsel.
Die langen Landgrenzen in wilden Berg- und Waldländern sind für die Kontrolle des Staatsgebietes ein schwieriges Problem (»Grenzwildnis«).

### 3.1.1.1 Die Landschaftsräume

Geologischer Bau, Relief und Klima erlauben eine deutliche Gliederung in natürliche Landschaftsräume, die vorwiegend aus N-S verlaufenden Zonen bestehen.

*Westliche Grenzgebirge und die Arakan-Küste*

Im Westen bilden das Patkai-Gebirge, das Naga-Bergland, das Chin-Bergland und die Arakan Yoma den natürlichen Grenzwall gegen Indien. In der südlichen Hälfte dieser *»Indoburmanischen Ketten«* greift die Grenze zwischen dem indischen Unionsstaat Manipur und dem Chin-Staat Burmas auf das westliche Gebirgsvorland aus und erreicht zwischen Chittagong (Bangla Desh) und Akyab die Küste des Golfes von Bengalen, während das Irawaddy-Delta durch die Südspitze der Arakan Yoma von diesem getrennt wird. Die Patkai-Arakan-Kette besteht vorwiegend aus gefalteten Sedimenten (Flysch) des Alt-Tertiärs. Im N werden im Naga-Bergland 3826 m erreicht, am Südende der Chin-Berge fällt die eigentliche Arakan-Kette auf Höhen um 2000 m ab. Die *Andamanen-Inseln*, ihre tektonische Fortsetzung, gehören zur *Indischen Union*; nur die Coco-Inseln nahe dem Irawaddy-Delta sind noch burmesisch.
Das Aufsteigen der niederschlagsbringenden Winde des SW-Monsuns an den zum Meere exponierten Bergflanken bringt extrem hohe Niederschläge, z. B. in Akyab 5160 mm Jahresmittel. Die *Außenflanken* der Gebirge sind deshalb bis nach Assam hinauf noch von immergrünen, *tropischen Regenwäldern* bedeckt; die erst auf den *Binnenflanken* in feuchten *Monsunwald* (frische laubwerfende Wälder) und im N in subtropische, immergrüne Bergwälder übergehen.
Die stark zergliederten Gebirge sind sehr *unwegsam.* Außer einigen Talsiedlungen beschränkt sich ihre Nutzung auf Brandrodungs-Wanderfeldbau. Als natürliche Schranke zwischen dem Subkontinent Indien und dem festländischen SO-Asien hindern sie den Landverkehr. Neben dem schwierigen Relief und der tropischen Bergwald-Vegetation verstärkt Malariagefährdung diese Barriere. Im N bildet das Hukong-Becken, durch das möglicherweise einmal der Tsang-Po zum Irawaddy floß, bevor er vom Brahmaputra angezapft wurde, die einzige günstige Paßlücke, durch die im Zweiten Weltkrieg die heute gesperrte »Ledo-Straße« nach *Assam* gebaut wurde. Im mittleren Abschnitt führt nur die »Tamu-Straße« nach Indien (Imphal) und selbst im völlig zu Burma gehörenden Süd-Teil wird die *Arakan Yoma* außer

einer einzigen Straße nur durch den Luftverkehr überwunden bzw. durch die Schiffahrt zur *Arakan-Küste* umgangen. Sie bildet ein schmales, an den Golf von Bengalen und den Chittagong Hill District (Bangla Desh) angelehntes Hügelland, dessen überwiegend *felsiger Küste* Schwärme von Inseln vorgelagert sind. Die Aufschüttungen der kurzen, schwemmstoffreichen Flüsse bieten Land für kleine, durch hohen Niederschlag begünstigte Reisbaugebiete; tropischer Regenwald und Bambusdschungel bedecken aber noch den größeren Teil von Arakan, dessen Zentrum um die Hafenstadt *Akyab* dicht besiedelt ist. Der naturräumlichen Abtrennung entspricht eine historische Sonderstellung der Arakanesen (FLEISCHMANN, 1981).

### *Das Innerburmanische Becken*

Gegen O tauchen die gefalteten Sedimente der Arakan Yoma unter die jungen Tertiär-Ablagerungen des *»Innerburmanischen Beckens«* (BENDER et al., 1983) ab; es entsteht eine etwa 160 km breite und 1120 km lange Einsenkung, die das zentrale Burma bildet. Das Tiefland wird durch eine mittlere Achse von Erhebungen geteilt, in der einige tertiäre *Vulkanruinen* aufragen, der *Mt. Popa* (1519 m; Andesit) ist als »Popadong« eine religiöse Kultstätte. Südlich von ihm sinken die bewaldeten Höhen aus Konglomeraten und Sandsteinen in der *Pegu Yoma* allmählich ab; die südlichsten Ausläufer krönt die vergoldete Shwe Dagon Pagode in Rangun.

Die westliche der Längstalungen wird im N vom *Chindwin* durchströmt, der bei Myingyan in den *Irawaddy* einmündet. Dieser rückt dort in einem kurzen Quertalstück aus der östlichen Längstalzone in die westliche hinüber und setzt den Chindwin-Lauf fort. Das östliche Längstal wird jenseits einer flachen Wasserscheide vom *Sittang* ausgefüllt, der selbständig dem Meere zufließt. Dieses Tiefland ist der *zentrale Lebensraum* Burmas, in dem die Entwicklung der staatstragenden Hochkulturen erfolgte. Die Gliederung in *Nieder-* und *Ober-Burma* ist einerseits historisch bedingt, da entlang der Linie Prome–Toungoo das ältere britische Kolonialgebiet von dem bis 1866 noch von den burmanischen Königen beherrschten Raum getrennt wird. Ungefähr mit dieser Linie fällt auch der klimatische Übergang von dem zum Meere offenen und stark monsunal beregneten Deltaland Nieder-Burmas mit dem beckenförmig von Gebirgen umrahmten, mittleren Burma zusammen, in dessen Leewirkung (austrocknende Fallwinde) zwischen Prome und Mandalay das *trockenste Gebiet* SO-Asiens (Jahresmittel zwischen 620 mm [Pakokku] und

1150 mm, in extremen Jahren auch unter 500 mm Regen) liegt. Seine Dornbusch-Savannen mit Akazien, Tamarinden und Euphorbien wurden meist durch einen Trockenfeldbau mit relativ starker Viehwirtschaft verdrängt. Um die Ruinen der historischen Hauptstädte finden sich einstige oder auch heute noch funktionierende alte Bewässerungskulturen.

Das Abflußverhalten der Ströme schwankt mit dem jährlichen Niederschlagsgang: am *Irawaddy* wurde bei Prome ein höchster Durchfluß von 65 000 $m^3$/sec. und ein niedrigster von 1400 $m^3$/sec. ermittelt, während der Wasserstand zwischen 2 m in der trockenen und 13 m in der Regenzeit schwankt. Wie im Gebirge nimmt auch im relativ trokkenen Binnenland bei steigenden Sommertemperaturen (besonders vor dem Einsetzen der Monsunregen) die jährliche Temperaturschwankung zu, die in immerfeucht-tropisch geprägten Küstengebieten geringer bleibt.

Der trockene *Monsunwald* des Tieflandes besteht aus dürftigem laubabwerfenden Buschwald, der häufig durch ausgedehnte Bambusdschungel verdrängt wird, die sich auch in den feuchteren Waldtypen als Sekundärvegetation breitgemacht haben und wegen ihres Nutzens gern geduldet werden. In den etwas besser beregneten Randlagen gegen die Gebirge enthalten die »frischen laubabwerfenden Wälder« (über 2000 mm Regenfall – »feuchter Monsunwald«) die besten *Teak*-Bestände, die in Burma von 18° bis 25°, und damit weiter als in Indien oder Thailand nach N reichen. Als weiteres Exportgut wird Eisenholz gewonnen; auf lateritischen oder sandigen, trockenen Böden in Ober-Burma wächst örtlich der Lackbaum (Melanorrhoea usitata), aus dessen künstlich angebrachten Stammwunden der schwarze Lack für die burmesischen Lackwaren gewonnen wird (HESMER, 1970).

### *Das Schan-Hochland*

Östlich des zentralen, Innerburmanischen Beckens erhebt sich über einer bedeutenden, jungen tektonischen Störungszone der markante Rand des Schan-Hochlandes. Bei durchschnittlichen Höhen um 1000 m (Teilgebiete an Brüchen auf 1200 bis 1600 m herausgehoben) ragen einzelne Gebirgszüge bis über 2600 m aus den gewellten *Hochflächen* auf, in die tiefe Täler eingeschnitten sind. Angesichts dieses Reliefs ist der Name Schan-Hochland treffender als die englische Bezeichnung »Shan Plateau«. Die letzten Hebungen und die Randbrüche sind jung, wofür auch die gewaltige, steilwandige Schlucht des *Salween* spricht, der von Tibet her in einem überwiegend geradlinigen,

2816 km langen Lauf das Bergland durchströmt, bis zur Mündung ein Gebirgsfluß bleibt und sich deshalb als *verkehrsfeindlich* von der Schiffahrtsroute des Irawaddy unterscheidet (monsunale Wasserstandsschwankungen bis 20 m). Neben gefalteten oder steilgestellten palaeozoischen Sandsteinen und Kalken stehen auch Granite und Gneise an; über dem alten Faltenbau liegen gebietsweise Reste jüngerer Sedimenttafeln. In den Kalkgebieten sind durch *Verkarstung* Flußschwinden, Tropfsteinhöhlen, Kalktuffriegel usw. entstanden: Flache Hochtalbecken (z. T. Karst-Poljen) wurden mit jungen Seeablagerungen gefüllt. Sie sind z. T. verlandet; der knapp 1000 m hoch gelegene *Inle-See* (145 km$^2$) ist zwischen großen Schilfsümpfen erhalten geblieben.
Östlich des zentralen Trockenraumes steil aufragend, löst die Randstufe des Schan-Hochlandes wieder *stärkere Niederschläge* aus; die Mittel liegen zwischen 1140 mm und 1270 mm. Die Temperaturen und ihr Jahresgang werden in den Höhenlagen durch stärkere Schwankungen bestimmt; im Winter treten im N bereits leichte *Nachtfröste* auf: Maymyo (1100 m), der Höhenkurort im westlichen Schan-Hochland unweit Mandalay, hat z. B. zwischen der höchsten Temperatur von 28,9 °C und der niedrigsten von 3,9 ° bereits eine Amplitude von 25 °C. Auch Kalaw entstand als »hill-station«, und die Hauptstädte der Schan-Staaten, Taunggyi und Lashio, wurden als britische Verwaltungssitze im *Höhenklima* begründet. Die tiefen Taleinschnitte haben sehr trockene Lokalklimate.
Die *Bergwälder* enthalten immergrüne Eichen und subtropische Kiefern. Savannenartige Grasländer sind eine Folge der Waldzerstörung durch den Brandrodungs-*Wanderfeldbau*. Wo Bodengunst und Bewässerungsmöglichkeiten in den Talbecken dies gestatten, haben die Schan, die sonst einen dauerhafteren Anbau auf unbewässerten Feldern sowie Obst-, Gemüse- und Zitruspflanzungen betreiben, Naßreisfelder angelegt. Der naturlandschaftliche Kontrast gegenüber dem Irawaddy-Tiefland verstärkt sich durch sein Zusammenfallen mit der kulturräumlichen Grenze zwischen Burmanen und Schan. Nach O geht das Hochland dagegen ohne deutliche natürliche oder völkische Grenze in die Hochflächen und Bergländer von Yünnan, Laos und Thailand über.

### *Die Gebirgsländer im Norden*

Im nördlichsten Landesteil steigt das Gebirge bis zu den randlichen Gletschern des *Himalaya* an. Ebenso nimmt der Bevölkerungsanteil

verschiedener Bergstämme zu, nach dem stärksten spricht man vom *Kachin-Bergland*.
In den stark beregneten Quelltälern des Irawaddy entspricht die *Vegetationsstufung* noch der im feuchten *O-Himalaya*, die vom immergrünen, tropischen Regenwald über immergrünen Bergwald, Nadel- und Rhododendronwälder bis zu alpinem Buschwerk, Matten, Felsschutt und den Gletschern ansteigt, während seine östlichen Zuflüsse wie die oberen Schluchten von *Salween*, *Mekong* und Yangtze Kiang bereits lokalklimatische Trockentäler im Hochgebirge bilden (WARD, F. K., 1921, 1939, 1949; SCHWEINFURTH, 1972). Während auf den über 3000 m hohen Bergen jährlich bis zu zwei Monaten *Schnee* liegt, werden die Taltiefen vom tropischen Anbau – noch am oberen Irawaddy Reis im Terrassenbau – bestimmt. Bis zum Hauptort des Kachin-Staates, Myitkyina, ist der Irawaddy periodisch schiffbar; dort liegt auch der Endpunkt der Eisenbahn.

### *Die Halbinsel Tenasserim*

Südlich des unteren Salween treten die Rumpfflächen gegenüber den Gebirgsketten der *Tenasserim-Halbinsel* mehr und mehr zurück, die jedoch nur noch geringere Höhen erreichen, selten 2000 m übersteigen und vielfach nur aus schmalen, sägegratförmigen Ketten aus Graniten, steilgestellten Sedimenten oder schroffen Karsttürmen bestehen. Vor dem schmalen, von Gebirgsvorsprüngen und Buchten in einzelne Abschnitte zerlegten Küstensaum liegt der Inselschwarm des *Mergui-Archipels*. Den natürlichen Grenzwall der schwer durchgängigen Waldgebirge gegen Thailand unterbricht zwischen dem Ataran und dem Kwae Noi (= »River Kwei«) der leichte, zeitweilig von einer Bahn genutzte Übergang über den »Drei Pagoden-Paß«.
Die Granite enthalten *Zinn* und *Wolfram*. Im Küstenland liegen einzelne Reisbaugebiete, während sonst der tropische Regenwald vorherrscht. Er wird durch extreme Niederschlagshöhen begünstigt, da die labil geschichteten, feuchtigkeitsbeladenen südwestlichen Monsunströmungen direkt vom Meer auf die Tenasserim-Berge auftreffen (z. B. Thaton: 5480 mm/Jahr). Wie auf der ganzen malayischen Halbinsel entstanden neben dem Zinnbergbau auch eine Reihe von Kautschuk-Plantagen. *Moulmein*, die Distriktshaupt- und Hafenstadt, liegt am nördlichsten Ansatz des in die Halbinsel herunterziehenden Landstreifens am kleinen Delta des Salween; dichtere Besiedlung findet sich weiter in den flachen *Küstenhöfen* um *Thaton*, *Tavoy*, *Mergui* usw.

*Der heutige Hauptlebensraum: das Irawaddy-Delta*

Ganz anderer Struktur ist der zentrale Küstenraum, das *Irawaddy-Delta*. Dieses schiebt sich mit den alluvialen Aufschüttungen des unteren Irawaddy aus den Innerburmanischen Becken breit nach S vor. Es liegt nur wenig über dem Meer und ist über 16000 km$^2$ groß. Der Irawaddy und der Sittang führen jährlich rd. 250 Mio. t *Schwebstoffe* heran. (Die Schnelligkeit und Stärke der Aufschüttung erkennt man daran, daß die heute im Binnenland gelegenen *Mon*-Hauptstädte Thaton [Salween-Mündung, als Hafen später durch Martaban abgelöst] und Pegu bis zum 11., das letztere bis zum 16. Jh. noch Seehäfen waren – R. LE MAY, 1967.) Je nach der Lage zu den Flüssen wechseln die Aufschüttungen zwischen Sanden, Kiesen, lößlehmartigem Schlamm und Tonen. Im Rückstau hinter den natürlichen Flußdämmen entstanden sumpfige Niederungen. Die Vorhügel der Gebirge sind noch mit tropischem Regenwald und die südliche Pegu Yoma mit laubwerfendem Monsunwald bedeckt. Nahe Rangun finden die nördlichsten Ausläufer der Kautschuk-Plantagen ihre klimatische Grenze. In Küstennähe sind die Schwankungen der tropisch-heißen Temperaturen sehr gering (z. B. hat Bassein nur eine maximale Amplitude von 7,4 °C), während sie landeinwärts rasch etwas ansteigen.

Große Teile der *Delta-Niederungen* sind erst während des letzten Jahrhunderts melioriert und in Kultur genommen worden. Die volle Erschließung begann erst um 1860 mit den Deichbau-Arbeiten durch britische Ingenieure, die das bis dahin von den Hochwässern häufig überschwemmte Gebiet aufschlossen, in das unter günstigen Siedlungs- und Wirtschaftsbedingungen ein rascher Zustrom von Reisbauern aus den trockeneren Teilen Burmas erfolgte. Ähnlich wie das Maenam- oder das Mekong-Delta ist es also nicht das Altsiedelland einer Hochkultur, sondern erst in relativ *junger kulturtechnischer Erschließung* zum intensiv bestellten Anbauland geworden. Dann wuchs es aber rasch zur wichtigsten *»Reisschüssel«* heran, die den größten Teil der burmanischen Ernte liefert (das Delta ist zu 66 % seiner Fläche angebaut, davon 92 % mit Reis). Im Umland der größten Stadt und des führenden Hafens, *Rangun*, das allerdings auch erst im späten 19. Jh. diese Führungsrolle übernahm, ist damit das am dichtesten besiedelte Gebiet Burmas herangewachsen. Die landfesten Teile des unteren Irawaddy-Gebietes sind durch Straßen, Bahnen oder die Flußschiffahrt gut erschlossen; im äußeren Delta wird der gesamte Verkehr von Binnenschiffen auf den zahlreichen Flußarmen bewältigt. Rangun liegt nicht an der Mündung des Irawaddy selbst, sondern an den kleineren des Pegu- und des Hlaing-Flusses, die mit geringerer Schwebstoffbelastung einen weniger von Verschlickung bedrohten Hafen bieten; der Zugang zum Irawaddy erfolgt durch den im 19. Jh. gegrabenen Twante-Kanal.

### 3.1.1.2 Die kulturelle und staatliche Entstehung des burmesischen Kernlandes

#### *Die Altkulturen: Mon und Pyu*

Wie im benachbarten Thailand, bilden auch im Irawaddy-Becken die *Mon* (»Talaing«) das älteste seßhaft gewordene Kulturvolk. Die Häfen ihrer in Legenden überlieferten Königreiche an den Mündungen von Salween und Irawaddy lagen den frühen indischen Kulturzentren in Bengalen und Orissa gegenüber. Offenbar ist es spätestens im 3. Jh. v. d. Zw. unter den Einfluß von Buddhismus und Brahmanismus gekommen. Materielle Denkmäler werden vom 6. Jh. n. d. Zw. an von der indischen Kultur beeinflußt.
Durch eine monumentale Ziegelarchitektur massiver, zylinderförmiger Stupas in Alt-Prome werden vom 8. Jh. an in Mittel- und Ober-Burma die *Pyu* belegt, die bereits tibeto-burmanischen Ursprungs und damit dem heutigen Staatsvolk der Burmanen verwandt waren. Manche Vorstellungen leiten sogar die Entstehung der *Burmanen* aus Vermischungen von Mon und Pyu ab, andere suchen ihr Ursprungsgebiet im tibetisch-chinesischen Grenzgebiet. Im 9. Jh. gewannen sie die Herrschaft über den Kernraum des historischen *Ober-Burma* im Trokkengebiet des Irawaddy-Beckens. Der heute noch von Klöstern gekrönte Popa-Vulkan bildete schon ein vor-buddhistisches Heiligtum und wurde nun zum »Blumenberg« oder »Großen Berg« (Mahagiri) der Hochreligionen (GRISWOLD, et al., 1963). Um die auf einem Bergkegel erbaute, befestigte Stadt Kyaukse (spr.: »Tschaukse«) dehnen sich die heute noch genutzten Reisfelder einer frühen, hohen Bewässerungskultur aus, die mit dem Wasser aus den Gebirgsflüssen in der trockenen Ebene ein bedeutendes Bevölkerungszentrum entstehen ließen.

#### *Pagan und die Reiche der Burmanen*

Die größte Entfaltung der mittelalterlichen burmesischen Kultur, die heute noch mit den Resten von mehr als 5000 Stupas die Uferlandschaft des mittleren Irawaddy prägt, erfolgte aber um Pagan. Die Ruinen der in drei Jahrhunderten entstandenen Kultbauten – während

von den profanen Bauten (Holz- und Lehmhäuser) außer einem Stadttor und Resten der Mauer der Innenstadt nichts erhalten blieb – sind, ähnlich wie in Angkor von zahlreichen, hier aber meist verlandeten, ehemaligen »tanks«, Bewässerungsstauteichen nach indischem Vorbild, umgeben. Das belegt, daß damals auch um Pagan eine wesentlich höher entwickelte Naßreiskultur bestand, während heute ein nur in den Monsunmonaten möglicher Trockenfeldbau vorherrscht, wie er in diesem Umfang in SO-Asien selten ist und der den etwas günstigeren Bodenfeuchtehaushalt in den verlandeten, einstigen »tanks« nutzt. (Die in der Relief- und Bodenstruktur erkennbaren, heute mit Trockenfeldern bedeckten Reste der einst viel zahlreicheren »tanks« wurden offenbar von der historischen Forschung weitgehend übersehen, so daß sogar Theorien auftauchen, die den Untergang Pagans mit Schwankungen des lokalen Klimas erklären wollen. Dafür bestehen keine Belege. Die regionale Situation spricht vielmehr für ein kontinuierlich *trockenes Beckenklima*, während das Verlanden von »tanks«, besonders wenn sie nicht mehr regelmäßig gepflegt werden, im monsunalen Wechselklima ein durchaus normaler Prozeß ist – ähnlich z. B. auf dem Dekhan Plateau Indiens.) Die Einbettung in eine offene, in den trockenen Monaten sonnendurchglühte und staubige, von einigen Dörfern und von dornbuschbedecktem Weideland unterbrochene Agrarlandschaft unterscheidet Pagan vom heutigen Bilde Angkors (S. 345), dessen Ruinen im Schatten des wieder aufgewachsenen, tropischen Waldes liegen. Dem *trockenen* Lokalklima *Ober-Burmas* ist es zu danken, daß dort mehr Ziegelbauten und Fresken erhalten blieben.
1975 wurden die Pagoden und Ruinen von *Pagan* von einem schweren *Erdbeben* betroffen. Mit finanzieller und technischer Hilfe durch UN-Organisationen (u. a. mit erdbebenerfahrenen Ingenieuren aus Skopje, Jugoslawien) sind die Reparatur- und Sicherungsarbeiten im Gange. Der gegenwärtig kriegsbedingt unterbrochene *Touristenverkehr* nach Angkor hat Pagan jetzt aus seinem »Dornröschenschlaf« geweckt und die »Union of Burma Airways« (UBA) hat es für die Ferntouristik erschlossen.
Aus dem Aufsteigen und Zerfallen der Territorialbildungen von Mon-, Pyu-, burmanischen und auch Schan-Dynastien, aus deren Ringen schließlich die kulturelle, staatliche und völkische Formierung des Zentralraumes von Burma erwachsen sollte, können nur einzelne Phasen genannt werden. Die Fülle *historischer Stätten* – neben den genannten wären auch Sagaing, Prome, Dagon (das spätere Rangun), die Hafengründungen Syriam, Bassein und Martaban u. a. zu erwähnen – ist nur als kulturlandschaftliches Erbe dieser Entwicklung verständlich.

Die aufsteigende Macht der Könige von *Pagan* markiert etwa im 11. Jh. den Beginn der *politischen Geschichte Burmas*. Sie eroberten 1057 das alte Mon-Zentrum Thaton, damals führend in der Lehre des von Ceylon gekommenen Theravada (oder Hinayana)-Buddhismus. Der *Mon*-König wurde mit seinen Mönchen, Gelehrten, Handwerkern und Künstlern samt ihren Schriften nach Pagan geführt, ebenso die Reliquien aus den Tempeln des gleichzeitig niedergeworfenen Alt-Prome der *Pyu*. Damit wurde der Mahayana-Buddhismus in Ober-Burma durch den *Hinayana-Buddhismus* und mit ihm das Sanskrit als Schriftsprache durch das *Pali* verdrängt. Die *Burmanen* übernahmen das *Mon-Alphabet* und schrieben mit diesem erstmals ihre Sprache nieder (R. LE MAY, 1967). So beginnt das bis heute fortbestehende Zusammenleben und teilweise Verschmelzen der Mon, Pyu und der Burmanen; denn trotz weiterer, zeitweilig bedeutender Dynastien vermochten die Mon (anders als etwa die Schan und Karen) kein eigenes Territorium zu behaupten. In Nieder-Burma, besonders um Pegu und Moulmein, sind sie noch anzutreffen. Die modernen Bestrebungen um ihre kulturelle, sprachliche und politische Erneuerung führte zur wenigstens formalen Bildung eines *»Mon-State«* (S. 250).
1287 erlag Pagan den Heeren der Mongolenkaiser Chinas. Erst im 15. Jh. begann die Kunst unter den Mon-Herrschern von *Pegu* wieder aufzublühen und im 16. Jh. konnten die burmanischen Fürsten von *Toungoo* (spr. Taungu) einen größeren Staat errichten, der aber seine Kräfte in Eroberungszügen gegen Siam verzehrte. Schließlich wurde von Shwebo (nördliches Ober-Burma) aus 1752 die letzte Dynastie Burmas, die in den Hauptstädten Ava, Amarapura und Mandalay regierte, begründet. Ihr Untergang und die Annexion durch die *Briten* in den *drei Burma-Kriegen* (1826, 1852 und 1885) wurde schon geschildert (S. 86).

### *Mandalay und Rangun*

Mandalay, noch mit riesigen rechteckigen Graben- und Maueranlagen alten Stils befestigt und mit zahlreichen Tempeln ausgestattet (u. a. den 729 kleinen Pagoden des 5. Buddhistischen Weltkonzils von 1871, während das wieder unabhängige Burma das 6. 1954 in Rangun abhielt), stagnierte seitdem. *Rangun* trat an seine Stelle, das neben der in der britischen Kolonialzeit angelegten Innenstadt mit der Shwe Dagon-Pagode und der Sule-Pagode ebenfalls Stätten historischer burmesischer Kultur besitzt.
Als wirtschaftsgeographische Nachwirkung ist in vielen Dörfern und

Städten nahe den einstigen Residenzen ein umfangreiches *(Kunst-) Handwerk*, wie Seidenweberei, Silberschmiede und Lackarbeiten lebendig geblieben. Z. T. ging dieses auf die *Ansiedlung Kriegsgefangener* wie den aus Manipur im 18. Jh. nach Amarapura verschleppten Seidenwebern und Silberschmieden zurück, die heute noch das Gewerbe dieses Städtchens bei Mandalay bestimmen.

*Kolonialzeit und Unabhängigkeit*

Die britische Kolonialherrschaft – bis 1937 wurde Burma als Teil *Britisch-Indiens*, dann als eigene Kolonie verwaltet – brachte auch die halbunabhängigen Schan- und Karen-Fürstentümer (s. u.) unter ihre Oberherrschaft, ohne sie aber voll verwaltungsmäßig zu integrieren (*»Outer Burma«*). Damit wurde eine der Ursachen des noch heute andauernden Ringens um die nationale Konsolidierung als mehrvölkischer Unionsstaat begründet. Heftiger als die meisten Nachbarn wurde Burma vom Zweiten Weltkrieg betroffen, und sehr viel schroffer als in Indien oder Malaya wurden die Brücken zur einstigen Kolonialmacht abgebrochen. Mit der – erstmals schon während der japanischen Besatzungszeit ausgerufenen – *Unabhängigkeit* (1948) schied das selbständig gewordene Burma sofort aus dem Commonwealth aus. Auch von anderen Bündnissystemen hat es sich ferngehalten, und trotz wirtschaftlicher Schwäche nimmt es nur begrenzt fremde Hilfen an, da diese politische Verpflichtungen implizieren könnten.

### 3.1.1.3 Der völkische Pluralismus

Die große ethnische Vielfalt, wohl das Hauptproblem für die Existenz des Staates Burma, wurde statistisch zum letzten Mal beim Zensus von 1931 festgehalten: er verzeichnete *136 verschiedene Sprachen*, wobei die Abgrenzung von Dialekten und selbständigen Sprachen nicht immer als sicher erscheint. Etwa 85 % der Gesamtbevölkerung gehören dem *Hinayana*(=Theravada)-*Buddhismus* an (außer den Burmanen auch die Mon, Schan u. a.), der zu einer Synthese mit der *sozialistischen*, aber völlig auslands-unabhängigen und anti-kommunistischen Staatslehre der (einzigen) »Burma Socialist Programme Party« (BSPP) geführt werden soll, seit 1974 aber nicht mehr als »Staatsreligion« gilt.

### *Burmanen, Mon und Arakanesen*

In dem ethnisch stark differenzierten Land nimmt das die »*Staatssprache*« sprechende Volk der *Burmanen* 65–67 % der Gesamtbevölkerung ein. Die mit ihnen in den Ebenen lebenden *Mon* zählen etwa 1,3 Mio. (rd. 3 %). Während die letzteren der austro-asiatischen Sprachgruppe angehören, sind die Burmanen ein Glied der tibeto-burmanischen. Das verbindet sie mit mehreren proto-burmanischen Völkern, z. B. den Chin, Kachin und mit Stammesgruppen wie den Lollo (s. u.). In abgelegeneren Landesteilen lassen sich innerhalb der Burmanen noch Untergruppen abgliedern. Besonders selbständig sind die *Arakanesen* (ca. 6 %), auch historisch eine eigene Kraft (bis 1784 eigene Könige); weiter auf der Tenasserim-Halbinsel die *Tavoyaner* und *Merguesen*, in den Dörfern des Inle-Sees inmitten des Schan-Hochlandes die *In-tha*, die durch ihre Wassersiedlungen und schwimmenden Beete, aber auch durch ihre »Beinruderer« (entstanden durch den Fischfang mit Speeren, für den die Hände frei sein sollten) bekannt geworden sind (BRUNEAU, M. et L. BERNOT, 1972; H. UHLIG, 1979; H. WILHELMY, 1986).

### *Die Schan*

Wegen der Übernahme von Buddhismus, Naßreis-Pflugbau, politischer Organisation und der Teilnahme am dynastischen Ringen um die territoriale Entwicklung werden neben Burmanen und Mon auch die 3,2 Mio. Schan (ca. 11 % der Gesamtbevölkerung) zu den historischen »Hochkulturen« des Landes gezählt. Die *Schan* (Shan, einschließlich der Khamti u. a. Untergruppen) sind aber im Hochland verblieben. Sprachlich und ethnisch bilden sie ein Teilglied der Thai-Völker. Der Schan-Staat ist aus 32, unter der britischen Kolonialherrschaft noch halbsouveränen, *Klein-Fürstentümern* hervorgegangen, deren Häupter, die »Sawbas«, z. T. als Flüchtlinge außer Landes gehen mußten. Andere konnten sich bis heute in administrativen Funktionen erhalten. Vor der staatlichen Konsolidierung Burmas gehörten sie einem losen Bund von Schan-Staaten an, der auch ihre Gruppen in Thailand, Laos und China umfaßte. Ihr Siedelraum ist von zahlreichen andersvölkischen und *anderssprachigen Bergstämmen* durchsetzt (innerhalb des Schan-Staates ca. 40 % der Bewohner), die meist als Brandrodungsbauern an den Gebirgshängen leben, während die Schan in Tälern und Becken mit Reisbau, sonst mit intensiverem Trockenfeldbau in Dauersiedlungen leben.

*Die Karen*

Den Thai-Völkern nahestehend, aber mit einer eigenen Sprache und nur zu einem kleinen Teil zum Buddhismus bekehrt (mehr noch ihrer Stammesreligion anhängend oder christlich missioniert), spielen die *Karen* (einschließlich der *Karen-ni oder Kayah*) – rd. 8 % der Gesamtbevölkerung – in den Auseinandersetzungen um einen unabhängigen politischen Status die stärkste Rolle. Sie sind räumlich aber ziemlich zersplittert. Etwa 2 Mio. siedeln in der Delta-Ebene, und selbst die Stadtbevölkerung – z. B. von Rangun – hat erhebliche Karen-Anteile. Angehörige aller bisher genannten Minderheiten sind auch in die Bildungsschicht des Landes aufgestiegen und als Akademiker, Beamte, Politiker usw. in das moderne Leben eingegliedert. Die stärksten Exponenten des karenischen Unabhängigkeitsstrebens sind aber gerade – von fortgeschrittener Bildung getragene – *christianisierte* Gruppen. Wie bei den Schan reichen ihre Siedlungsgebiete über die Grenze nach Thailand hinüber, und diese langen, durch schwer durchgängliche Waldgebirge verlaufenden Grenzen sind kaum zu kontrollieren.

*Die kleineren Volksgruppen*

Unter den übrigen kleineren Volksgruppen konnten sich noch die *Chin* (sprich: Tschin; ca. 1,2 %) im W und die ihnen entfernt verwandten *Kachin* (ca. 2,5 %; stärkste Teilgruppe: die *Jinghpaw*, daneben dort aber auch noch ca. 40 weitere *verschiedene Stammesgruppen*) im N politisch organisieren.

Während sich auch von diesen Völkern eine schmale Führungsschicht dem modernen Leben eingegliedert hat, besteht ihre Mehrheit noch aus Brandrodungsbauern. Zahlreiche *kleinere Stämme* erweitern das Völkermosaik. Bekannt wurden die *Wa* (ca. 0,3–0,4 Mio.) und die *Palaung*, deren Frauen früher durch hohe Messing-Halsringe bekannt waren, in den Berggebieten östlich des Salween an der Grenze gegen Yünnan. Sie sind möglicherweise in *Rückzugslagen* abgedrängte Reste der alten Mon-Völker und den Lawa jenseits der thailändischen Grenze verwandt. Die *Wa* – wie die Iban in Borneo vor 1–2 Generationen noch *Kopfjäger* (S. 72) – sind der am wenigsten zivilisierte Stamm Burmas geblieben; ihr wildes, z. T. in befestigten Siedlungen bewohntes Kalkbergland wurde erstmals 1894/1904 staatlich kontrolliert. Der *Grenzverlauf* blieb aber – wegen wertvoller Silberbergwerke – zwischen *China* und der britischen Kolonialmacht *strittig*. 1937/41 legte eine Völkerbundskommission die Grenzen fest; 1953/57 war das Gebiet aber erneut zwischen Burma und China umstritten (STRUPP, 1978). Im stärker zergliederten Küsten- und Inselbereich des äußersten S *(Mergui)* treten die Ausläufer *malayischer* Fischergruppen hinzu.

### *Die Bergstämme und die Naga*

Unter den auf einzelne Dörfer – ohne territorialen Zusammenhang – verstreuten Bergstämmen sind weiter die *Lollo*-Stämme (z. B. *Lissu*, *Lahu*, *Musso*, *Akha* usw.), die zwischen den Schan lebenden *Pa-o, Taunggyu* und die, wie in Laos und Thailand erst in der jüngeren Zeit aus China zugewanderten *Miao* (Hmong) und die ihnen verwandten *Yao* zu nennen (zusammen ca. 0,5 % der Gesamtbevölkerung).
Ähnlich wie die Karen beiderseits der Ostgrenze, siedeln im N die *Naga* beiderseits der westlichen Grenze (in Burma ca. 80000, in Indien dagegen ca. 350000). Während sie in Burma nur einzelne Gefechte liefern, haben sie in Indien hart um die Unabhängigkeit gerungen (mit Basen in Burma und Waffenlieferungen aus China) und einen eigenen Unionsstaat erzwungen. Auch die Autonomiekämpfe weiterer Ethnien in Indien übergreifen das schwer zugängliche Grenzdreieck zwischen diesem, Burma und Bangla Desh, z. B. die der Stämme der indischen Territorien von Mizoram, Manipur und Tripura.

### *Zuwanderung, Vertreibung und Restgruppen der fremdvölkischen Asiaten*

Während der Kolonialzeit konnten besonders in die größeren Städte so viele Inder und Chinesen zuwandern, daß 1941 in Rangun 58 % *Inder* und 9 % *Chinesen* gegenüber nur 33 % *Burmesen* die Mehrheit der *urbanen Bevölkerung* bildeten. Seit der Unabhängigkeit wurden große Teile der *Fremdgruppen verdrängt* und eine deutliche Mehrheit der burmesischen Stadtbevölkerung hergestellt.

### *Inder und Bangladeshi*

Durch die Nachbarschaftslage und die frühere gemeinsame Zugehörigkeit zu Britisch-Indien bedingt, erreichten in Burma die zugewanderten *Inder* (einschließlich der heutigen Bangladeshi) mit über 1 Mio.

den stärksten Anteil. Z. T. durch die Kolonialmacht als Beamte und Angestellte hereingebracht, zum anderen als Händler, Geldverleiher, Reismühlenbesitzer, aber auch als genügsame Kulis (besonders beim Bau der Bewässerungskanäle im Delta) und als Straßen-, Bahn- und Plantagenarbeiter eingewandert, wurden sie von der burmanischen Bevölkerung als Konkurrenten und fremde Ausbeuterschicht empfunden. Während des Krieges (unter japanischer Besetzung) und nach der Erlangung der Unabhängigkeit kam es deshalb zu umfänglichen Vertreibungen, unter Enteignung des Landbesitzes und starker Beschränkung ihres kommerziellen Bewegungsfeldes und zu den ersten, großen *Flüchtlingsströmen*, oft in langen Gebirgs-Trecks zurück nach Indien. Die nachbarschaftlichen Beziehungen zur Indischen Union und zu Bangla Desh haben darunter gelitten. Durch den Erwerb der burmesischen Staatsbürgerschaft und Mischehen, deren »indoburmesische« Nachkommenschaft ebenfalls die zahlenmäßige Erfassung erschwert, versuchten zahlreiche Inder, sich in Burma zu halten. Besonders in den teilweise zu innerstädtischen *»slums«* verfallenden Gassen im Zentrum von *Rangun* – mit Moscheen bzw. Hindutempeln und ihrer dort noch getragenen indischen Kleidung – treten sie noch in ziemlicher Geschlossenheit in Erscheinung. (Die zahlenmäßigen Schätzungen über die verbliebenen *Inder* in Burma schwanken zwischen 300000 und 950000.) Der Anteil *mohammedanischer* Zuwanderer ist in den an das heutige Bangla Desh (vorher O-Pakistan) angrenzenden Gebieten der *Arakan*-Küste naturgemäß am stärksten. Man schätzt dort etwa 300000–500000 Muslim (S. 256); insgesamt (z. B. auch Gruppen im Schan-Hochland) bilden die *Muslim* etwa 10% der Bevölkerung Burmas.

*Die Chinesen*

Mit den Indern bilden die Chinesen (beide *zusammen* heute ca. 4%) seit Erlaß des neuen Staatsbürgerrechtes von 1982 nur die dritte Kategorie der »naturalized citizens« (mit anderen Fremden), die nur begrenzte Rechte haben. Volle *Staatsbürger* sind nur *Burmanen* und die *einheimischen* Minderheiten (soweit sie vor 1824 im Lande waren); die »mittlere« Gruppe bilden Mischlinge aus diesen verschiedenen Ethnien.

Die Zahl der zugewanderten *Chinesen* wird heute auf 400000 bis 600000 geschätzt; sie sind vor allem im Handel und Handwerk, als Gastwirte, aber auch im Bergbau, als Kulis und Rikscha-Fahrer und im Marktgartenbau tätig. Bei ihrer Anpassungsfähigkeit verstanden sie es zunächst etwas besser, sich in ihren Wohnsitzen zu halten. Ihr wirtschaftlicher und kultureller Spielraum wurde aber ebenfalls stark eingeengt. Illegale Zuwanderung erfolgte auch *über Land* in den abgelegenen Grenzgebieten des Schan-Hochlandes. Weiter führte 1949 das Übertreten nationalchinesischer Truppenreste (Kuomintang) auf burmesisches Gebiet zu Spannungen. Ihre Mehrheit wurde nach Taiwan ausgeflogen. Reste halten sich aber noch heute in den schwer durchgängigen Grenzbergen, was teilweise zu Auseinandersetzungen mit burmanischen, aber auch zu Gefechten mit rot-chinesischen Truppen geführt hat. Während 1957 den chinesischen Ansprüchen auf das Wa-Gebiet und selbst auf den größten Teil des Kachin-Staates noch in vorsichtigen Verhandlungen begegnet wurde, hatte das politische Verhältnis zu China 1967 einen Tiefpunkt erreicht. In den Städten kam es zu heftigen Ausschreitungen gegen die Chinesen mit Zerstörung und Schließung chinesischer Geschäfte und Restaurants und auch zu bewaffneten Grenzkonflikten. Seitdem versuchen die Burma-Chinesen, alle Möglichkeiten zur Abwanderung zu ergreifen oder aber sich noch unauffälliger dem burmesischen Leben anzupassen. Einzelne – vollständig »burmanisierte« – Chinesen bzw. Mischlinge konnten umgekehrt bis in die politische Führungsspitze aufsteigen. Später kam es – in richtiger Einschätzung der chinesischen Übermacht – wieder zu Annäherungen, und seit den jüngeren, politischen Wandlungen in China ist das Nachbarschaftsverhältnis wesentlich verbessert worden; China hat offenbar sogar das Zugeständnis gemacht, die aktive Unterstützung der kommunistischen Partisanen (S. 256) einzuschränken.

### *Probleme der staatlichen Gliederung*

Die *völkische Vielfalt* wurde nach der Erlangung der Unabhängigkeit zu einer entscheidenden Frage der staatlichen Verfassung und ist bis heute ein politischer Instabilitätsfaktor geblieben. In der Kolonialzeit bestand bereits ein starker Unterschied zwischen der Verwaltung des eigentlichen *»Parliamentary Burma«* und der unter verschiedenen Formen lockerer Protektoratsverwaltung gehaltenen *»Excluded Areas«* (= »Outer-Burma«), die z. B. den Schan-Staaten oder einigen Karen-ni-Staaten und Gebieten von Bergstämmen Sonderstellungen beließ. Die britische Bereitschaft zur Gewährung der Unabhängigkeit

**Abb. 18:** Burma, politische Gliederung (Staaten und Verwaltungsdivisionen) und Bevölkerungsdichte
*(Entwurf: H. Uhlig, Kartogr.: L. Dreher)*

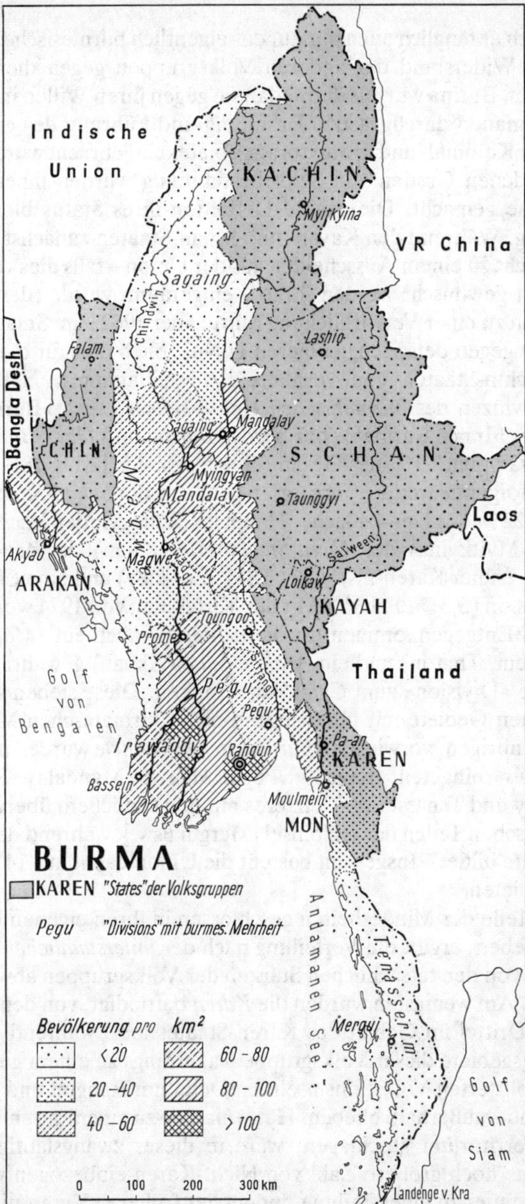
Indische Union
VR China
KACHIN
Myitkyina
Sagaing
Chindwin
Lashio
Falam
Bangla Desh
Sagaing
Mandalay
SCHAN
CHIN
Myingyan
Mandalay
Taunggyi
Laos
Salween
Akyab
Magwe
ARAKAN
Loikaw
KAYAH
Toungoo
Prome
Thailand
Golf von Bengalen
Pegu
Pegu
Pa-an
KAREN
Irawaddy
Rangun
Bassein
Moulmein
MON
BURMA
KAREN "States" der Volksgruppen
Pegu "Divisions" mit burmes. Mehrheit
Andamanen See
Tenasserim
Mergui
Golf von Siam
Bevölkerung pro km²
<20
20–40
40–60
60–80
80–100
>100
0 100 200 300 km
Landenge v. Kra

bezog sich anfänglich auch nur auf das eigentlich burmesische Gebiet, und der Widerstand der anderen Volksgruppen gegen die heutige Union von Burma wurzelt darin, daß sie gegen ihren Willen in die von den Burmanen durchgesetzte Erhaltung und Führung des gesamten einstigen Kolonial- und Protektoratsgebietes eingebracht wurden. Mit verschiedenen Graden von Selbstbestimmung wurden ihnen Zugeständnisse gemacht. Die exakte Definition ihres Status bleibt aber schwierig. Während den Kayah- und Schan-Staaten zunächst das formale Recht zu einem Ausscheiden aus der Union – falls dies von einer Mehrheit gewünscht werden sollte – eingeräumt wurde (der Ansatz der Schan zu einer Verwirklichung führte aber 1962 zum Staatsstreich Ne Wins gegen den nachgiebigeren U Nu), blieb dies für die Karen- und Kachin-Staaten von vornherein ausgeklammert. Neben den Kernprovinzen des *burmanischen Unionsstaates* (auch »Burma proper« oder »Inner Burma«), der *Nieder-Burma* und *Ober-Burma* umfaßt (zusammen 55% des Gesamt-Staatsgebietes [Abb. 18]) wurden anfangs folgende weitere Territorien gebildet: der *Schan-Staat* (Schan States), 22% der Unionsfläche, Hauptst. Taunggyi; der *Kachin-Staat* (11,2%, Myitkyina); der *Karen-Staat* (4,4%, Pa-an); der *Kayah-*(umbenannt, früher Karen-ni-)*Staat* (1,8%, Loi-kaw) und eine *Chin* Special Division (5,3%, Falam). Mit der Verfassung von 1974 wurde – als formales Entgegenkommen für die Ethnien – auch ein *»Mon-State«* (Moulmein, Thaton) und ein *Arakan-State* (Akyab) gewährt und die bisherige »Division« zum *Chin-State* erhoben. Diese sieben »States« bezeichnen Gebiete mit überwiegend nicht-burmanischen Minoritäten. Die übrigen, vorwiegend *burmanischen Gebiete* wurden in sieben *»Divisions«* eingeteilt (Sagaing, Pegu, Magwe, Mandalay, Rangun, Irawaddy und Tenasserim – letzteres mit den südlichen, überwiegend burmanischen Teilen der Halbinsel [Mergui usw.], während der N den Mon-State bildet). Insgesamt besteht die Union damit aus 14 Verwaltungsgebieten.

Da nur Teile der Minderheiten geschlossen in ihren eigenen Unionsstaaten leben, ergibt die Verteilung nach der *innerstaatlichen Gliederung* ein von den tatsächlichen Stärken der Volksgruppen abweichendes Bild. Am wenigsten wurden die *Karen* befriedigt, von denen etwa nur ein Drittel im Gebiet des Karen-Staates lebt, während größere Siedlungsgebiete dieser Volksgruppe – allerdings zu einem guten Teil aus zersplitterten Volkstumsinseln im Delta um Rangun und Bassein bestehend – außerhalb blieben. Hätte man sie zu einem geschlossenen Karen-Territorium geschlagen, wäre in dieses zwangsläufig umgekehrt eine noch größere Zahl von Nicht-Karen einbezogen worden. Weiter kam es zu einer Teilung, indem der frühere »Karen-ni-Staat«,

der von der Stammesgruppe der »Roten Karen« (Kayah) bewohnt wird, als *Kayah-Staat* eine eigene Position und das in der britischen Zeit als »Kawthoolei Special Region« bezeichnete Gebiet als neuer *Karen-Staat* einen Sonderstatus erhielt.
Der *Kachin-Staat* im N, der aus den früheren Distrikten Myitkyina und Bhamo gebildet wurde, wird nur im Gebirge von Kachin und anderen Bergstämmen besiedelt, während in den Tälern größere Gruppen von Schan und Burmanen (ca. 110000) leben, die wesentlichen Anteil an der Verwaltung haben. Umgekehrt stellen Teile der Kachin – wie der Chin – in der Tradition ihres einstigen Militärdienstes in der britisch-indischen Armee (ähnlich den Gurkha) heute loyale Truppen für das burmanische Heer. (Einzelne Gruppen aus Nepal stammender, echter Gurkhas, die nach dem britischen Militärdienst mit ihren Familien in Burma blieben, sind meist Viehzüchter geworden, die eigene Dörfer bewohnen.)
Amtssprache ist das zum tibeto-burmanischen Zweig der sino-tibetischen Sprachen gehörende tonale *Burmanisch*. Daneben wird auch in amtlichen Publikationen und neuerdings auch wieder als Hochschul-Unterrichtssprache *Englisch* gebraucht. Die burmanische *Schrift* entstammt – über die erwähnte buddhistische Tradition des südindischen Pali (der Telugu-Schrift ähnlich, mit einem Alphabet aus elf Vokalen und 32 Konsonanten, von links nach rechts gelesen) – kulturell einem anderen Ursprungsgebiet als die sino-tibetische Sprache. Heute ist Burmanisch für etwa 70 % der Bevölkerung die Muttersprache, da die Binnenwanderung und die Assimilierung kleinerer Gruppen seine Ausbreitung begünstigen.

### *Die Bürgerkriege um die Autonomie der Volksgruppen*

Die völkische Vielfalt bleibt ein Hauptproblem Burmas. Sie hat in mehr als dreieinhalb Jahrzehnten Bürgerkriegen die Entwicklung und Wirtschaft blockiert und größere Territorien der Kontrolle der Regierung entzogen, deren andersvölkische Bewohner sich der Führung der burmanischen Mehrheit widersetzten und nach einem föderalistischen Bundesstaat mit weitgehender Autonomie (anfangs auch Sezession) für die größeren Volksgruppen strebten (polit. Vorgeschichte: FLEISCHMANN, 1976; RUFFING, 1969).
Als die politischen Auseinandersetzungen ohne Ergebnis blieben, bildeten sich mehr als ein Dutzend *»Unabhängigkeitsarmeen«*, verstärkt seit dem Staatsstreich Ne Wins (1962), der gegen den Föderalismus gerichtet war. Vielfach schloß sich nicht eine gesamte Volksgruppe

dem Widerstand an, sondern zerfiel in aktive Kämpfer, passivere Gruppen und solche, die sich der burmanischen Regierungslinie beugten. Prekär ist häufig die vermischte Siedlung. So haben z. B. die beiden größten Städte im Mon-Gebiet, Moulmein und Thaton, burmanische Bevölkerungsmehrheiten; viele Karen, Mon und Schan leben in und um Rangun. Bei wechselnden Allianzen, z. T. auch mit den kommunistischen Partisanen (s. u.), ist der Bürgerkrieg politisch, zeitlich und räumlich sehr komplex. Neben diszipliniert um ihre Freiheit kämpfenden Verbänden entstanden bewaffnete Gruppen im Opiumhandel und Schmuggel, mit landsknechtartiger Rekrutierung junger Soldaten aus den Bergstämmen, die aus Armut ihr Leben für die »warlords« riskieren.

### *Der Unabhängigkeitskampf der Karen und der Kachin*

Die ernsthaftesten Gegner Burmas sind die Unabhängigkeitsarmeen der *Karen* im O und der *Kachin* im N (je ca. 3000–5000 Mann). Beide stellten einst – neben den Gurkhas – die besten Soldaten der britischen Kolonialarmee, ihre älteren Offiziere sind noch britisch ausgebildet. Beide haben (neben ihren Stammesreligionen und einigen Buddhisten und Muslim) je etwa 15–20 % *Christen* (meist Baptisten). Diese gehören jeweils der Bildungs- und politischen Führungsschicht an. Ihr Kampf geht um politische Autonomie, ist anti-kommunistisch und hält sich strikt vom Opiumhandel und -konsum fern. Das Ringen der Karen um ein autonomes *»Kawthoolei«* hat eine lange Vorgeschichte. Schon das 18./19. Jh. sah Versuche zu ihrer Unterwerfung (bzw. Verdrängung nach O) durch die Burmanen. 1813 wurden die ersten Karen christlich missioniert; 1826, 1852 und 1855 kämpften sie auf *britischer* Seite in den *Burma-Kriegen gegen* die Burmanen und fochten im Zweiten Weltkrieg auf britischer Seite (und nach deren Abzug als Partisanen) gegen die Japaner. Nach Kriegsende – 1946 – verhandelten sie in London über die Gründung ihres unabhängigen Karen-Staates. Das Ausbleiben britischer Hilfe ist noch heute ihr Trauma; 1948 nahmen sie den bewaffneten Widerstand auf, der sich nach dem Übergang von der schwachen Regierung U Nu auf die militärisch-zentralistische Ne Wins verschärfte, nachdem 1963 ein Friedens- und Amnestieabkommen gescheitert war. Aus dem *Hauptsiedlungsgebiet* im *Delta*, wo etwa 2 Mio. Karen – allerdings vermischt mit Mon und Burmanen – leben, mußte sich die »Karen National Liberation Army« 1971 zurückziehen, beherrscht aber das Gebirgsland der *»Dawna Range«* entlang des Grenzflusses Moei und des Salween gegen Thailand, weitere Karen

operieren auf der Tenasserim-Halbinsel. Waffen und Nachschub kaufen sie auf dem Schwarzmarkt in Thailand. Der Schmuggel (s. u.) ist die Grundlage ihrer Finanzierung, indem sie die zahlreichen aus Thailand kommenden Waren mit 5% Steuern belegen und den Trägern dafür freies Geleit nach Inner-Burma gewähren. Weiter stützen sie ihr Budget durch Antimon- und Zinnbergwerke und Ausfuhr von Teak-Holz.
Während sich Kampfhandlungen über viele Jahre hinzogen, scheint Ne Win seit 1983, seit einer gewissen Entlastung vom Druck der kommunistischen Partisanen (s. u.) entschlossen zu sein, den Karen-Widerstand zu brechen, und die Kämpfe haben (durch den Einsatz von mehreren Divisionen und Artillerie) an Härte zugenommen. Es kam zu hohen Verlusten auf beiden Seiten. Zogen sich bisher die burmanischen Truppen während der Monsunregen wegen der Nachschubschwierigkeiten nach W bzw. auf einzelne befestigte Grenzstützpunkte zurück, führen sie jetzt den Kampf ganzjährig, haben sich in Stellungen um die Karen-Lager eingegraben und Tausende von Trägern zum Nachschubtransport zwangsrekrutiert. Die Karen-Festungen und ihre Handelsplätze wurden durch schweren Beschuß und Sturmangriffe stark zerstört und die meisten eingenommen, trotzdem war 1985/87 ein Ende des nun 39jährigen Kampfes noch nicht abzusehen. Er hat *Thailand*, das an seinen Ostgrenzen gegen Kambodscha und Laos schon die Probleme der Flüchtlingslager trägt, nun auch im W ca. 13000–17000 (1985) *Karen-Flüchtlinge* gebracht, die in grenznahen, von internationalen christlichen Hilfsorganisationen unterstützten Lagern Unterkunft suchten (allerdings im Siedlungsgebiet ihrer eigenen Volksgruppe und mit der Absicht baldiger Rückkehr). Thailand möchte vermeiden, in die militärische Auseinandersetzung einbezogen zu werden, seine Truppen hatten schon Grenzüberschreitungen durch burmanische wie Karen-Verbände zu verhindern – mit möglichster Diskretion, um die sonst guten Beziehungen zu Rangun, den beiderseitigen Kampf gegen das Opium-/Heroin-Problem und auch den lukrativen *Grenzhandel* nicht zu belasten!
Anders als der relativ bekannte Widerstand der Karen, wird der der ebenso starken *Kachin*, die fast das ganze Gebirgsland des N zwischen China und Indien beherrschen, von der Außenwelt wenig wahrgenommen. Dort ist die Armee eher in der Defensive gegen häufige Angriffe der Kachin. Das Militär verschanzt sich in den verkehrserschlossenen Talsiedlungen (z. B. dem Bahnendpunkt Myitkina und dem isolierten Flugplatz Putao im N), während das Bergland zwischen Assam, N-Yünnan und Tibet von den Kachin kontrolliert wird. Es

existiert dort sogar ein kachin- und ein englischsprachiges Schulwesen.
Nach Verweigerung der Unabhängigkeit begann ihr bewaffneter Widerstand 1961. Friedens- und Autonomieverhandlungen mit Ne Win scheiterten 1980/81. Die Kachin finanzieren ihre Streitkräfte vor allem durch die *Jade-Minen*, deren Ausbeute in die Werkstätten von Chiang Mai (Thailand) und nach China geschmuggelt wird. Zur Absicherung ihrer Ostflanke haben sie Verteidigungsabkommen mit den kommunistischen BCP-Streitkräften (s. u.) geschlossen, ohne selbst diesen zuzuneigen. Ob es den bedrängten Karen gelingt, effektive Kachin-Unterstützung zu gewinnen, bleibt abzuwarten. Für die Kachin ist aber auch *China* ein geostrategischer Faktor, das schon lange Einfluß in den nördlichen Schan- und Wa-Staaten und im Kachin-Bergland hat und erst in einem Grenzvertrag von 1961 seine Gebiets- bzw. Oberherrschaftsansprüche auf größere, umstrittene Grenzgebiete im N und O zurückgestellt hat (STRUPP, 1978); heute hat es entlang der Kachin-Grenzen mehrere Handelsstützpunkte zum direkten Warenaustausch geöffnet.

### *Weitere Widerstandsgruppen der Nationalitäten und die Opium-»Armeen«*

Mit der ethnischen Vielfalt entstand über ein Dutzend weiterer Rebellengruppen, in einem breiten Spektrum von echten, nationalen Kämpfern über mehr passiven Widerstand bis zu bewaffneten Banden des Rauschgifthandels; alle halten aber wechselnde Territorien unter ihrer Kontrolle, binden Teile der Armee und blockieren Infrastruktur und Versorgung. Neun Gruppen (einschließlich der Karen und der Kachin) formierten eine *»National Democratic Front«*, die mehrfach mit der Regierung verhandelte, bisher aber wenig bewirken konnte.
Den Widerstand der *Mon* tragen nur noch kleinere Teile der schon stark burmanisierten Mon-Bevölkerung. Der älteste und nach der Staatsgründung umfangreichste Widerstand war der der *Schan*, der sich aber in mehrere Gruppen aufgesplittert hat. Als wirklich nationale Gruppierung ragt die »Shan State Army« (SSA), einschließlich ihrer politischen Organisationen, heraus. Sie kämpft jetzt mehr punktuell mit 2000–3000 Bewaffneten, soll aber bis ca. 8000 mobilisieren können. Die »Shan United Revolutionary Army« (SURA) ist dagegen mit den Resten der nationalchinesischen Kuomintang-Truppen beiderseits der Schan-Thai-Grenze verbunden und mit diesen in das *Opium-Geschäft* (S. 165) abgeglitten. Sie wird von ihrer Konkurrentin, der

»Shan United Army« (SUA) bedrängt, die der SURA und den Kuomintang den Opiumhandel zu entreißen sucht. Die »SUA« ist eine Rauschgift-Organisation, die über ca. 1000 gut ausgerüstete Bewaffnete verfügen soll. Sie schob befestigte Stützpunkte bis nach N-Thailand vor, bis sie 1982 nach schweren Angriffen durch Thai-Truppen wieder zurückweichen mußte. Da sich die SUA Angriffen auf die burmesischen Truppen enthält, aber mit Waffengewalt die anderen Opium-»Armeen« auszuschalten sucht, scheint sie zeitweilig toleriert zu werden, zumal sie auch das Südwärtsdrängen der ebenfalls in das Opiumgeschäft eingestiegenen BCP (s. u.) blockiert und auch Versuche des Opiumhandels durch die kleineren Kampfgruppen, z. B. der *Pa-O* und der *Karreni* (Verbündete der Karen) gewaltsam unterbunden hat. Die Karreni, wie auch Verbände der *Palaung* und der *Lahu* (letztere sind auch in Thailand verbreitet und z. T. christianisiert), sind außerdem in anti-kommunistische und in zur Zusammenarbeit mit der BCP neigende Söldnergruppen gespalten, ebenso die »wilden« Wa im nördlichen Schan-Hochland, die bis in die 30er Jahre noch unabhängige Stämme waren. Hielt sich bisher der Widerstand der ethnischen Gruppen, bis auf die erwähnten Ausnahmen, von den Kommunisten fern, wurden – wohl unter dem verstärkten Druck der burmesischen Armee und zum anderen der Schwächung der BCP (s. u.) – kürzlich erstmals Ansätze zu einem militärischen Zusammenwirken der »National Democratic Front« mit der kommunistischen BCP bekannt (FEER, April 1986).

*Die Probleme an der Westgrenze*

Auch die westlichen Grenzgebiete gegen Bangla Desh und Indien blieben wegen der ethnischen Konflikte unentwickelt. Die *Naga*, *Mizo*, *Maiti* u. a. sind mit ihren Autonomiekämpfen eher ein Problem *Indiens*, sie siedeln aber von den östlichen indischen Grenzstaaten Nagaland, Mizoram und Manipur auch nach Burma herüber und belasten die Nachbarschaft mit Refugien für die Autonomiekämpfer aus Indien. Der Kontrolle Ranguns sind sie weitgehend entzogen, da die rebellischen Kachin sie von den Zugängen von dort her abschirmen; mehr passiven Widerstand leisten auch die *Chin*.

Im SW reicht Burma bis an die Küste des Bengalischen Golfes, wo die *Arakanesen* – den Burmanen verwandt – einen durch die Gebirge stark abgetrennten, nur mit einer Straße oder über See mit Burma verbundenen »Staat« bewohnen. In der Tradition früherer eigener Königreiche machen sie auch gegen Rangun Front; ihre bei den Karen ausgebildeten »Streitkräfte« wurden aber aufgerieben, ehe sie ihre Heimat wieder erreichten. Ein anderes Problem bilden dort die etwa 300000–500000 *Muslim*, vor allem im Grenzgebiet zu Bangla Desh. Sie sind schon länger dort seßhaft und wuchsen während der gemeinsamen britischen Kolonialzeit durch weitere Zuwanderung an. 1942 kam es zu ersten Kämpfen zwischen den buddhistischen Arakanesen und den »Mughs«, wie damals die Muslim genannt wurden, und zu Vertreibungen nach Indien. Nach dem Erlaß des Staatsangehörigkeitsgesetzes (S. 247) kam es zu neuen Konflikten, als die burmesische Armee im Grenzgebiet gegen Bangla Desh von den dort als *»Rohyngyas«* bezeichneten Muslim Nachweise der alten Zugehörigkeit zu Burma forderte. Das löste 1978 eine neue *Flüchtlingstragödie* aus, die bis zu 200000 Rohyngyas in das übervölkerte Bangla Desh trieb, die nach einer Krise zwischen beiden Staaten aber 1979 wieder repatriiert wurden (FLEISCHMANN, 1981). In der Folge wurden 1983 in verschiedenen Städten Burmas bei erneuten *Anti-Muslim-Unruhen* u. a. Moscheen in Brand gesetzt. Mit Unterstützung aus islamischen Ländern und in Zusammenarbeit mit den Karen bildete sich daraufhin im *östlichen* Grenzgebiet auch noch eine muslimische »Liberation Force«.

### *Die BCP – von China aufgegeben?*

Über drei Jahrzehnte lang wurde das Ringen mit den ethnischen Minderheiten überlagert von dem *ideologischen* Kampf gegen die bewaffnete »Burmese Communist Party«. Sie wurzelte schon in kolonialzeitlichen Vorläufern linker Unabhängigkeitskämpfer, die während des Zweiten Weltkrieges am Freiheitskampf gegen die britische Kolonialmacht und zeitweise auch gegen die Japaner teilnahmen. 1946 kam es zum Bruch mit der späteren Regierungspartei, die BCP zerfiel aber in unterschiedliche kommunistische Richtungen. Zusammen mit einer linken Karen-Gruppe eroberten sie Anfang der 50er Jahre mehrere Städte – Mandalay, Pegu, Tounggou, Taunggyi, Lashio u. a. – und bedrohten selbst Rangun, bis sie 1953 in die Berge der Pegu Yoma zurückgedrängt wurden. In den 60er Jahren verstärkten sich die Kämpfe erneut – nun gegen die Regierung Ne Win – und wiederum innerhalb der BCP selbst, bis alle Gegenrichtungen, besonders aus der städtischen Intelligenz, durch die chinesisch geschulten Maoisten ausgeschaltet waren. Die Pogrome gegen die (Auslands-)Chinesen in Rangun 1967, die zeitlich mit der *Kulturrevolution* in China zusammenfielen, bewirkten massive Unterstützung der BCP durch Maos China und den Höhepunkt der *burmanisch-chinesischen Spannungen*. Die BCP verlagerte ihr Hauptquartier nach Panghsang in den Wa-Staaten (nördliches Schan-Hochland) unmittelbar an die chinesische Grenze und baute dieses zur Festung und zum Handels- und Nachschubstützpunkt mit einer Brücke zum chinesischen Ufer des Grenzflusses aus. Mit chinesischer Bewaffnung beherrschte sie ein größeres Territorium entlang der laotischen und chinesischen Grenze bis in den Südteil des Kachin-Staates und führte von dort aus einen Partisanenkrieg bis in das Tiefland um Rangun, der Burmas Heer in einen *Mehrfrontenkrieg* zwang. Lange Zeit war der Kampf gegen die BCP kritischer und verlustreicher als der gegen die rebellischen Volksgruppen, bis die jüngsten Wandlungen der geopolitischen Konstellation einen Stillstand brachten. Die »Ent-Maoisierung« in China, die *Wiederannäherung* zwischen Rangun und Peking und der Konflikt Chinas mit Vietnam führten offenbar zur Einschränkung der Unterstützung für die gegen die Reformer um Deng Hsiao Ping eingestellte BCP und zwang sie, ihre bewaffneten Aktivitäten zu vermindern. Das trieb auch die BCP zum Versuch der Geldbeschaffung durch Opium- und Jadeschmuggel und damit zur erneuten Konfrontation mit der Armee und der konkurrierenden SUA (s. o.). 1983/84 stießen burmanische Einheiten bis zur chinesischen Grenze bei Panghsang vor und gruben sich auch dort – ohne Rückzug während der Monsunregen – in Stellungen gegenüber dem BCP-Hauptquartier ein. Sollte durch das chinesische Interesse an verbesserten Beziehungen mit Burma die BCP zu einem friedlichen Ausgleich gedrängt werden, könnte das und ein Brechen des Widerstandes der Karen und Kachin Burmas Sicherheits- und Entwicklungsprobleme erleichtern. Ende 1986 brachen jedoch erneut Kämpfe aus, und die burmanische Armee entriß der BCP mit ungewöhnlich starkem Truppen- und Materialeinsatz den Grenzübergangspunkt der alten Burma-Straße nach China (FEER, 1980–87).

*Der abgeschlossene und noch ungeeinte Staat*

Infolge der vielfältigen Konflikte sind nur die Gebiete um Rangun, Mandalay, Pagan, Pegu und den Inle-See – besonders für den langsam steigenden *Tourismus – zugänglich*; die großen *»sensitive areas«* unter militärischer Bewachung bleiben den Fremden verschlossen.
1981 trat Ne Win aus Altersgründen als Präsident zurück, behielt aber als Vorsitzender der Staatspartei die Führung auf dem »Burmese Way to Socialism«; die Militärregierung des »Revolutionsrates« war 1974 in eine quasi-parlamentarische Zivilregierung umgewandelt worden.

Dieser geht es nicht allein um eine Dominanz der Burmanen. Sie sieht aber im *Föderalismus* den Schritt zum Auseinanderbrechen des Staates und fand noch keinen Weg, aus der historischen Tradition der jahrhundertealten Geschichte gegenseitiger Unterwerfung und Beherrschung der Volksgruppen im Raume Burmas auszubrechen. Die Gewährung von sieben nominellen völkischen »Staaten« soll den größeren Ethnien entgegenkommen, läßt aber *keine* echte *Autonomie* zu; die Durchsetzung der burmesischen *Staatssprache* für das ganze Land ist als Mittel zur Burmanisierung viel bedeutungsvoller. Die anderen Sprachen dürfen nur noch als Zweitsprachen in der Grundschule benutzt werden. Politisches Mandat haben lediglich die regionalen Abgeordneten im (Einparteien-)Parlament und deren Regierungsmitglieder und -beamte; bei beiden ist aber für eine klare burmanische Mehrheit gesorgt.
Einer der wenigen positiven Aspekte der extremen Abschließung Burmas ist die gegenüber der in den meisten anderen Ländern schnell fortschreitenden Modernisierung und Angleichung an internationale Lebensformen betonte Erhaltung der *nationalen Eigenheiten*. Besonders augenfällig ist das in der *Kleidung*. Nicht nur die Frauen, was häufiger ist, sondern auch die *burmanischen* Männer tragen, selbst in der Großstadt und in modernen Berufen, noch fast ausschließlich die *eigene Tracht*, besonders den Sarong-ähnlichen »Longyi«, die *Schan* dagegen ihre halblangen schwarzen Hosen, und auch die anderen Volksgruppen tragen ihre eigenen Trachten. Dies ist zugleich eine politische Willensbekundung.
Wie ernst es dem Burma Ne Wins mit der Bewahrung der absoluten *Unabhängigkeit* durch Abschließung gegen alle politischen Blöcke ist, beleuchtet schließlich der Austritt Burmas aus dem Bündnis der »Blockfreien Nationen«, da auch diese nicht frei von Bindungen und Pressionen seien.

### 3.1.1.4 Ländliche und städtische Siedlungen

In der ländlichen Besiedlung des Tieflandes stehen sich *Alt-* und *Jungsiedelland* sehr deutlich gegenüber. Das erstere besetzen überwiegend regellose, lockere Haufendörfer zwischen den Bewässerungsfeldern oder, im Trockenfeldbaugebiet, von Zäunen und Dornenhecken umgeben. Das jung-erschlossene Irawaddy-Delta wurde erst ab 1860 mit Reihen- oder Einzelsiedlungen bebaut; nur einzelne Altsiedlungskerne lagen auf etwas erhöhtem, trockenerem Land.
In den *Hochländern* herrschen Kleindörfer, Weiler und Einzelhof-

gruppen vor. Neben den zeitweilig verlagerten Siedlungen der Brandrodungsbauern (z. T. noch Langhäuser) finden sich bei den Kachin und Naga auch kompakte, z. T. befestigte Bergdörfer. *»Wassersiedlungen«* auf Pfählen finden sich nicht nur an den Küsten, sondern auch bei den *In-tha* im Inle-See (Schan-Hochland) oder auf temporär überschwemmten Flußinseln im Irawaddy. In den ca. 250 als *»städtische Siedlungen«* erfaßten Orten lebten (1977) 6,3 Mio. (= 20 % der Bevölkerung) und 25,2 Mio. (= 80 %) in *Landgemeinden* (Stat. B. A. 1979). Anstelle der in Ruinen liegenden oder von unbedeutenden Landstädten umgebenen historischen Zentren wuchs die Hauptstadt *Rangun* (Rangoon, früher Dagon) in der Kolonialzeit nach der Aufschließung des Irawaddy-Deltas und der Verlagerung der Haupthafen- und Verwaltungsfunktionen aus einem kleinen historischen Kern zur modernen Großstadt heran. Das im britischen Kolonialstil der Jahrhundertwende planmäßig und mit repräsentativen Straßenzügen und Parks angelegte Zentrum manifestiert mit dem Nebeneinander der neo-klassizistischen Verwaltungs- und Handelsgebäude und der Kultstätten der verschiedenen Religionen und Volksgruppen die pluralistische Stadtgesellschaft Burmas. Die engen Zeilen der mehrstöckigen und in dieser Bebauungsweise mehr an indische als an andere südostasiatische Großstädte erinnernden Wohnquartiere der Innenstadt sind dicht belegt. Durch wirtschaftliche Stagnation, den Druck auf die indischen und chinesischen Bevölkerungsteile und das tropische Klima hat ihre bauliche Substanz stark gelitten. Die Einwohnerzahl Ranguns stieg von 92301 (1872) über 500000 (1941) auf 3,1 Mio. (Zensus 1973) an; die Agglomeration Rangun mit Vororten und Industriegebieten auf 3,3 Mio. EW (1977). *Mandalay* schrumpfte dagegen nach dem Verlust seiner Funktion als Königsstadt, was sowohl in der baulichen Substanz – neben dem unausgefüllten riesigen Rechteck der Stadtbefestigung und den Pagoden nur bescheidene Händler- und Wohnquartiere – wie der Einwohnerentwicklung zum Ausdruck kommt: 1891: 170071; 1931: 134950 und erst neuerlich (Universität, Verkehrsknoten und Verwaltungssitz) Anstieg über 322000 EW (1967) auf 417000 (1973). Die *Hafenstädte Moulmein* (203000), *Bassein* (336000), *Akyab* (143000) und *Tavoy* (102000) erreichten (1979) ebenfalls Großstadtumfang, ebenso die *Binnenzentren Prome* (148000), *Pegu* (255000) und *Henzada* (284000) und die rasch wachsende Industriestadt *Myingyan* am Irawaddy (220000). Die größeren Städte sind z. T. durch Eingemeindungen und Zuwanderung aus den Unruhegebieten, aber auch den Aufbau einzelner Industrien in den letzten Jahren stark gewachsen. Während *Taunggyi* – ohne historischen Kern und auch nicht im Siedelgebiet der Schan, sondern der Pa-o gelegen – aus einem im Höhenklima (1450 m) angelegten, britischen Verwaltungssitz hervorging, blieben die noch kleineren Hauptorte der übrigen Staaten, z. B. Loi-Kaw (Kayah-Staat), lediglich lockere Ansammlungen von Verwaltungsgebäuden, Schulen, Krankenhäusern, Bazar und Flugplatz.

### 3.1.1.5 Bevölkerungs- und Sozialstruktur, Bildungswesen

Burmas *Bevölkerung* wuchs 1976–83 noch immer mit der hohen Zuwachsrate von jährlich 2,6 %, die Projektion auf das Jahr 2000 kommt auf 55 Mio. EW (Geburtsrate: 38‰, Sterblichkeit: 14‰, Säuglingssterblichkeit: 99‰), 37,4 % der Bevölkerung sind jünger als 15 Jahre (1983). Infolge der Tradition der buddhistischen Klosterschulen und eines schon kolonialzeitlich beachtlichen Schulwesens hat Burma einen der geringsten Anteile von Analphabeten in S- und SO-Asien. Nach Eintritt der Unabhängigkeit erfolgte eine einheitliche Gliederung der Schulen mit allgemeiner Schulpflicht und freier Ausbildung bis zur Unterstufe der höheren Schule; Privatschulen (z. B. Missionsschulen) wurden nationalisiert. Auch die Universitätsbildung hat längere Tradition als in den meisten anderen Staaten Asiens. 1920 ging aus einem 1886 begründeten, zunächst der Universität Calcutta angeschlossenen College die *Universität Rangun* hervor. Als zweite wurde 1958 *Mandalay* entwickelt (je 7000–10000 Studenten). 1964 wurden die Universität Rangun in Teilhochschulen aufgegliedert und in einigen Provinzstädten Colleges, höhere technische Schulen und Lehrerbildungsanstalten errichtet. Die Zahl der Schüler und Studenten stieg von 1,9 Mio. (1961/62) auf 4,7 Mio. Grund- und 0,96 Mio. höhere Schüler sowie 0,25 Mio. Studenten (FEER Yb., 1985). Problemreich ist die Frage ihrer Zukunft, da als Arbeitgeber fast nur der sozialisierte Staat verbleibt, der nur einen Bruchteil der Absolventen einstellen kann und auch für die gehobenen Berufe des tertiären Sektors nur geringe Gehälter und Aufstiegschancen bietet; die *Arbeitslosigkeit* oder Beschäftigung in Stellungen weit unter den Qualifikationen bringt große Härten. Andererseits ermöglichte es die rasche Steigerung der Ausbildung, den früher hohen Anteil der fremdvölkisch-asiatischen Gruppen an der städtischen Intelligenz durch eigene Kräfte zu ersetzen.

Während sich in Rangun bereits eine *Arbeiterschaft* (Industrie, Transport, Hafen) und ein städtischer *Mittelstand* gebildet haben, die z. T. – unter Einschluß der fremdvölkischen Gruppen – in der Innenstadt in dicht bebauten, kolonialzeitlichen Wohnblocks leben, und mit neuen

Werken auch *Myingyan* am Irawaddy zur Industriestadt heranwuchs, ist das übrige Burma noch überwiegend ländlich (64,8% agrarische Erwerbstätige); aber ca. 78% der Bevölkerung leben noch auf dem Lande. In *Handel* und *Dienstleistungen* stehen 15,2%, im Regierungs- und *Verwaltungsdienst* 3,8%, im *produzierenden Gewerbe* 8,3% und im *Baugewerbe* 1,6% der 14,5 Mio. Erwerbstätigen. Außer Kleinhandel und -handwerk wurden Bankwesen, Industrien, Transporteinrichtungen und Bergbau verstaatlicht. Die zentralisierte Bürokratie vermochte aber die Mängel einer nach außen abgeschlossenen und von der Substanz zehrenden Wirtschaft erst recht nicht auszugleichen. Der schwankende Kurs zwischen zeitweiliger Zulassung privater wirtschaftlicher Initiativen mit staatlicher Beteiligung und erneuten Restriktionen, bei zunächst zugesagten und dann widerrufenen Garantien für die privaten (besonders ausländischen) Investitionen, hat nicht dazu beigetragen, das Wirtschafts- und Sozialgefüge zu stabilisieren.

In der vorkolonialen Zeit bestand freier *Besitz* der Bauern am *Boden* mit erträglichen Bindungen an die heimische Herrschaftsschicht. Die Kolonialverwaltung führte Gesetze ein, die zwar die persönlichen Bindungen des einzelnen lockerten, mit der Erlaubnis zum Verkauf und zur Beleihung von Landbesitz aber eine unerwünschte Verschiebung des Sozialgefüges einleiteten. Während die aus ihrer religiösen Haltung heraus unökonomisch denkenden, einheimischen Buddhisten sich nur langsam dem Wandel zur neuzeitlichen Wirtschaft anpassen konnten, gelang es den indischen und chinesischen Zuwanderern, als Zwischenhändler, Reismühlenbesitzer und Geldverleiher Landbesitz und Vermögen zu sammeln und viele Burmesen in abhängige Pächter- oder besitzlose Unterschichten abzudrängen. Der auf Kosten der heimischen Bauern wachsende Landbesitz der Fremden, besonders der »Chettyars« (indische Geldverleiher), wurde ein Anlaß zur sozialen Unruhe. Der von der britischen Kolonialverwaltung außer Landes gebrachte Gewinn aus Reisexport und Bergbau ließ das burmesische Trauma, vom Ausländer ausgebeutet zu werden, weiter wachsen.

In mehreren Gesetzen wurde der *Landbesitz* seit 1948 nationalisiert. Nahezu 1 Mio. von den 2,5 Mio. ha neu zu verteilenden Landes war in der Hand von »Chettyars«. Das Ausbleiben der offiziell zugesagten Kompensationen verschärfte die Spannung mit den Indern. Bis 1958 waren 1,36 Mio. ha Land neu verteilt, besonders im Delta, wo Zins- und Pachtwesen am stärksten geblüht hatten. Anstelle des theoretischen Zieles einer völligen Neuverteilung des Bodens mit der Zusammenfassung von jeweils mehreren Familien zu Kooperativen von 50–200 acres (mit Traktoreneinsatz) blieb es bei der *Verstaatlichung* des Bodens, der gegen langfristige Abzahlung, bei staatlicher Erfassung der Produkte und Maximalbesitzgrößen von 20 ha, wieder an die bisherigen Bauern und die einstigen Pächter verteilt wurde. Teilweise entstanden größere mechanisierte Betriebe oder Kooperative, aber keine Gesamtlösungen nach den theoretischen Konzepten eines sozialistischen Wohlfahrtsstaates.

### 3.1.1.6 Burmas Wirtschaft

Burma nahm seinen ökonomischen Weg in die Unabhängigkeit und den Wiederaufbau der kriegszerstörten Wirtschaft unter dem Primat eigener politischer Konzepte und bei selbstgewählter Abgeschlossenheit von der Außenwelt, die schon in der vorkolonialen Zeit eine Tendenz burmesischer Herrscher war. Unter Behinderung durch den Bürgerkrieg, durch die Bürokratie und durch Experimente einer sozialistischen Planwirtschaft mit wechselhaften Direktiven und Investitionsgesetzen ist das nur sehr bedingt gelungen. Das Land lebt bescheiden und *zehrt von der Substanz. Mangel*, schlechte Verteilung, hohe Verluste durch Verderbnis oder fehlende Ersatzteile, hohe Schwarzmarktpreise behindern noch immer die staatlich reglementierte wirtschaftliche Entwicklung. Obwohl Burma mit seinem nicht übervölkerten Agrarland, seinen großen Wasser-, Fisch- und Waldreserven, Erdöl- und Erdgaslagerstätten und vielfältigen anderen Bodenschätzen *potentiell* eines der *reichsten* Länder SO-Asiens ist, stand es mit einem Pro-Kopf-Einkommen von 181 US-$ (1982) dank seiner hausgemachten Mißwirtschaft noch unter den *ärmsten Entwicklungsländern*. Zwar hat die jährliche Zunahme des Bruttosozialproduktes, die lange mit nur 3–4 % hinter den benachbarten Entwicklungsländern zurückhing, inzwischen etwa 7 % erreicht, genaue Zahlen sind bei den hohen Anteilen von Schwarzmarkt und Schmuggel aber nicht zu ermitteln. Die Politik, den Wirtschaftsaufbau auf Kosten des Lebensstandards der Bevölkerung weitgehend aus eigener Kraft zu versuchen, führte zu Mangel an zahlreichen Gütern, die nur auf dem *Schwarzmarkt* für wenige erschwinglich sind. Bei einem nur langsam anlaufenden Industrieaufbau erbringt die *Landwirtschaft* heute noch immer über 47 % des jährlichen Bruttoinlandproduktes.

*Der Wachstumsfaktor Landwirtschaft*

Wenn die Bevölkerung keine Ernährungssorgen hat, ja die Agrarwirtschaft seit einigen Jahren sogar *Exportüberschüsse* erbringt, liegt das an der Mobilisierung der Ressourcen durch einen ausnahmsweise aufgegriffenen Anstoß von außen: Burma hat sich in die »Innovationen« im *Reisbau* (S. 144), die Züchtung und Verbreitung der modernen Hochertragssorten und Anbauverbesserungen, eingeschaltet und seine Rolle als eines der Reisüberschußländer Asiens wieder aufnehmen können. Dem seit 1975/76 schrittweise ausgebauten Programm, ganze ländliche Distrikte *Inner-Burmas*, wo die nötigen Vermarktungs- und Infrastruktureinrichtungen bestehen, in die Einführung des verbesserten Reisanbaues und eine allmähliche Verstärkung des Düngemitteleinsatzes einzubeziehen, hat zu einer etwa 70 %igen Steigerung der jährlichen Reisproduktion von durchschnittlich 5,5 Mio. t/Jahr (1950–55) auf 13–14 Mio. (1983/84) und damit zu *Exportmöglichkeiten* für 600000–800000 t/Jahr (1981/83) geführt. Durch den sinkenden Weltmarktpreis und das steigende Angebot anderer Reisbauländer bzw. die Erreichung von Selbstversorgung und Überschüssen durch bisherige Abnehmer, z. B. Indonesien, sind aber dem Wachstum jetzt Grenzen gesetzt. Nach einer Rekordsteigerung der Agrarerträge um 12,7 % 1980/81 haben sich diese wieder auf 4,5–6 % jährliches Wachstum eingependelt. Das trifft Burma bereits empfindlich, da der Reis in den frühen 80er Jahren noch 44 % seines Gesamtexporteinkommens erbrachte. Immerhin konnte eine *Stabilisierung* an der *agrarischen Basis* der Volkswirtschaft erzielt werden. Den Intensivierungen des Reisbaues folgend (bis 1982/83 waren 82 der insgesamt 314 ländlichen Distrikte [townships] Burmas in die HYV-[High Yielding Varieties] Reisproduktion einbezogen und erzeugten 45 % der gesamten Reisproduktion des Landes), kommt auch die Verbesserung von etwa 18 anderen Nahrungs- und Handelsgewächsen voran. Die Steigerung der agrarischen Produktion durch die Erweiterung der bisher dominierenden einen Reisernte/Jahr auf *Mehrfachrotationen* (z. B. mit Mais, Erdnuß, Soja, Sesam u. a. Kochöl-Pflanzen) ist im Gange. Für weitere Ertragssteigerungen sind ein Ausbau der *Bewässerungssysteme* (bisher werden erst 13 % der landwirtschaftlichen Nutzfläche künstlich bewässert) und erhöhte Düngemittelproduktion nötig. Die Kapazität modernisierter oder neu aufgebauter Reismühlen und -silos wurde ab 1983 verbessert, da die Qualität des Exportreises – durch Bruch und schlechte Lagerung – zu wünschen übrig ließ. Die Neuerungen umfassen auch bisher ungewöhnliche Rotationen von Reis mit anderen (Handels-)Pflanzen

(z. B. mit Jute, mit Baumwolle oder mit Sonnenblumen und mit Sesam zur Ölproduktion).
Seine Stellung als Reis-Exportland (früher noch vor Thailand, das aber Burma von der ersten Stelle verdrängt hat) verdankt es der kolonialzeitlichen Erschließung des *Irawaddy-Deltas* und weiteren Intensivierungen in *Tenasserim* und *Arakan*; die Reisflächen gewannen bis zu 67% der gesamten Anbaufläche Burmas. Dank der starken Niederschläge und der Hochwasserzufuhr während des Monsuns können die Hauptreisanbaugebiete im Delta ohne größere Bewässerungsanlagen – bei Verpflanzen – auskommen (in Arakan überwiegend Saatreis). Den Vorteilen der natürlichen Wasserzufuhr steht der Nachteil nur einer jährlichen Reisernte gegenüber. Der Ausbau von Bewässerungs- und Stauanlagen, auch in »Außengebieten«, z. B. dem Schan-Hochland, ist ein wichtiger Intensivierungsvorgang, der auch der saisonalen Unterbeschäftigung der Bauern begegnen soll.
*Jute* – wie der Reis mit natürlicher Überschwemmungsbewässerung – hat in den Deltas von Irawaddy (und flußauf bis Prome) und des Sittang seit 1955 wegen der Abtrennung von den traditionellen Juteanbau- und Verarbeitungsgebieten Bengalens an Verbreitung gewonnen (LUBEIGT, 1975) und zur Selbstversorgung (einschließlich Verarbeitung der Fasern – z. B. für Reissäcke) und kleinen Exporten geführt. Bedeutender als im übrigen Hinterindien ist daneben der *Trockenfeldbau*, voran Sesam und Erdnüsse (für Kochöl); weiter Hülsenfrüchte, Bohnen, Hirse, tropische Früchte, Gemüse und Gewürze; im Hochland auch Mais und – durch israelische Berater eingeführt – Weizen. Im Brandrodungs-Wanderfeldbau der Gebirge ist der *Bergreis*, vor gemischtem Anbau, die erste Frucht auf den »Taunggyas«, den Rodungen in der Sprache der Karen, deren Begriff in die allgemeinere Terminologie der »shifting cultivation« einging. Im Schan-Hochland finden sich auch Übergänge zur Feldgraswirtschaft und Anbau von Obst der gemäßigten Klimate.
Der *Zuckerrohr*anbau konnte gesteigert und 1975 auch ein Projekt zur Verbesserung der Raffinerien begonnen werden. Ein wesentlicher Teil der ländlichen Versorgung wird allerdings von der *Zuckerpalme* (S. 167) gedeckt, die auch das Gesicht der innerburmanischen Kulturlandschaft prägt (LUBEIGT, 1979).
Der *Baumwollanbau* ging trotz guter, regur-artiger Böden in Teilen des zentralen Tieflandes um die Hälfte zurück (zu geringe Erlöse bei den staatlichen Aufkäufern), wird aber ebenfalls wieder erweitert; die Baumwollindustrie hat sich gut entwickelt.
Der malayisch-thailändische *Kautschuk*gürtel fand in Halbinsel-Burma eine 1940 auf 45000 ha angewachsene Fortsetzung (68% im

Besitz europäischer Gesellschaften, 32 % indische, chinesische und burmesische Kleinbetriebe; ⅘ der Arbeiter, wie in Malaya, indische Zuwanderer). Nach den Kriegszerstörungen, Überfällen der Aufständischen, unterlassenen Nachpflanzungen und mangelnder Schädlingsbekämpfung sowie staatlichen Eingriffen in das Besitzrecht, überhöhten Steuern und dadurch z. T. erfolgter Abwanderung der Unternehmen nach Malaya, konnte die in internationalen Abkommen festgelegte Exportquote nicht mehr erbracht werden. Erst mit jüngsten Sanierungsmaßnahmen konnte mit rd. 15000 t/Jahr (1984/85) wieder eine Annäherung an die alten Jahreserträge erreicht werden; dies ist wichtig für den Aufbau einer eigenen Reifenfabrik und den Export. In jüngster Zeit laufen auch Bemühungen um die Aufnahme der *Ölpalmen*wirtschaft im feucht-tropischen S Tenasserims.

### *Die Forst- und Holzwirtschaft*

Burma soll noch etwa 49 % Waldbedeckung haben (Schätzungen FAO/ESCAP, 1981), dazu »unklassifizierte« (Sekundär-)Wälder, die von den Bauern genutzt werden (Bambus, Rotan, Harze, Waldweide). Wirtschaftlich maßgeblich sind die von der regionalen Naturausstattung begünstigten Bestände an Teak und anderen *Harthölzern*, die schon seit 1856/1880 durch die älteste planmäßige tropische Forstwirtschaft der Erde (D. BRANDIS, S. 198) betreut werden. Burma steht auf dem Weltmarkt für *Teakholz* an erster Stelle, hat etwa 75 % der Weltreserven, und Teak rangiert mit etwa 26 % Anteil (1982) im Gesamtexport an zweiter Stelle nach dem Reis. Auch heute wird planmäßig wieder aufgeforstet. Dennoch wird gerade der Teakhandel vom illegalen Einschlag und Schmuggel behindert, und man schätzt, daß mehr als 20 % der Jahresproduktion der staatlichen »Timber Corporation«, der man anstelle der mehr auf Konservierung bedachten Forstbehörden den Einschlag und Handel anvertraute, verlorengehen. Möglicherweise sind es noch erheblich größere Mengen, die durch die Widerstandsarmeen, z. B. der Karen – geflößt oder von Elefanten über die Grenze nach Thailand gezogen –, dem offiziellen Export vorenthalten bleiben. Große Mengen werden auch auf dem zwei bis drei Jahre währenden Weg vom ersten »Ringeln« der Stämme, um das Holz austrocknen zu lassen und leichter zu machen, über den Einschlag, den Elefantenzug bis zum Wasser und dann den langen Floßtransport über die Flüsse in die Ausfuhrhäfen gestohlen. Die Widerstandsfähigkeit des Teakholzes belegen historische Holzbauten und Brücken, die trotz des tropischen Klimas mehrere Jahrhunderte überdauern. Auch die übrigen

Wälder – bis hin zur Mangrove für Holzkohle und zur Gewinnung neuen Reisanbaulandes – werden übermäßig stark eingeschlagen. Eine Dezimierung der früher bedeutenden *Wildbestände* erfolgt durch das Wildern von Elefanten, Tigern und Dschungelhirschen, um Elfenbein, die Geweihe (zur Herstellung von stark gefragten, angeblich potenzsteigernden Arzneimitteln, besonders für Chinesen) oder die Felle in den Schmuggel und Handel zu bringen. Anstelle der früher über 5000 *Arbeitselefanten* soll Burma noch über etwa 3200 verfügt haben (FLEISCHMANN, 1972), sie sind auch heute nur teilweise – erst recht unter den ökonomischen Schwierigkeiten – durch Traktoren zu ersetzen, um die Stämme an die flößbaren Flüsse zu schleifen. *Moulmein* und *Rangun* sind Hauptstandorte der (teilweise überalterten, aber auch einigen neuen) Sägewerke, Furnier- und *Sperrholzfabriken* und *Exporthäfen*. Der Einschlag anderer Harthölzer übertrifft den des Teak, bleibt aber auf dem Binnenmarkt.
Bei entsprechender Bearbeitung wären noch etwa ein Dutzend weiterer Holzarten für den Export geeignet. *Bambus* wird, besonders von den Bauern, zu rd. 25 Mio. t im Jahr verbraucht. Industrielle Verwertung (Papier, Zellstoff usw.) ist geplant. Etwa 55 % der Holzproduktion werden verheizt, da die knappen Kohlevorkommen der Industrie vorbehalten bleiben. Meist handelt es sich um anderweitig nicht nutzbare Hölzer.

### *Die Fischerei*

Die *Fischerei* bringt die für SO-Asien typische wichtige Nahrungsergänzung für die (Reis-)Bauern. Die langen Küsten bieten ein großes Potential für die Seefischerei und damit für die Gewinnung von »seafood« (Hummern, Krabben, Garnelen), das wegen der Transportprobleme noch teuer ist (oder – in Eis verpackt – nach Thailand geschmuggelt wird). Nach Zerstörung der älteren Fangflotten während des Krieges wird allmählich eine neue aufgebaut, die – mit ausländischer Hilfe – auch Schiffe für Schleppnetzfang umfaßt. Besonders fischreich sind die Fanggründe der Arakanküste.

### *Bodenschätze und Bergbau*

Burma ist reich an Bodenschätzen. Da viele Lagerstätten in den Gebirgen und damit oft in den Gebieten der Aufständischen liegen, Transportwesen und Ausrüstungen häufig veraltet sind, bleibt die

Bergbauproduktion noch immer unter den Möglichkeiten, obwohl, vielfach mit internationaler (auch deutscher) Hilfe, schon wesentliche Fortschritte erzielt worden sind. 1963–73 ergab die Förderung nur 1,9% des Bruttosozialprodukts, 1974–78 wurde dies auf 10,5% gesteigert, fiel aber dann wieder etwas zurück. Immerhin steht der Bergbau mit 16% des Gesamtexportwertes an dritter Stelle. Inoffiziell ist sein *Außenhandelswert* wesentlich höher, da sowohl im illegalen Grenzhandel (z. B. durch die Karen) wie bei staatlichen Kompensationsgeschäften (z. B. beim Kauf militärischer Ausrüstungen) Edelsteine, besonders Jade und Rubine, eine Rolle spielen. In der wichtigen Montan-Region der östlichen Hochländer ragen die Bawdwin-Minen (nördlicher Schan-Staat) als eines der größten *Blei-Zink-Silber*-Lager (1980/82 nach Modernisierung 30% Steigerung der burmesischen Silber-, Zink- und Bleiproduktion) und Mawchi (Kayah-Staat) als die vor dem Kriege zweitgrößte *Zinn-* und *Wolfram*-Grube der Erde heraus. Beider Förderung ist noch unter dem früheren Stand. Mawchi, lange in der Hand von Karen-Rebellen, konnte 1970 mit sowjetischer technischer Hilfe die Förderung wieder aufnehmen. Neben einigen weiteren, älteren wurden im Schan- und Kachin-Hochland mehrere bedeutende neue Blei-, Zink- und Silbergruben in Betrieb genommen. Auch die Zinkgrube Schwedaung (Bahnendpunkt für Taunggyi) ist wieder in Betrieb. Weitere Lagerstätten von Antimon und Mangan sowie kleinere von Bauxit, Chrom, Kobalt, Quecksilber, Nickel, Platin, Alaunschiefer, Asbest, Schwerspat sind nur z. T. im Abbau. Neuentdeckte *Eisenerzlager* führten bei Maymyo (Schan-Hochland) zur Eröffnung neuer Gruben und einer (mit italienischer Hilfe gebauten) *Eisenschmelzhütte* (1980/81), weitere Eisenerzlager bietet die Insel Maputeh (Mergui). Das zweite Erzrevier bilden die *Zinn- und Wolframgruben* von *Tenasserim*, geologisch eine Fortsetzung des großen Zinngürtels (S. 209). Die Gruben wurden aus dem Besitz kleiner Gesellschaften in Staatsbesitz überführt, neuerlich werden einige Zinn- und Tungsten- (Wolfram-)Minen in Nieder-Burma sowie im S modernisiert und erweitert. In *Syriam* (bei Rangun) entstand eine Zinnschmelzhütte. Die schon einmal als erloschen betrachtete Gewinnung von *Edelsteinen* hat wieder einen bedeutenden Aufschwung genommen (s. o.), das gilt vor allem für *Rubine* (Mogok, n. ö. Mandalay), *Jade* (überwiegend im Kachin-Staat, bes. bei Mogaung) und Saphire. An den langen und zergliederten Küsten kommen *Perlenfischerei* und *-zucht* hinzu.

Die *Erdöllager* am Irawaddy gehören zu den ältesten Stätten der Erdölförderung. Förderbrunnen wurden schon im 18. Jh. für Beleuchtungszwecke betrieben; 1855 entdeckte T. OLDHAM dort den Zusammenhang zwischen Antiklinalstruktur und Erdölansammlungen. 1887 begann die moderne Förderung durch die »Burmah Oil Co.«. Die Anlagen wurden im letzten Krieg zerstört. Der Wiederaufbau durch eine gemischte britisch-burmesische Gesellschaft (1963 völlige Nationalisierung) wurde 1949 nochmals durch Überfälle unterbrochen. Inzwischen sind die Förderanlagen, die Pipelines zwischen den Feldern, dem Ölhafen von Syriam bei Rangun und den Raffinerien von Syriam und Chauk und seit 1972 auch Mann (am mittleren Irawaddy) wieder in Betrieb. Unter mehreren neuentdeckten Feldern haben die von Myanaung, Mann und Prome, die z. Zt. etwa 75% der burmanischen Produktion erbringen, die Förderung wieder ansteigen lassen, so daß zunächst (nach völligem Niedergang) die Vorkriegsproduktion (1938: 1 Mio. t) bis 1970 wieder übertroffen und um 1975 bis rd. 7,5 Mio. t/Jahr gesteigert werden konnte. Dann setzte trotz neuer Funde wieder Stagnation bzw. Rückgang der Förderung ein und trotz intensivierter Exploration reicht diese nicht zur Deckung des Eigenbedarfs. Deshalb hemmt empfindlicher *Kraftstoffmangel* die Wirtschafts- und Verkehrsentwicklung (Verzögerung von Bewässerungsprojekten durch Ölmangel für Dieselpumpen, hohe Schwarzmarktpreise für Benzin, verstärkte Brennholzentnahmen wegen zu knappen Kerosins usw.). Die verstaatlichte Erdölwirtschaft stemmt sich gegen devisenverzehrende, zusätzliche Einfuhren; sie setzt ihre Hoffnungen auf verstärkte Förderung aus *»off-shore«-Bohrungen*, die aber noch der Erfüllung harren. Die *Landfelder* liegen beiderseits des Irawaddy, von Chauk (südlich Mandalay) stromab bis Prome, und am Westufer des Flusses die jünger erschlossenen Lager um Letpando und Mann (300 km nordöstlich von Rangun), dazu neuere bei Pegu.

Häufig sind mit ihnen die *landfesten Erdgaslager* verbunden, die mit größeren Erfolgen erschlossen wurden. Ihre Förderung stieg auf ca. 15 Billionen Kubikfuß 1980 und konnte auf über 17 Mio. 1981/82 gesteigert werden. In den Chauk- und Mann-Feldern wird das *Erdgas* in neuen Anlagen *verflüssigt* (LNG – S. 216), auf dem Irawaddy in Flußschiffen in die Raffinerien von *Syriam* und von dort mit Seetransport weiter verschifft, z. T. aber auch dort verarbeitet. Die *petrochemische* Verarbeitung in den Feldern am Irawaddy konnte mit neuen (z. T. von deutschen und österreichischen Firmen errichteten) Anlagen für die Gewinnung von *Methanol* (für die Kunststoffproduktion, überwiegend Export nach Japan) und *Kunstdünger* (Urea und Ammonium) gesteigert werden.

Wichtig ist die Verbesserung der *Energieversorgung* durch *Gasturbinen* auf den Lagerstätten, die 1983 etwa 40% des Stromes erzeugten.

Die größeren Hoffnungen auf die Steigerung der Erdgas- und -ölgewinnung werden auf die Entwicklung und die noch laufende Erschließung der *untermeerischen Erdgas- und Erdöllagerstätten* im Golf von Martaban gesetzt, wo die Bohrinseln und Pipelines in Entwicklung stehen. Auch an der Arakanküste wird prospektiert. Seit 1954 wird bei Kalewa am Chindwin tertiäre, lignitische *Kohle* (Vorrat 128 Mill. t) abgebaut, die den Import von Kohle aus Bengalen ersetzt. Die Vorkriegskapazität der *Energiewirtschaft* wurde fast völlig zerstört. Bis 1958 wurden die Städte durch Dieselaggregate versorgt. Es folgte der Ausbau eines Wärmekraftwerkes in der Industrieregion von Rangun. Die größten Verbesserungen brachten 1960 die neuen *Kraftwerke* an den Lawpitha-Fällen als erste Stufe des Baluchaung-Projektes (Kayah-Staat), die zweite, der Mobye-Damm, steht vor der Vollendung.

*Die Industrieentwicklung*

Die Industrieentwicklung kam erst langsam in Gang, seit den 70er Jahren macht sie Fortschritte. In der Hoffnung auf Verbesserung der Handelsbilanz durch eigene Produktion von früher importierten Gütern werden jetzt Verschuldung und etwas höhere Investitionen in Kauf genommen. Wegen der Unsicherheit im Lande entstanden zunächst überwiegend in *Rangun* Baumwollspinnereien und -webereien, Jute-Verarbeitungs-Betriebe, eine Werft, Kraftfahrzeugmontage für Lkw, Pkw, Busse und Jeeps (Mazda), pharmazeutische Fabriken und kleinere Konsumgüterindustrien; 1983 kamen eine Autoreifenfabrik und die Produktion von Elektro-Kabeln hinzu. Als Großbetrieb – außer den Ölraffinerien – wurde durch die DEMAG das *Elektrostahlwalzwerk* Ywama (20000 t Kapazität) errichtet. Wegen der Verzögerungen in der Aufschließung der Erzvorkommen wurde es auf die Verwertung von Schrott ausgerichtet, der vom Krieg reichlich hinterlassen wurde. Das Einsammeln und Transportieren im weitläufigen und nur teilweise erschlossenen Land brachte aber Schwierigkeiten, deshalb wurde die Aufschließung und Verhüttung der Eisenerzlager forciert (s. o.). Hergestellt werden Stahlrohre, Eisenträger, Nägel, Draht und Drahtnetze, Eisenbleche. Die *Baumwollverarbeitung*

wurde auch in Mandalay und Myingyan ausgebaut. Ein wichtiger Entwicklungsfaktor sind die neuen *Düngemittelfabriken* von Sale und von Kyunchaung (bei Pagan am Irawaddy). Auch die Sägewerke-, Sperrholz-, Furnier-, Papier-, Glas-, Ziegel- und Zementfabrikation wurden ausgebaut.
Die mit chinesischer Hilfe begonnene *Papierfabrik* in Sittang wurde nach dem politischen Konflikt mit China 1967 durch die Japaner vollendet. Diese haben es verstanden, ihre *Reparationsleistungen* für die Zerstörungen im Zweiten Weltkrieg in steigende *Investitionen* und Hilfen zu erweitern (Kfz-Montage, Düngemittel, Erdöl- und Erdgaserschließung, Textil-, Kunststoff-, Elektrogeräte u. a.) und sich die stärkste Position als Wirtschaftspartner aufzubauen. Mit technischer und wirtschaftlicher Hilfe, Darlehen und Beteiligung am Aufbau industrieller Werke (z. B. Maschinenbau, Düngemittel, Glas), geologisch-lagerstättenkundlicher Exploration, aber auch dem technischen Schulwesen u. a. folgt die *Bundesrepublik* in der bilateralen Hilfe an *zweiter Stelle*. Sie ist außerdem, mit einigen anderen westlichen Nationen, auch Mitglied einer *multilateralen* »Burma Aid«-Gruppe.
Das *produzierende Gewerbe* beschäftigte 1984/85 erst 8,3% der Arbeitskräfte des Landes. Von den 216 Firmen mit mehr als 50 Arbeitern waren 145 *staatlich* und 32 *Kooperative*; Firmen mit unter zehn Beschäftigten umfaßten 89,5% der Gesamtzahl; diese befinden sich überwiegend noch im *Privatbesitz*, der etwa 54% der Produktion erbringt (FEA, 1986).

### *Handel und Versorgung*

1962 wurde das *Staatsmonopol* für den Im- und Export, den Reishandel und die Banken errichtet. Die wirtschaftliche Verwaltung wurde einer »Peoples Stores Corporation« übertragen, die neben der Industrie, den Reismühlen und Sägewerken auch den Außenhandel und den größten Teil des Einzelhandels kontrollierte. Seit 1970 wurden statt dessen die staatlichen Einzelhandelsläden in die Verantwortung von *Konsumgenossenschaften* übergeführt, die in gewissen Grenzen selbständig wirtschaften sollen, in der Hoffnung eine bessere Warenverteilung zu erzielen. Die Finanzierung der öffentlichen Investitionen soll aus Budgetüberschüssen (etwa 45% aus dem verstaatlichten Reishandel), weiter aus japanischen Reparationen und ausländischen Anleihen bestritten werden, mit denen auch Haushaltsdefizite überbrückt werden müssen.
Da die *verstaatlichten Handelsorganisationen* die *Versorgung* der Be-

völkerung *nicht gewährleisten*, ist die Regierung gezwungen, einen umfangreichen Schwarzmarkt zu dulden, der zu entsprechend überhöhten Preisen einen großen Teil des Warenangebotes, von Textilien, Werkzeugen, Elektrogeräten (neuerdings auch TV-Geräten), Nahrungs- und Genußmitteln, Medikamenten, Kosmetika usw. bis zu Benzin, Fahrrädern und Kraftfahrzeugen, heranbringt. Hauptlieferant ist Thailand. Der Transport erfolgt überwiegend über Land, z. T. durch die Gebiete der Aufständischen mit ihren »Wegezöllen« (s. o.), z. T. an den offiziellen Grenzübergängen, die für Ausländer nicht passierbar sind; für diese besteht nur der Zugang auf dem Luftweg über Rangun. Weitere Waren kommen aus Indien und Bangla Desh. In jüngerer Zeit tritt erheblicher Schmuggel über See aus Singapur und Malaysia (bes. Elektronik und Elektrogeräte, Fotos usw.) und aus China (Keramik, Wellblech, Arzneien, Textilien) hinzu. Entsprechend groß ist auch die Diskrepanz zwischen dem offiziellen und dem schwarzen Wechselkurs des burmesischen Kyat. Der Volkswirtschaft geht durch die auf ein Drittel des Bruttosozialproduktes geschätzte *»Schattenwirtschaft«* ein großes Aufkommen an Steuern, Zöllen und hochwertigen Exportgütern, die zum Bezahlen der illegalen Einfuhren hinausgeschmuggelt werden, verloren. Autos gelangen z. B. durch Seeleute herein, die bei Heuer auf ausländischen Schiffen zum legalen Import draußen erworbener Kraftfahrzeuge berechtigt sind und die diese Autos im Inland zu überhöhten Preisen weiterverkaufen. Entsprechend stark ist der Andrang auf die Arbeitserlaubnis auf fremden Schiffen. Die Löhnung dieser Seeleute, ebenso wie die langsam steigenden Erträge aus dem *Tourismus*, gehören zu den wenigen Devisenzuflüssen außerhalb des Handels.

Ein weiteres Problem ist die wachsende *Verschuldung* der Regierung, die mit den Auslandskrediten aufläuft. Da sie nur mit stärkster Zurückhaltung aufgenommen werden, sind die Schulden zwar relativ geringer als bei anderen, dynamischer aufbauenden Entwicklungsländern, wegen des schleppenden Fortganges des Wirtschafts- und Industrieaufbaues, der Verteilungsschwierigkeiten und der Ausfälle an Staatseinnahmen durch jene »Schattenwirtschaft« fällt es Burma aber besonders schwer, seine Schulden für Investitionen und Einfuhren zu decken. 1982 sollen z. B. über 30 % der Exporteinnahmen vom Schuldendienst verzehrt worden sein; die Handels- und Zahlungsbilanz bleibt negativ und mindert die Fähigkeit zu eigenen Investitionen für Industrien und Infrastruktureinrichtungen.

Mit der weltwirtschaftlichen Krise der mittachtziger Jahre sind diese Mängel erneut gewachsen. Das bisher nur langsame Wirtschaftswachstum stagniert wieder und Burma gerät, trotz aller amtlichen

Versuche, dies zu verbergen, in immer größere Schwierigkeiten. Die Schuldendienste sollen jetzt schon nahezu 60 % der Export-Einkünfte erreicht haben, und die internationale Kreditwürdigkeit des Landes sinkt weiter (FEER, April 1986).

*Das Verkehrswesen*

Burma besaß ein relativ gut ausgebautes *Verkehrsnetz*, in das die Kriegs- und Nachkriegsentwicklung große Lücken riß. Unter Mühen gelang die Wiederherstellung der Eisenbahnen und ein starker Ausbau des *Binnenluftverkehrs*, der mehr Sicherheit für die Reisenden und für wertvolle Güter bietet (45 Flugplätze im Binnenverkehr), während Straßen (rd. 30000 km) und Schiffahrt noch hoher Investitionen bedürfen. Der internationale Flugverkehr über Rangun ist, abgesehen vom Güterverkehr über die Seehäfen, der einzige Zugang von außen. Die bedeutenden Fernstraßen, die z. T. aus alten Karawanenwegen über die Gebirge unter hohen Kosten strategisch ausgebaut wurden, sind gesperrt. Die 1937/39 während des japanisch-chinesischen Krieges, als Chinas Versorgung über See blockiert war, gebaute »Burma-Straße« von Lashio bzw. von Bhamo (Irawaddy-Schiffahrt) bis Kunming/Yünnan (rd. 1000 km) wurde 1942 von den Japanern erobert. 1944 wurde sie durch die »Ledo-Straße« (768 km) über die Dschungelberge von Assam neu angeschlossen, so daß 1945 alliierte Konvois von Indien nach China rollen konnten. In den Grenzkonflikten von 1953/56 und 1970 rückte sie wieder in den Blickpunkt, ist seitdem aber unterbrochen.
Auch die im Krieg entstandene Bahn nach Thailand ist zerstört. Die Strecke Rangun–Prome (260 km) wurde schon 1877 eröffnet. Die strahlenförmig von Rangun ausgehenden, wiederhergestellten Hauptlinien bis Myitkyina und Lashio nach N bzw. NO, bis Prome, Bassein und Moulmein messen gut 3300 km. Neu ausgebaut wird eine Fernstraße am westlichen Irawaddy-Ufer zu den Erdöl- und neuen Industriegebieten in Zentral-Burma; die ältere am Ostufer wird verbessert.
Der durch Jahrhunderte hindurch wichtigste Verkehrsträger war die *Binnenschiffahrt* (u. a. 2300 km Wasserwege im Irawaddy-Delta, das fast ausschließlich durch den Schiffsverkehr erschlossen wird). Auf dem Irawaddy sind 1400 km befahrbar bis Bhamo, in der Regenzeit weitere 145 km bis Myitkyina und 650 km auf dem Chindwin bis zum Kalewa-Kohlenfeld. Der reißende Salween ist dagegen nur 90 km befahrbar. Mehrere kurze, schiffbare Flüsse und eine ausgedehnte Küstenschiffahrt haben die Arakan-Küste und Tenasserim. Nachteilig

wirken sich die starken Schiffsverluste des Krieges und die Überalterung der erhaltenen Tonnage aus. Auch die Baggerarbeiten sind in Verzug geraten. Mit nahezu der gesamten Einfuhr, 84% der Ausfuhren und etwa 40% des Küstenhandels ist *Rangun* der mit Abstand wichtigste *Hafen*. Vor dem Krieg gehörte er zu den modernsten und leistungsfähigsten Häfen Asiens. Kriegszerstörungen und der schleppende Wirtschaftsaufbau beschränken heute seine internationale Bedeutung. 1968/69 lag der Gesamtumschlag der burmesischen Häfen, neben Rangun vor allem Bassein, Moulmein und Akyab, bei nur 2,5 Mio. t (vor allem Reis und Holz) und ist seither nur geringfügig gestiegen.

Der Kraftfahrzeugbestand ist knapp, überaltert und vielfach nicht betriebssicher, da es an Ersatzteilen mangelt. Neuere Fahrzeuge stehen – außer der Armee – fast nur staatlichen Verkehrsbetrieben (und über den Schwarzmarkt – s. o.) zur Verfügung. Mit den als Reparationsleistungen erbauten Remontagebetrieben und der folgenden finanziellen und technischen Förderung hat sich *Japan* den Kfz-Markt gesichert und das früher vorherrschende Großbritannien abgelöst. Die Kfz-Remontage im Lande bringt neuerlich einen langsamen Ausbau des Fahrzeugbestandes.

Post- und Telegraphenwesen, vor allem *Luftpost* und drahtlose *Telegraphie*, wurden wegen der Aktivitäten der Aufständischen rasch ausgebaut, so daß das frühere leistungsfähige, im Krieg zerstörte Kabelnetz durch moderne *Telekommunikation* ersetzt werden konnte. Insgesamt läßt die Wirtschafts- und Verkehrsentwicklung Burmas mit ihren zahlreichen Strukturschwächen kaum eine schnelle Besserung der Lage erwarten. Allenfalls durch die Aufschließung neuer Erdöl- und Erzlager könnte eine Minderung des Devisenmangels erhofft werden. Weitere Chancen böte eine großzügigere Ausweitung des internationalen *Tourismus*. Eine begrenzte Liberalisierung des Reiseverkehrs und der Ausbau industrieller Entwicklungsprojekte, bei gleichzeitiger Verbesserung der inneren Sicherheit, zeichnen sich in der jüngeren Zeit ab.

Visa wurden allerdings auch noch 1985 nur für sieben Tage gewährt. Ein Vergleich zu Thailand zeigt die ungeheure *Diskrepanz*, die in der Entwicklung *des Tourismus* gegenüber den Nachbarn noch besteht: während *Burma* z. B. 1984 28575 Besucher verzeichnete, waren es in *Thailand* im gleichen Zeitraum 2346709 (FEA, 1986 – Tab. 8 im Anhang).

## 3.1.2 Thailand

Thailand blieb als einziger Staat SO-Asiens während der Kolonialzeit unabhängig. Es entstand mit den mittelalterlichen *Reisbau-Hochkulturen* in den *Talbecken* der Gebirge, die allmählich ihr Siedlungs- und Staatsgebiet über die große Stromebene des Maenam Chao Phraya und deren Randgebiete ausdehnen konnten. Die Grenzen gegen Kambodscha, Laos und Burma sind die erst in der Neuzeit fixierten Stillstandslinien eines jahrhundertelangen Ringens um die Vorherrschaft, das Rassen- und *Kulturverschmelzungen* mit sich brachte. Die Grenze gegen Malaysia entstand unter britischem Einfluß mit der Freigabe einiger malayischer Vasallen-Sultanate nach der Jahrhundertwende. Durch den Halbinsel-Anteil erhält der Staat eine *N-S-Erstreckung* von 1620 km; größte O-W-Breite: 780 km. Mit 514000 $km^2$ hat er die drittgrößte Fläche in SO-Asien und mehr als die doppelte der Bundesrepublik Deutschland. Mit rd. 52 Mio. EW (S. 1986) steht er an dritter Stelle in SO-Asien (99 EW/$km^2$).
Die Thai (T'ai, Tai) bilden die Hauptbevölkerung. Die Gesamtheit der *Thai-Völker* reicht aber weit über Thailand hinaus, während umgekehrt auch andersvölkische Minderheiten im Staatsgebiet leben. »Siama« ist ein älterer Name, den die im 12. Jh. einrückenden (und die Mon- und Khmer-Vorbevölkerungen z. T. assimilierenden) Thai übernahmen. 1938 wurde das Königreich Siam in Thailand umbenannt (Prathet Thai; volkstümlich Müang Thai, d. h. »Land der Thai«, »der Freien«). Rd. 95 % der Bevölkerung (1970) sind Hinayana-Buddhisten; hinzu kommen chinesische Konfuzianer. Klöster (»wat«), Tempel und meditative Frömmigkeit bestimmen noch stark das tägliche Leben.

### 3.1.2.1 Die Landschaftsräume

Thailand läßt sich in sechs natürlich vorgezeichnete, weitgehend mit bestimmten Lebens- und Wirtschaftsformen übereinstimmende Landschaftsräume gliedern. Sie decken sich nicht genau mit den sechs Regionen der offiziellen Statistik und Regionalplanung, die administrativen Grenzen folgen; z. B. werden dort schon die nördlichen Teile der zentralen Ebene der Nordregion zugeordnet.

*Zentral-Thailand – die Maenam-Ebene*

Bevölkerungs- und Wirtschaftsschwerpunkt ist die »Reiskammer« der *Maenam-Ebene* mit der Metropole Bangkok. Geologisch und auch siedlungsgeschichtlich betrachtet, ist dies ein relativ junges Land. Es wird von Gebirgen und der flachen Küste des Golfes von Siam umschlossen, in den der Maenam sein Delta vorschüttet. Nam bedeutet »Wasser«, Mae Nam: großer oder »Mutter«-Fluß. Der *Mae Nam Chao Phraya* (»der königliche Fluß«) wird aber (besonders durch Ausländer) meist kurz als Maenam (Menam) bezeichnet. (Auch für den größeren Mekong, der auf langen Strecken Thailands Ostgrenze bildet, lautet der volle Name Mae Nam Khong.) Bei nur 0,006 % Gefälle wird die »Bangkok-Ebene« (PENDLETON, 1962) jährlich in der Regenzeit (am stärksten Ende September und Oktober) überschwemmt, nur die natürlichen Flußdämme und die Kanalaushübe mit den Siedlungen ragen dann wie Inseln aus den Wasserflächen. Die historischen Kernräume des Staates lagen weiter im Inneren des Tieflandes. Beide zusammen bilden die naturräumliche Einheit des »Menam-Beckens« (W. CREDNER, 1935); auch »Mittel-Siam« oder *»Zentral-Thailand«* genannt.

Das *Delta* ist jüngstes Anschwemmungsland mit schweren, tiefgründigen Tonen, deren Böden aber für den Reisbau gut geeignet sind. Bis zur Melioration war es stark versumpft. *Bangkok*, 30 km Luftlinie oberhalb der Küste, liegt erst 2 m, Ayuthaya (Ayudhia), 70 km landein, erst 4 m über dem Meer. Während im küstennahen Delta durch die Gezeitenwirkung und kurzen Abfluß die Überschwemmungen rascher wieder ablaufen, liegt oberhalb des Deltas, besonders im Raum Ayuthaya–Lopburi, etwa 140 km nördlich der Küste, der ausgeprägteste *Rückstauraum*, wo wegen des langsamen Abflusses und des Rückstaus durch die hereindrückende Gezeitenwirkung große Flächen jahreszeitlich unter Wasser stehen. Dieses periodische Naßland ist *naturgegebenes Reisbauland*. Während des Hochwassers erkennt man nur an den Unterschieden zwischen den völlig offenen Überschwemmungsflächen mit Tiefwasserreis, den durch Dämmchen und Kanäle gegliederten Feldern mit verpflanztem Reis im meliorierten Gelände und schließlich an Feldern, die mit Borassus-Palmen (Zuckerpalmen) und Termitenhügeln durchsetzt sind (Reis mit *künstlicher Bewässerung* oder auf Regenstau), die feineren *Differenzierungen* der natürlichen *Standorte*. Die letztgenannten Felder liegen schon auf den sandig-lehmigen Mineralböden höherer *Flußterrassen*. Sie nehmen an den Rändern und im Nordteil des Maenam-Beckens immer breiteren Raum ein.

Mit dem Chainat-Damm an der Delta-Spitze (Abb. 13, S. 132) beginnt die Melioration der Mündungsniederung. Sie wird von *Kanälen* durchzogen, die zugleich einen erheblichen Teil der *Wasserwege* Thailands bilden. Das heiße, in *Niederschlagsjahreszeiten* gegliederte Monsunklima bestimmt das Leben dieses Raumes – sichtbar im Kontrast des satten Grüns der Felder während der Regenzeit und der eintönig graubraunen Brache während der Trockenzeit. In der Lee-Lage des Bekkens macht sich bereits relative Trockenheit bemerkbar. Von den, in ihrer Ergiebigkeit stark wechselnden Monsunregen wird die Schwankung der *Wasserführung* des Maenam bestimmt. Sie liegt bei Nakhon Sawan (Vereinigungspunkt der Zuflüsse in der oberen Ebene) zwischen 33 und 4612 $m^3$/sec; 1961 war z. B. die Gesamtwasserführung dreimal so groß wie 1963; etwa 12 Mio. t Sedimente werden jährlich in das Tiefland und Delta geschwemmt (hinzu kommen Ablagerungen durch Pollution des Flusses). Um den Wasserstandsschwankungen zu begegnen, mußten moderne Staudämme, Schleusen und Be- und Entwässerungskanäle zur besseren Versorgung der Naßreisflächen und zum Hochwasserschutz errichtet werden. Inzwischen erfolgte auch im bisher vernachlässigten NO ein starker Bewässerungsausbau. Auch der buddhistische Staatsmythos ist vielfach mit der Sorge um genügend bzw. zeitgerechten Regen verbunden, z. B. das zeremonielle Pflügen der ersten Reisfurche durch den König, das Wasserfest (»Songkran«) im April oder Bittzeremonien in den Tempeln bei Regenmangel. Schwankende agrarische Jahreserträge zeigen noch immer die Bedeutung dieses Naturfaktors.
Oberhalb des Deltas, nahe Lopburi, wird vom *unteren Tiefland* (Abb. 19: I a) durch Höhenrücken aus paläozoischen Sedimenten, permotriassischen Vulkaniten, Graniten und Kalken das etwas höher gelegene, stärker gegliederte *obere Maenam-Tiefland* (I b) abgetrennt. Dort bedecken dünnere, alluviale Überschüttungen die Ebene, aus der einzelne Kegelkarst-Spitzen und Inselberge herausragen. Es wird von den Quellflüssen des Mae Nam Chao Phraya: Mae Ping, Yom und Nan zergliedert, die sich bei Nakhon Sawan, kurz oberhalb der engen »Taille« der zentralen Ebene, vereinen; hinter ihren Flußdammaufschüttungen entstand der periodisch schwankende Rückstausee des Bung Borapeth. Vom Zusammenfluß an bildet der Mae Nam Chao Phraya die Arterie des Landes. Die Deltaverzweigungen beginnen mit dem Tha Chin (= Suphanburi Fl.), der selbständig weiter westlich mündet; mehrere Flußarme und Kanäle verbinden sie.
Die geoökologische Differenzierung des zentralen Tieflandes findet in *Besiedlungsgang* und historischer Entwicklung ihren Niederschlag. Schon früh (»Dvaravati«-Kultur, 5./6. Jh. und früher – S. 284) waren

die höher und trockener gelegenen *Randgebiete*, z. B. um Phetburi, Nakhon Pathom oder Lopburi, stark besiedelt. Auch die *mittelalterlichen* Hochkulturen und *Staatsgründungen* der Thai – wie *Sukothai, Phitsanuloke*, *Lopburi* – nehmen solche Lagen ein und erst mit *Ayuthaya* (1378) und schließlich *Bangkok* (1792) wird das Schwergewicht von Macht und Bevölkerung in das periodisch überschwemmte Feuchtland des Deltas verlagert. Dort sind die heute *ertragreichsten Reisbaugebiete* erst im 19. und 20. Jh. in intensive Bewirtschaftung und Besiedlung genommen worden, z. T. in größeren Meliorations- und Bewässerungsprojekten, häufiger aber auch in spontaner Pioniersiedlung nach der Erschließung durch Transportkanäle. Während in den Gebirgsbecken des N intensive bäuerliche Bewässerung ausgebaut wurde, ist die Be- und Entwässerung des zentralen Tieflandes eigentlich eine »verbesserte Überschwemmungsbewässerung«, eine regulierte Wasserverteilung durch flußgespeiste Kanäle (UHLIG, 1983).
Inmitten dieses alluvialen *Überschwemmungsgebietes* wurde *Bangkok* wie ein »Venedig des Ostens« (Somerset Maugham) an einem Netz von *»Klongs«* (Kanälen) und »Kus« (Gräben vom Aushub für die Aufschüttung der Straßen, die der Drainage und Abwasserbeseitigung dienen) gebaut. Am Gegenufer, in *Thonburi*, tragen sie noch das Leben des »schwimmenden Marktes«, während in der Hauptstadt selbst viele *Kanäle zugeschüttet* wurden, um *Durchgangsstraßen* zu gewinnen. Die Folge sind gravierende Mängel der Entwässerung und Kanalisation. Sie steigerten sich in den letzten Jahren – mit der ständig wachsenden Bevölkerung und Bebauung – durch rapide zunehmende *Senkungen* im Stadtgebiet, da dessen alluvialer Untergrund durch die tägliche *Entnahme* von über 1 Mio. $m^3$ *Wasser* durch die städtischen Wasserwerke, Industrien und privaten Brunnen (über 10000 öffentliche und private Entnahmestellen, die meisten aus wassertragenden Schichten in 100–200 m Tiefe) *zu stark entwässert* wird und schrumpft (vgl. wieder Venedig). 1979–1982 wurden örtlich bis zu 30 cm *Senkung* gemessen; das Feinnivellement mit 27 Stationen ergab eine weitflächige Absenkung zwischen 30–80 cm seit 40 Jahren (FEER, 1982; DONNER, 1984). Da Bangkok nur rd. 2 m über dem Meeresspiegel liegt, sind einige Teile der Stadt schon darunter gesunken. Die zunehmenden *Überschwemmungen* verursachen alljährlich große Schäden. Verschiedene Pläne zur Abhilfe versanken bisher in den Mühlen der Bürokratie. Eine dieser Planungen fordert z. B. die Einstellung weiterer Brunnenbauten und statt dessen Rückfüllungsbecken und -schächte, um den Wasserdruck im Untergrund wieder zu heben. Eine andere sieht – nach dem Vorbild holländischer Großstädte unter dem Meeresspiegel – Poldern durch einen Ringdeich und Pumpen vor; aber angesichts der

hohen Kosten plädieren extreme Stimmen sogar dafür, Bangkok dem Verfall preiszugeben und die Mittel lieber zur Dezentralisierung und Entwicklung der Landgebiete einzusetzen.
Im O und W wird das *zentrale Tiefland* von *»Randlandschaften«* (HOHNHOLZ, 1980) eingerahmt (Abb. 19: Ic), ein Saum von etwas höheren Felsfußflächen, die nur durch dünne *Überschüttungsschichten* bedeckt sind, die noch häufig durch scharfe Kegelkarstketten im Kalk und rundere Granit- und Quarzit-Inselberge durchstoßen werden. Die östlichen Teile gehören bereits der mesozoischen Khorat-Formation an (Sandsteine, Konglomerate, Glimmerschiefer usw.). Örtlich treten auch Basalte, Andesite und Porphyre aus, Intrusionen an Störungen der tektonischen Senke des Maenam-Tieflandes; dieses ist etwa 100 km breit und mißt 250–300 km vom Austritt aus dem Bergland (in 25 m über NN) bis zur Küste.

### *Nord-Thailand*

Breite Waldgebirgskämme und Hochflächen um 1400–1800 m bestimmen das *Bergland von N-Thailand*, höhere Berggruppen ragen bis 2576 m (Doi Inthanon) heraus. (Das Nat. Statist. Yb. 1981–84 gibt allerdings nur 2298 m [Doi Pha Ham Pok] als höchsten Punkt an.) Im W stehen präkambrische Metamorphite an, sonst herrschen paläozoische bis triassische Sandsteine, Schiefertone und Kalke vor; im mittleren Teil Granite, während im O wieder Sedimente und Andesite überwiegen (BAUM et al., 1970). Die Karstformen eingelagerter Kalke akzentuieren mit scharfen Gipfeln, Höhlen und Dolinen örtlich das Relief. Für die Besiedlung und territoriale Entwicklung war bestimmend, daß sich im nord-südlich gerichteten Streichen – oft durch schmale Durchbruchstäler voneinander getrennt – *breite Becken* öffnen, die als *intramontane Senken* mit neogener Sedimentfüllung tektonisch vorgezeichnet wurden. Sie bieten Durchgängigkeit und klima- und bodengünstige, in sich geschlossene *Talschaften*, auf deren flachen Sohlen (in 250 bis 400 m Höhe) wieder der Rückstau der monsunalen Hochwässer das Nebeneinander von Naßreisflächen und trockenen, siedlungs- und verkehrsgünstigen Standorten erlaubt. Dort entstanden *frühe Fürstentümer* mit einer organisierten Agrargesellschaft, die seit über 700 Jahren intensive, *dörfliche Bewässerungssysteme* mit gepflegtem, kleinparzelliertem Reisbauland schufen (z. B. um *Chiang Mai, Lampang, Nan* u. a.). Ähnliches gilt es auch für die ethnisch verwandte Nachbarschaft des Schan-Hochlandes (Burma) und in Laos. Auf den Gebirgshängen liegt darüber der Lebensraum andersvölki-

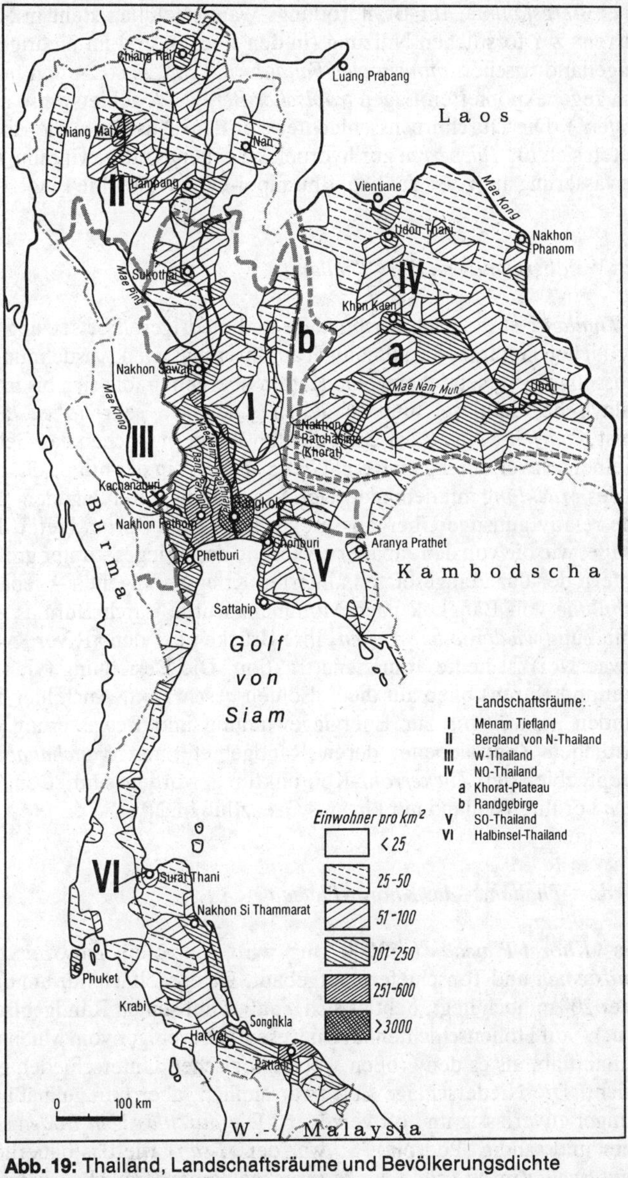


**Abb. 19:** Thailand, Landschaftsräume und Bevölkerungsdichte
*(Entwurf: H. Uhlig, Kartogr.: L. Dreher)*

scher *Bergstämme*. Ihr Brandrodungs-Wanderfeldbau steht in Konkurrenz zur forstlichen Nutzung (in den Becken und im niedrigeren Hügelland frischer, *monsunaler Fallaubwald* mit *Teak*, in den höheren, regenexponierten Lagen *tropischer Bergwald*, gebietsweise auch *Kiefern*). Die Durchbruchsschluchten vor dem Austritt in die Ebene bieten sich für *Talsperren* zur hydroelektrischen Kraftgewinnung und Bewässerung an (z. B. Yanhee/Bhumipol-Damm am Mae Ping).

### *Das Waldbergland von West-Thailand*

*W-Thailand* ist die nach S schmalere und niedrigere Fortsetzung der nördlichen Gebirge, die allmählich aus ihrer massigen Ausdehnung in kulissenartig versetzte, einzelne Ketten übergehen, die sich bis in die malayische Halbinsel hinunterziehen. Die *nicht* sehr *hohen*, aber meist *scharfen Kämme* zwischen dichten Wäldern machen das Gebiet zu einer schwer durchgängigen *»Grenzwildnis«*, in der nur das Längstal des *Maeklong* mit dem niedrigen Sam Chedi- (Drei Pagoden-)Paß eine relativ günstige Übergangsmöglichkeit nach Burma bietet. Die Straße, wie die von den Japanern während des Krieges – unter großen Opfern der dazu eingesetzten alliierten Kriegsgefangenen – gebaute *Bahnlinie* von Bangkok nach Moulmein wurde durch Burmas Abschließung *wieder unterbrochen*. Ihre Brücke über den »River Kwei« (Kwae Noi) ist heute Touristenattraktion. Die Besiedlung (vielfach Mon und Karen) blieb auf die Talsohlen beschränkt. Auch hier entstanden *Staudämme* zur Energiegewinnung und Bewässerung der westlichen Zentralebene, deren Randgebiete, um *Kanchanaburi*, Hauptgebiet der *Zuckerrohr*-Konjunktur geworden sind. Der *Salween* berührt Thailand nur kurz als Grenzfluß im NW.

### *Nordost-Thailand – das Khorat-Plateau*

Das *»Khorat-Plateau«* (150000 km$^2$) wird von roten, mesozoischen *Sandsteinen* und Tonschiefern aufgebaut. Da es vielfach nur um oder unter 200 m hoch liegt, hebt es sich – außer mit seinen Randgebirgen (s. u.) – auf Höhenschichtenkarten wesentlich weniger vom Maenam-Tiefland ab, als es den großen, geoökologischen Unterschieden entspricht. Die Niederschläge sind zwar ähnlich, aber unregelmäßiger, weniger zuverlässig und oft verzögert. Die *durchlässigen Böden* sind sauer und sandig (Podsole). So war der *»I-san«* wie das bäuerliche *Armutsgebiet* im NO heißt, lange zurückgeblieben (freilich nicht in der mittelalterlichen und älteren Geschichte, wie *Khmer-Ruinenstätten* – z. B. *Phimai* – und die Ausgrabungen der frühen Reisfunde von Non Nok Tha (S. 127) und der benachbarten bronzezeitlichen Keramik von Ban Chiang, Prov. Udon Thani, 4.–1. Jt v. Chr. (GORMAN, 1977; HIGHAM and KIJNGAM, 1979) zeigen. Das ganze Gebiet neigt sich sanft zum *Mekong*, der es im O umfließt. Ihm strömen – die meisten im *Mae Nam Mun* gesammelt – mehrere Flüsse zu, deren flache Senken nach den monsunalen Starkregen durch den Rückstau vom Mekong und z. T. auf *undurchlässigen Krusten* im Boden weite *Überschwemmungsflächen* bilden. Sie verdunsten in der Trockenzeit z. T. zu *tonigen Pfannen*, in denen in den Sandsteinen eingelagerte *Salze* durch das aufsteigende Grundwasser an die Oberfläche gebracht werden (Salzkrusten). (CREDNER, 1935; Tung Kula Ronghai Salinity Study, 1981/82). Vielfach erlaubten die nährstoffarmen, sandigen Böden nur ärmlichen *Trockenfeldbau* und *Viehweidewirtschaft* in den degradierten, trockenen Monsunwäldern. Erst die Entwicklungsprogramme für den NO – im Zusammenhang mit dem internationalen Mekong-Projekt (S. 225) – haben mit der Anlage von Stauteichen (»tanks«) und *Stauseen* zur Energiegewinnung und *Bewässerung* verbesserter Reisbauflächen, aber auch mit dem Ausbau von Verkehrsnetz, zentralen Orten und Infrastruktur, ein Aufschließen dieses Raumes gebracht.

### *Die Khorat-Randgebirge*

Während die meisten Darstellungen Thailands (W. DONNER, 1978) die gegen W und S hoch aufgebogenen *Ränder des Khorat-Plateaus* als den Rand dieser Raumeinheit behandeln, hat z. B. K. HORSTMANN (1967) die naturräumliche Eigenständigkeit dieses Berglandes hervorgehoben. Das gilt vor allem für das N-S streichende Randgebirge gegen die Maenam-Ebene, das *»Zentralthailändische Bergland«* oder *Bergland von Phetchabun*, das im Durchschnitt über 1000 m, im N aber über 2000 m hoch ansteigt. Früher bildete es eine schwer zu überwindende Gebirgsbarriere, seit dem Straßenbau ist es im Zugriff der Rodungs-Siedlung (UHLIG und RIETHMÜLLER, 1986). Es besteht vorwiegend aus karbonischen, devonischen und zur »Khorat-Formation« gerechneten Sedimenten und gehört dem *variskischen Orogen* an (HELMCKE and KRAIKHONG, 1982). Es wird vom N-S streichenden »Phetchabun-Graben« durchzogen, durch den der Mae Nam Pasak fließt. Die Flußaufschüttungen seiner Mündung in den Chao Phraya boten den Standort für *Ayuthaya* (s. o.). Auch die *NW-Teile* des *Khorat-Plateaus* (um Loei) werden von einzelnen höheren *Berggruppen* und mächtigen *Tafelbergen* überragt. Sie erhalten viel höhere Niederschläge als das Plateau, und ihre regenexponierten Berghänge – ebenso die der südlichen Randstufe (s. u.) – tragen deshalb schon lateritische Böden und immergrüne Regenwälder. Mittels *Staudämmen* wird dieser Niederschlagsreichtum nutzbar gemacht. Im S, etwas nordöstlich von Bangkok, steigt das Randgebirge nochmals bis rd. 1300 m an (Khao Yai National Park) und biegt dann rechtwinklig nach O um. Von dort an bildet es die lange, durch aufgebogene, erosiv aufgerissene Schichtkämme gegliederte *»Khorat-Randstufe«* (Khorat Escarpment), die steil gegen S abbricht (in Thailand als Dong Rek, in Kambodscha, dessen Nordgrenze sie dann trägt, als Dangrek bezeichnet).

*Südost-Thailand*

Südlich der Stufe, zwischen der Bucht von Bangkok und der kambodschanischen Grenze, schiebt sich *SO-Thailand* gegen den *Golf von Siam* vor. Die *nördliche Hälfte* liegt so tief, daß eine durchgängige *Senke* die Maenam-Ebene mit dem Tonle Sap-Becken verbindet, die von der unterbrochenen Bahnlinie Bangkok – Phnom Penh genutzt wurde und um 1845/50 zum Bau eines strategischen Kanals zwischen Maenam- und dem Bang Pakong-Fluß anregte, der dort die Reisbau-Siedlungserschließung in Gang brachte (HANKS, 1972). Aus dieser Senke steigt nach S nochmals ein *Berg- und Hügelland* an. Der Westteil ist ein altes Massiv mit Metamorphiten des Präkambriums. Auf Granit-Intrusionen entstanden für das wechselfeuchte Tropenklima typische *»Inselberg«*-Landschaften (ähnlich jenseits des Golfes von Thailand bei Hua Hin – H. LOUIS, 1959) mit zerklüfteten Felskuppen und -blöcken über buschbestandenen Rumpfflächen. Noch vor drei Jahrzehnten erst sporadisch besiedelt, hat eine starke Rodekolonisation dort im Hinterland von *Chonburi* ein agrarisch hoch entwickeltes *Neusiedlungsgebiet* – mit Zuckerrohr, Cassava usw. – entstehen lassen und den *Wald* rapide *zurückgedrängt* (Abb. 15, S. 187). Nach O folgen höhere Waldgebirge (Granite, palaeoz. Sedimente, bis 1630 m), nahe der kambodschanischen Grenze aber bildeten sich wieder günstige Böden auf *»Karstrandebenen«* von Kalken, die beiderseits der Grenze auch in wilden Karstgebirgen aufragen. Sie bildeten Schlupfwinkel für die »Roten Khmer« (S. 359), und das vorher menschenarme Grenzland wurde mit dem Bau strategischer Straßen besiedelt, aber auch zur sensitiven Zone der Flüchtlingslager und Grenzgefechte.
Nördlich *Chanthaburi* gehen die Berge bis in die Kardamom-Kette

jenseits der kambodschanischen Grenze über. Im Stau dieser küstennahen Gebirge erhält der *äußerste SO* so *hohe Niederschläge* (Chanthaburi: 3025 mm/Jahr, gegenüber Bangkok: 1469 mm/Jahr), daß dort tropische Latosole und *Regenwälder* entstanden und der Anbau von *Kautschuk* und feuchttropischen Früchten vorherrscht. Der Felssockel SO-Thailands bildet eine kräftiger gegliederte, deutlich vom Mangrovesaum des Maenam-Deltas unterschiedene Küste mit Buchten und Inseln (*Seebäder*, darunter Pattaya, Fischerei, Häfen). Die Küstenhöfe und einige Täler wurden von Reisbauern erschlossen. Die Lage nahe Bangkok, Küstengunst und untermeerische Erdgaslager bieten den Standort für das »Eastern Seaboard Development Programme« (S. 313).

*Der Süden: »Halbinsel-Thailand«*

Das nördliche Halbinsel-Thailand besteht aus der O-Abdachung der *Tenasserim-Kette*, die gelegentlich bis fast zum Meer vorspringt. Meist wird sie aber von der flachen Ausgleichsküste des Golfes von Siam mit Nehrungen und *Haffen* (z. B. Thale Luang bei *Songkhla*) gesäumt.
Die südlich der *Landenge von Kra* ganz zu Thailand gehörige *Halbinsel* wird von den Teilgliedern mehrerer Bergketten (bis max. 1786 m) und bizarren *Karstfelsen* akzentuiert. Diese wurden z. T. vom Meer transgrediert und ragen – etwa bei Krabi und Phang-nga – als Inselschwärme mit steilen Türmen aus dem Wasser. Im Gegensatz zur flachen Ausgleichsküste der O-Seite wird die niederschlagsreiche *W-Küste* in zahlreiche *Inseln* und *Buchten* gegliedert. Mit *Graniten* treten Lagerstätten der großen *Zinnzone* zutage (besonders auf der Insel *Phuket*, deren Buchten den Ferntourismus anziehen). Dazwischen erstrecken sich *Aufschüttungsebenen* mit Reisbauland – vielfach nur mit gestautem Regen bestellt, der aber bei der doppelseitigen Monsunexposition der Halbinsel reichlich fällt. Er begünstigt auch die Ausdehnung des von Malaya herüberreichenden *Kautschukgürtels*. An der O-Küste wurde der immergrüne Regenwald stärker durch bäuerliche Besiedlung gelichtet.

### 3.1.2.2 Bevölkerungsgruppen, Lebens- und Wirtschaftsformen

*Thai, assimilierte Altvölker und die Territorialentwicklung*

Da die Thai-Völker erst seit etwa einem Jahrtausend aus S-China in ihr heutiges Staatsgebiet eindrangen, kamen vor ihnen ältere Kulturen zur Entfaltung: in den Gebirgsbecken des N und im Maenam-Gebiet die kulturell indisierten *Mon*, von deren Bauten im *»Dvaravati Stil«* (6.–11. Jh.) in *Lamphun* Stupas erhalten blieben, und aus deren dort geschriebener Schrift auch das von Sukothai unabhängige Alphabet der »Thai Yuan« (s. u.) entstand (H. PENTH, 1974). Auch *Nakhon Pathom* (d. h.: »Die erste Stadt«) im W der unteren Maenam-Ebene hatte schon im 5./6. Jh. Mon-Tempel, die später von den Khmer überbaut wurden. Dort erhebt sich der höchste »Chedi« (= Stupa) Thailands (110 m). Heute wächst es als Verkehrsknoten und Entlastungsstadt für Bangkok (z. B. wurden dorthin Teile der Silipakorn-Universität verlagert).

In *NO-Thailand* hinterließen die *Khmer* ein älteres Bevölkerungssubstrat und Tempelruinen. Ihre Herrschaft erstreckte sich bis in die Maenam-Ebene, wo Bauten im »Lopburi-Stil« (11.–14. Jh.) ihren Beitrag zur thailändischen Kultur bezeugen.

Diese älteren Bevölkerungen und Kulturen wurden dann von den Thai überwandert und *assimiliert*. Die den Mon nahestehenden *Lawa* gingen z. T. in den Reisbauern N-Thailands auf und sind z. B. in Dörfern nahe Chiang Mai noch heute erkennbar, während andere in die Waldgebiete abgedrängt wurden und die älteste Komponente der Bergvölker bilden, die mehrheitlich erst später zugewandert sind. Seit dem 11. Jh. entstanden erste *Thai-Fürstentümer* in den Gebirgsbecken des N. 1296 wurde *Chiang Mai* gegründet. Seinen Baustil führte es bis ins 20. Jh. weiter; benannt wurde es aber nach der kleineren Ruinenstätte *Chiang Saen* am Mekong.

Das Ursprungsgebiet der Thai ist ungewiß, evtl. waren es die südchinesischen Provinzen Kwangsi und Kwangtung. Die bisher vermutete Herkunft aus dem im 13. Jh. von Kublai Khan zerstörten Nan Chao-Reich in Yünnan gilt als widerlegt (WENK, 1980). Mit buddhistisch-indisch und chinesisch geprägten Kultur- und Herrschaftsformen schufen sie ihre Territorien. Von dem, zunächst von den Khmer beherrschten, *Sukothai* aus (obere Ebene) gelang im 13. Jh. die Bildung eines ersten größeren Königreiches, in dem u. a. aus einer Khmer-Schrift das *Thai-Alphabet* entwickelt wurde (Stein-Stele des Königs Ram Kamheng). Die Bauten und Skulpturen im »Sukothai-Stil« (13.–15. Jh.) sind Höhepunkte der Thai-Kunst. 1378 wurde das Sukothai-Reich von der Dynastie von *Ayuthaya* unterworfen, mit der nach dem Abwerfen der Khmer-Oberherrschaft die Verlagerung des Machtzentrums in die *untere Maenam-Ebene* begann. Dort entwikkelte sich das eigentliche *Siam*, während das Khorat-Plateau und die Fürstentümer im thai-laotischen NO noch länger als Khmer-Vasallen verblieben. Der N, besonders *Chiang Mai*, dessen Fürsten bis ins 20. Jh. eine Sonderstellung bewahrten, gehörte zeitweilig zu den *Schan-Fürstentümern*. Im Dialekt unterscheiden sich bis heute die Thai des N und NO (mit der Hauptbevölkerung von Laos und den Schan verwandt) von den »Thai-Siam« (Siamesen, Thai der zentralen Maenam-Ebene).

Die heutige Bevölkerung der Gebirgsbecken um Chiang Mai hat sich erst relativ spät konsolidiert (H. PENTH, 1972, M. BRUNEAU, 1974; UHLIG, 1979). Nach schweren Verwüstungen in Kriegen gegen die burmesische Vorherrschaft (1558–1773) wurden die Bevölkerungsverluste durch *Umsiedlungen* der lokalen »Thai-Yuan« des einstigen Lan-na (»Reich der Millionen Reisfelder«), von »Thai Lü« und »Thai Yong« aus dem NO, aus Laos und aus den alten Thai-Fürstentümern in Yünnan, sowie aus altansässigen Mon, Lawa, Karen und Schan ausgeglichen. Daraus entstand erst die heutige NW-Thai Bevölkerung, die *»Khon Müang«* (wörtl.: »Leute des Staates« bzw. der »Stadt« – d. h. Chiang Mai). Auch die Anlage großer, rechteckiger Stadtbefestigungen mit Wall und Graben (z. B. Chiang Mai – 1796 –, Fang, Nan, Nakhon Ratchasima [Khorat] u. a.) gehören in diese junge Siedlungsperiode.

*Ayuthaya* (Stil der Bauten des 15.–18. Jhs.) überwand die Khmer, wurde aber selbst 1767 von den Burmanen *zerstört*. Mit der Wiederherstellung *Siams* entstand dann das heutige Zentrum, zunächst unter dem Heerführer Taksin in Thonburi, der bald durch Rama I., dem Begründer der nun seit 200 Jahren regierenden Chakri-Dynastie, gestürzt wurde. Dieser gründete 1782 die neue Hauptstadt auf dem Gegenufer, in *Bangkok*, damals ein Fischerdorf, und einige Befestigungsanlagen; der prunkvolle Ausbau seiner Palast- und Tempelkomplexe (»Bangkok-Stil«) entstand erst in den letzten zwei Jahrhunderten.

Mit einer schon früh gegenüber China, Burma, den Khmer u. a. geübten und noch heute fortgeführten, flexiblen »survival-diplomacy« vermochte Thailand seit dem 16. Jh. gegenüber den Portugiesen und Holländern, und vor allem im 19. Jh. zwischen den rivalisierenden Kolonialmächten England und Frankreich, seine *Neutralität* zu wahren.

Mit einer *zeitgerechten Modernisierung* festigte sich, unter den Königen Mongkut (1851–1869) und Rama V. (= Chulalongkorn) (1868–1910), die Unabhängigkeit. Die *Thai-Völker* bilden mit den assimilierten Splittern der älteren Völker die *Mehrheit*, sie reichen mit den Schan Burmas, den Laoten und auch mit den thaistämmigen Gruppen in China und Nord-Vietnam, die dort »autonome« Thai-Regionen bilden (HEBERER, 1984), noch weit über das heutige Staatsgebiet hinaus.

*Siedlung und Lebensformen*

Wie alle Hochkulturvölker Hinterindiens sind die Thai seßhafte Naßreisbauern. In schwach besiedelten Plateau- und Hügelländern haben sich aber auch Thai-Bauern mit Trockenland-Reisbau bzw. in junger Pioniersiedlung (S. 306) niedergelassen. Die *Siedlungen* – abseits der Reihendörfer auf den Flußdämmen und Kanalaushüben meist in lokkeren Haufendörfern – bestehen aus rechteckigen Pfahlbauten, je nach der Verfügbarkeit des Holzes aus Teak oder Bambus. Besonders für die kräftigen Pfeiler der nordthailändischen Bauernhöfe wird das dauerhafte Holz des Teak bevorzugt. Die Dächer sind mit Imperata-Gras (= »Dachgras«) oder im Bergland mit geflochtenen Matten aus harten, großen Blättern von Dipterocarpaceen gedeckt. Mit dem Wohnhaus bilden kleinere Nebengebäude, Ställe und vor allem kunstvoll gebaute Reisspeicherhäuschen oft »Haufenhöfe« unter einem Hain von Palmen und Fruchtbäumen. In der Maenam-Ebene breitet sich aus Holzmangel und unter Modernisierungs- (und z. T. chinesischen) Einflüssen neuerlich auch die nichtbodenständige, ebenerdige Bauweise aus.

*Die Bergvölker*

Die Thai werden von jüngeren Bevölkerungsbewegungen überwandert, teilweise im wörtlichen Sinne, wo es sich um das Vorrücken von *Bergvölkern* handelt, die über den von den Thai besiedelten Tälern und Becken auf den Waldgebirgen noch heute in Bewegung sind. Trotz ihrer relativ geringen Zahl – zusammen ca. 350–400000, kaum 1% der Gesamtbevölkerung – haben sie in ihrer kulturellen und wirtschaftlichen Eigenständigkeit, durch ihre Einflüsse auf den Landschaftshaushalt, ihre sozial-ökonomische Sonderstellung und politisch ein beachtliches Gewicht (S. 68). Die größte Gruppe, die *Karen*, sind nur bedingt zu den Bergvölkern zu rechnen, da ihre Wanderbewegungen wohl schon synchron mit denen der Thai verliefen und sie vielfach auch seßhaft und Naßreisbauern wurden. Sie bewohnen besonders die westlichen Grenzgebirge und bilden, bei Loyalität gegenüber Thailand, ein außenpolitisches Problem, da sich ihr Siedlungsraum über die Grenze in die Gebiete der Karen-Autonomiekämpfe in Burma hinüber erstreckt (S. 252).

Junge Zuwanderer, mit der vollen Mobilität der Brandrodungs-Wanderfeldbauern in periodisch verlegten Anbauflächen und Siedlungen, sind dagegen die meisten der vorwiegend *tibeto-burmanischen Stammesgruppen* (Lissu, Lahu, Akha usw.). Bei den *Miao* (Meo, Hmong) und *Yao* lassen ebenerdige Häuser, kulturtechnische Errungenschaften und auch sprachliche Bezüge etwas stärkere altchinesische Einflüsse erkennen. Sprachliche Verschiedenheit, abweichende Sozialstrukturen, die unsteten Siedlungs- und Wirtschaftsformen und dadurch auch nur begrenzte administrative Erfassung, Schädigungen von Forstreserven, Boden und Wasserhaushalt ließen ein gespanntes Verhältnis zu den Thai entstehen. Probleme der Landbesitzrechte und die – mangels eines Bareinkommens – latente Versuchung zu Schmuggel oder Opiumanbau (S. 165) erschweren trotz aller offizieller Bemühungen eine Eingliederung der Bergvölker in die Gesellschaft; durch untere Verwaltungsbeamte wird Fürsorge auch zu Assimilationsversuchen in die siamesische Zivilisation umfunktioniert. Die benachbarten Volksgruppen und Wirtschaftsformen bilden einen *kulturgeographischen »Stockwerkbau«* verschiedenartiger Wald- und Bergvölker über den seßhaften Naßreisbauern der Täler (W. CREDNER, 1935; H. UHLIG, 1969, 1979 – Abb. 5; Übersichtstafel S. 71), der heute durch immer stärkere Hochlands-Tieflands-Beziehungen und -bewegungen aufgelockert wird.

Das Boden- und Landbesitzrecht handhabt die Regierung pragmatisch, indem sie die Existenz- und Landnutzung der *Bergstämme ohne rechtliches* Einschreiten *zur Kenntnis* nimmt. Über die »Hill Tribe Division« des Dept. of Public Welfare (Innenministerium) und ein »Tribal Research Center« (Chiang Mai) sowie verschiedene Siedlungsprojekte – z. T. auch des Königshauses – sucht sie ihre Entwicklung zu Seßhaftigkeit und Daueranbau zu fördern (McKINNON, W. BHRUKSASRI [eds.], 1986).

### *Muslim, Chinesen und kleinere Minoritäten*

In *Halbinsel-Thailand* entstanden *Vasallenstaaten*, zu denen, nach dem Niedergang des Sri Vijaya-Reiches und der Islamisierung, auch die *nördlichen Malayen-Sultanate* gehörten. Daraus resultiert die ca. 1,7 Mio. (1980) starke *malayisch-islamische* Minderheit (»Thai-

Moslem«), die überwiegend in den fünf südlichsten Provinzen lebt. Sie umfaßt noch starke, traditionale Gruppen (besonders relativ arme Fischer), die sich dicht auf die Küstenstreifen konzentrieren, die wegen ihrer sandigen Böden (bzw. dem Mangrove-Saum an der W-Küste) wenig entwicklungsfähig sind; auch bildungsmäßig widerstreben sie der Eingliederung in die Thai-Gesellschaft (S. 107). Eine zweite Konzentration – ca. 20000 – findet sich um *Bangkok*, meist die Nachfahren im 18. Jh. dorthin umgesiedelter Kriegsgefangener. Sie behaupten ihren Islam und unterhalten in und um die (buddhistische) Metropole über 140 Moscheen.
In den Wäldern des S und SO leben noch einige Splitter *älterer Bevölkerungen* (Kui oder Khmu), in abseitigen Insel- und Küstengebieten der *W-Küste* Reste altmalayischer *Seevölker* (Moken, malayisch: Orang Laut; S. 195). In den östlichen Grenzgebieten hat sich ein völkisches Substrat von *Khmer* erhalten (ca. 80000; KUNSTADTER, 1967). Äußerlich sind sie – als Buddhisten und thailändische Bürger, aber auch angesichts der starken Rassenmischungen – schwer zu unterscheiden; historisch haben die gegenseitigen Herrschaftsbildungen zur Assimilation geführt. Der heutige Flüchtlingsstrom (S. 320) aus Kambodscha hat (illegalen) Zuwachs gebracht.
Das thailändische »jus solis«, nach dem alle dort Geborenen als thailändische Bürger gelten, erschwert eine genauere Erfassung der *Chinesen*. Sie werden offiziell auf 3,4 Mio. geschätzt, dürften aber 4–5 Mio., also fast 10% der Bevölkerung, umfassen. Ihr wirtschaftliches, kulturelles und politisches Gewicht ist erheblich größer, am stärksten in *Bangkok*, das im 19. Jh. eine zu zwei Dritteln chinesische Stadt war; um 1928 mit rd. 350000 Chinesen noch zu 60%. Inzwischen ist aber der Anteil der *Thai-Stadtbevölkerung* sehr stark angewachsen. Schwer übersehbar ist der »verschleierte« Anteil von Chinesen durch Assimilation und Mischheiraten. Selbst in der politischen Oberschicht ist die *siamo-chinesische Mischbevölkerung* bedeutend. Trotz der Beschränkungen bestimmter Berufe für Chinesen, ihres Schulwesens und anderer Versuche, ihren Einfluß einzudämmen, sind ihre Kapitalkraft, Fleiß und Geschäftssinn so stark, daß ihr Gewicht noch größer ist, als es äußerlich durch die chinesischen Geschäftsviertel zum Ausdruck kommt. Die – heute verbotene, aber illegal noch anhaltende – Einwanderung begann schon im 13. Jh.; seit dem 18./19. Jh. nahm die Zahl der chinesischen Händler, Handwerker, Seeleute und Kulis (z. B. beim Bau der Kanäle, im Zinnbergbau) sprunghaft zu. Die *Zuwanderung* erfolgte überwiegend *über See*, nur die »Haw« im nördlichen Grenzgebiet – ursprünglich chinesisch-muslimische Karawanenhändler – kamen über Land aus *Yünnan*; auch die

Niederlassung ehemaliger *Kuomintang*-Truppen und Zivilisten nach dem Zweiten Weltkrieg nahe der burmanischen Grenze hat das chinesische Element verstärkt.

### 3.1.2.3 Bevölkerungsentwicklung – Sozialstruktur – Städte

Thailands Bevölkerung *verzehnfachte* sich von ca. 5,5 Mio. 1850 (erste Zählung 1911: 8,3 Mio. EW – 16 EW/km².) auf rd. 52 Mio. (1986). Dem Wachstum standen reichlich Raum und Rohstoffe zur Verfügung; die *landwirtschaftliche Nutzfläche wuchs* von 1,5 auf 20 Mio. ha. Von 1947–60 hatte Thailand mit über 3 %, und von 1960–70 noch mit 2,7 % eine der stärksten *Bevölkerungswachstumsraten* der Entwicklungsländer. Seit 1979/83 wurde dieses aber auf 2,0 % merklich gesenkt, die Geburtenkontrolle beginnt zu wirken. Der landwirtschaftliche Bevölkerungsanteil lag 1954 noch bei 87,9 %, 1982 bei 72 %, dagegen nur ca. *8 % im produzierenden Gewerbe* (einschließlich Bauindustrie); dank stärkerer Mechanisierung erreicht dessen Wertschöpfung aber ca. 27 % des Bruttosozialproduktes. Hoch ist der *20 %-Anteil* des *»tertiären Sektors«* (Handel, Dienstleistungen, Verwaltung – mit einer oft hemmenden Bürokratie). Die *Arbeitslosigkeit* (offiziell 1982: 5,4 %) wurde in den Städten zum Problem, auf dem Lande wird sie durch saisonale Unterbeschäftigung (ca. 45 %) in den Familienbetrieben verdeckt; rd. 55 % sind unterbezahlte, mithelfende Familienangehörige, davon ca. 70 % Frauen. Das schnelle Bevölkerungswachstum durch *Zuwanderung* in die *Zentralregion* um Bangkok (36,3 % von 1970–77, bei nur 2,7 % jährlicher natürlicher Zunahme), aber auch in die kleineren Städte, könnte eine Voraussetzung für eine Verschiebung der überbesetzten Agrar- zur industriellen Wirtschaft bieten, wenn genug Arbeitsplätze geschaffen werden können.

*Die Agglomeration Bangkok*

Die *Bevölkerungsballung* in und um die *Hauptstadt* wächst inmitten eines Gebietes intensiver landwirtschaftlicher Nutzung und hoher agrarischer Bevölkerungsdichte. Es steht dort eine Dichte von mehr als 300 EW/km² den weniger als 5 EW/km² in den Waldgebirgen gegenüber.
Neben seiner günstigen Lage hat die traditionelle *Konzentration* aller Verwaltungs- und Kulturfunktionen auf die Hauptstadt des Königs zur überragenden Stellung von Bangkok beigetragen. Noch vor drei bis

vier Jahrzehnten bestand dieses, wie alle Städte Thailands, vorwiegend aus ein- und zweigeschossigen Holzhausreihen, mit offenen Läden und Werkstätten im Erdgeschoß, überwiegend von *Chinesen* bewohnt, während die *Thai* in den Außenvierteln urbanisierte Formen des ländlichen Einzelhauses (auch Pfahlbauten) vorziehen. Heute werden diese – auch in den Provinzstädten – schnell durch Stein- und Betonbauten, meist moderne Hochhäuser für Hotels, Geschäfte, Büros und Banken abgelöst; neben das Einfamilienhaus mit Garten in der Thai-Tradition tritt – später als z. B. in Singapur – nun zwangsläufig auch der *innerstädtische Wohnblock*. Bangkok (Phra Nakhon Krung Thep), das CREDNER für 1928 auf 600000 EW bezifferte, erreichte 1983 5,2 Mio. EW, die Agglomeration *»Greater Bangkok Area«* wuchs auf fast 8 Mio. (1971: 4,3 Mio.) und ca. 250–300 $km^2$ Fläche.
1782 wurde ein Bogen des Maenam durch einen Graben abgeschnitten und dort der Kern der Stadt mit dem königlichen Palast und den Tempeln und Klöstern der dem König nachgeordneten Häupter des Theravada-Buddhismus befestigt. Dort entstanden später auch Nationalmuseum und -theater, Ministerien, ein Teil der Universitäten und offene Plätze für Wochenmärkte, Paraden und die Verbrennungsstätte für Tote des Königshauses. Nach S schloß sich die *chinesische* Geschäfts- und Handelsstadt Sampeng an, vom Fluß durch Lagerhäuser und Gewerbebetriebe getrennt. 1851 umschloß ein neuer Ringkanal ein nun schon von 400000 Menschen bewohntes Stadtgebiet. Der im 20. Jh. hinzugefügte Komplex von »westlichen« Geschäftshäusern und Banken um die »New Road« wirkt heute schon antiquiert und ist bereits von neueren Hochhäusern durchsetzt.
Das *moderne Wachstum* begann nach 1950 und steigerte sich in den 60er Jahren. Geschlosseneren neuen Geschäfts-, Hotel-, Bank-, Gewerbe- und Vergnügungsvierteln folgte die »Bandentwicklung« entlang der Ausfallstraßen. Dahinter wachsen zwischen Gärten, Kanälen und z. T. noch in den Reisfeldern Bungalow-Viertel oder Wohnblocks heran, von den Hauptstraßen durch Zubringerwege (»Soi«) aufgeschlossen. Eine klare Zonierung entstand nicht, da mit den neuen Erschließungen jeweils Gebäude mit verschiedenen Funktionen an mehreren Stellen, besonders an größeren Straßenkreuzungen, Subzentren für tertiäre Dienste und Geschäfte entstehen ließen. Nur *Thonburi*, am Gegenufer, blieb überwiegend Wohn- und Gartenbaugebiet, dessen »schwimmender Markt« die Millionenstadt versorgt, die noch 12–14% Agrarbevölkerung hat.
Ein großer Teil des *Personen- und Güterverkehrs* erfolgt noch auf dem *Wasser*. Etwa 40 km oberhalb der Mündung gelegen, waren bis in die

jüngere Vergangenheit die 10 km langen Uferfronten unterhalb des Stadtzentrums der Umschlaghafen, in dem die Masse des Seehandels Thailands von seegängigen Leichtern auf Binnenbarken oder in die Lagerhäuser, Silos, Reismühlen und Sägemühlen verladen wurde. Erst 1953 konnte die Schlickbarre vor der Maenam-Mündung, die die Schiffe zum Entladen auf der Reede zwang, beseitigt und der moderne *Seehafen Klong Thoey* (8,5 m Wassertiefe) unterhalb der Stadt eröffnet werden. (98 % der Ein- und 94 % der Ausfuhr Thailands).

Als Zentrum der Bahnlinien und des Fernstraßennetzes, aber auch zur Bewältigung des innerstädtischen *Verkehrs* (Autobusse und Motorboote sind die einzigen öffentlichen Verkehrsmittel!) hat Bangkok einen extrem starken, in den Stoßzeiten des Berufsverkehrs chaotischen *Autoverkehr*. Ein (mit deutscher Hilfe erstellter) Generalverkehrsplan, Umgehungs- und Schnellstraßen, Über- und Unterführungen usw. werden in ihrer Entlastungswirkung immer wieder durch das noch schneller wachsende Verkehrsaufkommen gemindert. Die rd. 7000 »Samlors« (motorisierte Dreirad-Taxis) haben fast ausgedient. Mehr als ein Drittel der rd. 425 000 Pkw, 255 000 Busse und Lkw und 880 000 Motorräder Thailands (1981/82) waren in Bangkok registriert (1964 erst 82 400 Kraftfahrzeuge aller Art).

Der internationale *Luftverkehrsknoten* und der *Tourismus* steigern die überregionalen Funktionen, ebenso die noch überwiegend auf Stadt, Nahumgebung und Hafen konzentrierten *Industrien* sowie Handwerk, Kleingewerbe und das Zentrum für Handel und Banken. Das einseitige Übergewicht im *tertiären Sektor* zeigt sich auch darin, daß die etwa ein Zehntel der Bevölkerung Thailands umfassende Stadt ca. ⅔ aller Universitätsabsolventen und etwa ¾ aller Ärzte des Landes beherbergt.

### *Die weiteren Städte und die nationale Urbanisierungsplanung*

Die Polarisierung zwischen der *»primate city«* (S. 204) und der weit zurückgebliebenen Urbanisierung in den übrigen Landesteilen – Bangkok umfaßt allein 60 % der städtischen Bevölkerung des Landes, wächst jährlich um weitere rd. 200 000 EW und hat 50mal mehr Einwohner als die zweitgrößte Stadt, Chiang Mai – zwingt zu einer Planung der *Dezentralisierung* (SHOWCHAIYA, *Pisarek*, 1985). Der vierte nationale Entwicklungsplan (1977–81) rückte vom Vorrang des Wachstums und der Industrialisierung der *Bangkok Metropolitan Region* zugunsten einer »growth pole«-Strategie von neun regionalen »Wachstumszentren« ab und verlagerte die Planung von der nationalen auf die Ebene der Planungsregionen. Da aber die Ausstattung der kleineren Städte an Industrien, Infrastruktur, Handel und sozialen bzw. professionellen Eliten noch zu gering ist, um dieses Konzept durchzuhalten, änderte es der 5. Plan (1982–86) auf die Entwicklung von *fünf Regionalstädten* zur Stärkung der peripheren Landesteile um.

Die Zuwanderung nach *Bangkok* soll begrenzt und dieses durch eine Entwicklungsachse in das im Aufbau stehende Industriegebiet der *Eastern Seaboard Region* (s. u.), sowie durch die Stärkung von fünf »Nachbarschaftsstädten« (Nakhon Pathom [s. o.], Samut Prakan, Pathum Thani, Nonthaburi und Samut Sakhon) entlastet werden. Für den N werden *Chiang Mai*, für den O *Chonburi* als »Regionalstädte« entwickelt, für den NO *Khon Kaen* und *Nakhon Ratchasima* (Khorat) und für den S die als gemeinsames Zentrum vorgesehenen »Zwillingsstädte« *Songkhla* und *Hat Yai*. Ihnen folgen sechs »Second Generation Regional Cities«: Phitsanuloke und Nakhon Sawan im N, Udon Thani im NO, Ratchaburi im W und Surat Thani und Phuket im S. Im Sinne dieser geplanten Konzentration der urbanen Entwicklungs-»inputs« verblieb für eine Reihe weiterer Städte nur der »dritte Rang« als *Unterzentrum* (»Low Order Centers«): Lampang und Chiang Rai (N), Ubon, Roi-Et und Surin (NO), Kanchanaburi und Phetchaburi (W), Pattani (S) und Rayong und Chachoengsao in der »Eastern Seaboard Region«.

Ansätze zur *Dezentralisierung* waren die Gründungen von *Universitäten*, z. B. in Chiang Mai, Songkhla/Pattani, Nakhon Pathon und Khon Kaen; weiter von Industrieparks usw.

*Chiang Mai* (1980: 100200 EW) ist die an Kulturdenkmälern reiche, ehemalige Fürstenstadt des N. Im alten Karawanenverkehr strahlten von dort die Wege nach Moulmein, in die Schan-Staaten, nach Yünnan, Laos und Chiang Saen (zur Schiffahrt auf dem Mekong nach Luang Prabang) aus. Heute ist es Knotenpunkt des weitgehend illegalen *Grenzhandels* nach Burma und der Minoritätenpolitik im Bergland (u. a. mit einer Radiostation in allen Stammessprachen, einem Forschungsinstitut für die Bergvölker, auch Sitz zahlreicher internationaler Entwicklungsprojekte); seit 1921 ist die z. T. von deutschen Ingenieuren erbaute *Eisenbahn*verbindung nach Bangkok, sind *Straßen-* und *Flugverkehr* hinzugetreten, die es als wichtiges Touristenzentrum stützen. Charakteristisch auch für andere *einstige Fürstenstädte* (z. B. Nan, Chiang Rai, Lamphun) sind stadtnahe, spezialisierte *Handwerkerdörfer* (Silberschmiede, Celadon-Keramik, Ölpapier- und Seidenschirme, Lackarbeiten, Seidenweberei, alte Papierherstellung aus dem Bast des Maulbeerbaumes).

*Nakhon Ratchasima* (früher Khorat) wuchs aus einer Festung in den Auseinandersetzungen zwischen Thai und Khmer (26 km nördlich befinden sich die wieder aufgebauten Ruinen von Phimai) zum Verkehrsknoten für den NO und den *Transit nach Laos* (Bahn, Schnellstraßen). Neusiedelgebiete für »cash crops« im Umland, gute Verbindungen in das nur 256 km entfernte Bangkok und ein Militär-Flugstützpunkt, der im Vietnamkrieg für US-Verbände gebaut worden war, fördern sein Wachstum. Da es mehr am Rande des Khorat-Plateaus liegt, konkurriert mit ihm *Khon Kaen* (1980: 95 000 EW), das zentraler in einem großen Umland und in der Distanz für Flugverkehr von Bangkok liegt. Es hat eine Landwirtschaftliche und eine Technische Universität, wobei letztere aus einer thai-deutschen technischen Fachschule hervorgegangen ist. *Chonburi* hat von allen Regionalstädten die größte Anzahl an verarbeitendem Gewerbe (zehnmal mehr als die anderen Städte) mit einem hohen Anteil thai-chinesischer Unternehmer. Außerdem ist Chonburi, das nur 87 km von Bangkok entfernt liegt, als Zentrum der »Eastern Seaboard«-Entwicklung der Umschlagplatz (mit Hafen) für wichtige Agrarindustrien (Zucker, Cassava) und besitzt mit einem agrarisch dynamischen Hinterland (S. 308) ein starkes Entwicklungspotential.
Weit im S, rd. 1250 km von Bangkok entfernt, hat die Binnenstadt *Hat Yai* (Haad Yai; 118 000 EW [1985] – P. JANISCH, 1986) in stürmischer, junger Urbanisierung (Verkehrsknoten, Grenzumschlag und Tourismus von Malaysia, Zentrum der Kautschukgewinnung) die nahe, traditionelle Hafenstadt *Songkhla* (80 000 EW; Tourismus, Fischerei-Industrie) überflügelt. Mit einer zwischen beiden erbauten Universität (zweiter Campus in Pattani) sollen sie zum gemeinsamen Regionalzentrum zusammenwachsen, das schon jetzt weitere alte Städte des S wie *Phuket* (mit Tourismus, Hafen, Zinnhütte, Kautschuk und einem traditionellen thai-chinesischen Stadtzentrum auf einer Insel vor der W-Küste), *Nakhon Si Thammarat* (alter Fürstensitz an der O-Küste, Relikte des Sri Vijaya-Erbes [S. 79]), *Pattani* (einst malayisches Sultanat an der O-Küste), *Surat Thani* und das dynamische *Trang* im W an Wachstum übertrifft. Im binnenländischen, grenznahen *Yala* (ca. 53 000 EW) wird die Entwicklungsplanung für die durch den hohen muslimischen Bevölkerungsanteil und zeitweilig auch kommunistische Aufständische (S. 321) etwas »sensitiven« fünf S-Provinzen koordiniert.
Der einstigen Hauptstadt *Ayuthaya*, 80 km stromauf von Bangkok, inmitten periodisch überschwemmter Reisfelder vom modernen Straßenverkehr umgangen, blieben von der Pracht ihrer Tempel und Paläste, die Engelbert Kaempfer und andere Reisende des 17./18. Jhs.

schilderten, überwiegend Ruinen. Sie ist heute – außer Touristenziel – nur eine der zahlreichen, jetzt auch mit moderner Bauweise wachsenden Provinzstädte um die 50000 EW. Neben diesen wachsen junge *zentrale Orte* an den neuen *Fernstraßen* und in den jungen *Rodungsgebieten* »auf freiem Felde« aus dem Boden.
Bei einem wahrscheinlichen Wachstum von Thailands Bevölkerung auf etwa 60 Mio. um 1990 werden dann voraussichtlich 20–24 Mio. EW in städtischen Siedlungen leben. Bei dem sehr viel langsameren Steigen des Angebots an Arbeitsplätzen werden damit aber auch die Anteile der Armen in den Städten wachsen.

### 3.1.2.4 Bedeutung und Wandlungen der Landwirtschaft

Mit 72% der Erwerbstätigen (1982), einem Anteil von 24% am Sozialprodukt (1952: noch 44%) und ca. 75% der Exportwerte (1981) ist die Agrarwirtschaft in Thailand nach wie vor führend, aber ihre Struktur hat sich durch *Diversifikation* stark gewandelt. Mit 17,4 Mio. t (1981) steht der *Reis* noch knapp an der Spitze der Produktion, und die Prägung der traditionellen thailändischen Agrarlandschaft erlaubt es noch (wie in Burma), von einem *»Reisbauernland«* zu sprechen – anders als in Malaysia, dessen hoher agrarischer Exportwert von Handelsgewächsen aufgebracht wird. Dieser Situation nähert sich Thailand auf etwas anderen Wegen, denn in einer beispiellosen *Expansion* und *Diversifikation* der *Agrarflächen* hat sich seine Landwirtschaft in den letzten beiden Jahrzehnten so stark gewandelt, daß Cassava mit max. 20,1% (1978) des Exportaufkommens die minimal 15,6% (1973) des Reises zeitweilig schon übertroffen hatte. Zusammen haben die drei führenden *Handelsgewächse* des Trockenfeldbaues, *Cassava, Mais* und *Zuckerrohr*, mit Anteilen von 33–43% (1975–81) des Exports den traditionell führenden Reis bereits überrundet. Dennoch blieb Thailand der *führende Reisexporteur* Asiens. Bei nur 3,7–4,6% (1972–81) der Weltreisproduktion erbringt es rd. 20% des Weltmarktangebotes (1981: 3 Mio. t Exporte). Es wird dabei nur knapp von den USA übertroffen (3,1 Mio. t), die, bei relativ viel geringerem Eigenverzehr, einen größeren Anteil ihrer großflächigen und hochmechanisierten Reisproduktion exportieren können. In der Gesamtreisproduktion steht Thailand hinter den bevölkerungsreichsten Reisländern (China, Indien, Indonesien und Bangla Desh) erst an fünfter Stelle.
*Kautschuk*, 1966 hinter dem Reis an zweiter Stelle auf der Export-Rangliste, war 1976 trotz vervierfachter Produktion mit 8,7% auf den

fünften Platz hinter Reis, Cassava, Mais und Zucker gerückt. Den zusammen *55 %* des Exportwertes dieser fünf wichtigsten *Agrarprodukte* (1976) folgten Textilwaren (6,8 %), Zinn (4,9 %) und gefrostete oder konservierte Garnelen (»shrimps«) (2,2 %); diese acht Hauptexportgüter machten 69,8 % des Gesamtwertes, alle übrigen 30,2 % aus.

*Der Reis – Thailands traditionelle Nahrungs- und Exportfrucht*

Die Reisfläche konnte um 40 % und der durchschnittliche ha-Ertrag – dank der modernen Intensivierungen (S. 144) – noch um 45 % gesteigert werden. Die jüngere Entwicklung stieß aber an die Grenzen sinnvoller Ausdehnungsfähigkeit und wandte sich der *Intensivierung* zu. 1907 waren erst 1,5 Mio. ha, 1927 6,9 Mio. ha und 1982 9,6 Mio. ha unter Reis. Der durchschnittliche ha-Ertrag war dabei zunächst von 1,8 t/ha wieder auf 1,25 t/ha gefallen, da auch Gebiete mit weniger günstigen Boden- und Wasserverhältnissen einbezogen wurden, besonders im NO, die aber durch den Bau von Stauseen und Bewässerungsanlagen inzwischen verbessert wurden. Dadurch und durch weitere Intensivierung konnte wieder der frühere, international freilich noch relativ niedrige (S. 148) Ertragsstand erreicht werden. *Relativ* ist der Anteil des Reisbaues durch die rapide Ausdehnung des *Trockenfeldbaues* (s. u.) gesunken, und das *»Nicht-Reisland«* stieg von 12 % (1950/51) auf 39 % (1978/79) der Anbaufläche. Entsprechend wandelten sich die Exporterträge, von denen der Reis 1950/54 noch rd. 50 %, 1966 28 %, 1973 nur 15,6 %, 1981 wieder 26,2 % erreichte. Im Wert sank der Reis auch durch fallende Weltmarktpreise. Bisherige Abnehmer – voran Indonesien – konnten ihre Eigenversorgung erreichen, und neue Konkurrenten (USA, China) machten sich bemerkbar. Wegen der erst 1986 wieder abgeschafften hohen Reisexportsteuer (rice-premium) war der Reispreis auch für die Bauern wenig attraktiv. Das förderte die Ausdehnung der Trockenland-»cash crops«, erklärt aber z. T. auch den – gegenüber den Nachbarländern – relativ langsamen Fortschritt in der Ausbreitung der Reisbau-Innovationen und des »double cropping«, das erst 5 % der thailändischen Reisflächen erreichte. Dennoch sind Qualität und Quantität der Reisproduktion ausreichend, und das vordringlichere Planungsinteresse wandte sich der Diversifikation zu.
Durch die regionalen Unterschiede der Standorte hat Thailand an den verschiedensten *Ökosystemen des Reisbaues* teil (S. 128). In den Stromebenen des Maenam Chao Phraya und seiner Zuflüsse, aber auch des Mun, Chi und anderer Flüsse auf dem Khorat-Plateau, sowie am Mekong werden große Flächen mit *natürlicher Überschwemmungsbe-*

*wässerung*, einschließlich großer Anteile des »schwimmenden Reises«, bestellt. Dort sind auch die Siedlungen darauf eingerichtet, alljährlich einige Wochen im tiefen Überschwemmungswasser zu stehen (UHLIG, 1979). Zur Verbesserung und Sicherung des Anbaues, aber auch zur Ausdehnung auf nicht natürlich feuchtes Land – oder umgekehrt zur Melioration sumpfiger Flächen (und generell der Drainage des bewässerten Landes, um Staunässe zu vermeiden) – wurden dann große Teile der Ebenen durch technische *»Fluß-Kanal-Bewässerung«* verbessert.

Vollständig geregelte Be- und Entwässerung haben aber nur rd. 1/5 der Thai-Reisflächen. Durch Deiche, Schleusen und Kanäle vermag die immer noch relativ naturnahe Bewässerung der Ebenen das reichliche Wasserangebot intensiver zu nutzen. Der heutige *Hauptsiedlungs-* und *-anbauraum*, das *Maenam-Delta*, wurde erst im vorigen Jahrhundert aus savannenartigem Sumpf- und Buschland über eine anfängliche »shifting cultivation« für den Naßreisbau aufgeschlossen. Dieser erfolgte auch dort noch bis 1935 z. T. in Breitsaat und erst nach verbesserter Wasserregulierung mehr durch Verpflanzen (HANKS, 1972); insgesamt wurden um 1970 etwa 80% der Reisflächen verpflanzt und 20% in Breitsaat bestellt. Mit der Mechanisierung und wegen der steigenden Arbeitskraftkosten dürfte aber eher wieder eine Zunahme der extensiveren Breitsaat stattfinden.

1889 wurden Kanalbau und Melioration mit dem Rangsit-Gebiet um Bangkok begonnen und mit dem bis zum 1951–64 verwirklichten »Greater Chao Phraya Project« (Chainat-Staudamm) fortgeführt, wodurch nun 890000 ha bewässert und die Wasserstandsschwankungen weitgehend reguliert werden können. In der *Maenam-Ebene* werden auf rd. 40% der thailändischen Reisbaufläche etwa 50% seiner Produktion erzeugt. In den Randgebieten werden neben Schleusen auch bäuerliche Hebewerke benutzt, um das Wasser aus den Gräben in die Felder zu pumpen – meist Kettenpumpen, die früher durch einfache Windmühlen, neuerdings durch kleine Dieselmotoren angetrieben werden. Im Maenam-Tiefland ist heute fast alles Ackerland bewässert, in den Tälern des N durchschnittlich 75%, um Chiang Mai 90% des Ackerlandes, während im NO der Durchschnitt nur bei 20–30% lag. In jüngster Zeit wurden mittels neuer Stauseen die bewässerten Anbauflächen auf dem Khorat-Plateau jedoch erheblich erweitert. Die höchsten ha-Erträge werden aber im N auf den tonigen Flußlehmböden in den Gebirgsbecken, besonders am Mae Ping, erzielt. In diesen traditionsreichen Gebieten mit alter, *bäuerlicher Bewässerung* (und späterem Ausbau staatlicher Kanalbewässerung) findet sich die Mehrheit der Felder mit *zwei jährlichen Reisernten*; dort besteht auch die älteste und fortgeschrittenste Entwicklung des *Fruchtwechsels* zwischen bewässertem Reis in der Regen-, und Trockenfeldbau von Tabak, Gemüse, Knoblauch, Soja, Erdnüssen usw. in der winterlichen Trockenzeit. Mit den jüngeren Intensivierungen breitet sich dieser in den 80er Jahren auch landesweit stärker aus – bis hin zu so ungewöhnlichen Innovationen wie der Zucht von Champignons (unter Folien abgedeckt) auf der Brache von Reisfeldern; mit Diesel- und Elektro-Pumpen beginnt z. T. auch *winterliche* Bewässerung dieser Nicht-Reis-Zweitfrüchte.

Andererseits bleiben noch ausgedehnte Gebiete – selbst in der Maenam-Ebene nur wenig abseits der Flüsse und Kanäle, auf den Mittel- und Oberterrassen usw. – ohne Wasserzufuhr und nur auf *»Reisbau auf Regenstau«* (S. 141), mit einer jährlichen Ernte, beschränkt. Wenn möglich, wird dort der Reis verpflanzt; wo das (wasserbedingt) ungewiß ist, im trockenen Feld gesät. Überraschend erscheint es, daß auch die ausgedehnten Flächen mit *Tiefwasserreis* in der Zentralebene (oder z. B. dem Maenam Mun-Gebiet, Khorat-Plateau) im *trockenen* Feld – heute mit Traktoren – gepflügt und gesät werden; trotz ihrer wochenlangen Überschwemmung sind sie ja keine Dauersümpfe (wie in den immerfeuchten Tropen), sondern fallen nach dem Monsun wieder trocken. (S. 131). Die Wasserbedeckung bzw. die Bodendurchfeuchtung sind stark differenziert; mittels Satellitenphotos (LANDSAT; ERTS), die heute in Thailand zur Agrar- und Bodenkartierung u. ä. genutzt werden, läßt sich diese feine, hydrogeographisch bedingte Ökotopengliederung gut erfassen.

Mit dem Ausbau der Stauseen und Bewässerungsanlagen (S. 137) wurden zwar regional Verbesserungen erzielt, über 70 % der Bauern des Khorat-Plateaus sind aber noch auf Regenstaureisfelder auf armen Böden angewiesen. Ihre geringen ha-Erträge – meist in viel zu kleinen Betrieben – spiegeln sich im Vergleich der regionalen Verteilung des jährlichen Einkommens, das im NO nur etwa 1/4 des von den Reisbauern der Zentral-Ebene erzielten erreicht. In *Halbinsel-Thailand* werden ebenfalls relativ gute Erträge erzielt. In den besten Reisbaugebieten an der O-Küste kommt es unter dem Einfluß des dort über dem Golf von Siam mit Regen beladenen NO-Monsuns zu einer jahreszeitlichen Umkehr der Reisbausaison. In den *nördlichen* Landesteilen herrscht der (meist rötliche) *»Klebreis«* (glutinöser Reis) vor, der in der heimischen Nahrung bevorzugt wird, während in Zentral- und S-Thailand der ausschließlich für den Export gefragte, »weiße« Reis angebaut wird. Neben Wassertiefe und Eintrittszeit der Überschwemmung bestimmt vor allem die Betriebsgröße und damit die mögliche Arbeitsintensität, ob der Naßreis verpflanzt oder in Breitsaat gesät wird. Die erstere Technik erfordert sehr viel mehr Arbeit, bringt aber auch höhere Erträge. Da in kleinen Familienbetrieben die Felder intensiver gepflegt werden, erzielen meist die kleinsten Betriebe die relativ höchsten Erträge. Umgekehrt herrscht in den mit größeren Flächen wirtschaftlich stärkeren Betrieben der südlichen Maenam-Ebene (einschließlich des Tiefwasserreises) der Saatreis vor. Die relativ niedrigeren Erträge werden dort durch den geringeren Arbeitskräfteaufwand und die wirtschaftlicheren Betriebsgrößen aufgewogen.

Die Differenzierungen durch unterschiedliche Naturausstattung, Verkehrslage, Betriebsgröße, Intensität der Nutzung tragen dazu bei, daß unter dem – für Asien an sich nicht ungünstigen – Landesdurchschnitt der Betriebsgrößen von rd. 4 ha einige regionale Probleme verdeckt werden: in den altbesiedelten Reisbaugebieten des N, wo die höchsten ha-Erträge und zwei Ernten erzielt werden, beträgt die Durchschnittsgröße nur 1,6 ha, und viele Betriebe bleiben so stark unter diesem Wert, daß sie nur mit Mühe existieren können. In der Maenam-Ebene erreicht die durchschnittliche Größe 5 ha, viele Betriebe sind noch erheblich größer (S. 149). Dort liegt mit etwa einem Drittel der Betriebe auch der Schwerpunkt des Pachtwesens, das insgesamt aber in Thailand weniger stark ausgeprägt ist, als oft angenommen wird, denn fast 90 % der Reisbauern sind Eigentümer. Landesweit bestehen nur 5,9 % *Pachtbetriebe*. In der Zentralregion, z. B. dem erwähnten Rangsit-Gebiet, liegt der Pachtanteil mit 16,1 % am höchsten. Im N beträgt er 8 %, im NO und S ist er mit gut 1 % unbedeutend. In der Maenam-Ebene herrscht, bedingt durch die Grundbesitzstruktur, die Pacht ganzer Betriebe vor; landesweit mehr die Parzellenpacht. Festpacht (in Geld oder Produkten) und Teilpacht (Abgabe eines Ernteanteils – meist 50 %) stehen dort nebeneinander (FUHS, 1985). Sozialökonomische Probleme erwachsen eher aus der zu schmalen Gewinnspanne, besonders bei fallenden Weltmarktpreisen für den Reis und wegen des zu hohen Arbeitskräftebesatzes der Familienbetriebe. Auch die Gewinnanteile der (z. T. chinesischen) »Mittelsmänner«, wie der Aufkäufer, Lagerhäuser, Reismühlen, Beamten (und bisher auch die Reisexportsteuer) bilden eine Belastung. Die starke moderne *Mechanisierung*, die vor allem der Traktoreneinsatz im Trockenfeldbau vorangetrieben hat (S. 308f.), bestimmt heute den Reisbau Thailands schon sehr stark. Wo im nassen Feld gepflügt wird, stehen spezielle Reistraktoren – der »Kwai Lek«, d. h. »Eiserner Büffel«, während die lebenden Wasserbüffel als Pflugtier immer seltener werden – zur Verfügung: Handtraktoren für den Klein-, sowie schwere Maschinen für den größeren Betrieb (S. 146).

Dem Naßreisbau der Ebenen, der marktwirtschaftlich ausschließlich von Interesse ist, steht der *Trockenlandreis* in den Gebirgen gegenüber. Als *»Bergreis«* nimmt er im Brandrodungs-Wanderfeldbau die wichtigste Stelle ein und ist mit zahlreichen religiösen Riten verbunden, die aber auch dem Naßreisbau der Thai anhaften, so daß selbst in Reisfeldern um Bangkok Opfergaben und Dämonenabwehrsymbole gefunden werden können. In abseitigeren Gebirgen mit ungünstigen Bewässerungsverhältnissen oder erst junger Besiedlung wenden aber auch Thai den Trockenland-Reisbau an, in neueren Projekten (z. B. bei Nan) im Dauerfeldbau, häufiger in Landwechselwirtschaft mit nur kleinen, ergänzenden Naßreisflächen (JUDD, 1964; K. E. WEBER, 1969).

*Neue Handelsgewächse auf dem Trockenfeld*

Rodungssiedlung (S. 306) und die agrarische Diversifizierung brachten in neuerer Zeit eine sprunghafte Ausbreitung des *exportorientierten Trockenlandfeldbaues* (s. Tabelle 6 im Anhang), freilich *zu Lasten* der *Waldreserven*. Diese schrumpften von 57 % der Landesfläche (1961) nach der amtlichen Statistik auf 40,3 % (1974) – nach der Auswertung von Satellitenbildern (Forest Dept.) aber auf 37 % und sollen 1978 nur noch 29 % betragen haben. Die *agrarische Nutzfläche* wurde dafür von 7,8 Mio. ha (1956) auf 23,5 Mio. ha (1984) verdreifacht. Reisland ist davon etwa die Hälfte, 1,3 Mio. ha sind Baumkulturen; nahezu 9 Mio. ha erreichten die jungen *Trockenfeldgewächse*, wovon 5–6 Mio. ha neu gerodet worden sein dürften (H. UHLIG et al., 1984; 1986). Ein Maßstab ist der *Außenhandel:* noch um 1950–54 erbrachte das traditionelle Hauptausfuhrprodukt *Reis* rd. 50 % – 1978 nur noch 12,5 % des Exportaufkommens; *Cassava, Mais* und *Zucker* stiegen dagegen von zusammen 15 % (1966) auf rd. 25 %. 1950 nahm der Reis noch 88 % der landwirtschaftlichen Nutzflächen ein, bis 1979 fiel sein (relativer) Anteil (trotz Flächenausdehnung und Intensivierung) auf 62 %. Die Trockenfeldgewächse stiegen im gleichen Zeitraum von 12 % auf 39 % der landwirtschaftlichen Nutzfläche (FUHS u. WEBER, 1983). Außer Bevölkerungsdruck, Straßenerschließung, Agrarpolitik und Unternehmerinitiativen waren auch die Reispreise für die Ausdehnung der Trockenfeldgebiete bestimmend, da die Exportabgabe des »rice-premiums« (S. 295) dessen Erlöse stark beschnitt.

*Die Ausbreitung des Maisbaues*

Der *Mais* war die erste der nach 1955 ausgebreiteten, neuen »cash crops«, während Indonesien und die Philippinen schon lange Mais produzieren (und auch verzehren). Noch 1935 erwähnte W. CREDNER Mais in Thailand nur marginal in Gärten oder als Zweitfrucht im Wanderfeldbau. 1955 folgten der Einführung von Hochertragssorten aus Guatemala eine rasche Ausbreitung in neu gerodetes Trockenland am Rande der alten Reisgebiete. Die Mais-Anbaufläche wuchs von 0,28 Mio. ha 1960 auf 1,38 Mio. ha 1978, die Produktion von 54400 auf 2,791 Mio. t; thai-chinesische Händler organisierten Anbau und Vermarktung; der Export als *Futtermais* ging überwiegend nach Japan; ca. 15 % fließen in die heimische *Viehmast* (Rinder, Geflügel, Schweine), die eine Steigerung durch Spezialbetriebe erfuhr. Hauptanbaugebiete sind die unbewässerten Teile der *nördlicheren Zentral-Ebene* und ihre *Randgebirge*, besonders die des *Khorat-Plateaus*. Mit Traktoren in gerodetem Waldland, selbst noch auf steilsten Hängen, gepflügt, wird permanenter Maisbau z. T. über das ökologisch Tragbare hinaus betrieben. Der Mais-Export stieg über 2,2 Mio. t (1980) bis auf fast 3 Mio. t, seit 1981 ist jedoch der japanische Absatzmarkt zum großen Teil an die USA verlorengegangen; neue Märkte werden im Mittleren Osten, China, der Sowjet-Union und Afrika gesucht (CHAPMAN, 1984).

*Zuckerrohr*

Um die Mitte des 19. Jhs. war – mit der Einführung erster Dampfkraftraffinerien und eingewanderten chinesischen Arbeitern – um Chonburi schon eine *erste Zuckerkonjunktur*, auch für den Export, entstanden, die jedoch wieder der Konkurrenz der Zuckerproduktion in Java unterlag und auf kleine Anbaugebiete für die ländliche Braunzuckererzeugung reduziert wurde.

1954 begann ein neuer, staatlich gestützter Aufbau, zunächst zur Dekkung des Eigenbedarfs, 1971–75 aber mit einem raschen Vorstoß in die Spitzengruppe auf dem *Weltmarkt*. Die Anbaufläche wuchs von 158000 ha 1960 auf 510000 ha 1978. Die Hauptanbaugebiete – *unbewässert* und überwiegend in *Großbetrieben* von 60–150 ha, ergänzt durch bäuerliche Kontraktbetriebe – bildeten sich wieder um *Chonburi* (SO-Thailand), später am unteren Maeklong am W-Rand der Zentralebene (um *Kanchanaburi*), dazu im S um *Prachuap Khiri Khan* und in Teilgebieten des N und NO; alle vier Hauptgebiete unter-

scheiden sich in den geo-ökologischen Gegebenheiten und den Besitz- und Betriebsgrößenverhältnissen. Trotz fallender Weltmarktpreise wurden noch 1983/84 mit 1,4 Mio. t hohe Exporte erzielt, der Anteil am Gesamtexport fiel aber von 9,7% (1982) auf 4,1% (1983). Wegen Überschreitung der Quoten auf dem internationalen Zuckermarkt wurden neue Kunden (China, UdSSR, Korea) gesucht.
Die Struktur der Thai-Zuckerwirtschaft unterscheidet sich von der der anderen Exportländer dadurch, daß keine ihrer 44 Raffinerien eigene Zuckerrohrfelder besitzt, sondern von unabhängigen Kontraktbauern aufkauft. Trotz hoher Quantitäten sind die ha-Erträge, der Zuckergehalt des Rohrs und die Effizienz der Raffinerien geringer als in anderen Haupterzeugerländern (P. TRAUB, 1986).

*Die Expansion des Cassava- und der Rückgang des Kenaf-Anbaus*

Noch jünger ist die Expansion der *Cassava* (S. 168), vielfach auf neu gerodeten oder marginalen Böden, die der anspruchslosen Pflanze genügen (S. 306). Nach Thailand brachten sie erst um 1850 chinesische Zinnbergleute aus Malaya; sie blieb bis 1960 Domäne chinesischer Einwanderer für die Schweinemast; seit dem Zweiten Weltkrieg kam es zu Anbauerweiterungen für Tapioca-Stärkemehl, Hauptverarbeitungs- und Handelszentrum ist *Chonburi* (HOHNHOLZ, 1980).
Mit der *Anbauerweiterung* durch flexible, thai-chinesische Unternehmer in der Rodungskolonisation SO-Thailands (S. 308), der unerwarteten Krise des Kenaf-Anbaues im NO und der Aufnahmebereitschaft einiger EG-Länder entstand eine plötzliche Ausdehnung von 72000 ha (1960) auf 1,3 Mio. ha 1978 und des Exports von 0,3 auf 6,3 Mio. t. Da der Eigenbedarf gering ist, konnte Thailand – bei nur 10% Anteil an der Weltproduktion – *85% des Weltexportes* erreichen (1983: Prod. 20,2 Mio. t; Export 15,2 Mio. t – GEINITZ, 1985). Der größte Boom kam Mitte der 70er Jahre mit dem *Export* als *Kraftfutter*. Cassava, das billiger als Getreide war und das durch Zusatz von Sojaabfällen mit Proteinen ergänzt wurde, wurde in die EG eingeführt. Vor allem die Bundesrepublik importierte Cassava für die Schweine- und Geflügelmast. Die Verschiffung wurde durch die deutsche Erfindung des Pressens der in den Anlagen der Händler getrockneten Cassava-Chips (Wurzelschnitzel) in 2–3 cm lange *»pellets«* verbilligt. Die Agrarpolitik einer Diversifizierung *exportfähiger* »cash crops« tolerierte die *spontane* Ausdehnung des Anbaues, der – im Gegensatz zum Zuckerrohr – überwiegend in *kleinbäuerlichen Betrieben* erfolgte. Die anspruchslose Pflanze, die nach zehn bis zwölf Monaten erntereif ist,

ist ein günstiges Produkt für *Pioniersiedler* und randliche Anbauerweiterungen ertragsarmer Reisbauerndörfer auf den sandigen Böden des Khorat-Plateaus (RIETHMÜLLER et al., 1984). Dort hatte zunächst in den 60er Jahren auf einstigen *(Wald-)Weideflächen* ein anderes neues Handelsgewächs, der *Kenaf* (Hibiscus cannabinus) als Jute-Ersatz schnelle Ausbreitung erfahren. Unter der Konkurrenz synthetischer Fasern, wegen der sehr mühsamen Aufbereitung, starken Preisschwankungen auf dem heimischen und dem Weltmarkt und zunehmender Containerverladung brach kaum ein Jahrzehnt danach dieser rasch aufgegriffene Kenaf-Anbau wieder zusammen und die Produktion deckt kaum noch Thailands Eigenbedarf. An seine Stelle trat weitgehend die Cassava, die nicht nur große Teile des Kenaf-Anbaues im NO ersetzte, sondern auch ihr ältestes Verbreitungsgebiet in SO-Thailand kräftig erweiterte; Chonburi blieb Hauptverarbeitungs- und Verschiffungsplatz.

Da Thailand auch das Grundnahrungsmittel Reis exportiert, ist der Vorwurf unzutreffend, daß mit dem exportabhängigen Cassava-Anbau eine Verdrängung (»Marginalisierung«) der einheimischen Bauern vom Boden erfolge. Die Cassava-Wirtschaft brachte vielmehr Arbeits- und Verdienstmöglichkeiten für etwa 8 Mio. Menschen (ca. 16% der Gesamtbevölkerung).

Aber auch die Cassava blieb von den Rückschlägen ausgesprochener *Konjunkturgewächse* nicht verschont; der Absatz auf dem EG-Markt ging unter dem Druck der europäischen Getreideerzeuger (Frankreich) zurück, und ab 1981/82 mußten mit der EG, die mit Entwicklungshilfen Ausgleich schafft, auf rd. 5 Mio. t/Jahr reduzierte Exportquoten festgelegt werden. Trotz zögernder Annahme dieser Beschränkungen (die auch im Hinblick auf die ökologischen Risiken der den Boden auslaugenden, übermäßigen Cassava-Monokultur geboten sind) geht aber die hohe Produktion weiter und sucht neue, zusätzliche Absatzmärkte (UdSSR, Taiwan, S-Korea). Inzwischen hat die Regierung Maßnahmen gegen eine weitere Cassavaexpansion bzw. die Errichtung neuer Verarbeitungsstätten ergriffen. Es bleibt aber das Bedürfnis nach Alternativen im *entwicklungspolitisch* bedeutsamen »cash crop«-Anbau auf Trockenland.

### *Ananas und Baumwolle*

Vorher nur im Gartenbau heimisch, wurde mit der Neulanderschließung auch die *Ananas* verbreitet, vor allem im mittleren Halbinsel-Thailand (Prachuap Khiri Khan) und im Chonburi Hinterland. Den

Anbau wagen Agrarunternehmer, verbunden mit Konservenfabriken, die aber nicht voll ausgelastet sind, weshalb sie weitere Fruchtarten erschließen wollen. Seit 1981 ging die Anbaufläche von 1,3 Mio. ha auf 0,67 Mio. ha 1983 zurück; die Grenzen der Exportkapazität wurden offenbar schon überschritten.
*Baumwolle* (für den Ausbau der eigenen Textilindustrien) ist dagegen ein bevorzugt gefördertes Produkt geplanter Neusiedelprojekte (mit französischer und deutscher Hilfe und mit dem Ausbau des Genossenschaftswesens), aber auch bäuerlicher Pioniere, besonders auf regurähnlichen Böden. Sie ist aber in Thailand schon lange heimisch; die Anbaufläche stieg von 31 200 ha (1949) auf 120 000 ha (1980).

### *Spezialkulturen, Viehhaltung*

Zur Reduktion der ökonomisch wie ökologisch zu stark ausgedehnten Cassavaproduktion werden Alternativen gesucht. In Entwicklung steht der (im Bodenanspruch bescheidene, in der Verarbeitung schwierige) Anbau der *Cashew-Nuß*. Er soll etwa 9 % der Cassavafläche ersetzen. *Sojabohnen* und *Erdnüsse*, bisher für die Thai-Futtermittelindustrie importiert, sollen durch die Diversifikationsprogramme ausgebreitet werden.
Die *Kokosnuß* ist ohne Exportbedeutung, aber – besonders im S – Teil der bäuerlichen Wirtschaft zur Deckung des Bedarfs an pflanzlichen Fetten. Weitere Ergänzungen bieten *Bananen, Mango* und andere Fruchtbäume, Areca-(Betel-) und *Zuckerpalmen*. In einigen Gebirgstälern des N – besonders um Nan – entstanden *Zitruspflanzungen* (Mandarinen, Orangen, Lemonen), das Umland von Chiang Mai hat gepflegte Baumgärten mit Lamyai (Longan, Euphoria longana), Mango usw., die auf dem heimischen Markt stark gefragt sind.
Diesen bedient auch der ausgedehnte *Marktgartenbau*. Um *Bangkok* – zwischen den »Klongs« von Thonburi, neuerlich aber immer weiter in das bewässerte Reisland ausgreifend – liegt eines der größten, gemischten Gemüse-, Frucht- und Blumenanbaugebiete, aus Gräben zwischen den Hochbeeten (»Rong«) bewässert, die Ernte wird per Boot zum Markt transportiert. Spezialbetriebe sind für *Weintrauben* (zum Verzehr – südöstlich Nakhon Pathom) und *Orchideenzucht* (Export) entstanden. Mit der Straßenbau- und Transportentwicklung haben auch neue Gebiete des *Trockenfeld- und Höhen-Marktgartenbaus* (S. 191) Zugang zu den Märkten gewonnen, bedeutend z. B. der W-Rand des Khorat-Plateaus (Pak Chong) oder das Campson-Plateau (Lomsak), sowie als Ablösung der »shifting-cultivation« bei einigen

Bergstämmen im N. *Gemüse, Knoblauch, Tabak* (schon länger im N) und *Melonen* (um Bangkok) nehmen als Rotationsfrüchte auf dem Reisland (auch in anderen Landesteilen) zu. *Chanthaburi* nutzt sein feucht-tropisches Lokalklima zum *Obstbau* (Durian – [Duria zebethinus] u. a. – neben Kautschuk). *Kaffee* und *Tee* werden in Kleinpflanzungen im Gebirge (z. T. auch durch die Bergstämme) für den Inlandsbedarf angebaut. Eine längere Tradition hat der »pickled tea« (= »Miang«), aus gepreßten und vergorenen Blättern des wilden Teestrauches (Camellia sinensis). Für seine Gewinnung entstanden schon seit langer Zeit die darauf spezialisierten Dörfer der »Berg-Thai«, die meist die ältesten Gruppen der aus den Talbecken in die Waldgebirge hinaufrückenden thai-stämmigen Pioniersiedler bildeten (vgl. Übersichtstafel S. 71).
Die Zahl moderner Spezialbetriebe für die *Hühner-, Entenzucht* und *Schweinemast* – oft mit Abfallprodukten der Zucker-, Cassava- oder Kokosproduktion – nimmt, besonders im Umland um *Bangkok*, schnell zu. Seit 1979 werden tiefgefrorene Hähnchen nach Japan exportiert. Inzwischen entstand schon eine Überproduktion an Geflügel und Schweinen, da die Bauern z. T. Reis zur Mast verwenden, um die niedrigen Reispreise zu umgehen. Das verstärkt die Planung neuer Fleischverarbeitungs- und Exporteinrichtungen.
Rapide gesunken ist dagegen die traditionelle Bedeutung der *Wasserbüffel*, von denen Thailand noch anfangs der 70er Jahre 5–7 Mio. (etwa 40 % des südostasiatischen Bestandes) zum Pflügen der Reisfelder besaß. Mit der Ausbreitung der Traktoren (S. 309) wurden sie mehr und mehr als Schlachtvieh nach Bangkok, Singapur und Hongkong verkauft. Inzwischen sind die Bestände aber so geschrumpft, daß der Export (1979 noch über 40000 Stück) seit 1982 praktisch ausläuft. Auch die traditionelle Büffelaufzucht auf dem Khorat-Plateau (mit Waldweide und Herdenwanderwegen zum Verkauf an die Reisbauern der Ebenen) ist stark geschrumpft. Neu entstanden einige *Rinderweide*-Großbetriebe für Fleischproduktion. Die Veterinärbehörden sowie dänische und deutsche Entwicklungsprojekte bemühen sich um eine Steigerung der Graswirtschaft und der Fleischrinderhaltung und um die Einführung einer marktorientierten Milchwirtschaft zur Verbesserung der Fett- und Eiweißversorgung. Molkereiprodukte und Weizen bleiben aber, angesichts der mehr und mehr vom einseitigen Reisverzehr zu anspruchsvollerer Kost übergehenden städtischen Bevölkerung, immer noch die einzigen nennenswerten Nahrungsmittelimporte in das sonst ernährungsmäßig reichlich versorgte Thailand.

Dem bereits feucht-tropischen Klima angemessen, gewinnen im S die Baumkulturen den Vorrang und der *Kautschuk* ist dort die wichtigste Handelspflanze. Mit dem Aufstieg dieser Plantagenfrucht, 1900–1908 von Malaya eingeführt, rückte Thailand an die dritte Stelle der Weltproduktion (S. 174); durch das Aufkommen von Cassava, Zuckerrohr und Mais fiel der Kautschuk aber vom zweiten (13% – 1966) auf den fünften Platz (9,5%, 1982) der Exporterträge (Tab. 7 – Anhang). Trotz der günstigen natürlichen Voraussetzungen *verweigerte* das unabhängige Siam jedoch (wie die Philippinen) zunächst den Aufbau einer von Fremdkapital abhängigen *Plantagenwirtschaft*. So mußte sich der Kautschukanbau überwiegend in *Kleinbetrieben* entwickeln. Er gewann in den 20er und 30er Jahren größere Ausdehnung, als sich Thailand aus den Anbaubeschränkungen der internationalen Kautschukabkommen heraushalten und frei expandieren konnte, sowie durch den hohen Bedarf des Zweiten Weltkrieges und der Nachkriegsjahre; die Jahresproduktion stieg von 285000t (1969) auf 530000t (1982). Das bedeutet einen Anteil von 14,3% an der Weltproduktion. Über 60% wird in den vier südlichsten Provinzen erzeugt und in 9° N endete der Anbau, mit Ausnahme größerer Einzelbetriebe im ebenfalls tropisch-feuchten SO-Thailand bei *Chanthaburi*. Heute wird versucht, die Kautschukflächen in SO-Thailand – z. T. als Ersatz für Cassava (s. o.) – immer weiter, teilweise schon von Rayong bis in das Hinterland von *Chonburi* (etwa bis 1500 mm Niederschlag/Jahr) nach N auszudehnen. Mit ihrer räumlichen und infrastrukturellen Verbindung von Kautschukpflanzungen und Zinnbergbau ist vor allem die *Insel Phuket* ein markantes Teilgebiet des nach Thailand hinein verlängerten »Kautschuk- und Zinngürtels« von Malaya. Hemmend wirkte die Zersplitterung in viele kleine Betriebe, z. T. in der Hand nicht ortsansässiger Thai-Landbesitzer mit chinesischen Pächtern oder Lohnarbeitern, die oft ihre Häuser inmitten der Pflanzungen errichtet haben. Wegen des Fehlens der leistungsstarken, in der Entwicklung und Verbesserung des Kautschukanbaues führenden Großbetriebe waren Qualität, Erträge und Pflegestand der thailändischen Kautschukindustrie hinter der Malayas zurückgeblieben. Mit staatlichen Maßnahmen des letzten Jahrzehntes wurden aber Verbesserungen erzielt. Einem die Zukunftsentwicklung sichernden Ausbau leistungsfähigerer Betriebe stehen die gesetzlichen Besitzgrößenbegrenzungen für Landerwerb über 100 acres gegenüber. Während in Malaysia dem Kautschuk keine größeren Zukunftschancen mehr eingeräumt werden, baut Thailand, gestützt auf billigere (Familien-)Arbeitskräfte seine

80% der Kautschukbetriebe ausmachenden Kleinpflanzungen noch kräftig aus (GEINITZ, 1984; FUHS 1985). Ein subventioniertes *Neupflanzungsprogramm* – jetzt auch unter Beteiligung *gemischt-bäuerlicher* (Reis-)Betriebe – tritt in S-Thailand auch im Landschaftsbild bestimmend in Erscheinung. Wurden noch kürzlich die Möglichkeiten für die Ausbreitung auch der *Ölpalme* wegen der begrenzten Betriebsgrößen in Thailand bezweifelt (FRYER, 1970), ist inzwischen auch ihr zukunftsträchtiger Anbau im *feuchten SW* Halbinsel-Thailands im Vorrücken. 1985 waren bereits drei moderne Palmölraffinerien in Betrieb; sie haben noch relativ starke Transportkostenbelastungen, da die jungen Ölpalmpflanzungen – besonders im Vergleich zu Malaysia – noch recht verstreut liegen. *Trang* und *Hat Yai* (mit einer Forschungs- und Versuchsanstalt) sind die Hauptumschlagplätze für Kautschuk und Palmöl.

### 3.1.2.5 Spontane und geplante Neusiedlung

Spontane und geplante Neusiedlung haben in Thailand in den letzten zwei bis drei Jahrzehnten enorme Erweiterungen der agrarischen Struktur und des besiedelten Landes gebracht (S. 183ff.), und damit Produktionssteigerung durch Flächenzuwachs statt durch Intensivierung, freilich weitgehend auf Kosten des Waldes. Während die Ausdehnung von Reisland nur noch langsam fortschritt, erfolgte sie im Trockenland für »cash crops« wie Mais, Cassava und Zuckerrohr (S. 300f.). Den kleineren Teil davon – ca. 0,75 Mio. ha (ca. 1,2 Mio. Personen) – trugen die *staatlichen Siedlungsprojekte*. Zu ihnen gehören die z. T. durch kalkhaltige Böden begünstigten deutsch-thailändischen »Self Help Land Settlements« Saraburi (320000 ha, 18000 Familien) und Lamthakong (am Rande der Zentralebene bzw. des Khorat-Plateaus) (KLEMPIN, 1978), die neue Wege des gemischten, *unbewässerten Landbaus* in Thailand wiesen. Andere Projekte richten sich auf Milch- und Viehwirtschaft und Futteranbau (mit dänischer und deutscher Hilfe), aber auch auf (z. T. bodenangepaßte) Spezialkulturen wie *Baumwolle*, in S-Thailand *Kautschuk* und Ölpalmen, oder auf armen Böden auf *Cassava*. Die Landerschließung für Umsiedler aus überfluteten Staudammbereichen (für Bewässerung und Hydroelektrizität) wurde besonders gefördert.

Sehr viel schneller als diese meist sorgfältig, aber langsam entwickelten Plansiedlungen verlief die Ausbreitung der *spontanen Landaufschließung*, der Hauptanteil jener Erweiterung der agrarischen Flächen Thailands von 7,8 Mio. ha (1956) auf 18,1 Mio. ha (1976), nach neueren Schätzungen sogar bereits 23,5 Mio. ha (ESCAP, 1985). Voraussetzung dafür waren reichliche *Landreserven*. Trotz des Anstiegs von 44 EW/km$^2$ (1944) auf 99 EW/km$^2$ (1986) hat Thailand noch eine günstige Relation zwischen verfügbarem Land und Bevölkerungsdichte. Zwischen den dichter besiedelten (Reisbau-)Ebenen und den Gebirgen liegen weitgespannte Hügelländer, die nur extensiv für Wald und Weide genutzt wurden; trotz teilweise geringerwertiger Böden lassen sie aber weniger anspruchsvolle Ackergewächse durchaus zu. Der schnelle Ausbau des *Straßennetzes* erschloß auch bisher kaum besiedelte Regionen. Das Gewohnheitsrecht zur *Rodung* neuen Nutzlandes aus dem der Krone bzw. dem Staat gehörenden Wald wurde trotz zahlreicher und z. T. schon alter Forstschutzgesetze nie ernsthaft bestritten und trotz der Konflikte, z. B. mit den Forst- oder Katasterbehörden mußten staatliche *Verwaltung* und *Infrastruktureinrichtungen* nachziehen. So sanktionierten sie, ungeachtet des komplizierten und langwierigen Prozesses der Gewährung von Landbesitzrechten (noch bis heute sind etwa die Hälfte der thailändischen Nutzflächen ohne Besitztitel, was einem sorgfältigen Umgang mit der Ressource Land sehr abträglich ist), die laufenden Erweiterungen des Agrar- und Siedlungslandes. Eine detaillierte Darstellung der historischen Entwicklung und des sehr differenzierten gegenwärtigen Standes der *Agrarbesitzverfassung* (einschließlich der Gewohnheitsrechte, des Erbrechtes, der Betriebsgrößen, Pachtverhältnisse usw.) gibt W. FUHS (1985, S. 79 ff.). Die Steigerung der agrarischen Diversifikation und Exportwirtschaft durch neue Trockenland-»cash crops« (S. 299 ff.), die Befriedigung des Landbedarfs und die Sicherung von Gebieten bäuerlicher Unruhe oder kommunistischer Insurgententätigkeit, sowie das Streben nach voller Landerschließung motivierten die Tolerierung der Landnahme durch mehrere – in der Haltung zur Landfrage nur etwas unterschiedlich liberale – Regierungen. Gefördert wurde diese Neusiedlung durch die Mobilität und *Innovationsbereitschaft* der Thai-Bauern, durch ein geradezu »opportunistisches« Eingehen auf Preisschwankungen und die Konjunktur (CHAPMAN, 1984), verbunden mit der »laissez faire«-Politik der Regierung.

Verschiedene *Typen der spontanen Landaufschließung* sind erkennbar (UHLIG, R. RIETHMÜLLER et al. 1979, 1981, 1984, 1986): zunächst der Ausbau der Dorfgemarkungen vom traditionellen Reisland in anschließende oder noch in täglicher Erreichbarkeit liegende Waldrodungen, z. T. mit temporären oder Filialsiedlungen. Auf großen Flächen – mit Traktoren, z. T. an steilen Hängen gepflügt – werden dort mit alljährlichem Anbau von Mais oder Cassava beachtliche Zusatzeinnahmen erzielt, oft freilich unter rücksichtsloser Nutzung und Ge-

fährdung von Wald, Boden und Wasserhaushalt. Zweitens erfolgt *kleinbäuerliche Pionierrodung*, besonders in Korridoren entlang neuer Straßen, mit dem Ziel permanenter Neusiedlung. Zusätzlich lassen sich auch »Anbau-Pendler« nieder, die im Wechsel der Bestellungszeiten – per Autobus – zwischen den Reisfeldern ihrer Heimatdörfer (mit zu kleinem Landbesitz auf dem Khorat-Plateau) und den *temporären* Neusiedlungen in den Mais- oder Cassavarodungsgebieten (z. T. mehr als 100 km entfernt) hin und her wechseln. *Initiatoren* sind meist *agrarische Händler, Traktorenverleiher* usw., die *Kredite* (aber auch *Schuldabhängigkeit*) bringen. Nur allmählich ergänzen diese seßhaft gewordenen Kolonisten den einseitigen Handelsfruchtanbau durch andere Nahrungs- und Verkaufsfrüchte.
Der wirtschaftlich und *entwicklungspolitisch* bedeutsamste ist der dritte Typ der Landaufschließung: die *großflächige Rodung* (von Straßen oder ehemaligen Holzeinschlagkonzessionen ausgehend), die mit Kapitaleinsatz des ländlichen Mittel- und Großgrundbesitzes ganz *neue Agrarregionen* entstehen läßt. Thai-chinesische *Agrarunternehmer* sind dabei oft führend, z. B. im erfolgreich entwickelten Hinterland von Chonburi oder im W bei Kanchanaburi, wo sie mit den großen Anbaubetrieben auch *Agrarindustrien* (Zuckerraffinerien, Cassavaverarbeitung, Ananaskonserven) errichtet haben.
Die Struktur ist *heterogen*. Groß-, Mittel- und Kleinbauern oder Pächter (Kontraktbauern) wachsen nebeneinander heran, dazu eine große Klasse von Lohn- (und anfangs Wander-)Arbeitern, meist aus dem armen NO. Größere (Zuckerrohr-)Bauern stellen z. B. auch landlose »squatter« zur *illegalen* weiteren *Rodung* an, zunächst zu Subsistenzanbau an der »Pionierfront«. Nach einer vereinbarten Frist von 3 bis 5 Jahren, wenn die Baumstümpfe und -wurzeln verrottet und die Felder mit Traktoren pflügbar sind, übernehmen sie das Land, und die »Pioniere« beginnen erneut am Waldrand zu roden. Sollten sie wegen illegalen Holzeinschlags verhaftet werden, kaufen die Großbauern sie frei. So können diese, ohne persönliches Risiko, ihr Land erweitern.
Je nach dem Alter der Erschließung, der Entwicklung der Technologien und des Absatzmarktes lassen sich diese heute meist prosperierenden jungen Anbauregionen schon in verschiedene *Agrarlandschaften* gliedern. Neue Zweige, wie Vieh-, Schweine- und Entenmast, Anbau schnellwüchsigen (Bau-) Holzes, Versuche neuer Fruchtarten (Kautschuk, Cashew-Nüsse, Marktgartenbau usw.) treten hinzu, und insgesamt sind die spontanen Neusiedlungsgebiete die Hauptträger der Verdreifachung der Anbauflächen und Vervierfachung der Agrarexporte Thailands. Mit ihrer erfolgreichen *Diversifikation* steht die Neusiedlung im Einklang mit der *Agrarpolitik* des Landes; im Hin-

blick auf die *Landreform* ist die Anerkennung der neuen Landbesitze dagegen umstritten, auch dem Ziel der Erhaltung der traditionellen Agrarverfassung kleinbäuerlicher, arbeitsintensiver Betriebe wird die neue Entwicklung nur partiell gerecht. Ab Mitte der 80er Jahre wird allerdings ein Retardieren der weiteren Ausdehnung und das Streben nach Konsolidierung des neuen Landes und nach verstärktem Schutz der restlichen Wälder erkennbar.
Bis auf wenige »Pioniersiedler« im alten Sinne ist die gesamte, die geplante wie die spontane, Rodungsneusiedlung Thailands *marktwirtschaftlich* orientiert. Eine ihrer Voraussetzungen war die rapide Mechanisierung der traditionell durch intensive Handarbeit bekannten thailändischen Landwirtschaft. Die Zahl der *Traktoren* stieg von 2500 (1963) auf 107528 (1982) (FAO, 1983). Sie umfassen vom kleinen Handtraktor im Naßreisbau bis zu schweren Maschinen mit Scheibenpflügen, Eggen und anderen Geräten im großflächigen Trockenfeldbau die verschiedensten (meist japanischen) Typen, die aber schon weitgehend im Lande remontiert werden. Selbst die kleinsten ländlichen Zentralorte sind heute mit mehreren *Landmaschinenhandlungen* bzw. Reparatur- und Lohnpflugunternehmen ausgestattet, die ihr Angebot gern an den Rändern der Fernstraßen aufstellen.

### 3.1.2.6 Waldbedeckung und Forstwirtschaft

Thailand, ein traditionelles Wald- und Holzexportland, hat durch Einschlag, Rodungen für Neusiedlungen und Brandrodungs-Wanderfeldbau mit 3,2% jährlich die stärkste Entwaldungsrate in SO-Asien, so daß es heute *Holzmangel* leidet und Nettoimporteur werden mußte. Von den 37% bzw. 29% restlicher Waldfläche (S. 299) sind nur ca. 18% noch forstlich wertvoller (aber auch ökologisch schützenswerter) Primärwald (ESCAP, 1986) verblieben (s. Tabelle 6 im Anhang). Die regenreichen Teile der Halbinsel und SO-Thailands und die Flanken der Gebirge tragen immergrünen Regen- (und Berg-)wald. Sonst herrschen, in der Artenzusammensetzung nach den Niederschlagsverhältnissen abgestuft, verschiedene Ausprägungen des frischen oder des trockenen, laubwerfenden *Monsunwaldes* vor, letztere sind z. T. zu Bambusdschungeln oder eintönigen Stangenwäldern verarmt.
Teak ist das wertvollste Nutz- und Exportholz. Früher erreichte es 10% des gesamten Exportwertes, 1951 noch 3,3%, aber 1983 erbrachten Holz und Holzprodukte insgesamt nur noch 0,9%. Was trotzdem noch an Teak ausgeführt wird, entstammt überwiegend dem Schmuggel aus Burma (S. 265) und Laos. Wertvoll sind die mächtigen Stämme

des *Yang-Baumes* (Dipterocarpus alatus). Brandgeschwärzte Kerben am Fuß der Bäume stammen von der bäuerlichen Holzölgewinnung (für Lampen und als Kleb- und Dichtungsmaterial), die den Wertholzertrag aber mindert. Es gehört zu den bäuerlichen *Waldsammelprodukten* und ist eine wichtige Nebennutzung (Rotan, Bambus, Pilze, Harze, Brennholz, Baumaterial, Kampfer, Wildhonig, Tierfelle usw.). Brennholz und *Holzkohle*, die in Lkws nach Bangkok gebracht und auf den Märkten gehandelt werden, zehren am stärksten an den Wäldern, die letztere in großem Umfang auch an der *Mangrove*, die bewirtschaftet wird, auch Bauholz liefert, aber noch in den 70er Jahren um jährlich ca. 1 Mio. $m^3$ für Holzkohle gelichtet wurde. Köhlerei mit gerodeten Hevea-Stämmen aus verjüngten Kautschukpflanzungen bringt etwas Entlastung.
*Neupflanzungen* beschränkten sich lange auf das – vom Forstdienst betreute – *Teak-Holz* (Tectona grandis). Etwa 70000 ha wurden wieder aufgeforstet, künftig sollen es jährlich 17000 ha sein. Jetzt werden auch Eukalypten und Kiefern und, in Agrarbetrieben, *Bauholz*pflanzungen (z. B. Casuarinen – als Alternative für Cassava) erprobt.

### *Die Fischerei*

*Die Fischerei* findet im planktonreichen – aber stark durch Umweltverschmutzung gefährdeten – flachen Golf von Siam gute Voraussetzungen (der Fang an der W-Küste ist dagegen gering). Die Erträge der traditionsreichen heimischen Fischerei, u. a. mit stationären Großreusen aus Bambusstämmen (bis in 18 m Wassertiefe) und seit den 30er Jahren auch mit chinesischen Netzen für ufernahe Fischschwärme (V. D. DECKEN, 1969), konnten durch die Einführung von Schleppnetzen und die Motorisierung (mit Hilfe deutscher Fischereiexperten) von 1961 bis 1969 versiebenfacht werden. (1968: 800000 t – 1983: 2,25 Mio. t – Fang). 2800 Seefischereiunternehmen standen (1965) noch 38000 Selbstversorger-Fischerhaushalten gegenüber. Die alten *Fischereihäfen* Chumpon (O-Küste der Halbinsel), Chanthaburi und zahlreiche verstreute Anlandeplätze wurden durch neue Einrichtungen bei Bangkok überflügelt (HORSTMANN, 1967), weitere modernisierte Fischereihäfen, wie z. B. Songkhla, kamen hinzu. Etwa die Hälfte des Fanges wird als Frischfisch auf den Markt gebracht, die andere durch Trocknen, Salzen oder Abkochen haltbar gemacht, zu *Fischpasten* (Beigabe zum Reis) oder Fischmehl verarbeitet, mit *modernisierten* Fang- und Vermarktungseinrichtungen aber auch *konserviert* (1983 etwa 50 Konservenfabriken) oder tiefgefroren und *expor-*

*tiert* (u. a. Thunfisch). Das gilt vor allem für (Riesen-)Garnelen (»shrimps« und »prawns«), für die, neben hohem Inlandsbedarf, Konserven- und Tiefkühlverarbeitung für die Ausfuhr (1976: 2,2% der Exportwerte) entstanden. Für die Landbevölkerung ist der *Binnenfischfang* – vor allem in den überschwemmten Reisfeldern, aber auch in Zuchtteichen – und das Vergären zu *Fischsaucen* (»Nam pla« – zum Reis) von Bedeutung; neuerlich werden auch Riesengarnelen (»prawn«) in Süßwasserzuchtteichen produziert.
Die Errichtung »exklusiver Wirtschaftszonen« bis 370 km vor den Küsten einiger Nachbarstaaten hat die Entfaltung der gut ausgestatteten Thai-Hochseefischerei eingeschränkt und zur Überfischung von Teilen der eigenen Küstengewässer, oft aber auch zu Konflikten mit Fischern und Behörden der Nachbarstaaten geführt (S. 228 u. 230).

### 3.1.2.7 Industrieentwicklung und Bodenschätze

Die Industrieentwicklung ist überwiegend auf Bangkok und wenige andere Standorte begrenzt. Der *Baumwollindustrie* und der Montage von eingeführten Kraftfahrzeugteilen haben japanische Investitionen kräftige Impulse gebracht. Der Aufbau einer Reifenindustrie deckt den Eigenbedarf, stößt aber für den Export auf ähnliche Konkurrenzgründungen in Malaysia und Singapur. Die Holzverarbeitung (Furniere) wurde von Deutschland gefördert. Weiter sind Kunstfaser- und Bekleidungsherstellung zu nennen. Zwei Brauereien mit bayerischen Braumeistern laben nicht nur die durstigen Fremden, sondern finden – wie eine eigene Whiskyproduktion (auf Reisbasis) – auch unter den Thai wachsenden Anklang. *Handwerkliche Kleinbetriebe* – mit starkem Chinesen-Anteil und oft im engen Häusergewirr der Städte – bilden aber noch einen hohen Anteil des produzierenden Gewerbes. Die Hälfte aller im Gewerbe Tätigen gehörte 1963 noch Familienbetrieben ohne fremde Arbeitskräfte an (HORSTMANN, 1967); nur ein Drittel der Betriebe hatte mehr als 10, ein Sechstel mehr als 100 Beschäftigte. Die *Textilindustrie* wurde – besonders in und um Bangkok – beträchtlich gesteigert und Baumwollwaren, Bekleidung und Seide (sowie Korbwaren) gehören bereits zu den am stärksten wachsenden Exportprodukten. Die Seidenmanufaktur (und Seidenraupenzucht) hat internationales Ansehen gewonnen. Die *Seide* wird noch überwiegend in Heimarbeit, auch in Dörfern, im N und NO des Landes gesponnen und gewebt.
Eine Steigerung des Exportwertes von *Zinn* brachte die 1965 fertiggestellte Zinnhütte von *Phuket*, da nun statt Roherz Zinnbarren ausge-

führt werden. Zinn brachte etwa 5% (1976) des thailändischen Gesamtexportwertes. Thailands Anteil an der Zinnweltproduktion beträgt ca. 11% (1983: 27200t). Bereits seit 1907 wird zinnführender Sand vor der Küste durch schwimmende Bagger gewonnen. Wie im gesamten südostasiatischen Zinngürtel wird daneben Wolfram (Tungsten) gewonnen. Etwas später als Malaysia, hat die *Zinn-Krise* (S. 210) 1986 auch Thailand betroffen, mehrere Gruben und die Schwimmbagger vor der Küste wurden zunächst stillgelegt; auch die Zahl der zeitweise über 1000 kleinen Kutter, die Zinnsand im Flachmeer durch Aufsaugen gewannen, ist gesunken. Der Aufbau einer *Tantal*-Aufbereitungsanlage (aus den Rückständen der Zinnschmelze) auf Phuket wurde 1986 durch starke Unruhen verhindert, da die Bevölkerung eine Schädigung des Tourismus durch Verschmutzung von Wasser und Stränden befürchtete. Sie soll jetzt in das »Eastern Seaboard«-Projekt (s. u.) einbezogen werden.

Größere Eisenerzlager werden südlich der Landenge von Kra und bei Lopburi abgebaut, Mangan und Flußspat bei Lamphun.

Die *Braunkohlen* von Krabi (Halbinsel) und Mae Mo (bei Lampang im N) dienen der *Stromerzeugung* (1983: 1,8 Mio. t). Durch die Verbindung mit einem (mit deutscher Hilfe gebauten) Kunstdüngerwerk gewinnt Mae Mo wachsende Bedeutung. Reichliche Kalkvorkommen und die hohe Baukonjunktur erlaubten eine starke Entwicklung der *Zementindustrie*.

Der Gesamtanteil des *produzierenden Gewerbes* (»manufacturing industries«) am *Bruttoinlandsprodukt* (GDP) stieg von 12,5% (1960) auf 19,7% (1980), am *Exportaufkommen* von 1,3% (1960) auf 28,5% (1980). Während der fünften Planperiode (1982–86) wurde mit einem *Wachstum* des *Industriesektors* um 7,6% und einer Zunahme um 168000 Arbeitsplätze pro Jahr gerechnet. Das sind zwar beachtliche Fortschritte, sie decken aber erst 15% des jährlichen Zuwachses an *Arbeitssuchenden*, die mehrheitlich noch immer auf den bereits überbesetzten agrarischen Sektor angewiesen bleiben, wodurch auch die ländliche Armut und Landlosigkeit ansteigen. Etwa 100–200000 Thai versuchen deshalb als *Gastarbeiter* im Baugewerbe der *arabischen* Ölländer mit Ein- oder Zweijahreskontrakten ein verbessertes Einkommen zu finden, wo sie aber auf die starke Konkurrenz der Arbeitssuchenden von den Philippinen, aus Pakistan, Indien, Bangla Desh usw. stoßen.

*Das »Eastern Seaboard«-Projekt und die Häfen*

Dem bisher auf das Umland von Bangkok ausgreifenden Industrieaufkommen – zahlreiche Leichtindustrien entstanden z. B. auf schmalen, langgestreckten Parzellen alter Reisfelder an den Ausfallstraßen, zwischen brachliegendem Bauerwartungsland und neuen Wohnsiedlungen (»housing estates«) – wurde nun erstmals ein großer, regionaler Industrie- und Entwicklungsplan entgegengestellt. Er soll Bangkok entlasten und an der nahen *O-Küste des Golfes* – gestützt auf die *Erdgasfunde* (s. u.) – eine *neue Industrie- und Hafenzone* schaffen. Noch bis zum Zweiten Weltkrieg lag dieses Gebiet abseits der großen Reisebene um die Hauptstadt und war bis zum ersten Bau einer Küstenstraße in den 30er Jahren nur durch die Küstenschiffahrt zugänglich. Erst *Holzeinschlag* und -verschiffung von *Si Racha* aus, das Gewerbe von *Chonburi* mit der aufkommenden Zucker- und Cassavaverarbeitung und die junge Pioniersiedlung (S. 308) im Hinterland schlossen das Gebiet auf. Heute ist die Golfküste von Chonburi bis Rayong, beide stark expandierende Gewerbestädte mit hohen Bevölkerungsanteilen kapitalkräftiger Thai-Chinesen, und mit ihrem *Bäder-Tourismus* (Pattaya) sowie Marineinstallationen, ein dynamischer Aktivraum. Im Gegensatz zur flachen Deltaküste vor dem nur 120–150 km entfernten Bangkok, ist diese Küste *hafengünstig*; die Cassavaausfuhr wird allerdings, wegen des starken Staubanfalls, von Leichtern auf Schiffe auf der Reede vor Chonburi umgeschlagen.
Geplant sind zwei *neue Tiefseehäfen*, ein Bahnanschluß wurde 1984 und eine *Erdgastrennungsanlage* am Endpunkt der »pipeline« in *Mab Ta Pud* (westlich Rayong) 1985 in Betrieb genommen. Dort entsteht ein *Industriehafen*, für den (auf Erdgasbasis) ein petrochemischer Komplex und eine Düngemittelfabrik vorgesehen sind, deren Bau allerdings wegen der hohen Schuldenlast, die Thailand durch diese Investitionen entstehen wird, ökonomisch umstritten ist. *Laem Chabang* (bei Chonburi) soll Bangkok als Güterhafen, besonders im *Container*verkehr, entlasten. Ein 450 ha großer *Industriepark* soll Branchen entwickeln, die ein hohes Aufkommen am Export per Container haben (Bekleidung, Textilien, Schuhe, elektronische Artikel – bisher überwiegend in Bangkok). Bangkoks Hafen *Klong Thoey* ist – trotz starken Ausbaues – überfüllt und am Rande seiner Kapazität (1976–81 Anstieg von 3,1 Mio. t auf 4,4 Mio. t Import; und von 0,4 Mio. t auf 1,1 Mio. t Export, von 1560 auf 1747 Schiffe/Jahr). Außerdem ist der Flußhafen (auch nach dem Wegbaggern der Mündungsbarre – vorher Leichter-Umschlag auf der Reede!) nur für Schiffe bis 15000 BRT befahrbar. Laem Chabang hat dieses Problem nicht, bringt aber höhere

Transport- und Umschlagkosten für Bangkok. Unsicher ist auch, ob die internationale Container-Großschiffahrt, die in Singapur oder Hongkong in Zubringerschiffe umschlägt, den mehrtägigen Umweg über Laem Chabang in Kauf nehmen wird. Der bestehende Tiefseehafen *Sattahip* (zwischen den beiden Neuplanungen; schon als US-Nachschubhafen im Vietnamkrieg angelegt) soll erweitert werden. Die Marine will nur Teile davon freigeben, die wirtschaftliche Rezession zwang aber Thailand 1986 zur Drosselung seiner Industrie- und Hafenplanungen, und es wird wieder erwogen, den Bau der beiden neuen Häfen zu verschieben und Sattahip dafür doch stärker zu entwikkeln.

Die alten Pläne eines *Kanaldurchstichs* – inzwischen wahrscheinlicher einer Ölpipeline – durch die *Landenge von Kra* werden zwar noch immer erörtert (DONNER, 1978), sind aber wenig akut.

### *Erdöl und Erdgas*

Unter dem Druck seines *Energiemangels* hat Thailand die *Erdölsuche* intensiviert. Kleine Lager bei *Fang* (im N) sind erschöpft. Neue Funde im nördlichen Zentral-Thailand (»Sirikit-Feld«) reichen wenigstens, um das (fünfte) neue Großkraftwerk bei *Khampaengphet* zu speisen.

Im Gegensatz zum erdölreichen Nachbarn Malaysia – aber ähnlich wie Burma – hatte Thailand mit der Suche nach untermeerischen Lagerstätten in seinen Seegebieten noch keinen Erfolg; die Raffinerien von Si Racha und Bangkok müssen Importöl verarbeiten, und 1980 verzehrten Erdölprodukte allein noch 31 % des gesamten Importwertes. Eine entscheidende Wende brachte 1981 die Erschließung *untermeerischer Erdgasfelder* im Golf, deren Förderung jetzt über eine 425 km lange Pipeline an Land kommt. Die *Stromerzeugung* – 1980 noch zu 80 % aus Importerdöl generiert – konnte schon bis 1984 zu 47 % auf eigenes Erdgas umgestellt werden (nur noch 17 % aus Importöl, je 19 % aus Braunkohle und hydroelektrischer Kraft der Staudämme, die restlichen 40 % Stromimport vom Nam Ngum Staudamm in Laos) (S. 335); (FEA, 1986). Auch die Kraftfahrzeuge wurden z. T. auf Gas umgestellt, und die Erdöleinfuhr soll weiter reduziert werden. Für die weitere Industrialisierung werden auf das Erdgas große Hoffnungen gesetzt.

### 3.1.2.8 Außenhandel, Entwicklungshilfe, Tourismus

Im Außenhandel, als Investor und im Industrieaufbau ist *Japan* der stärkste Partner. Bedeutend ist auch (neben der Militärhilfe) das wirtschaftliche Engagement der USA. Beachtliches Gewicht in Warenaustausch, Entwicklungshilfe und Kapitalinvestitionen haben die Bundesrepublik Deutschland und Großbritannien. Die Kontakte mit Skandinavien und Deutschland haben eine längere Tradition, die z. T. darauf beruht, daß Thailand Partner ohne koloniale Interessen in SO-Asien bevorzugte.

*Die verkehrsgeographische Erschließung*

Der wichtigste Verkehrsträger in der Maenam-Ebene ist die *Binnenschiffahrt* auf Flüssen und Kanälen, ihr Anschluß an den *Seeverkehr* hat zum Lagevorteil Bangkoks beigetragen. Lastkähne, meist in Schleppzügen, brachten 1963 5,7 Mio. t Güter nach Bangkok (HORSTMANN, 1967). Die Küstenschiffahrt bedient 13 Häfen an den Küsten des Golfes und vier an der W-Küste; Pläne für den Ausbau weiterer Tiefseehäfen (außer dem »Eastern Seaboard«, s. o.) bestehen an beiden Küsten im S für Phuket und Songkhla. Bisher geht die Überseeschiffahrt fast nur über Bangkok.
Abseits der Wasserwege trugen hohe, zweirädrige Rinder- oder Büffelkarren und im Gebirge Tragtierkarawanen und Elefanten den *Lastverkehr*. Beide sind abseits der Verkehrslinien noch heute im Gebrauch. Seit 1901 begann aber der – auch wirtschaftlich und politisch sehr wirksame – Anschluß der Randlandschaften durch den Eisenbahnbau an Bangkok. Dieser wurde seit 1955 auch auf Laos ausgedehnt, seit die alte Bahnlinie nach Khorat bis zur Mekong-Fähre von Nong Khai (621 km von Bangkok), am Gegenufer von Vientiane, verlängert wurde. Zusammen mit einer neuen Straße hat sie eine Verkehrsorientierung von *Laos* über Thailand bewirkt. Ähnliche Wirkungen hatte die Nordbahn nach Chiang Mai (752 km). Mit der 1917 fertiggestellten Südbahn (1143 km) wurde der Anschluß an die malayischen Eisenbahnen und damit die Verbindung Bangkok – Singapur gewonnen. Die Linie nach Kambodscha wie die im Krieg gebaute Bahn nach Burma sind völlig unterbrochen.
Der relativ gute Schiffs- und Bahnverkehr verzögerte zunächst die Anlage von *Straßen*, die erst kurz vor und vor allem nach dem Zweiten Weltkrieg stärker entwickelt wurden. Mit Hilfe moderner Straßenbaumaschinen und, soweit strategische Interessen das geboten, auch

unter Bauhilfe durch die USA, ist seitdem ein schneller Ausbau guter Fernstraßen erfolgt. Die Hauptlinien laufen z. T., den natur- und wirtschaftsgeographisch vorgezeichneten Verkehrsachsen entsprechend, den Bahnen parallel, haben aber trotzdem für die Siedlungs- und Wirtschaftsentwicklung große Impulse gebracht.
Auch der Bau von Nebenstraßen ist weit fortgeschritten (1980: 28151 km und dazu weitere 43000 km ländliche Straßen). Thailand verfügt heute über ein – für ein Entwicklungsland – hervorragendes Straßennetz. In bisher abgelegenen – z. T. grenznahen – Gebieten diente der Straßenbau, verbunden mit Neusiedlungsprojekten für ehemalige Aufständische, auch erfolgreich der Überwindung kommunistischen Widerstands (S. 320). Der Überlandverkehr bedient, neben dem etwas hektischen Regionalverkehr, zahlreiche Linien mit klimatisierten Fernreisebussen.
Im stark frequentierten Inland-*Flugverkehr* werden über 20 Plätze angeflogen. Die Bedeutung von Bangkok im internationalen Luftverkehr wurde schon hervorgehoben.
Die moderne Telekommunikation ist ebenfalls gut entwickelt; eine erhebliche Wirkung auf die öffentliche Meinung und Weltaufgeschlossenheit hat das (Farb-)*Fernsehen*, das bis in die entlegensten Landesteile die Mehrheit der Bevölkerung erreicht.

### *Der schnelle Aufschwung des Tourismus*

Der Tourismus hat sich zu einem der *bedeutendsten ökonomischen Faktoren* entwickelt, der das Land und seine aufgeschlossenen Menschen mit der Außenwelt verbindet, aber auch fatale soziale und ökologische Nebenwirkungen bringt; insgesamt wird er in Thailand positiv bewertet, und man bemüht sich weiter um *Ferntouristen* (voran Japaner, Deutsche und andere Europäer sowie Amerikaner), aber auch die Gäste aus den ASEAN-Ländern (besonders aus Singapur und Malaysia) und der *Inlandstourismus* nehmen stark zu (Tab. 8 im Anhang).
Die Zahl der Touristen stieg von 1,1 Mio (1974) auf 2,35 Mio./Jahr (1984), die der *Beschäftigten* im Fremdenverkehrsgewerbe auf 1,7 Mio. und bei den *Deviseneinnahmen* gewann der Tourismus (jetzt *vor* dem Reisexport!) die erste Stelle. (FEA, 1986).
Die staatliche Tourismusorganisation und Planung sind bemüht, den Fremdenverkehr über die *bekannten Ziele* wie Bangkok, Chiang Mai, Pattaya, Phuket und Ayuthaya hinaus auch an andere, attraktive Plätze zu ziehen und hat dem durch zahlreiche Hotelneubauten auch

in bisher noch wenig berührten Gebieten Rechnung getragen; die *Hotelkapazität* in Bangkok, Chiang Mai und Pattaya ist enorm und wird noch immer erweitert. Eine gute Hotel- und Verkehrsinfrastruktur bietet freie Reisemöglichkeiten in allen Teilen des Landes.

### 3.1.2.9 Sozialpolitische und politisch-geographische Entwicklungen

Nachdem es Thailand gelungen war, über die koloniale Epoche hinweg neutral und unabhängig zu bleiben, schlug es sich im Zweiten Weltkrieg, nach der Okkupation durch die Japaner, auf deren Seite. Abgesehen von der Rückgabe der annektierten Grenzgebiete, die meist bis zum Ende des 19. Jhs. unter siamesischer Oberherrschaft gestanden hatten und dann als Konzessionen für die Erhaltung der Unabhängigkeit an die britischen bzw. französischen Kolonialbesitze abgetreten worden waren, an Burma, Laos, Kambodscha und Malaya, kam es glimpflich aus den Kriegsverstrickungen heraus. Der Kurswechsel aus der traditionellen Neutralität in eine Verbindung mit den westlichen Mächten begann nach 1950, als Thailand in der instabilen Nachkriegsszenerie rings um seine Grenzen im Bündnissystem der SEATO Sicherheit suchte. 1962 folgte eine Vereinbarung über die Landung amerikanischer Truppen (während einer die NO-Grenze bedrohenden Krise in Laos). Später stellte Thailand den Amerikanern Luftwaffenbasen zur Verfügung und entsandte ein Truppenkontingent zu den in Vietnam eingesetzten SEATO-Verbänden. Die Grenze gegen Laos wurde durch einen starken Ausbau der eigenen Verteidigungskräfte abgeschirmt, besonders seitdem eine chinesische Allwetter-Nachschubstraße durch Laos bis nahe an die thailändische Grenze vorgetrieben wurde.
Die Stationierung der amerikanischen Truppen, der von diesen forcierte Ausbau von Nachschubstraßen und die Entwicklung der Infrastruktur in den peripheren Grenzgebieten im NO und N durch amerikanische Wirtschaftshilfen brachten eine starke Konjunktur in der Wirtschafts- und Bauentwicklung. Sie erklärt aber nur einen Teil der ökonomischen Expansion, die Thailand in den drei letzten Jahrzehnten erlebte. Der Schritt vom traditionsgebundenen Bauernland zu einer der am schnellsten *expandierenden Volkswirtschaften* in SO-Asien vollzog sich durch die Öffnung zu einer *freien Marktwirtschaft* unter staatlichen Beteiligungen und Kontrollen. Sie weckte die Investitionsbereitschaft des ausländischen wie des eigenen thailändischen und thai-chinesischen Kapitals und ermöglichte die Nutzung der

Entwicklungshilfen und Kredite aus der westlichen Welt, der Weltbank und internationaler Organisationen. Trotz Prosperität, steigenden Sozialprodukts, Modernisierung und technischer und zivilisatorischer Fortschritte, auch über die städtischen Zentren hinaus, bestehen aber immer noch Engpässe. Sie werden besonders bei Schwankungen der Konjunktur und rückläufigen Entwicklungen auf dem Weltmarkt, wie dem Preisverfall von Reis und Kautschuk oder geringerer ausländischer Investitionsbereitschaft spürbar; ebenso bei Wandlungen der politischen Lage, wie dem Rückzug der Amerikaner aus Vietnam. Die hohen Investitionen durch die ökonomisch expansiven Japaner werden einerseits zur Steigerung des Wachstums begrüßt, andererseits erwecken sie Bedenken wegen einer zu starken Überfremdung der thailändischen Wirtschaft.
Seit ein Putsch 1932 die absolute durch eine konstitutionelle Monarchie ersetzte, wurde Thailand vorwiegend von Militärregierungen gelenkt. 1968 war eine gewisse Öffnung zur parlamentarischen Demokratie erfolgt, sie wurde aber 1971 durch die Militär- und Beamtenhierarchie rückgängig gemacht. Während bis dahin die überwiegend konservative und gegenüber der Obrigkeit loyale Bevölkerung diesen Kurs hinnahm, führte die sich wandelnde außenpolitische Situation und die wachsende innenpolitische Opposition gegen die – der Korruption geziehenen – Marschälle im Oktober 1973 über heftige Studentendemonstrationen zu deren Sturz. Das Königshaus und Teile der Armee- und Polizeiführung tolerierten diesen Wandel. 1975 fanden erstmals demokratische Wahlen statt, die aber bei Zersplitterung der Stimmen auf zahlreiche neue, noch kaum profilierte Parteien bzw. Politiker zu Schwierigkeiten bei der Formierung der Regierung und erneuten Unruhen bzw. Putschen führten. Seit 1980 konnte General Prem Tinsulanonda als Ministerpräsident von Koalitionen aus mehreren Parteien den *Demokratisierungsprozeß* – auch gegen mehrere Putschversuche der auf einer stärkeren Militärherrschaft beharrenden Kräfte – vorsichtig fördern. Die innenpolitischen Verhältnisse sind aber durch wachsende Lebenshaltungskosten bei niedrigen Löhnen und Streiks, die vorher kaum bekannt waren, ansteigende Kriminalität usw. – aber auch durch die Ungeduld der jüngeren Intelligenz – stärker in Fluß gekommen. Trotz der politischen Passivität der bäuerlichen Mehrheit der Thai machen sich soziale und wirtschaftliche Disparitäten stärker bemerkbar. In den Städten steigt die *Arbeitslosigkeit*, da bei dem schnellen Bevölkerungswachstum der Zuwachs von jüngeren Arbeitsfähigen sehr viel größer ist als der an Arbeitsplätzen (S. 312). Auf dem Lande wird das durch Unterbeschäftigung abgefangen, bei der städtischen Jugend, deren Wünsche durch den sichtbaren

Reichtum und die Verlockungen des Konsums in der Weltstadt Bangkok beeindruckt werden, entsteht dagegen Unzufriedenheit. Sie wird verstärkt durch das steigende Überangebot von Absolventen der Universitäten, für die zu wenig angemessen besoldete Stellungen verfügbar sind. Ein Aufstieg in die elitäre *Führungsschicht* ist schwierig, denn im Gegensatz zur vermuteten sozialen Mobilität durch die Modernisierung von Entwicklungsländern hat sich eher eine Konsolidierung der bürokratischen Elite herausgebildet, die umfänglich genug ist, um sich weitgehend aus ihrem eigenen Nachwuchs zu ergänzen (H. D. EVERS, 1966). Nicht selten verfügt sie, durch wirtschaftliche Verbindungen mit chinesischen Kaufleuten, auch über die entsprechende Finanzkraft, da die letzteren Rückhalt bei politisch einflußreichen Einheimischen suchen, um durch Teilhaber die ihnen auferlegten wirtschaftlichen Beschränkungen umgehen zu können, oder auch nur, um deren »schützende Kapazität« (SKINNER, 1957) zu suchen.

Die Unterschiede im Einkommens- und Lebensstandard, einerseits innerhalb der Stadtbevölkerung (EVERS u. KORFF, 1982), noch mehr aber zwischen den Teilen der Stadtbevölkerung, die sich erfolgreich etablieren konnten, und der Landbevölkerung bilden ein starkes *Sozialgefälle*. Statistisch wird das in der Differenzierung des – im Vergleich zu anderen Entwicklungsländern insgesamt günstigen – jährlichen Durchschnitts-Pro-Kopf-Einkommens der Bevölkerung um 1973 ausgewiesen: im NO betrug es nur 80 US $, im übrigen Thailand 175 $, in Bangkok aber 525 $, bedingt durch die einseitige Konzentration des *tertiären Sektors*, der Führungsschicht, der chinesischen Händler und Handwerker und der Industrie in Bangkok. Das *regionale Bruttoinlandsprodukt* (GDP) belief sich 1982 für *Bangkok* (Metropolis) auf umgerechnet DM 6347,– pro Kopf der Bevölkerung, für die gesamte Zentralregion: 2623,–, für die SO-Region: 4189,–, für die W-Region: 3230,–, die N-Region: 1429,–, die Südregion: 1797,–, für die *NO-Region* aber nur auf 798,– (Nat. Stat. Off. 1981). Das Pro-Kopf-Einkommen betrug im NO 1981 nur etwa 30 % dessen in der Zentralregion. So entstand auch in Thailand, obwohl es frei von Kolonialherrschaft geblieben war, die für die unabhängig gewordenen Entwicklungsländer kennzeichnende »dual economy«, in der die Masse der zurückgebliebenen einheimischen Landbevölkerung einer z. T. fremdvölkischen (chinesischen) urbanen Schicht gegenübersteht, die den Zugang zum (Welt-)Handel kontrolliert. Hinzu kommt regionale Differenzierung in der Besitz- und Einkommensstruktur der Landwirtschaft. Insgesamt ist aber die Mehrheit der Thai-Bauern in ihrer wirtschaftlichen und sozialen Lage, im Vergleich zu anderen Ländern S- und SO-Asiens, nicht schlecht gestellt und bildet ein Fundament des

Staates. König Bhumipol, zugleich Schutzherr des thailändischen Buddhismus, genießt allseitigen Respekt und hat stabilisierenden Einfluß. Faszinierender Eindruck – und wissenschaftliche Herausforderung – bleibt immer wieder das unvermittelte Nebeneinander *modernster Entwicklung* und *traditionellen Verharrens*, nicht nur zwischen Stadt und entlegenen Landesteilen, sondern selbst mitten in Bangkok.

### *Thailands Sicherheits- und Flüchtlingsprobleme*

Nach Auflösung des SEATO-Paktes, dem Vietnamkrieg und Abzug der amerikanischen Militärkräfte hat Thailand seine Verteidigung selbst ausbauen müssen, da es durch die vietnamesische Besetzung von Kambodscha und Laos, mit dem neuen Brennpunkt des *»Indochinakonfliktes«* entlang seiner Grenzen zu Kambodscha, zum *»Frontstaat«* geworden ist. Die Belastung durch die überfüllten *Flüchtlingslager*, der Nachschub für die Khmer-Widerstandsgruppen (S. 359) durch Thailand und das gelegentliche Übergreifen von Kampfhandlungen auf sein Territorium sind prekär. 18 Jahre währte außerdem ein Kampf gegen kommunistische Partisanen, die, von Laos und Vietnam – anfangs auch noch von China – unterstützt, aus Waldgebirgsverstecken im NO, NW und im S operierten und z. B. Verkehr, Straßenbau, Neusiedlungen usw. in abgelegenen Gebieten störten. Erst 1981/84 konnte diese Bedrohung beseitigt und die Mehrheit der Aufständischen zum Niederlegen der Waffen, z. T. zur Niederlassung in neuen Rodungssiedlungen, bewegt werden. Dennoch wird es noch struktureller Reformen bedürfen, um die Kluft zwischen der wohlhabenden *Ober- und Mittelschicht* und *ländlichen Armutsgebieten* zu überbrücken. Teilweise sind auch Räuberunwesen oder der Widerstand illegaler Rodungssiedler in Nationalparks gegen die Forstbehörden mit unter die kommunistischen Aufstandsversuche eingestuft worden. Ein nicht ungefährlicher Zusammenhang besteht im Kampf gegen den para-militärisch organisierten Rauschgiftschmuggel im *»Goldenen Dreieck«* (S. 165).

Der Entzug chinesischer Hilfe für die Aufständischen ordnet sich in die veränderte geopolitische Lage ein, die durch Verständigung mit der VR China und die gemeinsame Abwehrhaltung gegen Vietnam (und dessen Bindungen an die Sowjetunion) gekennzeichnet wird. Thailand stützt sich auf die ASEAN-Gemeinschaft (S. 17), die zwar kein Militärbündnis, aber doch eine politische Kraft bildet. Deshalb sucht man Irritationen innerhalb dieses Bündnisses zu vermeiden, die

z. B. beim Kampf gegen die Reste der malayischen kommunistischen Partisanen (mit gewisser Zusammenarbeit von malaysischen und thailändischen Truppen) dadurch entstehen, daß sich dieser Dschungelkrieg mit dem Widerstand militanter muslimisch-malayischer Gruppen in Thailands Südprovinzen Pattani, Yala und Narathiwat überschneidet. Die malaysische Regierung vermeidet aber, offen im »panmalayischen« Sinne Partei zu nehmen; das Problem dieser Minderheiten wird in der zwischenstaatlichen Politik ausgeklammert, führt aber durch die islamische Unabhängigkeitsbewegung (S. 107 u. 288) zu gelegentlichen Verstimmungen (zur Unterscheidung der Begriffe »Malaya« und »Malaysia« s. S. 415). *Schmuggel* von Holz und Zinn von Thailand nach W-Malaysia verschärft die Störungen. Auch das *Mißtrauen* Indonesiens und Malaysias gegen eine Verbindung mit *China* (und entsprechend flexiblerer Haltung gegenüber Vietnam) bringt Nuancen in die Front der ASEAN-Partner. In Krisensituationen hat sich aber meist die politische Flexibilität der Thai zum unabhängigen Überleben zwischen Stärkeren bewährt.
Nach den früheren *Flüchtlingswellen* während der Kriege in *Vietnam* folgten dem Sieg der Pathet Lao in *Laos* 1975 die ersten massenhaften Grenzüberschreitungen nach Thailand, die auch ein Jahrzehnt später noch nicht zum Stillstand gekommen sind. Tausende von Flüchtlingen tauchten in stammverwandten Gebieten Thailands unter (S. 73 u. 330), neben Tiefland-Laoten in den gleichsprachigen Thai-Gebieten jenseits des Mekong sind schätzungsweise ca. 50000 Hmong (Miao) und Angehörige anderer Bergstämme in die thailändischen Waldgebiete eingesickert und haben dort das Problem der zahlreichen Brandrodungs-Wanderfeldbauern verstärkt. Thailand versuchte das vergebens zu verhindern. Auch der Plan, sie als »Wehrbauern« nach der Art einer »Militärgrenze« anzusiedeln, wurde aus Sicherheitsgründen verworfen. Soweit es gelang, sie zu erfassen, wurden sie in provisorischen Lagern in NO-Thailand untergebracht: 1982 lebten in diesen noch ca. 69000 Flüchtlinge aus Laos. Hinzu kamen 8300 Vietnam-Flüchtlinge (»boat-people«) an den Küsten, bis Thailand deren weitere Aufnahme verweigerte. Diese beiden verschiedenartigen Gruppen wurden hier zusammen genannt, weil sie eigentlich nur in vorübergehenden Auffanglagern bleiben und möglichst bald in andere Drittländer weitergeleitet werden sollten (S. 388), was nur äußerst schleppend vorankommt.
Sehr viel komplexer wurde das Problem an den Grenzen zu *Kambodscha*, das durch die ersten Flüchtlingswellen nach dem Zusammenbruch des Lon Nol-Regimes (1975) und dem Wüten der »Roten Khmer« entstand und mit einem erneuten Zustrom nach deren Sturz

durch den Einmarsch der vietnamesischen Armee (S. 358) noch verschärft wurde. Nach anfänglichen Versuchen, diese »Invasion« abzuwehren, baute Thailand seit 1979, unterstützt durch die UN Flüchtlingshilfsorganisation (UNHCR) 15–20 große Auffanglager, die bis 1981 ca. 220000 Menschen aufnahmen. Nach den ersten, aus der Not geborenen Improvisationen, wurden sie nach und nach mit Lazaretten, Schulen usw. ausgestattet. Über die menschlichen Tragödien und die ökonomischen Belastungen hinaus wuchs das Problem aber zum *geo-strategischen Risiko*, als mit immer längerer Dauer und dem Wachsen der Kämpfe der Widerstandsarmeen in den W-Teilen Kambodschas (S. 359) die Flüchtlinge politisiert und zu einer in die Kriegswirren einbezogenen »Flüchtlings-Nation« auf thailändischem Boden wurden (van der KROEF, 1984). Mit dem Aufbau der – in sich so widersprüchlichen – Koalition der drei Widerstandsarmeen (S. 360) kehrten auch Tausende von Zivilisten in die grenznahen Lager dieser Gruppierungen innerhalb Kambodschas zurück. Nachschub und Versorgung für Kämpfer und Flüchtlinge durchmischen sich mit Schmuggel, Schwarzhandel und den Aktionen der verschiedenen Söldner-»Armeen«. So wurde der Raum beiderseits der *Grenze* praktisch zum Operations-, Nachschub- und Rekrutierungsgebiet auch für die kämpfenden Widerstandsgruppen, was Thailand gegenüber Vietnam noch mehr exponierte und buchstäblich zum »Frontstaat« machte, denn es kam mehrfach zu Gefechten mit grenzüberschreitenden, vietnamesischen Truppen. Als diese 1983/84 die Lager der Widerstandsarmeen eroberten (S. 360), eskalierte die Flüchtlingsbewegung und die Gefahr der bewaffneten Konflikte aufs neue, da mit der Aufgabe der Stützpunkte in Kambodscha die Masse der Entwurzelten erneut in die sichereren Lager in Thailand zurückkehrte. Eine Lösung war auch Mitte der 80er Jahre noch nicht in Sicht. Die Belastung und Exposition, und der breite Saum eines umkämpften »Niemandslandes« entlang einiger hundert Kilometer schwer übersichtlicher Grenzen, lassen Thailands Besorgnis und die Mühen der ASEAN-Länder um eine Lösung des Konflikts verständlich werden – auch im Interesse der Linderung der Not des Khmer-Volkes.

Wegen der Dimensionen und weltpolitischen Komplikationen dieses Problems wird meist übersehen, daß auch im W, an der Grenze Burmas, der Unabhängigkeitskampf der *Karen* noch einige weitere tausend Flüchtlinge – wie man hofft nur vorübergehend – auf Thailands Boden getrieben hat (S. 253), was die Nachbarschaft zu Burma zu belasten droht. Dort ist die Lage dadurch kompliziert, daß sich der *Siedlungsraum* der Karen beiderseits der Grenze erstreckt, so daß die

Flüchtlinge – ähnlich denen an der laotischen Grenze – im stammverwandten Gebiet Aufnahme finden, was das staatspolitische Konfliktpotential noch erhöht.

### 3.1.3 Laos

Laos ist das einzige reine Binnenland SO-Asiens. Als »Pufferstaat« zwischen fünf miteinander in gespannten Verhältnissen lebenden Nachbarn erstreckt es sich fast 1000 km lang zwischen der VR China, Burma, Thailand, Kambodscha und Vietnam als ein relativ schmales Gebirgsland von NW nach SO (22°N – 14°N). Trotz einer Flächengröße, die annähernd der der Bundesrepublik entspricht (236 800 km$^2$), hat es nur 3,6 Mio. EW (Zensus 1985). Der geringen Bevölkerungsdichte von 15,2 EW/km$^2$ im gesamten Landesdurchschnitt (zum Vergleich Thailand: 99 EW/km$^2$) steht wegen des Vorherrschens der Waldgebirge eine Dichte von 180 EW/km$^2$ auf der nur 8 % betragenden landwirtschaftlichen Nutzfläche gegenüber. Der stark zergliederte Gebirgscharakter wird nur durch einige Talbecken mit alluvialen Böden, besonders entlang des Mekong, und durch zerschnittene Hochflächen und intramontane Plateaus (1000–1500 m, vorwiegend auf mesozoischen Sandsteinen oder Basalten) unterbrochen. Sonst herrschen kristalline Schiefer, Gneise und Granite vor. Häufig sind Kalke eingelagert, die hoch aufragende Karsttürme und scharfe Bergspitzen bilden. In den Ebenen und Becken entlang des Mekong und seiner größeren Nebenflüsse leben fast zwei Drittel der Bevölkerung; es sind zugleich die – nach ihrem Flächenanteil sehr viel geringeren – Gebiete, die bis 1975 unter der Kontrolle der königlichen Regierung verblieben.

#### *Landschaften, Provinzen, Städte*

Um die Hauptstadt *Vientiane* (sprich: Wiang djan) erstreckt sich am Mekong und am Nam Ngum das nördlichste der größeren Becken; oberhalb davon fließt der Strom meist durch enge Talstrecken im Gebirge, die sich nur gelegentlich zu kleineren Talbecken weiten, z. B. um die bisherige Königsstadt *Luang Prabang*. Unterhalb Vientianes liegen die kleineren Provinzhauptstädte *Paksane, Thakhek* (Provinz Khammouane), *Savannakhet* und *Pakse* (Provinz Champassak) jeweils in *Reisbauebenen* am *Mekong*, die etwas dichter besiedelt sind. Im *N*, dem Bergland zwischen Mekong und Rotem Fluß, verbreitert

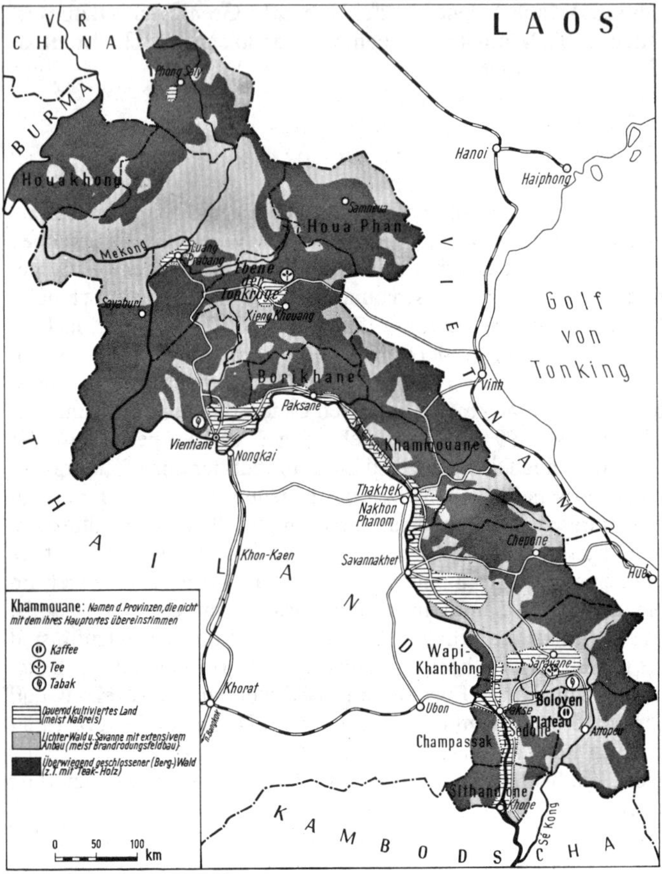


**Abb. 20:** Laos, Provinzgliederung und Landnutzung
*(Entwurf: H. Uhlig, Kartogr.: L. Dreher)*

sich das Land. Die stark zertalten Gebirge haben durchschnittliche Kammhöhen um 2000 m. Südlich der schmalsten »Taille« bei Paksane, wo die höchsten Gipfel bis 2817 m aufragen, beginnt ein tiefer gelegenes Berg- und Plateauland, das nur noch an der O-Grenze 2000 m übersteigt, während größere Gebiete um 500 m hoch liegen. Im S erhebt sich das von einer Basaltdecke überzogene *Boloven-Hochland* bis 1570 m. Im N ist das intramontane Plateau der *»Ebene der Tonkrüge«* (Plaine des Jarres oder Plateau von Tran Ninh, Provinz Xien

Khouang [sprich: »Tschieng Kuang«]) durch seine Siedlungsgeschichte (große Stein- und Tonurnen älterer Kulturen) und durch die dort besonders harten und langen Kämpfe während des »Indochinakrieges« bekannt geworden.
Das *Klima* wird vom Monsunjahresgang bestimmt. In den Gebirgen sind die Temperaturen gemäßigter, die Niederschlagshöhen steigen auf den Luvseiten stark an (Jahresmittel 1200 bis 3000 mm, in starker Exposition bis 4000 mm). Der Fallaubwald geht in den niederschlagsreicheren Höhen in den feuchten Monsunwald (Teak) und auf stark beregneten Gebirgszügen in den immerfeuchten tropischen Bergwald über. In den Bergen des N finden sich auch Mischwälder aus immergrünen Eichen und subtropischen Kiefern. Durch Degradation entstanden in Lee-Lagen Grassavannen (»Tranh« – Imperata cylindrica).

### 3.1.3.1 Ethnische Vielfalt, kulturelle und staatliche Entwicklung

Das »Völkermosaik« ist in Laos besonders bunt, das eigentliche »Staatsvolk« der Laoten umfaßt nur 50–60% der Landesbewohner, nach laotischen Angaben zählt man 68 ethnische *Minderheiten*. Die *Laoten* gehören aber zum größeren Verband der Thai-Völker, und so umfängliche Teile von N- und NO-Thailand sind von »Thai-Laoten« bewohnt, daß dort mehr Menschen den laotischen Dialekt des Thai sprechen als in Laos selbst. Auch im nördlichen Kambodscha und in Vietnam leben weitere thai-laotische Gruppen. Die heutigen Staatsgrenzen entstanden erst im Kräftespiel zwischen den französischen und britischen Kolonialinteressen und dem unabhängigen Thailand.

#### *Laoten und Bergvölker*

Den – buddhistischen – *Lao* (auch: »Tal«-Lao, »Lao Loum«) stehen fast zur Hälfte andersvölkische Staatsbürger gegenüber, die man dort in drei Hauptgruppen gliedert: die sogenannten »Lao Theng« (Tenh, Theung), d. h. die 25–30% der Bevölkerung umfassenden »Berghangbewohner« oder »Kha« (also keine Laoten, wie der Name Lao Theng vortäuschen könnte), zweitens die »Lao Xung« (Sung, Soung), d. h. die *Bergstämme* (ca. 5–10%) und drittens die wenigen noch in älteren Stammesverbänden verbliebenen »Lao-Thai« (ca. 5–7%).
*»Kha«* ist der *Sammelname* für die vielfältigen »proto-indochinesi-

schen« Gruppen (Lao Theng, wie z. B. Khmu, Boloven, Lamet u. a.), die als ältere Bewohner des Landes unter die Herrschaft der südwärts wandernden Laoten kamen. Höfische Zeremonien bewahrten noch symbolisch die Tradition ihrer Vorbesiedlung und Unterwerfung; ein erheblicher Teil der laotischen Bevölkerung dürfte aus assimilierten Kha bestehen, die die laotische Sprache und den Buddhismus angenommen haben (IZIKOWITZ, 1951). Teils Brandrodungs-, teils seßhafte Reisbauern, besiedeln sie die abgelegeneren Täler – ähnlich wie die thai-völkischen Stämme (»Lao-Thai«), z. B. die »Schwarzen Thai«, Lue, Neua u. a. Sie gelten als die Bewahrer der traditionellen, in einzelne Talschaften aufgesplitterten Thai-Fürstentümer aus der Zeit vor den größeren Reichs- und Kulturentwicklungen Siams. Ihre Strukturen ähneln den in Yünnan (VR China) und Nordvietnam heute in autonomen Thai-Regionen aufgegangenen, alten Kleinterritorien, wie z. B. Hsip Hsong Ban Na (den »zwölf Ländereien« chines.: Xishuangbanna) (H. v. WISSMANN, 1942; HEBERER, 1984), zu denen auch direkte Beziehungen bestanden (MOERMAN, 1965). Die sogenannten »Lao Xung« schließlich sind ethnisch stärker differenziert und bilden die jüngsten Zuwanderer: es sind die *Bergstämme* der Miao (Meo, Hmong), Yao (Man) und einiger tibeto-burmanischer Gruppen, deren Brandrodungs-Wanderfeldbau, Trachten, Bauformen, Sprachen und religiöse Riten sie deutlich von den Laoten unterscheiden. Die Stärke und Bedeutung der *Miao* sind in Laos erheblich größer als in Thailand. Sie bilden die stärkste Bevölkerungsgruppe (100000–200000, nach anderen Schätzungen bis zu 400000) in ausgedehnten Berggebieten und sind auch im öffentlichen Leben des Landes stärker präsent. Sie stellten die bekannteste Division der königstreuen Truppen. Wie stark sie und ihr Siedlungsraum vom kriegerischen Konflikt betroffen wurden, zeigen zum einen ihr hoher Anteil unter den *Flüchtlingen* (s. u.) und zum anderen die von ihnen ebenso eingenommenen Positionen im Gegenlager des Pathet Lao. Die Miao-Siedlungsgebiete im N stehen im direkten Kontakt mit den angrenzenden, autonomen Miao-Distrikten in Nordvietnam wie in der VR China, wo nach offiziellen Schätzungen (1953) ca. 2,5 Mio. Miao (oder mit ihrem eigenen Namen: Hmong, Hmu) in 70–80 nach Dialekten und Bräuchen z. T. unterschiedenen Gruppen leben – ein wichtiger politischer Faktor an dieser heute prekären Grenze. Nach den Trachten der Frauen unterscheidet man auch »Weiße«, »Blaue«, »Schwarze«, »Rote« o. a. Miao. Trotz ihres Gewichtes haben die *ethnischen Minderheiten* in Laos aber *nirgends politisch-territoriale* Organisationsformen, die etwa denen in Burma (Karen, Schan usw.) vergleichbar wären.

### *Vietnamesische und chinesische Zuwanderung*

Auch in Laos wurden die völkischen *Minderheiten* in den Städten durch die *Zuwanderung* von *Chinesen* (ca. 3–4 % der Bevölkerung) und – Erbe der gemeinsamen Kolonialzeit – von 0,8–1 % *Vietnamesen* verstärkt; 1983 wurden die (mehr als in Vietnam tolerierten) Chinesen auf 18000, die altansässigen Vietnamesen (ohne Militär, »Berater« usw.) auf 15000 geschätzt; heute sind es sehr viel mehr (S. 332). In den grenznahen Städten waren in jüngerer Zeit häufig zugewanderte Thai in Handel, Dienstleistungen usw. eingesickert.

### *Die historischen Fürstentümer*

Die von den Khmer errichteten *Städte* kamen seit dem 13. Jh. in die Gewalt der südwärts wandernden Thai-Völker. *Lan Xang*, das »Reich der Millionen Elefanten«, wurde 1353 mit der Königsstadt *Luang Prabang* als erste Lao-Herrschaft begründet. Es stand unter nord-siamesischem Einfluß. *Vientiane* und *Champassak* wuchsen dagegen weiter südlich unter dem von Sukothai (bzw. Ayuthaya) und dem der Khmer. Ihre Hinterlassenschaften in der Baukunst – die Stupa des That Luang bei Vientiane als »letztes Echo der Kunst von Sukothai«, Wat Phu in Champassak als äußerster Ausläufer der Khmer-Kunst und die reich ornamentierten Pagoden von Luang Prabang im Stil von Chiang Mai (Chiang Saen, S. 284) (GROSLIER, 1960) – geben noch der heutigen Kulturlandschaft unterschiedliche Akzente.
Die Errichtung des *französischen Protektorats* (1893) stieß auf die drei genannten kleinen *Königreiche* Vientiane, Luang Prabang und Champassak (unter siamesischer Oberherrschaft – ersteres mit Tributen auch an Annam [Hué], das zweite auch an China) – als den Erben des mächtigeren Lan Xang. Sie bilden noch heute die Zentren der dichter besiedelten Gebiete und der politischen Kräfte. Der königliche Rang für das gesamte unabhängige Laos verblieb bis 1975 Luang Prabang. In der *Hauptstadt* Vientiane regierte als Ministerpräsident der neutralistische Prinz Souvanna Phouma, während der Prinz von *Champassak* (Pakse) zeitweilig eine rechte Regierung geführt hatte. Der Beharrungswille der politischen Führung, die aus insgesamt fünf verwandten Adelsgeschlechtern besteht, wird darin deutlich, daß bis Oktober 1986 der »rote Prinz«, Souvanna Vong (ein Halbbruder Souvanna Phoumas) als Staatspräsident fungierte.
Die verwandtschaftlichen Bindungen der Fürstenhäuser, wobei ihre Exponenten von rechts bis links in allen politischen Lagern standen,

vereinten sich mit der laotischen *Bereitschaft zum Kompromiß*, der dem gemeinsamen nationalen Überleben den Vorrang gibt. Der Konflikt wurde dem Land von außen aufgezwungen; es ist als *einziges* reines *Binnenland* SO-Asiens – mit langen Grenzen – zwischen stärkere Nachbarn eingezwängt. Der Krieg erreichte nie die Härte wie in Vietnam oder Kambodscha. Selbst die kommunistischen Kräfte respektierten den König noch bis 1975 als neutrales Oberhaupt, weshalb Luang Prabang nie ernsthaft angegriffen wurde.

#### 3.1.3.2 Laos im Konflikt

In seiner Abseitslage – und beim wirtschaftlichen und politischen Übergewicht Vietnams im französischen Indochina – blieb Laos wenig entwickelt. Nach kurzem Krieg (1941) mit Japan und Thailand, an das vorübergehend Landesteile abgetreten werden mußten, wurde Laos 1946 nochmals Mitglied der Union Française. Nach dem ersten Indochinakrieg wurde es auf der Genfer Indochina-Konferenz 1954 *unabhängig*, durch die Unterstellung der N-Provinzen *Sam Neua* und *Phong Saly* unter die Verwaltung der pro-kommunistischen Pathet Lao aber praktisch *geteilt*.

Von Vientiane aus wurde im Sinne des Genfer Abkommens zunächst der Versuch einer Koalitionsregierung der »Nationalen Gemeinschaft« aller Laoten unternommen, an der 1957 auch die »Pathet Lao« beteiligt wurde. (Die *Pathet Lao* – d. h. etwa »Land der Lao-Bewegung« – entstand aus der Unabhängigkeitsbewegung und wurde dann, gestützt auf die militärische und politische Hilfe Nordvietnams, Chinas und später auch der Sowjetunion, zum militärischen, kommunistischen Kampfverband. Sie steht im Zwiespalt der patriotischen Interessen eines unabhängigen Laos und dem Einfluß der vietnamesischen Kader. Sie braucht deren militärische und materielle Hilfe, während sie zugleich – in einer ähnlichen Lage wie Kambodscha – dem vietnamesischen Vorherrschaftsstreben über Laos widerstrebt.) Während der faktischen Teilung des Landes hielt der Koalitionsversuch aber dem beiderseitigen politischen Druck von außen nicht stand. Die Erfolge der Pathet Lao Bewegung veranlaßten die Amerikaner, die seit 1955 die Währung und den militärischen und zivilen Haushalt von Laos stützten, zur Förderung der rechtsgerichteten Kräfte. Über mehrere Regierungswechsel und Staatsstreiche spitzte sich die Situation zu den Kämpfen der *»Laoskrise«* von 1961 zu, in denen schließlich die neutralistischen und die Pathet Lao-Truppen zusammen gegen die der Rechten standen. In einer zweiten Genfer Laos-Konferenz wurde

1962 die *Neutralität* von Laos durch 14 Staaten garantiert. Unter Führung der den drei politischen Lagern vorstehenden Prinzen entstand eine neue »Troika«-Regierung, unter der aber de facto jeder die von ihm beherrschten Landesteile selbständig kontrollierte.

*Laos im Sog des Vietnam-Krieges*

Auch diese erneute Neutralisierung blieb nur von kurzer Dauer; Laos geriet nun in den Sog des *Vietnamkrieges*. Als Nordvietnam das Nachschubsystem des »Ho Chi Minh-Pfades« durch das östliche Laos ausbaute und zunehmend mit eigenen Einheiten in Laos operierte, griffen 1964 die USA erstmals mit Bombenabwürfen ein. Souvanna Phouma sah sich schließlich zum Bündnis seiner neutralen Kräfte mit den Resten der Rechten gedrängt, und die königliche Armee mußte sich mehr und mehr auf die amerikanische und thailändische Unterstützung verlassen. Die Neutralität wich einem schleichenden Bürgerkrieg. Nordvietnam bezog, von der Sowjetunion und China unterstützt, das laotische Operationsfeld in seine Interessen ein. Die USA verfolgten mit der Hilfe Thailands, das sich über das laotische Vakuum von Nordvietnam und China bedroht fühlte, ihre Eindämmungspolitik gegen den asiatischen Kommunismus. Sie übernahmen die Versorgung, Bewaffnung und Ausbildung der Regierungstruppen, vorgeschobene (Radar-)Stützpunkte usw., beließen aber ihr Personal im Lande in Zivil, und alle Angriffe wurden von außen geflogen. Auch die Gegenseite erhielt die *Fiktion* einer *Neutralität* aufrecht, in der etwa Nordvietnam, trotz heftiger Gefechte in Laos, eine militärische Präsenz abstritt und die *VR China* den Ausbau von Nachschubstraßen bis nahe an die N-Grenze Thailands als Entwicklungshilfe deklarierte. Die diplomatischen Vertretungen aller Seiten blieben in *Vientiane*, ebenso eine ständige, exterritoriale Vertretung der Pathet Lao, der formell Sitze in der Regierung offengehalten wurden.

Die Regierung von Vientiane und Luang Prabang beherrschte die dichtbesiedelten, offenen Becken am Mekong mit den Städten und der Mehrheit der ländlichen Bevölkerung sowie – mit wechselnder Sicherheit – die Verbindungslinien und einzelne inselhafte Gebiete und Stützpunkte im Gebirgsland. Mehr als die Hälfte der Gesamtbevölkerung verblieb unter ihrer Verwaltung. Die *Pathet Lao* unterhielt eine eigene Verwaltungsorganisation (Hauptsitz in *Sam Neua*) für das damals von ihr besetzte, flächenmäßig größere Gebiet im Gebirgsland des N und O. Die schwach bevölkerten Waldgebiete wurden von beiden Seiten nur sporadisch kontrolliert.

Den Waffenstillstandsvereinbarungen in Vietnam 1972/73 folgten auch in Laos der Abzug der amerikanischen und thailändischen Kräfte. Ein Kompromiß im Februar 1973 beließ zunächst die jeweils von beiden Seiten besetzten Gebiete unter deren Verwaltung, Vientiane und Luang Prabang wurden neutralisiert bzw. paritätisch besetzt.

*Nordvietnam* war zunächst daran interessiert, seinen Nachschub über den »Ho-Chi-Minh-Pfad« in die Vietkong-Gebiete Südvietnams und nach Kambodscha in Gang und auch Zugänge in die Grenzgebiete gegen Thailand offen zu halten. Nach den Siegen in den Nachbarländern flammten im April 1975 auch in Laos wieder Kämpfe auf, in typisch laotischer Weise gab es aber keine gewaltsame Revolution, sondern eine – von der kommunistischen Seite zielstrebig betriebene, von den Neutralisten im Glauben an die Ehrlichkeit der Vereinbarungen mitgetragene – allmähliche Wandlung. Erst im Dezember 1975 wurde der *König* zum Rücktritt gezwungen und der neutrale Ministerpräsident in die Rolle eines »Beraters« der Regierung versetzt, die der Pathet Lao-Führer Kaysone Phomvihan übernahm.

1975–1979 versuchte man mit sowjetischer und vietnamesischer Hilfe die Verwirklichung des *Sozialismus* zu forcieren, während das Bündnis mit der VR China in Feindschaft umschlug. Die Versuche zur *Kollektivierung* der Landwirtschaft (auch außerhalb der alten Pathet Lao-Gebiete, wo sie schon durchgeführt war) und zur Verstaatlichung des Handels führten zur *Stagnation* des Wiederaufbaues (s. u.).

### *Die Flucht über den Mekong*

Erneut setzte Guerillatätigkeit königstreuer Gruppen, besonders der *Miao*, ein, die hohe Verluste und die Vernichtung ganzer Dörfer erlitten. Die Folge waren – wie schon nach dem offiziellen Kriegsende 1972/73 – *Flüchtlingsströme* über den Mekong nach Thailand. Von etwa 267000 Flüchtlingen – d. h. fast 8% der Bevölkerung des Landes – wurden bis 1983 rd. 129000 in Thailand, USA, Kanada, Australien, Frankreich usw. aufgenommen, rd. 69000 (davon ⅔ *Miao* u. a. Bergvölker) saßen aber noch in den thailändischen Lagern entlang der Grenze (UN-Hochkommissar für Flüchtlinge); die *thaistämmigen Laoten* konnten leichter (z. T. bei Verwandten) assimiliert werden oder zurückkehren. Die Miao werden in überbelegten Lagern festgehalten, da Thailand kein Interesse daran hat, seine eigenen Probleme mit den Bergstämmen zu verstärken; dennoch ist es größeren Gruppen gelungen, illegal als Brandrodungs-Wanderfeldbauern in die thailändischen Gebirge einzusickern (S. 321). Internationale Hilfsaktionen unterstützen die Lager über die von Thailand hinaus getragenen Belastungen, das ja auch noch das viel umfangreichere kambodschanische Flüchtlingsproblem zu bewältigen hat. *Flüchtlingsbewegungen* und Umsiedlungen waren innerhalb von Laos schon während des Krieges vorausgegangen, wo bereits über 300000 Menschen in den damals von den königstreuen Truppen gesicherten Gebieten Zuflucht gesucht hatten. Besonders schwierig war auch dabei die Eingliederung der aus den Kampfgebieten vertriebenen Bergstämme, da die schon mit dichterer Lao-Dauerbesiedlung besetzten Talbecken nur noch begrenzte Flächenreserven boten. Wo die Miao mit ihrem *Trockenfeldbau* in neuen Flüchtlingsdörfern angesiedelt wurden, waren die steilen Gebirgshänge so dicht mit Rodungsfeldern überzogen, daß die Möglichkeit für den erforderlichen Landwechsel fehlte. Die Folge war schon nach zwei bis drei Ernten eine rapide Ertragsminderung, so daß diese Dörfer nur mit Hilfslieferungen überleben konnten. Dennoch forderten die Umsiedlungen große Opfer durch Malaria und andere Krankheiten, Zivilisationsschock und Verlust der stammesmäßigen Identität. Viele schwer zugängliche (Berg-)Dörfer mußten damals zur Nahrungsergänzung mehrere Jahre lang von US-Kleinflugzeugen durch Abwurf von Reissäcken (»rice-kickers«) versorgt werden. Ca. 46000 Menschen konnten damals in Flüchtlingsdörfern – z. T. mit neuen Bewässerungsanlagen – angesiedelt werden.

### *Die begrenzte Kollektivierung*

Da während des *Sozialisierungskurses* von 1975–79 – bei fortdauernden Sabotageakten, Flüchtlingswellen und wachsender Verbitterung der Bevölkerung über Versorgungsmängel, bzw. Widerstandes der Bauern gegen die niedrige Bezahlung ihrer Produkte in einer Währung ohne Kaufkraft – keine Konsolidierung zu erreichen war, setzte sich eine *pragmatischere* Haltung durch. Die Regierung machte unpopuläre Maßnahmen rückgängig, Zugeständnisse zur Besserung der Versorgungslage und ging auf einen »sanfteren« Kurs, der sich deutlich vom härteren Vorgehen in Vietnam und dem Wüten der »Roten Khmer« in Kambodscha unterscheidet. Sprach Kaysone 1977 noch von rapiden revolutionären Wandlungen zum Sozialismus, führte er 1982 *realistischer* aus, daß für ein armes Volk kleiner Selbstversorgerbauern nur ein langer Weg mit vielen Zwischenstadien zu diesem Ziel führen könne. Die erfolglose *Kollektivierung* der Landwirtschaft wurde z. T. wieder *aufgehoben* (oder zur reinen Formsache), der *pri-*

*vate Handel* wieder zugelassen, einer besseren Versorgung der Bevölkerung der Vorrang gegeben und auch den wirtschaftlichen und monetären Vorschlägen internationaler Hilfs- und Kreditgeber, wie der Weltbank, gefolgt. Selbst den buddhistischen Mönchen und den Festen und Traditionen der bäuerlichen Lao-Gesellschaft wurde wieder ein Freiraum gewährt. Der Geldmarkt wurde liberalisiert und der Handel mittels »harter Währung« (US $ und Thai Baht) toleriert (bzw. nach sowjetischem oder DDR-Muster staatlich abzuschöpfen versucht), um über eine (vielfach auf Schmuggel und Schwarzhandel, sowie Geldsendungen der Flüchtlinge an Verwandte gestützte), freiere Wirtschaft die Unzufriedenheit der Bevölkerung mildern zu können. Davon verspricht man sich eine leichtere Überwindung des latenten Widerstandes als durch Waffengewalt. Die gleiche Politik sucht auch, durch psychologische Rücksichtnahme auf die traditionellen Lebensformen der Bergstämme deren Opposition abzubauen, indem z. B. die Anordnungen über die Abschaffung des *Brandrodungs-Wanderfeldbaues*, zur Seßhaftmachung und agrarischen Kollektivierung usw. wieder *rückgängig* gemacht wurden. *Mangel* an *Transportkapazität* und an Sicherheit auf den Straßen behindern jedoch noch immer eine geregelte Versorgung sowie die Nutzung der Forstreserven und Bodenschätze in den wegen des Widerstandes unsicheren Regionen. Aufgrund eines »Freundschaftsvertrages« stehen etwa 40000 Mann *vietnamesischer Truppen* im Land, dazu kommen ca. 900 technische Spezialisten.

### *Die Rückkehr der Vietnamesen*

Langfristig bedeutsamer für die Bevölkerungs- und Wirtschaftsstruktur ist die über die Rückkehr der früheren, vor allem städtischen *vietnamesischen Minderheit* (S. 327) hinaus stattfindende Neuansiedlung vietnamesischer Agrarkolonisten. Bis 1979 sollen es in den Grenzprovinzen Saravane, Attopeu, Khammouane und Sam Neua schon etwa 100000 gewesen sein. Die Gesamtzahl der *Vietnamesen* in Laos wird für 1979/84 auf 150–200000 veranschlagt (AVIMOR, 1985).
Bewaffnung, Ausbildung und etwa 60% der Entwicklungshilfe werden von der *Sowjetunion* getragen, die mit ca. 4–5000 Beratern und technischem Personal (um 1982/83 – nach anderen Angaben ca. 12000 – AVIMOR, 1985) präsent ist; etwa ⅓ der laotischen Studenten und Techniker werden in der Sowjetunion ausgebildet, ca. 10000 sollen in Vietnam ihre Ausbildung erhalten. Entwicklungsprojekte sollen auch von den übrigen Ostblockstaaten (darunter der DDR) getragen werden;

Schweden hat Lastwagen geliefert. Die Kontakte zwischen den Bergvölkern beiderseits der Grenze zu *China* sind kaum zu unterbinden, man toleriert aber die Auslandschinesen und die diplomatische Vertretung der VR China.

*Transitprobleme des Binnenstaates*

Politisch-geographische Rücksichten verbinden Laos trotz aller weltanschaulichen Gegensätze weiter mit *Thailand*, da fast die gesamte *Güterzufuhr* – selbst einschließlich der sowjetischen Hilfslieferungen (bis auf die von den Thai unter Durchfuhrverbot gestellten militärisch nutzbaren Güter im weitesten Sinne) – auf den *Transit* durch Thailand angewiesen ist, während der Verkehr über die schwierige, im verbesserten Ausbau stehende Gebirgsstraße zum vietnamesischen Hafen *Danang* kaum den vom Thai-Transit ausgeschlossenen militärischen Nachschub zu bewältigen vermag. Eine bedeutende Wandlung brachte die 1984 fertiggestellte, 395 km lange *Ölleitung* von *Vientiane* zur vietnamesischen Grenze (sie soll weiter zum Hafen von Vinh geführt werden). Sie wird jährlich ca. 300000 t Erdölprodukte nach Laos liefern. Damit wird die *Transitabhängigkeit* durch Thailand gemindert, die von Vietnam entsprechend verstärkt (FEA, 1986). Außer dieser *verkehrswirtschaftlichen Abhängigkeit* fallen aber auch die *ethnischen*, sprachlichen, religiösen, kulturellen, ja vielfach sogar verwandtschaftlichen *Beziehungen* zwischen Laoten und *Thai* ins Gewicht. Ein Abkommen, keine gegenseitige politische Infiltration mehr zu dulden, wird meist eingehalten, bleibt aber nicht ohne zeitweilige Störungen; z. B. wiederholen sich seit 1984 bewaffnete Konflikte über die – aufgrund unklarer Grenzfestlegungen umstrittene – Zugehörigkeit von drei Dörfern, die beide Staaten beanspruchen, und die von Thailand aus Straßenanschluß erhielten.

### 3.1.3.3 Wirtschaft und Verkehr

*Agrar- und Waldwirtschaft*

Obwohl die Bevölkerung von Laos noch zu etwa *73 % agrarisch* ist und die normale Erzeugung die Ernährungsversorgung des Landes sichern würde, haben *mangelnde Transportmöglichkeiten* den Ausbau eines landesweiten Marktsystems verhindert. Die städtischen Zentren sind deshalb auf *Einfuhren*, meist aus Thailand, angewiesen. Die Selbstversorgung mit Reis, dem Hauptanbauprodukt, kann erst seit kurzem wieder vollständig gedeckt werden. Während Vientiane z. T. aus Thailand mit Fleisch versorgt wird, exportieren andere Gebiete Vieh nach Thailand, da die *Verkehrsverbindungen* zur eigenen Hauptstadt zu schwierig sind.

Der Krieg hatte trotz der agrarischen Förderungsmaßnahmen in den Talbecken am Mekong die *Reisproduktion* seit 1960 zurückgehen lassen. Etwa 40% der Bauern, mit Betriebsgrößen im Naßreisanbau um durchschnittlich 3 ha, arbeiten marktwirtschaftlich, ca. 60% sind aber noch *Selbstversorger*; unter Nutzung der monsunalen Überschwemmungen wird meist nur eine Ernte jährlich eingebracht. Das Daueranbauland nimmt nur etwa 8% der Landoberfläche ein; während 1968 etwa 500000 ha mit Naßreis bepflanzt waren, rechnet man, daß noch weitere 700000 ha potentiell erschließbar wären. Erst in den 80er Jahren konnte der Reisbau wieder etwas intensiviert und der Durchschnittsertrag von 1,4 auf 2,65 t/ha gesteigert werden.

Das Bareinkommen der Bergstämme stammt aus dem *Mohnanbau* für die Opiumgewinnung. Die *Kaffeepflanzungen* des Boloven-Plateaus erbringen seit dem Krieg nur geringe Erträge.

Ein Versuch zur Verbindung von Nothilfemaßnahmen mit solchen der agrarischen Entwicklung war das schon während des Krieges mit amerikanischer Hilfe angelegte Nam Tan-Bewässerungsgebiet in der Provinz Sayabouri. Die Besonderheit seiner (Flüchtlings-)Dörfer war der Versuch, auch *Bergstämme*, die bisher nur Wanderfeldbau kannten, in *Dauersiedlungen* mit bewässerten Reisfeldern (für zwei Ernten jährlich) anzusiedeln.

Laos galt bisher noch als Land der Waldgebirge, die wissenschaftliche Literatur spricht meist von 90% *Waldbedeckung*. Diese Wälder sind aber am stärksten in ganz Tropisch-Asien von der »shifting cultivation« *degradiert* worden und man muß mit dem relativ höchsten Anteil – noch ca. 25% der Bevölkerung – von Brandrodungs-Wanderfeldbauern rechnen. Sie haben (ESCAP, 1986) den Anteil der forstlich noch wertvollen, geschlossenen Wälder auf etwa 39% (1981) der Landesfläche reduziert. Wo forstliche Nutzung erfolgt und ein wirtschaftlicher Transport möglich ist, spielen neben *Hölzern* (Teak, Rosenholz und mehrere Dalbergia-, Lagerstroemia- und Dipterocarpus-Arten, sowie Kiefern) auch *Sticklack, Benzoin, Harze, Bambus, Rotan* und *Holzkohle* eine Rolle. Die schwierige Transportlage trägt dazu bei, einen Teil der wertvollen Teakbestände für die Zukunft zu erhalten.

*Energie, Erze, Industrieansätze*

Das gilt auch für die erst wenig erschlossenen *Erzlagerstätten*, die außer Zinngruben (und einigem Waschgold) noch der Erschließung harren. Es existieren jedoch bedeutende Eisenerzlager sowie Blei-Zinkvorkommen. Ein großes Pottaschevorkommen nahe Vientiane wird aufgeschlossen. An *elektrischer Energie* – bisher nur begrenzt verfügbar – hat der 1971, trotz des Krieges, durch japanische Firmen vollendete *Nam Ngum Staudamm* (ca. 80 km nordöstlich von Vientiane) ein erhebliches Potential gebracht. Damit wurde neben Bewässerungsvorhaben nicht nur der Strombedarf für die Hauptstadt und ihre Umgebung gesichert, sondern das als Teil des internationalen Mekong-Projektes (S. 226 u. 314) errichtete Werk *exportiert* 90 % seiner Stromerzeugung nach Thailand. Das erbrachte (1985) mehr als die Hälfte des Exportaufkommens bzw. der Deviseneinnahmen für Laos. Deshalb sind durch die Weltbank weitere Kapazitätssteigerungen für Nam Ngum finanziert, den Thai wesentliche Erhöhungen des Strompreises zugunsten von Laos abgerungen und weitere Turbinen für eine Gesamtleistung von 150000 kW installiert worden. Luang Prabang und Pakse erhielten schon während des Krieges lokale Strom- und Wasserversorgung.
Die *industrielle Entwicklung* ist noch auf Reismühlen, Baugewerbe und einige kleinere Schuh-, Zigaretten-, Getränke-, Streichholz- und Bekleidungsfabriken *beschränkt*. Kriegssituation und verschiedene internationale Entwicklungsprojekte hatten in Vientiane den Arbeitsmarkt ausgelastet; der übermäßig starke *tertiäre Sektor* in den wenigen Städten gegenüber dem unterversorgten Lande ist Ausdruck der infrastrukturellen Schwächen. Ein wachsender Markt für Gebrauchsgüter wie Motorräder, Radios und andere Industrieprodukte war aufgekommen; heute werden mit Mühe allenfalls bescheidenere Ansprüche, wie Fahrräder u. ä. gedeckt – überwiegend freilich durch Schmuggel und *Schwarzhandel*. Es herrscht ein Ungleichgewicht zwischen einer zunehmend der Geldwirtschaft erschlossenen, städtischen und einer zurückbleibenden, isolierten Landbevölkerung; zugleich aber auch zwischen der auf Importe angewiesenen Gesamtwirtschaft und dem Exportmarkt, da Laos nur wenig Waren (Holz- und Mineralprodukte, sowie Strom) anzubieten hat und immer stärker von Hilfsquellen abhängig ist. 1985 standen einem Exportwert von 47,6 Mio. US-$ *Importe* von 163,3 Mio. US-$ gegenüber (FEER, 1986). Mit einem jährlichen Pro-Kopf-Einkommen von US-$ 140.– (1982) gehört Laos zu den *ärmsten Entwicklungsländern*. Zunächst hatte der Krieg den Staatshaushalt mit hohen Militär- und Verwaltungskosten belastet.

Die Defizite wurden, neben amerikanischer Unterstützung, mittels eines internationalen Finanzhilfefonds (USA, Großbritannien, Frankreich, Australien, Japan) gedeckt, ohne den es damals zur Inflation gekommen wäre; jetzt entstand statt dessen eine hohe *Verschuldung* gegenüber der Sowjetunion und den internationalen Finanzinstitutionen.

### *Bildungswesen, Verkehr, Infrastruktur*

In den letzten Jahren wurden Bildungswesen und *Schulen* erheblich ausgebaut. Waren um 1975 noch ca. 30% der Männer und 65% der Frauen über 15 Jahre Analphabeten, sollen bis 1985 (Ende des ersten Fünfjahrplanes) 90% des Lesens und Schreibens Kundige in der Altersgruppe zwischen 15 und 45 Jahren erreicht worden sein.
Eisenbahnen sind nicht vorhanden, der Verkehr wird, soweit vorhanden, auf den *Straßen* und zu einem erheblichen Teil mit *Flugzeugen* bewältigt; die Wiederherstellung bzw. Verbesserung des Straßennetzes ist die wohl wichtigste Entwicklungsaufgabe, 1985 soll die Verbindungsstraße von S-Laos über Vientiane bis Luang Prabang fertiggestellt worden sein. Auf dem *Mekong* werden Güter von 300-t-*Barken* (Talfahrt Luang Prabang–Vientiane vier Tage; Bergfahrt etwa zwei Wochen) befördert. Der Fernverkehr zur Mündung des Flusses ist, außer durch die Stromschnellen, auch durch die Lage in Kambodscha blockiert. Das gesamte *externe Transportsystem* hatte eine *Umkehrung* erfahren. Durch die Zugehörigkeit zum französischen Indochina war Laos im neuzeitlichen Straßenbau mit mehreren Paßstraßen über die annamitischen Gebirge an die *Häfen Vietnams* angeschlossen worden. Diese Zugänge zur Außenwelt waren für die unter der königlichen Regierung stehenden Gebiete jahrelang abgeschnitten. Sie waren außerdem durch die Schwierigkeiten des Straßenbaus durch schroffe, tropische Gebirge, durch die Sabotage-Aktionen der Widerstandsgruppen und mangelnde Kapazität an Transportmitteln bzw. deren Auslastung durch militärische Nachschubgüter nur von beschränktem Nutzen. Statt dessen wurden schon 1955 in *Thailand* eine Bahnlinie und eine Schnellstraße über das als weitgespannte Hochebene verkehrsgeographisch ideale Khorat-Plateau bis zur *Mekongfähre* Nongkhai-Vientiane gebaut (eine Brücke war geplant). Ergänzt durch mehrere weitere neue Straßen und einen zweiten Bahnanschluß bis nahe an die Mekong-Übergänge im S bei Pakse, wurde *Bangkok* zum *Haupthafen* und -umschlagplatz für Laos, der in eintägiger Bahn- oder Autofahrt erreichbar ist. Bis 1983 hatte Thailand nur drei offi-

zielle Grenzübergänge freigegeben; Laos ist darum bemüht, die Öffnung weiterer Übergänge zu erreichen.
Die *zurückgebliebene Infrastruktur* kennzeichnet auch, daß zwischen vielen Städten des Landes noch keine zivilen Telefonverbindungen bestehen, während Vientiane über Satellit direkt mit Moskau und Hanoi verbunden ist. Auf 1000 EW entfielen (1982) lediglich 0,05 Ärzte und 1,1 Krankenhausbetten; beides soll bis 1985 etwas verbessert worden sein.

#### 3.1.3.4 Die Entwicklung der Städte

Als extrem gekammertes Gebirgsland mit einem nur bescheidenen Netz *zentralörtlicher* Versorgung haben in Laos auch die meisten Provinzzentren nur den Umfang und die Funktion kleiner Landstädtchen erreicht. Selbst *Vientiane* war bis zum Krieg noch eine verschlafene Kleinstadt, die 1930 erst 15800 EW zählte. Die Unabhängigkeit mit dem Aufbau einer Ministerialbürokratie, die Kriegs- und Nachkriegsentwicklung mit dem Zuzug internationaler Organisationen, Wachsen des Flugverkehrs und allgemeiner Modernisierung brachten ein Wachstum über die Großstadtschwelle (1973: ca. 177000 EW, Schätzung 1981: 210000 EW). Zahlreiche vom Krieg Entwurzelte wanderten in die Städte, viele suchten Beschäftigungen bei den nationalen und internationalen Behörden, im Handel, Hotel- und Unterhaltungsgewerbe usw. Schon unter der französischen Kolonialverwaltung hatten die *vietnamesischen* Zuwanderer, zusammen mit den *Auslandschinesen*, die Majorität der städtischen Bevölkerung und den »tertiären Sektor« in der Hand. Insgesamt hat Laos ca. 13–14% »städtische Bevölkerung« (1982).
*Pakse* (45000 EW), (nahe des alten Fürstensitzes von Champassak) und *Savannakhet* (51000 EW), beides erst kolonialzeitliche Gründungen, sind die *Vororte im S.* Sie wuchsen durch die kriegsbedingte Zuwanderung an, leiden aber unter den nur noch schwachen Verbindungen mit Thailand wie mit der eigenen Hauptstadt. *Luang Prabang*, auf dem Mündungssporn des Nam Kham in den schnellströmenden Mekong inmitten eines von Waldgebirgen umrahmten Beckens gelegen, war das kulturelle Zentrum und die traditionelle hinterindische Fürstenstadt geblieben. Kunstvolle Tempel, Klöster und der bescheidene Königspalast bestimmten ihr Leben, das erst einzelne Ansätze zur Modernisierung zeigt – aufgeschreckt freilich durch lebhaften Flugbetrieb und die Fluktuation der Flüchtlinge und Soldaten. Die Einwohnerzahl ist auf 45000 angewachsen, die Funktionen sind aber mit dem Verlust des königlichen Hofes wieder geschrumpft.

### 3.1.4 Kambodscha

Heute zu den kleineren Staaten SO-Asiens gehörend, blickt Kambodscha (»Kampuchea«) auf Jahrhunderte der größten politischen und kulturellen Bedeutung als Vormacht Hinterindiens zurück. Seine tragische Verstrickung in den Indochina-Krieg hat es – nach längerem Dahindämmern als Vasall stärkerer Nachbarn und als exotisch-verträumtes Ländchen – erneut in den Blickpunkt des Weltinteresses gerückt. Die *Bevölkerung* wird wieder auf ca. 6,2 Mio. EW geschätzt. Wäre ihr natürliches Wachstum nicht durch die Katastrophen der Kriege und der Morde der »Roten Khmer« unterbrochen worden, müßte sie heute bei etwa 8,5–9 Mio. liegen. In den Medien wird es als Teil *»Indochinas«* angesprochen, im Sinne des jüngeren kolonial-französischen »l'Indochine« und seiner heutigen Nachfolgestaaten Vietnam, Laos und Kambodscha. Daß dieses politische Indochina anders umrissen wird als das kulturgeographische, wurde schon diskutiert. *Vietnam,* sehr viel stärker chinesisch als indisch beeinflußt, kann man Hinterindien kaum zurechnen, während *Kambodscha* gerade dessen historischer Kernraum ist. Das französisch-koloniale und nach ihm das heute vietnamesisch dominierte »Indochina« dagegen sind vielmehr das, wogegen sich die Khmer und (weniger vehement) die Laoten auflehnen, dem sie nicht zugehören bzw. unterworfen sein wollen. Nach dem Vietnamkrieg wurde aber das Kriegs- und Bürgerkriegsgeschehen in Kambodscha zum Brennpunkt des *neuen Indochinakonfliktes* und das Land der Khmer der ärmste und am meisten leidgeprüfte Raum der ganzen Region.

#### 3.1.4.1 Landschaftsräume

75% der Bevölkerung Kambodschas (181035 km$^2$) sind auf einem Drittel des Staatsgebietes, dem »Cambodge peuplé«, konzentriert. Dies ist die nur 5–20 m über dem Meere liegende Ebene des unteren *Mekong* und des Tonle Sap. Dort beginnt auch mit der Abzweigung des Bassac und des Tonle Sap-Flusses (»Quatre Bras«, d. h. »Vier Arme« bei Phnom Penh) das Mekong-Delta, dessen größerer Teil heute zu Vietnam gehört. Während der Mekong durch flache Hügel- und Plateauländer von N her ziemlich geradlinig in das kambodschanische *Tiefland* eintritt, erstreckt sich im NW des Deltas noch eine Tieflandsbucht mit dem Tonle Sap-See. Wahrscheinlich haben die alluvialen und lakustrinen Böden dieses Beckens eine von den Aufschüttungen des Mekong abgeschnittene Meeresbucht aufgefüllt;

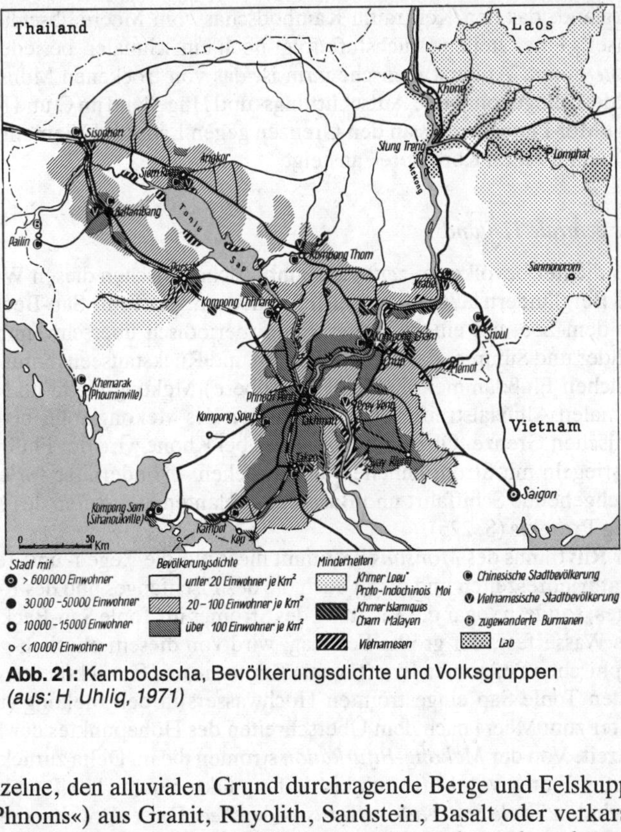


**Abb. 21:** Kambodscha, Bevölkerungsdichte und Volksgruppen
*(aus: H. Uhlig, 1971)*

einzelne, den alluvialen Grund durchragende Berge und Felskuppen (»Phnoms«) aus Granit, Rhyolith, Sandstein, Basalt oder verkarsteten (permokarbonischen) Kalktürmen sitzen dem überschütteten Sockel des alten indo-sinischen Massivs auf.

Die alljährlich überschwemmten Niederungen werden von leicht ansteigenden sandigen Terrassen, Schwemmkegeln und Plateaus aus neogenen Sedimenten eingerahmt; beiderseits des Mekong liegt das bis 100 m ansteigende »Plateau des Terres Rouges« (rote Verwitterungsböden auf basaltischen Deckenergüssen). Im N schließt die aus Sandsteinen aufgebaute *Dangrek-Stufe* (765 m) das Land gegen Thailand ab. Höher wurden im SW das *Kardamomgebirge* (= Phnom Kravanh, bis 1740 m, kristallin und palaeozoische Sedimente) und die Elefantenkette (1100 m, flachlagernde Sandsteine) herausgehoben. Sie bilden ein stark beregnetes, auf den Außenflanken tropischen Regenwald, innen feuchte Monsunwälder tragendes, dünn besiedeltes

Bergland, das den Kernraum Kambodschas vom Meere abschließt. Jenseits einer steilen Bruchstufe folgt noch ein schmaler, besiedelter *Küstensaum.* Äußerst menschenarm ist das von trockenen Monsunwäldern eingenommene Aufschüttungs- und Hügelland im O und NO, das »Moi-Plateau«, das an den Grenzen gegen Laos und Vietnam zur »Annamitischen Kordillere« ansteigt.

### *Das zentrale Tiefland*

Das dichter bevölkerte, *zentrale* Kambodscha zwischen diesen Wald- und Bergländern läßt sich in drei Teile gliedern: das Tonle Sap-Becken mit dem See und einem breiten Saum periodisch überschwemmter Wälder und Sümpfe, das von Flußarmen und Rückstauseen hinter natürlichen Flußdämmen durchzogene (obere) Mekong-Delta und die schmalen Alluvialstreifen zu beiden Seiten des Mekonglaufes bis zur laotischen Grenze. Oberhalb Kratié und bei Khone wird der Fluß von Felsriegeln mit Stromschnellen unterbrochen – Hindernisse für eine durchgehende Schiffahrt und Basis der geplanten Staustufen des Mekong-Projekts (S. 225).
Der Rhythmus des *Monsuns* bestimmt nicht nur die Regen- und Temperaturjahreszeiten und damit auch die des Fischfanges und des Reisbaues, sondern sogar die Richtung des Stromes im Tonle Sap-Becken. Das Wasserfest, der größte Feiertag, wird von diesem physisch-geographischen Phänomen fixiert: vom »Kentern« und Zurückfließen des in den Tonle Sap eingeströmten Hochwassers in den Mekong (und weiter zum Meer) nach dem Überschreiten des Höhepunktes der Regenzeit. Von der *Mekong-Bifurkation* strömen die im Delta zurückgestauten Fluten von Mitte Juli bis Anfang Oktober ca. 110 Tage lang durch den *Tonle Sap-Fluß aufwärts* in den *See.* Dieser erweitert seine Oberfläche von rund 2700 km$^2$ (der 5fachen Bodenseefläche) bei Niedrigwasser auf rund 12000 km$^2$ während der Regenzeit. Die Wassertiefe steigt von 2 m bis maximal 14 m. Als natürliches Ausgleichsbecken speichert der See die Hochfluten und läßt sie dann gleichmäßig zum Meer abfließen. Dadurch war die Melioration und Nutzung des *Mekong-Deltas* – das die große »Reisschüssel« Vietnams bildet – *ohne* umfangreiche Deich- und Schleusenbauten möglich (im Gegensatz zum stark bedeichten Tonking-Delta). Insgesamt stehen während des *alljährlichen Hochwassers* in Kambodscha über 20000 km$^2$ – etwa die Fläche ganz Hessens – unter Wasser. Große Gebiete sind so tiefgründig sumpfig, daß sie nicht agrarisch nutzbar sind. Sie werden vom jahreszeitlich überschwemmten Monsunwald (Hydrocarpus-Arten) bedeckt, von dem während der Flut nur die Kronen aus dem Wasser ragen (ca.

6000–7000 km$^2$), sowie von sumpfigen Savannen (»Veal«). Das Wasser wird hinter den natürlichen Flußdämmen rückgestaut, deren innere Seite gegen den Strom in der Trockenzeit ein Steilufer bildet, denn die Wasserstandsschwankung des Mekong beträgt im jährlichen Rhythmus bei Phnom Penh 8 m (Abflußmenge bei Niedrigwasser 1700 m$^3$/sec., bei Hochwasser 39000 m$^3$/sec.; J. DELVERT, 1961.) Nach außen fallen die Flußdämme flacher ab, hinter ihnen folgt das periodisch überschwemmte Rückstauland (»Beng«), der naturgegebene Standort für den ursprünglichen Überschwemmungsreisbau. Während dort organische Böden anstehen, bieten die Flußdämme mit braunen, sandig-lehmigen Mineralböden gute Voraussetzungen für Garten- und Trockenfeldbau und ideale Standorte für die Siedlungen, die dort normalerweise über dem Hochstand des Wassers bleiben. Sie haben Verkehrsgunst und Wasserversorgung durch den Fluß, guten Zugang zum Trocken- und Naßanbauland und eine Schutzlage gegen das Hinterland durch die Rückstausümpfe. Diese wurde auch für die an der Flußteilung (noch Gezeitenwasser und daher Hafen, obwohl 280 km binnenwärts der Mündung) begründete Hauptstadt *Phnom Penh* genutzt. Heute ist das allerdings zu einem Hindernis für den Ausbau des Stadtgebietes geworden, denn für alle Neubauflächen muß, nachdem die Flußdämme von der älteren Stadtentwicklung restlos besetzt wurden, erst künstlicher Baugrund in den Sümpfen aufgeschüttet werden. Ursprünglich war die Anlage der Hauptstadt an dieser Stelle (nach dem Untergang Angkors) ein Beispiel für die kluge Standortwahl hinterindischer Königsstädte. Außer der Gunst- und Schutzlage auf den Flußdämmen, dem oberen Ende der Gezeitenwirkung (Hafen) und der verkehrsgünstigen Stromgabelung bot sich dort auch die Möglichkeit zur mythologischen Verschmelzung der staatstragenden Traditionen mit einem eindrucksvollen Naturereignis: dem alljährlichen Umkehren der Fließrichtung in der Tonle Sap-Flußabzweigung. Dadurch konnte das »Wasserfest«, hoher Feiertag aller buddhistischen Monsunländer, mit einer Zeremonie zum Höhepunkt geführt werden, in der der König dem Wasser die »Erlaubnis« gab, wieder normal zum Meer abzufließen. Farbenprächtige Regatten (Tradition der Kampfboote der Khmer und Cham) begleiteten das Fest. (Auch der Name der Stadt verweist auf einen gezielten Gründungsakt an dieser wichtigen Stelle: »Hügel [Phnom] der Prinzessin [Penh]«, die nach der Überlieferung durch ein Naturereignis veranlaßt wurde, an dieser Stelle einen künstlichen Hügel mit einer Stupa zu errichten. Diese ist noch heute im Stadtkern erhalten.)

Das *zentrale Tiefland* erhält, obwohl es von den von außen kommenden Wassermassen alljährlich überschwemmt wird, selbst *nur*

*1300–1800 mm Niederschlag* / Jahr; an den *Küstengebirgen* fallen dagegen um *4000 mm* / Jahr. Der Hauptwasserzufluß erfolgt aus den hinterindischen und annamitischen Waldgebirgen über das *Mekong-System.*
Die etwas höher gelegenen Aufschüttungsflächen, Hügelländer und die Gebirge sind noch überwiegend *bewaldet;* daher beherbergen die von ihnen eingenommenen zwei Drittel des Landes normalerweise nur ein Fünftel der Bevölkerung, die nur zum Teil aus Angehörigen des Khmer-Volkes besteht.

### 3.1.4.2 Reisbau und Fischfang als Lebensgrundlage der Khmer

Für den *Reisbau,* die Lebensgrundlage der zu 84 % agrarischen Bevölkerung, bietet das *periodisch feuchte Tiefland* ideale Voraussetzungen. Mit 70–80 % nahm der Reis den überwiegenden Teil der vor 1975 2,9 Mio. ha landwirtschaftlichen Nutzfläche Kambodschas ein. Trotz der Bewässerungstradition Angkors wurde in der Neuzeit nur ein kleiner Teil mit kontrollierter Bewässerung bestellt; entsprechend begrenzt waren die Flächen mit zweimaliger Reisernte im Jahr (ca. 100000 ha). Bei dem günstigen Verhältnis von naturgegebener Anbaufläche zur Bevölkerungsdichte wurde vor dem Ausbruch der Kriegshandlungen auch mit der extensiven *Überschwemmungsbewässerung* (»Saatreis«) ein jährlicher Überschuß für den Export (ca. 200000 t) erzielt. Auf größeren Flächen (die Angaben schwanken zwischen 85000 und 375000 ha) wurde Tiefwasserreis angebaut. Bei den verfügbaren großen Betriebsflächen lohnt auch diese extensive Anbauform. Schon mit kleinen Verbesserungen (Saatgut, Düngung) wurde der ha-Ertrag von 8,5 dz im Landesdurchschnitt (1955) auf 13,2 dz (1968) gesteigert; Gesamternte 1968: 3,3 Mio. t. Den überwiegend *naturnahen* Formen des vorherrschenden Reisbaues mit natürlicher Überschwemmungsbewässerung und der Ergänzung durch den damit verbundenen *Fischfang* ist es zu danken, daß die Ernährungssicherung wieder möglich wurde; wenn auch zusätzliche Hilfslieferungen noch dringend benötigt werden. (Die Reisversorgung der ca. 10 % der Bevölkerung in den Gebieten der Widerstandsarmeen erfolgt fast ausschließlich von Thailand aus.) Nach Angaben der FAO sollen 1983 wieder ca. 1,4 Mio. ha, d. h. also etwa die Hälfte der früheren Reisbaufläche, bestellt und 1,7 Mio. t erzeugt worden sein. Es fehlt an Düngemitteln und Pestiziden. Der Bestand an Zugvieh umfaßt etwa nur die Hälfte des früheren, Traktoren und Maschinen existieren nur in Resten. Manche Felder, die während der Überschwemmung Naß-

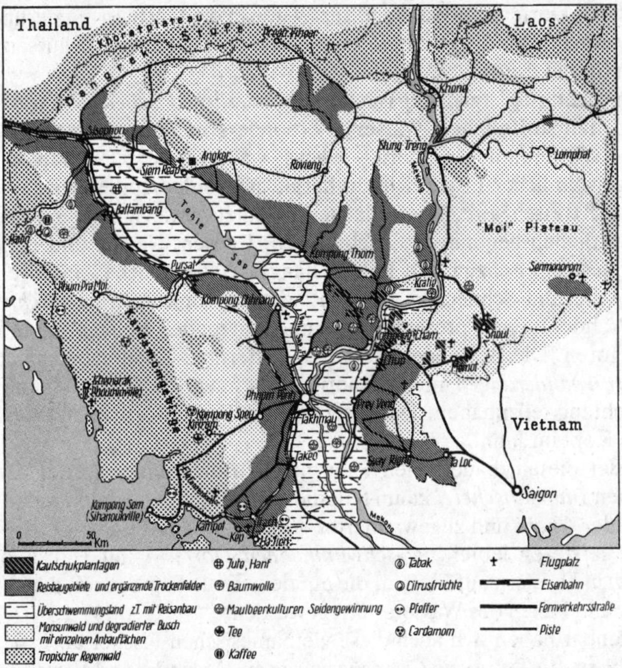


**Abb. 22:** Kambodscha, Landnutzung 1970 *(aus: H. Uhlig, 1971)*

reis tragen, werden in der folgenden Tockenzeit mit der im Boden gespeicherten Feuchtigkeit mit Mais und Bohnen bestellt.

Rings um das alluviale Tiefland steigen jungtertiäre *Aufschüttungsflächen* an. Im Trockenfeldbau werden dort Mais, Soja, Erdnüsse, Tabak usw. kultiviert. Für Reis ist man dort auf den weniger ergiebigen Anbau auf Regenstau angewiesen. Oft durchsetzen lockere Baumbestände und Termitenbauten die Felder, man spricht von einer *»Reisbau-Bocage«* (d. h. Heckenlandschaft) (J. BOULBET, 1982), die stark von der üblichen Vorstellung intensiv gepflegter Reisfelder abweicht. Darüber hinaus dringt der *Brandrodungsfeldbau* – u. a. Bergreis mit dem Pflanzstock – heute immer tiefer in die Wälder ein. Die Haltung von Rindern und Wasserbüffeln war in Kambodscha (wie in Thailand) bedeutender als in Vietnam. Während der Überschwemmungen (vorher Stoppelweide) *wanderten* die *Herden* in etwas höher gelegenes (Wald-)Weideland, andernorts wird das Vieh an Wegrändern und Feldrainen angepflockt. Während der Trockenzeit wird umgekehrt Vieh aus den Dörfern im Waldland zur Weide in die feuchten Niederungen getrieben. Das Überschwemmungsland bietet ideale Voraussetzungen für die *Entenzucht.*

Die wichtigste Ergänzung ist aber die *bäuerliche Fischerei.* Im warmen und nährstoffreichen Wasser – besonders in den planktonreichen Überschwemmungswäldern – wächst während der Überflutung ein ungewöhnlicher Fischreichtum heran; im Tonle Sap-See wird er auf etwa 8 t Fisch/km$^2$ Wasserfläche geschätzt. (DELVERT, 1967). Beim Rückfließen beginnt mit Fischwehren, Reusen, Netzen und Angeln ein riesiger Fischzug. Ein Teil des Fanges, zu dem auch kleine Krebse, Frösche und Schnecken gehören, wird in Tonkrügen zu *Fischpaste* (»Prahoc«), einer proteinreichen und würzenden Beilage zum Reis, vergoren. Die Bewohner der weiter entfernten Siedlungen kamen in *Saisonwanderungen* mit zweirädrigen Karren an die Gewässer, um am Fischfang teilzuhaben. Der Fischkonsum beträgt örtlich 50 bis 80 kg pro Kopf im Jahr.

Außer diesem bäuerlichen Fang nehmen die Khmer an der beruflichen *Binnenfischerei* kaum teil; diese wird mehr von den Minderheiten der *Cham* und zugewanderter *vietnamesischer* Fischer betrieben. Die letzteren lebten in *»schwimmenden Dörfern«* auf Hausbooten bzw. in Häusern auf Flößen, die auf dem Tonle Sap-See mit dem Steigen und Fallen des Wassers verlegt werden.

Offenbar haben sich auch diese vietnamesischen Fischer dort wieder etabliert. In *Kompong Chhnang* wurde ein Anlande- und Verteilungsplatz für die Fänge eingerichtet (FEER, 1984). Auf den Plattformen der Flöße finden außer den Wohnhütten auch noch Schweine- und Geflügelhaltung und geflochtene, ins Wasser hängende »Fischkäfige« (Lebendbecken) Platz, in denen ein Teil des Fanges bis zur Vermarktung gehalten und gemästet wird. Etwa 160000 t Fischfang gingen früher jährlich durch den Handel (etwa die Hälfte aus dem *Tonle Sap,* ein guter Anteil auch aus dem *Meer,* nach FAO-Angaben sind es wieder ca. 64000 t); der bäuerliche Fang wird nicht erfaßt. Statistisch waren die *Fangergebnisse* schon vor dem Krieg zurückgegangen, da viel gesalzener oder getrockneter Fisch nach Vietnam geschmuggelt wurde.

### 3.1.4.3 Angkor und die Khmer-Reiche:

*Prototyp der historischen hinterindischen Staats- und Stadtentwicklung und Grundlage der nationalen Identität*

Bevölkerungen der *Mon-Khmer-Sprachgruppe* sind im Mekong-Tiefland als die ältesten der heutigen Völker SO-Asiens historisch nachweisbar. Als erste Zeugnisse ihrer *Kulturlandschaft* blieben aus dem (unter Einfluß indischer Brahmanen organisierten) Königreich *Fu-Nan* die Reste von Be- und Entwässerungskanälen zur Melioration von Reisland erkennbar. Die einstige Bedeutung der Städte Fu-Nans (P. WHEATLEY, 1983) im Schnittpunkt des frühen indisch-chinesischen Seehandels bezeugen chinesische Berichte des frühen 3. Jhs. Durch das Überwiegen hölzerner Bauten – es ist bereits der Pfahlbau überliefert (GROSLIER, 1960) – blieben nur wenige Denkmäler (Einfluß der indischen Gupta-Kultur) erhalten; Funde indischer, chinesischer, griechischer, römischer und sassanidischer Herkunft belegen frühe Welthandelsbeziehungen. Im 6. Jh. wurde Fu-Nan von seinem Vasallen am mittleren Mekong und auf dem Khorat-Plateau, dem Königreich von *Chen-la,* assimiliert, aus dem dann als erste Staatsbildung der Khmer das frühe *Kambuja* hervorging. Während sich die Kultur Fu-Nans im amphibischen Delta mit einem Übermaß an Wasser auseinanderzusetzen hatte und den Anbau im Überschwemmungsland entwickelte, brachte Chen-la das binnenländische Element und mit ihm die Kunst der Speicherung des Wassers und der *künstlichen Bewässerung* ein.

Die beiden verschiedenartigen Landesteile zerfielen wieder in Kleinstaaten, und die indonesische Seemacht Srivijaya gewann die Vormacht. Der am dortigen Hofe erzogene Jayavarman II. vermochte sich dieser Lehensherrschaft wieder zu entledigen und begründete (802–850) die 600jährige Geschichte der Khmer-Reiche von *Angkor,* denen aber schon die acht Jahrhunderte der genannten, unter indisch-brahmanischen Einflüssen stehenden Kulturen vorausgegangen waren.

Die Entfaltung der politischen Macht, der Kunst, der Wirtschaft und der Staatsorganisation Angkors ist als Prototyp der *mittelalterlichen Hochkulturen* SO-Asiens und als Grundlage des heutigen staatlichen Selbstverständnisses Kambodschas so wesentlich, daß ihr auch in einer gegenwartsbezogenen Länderkunde Raum gewidmet werden muß (zugleich als Beispiel für die weiteren mittelalterlichen Königs- und Tempelstädte SO-Asiens). Angkor war nicht nur ein Hauptziel der (kunst-)historischen Forschung und des Fremdenverkehrs, es hat auch während des »Indochinakrieges« die Aufmerksamkeit auf sich gezogen. Die »Roten Khmer« hatten sich mit Stützpunkten und Lazaretten in den Ruinen festgesetzt – in der richtigen Annahme, daß diese von Kampfhandlungen verschont bleiben würden. Die Front verlief von 1970–1975 zwischen Angkor Wat und der 4 km entfernten, in der Hand der Regierungstruppen verbliebenen Provinzstadt Siem Réap. 1972 hat in Tokio eine von 12 Staaten beschickte Konferenz des asiatischen Kulturzentrums und der UNESCO Pläne zur Bewahrung Angkors vor Kriegszerstörungen beraten.

Seit 1983 ist Angkor in der Hand der Vietnamesen und der ihnen angeschlossenen Khmer-Regierungsverbände. Während das kulturelle Erbe offiziell respektiert wird, sprechen einige Meldungen von Vandalismus nicht identifizierter Soldaten. Die größten Verluste sind aber durch den *natürlichen Verfall* seit dem gewaltsamen Abbruch der französisch geleiteten »Conservation d'Angkor« eingetreten; inzwischen haben indische Restauratoren neue Erhaltungsarbeiten aufgenommen. 1983 machten japanische Reiseunternehmer Versuche, Eintagesbesuchsprogramme von Bangkok und Vietnam aus (per Flugzeug) zu riskieren. Da 1984/85 aber die Kämpfe wieder bis in die Nähe rückten, mußten sie wieder eingestellt werden. 1987 sollen – um Touristen-Devisen zu gewinnen – erneut (unter militärischer Sicherung) Besuchergruppen von Vietnam eingeflogen werden. Frei zugänglich sind seit Mitte der 80er Jahre nur die in O- und Zentral-*Thailand* stehenden *Khmer-Ruinen,* z. B. von Phimai (in jüngerer Zeit renoviert) oder Lopburi (nach dem die von den Khmer beeinflußte Stilepoche in Thailand benannt wird).

Über die bekannten Ruinen von Angkor Wat und Angkor Thom hinaus umfaßt der *Gesamtkomplex* von *Angkor* (d. h. »die Stadt«) mehr als 200 km$^2$, die mit Ruinen von Tempeln und Palästen, Stadtanlagen, Kanälen und Stauseen durchsetzt sind, zwischen denen seit dem Verfall wieder herangewachsene Wälder und an den Rändern auch Dörfer und Fluren liegen.

### *Die Kulturlandschaft Angkors – Nutzung und Wandlung des natürlichen Ökosystems*

Etwa dreißig Könige aus mehreren Dynastien – dem Hinduismus (mit Shiva- oder Vishnu-Kult), dem Mahayana- und Hinayana-Buddhismus oder einer Verschmelzung (Synkretismus) aus diesen angehörend – haben an der Schöpfung, baulichen Umgestaltungen oder Wiedererrichtung nach Zerstörungen von Angkor mitgewirkt. Die Wahl der

relativ weit *binnenwärtigen* Lage verrät das Bestreben nach Schutz vor dem Zugriff der *indonesischen Seemacht.* In kluger Nutzung der *ökologischen Gegebenheiten* – genau am Berührungssaum der beiden Landschaftstypen des kambodschanischen Kernraumes, des periodisch überschwemmten Tieflandes und des trockeneren »Waldrahmens« – wurde der Standort gesucht. Die Stadt lag nur 20–30 m über dem Meere, auf sandigen Schwemmfächern, die von der Dangrek-Landstufe im N und ihren Vorbergen (die Bausandstein und Laterit-Ziegel lieferten) in das Tonle Sap-Becken vorgeschüttet wurden. Dadurch hat sie gut drainierten Grund und Wasserversorgung aus den von der Stufe zum See fließenden Flüssen, so daß sowohl *Trockenfeldbau* wie der Ausbau von *Bewässerungsland* möglich waren. In dichter Nachbarschaft lagen (vor der inzwischen erfolgten Verlandung noch näher als heute) die periodisch überschwemmten Ufer des *Tonle Sap,* die ideale Voraussetzungen für den *Überschwemmungsreisbau* (»schwimmender Reis«) boten und die auch noch heute so genutzt werden. Diese Nachbarschaft der trockenen Siedlungsstelle am Rande des natürlichen Naßreislandes ist die *idealtypische Lage* für wichtige Stätten der monsunasiatischen Hochkulturen; sie entspricht auch den Standortgegebenheiten der meisten heutigen Reisbauernsiedlungen. Schließlich bot der Tonle Sap großen *Fischreichtum* und *Verkehrsgunst* für die Schiffahrt zum Mekong und zum Meer.
Diese Einpassung der Kulturlandschaft Angkors in das Naturraumgefüge wird auch deshalb hervorgehoben, weil in einigen Darstellungen – auch in der kulturgeschichtlich so kenntnisreichen von GROSLIER (deutsche Übersetzung 1960) – zu einseitig die Auffassung vertreten wird, daß das Zentrum der Angkor-Reiche – im Gegensatz zu den vorangehenden und nachfolgenden Hauptstädten Kambodschas – nicht im feuchten Tiefland, sondern, von Menschen vom trockeneren Khorat-Plateau, im etwas höher gelegenen, binnenländischen Raum angelegt worden sei. Damit soll auch die Entwicklung des Bewässerungswesens erklärt werden, da sonst der kambodschanische Reisbau meist auf der naturgegebenen Überschwemmungsbewässerung beruht. Das hochentwickelte Angkor nutzte aber das doppelte Potential des natürlichen Naß- wie des (teilweise bewässerten) Trockenlandes. Die Blüte seines Bewässerungsbaus ist aus dem hohen sozial-ökonomischen und technischen Stand und den Bedürfnissen zur Ernährung der *großen Bevölkerungsballung* in den mittelalterlichen *Königsstädten* zu erklären. Er verbindet sich mit der Anlage der großen *Stauseen* (indisch »Tank«, khmer: »Baray«), Kanäle und Stadtgräben, die – neben Bewässerung und Wasserversorgung – auch einen Teil der mythologisch-religiös bestimmten »Landschaftsarchitektur« bilden. Die

Statuen auf den Staudämmen und künstliche Inseln mit Tempeln verdeutlichen das; in der *Stadtanlage,* die als verkleinertes Abbild des vom »Gott-König« beherrschten Universums gestaltet wurde, verkörperten die Wallgräben und Stauseen das diese umschließende Weltmeer.
Der Einfluß indonesischer Vorbilder – besonders des Borobudur (Java) – manifestiert sich in den Anfängen Angkors in stufenförmigen Tempelbauten. Sie werden vom Anspruch des königlichen Erbauers auf die Universalhegemonie mit dem Titel des »Königs des Berges« (d. h. des heiligen Berges Meru) bzw. des »Großen Königs« (Maharaja) getragen. Jayavarman II. errichtete (nach seiner ersten Residenz auf einem wirklichen Berg, dem 40 km nordöstlich Angkors – als »Zeugenberg« vor der Dangrek-Stufe gelegenen Phnom Koulen, 527 m – später Steinbruch für Angkor) bei Roluos (15 km südöstlich Angkor) den ersten Tempel- und Palastkomplex. Indravarman (877–889) fügte den »Bakon« hinzu, mit dem erstmals der *heilige Berg,* von einem Tempel mit dem »Lingam« gekrönt, als *künstlicher* (Pyramiden-)Bau gestaltet wurde.
Mit dem »Indratataka« (dem See Indras), dem heute ausgetrockneten »Baray« von Lolei, fügte er auch den ersten Stausee mit *Bewässerungsanlagen* hinzu. Sein Sohn Yasovarman (das Sanskrit-Wort »-varman«, »der vom Panzer eines Gottes Beschützte«, ist allen Königsnamen beigegeben) begründete dann das eigentliche Angkor. Neben dem künstlichen Tempelberg des »Bakheng« legte er einen Stausee von der sechsfachen Größe, den heute noch bestehenden »östlichen Baray« (7000 × 1800 m) und dessen Kanal- und Bewässerungssystem an, das auch allen künftigen Stadtanlagen Angkors diente.

### *Das mittelalterliche Khmer-Reich und seine Stadtanlagen*

Fast gleichzeitig mit den *benachbarten Hochkulturen* – Champa (Mekong-Delta), Pagan (Burma) und Majapahit (Java) – erreichte Angkor unter Suryavarman II. (1113–1150) seine größte Blüte. Er galt neben dem Kaiser Chinas als *mächtigster* Herrscher Asiens und dehnte das *Khmer-Reich* bis an die Grenzen Burmas und bis in die malayische Halbinsel aus. Als Bauherr des Tempels von *Angkor Wat* prägte er die »Klassik« Angkors (GROSLIER, 1960). Von einem fast 200 m breiten Wassergraben umschlossen, mißt dessen heiliger Bezirk 1500 × 1300 m; die westliche Front des Baues erhebt sich über einer Steinbrücke in 187 m Breite. Der Hauptturm des pyramidenförmig errichteten Tempels ragt 65 m hoch auf.

Reliefs mit Themen des Vishnu-Kultes und »Apsaras«, den »Himmelstänzerinnen«, deren Kostüme und Gesten im klassischen Tanz Kambodschas und Thailands fortleben, bedecken mehr als 2000 $m^2$ der Wandflächen.
Nach Suryavarmans Tode aber stießen die *Cham* auf Kampfbooten, wie sie auf den Reliefs von Angkor Thom abgebildet sind und noch vor dem Kriege bei den Wasserfesten in historischen Regatten gefahren wurden, nach Angkor vor und plünderten und zerstörten, damals im Bunde mit den Annamiten, denen sie später selbst unterlagen, 1177 die Metropole der Khmer.
Unter Jayavarman VII. (1181–1219) konnte Angkor noch einmal zu einer späten Blüte von Kunst und politischer Macht geführt werden. In einer phantastischen Bautätigkeit ließ er Angkor Wat und die meisten anderen Bauten des Hauptstadtkomplexes restaurieren. Sein Hauptwerk wurde die Neu- und Ausgestaltung der Hauptstadt *Angkor Thom,* mit Gräben und Wällen, die ein Quadrat von über 3 × 3 km umgeben, die *größte* Stadtanlage des hinterindischen Mittelalters. Schätzungen gingen bis zu einer Mio. EW; etwa 300000 sind aber eine realistischere Vorstellung. Die fünf Stadttore (mit Steinbrücken) werden, wie der zentrale Bayon-Tempel, von »Gesichtertürmen« gekrönt, die das mehrere Meter hohe Antlitz Jayavarmans als Symbol der Vergöttlichung des Herrschers allen Untertanen gegenwärtig sein ließen; die großartigste Manifestation des »Gott-Königtums« (GROSLIER, 1960), obwohl Jayavarman VII. vom Hinduismus zum Buddhismus übertrat. War Angkor Wat Höhepunkt und zugleich Endphase der shivaitischen und vishnuitischen Kunst und damit der zwölfhundertjährigen Indisierung, so erfolgte nun der nochmalige Aufstieg Angkors (mit der noch heute bestehenden Geisteshaltung Hinterindiens) im Zeichen des Buddhismus. Mit ihm wurde das Sanskrit (letzte Inschriften in Angkor 1327) durch das Pali verdrängt.
Jayavarman VII. führte die *planmäßige Stadtanlage,* in einer hierarchischen Gliederung nach Funktionen und sozialen Vierteln um das Zentrum von Tempel und Palast, zum Höhepunkt. Ohne ein gut *organisiertes Umland* – mit Fernstraßen und Brücken (über die z. T. noch der moderne Verkehr rollt), Hospitälern, Pilgerherbergen – und eine intensive agrarische Produktion wäre diese nicht zu erhalten gewesen. Allein für den Tempelbezirk von Tha Prom ist z. B. überliefert, daß er rund 79300 Menschen, darunter 18 Großpriester, 2740 Beamte, 2200 Künstler, 615 Tänzerinnen, Diener, Handwerker, Juweliere, Kaufleute, Musikanten usw. umfaßte. 3140 Dörfer waren ihm für Versorgung und Bauarbeiten dienstbar.
Mit dem im 14. Jh. einsetzenden *Verfall* der zentralen Macht, die im-

stande war, die Bewässerungsorganisation und die Stadtgesellschaft in Funktion zu erhalten, griff wirtschaftliche Desorganisation um sich. Mangelhaft gepflegte Be- und Entwässerungssysteme, in denen das Wasser stagnierte, schufen Brutstätten für die Anopheles-Mücke (Malaria-Gefährdung). Mangelnde Regeneration der Böden durch den nährstoffreichen Schlamm der Bewässerungszufuhr ließ den Ertrag der nun z. T. trocken bzw. nur mit Regenstau bestellten Reisfelder sinken. Zur Sicherung der Ernährung mußte wohl der Brandrodungs-Wanderfeldbau ausgedehnt werden, so daß durch Übernutzung weitere Verarmung der Nährflächen und mit der *Bodenabspülung* verstärkte Verschlickung der Kanäle folgten. Kriege mit den erstarkten Fürstentümern der südwärts rückenden *Thai,* mit Massendeportationen und Plünderungen, erschütterten die Khmer-Herrschaft und ihre überdimensionierte Hauptstadt. 1431 eroberten und zerstörten die siamesischen Truppen Angkor. Die Khmer verlegten das Zentrum ihres verbleibenden Herrschaftsgebietes wieder flußab in das amphibische Land, schließlich in die Gunstlage des heutigen *Phnom Penh.*
Der tropischen Verwitterung und den Termiten haben nur die Ruinen der aus Sandstein, gebrannten Ziegeln und aus Laterit gefügten Tempel, Paläste und öffentlichen Bauten widerstanden, die Masse der profanen Holzhäuser ist vergangen. Die *Ruinen* wurden vom Wald überwuchert und erst im 19. und 20. Jh. allmählich *freigelegt* und restauriert (durch die École Française d'Extrême Orient). Einige Anlagen, z. B. Tha Prom wurden unter dem tropischen Wald belassen; sie zählen zu den eindrucksvollsten Stätten vergangener Größe. Entgegen den Vorstellungen, daß Angkor seit 1431 völlig verlassen und vergessen wurde, haben einige Khmer-Könige um die Mitte des 16. Jhs. das Gebiet nochmals den Thai entrissen, die Hauptstadt 1566 für einige Jahre wieder dorthin verlegt und Angkor Wat restauriert. Damals waren portugiesische Mönche die ersten Besucher, die die Tempel und Ruinen beschrieben. Im 16. und 17. Jh. war Angkor Wat ein Theravada-Kloster.

### *Ein Erbe der historisch-geographischen Entwicklung: die altansässigen ethnischen Minderheiten*

Die Volksgruppen und Herrschaftsbildungen, die im Mittelalter mit den Khmer rangen oder von diesen assimiliert wurden, sind heute z. T. noch in Restbevölkerungen präsent. Das gilt vor allem für die *Cham,* deren einstiges Reich Champa von N her von den Vietnamesen und von W von den Khmer unterworfen wurde. Die völkische Substanz

der Cham ist heute auf beide Staaten verteilt (S. 67; S. 378). Sie siedelten überwiegend auf den natürlichen Flußdämmen des Mekong und seiner Seitenarme; mehrere ihrer Dörfer liegen unmittelbar am Rande von Phnom Penh. Vor dem Kriege zählten sie etwa 85000 EW, heute werden ca. 50000 EW genannt. Außer ihrer Sprache heben sie sich durch die Religion ab, da sie sich, inmitten eines buddhistischen Umlandes, dem *Islam* zuwandten. Diesen brachten ihnen die etwa 10000 *malayischen* Zuwanderer des 17. und 18. Jhs., als die Khmer-Könige vorübergehend vom Islam gewonnen wurden; beide Gruppen, knapp 100000 Menschen, wurden offiziell als »Khmer-Islamiques« zusammengefaßt.
Im N reicht das Siedlungsgebiet der *Laoten* (etwa 30000) aus dem Nachbarland herüber. Östlich des Mekong und auch im westlichen *Waldgebirgsrahmen* findet sich nur sporadische Besiedlung durch Brandrodungs-Wanderfeldbau treibende oder noch als Jäger und Sammler lebende »Moi«. Unter diesem Sammelbegriff, der eigentlich »Wilde« bedeutet, wurden die Angehörigen verschiedener thaistämmiger, tibeto-burmanischer oder älterer Mon-Khmer-Gruppen (»Kha«) zusammengefaßt, während die Franzosen von »Montagnards« oder »Proto-Indochinois« sprachen. Heute werden sie in Kambodscha – insgesamt nur etwa 50000 – als *»Khmer Loeu«* (d. h. »Hochlands«-Khmer) bezeichnet. Seit dem vietnamesischen Vordringen wurden die menschenarmen, weit gegen Vietnam vorspringenden *O-Provinzen* Ratanakiri und Mondulkiri offenbar zu bevorzugten Gebieten einer Infiltration *vietnamesischer* Ansiedlung. Nur wenige Straßen oder Pisten erschließen dort die lichten, laubwerfenden Monsunwälder, die häufig durch Köhlerei, Waldweide und den Brandrodungsfeldbau zu Sekundärbusch mit kurzen, knorrigen Stämmen degradiert wurden.

### 3.1.4.4 Die neuzeitliche Stadtentwicklung und die urbanen Minderheiten der Chinesen und Vietnamesen

Ungeachtet der großen mittelalterlichen Stadtkultur hatte Kambodscha 1962 erst ca. 10% *städtische Bevölkerung,* davon allein 65% in *Phnom Penh.* Dieses war 1948 noch eine Provinzhauptstadt von nur 110000 EW, die unter der administrativen wie zentralörtlichen Vorherrschaft Saigons stand. Als *Hauptstadt* des wieder unabhängig gewordenen Kambodschas wuchs es rasch auf 570000 EW (1968) an. Der Krieg brachte dann seit 1970 eine rapide Umschichtung der Bevölkerung, da zunächst zahlreiche Menschen aus den umkämpften

Landgebieten nach Phnom Penh und in die anderen Städte flüchteten. 1972 wurde deshalb die Bewohnerzahl von Phnom Penh schon auf 1,3 Mio. und der dadurch sprunghaft gestiegene Anteil der städtischen Bevölkerung in ganz Kambodscha auf 20 %–25 % veranschlagt (J. MIGOZZI, 1973).
Nach der Eroberung durch die Roten Khmer wurde Phnom Penh vorübergehend durch die Vernichtung und *Austreibung der Städter* zu »Arbeitseinsatzplätzen« auf dem Lande fast zur *»Geisterstadt«* (es sollen nur ca. 23000 EW verblieben sein); jüngere Schätzungen rechnen wieder mit 400000 EW, ja es wurde sogar von einem Wiederansteigen auf ca. 700000 EW gesprochen (FEER, Mai 1986). Mit dem Wachstum der Stadt war eine *Wandlung* der *ethnischen* Zusammensetzung Kambodschas erfolgt. Nachdem vom Mekong-Delta aus während des 19. Jhs. vietnamesische Fischer in »schwimmenden Siedlungen« bis zum Tonle Sap vorgerückt waren (s. o.), wanderten in der Kolonialzeit – neben den in allen Städten SO-Asiens zahlreichen *Überseechinesen* – viele *Vietnamesen* nach Phnom Penh und einigen kleineren Städten zu. Wegen ihrer größeren Beweglichkeit wurden sie von den Franzosen als Verwaltungsangestellte, Soldaten und Polizisten bevorzugt, und bald setzten sie sich auch als Handwerker und Kaufleute fest. Sie erreichten schließlich einen Anteil von 30 % an der Stadtbevölkerung – und da es auch die *Chinesen* auf *28 %* brachten, gewannen die *fremdvölkischen* Asiaten mit 58 % die *Mehrheit* in der *Hauptstadt.* Die viersprachigen Aufschriften in den Geschäftsstraßen (Khmer – Vietnamesisch – Chinesisch – Französisch) waren ein beredter Ausdruck dafür. Die Vietnamesen lebten meist abgeschlossen in eigenen Stadtvierteln; das gleiche gilt für die vietnamesischen Fischer und für einzelne Gruppen in den Dörfern des kambodschanischen Teils des Mekong-Deltas, ebenso für die vietnamesischen Arbeiter in den Kautschukplantagen (ca. 16000 plus Familien). Ein Teil von ihnen hatte selbst in der Großstadt die als Hausboote bzw. auf Flößen gebauten Häuser beibehalten und mit kilometerlangen, *schwimmenden vietnamesischen Siedlungen* die Ufer gesäumt, deren Bewohner aber z. T. in städtischen Berufen und Industrie tätig waren. Diese mobile Siedlungsweise in Hausbooten (die auch im Tonking-Delta verbreitet sind – GOUROU, 1936) und in Häusern auf Flößen (S. 119) erklärt wohl z. T. auch das allmähliche Einsickern vietnamesischer Siedlung auf dem Wasserweg. Wegen ihrer sprachlichen, ethnischen und religiösen Unterschiede (ein größerer Teil der Vietnamesen in Kambodscha war *römisch-katholisch,* aber auch zwischen den zum Konfuzianismus oder *Mahayana-Buddhismus* gehörenden Gruppen und den zum *Hinayana-Buddhismus* gehörenden *Khmer* bestehen bedeutende Unter-

schiede), der historischen »Erbfeindschaft« und wegen der andersartigen Mentalität und Geschäftigkeit wurden die Vietnamesen nur ungern geduldet. Insgesamt wurde die *vietnamesische* Minderheit in Kambodscha auf 450000 (MIGOZZI, 1973) geschätzt. Beim Übergreifen des Krieges auf Kambodscha (März 1970) machten sich – obwohl gleichzeitig südvietnamesische Truppen zu Hilfe kommen mußten – die angestauten Spannungen zwischen den Volksgruppen in heftigen *Ausschreitungen* gegen die vietnamesische Stadtbevölkerung Luft und viele (etwa 250000; MIGOZZI, 1973) kehrten damals als *Flüchtlinge* nach Vietnam zurück, Tausende von umgebrachten Vietnamesen sollen damals den Mekong hinuntergetrieben sein.
Die *Chinesen* – ebenfalls ca. 450000 – hatten sich fast nur in den *Städten* niedergelassen. (Für 1950 gibt DELVERT [1983] erst 218000 an, dazu aber ca. 300000 gemischte Abkömmlinge, die weitgehend in die Khmer-Bevölkerung assimiliert waren.) Sie hatten sich meist stärker angepaßt und vielfach auch Ehen mit Khmer-Frauen geschlossen. Sie lebten, besonders in kleineren Orten – z. B. als Händler – weniger abgeschlossen als die Vietnamesen inmitten der Bevölkerung ihres Gastlandes und waren anfangs eher toleriert worden, bevor die Roten Khmer auch ihnen die Existenzmöglichkeiten entzogen.
Die wirtschaftliche *Überlegenheit* der Chinesen und Vietnamesen gegenüber der heimischen (Bauern-)Bevölkerung hatte bereits die frühere Regierung durch finanzielle Kontrollen und die Errichtung staatlicher Handelsgesellschaften (z. B. auch für die Reismühlen) einzuschränken versucht. Andererseits bildeten beide Fremdgruppen mit ihrer Aktivität in Handwerk, Kleinindustrie, Handel und Finanzwesen eine starke Stütze des wirtschaftlichen Lebens; in den gehobenen Positionen des »tertiären Sektors« waren sie relativ stark vertreten.
Diese gesamte, in Phnom Penh besonders umfangreiche Entwicklung, zunächst des städtischen *Wachstums* mit dem Ausbau zentralörtlicher Funktionen, dann das Anschwellen durch Kriegsflüchtlinge und schließlich die Zerstörung und der Exodus, vollzogen sich auch in den übrigen Städten des Landes. Auch in *Battambang* und *Kompong Cham,* den beiden nächstgrößten Städten, waren Verwaltung, Bildungswesen, Kliniken, neue Universitäten und Industrien usw. entstanden und sie waren bis 1975 von 55000 bzw. 45000 EW auf je etwa 100000 EW angeschwollen. Die Industriestadt *Thakmau* war im bandartigen Wachstum (entlang der Flußdämme) mit über 40000 EW räumlich mit Phnom Penh zusammengewachsen.

### 3.1.4.5 Kolonialzeit, Unabhängigkeit und Konflikte

Das geschwächte Khmer-Königreich hatte nur als *Vasall* in einem Condominium *Siams* und der *Annamiten* (Vietnamesen) überlebt, die mit ihrer Besiedlung seit 1673 in das Mekong-Delta vorstießen und es 1749 als *»Cochinchina«* ihrem Reiche eingliederten (S. 367). Neben den Resten der Cham blieb eine Minderheit von etwa einer halben bis einer Million Khmer im vietnamesisch aufgesiedelten Delta zurück. Als *»Khmer-Krom«* (Tiefland-Khmer) bezeichnet, bildeten sie seit 1954 einen Konfliktstoff zwischen Kambodscha und Süd-Vietnam (Schul- und Religionsautonomie).

Im 19. Jh. rangen die Annamiten, denen die Thai von W her entgegentraten, auf kambodschanischem Boden um die Oberherrschaft über die Khmer, und erst die Errichtung des *französischen Protektorats* bewahrte diese vor der völligen Absorption durch die stärkeren Nachbarn (1863). Während die Vietnamesen (Annamiten) selbst in das französische Kolonialreich eingegliedert wurden, mußte Frankreich die Aufgabe der Suzeränitätsansprüche der siamesischen Könige durch Abtretung der westlichen Provinzen Battambang, Sisophon und Siem Réap (mit Angkor) erkaufen, die erst 1907 zurückgewonnen und im Zweiten Weltkrieg vorübergehend annektiert wurden; *Grenzkonflikte*, besonders um den auf der Dangrek-Stufe gelegenen historischen Tempel Preah Vihear, der erst durch Spruch des internationalen Gerichtshofes bei Kambodscha verblieb, nährten bis in die jüngste Zeit die Spannungen. Sie sind ein Teil der historisch gewachsenen Angst vor der Umklammerung, die Kambodschas Politik seit langem bestimmt. Die Genfer »Indochina-Konferenz« – nach dem gescheiterten Versuch Frankreichs, sein »Indochina« zu erhalten – hatte 1954 Kambodschas *Unabhängigkeit* anerkannt. Prinz Sihanouk, noch von den Franzosen als König eingesetzt, dann »Staatschef« und Führer einer nominell »sozialistischen Volkspartei«, suchte auf einem, von außen nur schwer verständlichen Zickzack-Kurs – in der Umklammerung durch die »Erbfeinde« Vietnam und Thailand und zwischen den Großmächten USA, Sowjetunion und China – am Rande des Krieges in Vietnam und Laos die *Neutralität* zu wahren. Die größten Zugeständnisse forderte der Versuch, diese Neutralität auch gegenüber Nord-Vietnam zu erhalten. Dieses hatte 1954 schon einmal die O-Provinz Stung Treng okkupiert und war nur unter Drohungen Sihanouks, andernfalls seinen politischen Kurs zu ändern, zur Räumung zu bewegen (KULKE, 1970). Die Erhaltung einer Quasi-Neutralität mußte damit erkauft werden, daß stillschweigend die *Nachschubwege* des »Ho Chi Minh-Pfades« durch das *östliche Kambodscha*, Transporte über den Hafen *Sihanoukville* und die Anlage von Nachschub- und Reservestellungen in den grenznahen Kautschukplantagen geduldet wurden.

*Das Übergreifen des Vietnamkrieges*

1968/69 nahmen diese Verletzungen des kambodschanischen Territoriums massivere Formen an, es kam zu Kämpfen zwischen Sihanouks Armee mit nord-vietnamesischen Einheiten und Vietkong. Nochmals versuchte Kambodscha mit diplomatischen Avancen sowohl gegenüber Nord-Vietnam und China wie den USA und der Sowjetunion, die Lage zu stabilisieren. Innenpolitische Differenzen und wirtschaftliche Schwierigkeiten drängten aber, neben den Grenzverletzungen Nord-Vietnams, zur Aktion; die, anfangs noch schwachen, pro-vietnamesischen »Roten Khmer« wurden dagegen noch im Untergrund unter rigider Kontrolle gehalten.
Um sich energischer widersetzen zu können, stürzte 1970 General Lon Nol den Prinzen Sihanouk und trat mit der schwachen kambodschanischen Armee *Nord-Vietnam* und dem *Vietkong* entgegen. Er baute dabei auf amerikanische Hilfe – freilich kurz vor dem Augenblick, als die US-Truppen ihren Abzug aus Vietnam vorbereiteten und sich deshalb schon kurze Zeit nach dem Aufrollen der Vietkong-Stellungen in den grenznahen Gebieten wieder zurückzogen und die USA-Hilfe auf materielle und auf Luftunterstützung begrenzten. So blieb die schwache und schlecht ausgerüstete kambodschanische Armee darauf angewiesen, die Hilfe der *süd-vietnamesischen* Truppen zu suchen – angesichts der alten Rivalitäten und der Furcht, wieder von Vietnamesen unterdrückt zu werden, eine spannungsbelastete Bundesgenossenschaft! Sie wurde dadurch belastet, daß sich der Zorn der Khmer an der Minderheit der vietnamesischen Bevölkerung im Lande entlud und zu einem *Massaker* führte, das den Rückstrom der schon länger seßhaften Vietnamesen als Flüchtlinge auslöste (s. o.).
Obwohl besonders unter der bäuerlichen Bevölkerung die historische, z. T. religiös fundierte Verehrung für die königliche Tradition, die Sihanouk in Anknüpfung an die Herrscher Angkors aktiviert hatte, lebendig blieb, verlor er wegen seiner Anlehnung an China und Nord-Vietnam zunächst doch das Vertrauen; besonders die Mehrheit der Intelligenz unterstützte die *junge Republik*. Auch die von Sihanouk nun zwangsweise zu vertretenden kommunistischen Ideen (die eigentlichen »Roten Khmer« verweigerten ihm im Exil anfangs die Gefolgschaft) fanden wenig Widerhall, da Kambodscha *kaum* brennende *so-*

ziale Probleme kannte. Etwa 90% der *ländlichen Bevölkerung* bestand aus kleinen *Eigentümern,* die ein zwar bescheidenes, aber als freie Bauern doch auskömmliches Dasein führten. Großgrundbesitz war, außer den Plantagen, kaum vorhanden. Unter diesen Gegebenheiten blieben die Kämpfe anfangs noch gering. Sihanouks Kräfte und nord-vietnamesische Verbände kontrollierten zwar fast zwei Drittel des Landes – aber weitgehend die dünn besiedelten Randgebiete und den leeren O –, während das zentrale Kambodscha mit etwa drei Viertel der Bevölkerung bis 1973/74 noch in der Hand Lon Nols blieb. Geringe militärische und wirtschaftliche Erfolge, die angespannte Situation in den belagerten Städten und hohe Verluste unter der Zivilbevölkerung ließen, trotz schließlicher Öffnung zu einer auch Oppositionskräfte einschließenden Regierung des nationalen Notstandes, allmählich die Zustimmung abbröckeln, während Sihanouk und die »Roten Khmer« – eine politisch sehr heterogene Kräftegruppierung – stärker wurden. Nach dem Abschluß eines vorübergehenden Waffenstillstandes in Vietnam konzentrierten sich die kommunistischen Aktionen wie die bis zum August 1973 zur Unterstützung der nationalen Truppen geflogenen amerikanischen Bombenangriffe sehr viel stärker auf Kambodscha. Nach monatelanger Einschließung wurde die zuletzt über eine Luftbrücke versorgte Hauptstadt Phnom Penh im April 1975 erobert und kurz danach auch der Widerstand in Battambang, Kompong Cham (das schwer zerstört ist) u. a. aufgegeben.

*Die Katastrophe Phnom Penhs*

Auf der Flucht vor den Kämpfen waren seit 1970 immer mehr Khmer-Flüchtlinge aus den unsicheren Landgebieten in die Städte geströmt. Ein erster Zuwachs von *Khmer,* Beamten, Händlern und anderen nicht-bäuerlichen Gruppen, fand noch die Möglichkeit der Eingliederung in die *Stadtbevölkerung* – z. T. an Stelle der geflüchteten Vietnamesen. Sehr viel problematischer wurde die Aufnahme der *zweiten,* im Verlaufe des weiteren Kriegsgeschehens in die Städte strömenden Khmer-Flüchtlingswelle. Sie bestand vorwiegend aus *bäuerlicher* Bevölkerung der bedrohten Gebiete, für die es sehr viel schwerer war, berufliche und – in den inzwischen wieder aufgefüllten Städten – Wohnunterkunft zu finden. So bildeten sich an den Stadträndern umfangreiche *Notstandssiedlungen,* die die Lage in den lange vom Gegner eingeschlossenen oder beschossenen Städten verschärften. Insgesamt schätzt man den Zustrom von Khmer-Flüchtlingen in die Städte auf 300000–500000 Menschen (MIGOZZI, 1973).

Nach der Eroberung durch die *Roten Khmer* (1975) erschien diese riesige *Stadtbevölkerung* nicht nur überflüssig, unkontrollierbar und hinderlich, sowie vom Haß der Partisanen auf alles urbane Bürgertum verfolgt, sondern man stand auch hinsichtlich der *Versorgungs-,* Ernährungs- und Wohnmöglichkeiten vor dem Nichts. So kam es – unter den oft geschilderten Grausamkeiten und der fast völligen *Ausrottung* von Beamtenschaft, Militärs, Professoren, Lehrern, Ärzten und anderer Angehöriger der *Intelligenz* und der Oberschicht – zu jenem Zwangsexodus, durch den fast die gesamte *städtische Bevölkerung* auf das Land *deportiert* wurde, unter Zerreißung der Familien, ohne Rücksicht auf Gebrechliche und bald auch mit großen Verlusten durch Malaria und andere Seuchen. Auch die *Reste* der *fremdvölkischen* städtischen Minderheiten (Vietnamesen, Chinesen und Europäer, soweit diese noch nicht evakuiert worden waren), wurden aus den zu »Geisterstädten« gewordenen Ruinenfeldern vertrieben.

*Die Herrschaft der Roten Khmer*

Als Kommunisten mit den Vietkong zwar formell im Bunde – bei der traditionellen »Erbfeindschaft« zwischen Khmer und Annamiten aber schon vom Anfang ihres Kampfes an mit diesen in ständigen Spannungen – errichteten die Roten Khmer nun ihre Gewaltherrschaft. Mit brutalem Fundamentalismus suchten sie Kultur und Religion und die bürgerliche Intelligenz des alten Kambodscha auszurotten, aber auch Bauern, Mönche und Soldaten. Die *Städte* wurden *entvölkert,* die Landbevölkerung entwurzelt, die Tempel und Klöster zerstört. Die *chinesische* Minderheit – und nochmals die Überreste der *vietnamesischen* Minderheit – wurden *ausgelöscht. Geldwirtschaft* und öffentliche Dienstleistungen wurden *abgeschafft* und in einem Blutrausch dem Phantom eines absoluten Kommunismus nachgejagt. Tausende fanden bei Vertreibungen aus den Städten zu »Arbeitseinsatzplätzen« in der kollektivierten Landwirtschaft durch Gewalt, Seuchen oder Erschöpfung den Tod; glücklich, wer über die Grenze fliehen konnte. Die genaue Zahl der Opfer wird kaum zu ermitteln sein, die Schätzungen schwanken zwischen 200000 und über 2 Mio., die *Einwohnerzahl* Kambodschas war jedenfalls von ca. 7 Mio. 1975 auf ca. 5 Mio. 1978 gesunken.

*Das Eingreifen Vietnams und der neue Indochina-Krieg*

Der Wahnsinn steigerte sich so weit, daß sich der frühere Förderer und Verbündete, *Vietnam,* im Dezember 1978 gezwungen sah, Kambodscha zu besetzen, die Herrschaft der Roten Khmer zu stürzen und mit einigen von diesen abgefallenen Führern eine gemäßigtere kommunistische Khmer-Regierung unter Heng Samrin zu installieren. (Sihanouk, nach dem Sieg in einer ersten Koalition mit den Roten Khmer zunächst nominell wieder Staatsoberhaupt, war unter »Hausarrest« geblieben, mußte die Ermordung enger Angehöriger erdulden und konnte sich – vor dem vietnamesischen Eingreifen – wieder ins Exil absetzen.) Brachte dieses einerseits zwar die Rettung vor dem weiteren Wüten der Roten Khmer, so führte es weltpolitisch zur veränderten Fortsetzung der Tragödie. Nicht nur die benachbarten ASEAN-Länder und die westliche und blockfreie Welt, sondern vor allem auch die VR China sahen in der Invasion Kambodschas durch die Vietnamesen die Kontinuität ihres Eroberungsdranges und *Hegemoniestrebens* über Indochina oder ganz SO-Asien. *China* brach nicht nur seine – ohnehin brüchig gewordene – Unterstützung für Vietnam ab, sondern führte schließlich sogar im Februar/März 1979 einen Grenzkrieg im N Vietnams, um dieses in Kambodscha zu schwächen.
Die *Flüchtlingsströme* nach *Thailand* (200000–300000, z. T. in die Grenzgebiete zurückgekehrt), die zunächst den Roten Khmer entkommen wollten, wurden nun durch neue (selbst »Khmer Rouge«-Anteile einschließende) Fluchtbewegungen vor den Vietnamesen gesteigert. Die militärischen Verbände der »Roten Khmer« wichen in die Wildnis der Wald- und Grenzgebiete aus. Dort haben sie ihre Struktur (unter der alten Führung von Pol Pot und Khieu Sampan) wieder gefestigt und bilden die stärkste *Widerstandsarmee* mit (1984) ca. 20000–35000 Partisanen. Ihre militärische Ausrüstung wird von China (über Thailand) geliefert, neue Soldaten wurden aus Jugendlichen, Flüchtlingen, Bergstämmen usw. rekrutiert. Der Widerstand der *nationalistischen Gruppen* sammelte sich in zwei verschiedenen »Armeen«. Die mehr republikanischen Streitkräfte des früheren Ministerpräsidenten Son Sann zählten 1983 etwa 8000, die royalistisch-liberalen Anhänger Sihanouks ca. 3000–5000 Mann.
Um den ihnen in der UN-Vollversammlung noch immer als formell *legaler Regierung* zustehenden Sitz zu erhalten und um den Widerstand gegen den – über alle politischen Gräben und die Blutschuld der Vergangenheit hinweg – gemeinsamen vietnamesischen Feind zu koordinieren, mußten sich alle drei Gruppierungen 1982, unter Nachhilfe von außen, zur Einstellung der Feindschaft untereinander und zur Bil-

dung einer gemeinsamen »Nationalen Befreiungsfront des Khmer-Volkes« bereitfinden. Unter Sihanouk als »Staatschef«, Son Sann als Ministerpräsident und Khieu Sampan als Vizepräsident und Außenminister, wurde eine minimale Interessengemeinschaft hergestellt, die auch als die Voraussetzung für verschiedene Hilfsprogramme von außen gilt. De facto bestand dieses »befreite Kambodscha«, das ca. 10% der Bevölkerung kontrollierte (1983), aus einer Reihe *militärischer Stützpunkte* und *ziviler Lager* und Dörfer mit neugerodeten Anbauflächen – Mais, Maniok, Bananen usw. (während der Reis eingeführt wird) – in einem 10–30 km breiten (Waldgebirgs-)Streifen parallel zur thailändischen Grenze. Malaria und andere Krankheiten, Mangel an Ärzten, Medikamenten und Hospitälern (außer Feldlazaretten) sind schwere Belastungen. Die Roten Khmer hielten lange den südlichen Grenzabschnitt von der Küste bis nördlich Aranyaphrathet. Diese früher kleine, thailändische Grenzstadt ist zum international bekannten Militär-, Nachschub- und Flüchtlingszentrum geworden. Dort greift die Tiefebene, der auch die Straße und die einstige Bahnlinie folgen, von Thailand nach Kambodscha hinüber. Wenig südlich davon hatte sich die stärkste Gruppe der Roten Khmer um das wilde Karstgebirge des Phnom Malai (Provinz Battambang) etabliert, das die Grenze und die dort entlang einer strategischen, grenzparallelen Straße entstandenen, thailändischen Neusiedlungsgebiete überragt. Dort war mit etwa 30000 Einwohnern die »Regierung« und die Masse der Roten Khmer im Dschungel verschanzt. Nördlich Aranyaphrathet biegt die Grenze in die WO-Richtung ab und folgt der großen *Dong Rek* (=Dangrek)-Landstufe, die das thailändische Khorat-Plateau von den nord-kambodschanischen Waldgebieten und ihren Vorbergen trennt. Hier befanden sich mehrere Lager der nationalen Gruppen und weitere Stellungen der Roten Khmer. Die letzteren haben zusätzlich isolierte Stützpunkte in schwer zugänglichen Waldgebieten im *S* (Kardamom-Gebirge, Elefanten-Kette) und *O* (in den Provinzen Ratanakiri und Mondulkiri).

Größere *Angriffe* der vietnamesischen Truppen fanden zunächst nur in der *Trockenzeit* statt. Sie führten mehrfach zu heiklen Überschreitungen der thailändischen Grenze, hinter der die Thai-Armee ein erneutes Übergreifen auf ihr Staatsgebiet zu verhindern sucht.

Die Thai wissen die Unterstützung durch die USA wie durch China und ihre ASEAN-Partner hinter sich. Das erfordert auch die prekäre Situation, daß auf ihrem Territorium längs der Grenzen nicht nur die überfüllten Khmer-Flüchtlingslager liegen (S. 322), sondern daß auch der Nachschub für die Widerstandsarmeen weitgehend über thailändisches Territorium fließt. Über Schwarzhandel, Schmuggel oder Be-

schlagnahmen gelangten Versorgungsgüter selbst bis zu den Vietnamesen und ihren Khmer-Vasallen. Das beleuchtet die unübersichtliche Situation, in der keine festen Fronten oder Grenzen bestanden. Das Land wurde in den dichter besiedelten und erschlossenen Tiefländern und den Städten von den Vietnamesen, in den schwerer zugänglichen (Wald-)Gebieten von den Roten Khmer oder den nationalen Befreiungsarmeen kontrolliert.
Die Trockenzeit 1984/85 brachte eine einschneidende *Veränderung* der jahrelang festgefahrenen Lage. Unter Einsatz von Artillerie, Panzern und Kampfhubschraubern rollten die Vietnamesen in verlustreichen Kämpfen bis zum März 1985 alle Lager und Befestigungen der Widerstandsarmeen auf; auch das von Natur aus schwer durchdringliche Phnom Malai-System und alle Stützpunkte Sihanouks und Son Sanns auf kambodschanischem Boden wurden eingenommen. Neue Flüchtlingswellen drängten über die Grenze, mehrfach mußten Thai-Truppen ihre von vietnamesischen Umgehungsangriffen berührten Gebietsstreifen säubern und z. T. den flüchtenden Widerstandsgruppen Feuerschutz geben. Die Bevölkerung grenznaher Thai-Dörfer erlitt vietnamesischen Artilleriebeschuß. Die *vorsichtigen Reaktionen* von Bangkok wie Hanoi lassen aber erkennen, daß beide Seiten den Konflikt nicht über die Grenze tragen möchten. Nach dem Verlust ihrer festen Lager stellten sich die Widerstandsgruppen auf eine *bewegliche* Kampfweise um. Kleinere Verbände verunsichern wieder in echter Partisanenmanier mit Überfällen bis tief ins Landesinnere die Vietnamesen; Sinn der Aktionen ist es wohl mehr, die Khmer-Bevölkerung zu beeindrucken und ihren Abwehrgeist aufrechtzuerhalten. Eine militärische *Rückeroberung* erschiene mit den verfügbaren Kräften als *kaum realistisch*. Besonders Sihanouks Politik läßt Ansätze erkennen, eventuell auch mit dem Heng Samrin-Regime zu gewissen Kontakten zu kommen, um über eine Koalition in der Zukunft einmal einen schrittweisen Abzug der Vietnamesen zu erstreben. Dem entsprechen offenbar Vorstellungen einiger ASEAN-Länder, eventuell zur Bildung einer alle Kräfte umspannenden Regierung und einer internationalen Friedenstruppe – selbst unter Einschluß vietnamesischer Kontingente – kommen zu können. Eine derartige Neutralisierung war aber bis 1987, vor allem wegen der hartnäckigen Haltung Chinas, noch nicht zu realisieren. Die ASEAN-Staaten halten nach außen eine gemeinsame Linie; im einzelnen ist sie aber differenzierter. Während das exponierte *Thailand* – dem »Rote« wie »Nationale Khmer« zwar große Lasten und Risiken aufbürden, zugleich aber eine Art »Pufferzone« gegen Vietnam bieten – oder auch das ethnisch überwiegend chinesische *Singapur* stärker dazu neigen, sich *China*

etwas anzunähern und sich mit diesem gegen Vietnam (und die Sowjetunion) zu stellen, halten *Indonesien* und *Malaysia* die VR China nach wie vor für die größere Bedrohung und wären deshalb eher zu einem Arrangement mit Vietnam bereit, wenn dieses Kambodscha eine teilweise Neutralität gewähren und weiterhin einen Abwehrriegel gegenüber China bilden würde.

### *Die Regeneration der Khmer-Bevölkerung und die vietnamesische Siedlungspolitik*

Nach dem Genozid durch die »Roten Khmer« ist eine gewisse *Regenerierung* der Khmer-Bevölkerung durch die nachwachsenden Generationen – 42 % der Bevölkerung waren 1982 unter 15 Jahre alt – und durch Flüchtlinge erfolgt. Internationale Hilfsorganisationen haben in beiden, in dem von den Widerstandsorganisationen beherrschten Grenzstreifen und im vietnamesisch besetzten Inneren des Landes, zur Sicherung der baren Existenz beigetragen.

Mit *sowjetischer* Hilfe ist in den von *Vietnam* kontrollierten Landesteilen Wirtschaft, Verkehr, bäuerliches und ein bescheidenes städtisches Leben wieder teilweise in Gang gekommen. Die vietnamesische Mitwirkung wird zum Aufbau der Wirtschaft und aller Lebensgrundlagen gebraucht; ihre »Berater« in allen Stellen der Heng Samrin-Regierung werden freilich auch als Aufseher bewertet. Die Bevölkerung hat sich mit ihrer Präsenz arrangiert und sieht in ihr einen Schutz vor einer Rückkehr des unvergessenen – und auch propagandistisch wachgehaltenen – Schreckens der »Roten Khmer«, demgegenüber ihr die allmähliche Normalisierung und ein bescheidenes Leben mit einem langsamen Wiederaufbau unter der vietnamesischen »Schutzmacht« als das kleinere Übel erscheint.

Mit seiner Besetzung Kambodschas ist aber auch jenes alte Motiv des kontinuierlichen *Südwärts-Dranges* des – bei begrenzten Nährflächen – *übervölkerten Vietnam* in die naturräumlich günstigen, schwächer besiedelten *»Reiskammern«* Kambodschas erneut akut geworden. So entstand eine *neue Siedlungsbewegung,* deren ethnische Zusammensetzung und Umfänge noch nicht klar überschaubar sind. Sie umfaßte zunächst Reste der *Khmer-Krom,* der schon mit der Einnahme des Mekong-Deltas im 18. Jh. unter vietnamesische Herrschaft gekommenen Teile der Khmer-Bevölkerung (S. 378 u. 380). Ihnen fiel eine besondere Rolle zu, als sie – sprachlich Khmer, politisch vietnamesisch beeinflußt (oder aus Vorsicht bzw. Opportunismus »angepaßt«) – als Mittelsmänner, Siedler oder selbst als aktive Führungskader in das

vietnamesisch besetzte Kambodscha kamen. Ihnen folgte die Rückkehr bzw. Neuzuwanderung einer *vietnamesischen* Stadtbevölkerung und der Fischer, die im alten Kambodscha schon wesentliche Teile von Handwerk, Handel, Verwaltung und Ernährungsversorgung getragen hatten. In der jetzigen Wiederaufbausituation und unter dem Schutz ihrer Truppen, die, mit ihrem zivilen Troß, den Beratern usw. die Zahl der Vietnamesen ohnehin rasch ansteigen ließen, finden sie neue Möglichkeiten. Soweit erkennbar, kommt es dabei, über die Rückkehr in die Städte hinaus, auch zu agrarischen, noch schwer zwischen spontanem Vorrücken und planmäßiger *Siedlungspolitik* zu unterscheidenden Niederlassungen. So wird über die Anlegung *neuer (Wehr-)Dörfer* in verschiedenen Landesteilen berichtet, in die zu den Khmer-Bauern jeweils ca. 20% vietnamesische Einwohner, nach »Freundschaftsabkommen«, als »Aufbauhelfer« hinzugesiedelt werden. Stärker ist offenbar die Ansiedlung in den menschenarmen, dem nördlichen Vietnam näheren *O-Provinzen.* Auch die Wiederherstellung der *Plantagen* ist mit vietnamesischen Kräften erfolgt, die diese ja schon früher bearbeitet haben (S. 365).
Die *Chinesen* (S. 353) sind fast völlig *verschwunden,* dagegen ist die Wiederauffüllung der vietnamesischen urbanen Bevölkerung (auch für den Gewerbe- und Industrieaufbau) im Gange. Die Zahlenangaben über die Vietnamesen in Kambodscha schwanken sehr; seriöse Schätzungen belaufen sich auf 300000–500000 – eine Zahl, die von der der *vietnamesischen Vorkriegsbevölkerung* in Kambodscha (S. 353) vorläufig noch *nicht* weit *entfernt* wäre (hinzu kommt die Truppenpräsenz).

### 3.1.4.6 Verkehr und Wirtschaft

1956 war mit französischer Hilfe an der vorher kaum erschlossenen SW-Küste, wo nur der wegen Verschlickung auf die Küstenschiffahrt beschränkte Hafen von *Kampot* lag, ein *neuer Hochseehafen* und eine planerisch gestaltete Stadt – Sihanoukville bzw. *Kompong Son* – angelegt worden. Die Gründung sollte ursprünglich der Lösung aus dem Verbund »Indochinas« dienen, in dem Saigon auch für Kambodscha der führende Hafen war. Für den Flußhafen *Phnom Penh* war die Zufahrt über den etwa 280 km langen Gezeitenlauf des Mekong noch vor der Unabhängigkeit für Seeschiffe bis 4,5 m Tiefgang (je nach Wasserführung 4000–6000 t -Schiffe) ausgebaut worden, blieb aber von der Durchfahrt durch S-Vietnam abhängig. Dem neuen Hafen »Sihanoukville« wurden eine *Erdölraffinerie* (1968: 500000 t), *Remontage-*

fabriken für französische Lkw und tschechische Traktoren, eine Brauerei und ein Seebad angeschlossen; der damals mit chinesischer, französischer und deutscher Entwicklungshilfe gebaute *Bahnanschluß* nach Phnom Penh erschloß auch ein *Zementwerk*. Der weitere Ausbau wurde während des Vietnamkrieges durch die für die spätere Entwicklung verhängnisvolle Rolle unterbunden, in der Sihanoukville zum Umschlagplatz des Seenachschubs für den Vietkong wurde und dadurch mit zur Einbeziehung Kambodschas in den Krieg beitrug. Von dort wurden die Güter über den – vorher mit amerikanischer Hilfe gebauten – 230 km langen »Friendship Highway« (Sihanoukville – Phnom Penh) in die Vietkong-Nachschublager im Grenzgebiet transportiert (»Sihanouk-Pfad«). Der wichtigen *Binnenschiffahrt* stehen 1400 km Wasserwege zur Verfügung. Die Stromschnellen von Kratié und von Khone nahe der laotischen Grenze blockieren aber eine durchgehende Schiffahrt auf dem *Mekong*. Die Hoffnung auf einen Wasserweg bis nach China war im 19. Jh. eines der kolonialen Ziele der Franzosen gewesen; durch das internationale *»Lower Mekong Project«* (S. 225) ist ein Ausbau vorgesehen. Kambodscha ist noch volles Mitglied im International Mekong Committee (Sitz Bangkok), das ja – neben dem Ausbau der Schiffahrt – vor allem die Anlage großer Staudämme für Bewässerung und Kraftgewinnung vorwärtstreibt. Solange die Lage im Lande aber nicht stabilisiert ist, bleibt diese Mitwirkung theoretisch.

Alle größeren Orte waren über befestigte *Straßen* zu erreichen; diese sollen durch Zerstörungen (Sprengungen usw.), durch mangelnde Instandhaltung und Überlastung mit Transport- und Kampffahrzeugen in einem katastrophalen Zustand sein. Die abseitigeren Gebiete werden von in der Trockenzeit befahrbaren Pisten durchzogen. Eine *Bahnlinie* verbindet Phnom Penh mit *Battambang;* dieses Teilstück ist, wenn auch mit extrem langen Fahrzeiten und reduziertem Wagenpark, wieder in Betrieb. Es dient auch dem vietnamesischen Nachschub in dem umkämpften W. Die frühere Verbindung bis Bangkok ist schon länger wegen politischer Differenzen und dann kriegsbedingt unterbrochen worden. Der Anschluß über Saigon an die annamitische Bahn, der in der Kolonialzeit geplant und schon in manchen Atlanten eingezeichnet war, ist nie zur Ausführung gekommen.

### *Die Wiederbelebung von Industrie und Handel*

Die noch bescheidene *Industrialisierung* war mit Fabriken für Zement, Glas, Gummiwaren und Reifen, Textilien, Papier, Remontage

von Lastwagen und Traktoren begonnen worden. Die meisten Fabriken entstanden am Rande von Phnom Penh; in der *Arbeiterschaft* war die *vietnamesische* Minderheit stark vertreten. Impulse auf dem Lande wurden durch Verarbeitungsstätten für Agrarprodukte geschaffen, z. B. für Baumwolle und Jute in *Battambang* und *Kompong Cham*. Auch die Ausrichtung bäuerlicher Neusiedlungen auf marktwirtschaftliche Produkte und die Verbesserung von Heimindustrien – wie der Seidenweberei – waren Teile der Entwicklungspolitik.
Heute hat man Teile dieser Industrien für die Eigenversorgung wieder in Gang gesetzt, vielfach mit primitiven Mitteln, meist sehr jugendlichen Arbeitskräften und mit Vietnamesen, da der alte Arbeiterstamm und das alte Management vernichtet wurden. Eine kleine Fabrik in Battambang erzeugt wieder ca. 2000 t Phosphatdünger, ein Projekt zum Wiederaufbau einer großen *Phosphatfabrik* in der Provinz Kampot (für 50000 t/Jahr) wird von sowjetischer Seite betrieben, ebenso die Wiederherstellung des Zementwerkes von Chakrey Ting. Während die Industrie noch vom Mangel an Rohstoffen, Ersatzteilen und Energie behindert wird (FEER, Mai 1986), haben sich der *Kleinhandel* und die *Versorgungslage* für die Bevölkerung merklich verbessert. Über Schmuggel und Schwarzhandel durch die umkämpften Grenzzonen, aber auch wieder durch einige Handelsschiffsankünfte (bes. aus Singapur) und durch internationale Hilfsaktionen, hat sich in Phnom Penh wieder ein lebhafter Markt mit Nahrungsmitteln und vielfältigen Konsumgütern gebildet. Er wird durch weitgehendes Gewährenlassen des privaten Handels und den Verzicht auf Kollektivierungsversuche seitens der Heng Samrin-Verwaltung gefördert. Fisch und andere Lebensmittel werden z. T. bereits nach Vietnam exportiert oder nach Thailand geschmuggelt. Der kambodschanische Riel (offizieller Kurs 1986: 30 R = 1 US-$, Schwarzkurs: ca. 130 R = 1 US-$) ist bereits kaufkräftiger als der vietnamesische Dong; auswärtige Waren werden auch schon mit Dollars bezahlt, die von Khmer aus dem Ausland übermittelt wurden.

### *Die Kautschukplantagen*

Außerhalb des zentralen Tieflandes waren in der Kolonialzeit (über die damals belanglose Grenze zum heutigen S-Vietnam hinweg) im SO des Landes, beiderseits des Mekong, ausgedehnte Kautschukplantagen angelegt worden; vorwiegend auf niedrigen Basaltplateaus, deren tiefgründige, rote Verwitterungsböden für die Reisbauern keinen Anreiz zur Rodung boten. Deshalb war dort günstiges, noch uner-

schlossenes Land verfügbar. Diese Plantagen – 51000 ha – wurden nach der Unabhängigkeit von französischen Gesellschaften mit kambodschanischer Regierungsbeteiligung weitergeführt; die Produktion von 53000 t (1967) konnte sich zwar nicht mit der Malaysias oder Indonesiens messen, bot aber im Wettbewerb mit dem Reis einen wesentlichen Beitrag zu Kambodschas Exporten. Zur Aufwärtsentwicklung bis zum Kriegseintritt haben eine aktive Verjüngung der Bestände und technische Innovationen beigetragen, so daß die *Kautschukerzeugung*, an der keine »smallholder« und bäuerlichen Pflanzer teilhaben, im Landesdurchschnitt die höchsten Flächenerträge SO-Asiens brachte (D. FRYER, 1970). Wie in Malaysia oder Thailand zeigten die einheimischen Bauern kein Interesse an der Plantagenarbeit, so daß *Fremdarbeiter* angesiedelt werden mußten; anstelle der Zuwanderung von Indern und Chinesen warben die französischen Plantagen ihre Arbeiter im übervölkerten Tonking an, mit denen in den – hart an der heutigen südvietnamesischen Grenze liegenden – Kautschukgebieten eine *nord-vietnamesische,* z. T. *katholische Minderheit* entstand. Dieses sozialgeographische Phänomen wurde später zum politischen Problem, da es die Anlage der Vietkong-Stützpunkte jenseits der vietnamesischen Grenze begünstigte, die schließlich zur Einbeziehung Kambodschas in die Kampfhandlungen führen sollte; die hart umkämpften Marktflekken Snoul, Mémot u. a. waren Plantagenarbeitersiedlungen bzw. kleine Zentralorte mit überwiegend nord-vietnamesischer und chinesischer Bevölkerung.
Die *Verluste* an *Kautschukbeständen* betrugen ca. 20000 ha; 1982 soll – nach den umfangreichen Zerstörungen – wieder eine Fläche von ca. 11700 ha zapffähig gewesen sein. Die jahrelang ungepflegten Bestände bestehen aber entweder aus überalterten, nicht mehr voll tragfähigen, oder neugepflanzten, noch nicht voll zapfreifen Hevea-Bäumen. Eine Ernte von wieder 9200 t soll im Tausch gegen Pestizide an die Sowjets gegangen sein. Der Wiederaufbau erfolgte mit vietnamesischen Arbeitskräften, da ja nur wenige Einheimische in der Plantagenwirtschaft tätig waren.

### *Pfeffer, Baumwolle, Jute*

Mit der staatlichen Neuerschließung von *Siedlungsstellen* mit marktwirtschaftlicher Produktion waren noch weitere »Inseln« stärkerer Nutzung im Waldland entstanden. Auf Schwarzerdeböden (Regur, auf Kalkuntergrund) wurde bäuerlicher *Baumwollanbau* entwickelt, mit Verarbeitungsindustrien in der Nachbarschaft. Pflanzungen von

*Pfeffer, Ananas, Tabak* waren andere Produkte neu angesetzter Waldsiedlungen. Am Rande des Feuchtlandes bei Battambang kam die Einführung des *Jute*- und Kenafanbaues (etwa 1000 bäuerliche Betriebe) hinzu.
Nach Angaben des Landwirtschaftsministeriums in Phnom Penh sollen 1982 etwa wieder die Hälfte der alten *Baumwollflächen* bestellt und die *Pfefferanpflanzungen* im Wiederaufbau sein. *Zucker* wird erst wieder im Handbetrieb gewonnen (braune, in Töpfen auf offenem Feuer eingedampfte und dann luftgetrocknete Molassefladen); die früheren Ansätze zum Kaffeeanbau im Bergland sind verschwunden. *Jute* wurde ebenfalls zur *Hälfte* (900 t) des früheren Ertrages erzeugt.

### *Früheres und heutiges Bildungswesen; Wiederaufbau*

Etwa 10% der Jugendlichen besuchten vor dem Krieg höhere Schulen. Zur 1962 mit sowjetischer Hilfe gebauten und mit französischen Professoren besetzten *Universität* und zu den Hochschulen für Technik, Landwirtschaft und Kunst in *Phnom Penh* waren weitere in *Battambang, Kompong Cham* und *Takeo-Kampot* gekommen, um der einseitigen Konzentration der akademischen Bildung auf die Hauptstadt entgegenzuwirken. Die einstige deutsche technische Schule in Battambang war vor dem Krieg in eine technische Fakultät verwandelt worden.
Um 1982 sollen etwa 1,4 Mio. Jugendlicher wieder Schulen besucht haben, der *Mangel* an *Lehrern* – wie an *Ärzten, Technikern* usw. – ist aber noch groß.
*Französisch* hatte sich als Verkehrs- und als Bildungssprache gehalten. Die freundschaftliche Einstellung zum einstigen Kolonialherren, von dem die Khmer Rückhalt für die Bewahrung ihrer nationalen Integrität erhielten und die Unabhängigkeit (im Gegensatz zu Vietnam) ohne Feindseligkeiten erringen konnten, hatte dazu ebenso beigetragen wie die starke Affinität des französisch erzogenen Prinzen Sihanouk zu der auf einen selbständigen politischen Kurs bedachten Persönlichkeit de Gaulles. Mit Wirtschaftsexperten und Technikern, Militärberatern, Professoren und Lehrern blieben die Franzosen – selbst noch in der kriegsbedrohten Hauptstadt der 70er Jahre – stärker präsent als während der Kolonialzeit. Heute haben *sowjetische* und *vietnamesische* Berater den Wiederaufbau der *Bildungseinrichtungen* aufgenommen. Für diese besteht ein dringender Bedarf, da das Land durch das Wüten der »Roten Khmer« und durch die Flucht der überlebenden Reste der

Intelligenz in den Widerstand oder ins Ausland der gesamten Bildungsschicht beraubt worden war.
Alle *wirtschaftlichen Fortschritte* waren durch die Kämpfe wieder *zunichte* geworden. Die *Kriegslasten* übersteigen die finanzielle Leistungsfähigkeit des schon vorher durch Entwicklungshilfen gestützten und zu größter Sparsamkeit gezwungenen Landes; sein Wiederaufbau bedarf großer Anstrengungen. Seit Errichtung der Heng Samrin-Regierung bezieht das von den Vietnamesen besetzte Land Entwicklungs- und *Wiederaufbauhilfen* von der Sowjetunion und den Ostblockstaaten, auch der DDR. Die Hilfen des Westens fließen stärker den *Widerstandsgruppen* und vor allem den notleidenden *Flüchtlingslagern* zu. Internationale Hilfsorganisationen wirken im Kampf gegen Hunger und Krankheiten darüber hinaus humanitär in beiden Teilen des gequälten Landes.

### 3.1.5 Vietnam

Der östliche Saum des festländischen SO-Asiens nimmt eine besondere Stellung ein. *Naturräumlich* wird er durch schwer durchgängige, bis über 3000 m aufsteigende *Waldgebirge* vom übrigen Festland abgeriegelt (die von A. KOLB [1973] mit der trennenden Wirkung der burmanischen Randketten am W-Flügel gegen den Subkontinent Indiens verglichen werden) und ist nur über das Südchinesische Meer und im Tiefland des Mekong-Deltas offen zugänglich; im N führen einige niedrige, leichtere Pässe von China herüber. Das *Mekong-Tiefland* und im N das gebirgsumrahmte *Delta von Tonking* sind die beiden Hauptlebensräume, dazwischen erstreckt sich nur ein Saum *schmaler Küstenhöfe* und dahinter steil ansteigende *Bergländer.* Diese natürliche Abriegelung und seine stark von *China* geprägte Kultur heben Vietnam deutlich vom historisch indisierten »Hinter-Indien« ab (S. 232). Die Verbindungen mit Laos und Kambodscha im heute erneuerten Indochina sind macht- und territorialpolitisch – kulturell und ethnisch sind sie sehr viel schwächer; auch französische Geographen und Kulturhistoriker, die bisher in der Tradition des frankophonen »l'Indochine« zu denken pflegten, haben sich heute zur Anerkennung der Sonderstellung des stärker sinisierten Vietnam am Rande SO-Asiens durchgerungen (z. B. J. DELVERT, 1967); A. KOLB (1973) nennt es »das südlichste Ostasien«. Selbst der Name Viet-Nam kennzeichnet die Stellung zwischen den Kulturerdteilen: nach ECKARDT u. NGUYEN TIEN HUU (1968) ist er abgeleitet vom einheimischen Wort »viet« = »verstoßen« und dem chinesischen »nam« = Süden – d. h. »das nach

Süden verstoßene Volk«, womit die ursprüngliche *Wanderung* der Vietnamesen aus dem südlichen *China* angesprochen wird. Ethnisch sind sie eine indonesisch-mongolische Mischrasse mit austro-asiatischen und Thai-Sprachelementen, die intensiv sinisch überlagert wurde, aber auch mit der Assimilation von Trägern indisierter Kulturen, wie der *Muong* (Mon-Khmer-Gruppe) oder der zur malayo-polynesischen Sprachgruppe zählenden *Cham*. Kultur- und politisch-geographisch, mit dem Siedlungs- und Territorialvorstoß bis ins Mekong-Delta und mit der heutigen politischen Herrschaft auch über das östliche »Hinterindien«, ist es genauer, von einer *Übergangsstellung* Vietnams zwischen den Kulturräumen zu sprechen.
Die politische Verbindung im französischen Kolonialverbund von »l'Indochine« (2. Hälfte 19. Jh. bis zum Zweiten Weltkrieg) wurde durch die heutige Besetzung von Kambodscha und Laos (bzw. ihre Verwaltung durch vietnam-abhängige Regierungen) erneuert. Diese militante Beherrschung der Nachbarn und sein rigoroser, spartanischer Kommunismus, der noch immer die »Bootsflüchtlinge« aus dem Lande treibt, läßt Vietnam auch heute in Konfrontation zum übrigen SO-Asien – aber auch zu der ihm weltanschaulich nahestehenden VR China – stehen.

### 3.1.5.1 Staat und Naturräume

Nord- und Süd-Vietnam entsprechen etwa dem 1802 aus Annam und Tonking wiedervereinigten Vietnam des Kaisers Gia Long, das seit 1858 schrittweise vom Frankreich Napoleons III. annektiert wurde. Die Unabhängigkeitskämpfe nach dem Zweiten Weltkrieg endeten 1954 mit der französischen Niederlage, aber auch mit der Teilung an einer Demarkationslinie knapp südlich 17°N zwischen Nord-Vietnam (Demokratische Republik Vietnam) und Süd-Vietnam (Republik Vietnam) von 1954 bis 1976. Von der chinesischen Grenze in 23°22'N säumt das schmale Land die gesamte O-Küste des Festlandes vom Golf von Tonking bis zur S-Spitze des Mekong-Deltas (8°33'N), d. h. über 1750 km.
Die Sozialistische Republik Vietnam umfaßt 329566 $km^2$ mit (Schätzung 1986) rd. 60 Mio. EW (mit 176,9 EW/$km^2$), d. h. knapp eine Fläche wie die beider deutscher Teilstaaten zusammen, während die Einwohnerzahl fast der der Bundesrepublik entspricht. Damit ist es das volkreichste Land im festländischen, und das zweitstärkste in ganz SO-Asien (weit hinter Indonesien, aber knapp vor der EW-Zahl der Philippinen oder Thailands). Die 1976 wieder zusammengeschlosse-

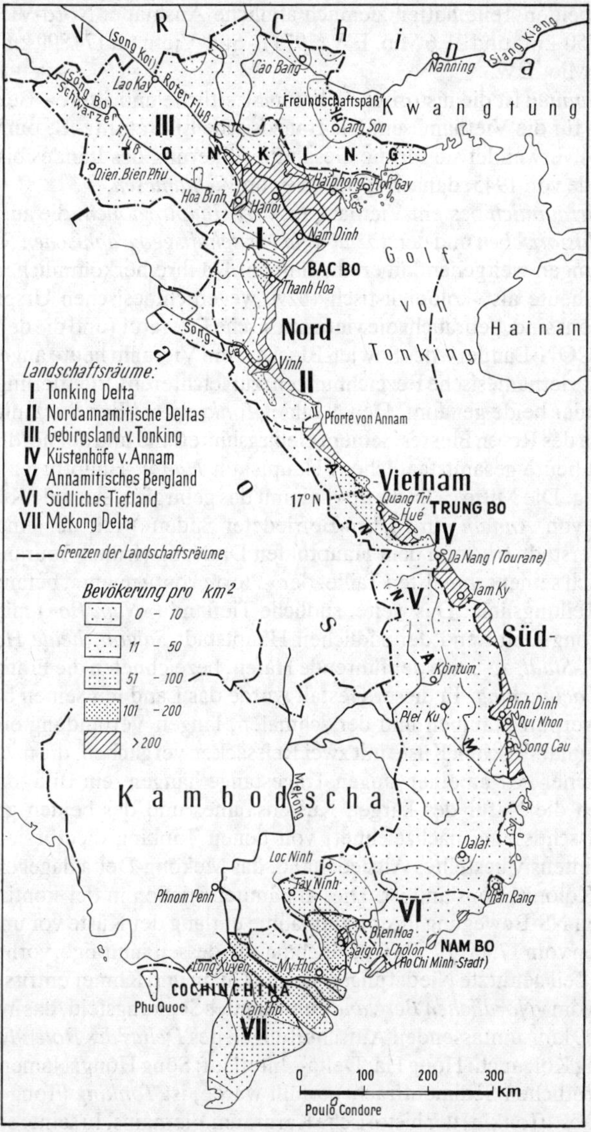


**Abb. 23:** Vietnam – Landschaftsräume, historische und geographische Dreigliederung und Bevölkerungsdichte 1970
*(Entwurf: H. Uhlig, Kartogr.: L. Dreher)*

nen beiden Teile hatten ziemlich ähnliche Ausmaße: Nord-Vietnam 158750 km² und 21,6 Mio. EW (1971) – Süd-Vietnam 174809 km² und 18,9 Mio. EW.

*Annamiten* ist die historische – kolonialzeitliche und ältere – Bezeichnung für die Vietnamesen. Die französische Literatur (z. B. DELVERT, 1983) verwendet sie für die Gesamtbevölkerung des Landes bis zum Stande von 1945, danach spricht sie von *Vietnamesen.*

*Naturräumlich* besteht Vietnam aus *drei Hauptregionen,* die auch mit den *historischen* und den *sozial- und wirtschaftsgeographischen* Raumbildungen weitgehend übereinstimmen. Da ihre herkömmlichen Namen heute als »kolonialistisch« bzw. wegen chinesischen Ursprungs verpönt sind, gebraucht die vietnamesische Literatur (und die der COMECON-Länder – des Sowjet-Blocks, dem Vietnam heute angehört) meist vietnamesische Bezeichnungen; zur leichteren Orientierung werden hier beide genannt. Den N bildet *Tonking (= »Bac Bo«)* mit dem Delta des Roten Flusses, seinem Gebirgshinterland und der nördlichen (und heute gesamtstaatlichen) Hauptstadt *Hanoi;* Haupthafen: Haiphong. Die Mitte (*»Trung Bo«)* nimmt das gebirgige, schmale Küstenland von *Annam* ein (d. h. »Befriedeter Süden«) mit der einstigen Kaiserstadt *Hué* und dem Haupthafen Da-Nang (früher Tourane). 1° südlich seiner schmalsten Taille, der »Pforte von Annam«, befand sich die Teilungslinie. Das weite, südliche Tiefland (»*Nam Bo*«) mit dem Mekong-Delta und der südlichen Hauptstadt *Saigon, heute Ho Chi Minh-Stadt,* zugleich der führende Hafen, bezeichneten die Franzosen als *Cochinchina.* In dieser Gestalt wurde das Land mit seinen beiden Schwerpunkträumen und der schmalen, langen Verbindung entlang der annamitischen Küste mit zwei Reissäcken verglichen, die nach chinesischer Art an einer langen Tragestange hängen, ein Bild, das zugleich die Natur des kargen Küstensaumes und der beiden großen »Reisschüsseln« nachzeichnet, von denen Tonking dichtbesiedeltes und intensiv bestelltes Altsiedelland, das Mekong-Delta dagegen junges Kolonisationsland ist. Die Annamiten stießen in der kontinuierlichen NS-Bewegung ihrer Landnahme entlang der Küste vor und siedelten vom 17. bis 19. Jh. Cochinchina auf, dessen sumpfige, vorher nur zum Teil genutzte Niederungen sie den Cham und Khmer entrissen.

Ein vom *»Nördlichen Bergland«* umrahmtes Senkungsfeld, das mit den 15000 km² umfassenden Aufschüttungen des *Deltas des Roten Flusses* (Song Koi; auch: Hong Ha; Delta-Unterlauf: Sông Hông; Namen nach der rötlichen Sedimentfracht) erfüllt wurde, ist *Tonking* (Tong King; französ.: Tonkin) der historische Kernraum Vietnams. In seiner schroffen Nachbarschaft zum Bergland wird das Delta während der monsunalen Regenzeit und der Taifune von starken und plötzlichen Überflutungen heimgesucht, so daß zur Sicherung seiner Siedlungen und Felder schon im Altertum begonnene und durch die Kolonialzeit bis zur Gegenwart fortgeführte, mächtige Deichbauten erforderlich waren. Der rund 1200 km lange *Rote Fluß* führt bei Niedrigwasser in der Trockenzeit 700 $m^3$ / sec. Wasser, in der Regenzeit aber bis zu 30000 $m^3$ / sec., d. h. das Doppelte des Nil-Hochstandes. Zum Hochwasserschutz mußten über 1000 km Deiche gebaut werden, deren älteste nach chinesischen Quellen schon vor der Zeitenwende errichtet worden sein dürften, während mit dem Beginn der annamitischen Annalen (Trân-Dynastie) seit dem 13. Jh. schriftliche Belege über Hochwasserschutz und Deichbau vorliegen (P. GOUROU, 1936). Hanoi, durchschnittlich 4 m über dem Normalwasser gelegen, leidet trotzdem unter den Überschwemmungen, weil der Fluß in kurzer Zeit mehr als 13 m über Normalpegel ansteigen kann. Bei der Suche nach einem Schiffahrtsweg in das Innere Chinas in der frühen Kolonialzeit erwies sich der Rote Fluß trotzdem als günstiger für die Schiffahrt als der weitaus größere Mekong, dessen Stromschnellen durchgehende Verbindungen verhindern.

Unmittelbar über dem Tonking-Delta steigt das rauhe und stark zergliederte *Gebirge* an, das fast drei Viertel N-Vietnams einnimmt und in die Berg- und Hochplateauländer von Kwangsi und Yünnan (SW-China) und von Laos übergeht. Kristalline Gesteine bilden den Untergrund, auf denen teilweise Kalke und Sandsteine auflagern, über denen sich weite Plateaus – darunter das von Dien Bien Phu – erstrecken. Die von *tropischer Karstbildung* zergliederten Kalke ragen in bizarren Türmen auf; besonders großartig ist die vom Meer transgredierte und mit Hunderten von Felsturminseln erfüllte Bucht von Vin Ha Long (*Baie d'Along*) mit dem Kohlenhafen Hon Gay (nördlich Haiphong). Auf den Kalken, auch auf den Plateaus im Gebirge, finden sich nährstoffreichere, fersiallitische Rendzinen, die – bei Wasserverfügbarkeit – etwas anbaugünstiger sind. Sonst sind podsolierte Böden verbreitet; das Anbauland ist oft durch Brandrodungs-Wanderfeldbau degradiert. Das Bergland liegt durchschnittlich 1000 m–1500 m hoch, höchste Gipfel bis 3142 m; der Rote Fluß durchmißt es in einem geradlinig NW-SO verlaufenden, tektonisch angelegten Grabental. Wenig südlich davon fließt der Song Bo (Schwarzer Fluß, auch: Song Da) in einem parallelen Graben; beide vereinigen sich im oberen Delta, von N fließt ihnen der Song Lô, der »klare Fluß«, zu. Bis zur südlichen Golfküste in Tonking herrscht noch tropisch-monsunales Klima, der *N* und die *Gebirge* sind aber bereits *subtropisch* getönt und werden im Winter durch die kälteren NO-Luftströmungen vom Festland her (»NO-Monsun«) beeinflußt. Deshalb sind dort auch die Temperaturschwankungen sehr erheblich, und die Änderungen der Wetterlagen erfolgen in dieser Übergangszone zum wechselhaften südchinesischen Klima sehr schnell. Die *Mitteltemperaturen* der drei *Hauptstädte* lassen die Unterschiede zwischen Süden, Mitte und Norden des Landes deutlich erkennen:

| | Januar | Juli | Jährliche Schwankung der Temperaturmittel |
|---|---|---|---|
| Saigon | 26,2°C | 27,3°C | 4,0°C |
| Hué | 20,5°C | 29,3°C | 10,0°C |
| Hanoi | 17,0°C | 29,1°C | 12,0°C |

In *N-Vietnam* löst die kühle Festlandsluft auch im Winter so viel Niederschlag aus, daß keine eigentliche Trockenzeit eintritt (Abb. 24). Die Niederschlagsmittel betragen im Tonking-Delta im Januar 15–40 mm, Juli 200–350 mm, im Jahr 1000–1900 mm, in den Gebirgen bis 2500 mm. Im Frühjahr behindert oft feuchter Dunst – der »Crachin« – die Sicht.

Kühlere Temperaturen und fehlende völlige Trockenzeit setzen die Verdunstung erheblich herab, die Vegetationszeit wird jedoch kaum unterbrochen. Trotz seiner nördlichen Lage und der kühlen Winter hat N-Vietnam deshalb günstigere klimatische Voraussetzungen für einen *Reisbau* mit zwei Ernten im Jahr (mehr als 50 % seiner Reisanbaufläche) als der S, wo im Rhythmus des monsunal-tropischen Gebietes nur eine jährliche Reisernte in der natürlichen Überschwemmungszeit vorherrscht. Das *Tonking-Delta* wurde früher durch die starke Schlickführung des Roten Flusses immer wieder mit nährstoffreichem Schlamm bedeckt, der seit den Regulierungsarbeiten aber von den Flüssen direkt ins Meer geschwemmt wird. Die Fruchtbarkeit der Reisfelder muß seitdem durch starke Düngung (Gründüngung und Exkremente nach dem Vorbild der chinesischen Landbautechnik, neuerlich auch Kunstdünger) erhalten werden; durch die intensive Bearbeitung entstanden ausgeprägte, stark anthropogen beeinflußte »Reisböden« (S. 138).

Die Abgrenzung von Tonking gegen *Annam* wird durch den ersten Vorsprung des Gebirges (südlich des Deltas des Song Ca) markiert, der bei 18°N die Küste zur »Pforte von Annam« einengt. Sie wirkte als kulturgeographische Grenze zwischem dem chinesisch geprägten Stammland der Annamiten in Tonking und den von ihnen später besiedelten südlicheren Küsten. Am weitesten springt das Kap Varella vor, zwei Breitengrade südlicher treten die Berge zurück, und es öffnet sich das breit ausgedehnte Tiefland Cochinchinas.

Der etwa 960 km lange Saum der *annamitischen Küste* wird durch die Gebirge stellenweise auf nur 10 km eingeengt. Er wird durch einzelne Felsenkaps gegliedert, die Buchten dazwischen wurden oft durch Dünen-Nehrungen zu Lagunen; z. T. auch mit armen Sandböden aufgefüllt. Die Abdachungsflüsse aus dem Gebirge haben dazwischen kleinere Deltas – isolierte Reisbaugebiete und »Kammern« dichterer Besiedlung – aufgebaut. Manche Buchten werden von Mangrove gesäumt.

Auch das Gebirge wird südlich des Song Ca schmäler und bildet nun die lange, N-S gestreckte »Annamitische Kordillere« (heute zum variskischen Gebirgssystem gerechnet). Nur selten trägt sie wirklichen Kettengebirgscharakter, vorherrschend sind Plateaus mit einer sanften W- und einer steilen O-Abdachung gegen das Meer. Der südliche Teil gehört zum alten Sockel des »Indo-Sinischen Massivs«, der N-Teil wird vorwiegend von NW-SO-streichenden Faltenketten bestimmt, die z. T. mesozoisch, z. T. schon variskisch und im Bereich der südchinesischen Platte im N bereits kaledonisch angelegt sind; die Senken (z. B. das Becken des Roten Flusses oder die MekongSenke) sind mesozoisch und känozoisch. Kristalline Gesteine und darüber junge Basalte bilden die Grundstruktur; ihm lagern oft wieder Kalk- und Sandsteinschichten auf. Der höchste Gipfel erreicht in Annam 2598 m; auch um das Da-Lat-Plateau (Hochlandregion Thay Nguyen) erheben sich noch Berge bis 2405 m; größere Teile des südlichen Hochlandes bleiben aber unter 1000 m, teilweise unter 500 m. Die *Plateaus* sind für die agrarische Nutzung von Bedeutung, ihre lateritischen Böden von wechselnder Qualität. Auf sauren Gesteinen liegen ärmere Podsole. Günstiger sind die Böden auf den *Basaltdecken*, die in den Hochländern des S z. T. braunschwarze »Tirs«-Böden (Vertisole) tragen, die – auch bei günstigen Klimaverhältnissen – eine intensive Entwicklung des Anbaus anspruchsvollerer Handelspflanzen (Kaffee, Tee, Kakao, Zitrus) erlaubten. Ebenfalls nährstoffreich sind in geringerer Höhenlage die »Terres Rouges«, auf denen beiderseits der vietnamesisch-kambodschanischen Grenze während der Kolonialzeit die *Kautschukplantagen* entstanden. In allen höheren Gebirgen und auf den regenexponierten Flanken herrscht tropischer Regenwald. In Lee-Lagen der Becken und Plateaus überwiegt laubwerfender Monsunwald, auf den Binnenseiten mit subtropischen Kiefern durchsetzt. Degradation durch Brandrodungsbau hat zur Umwandlung von großen Flächen in Savannen von Imperata cylindrica (»Tranh«) geführt.

Mit dem allmählichen Übergang zum Klima des N verschieben sich die Zeiten der Niederschlagsmaxima durch die Taifune, die die O-Küste von Juni bis November mit Wirbelstürmen und hohen Niederschlagsmengen heimsuchen; die annamitische Gebirgsküste erhält dadurch die höchsten *Niederschläge* Vietnams (Jahresmittel in Hué: 3250 mm; an Starkregentagen während der Taifune örtlich über 500 mm Niederschlag in 24 Stunden).

Etwa mit dem südlichen Abbruch der Hochländer und dem Umbiegen der Küste aus N-S in die NO-SW-Richtung fällt die Grenze Annams gegen *Cochinchina* zusammen, im nordöstlichen Teil ein breites, niedriges Plateau- und Hügelland, von einigen kleineren, im Gezeitenbereich aber schiffbaren Flüssen (darunter der Song Sai Con mit dem Hafen der Hauptstadt) durchzogen. Allmählich geht dieses in das 22000 $km^2$ große *Delta des Mekong* über. Der Strom fließt nur auf den letzten 200 km seines Laufes durch Vietnam. Der natürliche Rückstau seines Hochwassers im Tonle Sap begünstigt als riesiges »Ausgleichsventil« die Nutzung des Deltas, da es die *Hochwässer* langsam und *gleichmäßig* abfließen läßt; auch ein Teil der Schlickführung wird schon weit oberhalb der Mündung abgesetzt.

Trotz dieser Gunst ist dessen Erschließung erst jung. Es steht damit im starken Kontrast zum alt- und dichtbesiedelten Delta von Tonking, entspricht aber in seiner Entwicklung denen des Menam und des Irawaddy. Noch bis in das 19. Jh. waren große Teile in der trockenen Jahreszeit mit Brackwasser, in der Regenzeit mit dem Hochwasser des Mekong bedeckt. Die Siedlungen beschränkten sich auf natürliche Flußdämme, mehr von Fischern als von (Khmer-)Bauern besetzt, die einzelne Senken mit »schwimmendem Reis« bestellten. Annamitische Siedlungsversuche im 18. und 19. Jh. scheiterten an Seuchen, und erst ab 1868 begann unter Leitung französischer Ingenieure die schnell fortschreitende *Melioration.* Kleineren Deich- und umfänglichen Be- und Entwässerungs-(und zugleich Transport-)kanalbauten folgte die Landaufschließung für den *kommerziellen Reisbau.* Von 1868–1930 stieg dessen Fläche von 215000 auf 2214000 ha, die Zahl der Bevölkerung von 1,6 Mio. (1880) auf 4,5 Mio. 1931 an (SANSOM, 1970). Etwa je ein Drittel des bis zum Beginn des Zweiten Weltkrieges voll aufgesiedelten Deltas wurde mit »schwimmendem Reis« bzw. einmal oder, auf den am besten bewässerbaren Flächen, zweimal jährlich mit Pflanzreis bestellt. Die alluvialen Böden sind recht differenziert; in den Außensäumen der Küsten salzig, weiter innen tonige Gleie oder sandig-schluffige Böden verschiedenen Säuregrades; in Rückstaugebieten teilweise anmoorig. Während der Reisbau diese Böden toleriert, bieten die mineralischen braunen Böden (sandig-lehmig oder schwemmlöß-ähnlich) der Flußdämme gute Standorte für den Garten- und Trockenfeldbau.

Das Mekong-Delta wird ganz vom *Monsunregime* bestimmt, mit der Starkregenzeit vom Sommer bis in den Herbst und drei Temperatur-

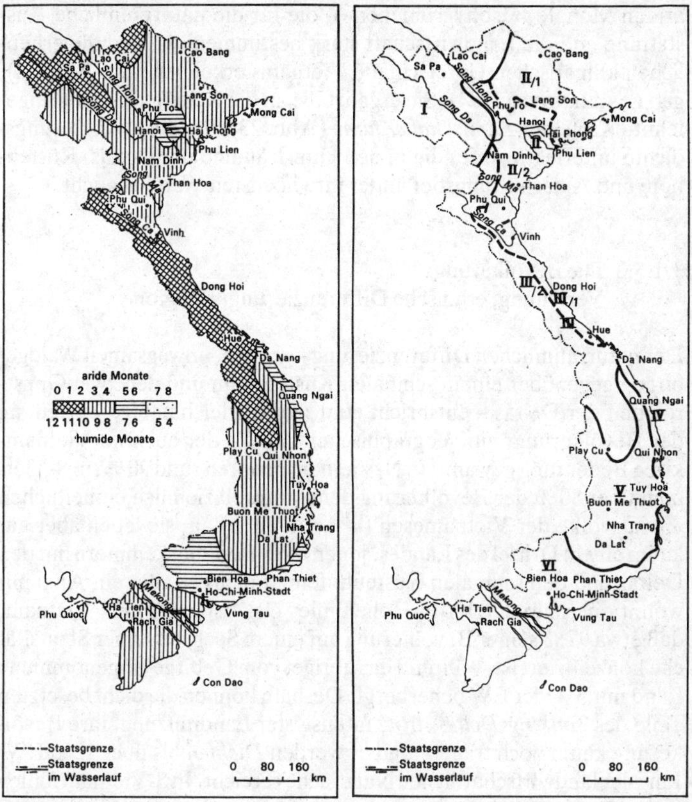


**Abb. 24:** Vietnam
Naturräumliche Großgliederung nach der Zahl der humiden und ariden Monate (Isohygromenen) *(aus: Schrader, 1984)*

jahreszeiten: der feucht-schwülen Regenzeit, einer etwas kühleren Zeit danach (November bis Januar) und der heißen, trockenen Jahreszeit im Frühjahr. Die Januarmittel des Niederschlags liegen im Mekong-Delta noch unter 25 mm, zur O-Küste Annams hin steigen sie schon bis 200 mm an; Jahresmittel 1000–2200 mm im Tiefland (Saigon: 2030 mm). Am Rand des Hochlands steigen sie auf 4000 mm, die Jahresschwankung der Temperaturen ist dort schon größer als im Mekong-Delta, im ganzen aber noch gemäßigt.
Eine Gliederung in *Klimaregionen* (nach der Zahl der humiden und

ariden Monate, »Isohygromenen«), die für die naturräumliche Ausstattung und die Landwirtschaft stark bestimmend ist und die erheblichen klimatischen Unterschiede Vietnams erkennen läßt (Abb. 24), gab F. SCHRADER (1984). Sie ergänzt die an die Reliefgliederung angelehnte Karte der *Landschaftsräume* (Abb. 23), der die Bevölkerungsdichte unterlegt wurde, die in den Gunsträumen der Deltas, Küstenhöfe und Aufschüttungstiefländer ihre höchsten Werte erreicht.

### 3.1.5.2 Die Bevölkerung: Verteilung, ethnische Differenzierung, Religionen

Der naturräumlichen Differenzierung – großen, unwegsamen Waldgebirgen gegenüber einem schmalen Küstensaum und den zwei Gunsträumen der Deltas – entspricht eine sehr ungleichmäßige Verteilung der Bevölkerung, ein geographischer Faktor, der auch im Vietnamkrieg Bedeutung gewann. In N-Vietnam gehören rund 90 %, in S-Vietnam über 80 % der Bevölkerung dem kulturell ziemlich einheitlichen »Staatsvolk« der Vietnamesen (= Annamiten) an; sie leben aber auf kaum einem Drittel des Landes, jenen zwei Tieflandskammern mit den Deltas und den schmalen Küstenhöfen Annams. Kaum ein Annamit wohnt oberhalb der 100 m-Höhenlinie. Das bedeutet in N-Vietnam, daß etwa 97 % seiner Bevölkerung auf einem Sechstel seiner Staatsfläche konzentriert ist, während das übrige, vom Gebirge eingenommene Land nur 3 % der EW beherbergt. Deshalb können die dicht besetzten Teile des *Tonking-Deltas,* trotz intensivster Landnutzung, ihre Bevölkerung kaum noch tragen, und es werden *Dichten* bis über 1260 EW/ $km^2$ der landwirtschaftlichen Nutzfläche erreicht. In S-Vietnam fehlen solche Extreme; das Tiefland, das nur ein Drittel der Staatsfläche umfaßt, beherbergt aber auch dort die große Mehrheit der Bevölkerung.

#### *Siedlungsgang und Staatsbildung der Vietnamesen*

Zum Verständnis dieses permanenten »Dranges nach dem Süden« (C. A. FISHER, 1964), der auch noch in der heutigen Annektion Kambodschas fortwirkt, ist ein Blick auf die Entwicklung der vietnamesischen Nation und ihres Siedlungsraumes erforderlich. Ihre Vorfahren – Palaemongolide – sind lange vor unserer Zeitrechnung aus dem heutigen SO-China in die Aufschüttungsebenen und periodisch überschwemmten Sumpfniederungen Tonkings eingewandert; im 3. Jh. v. Chr. nehmen chinesische Historiker erstmals von ihren Stammesherrschaften, dem »Land der Viet«, Notiz. Chinesische Eroberer formieren ab 257 v. Chr. das Fürstentum Nam-Viet. Um 111 v. Chr. fällt die Entscheidung für die sinische Prägung jener älteren, teils protomalayischen, teils alt-chinesischen Vorbevölkerung: die *Besetzung* des Königreiches Nam-Viet durch das *China* der Han-Dynastie für fast ein Jahrtausend.

Von den Vietnamesen als die dunkelste Zeit ihrer Geschichte bewertet, blieb diese chinesische Herrschaft trotz zahlreicher Aufstände bis 939 n. Chr. bestehen, bevor Vietnam während der Schwächen der T'ang-Dynastie die Unabhängigkeit wieder gewinnen konnte. In dieser Zeit war die Deltaebene von Tonking zum Teilraum des *ostasiatischen* Kulturraumes geworden. Mit *Deich- und Kanalbau* war der Kampf gegen das *Hochwasser* aufgenommen und die Ebene in eine *Reisbaulandschaft* mit *chinesischer* Agrartechnik – Bewässerungsfeldbau (z. T. zwei Ernten verpflanzten Reises), Schöpfrad, Hakenpflug mit eiserner Schar, Düngung (auch mit menschlichen Fäkalien) – verwandelt worden, die hohe Bevölkerungsdichten tragen konnte. Chinesisch geprägt wurde auch die Entfaltung und Organisation des *Handwerks* in Gilden und spezialisierten Dörfern. Die Bildung einer strengen Hierarchie von *Beamten,* einer Kaufmannschaft, die Organisation des Seehandels oder reserviertes Gemeindeland (zum Ausgleich sozialer Lasten) blieben Nachwirkungen chinesischer Sozialstrukturen. Dementsprechend überlagerten auch die religiösen Auffassungen des Mahayana-Buddhismus, Taoismus und Konfuzianismus den Hinayana-Buddhismus Hinterindiens. Alle diese Einflüsse durchsetzten auch die ursprünglich austro-asiatische Sprache der Viet mit einem überwiegenden chinesischen Wortschatz, der bis heute die tonale (Silben-)Sprache beherrscht. Sie wurde bis ins 19. Jh. in *chinesischen* Zeichen geschrieben, bevor sich die seit dem 17. Jh. von französischen Missionaren entwickelte *romanisierte Schreibweise* – das »qu'oc'-ngu« – durchsetzte. Rechteckige *Gründungsstädte* als Verwaltungszentren, Tempel und Pagoden, enge Haufendörfer in *ebenerdiger* Bauweise (nicht im Pfahlbau SO-Asiens – S. 118), hinter Bambushecken oder Mauern, Ahnenkult und Vaterrecht oder die Verwendung von Eßstäbchen seien als weitere Beispiele der Sinisierung der vietnamesischen Kultur genannt – wenn sie sich zur nationalen Profilierung auch schroff von dieser distanziert!

### *Die Unterwerfung Champas*

Gestützt auf diesen höheren materiellen Status und überlegene Organisation, beginnt schon im 10. Jh. der Vorstoß gegen den südlichen Nachbarn, *Champa.* Die Cham hatten (seit dem 2. Jh.) ihre Teilfürstentümer in den kleinen Reisbaubecken der annamitischen Küstenhöfe zu einer beachtlichen Reichsbildung vereint. Turmartige Ziegelpagoden mit Skulpturen indischer Gottheiten zeugen von ihrer *indisierten Kultur,* die dort ihren nordöstlichsten Vorposten entfalten konnte. Ihre Sprache stand den malayo-polynesischen nahe, die mutterrechtliche Sozialstruktur den indonesischen Ethnien. Sie rangen mit den Angkor-Reichen der Khmer (S. 349) um die Vormacht, den Kräften ihrer Viet-Nachbarn jenseits der »Pforte von Annam« (dem Herantreten der Berge und Karstfelsen bis ans Meer nahe der alten Stadt Vinh) waren sie aber nicht gewachsen. Staatliche Eroberung, Soldatensiedlung und freie Siedler rückten vor, bis 1069 ging *Quang Tri* den Cham verloren, 1309 *Hué,* 1402 *Quang Nam;* Ende des 15. Jhs. war ganz Annam bis zur südlichen Grenzenge am Kap Varella in der Hand der Vietnamesen, die – im Ringen mit letzten Cham-Herrschaften – ihr neues, *annamitisches Reich* schufen, das sich, mit der Hauptstadt Hué, vom N löste. Nahe der späteren *Demarkationslinie* am 17. Breitenkreis von 1946–1976 (wie die »Zonengrenze« anfangs zwischen britischen und national-chinesischen Truppen zur Entwaffnung der Japaner) entstand ein *Befestigungswall,* im *16. Jh.* eine *erste Grenze* zwischen Nord- und Süd-Vietnam.

### *Der Vorstoß ins Mekong-Delta und gegen die Khmer*

Nach S rückte die *vietnamesische Landnahme* weiter vor, 1653 wurde *Phan Rang* besetzt, und 1697 stand sie am Rande des *Mekong-Tieflandes,* zu einem Zeitpunkt, als das Khmer-Reich schon unter dem Ansturm der Thai (1431 Fall von Angkor) und vorher der Cham zerbrochen war. So lag das Mekong-Delta, von *Khmer-Gruppen* nur dünn besiedelt, ohne staatlichen Schutz vor ihnen. Noch im 17. Jh. rückten vietnamesische Kolonisten in das Delta vor, in der zweiten Hälfte des 18. Jhs. war es in den Händen Annams. Kambodscha kam in die Zange zwischen Thai und Annamiten (und zeitweilig schon in Tributabhängigkeit der letzteren). Diesem starken Annam gelang auch die *Eingliederung* des N, und mit dem Sitz des *Kaisers* der Nguyen-Dynastie in *Hué* und Gouverneuren in Hanoi und Saigon wird »Nam Viet«

vereinigt. 1845 fällt *Kambodscha* unter eine Art *Condominium* von Vietnam und Siam, die dort – auf Khmer-Boden – erstmals aufeinanderstießen. Erst das *französische Protektorat* (1865) sollte Kambodscha vor dem Schicksal Champas bewahren, zugleich aber für *Vietnam* selbst, mit der Besetzung *Cochinchinas* als *französischer Kolonie* und 1883–85 den *Protektoraten* über *Tonking* und *Annam* (und schließlich 1893 über *Laos* – und damit der Abrundung *»Indochinas«*) eine neue Wende und den Eintritt in die Moderne bringen.
Der *historische Siedlungsgang* aus dem alten N in das jung-kolonisierte Mekong-Tiefland – C. A. FISHER (1964) verglich die Bevölkerungsdichte und Kulturlandschaftserschließung des letzteren mit Gebieten der deutschen O-Kolonisation, etwa Ostpreußens, gegenüber dem altbesiedelten Rheinland – ließ den permanenten Druck aus dem überfüllten Tonking in den potentiellen Nahrungsraum des S zu einem Leitmotiv der Entwicklung Vietnams werden, das auch die heutigen politischen Ziele unterlagert, die in der *Mekong-Ebene* neuen *Siedlungs- und Nahrungsraum* suchen. Die Konzentration der Vietnamesen beider Landesteile auf die *Tiefebenen* beruht einmal auf ihrer Lebensform des Naßreisbaues und dem Fehlen der kulturellen und wirtschaftlichen Tradition von Gebirgsbauern, aber auch der einstigen Malariagefährdung der niedrigen Gebirgslagen (100–1000 m), die bis zu den DDT-Aktionen die Hauptbrutstätten der Anopheles-Mücken waren, während die Ebenen zwar insektenreich, aber kaum von Malariaüberträgern heimgesucht sind.

### *Die Bergvölker und ethnischen Minderheiten*

Die menschenarmen Bergländer – zwei Drittel Vietnams – blieben die Heimat ethnischer Minderheiten. Die auf 0,8–1 Mio. veranschlagten »Montagnards« – die »Moi«, d. h. »Wilden«, der Vietnamesen – in den Berg- und Plateauländern von S-Vietnam bilden ein Mosaik aus etwa 60 verschiedenen *Stammesgruppen*, unter denen ein größerer Teil Idiome der Mon-Khmer (z. B. Bahnar, Hrê, Koho usw.), andere solche der malayo-polynesischen (austronesischen) Sprachen (z. B. Rhadé, Jarai u. a.) sprechen (überwiegend im Thay Nguyen-Hochland, dem früheren »Da Lat-Plateau«). In den *nordvietnamesischen* Teilen der »Truong-Son«-Kette (Annamitische Kordillere, französisch: »Chaîne Annamitique«) leben ca. 0,9 Mio. Angehörige verschiedener Thai-Völker (»Tay«), der drittstärksten Ethnie des Landes nach dem Staatsvolk der Viet (87 %) und den noch rd. 2 % »Hoa« (= zugewanderten Chinesen), weiter ca. 0,6 Mio. der den Tay entfernt verwandten Nung und verschiedene Bergstämme, vor allem Hmong (= Miao) und Yao. Näher stehen der Viet-Mehrheitsbevölkerung die ca. 0,4 Mio. »Viet-Muong«, die vor allem die Gebirgsrandzonen des Nordens besiedeln.

Im gesamten Staatsgebiet wurden durch die Volkszählung von 1979 neben den Viet und Chinesen 52 andere Nationalitäten (d. h. 11 % der Gesamtbevölkerung) offiziell anerkannt; überwiegend leben sie im Hochland, nur wenige, z. B. die Cham (s. u.), im Tiefland. Die früher nominell »autonomen« Gebiete für einzelne Minoritäten (wie für die ihnen verwandten Gruppen in der VR China) sieht die einheitsstaatliche Verfassung der Sozialistischen Republik Vietnam von 1980 nicht mehr vor. Ihre Sprachen und Eigenarten werden – im Widerstreit zwischen Autonomie- und Assimilierungstendenzen – zwar anerkannt (WEGGEL, 1986), bleiben aber ein Instabilitätsfaktor im Spannungsfeld der politischen und religiösen Konflikte.

Umfangreicher sind die Restgruppen der unterworfenen Cham und Khmer im Tiefland (Randgruppen auch in den Bergen), also im Siedlungsland der Vietnamesen selbst.

Die Angaben über die *Cham* – in Vietnam z. T. noch in brahmanischen und synkretistischen Religionsformen, z. T. islamisiert (S. 351) – schwanken zwischen 30000 (ECKARDT u. NGUYEN TIEN HUU, 1968) und 120000 (NG SHUI MENG, 1974), sie lebten vor allem um Phan Rang (Mittel-) und Tay-Ninh (S-Vietnam). Die *Khmer Krom* des Mekong-Deltas, 0,3–0,5 Mio. (in Pfahlbaudörfern, besonders um Chau-Doc und Tra Vinh) sind nicht allein durch die Kampfhandlungen im Grenzgebiet, sondern auch in ihrer (heute freilich nur vage bekannten) ethnischen Position in prekärer Lage, da sie während des Krieges für die Interessen verschiedener politischer Seiten benutzt wurden, während heute vermutet wird, daß sie als Siedler und politische Kader von Vietnam aus in Kambodscha eingesetzt werden (S. 361).

*Süd-Vietnam* war es während des Krieges nicht gelungen, eine erfolgreiche Minderheitenpolitik zu entwickeln, mit den Ansiedlungen von *Flüchtlingen* aus Nord-Vietnam hatte es im Gegenteil noch zusätzliche Landkonflikte heraufbeschworen. Die Nord-Vietnamesen, die nach chinesischem Vorbild ihren (größeren und geschlosseneren) Minderheiten ein begrenztes, schon von der französischen Verwaltung angestrebtes Autonomiestatut gewährt haben, erwiesen sich in der Behandlung der fremden Volksgruppen als geschickter und konnten sie z. T. aktiv für ihren Kampf gewinnen und darüber hinaus auch in den Hochländern Süd-Vietnams Teile der Bergstämme auf die Seite des Vietkong ziehen, für den das Bergland dadurch zu einer wichtigen Basis wurde.

Im Schatten der Kriegsereignisse hatten auch die *Cham* seit 1964 eine Unabhängigkeitsbewegung entwickelt (JASPAN, 1970), die im Zusammenwirken mit ethnisch nahestehenden Gruppen unter den Bergvölkern und der Minderheit der Khmer Krom beanspruchte, für die Rechte von 1,5–2 Mio. Menschen einzutreten. Nach Aufständen der *Rhadé* 1964/65 kam es unter dem Protektorat Prinz Sihanouks zur Gründung der »Front Unifié de Lutte de la Race Opprimée« (FULRO; KUNSTADTER, 1967). Im Bergland bildete eine andere Gruppe, die »Front de Libération des Hautes Plateaus du Champa« (FLHPC), eine eigene Regierung und stellte militärische Verbände auf, die wechselhafte Kämpfe und Bündnisse mit Regierungstruppen oder Vietkong führten, da ein Teil der Stämme – von amerikanischen Missionaren protestantisch getauft und von amerikanischen Spezialeinheiten ausgebildet – sich auch zeitweilig mit diesen verbunden hatte und ihre Hochlandsgebiete unabhängig zu verwalten versuchte. 1968 scheiterte eine Konferenz in Saigon mit Vertretern der *Unabhängigkeitsbewegungen,* deren ethnisch und sprachlich verschiedene Gruppen auch unter dem Namen »Race Austrienne« (nach der austrischen Sprachgruppe) bzw. »Race Khâm« (Cham) zusammengefaßt wurden.

*Die Chinesen in Vietnam*

Die französische Kolonialzeit sah auch in Vietnam eine rasche chinesische Zuwanderung (S. 96), die bis zum Kriege ca. 1 Mio. erreichte und besonders in der Erschließung des *Mekong-Deltas* – mit Reismühlen und Reishandel – mit den Vietnamesen konkurrierte, während die dort heimischen Khmer zur Minorität wurden. Die meisten Chinesen sammelten sich in und um *Saigon*, dessen (Industrie-)Vorstadt *Cholon* fast zur reinen »Chinatown« wurde. Insgesamt wuchsen diese »Hoa« in *Süd-Vietnam* auf rd. 860000 an. In *Nord-Vietnam* – nahe ihrer Heimat – blieben sie, bei stärkerer Abwehrhaltung gegenüber China und geringeren Entfaltungsmöglichkeiten im (Zwischen-)Handel (und am Bodenmarkt), sowie angesichts der eigenen nordvietnamesischen Handwerkstradition und Arbeiterschaft des schon überbesetzten Landes auf etwa 175000 beschränkt.
1956 wurden alle in Süd-Vietnam geborenen Chinesen zu vietnamesischen Staatsbürgern erklärt und mußten vietnamesische Namen annehmen; andererseits wurde ihnen Beschränkung in der Ausübung gewisser Berufe auferlegt und der Zwang zum Besuch vietnamesischer Schulen eingeführt. Nach dem Fall Saigons hatten die *Chinesen* die *Hauptlast* der *Kriegsfolgen,* der wirtschaftlichen Einschnitte und des

Druckes der neuen Machthaber zu tragen; sie stellen den weitaus größten Anteil am Exodus der »boat-people«, der – meist mit hohen Zwangsabgaben und Korruption freigekauften – *Flüchtlinge* über See.

*Die Religionen im politischen Konflikt*

Zu den Differenzen mit den ethnischen Minderheiten tritt die religiöse Vielfalt, die ebenfalls in das politische Geschehen einwirkt. Etwa 80 % der Bevölkerung stehen in Verbindung zum vorherrschenden *Mahayana-Buddhismus,* der sich aktiver und militanter geben kann als der Hinayana (Theravada)-Buddhismus der hinterindischen Länder, bei dem etwa die Selbstverbrennungen von Mönchen als politischer Protest, die im Vietnamkrieg Aufsehen erregten, schwer vorstellbar wären. Überlagert wurde die ursprüngliche Religion durch die Ausstrahlungen von *Konfuzianismus* und *Taoismus,* die weiter zur Differenzierung gegenüber den indisch geprägten Nachbarländern beitrugen und eine *chinesisch* orientierte *Ethik* hinzufügten. Eine Wiederbesinnung auf buddhistische Traditon erfolgte mit dem Erwachen der Unabhängigkeitsbestrebungen, da die Kolonialmacht mit dem *Katholizismus* die geistig-religiöse Einheit der Vietnamesen aufgebrochen hatte. Sie konnte – vorwiegend in Tonking – etwa 10 % der Bevölkerung (in ganz Vietnam etwa 2 Mio.) für diesen schon seit dem 17. Jh. missionarisch vorgetragenen Glauben gewinnen, was bei der Errichtung der französischen Kolonien eine Rolle spielte. 1954 wanderten rund 0,8 Mio. Katholiken, denen sich knapp 100000 Nichtkatholiken anschlossen, in der auf der Genfer Konferenz dafür gesicherten Frist als *Flüchtlinge* nach *Süd-Vietnam* ab. Dadurch verlagerte sich das Schwergewicht des katholischen Bevölkerungsanteils dorthin, und mit ihrem starken politischen Engagement gewannen die Flüchtlinge führende Positionen. Wegen ihrer politischen Loyalität und moderneren Ausbildung wurden die *Katholiken* die Stütze der *Saigoner Regierung,* was den Widerstand der *Buddhisten,* die sich in der Beteiligung am öffentlichen Leben und an den Mitteln des Staatshaushaltes benachteiligt fühlten, aus dem religiösen Bereich in die politischen Auseinandersetzungen übertrug.

In der Ablehnung fremder Einmischung sind sich Buddhisten und Vietkong einig, beide glauben, daß nur eine Selbsthilfe Erfolg haben kann. Zweifelhaft ist aber, ob es dem Buddhismus möglich sein wird, neben dem Kommunismus mit einer eigenen Form der Demokratie zu bestehen (FOCHLER-HAUKE, 1967).

Während der früheren Phasen des Vietnamkrieges hatten auch größere *Sekten* mit bewaffneten Kräften eingegriffen. Am zahlreichsten sind in Süd-Vietnam (Zentrum in Tay Ninh nahe der kambodschanischen Grenze) die etwa 2 Mio. Anhänger des »Cao Day«, einer 1926 als eigene Religion ausgerufenen Mischung aus Buddhismus, Konfuzianismus, Taoismus und Christentum. Militanter (aber dem Hinayana-Buddhismus näherstehend) wirkt der Bund der Hoa-Hao (ca. 1 Mio.). Ihre militärischen Kräfte – und auch die einer nicht-religiösen, anarchistischen Bewegung (Binh Xuyen), die ebenfalls eine Privatarmee aufgestellt hatte – wurden 1955/56 durch das südvietnamesische Regime Diems in verlustreichen Kämpfen aufgelöst.

#### 3.1.5.3 Das Ende der Kolonialzeit und vier Jahrzehnte Krieg

Unabhängigkeitsbewegungen bildeten sich schon in der Kolonialzeit, obwohl die französische Geisteswelt die gebildeten Kreise stark angezogen und geprägt hatte. Die *Kapitulation Frankreichs* (1940) schnitt Indochina vom Nachschub ab, die dort verbliebenen Franzosen mußten die Stationierung *japanischer* Truppen akzeptieren. Erst 1945 wurde das restliche französische Militär von den Japanern überwältigt und die Unabhängigkeit Vietnams ausgerufen. Inzwischen hatte Ho Chi Minh in S-China die »Revolutionäre Liga für die Unabhängigkeit von Vietnam« (Vietminh) gegründet, die sich während des Zweiten Weltkrieges noch chinesischer und amerikanischer Unterstützung erfreute. Nach der japanischen Kapitulation übernahm diese Organisation die Macht.
Diese Entwicklung überschnitt sich mit der auf der Potsdamer Konferenz, auf der auch die Teilung Deutschlands erfolgte, beschlossenen *Aufteilung* Vietnams in Operationszonen für die Entwaffnung der Japaner, die dann zu Besatzungszonen wurden: südlich der Pforte von Annam die britischen Truppen, nördlich die nationalchinesischen Kuomintang. 1946 überließen die Briten den französischen Verbündeten den S, im N hatte sich Ho Chi Minh durchgesetzt. *Frankreich* konnte dann den Rückzug der chinesischen Truppen erreichen und mit Ho Chi Minh die Rückkehr in den N vereinbaren, der als Freistaat innerhalb einer »Indochinesischen Föderation« anerkannt wurde. Entgegen diesem in Paris ausgehandelten Abkommen riefen aber französische Behörden in Saigon eine selbständige »Republik Cochinchina« aus, französische Truppen besetzten Haiphong, und der Guerillakrieg in den Bergen Tonkings begann. 1948/49 installierten die Franzosen eine Regierung für alle drei Regionen (Tonking – Annam –

Cochinchina) und assoziierten den »Staat Vietnam« mit der »Französischen Union«. Durch ein Sonderstatut für Cochinchina und die – nach dem Siege Maos in China – kommunistisch unterstützte Regierung Hos in Hanoi kam es praktisch zur Teilung. Sie führte in den *ersten Indochinakrieg,* der 1954 mit der Kapitulation der Franzosen im Bergstützpunkt Dien Bhien Phu zu Ende ging.

In den nicht von Vietminh beherrschten Gebieten folgten heftige Auseinandersetzungen zwischen den politischen und religiösen Kräften. Der Katholik Ngo Dinh Diem wurde Regierungschef der südlichen Staatsverwaltung. 1954 kam es zur internationalen Genfer »Indochina-Konferenz«, die (neben der Unabhängigkeit Kambodschas und der Teilung von Laos) die *Teilung Vietnams* südlich der Pforte von Annam am Song Ben Hai Fluß (17°N) brachte. Die Vietminh-Regierung war der Überzeugung, die im Abkommen vorgesehenen Wahlen über einen Zusammenschluß auch im S, der ihr keine größeren und geschlossenen nichtkommunistischen Organisationen entgegenzusetzen hatte, gewinnen zu können. Seit 1955 ließen Süd-Vietnam und die USA erkennen, daß sie unter dem wachsenden Druck der Vietminh eine Wiedervereinigung durch freie Wahlen für undenkbar hielten, und stellten Süd-Vietnam unter den Schutz des SEATO-Paktes. Die Guerillaorganisation der Vietminh formierte die »Front National de Libération« (FNL) als politische Organisation zunächst mit »Volksfront«-Charakter. Ihre milizartigen Partisanengruppen wurden durch nord-vietnamesische militärische Verbände ergänzt. Im westlichen Sprachgebrauch bürgerte sich der Begriff »Vietkong«, d. h. »vietnamesische Kommunisten«, ein.

Diem konnte mit amerikanischer Unterstützung die verworrenen Verhältnisse im S vorübergehend konsolidieren; nach der Entwaffnung der Sekten wurden aber die Buddhisten seine Feinde, die ihm die Bevorzugung der katholischen Minderheit vorwarfen. Diese hatte durch die *Flucht* von rund 800000 *Katholiken* aus Nord- nach Süd-Vietnam 1954 Verstärkung – besonders unter der städtischen Intelligenz – und die politische Führungsrolle gewonnen. Diem erlag schließlich einer vielschichtigen Opposition, einer mißglückten Agrarreform, dem vergeblichen Kampf gegen die Korruption und den Differenzen zwischen Franzosen und Amerikanern; während eines Militärputsches wurde er 1963 ermordet.

*Der zweite Vietnam-Krieg*

Seit 1955 unterstützten die USA Saigon mit Beratern und Rüstungsgütern. Als die Vietminh-Angriffe auf Süd-Vietnam zunahmen, kamen ab 1962, geleitet von der geopolitischen »Domino«-Theorie (nach der der Fall eines kommunistisch eroberten Staates jeweils den der nächsten Staaten – hier den von Kambodscha und Laos – nach sich ziehen würde), *amerikanische* Streitkräfte zu Hilfe und flogen Bombenangriffe auf die Vietminh-Nachschubwege und auf das Gebiet Nord-Vietnams. In beiden Staatsteilen ging die (land-)wirtschaftliche Nutzung großer Gebiete zurück und *Flüchtlinge* strömten aus den Kampfzonen in die *Städte*, deren Bewohnerzahlen, Wohnungs-, Versorgungs- und Sozialprobleme wuchsen. Bald konnten *beide* Regierungen ihre *Bevölkerungen* und *Armeen* nur mehr mittels der Nahrungs-, Güter- und Rüstungslieferungen *von außen* versorgen. Der S wurde von den USA und dem westlichen Ausland, der N von der Sowjetunion, China und dem »Ostblock« unterstützt. Für den Nachschub in Süd-Vietnam bauten die Vietkong den »Ho Chi Minh-Pfad« aus, ein System von Straßen, Saumpfaden, Flußschiffahrtsrouten und Stützpunkten in den schwer durchgängigen Waldgebirgen jenseits der Grenzen in Laos und Kambodscha. Über dieses konnten Truppen und Material unter Umgehung der »entmilitarisierten Zone« beiderseits 17°N und der südvietnamesischen Stellungen über zunächst noch neutralen Boden herangeführt werden. Die USA sahen sich deshalb genötigt, immer stärkere Kontingente auch im Bodenkampf einzusetzen. Durch Abwurf von Brandbehältern und *chemischen Entlaubungsmitteln* wurden die Gebiete mit Dschungelverstecken des Vietkong *ökologisch* stark *geschädigt*. Die *Bombenzerstörungen* von Kraftwerken, Verkehrswegen, Industrien, militärischen und Versorgungseinrichtungen, mitbetroffenen Wohngebieten und Deichen brachten Nord-Vietnam in eine schwere Lage; mit *Verlagerungen* von *Produktionsstätten* in Felstunnel und abseitige Gebirgsschlupfwinkel, dem ausgeklügelten Ausbau der Transportwege und -mittel (u. a. Ölleitungen, aber auch Fahrradkolonnen, Flöße usw.) suchte es dem zu begegnen. Am stärksten wurde die *Zivilbevölkerung* auf beiden Seiten von den Kämpfen betroffen; allein in Süd-Vietnam mußten von 1964 bis 1967 1,89 Mio. Umsiedler und Flüchtlinge untergebracht werden (FOCHLER-HAUKE, 1967; B. FALL, 1966). Die nord-vietnamesische Offensive von 1968 und die Großangriffe von 1973 und 1975 brachten erneute Flüchtlingsbewegungen. Die politische Lage innerhalb Süd-Vietnams hatte sich seit 1966 mit der mit Hilfe der USA ausgerüsteten und ausgebildeten Armee zunächst gefestigt. Zeitweilig kamen (nach den Verpflichtungen

des SEATO-Vertrages) auch Kontingente aus Thailand, den Philippinen und Australien zu Hilfe. Mit einem kurzfristig wirksamen Waffenstillstandsabkommen 1973 wurden diese – und dann auch schrittweise die amerikanischen Streitkräfte – wieder abgezogen.
Unter dem politischen Druck wachsender Verluste und der Kriegsmüdigkeit in den USA und steigender Spannungen zwischen der Sowjetunion und China auf der Gegenseite wurde eine *»Vietnamisierung«* des Krieges gesucht, während dieser seit 1970 auch auf *Kambodscha* und *Laos* übergegriffen hatte. Die Wende begann mit einem nordvietnamesischen Großangriff 1975. Nach anfänglich noch geordneten Absetzbewegungen wichen die süd-vietnamesischen Truppen panikartig zurück, so daß die Nord-Vietnamesen und der Vietkong in wenigen Wochen den ganzen Küstenstreifen Annams erobern konnten. Sie schlossen Saigon ein, wo sich der Widerstand noch einmal verhärtete. Ende April 1975 wurden die letzten Amerikaner ausgeflogen, und mit der Besetzung Saigons übernahmen die *Nord-Vietnamesen* die *Macht* in ganz Vietnam. Das Ausmaß der schrecklichen Verluste an Menschen (auf beiden Seiten, einschließlich der hart betroffenen Zivilbevölkerung, ca. 1,5 Mio. [darunter 58000 Amerikaner] und dazu ein Mehrfaches an Verwundeten), an Siedlungen, Infrastruktureinrichtungen und an materiellen und ideellen Werten ist erschütternd. In *Nord-Vietnam* waren Verkehrswesen, Kraftwerke, Städte, Häfen und Bewässerungseinrichtungen z. T. von den Bombeneinwirkungen stark betroffen worden; weiter machte sich die übermäßige Anspannung der menschlichen Reserven – es wurden mehrfach jährliche Verluste von mehr als 100000 Menschen wieder »aufgefüllt« – trotz der hohen Geburtenraten geltend. In *Süd-Vietnam* hinterließen die abziehenden Amerikaner eine – bis zum Frühjahr 1975 noch nicht wesentlich angeschlagene – moderne Infrastruktur mit gut ausgebauten Straßen, Häfen, Flugplätzen, technischen Einrichtungen, Krankenhäusern, starker Motorisierung, Ausbau der Industrien usw.

### *Sieg ohne Frieden*

Ein Jahrzehnt nach der Wiedervereinigung ist Vietnam noch immer in der Krise. Es hat den Krieg nach *Kambodscha* getragen, was weiter große Opfer fordert und den Wiederaufbau hemmt; außer den ca. 170000 vietnamesischen Soldaten im Kambodschakrieg stehen ca. 56000 in *Laos* und weitaus mehr im *N,* wo ein latenter Konflikt mit *China* schwelt, der 1979 zu einem heftigen und 1984 zu einem kleinen *Grenzkrieg* eskalierte. Nach der Sowjet-Union und China unterhält Vietnam die drittgrößte Armee Asiens und hat einen der niedrigsten

Lebensstandards. Der Versuch, den S schnell der kommunistischen Wirtschafts- und Lebensordnung anzupassen, brachte – verbunden mit mangelnder Organisation, passivem Widerstand, Verlust der südlichen Intelligenz durch Flucht oder Zwangsumerziehungslager und dem Einfrieren der Hilfen des W seit dem Einmarsch in Kambodscha (1978) – den Wiederaufbau ins Stocken.
Diese *wirtschaftliche Entwicklung* zeigt zwei Phasen: 1976–80 der *gescheiterte Fünfjahresplan,* in dem die *Kollektivierung* des S *mißlang.* Auch der N stagnierte, und die Ernährungssicherung blieb ungelöst. Deshalb wurde seit 1981 die Wirtschaft etwas liberalisiert und wenigstens die Selbstversorgung mit Nahrungsmitteln und bescheidene Exporte von Handelspflanzen und wenigen Industriegütern wieder erreicht (S. 400). Das *Bevölkerungswachstum* hält sich noch immer bei 2,5%/Jahr; nur etwa 3% der Bevölkerung bilden den *industriellen Beschäftigungssektor.* 1984 standen einem Deviseneinkommen von (umgerechnet) 16 Mio. US-$ *Auslandsschulden* in Höhe von 4,5 Billionen US-$ gegenüber (FEER, 1984). Die *Sowjetunion* hat während des ersten Fünfjahresplans ca. 1,45 Billionen US-$ – und mit der militärischen Hilfe zusammen wahrscheinlich bis über 5 Billionen US-$ – zur Verfügung stellen müssen und schießt auch jetzt noch über 1 Billion US-$ jährlich an nichtmilitärischen Gütern (Erdöl, Düngemittel, Maschinen, Bauausrüstung, Industriegüter, Expertenhilfe – etwa 6000 Russen in Vietnam usw.) zu. Einen Teil der Schulden für diese Hilfen, die auch von der DDR, ČSSR, Kuba usw. geleistet werden, müssen durch die Überlassung der von den Amerikanern ausgebauten Flotten- und Flugstützpunkte *Cam Ranh* und *Da Nang* abgegolten werden, mit denen die Sowjets eine geostrategische Position für ihre Pazifikflotte in SO-Asien und vor der S-Küste Chinas gewinnen konnten.
Die Kluft zwischen dem sozialistisch-spartanisch erzogenen N und dem widerstrebenden S klafft noch immer – selbst in der kommunistischen Partei, die in Hanoi die »bürgerliche Liberalisierung« des S mit Mißtrauen sieht und vor einer Ausbreitung der »westlichen Dekadenz« aus Saigon auf N-Vietnam warnt, so daß sich die etwas moderneren (Wirtschafts-)Planer politischem Druck und die Verwaltung Saigons (»Ho Chi Minh Ville«) häufiger Kritik ausgesetzt sehen. Große Bevölkerungsgruppen sind vom wirtschaftlichen Leben ausgeschlossen, erhalten weder Arbeits- noch Aufenthaltserlaubnis und Lebensmittelkarten in den Städten, so daß sie vom Schwarzhandel oder – unter Zwang – in den »Neuen Ökonomischen Zonen« (s. u.) leben müssen.
Noch immer werden (nach »amnesty international«) über 10000 Oppositionelle in »Umerziehungslagern« festgehalten (1985).

*Das Flüchtlingsproblem*

Das Flüchtlingsproblem ist ein Ausdruck der Menschenrechtsverletzungen und wirtschaftlicher Not, es verändert die bevölkerungsgeographische Struktur.
Seit 1975 haben zwei Wellen von Flüchtlingen Vietnam verlassen. Als erste flüchteten etwa 130000 zusammen mit den abziehenden Amerikanern. Mit den Sozialisierungsmaßnahmen und der politischen Verfolgung kam der Hauptstrom, der 1979 kulminierte. Vor allem der Exodus der Vietnam-Chinesen wurde indirekt gefördert (Ablösungsgelder und Korruption), um diese – erst recht seit der Wandlung Chinas vom Helfer zum Feind – lästig gewordene, aber wirtschaftlich starke und politisch renitente Minderheit zu reduzieren. Die Flucht der vietnamesischen politisch Verfolgten, meist mit weniger Mitteln und ohne die indirekte Duldung durch die Regierung, verlief dramatischer, in kaum seetüchtigen Booten und unter hohen Risiken. Durch die Abschließung der Landwege blieb die große Mehrheit auf den *Seeweg* angewiesen, und Tausende kamen durch *Schiffbruch* oder Überfälle von *Piraten* – meist thailändische und andere Fischer – ums Leben (bekannt wurden ca. 1400 Todesopfer und über 2500 Beraubte und Vergewaltigte; die tatsächlichen Zahlen liegen wesentlich höher). Das Flüchtlingshilfswerk der Vereinten Nationen (UNHCR) hatte bis 1983 Hilfen in Höhe von über 12 Mio. US-$ und die Aufnahmebereitschaft der Nachbarn zu mobilisieren. 1975–83 kamen rd. 785000 *Vietnam-Flüchtlinge* in die »Erst-Asylländer«, nach Malaysia (191000), Indonesien (82000), Thailand (75000, das zusätzlich die Last von über 250000 Kambodscha- und Laos-Flüchtlingen zu tragen hat) und auf die Philippinen (31000). Aus dem mittleren Vietnam (Hué, Da Nang usw.) segelte die Mehrzahl der Flüchtenden nach *Hongkong* (103000) (FEER, 1984); weniger bekannt ist der Exodus *über Land* nach *China,* der den Rest der ca. 100000 ethnischen Chinesen Nordvietnams, weitere aus Annam und knapp 10% Vietnamesen, insgesamt 276000, umfaßt. China hat sie permanent aufgenommen und als Landarbeiter auf etwa 256 Staatsgütern in der Grenzprovinz Fujian angesiedelt.
Die *südostasiatischen* Länder *verweigern* permanente *Ansiedlung* und bestehen auf vorübergehendem Asyl bis zur Übersiedlung in andere *Endaufnahmeländer.* Neben eigenen Bevölkerungs- und Finanzproblemen wirkt dabei auch die Aversion gegenüber den eigenen »Nanyang«-Chinesen (S. 78), deren Zahl vor allem Malaysia keinesfalls verstärken will, die allgemeine Abneigung der Nachbarn gegenüber den als aggressiv empfundenen Vietnamesen und in Thailand die alte »Erbfeindschaft« und die Last der übrigen »Indochina«-Flüchtlinge.

Malaysia und Indonesien haben eigene *Inseln* (Pulau Bidong vor der Küste Trengganus bzw. Galang im Riau-Archipel) als Auffang- und Durchgangslager für die Flüchtlinge reserviert (die erstere mit zeitweilig über 25000 temporären, aber oft mehrere Jahre auf Weiterleitung wartenden Menschen in drangvoller Enge); es sind auch illegale vietnamesische Arbeitskräfte z. B. im industriellen Aufbau an Malayas O-Küste tätig.

Endgültige Aufnahme fanden 1975–83 etwa 338000 Vietnamesen in den *USA* (mit Kambodscha- und Laos-Flüchtlingen insgesamt über 800000 *»Indochina-Flüchtlinge«*), 64000 in *Australien*, 60000 in *Kanada* und ca. 64000 in *Europa* (18000 in der Bundesrepublik); sowie jene 276000 in *China*. 1984 hielt noch ein Zustrom von etwa 2000 pro Monat an. Statt politisch Bedrängter kommen jetzt mehr »Wirtschaftsflüchtlinge«, die vom Exil eine bessere Existenz erhoffen. Ihre Flucht erfolgt über das Meer unter Lebensgefahr und hohen Menschenverlusten, so daß – neben der Anziehungskraft des freien W – Not und Verzweiflung noch immer groß sein müssen. Die Zahlen eines »Orderly Departure Programme«, das die USA mit Vietnam ausgehandelt haben, bleiben dagegen bescheiden (durchschnittlich werden 2000 Flüchtlinge/Monat aufgenommen; über 40000 stehen auf der »Warteliste«), während die Zahl der *»boat-people«* in den Jahren 1979–81 monatlich über 10000, im Extremfall bis 65000 erreicht hatte.

Politische Verfolgung bzw. erzwungene Eingliederung in das neue System trifft – neben den *ethnischen Chinesen* – besonders die verschiedenen *Minderheiten,* sowohl der *Religionen,* besonders der Katholiken, wie Teile der *ethnischen* Minderheiten (z. B. der Cham und einiger Bergvölker), unter denen gelegentlich noch Widerstand aufflammt (S. 381). An der langen und im Gebirge nur schwer kontrollierbaren, einstigen »Freundschaftsgrenze« zu China besteht ständige vietnamesische Sorge vor der Infiltration von Störungsgruppen oder Nachschub für den Widerstand.

### 3.1.5.4 Städte – Einschnitte im Urbanisierungsprozeß – Industriestandorte

Der Anteil der städtischen Siedlungen ist höher als in den meisten Ländern SO-Asiens, dennoch hatte Süd-Vietnam 1967 noch 88%, Nord-Vietnam, das reichere Bodenschätze und etwas ältere Industrialisierungsansätze aufweist, 70% agrarische Bevölkerung, jetzt wird als Gesamtdurchschnitt 80,7% ländliche und 19,3% (1980) städtische Bevölkerung angegeben (FEA, 1986).

Trotz des historischen Städtewesens, besonders im N, waren die Städte zur Zeit der französischen Eroberung relativ unbedeutend, durch häufige politische Wechsel litten die Handels- und Verwaltungszentren unter mangelnder Stabilität. Erst die koloniale Entwicklung von Wirtschaft und Verkehr führte zum Wachstum und zur baulich *französisch* beeinflußten Stadtentwicklung. *Hanoi*, mit langer Tradition als chinesische Verwaltungs-, und vom 10.–17. Jh. annamitische Hauptstadt, wurde weitgehend neu aufgebaut. Es blieben aber noch einige historische Tempel aus dem 8.–10. Jh. erhalten. Trotz starker Bombenschäden während des Krieges wuchs es als Zentrum des übervölkerten und *industrialisierten N* – und heute als *Hauptstadt* – von ca. 850000 EW (1962) auf über 1,5 Mio. EW (1980) und ist auch *Industriestadt* mit über 200 größeren Betrieben (u. a. Werkzeugmaschinen, Wagenbau, Kugellager, Fahrräder, Textil- und Lebens- und Genußmittelindustrie) (MALCHANOWA et al., 1982). Zugleich ist Hanoi das Bildungs- und Forschungszentrum (mit der Universität, Technischer u. a. Hochschulen) des N und Sitz der Partei- und Verwaltungsbürokratie – als politischer Vorort des »spartanisch« harten, vietnamesischen Kommunismus eine strenge und sparsame Stadt, dergegenüber selbst noch die heutige Ho Chi Minh-Stadt sehr viel vitaler wirkt, z. B. mit immer noch zahlreichen Motorrollern u. ä., während Hanoi (besonders zu Arbeitsbeginn und -schluß) eine Stadt der Radfahrerkolonnen ist.

Abwärts des Roten Flusses, noch 25 km oberhalb seiner Mündung, heute Vietnams größter *Seehafen* und Eisenbahnendpunkt, blieb Hanois Hafen- und Industriesatellit *Hai Phong* eine selbständige (und auch räumlich von der Hauptstadt) getrennte Stadt, deren Einwohnerzahl von über 370000 (1962) ebenfalls auf ca. 1,2 Mio. (1980) anstieg. Mit der Hafenfunktion sind die *Werften* verbunden. Außerdem bestehen Zement-, Glas-, chemische, Textil-, Lebensmittel- und Bauindustrien.

*Saigon* – seit 1976 *Ho Chi Minh-Stadt* – entstand, mit den Anfängen im benachbarten Gia Dinh, während der *annamitischen Kolonisation* des 17./18. Jhs. als Hafen am Sai Con-Fluß. Es wurde in der Kolonialzeit mit Boulevards und Alleen nach Pariser Vorbild und Geschäfts- und Verwaltungsbauten im Stil der Jahrhundertwende ausgebaut und wuchs zum führenden zentralen Ort und Haupthafen (damals auch zum Verwaltungszentrum) für ganz Französisch-Indochina heran. Die Gewerbevorstadt *Cholon* – mit allein 1 Mio. Menschen; schon 1778 als Cho-Lon (= »großer Markt« gegründet), bis 1976 mit der zweitstärksten Konzentration von Chinesen in SO-Asien (nach Singapur) – ist mit Saigon zusammengewachsen. Dies ist Schwerpunkt einer *urbanen*

*Ballungszone,* denn auch *Gia Dinh, Thu Duc* und die Industriestadt *Bien Hoa* sind, längs einer 80 m breiten und 35 km langen Chaussee (die im Notfall als Flugzeug-Start- und Landebahn dienen sollte) zusammengewachsen. *Saigon* wuchs von 1,5 Mio. EW (1965) auf 2,7 Mio. EW (1973) an, stieg dann durch die Zuströme der Flüchtlinge des Krieges, zuerst der Katholiken aus Nord-Vietnam, dann zahlreicher Landbewohner, und durch die Ballung der militärischen Kräfte des S (einschließlich der Amerikaner und ihres einheimischen Gefolges) sprunghaft auf über 3 Mio. EW (bei Kriegsende) an. Dem unkontrollierten Einströmen konnte (erst recht unter Kriegsbedingungen) nicht annähernd mit Wohnungsbauten gefolgt werden, so daß extreme *Überbelegung* und Slums entstanden. Die späte *Industrialisierung* (neben Leichtindustrien, z. B. Fahrräder, Motorroller, Uhren, Radios, Textil- und Lebensmittelindustrie, Pharmazie usw., mit heute ca. 225 000 industriellen Arbeitsplätzen), die Universität des S und der umfangreiche Verwaltungsapparat Süd-Vietnams trugen weiter zum Wachstum bei.
Nach der Eroberung durch die Truppen des N und des Vietkong stand die überfüllte Stadt vor einer ungeheuren *Versorgungskrise* und die neuen Machthaber suchten den *Bevölkerungsüberhang* schnellstens zu *reduzieren.* Dem dienten die Rückführung der aus den Kampfgebieten geflüchteten Landbevölkerung und die Anwerbung möglichst vieler Städter zum Umsiedeln in die »Neuen Ökonomischen Zonen« (S. 397) auf dem Lande. Beide Maßnahmen sollten auch den Wiederaufbau der Agrarversorgung ermöglichen (s. u.). Hinzu kamen der Exodus der mit den Amerikanern verbundenen Flüchtlinge sowie die Wellen der überwiegend als »boat-people« das Land – und das bedeutete wieder in erster Linie Saigon – verlassenden, politischen (und wirtschaftlichen) *Flüchtlinge.* Dadurch wurde *Ho Chi Minh-Stadt* wieder auf ca. 2 Mio. EW reduziert, während als Planziel nur knapp über 1 Mio. EW vorgegeben ist. Die Wiederaufbaubemühungen der neuen Regierung und der Überlebenswillen der Saigoner tragen dazu bei, daß die Stadt trotz aller Probleme turbulent und aktiv geblieben ist, wobei die Versorgung durch die Reste der Privatwirtschaft (des »freien Marktes« – aber auch des Schwarzhandels) so wesentlich gestützt wird, daß diese auch von der kommunistischen Regierung im gewissen Umfang geduldet werden.
Schon vor der staatlichen Teilung bestand eine traditionelle *Rivalität* zwischen Saigon und Hanoi, besonders seit 1902 die zentrale Verwaltung Französisch-Indochinas in das letztere verlegt wurde; heute genießt *Hanoi* erst recht als *Hauptstadt* des wiedervereinigten Vietnam und der Partei den Vorrang gegenüber der noch immer nicht völlig

disziplinierten Ho Chi Minh-Stadt, das auch die Funktionsverluste als Sitz von Regierung, diplomatischem Korps, Haupt-See- und -Flughafen usw. hinzunehmen hatte.

Im *S (»Nam Bo«)* gehört auch der Flußhafen *Can Tho* (Kraftwerke, Lebensmittelindustrie, Hochschule) mit ca. 300000 EW zu den Großstädten, weiter haben *My Tho, Tan Chau* und die Küstenstädte *Rach Gia* und *Ha Tien* (alle mit Lebensmittelindustrien – einschließlich Reismühlen, Kautschukverarbeitung usw. – und letztere mit Zementwerken) städtische Bedeutung.

Im langgestreckten *Mittelteil (»Trung Bo«)* entstanden eine Reihe von *Hafenstädten,* voran *Da Nang,* das als Tourane (1857) der erste Stützpunkt der Franzosen war. Diese Funktion behielt es mit seiner guten Lage und Hafenbucht bei und wurde – überwiegend als Kriegshafen – der zweitgrößte *Hafen* Süd-Vietnams, dann Militär- und Flugstützpunkt der USA und heute der vietnamesischen Armee und sowjetischer Hilfskräfte (neben dem einst amerikanischen, und jetzt ebenfalls sowjetischen Flottenstützpunkt *Cam Ranh,* in einer 12 km tiefen, für 30000 t-Schiffe befahrbaren Bucht; heute ca. 80000 EW). Mit Industrieaufbau werden für *Da Nang* erweiterte Funktionen gesucht (1968: 335000 EW, 1980: ca. 600000 EW). Damit übertrifft es die alte, vor der starken Kriegszerstörung baulich bedeutende Kaiser- und Universitätsstadt *Hué* (1968: 157000 EW, 1980 ca. 250000 EW) am Huong (dem »Wohlriechenden Fluß«). Weiter sind die (Hafen-) Städte *Qui Nonh* und *Na Thrang* (je ca. 200000 EW) und *Phan Rang* (80000 EW) zu nennen. Im Berg- und Plateauland des SO (Tay Nguyen – S. 373) wurde *Da Lat* der bekannteste der Höhenkurorte.

Im *N (»Bac Bo«)* entstanden mit dem starken Arbeitskräfteangebot des Tonking-Deltas (mit über 40 % der Gesamtbevölkerung Vietnams und ländlichen Dichten bis über 1000 EW/km$^2$) – aber auch der Hauptkonzentration der Bodenschätze und der potentiellen Hydroenergie des Landes in den umliegenden Bergen – die meisten *Industrien* und mit ihnen weitere *Städte:* das Textilzentrum *Nam Dinh* (ca. 200000 EW), *Viet Tri* (ca. 100000 EW) – mit chemischen Industrien, Zucker- und Papierfabriken und Werften – sowie (unter 100000 EW, aber industriell bedeutsam) *Thai Nguyen* (Hüttenkombinat auf örtlichen Erzen und naher Kohle, Zinn- und Antimonverhüttung) und ein neues Maschinenbaukombinat im nahen *Go Dam.* Die Küstenstadt *Hong Gay* mit dem Kohlenhafen *Cam Pha* ist das Zentrum des (Anthrazit-)Kohlenreviers. *Phu To,* oberhalb des Deltas, ist Sitz der Teeverarbeitung; schon im Bergland liegen *Lao Cai,* nahe der chinesischen Grenze, mit seinen Apatitgruben (Düngemittel) und *Tinh Tuc* (Zinnkombinat).

### 3.1.5.5 Die Entwicklung der ländlichen Siedlung

Die ländliche Siedlung wurde durch den historischen Siedlungsgang deutlich differenziert: in den übervölkerten Reisbauebenen des *Tonking-Deltas* und der annamitischen Küstenhöfe herrschen kompakte, meist mit Bambushecken eingefaßte *Haufendörfer* vor, verdichtet durch Handwerke und Heimindustrien. Im jung besiedelten *Mekong-Delta* sind die Siedlungen dagegen lockerer und oft *reihenförmig,* oder sie bestehen aus jungen Plansiedlungen, sei es der »Wehrdörfer« oder der »Neuen Ökonomischen Zonen« (s. u.).

In den Dörfern herrschte früher eine starke kommunale, heute mehr eine (produktions-)genossenschaftliche Organisation. Die Siedlungen suchten bevorzugt Standorte neben dem nassen Reisbauland, z. B. Felskuppen, Dünen, natürliche Flußdämme (Siedlungskärtchen in: UHLIG, 1980c), Deiche und künstliche Aushübe von Kanälen. Auf den Deichen haben die schon auf den Flußdämmen länglich gestreckten Siedlungsformen in der jüngeren Vergangenheit die Entwicklung zu regelhaften Reihendörfern erfahren.

Für den chinesischen Kultureinfluß spricht der *ebenerdige Bau* der vietnamesischen Bauernhäuser, während in den benachbarten Ländern Hinterindiens das Pfahlbauhaus vorherrscht; auch die Minderheiten der Cham und der Khmer-Krom sowie der meisten Bergstämme heben sich durch Pfahlbau ab. Umgekehrt fällt die Minderheit der vietnamesischen Fischer in Kambodscha durch ihr Leben in »schwimmenden Dörfern« auf *Hausbooten* oder Häusern auf Flößen aus dem Rahmen; auch in Vietnam selbst, in den sumpfigen Küstengebieten und in den Unterläufen der Ströme, sind diese schwimmenden Siedlungen (Fischer, Schiffer im traditionellen »Sampan«-Transportverkehr usw.) eine wichtige Komponente, die selbst in den Städten mit ganzen Vierteln schwimmender oder auf Pfählen im Wasser stehender Wohngebiete auftritt. Allein im Tonking-Delta zählte GOUROU (1936) etwa 90 *schwimmende Dörfer* mit rund 33000 Bewohnern (ausführlich zu den Wassersiedlungen: UHLIG, 1979c).

Im *Tonking-Delta* mit seinen Jahrhunderte währenden Bedrohungen durch Stoß*hochwässer* und *Sturmfluten* (Taifune) – besonders gefahrvoll, weil die natürlichen Flußdämme und die Deiche die Deltaarme oft über dem Niveau des umliegenden (z. T. unter dem Meeresspiegel gepolderten) Landes fließen lassen – sind (außer jenen Bootssiedlungen) zahlreiche Dörfer auf den Kampf gegen das Wasser eingerichtet. Viele stehen – wie in den Nordseemarschen – auf warftenähnlichen, *künstlichen Hügeln,* oder sie sind umgekehrt hinter ringförmigen Eindeichungen geschützt, auch auf den *Deichen* selbst krallt sich noch die Siedlung fest.

Die Zusammenballung der Bevölkerung auf den Reisbauebenen führte die ländliche Besiedlung zu ungewöhnlichen Dichten. Schon um 1930 wurden deshalb Umsiedlungsprojekte von Kolonisten aus dem Tonking-Delta und den Küstenhöfen Annams in die benachbarten Gebirge eingeleitet; erfolgreicher waren Ansiedlungsprogramme von Bauern aus den überfüllten Dörfern des N auf frisch melioriertem Land im Mekong-Delta, die aber durch die Kriege zunächst wieder unterbrochen wurden und schließlich noch einschneidendere Wandlungen bringen sollten. Durch erneute *Räumungen* von Siedlungen während der *Kampfhandlungen* vor dem Kriegsende – besonders die *Flucht* der bedrohten Landbevölkerung nach Saigon – entstanden noch mehrfach Fluktuationen bis zur heutigen Wiederaufsiedlung. Vorher waren schon in Nord-Vietnam weitere Umsiedlungen forciert worden, um neuen Nahrungsraum aufzuschließen. In Süd-Vietnam wurden zahlreiche Bauern aus den langgestreckten Reihendörfern entlang der Kanäle und Flüsse, die zu stark den Pressionen des Vietkong offenstanden bzw. von diesem zu Versorgungslieferungen gezwungen werden konnten, und die aus dem N kommenden bäuerlichen Flüchtlinge in befestigte »Wehrdörfer« (»strategic hamlets«) – etwa 130 mit zusammen etwa 200000 Umsiedlern – verpflanzt, die je 250 bis 7000 Familien umfassen. Sie wurden meist um einen angerförmigen Marktplatz angelegt; im sumpfigen Gelände mußte dafür erst künstlicher Grund aufgeschüttet werden. Jede Familie erhielt Garten- und Hofland und einen Zuschuß zum Hausbau, problematisch blieb aber die teilweise weite Entfernung zu den Reisfeldern und auch zu den Ahnenschreinen der Vorfahren.

### *Die Landreformen*

Durch die Ballung der Mehrheit der ländlichen Bevölkerung in den beiden Deltas waren brennende Probleme des Landbesitzes entstanden: im altbesiedelten Tonking durch den ungeheuren Überbesatz und die entsprechende Zersplitterung der Besitzverhältnisse, bei der jungen Erschließung des Mekong-Deltas durch Bildung rentenkapitalistischen Großgrundbesitzes mit Ausbeutung der Pächter. Im Herrschaftsbereich verschiedener Systeme gelegen und zum Teil als Schauplatz des Insurgentenkrieges, erfuhren beide während der jüngeren politischen Entwicklung einschneidende Veränderungen. In Tonking waren etwa 15% des Landes in der Hand »größerer« Besitzer (s. u.), ca. weitere 25% in der der Gemeinden; die Pachtabgaben der knapp das Existenzminimum erzielenden Kleinbauern lagen bei 40%. Der Vietminh-Kampagne »Dem Pflüger das Reisfeld« folgte 1953/57 die erste *Bodenreform,* in der etwa 45% der Anbaufläche neu verteilt und 2,1 Mio. landarme oder landlose Familien bedacht wurden. Im Klartext hieß das aber, daß schon als »reicher Bauer« galt und enteignet wurde, wer 1,5–2 ha bewirtschaftete! Nach der Neuverteilung verblieben allen Familien weniger als 1 ha, vielen aber nur 0,1–0,4 ha Landbesitz.

Deshalb folgte – ähnlich wie nach der Ansiedlung der »Neubauern« auf zerschlagenem Großbesitz in der DDR – bald ein zweiter Umbruch, die vollständige *Kollektivierung* in Produktionsgenossenschaften. Bis 1963 waren 97% der Betriebe *Nord-Vietnams* in diesen aufgegangen, meist Genossenschaften eines »höheren« Typs, in denen nach völliger Übernahme des Landbesitzes und der Produktionsmittel das Entgelt für den einzelnen ausschließlich nach der Arbeitsleistung gewährt wird. 1966 bestanden 28000 Kollektivwirtschaften, daneben einige größere Staatsgüter, besonders für Exportkulturen. Das Tonking-Delta wurde voll erfaßt, der kleine Rest des nicht kollektivierten Landes liegt in den abgelegenen Gebieten der Bergstämme (FOCHLER-HAUKE, 1967).

Die anders gelagerte Sozialstruktur des *Mekong-Deltas* entstand mit dessen Melioration im 19. und 20. Jh. Während diese durch die französischen Behörden erfolgte, überließen sie die eigentliche agrarische Aufschließung dem freien wirtschaftlichen Kräftespiel, so daß einzelne Vietnamesen und Chinesen im Lande investieren, es mit Lohnarbeitern aufschließen und dann an kleine Bauern verpachten konnten.

Die *Pächter* durften so viel Land übernehmen, wie sie bestellen konnten, je nach Familiengröße meist 3–10 ha. Die sozialen Probleme gipfelten im Pachtzins, der meist 40–60% des Ertrages (in Reis, der vom Verpächter in den Handel gebracht wurde) betrug und der besonders bei Verschuldung (z. B. nach Krankheit) zu Härten und Pächterelend führte. Bis 1920/30 standen sich im Auftrieb der jungen Erschließung Landbesitzer wie Pächter noch relativ gut, dann begannen nach wirtschaftlichen Rezessionen die Spannungen; die größeren Landbesitzer hatten sich als rentenkapitalistische »absentee«-Eigner nach Saigon zurückgezogen, von wo aus sie überwiegend die Eintreibung der Pachten, weniger aber weitere Verbesserung des Landes betrieben.

Entgegen der oft wiedergegebenen Meinung, daß die Franzosen selbst, die nicht nur die technische Erschließung leisteten, sondern mittels der medizinischen Versorgung und der Entwicklung der Infrastruktur auch das starke Bevölkerungswachstum förderten, einen erheblichen Anteil des Grundbesitzes in den Reisbaugebieten in ihren Händen behalten hätten, belegt SANSOM (1970, S. 51), daß diese um 1930 kaum mehr als 15% des kultivierten Reisbaulandes besaßen, das überwiegend vietnamesischen und chinesischen Grundbesitzern gehörte (auch in der prä-kolonialen Periode lagen die sozio-ökonomischen Verhältnisse in Vietnam kaum günstiger). Die französische Verwaltung leistete der rentenkapitalistischen Entwicklung freilich unbeabsichtigt durch ihre liberale Landpolitik Vorschub. 1967 bestanden im Mekong-Delta noch ca. 1 Mio. *Pachtbetriebe.* Ihr politisches Gewicht wird deutlich, wenn man sie mit durchschnittlich 6 Familienangehörigen multipliziert; bei Hinzurechnung weiterer 2 Mio. Menschen aus Familien ohne Landbesitz ergeben sich etwa 8 Mio., d. h. 80 % der 10 Mio. Gesamtbewohner der Deltaregion, für die dieses sozialökonomische Problem zur Grundfrage ihrer Existenz wurde (SANSOM, 1970).

Während des Unabhängigkeitskampfes bis zur Genfer Konferenz 1954 kontrollierten die Vietminh (s. u.) große Teile des Deltas und begannen in richtiger Einschätzung dieses Pächterproblems eine rigorose *Landverteilungspolitik,* die ggf. auch gewaltsam gegen die Landbesitzer durchgesetzt wurde und große Reisbauflächen in 5-ha-Betrieben neu verteilte. Gegenüber der späteren Vietkong-Landpolitik, die bevorzugt die eigenen Anhänger bedachte, kamen in dieser Frühphase des Vietminh, die mehr auf Befreiung von der Kolonialherrschaft als auf ideologische Ziele ausgerichtet war, die Landzuteilung allen Bauern zugute. In Gebieten, die später wieder vollständig unter Saigoner Kontrolle kamen, wurden ihre Reformen z. T. rückgängig gemacht, z. T. durch die Diemsche Landreform ersetzt (1955). Sie setzte den Pachtzins auf 15–20% herab und garantierte mehrjährige Pachtzeiten, die eine Vertreibung der Pächter ausschlossen. Das Landeigentum wurde auf 100 ha beschränkt (zusätzlich 15 ha für den Ahnenkult – Friedhöfe, Tempel); bis 30 ha durften davon durch den Landbesitzer selbst bestellt, der Rest mußte verpachtet werden. Bis 1965 wurden 250000 ha an 115000 Bauern neu verteilt und die Landbesitzer entschädigt. Das heißt aber, daß die Reform doch nur etwa 10–15% der Bauern zugute kam, während sie dann wieder in den Kriegswirren und inneren Schwierigkeiten versandete.

Der Vietkong, der zwischen 1960 und 1966 in fast 90% der Dörfer des Mekong-Deltas zeitweilig eindringen konnte, einen großen Teil aber dauernd besetzt oder durch seine Aktionen in Abhängigkeit hielt, führte dann die Landreformen mit völliger, oft gewaltsamer *Neuverteilung* weiter. Auch dort, wo die Dörfer wieder ganz oder zeitweilig unter südvietnamesische Kontrolle kamen, wagten später viele

Grundbesitzer nicht mehr, die Pachten einzuziehen, besonders nachdem mehrfach Pachteintreiber getötet worden waren; daraufhin eingeführte Pachteintreibungen unter Militärschutz führten naturgemäß zur Verstärkung der Opposition. 1966 standen etwa 70% des Deltas unter Vietkong-Einfluß, nur in den restlichen Gebieten wurden die Pachten (Höchstsatz 25%) zögernd eingetrieben. Konnte der Vietkong die Pachtfrage so zu seinen Gunsten voll ausspielen und zur Kontrolle über die Bevölkerung und Sicherung der von ihm eingetriebenen Abgaben nutzen, wurde die Saigoner Regierung an einer Lösung dieser Probleme nicht nur durch die Feindeinwirkung immer wieder gehindert, sondern auch durch Korruption und Ämterpatronage (die Begünstigung im Landerwerb mit einschloß) in den eigenen Reihen immer wieder unterlaufen. Erst 1970 konnte ein neues Landreformgesetz durchgebracht werden, das mit der vorgesehenen Neuverteilung von 900000 ha Reisbauland unter 500000 Pächterfamilien und der zusätzlichen Aufteilung von Staatsland das »Land jenen, die es bearbeiten«, geben und zugleich einen freien Sozialstatus sichern sollte. Gegen den Widerstand der Grundbesitzer und der Opposition wurden Teilerfolge erzielt.
Die schweren Schäden durch *Kampfhandlungen,* und Flucht vieler Landbewohner nach Saigon ließen bei Kriegsende im *Mekong-Delta* nochmals *Umstrukturierungen* entstehen, die nur schwer übersehbar sind. Große Flächen blieben lange brach oder wurden nur extensiv genutzt. Gegenüber dem Vorrang der *Ernährungssicherung* und der Wiederbesiedlung des Agrarlandes kamen die *Sozialisierungsbestrebungen* kaum voran, und bis 1982 waren im S erst 7% der Ackerfläche und 10% der Bauernhöfe kollektiviert, überwiegend nur in »niederen Formen der kollektiven Zusammenarbeit« (SCHRADER, 1984, nach TRIGUBENKO, 1983).

### *Die »Neuen Ökonomischen Zonen«*

Eine Neugestaltung der ländlichen Siedlung und Wirtschaft begann mit der Politik der »Neuen Ökonomischen Zonen« (NEZ), kompakter, fast stadtartiger *Neusiedlungen* mit größeren, zunächst wieder urbar zu machenden Landzuteilungen, die die *Rückführung* von bäuerlicher – aber auch anderer – Bevölkerung aus dem überfüllten Saigon und anderen Städten fördern sollten. Ziele waren nicht nur deren Entlastung, sondern die Versuche eines *Neubeginns* der Agrarentwicklung auf Vietnams potentiell wichtigsten Ernährungsflächen und eine Wiedereingliederung der Beschäftigungslosen, Schwarzhändler,

Flüchtlinge, ehemaligen Soldaten usw. in das Produktionsleben, besonders in die Nahrungsmittelerzeugung.

Während anfangs die »NEZ« relativ schnell – wenn auch sehr provisorisch in Wohnungs- und Landzuteilung – aufgefüllt wurden, indem Teile der mißliebigen Bevölkerung (auch zur politischen Umerziehung) in die Neusiedlungen geschickt wurden, andererseits aber auch freiwillige Rückwanderung von Bauern erfolgte, die der mangelhaften Versorgungs- und Unterkunftslage der Stadt zu entrinnen hofften, sind sie später langsamer vorangekommen, da die Zahl der Umsiedlungswilligen zu schrumpfen begann. Bis 1984 sollen etwa 4 Mio. Menschen wieder in die Landwirtschaft eingegliedert worden sein. In Verbindung mit diesen Maßnahmen und zur besseren Versorgung Ho Chi-Minh-Stadts wurde der ältere Plan eines *»Grünen Ringes«* um die Stadt wieder aufgegriffen, der die Entwicklung einer intensiv (überwiegend mit Obst- und Gemüse-Marktgartenbau – aber auch Cassava, Mais, Hülsenfrüchte, Obst und Viehmast) betriebenen Zone von ca. 160000 ha (mit rd. 300000 Menschen) vorsieht. Die weiteren »NEZ« sollen der Reaktivierung und Intensivierung des *Reisbaues* im *Mekong-Delta* dienen. Einzelne »NEZ« sollen bis über 50000 ha Land erschließen oder wiederherstellen, wofür sie ca. 20 kompakte, neue Dörfer à 5000 EW erhalten würden. Diese neue Quasi-Urbanisierung des Agrarlandes wäre das Pendant zur teilweisen Entvölkerung Saigons und anderer Städte. Die Landzuteilung beträgt 1000 $m^2$/Familie (in Produktionsgenossenschaften), der Wohnraum nur 30 $m^2$. 1978 waren erst etwa 10% der vorgesehenen Besiedlung aufgefüllt (M. LANG U. B. KOLB, 1980).

### 3.1.5.6 Wirtschaft und Verkehr

#### *Die Agrarproduktion*

Nur etwa 21% der Fläche Vietnams sind agrarisch nutzbar. Im länger industrialisierten und rohstoffreicheren N-Vietnam hatten sich die Anteile am gesamten Produktionsaufkommen schon zwischen 1960 und 1967 von einem knappen Übergewicht der Landwirtschaft zugunsten der Industrie verschoben. Im später industriell entwickelten S-Vietnam überwog dagegen 1967 noch der Wert der agrarischen Produktion. Durch die rapide Urbanisierung und die Industrieausbauten während der Kriegsjahre gewann aber die gewerbliche Produktion in beiden Landesteilen den Vorrang.

*Der Reisbau als Ernährungsgrundlage*

Der *S* verfügt zwar über 60 % des potentiellen Agrarlandes Vietnams und, bei viel *geringerer* ländlicher *Bevölkerungsdichte,* über größere Nutzflächen und Möglichkeiten, rationellere Bewirtschaftungsformen aufzubauen. Früher wurden im *Mekong-Delta* – trotz relativ extensiver Anbaumethoden – Reisüberschüsse erzielt (es war einst ein Reisexportgebiet); seit 1983 kann es, nach prekären Mangeljahren, die *Reiseigenversorgung* Vietnams gerade wieder decken.
Im *N* wird versucht, auf den übervölkerten und räumlich begrenzten Agrarflächen durch verstärkten Einsatz von Kunstdünger, Sortenverbesserung und Ausbau der Bewässerung (Ausweitung der bewässerten Flächen mit Hilfe von Dieselpumpen von 53,5 % auf 75 % des kultivierten Landes, 1967) die Ernährung zu sichern. Mehr als 60 % der Reisbauflächen werden dort mit *zwei Ernten* bestellt (wofür auch die klimatischen Voraussetzungen günstiger sind). Auf geeigneten Flächen werden drei Ernten (zweimal Reis und einmal Trockenfrucht oder umgekehrt) angestrebt.
Die Reisbauflächen wurden dort in gewaltigen Anstrengungen, mit großen Gemeinschaftsarbeiten zur Verbesserung der *Bewässerung* und der Bewegung riesiger Erdmassen (für Deiche und Kanäle) durch Menschenhand ausgebaut und konnten von 1840000 ha (1939) auf 2400000 ha (1965) gesteigert werden. Die Erträge stiegen – mit erhöhtem Einsatz von Mineral- und Gründünger – im gleichen Zeitraum von 2,4 auf 4 Mio. t (S-Vietnam, d. h. praktisch das Mekong-Tiefland, verfügte 1960–65 über ca. 2,3 Mio. ha Reisland und erzeugte rd. 5 Mio. t/Jahr).
Der Reisbau erbringt etwa *drei Viertel* der Nahrungsmittelproduktion, es folgen (unbewässert) Mais, Süßkartoffeln, Maniok, Gemüse, Erdnüsse, Baumwolle, Zuckerrohr und Sojabohnen. Staatsbetriebe sind um die Ausdehnung vorhandener und die Entwicklung neuer Handelsprodukte bemüht. Die Ansiedlung von Bauern aus dem überfüllten Delta im Bergland war – wie in S-Vietnam – auf den Widerstand der Bergvölker gestoßen (FOCHLER-HAUKE, 1967). In *S-Vietnam* – dessen Klima und, im Verhältnis zur alten Bewässerungslandschaft Tonkings, erst wenig entwickelte künstliche Wasserzufuhr nur begrenzt doppelte Reisernten gestatten – ist etwa ein Sechstel des Landes agrarische Nutzfläche (90 % Reisbauland). 1954 lag ein Drittel des Kulturlandes brach und versumpfte und mußte erst wieder melioriert werden; ab 1971 konnte die Reisversorgung vorübergehend wieder verbessert werden, brach aber vor dem Kriegsende erneut zusammen.
Obwohl die untere *Mekong-Ebene* und das *Delta* mit ca. 5,3 Mio. ha

möglicher agrarischer Nutzfläche die wichtigste Anbauregion des ganzen Staates sind (mit einem dreifach höheren Umfang potentieller Reisbauflächen als im Tonking-Delta des N), stehen sie in der Produktionsintensität noch weit zurück. Größere Flächen (besonders um Tay Ninh nahe der kambodschanischen Grenze) sollen durch den Herbizideinsatz im Krieg geschädigt worden sein (SCHRADER, 1984). Reparatur und Neuanlagen von Bewässerungssystemen sollen, zusammen mit Sortenverbesserungen, die Flächen mit Zweifachernten steigern. *Bewässerung* ist dazu bei der winterlichen (monsunalen) Trockenzeit von großer Bedeutung; von 365900 ha, die 1975/76 in S-Vietnam bewässert waren, soll der Ausbau wieder auf 1,6 Mio. ha bewässerter Flächen (ohne Kennzeichnung der Bewässerungsart und -intensität) gesteigert worden sein. Zur Sicherung seiner Ernährung ist auch Vietnam bemüht, an den modernen Innovationen im Reisbau (S. 144) Anteil zu gewinnen, mit der Einführung schnellwüchsiger Hochertragssorten (Kürzung der Reifezeiten von 120–150 auf ca. 80–100 Tage, Kunstdünger usw.). Außer den großen »Reiskammern« in den beiden Deltas im S und N versucht man auch, die Produktion der kleinen Reisbaugebiete in den Küstenhöfen Annams zu steigern.

*Die neue Planung und das Quota-System*

Während in der Kriegszeit Süd-Vietnam durch Hilfslieferungen der westlichen Staaten und Nord-Vietnam durch solche des Ostblocks und Chinas gestützt wurden, begann die Befriedung mit Jahren extremer *Nahrungsmittelknappheit* (1976–81), und es gelang nicht, die Produktion über 300 kg/Kopf im Jahr zu steigern, was gerade eine notdürftige Sicherung des Existenzminimums ergab. Bis 1983 konnte die chronische, jährlich etwa 2–3 Mio. t Getreide ausmachende *Lücke* nicht geschlossen werden und mußte durch *Importe* gedeckt werden. Für diese mangelte es nicht nur an Mitteln, sondern seit der Besetzung Kambodschas wurden auch fast alle Lieferungen aus westlichen Ländern gesperrt, und die *Sowjetunion,* auf deren Hilfe sich Vietnam nun allein stützen muß, reduzierte ebenfalls die kostspielige Unterstützung unter Verweis auf ihre eigenen Versorgungsprobleme und Getreideimporte. *Natürliche Hazards* (S. 59), fast jährliche Verluste größerer Ernteflächen durch *Taifune,* Überschwemmungen, Trockenperioden, Ratten- und Insektenbefall usw., störten zwar immer wieder die Erfüllung der Planziele; noch größere Schäden entstanden jedoch durch *mangelnde Transportinfrastruktur-* und Organisationsleistungen. Bei steigender

Inflation diente der Reis fast als eine »Ersatzwährung«, vieles war nur auf dem Schwarzmarkt erhältlich. Entscheidend war das *Versagen* des *wirtschaftspolitischen Systems,* d. h. die über 90 %ige Kollektivierung im N, und mehr noch die Versuche, die Agrarwirtschaft des S, in der bis 1981 kaum 10 % der Bauern und 7 % der Agrarfläche sozialisiert werden konnten, gewaltsam dem politischen System unterzuordnen. 1981 rang sich deshalb, nach dem *Scheitern* des zweiten *Fünfjahresplans* (1976–81), die Führung dazu durch, mit *marktwirtschaftlichen* Anreizen zu liberalisieren. Die neue Planung gestand den Bauern zu, nur noch eine festgelegte *Quote* an Reis (oder anderen Nahrungsmitteln) abzuliefern, alle darüber hinaus erzielten Erträge aber auf dem *freien Markt* zu verkaufen; selbst von staatlicher Seite wird nun ein Teil des Reises zu höheren Preisen von den Bauern aufgekauft, als er dann an die zu versorgenden Beamten, das Militär usw. abgegeben wird. Der Erfolg dieser Maßnahmen – im stark kollektivierten N und erst recht im noch immer resistenten Mekong-Delta – war so durchschlagend, daß mit diesen Anreizen zur intensiveren Feldbestellung die *Reisproduktion* 1983 auf 14,3 Mio. t (gegenüber 1965: etwa 10 Mio. t, 1975–80 noch darunter) und die Gesamtnahrungsmittelerzeugung auf 16–17 Mio. t anstiegen. Auch die bis dahin noch ca. 80000 ha Brachland im Mekong-Delta wurden kultiviert. Damit gelang es zum ersten Mal seit dem Zweiten Weltkrieg, wieder eine *knappe Selbstversorgung* – nicht reichlich, aber unabhängig von den kostspieligen Importen – zu erreichen. Zwar konnte das für 1985 gesetzte Planziel nicht ganz erreicht werden (u. a. wegen der Taifunschäden), die gemeldete Jahresproduktion von 18,2 Mio. t Getreide (im wesentlichen Reis) war aber die bisher höchste. Die sich 1979 noch auf 2 Mio. t belaufenden Getreideimporte konnten 1985 auf schätzungsweise 200000 t reduziert werden (FEER, April 1986).

Der schlimmste *Engpaß* ist *überwunden* und eine knappe Selbstversorgung auch für die kommenden Jahre gesichert. Die *Kollektivierung* der Landwirtschaft soll zwar weitergehen, die Realisten in der staatlichen Planung haben – offenbar gegen den Widerstand orthodoxer Funktionäre – mit der Öffnung zum Quota-System, und damit einer *Entlohnung* der *bäuerlichen Eigenleistung,* eine politisch und ökonomisch bedeutsame Wende durchgesetzt. Das ist um so wichtiger, als die Agrarwirtschaft und Nahrungssicherung noch immer vor zahlreichen Schwierigkeiten steht, denn z. B. kommt die *Mechanisierung* nur schleppend voran, Traktoren sind noch immer knapp. Im Krieg mit China (1979) wurden die grenznahen Apatitgruben und die *Kunstdüngerfabrikation* von Lao Cai so stark *zerstört,* daß Vietnams Produktion von über 600000 t 1978 auf rd. 200000 t 1983 sank und ca. 100000 t/

Jahr Düngemittelimporte aus der Sowjetunion bezogen werden müssen! Die Unterhaltung der *überdimensionierten Streitkräfte* – der mit Abstand größten Armee SO-Asiens – mit der Notwendigkeit zur Versorgung umfangreicher Kontingente in Kambodscha und Laos, bedeutet eine weitere Belastung des Nahrungsmittelsektors, zugleich zieht er ein großes Potential von Arbeitskräften, besonders der Jahrgänge im besten Schaffensalter und der technisch Befähigten ab und verschlingt zudem den größten Teil der (Ostblock-)Hilfen (überwiegend Kredite) für Waffen und militärische Ausrüstung.

### *Der Anbau von Handelsgewächsen*

Der Anbau von Handelsgewächsen erfährt deshalb – neben der Steigerung der Nahrungsmittelproduktion – ebenfalls die größtmögliche Förderung, da diese wenigstens einen Teil des dringend benötigten *Exportaufkommens* für die Sowjetunion und die Ostblockländer erbringen müssen, in erster Linie der *Kautschuk*, sowie *Tee, Kaffee*, Tabak, Jute, Erdnüsse und Sojabohnen. Für alle diese Handelsfrüchte sah das Planziel 875000 ha (1983) vor, etwa 837000 ha wurden erreicht.

Die *Kautschukpflanzungen* waren durch die Kriegshandlungen (einschl. des Einsatzes der chemischen Entlaubungsmittel zum Enttarnen dort verborgener Stellungen und Nachschublager) schwer geschädigt. Überwiegend auf roten und grauen Basalt- u. a. Verwitterungsböden im Hügel- und tieferen Plateauland Süd-Vietnams, nahe der Grenze zu Kambodscha (und während der gemeinsamen Kolonialzeit über diese hinweg) von den Franzosen (mit Arbeiter-Zuwanderung aus dem übervölkerten N-Vietnam) angelegt, werden sie heute in staatlicher Regie wieder aufgebaut und auch auf N-Vietnam, obwohl klimatisch ungünstiger, ausgedehnt. 1963 waren noch 30000 Arbeitskräfte in den Plantagen tätig gewesen, die Produktion sank aber von 77000 t (1966) auf 51500 t (1966) und brach gegen Kriegsende fast ganz zusammen. Heute soll die *Anbaufläche* wieder auf ca. 100000 ha – bis 1983 um 18 % – angewachsen sein (MALCHANOWA et al., 1982).

*Tee* und *Kaffee* (Steigerung der Anbaufläche um 20 %, 1983) wurden in den *Hochländern* des SO (»Thay Nguyen«-Plateau von Dalat, Haut-Donay usw.) auf nährstoffreicheren Böden auf basischen Gesteinen schon von den Franzosen angebaut (LAINE, 1975). Sie wurden unter der einstigen süd-vietnamesischen Regierung weiterentwickelt und werden heute als Staatsbetriebe fortgeführt und ver-

größert. Weitere *Teepflanzungen* entstanden im Bergland N-Vietnams (S. 392).
Oberhalb des traditionellen vietnamesischen Lebensraumes im Tiefland gelegen, sind es überwiegend Gruppen *ethnischer Minderheiten,* mit denen diese anspruchsvolleren Pflanzungen im Gebirge betrieben werden müssen. Wiederaufgenommene Pläne, Agrarbevölkerung – bis zu 1,5 Mio. Menschen – aus den übervölkerten Reisbautiefländern zur *Handelsfruchtproduktion* in wenig bevölkerte Gebirgsgebiete *umzusiedeln* (FEER, 1982), werden nur bei entsprechenden Investitionen Erfolg haben können. Über ihre Verwirklichung ist wenig bekannt. In den übrigen Gebirgsländern ist die Ablösung des *Brandrodungs-Wanderfeldbaus* der Bergvölker und die *Wiederaufforstung* der vielfach zu Busch und Savanne degradierten Wälder das Planziel.

### *Die übrige Agrarwirtschaft*

Die übrige Agrarwirtschaft besteht vor allem aus dem Anbau von *Gemüse* und – auf etwa 1/5 der landwirtschaftlichen Nutzfläche im *unbewässerten Anbau* – von *Cassava* (Maniok – auch als Futter), *Mais,* Soja, Erdnuß, Süßkartoffeln, Blattgemüse, Melonen, *Zuckerrohr* (Molassesiederei), *Jute,* Maulbeeren, Baumwolle usw., sowie von *tropischem Obst* (Mango, Papaya u. a.) und von *Zitrusfrüchten.* Mit *Sojabohnen* und *Erdnüssen* wird etwas Export (in den Ostblock) betrieben; Indonesien hat 1984 in einem Handelsabkommen die Abnahme von *Mung-* und anderen *Bohnen* zugesagt.
Erweitert wurde der planmäßige Anbau von *Zuckerrohr* und *Tabak.* Die Viehbestände – in der mehr ostasiatisch geprägten Landwirtschaft der Vietnamesen ein relativ größerer *Schweine-* als Büffel- und Rinderbestand – haben unter den Kampfhandlungen gelitten und müssen neu aufgestockt werden; für die Fleischerzeugung sind nur die Schweine- und die Geflügelzucht von Bedeutung.

### *Wald- und Forstwirtschaft – ein ökologisches Problem*

Hoher Bevölkerungsbesatz und starke Holzentnahme, Köhlerei, Beweidung und Brandrodungs-Wanderfeldbau hatten Vietnams *Wälder* schon in der Vorkriegszeit stark *degradiert,* viele Berghänge waren nur von ärmlichem *Sekundärbusch* und *Imperata-Savannen* bedeckt. Der Krieg brachte weitere Schäden durch Beschuß, Holzeinschlag und Waldbrände und schließlich durch den Einsatz chemischer Entlaubungsmittel, die etwa 2 Mio. ha Wald, Mangrove, Plantagen- und anderes Anbauland betroffen haben sollen. Insgesamt ist die 1953 noch rd. 44% betragende Waldfläche auf 27% (1981) geschrumpft, eine ökologisch bedrohliche Zahl. Andererseits sind diese Schäden mit der Waldzerstörung (dort besonders durch Neulandrodung und Holzeinschlag) z. B. in Thailand durchaus vergleichbar, wo die Waldbedekkung von 57% (1960) auf ca. 29% (1976) zurückgedrängt wurde (S. 299).

### *Die Fischerei*

Der Fischfang – in den *Binnengewässern* auch neben dem Reisbau – mit Tausenden von Segeldschunken und, meist veralteten, Motorbooten vor den langen *Küsten* und Deltas bildet eine wesentliche und traditionelle vietnamesische Nahrungsergänzung: Frischfisch, Trokkenfisch, Fischtunken, Krabben, Garnelen, Muscheln, Seegurken, Kalmare usw. werden intensiv gefangen bzw. verarbeitet; es sollen jährlich ca. 1 Mio. t Meeresprodukte gewonnen werden. Mit *staatlichen Fischereibetrieben* gelang es, den Fang von *Garnelen* (»shrimps«), Langusten (»prawn«), Hummern usw. so zu steigern, daß damit eine der wenigen *Exportartikel* in westliche Länder, besonders nach Japan, gewonnen wird. Auch dabei ist man von staatlich festgesetzten Löhnen zur flexiblen Bezahlung nach der Höhe und Qualität des Fanges übergegangen und konnte dadurch die Erträge mehr als verdoppeln.

### *Industrie, Handwerk und Energieversorgung*

Wie die Agrar- und Ernährungswirtschaft war auch die gesamte Volkswirtschaft das Opfer der mangelnden Fähigkeit, das vom Krieg erschöpfte Land – wiedervereinigt, aber in zwei politische Lager gespalten – mit neuen Initiativen zum Wiederaufbau seiner Wirtschaft zu führen. Die vielfach gescheiterte Kollektivierung der Landwirtschaft, die Lager zur politischen Umerziehung mit der Ausschaltung eines erheblichen, politisch mißliebigen Potentials an Intelligenz und Arbeitskraft und der Exodus der – gerade ökonomisch besonders aktiven – Flüchtlinge brachten große Aderlässe. Das Aussetzen der amerikanischen und chinesischen Hilfen, die Verringerungen der sowjetischen, die Last einer ca. 50% des Staatshaushaltes verzehrenden Armee und das Ausbleiben der westlichen Hilfen als Replik auf die Besetzung

Kambodschas haben Vietnam so hart an den Rand der *wirtschaftlichen Agonie* gebracht, daß sich die kommunistische Partei nach dem Fehlschlag des zweiten Fünfjahresplanes (1976–80) über alle ideologischen Prinzipien hinweg (und unter noch immer anhaltenden Auseinandersetzungen zwischen den liberaleren Planern und den marxistischen Ideologen von Partei und Regierung) zu einem *neuen Wirtschaftskurs* durchringen mußte, der der Initiative des einzelnen wieder Spielraum und teilweise leistungsangemessene Entlohnung bot. Wie auf dem Agrarsektor haben diese Öffnung und das Streben nach effizienterer Organisation auch in *Industrie, Handwerk und Handel* die Ansätze zu einer allmählichen Erholung ermöglicht. Ein Indikator ist z. B. das Steigen des jährlichen Wirtschaftswachstums (Bruttoinlandsaufkommen) von 0,6 % 1976–80 auf 12,7 % 1981/82 (FEER, 1983), das hauptsächlich durch die Reaktivierung der *privaten* und *halbstaatlichen Kleinindustrien,* des Handwerks und des Handels (zu 50–70 % wieder in privater Hand), erzielt wird, obwohl eine hart angezogene Besteuerung ab 1983/84 die zu starke Wiederbelebung einer privat-kapitalistischen Wirtschaft bremsen und zugleich den angespannten Staatshaushalt stärken soll.
Entwicklungshemmend ist noch immer die *Energieknappheit.* Stromausfälle und -mangel verzögern immer wieder die Produktion, das Aufkommen an Energieträgern ist zu gering. Mit einer Förderung von 6,5 Mio. t *Steinkohle* wurde 1983 erstmals wieder der Stand zur Zeit des Kriegsendes (1977) erreicht. Die hochwertige *Anthrazit-Kohle* im N nahe dem Kohlenhafen von Hong Gay (Vorräte werden auf 20 Mrd. t geschätzt, günstige Gewinnung im Tagebau) ist zugleich wichtiges *Exportgut,* obwohl Japan, der Hauptabnehmer, z. T. auf billigere Brennstoffe ausweicht. Mängel in der veralteten Maschinenausstattung und schlechte Entlohnung der Bergarbeiter haben lange die Entwicklung gehemmt. In Pha Lai ist mit sowjetischer Hilfe ein neues Kohlegroßkraftwerk im Ausbau; volle Stromversorgung wird aber erst mit dem Entstehen weiterer *hydroelektrischer Kraftwerke* (u. a. am Schwarzen Fluß und im südlichen Bergland) zu erwarten sein. Verkokbare Kohle ist knapp, es wurden deshalb Verfahren zur Verwendung von Anthrazit in Hochöfen versucht.
Die Hoffnungen auf die Förderung von *Erdöl* vor der vietnamesischen Küste blieben bisher unerfüllt. Nachdem westliche (auch deutsche) Firmen die Erdölexploration ergebnislos aufgaben, übernahmen die Sowjets eine höffige, amerikanisch aufgeschlossene Bohrkonzession (Bach Ho-Feld). Obwohl für 1985 der Förderungsbeginn südöstlich von Vung Tau und bis etwa 1990 sogar Erdölselbstversorgung für Vietnam vorhergesagt worden war, ist die Versorgung bisher völlig auf den

teuren *Import sowjetischen Erdöls* angewiesen, der etwa 13 % der vietnamesischen Gesamtimporte ausmacht. Mit der Verzögerung der erhofften Ölförderung wurde auch der mit sowjetischer Hilfe geplante Aufbau eines neuen petrochemischen Industriekomplexes in Vung Tau aufgeschoben. Günstiger liegt – bei den reichen Kalkvorkommen – die *Zementproduktion,* die als einzige das frühere Volumen übersteigt. Der *Energiemangel* – ob Strom oder Öl – erlaubte auch noch um 1983/84 vielen Industrien nur etwa 50 % Kapazitätsauslastung.
Günstig ist die Ausstattung mit *Eisenerzen* (Vorkriegsförderung: 825 000 t/Jahr). Die Hauptverarbeitung erfolgt vor allem im *Hüttenkombinat Thai Nguyen* im N, dessen (noch mit chinesischer Hilfe erstellte) erste Ausbaustufe für örtliche Erze erfolgt war. Nach Bombenzerstörungen nahm das Werk 1973 die Produktion wieder auf, und später wurde ein *Stahlwalzwerk* gebaut. Die Jahreskapazität soll ca. 300 000 t erreichen. In *Bien Hoa* (S-Vietnam) wird Metall und Walzgut aus Schrott erzeugt; kleinere Metallwerke arbeiten auch in anderen Städten. Weiter werden *Zinn, Antimon* und *Kupfer* gewonnen und geschmolzen; *Chromit, Bauxit* und *Wolfram* gehen unverarbeitet in den *Export.*
Vor dem Kriege bestanden ca. 350 *metallverarbeitende Betriebe* mit 400 000 Arbeitern (davon etwa 2000 technisch geschult); mit sowjetischer Hilfe kam ein großes Werk dazu. Das Schwergewicht der Produktion liegt bei Drehbänken, Fräsmaschinen, Motoren, Landmaschinen und Pumpen für die Bewässerung. Zentren der älteren *Textilindustrie* sind Nam Dinh und Hanoi (Baumwoll- und Wollgewebe, teilweise auch Halbfabrikate, die im Heimgewerbe weiterverarbeitet wurden).
Bedeutend sind die Werke für *Superphosphate* (Lam Thao) und *Stickstoffabrikate* (Beiprodukte der Hochöfen); in Viet Tri wurde ein *Chemiekombinat* errichtet. In Hanoi und Haiphong bestehen zahlreiche kleinere metallverarbeitende und Chemiebetriebe. Die Zementfabrikation – schon aus der Franzosenzeit – wurde mit rumänischer Hilfe ausgebaut. In Haiphong entstanden *Werften* und Konservenfabriken; Lebensmittelfabriken und Zuckerraffinerien in Hanoi, Haiphong und Viet Tri; die auf viele kleinere und mittlere Betriebe verteilte Fabrikation von *Fahrrädern* und Fahrzeugen, Baumaterialien und Rüstungsgütern wurde während des Krieges besonders verstärkt.
Die *Leichtindustrien* des *S,* später, aber moderner entwickelt als im N, mit Textilien und Bekleidung, Keramik-, Elektro- und Kunststoffproduktion usw. haben unter dem Verlust geschulter Arbeitskräfte (Flucht des hohen Anteils chinesisch-stämmiger Arbeitskräfte) und mangelnder Nachlieferung von Ersatzteilen und Rohstoffen aus westlichen Län-

dern gelitten, können aber – bei kompetentem Management – weiterproduzieren, freilich fehlen ihnen die Entwicklungschancen durch neue Investitionen und nennenswerten Export. *Konsumgüter* bleiben deshalb *knapp;* lediglich die Papier-, Zigaretten- und Zuckerindustrie zeigt einige Entwicklung. *Handwerk* und *Kleinindustrien,* die heimische Rohstoffe verarbeiten, konnten sich (mit der Liberalisierung für die Privatbetriebe) wieder einigermaßen festigen. Trotz allem lagen die Planziele in der Textil-, Papier-, Lebens- und Genußmittelindustrie für 1983 noch erheblich unter der Produktion von 1975/76 in den beiden damals noch getrennten Landesteilen.
Während des Krieges waren im *S* mehrere *»Industrieparks«* gegründet worden, der umfangreichste in *Bien Hoa,* 25 km nordöstlich Saigons, der 121 Fabriken umfassen sollte, von denen etwa 30 in Betrieb kamen. Ein weiterer entstand in der Deltastadt *Can Tho.* Zahlreiche kleinere und mittlere Fabriken wurden zusätzlich in Saigon, Zementindustrie und Ölraffinerien in Cam Ranh und Fischverarbeitungsindustrie in Da Nang aufgebaut.

### *Handel und Versorgungslage*

Industrie, Handel und Versorgung leiden unter dem nur sehr begrenzt leistungsfähigen Transportwesen (s. u.). So behindern zahlreiche Mängel eine Wiederbelebung der Wirtschaft. Die Tristesse von *Hanoi,* mit leeren Regalen oder Attrappen in den Geschäften und einer pflichtschuldig, aber resigniert ihre Aufgaben erfüllenden Bevölkerung, die aus den Entbehrungen nicht herauskommt, ist symptomatisch dafür. *Saigon* – »Ho Chi Minh-Ville« – ist, trotz aller auch dort spürbaren Mängel, noch immer eine andere Welt, die die Reserven ihrer früheren Wirtschaftsentfaltung mobilisiert und mit Initiativen der privaten Wirtschaft, trotz Kontrollen und heftiger Besteuerung, ein Mindestmaß ökonomischen und urbanen Lebens weiterführt. Allein die Kleidung der Frauen – wenn auch eine Äußerlichkeit – ist symptomatisch für den unterschiedlichen Lebensstil: einheitliche, graue und blaue Hosenanzüge in Hanoi – der traditionelle, anmutige »Ao Dai«, das lange, geschlitzte mantelartige Kleid über schwarzen oder weißen langen Seidenhosen, der noch verbreitet ist, in Saigon. Das dort relativ viel größere Warenangebot (auf dem – notgedrungen tolerierten – *privaten* oder *»schwarzen« Markt*) füllt sich durch halbamtlichen, teils als Schmuggel laufenden Außenhandel auf; erhebliche Werte fließen durch Geschenkpakete, die ehemalige Flüchtlinge aus dem Ausland an ihre Verwandten schicken, herein. Eine »Imex«-

Handelsorganisation vermittelt – ähnlich wie in der DDR – gegen im Ausland zugunsten von Verwandten eingezahlte Hartwährungs-Devisen die verschiedensten, im Lande sonst nicht erhältlichen Waren. Diese unorthodoxe Ergänzung der Konsumgüter stützt nicht nur die Versorgung, sondern sichert auch »Arbeitsplätze« für zahlreiche *Straßenhändler* in Saigon. Ihr Angebot ist größer als das ihrer »Kollegen« in Hanoi, weil außer diesen auf den Markt gebrachten Waren auch die »freien Spitzen« der agrarischen Produktion (»Quoten« – S. 400) der Bauern im S größer sind.
Nach Unterlagen aus der vietnamesischen Wirtschaftsplanung gingen 1983 über 50 % der Lebensmittel und Agrarprodukte, Fisch und Forsterzeugnisse über den *privaten* (und nicht den verstaatlichten) *Handel;* selbst 15–30 % der Konsumgüter aus verstaatlichten Industrien wurden über den privaten Handel verteilt. Die *Einkommensdisparität* zwischen Arbeitern in Staatsbetrieben und privaten Händlern belief sich bis zum siebenfachen Einkommen der letzteren (FEER, 1984). Auch Landmaschinenhandel und -reparatur leben weitgehend von privaten Initiativen.
Die wenigen Ausländer – Journalisten, Diplomaten usw. – müssen Hotels, Transportmittel, Inlandsflüge usw. in US-$ zahlen; der Schwarzkurs ist ein Vielfacher des offiziellen Umrechnungskurses des vietnamesischen Dong. Bei geringem Aufkommen exportfähiger Waren besteht erst ein bescheidener *Außenhandel* mit westlichen Ländern, voran Japan und einigen ASEAN-Ländern. Stärker ist er mit der Sowjetunion und den Ostblockstaaten: etwa 75 % des Exportaufkommens aus Handwerk, Leicht- und Kleinindustrie-Produkten, Kohle, Nahrungs- und Genußmittel (tropische Früchte, Kaffee, Tee, Garnelen usw.). Im Osthandel übersteigen die *Importe* den Export um fast das Zehnfache, entsprechend hoch ist Vietnams *Verschuldung*. Bei langsamem Wachstum seiner Kautschuk-, Tee- oder Kaffeeexporte wird der größte Anteil seiner Deviseneinnahmen für die Rückzahlung von Schulden und Zinsen aufgezehrt. Zu deren Tilgung erfolgt zusätzliche Ausfuhr von Gebrauchsgütern, Textilien, Zigaretten, Schuhen usw., die für die eigene Bevölkerung knapp sind.

### *Das Verkehrswesen*

Auch bei den Verkehrseinrichtungen steht die Rekonstruktion der Kriegsschäden im Vordergrund. Beide Teilstaaten hatten ihre Straßen-, Bahn-, Luft- und Ölleitungsnetze im Krieg ausgebaut, aber auch schwere Schäden auszubessern. Die große *historische Route* ist die ein-

stige »Mandarinstraße« entlang der Küste von Hanoi nach Saigon, später wurde auch die *Hauptbahnlinie* parallel dazu gebaut. Beide wurden an der Demarkationslinie unterbrochen, bildeten aber noch immer Hauptverkehrsadern innerhalb der beiden Teilstaaten. Das übrige Straßen- und Bahnnetz strahlte von den beiden Hauptstädten in ihre umliegenden Tiefländer und mit einzelnen Routen in die randlichen Bergländer aus.
Die *Paßstraßen* von Süd-Vietnam nach *Laos* waren abgeschnitten; der Zugang zu dessen Hauptbesiedlungsgebieten hatte sich weitgehend auf die Routen durch Thailand verlagert. Heute wird ein Teil des Laos-Transits wieder hergestellt (S. 333). Die *N-S-Bahnlinie* und die Hauptstraße sind zwar wieder befahrbar, aber in ihren Anlagen überaltert und zu langsam. Von Haiphong und Hanoi führen zwei *Bahnlinien* (vom letzteren bis zur Grenze 179 km) und mehrere Straßen sowie *Ölleitungen* nach *China.* Sie sind *unterbrochen* und die gesamte Warenzufuhr wie der Export müssen heute – wie bei einem Inselstaat – *über See* erfolgen. *Haiphong* ist über einen vertieften Seekanal von 10000 t Schiffen anlaufbar und wegen des industrialisierten Hinterlandes heute der ständig überlastete *Haupthafen;* seine Installationen sind veraltet und ungenügend. Der Flußhafen von *Ho Chi Minh-Ville* muß durch Baggern für Hochseeschiffe freigehalten werden; Planziel ist es, die Stadt als ein Exportzentrum zu entwickeln. Wieweit *Da Nang* und *Cam Ranh,* neben der militärischen Nutzung, auch für den zivilen Warenumschlag funktionieren, ist unklar. Neben *Hong Gai* dienen auch *Cam Pha* und *Than Hoa* der *Kohlen-* bzw. *Erz- und Phosphatverschiffung.*
In den Siedlungs- und Wirtschaftsräumen der beiden Deltas ist der *Binnenschiffsverkehr* noch bedeutend; über 85% der im Mekong-Delta erzeugten Produktion werden z. B. in Lastkähnen nach Saigon gebracht; es stehen dort etwa 5000 km, in Tonking ca. 4000 km (davon 830 km mit wirtschaftlicher Bedeutung) Wasserwege zur Verfügung. Die Verschlickung der Kanäle erfordert laufende Baggerarbeiten. *Roter* und *Schwarzer Fluß* sind bis zum Eintritt in das Gebirge *schiffbar;* der *Mekong* trägt *Seeschiffsverkehr* bis *Phnom Penh,* während der Zugang nach Laos durch Stromschnellen blockiert wird.
Der Inlands*flugverkehr* ist durch Überalterung der Maschinen und Treibstoffknappheit begrenzt. Internationale Flugverbindungen bestehen – außer mit den Ostblockländern – Mitte der 80er Jahre nur aus einem wöchentlichen Flug der Air France.
Im Hinblick auf Verbesserungen der Infrastruktur, weitere Liberalisierungen von Wirtschaft und Versorgung, Verminderung der Bürokratie und eine Hebung des Lebensstandards hoffen die Vietnamesen

auf eine Verjüngung der vergreisten und orthodoxen Staatsführung durch eine realistischer planende und etwas weltoffenere, jüngere Führungsgeneration. Auf dem VI. Parteitag im Dezember 1986 wurde diese mit der Wahl einiger für Reformen aufgeschlossenerer und um etwa zehn Jahre jüngerer Funktionäre in die Partei- und Staatsspitze auch eingeleitet. Die Ziele des neuen Fünfjahresplanes (1986–1990) mit Schwerpunkten in der Landwirtschaft, bei den Konsumgütern und in der Exportförderung (zu Gegenleistungen für die sowjetische Militär- und Wirtschaftshilfe) sind allerdings eher bescheiden (AU DUONG THE, 1987).

## 3.2 Das insulare Südostasien

Der größte Archipel der Erde, »Inselindien« (»Insulinde«), gewinnt als zweiter Großraum SO-Asiens nicht nur durch seine maritimere Prägung (einschließlich vieler mit dem Meere verbundener Lebensformen), sondern auch durch das Überwiegen des immerfeucht-innertropischen Klimas gegenüber dem stärker monsunal-tropischen Festland eigenen Charakter. Kulturell wird es von den malayischen Volks- bzw. Sprachgruppen bestimmt, deren Gemeinsamkeiten im einzelnen durch die verschiedene Intensität der indischen, islamischen, christlichen und europäischen Einflüsse bzw. die Stärke des melanesischen Substrats und des Erbes der alt-indonesischen Stammeskulturen differenziert werden. Die malayische Halbinsel – ein fast bis zum Äquator vorspringender Sporn des Festlandes – wird wegen ihrer Zugehörigkeit zu dieser malayischen Kultur und ihres innertropischen Klimas hier mit zum insularen SO-Asien gezählt.

Die Facetten der »malayischen Kultur« der fünf inselindischen Staaten Indonesien, Malaysia, Philippinen, Singapur und Brunei wurzeln in der ethnischen und linguistischen Verwandtschaft der alt- und jungmalayischen (= proto- und deutero-malayischen bzw. alt- und jungindonesischen) Völker. Sie umfaßt vielfältige gemeinsame Ausdrucksformen, vom »Adat«-Gewohnheitsrecht bis zu Typen des Haus- oder Schiffsbaues, der Anbauformen und -gewächse, der hindu-buddhistischen und selbst noch prä-hinduistischen Überlieferungen. Andererseits entsprechen der *insularen (und gebirgigen) Zergliederung* mit riesigen Entfernungen, die aber dank des traditionellen Seeverkehrs Kommunikation, Migration und Territorialbildungen eher förderten, eine Untergliederung in *mehrere hundert Sprach- und Volksgruppen* und große sozio-kulturelle Unterschiede – zwischen so verschiedenen

Gruppen wie z. B. den Javanen und den Dayak, um nur zwei Beispiele zu nennen.
Vielfach gilt der *Islam* als eine Hauptkomponente der malayischen Kultur und sozialen Ordnung. Die Beachtung seiner Regeln ist jedoch *unterschiedlich* intensiv, und gerade erhebliche Teile des größten indonesischen Volkes, der Javanen, sind eher von Nachwirkungen der hindu-javanischen Mystik als vom Koran beeinflußt, und etwa 10 % der Indonesier gehören als Hindu (Bali), Christen oder in Stammesreligionen (»Animisten«) anderen Glaubensformen an. Umgekehrt forciert *Malaysia* den Islam als Staatsreligion, obwohl fast die Hälfte seiner Bevölkerung (Chinesen, Inder, nicht-islamische »Inlandsvölker« Borneos) anderen Religionen zugehört und der föderative Staat von einer nationalen Koalition auch mit nicht-malayischen Parteien regiert wird.
Noch diffiziler ist das hinsichtlich der *Philippinen,* deren *ethnisch malayische* Bevölkerung zu *90 % christlich* ist und sich auch soziokulturell deutlich abhebt. Ihre *islamische Minorität* auf den südlichen Inseln steht religiös und politisch den muslimischen Malayen näher als den christlichen Landsleuten, mit denen es im latenten Konflikt lebt. Andererseits sind die meisten Sprachen der Philippinen den Sprechern anderer malayischer Sprachen Indonesiens oder Malaysias kaum verständlich. Gegenüber dem Tagalog als Grundlage des *»Pilipino«* oder der den nicht-malayischen Volksgruppen zunächst fremden *»Bahasa Malayu«* hat die verwandte *»Bahasa Indonesia«* den Vorzug, neutral zu sein, d. h. nicht mit der Sprache der dominanten Volksgruppe (der Javanen) identisch zu sein (S. 100 u. 597).
Während *Brunei* als Prototyp eines malayischen Küstensultanats selbständig blieb, gehört seine Bevölkerung eigentlich zu den erst mit der Islamisierung wirklich »malayisierten«, alt-indonesischen Küstenvölkern. *Singapur* – mit rd. 76 % chinesischer und rd. 9,5 % indischer Bevölkerung – räumt der Sprache seiner nur ca. 14,5 % Malayen den Rang einer weiteren Amtssprache ein, um seine Zugehörigkeit zur »malayischen Welt« zu unterstreichen.
Nach unterschiedlicher kolonialer Prägung und vorübergehenden Konflikten (s. u.) sind die »pan-malayischen« Bindungen zwischen *Malaysia* und dem an Bevölkerung zehnfach stärkeren *Indonesien* am engsten. Große Teile der Bevölkerung Malaysias bestehen aus früher oder erst kürzlich zugewanderten indonesischen Ethnien. Auch neben der offiziell geregelten und neuerdings schärfer kontrollierten Migration *indonesischer Gastarbeiter* nach Malaysia hält die illegale Infiltration weiter an; ähnlich die von Muslim aus den südlichen *Philippinen* nach *Sabah,* obwohl dort die nicht-islamische Kadazan diese Stärkung der malayisch-muslimischen Küstenbevölkerung ungern sehen.

*W- und O-Malaysia* sind durch das Südchinesische Meer voneinander getrennt. In der räumlichen Struktur ist das jedoch weniger gravierend, da ja auch Indonesien und die Philippinen – wie vor ihnen die historischen Reiche der malayischen Inselwelt – *»Archipel-Staaten«* sind.

*Indonesiens* »Eigengewässer« wurden bis zu Basislinien um die Eckpunkte seiner äußersten Inseln ausgedehnt und zwischen W- und O-Malaysia geschoben; Differenzen wurden durch Abkommen bereinigt, nach denen Indonesien z. B. Malaysias Verkehrs- und Fischereirechte zwischen den beiden Landesteilen garantiert.

Den im britisch-malayischen Einvernehmen – mit mehrheitlicher Zustimmung der Bevölkerung – bei der Entkolonialisierung von N-Borneo 1963 erfolgten *Zusammenschluß* von *Sarawak* und *Sabah* mit dem *alten Malaya* zur heutigen *Föderation* suchte zunächst das *Indonesien* Sukarnos zu verhindern. Die sogenannte »Konfrontation« wurde bis zu militärischen Kommandounternehmungen gesteigert, und Sukarno erhob Ansprüche auf ganz Kalimantan (Borneo), sowie Vorwürfe gegen den »Neokolonialismus« dieses Zusammenschlusses ehemaliger britischer Schutzgebiete, obwohl das auf Indonesiens Angliederung von W-Irian aufgrund der Zugehörigkeit zum einstigen niederländischen Kolonialreich genauso zuträfe. Die »neue Ordnung« unter Suharto hat 1966 diese Haltung sofort revidiert, und die Beziehungen sind seitdem freundschaftlich.

Die *Philippinen* erheben Anspruch auf *Sabah,* erließen sogar ein entsprechendes Gesetz, und 1968 kam es vorübergehend bis zum Abbruch der diplomatischen Beziehungen. Heute »ruht« diese Differenz, taucht aber in der philippinischen Politik immer wieder rhetorisch auf. Der Dissens beruht auf alten Verträgen: 1704 trat der Sultan von Brunei das heutige Sabah an den Sultan von Sulu ab, dessen Territorium später in den Philippinen aufging. 1878 aber war Sabah von diesem an europäische Kaufleute und dann an die British North-Borneo Company gekommen. Umstritten ist, ob das Territorium »abgetreten« oder nur »zu Lehen gegeben« worden ist. Die Erdölhöffigkeit vor Sabahs Küsten gibt diesen Forderungen der ölarmen Philippinen eine neue Dimension, die ASEAN-Solidarität verbietet aber eine Ausweitung des Konfliktes. Sein Entstehen ist typisch für die *historisch-geographische* Situation der *malayischen Inselwelt,* in der den *Kernräumen* der einstigen Herrschaften große *Randgebiete* mit sich *überschneidenden Hoheitsansprüchen* gegenüberstanden. So lag auch das menschenarme nördliche Borneo im wechselnden, meist nur vage definierten Machtbereich der Sultanate von Brunei und von Sulu, weshalb die lokalen Häuptlinge der Küstenbevölkerung und später auch die Unterhändler der British North-Borneo Company sich durch Schutzherrschafts- bzw. Pachtverträge mit beiden absicherten. *Brunei* sollte 1963 ursprünglich Teil des neuen Malaysias werden, zog – zur Eigennutzung seiner Erdölschätze – aber die Selbständigkeit, zunächst unter britischem Protektorat, vor, was latente Spannungen zu Malaysia hinterließ. Erst die mit der vollen Unabhängigkeit (1983/84) erfolgte Eingliederung Bruneis in die ASEAN-Gemeinschaft hat diese abgebaut und bietet für die Selbständigkeit des kleinen Staates zugleich einen sicheren Rückhalt. Bisher *unbeanspruchte Meeresräume* verursachen auch die gegenwärtigen Auseinandersetzungen um die entlegenen *Spratly-Inseln* im Südchinesischen Meer (und ähnlich um die *Paracel-Inseln* weiter nördlich – S. 228). Zur Sicherung der *untermeerischen Bodenschätze* und aus *geostrategischen Überlegungen* besetzte *Malaysia* 1983 dort eine Korallen-Insel, ca. 240 km nordwestlich von Labuan (d. h. innerhalb der von ihm beanspruchten »exklusiven ökonomischen Wirtschaftszone«). Die kleinen, lebensfeindlichen und nur mühsam (z. B. mit Unterkunfts- und Versorgungsinstallationen nach Art der Erdöl-Bohrinseln) dauernd besetzbaren Korallenriffe und Sandinseln sind zwischen Vietnam, Malaysia, den Philippinen, der Volksrepublik China und National-China (Taiwan) umstritten, die je eine oder mehrere dieser Inselchen militärisch besetzt halten. Zu ihrer Sicherung und der der Erdöl- und Erdgasfelder O-Malaysias wurde die Insel *Labuan* – einst schon Flottenstützpunkt der »Straits Settlements« – als Luftstützpunkt ausgebaut.

Konstruktiver blieben die Bemühungen um ein *politisches Bündnis*. Sie begannen mit den noch unausgereiften Vorschlägen einer »Confederation of Malay Nations« bzw. eines Staatenbundes »Maphilindo« (Malaya, Philippinen, Indonesien). 1960 schliefen diese Pläne wieder ein und zerbrachen mit der »Konfrontation« und den philippinischen Ansprüchen auf Sabah. 1970 wurde – bei Wahrung der einzelnen Souveränitäten – der Zusammenschluß in der ASEAN (S. 15) verwirklicht, erweitert um *Thailand,* das historisch noch als Kontrahent Malayas dessen nördliche Sultanate bis 1912 (und z. T. nochmals vorübergehend im Zweiten Weltkrieg) besetzt hatte. Aber auch die heutigen fünf *südlichsten Provinzen* Thailands haben eine *muslimisch-malayische* Majorität. Das ist ein sensitiver Punkt im Bündnis, er wird aber, wie andere potentielle Konflikte, im Interesse der gemeinsamen Sicherheitsinteressen von beiden Seiten heruntergespielt.

### 3.2.1 Malaysia

Der junge Staat ging aus den einstigen britischen Territorien in Inselindien hervor. Zuerst waren die *»Straits Settlements«* mit den 1895–1942 als britische Schutzgebiete vereinigten *»Federated Malay States«* (den Sultanaten Perak, Selangor, Negri Sembilan und Pahang) und den *»Unfederated Malay States«* (Perlis, Kedah, Johor, Trengganu und Kelantan) nach dem Zweiten Weltkrieg zur Malayischen Union bzw. 1948 zum Malayischen Bund *(»British Malaya«)* zusammengeschlossen worden. (Malaya wird einerseits für die malayische Halbinsel [Malacca-Halbinsel], zum anderen für die frühere »Federation of Malaya« gebraucht. Im Englischen werden auch die Begriffe »Peninsular Malaya« und – ohne die Insel Singapur – »Mainland Malaya« verwandt).

Der Weg zur *Selbständigkeit* wurde durch den Dschungelkrieg (1948–57) verzögert, der gegen die nach dem Zweiten Weltkrieg weiterkämpfenden kommunistischen Partisanen geführt wurde. Die Auseinandersetzungen mit diesen – vielfach aus der chinesischen Volksgruppe stammenden – Insurgenten haben das gespannte Verhältnis zwischen den ethnischen Gruppen innerhalb Malayas und die äußeren Beziehungen zur VR China über lange Jahre stark belastet und das Land in einen *»nationalen Notstand«* (»Emergency«) geführt, der auch starke Auswirkungen auf die Siedlungs- und Wirtschaftsstruktur und auf die innen- und außenpolitische Entwicklung hatte. Auch die anfangs enge Anlehnung an die frühere britische Kolonialmacht wurde durch die gemeinsamen Bemühungen um die Stabilisierung verstärkt, zugleich waren aber auch Probleme des nachbarlichen Zusammenlebens mit dem heute selbständigen *Singapur* in diesem Verbund zu lösen.

1957 wurde die *»Federation of Malaya«* als Commonwealth-Mitglied unabhängig; Singapur erhielt Selbstverwaltungsrechte. In N-Borneo waren die einstigen britischen Schutzgebiete *Sarawak* und *British North-Borneo* (heute Sabah) erst 1946 Kronkolonien geworden; sie sollten nun ebenfalls die Unabhängigkeit erhalten. Sie wurden 1963 mit Malaya und Singapur zum neuen Staat *Malaysia* zusammengeschlossen. *Sarawak* war 1841–1946 im Besitz der Familie des »weißen Rajahs« James Brooke, eines englischen Seefahrers, der das Territorium um die Hauptstadt Kuching als Dank für die Hilfe gegen Aufständische vom Sultan von Brunei verliehen bekam, während später schrittweise weitere Teile – die heutigen Verwaltungs-»Divisions« – von Brunei hinzugekauft wurden. Nach Abzug der japanischen Besatzung war es 1946–63 britische Kronkolonie. *Sabah* war 1865–1946 im

Besitz der British North-Borneo Company (S. 84); 1946–63 war es britische Kronkolonie.

*Singapur,* ein wichtiges Glied bei der Gründung, schied 1965 wieder aus, da die Malayen fürchteten, daß es mit seiner zu 76,2 % chinesischen Bevölkerung den fremdvölkischen Gruppen die Mehrheit im gemeinsamen Staat bringen würde, während Singapur umgekehrt wenig Neigung zeigte, seine Wirtschaftsinteressen dem malayischen Führungsanspruch unterzuordnen. *Brunei,* ursprünglich als weiterer Partner vorgesehen, zog die Selbständigkeit vor (S. 466).

In der *»Federation of Malaysia«* werden seit 1963 das Stammland auf der festländischen Halbinsel als *West-Malaysia,* die Borneo-Territorien zusammen als *Ost-Malaysia* bezeichnet. (Im Deutschen wäre die Übersetzung »Malaysien« sinnvoll, analog »Indonesien« oder »Indien« vom Englischen »Indonesia« bzw. »India« [H. UHLIG; 1963, 1964]. Den Richtlinien des Auswärtigen Amtes folgend, soll aber hier der amtliche Name beibehalten werden.) Wegen der häufigen Verwechslungen sei die *Unterscheidung* von *Malaya* und *Malaysia* (bzw. malayisch und malaysisch) zusammenfassend nochmals verdeutlicht: *Malaya* bezeichnet die Halbinsel (heute: »W-Malaysia«) und den *früher* auf diese beschränkten Staat (bis 1963); *»malayisch«* bzw. »Malayen« die *ethnisch* malayisch-muslimischen Gruppen, sei es in W- oder in O-Malaysia (im letzteren sind sie überwiegend auf die Küstenstreifen beschränkt). *»Malaysia«* heißt heute der 1963 begründete Staat; *»malaysisch«* bezeichnet dementsprechend seine gesamte Politik, Wirtschaft usw. Andererseits wird in der amtlichen Statistik »malaysisch« auch als zusammenfassender Begriff für *alle einheimischen* Volksgruppen, (d. h. Malayen *und* die »proto-malayischen« [S. 62] Dayak-»Inlandsvölker« in O-Malaysia) eingeengt, d. h. für alle »Bumiputera« (»Söhne der Erde«). Das soll sie von den zugewanderten chinesisch- bzw. indischstämmigen Bevölkerungsteilen unterscheiden. (In der *älteren* Literatur werden die Begriffe »Malayen«, »malayisch« oder »malaysisch« dagegen in unterschiedlicher Weise, auch zur Kennzeichnung der Gesamtheit der »malayischen« bzw. »indonesischen« Völker, Sprachen oder Kultur verwandt.)

Beide Teile des Staates werden durch große räumliche *Entfernungen,* erhebliche *Unterschiede* im *Entwicklungsstand* und in der *ethnischen* Zusammensetzung getrennt. Zwischen ihnen liegt *Singapur,* das früher die Hauptbrückenfunktion ausübte. Trotz der engen historischen und wirtschaftlichen Verflechtung treten zwischen den heutigen ASEAN-Partnern Malaysia und Singapur gelegentlich Spannungen bzw. Konkurrenzsituationen auf. Erhalten blieb das von der britischen Schutzmacht übernommene Verteidigungsbündnis, das – unter »Commonwealth«-Mitgliedern – heute in Sicherheitspakten mit Australien und Neuseeland weitergeführt wird. Trotz des geplanten gemeinsamen Marktes ist die Freizügigkeit von Verkehr, Arbeitskräften und wirtschaftlicher Partnerschaft z. T. Schwankungen unterworfen. Die Trennung der früher gemeinsamen Währung in Malayen- (jetzt: »Ringgit«), Singapur- und Brunei-Dollars (1967) oder des letzten Gemeinschaftsunternehmens, der früheren »Malaysian Singapore Airlines« (1972), betonen die Eigenstaatlichkeit der ungleichen – hier malayisch, dort chinesisch dominierten – Bruderländer.

#### 3.2.1.1 Staat und Bevölkerung

Malaysia ist eine Föderation aus *13 Staaten*. Die *Hauptstadt* Kuala Lumpur (landesüblich abgekürzt: K. L.) ist seit 1974 ein eigenes Bundesterritorium; seit 1984 auch die Insel Labuan (S. 84 u. 413). An der Spitze der Staaten stehen neun Sultane bzw. vier Gouverneure (Melaka, Pulau Pinang, Sarawak, Sabah) und regionale Parlamente. Der vom Ministerpräsidenten geführten Regierung und dem Parlament der Föderation steht ein Staatsoberhaupt vor, das in einem »Wahlkönigtum« alle fünf Jahre aus dem Kreis der Sultane gewählt wird.
Mit etwa 330434 km$^2$ kommt Malaysia dem Flächenumfang beider Teile Deutschlands gleich, jedoch leben ca. 83 % seiner 15,3 Mio. EW (S. 1984) auf der als »West-Malaysia« bezeichneten Halbinsel, das mit 39 % der Fläche der kleinere Staatsteil ist (131587 km$^2$, zum Vergleich: DDR: 108178 km$^2$). Die Borneo-Territorien, Sarawak und Sabah (zusammen 198847 km$^2$ – zum Vergleich: Bundesrepublik Deutschland: 248576 km$^2$) umfassen auf 61 % der Fläche mit 2,6 Mio. EW (S. 1984) nur ca. 17 % der Bevölkerung.
Das *Bevölkerungswachstum* betrug im Durchschnitt der 60er Jahre über 3 %, sank 1976–83 auf 2,3 %; die Sterblichkeit sank von 1,75 % (1945–49) auf 0,7 % (1984), die Geburtenrate von 4,5 % (1952) auf 3,1 % (1984); 39 % der Bevölkerung Malaysias sind unter 15 Jahre alt, d. h. auf 76 Jugendliche und Alte kommen 100 Personen im arbeitsfähigen Alter. (FEER, YB 85). Das Wachstum trotz sinkender Geburtenraten ging bisher auf die gesunkene Sterberate zurück, hinzu kommt indonesische Zuwanderung (1987 wurden erstmals offizielle Bedenken gegen die auf rd. 300000 veranschlagten illegalen Zuwanderer laut [FEER, Febr. 1987]). Auch die Maßnahmen zur Geburtenregelung zeigten bereits deutliche Auswirkungen, bis 1984 die *Bevölkerungspolitik* in einer heute aufsehenerregenden Weise *revidiert* wurde und wieder ein jährliches *Wachstum* von 3,2 % *erstrebt* wird.

Diese Wendung von der erwünschten Zwei- zur Fünfkinderfamilie hat das Ziel, die 15-Millionen-Bevölkerung binnen eines guten Jahrhunderts zu verfünffachen und dann ca. 70 Mio. zu erreichen, begründet mit Malaysias geringer Bevölkerungszahl – z. B. im Vergleich mit den an Fläche ähnlich großen Philippinen (rd. 54,5 Mio. EW) – und um für das im Aufbau befindliche Industriepotential Arbeitskräfte und einen tragfähigen Binnenmarkt zu schaffen. Wenn auch offiziell nicht erwähnt, fördert diese Politik zugleich die relative *Verstärkung der malayischen Volksgruppe,* deren Geburtenrate deutlich höher liegt als die der chinesischen und indischen.

### *Der völkische Pluralismus*

Malaysias ethnische Vielfalt ist anders als die seiner Nachbarn Indonesien oder der Philippinen. Diese haben zwar viel größere Zahlen von – einander aber mehr oder weniger nahestehenden – Ethnien und Sprachgruppen, aber *relativ* geringere Anteile *fremdvölkischer* Zuwanderer. Malaysia wird dagegen vom *Pluralismus* vier sehr viel *unterschiedlicherer Bevölkerungen* bestimmt. Seinen knappen *deutero-malayischen* (in West-) und *proto-malayischen* (S. 62) (in Ost-Malaysia) Mehrheitsbevölkerungen stehen die großen Zuwanderergruppen der *Chinesen* und *Inder* gegenüber. Sie sind meist schon in der dritten bis vierten Generation im Lande geborene Staatsbürger. Ihre kulturellen, sozialen und wirtschaftlichen Unterschiede und der Führungsanspruch der sich als »Söhne der Erde« *(»Bumiputera«)* fühlenden, nach Einkommen und Bildungsmöglichkeiten früher aber zurückgebliebenen *Malayen* bilden *das* Grundproblem der jungen Nation.
Freilich sind auch die *»Malaysier«* (die Zusammenfassung der deutero- und proto- [= jung- und alt-] malayischen Bevölkerungen von Ost- und West-Malaysia) nur teilweise »Einheimische«, wie die schon seit Jahrhunderten in einigen traditionellen Sultanaten ansässigen Malayen oder die einheimischen (Dayak-) Völker in Sarawak und Sabah. Andere Gruppen der malayischen Bevölkerung sind erst in den letzten ein bis drei Jahrhunderten *aus Indonesien zugewandert* und noch heute als einstige Bugis, Banjar, Minangkabau, Javanen u. a. erkennbar; in Sarawak und Sabah ist die Ansiedlung der »Küsten«-Malayen jünger als die Besiedlung durch die »Inlands«-Völker, vielfach besteht sie auch aus islamisierten und kulturell umgeformten, proto-malayischen Gruppen. Umgekehrt war in den alt-kolonialen »Straits Settlements« ebenfalls schon eine relativ früh, d. h. seit gut zwei Jahrhunderten dort seßhaft gewordene Schicht von *Chinesen* (die »Babas«

oder »Peranakan«) entstanden, die ab Mitte des 19. Jhs. die großen Zuströme der chinesischen Arbeiter lenkte.

Die *indische* Volksgruppe entstammt überwiegend der Arbeiterzuwanderung während der britisch-indischen Administration der föderierten Malayenstaaten und der »Straits Settlements« im 19./20. Jh.

Während in *Halbinsel-Malaya* die Malayen zum Zeitpunkt der Unabhängigkeit (unter Einschluß Singapurs) mit 49,8 % gegenüber 37,2 % Chinesen und 11,3 % Indern knapp unter der Hälfte der Gesamtbevölkerung lagen, ergaben sich nach dem *Zusammenschluß* mit *Sarawak* und *Sabah* 1963 folgende Anteile (FRYER, 1970): 44,7 % Malayen plus 8,3 % einheimische (Borneo-) Stämme = zusammen 53 % »Malaysier«. Ihnen stehen 35,8 % Chinesen, 9,4 % Inder und 1,8 % andere, d. h. zusammen 47 % fremdvölkische Bewohner, gegenüber.

Inzwischen haben sich durch die unterschiedlichen Wachstumsraten die Anteile zugunsten der Bumiputera (= Malaysier; also Malayen plus altmalayische »Inlandsvölker« O-Malaysias) verschoben:

| | Malaysianer | Chinesen | Inder | andere | Gesamt |
|---|---|---|---|---|---|
| 1957–60 | 3,97 Mio. = 53,2% | 2,67 Mio. = 35,6% | 0,69 Mio. = 9,3% | 0,13 Mio. = 1,8% | 7,47 Mio. |
| 1980 | 8,06 Mio. = 58,6% | 4,42 Mio. = 32,1% | 1,17 Mio. = 8,6% | 0,09 Mio. = 0,7% | 13,5 Mio. |
| 1985 (Voraus-schätzg.) | 9,26 Mio. = 59,5% | 4,86 Mio. = 31,3% | 1,32 Mio. = 8,5% | 0,10 Mio. = 0,6% | 15,5 Mio. |

(FEER, 1985; nach Zensus 1980 u. »Mid-term review«, 4. Malaysia-Plan).

Die große *Einwanderung* der *Chinesen* begann etwa ab 1820 mit dem »Zinnrausch«. Die lange Überfahrt der Kulis auf alten Dschunken sowie die Bergbau- und Siedlungserschließung in den menschenleeren Dschungeln waren pionierhaft, entbehrungs- und verlustreich (Malaria). Anfangs wurden nur männliche Kräfte angeworben, mit zeitlich begrenzten Kontrakten, später folgten auch Frauen und Familien. 1921 waren erst 20,9 % der in Malaya lebenden Chinesen dort geboren, 1957 schon 75 %. Im Gegensatz zu den malayischen Gruppen, die ein ländliches Selbstversorgerdasein bevorzugten, war die nicht-malayische Zuwanderung geldwirtschaftlich ausgerichtet. Die Verteilung der Chinesen zeigt noch immer die Schwerpunkte in den gegenwärtigen und einstigen *Zinnbergbaugebieten*. Singapur, Penang und Malacca waren ihre *Haupteinwanderungshäfen* und blieben am stärksten chinesisch bevölkert. Ihre Herkunftsgebiete, in denen die Gruppen

meist ziemlich geschlossen blieben, spiegeln sich heute noch in den verschiedenen Dialekten, in typischer Berufswahl, den Gilden, Handelskammern und zahlreichen sozialen Einrichtungen wider (S. 95). Nach der ersten Kautschukhochkonjunktur vor dem Ersten Weltkrieg begannen viele Chinesen auch mit der Anlage von *Kautschukkleinpflanzungen.* Ein beträchtlicher Teil dieser »smallholder« sind noch heute Stadtbewohner, die im Nebenerwerb ihre Pflanzungen betreuen (FRYER, 1970). In den wirtschaftlichen Depressionen der 20er Jahre breiteten sich chinesische Arbeitslose aus den Bergbaugebieten als »squatter« auf dem Lande aus. Die Zwangsumsiedlungen (S. 444) während des Bürgerkrieges (1948–1957) haben diese Streusiedler in den »New Villages« konzentriert. Auch die Mehrheit der chinesischen Marktgartenbauern lebt im stadtnahen Bereich.
Die *indische Zuwanderung* erfolgte von Anfang an vorwiegend im Familienverband, so daß die Verwurzelung in der neuen Heimat schnell erfolgte; außer den überwiegenden *Tamilen – Plantagenarbeiter* aus S-Indien – wanderten auch N-Inder, Sikh, indische Muslim (»Pakistani«) und Ceylonesen zu, die meist im Bahn- und Straßenbau, *öffentlichen Diensten,* im Handel und heute – wie auch die Chinesen – in gehobeneren Berufen des *tertiären Sektors* tätig sind. Bei ihrer Beteiligung an der parlamentarischen Demokratie, z. T. mit *ethnisch* bestimmten *Parteien*, von denen mehrere mit der malayisch geführten »Nationalen Front« eine *Koalition* bilden, während andere in Opposition stehen, werden auch Abgeordnete, Minister und Beamte aus den verschiedenen Volksgruppen gestellt.
Der alte »Rubber and Tin Belt« des *westlichen Küstentieflandes* erhielt die höchsten Anteile der *fremden Bevölkerungen* und mit ihnen auch der *städtischen Siedlungen.* Bis 1931 erreichten die Chinesen in Selangor und Perak z. B. 45,2 % bzw. 42,3 %, die Inder 29,2 bzw. 20,7 % der Bevölkerung; in Kelantan und Trengganu, den traditionellen malayischen »Reisbauern-Sultanaten« im *O,* dagegen nur 4,9 bzw. 7,4 % Chinesen und 1,9 bzw. 0,7 % Inder. In den alten *»Straits Settlements«* zählten die Chinesen damals in Singapur schon 74,3 %, in Penang 49,8 % und in Malacca 34,9 %; die Inder 8,9, 15,6 bzw. 12,4 %. 70 % aller in Malaya registrierten Kaufläden waren 1956 in chinesischem Besitz; und noch 1957 entfielen etwa 3/5 des gesamten Einkommens in Malaya auf die chinesische und nur 1/5 auf die malayische Bevölkerungsgruppe (SILCOCK u. FISK, 1963). 73 % der *Chinesen* und 34 % der *Inder,* aber erst 19 % der *Malayen* wohnten in städtischen Siedlungen.
Die *Malayen* zeigten wenig Neigung zum urbanen Leben und wurden erst als Beamte, Polizisten, Militärs und Politiker, seltener im Handel

oder Gewerbe, in die Städte gezogen; nach Erlangung der Unabhängigkeit verstärkte der Ausbau der öffentlichen Dienste dort das malayische Element. Die entscheidende Wandlung setzte erst mit einer planmäßigen *»Bumiputera«-Politik,* ihrer bevorzugten Einstellung in Behörden, Dienstleistungen im Industrieaufbau usw. ein. Mit ihr *wuchs* der Anteil der *Malayen* im *tertiären Sektor* von 25,9 % (1957) auf 47 % (1980), im *sekundären Sektor* (Industrie und produzierendes Gewerbe) von 22,5 (1957) auf 39,8 % (1980) und soll bis 1990 auf rd. 50 % ansteigen; die rapide *Abwanderung* der *jüngeren Malayen*-Generation in die *Städte* führt bereits zu Arbeitskraftproblemen auf dem Lande.

Mit Ausnahme der O-Küstenstädte Kota Bahru und Kuala Trengganu (seit 1970 auch von Johor Bahru) behielten die *größeren Städte* noch immer *chinesische Mehrheiten;* in Kuala Lumpur z. B. 1980: 56 % Chinesen, 28 % Malayen und 15 % Inder. Für 1980–85 rechnet der 4. Malaysia-Plan mit einem Wachstum der *urbanen Bevölkerung* W-Malaysias von 4,1 Mio. (1980; 1970 waren es erst 2,8 Mio.) auf 5,1 Mio, d. h. von 35 % auf 38 %.

Unter den *ethnischen Gruppen* steigt die *malayische Stadtbevölkerung* mit der größten Wachstumsrate um jährlich 5,7 % von 1,4 auf 1,8 Mio., sie steigert ihren Anteil damit von 32,8 % auf 35,3 %. Weiteres Wachstum der chinesischen (und indischen) Stadtbevölkerung wird dagegen nur noch um 3,3 % (bzw. 3,6 %) erwartet; dennoch zählen die *Chinesen* auch 1985 noch 51,7 % der gesamten *Stadtbevölkerung. Innerhalb* ihrer ethnischen Gruppen ist der Anteil der *»städtischen«* (gegenüber den »ländlichen«) *Malayen* also von 19 % 1957 (noch 81 % ländlich) über 21,3 % 1980 auf 24,5 % 1985 (noch 74,5 % ländlich) gestiegen. Auch in den jetzt rasch wachsenden Städten *O-Malaysias* gliedert sich – vor allem über die öffentlichen Dienste und die politische Betätigung – ein zunehmender Anteil einer modernen Bildungsschicht der *Dayak-Völker* in die urbane Lebensform ein. 1980 bildeten die Chinesen dort noch 53 %, die Malaysier (»Bumiputera« – einschließlich Dayak usw.) bereits 32,8 %, die Inder 12,3 % der städtischen Bevölkerung.

### *Die »Neue Ökonomische Politik«*

Diese *Wandlungen* der wirtschaftlichen Positionen der *Malayen* und damit ihre verstärkte Wanderung in die Städte wurde mittels der *»New Economic Policy«* (NEP) erreicht, die ab 1970 mit dem Ziel konzipiert wurde, den Anteil der malayischen Volksgruppe am Wirtschaftsertrag von 4,3 % (1971) bis 1990 auf mindestens 30 % zu steigern, um dadurch die Stabilität des multi-ethnischen Staates zu sichern. Mit der Rezession der wichtigsten Wirtschaftszweige und Staatseinnahmen in den Mitt-Achtziger Jahren (s. u.) wurde deutlich, daß dieses 30 %-Planziel bis 1990 nicht erreichbar sein wird. Die Regierung sah sich Mitte 1986 im Gegenteil dazu gezwungen, im gesamtwirtschaftlichen Interesse die Bestimmungen über die vorgeschriebenen Mindestbeteiligungen von »Bumiputera«-Arbeitskräften oder -kapital vorläufig zu suspendieren. Dennoch ist das sozio-ökonomische Aufholen der Malayen nicht zu übersehen. Der äußere Anlaß für ihre gezielte Förderung war ein Ausbruch der alten *Rassenkonflikte* im Mai 1969 (nach einer für die Parteien der multi-ethnischen Nationalen Front enttäuschenden Parlamentsneuwahl), der in kurzen aber blutigen Unruhen (mit großen Bränden) Kuala Lumpur erschüttert hatte und die Politik des ersten Premiers, Tunku (= Prinz) Abdul Rahman, zur Rassenintegration und behutsamen Überleitung vom kolonialen Status zur Selbständigkeit zu bedrohen schien. Seitdem wurden Restriktionen der liberalen Entwicklung und ein starkes Wachstum des malayischen Nationalismus, verbunden mit einer massiven Reaktivierung des Islam, spürbar. Umfang und Tempo des *Aufschließens der Malayen* in Wirtschaft und Lebensstandard, Bildung und Modernisierung sind erstaunlich, die Intensität ihrer bevorzugten *Förderung* löst aber auch Unbehagen in den anderen Volksgruppen aus. Staatliche Förderungsmaßnahmen und gesetzlich festgelegte Mindestquoten für die Beschäftigung beim Industrieaufbau, bei der Besetzung staatlicher Stellen, bevorzugte Zuteilung von Stipendien usw. lassen in der neueren Entwicklung den malayischen Anteil auf vielen Gebieten – und damit eben meist in den Städten – schnell wachsen. Daneben steht aber auch eine starke *»Land-Land-Wanderung«* mit Verschiebungen der (malayischen) Bevölkerung aus der niedergehenden Landwirtschaft der traditionellen Reisbauerndörfer (S. 436) in moderne Kautschuk- und Ölpalmbetriebe in den neuen *Entwicklungsregionen* und umfangreichen *Siedlungsprojekten* (S. 444f.). Neben der Steigerung und Rationalisierung der gesamten Wirtschaftskraft ist die *Beseitigung der ländlichen Armut* ein wichtiges Ziel; 1980 lebten noch 41,6 % der ländlichen Bevölkerung unter der »nationalen Armutsgrenze« (ihr Monatseinkommen lag bei einer fünfköpfigen Familie unter 384 Ringgit = ca. 480 DM); allerdings gleicht das die ländliche Nahrungsselbstversorgung etwas aus.

Die Zukunft wird aber auch durch die unterschiedliche *natürliche Bevölkerungsentwicklung* bestimmt. Das Wachstum der *malayischen Gruppen* ist deutlich überlegen, vor allem aufgrund der stark gedrosselten Sterblichkeit auf dem Lande. Die Zunahme der Malayen in W-Malaysia hatte schon von 1947 bis 1970 93% betragen, die der Chinesen nur 65,6%, die der Inder 75,7%; der *Geburtenüberschuß* stieg in W-Malaysia bei den Malayen von 2,4% (1950) auf 2,7% (1976), sank aber bei den Chinesen von 2,9% (1950) auf 2,4% (1976) und bei den Indern von 3,2% (1950) auf 2,3% (1976). In den Jahren 1977–80 verzeichneten die *Chinesen* deshalb nur noch ein *Bevölkerungswachstum* von 2,6%, die *Inder* von 3%, die *Malayen* aber von 3,4% (Statist. Bundesamt, 1984).

1980 standen noch 11,5 Mio. EW in *W-Malaysia* nur 2,3 Mio. EW im anderthalbfach größeren *O-Malaysia* gegenüber. Jenes Ziel einer 70 Millionen-Bevölkerung bis 2100 wird deshalb auch die Wanderungen von W- nach O-Malaysia verstärken, obwohl schon der jetzige Trend der Abwanderung besser qualifizierter Arbeiter aus W-Malaysia in die sich entfaltende ost-malaysische Wirtschaft und in höhere Verwaltungsposten oder lukrative Geschäfte dort unerwünschte Konkurrenten bringt.

Bereits zwischen 1947 und 1970 nahmen in *Sarawak* die Malayen um 77,4% und in *Sabah* um 87,9% zu, die Chinesen um 102,8% bzw. 89,2%, während die »malaysischen« *Inlandsvölker* (Dayak usw.) nur um 66,4% bzw. 73,0% (vermutlich aufgrund höherer Sterblichkeit in noch unerschlossenen Landesteilen) anwuchsen (KÜHNE, 1980). Beim Zensus 1980 zeigte sich ein rascheres Wachstum der Bevölkerung in Sabah um jährlich 3,8% und in Sarawak um 2,4%, dagegen betrug die Wachstumsrate in W-Malaysia nur 2,2%. Das Andauern dieses Trends müßte zur allmählichen Balance der noch sehr unterschiedlich starken Bevölkerungen führen. Indonesische und philippinische Gastarbeiter in der Holz und Erdölwirtschaft O-Malaysias, aber auch illegale Zuwanderer aus beiden Ländern kommen hinzu. Am Rande dieser ethnisch-politischen Probleme machen sich gelegentlich noch Nachwirkungen des Bürgerkrieges gegen die kommunistischen Dschungelpartisanen (1948–57) bemerkbar, die – kompliziert durch starken und z. T. bewaffneten Schmuggelverkehr – zu gelegentlichen Gefechten im nördlichen Grenzgebiet führen. Sie werden im Zusammenwirken mit dem *thailändischen* Nachbarn, der mit ähnlichen Problemen zu ringen hat, bekämpft. Diese Zusammenarbeit ist aber nicht problemlos, da nördlich der Grenze eine *malayisch-muslimische Bevölkerung* in den S-Provinzen Thailands lebt und dort einen – Mitte der 80er Jahre erst teilweise – beigelegten Unabhängigkeitskampf führt (S. 107 u. 288). Das offizielle Malaysia hält dabei sorgfältig still, um die gemeinsamen, übergeordneten Sicherheitsinteressen der ASEAN-Partner nicht zu gefährden.

Der früher kompromißlos anti-kommunistische Kurs Malaysias ist etwas gelockert worden, und neben diplomatischen Beziehungen zu den Ostblockstaaten und der Sowjetunion bestehen seit 1974 auch zur VR China diplomatische und Handelsbeziehungen.

### 3.2.1.2 Landschaftsräume und Staaten

Malaysia liegt zwischen 6° und 1° nördlich des Äquators und wird vom *immerfeucht-innertropischen Klima* (mit Einflüssen des jahreszeitlichen Monsunrhythmus auf die regionale Verteilung der Hauptregenzeiten) und vom tropischen Regenwald bestimmt, der 1958 noch fast Dreiviertel des Landes einnahm. Trotz fortschreitender Rodung blieb Malaysia aber noch das Land mit der relativ besten Walderhaltung in SO-Asien.

#### *West-Malaysia*

Das Bevölkerungs- und Wirtschaftsschwergewicht liegt im *westlichen Küstentiefland* der Halbinsel. Lange Zeit nur punktuell besiedelt, wurde es erst im 19. Jh. wegen seiner reichen Ausstattung mit Bodenschätzen und potentiellem Plantagenland schnell erschlossen und als *»Rubber and Tin Belt«* (Kautschuk- und Zinngürtel) der Ballungsraum der wirtschaftlichen Entwicklung und der Bevölkerung Malayas. Die Erfolge der regionalen Dezentralisierungs- und Diversifikationspolitik lassen heute zwar andere Landesteile aufholen, die Agglomeration im westlichen Tiefland hat sich aber trotz allem weiter verstärkt. *Verstädterung* und *Industrialisierung,* die Expansion der *Ölpalme* und die Konzentration der rationalisierten *Reisbau*projekte an der W-Küste haben seine Struktur und Funktionen so stark erweitert, daß – bei gleichzeitigen *Einbrüchen* des Weltmarktpreises für *Kautschuk* und *Zinn* (S. 442 u. 452) – der alte Begriff für diesen Raum bald nur noch landschaftsgeschichtlich gelten wird. Er erstreckt sich parallel zum Weltschiffahrtsweg der *Malacca-Straße,* hat aber nur an wenigen Stellen zu dieser Zugang, da ein breiter Mangrovensaum das Meer vom Tiefland trennt. Nur einige Flußmündungen bieten *Häfen,* die – wie der Malaccas – leicht verschlicken. Deshalb kamen *Penang* und *Singapur,* die im 18. und 19. Jh. auf vorgelagerten Inseln gegründet wurden, zu ihrer – durch das *Freihafenprivileg* verstärkten – Vorrangstellung. Mit der jüngeren Aufschließung des Wirtschaftsraumes um K. L. wurden *Pelabuhan Kelang* (früher Port Klang bzw. Port

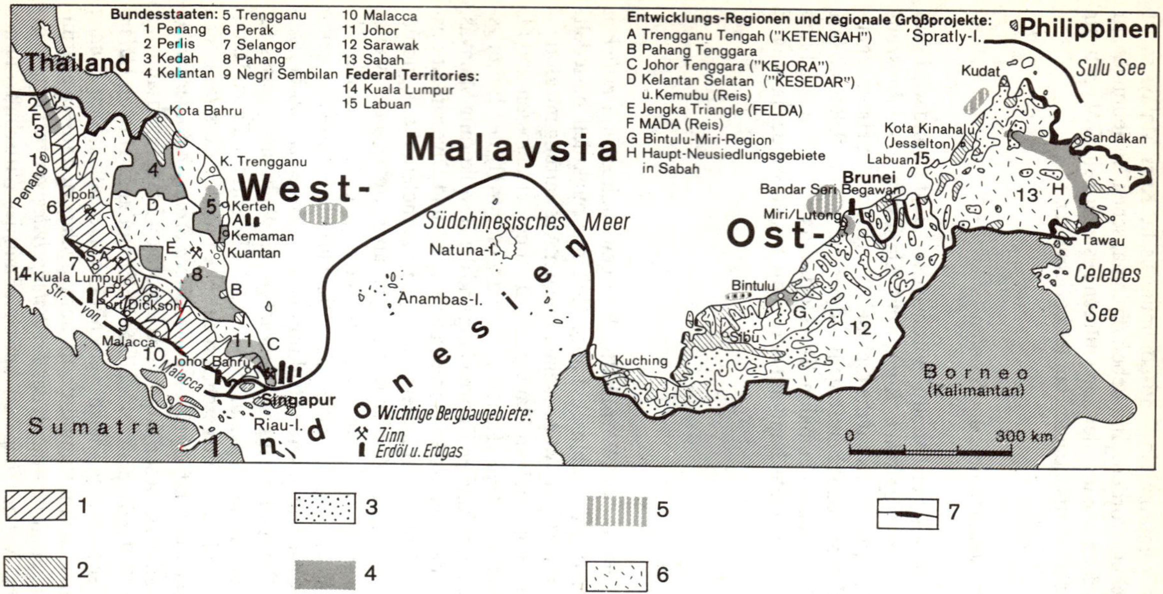
Bundesstaaten: 1 Penang 2 Perlis 3 Kedah 4 Kelantan 5 Trengganu 6 Perak 7 Selangor 8 Pahang 9 Negri Sembilan 10 Malacca 11 Johor 12 Sarawak 13 Sabah
Federal Territories: 14 Kuala Lumpur 15 Labuan
Entwicklungs-Regionen und regionale Großprojekte:
A Trengganu Tengah ("KETENGAH")
B Pahang Tenggara
C Johor Tenggara ("KEJORA")
D Kelantan Selatan ("KESEDAR") u. Kemubu (Reis)
E Jengka Triangle (FELDA)
F MADA (Reis)
G Bintulu-Miri-Region
H Haupt-Neusiedlungsgebiete in Sabah
Thailand
Philippinen
Spratly-I.
Sulu See
Kudat
Sandakan
Kota Kinahalu (Jesselton)
Labuan
Brunei
Bandar Seri Begawan
Miri/Lutong
Tawau
Celebes See
Bintulu
Sibu
Kuching
Borneo (Kalimantan)
Malaysia
West-
Ost-
Kota Bahru
K. Trengganu
Kerteh
Kemaman
Kuantan
Ipoh
Penang
Kuala Lumpur
Port Dickson
Str. von Malacca
Malacca
Johor Bahru
Singapur
Riau-I.
Sumatra
Südchinesisches Meer
Natuna-I.
Anambas-I.
Indonesien
Wichtige Bergbaugebiete:
Zinn
Erdöl u. Erdgas
0 300 km
1
2
3
4
5
6
7

**Abb. 25:** Malaysia
Bundesstaaten, Entwicklungsregionen, Landnutzung

1 Kautschuk- und Zinngürtel (Plantagen, daneben Kleinpflanzer (»smallholders«) und malayischer Reisbau, Ölpalmen; Marktgartenbau; Zinntagebau; starke Verkehrserschließung)
2 Gebiete mit Dauerfeldbau (in W-Malaysia: traditionelle malayische Reisbauerngebiete, einschließlich Kautschukpflanzungen, Kokos usw.; in O-Malaysia: Gebiete mit Dauerfeldbau, Reis, Sago, Marktgartenbau, kleineren Kautschukpflanzungen, Pfeffer usw.; Siedlungsgebiete der Küstenmalayen, Chinesen und akkulturierter Teile der Bergstämme)
3 Brandrodungs-Wanderfeldbau (»shifting cultivation«) der heimischen Stämme O-Malaysias
4 Entwicklungsregionen und Siedlungsgroßprojekte (siehe A–H)
5 Untermeerische Erdöl- und Erdgaslagerstätten
6 Tropischer Regen- und Bergwald (in Tiefländern vielfach über Sümpfen; in O-Malaysia mit größeren Anteilen von Sekundärwald und Alang-Alang-Savanne)
7 Stärkere Mangrove- und Nipah-Palmen-Säume (Holznutzung und Köhlerei, Sammelwirtschaft)

S.A. = Shah Alam
P.J. = Petaling Jaya
S. = Seremban

*(Entwurf: H. Uhlig, 1964 – Neufassung. 1985, Kartogr.: L. Dreher)*

Swettenham – im 19. Jh. die Einfallspforte für die Zinngebiete Selangors) zum modernen *(Container-)Großhafen*, der Industriehafen *Butterworth/Prai* (gegenüber von Penang), der Ölhafen *Port Dickson* (bei Malacca) und – unmittelbar gegenüber von Singapur – die neuen *Johor Ports* bei *Pasir Gudang* für das aufblühende Wirtschaftsgebiet von S-Johor (Abb. 26) ausgebaut. Größere Küstengebiete sind so flach, daß hinter der Mangrove ausgedehnte waldbedeckte Sümpfe folgen (in W-Malaysia 19 % der Landoberfläche). Durch Melioration wurde das Land dort für große *Reisbau-Neusiedlungsprojekte* (S. 444) gewonnen. Zum wichtigsten Wirtschaftsraum wurde der landwärts anschließende, nur stellenweise die Küste berührende Streifen der »Überschüttungsebenen« (W. CREDNER – in den benachbarten Bergen abgetragene und über das Flachrelief des Küstenhofes geschüttete Sande und Schotter) und des Hügellandes vor dem Gebirge. Da die *lateritischen* Böden den Reisbauern wenig Möglichkeiten boten und ihre Besiedlung auf die dazwischen eingeschnittenen Talböden und die Ränder der Sumpfebenen beschränkt blieb, waren dort noch in der Neuzeit riesige Flächen kaum berührten *tropischen Waldlandes* verfügbar, auf denen – bei gegenseitiger Verstärkung in der Verkehrs- und Siedlungserschließung – synchron mit dem Abbau der *Zinn- und Wolframlagerstätten* die großen *Kautschuk-* (und später auch *Ölpalm-) plantagen* entstehen konnten. Daneben – in der nördlichen Landeshälfte mit steilen Bergen, die nach S in einzelne, flachere Höhenzüge übergehen – erstrecken sich große, menschenarme tropische Regen- und Bergwälder, das *zentrale Bergland,* das sich in mehreren kulissenartig gestaffelten Ketten (im N bis 2190 m) parallel zur Halbinsel erstreckt. Als landfeste Teile des alten Festlandsockels (Malaya-Orogen; S. 26) bestehen sie aus alten Sedimenten und Vulkaniten, in die Granite eingedrungen sind – das Muttergestein der Zinnerze, die von der tiefgründigen tropischen Verwitterung aufbereitet, von den Abflüssen der Starkregen in die Täler und Küstenebenen verfrachtet und dort in sekundären Lagerstätten (Seifen) aufgeschüttet wurden. Örtlich liegen sie auch in den Hohlformen der Karstgebiete palaeozoischer Kalke. Die Felstürme des tropischen *Karstes* treten z. B. bis an die Bergbaustadt *Ipoh* heran oder ragen isoliert aus den Reisfeldern im NW auf. Die Lehmfüllung der Karstpoljen enthält Brauneisenerze und Ilmenit.

Im Waldgebirgsland boten früher nur einzelne *Flüsse* und *Verkehrswege* die Möglichkeit für eine geringe bäuerliche Besiedlung und die Anlage vereinzelter Plantagen- und Bergbaugebiete im Inneren, so daß ihnen schmale »Rodungsgassen« folgten. Ausgangspunkt der Besiedlung und der Territorialentwicklung waren die *Deltas,* besonders an der sonst verkehrsfeindlichen *O-Küste.* Natürliche Flußdämme oder Nehrungen und dahinter das Feuchtland im Rückstaugebiet für den Reisbau boten Siedlungsmöglichkeiten für malayische Bauern. In Verbindung mit Fischerei und Seehandel konnten sich jeweils an Mündung und Lauf eines der Ströme einzelne, durch unzugängliche Küsten und Wälder voneinander getrennte *Sultanate* bilden, die bisher sehr viel weniger durch moderne Wirtschaftsformen und die Zuwanderung von Chinesen und Indern verändert worden waren. Seit ein bis zwei Jahrzehnten wird aber das *Landesinnere* durch ausgedehnte Rodungen für Neusiedlungsprojekte und die *O-Küstenregion* mittels großer agrarischer und industrieller *Entwicklungsprojekte* aktiviert. Der stärkste Schub erfolgte erst nach 1980 mit der Aufschließung der großen, untermeerischen *Erdöl- und Erdgaslager* vor der Küste *Trengganus,* der die Gründung *neuer Schwerindustriestandorte,* moderner Siedlungen, neuer Hochseehäfen, Straßenverbindungen und ein sprunghafter Ausbau der älteren Sultanatshauptstädte *Kuantan, Kuala Trengganu* und *Kota Bahru* folgten. Die erst seit Ende der 50er Jahre durchgehend befahrbare *W-O-Straße* von K. L. nach Kuantan wurde als moderne Schnellstraße (mit Scheiteltunnel durch das Gebirge) ausgebaut, und 1984 wurde ein zweiter *»East-West-Highway«* entlang der Grenze zu Thailand (Kota Bahru-Penang) fertiggestellt. Neben verstärkten Inlandsflugverbindungen soll die *alte S-N-Erschließung* mittels der *Bahnlinie Singapur–Bangkok,* die von Gemang (Johor) bis Hat Yai (Thailand) auf zwei Trassen im westlichen Tiefland bzw. im Inneren und dann über die NO-Küste verläuft, durch eine (erst geplante) Linie von K. L. zu den neuen Industriestandorten an der O-Küste ergänzt werden. So ist die *regionale Entwicklungsplanung* heute energisch darauf ausgerichtet, die *bisher einseitige W-Küstenerschließung* auch auf das *Landesinnere* und die *O-Küste* auszudehnen. Im zentralen Bergland bleiben der »Taman Negara-Nationalpark« (4343 km$^2$) und größere Forstreservate erhalten; man rechnet noch mit ca. 2 Mio. ha Reserven an landwirtschaftlich erschließbarem Land, von denen ca. 70 % überwiegend für Baumkulturen, ca. 18 % für Infrastrukturmaßnahmen, Siedlungen, Industrien und Bergbau und ca. 12 % für »geschützte Ökosysteme« (z. B. Wasser- und Erosionsschutzgebiete) vorgesehen sind (BAHRIN, *Tunku Shamsul*, 1981).

Die Kerngebiete des älteren Kautschuk- und Zinngürtels wie der modernen Stadt- und Industrieentwicklung liegen in den Bundesstaaten *Perak* (Hauptstadt Ipoh) und *Selangor,* wo jetzt *K. L.* als eigenes Bundesterritorium ausgegliedert und zwischen diesem und der Hafenstadt Klang (= Kelang) die »New Town« *Shah Alam* als neue Landeshaupt-

stadt Selangors aufgebaut wird. Auch *Negri Sembilan* (d. h. »neun Länder« – einstige Kleinterritorien der dorthin von Sumatra zugewanderten Minangkabau – Hauptstadt: Seremban) und *Malacca* (Melaka), sowie im N der Staat *Pulau Pinang* (mit der Insel Penang, Hauptstadt George Town) und die ehemals britische »Provinz Wellesley« am Festlandsufer gehören zu diesem am stärksten entwickelten Raum. Im S befindet sich *Johor* – bisher überwiegend Plantagengebiet – in schneller Modernisierung (Ausbau moderner Industrie- und Touristikgebiete nahe der Hauptstadt *Johor Bahru* – in enger Nachbarschaftslage zu Singapur), während im N *Kedah* (Hauptstadt: Alor Star = Alor Setar) und das kleine *Perlis* überwiegend agrarisch (besonders große Reisbaugebiete) blieben.
Von den drei *O-Küsten-Staaten* befindet sich *Trengganu* (= Terengganu – der im Malayischen eingeschobene, kurze »e«-Laut bleibt fast stumm) im rapidesten Umbruch von einem bisher entlegenen, traditionellen malayischen Reisbauern- und Fischersultanat zur *industrialisierten* Küstenregion mit einem Entwicklungsgebiet im bisher unerschlossenen Inneren (S. 446). *Pahang* forciert den Ausbau der Stadt und des nahen neuen Hafens von *Kuantan* als Verkehrszentrum der O-Küste; im Inneren ist das *»Jengka-Triangle«* eines der größten Neusiedlungsgebiete (S. 446). *Kelantan* ist das am stärksten der malayischen Tradition verhaftet gebliebene Sultanat im NO (Hauptstadt: *Kota Bahru*), das zeitweilig von der islamisch-orthodoxen Opposition regiert wurde; seine Entwicklungsplanung richtet sich vor allem auf die Modernisierung seiner alten »Reiskammern« und die (im Vergleich zu den Nachbarn) dort noch etwas schleppende Neusiedlung im Inneren, aber auch auf Leichtindustrieansätze (KULKE, 1986).

### *Ost-Malaysia*

Bis zu 150 km breite *Schwemmlandebenen* bilden die Küste von *Sarawak,* in deren Strommündungen die Gezeiten tief in das Land eindringen. Sie werden von *Sumpfwäldern* bedeckt, die erst gebietsweise gerodet und melioriert werden konnten; ein *Mangrove*-Gürtel säumt große Strecken, auch an der N- und NO-Küste von Sabah, während an dessen NW-Küste die Gebirge öfter bis nahe an das Meer herantreten. Wo die Mangrove in die Süßwasserzone übergeht, folgt ein Streifen von *Sago-* und *Nipah-* Palmensümpfen. Dann öffnet sich ein (in O- und Zentral-Sarawak bis 200 km) breites, mäßig zerschnittenes *Hügel-* und *Piedmontland,* mit rasch fließenden Flüssen und einzelnen Erhebungen bis

600 m. Dieser Mittelstreifen, in der Längsachse Sarawaks und z. T. in den Küstenebenen Sabahs fortgesetzt, ist der am stärksten besiedelte Lebensraum, der auch noch bedeutende Reserven entwicklungsfähigen Landes umfaßt. Dahinter steigen schwer zugängliche *Waldgebirge* (1200–2400 m) auf. Sie werden nur von einzelnen gerodeten Talbecken und verkarsteten Kalkgebieten mit – weitgehend erschöpften – Gold- und Zinnlagerstätten unterbrochen; auch die prähistorischen Fundstätten der Niah-Höhlen (Sarawak) liegen im Karst. Im N Sabahs ragt nahe der Küste das 4101 m hohe Granodioritmassiv des *Kinabalu* auf. Die über die Waldgrenze ansteigenden Felsplatten seiner Gipfelregion waren eiszeitlich vergletschert und liegen heute knapp unterhalb der klimatischen Schneegrenze. Im *O Sabahs* bedecken die tropischen Regenwälder ein niedriges Hügel- und Plateauland, das für die forstliche Nutzung günstig ist, so daß die O-Küstenhäfen, besonders *Sandakan,* im *Holzexport* führend sind. Heute werden dort größere Neusiedlungsgebiete erschlossen. Die *Hauptstädte* und *-häfen* liegen an der *W-Küste.* Vor den Küsten werden reiche *Erdöl-* und *Erdgasschätze* des Schelfsokkels genutzt und bieten Ansatzpunkte für die junge Industrialisierung (S. 453).
Vor der Küste Sabahs war die Insel *Labuan* wegen ihrer (inzwischen stillgelegten) Braunkohlegrube (Bunkerkohle für die Dampfschifffahrt) zeitweilig als britische Besitzung von geo-strategischer Bedeutung, die sie mit dem heutigen Luftstützpunkt (S. 413) und als ein Schwerpunkt der Industrieentwicklung wiedererlangt hat (seit 1984 Bundesterritorium).
Das heutige Territorium Bruneis, von dem Sarawak im 19. Jh. größere Landesteile erwarb, wird von den östlichen »Divisions« Sarawaks zweigeteilt und auf der Landseite umfaßt. (Die Islamisierung war dort viel stärker und erfaßt über 60 % der Bevölkerung Bruneis, gegenüber deutlich geringeren Anteilen in O-Malaysia, s. u.).

### 3.2.1.3 Traditionelle und moderne Lebensformen der einheimischen Ethnien

*Die Bevölkerungen Ost-Malaysias*

*Proto-malayische* Gruppen bilden den größten Anteil an der Bevölkerung O-Malaysias, vor allem die unter der Sammelbezeichnung *»Dayak«* zusammengefaßten – allerdings in mehr als 40 Sprachen gegliederten – *Inlandsvölker,* die auch das Innere Indonesisch-Kalimantans bestimmen. Während sie ihre Stammesreligionen und -strukturen bis zur gegenwärtig raschen Modernisierung weitgehend erhielten – bzw. teilweise christlich missioniert wurden – wurden größere Teile der *Küstenvölker* (Melanau, Kedayan, Brunei u. a.) islamisiert und kulturell *malayisiert* (auch als »Para-Malays« bezeichnet); verstärkt durch die (jung-)malayische Migration seit der frühen Neuzeit. Alle genannten Volksgruppen sollen heute als »Einheimische« die im Gesamtstaat gewonnene Majorität der *»Bumiputera«* verstärken. Schon seit dem 18., mehr noch im 19./20. Jh., kam es auch hier zur Zuwanderung von *Chinesen* in die Städte; sie waren im früheren (Gold-)Bergbau und z. T. auch als Agrarkolonisten tätig; sie bilden heute in Sarawak 29,5% der rd. 1,5 Mio. starken Bevölkerung. Unter den »Einheimischen« sind in *Sarawak* die *Iban* (= »See- bzw. Fluß-Dayak«) mit 30,3% die stärksten, vor 8,2% *»Land-Dayak«* und 5,3% anderen Stämmen (Kayan, Kenyah u. a.), gegenüber 5,7% Melanau u. a. *islamisierten Küstenvölkern* und 19,7% *(Jung-)Malayen,* d. h. zusammen 23,4% muslimischer Bevölkerung gegenüber 60,8% Stammesreligionen und 15,8% Christen. Auch in *Sabah* (1,21 Mio EW) sind die Dayak-Völker am stärksten, voran die *Kadazan* (früher als »Dusun« bezeichnet) mit rd. 32%; ihre nördliche Teilgruppe sind die Rungus. Die Murut und andere Stämme (5,8%) greifen z. T. nach Sarawak über, umgekehrt, besonders im Gebirge, die Kelabit u. a. Zusammen zählen *Sabahs »Inlandsvölker«* 37,7%, gegenüber 8,4% Malayen und 12,3% Bajau, sowie 15,7% islamisierten Küstenvölkern (Illanun, Brunei, Bidayuh, usw.), sowie Zuluk, die den »Moros« der südlichen Philippinen verwandt bzw. von dort zugewandert sind. Das ergibt 36,4% muslimische *Malayen* und »Para«-Malayen. Diese und die Dayak-Gruppen bilden zusammen die rd. 74% »Bumiputera«, denen wiederum 24,6% *Chinesen* (und Mischlinge sowie der Rest andere) gegenüberstehen. Nach der Religion werden in Sabah rd. 38% Muslim gezählt, da auch einige Dayak islamisch missioniert wurden, wesentlich mehr aber christlich: die *Christen* zählen 16,5% und umfassen außer Kadazan auch einen Anteil von Chinesen; rd. 45,5% der Kadazan u. a. Dayakvölker behielten ihre Stammesreligionen bei.

Die ursprüngliche Lebensform der Inlandsvölker ist die *»shifting cultivation«;* 1960 nahm sie in Sarawak 18% und in Sabah 12% der Landoberfläche ein (LEE, 1965; UHLIG, 1970; S. 150 und Abb. 14). Inzwischen ist die Wandlung zu Daueranbau und -siedlung zwar erheblich vorangeschritten, offenbar sind aber auch die Brandrodungsflächen weiter gewachsen (oder die ältere Schätzung war zu niedrig), denn Sarawak (Investment Guide, 1984) verzeichnet noch immer 18,3% shifting cultivation.

Die *Bevölkerung* der *Küstensäume* besteht nur zum kleineren Teil aus

Naßreis-Bauern, mehr aus Fischern und Seefahrern (die Bajau z. T. auch aus Viehzüchtern), und hat einen stärkeren *städtischen* Anteil als Erbe von Führungs- und Mittlerpositionen der *Malayen* im alten Brunei und Sarawak. Sie umfaßt aber auch Gruppen, die in Abseitsräumen noch auf älteren sozial-ökonomischen Entwicklungsstufen verharren, z. B. Sago-Sammler in den ausgedehnten Küstensümpfen. Durch ihre Pfahlbau-Wassersiedlungen in der Mangrove fallen die *Bajau, Suluk* u. a. ins Auge, die als Zuwanderer über See von den »Orang Laut« (d. h. »Meeresleuten«) abstammen, den malayischen Seevölkern, die z. T. permanent in ihren Prahus als Händler (oder auch als Piraten und Fischer) auf dem Meer lebten und früher eine Stütze der malayischen Küstensultanate waren (S. 195).

Während die *chinesische Zuwanderung* auch in Borneo vorwiegend die Städte und die (einstigen) Bergbaugebiete füllte und im Gegensatz zu W-Malaysia wesentlich stärker mit Marktgartenbau und bäuerlichen Pfeffer-, Kautschuk- und Kokospflanzungen an der *Agrarkolonisation* teilhatte, werden die *einheimischen Völker* erst in der *modernen* Wirtschaftsentwicklung in die marktwirtschaftliche Produktion einbezogen; auch die Naßreiskultur von seßhaft gewordenen Gruppen der Dayak-Völker ist meist erst in der Kolonialzeit entstanden. Die *Plantagenwirtschaft* hatte in Sarawak und Sabah nur *bescheidene* Ausmaße; heute wird die rasche Ausbreitung der Ölpalm-, Kautschuk-, Kokos- und Kakaokleinpflanzungen in erster Linie in den staatlichen *Umsiedlungsaktionen* für frühere Brandrodungsstämme mit rapider *Neusiedlungsrodung* – vielfach auf den Flächen des starken Holzeinschlages – vorangetrieben. Bei günstigen Boden- und Klimaverhältnissen und unter geeigneter agrar-ökonomischer Anleitung hat sich der junge *Kakao*anbau Sabahs besonders erfolgreich entwickelt.

Unter dem *kulturellen Erbe* nimmt die Erhaltung der traditionellen Dayak-Langhäuser eine wichtige Stellung ein. Dennoch haben sich größere Teile der Iban, Kadazan u. a. erstaunlich schnell auf die *moderne Entwicklung* – verbunden mit Daueransiedlung, Marktwirtschaft, Schulwesen und Urbanisierung – umgestellt und auch als politische Kraft formiert. Ihre eigenen Parteien haben sich in der parlamentarischen Demokratie etabliert, in den beiden Staaten O-Malaysias ringen sie mit den malayischen Zuwanderergruppen um die politische Führung. Das hat eine politische und ökonomische Krise 1985/86 in Sabah besonders deutlich werden lassen. Bei Landeswahlen gewann überraschend eine von christlichen Kadazan geführte, neue Partei die Regierungsmehrheit. Die geschlagenen, malayisch geführten Parteien versuchten zunächst durch einen Staatsstreich (der aber von der Zentralregierung blockiert wurde), und danach durch blutige Unruhen die neue Regierung wieder zu stürzen. Daraufhin löste diese das Parlament wieder auf und errang in einem erneuten Wahlgang – durch die Solidarisierung der einheimischen Kräfte – eine noch deutlichere Mehrheit. Dennoch konnte sich die Zentralregierung in K. L. mit Rücksicht auf nationale und islamische Interessen erst nach langem Zögern dazu durchringen, dieses Novum einer (christlich geführten) Kadazan-Regierung Sabahs in die gesamtstaatlich regierende, zwar multi-ethnische, aber von den malayischen Parteien dominierte, Nationale Front aufzunehmen.

Über die politischen Turbulenzen hinaus hat die abgewählte Regierung Sabahs ihren Nachfolgern die finanzielle Bürde einer starken Verschuldung des Landeshaushalts und übermäßiger Investitionen in unsichere Wirtschaftsentwicklungen hinterlassen. Die in den 70er Jahren übertriebene Ausdehnung der *Holzeinschläge* und -exporte hat Sabahs Waldreichtum stark dezimiert und zwang zur Drosselung der Einschläge und Exportquoten. Hinzu traten Preiseinbrüche auf dem Weltmarkt, so daß der Anteil des Landeshaushaltes aus den Abgaben der Holzwirtschaft, der von 24 % (1965) bis auf 71 % (1980) emporgeschnellt war, 1985 wieder auf 53 % zurückfiel. Die Einkünfte aus dem Erdölgeschäft gehen dagegen überwiegend an die Zentralregierung. Die ehrgeizigen Industrialisierungsprojekte sind über Konsumgüterindustrien noch kaum hinausgekommen, bringen wegen der geringen landeseigenen Arbeitskraftreserven aber zusätzlich die Belastung einer *Arbeiterzuwanderung* aus *Indonesien* und von den südlichen *Philippinen.* Bereits ca. 90 % der Arbeiterschaft in Sabah soll nichtmalaysischer Herkunft sein, bzw. 10–15 % seiner Gesamtbevölkerung bereits aus Zuwanderern bestehen. Da sie überwiegend eine Verstärkung des *islamischen* Bevölkerungsanteils bedeuten, sind sie der neuen (Dayak-)Regierung äußerst unwillkommen. In *Sarawak* suchte man diese indonesische Überwanderung vorsichtiger zu vermeiden, selbst durch die Verzögerung der Fertigstellung einer ersten grenzüberschreitenden Straßenverbindung nach W-Kalimantan. Umgekehrt streben aber erhebliche Arbeitskräfte aus Sarawak ins benachbarte *Brunei,* da dessen Baukonjunktur höhere Löhne bietet. Die Zentralregierung in K. L. sieht sich nun dazu genötigt, Maßnahmen zur Verbesserung der Verbindungen zwischen beiden Staatsteilen – z. B. der Einrichtung regelmäßiger Autofährdienste (über mehr als 600 km Meeresdistanz) – und der Verstärkung des »gemeinsamen Marktes« beider Staatsteile zu treffen. Bisher geht noch immer der weitaus größere Anteil der Exporte O-Malaysias über bzw. nach *Singapur.* Die Handelsbilanz zwischen beiden Staatsteilen zeigt einen starken Überhang west-malaysischer Zufuhren. Umgekehrt beklagen

beide ost-malaysischen Regierungen, daß die ergiebigsten Steuereinkommen, besonders aus dem Erdölsektor, in die Bundeskassen nach K. L. fließen und damit die eigenstaatlichen Investitionsmöglichkeiten zur Entwicklung von Sabah und Sarawak begrenzen, wozu auch die Herauslösung der Insel Labuan als Bundesterritorium (S. 429) beitrug.
Schließlich sind die Spannungen um die philippinischen Ansprüche (S. 412) auf Sabah wieder aufgeflackert, seit 1985 ein schwerer Überfall philippinischer Piraten auf ein Hafenstädtchen im nördlichen Sabah und Gegenmaßnahmen des malaysischen Küstenschutzes, sowie Forderungen philippinischer Kreise an die neue Regierung Aquino auf Erneuerung der Gebietsansprüche, wieder Zündstoff angehäuft haben – verstärkt durch jene z. T. illegale, z. T. von Gastarbeitern getragene islamische Zuwanderung.

*Die Altvölker in West-Malaysia*

In den Waldgebirgen der Halbinsel konnten noch Reste von Jägern und Sammlern – ca. 50000–70000 – überleben, offiziell als *Orang Asli* (Altmenschen, Ureinwohner) zusammengefaßt. Die ältesten Splitter einer regressiven Primitivrasse sind die Semang-*Negritos,* deren letzte Familien unter Windschirmen in den Dschungeln hausten (SCHEBESTA, 1927; 1952–57). Etwas fortgeschrittener sind Angehörige der *weddiden* Rasse, deren größte Gruppe, die Senoi, in mehreren Waldgebieten verstreut leben; außerdem existieren noch einige altmalayische Gruppen (Jakun), die sich der Islamisierung entzogen und mehr kulturell als rassisch von den Malayen unterschieden sind. Während die Jagd mit dem Blasrohr und das Sammeln von Waldprodukten den Hauptlebensunterhalt bildeten, waren manche zu einem einfachen Brandrodungsbau und Pfahlbauhütten übergegangen. Seit den *Zwangsumsiedlungen* während des *Dschungelkrieges* 1948–1957 (S. 444), der sie unerwartet mit der Außenwelt konfrontierte (und z. T. sogar der Armee als »Scouts« eingliederte), wurden die Orang Asli in eigenen *Siedlungsprojekten* seßhaft gemacht, was einen weitgehenden Verlust der kulturellen Identität brachte. Während bisher noch staatliche Bemühungen zum Schutz bzw. einer behutsameren Assimilierung der Orang Asli liefen, wird heute (im Sinne der »New Economic Policy«, die alle Arbeitskräfte – vor allem von »Bumiputera« – mobilisiert) ihre Eingliederung in die malayische Gesellschaft stärker betrieben.

### *Die traditionelle Landwirtschaft und Siedlung der Malayen in West-Malaysia*

Dörfliche *Dauersiedlung* mit *Naßreisbau* war die Hauptlebensform der *Malayen,* am reinsten ausgeprägt in den nordöstlichen Sultanaten. Südlich dieser alten Siedlungszellen ist die malayische Zivilisation überwiegend erst seit dem 12. Jh., mit größeren Zuwanderergruppen sogar erst im 18. und 19. Jh., kolonisierend vorgedrungen (WHEATLEY, 1955; COURTENAY, 1972). So wurden z. B. 1909–1932 88000 *javanische Kontraktarbeiter* registriert. Dies ist jedoch nur ein geringer Teil der tatsächlichen Immigranten, die oft in Booten an zahlreichen Küstenstrecken an Land kamen und bald im verwandten Malayentum aufgingen. Nach VLIELAND (1932) sind rd. 40% der im »Kautschuk- und Zinngürtel« ansässigen Malayen erst nach 1891 zugewandert; dieser *indonesische Zustrom* hält auch heute noch an. An den Hausformen, Trachten und Sprachen läßt sich oft noch das Herkunftsgebiet (Sumatra, Celebes, Java, Borneo) erkennen, wie etwa in Negri Sembilan im Hinterland von Malacca, das seit dem 16. Jh. durch Minangkabau aus W-Sumatra kolonisiert wurde. Außer einigen Küstenebenen und den Deltas wurden die Sohlen kleinerer Täler in Naßreis-Dauerfelder verwandelt. Die *Pfahlbauhäuser* der »Kampongs« wurden unter Baumhainen (Kokospalmen, Fruchtbäumen und später Kautschuk) entlang der Talränder aufgereiht. In der bäuerlichen Tradition blieben noch Merkmale der sippenbäuerlichen Selbstversorger erhalten, in den Minangkabau-Siedlungen sogar mit mutterrechtlichen Besitzverhältnissen, während in den älteren Sultanaten des N der Übergang zur »herrschaftlich organisierten Agrargesellschaft« (BOBEK, 1959) schon früher vollzogen wurde, was z. B. in obrigkeitsgelenkten Landerschließungen mit Bewässerungsanlagen und Lehensvergabe an Grundherren aus der Verwandtschaft des Herrschers Ausdruck fand. In den älteren Siedlungen ist nahezu die Hälfte der kleinen Reisfelder durch Pachten und Unterpachten aufgesplittert oder im gemeinsamen Besitz mehrerer Erben, mit Betriebsgrößen von 0,5–2 ha; die Arbeitskraft konnte nur saisonal ausgeschöpft werden. Durch die Verpfändung von Schuldtiteln – nach geringen Erträgen oder zu hohen Ausgaben für nicht-agrarische Zwecke, wie Heiraten, Pilgerfahrten nach Mekka (OOI-JIN BEE, 1959; P. GOSLING, 1960) – entstanden *rentenkapitalistische Pachtabhängigkeiten,* nicht nur von chinesischen und indischen Händlern, Geldverleihern und Reismühlenbesitzern, sondern vielfach auch von einheimischen Grundherren, und ländliche Armut (S. 421).

Während sich dieser Reisbau in einzelnen Gebieten – z. B. Kedah –

erst allmählich vom »Bergreis« (mit dem Pflanzstock) über periodisch überschwemmte Tallagen in die Ebenen hinausverlagerte, nahm er z. B. in Kelantan oder Trengganu eine sorgfältige Auswahl der bebauten Ökotope (periodisch feuchte Senken mit differenzierten Anbautechniken und -zeiten und Siedlungen auf den natürlichen Flußdämmen oder fossilen Strandwällen) vor. Verstreute Kleinsiedlungen im früher nur auf dem Wasserwege zugänglichen Inneren, z. B. von Pahang, verharrten dagegen auf einem ertragsarmen Sumpfreisbau in den »payas«, kleinen, im Rückstau der Hauptflüsse versumpften Nebentälern (STEIN, 1976; UHLIG, 1963, 1980c, 1984). Diese den sozialen wie ökonomischen Fortschritt hemmenden Strukturen waren Anstoß zur jüngeren, seit der Unabhängigkeit stark gesteigerten und staatlich geförderten *Landerschließung* für malayische *Reisbauern* in den großen Sumpfwaldgebieten des *westlichen Küstentieflandes,* also weitgehend außerhalb der traditionellen Siedlungs- und Reisbaugebiete im NO Malayas. Der minimale Anteil chinesischer – 2,5 % (1957) – und indischer Reisbauern findet sich weitgehend in »alt-kolonialen« Gebieten (z. B. Malacca) und in O-Malaysia (nur vereinzelt in den neuen »Schemes«). Das Streben nach eigener Deckung des Reisbedarfs verband sich mit den Bemühungen um soziale und politische Stärkung des malayischen Bauerntums, so daß mit erheblichen staatlichen Mitteln – trotz der gegenüber dem Kautschuk geringen Rendite – in den letzten Jahrzehnten große, durch Kanäle erschlossene, rationell ausgelegte Reisbauern-Siedlungsgebiete geschaffen wurden; auch in einigen älteren Anbaugebieten, z. B. dem »Kemubu-Scheme« (Kelantan) wurden Bewässerung und Drainage ausgebaut, um von einer zu zwei jährlichen Ernten zu kommen.

### *Ausweitung und erneute Einschränkung des Reisbaus*

Die *Bewässerungs- und Meliorationsausbauten* begannen 1906 mit dem Krian-Scheme (Perak) und in der (damals britischen) Provinz Wellesley; 1932–41 folgten die Sungei Manik-, Panchang Bedena-, Tanjong Karang- und Trans-Perak-Schemes. Das größte, moderne »double-cropping«-Reisanbaugebiet entstand im NW, wo die älteren Phasen des Sungei Muda-Be- und Entwässerungssystems (ROSTOCK, 1977) ab 1980 durch neue Ausbauten in großen Teilen des Tieflandes von *Kedah* und *Perlis* zum *»MADA-Projekt«* (Muda Agric. Dev. Authority) erweitert wurden, das 1983 allein 47 % der malayischen Reisproduktion erbrachte. Von 1955 bis zum Ende des zweiten Malaysia-Planes, 1975, wurde das *kontrolliert* bewässerbare Reisareal auf

317000 ha, d. h. auf 78% des gesamten Reislandes W-Malaysias, gesteigert. Auf 240000 ha konnte »double cropping«, d. h. zwei Reisernten im Jahr, mit verbesserten Hochertragssorten und den damit verbundenen Innovationen (S. 144) eingeführt werden, der Rest wurde ohne staatlich organisierte Bewässerung in den kleinen, alten Anbaugebieten bei einer Ernte bzw. neuen Fruchtfolgen von Reis-Trockenlandfrüchten belassen. Damit wurde die eigene Deckung des Reisbedarfs zu 80–90% (durchschnittliche Produktion: 1 Mio. t/Jahr; 63% von der ersten, 36% von der zweiten [»off-season«] Ernte, der Rest Trockenlandreis) sichergestellt und deshalb der weitere Ausbau 1975 zugunsten der Neusiedlungsprojekte mit Kautschuk- und Ölpalmanbau abgeschlossen (s. SELVADURAI, 1972).

Die Anbaufläche war bis 1983 wieder um ca. 20000 ha geschrumpft, was bereits die *erneute Umstrukturierung* signalisiert. Angesichts der immer knapperen und teureren Arbeitskräfte (Abwanderung der jüngeren bäuerlichen Bevölkerung in die Städte, Industrien und Neusiedelgebiete) und der im Vergleich zu anderen Agrarprodukten geringen ha-Erträge für Reis, der außerdem für Malaysia billiger zu importieren ist, wurde 1985 eine einschneidende Straffung eingeleitet. Der *Reisbau* soll auf die etwa acht leistungsfähigsten, modernen »Schemes« *konzentriert* werden, während er in allen älteren oder nur begrenzt bewässerbaren Traditionsgebieten (mit nur einer jährlichen Ernte, Besitzzersplitterung und ländlicher Armut), mit dem Abtreten der älteren Bauerngeneration auslaufen soll. Erhebliche Reisflächen liegen z. B. in Negri Sembilan oder Pahang bereits unter »Sozialbrache«.

Die malayische *Reisproduktion* soll gezielt wieder auf 50–60% des Eigenbedarfs *reduziert* und das übrige importiert werden. Dafür werden die *verbleibenden Reisbaugebiete* bereits jetzt mit modernen Maschinen (Traktoren, Mähdreschern, Großreismühlen und -silos), Hochertragssorten, Kunstdünger, Pestiziden und Herbiziden bestellt oder durch zusätzlichen Gemüseanbau *intensiviert.* Neue Formen gemeinsamer Feldbestellung und Maschinennutzung (»joint-farming« und »Mini-Estates« [S. 446f.]) werden zur rationelleren Nutzung und Arbeitskraftersparnis erprobt. Trockenlandreis wurde in W-Malaysia 1983 nur noch auf 4680 ha (besonders in Trengganu) angebaut.

*O-Malaysias Naßreisbau* bringt nur eine Ernte/Jahr (74000 ha in Sarawak, 28000 ha in Sabah; die noch erhaltene shifting cultivation ergänzte ihn mit ca. 74000 bzw. 13000 ha Trockenlandreis, 1982). Die vor ein bis zwei Jahrzehnten erwogenen Pläne der kostspieligen Melioration neuer, großer »Reisschüsseln« im feuchten Tiefland Sarawaks wurden wieder gestrichen. Die *planmäßigen Einschränkungen* des Anbaues von Reis bedeuten aber keine agrarische Schwäche – sie erfolgen im Gegenteil zugunsten des in Malaysia dominierenden Anbaues exportfähiger Dauerkulturen. Sie sollen zugleich auch die *sozio-ökonomische* Anhebung der Reisbauern fördern, die selbst z. B. im gut entwickelten Muda-Scheme z. T. noch unter der »Armutsschwelle« (»poverty-line«) leben (D. S. GIBBONS et al., 1980).

### 3.2.1.4 Die weltmarktorientierte Agrarwirtschaft

Um 1850 betrug die *einheimische Bevölkerung* Malayas erst ca. 400000; hinzu kamen schon damals 50000–60000 *Chinesen.* Diese waren zunächst Bergarbeiter. Ihre Siedlungsgebiete, die Straits Settlements, wurden bald auch zu Innovationszentren der kommerziellen Landwirtschaft. Chinesische Agrarsiedler legten dort – anfangs oft raubbauartige, dann immer intensivere – Kulturen von Zuckerrohr, Pfeffer, Muskat, Nelken, Cassava, Gambir und Kaffee an (aber auch Marktgartenbau sowie Schweine- und Fischzucht), die im Schutze der britischen Stützpunkte die Ansätze zu Malayas Plantagenwirtschaft bilden sollten.
Seit dem Bau des Suez-Kanals und der Erweiterung des britischen Einflusses auf die Malayen-Staaten wandelten sich die *Raumfunktionen* von der *Sicherung* der *Seewege* und dem *Handelsumschlag* zur schnell expandierenden *Rohstoffwirtschaft* und zugleich zum Absatzgebiet für britische Waren. Die Verkehrs- und Infrastrukturaufschließung und geregelte Verwaltung förderten die Entstehung rationell organisierter und überwiegend von britischem Kapital gesteuerter Plantagen. Die in der *Plantagenwirtschaft* nicht seltenen Wechsel der vorherrschenden Anbaupflanzen erfolgten auch in Malaya; seine volle Entfaltung als *das* Plantagenland erfuhr es mit der Ausbreitung des *Kautschukanbaues.*

#### *Der Kautschukanbau*

Die *geographischen Voraussetzungen* waren glänzend: ein breites Hügel- und Riedelland, dessen lateritische Böden tropischer Regenwald bedeckte, bis er allmählich in den Bergwald des Landesinneren überging, nur gelegentlich durch Flußniederungen mit heimischen Reisbausiedlungen durchsetzt. Mit der vom Zinnbergbau induzierten Verkehrserschließung bot sich die Rodung für großflächige Plantagen geradezu an (S. 172). Zugleich erwies sich der *Ersatz des Waldes* durch die künstlichen »Forsten« der *Hevea brasiliensis* – selbst ein Baum des tropischen Regenwaldes – als *ökologisch günstig,* da die Boden-, Wasser- und Klimaverhältnisse deren natürlichen Standortansprüchen entsprechen und kaum gravierende Landschaftsschäden entstanden. Mit der neuen Nutzung wurden Kapital und »Knowhow« erforderlich, das die Plantagengesellschaften – nach manchen Fehlschlägen – entwickelten. Den Aufbau eines permanenten *Arbeiterstammes* begünstigte der politische Verbund mit Indien; noch heute lassen Verteilung und Dichte der Plantagen und der indischen Ansiedlung diese Zusammenhänge erkennen. Während die *Inder* überwiegend Lohnarbeiter blieben, bauten die *Chinesen* bald mit selbständigen Kleinbetrieben eine effiziente Ergänzung auf. Nach anfänglichem Desinteresse fügten sich schließlich auch die *malayischen Reisbauern* mit Hevea-Hainen – anstelle einstiger, zusätzlicher shifting cultivation – in den Ausbau des westmalaysischen Tieflandes zum *größten,* geschlossenen *Kautschukland* der Erde ein. Im »rubber boom« nach dem Ersten Weltkrieg überspielten die kapitalintensiven Großbetriebe die chinesischen Kleinunternehmer, und die Entwicklung mit modernsten technischen und organisatorischen Mitteln fiel den europäischen und amerikanischen Gesellschaften zu. Nur sie konnten die großen Neurodungen, nachdem das verfügbare ältere Kaffee-, Zuckerrohr- und auch etwas Reisbauland rasch aufgefüllt wurden, bewältigen und die langfristigen Investitionen aufbringen.

Anders als in Indonesien oder Burma waren die Plantagen Malaysias beim Erreichen der Unabhängigkeit *nicht zerschlagen* worden, was den Volkswirtschaften jener anderen Länder schwere Rückschläge zufügte. Kleinere politische Gruppen, die eine Verstaatlichung oder Aufteilung der Plantagen forderten, haben keinen Widerhall gefunden; selbst die Gewerkschaft der Plantagenarbeiter war gegen Verstaatlichung und z. T. selbst gegen die Übertragung der Plantagen in asiatischen Besitz, da ihr bei den alten Gesellschaften die Arbeitsplätze und der Lebensstandard besser garantiert erschienen. Wesentlich für die *Sicherheit des Eigentums* und die Erhaltung und Steigerung der *Produktivität* waren die überlegte Haltung, mit der die malayische Führung den Weg in die Unabhängigkeit bahnte und – besonders im Vergleich zum alten Niederländisch-Indien – die liberale Arbeits- und Sozialpolitik der europäischen Plantagengesellschaften in Malaya (FRYER 1970).

Die Mehrzahl der großen Plantagen war früher überwiegend im Besitz britischer Handelsgesellschaften; die größte Firmengruppe besaß in Malaysia insgesamt 93100 ha Plantagenland; die größten geschlossenen Betriebseinheiten liegen dagegen mit etwa 9000 ha erheblich unter dem Umfang der größten Plantagen Sumatras. Früher steckten etwa 60% der fremden Investitionen in Malaya in diesen Unternehmen. Die »Neue Ökonomische Politik« (S. 420) hat im letzten Jahrzehnt die ausländischen Gesellschaften einem kräftigen Druck zum Verkauf ihrer *Aktienmehrheiten* an das *einheimische Kapital* oder den *Staat* ausgesetzt, und die größten britischen Handelsgesellschaften sind auf etwa 30% ihrer früheren Besitzanteile geschrumpft, einige große Firmen sind ganz in *malaysischen Besitz* übergegangen. Auch chinesische Gilden konnten beachtliche Gesellschaften aufbauen. Die größeren *chinesischen Unternehmensgruppen* sind meist mit Betrieben der Holz-, Bergbau- und Konservenindustrie und mit dem Banken- und Versicherungswesen verflochten. Das europäische Management wurde stark reduziert, bis auf wenige Experten für Technik und Forschung, in der noch einige der international tätigen britischen Firmen führend sind, oder auf Berater (»Consultants«) für die nun einheimischen Plantagen beschränkt.

Ein Betrieb mit heute z. B. ca. 1500 ha Ölpalmen und noch ca. 400–500 ha Kautschuk benötigt (mit Aufbereitungsanlagen) etwa 1200 Arbeiter. Die *smallholder-Betriebe* sind meist unter 10 ha, in den Neusiedlungsgebieten durchschnittlich 8–14 acres (3–6 ha) groß; ähnlich oder noch kleiner sind die Kautschukflächen der gemischtbäuerlichen *Familienbetriebe* (mit Reis bei den Malayen, oder Marktgartenbau, Pfeffer usw. unter chinesischen Kleinpflanzern). Dort bestehen auch Pachtbetriebe (bzw. gezapfte Teilflächen – »share cropping«), häufig innerhalb der Verwandtschaft und überwiegend innerhalb der jeweiligen Volksgruppe (HILL, 1982; s. Tabelle 7 im Statist. Anhang).

Die *»Estates«* stellen rd. 300000 Arbeitsplätze, etwa die gleiche Zahl, zu der sich alle »smallholder«-Betriebe für Handelsgewächse summieren. Unterschiede bestanden früher zwischen den europäischen (bzw. amerikanischen und australischen) und den in asiatischer Hand befindlichen Plantagen vor allem in der Größe und Struktur des Besitzes. Noch 1965 war die Durchschnittsgröße der Kautschukplantagen in europäischem Besitz 2500, der im asiatischen Besitz 450 acres pro »Estate«; durch die steigenden heimischen Besitzanteile sind diese Zahlen aber heute überholt.

Neben dem rechtzeitigen *Neupflanzen* – die Hevea-Bäume werden heute schon nach fünf Jahren erstmals gezapft, sind aber nach 30 Jahren nicht mehr leistungsfähig – ist die Anzucht von Qualitätsstecklingen eine Aufgabe, die in Malaya erheblich gefördert wurde. Man züchtete »clones«, d. h. Pflanzenrassen mit besonders guten, einheitlichen genetischen Anlagen, die durch Pfropfen oder Saat in Pflanz-

gärten vermehrt und dann in die Plantagen (und auch an die Kleinpflanzer) abgegeben wurden, auf Tragfähigkeit, Widerstandsfähigkeit gegen Schädlinge und Krankheiten und Langlebigkeit selektiert. Nur mit *Hochertragssorten* ist es noch möglich, bei den steigenden *Arbeitskraftkosten* der Konkurrenz des künstlichen Gummis standzuhalten; auch durch die Einführung von Stimulantien für erhöhten Latexfluß und neue Zapfverfahren wird die Produktion verstärkt; Konturpflügen und die Bedeckung des Bodens mit Leguminosen gegen Bodenabtragung und zur Düngung sind selbstverständlich. Auch die Aufbereitung hat sich gewandelt. An die Stelle des Walzens zu Kautschuk-»Fellen« (= »rubber-sheets«) und deren Räuchern und Pressen ist z. B. vielfach eine *vollmechanisierte Verarbeitung* vom geronnenen Latex zu fertigen, kreppartigen Rohgummiballen getreten. Eine gut organisierte Schädlingsbekämpfung gehört zur Pflege der Bestände. Infolge des mit staatlichen Prämien geförderten, laufenden Ausrodens alter und des Nachpflanzens neuer Bestände bestehen die Kautschukpflanzungen Malaysias heute zu über 80% aus erneuerten Kulturen, was eine weiter steigende Produktivität garantiert.
Das *Verkehrsnetz* wurde durch den Ausbau der Plantagen erheblich verdichtet. In großen Teilen von Selangor und Perak trifft man, nach kilometerlangen Fahrten durch die einheitlichen »Kautschukforsten«, als einzige Siedlungen die Plantagenzentren mit Aufbereitungsanlagen, Verwaltungsgebäuden, Arbeiterdörfern und Managerbungalows an. Die Mehrheit der Arbeitskräfte – von den Zapferinnen bis zu den Inspektoren und Technikern – wird von *Indern* (vorwiegend den dunkelhäutigen Tamilen aus Madras) gestellt, die oft schon seit Generationen mit ihren Familien auf den gleichen Plantagen arbeiten, wohnen und versorgt werden (einschließlich Schulen und Gesundheitsdienst) und dort eigene Hindu-Tempel errichteten. Nahezu die Hälfte der indischen Berufstätigen in W-Malaysia sind noch in der Landwirtschaft, d. h. in der Plantagenwirtschaft, tätig; fast 50% davon sind weibliche Arbeitskräfte. Im plantagenreichen *Selangor* war bis vor kurzem jeder fünfte Einwohner indischer Herkunft. Durch die Kosten für Unterbringung und Versorgung und den hohen Lohnanteil für das Zapfen an den Gestehungskosten des Kautschuks (40%) fließen von den Plantagen große Mittel über die Arbeiter in das Volkseinkommen ein. Auf Plantagen im *chinesischen* Besitz versucht man, diese Kosten dadurch zu senken, daß nur periodisch chinesische Kontraktarbeiter angeheuert werden. Das Streben der chinesischen Arbeitskräfte ist – stärker als bei den Indern – darauf gerichtet, eigenen Besitz zu erwerben, und die meisten chinesischen »smallholder«-Betriebe wurden

von früheren Plantagen- oder Bergbauarbeitern aufgebaut, die sich selbständig gemacht haben.

*Malayen* waren selten unter den abhängigen *Plantagenarbeitern* zu finden. Durch die Ausbreitung des zusätzlichen Kautschukanbaues in den Dörfern der Reisbauern und durch die von der Regierung geförderten *Neusiedlungsprojekte* für *malayische Kleinpflanzer* sind sie heute an der Produktion von Kautschuk und Palmöl jedoch stark beteiligt. Ähnliche Wirkungen entstehen bei der Seßhaftmachung von Brandrodungs-Wanderfeldbauern in *O-Malaysia,* die z. T. als Kautschuk-Kleinpflanzer angesiedelt werden. So ist allmählich – nicht durch Zerschlagung der produktiven Plantagen, sondern durch zusätzliches, mit zahlreichen Förderungsmaßnahmen gestütztes Heranwachsen – ein *Kleinpflanzertum* entstanden, das den sozialökonomischen Zielvorstellungen der unabhängig gewordenen Staaten entspricht und heute fast zwei Drittel der Kautschukproduktion (1953 erst ein Drittel) erbringt. Diese *entwicklungspolitisch* – und auch für die Erweiterung der überkommenen Vorstellungen von den Agrarlandschaftstypen SO-Asiens – ganz wesentlichen *Wandlungen* (S. 444) sind mit den *Neusiedlungsprojekten* verbunden.

Während die Aufbereitungsarbeiten bei älteren »smallholders« noch überwiegend im Handbetrieb durchgeführt werden, erfreuen sich diese malayischen *Neusiedler* meist modern ausgestatteter, *genossenschaftlicher* Aufbereitungs- und Vermarktungseinrichtungen. Die staatlichen Prämien für die Neupflanzung von Qualitätsbeständen haben für die Kleinpflanzer besondere Anreize und wirtschaftliche Vorteile gebracht (GEINITZ, 1984).

Trotz sinkender Weltmarktpreise und gegenüber der Ölpalme schrumpfender Bedeutung steht Malaysia (1982) mit 41 % noch immer an der *Spitze* der *Weltproduktion* von *Naturkautschuk* (Anbauflächen und Produktionszahlen: Tabelle 7 im Anhang). Kautschuk nimmt auch 45 % seiner landwirtschaftlichen Nutzfläche (1984) ein. 1967 erbrachte er noch 42 % des Exportertrages, 1982 war dieser auf 16 % gefallen – nicht wegen Ertragsminderungen im Kautschuk, sondern nur relativ aufgrund der sprunghaft steigenden Exportanteile der Ölpalmenprodukte und dazu der von Erdgas und Industrieprodukten. Etwa 1/3 der landwirtschaftlichen Arbeitskräfte sind noch mit der Kautschukerzeugung und -verarbeitung verbunden. Dennoch ist die alte Vorstellung eines Dualismus von *Kautschuk* und *Zinn,* der noch bis in die 60er Jahre 2/3 der malaysischen Exportwerte erbrachte, nicht nur durch den rasanten Aufstieg der Erdöl und -gasgewinnung, sondern auch durch zielstrebige Erweiterungen um andere Handelspflanzen, voran die Ölpalme, *unzutreffend* geworden.

Ungeachtet der intensiven Neupflanzungen leistungsfähiger Stecklinge ist der *Höhepunkt* der malayischen Kautschukproduktion *überschritten,* die Stellung auf dem Weltmarkt für Elastomere ist bedroht (sinkende Preise, steigende Lagerreserven, Wachsen der Konkurrenz der billiger produzierenden Nachbarn Indonesien und Thailand). Der bis zu doppelt so hohe ha-Ertrag der *Ölpalme* (bei geringeren Lohnkosten) führt zum immer schnelleren Ausroden von Kautschuk- und ihrem Ersatz durch Ölpalmpflanzungen. Die Plantagengesellschaften haben ihre Hevea-Bestände bereits von 803000 ha (1963) auf 462000 ha (1983) – um 42,5% – reduziert (FEER, 1985), und man fragt sich, ob die im gleichen Zeitraum noch mit starker Ausdehnung der Kautschukareale vorangetriebene Neusiedlungspolitik für (überwiegend malaysische) Kleinpflanzer so zu verantworten ist – auch dort ist aber die Trendwende zu Ölpalme und Kakao schon vollzogen.

### *Die Ausbreitung der Ölpalmkultur*

Zur Absicherung gegen Einbrüche auf dem Weltkautschukmarkt und die Gefahren der Monokultur und unter dem Konkurrenzdruck des synthetischen Kautschuks wurde die *Diversifikation* der *Agrarproduktion* und die Steigerung der Gesamteinkünfte aus dem Agrarmarkt erstrebt und Malaysia vom größten Kautschukproduzenten der Erde auch bei der Pflanzung einer neuen, zukunftssicheren Plantagenfrucht, der Ölpalme (S. 174), an die Weltspitze geführt. 1984 sollen 65% der *Weltpalmölerzeugung* erreicht und der Anteil am gesamten Öl- und Fettmarkt der Welt von 2% (1960) auf 17% (1984) gesteigert worden sein (FEER, 1985). 1964 waren erst 124000 ha mit Ölpalmen bepflanzt, 1980 wurden schon 890000 ha (mit 47% der Weltproduktion) und 1984 bereits 1,4 Mio. ha (über 1/4 der landwirtschaftlichen Nutzfläche) erreicht. Schon 1968 hatte Malaysias Palmölproduktion die Indonesiens, das zunächst führend war, überholt.

Für die Steigerung des Anteils der malayischen Volksgruppe am nationalen Wirtschaftsertrag bot die Expansion des Ölpalmenanbaues besonders gute Möglichkeiten, in dem die *Neusiedlungspolitik* (S. 445) mit *Ölpalmkleinbetrieben* verbunden wurde; 10 bis 14 acres groß und in geschlossenen Komplexen angepflanzt, die dem Umfang einer Plantage nicht nachstehen. Durch *genossenschaftliche Palmölraffinerien* und Transport- und Vermarktungseinrichtungen konnte ein moderner *smallholder-Sektor,* der bisher für die Palmölproduktion als kaum tragbar galt, etabliert werden.

Die größten Flächen unter Ölpalmen haben *Johor* und *Pahang* mit je

225–250000 ha (1978). Ihre unterschiedliche Entwicklung zeigt sich darin, daß im *alten Plantagenland Johor* die Ölpalmfläche der Plantagen mehr als doppelt so groß ist wie die der smallholder, während es im jünger – vielfach erst mittels der *Neusiedlungsprojekte* – erschlossenen *Pahang* umgekehrt ist.

*Weitere Handelspflanzen*

Die *Kokospalme* war vor dem Kautschuk der wichtigste Plantagenbaum. Heute nehmen *Plantagen* für Kokos nur noch 10 % ihres früheren Flächenbestandes ein. Die Produktion von Kopra, Kochöl usw. hat ihre alte Bedeutung zwar behalten, ist jedoch überwiegend auf *Kleinpflanzungen* oder *gemischtbäuerliche Betriebe* übergegangen (Kokosproduktion 1976: 1049000 t; 1980: 1567000 t). Eine Verbindung mit Schweinemast (Kokosabfälle als Futterbasis) hat sich vor allem bei chinesischen Kleinpflanzern, z. B. auf der Kudat-Halbinsel (Sabah), stark entwickelt.
Chinesische Pflanzer förderten den *Ananasanbau,* der auf den feuchten Tieflandsböden in *Johor* zu Großbetrieben mit bedeutender Konservenverarbeitung heranwuchs; hinzu kommen etwa 5000 Kleinbetriebe. 1984 deckte Malaysia 6 % des Welt-Ananasmarktes, langfristig könnte die Konkurrenz des wachsenden »Agrobusiness« der Philippinen und Thailands, aber auch in Afrika, Hawaii usw. starke Konkurrenz bringen.
*Tee* gedeiht im Höhenklima der *Cameron-Highlands;* wie zahlreiche kleine *Kaffee*pflanzungen im Tiefland dient er überwiegend der eigenen Versorgung des Landes. Die Tradition der Gewürzpflanzungen blieb mit plantagenartigem Anbau von *Pfeffer* im südlichen *Johor* erhalten, wohin sich der früher bedeutende Anbau der Insel *Singapur* verlagerte (HILL, 1982). Während die Plantagen erfolgreich arbeiten, haben ungünstige Weltmarktpreise die Kleinpflanzer in *Sarawak,* das noch 1979 der Welt größter Pfefferproduzent war, in den 80er Jahren z. T. in Bedrängnis gebracht. *Muskat, Gewürznelken* usw. werden traditionell noch auf der Insel *Penang* angepflanzt; *Tabak* (in Rotation auf Reisfeldern oder in shifting cultivation) vor allem in Trengganu und Sabah.
Eine Überraschung brachte Malaysia mit der erfolgreichen Pflanzung von *Kakao,* die es seit 1974 verzehnfachen konnte und mit der es 1984 an die *sechste Stelle* der *Weltproduktion* (mit hohen Qualitäten) vorgerückt ist. Überwiegend in Kleinbetrieben und Neusiedlungsprojekten gewann er, vielfach durch Ersatz von Kautschuk durch gemischte Öl-

palm-/Kakaopflanzungen (die Palmen dienen zugleich als Schattenbäume), an Boden. 61% der Anbauflächen liegen im östlichen Tiefland von *Sabah,* auch in *Selangor* und *Trengganu* werden sie rasch ausgedehnt.

### 3.2.1.5 Die dynamische Siedlungspolitik und Landerschließung

Eine zielstrebige Neusiedlungspolitik hat große, bisher unbesiedelte Gebiete im Landesinneren erschlossen, die sozialökonomische Stellung der bäuerlichen Bevölkerung gehoben und die Ergänzung der ursprünglich »kolonialistischen« Plantagenwirtschaft durch Tausende modern organisierter Kleinbetriebe vorangetrieben. Ihre erste Phase, die Besiedlung der *Reisbauprojekte,* wurde schon beschrieben.
Kurz vor der Unabhängigkeit brachte der Dschungelkrieg (S. 414) von 1948–57 mit einer strategischen Maßnahme zur Unterbindung der Versorgungsmöglichkeiten der Partisanen einen weiteren Vorläufer: die *Notumsiedlungen* (»Emergency Settlement«) zahlreicher – zu 87% *chinesischer* – Streu- und Einzelsiedlungen, von denen 2/3 illegal als »squatter« auf ehemaligem Bergbaugelände oder an den Rändern der Wälder entstanden waren. Rd. 0,5 Mio. Menschen wurden damals in etwa 440 geschlossene »Wehrdörfer« umgesiedelt, zur besseren Kontrolle ihrer Bewohner anfänglich stacheldrahtumzäunt, z. T. in Erweiterung bestehender, zu 58% in völlig neu angelegten Ortschaften (K. S. SANDHU, 1964). Vorwiegend auf Marktgartenbau, Schweine- und Geflügel- oder Fischzucht spezialisiert, bieten diese nunmehr gut drei Jahrzehnte alten »New Villages« oft ein Bild der Vernachlässigung, da, im Gegensatz zu den späteren Neusiedlungen, diesen fast rein *chinesischen* – deshalb immer *ebenerdig* bebauten – kompakten Dörfern *keine* weiteren *Förderungen* gewährt wurden. Bezeichnenderweise erzielten auch noch in den 80er Jahren die chinesischen Oppositionsparteien dort erhebliche Stimmengewinne. Besser entwickelt haben sie sich, wenn sie im Bereich von Reisbauprojekten oder in der Nähe größerer Städte lagen, wo sich lohnenderer Gartenbau entwikkeln ließ. Eine Wiederholung vollzog sich 1965 in *Sarawak* während der indonesischen »Konfrontation« (S. 412) in grenznahen Siedlungen. Dabei wurden rd. 8000 Menschen aus etwa 1200 Einzelhöfen chinesischer Pfeffer-, Kautschuk- und Gartenbaukleinbetriebe in größere »security villages« umgesiedelt (H. UHLIG, 1970). Ab 1958, und verstärkt mit der Erfüllung der »New Economic Policy« seit 1970 (S. 420), begann dann die *großräumige Neusiedlung* mit einer stark subventionierten Rodungskolonisation, anfangs überwiegend für

Kautschuk, jetzt mehr für Ölpalmen, Kakao u. a. Neben einer gleichmäßigeren Erschließung des Landes und der Verstärkung agrarischer Exportprodukte dient sie der sozialen und ökonomischen *Förderung* besonders *landloser* oder landarmer *»Bumiputera«*.
Während in Thailand eine umfangreiche spontane Rodungssiedlung die geplante weit überwiegt und auch in Indonesien, zusätzlich zur Transmigration, bedeutend ist (S. 184), herrscht in Malaysia fast ausschließlich die *geplante Neusiedlung* vor. Dort wurden schon vor dem Eintreffen der Siedler maschinell gerodete und bepflanzte Flächen, vorgefertigte Häuser und mit Infrastruktureinrichtungen ausgestattete Siedlungen, zuerst einzelne Kolonien, heute meist großräumige Landentwicklungsprojekte angelegt. Anfangs liefen verschiedene Projekte, getragen von Einzelstaaten, weiter, z. B. die (inzwischen eingestellten) »Youth Land Schemes« für Unverheiratete (mit über 10000 Siedlerstellen) (SENFTLEBEN, 1973; 1978) oder die »Fringe Alienation Schemes«, die einen randlichen Ausbau des Siedlungslandes brachten. Seit 1960 trägt eine *Bundesorganisation,* die Federal Land Development Authority (FELDA) den Hauptanteil (UHLIG, 1979[b], 1984). Auch die Kautschuk-smallholder Entwicklungsorganisation (RISDA) und die für Landkonsolidierung und -rehabilitierung (FELCRA) verbessern, erweitern oder gründen Siedlungsgebiete. Schließlich entstehen in mehreren Einzelstaaten umfangreiche, *integrierte Entwicklungsregionen* (s. u.). Umfang und Tempo dieser – z. T. konkurrierenden – Aktivitäten sind so groß, daß örtlich schon Mangel an potentiellen Siedlern herrscht. Die Entwicklung läuft auf eine *Umstrukturierung* der gesamten *ländlichen Bevölkerung* und *Siedlung* hin (vgl. die Reduzierung des Reisbaues, besonders in der älteren Subsistenzform), und die Mehrheit des (malayischen) Bauerntums wird in wenigen Jahren in kommerziell organisierten Kleinpflanzer-Neusiedlungen leben. FELDA allein hat bis Mitte 1984 in 367 Projekten (davon 140 1984 noch ohne Siedler) 634583 ha erschlossen und über 84200 Siedlerfamilien (d. h. mehr als 0,5 Mio. Menschen) angesiedelt und rechnet bis 1990 mit 200000 Familien. FELCRA hat bisher 108600 ha entwickelt, neben Kautschuk und Ölpalmen auch für Kakao, Reis u. a.; während RISDA ca. 145000 ha »Blockpflanzungen« und mehr als 1000 Gruppen von Kautschuk-Kleinpflanzern konsolidierte (mit genossenschaftlichen Verarbeitungsstätten).
Die FELDA bepflanzte bis 1981 57% ihres Neulandes mit *Ölpalmen,* 42% mit *Kautschuk,* 0,3% mit *Kakao* (seitdem mehr) bzw. 0,6% mit Zuckerrohr. Die *Ölpalme* galt wegen des Zwanges zu schneller Aufbereitung in kostspieligen Raffinerien lange als Monopol von Plantagen, durch die Errichtung von ca. 45 *genossenschaft-*

*lichen Raffinerien* wurde sie aber auch den Kleinpflanzern zugänglich. Jede Siedlerfamilie erhielt ein Darlehen von 25900 M$, das in 15 Jahren (mit Zinsen) ab Beginn der Erntereife der Bäume zurückzuzahlen ist; die *Gesamtinvestition pro Siedlerstelle* betrug 1980 M$ 37000 (1 M$ = ca. DM 1,25); dies ist wesentlich mehr als in den Nachbarländern. Anfangs wurden 8 bis 10 acres (3 bis 4 ha), seit 1970 12 acres für Kautschuk und 14 acres (5,6 ha) für Ölpalmen zugeteilt. Ein FELDA-Dorf hat etwa 300–400 Familien. Von Einzelprojekten wurde inzwischen zur Erschließung ganzer Regionen (einschließlich der Infrastruktur) übergegangen. Diese sind zugleich Wahlkreise mit sicherer malayischer Mehrheit. Das *»Jengka Triangle«* in der Landesmitte (Pahang) – geplant auf 1200 $km^2$ früheren Waldlandes mit ca. 60000 Siedlerstellen in 23 Dörfern – ist das bisher umfangreichste Neusiedlungsgebiet.
Die in Breitstreifenfluren zu Blöcken zusammengefaßten und unter fachlicher Anleitung individuell bearbeiteten Pflanzungen ähneln äußerlich weitgehend den Plantagen, von denen sie sich nur in der Besitzstruktur und den genossenschaftlich betriebenen Aufbereitungsanlagen unterscheiden. Vermarktung, Transport, Schädlingsbekämpfung, Neupflanzung usw. obliegen der FELDA und den anderen Organisationen, von denen die Siedler Gewinnanteile erhalten. FELCRA und RISDA experimentieren auch mit neueren Organisationsformen, z. B. den *»Mini-Estates«,* in denen Gruppen von Siedlern ihre Besitzeinheiten unter zentraler Leitung gemeinsam – also wie eine Produktionsgenossenschaft – bewirtschaften.
Daneben sind wesentlich größere *regionale Landentwicklungsprojekte* im Ausbau, für die in vier Staaten eigene Entwicklungs-Korporationen tätig sind: *Trengganu Tengah* (= Inner-Trengganu: »KETENGAH« – rd. 4360 $km^2$), *Johor Tenggara* (= SO Johor: »KEJORA« – 3000 $km^2$), *Pahang Tenggara*: (»DARA« – 10000 $km^2$, d. h. etwa die halbe Größe Hessens) und *S-Kelantan*: (»KESEDAR« – 11600 $km^2$) – (s. Abb. 25). Sie umfassen außer organisierter, agrarischer Neusiedlung auch private Pflanzungen und Aufbereitungsanlagen (voran wieder Ölpalmen, aber auch Kakao, Kautschuk, Reis, Gemüse, Obst usw.), auch Stadt- und Industrieentwicklungen in neuen Wachstumszentren (»growth poles«), Touristikerschließung, Wasserreservoirs und die Erhaltung größerer Forstreservate (ca. 1/4 der Flächen). Die Ansiedlung soll vielfach konzentriert in neu geplanten, größeren Agrar- und Service-Zentren statt in verstreuten Siedlungen (»centralized concept«) erfolgen, die z. T. schon schlüsselfertig stehen, aber häufig noch unter Siedlermangel leiden; Einheiten von ca. 15000 EW werden als leistungsfähig für die Entwicklung der nötigen Dienstleistungen,

Warenangebote und Verarbeitungsstätten erachtet, während der Zugang zu den Pflanzungen (motorisiert) von dort noch als tragbar erscheint. In Pahang Tenggara waren z. B. 36 Städte geplant, die auf 28 reduziert wurden, 15 sind bisher bewohnt, das Planziel von 200000 Siedlern wurde in der ersten Plandekade dort nur zu einem Drittel erfüllt, bis 1990 sollen die Projekte aber realisiert sein. KETENGAH (Trengganu) und KEJORA kommen schneller voran, das erstere im Hinterland der neuen Industrien an der O-Küste (S. 454 u. 459), Johor mit der starken Agrar-, Industrie- und Touristikentfaltung im Einflußbereich Singapurs.

In den einseitig agrarischen Siedlungsgebieten (FELDA usw.) zeigen sich bereits die »Probleme der zweiten Generation« (BAHRIN, T. S., 1985). Die Betriebe sind zu klein zur Teilung unter mehrere Erben, diese müssen z. T. Siedlerstellen in neuen Projekten suchen oder wandern in die Städte ab.

Man klagt über Langeweile in den oft entlegenen Siedlungen – mit gewisser Monotonie der Pflanzungen, der Arbeit und des sozialen Lebens –, und Schul- und Universitätsbildung und der Sog der Industrialisierung ziehen junge Leute ab. Das dürfte aber dem Trend der Entwicklungsplanung (NEP!) entgegenkommen. Nicht problemlos bleiben auch die vom Arbeitskräftemangel und der Politik der sozio-ökonomischen Anhebung der »Bumiputera« diktierten Umsiedlungen in ein fremdes Milieu, z. B. aus verarmten Fischerdörfern der O-Küste in die neuen Ölpalm-Siedlungsprojekte.

Das gilt auch für die Seßhaftmachung bisheriger Wanderfeldbau-Stämme in den Neusiedlungen von *Sabah* und *Sarawak* (S. 155; UHLIG, 1966; 1970; K. SUTTON, 1977). Mit dem schnellen Fortschreiten des Straßenbaus und der *Holzeinschläge* werden auch dort verstärkt Neusiedlungen ausgebaut. Vom »Sabah Land Development Board« wurden z. B. bis 1980 rd. 57000 ha mit ca. 10000 Siedlerstellen geschaffen. Die weiteren Projekte wurden der FELDA übertragen, der es jedoch an Siedlern mangelt, da eine Übersiedlung von W-Malaysia her offiziell nicht zugelassen ist.

Die gesamte *Landentwicklung durch Neusiedlung* seit 1971 faßt der 4. Malaysia-Plan zusammen (siehe Tabelle S. 448).

### *Forst- und Holzwirtschaft*

1958 trat *W-Malaysia* mit 74 % *Waldfläche* und 16 % *Agrarland* in die Unabhängigkeit ein, bis 1974 hatte die bäuerliche Neusiedlung diese Relation schon auf 58,6 % verschoben; *Sarawak* und *Sabah* waren vor

| Organisation bzw. Programm | 1971–80 in ha: | Planziel 1981–85 weitere ha: |
|---|---|---|
| FELDA | 373705 | 149798 |
| FELCRA | 50710 | 32662 |
| RISDA | 31463 | 15409 |
| | 455878 | 197869 |
| Staatsprogramme: | | |
| W-Malaysia | | |
| (Regional Development Authorities, Dept. of Agric. usw.) | 155662 | 143872 |
| Sabah | 57816 | 56680 |
| Sarawak | 76655 | 16599 |
| | 290133 | 217151 |
| Joint ventures u. privater Sektor | 120047 | 128441 |
| Gesamt: | 866058 | 543461 |

einigen Jahren noch zu rd. 75 % waldbedeckt. Die Rodungen für Neusiedlungen und Plantagen (rd. 400000 ha je Fünfjahresplanperiode), starker Holzeinschlag und -export, Straßen-, Städte- und Industrieausbau, Stauseen usw. haben kräftig an den Wäldern gezehrt. 1981 sollen noch 64 % Gesamt-Malaysias unter Wald gestanden haben (ESCAP, 1985), für W-Malaysia wurden schon 1979 nur noch 49 % angegeben. (Dept. of Forestry) (Tabelle 6 im Anhang). Dennoch zeigt Malaysia die relativ beste Walderhaltung SO-Asiens, und ein gut ausgebildeter Forstdienst schützt die Wälder zumindest in W-Malaysia auch vor der »shifting cultivation« und ist auch in der Wiederaufforstung (z. T. mit tropischen Kiefern) effektiv. Mit dem Fortschreiten der *agrarischen Erschließung* des rodungsfähigen Landes wird aber bald eine kritische Schwelle überschritten und die Landpolitik wird zwischen weiterem Siedlungsausbau und der Walderhaltung wägen müssen. In W-Malaysia sollen etwa 26 % absolut geschützt erhalten bleiben, ein anderes Viertel wird dagegen für den weiteren Siedlungsausbau vorgesehen. Große *Wertholzeinschläge* brachten hohe Exportgewinne – 1984 z. B. trotz Einschränkungen (s. u.) noch 10,4 % des Gesamtexportwertes. Beide Landesteile verfügen noch über gute Primärwälder, sie erfordern aber immer strengere Bewirtschaftung. *Sabah* allein (Hauptholzhafen und Verarbeitungsplatz *Sandakan*) erbrachte zeitweilig 1/4 des Weltexports tropischer Harthölzer (Stat. B. A., 1982), bzw. 35,2 % (1984) der malaysischen Holzproduktion, gefolgt von Sarawak mit 33,8 % und W-Malaysia (vor allem Inneres und Ostküste) mit 31 % der Holzproduktion. *Sabah* führt im Export von Rundholz, dank stärkerer Verar-

beitungsindustrien dagegen W-Malaysia bei Schnittholz. Die Eingriffe in die Waldbestände und die ökologischen Gefahren sind inzwischen so gravierend geworden, daß der *Einschlag* von jährlich 400000 ha (1976) auf ca. 150000 ha/Jahr (1979), die Rundholzproduktion um jährlich 7,7 % (1984), die von Schnittholz um 5,6 % *gedrosselt* und die Exportquoten stark reduziert wurden, um die Reserven für die eigene industrielle Weiterverarbeitung (Sperr- und Furnierholz, Möbel, Bauholz usw.) zu erhalten. Zur Sicherung des Eigenbedarfs und der ökologischen Reserven sollten weitere Exporteinschränkungen erfolgen, teilweise wurden sie auch schon durch Preiseinbrüche und durch drohende Erschöpfung der Bestände ausgelöst. Im besonders von der Holzkonjunktur und ihren Schwankungen erfaßten Sabah (S. 196) laufen größere Versuche zur Wiederaufforstung mit dem schnellwüchsigen Hartholz Albizia falcataria, das bereits in 15 Jahren schlagreif sein soll (FEER, Apr. 1986). Der Wert, die Marktaussichten und die ökologischen Risiken einer Monokultur dieses allenfalls für Spanplatten brauchbaren Baumes sind aber ungewiß.
Sorgfältiger Bewirtschaftung bedarf auch die *Mangrove,* die, neben Nutzholz, vor allem Brennholz und Holzkohle liefert, aber auch zur Erhaltung des ökologischen Gleichgewichtes der Küsten, als Brutstätte für die Fische und mit einem vielfältigen Tierbestand von Bedeutung ist. Die Holzkohlegewinnung aus gerodeten alten Kautschukbäumen war auch deshalb eine vorteilhafte Neuentwicklung.

### *Fischerei und Aquakultur*

Fischerei und Aquakultur werden von der staatlichen Fisheries Development Authority durch den Ausbau der Vermarktung und *Modernisierung* der Fangflotten (besonders auch durch stärkere Verlagerung von der Küsten- zur Hochseefischerei) konsolidiert. Die verarmten *traditionellen Fischersiedlungen,* besonders an der Ostküste der Halbinsel, werden durch die Anlage größerer Gemeinschaftsbetriebe für *Aquakultur* gestützt. Diese züchtet vor allem Schalentiere und ertragsstarke Fischsorten, für die ein hoher Marktbedarf besteht, da »seafood« auch in den Städten stark gefragt ist. An den Mangroveküsten (besonders im W der Halbinsel – dort z. T. auch *chinesische* Fischereidörfer bzw. -betriebe) ist die Brackwasser-Teichzucht schon stärker fortgeschritten und durch Marktnähe begünstigt. Andererseits geht die fortschreitende Ausbreitung der zahlreichen Fisch- und Krabbenzuchtteiche (»prawn-ponds«) sehr stark zu Lasten der Mangrove (s. o.).

### 3.2.1.6 Bergbau, Erdöl und Erdgas, Industrie

*Zinn: Träger der Landeserschließung, Führung in der Weltförderung – heute am Ende?*

Malaysias Zinnlager – Teilstück des großen südostasiatischen Zinngürtels (S. 209 und Abb. 16) – waren, in Wechselwirkung mit der Plantagenwirtschaft (Verkehrs- und Infrastrukturerschließung, Arbeitskräfte, Kapital, Bildung städtischer Zentren), die *Hauptanziehungskraft* für die *Einwanderung* der fremdvölkischen Gruppen und die *Aufschließung* des Landes. Das – vergleichsweise unbedeutende – Gold von Pahang hatte Malaya zwar den sagenhaften Ruhm als »Goldenes Chersones« (Ptolemäus) eingebracht (P. WHEATLEY, 1955), wesentlich blieb aber, mit Anfängen seit dem 14. Jh., der Zinnbergbau. Die tiefgründige, tropische Verwitterung der verbreiteten granitischen Gesteine und die Verfrachtung des Abtragungsmaterials durch Starkregen und die Flüsse in die Überschüttungsebenen der Küstenzone und des Flachmeersockels bildeten die »Seifen«, die leicht abbaubaren, *sekundären* Anschwemmungslagerstätten des wertvollen *Kassiterit* ($SnO_2$)-Zinnerzes; hinzu kommen Wolfram, Scheelit und Mangan (Stahlveredler). Die ausgedehnten *Tagebaureviere* erstrecken sich zwischen der W-Küste und der Hauptgebirgskette Malaysias. Nicht selten füllen die Lagerstätten Hohlformen verkarsteter Kalke aus (S. 37).

Nur etwa 10 % der Förderung entstammten einigen Batholiten nahe der O-Küste, darunter der einzige Schachtbau für Zinn, der inzwischen stillgelegt wurde. Das Zinn wurde zuerst unter malayischen Kleinfürsten über *Malacca* in den Seehandel gebracht. Mit der frühen Kolonialzeit begann – ab 1783 – der im 19. Jh. sprunghaft anwachsende neuzeitliche Abbau durch *chinesische Einwanderer* aus verschiedenen Sprachgebieten Chinas; meist in jedem Bergbaugebiet aus einem bestimmten Raum, so daß noch heute die (Bergbau-)Bevölkerung des *Kinta Tales* (Ipoh / Perak) aus Hakka, die in *Selangor* (mit dem 1857 als Bergbaulager entstandenen *Kuala Lumpur*) vorwiegend aus Kantonesen besteht. Unternehmer und Arbeiter waren in »Kongsis«, Genossenschaften, verbunden, organisiert von »Geheimgesellschaften« und anfangs auch stark bewaffnet. Sie stießen in die Wildnis vor, wo es zu Kämpfen zwischen konkurrierenden Gruppen oder mit den Malayen kam, deren Fürsten den chinesischen Unternehmern die Schürfrechte verkauften. Die Herstellung von Gesetz und Ordnung in der wilden Frühzeit dieses Zinnrausches, besonders nach blutigen Fehden zwischen Hakka und Kantonesen um das Revier von Taiping

(SOLICH, 1960), wurde ein Anlaß für das Vorrücken der *britischen* Kolonialherrschaft aus den Küstenstützpunkten zur flächenhaften Kontrolle. Der *chinesische* Bergbau blieb im *Familienbesitz* oder in den kleinen »Kongsis«. Menschenkraft bestimmt bis heute diese Betriebe, die – 1920 zwei Drittel – kürzlich noch ein Drittel der Produktion erbrachten, aber drei Viertel der Bergbauarbeiter benötigten. Mit den alten Methoden des Abspülens oder *Abspritzens* der Lagerstätten durch aufgestautes Wasser und Pumpen auf hohe Bambusgerüste (»Palong«), über die das Erz in Schleusenkästen zur Wäsche geschaufelt und gespült wird, entstanden starke Schäden durch Überschwemmungen und Aufschüttungen. Geringere Mengen wurden mittels Waschpfannen (»dulang«) in Handarbeit aus den Flußschottern gewonnen, häufig im Nebenerwerb durch Frauen. Diese arbeitskraftintensiven, chinesischen Bergbautechniken führten zu großer *Zuwanderung chinesischer Kulis* und der rapiden Sinisierung des Zinngürtels (S. 418). Im 20. Jh. nahmen *europäische* und amerikanische Gesellschaften die Förderung mit großen Investitionen und *hochmechanisierter* Ausrüstung auf. Große *Zinnbagger,* auf den Grundwasserseen der Tagebaue schwimmend, leisten dort die Förderung. Mit Schaufelrädern tragen sie die Abbaufront ab, auf dem schwimmenden Bagger wird das Erz flottiert und das taube Gestein dahinter wieder aufgeschwemmt. Zurück bleiben große sterile *Schotterflächen* (»tailings«), deren Wiedernutzung heute durch Wohnsiedlungen, als Industriegelände, aber auch für Marktgartenbau und Ölpalmpflanzungen, betrieben wird. *Petaling Jaya* (S. 461) und mittlerweile auch andere »New Towns« entstanden auf solchem Bergbaugelände. Den ökologisch schwerwiegenden *Vorflutstörungen, Vermurungen* nach Starkregen usw. gilt – neben dem Reisbau – die Arbeit des »Drainage and Irrigation Departments«. Einen Fortschritt zum Industrieaufbau (eigene Verarbeitung der Rohstoffe zu Halb- oder Fertigfabrikaten) und zum Schutz der bis um die Jahrhundertwende durch Verhüttung vor Ort mittels Holzkohle stark verwüsteten Wälder brachte die Errichtung moderner *Zinnschmelzhütten* in Penang und Singapur.

Mit etwa einem *Drittel* der *Weltproduktion* stand Malaysia – seit 95 Jahren – an der Spitze der Zinnerzeugung; der relative Exportanteil sank allerdings (wegen des starken Ansteigens anderer Exporte) von 20 % (1967) auf 9,6 % (1979); die jährliche Erzförderung lag zwischen 70–80000 t. Die größten Abbaugebiete sind das *Kinta-Tal* und das *Larut-Feld* (Taiping) in Perak, sowie die Felder von *Selangor* (zusammen 90 % der Förderung); kleinere Abbaugebiete sind über das Land verstreut. Früher bestanden rd. 1100 Zinnabbaubetriebe. Sie schrumpften über 852 (1979) auf 512 (1984), darunter 31 mit großen Schwimm-

und 46 mit Erdbaggern und 415 *traditionelle* »gravel pump mines«. 1985/86 verursachte die internationale Krise des Zinnmarktes so starken Preisverfall, daß zahlreiche weitere – vor allem die kleineren und weniger rationellen – Zinngruben schließen mußten. Das bedeutet – wie beim Kautschuk – auch bei dem zweiten herkömmlichen Hauptprodukt Malaysias eine *scharfe Regression,* die zu weiteren Strukturwandlungen führen wird. Dem sinkenden Weltzinnbedarf (Ersatz durch Aluminium, Kunststoffe usw.) stehen steigende Lagerbestände und fallende Weltmarktpreise gegenüber, so daß sich die führenden Zinnerzeuger und -abnehmer – voran SO-Asien – im internationalen Zinnkartell entschließen mußten, die Förder- und Exportquoten stark zu drosseln; Ende 1985 brach dieses ganz zusammen. Auch das Schmelzen von Import-Zinnerzen (vielfach auch aus Thailand, Indonesien oder Burma geschmuggelt) wurde eingeschränkt. Der Rückgang in Selangor wird durch das industrielle und urbane Wachstum der Hauptstadtregion abgefangen. Hart betroffen ist allerdings das größte Revier, das *Kinta-Tal* (um *Ipoh*/Perak), wo erhebliche Arbeitslosigkeit und jetzt tiefgreifende *Umwandlungen* des ausgedehnten Gruben- und Aufschüttungslandes in neue Wohnsiedlungen (»housing estates«), Industrieanlagen, Marktgartenbaugebiete (z. T. »squatter« auf altem Grubenland) usw. einsetzten. Die Verknappung der Reserven und steigende Förderkosten in den leicht gewinnbaren, sekundären Lagerstätten haben zur Entwicklung eines *neuen,* technisch und kostenmäßig *aufwendigeren* Abbauverfahrens geführt. In einigen großen und mit schweren Maschinen ausgestatteten Gruben werden – z. B. im Kinta-Revier – der tiefgründige, lateritische Verwitterungsboden und die Schotterseifen abgeräumt, der darunter anstehende Granit *gesprengt* und *zermahlen* und dann aus diesen ergiebigeren *Primärlagerstätten* der erzhaltige Grus in die Waschanlagen gepumpt, um so eine Überlebenschance für den Zinnbergbau zu suchen. Verstärkter Ausbau der *Zinnverarbeitungsindustrien* soll vom Rohstoffexport zu hochwertigeren Halb- und Fertigprodukten führen.

### *Eisenerz, Kupfer, Bauxit*

*Eisenerz* (Haematite und Magnetite als Ganggesteine, sowie sekundäre Brauneisenvorkommen) wurden, z. T. nahe den Zinngebieten, in guten Qualitäten (50–68 % Fe) abgebaut. Von 1965 (6,9 Mio. t) sank die Förderung allerdings auf 3,7 Mio. t (1980), und heute ist der Eisenerzbergbau aus Rentabilitätsgründen erloschen. Die weitverbreiteten *lateritischen Eisenoxydhydrate* sind unverhüttbar – die bergfrisch gestochenen »Lateritziegel« verhärten rasch zu gutem Haus- und Straßenbaumaterial. *Bauxit* – in älteren Verwitterungsdecken – wird im südlichen Malaya (wie im benachbarten indonesischen Riau-Archipel) für Aluminiumoxyd (Export nach Japan), *Kaolin* (Porzellan u. a. Industrieprodukte) aus Rückständen der Granitverwitterung im südlichen Perak gewonnen. Die *(Braun-)Kohlenvorkommen* von Selangor und der Insel Labuan (S. 84) haben mit der neuen Energiegewinnung aus Erdöl ihre Bedeutung verloren. Neu kam (seit 1975) Malaysias einziger *Kupfertagebau* in Mamut bei Ranau (am Fuße des Kinabalu in *Sabah*) hinzu: 5,6 Mio. t Roherz/Jahr, Gold und Silber als Beiprodukte.

*Erdöl und Erdgas*

Wurde die regressive Kautschukentwicklung durch die Ölpalme aufgewogen, so hatte das ressourcenreiche Malaysia auch dem Abfall seines zweiten Hauptproduktes, Zinn, einen neuen »boom« durch die *junge Erdöl- und -gasproduktion* (S. 214) entgegenzusetzen. Sie konkurriert bereits mit dem Palmöl um den *Spitzenplatz im Export.* Die früher relativ bescheidene Förderung des schon 1911 erschlossenen Miri-Feldes an der Grenze Sarawaks zu Brunei ist seit der Aufschließung der ausgedehnten *»Off-shore«-Lagerstätten* an den Küsten von *Sarawak* und *Sabah* sprunghaft gestiegen; neue untermeerische Lagerstätten, 100 bis 250 km vor der Ostküste von *Trengganu* und *Pahang* (Abb. 25), entheben Malaysia nicht nur aller Energiesorgen (CORVINUS, 1984), sondern bilden ein weiteres Ausfuhrpotential, besonders die schwefelarmen Hochqualitätsöle. Die 14 Öl- und Gasfelder *Trengganus* bringen bereits 50,3 % der malaysischen Produktion, 16 Bohrinseln waren bis 1983 in Betrieb. Der *Rohölexport* stieg in den 80er Jahren so stark, daß Indonesien und befreundete arabische Ölstaaten im Interesse der Preiserhaltung um eine Drosselung der malayischen Förderung angesucht haben; statt eines Beitritts zur OPEC zog man eine Preisangleichung vor (1984/85). Die Förderung betrug 1983 14,2 Mio. t. Die staatliche Ölgesellschaft »Petronas« wurde zur stärksten außersteuerlichen Stütze des *Staatshaushaltes. Erdölraffinerien* und -kraftwerke sowie *Erdgasverflüssigungsanlagen* fördern die moderne Industrialisierung (S. 456). Der Preisverfall auf dem Erdöl-Weltmarkt hat aber (1985/86) mindestens die Export-Erträge wieder gedrosselt.

### 3.2.1.7 Malaysia auf dem Wege zum Industrieland

Malaysias Weg vom Entwicklungsland zum »*Schwellenland*« begann mit der Rohstoffwirtschaft. Zunächst strebte seine Planung nach ergänzenden *leichten Industrien* (mit starken *Auslandsinvestitionen*), während die traditionelle, handwerkliche *Kleinindustrie*, die sich in den Zentren des Kautschuk- und Zinngürtels für den Bau und die Reparatur kleinerer Maschinerie für Bergbau und Pflanzer etabliert hatte, überwiegend in chinesischer Hand blieb.

Seit 1981 hat die Regierung Mahatir eine revolutionäre, *industrielle Wende* eingeleitet, die Malaysia zu einer der Industrienationen Asiens machen soll. Ein »Industrial Master Plan« (mit dem fünften Malaysia-Plan [1985–90] verbunden) erstrebt die Wandlung vom Export zur *Verarbeitung* eines großen Teiles der *Rohstoffe* – primär für den Binnenmarkt, wegen dessen begrenzten Umfanges aber auch für den Export – und die verstärkte Beteiligung der malayischen Volksgruppe (NEP, S. 420; KRÜGER, 1984). Ziel ist eine sozio-ökonomische und eine geographische Umstrukturierung des Landes. Sie soll eine *Bevölkerungsverlagerung* vom Land (dort Zusammenfassung zu rationelleren, weniger arbeitskraftintensiven Betrieben) in die Industriegebiete und einen Ausgleich der *regionalen Disparitäten* (mit Förderung der zurückgebliebenen und menschenarmen Gebiete der malayischen O-Küste und O-Malaysias) bringen. Das Anfangstempo wurde mit dem Steigen des *Industrieanteils* am *Bruttosozialprodukt* von 9,7 % (1984) auf 19 % (1985) gesetzt. Die alte »Hinterhof«-Industrie, die Kleinmaschinerie für Bergbau und Landwirtschaft, Schuhe und Bekleidung, Möbel, Töpferwaren und Lebensmittel, wie Palm- und Kokosölprodukte (Kochöl) produzierte und die *chinesische*, gewerbliche Basis bildete, beginnt zu stagnieren. Sie benötigt bei über 25 Beschäftigten eine Lizenz als SSI (»small scale industry«), die aber einen bestimmten malayischen Beschäftigtenanteil voraussetzt, weshalb es viele chinesische Betriebe vorziehen, darunter zu bleiben. Die *Malayen* haben andererseits Anteil mit regionalspezifischen *(Kunst-)Handwerken* (z. B. Brokatweberei, Batik, Silberschmiede), besonders an der O-Küste. Die *Aufbereitungswerke* für Kautschuk und Palmöl, Reismühlen, kleine Gießereien und Maschinenwerkstätten, Schiffs- und Eisenbahnreparaturwerkstätten und die älteren *Ölraffinerien* (Port Dickson, Lutong/Sarawak) sowie neue, wie in Trengganu, erweitern diese *industrielle Grundschicht*. Im Industriehafen *Butterworth-Prai* (gegenüber Penang) entstanden ein kleineres *Stahlwerk* (mit Holzkohle- und Elektroschmelzöfen für Fertigprodukte) und in der Nachbarschaft eine *Zinnschmelze* und eine *Zuckerfabrik*. Die Auflösung des staatlichen Verbunds mit Singapur brachte anfangs Probleme durch die Trennung zusammengehöriger *Kfz-Montagewerke,* die durch neue ersetzt wurden, und Begrenzungen des Marktes. Inzwischen sind aber in Malaysia *Montagewerke* (»Assembly Plants«) für 11 internationale Automarken herangewachsen. Für den Aufbau moderner Industrien – auch zahlreicher *Zweigwerke* europäischer, japanischer und amerikanischer Firmen – wurden Investitionsanreize *(»Pioneer Industries Act«)* wie Steuerbegünstigungen, Zollfreiheit für Rohmaterialimport, günstige Bodenpreise und Infrastruktureinrichtungen in *»Free Trade Zones«* (FTZ) gewährt, die größte in Penang, sowie in zahlreichen *»Industrial Estates«* und »Licenced Industrial Warehouses«. Bis 1982 erreichten sie 45 % des Anteils der in der Industrie Beschäftigten und 51 % der industriellen Exportproduktion des Landes, blieben aber stark von *ausländischen Investoren* (Zweigwerke, Remontage) bestimmt und relativ stark *importbezogen;* ihr Anteil an der Einstellung malayischer Arbeitskräfte ist beachtlich. Ihre *Produktion* umfaßt Textilien und Schuhe, Elektronik und Elektrotechnik, Kunststoffartikel, Batterien und Arzneimittel. Hinzu kommen Agroindustrien und Brauereien. Da erst 7 % der heimischen Kautschukproduktion im Lande weiterverarbeitet wurden, wird der Ausbau einer *Reifenindustrie* forciert; ebenso wird die *Eigenverarbeitung* von *Palmöl* und *Holz* gesteigert. Im Wettbewerb der Einzelstaaten und Städte wurde freilich so viel Gelände für *»Industrial Estates«* erschlossen, daß die Kapazität, vor allem abseits der Ballungsgebiete, erst teilweise ausgenutzt wird.

### *Die neuen Großprojekte*

Die neue Planung wendet sich dem Aufbau einer *Schwer- und Grundstoffindustrie* zu, die auf eigenen Rohstoffen basiert und zur regionalen Erschließung bisher kaum industrialisierter (überwiegend *malayisch* besiedelter) Gebiete führt, in Dimensionen, die starkes staatliches und ausländisches Kapital erfordern. Als Hauptträger wurde die staatseigene »Heavy Industries Corporation of Malaysia« (HICOM) gegründet. Sie trägt mit Mehrheitsanteilen, und dazu ausländischen Partnern, die *Neugründungen.* Zu diesen gehört das neue, mit Erdgas betriebene *Stahlwerk* in S-Trengganu (51 % HICOM, 49 % japanische Firmen), das in *Kemaman* (bei Chukai) zusammen mit einer modernen *Erdgasverflüssigungsanlage* (LNG – S. 215) in Produktion gegangen ist und einen eigenen, neuen Hafen erhielt – an einer bisher nur mit armen malayischen Fischer-Kampongs besiedelten Küste. Im April 1987 mußte es allerdings – ein typisches Problem des forcierten Industrieaufbaues – wegen Konstruktionsmängeln nochmals teilweise stillgelegt werden. Nur wenige km nördlich davon entstand der *Erdölkomplex* von *Kerteh-Paka* (bei Dungun) (zwei Raffinerien, ein Großkraftwerk, Pipeline-Endpunkt der off-shore-Felder, geplante Gasleitung nach Singapur und K. L.), gefolgt von neuer *Stadtentwicklung;* auch das Hinterland der Trengganu Tengah Entwicklungsregion (S. 446) wird damit verbunden. Werke für (Klein-) *Maschinenbau* (Motorräder, Landmaschinen usw.) sind in Kedah, Penang und der neuen Stadt *Shah Alam* (Selangor) im Aufbau; *Schwermaschinenbau* (u. a. Gießereien, auch mit deutscher und Schweizer technischer Hilfe) am Rande von *K. L.* Ein auch für ein »Schwellenland« noch ungewöhnlicher Impuls war der Aufbau eines eigenen nationalen *Automobilwerks* bei Shah Alam, das mit dem »Proton Saga« den ersten kompletten Pkw-Bau aufgenommen hat (Produktionsbeginn 1985 mit 5000 Wagen; Steigerung bis 1994 auf 120000 Wagen/Jahr geplant); es soll auch das Wachsen von Zuliefererindustrien motivieren. HICOM hält 70% der Anteile, die restlichen 30% der Mitsubishi-Konzern, der auch die Ausbildung der Arbeitskräfte, Konstruktionshilfen und die Lieferung der Motoren übernahm. Die Wirtschaftlichkeit ist – angesichts des begrenzten Binnenmarktes und der internationalen Konkurrenz, besonders der japanischen Marken – umstritten; auch die ASEAN-Vereinbarungen zur gemeinsamen Industrieentwicklung werden unterlaufen; die Regierung nimmt diese Risiken aber zur Ankurbelung des Industrialisierungsprogrammes in Kauf. Die Euphorie, die dieses »nationale Auto« ausgelöst hat (das etwa DM 3000,– billiger verkauft wird als ausländische Wagen) war erheblich; 1986/87 wurden je rd. 20000 im Inland abgesetzt. Die allgemeine wirtschaftliche Rezession hat aber auch die anfängliche Nachfrage gedämpft, und das Werk ist um Ausgleich durch Ausbau des Exports (auch in die USA) bemüht (FEER, 1987).

Die hohe *Baukonjunktur* durch Industrieentwicklung und Urbanisierung ließ große Zementwerke entstehen, für die reichliche Kalkvorkommen verfügbar sind.

Das Streben nach örtlicher *Eigenverarbeitung* der Ressourcen und gleichmäßigerer *regionaler Entwicklung* ließ die rapide Industrialisierung auch vor dem bisher »weltfernen« *O-Malaysia* nicht haltmachen. So entstand an der Küste Borneos der Hafen- und Industrieausbau von *Bintulu* (Sarawak), wo die größte *Gasverflüssigungsanlage* der Welt die Produktion aufgenommen hat; Düngemittel, Methanol und andere *petrochemische Erzeugnisse* folgen. Weitere Werke sind auch auf *Labuan* im Bau.

Mit einem so schnellen und massiven Industrieaufbau entstehen natürlich vielfältige *ökologische* und *soziale Probleme* (z. B. Pollution, Landkonflikte – wie bei der Umsiedlung von Iban zugunsten eines hydroelektrischen Staudammes im Hinterland von Bintulu [E. SCHMIDT, 1984] – vorübergehende Slum-Siedlungen in den Baugebieten usw.). Erste Ansätze, solche Defekte auszugleichen oder zu vermindern, werden erkennbar; es erheben sich auch Stimmen, die vor einer *forcierten Entwicklung* warnen. Starke internationale Konkurrenz, auch der asiatischen *Nachbarländer,* und hohe *ausländische Investitionen,* die bei Krisen zu Betriebseinschränkungen oder -aufgaben führen können, lassen die zu schnell expandierenden Industrieausbauten z. T. als anfällig erscheinen, wie etwa die überbesetzte Elektronikbranche. Sorgen bereitet auch die Bereitstellung ausreichender und *qualifizierter Arbeitskräfte;* das förderte erhebliche – z. T. illegale – *Gastarbeiterzuwanderungen,* nicht nur aus Indonesien, es kamen auch Flüchtlinge aus Vietnam und Kambodscha, Philippinos, Thai, Burmesen usw. Beim ethnischen Pluralismus ist dies ein heikles Problem. Das starke japanische Engagement weist die Industrialisierung als Teil der neuen *»Look East Politik«* aus, die das wirtschaftliche Vorbild und die Investitionen stärker in *Japan* und Südkorea, als bei den traditionellen, besonders den britischen, Partnern sucht.

Der *internationale Handel,* z. B. mit den EG-Ländern, den ASEAN-Partnern – gegenüber denen aber auch Probleme konkurrierender *Parallelproduktion* entstehen – und jetzt auch mit der Sowjetunion und der VR China (beide besonders als Kautschukabnehmer) wird zügig ausgebaut. Als verläßlich zurückzahlender Schuldner hatte Malaysia kaum Probleme, *ausländische Kredite,* Weltbankhilfen usw. zu erhalten. Die eigenen Banken sind leistungsfähig, mußten aber jüngst einige Finanzskandale verkraften.

Die *Industrieprodukte* sollen von 27,5 % am *Exportaufkommen* (1980) bis 1990 auf 41 % gesteigert werden, und die alte Struktur als »Rohstoffland« soll der eines modernen Industrielandes, mit einer rationellen, auf Exportgüter gerichteten Agrarproduktion, weichen. Die weltwirtschaftliche Rezession von 1985/86 hat mit dem starken Preisverfall für Malaysias wichtigste Güter, voran Erdöl, Kautschuk, Zinn und Palmöl, aber schon empfindliche Rückschläge für die Exportwirtschaft und mit ihr für die Staatsfinanzen gebracht, die das rapide Wachstum erheblich drosseln könnten.

Die rasche Entwicklung wird durch ein leistungsfähiges *Straßennetz* gestützt, mit z. T. autobahnartigen Schnellstraßen und verstärktem Ausbau der W–O-Verbindungen (S. 427) in W-, und neuerdings auch mit durchgehenden *Fernstraßen* in O-Malaysia. Ein Höhepunkt der modernen *Verkehrserschließung* wurde 1985 mit der Eröffnung der 13,5 km langen *Brücke* vom Festland zur Insel *Penang* gefeiert (längste Brücke Asiens; mit Durchfahrtsmöglichkeit für die Seeschiffahrt), deren Bau – politisch gezielt – südkoreanischen Firmen übertragen worden war. Die hohe *Kraftfahrzeugdichte* (1980 in W-Malaysia 2,2 Mio. Kfz, auch in O-Malaysia rasch steigend) belief sich 1980 für ganz Malaysia auf 170 pro 1000 EW. Die *»Klang Valley Conurbation«* leidet, trotz guter Schnellstraßen, in den Stoßzeiten bereits unter starken Verkehrsstaus (58 % der Haushalte von K. L. hatten 1980 ein Auto, dazu 8 % Zweitwagen; 11,7 EW pro Kfz), der Bau eines S-Bahnnetzes (vgl. Manila) wird in der Planung diskutiert.
Neben K. L. und dem großen (Luft-)Verkehrsaufkommen Singapurs sind auch Penang und Kota Kinabalu in den *internationalen Luftverkehr* einbezogen, Kuantan soll als künftiges Verkehrszentrum der O-Küste folgen; das Inlandsflugnetz (auch nach O-Malaysia) ist gut entwickelt.
Die *Schiffahrt* wurde mit mehreren modernisierten oder völlig *neuen (Container-)Häfen* (S. 426) und einer eigenen Handels- und Tankerflotte verbessert – freilich auch ein herausragendes Beispiel für die Konkurrenzsituation anstelle der vereinbarten Zusammenarbeit in der ASEAN-Gemeinschaft! (S. 16).
Einwandfreie *Wasserversorgung* (mit Hochbehältern, modernen Brunnen usw.), Abwasserwirtschaft und *Elektrifizierung* wurden z. T. schon bis in abseitige, ländliche Gebiete gebracht; bis 1980 waren im westlichen Tiefland 60–90 % der Haushalte elektrisch versorgt (nur in Kelantan lag die Anschlußrate noch unter 50 %), wodurch auch der hohe Holzkohlebedarf der Haushalte (Übernutzung der Holzressourcen) gemindert wird. Der rasch steigende *Strombedarf* wird zu 95 % aus *Erdölprodukten* gedeckt, beträchtlicher Ausbau der *hydroelektrischen* Kraftgewinnung ist in W- (z. B. Cameron Highlands) wie O-Malaysia im Gange; *Sarawak* hat dafür das größte Potential, das allerdings erst durch den Bau untermeerischer Verbundleitungen nach W-Malaysia voll genutzt werden könnte (CORVINUS, 1984).
Der *Tourismus* (MARR, 1982) hat sich durch organisierte und individuelle Fernreisen wie durch Einheimische (auch starkes Anwachsen von Bus- und Reiseunternehmen usw.) schnell entwickelt; die Zahl der

Touristen stieg von 0,5 Mio. 1970 auf 2 Mio. 1980, d. h. fast ¼ aller Touristen in den ASEAN-Staaten. Der *Naherholungsverkehr* aus Singapur bringt besonders für S-Johor den Ausbau von Seebädern mit Hotels, Bungalow-Siedlungen, Golfplätzen usw. (»KEJORA« – S. 446). Aus Singapur kommen 35 %, vom nördlichen Nachbarn Thailand 19 % der Besucher; Europa folgt mit 10,4 %, Japan mit 7,8 % und Australien/Neuseeland mit 6,2 %.

Urbanisierung und Motorisierung ließen auch den *landeseigenen Erholungsverkehr* rasch wachsen, für den auch die (wegen der Mangrove-Sümpfe) an sich weniger günstige, aber den Ballungsgebieten nahe *W-Küste* mit umfänglichen Hotel- und Appartmentsiedlungen (Malacca–Port Dickson, Dindings [Insel Pangkor] usw.) ausgebaut wird.

An der, noch vor zwei Jahrzehnten kaum berührten, von malerischen tropischen Stränden und Felskaps gesäumten *O-Küste* entstanden in *Pahang* und *Trengganu* internationale Hotels und Bungalowsiedlungen; die neue Industrieentwicklung wird dort die Naherholungsfrequenz steigern, bringt aber auch Pollutionsprobleme. Diese treffen im W auch *Penang* mit seinen bisher vor allem von *Ferntouristen besuchten Stränden,* die bereits unter dichter Hotel- und Appartmenthausbebauung (»Condominien«) leiden; die *Langkawi-Inseln* im NW sind dagegen weniger berührt.

Während der *Nationalpark* im Landesinneren schwieriger erreichbar bleibt, werden die durch Straßen erschlossenen *»Hill Stations«* stark frequentiert, die mondäne neue Hotelstadt der »Genting Highlands« unweit K. L., ebenso wie die traditionellen Cameron Highlands oder Frazer's Hill, Penang Hill (Standseilbahn) oder die jung erschlossene Landmarke des Kedah-Peak (Gunung Jarai). Mit wachsender *Hotel-Kapazität* entstanden nicht nur in den Großstädten und Touristengebieten, sondern auch in kleineren Zentren Unterkunftsmöglichkeiten; die Zahl der Hotelangestellten stieg von 5200 (1970) auf rd. 23000 (1985).

*Sarawak* und *Sabah* erreichen erst etwa 10 % des Touristenaufkommens, organisierte »Abenteuer«-Fernreisen (Dayak-Folklore, Langhäuser, Urwaldflüsse, Besteigungen des Kinabalu usw.) lassen jetzt aber die Touristenzahl dort ebenso rasch steigen wie zunehmender Besucherverkehr aus W-Malaysia und Singapur.

#### 3.2.1.8 Die Urbanisierung Malaysias

Abgesehen von versunkenen Gründungen des Sri Vijaya-Reiches (S. 79), wie das sagenhafte »Kedah«, ist Malacca die einzige *einheimische,* historische (Hafen-)*Stadt* Malayas – deshalb tragen die Halbinsel und die Meeresstraße ihren Namen. Die *Sultans-Sitze* hatten ländlichen Charakter und bestanden gewöhnlich nur aus »Istana« (Palast – ursprünglich ein Holzbau auf Pfählen, etwas größer als die Bauernhäuser) und einer (Hafen-)Siedlung. *Malacca (Melaka)* ist wohl im späten 14. Jh. durch hindu-javanische Emigranten im Vakuum zwischen dem Thai-Reich Ayuthias und Majapahit (S. 79f.) als Fürstensitz entstanden. Es wurde von einer Ming-Flotte angelaufen, die Stützpunkte im »Nan Yang« (der südlichen See) suchte; chinesische und arabische Händler ließen sich nieder. Vor 1414 konvertierte es zum Islam (der schon in N-Sumatra Fuß gefaßt hatte), wuchs zur islamischen Vormacht im insularen SO-Asien (D. KÜHNE, 1970) und leitete den Sturz des Majapahit-Reiches ein; 1446–88 ging von dort die *Islamisierung* Malayas, großer Teile Indonesiens und Bruneis aus. 1511 fiel es der *portugiesischen* und 1641 der *holländischen* Seemacht anheim. Unter den Portugiesen soll es viele fremde Kaufleute und »eurasische« Mischlinge beherbergt haben, von denen noch eine katholische Restgruppe überlebt. Unter dem holländischen Handelsmonopol sank es auf 4886 EW herab, darunter nur 185 »burghers«; »Stadthuis« und »Heerenstraat« prägen noch heute den Kern einer der ältesten Kolonialstädte Asiens. Unter der *britischen* Herrschaft ab 1829 wurde es von den neugegründeten Freihandelshäfen *Penang* (1786) (S. 84) und *Singapur* (1819) überflügelt und Teil der *»Straits Settlements«* (S. 471), der Keimzelle der Fusion der Malayenstaaten unter britischer Kontrolle. Das gemischte portugiesisch-holländisch-britische Erbe, neben frühen chinesischen Tempeln, Wohn-/Geschäftshausreihen und arabisch/malayischen Moscheen, unterscheidet Malacca von den beiden rein britischen – in ihren Bauten georgianischen und viktorianischen – Kolonialstädten und von allen jüngeren Stadtgründungen.

Die Zahlen für *1833* (NEWBOLD, 1839) lassen die Bedeutung der *britischen Stadtstützpunkte* für die Entwicklung Malayas erkennen:

| | | | |
|---|---|---|---|
| **Penang** (einschließlich Provinz Wellesley): | 86275 EW | 780 km² | 110,6 EW/km² |
| **Singapur:** | 20978 EW | 710 km² | 29,5 EW/km² |
| **Malacca:** | 33129 EW | 2588 km² | 12,8 EW/km² |
| **Straits Settlements zusammen:** | 140382 EW | 4078 km² | |

Demgegenüber hatten die *damaligen Malayenstaaten zusammen* nur 250830 EW, 127228 km² Fläche und nur 2,0 EW/km².

Dort entstanden erst mit dem *Bergbau* Versorgungs-, Brücken-, Eisenbahn- und Straßenkreuzungsorte, darunter *K. L.* (1857), *Ipoh, Seremban* u. a. aus Bergarbeiterlagern. Mit ihrer Bindung an Zinnbergbau und Kautschuk beschränkte sich dieses Netz der jungen Neugründungen auf das *westliche Tiefland.*

An der *O-Küste* – und ähnlich in *Sabah* und *Sarawak* – wuchsen erst langsam einige Häfen mit Sultanatssitzen als halbstädtische Zentren; lediglich *Kuching* (Sarawak) mit der »Istana« eines weißen Raja, kann mit einigen historischen Bauten noch den alt-kolonialen Stadtgründungen zugeordnet werden.
Aus der Verbindung repräsentativer Bauten der Kolonialverwaltung, der Handels- und Bankhäuser und der chinesischen Wohn-/Geschäfts- und Handwerksviertel wuchsen später die *modernen Stadtzentren* heran.
1980 hatte W-Malaysia bereits 35% *städtische Bevölkerung* erreicht (jährliches Wachstum 6,7%), ca. 2/3 davon lebte im W-Küsten-Tiefland. *K. L.* (1957 erst 315200 EW) zählte 1967 schon 677500 EW und ist (1980) zu einer *»Metropolitan Area«* (eigenes Bundesterritorium) von 1,2 Mio. EW herangewachsen. Von den alten Bergbausiedlungen am Gebirgsfuß bis zu Selangors neuem Sultans-Sitz *Shah Alam* und dem Hafen *Port Klang* (früher Port Swettenham) wuchs es darüber hinaus mit älteren Vororten und mehreren *»New Towns«* zur 45 km langen Planungsregion der *»Klang Valley Conurbation«* zusammen (rd. 1,7 Mio. EW; für 1990 auf 2–2,5 Mio. EW geschätzt), einschließlich der ersten Neugründung einer Satellitenstadt, *Petaling Jaya.*
Um das alte Zentrum der teils »orientalisch«, teils »alt-englisch« erbauten, kolonialen Verwaltung und der Chinatown wächst K. L. als moderne Metropole mit (meist eleganten) Wolkenkratzern und Repräsentativbauten (Parlament, Nationalmoschee, Ministerien, Banken, Hotels, Nationalmuseum usw.), z. T. urban gedrängt, z. T. aufgelockert zwischen Grünanlagen oder in hügeligem, früherem Plantagen- und Zinnminengelände, das eine akzentreiche Gliederung erlaubt. Aus historischen Gründen ist K. L. aber nicht die allein überragende »primate city« (S. 204), wie Bangkok oder Manila, da bis zur Unabhängigkeit Singapur die ökonomische Metropole der ganzen Halbinsel war und zum anderen die *föderalistische Staatsform* weitere *regionale Zentren* heranwachsen ließ: *Penang* (mit Georgetown: 250000, als Conurbation [mit Butterworth usw.] aber weitaus größer), *Ipoh* 300000, *Johor Bahru* 250000, *Melaka* 100000 EW (Zahlen 1978, nach Statist. BA, 1982); inzwischen sind aber alle rasch weiter gewachsen, Kuala Trengganu z. B. auf 187000 (Z. 1980), auch *Seremban* nähert sich der Großstadtschwelle. Die Hafenstädte der *O-Küste: Kota Bahru, Trengganu* und *Kuantan* waren zurückgeblieben, durch die jetzt forcierte Regionalentwicklung (Industrie, Erdöl, Häfen, Straßen, Neusiedlung) holen sie allerdings rasch auf. *Kuching* und *Kota Kinabalu* (Jesselton) sind als Hauptstädte von Sarawak und Sabah von 51000 bzw. 22000 (1957) auf je über 100000 EW (1981) gewachsen;

*Sibu* (mit starker chinesischer Handels- und Agrarwirtschaft) und der neue Industriestandort *Bintulu* (S. 429 u. 457) schließen in Sarawak, der Holzexporthafen *Sandakan* an der O-Küste Sabahs, rasch auf.
Das Anwachsen der *»städtischen Bevölkerung«* verband sich bereits von 1960–1970 mit dem Wachstum der Beschäftigten in Verwaltung und *öffentlichen Diensten* um 99%, der Kommunaldienste (Elektrizität, Wasser, Entsorgung) um 64%, der privaten Dienstleistungen um 56% und von *Industrie* und *produzierendem Gewerbe* um 52% (KÜHNE, 1980); seither ist der »sekundäre« und »tertiäre« Bevölkerungsanteil noch schneller gewachsen.
Weitere geplante Städte, *»New Towns«*, sind in verschiedenen Landesteilen, Entwicklungsregionen und an neuen Industriestandorten im Aufbau. Auch *städtebaulich* sind die regionalen Zentren über die früheren Zeilen chinesischer »shop-houses« hinausgewachsen und wetteifern mit aufwendigen *Repräsentativ- und Hochbauten.* Jüngster »Kulminationspunkt« ist ein 67stöckiger Turmbau in der Altstadt von George Town (Penang). Interessante Lösungen bieten die vielfältigen Ansätze, die moderne Architektur mit Stilelementen malayischer Haustypen und islamischer Motive zu verbinden, so daß eine regionalspezifische Differenzierung einer monotonen Modernisierung entgegenwirkt.
Außer den Zentren wächst die Verstädterung auch mit großflächigen, *modernen Wohnsiedlungen,* meist in sich einheitlich, aber insgesamt abwechslungsreich und farbenfreudig gebauten »housing estates« (Reihenhäuser und Bungalows), teils von privaten Bauträgern und Gesellschaften, teils im staatlichen, *sozialen Wohnungsbau* (»low-cost housing schemes«). Die letzteren, die auch die städtischen Slum- oder »squatter«-Viertel, die mit der schnellen Zuwanderung in K. L. auf 24% der Bevölkerung angestiegen sind, ablösen sollen, fördern die rasche Eingliederung zuwandernder »Bumiputera« und werden zudem zur Unterbringung neuer Beschäftigter in Industrie oder Plantagen auf dem Lande erstellt; die Infrastruktureinrichtungen werden simultan oder schon vor der Bebauung geschaffen. Während die Wohnraumnachfrage am Rande der Großstädte erheblich ist, mangelt es andernorts manchen (z. T. auch relativ teuren) »housing schemes« an Käufern oder Mietern, da vielfach zu schnell ausgebaut wurde. Mit der Industrialisierung und Expansion der öffentlichen Dienste wird die traditionelle *Bevölkerungsverteilung* einschneidend umstrukturiert, denn das sprunghafte Ansteigen der »urbanen« Bevölkerung rekrutiert sich – gefördert von der »Bumiputera«-Politik – aus steigender *malayischer Land-Stadtwanderung.* Mit dieser (durch vorgeschriebene Arbeitsplatzanteile in den Betrieben, dem Vorrang in allen

öffentlichen Diensten und im Bildungswesen) planmäßig geförderten »*Verstädterung*«, besonders der jüngeren Generationen der *Malayen, Dayak* usw. wird das Stereotyp einer überwiegend ländlichen malayischen gegenüber einer überwiegend urbanen chinesischen (und z. T. indischen) Bevölkerung bzw. Siedlungs- und Lebensweise stark verändert. Noch besteht zwar das Übergewicht der *chinesischen* (Innen-) Stadtbevölkerungen, aber der Anteil *malayischer* »Städter« nimmt sprunghaft zu – nicht zuletzt in den neuen Stadtvierteln und »New Towns«. Das gewohnte Bild des »Kampung Bahru«, der auch in den Städten halbländlich gebliebenen Malayenviertel, ist im Schwinden; dieser Lebensweise entsprechen die modernen Wohnsiedlungen (auch hygienisch) aber besser als die Enge der Altstädte.

### 3.2.1.9 Bildungswesen, Sprache, Religion und ihre politische Bedeutung

Malaysias Entwicklungspolitik umfaßt einen starken Ausbau des Bildungswesens. 26 Pädagogische Hochschulen, zahlreiche *höhere und Volksschulen* entstanden, auch in entlegenen Landesteilen. Aus verstreuten Dörfern werden die Kinder in Schulbussen zu Schulzentren gebracht, um auch den ländlichen Malayen das Aufholen gegenüber dem Bildungsstand anderer Volksgruppen zu erleichtern; 1980 wurde eine Einschulungsquote von 91 % erreicht. Früher waren rd. 70 % aller *Universitätsstudenten* nicht-malayischer Herkunft, in Schlüsselfächern für die Entwicklung, wie Technik und Medizin, fast 90 %. Heute bilden dagegen ca. 58 % der Studentenschaft (noch nicht dagegen der akademischen Lehrer) bereits junge Malayen. Zur *University of Malaya* in K. L. kamen zunächst jüngere Gründungen in *Penang,* eine technische und der Ausbau einer landwirtschaftlichen Hochschule (aus der Agrarversuchsanstalt *Serdang*). Während diese zunächst auf Englisch unterrichteten, ist heute die *Bahasa Malayu* (auch für chinesische und indische Dozenten) verbindliche *Unterrichtssprache* in den Schulen und Hochschulen; nur noch Grundschulen blieben auch mit Chinesisch oder Tamilisch erhalten. Eingeleitet wurde diese Wandlung – zugunsten der nationalen Identität, aber mit gewisser Abkopplung von der internationalen englischen Wissenschaftssprache und -literatur und wegen geringerer Englischkenntnisse der jüngeren Generation – durch die malayischsprachige Nationaluniversität (Universiti Kebangsaan), die, anfänglich in K. L., jetzt in die »New Town« *Bangi* (im südlichen Selangor) verlagert wurde. Damit begann eine planmäßige *Dezentralisation* universitärer Einrichtungen: die Verle-

gung der Technischen Universität von K. L. nach *Johor,* Neugründung einer N-Universität in *Kedah* (1984) und von Tochter-Colleges (der Landwirtschaftsuniversität in *Sarawak,* für Medizin in *Kota Bahru)* sowie fünf »Polytechnics« (technische *Fachhochschulen)* u. a. in Ipoh, Kuantan und Port Dickson. Politisch motiviert ist die Gründung einer (internationalen) *Islam-Universität* (1983), die ihren Campus bei Bentong im jung erschlossenen Inneren von Pahang erhält. Pläne für eine privat finanzierte chinesische Universität wurden dagegen auf ein »Tunku Abdul Rahman-College« begrenzt. Von den Studenten im Ausland nahm *Großbitannien* – im Rahmen des Commonwealth – *bisher* den größten Teil auf. Die zur Entlastung des britischen Staatshaushalts 1980 erfolgte Erhöhung der Studiengebühr für Ausländer war einer der Anlässe zur Verkündung der neuen *»Look East«-Politik,* die, außer verstärkten Auslandsstudien an japanischen Universitäten, die politische und ökonomische *Blickrichtung Malaysias* von den alten britischen Verbindungen *stärker auf Asien* lenken soll.
*Englisch* blieb bis 1967 zweite Amtssprache; mit den größeren Zeitungen, im Geschäftsleben usw. ist es noch immer verbreitet. Unter sich – in Firmenaufschriften, Zeitungen usw. – sprechen die *Chinesen* und *Inder* weiter ihre Sprachen; nach anfänglichem Zögern begreifen sie aber, daß sie zur Behauptung im öffentlichen Leben die *Bahasa Malayu* beherrschen müssen. Mit deren Konsolidierung als Staatssprache wurde (wie in Indonesien) die *lateinische Schrift* anstelle der früher arabischen Schreibung (Koran) eingeführt. Mit der gegenwärtigen Reaktivierung des *Islam* erfährt die *arabische Schrift* allerdings eine zielstrebige Renaissance. Auch die früher sehr viel liberalere Haltung gegenüber religiösen Normen, Kleidungsvorschriften für Frauen u. ä., die sich dem feucht-heißen Klima, aber auch der ungezwungeneren gesellschaftlichen Ordnung SO-Asiens angepaßt hatten, sind wieder rigoroser geworden, am deutlichsten unter der akademischen Jugend. Das mögen Schutzreaktionen der aus ihren Dorfgemeinschaften zum Studium gedrängten und in der modernen, mehrvölkischen Großstadt zunächst hilflosen Jugendlichen sein. Sie offenbaren aber auch eine diffizile politische Situation, da der *Islam* einerseits zur Stärkung der *malayischen* Positionen mobilisiert wird (z. B. durch Betonung des Prestiges der Sultane, obwohl die Regierung intern mit diesen um Machtpositionen ringt, oder durch zahlreiche und aufwendige Moschee-Neubauten), andererseits aber gerade eine fundamentalistische »Pan-Malayische Islam-Partei« (PAS) die schärfste *Opposition* gegen die – notwendige und sinnvolle – säkulare, mehrvölkische *Regierungskoalition* bildet. Manche Zugeständnisse hinsichtlich der »Islamisierung« sollen dieser den Wind aus den Segeln nehmen, sie gebärdet sich

aber in den letzten Jahren immer radikaler. Ihre Funktionäre, die sich nach der (oft von außen finanzierten) »Haj« nach Mekka als religiöse Lehrer gerieren, fanatisieren die Jugend – in den Dörfern wie unter den Akademikern, wobei aus »westlichen« Ländern zurückkehrende Studenten kaum weniger radikal sind als solche, die in Kairo, Libyen usw. studiert haben. Extremisten haben bereits zum »jihad«, zum »heiligen Krieg« gegen die Regierungsmehrheit aufgerufen, und der tagelange Kampf eines von einem religiösen Lehrer fanatisierten Dorfes in Kedah gegen die malayische Polizei forderte im Herbst 1985 18 Todesopfer. Malayische Studentinnen, die sich in den – früher ausgesprochen liberalen – Universitäten nicht den strengen Kleidungsvorschriften (eine nur einen kleinen Gesichtsausschnitt freilassende Kopftracht und knöchellange Kleider) fügen, werden bedroht. Heute fürchtet man die weitere fundamentalistisch-islamische Eskalation bereits mehr als die alten Rassenkonflikte oder die – nur noch in Resten vorhandenen – kommunistischen Dschungelpartisanen. Die malayische Regierungsmehrheit muß in den Konflikten um die Modernisierung und den raschen Wirtschaftsaufbau Rücksichten auf die knappe *Hälfte* der *nicht-malayisch/muslimischen*, anderen Religionen angehörenden Bevölkerung (Chinesen, Inder, Christen und Stammesreligionen der Dayak-Völker O-Malaysias) nehmen und gegenüber den Forderungen der Fanatiker nach einem »islamischen Staat« vorsichtig lavieren.
Dennoch lassen insgesamt reiche Ressourcen, ein bis in das 19. Jh. noch weitgehend unberührtes Land mit *geringem Bevölkerungsdruck*, der rasche Start der *wirtschaftlichen Entwicklung*, die multi-ethnische Bevölkerung und eine dynamische, risikofreudige und rasch auf Weltmarktänderungen reagierende Wirtschaftspolitik Malaysia fast als ein Stück »Neue Welt« inmitten der alten Kulturen Asiens erscheinen. Es liegt *ökonomisch* und *infrastrukturell* mit einem der höchsten Pro-Kopf-Einkommen Asiens so *weit vorn*, daß es bereits als *»Schwellenland«* gilt. Seine ökonomischen Zukunftsaussichten sind günstig; die Dauerhaftigkeit des Zusammenlebens seiner verschiedenen Rassen und Religionen – unter dem prononcierten Führungsanspruch der Malayen und des Islam – wird aber die Schlüsselfrage seiner Prosperität und einer gesicherten Zukunft bleiben.

### 3.2.2 Brunei

Mit 5765 km$^2$ und 212000 EW (S. 1984) (zum Vergleich: reichlich die Hälfte der EW-Zahl und das Doppelte der Fläche Luxemburgs) hat das Sultanat Brunei als *britisches Protektorat* (seit 1888) und als *klein-*

*stes,* aber *reichstes* Land der Region alle staatlichen Wandlungen in SO-Asien überlebt. 1963 war sein Eintritt in die Föderation von Malaysia vorgesehen. Differenzen um die Einordnung seines alten Sultans-Hauses unter das junge malaysische »Wahlkönigtum« boten aber eine Ausflucht für den Rücktritt von dieser Vereinigung, der erhebliche Einkünfte aus der Erdölförderung in die Bundeskassen von K. L. gelenkt hätte, während das unabhängige Brunei – ähnlich den »Öl-Scheichtümern« am Persischen Golf – sich des *höchsten Pro-Kopf-Einkommens* SO-Asiens (1977: US-$ 9400; 1983 [nach FEER sogar 22000] – vgl. dagegen Laos: US-$ 90) erfreuen kann. So blieb ausgerechnet der kulturell am stärksten malayisch geprägte und islamische Teilstaat N-Borneos außerhalb der malayischen Föderation.

Erst auf britisches Drängen – nicht auf eigenen Wunsch – wurde es am 31.12.1983 *unabhängig*. Nach der Ausräumung der Differenzen mit Malaysia und Indonesien ist es nun als sechstes Mitglied in die *ASEAN-Gemeinschaft* (S. 16) integriert worden, was seine Sicherheit und die Partnerschaft im größeren Wirtschaftsverband garantiert. Die Beziehungen zu *Singapur* – obwohl 1300 km über See entfernt, praktisch der obere »zentrale Ort« für Brunei – waren immer eng; dort hat das Sultanat erhebliches Kapital angelegt und Singapur- und Brunei-Dollar sind 1:1 frei konvertierbar. Als militärischer Schirm wurden die »Royal Brunei Armed Forces« auf das modernste bewaffnet. Hinzu kommt das – Großbritannien mit dem Druckmittel des Abzuges größerer Kapitalanlagen abgerungene – Verbleiben eines britischen Gurkha-Bataillons und die zusätzliche Aufstellung einer die Leibgarde des Sultans bildenden eigenen Truppe aus pensionierten Gurkha-Soldaten. Eine weitere militärische Komponente ist ein Übungsgelände für Dschungelkampf für Truppen Singapurs. Dieses ist politisch von Gewicht, da z. B. 1962 die gefährlichste Staatskrise Bruneis durch britische Truppen, die aus Singapur eingeflogen wurden, bereinigt wurde. Damals hatte eine Volkspartei die letzten dort stattgefundenen Wahlen mit 98 % gewonnen und, da sich der Sultan ihrer Forderung nach Unabhängigkeit mit dem Ziel einer N-Borneo-Föderation mit Sarawak und Sabah (statt deren Eingliederung in Malaysia) widersetzte, einen Aufstand ausgelöst. Das beleuchtet die einst oft gespannten Beziehungen zu den großen Nachbarn Malaysia und Indonesien, die beide einmal auf Bruneis Reichtum reflektierten, während sie heute die Verstärkung des ökonomischen Gewichts und der malayischen Kultur in der ASEAN begrüßen; *Singapur* ist schon lange der sicherste Handels- und Verkehrspartner Bruneis.

Brunei wurde zur Angleichung an die *malayischen Staatssprachen* (Bahasa Indonesia bzw. Malayu – S. 101) eingeladen. Wie lange die absolute Herrschaft des Sultans angesichts der wachsenden Zahl der vom Studium in westlichen Demokratien heimkehrenden, jungen Intelligenz und der – besonders durch Radio und Fernsehen – laufend beobachteten Parteiendemokratie im benachbarten Sarawak und Sabah erhalten bleiben kann, ist eine Zukunftsfrage. Andererseits ist die feudalistische Herrschaft für die Einheimischen im reichen *Wohlfahrtsstaat* (völlige Steuerfreiheit, kostenloses [Auslands-]Studium und medizinische und Altersversorgung, beste Infrastrukturausstattung) und die Förderung des *Islam* (einschließlich staatlicher Zuschüsse für Mekka-Pilger) recht erträglich; problematischer ist sie für das Viertel (nach offiziellen Zahlen 30%) der *chinesischen* Mitbewohner. Obwohl Träger von Handel und Gewerbe und schon zwei bis drei Generationen im Lande, blieb ihnen die Staatsbürgerschaft (einschließlich des Rechts auf Grunderwerb) versagt; ihr neuer Status ist der von quasi-»Staatenlosen«, während sie bisher britische »Brunei-Pässe« hatten. 53% der Bevölkerung sind Jugendliche (jährliches Bevölkerungswachstum: 2,8%); die Analphabetenzahl sank unter 30%. Bruneis Staatsgebiet – etwa 500 km nördlich des Äquators – besteht nur noch aus zwei getrennten, um die gleichnamige Bucht gelagerten Landesteilen, zwischen die sich der Keil des Limbang-Distrikts von *Sarawak* schiebt, während das Territorium dieses malaysischen Bundeslandes landwärts ganz Brunei umschließt. Versuche, das erst 1890 abgetretene Limbang zurückzuerwerben, sind angesichts der Erdölschätze des Küsten- und Schelfbereiches schwierig geworden. Das Schrumpfen auf das engere Hinterland der alten Hafen- und Sultansstadt Brunei – heute *Bandar Seri Begawan* genannt – und die sich westlich davon bis zu den *jungen Erdölstädten* Kuala Belait und Seria nach W erstreckende (insgesamt ca. 120 km) lange Küste sowie den durch den »Limbang-Zipfel« abgetrennten menschenarmen Dschungeldistrikt *Temburong* ist das Endstadium eines bei chronischer Geldnot früherer Sultane (der heutige ist der 29.) nach und nach an die jungen Nachbarn Sarawak (besonders dessen »weißen Rajah« James Brooke, S. 414) und das heutige Sabah *verkauften* Territoriums. Im 16. Jh. beherrschte Brunei große Teile Borneos und der umgebenden Meere und Inseln bis zu den südlichen Philippinen (der Name »Borneo« wurde durch die Portugiesen aus Brunei entstellt). Bis 1929 trauerte das verarmte Sultanat mit ein wenig Kautschukproduktion, agrarischer Selbstversorgung und Fischerei – mit ca. 30000 EW – seinem einstigen Glanz nach. Aber ausgerechnet auf seinem kleinen Restterritorium wurde 1929 die Quelle des unerwarteten Reichtums – *das Erdöl* – entdeckt und seine Förderung entwickelt. Das kehrte den Niedergang um und leitete die heutige, großzügige Entwicklung ein, die den Sultanen (mit dem Titel »Bewahrer des Islam«) auch die Erneuerung der seit dem Fall Malaccas (1511) ausgeübten Führungsrolle im *Islam* der östlichen Inselwelt ermöglichte (deshalb der neue offizielle Staatsname: »Brunei Darussalam« – d. h. »Heimstatt des Friedens« [arabisch – Koran!]). Das wurde auch im Bau einer prunkvollen Moschee und eines mit heimischen Stilelementen gestalteten, modernen und überdimensionierten Neubaues eines »Department of Religious Affairs« manifestiert. Seine *historische* Bedeutung verdankte Brunei dem *Seehandel* (Beziehungen zu China schon in der Han-Periode). Dieser wurde von den zahlreichen »Prahus« der malayischen Seevölker – besonders der »Bajau Laut« – getragen, deren Überwechseln unter die Herrschaft des konkurrierenden Sultanats von Sulu, neben *Piraterie,* Revolten und dem wachsenden Einfluß der europäischen Kolonialmächte, schließlich Bruneis Handel schrumpfen ließ. Mit dem Ausbau von *Muara* als neuem *Hochseehafen* – in das Innere der Bucht bis zur Stadt können nur kleinere Schiffe einfahren – wird versucht, die Stellung im Seeverkehr neu zu beleben. Der *Flugplatz* wurde als internationaler Großflughafen und dazu eine eigene »Royal Air Brunei« ausgebaut; im Lande selbst werden vor allem Hubschrauber verwendet (neben *Flußverkehr* und einem rasch ausgebauten *Straßennetz*).

Ca. 55 % der Bevölkerung sind *Mohammedaner* und gelten als *malayisch,* obwohl dazu auch islamisierte Gruppen der heimischen, »proto-malayischen« Völker, darunter die »Bruneis« selbst, gehören; 16 % sind noch Stammesangehörige (Kedayan, Kadazan, Murut, Iban), so daß die *»Einheimischen«* zusammen 71,8 % (1971; 1921 noch 94,1 %) bilden. Ihnen standen ca. 23–30 % *Chinesen* und 4–5 % *Ausländer* (1971) gegenüber (besonders Europäer, Japaner, Inder) und die Nepali der Gurkha-Truppen. Die Einheimischen bevorzugen Staatsdienst, Verwaltung usw. – der extrem große *»tertiäre Sektor«* von 55–60 % wird hier also nicht nur von chinesischen Händlern und Dienstleistungen gestellt, da das hochentwickelte Bildungswesen reichlich qualifizierte Kräfte für gut dotierte und wenig anstrengende Posten auf dem Arbeitsmarkt bringt. Handarbeit oder Landwirtschaft sind – für die heute schon zu rd. 65 % *verstädterte* Bevölkerung – wenig attraktiv. Die rasante Entwicklung von Erdöl- und Erdgasgewinnung (s. u.) hat eine enorme *Bautätigkeit* für Förderungs- und Verarbeitungsanlagen, aber auch einen luxuriösen riesigen Sultanspalast, neue Ministerien, Hotels, »New Towns« für den Bevölkerungsüberschuß der alten »Wasserstadt« (s. u.), moderne Kliniken usw. ausgelöst. Dabei sind die Mieten für die Häuser der fremden Experten gestiegen und der Ausländeranteil ist auf mehr als 1/4 der Einwohnerzahl emporgeschnellt (1983). Er umfaßt Facharbeiter der *Öl- und Gasindustrie* (besonders Koreaner), Gastarbeiter, z. B. für Müllabfuhr u. ä. und im *Baugewerbe* (besonders Filipino). Das letztere bildet heute den nach der Ölindustrie stärksten Wirtschaftszweig (FRANZ, 1980).

### 3.2.2.1 Erdöl und Gasverflüssigung

99 % der Exporte und mehr als 3/4 des Bruttoinlandsprodukts Bruneis werden durch die *Erdölprodukte* gewonnen, d. h. ca. 90 % des Sozialprodukts erwirtschaften allein die rd. 2500 (überwiegend ausländischen) Beschäftigten dieser einen Industrie. Hauptträger ist die Brunei Shell Petroleum Co., deren Anteile 50:50 bei der Shell-Muttergesellschaft und dem Sultanat liegen, dem neben dem Gewinnanteil auch 85 % aller Steuern und Abgaben (»Royalties« usw.) zufließen; hinzu kommen Konzessionen an weitere Gesellschaften. Der durchschnittliche jährliche *Erdölexport* betrug um 1980 60 Mio. barrels (= ca. 12,5 Mio. t), d. h. eine Förderung von ca. 200000 Faß pro Werktag – zwar bescheiden im Vergleich zu Nahost, für das kleine Brunei (und zusammen mit der Produktion seiner Nachbarländer und bei der kürzeren Entfernung nach Japan) aber eine beachtliche Quantität, die, zusammen mit dem Erdgas, Brunei bisher die Anlage von über 10 Billionen US-$ in *ausländischen Reserven* ermöglichte. Wurde anfangs der 70er Jahre die Förderung noch durch Rohrleitungen nach Lutong ins benachbarte Sarawak zur Raffinerie und Verschiffung gepumpt, ist inzwischen – mit dem Ausbau der *»off-shore«-Förderung* – eine umfangreiche eigene *Aufbereitungsindustrie* entstanden, und Shell errichtete inzwischen in Seria bereits eine zweite, größere *Raffinerie*. Die *Ölverschiffung* erfolgt jetzt über eine 10,5 km vor der Küste von Seria gelegene Verladeboje (Rohrleitung). Im neuen Hochseehafen *Muara* ist die Errichtung *petrochemischer Industrie* geplant.

Fast eine *Verdoppelung* der aus diesen Bodenschätzen stammenden Einnahmen brachte ab 1972 die zusätzliche Nutzung von *Erdgas*, durch die Verfahren (bzw. Errichtung der Anlagen) zu seiner *Verflüssigung* und Verschiffung als *»Liquified Natural Gas«* (LNG – S. 216). Von Bohrplattformen 39 km vor der Küste leiten Rohre das Gas zu den Verflüssigungsanlagen, von wo aus jährlich durchschnittlich 5 Mio. t auf *Spezialtiefkühltankern* nach Japan verschifft werden. 1982 brachte es 40 % der Exporteinnahmen und 1/3 der Staatseinnahmen Bruneis, das als Pionier 1977 die erste Gasverflüssigung SO-Asiens aufnahm.

Trotz der in 25–30 Jahren erwarteten Erschöpfung der Erdöl- und

Erdgasfelder auf dem Land und auf dem Küstenschelf – Brunei beansprucht 12 sm – ist der Aufbau alternativer Industrien und eine Intensivierung der Agrarwirtschaft noch kaum über das Planungsstadium hinausgekommen. Kräftig investiert wurde dagegen in die Entwicklung der *Infrastruktur* und das Ausbildungsniveau der Bevölkerung (freilich mit entsprechend steigenden Ansprüchen). Ebenso intensiv und weitgestreut sind die *Auslandsanlagen* im Bankenwesen, in Aktien-, Industrie-, Hotel- usw. Gesellschaften, besonders in London, Singapur, den USA, Japan und z. B. auch in einer Rinderfarm – größer als die eigene Staatsfläche – in N-Australien. Umfängliche Lagerstätten reiner *Quarzsande* (für die Glasindustrie) werden als Zukunftsreserve zunächst noch unberührt gelassen.

### 3.2.2.2 Das Landesinnere – Land- und Forstwirtschaft – die historische Stadt

Verbesserungen der *Landwirtschaft* – z. B. Ölpalmenpflanzungen, Intensivierung des Reisbaues, Pfeffer-, Kaffee- u. a. Versuchsbetriebe – stecken noch in den Anfängen; 80% der *Nahrungsmittel* werden *importiert* (Reis aus Thailand). Meist besteht nur geringe *Subsistenzwirtschaft,* bei den Stämmen im Inneren noch im Brandrodungs-Wanderfeldbau; gewisse forstliche Reserven bergen die *Regenwälder.* Die See- und Flußfischerei wird modernisiert.

Aus *Mangrovesümpfen* und sandigen Küstenflächen steigt, durch mehrere *Flüsse* erschlossen, ein meist bewaldetes *Hügelland* (300–500 m) zum Inneren an. Im S des östlichen Landesteils erheben sich schroffe *Berge* (bis über 1800 m). 1964 waren nur etwa 16000 ha Land agrarisch genutzt; eine Untersuchung der Bodenqualitäten weist etwa das sechsfache als *potentielles* Agrarland aus, für dessen Kultivierung aber bei der Konkurrenz der hohen Löhne im Ölgebiet wenig Anreiz besteht.

Die *historische Altstadt* ist eines der schönsten Beispiele des »Kampong Ayer«, der auf Pfählen ins Gezeitenwasser gebauten, malayischen »Wassersiedlung« (H. UHLIG, 1979). Modernen Stadtplanern und Hygienikern ein »Dorn im Auge«, wird sie dennoch von noch ca. 27000 Bruneis bewohnt und ist nur mit Booten zugänglich. Diese sind freilich heute »Wassertaxen« mit starken Außenbordmotoren, und am Ufer parken die Pkw (240 Autos auf 1000 EW – also mehr als in Singapur); auch die meisten Pfahlbauhäuser sind modernisiert, haben Wasserleitungen und tragen Fernsehantennen. Dennoch bewahrt dieser »Kampong Ayer« ein, auch von seinen Bewohnern geliebtes Stück alt-

malayisches Leben. Am Ufer sind, neben offiziellen Bauten, auch ausgedehnte moderne Stadtviertel entstanden.
Der jüngste Schritt zur Betonung der wohlhabenden Eigenständigkeit ist die 1985 eingeleitete Gründung einer internationalen *Universität* von Brunei.

### 3.2.3 Die Republik Singapur

Trotz ihres Sanskritnamens (»Löwenstadt«) und bescheidener malayischer Vorläufer ist Singapur eine *britische* Schöpfung: 1819 von Sir Stamford Raffles (vorher Generalgouverneur des 1811–1816 britisch verwalteten Niederländisch-Indiens) in glänzender *strategischer* und *handelspolitischer Lage* auf einer 42 × 22 km messenden *Insel* vor der S-Spitze Malayas und am Schlüsselpunkt der *Seedurchfahrt* zwischen diesem und Indonesien – und zwischen Indischem Ozean und Südchinesischem Meer – gegründet. Den *»Straits Settlements«* (S. 84) zugeordnet, wurde es 1832 deren Vorort und stieg seit der Eröffnung des Suez-Kanals, der Dampfschiffahrt und der internationalen Telegraphenkabel zum wichtigsten Zentrum für Schiffahrt, Seeverkehr, Handel, Dienstleistungen und Finanzwesen in *SO-Asien* auf. Durch Lage, Geschichte, Wirtschaft und Verwaltung stets mit *Malaya* verbunden, wurde es 1959 in die Selbstverwaltung entlassen, dann Mitglied der neuen *Föderation von Malaysia* (1963–1965). Bald wurde es aber aus diesem jungen Staat, der das wirtschaftliche und zahlenmäßige Gewicht der chinesischen Bevölkerung Singapurs fürchtete, wieder *herausgedrängt*. Was zunächst als Schock wirkte, wurde bald die Motivation zur Selbstbehauptung und Anpassung an die gewandelte Lage und führte zur *Umstrukturierung* vom kolonialen *Stützpunkt* und Handelsumschlagplatz zur kleinen, aber wirtschaftlich starken und selbstbewußten *Handels- und Industrienation;* heute ist Singapur einer der einflußreichsten Partner der ASEAN-Gemeinschaft, mit dem höchsten Lebensstandard SO-Asiens.

#### *Der Inselcharakter Singapurs*

Singapur nimmt eine, wie Malaya aus Graniten, triassisch-jurassischen und pleistozänen Sedimenten aufgebaute, flach gewellte, durch Bodenbewegungen bei der Bebauung vielfach verebnete *Insel* ein (höchster Punkt: 163 m). Diese wird durch die Johor-Strait vom Festland getrennt, ist mit diesem aber seit 1923 durch einen gut 1 km langen, 25 m breiten Brückendamm, den »*Causeway*«, verbunden, der außer *Bahn- und Straßenanschluß* auch die lebenswichtige *Fernwasserleitung* trägt. Gut 20 km jenseits des Meeres liegt – mit dem Riau-Archipel – bereits *indonesisches* Staatsgebiet in Sichtweite, für das Singapur ebenfalls ein wichtiger zentraler Ort ist. Der Hauptinsel sind ca. 30 nutzbare, kleinere Inselchen vorgelagert, das Staatsgebiet, 1973 noch 536 km$^2$, wuchs durch *Landgewinnungsarbeiten* auf 618 km$^2$ an. Es ist also nicht sehr viel größer als die territoriale »Insel« West-Berlin, dem es auch mit seiner EW-Zahl von 2,5 Mio. (1984) ähnelt. Das dicht bebaute *Stadtgebiet,* 1970 noch das südliche Drittel der Insel, nimmt heute deren *südliche Hälfte* ein, orientiert auf die offene Seefront, die als Reede und *Hafen* zugleich die Lebensader der Stadt ist. Die übrige Fläche ist stark mit ländlichen und städtischen Siedlungen und Industrien durchsetzt: ca. 100 ha sind noch an Waldreservaten und Parks verblieben, z. T. Naturschutzgebiete mit tropischem Regenwald, z. T. Mangrove- und Sumpfwald (zugleich *Wasserschutzgebiete).*

Mit durchschnittlichen Temperaturschwankungen zwischen 31 °C am Nachmittag und 24 °C vor Sonnenaufgang und 2200–3000 mm Jahresniederschlag gilt Singapur als Prototyp des *immerfeuchten äquatorialen Tageszeitenklimas* (1°20'N); tatsächlich bestehen aber tägliche und jahreszeitliche Variabilitäten zwischen mittleren Maxima von 32,2 °C und Minima von 22 °C, nur 175–195 Regentage / Jahr und Schwankungen der Sonnenscheindauer vom jährlichen Durchschnitt 3,75 h / Tag bis durchschnittlich 7,75 h / Tag (in den NO-Monsunmonaten März / April) (NIEUWOLT, 1964; HILL, 1980).

### *Bevölkerung und Ethnien*

Die geringe, lokale Bevölkerung wurde in der Kolonialzeit rasch durch *indische* und dann immer stärker *chinesische Zuwanderung* überlagert. Heute kann Singapur eine »chinesische Stadtrepublik« genannt werden, die aber die Rechte der anderen Ethnien als gleichberechtigte Staatsbürger wahrt. Die 76,2 % *Chinesen* stammen zu 99 % aus S-China, sind aber in zahlreiche Dialekt- und Sozialgruppen gegliedert, darunter die Hokkien mit ca. 40 %, Teochiu (Chaozhu) mit 22,4 % und Kantonesen (Guangdong, 20 %); weiter Hailam, Hakka u. a.; kaum noch 10 % dürften die »Peranakan« oder »Baba« (S. 93) ausmachen, jene älteste, mehr malayisch- und englischsprachige, *frühkoloniale Chinesen*schicht (z. T. von Malacca zugewandert), deren Kultur heute als Brücke zur südostasiatischen Umwelt gefördert wird. Über die Förderung des *Hochchinesischen* (»Mandarin«) sucht die Regierung die Gemeinsamkeit der Chinesen zu stärken. Es ist eine der *Amtssprachen,* unter denen aber *Englisch,* auch im Bildungswesen, praktisch den Vorrang hat. Die dritte Amtssprache ist *malayisch* (ca. 15% der Bevölkerung [meist Muslim] – neben Küstenmalayen auch Javanen, Bugis, Banjar, Minangkabau, Batak usw.); die vierte ist das südindische *Tamil.* Die Tamilen bilden die Mehrheit des insgesamt ca. 7% starken *indischen* Bevölkerungsanteils (weiter Sikh, Bengalen, Parsen, Singhalesen [aus Ceylon], Zuwanderer aus Kerala, indische Muslim usw.). Trotz der doppelten Zahl der Malayen sind die *Inder* sozialökonomisch wie politisch von wesentlich stärkerem Gewicht in der modernen Stadtgesellschaft, die *Malayen* verharren überwiegend in unteren sozialen Gruppen und stellen z. B. nur 1,5% der Universitäts-Graduierten. Dennoch werden zur Demonstration der *Zugehörigkeit* zur »malayischen Welt« gerade Sprache, Tracht, Religion usw. der Malayen bewahrt und auch die Staatsflagge zeigt entsprechende Farben und Symbole – man möchte *nicht* als ein »drittes China« gelten. Aber auch zur Wahrung der Sicherheit (mit Blick auf die Nachbarn) werden den *Malayen* und dem *Islam* besondere Begünstigungen gewährt. Lediglich ihr früheres Übergewicht in den Diensten von Militär und Polizei wurde vorsichtshalber durch Chinesen ersetzt. Die Singapur-Malayen leiden aber – trotz aller Förderungen – unter einem »Minderheiten-Syndrom«.

Die knapp 2% der restlichen Bevölkerung sind kosmopolitisch bunt gemischt; neben Europäern, Juden, Armeniern usw. bilden die *Araber* ein kulturhistorisch interessantes Relikt aus der Zeit des frühen Seehandels und der Islamisierung (auch im Namen der »Arab Street« überliefert); die *christlichen* Konfessionen summieren sich zu etwa 10%.

Die einst hohe *Geburtenrate* (1958: 4,1%, 1970; 2,2%) wurde mit 1,7% (1984) auf die *niedrigste in SO-Asien* gedrosselt, und die Regierung setzt strenge Geburtenbeschränkungen durch. Da mit verbesserter medizinischer Versorgung auch die Säuglingssterblichkeit von 4,37% (1958) auf 1,08% (1984) und die allgemeine Sterblichkeit von 0,7% auf 0,5% gesenkt wurde, nimmt, bei Absenkung des jährlichen *Bevölkerungswachstums* von 3,4% (1958) auf 1,2% (1976–83), die Gesamtbevölkerung nur noch geringfügig zu (von 2,15 Mio. 1973 auf etwas über 2,5 Mio. 1984). Die durchschnittliche Lebenserwartung erreicht mit 71 Jahren die westlicher Staaten. Das Übergewicht der jugendlichen Bevölkerung (unter 15 Jahren) reduzierte sich von 39% (1970) auf 25,1% (1984).

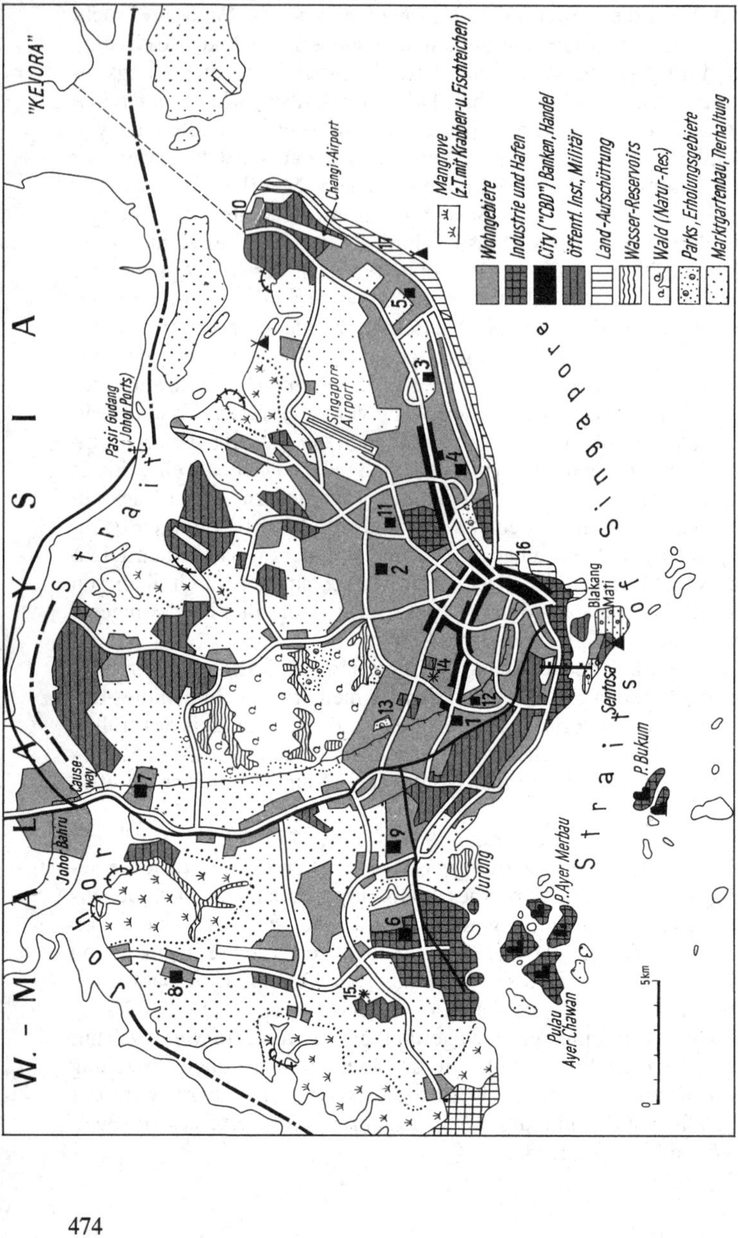
W. - MALAYSIA
"KEJORA"
Johor Strait
Straits of Singapore
Johor Bahru
Causeway
Pasir Gudang (Johor Ports)
Changi-Airport
Singapore Airport
Blakang Mati
Sentosa
P. Bukum
Jurong
P. Ayer Merbau
Pulau Ayer Chawan
0
5km
Mangrove (z.T. mit Krabben- u. Fischteichen)
Wohngebiete
Industrie und Hafen
City ("CBD") Banken, Handel
öffentl. Inst., Militär
Land-Aufschüttung
Wasser-Reservoirs
Wald (Natur-Res.)
Parks, Erholungsgebiete
Marktgartenbau, Tierhaltung
Seilbahn
Neue Fähre
Durchgangs- bzw. Schnellstrasse
Eisenbahn
Badestrand
Raffinerien u. Petrochemie

**Abb. 26:** Singapur
Stadtgeographische Gliederung, Bebauung, Landnutzung

Größere Wohnkomplexe, »New Towns«, Stadtviertel usw.

1 Queenstown
2 Toa Payoh
3 Geylang
4 Katong
5 Bedok
6 Jurong New Town (mit Industrie und Hafen)
7 Woodlands
8 Sungei Buloh
9 Clementi
10 Changi
11 McPherson
12 Red Hill
13 Bukit Timah (Naturreservat)
14 Univ. of Singapore
15 dto. (früher Nan Yang Univ.)
16 »Marina«
17 East Coast Express Way

*(Entwurf: H. Uhlig, nach: Topogr. Karte 1:50000; J. Buchanan, 1972; J. Küchler, 1971; R. D. Hill, 1980; FEER, 1983. Kartogr.: L. Dreher)*

### 3.2.3.1 Vom Handels- zum Industrieland

Der primäre Sektor (Fischerei, Landwirtschaft – meist *Marktgartenbau* usw.) umfaßt nur noch 0,96% der Berufstätigen. Im sekundären *(industriellen)* Sektor sind, nach starker Förderung und Steigerung, 35,2% tätig, davon 7,4% im Baugewerbe (enorme Baukonjunktur) und 27,8% im *produzierenden Gewerbe.* Der *tertiäre Sektor* umfaßt dagegen noch immer rd. 62% (40,3% in Handel, Dienstleistungen und Verkehr, 21,7% in Regierungs-, Verwaltungs- und Bildungsdiensten). Dieser Überhang »tertiärer« Tätigkeiten ist ein Erbe der kolonialen *Handels-, Freihafen-* und *Stützpunkt*funktion. Der Abzug der britischen Truppen ließ die Sorge vor einem wirtschaftlichen Zusammenbruch aufkommen (mit den Funktionsverlusten auch solche von ca. 50000 Arbeitsplätzen und hohen Finanzzuwendungen). Der lebenswichtige Transit- und Umschlaghandel geriet in Gefahr, da auch die unabhängig gewordenen *Nachbarn,* Indonesien und Malaysia, mit dem Ausbau *eigener Häfen* ihren Export- und Importhandel immer mehr *selbst* abwickeln, während früher ca. ¼ der indonesischen und weit über die Hälfte der malaysischen Aus- (und Ein-)fuhren über Singapur gingen.

So stand die absolute Mehrheitsregierung des über 25 Jahre regierenden Lee Kuan Yew (People's Action Party, früher prononciert, heute sehr gemäßigt sozialistisch) vor der Hauptaufgabe, den Verfall vieler Funktionen und drohende Arbeitslosigkeit, (bei anfangs noch starkem Bevölkerungswachstum) durch *neue Wirtschaftszweige* und Arbeitsplätze, bevorzugt im *produzierenden Gewerbe,* abzufangen.

Mit dem Fleiß und der Anpassungsfähigkeit der chinesischen Bevölkerung und dem Einsatz zunächst des *heimischen Kapitals* glückte es, ab 1961 eine vielseitige *Industrie* aufzubauen. Bei anfangs bescheidenem Lohnniveau, hohen Steuervergünstigungen für den Betriebsaufbau und mit der Bereitstellung günstiger Industriegelände und -anlagen konnten dann auch *ausländische* Kapitalinvestitionen und zahlreiche *Zweigbetriebe* arbeitskraft- und lohnintensiver, europäischer, japanischer und amerikanischer Firmen angezogen werden. Bevorzugt entstanden *feinmechanische Industrien (Foto* und *Optik, Elektronik-, Elektroindustrien,* Metallverarbeitung, usw.), die zugleich zur Ausbildung der Fachkräfte verpflichtet wurden. Auch deutsche Unternehmen sind mit Zweigwerken und Investitionen beteiligt, z. B. die Bayer AG in der Chemischen und Pharmaindustrie, MAN mit Dieselmotoren, Nixdorf (Computer) u. a. Während viele einzelne Industrien im Stadtgebiet und auf der übrigen Insel verstreut bzw. in Verbindung mit Satellitenstädten, wie Woodlands, heranwuchsen (dazu *Schiffs-*

*bauindustrien* und Elektro-Stahlproduktion, *Ölraffinerien* usw. im Verbund mit den Häfen), entstand 19 km westlich der City die größte Konzentration im neu geschaffenen »Industrial Estate« von *Jurong* (Abb. 26) auf noch weitgehend freiem (z. T. aufgeschütteten) Land mit eigenen (Industrie- und Container-)Hafenanlagen, Docks, Fischereihafen, Raffinerien usw. und – zur Beschaffung von Wohnraum für die Arbeitskräfte und der Minderung der Pendler- und Verkehrsprobleme – einer eigenen *Satellitenstadt.* Ursprünglich war die Planung davon ausgegangen, einen Großstandort für kapitalintensive Industrien zu schaffen, denen der gemeinsame Binnenmarkt eines mit Malaysia vereinigten Singapurs offenstand. Der Rückschlag durch die Trennung mußte durch einen verstärkten *Exportmarkt* ausgeglichen werden. Die Entwicklung von Jurong wurde dadurch erheblich verzögert. *Ölraffinerien* und *Verschrottungsanlagen* in Verbindung mit dem neuen Stahlwerk, Getreide- und Reisspeicher und -mühlen wurden mit den *neuen Hafenanlagen* errichtet. Bis 1980 wurden dort auf 5660 ha Land 1099 Betriebe etabliert. Dennoch bringen die auf mehr als fünf Standorte (auch vorgelagerte Inseln) verteilten *Erdölraffinerien* und Erdölausrüstungsbetriebe (besonders *Bohrinseln)* die höchsten Einkommen, die das Rohöl aus den *Nachbarländern* (aber auch dem Nahen Osten) verarbeiten und nach Japan, Süd-Korea, Hongkong, Taiwan und USA *weiter exportieren,* wodurch auch das *Tankeraufkommen* sehr hoch ist. Trotz der einsetzenden Rezession (s. u.) wurde 1985 noch der neue, 50:50 vom Staat Singapur und japanischen Korporationen finanzierte, *petrochemische Industriekomplex* auf der Insel (Pulau) *Ayer Merbau* (Abb. 26) in Betrieb genommen; die direkte Zuleitung von Erdgas aus Malaya ist im Ausbau. Verarbeiter der Rohstoffe aus der Nachbarschaft ist auch die (im einstigen Verbund mit Malaya entstandene) *Zinnschmelzhütte* Pulau Brani, früher ein Pionier, heute den Nachbarn im immer härteren Zinngeschäft (und auch wegen der Verarbeitung illegaler, an den Quoten vorbeigeschmuggelter Zinnerze) ein lästiger Konkurrent (S. 210). Mit der starken Schiffahrt ist die (Neubau- und Reparatur-) *Werftindustrie* gewachsen, steckt allerdings heute mit Überkapazität in einer (weltweiten) Krise (vier große und 50 kleinere Werften, 20 Trockendocks).

### *Hafen- und Handelsfunktionen*

Da – neben dem Handel – auch die Industrie weitgehend vom *Import* der *Rohstoffe* und dem *Export* der Produkte abhängt, sind die Schiffahrt und die weitläufigen *Hafenanlagen* (von der City bis über Jurong hinaus) nach wie vor von höchster Bedeutung. Beim *Güterumschlag* nehmen die Erdölprodukte einen hohen Anteil ein, er geht aber nicht über die Piers, sondern läuft direkt zwischen *Raffinerien* und *Tankern* (Pipelineanschlüsse). Der bedeutende *Stückgutumschlag* ging früher großenteils über Leichter (»Sampans«) von den auf der Reede ankernden Hochseeschiffen in die Lagerhäuser des alten Stadtzentrums. Heute hat – neben modernen Pieranlagen (z. B. am Industriehafen Jurong) – der (schon seit 1972 modern ausgebaute) *Containerumschlag* einen guten Teil übernommen. In seiner *verkehrsgeographischen Vorzugslage* und bei seiner wirtschaftlichen Prosperität stieg Singapur (nach der umgeschlagenen Tonnage) zum *drittgrößten Hafen* der Welt auf (hinter Rotterdam und New York; London und Yokohama hat es überholt).

Verbunden mit Industrie, Hafen- und Luftverkehr wuchs auch der *Handel* über die frühere Mittlerrolle als Freihafen ohne nennenswerte Zwischenverarbeitung hinaus; die Einfuhr betrug (1982) 28 Mio. US-$, die Ausfuhr 29,7 Mio. US-$ (davon 25 % Erdölprodukte). Der Importüberschuß wird durch die Einnahmen aus Bankumsätzen und -provisionen, Versicherungen, Handelsagenturen usw. und dem Tourismus (s. u.) aufgewogen. Die Stärke des internationalen *Bank- und Finanzzentrums* Singapur wird durch die Ballung moderner Wolkenkratzer (mit zahlreichen internationalen Banken), die den alten »Central Business District« (CBD) heute überragen und wesentlich ausgedehnt haben, manifest (über 300 Banken und Finanzinstitute). Die Beteiligung am internationalen Handel, Börsen- und Finanzmarkt wurde auch durch die Tradition der chinesischen Geschäftsverbindungen, in der Singapur als das Zentrum der »Nanyang«-Chinesen (S. 78 u. 94) seine weiten Beziehungen zu chinesischen Banken und Familien-, Clan- und »Geheimgesellschafts«-Verbindungen (FRYER, 1970) nutzen konnte, verstärkt. Heute zeigt sich das auch in der aktiven Rolle im China-Handel (über die politischen Schranken hinweg).

Der Handelsaustausch mit den Nachbarn *Indonesien* und *Malaysia* ist – nach Phasen eines gestörten Verhältnisses nach der Trennung Singapurs vom letzteren und den Jahren der indonesischen Wirtschaftskrise (in der der Schmuggel weitaus größer war als der offizielle Warenverkehr) – wieder stark gestiegen, und Singapur ist nach wie vor das stärkste *wirtschaftliche Dienstleistungs-* und *Verkehrszentrum* des insularen SO-Asiens, über das z. B. noch immer etwa 32 % des Außenhandels von Halbinsel-Malaya laufen. Eingebunden in die ASEAN-Partnerschaft, werden Kapital und Firmen aus Singapur über die Grenzen hinweg tätig, und das *indonesische* Entwicklungsprojekt auf *Batam* (Riau-Archipel) (S. 571), wie die *malayische* Entwicklungsregion

*»Kejora«* (S-Johor – S. 459; Abb. 25, 26) werden stark mit *Investitionen Singapurs* ausgebaut, das damit Entlastung von seinen Engpässen Raumnot und Arbeitskraftknappheit sucht. Fast noch im »Naherholungsbereich« gelegen, bietet in beiden Gebieten auch der Aufbau von *Touristikeinrichtungen* (Hotels, Seebäder, Golfplätze usw.) der eingeengten Bevölkerung des Stadtstaates neue Möglichkeiten, für die z. B. auch eine neue (Tragflügelboot-)Schnellfähre nach SO-Johor eingerichtet wird (Abb. 26).
Auch als *»Einkaufsparadies«* mit eigenen und importierten Waren in ungewöhnlicher Fülle trug Singapur zu seiner Wirtschaftskraft bei. Mit einem *Pro-Kopf-Einkommen* von 5219 US-$ (1983; 1970: 776 US-$) steht es – nach Japan – an der Spitze in S- und O-Asien (abgesehen vom Sonderfall Brunei). Trotz allem sind aber die zahlreichen *kleinen* Handels- und *Handwerksbetriebe* – von Nudelmachern bis zu Schneidereien oder kunstvoller Kleinmöbelfertigung – keineswegs verschwunden und beschäftigen noch ca. 19 % der gewerblichen Arbeitskräfte. Durch die Umsiedlung in die modernen Wohnblocks der Stadterneuerung haben sie freilich ihre alten, mit den Wohnräumen verbundenen Werkstätten verloren und mußten – mit höherer Mietbelastung und entgegen der traditionellen Verbindung von Wohn- und Arbeitsplatz – in genormte ein- oder mehrstöckige Gewerbekomplexe umziehen.

### 3.2.3.2 Die Stadterneuerung

Handel und Schiffahrt haben das Gesicht der Stadt geprägt, deren Front mit den – heute bescheiden wirkenden – älteren und den zahllosen modernen, vielstöckigen *Hochhäusern* der Versicherungen, Banken, Handels- und Schiffahrtsgesellschaften der offenen Reede zugekehrt ist. Daneben erhebt sich das repräsentative, kolonial-englisch geprägte Regierungsviertel, eingerahmt vom »Central Business District«. Dieser ging früher in die »Chinatown« über, mit enggedrängten und schmalen, zwei- und dreistöckigen Wohn/Ladenhäusern und offenen Geschäfts- und Handwerksräumen im Straßengeschoß. Die meisten dieser überfüllten Wohn- und Handelsquartiere (vgl. z. B. KAYE, 1960) waren 80–120 Jahre alt und werden heute so rasch niedergerissen und durch moderne Hochbaublocks für Büro- und Geschäftshäuser, aber auch für Wohnzwecke, ersetzt, daß es bald schwierig sein wird, noch Überreste dieses wirklich »chinesischen« Singapurs zu finden. Für die älteren Bewohner bricht damit eine Welt der *Traditionen* und der herkömmlichen *chinesischen Lebensformen* zusammen. Be-

sonders die Ärmeren empfinden die an sich erheblich besseren, neueren Wohnungen als Härte, da die Bindung an das Milieu »ihrer« Straße – und ähnlich bei den ebenfalls umgesiedelten Malayen das »ihres Kampongs« – verlorenging. Man versucht, dem durch die Vergabe benachbarter Wohnungen an Großfamilien zu begegnen.
Für den Außenstehenden ist das *schroffe Nebeneinander* der Reste der *Chinatown* und der hypermodernen *Wolkenkratzercity,* bzw. ihr rapider Wandel, ein faszinierender Eindruck. Um den – z. B. beiderseits der Verkehrsachse der Orchard-Road mit ihren Hotels und Supermärkten – immer weiter nach außen drängenden, von 30–45stöckigen Hochbauten bestimmten Citybereich liegen im weiten Halbkreis die weniger dicht bebauten *Vorstädte,* darunter auch die *Villenviertel* der Kolonialzeit, heute von wohlhabenden Chinesen, höheren Beamten und den verbliebenen Europäern bewohnt, mit Dichten von nur 10 bis 100 EW/ha, aber zu hohen Preisen. Dazwischen wurden in schneller Entwicklung riesenhafte *Wohnblocks* bzw. Siedlungskomplexe vom Umfang ganzer *Satellitenstädte,* wie Queenstown, Toa Payoh (180000 EW), Redhill, Bedok, Macpherson, Telok Blangah im SW, Woodlands im N am »Causeway« (mit eigenen Industrien) usw., mit Dichten bis zu 1700 EW/ha, erstellt (Abb. 26). Sie nahmen die Bevölkerung aus der überfüllten Chinesenstadt und vorher die »squatter« aus den abgerissenen Budenstädten der Slums auf, die in rascher Folge saniert wurden. Singapurs *sozialer Wohnungsbau* gilt als der erfolgreichste in SO-Asien. Gegenüber dem in Hongkong wird hervorgehoben, daß er den einzelnen Familien angenehmere Wohnbedingungen biete (FRYER, 1970). Die Stadterneuerung ist sicher eine eindrucksvolle Leistung und der bedeutendste Wandel, der sich in der Kulturlandschaft der Insel vollzogen hat. Schon 1960–1984 wurden durch den Housing Development Board über 440000 Wohneinheiten – d. h. *neue Wohnungen* für 77,5 % der Gesamtbevölkerung – fertiggestellt. Die Wohnungen werden, je nach Einkommen, zu subventionierten Mieten oder zum Eigenwert vergeben, anfangs zu günstigen Preisen, mit den steigenden Kosten aber – vor allem in den besser ausgestatteten »Condominium«-Apartmentblöcken – immer teurer, so daß sie einem Teil der auf langen Wartelisten nach Wohnungseigentum Strebenden nur noch schwer erschwinglich geworden sind. Auch das mit den zahlreichen Hochbauten, »Shopping Centres«, Hotelarkaden und dgl. steigende Angebot an *Büro- und Geschäftsräumen* wird immer größer und teurer, so daß kaum noch eine Belegungsrate um 90 % erreicht wird und zahlreiche neue Ladenkomplexe nur teilweise vermietet werden konnten. Die überbelegten, baufälligen und unhygienischen Innenstadt- und *Slum-Viertel* sind weitgehend abgerissen und neu

überbaut, auch die Freiflächen der Vorstädte und zwischen den Komplexen der neuen Satellitenstädte (s. o.) füllen sich rasch auf. Auf die *Landschaftsgestaltung* und gut funktionierende technische wie soziale Infrastruktur wird großer Wert gelegt; das spezifische Milieu des *»exotischen« Singapurs* ging freilich *verloren* (was auch eine gewisse Einbuße an touristischer Attraktivität bedeutet).
Dem Bedarf nach mehr Land für Industrien, Hafenanlagen und Verkehrsflächen (z. B. den Eastcoast-Expressway) und Naherholungsanlagen (z. B. stadtnahe Strände und Parks) wird durch *Landgewinnung* (Aufschüttung, Eindeichung und Trockenlegung von Mangrovesümpfen) gedient, von 1973–84 »wuchs« Singapur bereits um 82 km$^2$ (Abb. 26). Der stärkste Eingriff in die Stadtlandschaft sind wohl die *Aufschüttungen* von »Marina South« und »Centre«, mit denen direkt vor der *Seefront* der *City* und der alten Mündung des Singapur-Flusses (mit dem ältesten Hafenbecken) neues, kostspieliges Bauland (u. a. für große Hotel- und »shopping«-Komplexe) um eine neue Bucht (»Marina Bay«) entstand. Nach Bewältigung der leichter zu reklamierenden Neulandgebiete wird die weitere Landgewinnung aber immer schwieriger und kostspieliger.

### 3.2.3.3 Verkehrsprobleme und Tourismus

Mit der großzügigen Anlage neuer *Schnellstraßen* – z. B. des »Pan Island Expressway« – und rigorosen Einbahnstraßenregelungen und autofreien Zonen (zugunsten schneller Buslinien und Taxis) sowie zahlreichen Über- und Unterführungen, Fußgängerbrücken usw., wurden die Probleme des *überlasteten Stadtverkehrs* (fast 1 Pkw je 10 EW) zu lindern versucht. Für die Zukunft entscheidend aber war der Schritt zum Bau des *»Mass Rapid Transit System«* (MRT), das als *Schnellbahn* – und in der Innenstadt als *U-Bahn* – angelegt wird und heute große Baustellen im pulsierenden Stadtverkehr aufreißt. Mit ihm sollen bis Ende der 90er Jahre ein ost-westlicher (32,6 km) und ein nordsüdlicher (14,4 km) Schnellbahnkorridor mit 34 Stationen entstehen, die sich in der City kreuzen.
Im *Flugverkehr* stiegen die »Singapore Airlines« zur kapazitätsstärksten Luftlinie SO-Asiens auf und der neue *»Changi Airport«* an der O-Spitze der Insel, der den ebenfalls schon modern ausgebauten Singapore Airport ersetzt, wurde mit einer Kapazität für 10 Mio. Fluggäste / Jahr zum wichtigsten Luftverkehrsknotenpunkt dieses Raumes.
Eng verbunden damit ist ein hohes Einkommen aus dem privaten und organisierten (Fern-)*Tourismus,* (MARR, 1982) für den mit landeseige-

nen und fremden Investitionen eine gewaltige Hotelkonzentration aufgebaut wurde, die 1982 bereits über 15000 Zimmer (Verdoppelung gegenüber 1977) verfügte; 1983 waren noch weitere 30 Hotels im Bau, und bis 1987 rechnet man mit 29000 Zimmern. Die jährlichen *Touristenankünfte* stiegen von 90000 in den frühen 60er Jahren auf 2,8 Mio. 1982 – mehr als Singapurs Einwohnerzahl – und fast 10% seiner Einkünfte stammen aus dem Hotel- und dem damit verbundenen Einkaufs- usw. -Sektor. Mitte der 80er Jahre haben allerdings die steigenden Preise (auch im »Einkaufsparadies«) und Singapurs harte Währung, bei gleichzeitiger weltwirtschaftlicher Rezession (auch bei den Nachbarn Indonesien und Malaysia, die etwa 30% der Singapur-Besucher stellen) sowie die gewöhnlich nur *kurzen Verweildauern* vieler Transittouristen die Tourismuseuphorie der Planer und Investoren merklich gebremst, und nach ersten Rückgängen der Besucherzahlen bereiten mangelhaft ausgelastete Hotels (und Folgeeinrichtungen) einige Sorgen. Während 1981 der Tourismus noch um 10,4%, 1982 nur noch um 4,5% wuchs, gab es 1983 mit –3,5% der Ankunftszahlen erstmals eine negative Bilanz. Für den heimischen *Naherholungsverkehr* wurde – neben zahlreichen Parks, Strandaufschüttungen usw. – die Insel *Sentosa* ausgebaut und mit einer Drahtseilbahn mit der Stadt verbunden (Abb. 26).

### 3.2.3.4 Vom »Wirtschaftswunder« in die Krise?

Gravierender sind die rezessiven Einschnitte heute in *Industrie, Schiffahrt* und *Handel,* die Singapurs Lebensnerv empfindlich treffen könnten. Die Alarmstimmung stieg, als sich 1984/85 anstelle des gewohnten, kräftigen jährlichen Wirtschaftswachstums von über 10%, erstmals seit 20 Jahren *rückläufige Tendenzen* um –1,4% zeigten, für die produzierenden Gewerbe in der ersten Hälfte 1985 sogar ein Minus von 6,5% und im Baugewerbe von 7,5% (FEER, 1985). Zweifellos ist ein Teil der Ursachen in der weltweiten wirtschaftlichen Krise Mitte der 80er Jahre zu suchen. Darüber hinaus zeigt sich aber, daß das *forcierte Wachstum* z. T. zu einseitige und riskante Wege gegangen ist und erhebliche *Überkapazitäten* aufgebaut hat. Das gilt besonders für die gigantisch gewachsenen *Ölraffinerien* und die *Petrochemischen Industrien,* für die – bei gleichzeitig einbrechenden Preisen – nicht nur weltweit enormer *Konkurrenzdruck* entstanden ist, sondern besonders auch die Nachbarn innerhalb der ASEAN, voran Malaysia, Indonesien und Brunei, genauso kräftig ausgebaut haben. Davon, aber auch von allgemeinen Handelsrückgängen, ist wieder die Schiffsbau-

und -Reparaturindustrie besonders stark betroffen, und man fürchtet, daß die *Schiffswerften* rd. 30 % ihrer Kapazität abbauen müssen. Dieses Schrumpfen der Schiffsbauindustrie trifft wiederum Singapurs *Stahlgewinnung* (mit Elektroöfen, die relativ teuer produzieren und ca. 4 % des nationalen Stromaufkommens verzehren). Die Nachbarn Malaysia, Indonesien und Philippinen haben inzwischen eigene (kostengünstigere) Stahlwerke aufgebaut und fallen als Abnehmer aus bzw. wurden Konkurrenzanbieter, während der Weltstahlmarkt ohnehin ca. 30 % Überkapazität aufweist (FEER, 1985). Auch die Stagnation im *Baugewerbe* schlägt mit geringerer Abnahme von Trägern, Rundeisen usw. auf die Stahlgewinnung zurück. Weiter erweist sich als kritisch, daß die Industrialisierungspolitik zu *einseitig* auf den die höchsten Erträge für Kapitals- und Arbeitskrafteinsatz versprechenden, modernen *Hochtechnologiesektor* (besonders *Elektronik*) gesetzt hatte. Weniger ertragsstarke und technisch anspruchslosere Branchen, wie Textil-, Leder-, Holzverarbeitungs-, Schuh-, billige Kunststoff- und ähnliche Industrien wurden dagegen nicht nur vernachlässigt, sondern ihnen wurden mehr und mehr die Arbeitskräfte entzogen und Firmen stillgelegt. *Ausländische* Unternehmen, die daheim selbst in Bedrängnis (oder Konkurs) gerieten, tendierten dazu, zunächst ihre auswärtigen *Zweigwerke abzubauen* oder stillzulegen – in Singapur z. B. die deutsche Rollei-AG. Schließlich sinkt die Wettbewerbsfähigkeit, da Singapur – nach seinem spektakulären Aufstieg als »Billiglohn-Land« – seit 1979 durch eine absichtliche Förderung lohnintensiver, hochwertiger Produktion gegenüber der auf »billiger« Arbeitskraft beruhenden Fertigung zu einer *»Hochlohnpolitik«* gekommen ist. Es hat die Lohnanstiege seiner Konkurrenten unter den »Newly Industrializing Countries« (»NICs«) in Asien, Süd-Korea, Taiwan und Hongkong, nicht nur eingeholt, sondern weit übertroffen. Deren *Arbeitskraftkosten* wuchsen seit 1981 um ca. 10 %, während sie in Singapur fast um 40 % angestiegen sind (FEER, 1985). Verbunden mit dem starken *Preisanstieg* auch im *Einzelhandel* des einstigen »Billigmarktes« Singapur und der Aufrechterhaltung des hohen Wechselkurses für den Singapur-Dollar droht insgesamt das »Wirtschaftswunder Singapur« in den Mitt-Achtzigerjahren in eine Krise zu geraten, deren Überwindung harte Anstrengungen und Flexibilität erfordern wird. Der *Arbeitskräfteabbau* hat zunächst die ausländischen Gastarbeiter betroffen, von denen Singapur beträchtliche Zahlen aus Indonesien, von den Philippinen und aus Thailand, aber auch aus Indien, Pakistan, Sri Lanka usw. beschäftigte (während die anfänglich zahlreichen Malayen mit der steigenden Konjunktur in Malaysia selbst weitgehend dorthin zurückgekehrt sind). In der ersten Hälfte 1985 gingen

z. B. über 36000 Arbeitsplätze verloren und zahlreiche Firmen in Konkurs. Trotz der bevorstehenden, härteren Jahre hat Singapur insgesamt aber einen einmaligen Aufbau vom isolierten und eines guten Teils seiner Funktionen beraubten Handelsplatz zum industriellen und kommerziellen Zentrum internationalen Ranges vollbracht, mit dem es vom Entwicklungsstand eines »Schwellenlandes« zum neuen Industrieland fortgeschritten ist.

### *Der Engpaß Wasserversorgung*

Vorgezeichnet von der physisch- wie politisch-geographischen »Insellage« ist die Wasserversorgung der Bevölkerungs- und Industrieballung Singapurs ein so delikates Problem, daß technische und statistische Details darüber z. T. als Staatsgeheimnis behandelt werden (HILL, 1980). Auf der Insel können, trotz konsequenten Ausbaus von zwölf *Stauseen* und Reservoirs (z. T. auch an der Küste) und von Wasserschutzgebieten, nur schätzungsweise 10–20 % des Bedarfs gewonnen werden. Deshalb ist bereits seit 1927 – damals im gemeinsamen britischen Kolonialverband – die *Wassergewinnung* aus dem Johor- und anderen Flüssen in *S-Malaysia* und ihre *Rohrleitung* über den »Causeway« bis ins Zentrum der Stadt (Abb. 26) forciert worden; nach der politischen Grenzziehung wurde sie in neuen internationalen Verträgen gesichert (außer Pachtzahlungen pumpt Singapur ca. 20 % des zu Trinkwasser gereinigten Flußwassers zur [Teil-]Versorgung von Johor Bahru zurück). Trotz des äquatorial-immerfeuchten Klimas wird der Wassereinzug für die wachsenden Bevölkerungen und Industrien in Singapur wie in Johor, dem zweitstärksten industriellen Entwicklungsgebiet Malaysias, immer kritischer, und Singapurs Wasserbedarf steigt jährlich um etwa 6 %. Möglichkeiten zur *Entsalzung* von *Meerwasser* und noch stärker der *Wiederaufbereitung* von Abwasser, sowie die Umstellung des industriellen Brauchwasserbedarfs auf Nicht-Trinkwasser werden deshalb intensiv gefördert.

### *Die Reste der Agrarwirtschaft und die Fischerei*

Entgegen der Meinung, die Landwirtschaft sei ganz verschwunden, sind die *(Markt-)Gartenbauern* – in einfachen, chinesischen Bauernhäusern zwischen ihren Beeten lebend – noch aktiv. Sie sind zwar auf nur noch 0,9 % der Erwerbstätigen (1977: noch 2,2 %) und ca. 10 % der Inselfläche geschrumpft, decken jedoch im intensiven Gemüsebau (besonders chinesisches Blattgemüse) mit vier bis fünf jährlichen Ernten und Handbewässerung ca. 28 % der Versorgung (der Rest wird aus Indonesien, Malaysia, Australien [Obst] importiert). Im Verbund mit modernisierter *Schweine-, Geflügel-,* und *Fischzucht* versorgen sie die Stadt zu fast 100 % mit Schweinefleisch, Eiern und zu 70 % mit Geflügel (I. WILDFÖRSTER, 1985). Zu diesen wichtigen Grundlagen der chinesischen Küche kommen die Orchideen- und die Zierfischzucht für Eigenbedarf und Export. Die restlichen Kautschuk- und Kokospalmenpflanzungen mußten weitgehend der Bebauung weichen. Die eigene *Trawlerfischerei* (mit modernen Fischereihäfen) und die Küstenfischerei (auch Fischzucht in schwimmenden Käfigen) und Palisadenreusen (»Kelong«), decken ca. 30 % des Bedarfs. Ausgedehnte Mangrovesümpfe wurden in (Brackwasser-)Teiche für *Krabben-,* Garnelen- und *Fischzucht* (»prawn-ponds«) umgewandelt (»Aquakultur«).

#### 3.2.3.5 Bildungswesen – Verteidigung – die »regulierte« Gesellschaft zwischen starken Nachbarn

Singapurs »Leistungsgesellschaft« stellt hohe schulische Anforderungen und fördert die Begabten. Die Grundschulen sind in verschiedensprachige Züge gegliedert, bevorzugt wird aber die *englische* Unterrichtssprache, die in den Ober- und Hochschulen ganz dominiert. In den Familien soll daneben, mit Bewahrung der eigenen Sprachen – bei den Chinesen unter offizieller Förderung des Mandarin – die *Zweisprachigkeit* erhalten bleiben. Ausdruck des politischen Willens, über das allen Ethnien gemeinsame Medium Englisch auch die Internationalität und den Anschluß an die moderne Wissenschaft und Technik zu halten, war die umstrittene Eingliederung (1980) der privaten Nanyang-Universität – der bis dahin einzigen chinesischsprachigen SO-Asiens – in die englischsprachige, nationale *University of Singapore* (als medizinisches College schon 1905 begonnen, 1949 Universität für Malaya und Singapur, 1958 Teilung in die University of Singapore und die University of Malaya in K. L.). Der stark forcierten *technischen Ausbildung* dienen außer dem Polytechnikum (technische Hochschule) mehrere technische Fachschulen, eine davon mit deutscher (andere mit japanischer bzw. französischer) Unterstützung. Akademische Freiheit und Forschung werden meist pragmatischer Berufsausbildung und ökonomisch-technischer Entwicklung untergeordnet.

*Militär-* und *Polizeidienst* sind zwar in der auf ökonomische und technische Ziele orientierten, chinesischen Stadtgesellschaft wenig beliebt

und ohne Prestige, es besteht aber allgemeine *Wehrpflicht* und der Anteil des Verteidigungsbudgets ist, trotz geringer Truppenstärke, relativ hoch. Über das generelle Sicherheitsstreben hinaus soll eine hochwertige technische Ausrüstung der Streitkräfte *Abschreckungswirkung* erreichen. Das alte Spannungsverhältnis zwischen den Südostasiaten und den Nanyang-Chinesen spielt dabei – umklammert von größeren Nachbarn – eine Rolle.
Bezeichnend ist es, daß Truppenübungsplätze in Brunei, ja selbst in Thailand, Taiwan und Australien gesucht werden mußten, während im nahen Malaya die Präsenz – ethnisch überwiegend chinesischer – Militärverbände aus Singapur bisher noch indiskutabel war. Andererseits wird die Sicherheit auch durch ein Fünfmächte-Verteidigungsabkommen mit Australien, Neuseeland, Großbritannien und Malaysia gestützt.
Die Entschlossenheit, mit der sich der gegen seinen Willen *isolierte Stadtstaat* gegen eine zahlenmäßig überlegene und anfangs feindselige Umgebung zu behaupten hatte, um dann zu einem der wirtschaftlich und politisch stärksten Partner in der ASEAN aufzusteigen, ging mit der Erziehung zu Disziplin, streng kontrollierter *Sauberkeit* (auch der Straßen), der Gestaltung als »Gartenstadt« mit reichlich öffentlichem Grün, Naherholungsanlagen usw., einer nahezu perfekten *technischen* und *sozialen Infrastruktur,* Bekämpfung der Korruption usw. einher. Diese stark *»regulierte« Gesellschaftsordnung* wird oft als zu paternalistisch, zu streng zensiert (Presse) und ausgesprochenem »law-and-order«-Denken verhaftet kritisiert. Sie hat aber Singapur aus heikler Ausgangslage zu Stabilität, hohem Lebensstandard und moderner Entwicklung verholfen. Trotz Vermischung der (englischsprachigen) Weltoffenheit mit gezielter Wiederbelebung konfuzianischer Geistes- und Moralvorstellungen, versteht es sich *nicht* als *chinesische Exklave,* sondern als *Glied SO-Asiens* – inmitten größerer Nachbarn, die seine Dienstleistungen und Kapitalkraft nutzen, ihm aber auch als Konkurrenten (und zeitweilig in politischen Spannungen) gegenüberstehen, in der größeren, weltpolitischen Situation aber auf Singapurs Partnerschaft setzen. Das Zusammenwirken mit Malaysia und Indonesien läuft heute störungsfrei. Lee betont aber immer wieder, daß das »Trauma der Separation« (von Malaysia) mehr als ein Jahrzehnt dauerte, bis man zu den heute pragmatisch-gutnachbarlichen Beziehungen und gleichberechtigter Kooperation kommen konnte.

### 3.2.4 Indonesien

Die Republik Indonesien, der größte »Archipelstaat« der Erde, zählt 13677 Inseln. Dabei wird freilich eine Unzahl kleinster Inselchen und Riffe einbezogen, aber auch für die *Inseln* mit substantieller *Besiedlung* schwanken die Angaben zwischen etwa 3000 und 931 (Statist. BA, 1982); 350 sind größer als 10 $km^2$. Als Territorialgewässer werden 2,3 Mio. $km^2$ beansprucht (BUCHHOLZ, 1984); Staatsgebiet: 1919443 $km^2$ (vgl. Tabellen 2 u. 9, Anhang).
Mit 162,2 Mio. EW (S. 1984) steht Indonesien* an *fünfter Stelle* aller Staaten der Erde. Beiderseits des *Äquators* erstreckt es sich von N-Sumatra bis zur Grenze Irian Jayas (W-Irian) gegen Papua-Neuguinea

* Zur Schreibweise: Zur Entstehung und dem Bedeutungswandel des Namens *Indonesien:* S. 20. Durch historische und politische Wandlungen und neue Regeln für die Schreibung der Staatssprache *»Bahasa Indonesia«* (S. 101) (B. NOTHOFER, 1979) mit lateinischer Schrift entstanden unterschiedliche Versionen in Schreibweise und Aussprache indonesischer Namen. Die niederländischen Kolonialherren fügten holländische Endungen für Pluralbildung oder Tätigkeitsworte an, wie Bataker, Lampunger, Atjeher usw., oder z. B. das Verb »ladangen« von ladang (= Brandrodung). Das Vordringen des Englischen brachte das Plural-›s‹ bzw. ›-ese‹, z. B. »die Bataks«, »Javanese«, »die subaks« (balinesische Bewässerungsgenossenschaften) u. ä.
Im Indonesischen wird der Plural dagegen durch Verdoppeln des Wortes gebildet, der Wortstamm selbst bleibt unverändert. Dieser Schreibweise wird hier gefolgt, so daß (auch im Plural) z. B. »Batak«, »Aceh« usw., bzw. auch die »subak« (Plur.), die »sawah« (Plur.) gebraucht wird, mit Ausnahme gebräuchlicher eingedeutschter Namen wie Javanen, Balinesen, Sundanesen usw. Wo ein topographischer Name für Bevölkerungen mehrdeutig ist, wird auch der indonesische Zusatz »Orang« (Mensch, Leute) gebraucht, z. B. »Orang Lampung«.
Die Rechtschreibungsreform hat die – in vielen Karten und Atlanten noch vorhandene – frühere (holländische) Schreibweise wie folgt verändert:

| | | |
|---|---|---|
| früher Dj | = jetzt J | (z. B Djakarta = Jakarta; J wie englisch Journal) |
| früher J | = jetzt Y | (z. B. Yogyakarta; Y wie deutsch J, z. B. ja) |
| früher Tj | = jetzt C, ch | (z. B. Cibodas statt Tjibodas, sprich: Tschibodas) |
| früher oe | = jetzt u | (z. B. Bandoeng = Bandung) |
| früher kk (holländisch) | = jetzt k | (z. B. Molukken = Maluku) |
| früher cc (englisch) | = jetzt k | (z. B. Malacca = Melaku) |

Auch *Orts- und Inselnamen* aus der kolonialen Vergangenheit wurden z. T. durch indonesische Namen ersetzt, z. B. Borneo = Kalimantan (international meist nur für den indonesischen Teil der Insel verwandt), Celebes = Sulawesi; West-Neuguinea = Irian Jaya oder West-Irian; Makassar = Ujung Pandang; Batavia = Jakarta.
Die z. B. verschiedenen Provinznamen zugefügten Himmelsrichtungen: West = Barat; Ost = Timur; Nord = Utara; Süd = Selatan; Südost = Tenggara; Zentral (Mitte) = Tengah.
Sungei = Fluß; Laut = Meer; Danau = See; Gunung = Berg; Nusa, Pulau = Insel; Tana = Land; Air = Wasser

(von 94° bis 141° ö. L.), über 5110 km – d. h. etwa 1/8 des *Erdumfanges,* bei rd. 1880 km N-S-Breite (6°N bis 11°S). Auf Europa übertragen hieße das z. B. von den Hebriden bis zum Kaspischen Meer, in der Längs- und Breitenerstreckung entspricht es etwa dem Umfang der USA – allerdings nur unter Einschluß seiner *Meeresräume,* die der Indonesier mit den Inseln zusammen als »tana air kita« – etwa: »unser Land und Wasser« – versteht.
Diese *Dimensionen* Indonesiens überragen die seiner Nachbarländer um ein Mehrfaches; es umfaßt allein rd. *42%* der *Bevölkerung* und auch der *Fläche* ganz SO-Asiens bzw. 70% der ASEAN-Bevölkerung. (Knapp achtmal die Fläche der Bundesrepublik und das 60fache der Niederlande, des einstigen Kolonialherren.) Die *Bevölkerungszahl* ist jeweils ca. dreimal größer als die der Philippinen, Thailands oder Vietnams und die zehnfache von Malaysia (bei jeweils etwa vier- bis sechsfacher *Flächengröße). Java* allein hat nahezu eine Fläche wie Kambodscha, aber fast die siebenfache Einwohnerzahl – d. h. weit mehr als jeder andere, selbständige Staat SO-Asiens. *Sumatra* ist größer als ganz Thailand (die doppelte Größe der Bundesrepublik). Selbst *Sulawesi* ist fast so groß wie ganz Laos und hat mehr als das Doppelte von dessen Bevölkerung. Die insulare Lage beiderseits des Äquators bedingt *maritim* geprägte, tropische *Klimate* (S. 44); sie hat auch die *historische Ausbreitung* wie die heutige *ethnische, sozialökonomische* und entwicklungsmäßige *Differenzierung* der Bevölkerung, den Gang der Besiedlung, den Verkehr und die strategischen Positionen determiniert. Zahlreiche *Nebenmeere* und *Meeresstraßen* gliedern die von Indik, Pazifik und Südchinesischem Meer umschlossenen Inselbögen. Als (See-)Verkehrswege wirken sie aber eher verbindend als trennend, während die tropischen Waldgebirge oder die riesigen Tieflandsümpfe sehr viel schwierigere Hindernisse für Verkehr und Besiedlungsgang bilden.

#### 3.2.4.1 Die natürlichen Grundlagen

*Die Klimazonen*

Eine der großen, die Lebensräume prägenden Determinanten ist das Klima. Es differenziert Naturhaushalt und Lebensbedingungen in die äquatornahen, *immerfeucht-tropischen* Inseln *(Sumatra, Kalimantan,* das *westliche Java,* die *Molukken* und *Irian Jaya)* und das *wechselfeucht-monsunale* Zentral- und O-*Java, Bali* und die *Kleinen Sunda-Inseln* (S. 45 u. 49 und Abb. 3). Auch im *wechselfeuchten* Klima erhalten die hohen, auf den schmalen Inseln den beiderseitigen Luftströmungen ausgesetzten *Vulkane und Gebirge* nahezu ganzjährig *hohen Niederschlag* und bleiben durch starke Bewölkung kühl und strahlungsarm. Die *wechselfeuchten Inseln* werden durch eine west-östliche Abnahme der Regentage und -mengen untergliedert, die östlichen Sunda-Inseln sind – besonders auf durchlässigen Gesteinen – mit z. T. nur 600–1000 mm Niederschlag (in wenigen Monaten) schon recht trocken, während die W-Flanken Sumatras oder die Küsten oder Gebirge W-Kalimantans unter einem Übermaß an Niederschlag (4000 bis extrem 6000 mm in etwa zehn Monaten) leiden. Den Klimazonen folgt die natürliche Vegetation mit den Grundformen des *tropischen Regen-* und *Bergwaldes* bzw. des *feuchten* oder des *trockenen Monsunwaldes* (S. 56).

## *Geotektonische Anlage, Gesteine und Böden*

Sehr bestimmend ist weiter das *Großrelief* (einschließlich seiner untermeerischen Teile; S. 32). Das *Flachmeer* des *Sunda-Schelfs* fällt erst in rd. 200 m Tiefe steil in Tiefseebecken und -gräben ab. Die basalen kristallinen und älteren Sedimentgesteine seines Sockels werden von jüngeren Sedimentationströgen überdeckt, die das Muttergestein der großen *Erdöl- und Erdgaslagerstätten* sind (Abb. 17). Ihnen *liegen* wiederum die großen *alluvialen Aufschüttungstiefländer* und *Deltas* von *Sumatra, Kalimantan, Java* usw. auf. Östlich der Makassar-Straße (– 2425 m) folgen *Tiefseebecken:* Bali-See, Flores- und Banda-See, Celebes-Straße (– 5520 m) usw. Dort fallen die *Gebirgsketten* und *Vulkane* der Inseln (z. B. in *Sulawesi) unmittelbar* in die *Tiefsee* ab, in der alle abgetragenen Schwebstoffe versinken. Dieser Unterschied wurde schon mit den erdgeschichtlichen Trennungslinien für die Ausbreitung der Floren und Faunen angesprochen (S. 38f.).
Mit brandungsreichen und *verkehrsfeindlichen Außenküsten* gegen den *Indischen Ozean* brechen die Inseln von *Java* bis *Sumbawa* unmittelbar in die Tiefsee des Java-Grabens (– 7054 m) ab. Erst mit den Inseln *Sumba, Sawu* und *Timor* taucht die Fortsetzung einer *äußeren, nicht-vulkanischen* »Insel-Schwelle« (Teil des Molukken-Orogens – S. 29) wieder auf, zu der vor der W-Küste Sumatras auch die *Nias-, Mentawai-* und *Enggano-Inseln* gehören. Im äußersten SO wird dieser ältere, bruchstückhafte Gebirgs- bzw. Inselbogen über die *Tanimbar-* und *Kai-Inseln* sowie *Ceram* und *Buru* in die *Molukken* fortgesetzt, von den tiefen Becken des »Weber-Tiefs« (– 7400 m) und der Wetar-, Timor-, Aru- und Ceram-See getrennt.

Bau und Oberflächenformen Sumatras

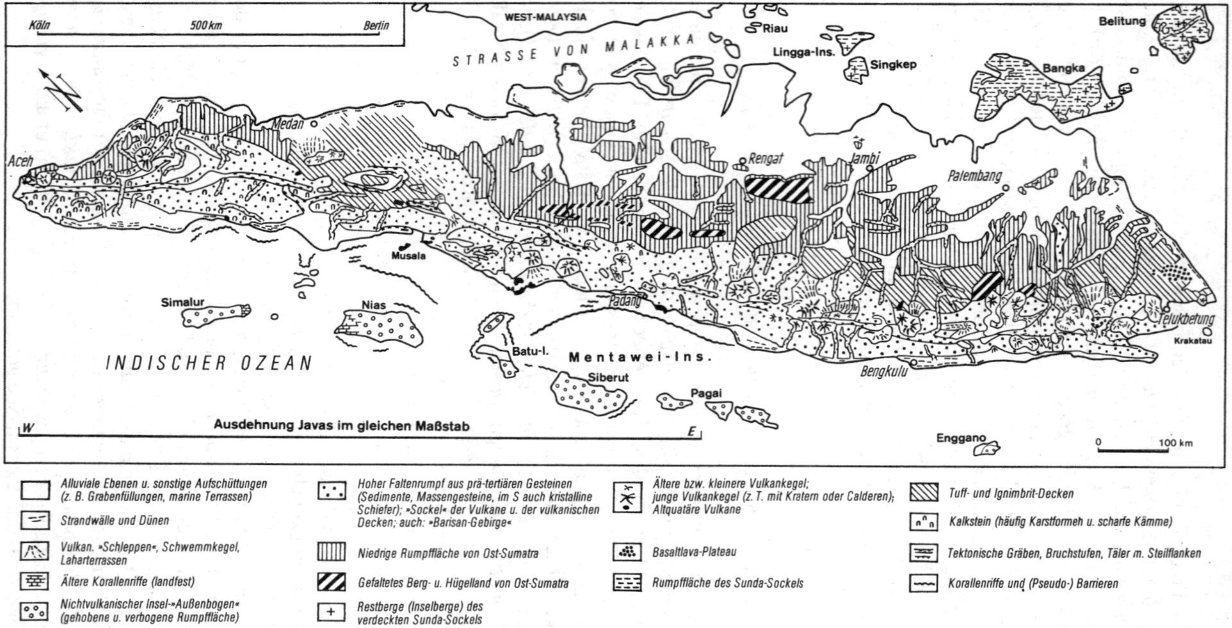

*Die nicht-vulkanischen Gesteine und Böden*

Weitere Determinanten sind die *Gesteine,* die aus ihnen gebildeten *Böden* und der *Wasserhaushalt.* Bei großzügiger Einteilung herrschen *drei petrographische* Gruppen vor: die *nicht-vulkanischen,* die *vulkanischen* Gesteine und Böden und die jungen *Alluvial-Tiefländer.* Die nicht-vulkanischen Gesteine bilden *Gebirgsländer* aus Graniten und anderen *Tiefengesteinen, älteren Sedimenten* wie Tonschiefern, Grauwacken sowie Quarziten, Ophiolithen und einigen älteren Vulkaniten (S. 26). Sie bestimmen ganz *Kalimantan* (außer seinen neogenen und alluvialen Tiefländern); seine Gebirgskämme kulminieren meist um 2000–2500 m (der herausragende Kinabalu, 4101 m, liegt in O-Malaysia). In *Sumatra* bilden sie einen hohen, plumpen Faltenrumpf, das *Barisan-Gebirge* – der Sockel der ihm aufsitzenden jungen Vulkane, Aschen- und Tuffdecken. Wo er nicht bedeckt ist, bestehen auch die Abhänge des Barisan – steil zur W-Küste, sanfter nach O abfallend – aus gefaltetem Grundgebirge, das mit einzelnen Vorbergen und kleinen Kuppen auch noch aus dem Aufschüttungstiefland herausragt (Abb. 27; VERSTAPPEN, 1973). Auf den Sumatra vorgelagerten Inseln *Bangka, Belitung* und *Singkep* und im *Riau-Archipel* streicht der kristalline Gesteinsuntergrund des Sunda-Sockels aus; seine Granite enthalten die Lagerstätten des *Zinns* (Abb. 16), die letzteren *Bauxit.* Die isoliert im Südchinesischen Meer liegenden *Anambas*- und *Natuna*-Inseln (vgl. Abb. 25) gewannen durch Erdgaslager und wegen Indonesiens Anspruch auf den Status als »Archipel-Staat« (Hoheitsansprüche bis zu Basislinien um seine äußersten Inseln – S. 227) an Bedeutung.

*Sulawesi,* mit steil zerschnittenen, bis 3440 m hohen Gebirgen, und die meisten Inseln der *Molukken* haben ebenfalls palaeo-mesozoische Sedimente, Granodiorite, Gneise, kristalline Schiefer, Kalke, Ultrabasite und alttertiäre Sedimente. Nur auf einzelnen Inseln bzw. Halbinseln wurden auch dort diesem älteren Gesteinssockel durch den jungen Vulkanismus noch Vulkankegel aufgesetzt, vor allem auf *Manado* (N-Sulawesi) und *Halmahera* (Molukken).

Kristalline und Sedimentgesteine treten auch auf den nördlichen und zentralen Teilen *Irian Jayas* (W-Neuguinea) auf. Durch die Anfaltung einer älteren Gebirgsbildung im S, deren granodioritische Intrusionen z. T. zu Hornfels, Marmor, Kalksilikatfels und Quarziten metamor-

**Abb. 27:** Sumatra
Geotektonischer Bau und Oberflächenformen *(nach: H. Th. Verstappen, 1973; stark vereinfacht durch: H. Uhlig. Kartogr.: L. Dreher)*

phisiert wurden, erhielten sie besonderen Wert mit dem *»Ertsberg«* (Kupfer) u. a. Lagerstätten (Nickel). Durch ihre Widerständigkeit bilden sie die *höchsten Gebirge* des *Punjak Jaya* (4884 m – S. 35) in Äquatornähe, aber mit der einzigen rezenten *Vergletscherung* Indonesiens. Relief, Böden und Landnutzungspotential der *nicht-vulkanischen* Gebiete sind mit steilen Hängen und den im Berg- und Plateauland herrschenden *lateritischen Rot-* und *Gelblehmen* der feuchten Tropen *(Latosole;* auch: *Ferrasole,* durch Eisenoxyde gefärbt) für den Feldbau wegen schneller Erschöpfung der Nährstoffe und der Bildung von Krusten wenig günstig (S. 40). Noch nährstoffärmer sind *rot-gelbe Podsole* (Oxisole), die vor allem in Sumatra, Kalimantan und Irian Jaya auf Graniten, Sandsteinen, Mergeln und Schiefertonen große Wald-, aber auch Rodungsgebiete, einnehmen (U. SCHOLZ, 1987). Durch Brandrodungs-Wanderfeldbau oder Holzeinschlag bloßgelegt, degradieren sie schnell; tragfähiger sind sie für *Baumkulturen* (S. 40f.). Extrem ungünstig sind Hochflächen auf durchlässigen Sandsteintafeln, z. B. die »Padang Lawas« in N-Sumatra.
Im wechselfeuchten bis *trockenen* Klimabereich stark verbreitet und mit durchlässigen Gesteinen auch edaphisch trocken, bieten die *tertiären* und *neogenen* Kalke, Mergel, Sandsteine und Konglomerate, z. T. am Rand jungvulkanischer Gebirge und Aufschüttungsebenen, auf *Java, Madura* und den *Kleinen Sunda-Inseln* besonders prekäre Lebensräume. Durchlässige oder steinige und nährstoffarme Böden tragen nur ärmlichen Trockenfeldbau, der im monsunalen Gebiet nur in der Regenzeit möglich ist. Deshalb ist z. B. das *»Südergebirge«* (Gunung Kidul) das »Armenhaus Javas«; es ist wegen des hohen Bevölkerungsdruckes aber trotzdem relativ dicht besiedelt. Eingelagerte *Kalke,* z. B. Gunung Sewu (»1000 Berge« – H. LEHMANN, 1936), ähnlich in *Sulawesi, Sumatra, Kalimantan, Bali, Madura* oder *Timor,* bilden mit dem Formenschatz des *tropischen Karstes* (S. 36) schwierige – ökologisch aber interessante – Siedlungsräume (UHLIG, 1980b; FLATHE und PFEIFFER, 1965).

### *Formen und Böden der vulkanischen Gesteine*

Günstige Boden- und Wasserverhältnisse bieten meist die jungen *Vulkane* (Jungtertiär bis Gegenwart) und deren *Aufschüttungsflächen.* Auf *Sumatra* wurden die hohen Kegel *(Kerinci:* 3805 m), die Tuff- und Aschendecken und Lavafelder sowie die Aschenschwemmkegel jenem hohen Grundgebirgssockel (Barisan) aufgesetzt. Auf *Java, Bali, Lombok, Flores* und anderen Teilen der *Kleinen Sunda-Inseln* und der

*Molukken* ragen die Vulkane unmittelbar aus den Ebenen auf (höchste auf Java: *Semeru,* 3676 m; auf Lombok: *Rinjani,* 3726 m; auf Bali: *Gunung Agung,* 3142 m), während einige kleine *Inseln* der *Banda-See* überhaupt nur als Vulkankegel direkt aus dem Meer aufsteigen oder als Korallenatolle auf untermeerischen Vulkanen aufsitzen. *»Gutartige« Kegel* stoßen nur Asche aus, *»kataklastische« Explosionen* ließen dagegen riesige *»Calderen«* – kesselförmige Einbrüche über entleerten Vulkanherden – entstehen, die von Aschenwällen umgeben werden. Die des *Idjen* (O-Java), 16 km Durchmesser, und die des *Tengger-Gebirges* (mit dem noch tätigen *Bromo* und dem »Sandsee« – 8,5 × 10 km) sind die größten. Manchmal fügen sich mehrere Calderen ineinander, z. B. am *Batur* (Bali), wo im größeren und älteren ein zweiter, mit einem See erfüllter Kessel entstand, aus dem der heutige Aschenkegel aufsteigt. Auch größere Einbruchsbecken wurden mit Seen erfüllt, in Sumatra z. B. der *Toba-See* (1146 $km^2$), der Danau-Maninjau (96 $km^2$) u. a. – der ähnlich entstandene Laacher See (Eifel) hat demgegenüber nur 3,3 $km^2$.

Die unter *mangelnder Wasserzufuhr* leidenden *Tafel-* und *Bergländer* nördlich und südlich der Vulkane *Javas, Balis* und *Lomboks* (sowie *Madura)* sind ihnen gegenüber die benachteiligten *Armutsgebiete* des »Inneren Indonesiens« (GEERTZ, 1963). Die *Gegenüberstellung* der Karten des *Reliefs* und der *Landnutzung* Javas (Abb. 28 u. 29) läßt die von vulkanischen *Aschenböden* und guter *Wasserzufuhr begünstigten* Naßreis-(sawah-)Gebiete, besonders Zentral- und O-Javas, deutlich hervortreten, während Relief und Gestein der *Sedimentzonen* überwiegend nur *Trockenfeld-* und Waldland tragen. Klar tritt die erst durch jungen *Bewässerungsausbau* gewonnene Reisbauzone auf den *Aufschüttungsebenen* der N-Küste hervor. Den S-Teil des westlichen Java bildet das Gebirgsland von *Sunda,* das nur in den Becken und Ebenen, zwischen den Vulkanen, inselhaftes sawah-Land hat, im südlichen Kalk- und Sandsteingebirge aber anbaufeindlich ist.

### *Die Vulkane – Gunst und Hazard*

Die markantesten Landschaften Indonesiens bilden – auf der instabilen Subduktionszone großer Platten der Erdkruste (S. 24) – die Vulkane und ihre Schwemmkegel und -ebenen. Sie werden durch ein kräftiges Relief, gute Böden, sichere Wasserversorgung und damit durch *Agrargunst* und dichteste Besiedlung gekennzeichnet. Diesen Vorzügen stehen allerdings die *Risiken* der vulkanischen *Ausbrüche* gegenüber. Die relativ *jungen Vulkane* entstanden vom Miozän bis zur Ge-

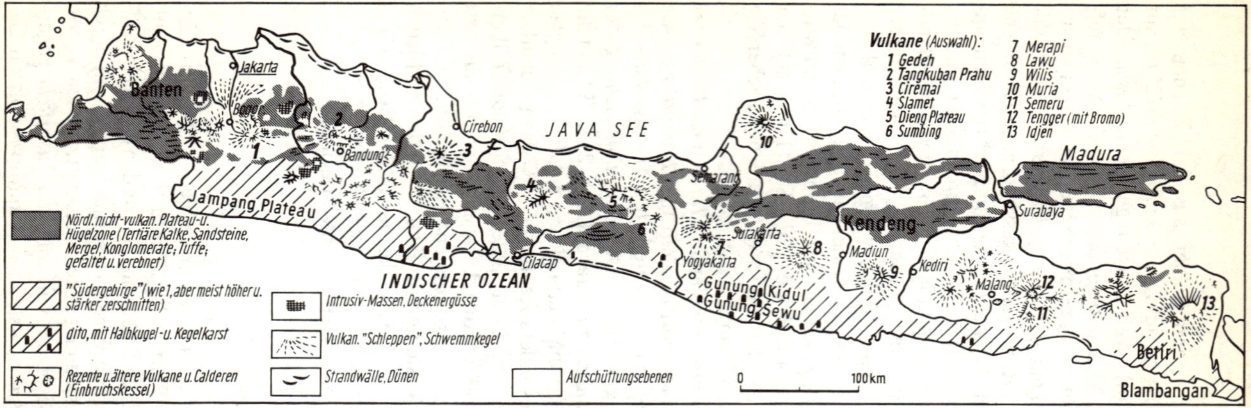


**Abb. 28:** Java
Geotektonischer Bau und Oberflächenformen *(nach: A.J. Pannekoek, 1949; stark vereinfacht durch: H. Uhlig. Kartogr.: L. Dreher)*

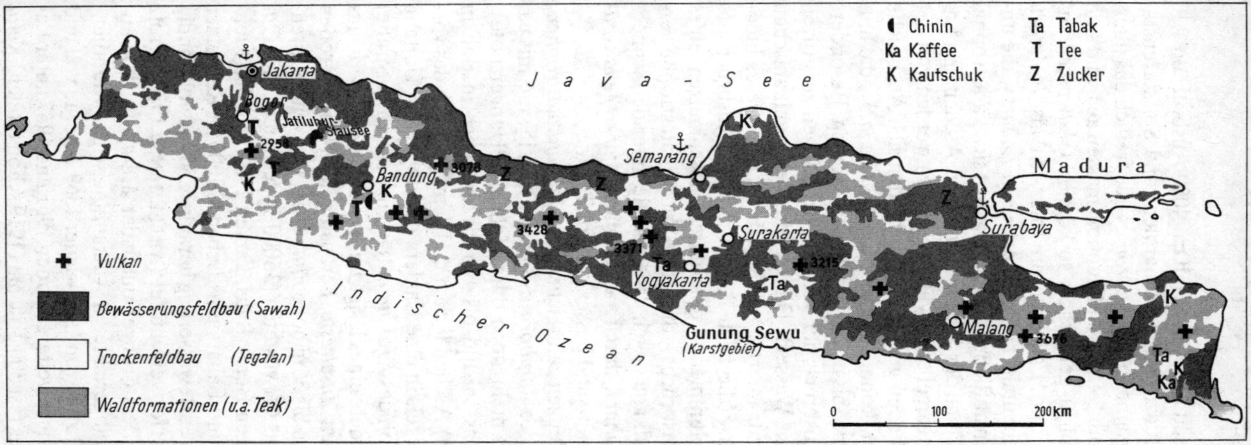


**Abb. 29:** Java
Vereinfachte Landnutzungskarte
*(Entwurf: W. Röll, 1975)*

genwart, etwa 75 waren seit 400 Jahren mit ca. 4000 Ausbrüchen – 10 pro Jahr! – noch *aktiv* (dazu 47 im Fumarolen- und Solfatarenstadium). Machen die (langsameren) *Lavaströme* – die freilich das überdeckte Land zerstören – nur 3–5% der Eruptionsmassen aus, und sind sie auch gewöhnlich weniger gefährlich, so können *Glutwolken* aus heißen Gasen, Aschen und Lavabrocken (die sich als *Ignimbrit* sedimentieren) und die ebenfalls heißen, *»primären Lahars«,* die unmittelbar bei der Eruption abfließen (bis 100 km/h), sich katastrophal auswirken. Die steilen Hänge der *Stratovulkane* (aus Aschen und Laveschichten aufgetürmte Kegel oder Vulkangebirge) werden von der Abspülung durch tiefe Rinnen gegliedert. Verbinden sich Ausbrüche mit tropischen *Starkregen,* können durch diese die *»Lahars«,* die murenartigen Schlammströme, bis in die Tiefebenen strömen. Besonders wuchtig sind sie beim Ausbruch der von den Eruptionen zerstörten Kraterseen (mit erhitztem Wasser). Die Gefahr dieser vulkanischen Schlamm-Muren führte zur internationalen Übernahme dieses indonesischen Begriffs »lahar« (die auch z. B. 1985 beim Ausbruch des Nevado del Ruiz in Kolumbien – dort durch Abschmelzen eines Gletschers statt des Seeausbruchs – die große Vulkankatastrophe verursachten; SO-Asiens Vulkane liegen dagegen alle unter der Schneegrenze). »Sekundäre« *Lahars,* durch nachträgliche *Starkregenabspülung* von Aschen, sind »kalt« und besser kontrollierbar.
Indonesien erlitt in der Neuzeit zahlreiche große *Vulkankatastrophen,* z. B. mit der Explosion des *Tambora* (Sumbawa), 1815, die mit ca. 10000 Todesopfern (und mehr noch durch folgende Hungersnöte), über 100 km$^3$ Auswurfmassen und bis 1 m dicken (noch in Bali in 300 km Entfernung 30 cm) Aschendecken und dem Einbruch des vorher über 400 m hohen Kegels in eine Caldera den doppelten Umfang der bekannteren Explosion des *Krakatau* (1883; in der Sunda-Straße) erreichte. Die letztere bildete eine riesige *untermeerische Caldera,* aus deren Rand die *heutigen Inselreste* herausragen. Neben großen Aschendecken entstanden bis 36 m hohe *Flutwellen,* die weite Küstenstriche Javas und Sumatras verwüsteten (36000 Todesopfer). Am *Gunung Agung,* dem »heiligen Berg« Balis, kamen 1963 rd. 2000 Menschen durch Ausbrüche und Lahars ums Leben, 10000 ha Reisfelder wurden für viele Jahre ihrer Bewässerung beraubt, 2500 ha vollständig zerstört und mehrere Dörfer verschüttet (A. LEEMANN, 1976). Trotz des 1922, nach schweren Zerstörungen durch den *Merapi* (d. h. »Feuerberg« – Zentral-Java) eingerichteten, vulkanologischen Warndienstes, forderte dessen Ausbruch von 1930 wieder 1369 Tote, 13 voll und 20 teilweise zerstörte Dörfer; weitere wurden 1961 und 1967 unter Lahars begraben. 1966 gab es fast 300 Tote am (1919 schon tätigen) *Kelut*

(Java). 1982 war der *Galunggung* zwischen Bandung und Tasikmalaya mehrere Monate lang tätig. Lahars und Aschen brachten Verluste an 60 Menschenleben, Siedlungen, Feld- und Baumkulturen, Fischteichen und Forsten in Millionenhöhe. 28000 Bauern wurden obdachlos, die meisten wurden als Transmigranten (s. u.) aus ihrer zerstörten Heimat nach Sumatra ausgesiedelt. Flugaschen gefährdeten mehrere Linienmaschinen und zwangen zu wochenlangen großen Umleitungen des Flugverkehrs.

Dennoch liegen rings um die Vulkane die stärksten *agrarischen Bevölkerungsballungen,* da sie auf den Böden *nährstoffreicher Aschen* und kalkalkalischer Laven (im Rohzustand grob texturierte, noch weniger günstige Regosole, die zu humus- und mineralreichen, schwach sauren Andosolen und Latosolen verwittern) *beste Anbaubedingungen* finden (bis auf die wenigen Ausnahmen saurer, liparitischer und dacitischer Aschen, auf denen z. B. in einigen Teilen Sumatras auch auf vulkanischen Böden siedlungsleere Waldgebiete bestehen blieben). Neuere Aschenfälle ergänzen die Nachhaltigkeit der fruchtbaren Böden, so daß der Nährstoffhaushalt ungleich günstiger ist als auf den anderen Tropenböden. An den niederschlagsreichen Vulkanen speist die – in den Aschen *gespeicherte* und *gleichmäßige – Wasserabgabe* die *Bewässerungssysteme. »Quellkuppen«* aus erstarrten Lavapfropfen, *Lavablocktrümmer* und *Schlackenfelder* bleiben dagegen *kaum nutzbar,* wie etwa große Fächen des menschenarmen *westlichen Balis,* das scharf zu den fruchtbaren, dicht besiedelten und intensiv bewässerten Terrassen und Flächen Zentral- und S-Balis kontrastiert; auch im O der Insel haben Lahars viele Felder und Siedlungen zerstört. Höchste Agrargunst und Siedlungsdichte haben die flachgeneigten, gut bewässerbaren *»Vulkanschleppen«,* deren Aschen in die *intramontanen Becken* oder *Küstenebenen* gespült wurden. Bis zum Übergang in die hohen steilen Kegel (die noch z. T. bewaldet sind) und ihren »Quellhorizonten« konnten diese standfesten Aschenböden in Jahrhunderten in die »quasi-natürlichen Ökosysteme« (UHLIG, 1984) riesiger *Terrassentreppen* verwandelt werden. In den vulkanumrahmten Becken *Zentral-Javas* finden sich *Bevölkerungsdichten* bis 1615 EW/km$^2$ (Bezirk Klaten) und auch zahlreiche Städte, wie Bandung, Yogjakarta, Surakarta, Malang, Kediri u. a.

*Historische Vulkankatastrophen* haben wohl auch zur Verlagerung von Macht- und Bevölkerungszentren geführt, da z. B. große Ausbrüche des Merapi im 11. Jh. mit dem Erlöschen des Mataram-Reiches und der Verschiebung der javanischen Hochkulturzentren von Mittel- nach O-Java zusammenfallen. Wo die Höhenlage es noch zuläßt, entstanden auch auf zerschnittenen *Tuffplateaus* und -hochländern alte

Reisbaukulturen, z. B. die der *Minangkabau* oder der *Batak* auf Sumatra. Die vulkanischen *Hochflächen Javas* werden stärker mit Trockenfeld-, Garten- und Teeanbau genutzt; da sie z. T. über der Reisbau-Höhengrenze (S. 143) liegen. Verbunden mit der labilen Erdkruste sind starke *Erd- und Seebeben* (letztere z. T. auch durch untermeerische Vulkanausbrüche ausgelöst). In den engen Buchten der steilen S-Küsten verstärkt sich ihre Zerstörungskraft, so daß z. B. 1977 auf Sumbawa, Lombok und Bali schwere Verluste durch Fluten nach Seebeben entstanden.

### *Die jungen Aufschüttungstiefländer*

70 % der Oberfläche Indonesiens – und 99 % der von Java – bestehen aus *jungen Sedimenten.* Während das vulkanische Material sowie die mesozoischen und tertiären Absatzgesteine (auch Korallenkalke) vielfach noch mit von der Gebirgsbildung oder -hebung erfaßt und zu einem kräftigen Relief zerschnitten wurden, sind die *jüngsten Aufschüttungsebenen,* die *Fußflächen* (»peneplains«) des Neogen (Pliozän – Pleistozän) sowie die feuchten, *alluvialen Küstenebenen,* niedrig und flach. Sie nehmen zusammen riesige Areale – auf Sumatra fast 2/3 der Insel – ein. Das Neogen, noch einige Meter ü. M., durchlässig und trocken, bietet noch brauchbares Siedlungs- und Anbauland, bewässert oder auf Regenstau, und für die Plantagenwirtschaft. Für die Nutzung der alluvialen Anschwemmungen ist es entscheidend, ob sie aus tonigen Gley- und Anmoorböden oder günstigeren *Schwemmkegeln* und *natürlichen Flußdämmen* (mit lockeren mineralischen Böden – besonders aus vulkanischem oder kalkigem Ursprungsmaterial) bestehen und ob sie über dem Wasserspiegel liegen oder zeitweilig oder dauernd überschwemmt werden bzw. gänzlich aus *organogenen Sumpfböden* bestehen. Die *Schwemmlandebenen* im *immerfeucht-innertropischen* Klima von *Kalimantan, Sumatra* und *W-Irian* sind für Siedlung und Nutzung nur wenig geeignet. Die erträumten »Reisschüsseln« können die *Feuchtböden* der temporären Überschwemmungsflächen (»banjir«) und Sumpfseen mit schwankenden Seespiegeln kaum bieten. Begrenzte Flächen konnten durch *Melioration,* Entsalzung usw. für eine geregelte – mehr von *Drainage* als Bewässerung geprägte – Landnutzung gewonnen werden. Die rapide wachsende *Unkrautkonkurrenz* erfordert beim Reisbau vor der neuen Bestellung mühsames Ausroden der völlig verkrauteten Felder; oft wird (mit geringen Erträgen) der Reis (mit Pflanzstöcken) unmittelbar in die gehauenen Grassoden verpflanzt (klimatisch bedingt bestehen

lange Wachstumszeiten, die trotz der verfügbaren Feuchtigkeit meist nur eine Reisernte jährlich erlauben) (S. 135). Die Wasserwege der *mäanderreichen Ströme* und *Deltas* sind meist die einzigen Verkehrswege, oft behindern aber Mündungsbarren die Schiffahrt (und in den Oberläufen Stromschnellen). *Rückstau* der Hochwässer durch fluviatile Aufschüttungen läßt auch noch in flachen Inlandssenken große *Binnenseen* entstehen, deren Ausdehnung mit den Niederschlagsjahreszeiten periodisch schwankt (z. B. in den Flußgebieten des Mahakam in O- und des Kapuas in W-*Kalimantan)*. Vor brandungsarmen und von einmündenden Strömen mit Schlickanlandung versorgten Küsten wachsen breite *Mangrovesäume*. Diese auf Stelzwurzeln im Gezeitenwasser stehenden Wälder nehmen auf den größeren Inseln gewaltige Areale ein und werden für Nutzung und Holzkohlegewinnung forstlich bewirtschaftet.

Den Klimazonen entsprechen auch starke *geoökologische* Unterschiede. An der N-Küste des überwiegend wechselfeuchten *Java* sind nur schmale Küstenstreifen so sumpfig (und im Naturzustand weitgehend von Mangrove bedeckt), daß sie erst durch Melioration in Naßfelder bzw. küstennah in die Teichwirtschaftsgebiete der *»Aquakultur«* (S. 194) umgewandelt werden können. Weiter landein folgen trockenere Küstenebenen, die – soweit die Bewässerung reicht – gutes Anbauland bieten und entsprechend dicht besiedelt sind. Schwieriger ist die Nutzung tonreicher, schwerer, dunkelgrauer *Vertisole,* z. B. in O-Java. Sie werden durch Mangel an Oberflächenwasser (Bewässerung durch Schöpfbrunnen aus dem Grundwasser) und Stickstoffmangel im Ertrag geschmälert. Brandungsreiche, schmälere *Ausgleichsküsten,* vor allem im S Javas, bestehen aus ganzen Serien fossiler *Strandwälle.* Da die dazwischenliegenden, verlandeten Lagunen für den Reisbau erschlossen werden konnten, bilden sie dichte *Siedlungszonen.* Als naturgegebene Reisbaustandorte ähneln sie den *Flußdamm/Rückstausenken* (»lebak«)-Systemen, die Böden der sumpfigen Lagunen (Histosole) sind aber von geringerer Qualität.

Wo vor den Küsten oder im Flachmeer reines Wasser und weniger starke Brandung herrschen, wachsen *Korallenriffe,* -atolle und -inseln, die stark zur großen Zahl der indonesischen Inseln beitragen. Nach Hebungen als Kalkplattformen landfest gewordene Inseln bieten Siedlungsplätze für Fischer und in der Nähe größerer Städte *touristische* Ziele (z. B. die »1000 Inseln« vor der Küste Jakartas). Ihre von der Brandung angelagerten Sandböden tragen allenfalls Kokospalmen; günstigere Ausnahmen entstanden durch Bedeckung einzelner Inseln mit vulkanischen (Flug-)Aschen.

### 3.2.4.2 Die regionale Gliederung

Die Größenunterschiede zwischen den anderen Staaten SO-Asiens und Indonesien legen es nahe, dessen größere Teilregionen, die allein oft die Dimensionen ganzer Länder haben, kurz zu skizzieren (Bevölkerungs- und Flächenzahlen: Tab. 2 und 9, Statist. Anhang).

Die großen westlichen Inseln, Sumatra, Borneo (indon.: Kalimantan) und Java sitzen dem Sunda-Schelf auf (S. 32) und werden als *Große Sunda-Inseln* bezeichnet.

*Java* hat nach Bevölkerungszahl und -dichte (97 Mio. EW auf knapp der halben Fläche der Bundesrepublik Deutschland), Erschließung und Wirtschaft einen deutlichen historischen und politischen Vorrang. Ihm gegenüber sind die anderen noch die »Außeninseln«, ungeachtet ihrer Opposition gegen die javanische Vormacht und aller Bemühungen um Diversifikation, Dezentralisierung und »nation building«. *Java* und *Madura* umfassen nur 7% der Fläche Indonesiens, aber 63,2% seiner Bevölkerung und haben 733 EW/km² (1983) – d.h. mehr als die zehnfache Dichte wie Sumatra oder das Neunfache des Bevölkerungsdichte-Wertes für ganz Indonesien (82,4 EW/km²)! Sie erbringen (zusammen mit Bali) 80% der indonesischen Reisproduktion. Java ist in drei Provinzen und zwei Sonderdistrikte gegliedert: *O-Java* (Hauptstadt Surabaya) und *Zentral-Java* (Semarang), die Heimat der eigentlichen Javanen, deren kulturelles Zentrum, das ehemalige Fürstentum *Yogyakarta,* einen Sonderdistrikt bildet. Die Provinz O-Java umfaßt auch die vorgelagerte Insel *Madura,* deren Bevölkerung eine eigene Sprache spricht. Das gilt ähnlich für die Provinz *W-Java* (Bandung), das Gebiet der *Sundanesen,* der zweitgrößten Volks- und Sprachgruppe des Landes. Dort bildet die *Hauptstadt Jakarta* nochmals einen Sonderdistrikt mit stark gemischter Bevölkerung (S. 555). Die Umsiedlung zahlreicher »Transmigranten« (S. 547) aus Java in die jenseits der schmalen Sunda-Straße benachbarte Provinz *Lampung* im südlichen Sumatra und die engen wirtschaftlichen Verflechtungen haben bereits zur Bildung einer *gemeinsamen Planungsregion* aus W-Java und diesem südlichsten Sumatra geführt.

*Sumatra* ist die wirtschaftlich stärkste und die größte ausschließlich indonesische Insel, die noch größeren Borneo/Kalimantan und Neuguinea/Irian sind politisch geteilt. Die Insel ist 473606 km² groß (Abweichende Angaben von 541174 km² umfassen auch die zu den Provinzen Sumatras gehörigen, vorgelagerten Inseln); das entspricht etwa ¼ der Fläche Indonesiens. Es hat 31 Mio. EW (65,3 EW/km² – 1983), ist fast doppelt so groß wie die Bundesrepublik Deutschland und hat gut die Hälfte von deren Einwohnerzahl.

Gestützt auf den *See- und Flußverkehr* entwickelten sich die einzelnen Regionen Sumatras weitgehend unabhängig voneinander, da für den Binnenverkehr keine durchgehenden Verbindungen bestanden. Erst jetzt wurde ein »Trans-Sumatra-Highway« gebaut. So entstand *kein Oberzentrum* für ganz Sumatra, *Medan* dient nur dem N und *Palembang* dem SO; die meisten Provinzhauptstädte sind direkt über den See- und Luftverkehr nach Jakarta orientiert. Auch die *ethnischen Gruppen* lebten weitgehend in sich geschlossen; erst die neuzeitlichen Bevölkerungsbewegungen haben regional, z. B. in den Plantagen- und Erdölgebieten, stärkere Vermischung gebracht. *(Küsten-)Malayen* und im N die *Aceh* besiedelten das Tiefland. Sie sind »jung-indonesische« (S. 62f.) und stark islamisierte Völker, wie auch die *Minangkabau* im Hochland und an der mittleren W-Küste *(mit Padang)*. Sonst herrschen im Hochland »alt-indonesische« Völker vor, wie *Batak, Garo* u. a. Plantagenarbeit und später Transmigration ließen zahlreiche *Javanen* zuwandern, an den Küsten setzten sich *Bugis* (S. 503) fest; dazu *Chinesen* in den Städten. Administrativ ist die Insel in die Provinzen *N-Sumatra* (Medan), *W-* (Padang) und *S-Sumatra* (Palembang), *Riau* (Pekanbaru), *Jambi, Bengkulu* und *Lampung* (Telukbetung/ Tanjung Karang) und den Sonderdistrikt *Aceh* (Bandar Aceh/Kutaraja) gegliedert; letzteres ist eine Konzession an das unabhängigkeitsbewußte und orthodox-islamische, ehemalige Sultanat Aceh. Die Provinz *Riau* verbindet den gleichnamigen Archipel mit Teilen des O-Küsten-Tieflandes (Ölhafen *Dumai)*. Die »Zinninseln« *Bangka* und *Belitung* sind S-Sumatra zugeordnet, die Inseln vor der W-Küste *(Nias, Mentawai* usw.) den jeweils angrenzenden Provinzen.

*Kalimantan,* Indonesisch-*Borneo* (73 % der gesamten Insel), war wenig erschlossen und bevölkert (13,6 EW/km$^2$, 1983). An den Küsten wurde es von *Malayen* und *Bugis,* im Inneren von *Dayak*-Völkern, bewohnt (S. 62). Noch ausgeprägter als in Sumatra wurde das Innere nur von See her (über die Flüsse) erschlossen (RUTZ, 1976). Aus den von großen Waldgebieten getrennten Landesteilen wurden die heutigen Provinzen; selbst die modernen Flugverbindungen sind noch immer über Jakarta oder Surabaya günstiger als innerhalb der Insel.

*S-Kalimantan* ist seit der Herauslösung einer (von den Dayak dominierten) Provinz *Zentral-Kalimantan* flächenmäßig relativ klein; seine Hauptstadt, *Banjarmasin,* im Barito-Delta, ist Zentrum eines für Borneo-Verhältnisse relativ dicht besiedelten Raumes (einschließlich Hulusungei am Fuß des Meratus-Gebirges). *W-Kalimantan,* einst mehrere Sultanate, hat *Pontianak* (Hafen der Kapuas-Mündung) als Zentrum; seine N-Küste hat eine starke chinesische Minderheit (seit dem Goldbergbau im 17.–19. Jh.).

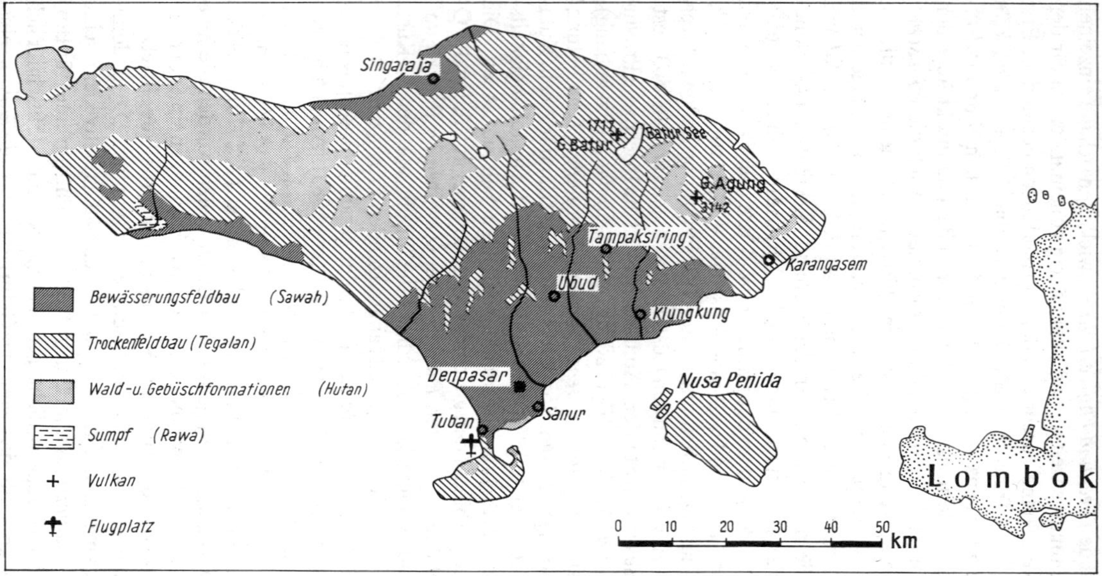


**Abb. 30:** Bali – Vereinfachte Landnutzungskarte *(Entwurf: W. Röll, 1975)*

In *O-Kalimantan* hat *Samarinda* (am Mahakam) Tenggarong – den Sitz des alten *Sultanats Kutai* – als Hauptstadt abgelöst; *Balikpapan* ist mit der Ölindustrie noch stärker gewachsen. O- und in zweiter Linie W-Kalimantan sind heute die Regionen einer *rapiden Wirtschaftserschließung* (Erdöl und -gas, Hölzer und Folgeindustrien). Kalimantan soll auch agrarisch und bevölkerungsmäßig stärker erschlossen werden und wurde deshalb heute ein vorrangiges Ziel der »Transmigration«.

*Sulawesi* (Celebes, Selebes) – flächenmäßig größer als Java (Tab. 9) – ist nach Lage, Bevölkerung und Entwicklung (und auch geo-tektonisch – s. o.) relativ selbständig. Seine starke Zergliederung durch steile und hohe Gebirge (bis 3455 m, aber nur im NO junge Vulkane) und tiefe Golfe erlauben zwischen einzelnen Inselteilen nur See- (und Flug-)Verkehr. Dennoch konnte *Makassar* (heute: *Ujung Pandang)* – auch als historische Vormacht – die Rolle als Hauptstadt der ganzen Insel, über die alle Verbindungen nach Surabaya bzw. Jakarta und die der dicht bevölkerten Provinz *S-Sulawesi* laufen, mit den *Makassaren* und den seetüchtigen (aber auch bäuerlich tätigen) *Bugis* behaupten. In ihrem gebirgigen N liegt das *Toraja-Land* (Tanah Toraja), dessen ethnische Tradition zu den (auch künstlerisch und agrartechnisch) höchstentwickelten der »alt-indonesischen« Stammeskulturen zählen (geringfügig von christlicher und islamischer Missionierung erfaßt). Relativ gut entwickelt und eigenständig ist auch der nordöstliche Halbinselsporn von *Minahasa* mit *Manado* (Menado) als Provinzhauptstadt *N-Sulawesis*. Viele seiner marktorientierten Kleinpflanzer (Kokos, Gewürze) sind durch portugiesisch-kolonialen Einfluß katholisch missioniert. Die erst jünger ausgegliederten Provinzen *Central-* (Palu) und *SO-Sulawesi* (Kendari) sind wenig erschlossen geblieben; der Nickelbergbau (S. 572) trägt jetzt zu einer Änderung in SO-Sulawesi bei.

*Bali* (noch auf dem Sunda-Schelf) steht nach Umfang, Lage, als Verkehrsmittler und durch das Ausgreifen balinesischer Siedlungen nach O schon den Kleinen Sunda-Inseln nahe. Andererseits verbinden es seine hindu-javanische Kultur, die auch religiös überlebte, die Dichte der Bevölkerung, der intensive Reisbau und die Verkehrssituation enger mit Java. Der Status als Provinz (und die Hauptstadt *Denpasar*) sind jung, traditionell war es in acht bis neun *ländliche Kleinfürstentümer* aufgeteilt, die heute noch hohen sozialen Rang haben. Spät der kolonialen Herrschaft unterworfen (und nur im nördlichen Küstenstreifen vom Islam erfaßt), ließ die Verbindung seiner hohen Kultur mit eindrucksvollen Vulkan-, Küsten- und Reisterrassenlandschaften Bali zum Hauptziel des modernen Tourismus werden.

Der Abbruch des Sunda-Schelfs in der 33 km breiten Lombok-Straße – dennoch Sichtverbindung – gliedert die Inseln östlich Balis als *Kleine Sunda-Inseln* ab.
Die *Trockenmonate* im Monsunrhythmus werden nach O immer *länger.* Mit häufig zu Dornbusch oder Savannen degradierter Vegetation und nur in einzelnen Gunsträumen dichter besiedelt, weichen diese Inseln stark vom feucht-tropischen Indonesien ab, ebenso kulturell – mit Zunahme des melanesiden Bevölkerungssubstrats nach O – und im *Erschließungsstand* (bei starker insularer Aufsplitterung). Außer den Nachfahren balinesischer Eroberer im W, gehören die *Sasak* auf *Lombok* und die Ethnien auf *Sumbawa* noch dem *Islam* an. Von *Flores* nach O nehmen *Stammesreligionen* und die *christliche Mission* zu, die auch die Infrastruktur trägt. Die Inseln bilden zwei Provinzen; die westliche, *Nusa Tenggara Barat,* wird von *Mataram* verwaltet, das am W-Rand *Lomboks* mit dem Hafen Ampenan und der balinesischen Gründung Cakranegara zu einem Zentrum zusammenwächst. Die Reisbaugebiete im Inneren sind übervölkert wie in Java und Bali, das vulkanische Waldgebirge im N und der südliche Kalkstreifen sind menschenarm. Im langgestreckten *Sumbawa* nimmt trockener Dornbuschwald – z. T. auf weniger nährstoffhaltigen Vulkaniten und Sedimenten – erstmals größere Areale ein, die »Orang Sumbawa« (sprachlich den Sasak verwandt) und zugewanderte Bugis und Balinesen besiedeln den W; die *Bima* im O-Teil gehören schon mit dem westlichen Flores und Sumba zur »Bima-Sumba«-Sprachgruppe. *Nusa Tenggara Timur,* die östliche Provinz, ist noch stärker gegliedert; der alte Hafen *W-Timors, Kupang,* ist ihre Hauptstadt. Der relativ trockene, durch Entwaldung degradierte äußere Inselbogen *(Sumba, Sawu, Roti, Timor* usw.*)* mit durchlässigen Kalken und Sandsteinen oder leicht erodierbaren Mergeln ist relativ dünn besiedelt. Auf den vulkanischen bzw. Tuff-Inseln *(Flores, Solor, Adonara, Lomblen, Alor* usw.*)* leben dichtere Bevölkerungen in einzelnen Gunsträumen.
*O-Timor* (Hauptstadt *Dili*) kam erst 1976 mit dem Ende des letzten, seit 1556 portugiesischen Kolonialbesitzes in SO-Asien (als 27. Provinz) an Indonesien. Das hinterließ dieser wenig entwickelten Inselhälfte eigenes Gepräge, ethnische Struktur und politische Probleme (S. 589). Als eine der trockensten Inseln – N-Küste im Lee des SO-Monsuns nur 565 mm Niederschlag/Jahr – und mit armen Böden auf Kalken (z. B. gehobene Korallenplattformen), Mergeln und kristallinen Schiefern ist Timor dünn besiedelt und durch Holzeinschlag (Sandelholz), shifting cultivation (Mais) und Überweidung stark degradiert; Kaffee ist das einzige Exportprodukt.
Die heute entlegenste Provinz, die *Molukken (Maluku),* hatten einst

als »Gewürzinseln« die ältesten Seehandelskontakte zu Europa. Seit 1503 portugiesisch beeinflußt, anfangs noch mit Spanien umstritten, wurden sie ab 1605 von den Holländern kontrolliert. Auf *Halmahera*, der größten vulkanischen Insel der *N-Molukken*, blieben isolierte Sprachgruppen erhalten; die vier kleinen Inseln vor seiner W-Küste (mit Ternate und Tidore) waren malayisierte Sultanate.

Die *S-Molukken – Ambon* (Amboina und die Uliasser-Inseln), *Ceram* (Seram), *Buru* usw. sind stärker *christianisiert* und haben z. T. alt-indonesisch-melanesische Mischbevölkerungen (Ambon-Timor-Sprachgruppe); die kleinen Inseln Ambon und weiter südlich davon das vulkanische *Banda* sind dagegen stärker malayisch besiedelt (dazwischen auf den *Sula*- und *Obi*-Inseln wieder andere Sprachgruppen).

Blieben gerade die größeren Inseln nur dünn besiedelt, so drängt sich auf den kleinen – als *altkoloniale Kontaktgebiete* bekannt gewordenen – Inseln *Ambon, Banda-Neira, Ternate* und *Tidore* eine *dichte Bevölkerung;* die vier Inselchen allein umfassen ein Viertel der Gesamtbevölkerung der Molukken (ca. 1,5 Mio. EW). Der holländische Kolonial- und Missionseinfluß sollte Ambon später noch erhebliche Probleme bringen (S. 585). Gewürz- und Kokospflanzungen sind die wirtschaftlichen Grundlagen, der Reisbau ist kaum bis auf die Molukken vorgedrungen. Am S-Rand der *Banda-See* gehören noch *Wetar, Romang* usw., eigentlich Fortsetzungen der Kleinen Sunda-Inseln, sowie die *Tanimbar*-Inseln (Jamdena), die *Kai*-Inseln und, schon in der Arafura-See, die *Aru*-Inseln (herausgehobene Korallenplattformen) zur Molukken-Provinz.

Schon außerhalb des »Kulturerdteils« SO-Asien mit *melanesider und Papua-Bevölkerung* kam 1963/69 aus dem letzten holländischen Kolonialbesitz das riesige *Irian Jaya* (= *W-Irian* bzw. *W-Neuguinea)*, das 54 % der Insel Neuguinea einnimmt, zu Indonesien (S. 587); Hauptstadt: *Jayapura* (früher »Hollandia«) an der N-Küste. Der S-Teil sitzt bereits dem *Sahul-Schelf* (australischer Festlandssockel) auf. Er umfaßt ausgedehnte Regenwaldtiefländer, während das zentrale (Grund-) Gebirge über 4884 m (S. 35) erreicht und kleine Gletscher trägt. Der nördliche Küstensaum ist schmal, die nach W vorspringende Candrawasih (= Vogelkop)-Halbinsel und die Inseln *Biak, Misoöl, Waigeo, Japen* u. a. sind erdölreich und standen früher z. T. unter der Oberherrschaft der Molukken-Sultanate. Bei ca. 1,3 Mio. EW ist die Bevölkerungsdichte außerordentlich dünn (1–2 EW/km²). Während seitens der einheimischen Papua noch Widerstand gegen die Eingliederung geleistet wird, forciert der Staat heute die Assimilation in die indonesische Nation. Außer durch Beamte und Militär wird vor allem mit der planmäßigen Ansiedlung von *Transmigranten* aus Java (S. 547), aber auch durch starke spontane *Seezuwanderung* (besonders durch Bugis) der indonesischstämmige Bevölkerungsanteil laufend verstärkt; in den verkehrserschlossenen Küstengebieten bildet er schon die Bevölkerungsmehrheit (S. 588).

### 3.2.4.3 Ethnische und religiöse Differenzierung, Bevölkerungsentwicklung und -verteilung

Die letzte Statistik der Ethnien (1930) wies 61 Volksgruppen aus, während anthropologische Untergliederungen ca. 360 Ethnien ergeben (JASPAN, 1959). Über 100 weitere kamen mit Irian Jaya und O-Timor hinzu. Bis auf wenige Ausnahmen, die zur austronesischen (malaiopolynesischen) Sprachfamilie gehören, bestehen durch die insulare Zersplitterung ca. 250 *Regionalsprachen*. Javanisch (mit ca. 50 Mio.), Sundanesisch (mit ca. 15 Mio.), Malayisch (mit ca. 10 Mio.), Maduresisch (mit ca. 6 Mio.), Batak (mit 2,5 Mio.), Balinesisch und Aceh (mit je 2 Mio.) Sprechern sind die größten Sprachgruppen (NOTHOFER, 1979). Die zehn stärksten Regionalsprachen umfassen zusammen ca. 3/4 der Gesamtbevölkerung. Verbindend ist die seit 1928 ausgebaute, 1945 zur *Staatssprache* (S. 101 u. 488) erhobene *Bahasa Indonesia* (BODENSTEDT, 1967). Neben der Majorität des *Islam* haben *Christentum* und *Hinduismus* und zahlreiche *Stammeskulte* ihren Anteil (Karte 6); kulturell bzw. in den sozialökonomischen Entwicklungsstufen reicht die Spanne von »Jägern und Sammlern« über agrarische Hochkulturen bis zur modernen Großstadtgesellschaft, die mit einem hohen Anteil von *Chinesen* ebenfalls soziale und ethnische Pluralität zeigt.
Für die alte Besiedlung zeugen aus der *frühesten Menschheitsgeschichte* die Funde des Pithecanthropus Modjokertis (bei Mojokerto, O-Java, ca. 1,9 Mio. Jahre), des Pithecanthropus erectus oder »Java-Menschen« (des ersten Aufrechtgehenden, Mittelpliozän, rd. 710000 Jahre), des »Solo-Menschen« (Homo soloensis, schon mit Steinwerkzeugen, letzte Zwischeneiszeit, am Solo-Fluß, Mittel-Java) und schließlich des »Wajak-Menschen« (wohl der erste Homo sapiens-Typ). Steinbeile und Hackspuren belegen eine neolithische Landwirtschaft. Als *Reste* noch überlebender *Altvölker,* der *»Negritos«* (S. 61), finden sich die Orang Akit in den Wäldern Sumatras; Gruppen *weddider Völker* auf den Mentawai-Inseln, die Toala auf Sulawesi und Kubu/Lubu in Sumatra – meist noch »Jäger und Sammler« oder Wanderfeldbauern.
Sehr viel stärker sind im östlichen Indonesien die dunkelhäutigen und

kraushaarigen, großwüchsigen und progressiven *Melanesiden,* von denen seit der Angliederung W-Irians und O-Timors ca. 1,5 Mio. in Indonesien leben. Sprachlich sind sie in die Gruppe der eigentlichen Melanesier und die Mehrheit der *Papua-Völker* unterteilt, mit über 100 Stammessprachen und -dialekten (S. 61). Zum Teil mit alt-indonesischen Völkern vermischt wurden die *melanesiden Bevölkerungen* der östlichen *Kleinen Sunda-Inseln,* von denen nach O zu immer stärkere Anteile erhalten blieben, obwohl auch die malayische Überwanderung entlang der Küsten schon weit vorgedrungen ist. Von *Bima* (Sumbawa) und *Flores* an finden sich, vor allem auf den entlegenen Inseln in der *Banda-* und *Arafura-See* und auf den *Molukken,* zunehmend melaneside Gruppen. Die melanesid-malayischen Mischbevölkerungen der Molukken werden auch als *Alfuren* bezeichnet.
Das Hauptvolk, die *Indonesier,* gehören zur palä-mongoliden Rasse. Ihre Hochkulturen werden herkömmlich als *»Jung-Indonesier«* (Deutero-Malayen) von den *»alt-indonesischen«* Bergvölkern (Proto-Malayen) unterschieden, die vielfach ihre eigene Stammeskultur gegenüber dem Islam bewahren konnten, z. T. auch christlich wurden. Viele »Stammes«-Bezeichnungen sind aber nur Sammelbegriffe – allein die Dayak Borneos lassen sich z. B. in über 300 Stammes- oder Sprachgruppen gliedern. Neuere Forschungshypothesen (S. 63) erwägen als Ursache der alt- und jung-indonesischen Differenzierung eher ökologische und kulturelle Anpassung anstelle der »klassischen« Theorie verschiedener »Wanderungswellen«. Die Mehrheit der *jung-indonesischen Völker* entwickelten historische *Territorialherrschaften,* Reis im *Pflugbau,* hochstehende Bewässerungstechniken, *Schrift- und Literatursprachen* und künstlerische Ausdrucksformen verbunden mit *Buddhismus* und *Hinduismus,* von denen die *»insel-indische« Kultur* geprägt wurde. Seit dem 13. Jh. begann eine unterschiedlich starke Überformung durch den *Islam.* Der für ganz SO-Asien kennzeichnende Hang zum *Synkretismus,* zur Verschmelzung der verschiedenen Glaubens- und Ausdrucksformen (auch mit noch vor-hinduistischen Elementen), ließ viele Spielarten entstehen. Die Erhaltung eines eigenständigen Hinduismus – mit einem rudimentären Kastensystem – auf *Bali* ist ebenso ein Ausdruck dafür, wie die in Zentral- und O-Java fortlebende hindu-javanische Tradition (S. 106).
Der orthodoxe Islam, besonders dessen »fundamentalistische« Richtung, ist heute Opponent der weltlichen Staatsform (S. 586) aber auch eine Komponente der gemeinsamen Kultur der jung-indonesischen Völker. Die *Javanen,* die *Sundanesen* (im W-Teil Javas) und die *Maduresen* (auf Madura und O-Java) sind nicht nur als Bewohner der volkreichsten und politisch bestimmenden Insel die bedeutendsten

jung-indonesischen Völker, sondern auch am nachhaltigsten vom Kontakt mit der europäischen Kolonialherrschaft und der Geldwirtschaft geprägt worden. Mit Java eng verbunden, von wo ein Teil der alt-javanischen Aristokratie nach der Eroberung durch den Islam nach Bali auswich, gehören auch die rd. 3 Mio. *Balinesen* zu dieser Gruppierung.

Stärker vom Islam und von der »malayischen Kultur« im engeren Sinne bestimmt sind die jung-indonesischen Völker der sogenannten *»Außeninseln«*. In *Aceh*, dem N Sumatras, wo er Ende des 12. Jhs. zuerst Fuß faßte, ist die Vorherrschaft des schafiitischen *Islam* noch heute so stark, daß diesem früheren Sultanat ein politischer Sonderstatus (S. 501) eingeräumt werden mußte (ähnlich dem – in diesem Falle hindu-javanisch geprägten – Fürstentum Yogyakarta in Java). Trotz ihres dem Islam eigentlich wesensfremden, mutterrechtlichen »*Adats*« (heimisches Gewohnheitsrecht) sind auch die *Minangkabau* (im Hochland W-Sumatras und Padang) relativ stark islamisch orientiert (B. DAHM, 1983). Mit der Tradition eines frühen hinduistischen Königreiches, hoher Bildung und Mobilität, die einst auch in der Wanderung nach Negri Sembilan (Malaysia) (S. 434) Ausdruck fand, nehmen sie eine im Verhältnis zu ihrer Zahl (ca. 3,5 Mio.) bedeutende Stellung in Politik und Gesellschaft und in der Zuwanderung in die (javanischen) Großstädte ein (U. SCHOLZ, 1977). In den einstigen Sultanaten der N-Küste (z. B. *Deli* – mit Medan – *Jambi, Palembang* [der einstigen Hauptstadt des Sri Vijaya-Reiches]) oder auf den *Riau*-Inseln etablierten sich weitere jung-malayische Völker und Herrschaften.

Die Ausbreitung des Islam ging von den *Küsten* aus, wo sich in den Deltas der großen Ströme einzelne *Sultanate* etablierten, von denen die Besiedlung stromaufwärts fortschritt. Aber auch auf *Java* (und am N-Saum Balis) wurde der Sieg des Islam über die älteren hindu-javanischen Königreiche von den zuerst an der N-Küste errichteten Sultanaten in das Innere getragen. Das ist auch in *Kalimantan* erkennbar, dessen Aufschließung von einzelnen, durch riesige Wald- und Sumpfgebiete voneinander getrennten malayischen Küstensultanaten, z. B. *Pontianak, Samar, Banjarmasin, Kutai* u. a., entlang der Ströme ins Innere vorrückte. Dort blieben die Waldgebirge Siedlungsraum der alt-indonesischen *Dayak*, während die »*Küstenmalayen*« mittels des Umschlages vom See- zum Flußhandel (und früher auch der Piraterie) das Hinterland beherrschen und die Träger der staatlichen Ordnung sind.

Besonders weitläufig sind die Wander- und Siedlungsbewegungen der größten jung-indonesischen Volksgruppe auf *Sulawesi*, der *Bugis*, und der ihnen benachbarten *Makassaren*. Beide sind nicht nur als Seefahrer (Händler, Fischer, Piraten), sondern auch als Reisbauern, Pfefferpflanzer usw. und sogar als Gebirgssiedler, historisch auch mit kriegerischen Territorialherrschaften, hervorgetreten. An den Ausbreitungsbewegungen entlang der Küsten und zahlreichen Inseln haben auch die *Maduresen, Banjar, Bajau, Suluk* u. a. ihren Anteil. Kleine »seeschweifende Gemeinschaften« leben – noch ohne landfesten Wohnsitz – in abgelegenen Insel- und Mangrovegebieten als Fischer und Sammler (Crustaceen usw., Mangroveholz): die »*Orang Laut*« u. a., d. h. Meeres- bzw. Seemenschen (TAUCHMANN, 1985).

Die marinen Wanderungen und der – mit dem Islam verknüpfte – *(See-) Handel* ließen auch die Lingua franca des »*Bazaar Malayischen*« entstehen, das Grundlage für die junge Nationalsprache »*Bahasa Indonesia*« wurde (S. 101). In jüngerer Zeit haben sich in den *Großstädten* neue Volksgruppen formiert, von denen die »Orang Jakarta« (früher auch »Batavier«) eine eigene Identität fanden (auf der Grundlage der »Bahasa Indonesia«, aber auch mit chinesischen Komponenten).

Trotz ihrer Zersplitterung auf verschiedene Inseln – und meist noch in den inneren Berggebieten – heben sich die »*alt-indonesischen*« Völker durch auffällige gemeinsame Eigenschaften von den sogenannten »Hochkulturen« ab. Ihre *Stammestraditionen*, künstlerischen Ausdrucksformen, Kulte und sozialen Normen sind sehr *hochstehend*; ihre Stammesfürstentümer oder Sippenverbände zeigen stärkere räumliche Geschlossenheit als bei den ihnen kulturell nahestehenden Bergvölkern im festländischen SO-Asien. Sie blieben länger auf der Stufe der »sippenbäuerlichen Selbstversorgerwirtschaft« (H. BOBEK, 1959). Häufig – aber keineswegs ausschließlich – übten sie den Brandrodungs-Wanderfeldbau, nur z. T. mit temporärer Verlagerung von Anbauflächen und Wohnsitz. Gegenüber der (wiederum in Hinterindien häufigeren) Unterscheidung von Hochkulturvölkern mit Dauersiedlung und Naßreisbau und Berg- bzw. Altvölkern mit Brandrodungs-Wanderfeldbau hat ein Teil der alt-indonesischen Völker schon seit längerer Zeit auch permanente Wirtschafts- und Siedlungsformen aufgenommen, sei es *Naßreisbau* (z. B. Toraja, Batak) oder *Baumkulturen* (Kaffee, Kautschuk usw.) mit Trockenlandreis, Gemüse usw. (S. 62), und oft mit dauerhaften Dörfern mit besonders kunstvollen Haustypen (Bilder in: W. IMBER U. UHLIG, 1973).

Die *Batak* (Hochland von N-Sumatra) und die *Dayak*-Völker (Kalimantan) sind mit je 2–3 Mio. Menschen die stärksten alt-indonesischen Völker, die *Toraja* (Sulawesi) zählen etwa 0,6–1 Mio. Kleinere alt- oder jung-indonesische Gruppen wurden oft unter dem Namen ihrer Inseln zusammengefaßt (z. B. *Ambonesen, Timoresen*), obwohl auch dort starke Untergliederung in zahlreiche Ethnien bzw. Sprachgruppen besteht. Die mangelnde Kenntnis ihrer kulturellen Eigenwelt hat zu abschätzigen Bezeichnungen als »Wilde« geführt, weil der Islam dort nur randlich Fuß fassen konnte und Vorurteile gegen die Schweinefleisch verzehrenden – oder wegen der kultisch bedingten Kopfjagd des Kannibalismus geziehenen – »Animisten« hegte und weil diese vehement ihre Unabhängigkeit gegen die Küstensultanate verteidigten (z. B. die Batak gegen Aceh).

### *Die christlich missionierten Gruppen*

Ohne Zugehörigkeit zu einer (schriftlich fixierten) »Hochreligion« waren die *alt-indonesischen* Stämme später den *christlichen Missionen* leichter offen, die auch Teile der melanesiden bzw. Papua-Völker gewannen. Beispiele bieten die protestantische »Rheinische Mission« bei den Batak (PARDEDE, 1975) oder die Steyler-Mission der Katholiken auf den Kleinen Sunda-Inseln. Auf den verkehrsungünstigen Inseln des O, in Irian Jaya und im Inneren Borneos wurden die Missionen zugleich Träger der *Infrastruktur*. Ihr Wirkungsfeld reicht – heute mit Unterstützung der Regierung – von Schulen, Universitäten oder Krankenhäusern bis zu landwirtschaftlichen Genossenschaften u. ä., missionseigene Flugunternehmen helfen, die Verkehrserschließung in den abgelegenen Inseln zu bewältigen. Die *Minahasa* (Menadonesen) in N-Sulawesi und die *Ambonesen* (südliche Molukken) sind die einzigen größeren *jung-indonesischen* Gruppen, die (portugiesisch bzw. holländisch) *christlich* missioniert wurden – in nachbarschaftlicher Lage und mit sprachlicher Verwandtschaft zu den *Philippinen*, wo die Mehrheit der jung-indonesischen Völker durch die Spanier früh christianisiert wurde. Die Auswirkungen der christlichen (und auch der islamischen) Missionierung sind verschieden. Einige Völker, besonders wieder die Batak und die Toraja – soweit von der Mission erfaßt – vermochten ihre Traditionen weitgehend mit dem neuen Glauben zu verschmelzen und zu bewahren. Bei anderen hat dagegen die Missionierung zusammen mit Maßnahmen der staatlichen Verwaltung – z. B. Umsiedlung und Auflösung der traditionellen Lebensformen, wie der Langhäuser der Dayak in größeren Teilen Kalimantans – zu Verlusten alten Kulturgutes, der völkischen Identität und oft auch der physischen und psychischen Konstitution geführt (S. 550). Das wird beim Vergleich mit O-Malaysia deutlich, wo die Wahrung der einheimischen Traditionen – z. B. der Langhäuser – gelang (z. T. modernisiert) und insgesamt die Dayak-Inlandsvölker viel stärker am politischen und sozialökonomischen Leben beteiligt sind.

*Islamische, indische und chinesische Zuwanderer*

Obwohl indische und islamische Einflüsse Indonesien stark bestimmt haben, blieben unmittelbare Zuwanderungen auf assimilierte, kleine Gruppen *indischer* oder *arabischer* Kaufleute beschränkt. Nachfahren einiger arabischer Familien spielen im geistigen Leben des Islam noch eine Rolle. Abgesehen von *Aceh*, »der Veranda Mekkas in Indonesien«, erhielten auch einzelne alte islamische Hafenstädte, z. B. *Gresik* (O-Java), eine stärkere, orientalisch-muslimische Prägung.
Ganz anders verlief dagegen die *chinesische* Einwirkung, die einen kaum exakt erfaßbaren Bevölkerungsanteil von ca. 4 Mio. in Indonesien entstehen ließ. (Die übliche Schätzung auf 2–3 Mio. erscheint zweifelhaft, da ja auch diese Volksgruppe am starken Bevölkerungswachstum teilhat.) Kontakte brachte schon der Seehandel seit der Han-Periode (S. 76), Niederlassungen und Handelskolonien in Hafenstädten folgten seit dem 13. Jh., und alt-chinesische Keramik gelangte bis in die Langhäuser der Dayak.
In der *frühen Kolonialzeit* ermunterten die Holländer die Niederlassung chinesischer Zucker- und Gewürzpflanzer im Umkreis Batavias. Im späten 18. Jh. zogen die Goldfunde in *W-Kalimantan* eine starke chinesische Einwanderung an, aus der ein dort noch heute erheblicher (ca. 30 %) chinesischer Bevölkerungsanteil resultiert. Noch stärker war die Zuwanderung in den *Zinnbergbau* der Inseln *Bangka* und *Belitung*, die im 19./20. Jh. dort eine ca. 38 % starke chinesische Bevölkerung, auf den *Riau-Inseln* (gegenüber Singapur) sogar bis zu 50 % entstehen ließ (LIEM, YOE-SIEO, 1980). Auch die Entfaltung der *Plantagenwirtschaft* wurde ein Magnet für chinesische Zuwanderer, so daß an der O-Küste Sumatras bis zu 28 % Chinesenanteil entstand, der später überwiegend auf *Medan* und die anderen Städte zurückgedrängt wurde. In Gesamt-Indonesien rechnet man ca. 2,5– 3 % chinesischen Anteils.
Anfangs überwogen Männer (S. 94), die sich – z. T. durch Heirat mit einheimischen Frauen – zunehmend assimilierten. Diese, schon seit Generationen ansässigen Chinesen werden als »*Peranakan*« (»Kinder des Landes« – ähnlich den »Baba«, den Altchinesen in Malaysia, S. 418 f.) von den »*Totok*« (»Fremden«), den jünger zugewanderten, unterschieden. Während die ersteren weitgehend die Staatsangehörigkeit als »Indonesier chinesischer Herkunft« haben, sind die letzteren staatenlos oder Staatsangehörige der Republik China (Taiwan) oder der VR China. Ihre Konzentration in den *Städten* ist an Handel, Handwerk, Bankwesen und andere »tertiäre« Berufe gebunden (S. 95 f. u. 202). In *W-Kalimantan*, *Riau* und *Bangka*/*Belitung* sind die für den

*Bergbau* zugewanderten Chinesen z. T. Kleinpflanzer und Reisbauern geworden. Häufiger aber war eine Funktion als »Mittelsmann«, die auch Zins- und Schuldabhängigkeiten brachten (S. 95), die allerdings keineswegs auf Chinesen beschränkt blieben, so daß trotz der z. T. starken Assimilation bei den »Pribumi« (= Einheimischen – vgl. die »Bumiputera« S. 417) immer wieder Vorurteile gegen die »Orang Cina« wuchsen, die auch vom Islam genährt wurden. Vielfach wurzeln sie in unterschiedlichen sozialen Verhaltensweisen, in der ökonomischen Konkurrenzsituation der ethnischen Gruppen (besonders der *chinesischen Handelsminorität* gegenüber der anderen Mentalität der indonesischen Agrargesellschaft), aber auch in der historischen Abwehrhaltung. So kam es schon in der Kolonialzeit wie nach 1945 – in Abständen und in verschiedenen Regionen noch bis 1980 – zu Chinesenverfolgungen, die auch zur Abwanderung führten (um 1965 gingen nahezu 100000 zurück nach China). Seit der vermutlichen Unterstützung des niedergeschlagenen kommunistischen Putsches (1965) durch die VR China sind die diplomatischen Beziehungen abgebrochen. Verfolgungen, besonders 1967 in W-Kalimantan und vorher in Aceh und verschiedenen Inseln, führten zur Vertreibung der Chinesen vom Lande und zur Beschränkung ihrer Ansiedlung auf städtische Verwaltungsbezirke (einschließlich eventuell dort gelegenen Agrarlandes), zu Diskriminierungen wie Beschränkung der Handelseinfuhrquoten und zur Schließung chinesischer Schulen. Oft wurde die Annahme indonesischer Namen erzwungen. Als Schutzfunktion wurden z. T. indonesische Strohmänner in sogenannte »Ali Baba«-Firmen aufgenommen (Ali für den indonesischen, Baba für den chinesischen Partner). In den großen Städten, aber auch in den Häfen kleinerer Inseln blieben allerdings ganze Geschäftsviertel chinesisch. Die chinesischen Restaurants und das Management in vielen Dienstleistungsbetrieben sind ebenso wenig fortzudenken wie der »Toko«, der chinesische Laden mit seinem breiten Warenangebot. Neuerlich wird eine *»stabilisierte plurale Gesellschaft«* propagiert, da die Wirtschaftskraft und das »Know how« der Chinesen für die volkswirtschaftliche Entwicklung kaum entbehrlich sind. Verbindungen – auch familiärer Art – mit Führungskreisen haben ebenfalls eine Schutzwirkung, und die Einsicht scheint sich zu festigen, daß ein besseres Zusammenleben im beiderseitigen Interesse liegt.

#### 3.2.4.4 Indonesiens Bevölkerungsprobleme

Die ethnische und sozio-kulturelle Vielfalt wird überlagert von einem immensen *Bevölkerungswachstum* und einer sehr unterschiedlichen *Bevölkerungsverteilung* (Karten 8 u. 9; Tabellen 9 u. 10); lange Zeit hat das Bevölkerungswachstum die Steigerungen des Sozialproduktes immer wieder überrollt.

Von 60,7 Mio. (1930) wuchs die Bevölkerung über 97 Mio. (1961) auf ca. 120 Mio. 1971, d. h. um 100% in vier Jahrzehnten. Betrug das Wachstum 1930–61 noch 1,5% jährlich, stieg es bis 1976 auf 2,3%/Jahr, d. h. viermal so stark als im Durchschnitt der westeuropäischen Industrieländer (0,6% 1970–74 – W. RÖLL, 1979). 1984 wurden 162,2 Mio. EW geschätzt (FEER – YB 1985), d. h. das *jährliche Wachstum* 1976–83 nähert sich dem Ziel einer Begrenzung auf 2%/Jahr. Sukarno hatte im raschen Bevölkerungswachstum noch eine Grundlage für Indonesiens Stärke gesehen. Dagegen setzte Präsident Suharto eine *Familienplanung* durch, mit dem Ziel von maximal drei Kindern pro Familie, was freilich den Wertvorstellungen der bäuerlichen Familien widerspricht, die in hohen Kinderzahlen ihre Alterssicherung (viele Arbeitskräfte) sehen. Immerhin konnte die projizierte Bevölkerungszahl für das Jahr 2000 schon von ca. 240 Mio. (geschätzt 1975) auf ca. 211 Mio. (FEER, YB 1985) zurückgenommen werden.

Bei noch hoher Säuglingssterblichkeit ließen die verbesserten hygienischen Verhältnisse die *Sterberate* von 1920–40 um 30‰ auf 13‰ (1984) fallen; dennoch beträgt die durchschnittliche *Lebenserwartung* erst 45,5 Jahre (Bundesrepublik Deutschland: 71 Jahre). Die Geburtsrate liegt bei 34‰ pro Jahr; rd. 60% der Bevölkerung sind jünger als 15 Jahre – eine hohe soziale Last für die arbeitende Bevölkerung!

Ein Entwicklungsproblem ist die ungleiche *Bevölkerungsverteilung*. Für *Java* und Madura (S. 500) erwartet auch die Projektion auf das Jahr 2000 noch immer die Hälfte der indonesischen Bevölkerung, d. h. über 100 Mio. Menschen. Oft wird dieses Übergewicht zu einseitig mit der guten Tragfähigkeit der Böden aus vulkanischen Aschen erklärt, die aber nur einen Teil der Insel decken. Weitere Ursachen sind die bereits ältere, kolonialzeitliche Gesundheitsvorsorge und Seuchenbekämpfung (Impfungen) und die hohe Fruchtbarkeit (Geburtenrate bis 44‰) – verbunden mit der Ausweitung und Intensivierung der Agrarproduktion – und starke *Wanderungsgewinne* von den »Außeninseln« für die *Städte* Javas. Insgesamt wuchs seine Bevölkerung von ca. 6 Mio. um 1800 auf 97 Mio. (1983) – d. h. um das Sechzehnfache – und von einer Dichte von 45 EW/$km^2$ auf 733 EW/$km^2$. Die Hoffnungen, diesen Überdruck durch Umsiedlungen auf andere Inseln zu entlasten, wurden kaum erfüllt, obwohl das Programm der »*Transmigration*« keineswegs gescheitert ist (S. 547). 1981 wurde erstmals eine höhere Ab- als Zuwanderung erreicht.

Regional differenziert, gewinnen diese Probleme noch schwerwiegendere Dimensionen. Während einzelne *geoökologisch benachteiligte* Gebiete *Javas*, z. B. im SW oder im NO der Insel, z. T. unter 200 EW/km$^2$ tragen, finden sich im *ländlichen* Zentral- und O-Java Dichten bis zu 1500 und 2000 EW/km$^2$, d. h. höher als im Ruhrgebiet (1971: 1583 EW/km$^2$) (W. RÖLL, 1979; K. HORSTMANN und RUTZ, 1980). Auch auf *Bali* (439 – in guten Reisbaugebieten aber über 1000 EW/km$^2$), *Madura, Lombok, S-Sulawesi*, im Plantagengebiet *NO-Sumatras* oder in Teilen *W-Sumatras* und in *Timor* usw. werden Dichten von 300–400 EW/km$^2$ überschritten, während Teile von *Flores* (Sikka) sogar über 1000 EW/km$^2$ erreichen (J. METZNER, 1977). Selbst im menschenarmen *Kalimantan* entstanden einzelne Verdichtungen, wie um Banjarmasin, denen in den Regenwäldern und Gebirgen *Kalimantans* oder *Irian Jayas* riesige Räume von nur 2–5 EW/km$^2$ gegenüberstehen; auch Teile von *Sumatra, Sulawesi, Sumbawa*, der *Molukken* usw. sind nur dünn besiedelt. Selbst *Bali* trägt – auf grobem Lava-Schutt – im NW der Insel oder auf der verkarsteten Bukit-Halbinsel und der Insel Penida im S nur 10–30 EW/km$^2$. Unterschiedlichste Faktoren, vom Übermaß an Nässe bis zu klimatischer oder edaphischer Trockenheit, arme Böden, große Entlegenheit usw. erlauben oft nur Landwechselwirtschaft mit begrenzter Tragfähigkeit, so daß häufig schon Bevölkerungsdichten weit unter denen Javas problematisch werden (Abb. 30).

Zur ungleichmäßigen *Altersstruktur*, wegen der etwa 100 Erwerbstätige fast 140 Jugendliche und Alte zu ernähren hatten (1971), treten die Diskrepanz zwischen der geringen Zahl an produktiven Arbeitsplätzen und die hohen *Arbeitslosenzahlen* bzw. die *Unterbeschäftigung* sowohl in der Landwirtschaft wie bei städtischen Randexistenzen. Nach Schätzungen von 1980 waren von 90 Mio. Personen zwischen 10 und 65 Jahren nur 56,1 Mio. erwerbstätig. Die Zahl der Arbeitslosen mit abgeschlossener Schul- oder Berufsausbildung wurde auf 10 Mio., die Unterbeschäftigung auf 31 % im ländlichen und auf 24 % im städtischen Bereich geschätzt; d. h. die effektive Arbeitslosigkeit (Arbeitssuchende und Unterbeschäftigte) auf 40 % beziffert (Stat. B. A. 1982). Die ländliche Unterbeschäftigung wird zwar durch den Dorf- bzw. Familienverband z. T. aufgefangen, viele leben dennoch *unter der Armutsgrenze*. Da selbst städtische Slum-Bewohner mittels Kleinhandel, als Fahrradrikscha-(»Becak«-)Fahrer, durch Sammeln und

Verwerten von Abfällen usw. noch ein relativ höheres Bareinkommen gewinnen als die *ländlichen Armen*, *wachsen* die *Städte* weiter, ohne Entlastung auf dem Lande zu bringen. Das durchschnittliche *Pro-Kopf-Einkommen* ist zwar von 110 US-$ (1971) auf 510 US-$ (1983 – FEER, YB 1985) gestiegen, das beruht aber auf der Erdölproduktion und kommt nur begrenzt den Unterschichten zugute; die *Kluft zwischen arm und reich* ist eher noch im Wachsen, während die Entwicklung eines Mittelstandes langsam fortschreitet.

Bei ca. 55 % (1984) *Erwerbspersonen* in der *Landwirtschaft* sind *ländliche Armut* und *Landbesitzlosigkeit* noch immer drückend; verschärft wird die Situation durch das *Bildungsgefälle*, da die Majorität der Landbevölkerung ungeschult ist, während die Städter einen höheren Anteil Gebildeter und Begüterter umfassen. 1980 lebten etwa 20 % der Bevölkerung in »städtischen« Siedlungen (deren Spanne allerdings von Millionenstädten bis zu 20000 EW-Siedlungen reicht) (Statist. B. A., 1982). Die Landlosigkeit wird oft etwas einseitig interpretiert, da auch große »ländliche« Gebiete, vor allem auf Java, bereits *quasi-urbane* Bevölkerungsstrukturen und -dichten erreichen und häufig auch einen erheblichen Anteil von Arbeitskräften in *ländlichen Gewerben* und Heim- und Kleinindustrien umfassen, die zwar statistisch in die »ländliche« Bevölkerung eingehen, ihr Einkommen aber haupt- oder nebenberuflich *gewerblich* verdienen (HORSTMANN und RUTZ, 1980). Das Wachsen der industriellen Großproduktion und der Importe von Gebrauchsgütern wird dieses ländliche Gewerbe mehr und mehr bedrängen, während der Ausbau wirklicher industrieller Arbeitsplätze noch zu langsam fortschreitet. Auch der *ländliche Kleinhandel*, der seit 1959 weitgehend aus chinesischen in einheimische Hände übergegangen ist, ist bedroht, die Verschuldung hoch und der *Lebensstandard* der ländlichen Bevölkerung, besonders auf *Java* und Teilen der *Kleinen Sunda-Inseln*, bedrückend niedrig (HARTMANN, 1985).

Nach den Erfolgen im Erdöl- und Industriesektor bewerteten einzelne Stimmen das große menschliche Potential etwas positiver als Grundlage für den Aufbau arbeitskraftintensiver Industrien. Und entgegen dem bisherigen »Bildungsgefälle« (s. o.) wird die riesige Zahl der Jugendlichen heute bis in entlegene Dörfer von straff organisierten Volks- und höheren Schulen erfaßt, was künftige Wandlungen des sozialen Gefüges erwarten läßt.

### 3.2.4.5 Landwirtschaft und ländlicher Lebensraum

Zwar wohnen noch rd. 80 % der Bevölkerung in »ländlichen« Gemeinden, die aber häufig einen hohen nichtagrarischen Bevölkerungsanteil haben (K. HORSTMANN, 1982), aber ca. 55 % existieren von der Land-, Forst- und Fischereiwirtschaft. Ihr Anteil am Bruttoinlandsprodukt sank allerdings von 31,6 % (1976) (durch das Wachsen anderer Wirtschaftszweige) auf 26 % (1984). Von den 16,4 Mio. ha *landwirtschaftlicher Nutzfläche* die angesichts der riesigen Regenwälder der »Außeninseln«, der Vulkangebirge usw. nur 8,6 % der indonesischen Landfläche ausmacht, entfallen 86 % auf *bäuerliche* und 13,6 % auf *Plantagenbetriebe*; von den ersteren sind über 60 % auf *Java* konzentriert (mit 39 % der gesamten indonesischen Nutzfläche – auf 7 % der Staatsfläche). Während die Plantagenprodukte das Exportaufkommen stärken, deckten Reis und Zucker (die kolonialzeitlich ebenfalls Exportüberschüsse erbrachten) bis in die jüngste Vergangenheit kaum den Eigenbedarf der rasch wachsenden Bevölkerung. Erst seit 1981 gelingt es, durch die Intensivierung des Anbaues die *Reisversorgung* – 60–80 % des Kalorienbedarfs der Indonesier – selbst zu decken, wenn auch noch große Transportleistungen im Archipel nötig werden – z. B. muß das wirtschaftlich expandierende Kalimantan fast zu 75 % von außen mit Reis versorgt werden. Mit staatlicher Förderung und agrarischen *Innovationen* (S. 144) gelang es, die Reiserntefläche von 1955–1976 von 6,6 Mio. ha auf 8,4 Mio. ha, die Jahresproduktion an geschältem Reis von 7,2 Mio. t auf 17,5 Mio. t (1978/79) zu steigern. Das »Grundmodell« der bäuerlichen Lebensformen SO-Asiens, intensiver *Naßreisbau* mit geschlossener *Dauersiedlung gegenüber* extensiven *Landwechsel*wirtschaften mit lockeren, z. T. noch periodisch verlagerten Siedlungen (S. 150), bestimmte mit »*sawah*« und »*ladang*« auch die ursprüngliche Agrarlandschaft Indonesiens; erst seit einem Jahrhundert traten weitere Wirtschaftsformen hinzu.

*Die »sawah«-Kultur*

In den Becken und Ebenen zwischen den Vulkanen Zentral- und O-Javas entstand schon vor – und dann mit – der hindu-javanischen Hochkultur das Kernland des »sawah«-Anbaues, man nennt es »Kedjawen«, das »eigentliche Java«, von dem aus erst später die Ausbreitung der Reiskultur in die anderen Teile der Insel erfolgte. Nährstoffreiche Aschenböden und verläßliches Wasserangebot von den niederschlagsreichen Vulkanen boten gute ökologische Voraussetzungen – für den

*Naßreisbau* anfangs die periodischen Überschwemmungen der Niederungen im monsunal-wechselfeuchten Klima.
Neolithische Funde von Breithacken, in der Form (und wohl auch Funktion) wie die heute aus Eisen gefertigten »pacul«, dem typischen Handgerät des javanischen Naßreisbauern (van SETTEN van der MEER, 1979), oder verkohlte Reiskörner in 2–3 Jt. alten (ursprünglich noch älter – aber unsicher – datierten) Höhlenfunden auf Sulawesi (I. GLOVER) belegen einen sehr frühen *Reisbau*, ebenso prä-Sanskrit-Begriffe, d. h. es gab Reisbau schon *vor* der Entfaltung der *hindu-javanischen Hochkultur* (ab 5. Jh. n. Chr.), die allerdings bedeutende *Innovationen*, wie *Pflugbau* oder *Verpflanzen*, brachte (schriftliche Quellen ab 804 n. Chr.).
Die größten Wandlungen erfolgten mit der »künstlich« geschaffenen *Bewässerung* und *Terrassierung*. Sie erlaubten eine fortschreitende Ausdehnung des dicht besiedelten Naßreislandes auf immer größere, von Natur aus *nicht* dafür ausgestattete Flächen und Hänge in großen Teilen von Java, Bali, Lombok, S-Sulawesi usw. Mit diesen Eingriffen in das natürliche Ökosystem entstand eine *»man-made-environment«*, die Reisfelder wurden »anthraquisch« (S. 130) umgestaltet, dennoch sind auch heute *erst 29%* der landwirtschaftlichen Nutzfläche *bewässerbar*.
Ausbau und Regulierung der Bewässerungsfelder erfolgten in *Java* in staatlicher und kommunaler Organisation; in *Bali* blieben dagegen bis heute die *»subak«* für Anlage, Betrieb und Unterhaltung der »sawah« bestimmend. Diese, durch Felsinschriften an Tunnels (Kanaldurchstiche durch Bergsporne) seit dem 9. Jh. belegten, heute ca. 1190 *Bewässerungsgenossenschaften*, die jeweils alle Reisfeldanteiler eines Kanaleinzugs umfassen, die anteilsgemäß zur Arbeit verpflichtet und durch eigene Tempel auch religiös verbunden sind, bilden mit ihrer bäuerlichen Gemeinschaftsarbeit die Stütze der balinesischen Dorfgesellschaft (ergänzt durch die »banjar«, die Dorforganisation für alle anderen Fragen) (A. LEEMANN, 1979; H. UHLIG, 1984; U. PLANCK und SUTAWAN, 1983; I. BUNDSCHU, 1985). Die oft aus Quellhorizonten am Übergang der steileren Aschenkegel der Vulkane in die sanfter geneigten – und intensiv bewirtschafteten und besiedelten – Schwemmkegel der »Vulkanschleppen« gespeisten *Bewässerungskanälchen* werden hoch oben gefaßt und hangparallel zu den Verteilerschleusen in die Felder geführt (Hang-Kanal- oder Terrassenbewässerung, S. 139). Diese nehmen die breiten, durch tiefe Schluchten zerschnittenen, »Riedel« auf den Hängen und die Ebenen am Fuß der Vulkane ein. Die Standfestigkeit gut durchfeuchteter, nährstoffreicher Latosole und Andosole (aus den Aschen) hilft, die mit der Breithacke (pacul) in

**Formen der Bodennutzung und Bewässerung in Zentral-Java 1971**

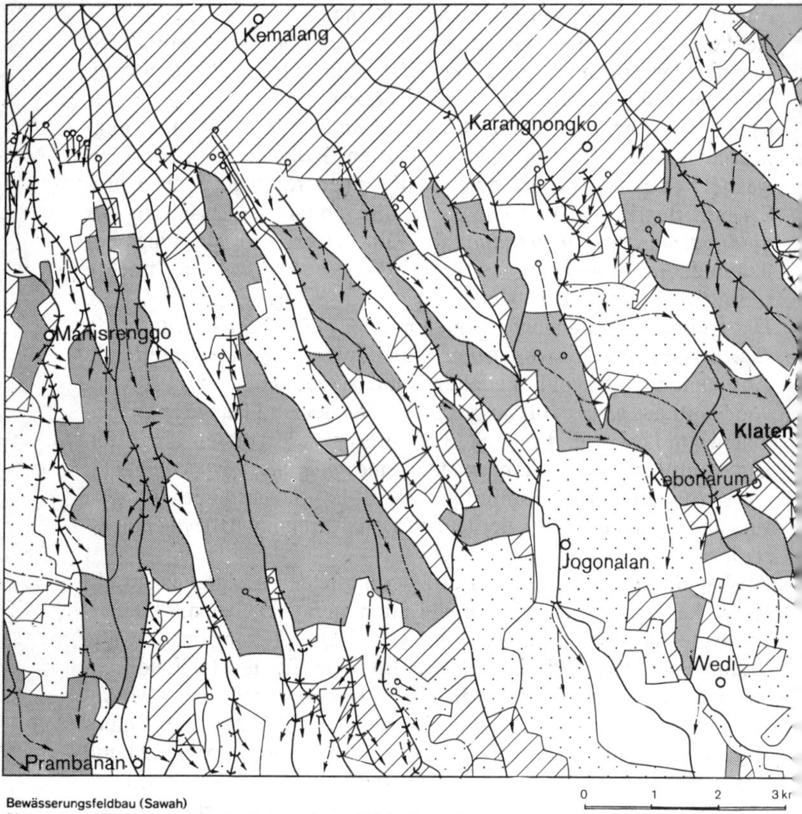


**Bewässerungsfeldbau (Sawah)**
(Vorherrschende Bewässerungsmethoden: Stauberieselung und Flächenüberstau)

- Ländereien, deren vorwiegend ganzjährig-periodische Bewässerung durch permanente, staatl. errichtete Anlagen erfolgt und amtl. Kontrolle bzw. Regulierung unterliegt
- Ländereien, deren vorwiegend ganzjährig-periodische Bewässerung durch permanente, staatl. bzw. kommunal errichtete Anlagen erfolgt und kommunaler Kontrolle bzw. Regulierung unterliegt
- Ländereien, deren vorwiegend ganzjährig-periodische Bewässerung durch instabile, kommunale Anlagen weitgehend unkontrolliert erfolgt

**Regenfeldbau (Tegalan)**

- Ländereien, deren Wasserzufuhr nur durch natürliche Beregnung erfolgt

Flüsse ∘ Quellen Bewässerungswehre Haupt- und Nebenzuleiter (Kanäle, Gräben etc.)

**Abb. 31:** Reisbau-Bewässerung in Zentral-Java *(aus: W. Röll, 1979)*

den Hang gegrabenen *Terrassen* zu erhalten. Nur örtlich sind Steinmauern oder -kerne (auch zur Bewältigung der vulkanischen Blockstreu) nötig. Erosionsanschnitte, besonders an den Überläufen von Terrasse zu Terrasse, werden sorgfältig repariert. Größere Zerstörungen durch »lahars« – vulkanische Muren (S. 59 u. 494) – können dagegen Terrassensysteme, Felder und Siedlungen zeitweilig oder dauernd zerstören oder die Bewässerung unterbrechen und die betroffenen Felder zum Reisbau auf Regenstau (S. 141) zurückwerfen. Diese Naturkatastrophen – auch Aschenausbrüche, die ganze Fluren überdekken und Ernten vernichten, längerfristig aber eine »Verjüngung« der nährstoffreichen Böden bringen – hindern nicht eine von der Boden- und Wassergunst angezogene, dichte Besiedlung, die sich an die Bewässerungs- und Brauchwasser bringenden Kanälchen drängt. Schon ab 1753, verstärkt im 19./20. Jh., folgten Erweiterungen durch die holländische Wasserbaukunst, deren *»technische Bewässerung«* nicht allein der Steigerung der Reisproduktion, sondern zugleich der Bewässerung der auf den »sawahs« umlaufenden *Zuckerrohrfelder* diente (S. 540), aber auch in W-Java, auf Sumatra, Sulawesi und anderen »Außeninseln« neue oder verbesserte Reisbaugebiete erschloß. Ein wichtiger Bestandteil des Wiederaufbaues der durch Krieg und Unabhängigkeitswirren stark beeinträchtigten Reisproduktionsflächen waren die *Wiederinstandsetzung* und die Neuanlage von Bewässerungssystemen.

Im Gegensatz zu den allmählich ausgebauten Reisbausystemen O- und Zentral-Javas oder Balis sind die großen »sawahs« in *W-Java* und die heute wichtigen »Reiskammern« an der *N-Küste Javas* vielfach erst mit der »technischen« Bewässerung entstanden. Die nördlichen Küstenebenen – *»Pasisir«*, »der Strand« bzw. das *»Küstenland«* – waren ursprünglich nur von einzelnen Bauern- und Fischergruppen mit extensivem Reisbau im Rückstau der Strandwälle und nahe der Flußmündungshäfen dünn besetzt. Die breiten *Aufschüttungsebenen* wurden überwiegend erst durch die neuzeitliche Bewässerung erschlossen und besiedelt, da die alten bäuerlichen Bewässerungswerke meist nicht ausreichten, um das Wasser über die ganze Breite der Ebene bis zur Küste zu verteilen. Schöpfen oder Pumpen (auch Handbewässerung) aus dem Grundwasser ergänzen noch heute die Kanäle – besonders in Ebenen mit schweren, tonigen Grumosolen, deren Grundwasser 1–2 m unter Flur steht (z. B. in O-Java). Viele Dörfer und – heute doppelt bestellte – »sawah« sind dort erst im 20. Jh. nach dem Bau von Stauseen am Gebirgsrand – z. B. des Jatiluhur-Dammes – entstanden bzw. zu größeren, bewässerbaren Reisbauflächen ausgebaut worden. In *W-Java*, z. B. im Preanger Hochland, schon im *immerfeucht-tropi-*

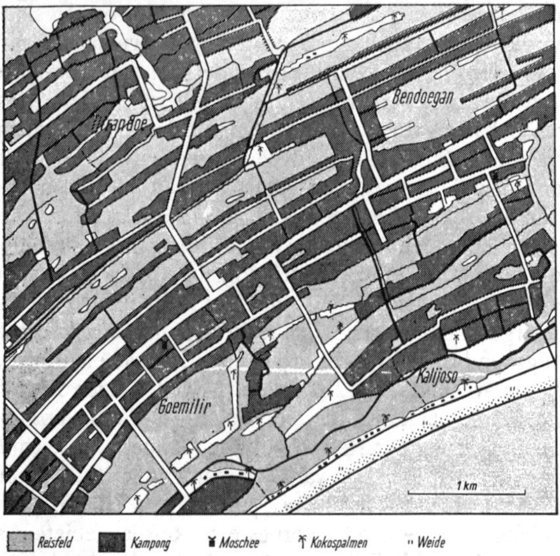


**Abb. 32:** Strandwallsiedlungen und Reisbausenken in Süd-Java, östlich Cilacap
*(umgezeichnet aus: Atlas van Tropisch Nederland, 1938)*

*schen* (weniger reisbaubegünstigten) Klima gelegen, behielten die *Sundanesen* (S. 500) bis ins 19. Jh. eine stärkere »ladang«-Wirtschaft bei, mit Besiedlung der Hang- und Berggebiete. Dort erfolgte der Bewässerungsbau in den (einst versumpften) größeren Ebenen (z. B. den Becken von *Bandung* oder Garut) erst mit der neuzeitlichen »technischen Bewässerung«. Erst dabei entstanden regelhafte, dicht bevölkerte *Straßen- und Reihendörfer*, nun – wie in O-Java schon traditionell – mit ebenerdigen, modernisierten Haustypen, während die *sundanesischen* Weiler an den Hängen noch auf kurzen Pfählen bauen. Auch dort sind zusätzliche Reisterrassensysteme zu den – nun in Dauertrockenfeld verwandelten – »ladang«-Flächen getreten.
Größere Teile dieses »*Sunda*«-Landes (traditionelle Bezeichnung für die Gebirgsländer südlich des »Pasisir«-Küstenstreifens) blieben im bewässerungsfeindlichen »*Südergebirge*«, auf durchlässigen Kalken, Sandsteinen, Konglomeraten usw. bis heute schwach besiedelt.
Die sehr unterschiedlichen Möglichkeiten des Anbaus in den in Indo-

nesien häufigen und trotz z. T. schwieriger Verhältnisse dicht besiedelten *Karstgebieten* wurden schon umrissen (S. 36).

Der »*O-Haken*« *Javas*, wo ebenfalls nur in einzelnen Talbecken zwischen großen Vulkanmassiven mit groben Auswurfmassen (und in Kalkgebieten im S) günstiges Land nur begrenzt verfügbar ist, wurde allmählich vom Reiskernland »Kedjawens« her aufgesiedelt.

Wo flachere Küsten von mehrfachen Reihen alter *Strandwälle* gesäumt werden, wie an der mitteljavanischen S-Küste (z. B. östlich Cilacap), wurden die einstigen Lagunen landfest und trotz ihrer organogenen Histosole (»muck-soils«) in Reiskultur überführt, während die sandigen, alten Strandwälle dichte, mit Kokoshainen durchsetzte Kampongs tragen.

Die *Topographie* solcher Standorte auf natürlichen Flußdämmen oder Strandwällen – auch in den »lebak«-Reisfeldern der periodisch überschwemmten Rückstausenken Sumatras (S. 134) – hat zur Entstehung langer Reihensiedlungen geführt, später dicht und regellos aufgefüllt; auf den Aushüben von jüngeren Bewässerungskanälen zeigen sie regelhaftere Form. Sonst herrschen dicht gedrängte Haufendörfer vor, da die geschlossene *Siedlungsweise* der gemeinschaftsgebundenen Organisation bewässerter Reisfelder am besten gerecht wird. Die unter Baumgärten verborgenen Kampongs gewinnen bei der dichten Bevölkerung Zentral- und O-Javas fast eine so große Ausdehnung wie die Reisfelder selbst.

Obwohl die »jung-indonesischen« Bevölkerungen überwiegend in Tiefländern leben, haben sie ihre Reisbauterrassen bis ca. 1480 m Höhe an den Vulkanhängen hinaufgeschoben. Auch die Minangkabau, die das Hochland *W-Sumatras* besiedeln, bewirtschaften rd. 2/3 ihrer landwirtschaftlichen Nutzfläche auf gut ausgebauten, z. T. terrassierten »sawah« (U. SCHOLZ, 1977). Auch einige alt-indonesische Bergvölker, die normalerweise als Träger der »ladang«-Kultur gelten, haben bewässerten Naßreisbau aufgenommen (z. B. in Sumatra: 24 % der landwirtschaftlichen Nutzfläche »sawah«), wie die *Toba-Batak* auf den Tuffplateaus N-Sumatras oder die *Toraja* auf Sulawesi in großen Terrassensystemen.

Die *Wasserverfügbarkeit* (Dauer und Verläßlichkeit) bestimmt mit, ob nur die *eine* – ursprüngliche – Reisernte jährlich oder ob *zwei* (und in extrem seltenen Gunst- und Intensitätsfällen drei) *Reisernten* eingebracht werden können; die modernen Varietäten reifen vielfach schneller, so daß Mehrfachernten häufiger werden (S. 144f.). Noch häufiger ist heute die *Rotation* mit nichtbewässerten Fruchtarten wie Mais, Erdnuß, Chilli, Gemüse, Soja- u. a. Bohnen usw., die man als »*palawija*« (»Nicht-Reis-Früchte«) zusammenfaßt (auch mit fünf Ernten in

**Abb. 33:** Extrem dichte Besiedelung einer Reisbauebene in Zentral-Java, bei Purwokerto
*(umgezeichnet aus: Atlas van Tropisch Nederland, 1938)*

zwei Jahren). Bei knapper Wasserzufuhr bringen sie ergiebigere bzw. verläßlichere Erträge. Mit abnehmenden Temperaturen in den *Höhenlagen* gewinnen Rotationen von Reis mit Kartoffeln, Kohl, Gemüse, Tomaten usw. an Bedeutung. Das knappe Land wird z. T. durch zusätzliches Bepflanzen der Felddämmchen und Terrassenkanten mit »palawija« intensiver genutzt.

Eine Besonderheit im Reisbau Zentral- und O-Javas und prägend für seine dort sehr *regelmäßigen Fluren* (W. RÖLL, 1977) war die im 19. Jh. eingeführte, im Landwechsel auf den »sawah« umlaufende *Zwangsverpachtung* bäuerlicher Reisfelder an die kolonialzeitlichen und seit 1957/58 verstaatlichten *Zuckerplantagen*, die neuerlich aber verlagert werden (S. 540). Auch der *Tabakanbau* der zentral-javanischen »Vorstenlande« bedient sich dieses Systems, da beide Pflanzen *Flächenwechsel* benötigen. Die Nachteile der rotierenden Zwangsverpachtung für die Bauern wurden in bescheidenem Maße durch Verbesserungen der Bewässerung und Böden (reichliche Mineraldüngung), Pachtverträge und Arbeitsplätze in der Rohrernte und -verarbeitung kompensiert.

Häufig wird übersehen, daß ein großer Anteil – ca. 26% – der indonesischen Naßreisfelder mangels ausreichender Bewässerungsmöglich-

keiten nur im »*Reisbau auf Regenstau*« (S. 141) genutzt werden kann (»sawah tadah hujan« oder »sawah langit«, d. h. »Regen«- bzw. »Himmels«-sawah). Im monsunal-wechselfeuchten Klima sind darunter große Flächen, die durch ihre Lage im Relief *keine Wasserzufuhr* erhalten können. So bleibt nur der *Stau* des in jedes Feld fallenden Regens. Ist dessen Menge und Zeitpunkt unsicher, können große Gebiete, auch auf guten vulkanischen Böden, wie z. B. das etwa 70–80 m über dem Vorfluter liegende Plateau des südlichen *Lombok*, nur in relativer Armut existieren, während wenig nördlich davon, wo der Abfluß der niederschlagsreichen Vulkane in die Bewässerungssysteme eingespeist werden kann, gute Anbaugebiete mit Doppelernten liegen. Man hilft sich auch mit dem Ausheben von »surjan«-Hochbeeten, auf deren Rücken »palawija« gedeihen, während der Reis in dazwischen ausgehobenen Gräben gepflanzt wird, die etwas mehr Wasser speichern.
In den *immerfeuchten Tiefländern* vermischen sich dagegen Regenstau, aufdrückendes Grundwasser und Überschwemmungen häufig zu einem *Zuviel an Wasser*. Durch den englischen Sammelbegriff »rainfed rice« für allen nicht von künstlicher Bewässerung erreichbaren Reis sind auch diese Flächen, die auf den wurzelverfilzten Sumpfböden nur mühsam zu bestellen sind und unter einem Übermaß an üppiger Gras- und Unkrautkonkurrenz leiden, mit in dieser ein Viertel der Reisfläche ausmachenden Gruppe statistisch zusammengefaßt worden, einschließlich der Sonderform des »Gezeitenrückstau«-Reisbaues in Kalimantan und Sumatra (S. 136). Die Technik des *Verpflanzens* im Saatbeet vorgezogenen Reises herrscht bei der Landknappheit und Intensität des Anbaus in ganz Indonesien vor.

### *Die »Grüne Revolution« im Reisbau*

War Indonesien, besonders Java, einst Reisüberschußland, konnte seit dem Zusammenbruch der Wirtschaft (mit Verlusten auch an Bewässerungsflächen, Anbauintensität usw.), dem Wachstum der Bevölkerung und den immer prekärer werdenden agrarsozialen Problemen die Versorgung mit dem Grundnahrungsmittel Reis nicht mehr selbst gedeckt werden. Indonesien – eines der größten Reisbauländer der Erde – mußte mit jährlich bis zu 2 Mio. t zusätzlicher Einfuhr zu einem Reisimportland werden. Erst ab 1981 ist es gelungen, diesen Engpaß zu überwinden und die *Reisselbstversorgung* wieder zu erreichen. Innerhalb von 15 Jahren konnten Indonesiens Reisbauern ihre Produktion *verdoppeln*, und ungeachtet eines gleichzeitigen Bevölkerungszu-

wachses von 38 Mio. Menschen konnten der für den jährlichen Konsum von 93 kg/Person 1968 verfügbare Reis auf 148 kg/Person 1981 und die *durchschnittlichen ha-Erträge* (geschälter Reis) von 1,45 t (1968) auf 2,63 t (1983), d. h. jährlich um 4 %, gesteigert werden (W. B. WARD, 1985; HERDT and CAPULE, 1983).
Dieser Erfolg wurde durch *Innovationen* und *Intensivierungen* im Reisbau erzielt (H. UHLIG, 1980). In Indonesien wurde dieser internationale Entwicklungsprozeß (S. 144) durch die »BIMAS«-Programme (»Bimbingan Massal« = Massenanleitung und -förderung für den Reisbau) vorangetrieben, durch die die Verbreitung neuer Hochertragssorten mit der Verbesserung der Anbau- und Erntetechniken, Düngung, Schädlingsbekämpfung, Bewässerung, Verarbeitung, Lagerung und Vermarktung (durch das logistische BULOG-System zur Versorgung aller Landesteile) koordiniert wird.
Mitte der 80er Jahre wurden bereits mehr als 2/3 der indonesischen Reisbauflächen mit den neuen Varietäten (MV = Modern Varieties, oder HYV = High Yielding Varieties) bestellt, die außer höheren Erträgen und besseren Wachstumseigenschaften auch kürzere Reifezeiten haben. So konnten mit Mehrfachernten und immer stärker auch mit Reisrotationen mit anderen Fruchtarten die Ernährungslage (zusammen mit ebenfalls kräftig gesteigerter »palawija«-Produktion) und die Erträge der mehr als 14 Mio. bäuerlichen Haushalte (1980) erheblich verbessert werden.
Wegen des Reismangels Ende der 60er Jahre wurde zunächst den *bewässerbaren* Reisgebieten, die die schnellste Intensivierung und Ertragssteigerung versprachen, der Vorrang gegeben und die Bewässerungsanlagen verbessert und erweitert. Etwa 53 % der 9 Mio. ha Reisland in Indonesien, 9/10 davon in den Bewässerungsgebieten von Java, Bali und Sumatra, wurden bevorzugt unterstützt. Hier fanden ab 1967 zunächst die ersten der sogenannten »Wunderreis«-Varietäten des IRRI (S. 145), IR5 und IR8, Verbreitung, die später von noch ertragreicheren, schädlingsresistenten und geschmacklich besser akzeptierten Varietäten, besonders IR38 (und jetzt bis IR56) abgelöst wurden; die in Zusammenarbeit mit der indonesischen Reisforschung (zentrales Forschungsinstitut CRIA in Bogor) verbesserten Varietäten werden als »Pelita«-Varietäten bezeichnet (von »Repelita«, den Fünfjahresplänen). Den Verbesserungen im Bewässerungsland folgten Neuerungen auch für die *öko-geographisch weniger begünstigten* Standorte, z. B. für Reis auf Regenstau, im Sumpf- und Überschwemmungsland, auf Gezeitenrückstau, in den Höhenlagen und, ab 1984/85 verstärkt, für den Trockenlandreis (S. 143), so daß nun auch die aufgrund ihrer natürlichen Benachteiligung *ärmeren Reisbauern* an den

*Verbesserungen* teilhaben. Schwere *Rückschläge* brachte der Befall durch die braune Reiszikade (»Brown Plant Hopper«, indon.: »Wereng«; Nilaparvata lugens), ein den Pflanzensaft aussaugendes *Insekt*, unter dem Indonesien Ende der 70er und Anfang der 80er Jahre katastrophale Schäden erlitt. Weitere Schäden entstanden durch den Befall von Tungro-Viren und andere *Pflanzenkrankheiten, Schädlinge* und *Ratten*. Trotz intensiver Bekämpfung bildeten sich immer wieder neue Schädlingsbiotypen und Befallsgebiete im weiten Inselreich. Erst mit integrierten »Pest Management-Programmen«, verbunden mit der Neuzüchtung *resistenter Varietäten*, hofft man dieser Probleme Herr zu werden. Die starke Anfälligkeit der traditionellen, heimischen Reissorten gegenüber diesen Schädlingen und Krankheiten förderte indirekt die schnelle Ausbreitung der »Modern Varieties«, ohne die es zu schweren Hungersnöten gekommen wäre.

Mit den Innovationen und *Ertragssteigerungen* im bäuerlichen Bereich wurden große wirtschaftliche Erfolge erzielt, aber leider z. T. auch agrarsoziale Probleme verstärkt. Man kann aber von den Fortschritten der *Pflanzenzüchtung, Agronomie* usw. *nicht* zugleich die Lösung der schwierigen – bereits lange *vor* dieser »Grünen Revolution« *angelegten – agrarsozialen Probleme* (s. u.) erwarten. Offensichtlich sind auch die Fragen einer Landreform gegenüber der vordringlichen *Ernährungssicherung durch Intensivierung* zunächst hintangestellt worden (I. PALMER, 1977).

Vom Anbau ertragsschwacher, spät reifender (bis 160 Tage) und schädlingsanfälliger traditioneller Sorten ist die *Mehrheit* der Bauern zu *besseren Varietäten* mit höheren Erträgen (unter höherem »input« an Dünger, Arbeitskraft usw.), kürzeren Anbauzeiten (100–130 Tage) und dadurch diversifizierten und *erweiterten Anbausystemen* gekommen. Das bedeutet rationellere Auslastung der Arbeitskraftkapazität und der Anbauflächen; dazu kommen weniger verlustreiche Ernte- und Vermarktungssysteme. Die marktwirtschaftliche Orientierung ist gewachsen, *Nachteile* für die sozial schwächeren Dorfgenossen sind zwar partiell eingetreten, andererseits durch die größere Beschäftigungswirksamkeit der Reisbauintensivierung kompensiert worden. Die Kosten für Kunstdünger bringen den Bauern zwar Belastungen, aber auch höhere Erträge. Diese und die Schädlingsresistenz der meist düngerintensiven, neuen Varietäten schaffen einen Ausgleich; auch die Mobilisierung natürlicher Düngung (biologische Nitratfixierung) usw. wird entwickelt.

Die Erfolge kamen *zuerst* den (relativ) *größeren Bauern* und Landbesitzern zugute, die über die Mittel für verbessertes Saatgut, Mineraldünger, Arbeitskräfte usw. verfügten. Erhebungen in javanischen

Dörfern, die nach dem gebotenen Abstand vom Innovationszeitpunkt durchgeführt wurden, um eine Konsolidierung der Neuerungen abzuwarten, zeigen, daß die positiven Effekte inzwischen *auch* die *Kleinbauern* und *Pächter* erreicht haben. Die Intensivierung hat mit Mehrfachernten oder -rotationen, verbesserten Bestellungs-, Ernte- und Verarbeitungsmethoden, Agrarkrediten usw. in vielen Fällen die Gesamtsituation merklich *verbessert* und auch den landlosen Arbeitern höhere Einkommen gebracht (COLLIER, SOENTORO et al., 1982; T. SCHWEIZER, 1985). Das bestätigen auch Studien des Agro-Economic Survey (Bogor), in denen z. B. KIKUCHI, HAFID et al. (1980[a]) in einem westjavanischen Dorf mit *stagnierender* (Reis-)Technologie zunächst noch zum Ergebnis wachsender Armut und Ungleichheit kamen, während kurz darauf ein mit moderner Bewässerung und den »inputs« der *neuen Reisentwicklung* ausgestattetes Nachbardorf (1980[b]) signifikante *Steigerungen* der Erträge und Einkommen aller *Schichten*, auch der landlosen Arbeiter, zeigte. Daß auch dort die soziale Differenzierung nicht behoben werden konnte, ist nicht die Schuld der Reisbauinnovationen, sondern die Folge längst bestehender Ungleichheiten der javanischen Agrargesellschaft. Ihre Besserung ist zweifellos dringlich. Sie sollte aber nicht gegen die ebenso wichtigen Aufgaben der Ernährungssicherung und agrarischer Fortschritte ausgespielt werden, deren Erfolge auch die ökonomische Basis für soziale Verbesserungen schaffen können. Bei Javas Überbevölkerung und seinen minimalen Betriebsgrößen (von einer relativ geringen Zahl größerer – oft mittels Zins- und Landverpfändungsabhängigkeiten emporgekommener – Landeigner abgesehen) könnte weder von einer *Umverteilung* des Landbesitzes noch von einer *subsistenzwirtschaftlichen Stagnation* eine bessere Lösung erhofft werden.

Das modernisierte *Ernteverfahren* (PALMER, 1976; A. LEEMANN, 1976), ein häufig diskutiertes Problem, schmälert zwar die Anteile für helfende, mittellose Dorfbewohner, mindert aber auch die Ernteverluste und den mißbräuchlichen Zugriff durch unkontrollierbare Mengen fremder Schnitter. In der Praxis zeigt sich, daß die Mehrheit der Bauern, selbst bei veränderten Methoden, nach wie vor auf die (heute z. T. in Geld statt Naturalien) entlohnten Kräfte aus dem Nachbarschafts- und Dorfverband zurückgreift, wenn auch mit rationellerem Einsatz (z. B. Sichel statt des »ani-ani«-Handmessers, kontrollierte Erntearbeit, bessere Vermarktung usw.). Das *Agrarkreditwesen* wurde ausgebaut und wird zusehends genutzt. Marginale, ertragsschwache Gebiete und Bewässerungsanlagen werden verbessert, der Reisbau auch im Transmigrationsprogramm intensiviert und durch andere Anbautypen ergänzt und eine *selektive Mechanisierung* eingeleitet – stärker dort, wo Arbeitskräfte knapp sind (z. B. Sumatra), zurückhaltend, wo sie Arbeitsplätze gefährden würde (z. B. in Java und Bali). Jede Wandlung tradierter sozio-ökonomischer Strukturen bringt zwangsläufig Belastungen für Teilgruppen, andererseits hat sich die *Versorgungslage* deutlich gebessert und die Landbevölkerung in die Lage versetzt, daran zu partizipieren. Rationalisierung und Ertragssteigerungen haben auch für die landlosen Gruppen Beschäftigungswirksamkeit gezeigt. Die involvierten Nachteile und Ungleichheiten dürften auf längere Sicht leichter zu überwinden sein als Stagnation und »shared poverty«, das Verharren in resignativer, allgemeiner Armut.

*Probleme der agrarsozialen Struktur und ländlichen Armut*

Mit der *Überbevölkerung* sind auch die agrarsozialen Probleme in den Kernräumen des traditionellen Reisbaues am stärksten. Theoretisch bestimmt zwar das Agrarreformgesetz von 1960, das bis 1969 erst 4,7 % der landwirtschaftlichen Nutzfläche, meist Staatsland, neu verteilte, die »Selbstbewirtschaftung« allen landwirtschaftlichen Eigentums, in Java wirtschaften aber 40–60 % der Kleinbauern in *Pacht-* oder *Teilbausystemen*. Der Pachtzins beträgt in Zentral-Java, S-Bali oder S-Sulawesi oft die Hälfte oder gar 3/4 der Ernteerträge; im Trokkenfeldbau 1/3 bis 1/4. Hohe *Verschuldung* mit Zinsforderungen bis zu 50 %, die oft eine Abtretung der Fruchtanteile an Kreditgeber oder schlecht zahlende Händler erzwingt, ist häufig. Wo die Geldverleiher oder die Landbesitzer einen großen Teil der Ernteerträge beanspruchen, blieb das Interesse an Produktionssteigerungen – bis zu den neueren Intensivierungen (s. o.) – gering; landwirtschaftliche Saisonarbeiter verdienen z. T. täglich nur den Gegenwert von 1 kg Reis. Der Aufbau ländlicher Kreditgenossenschaften und Bauernbanken geht voran, wird die »rentenkapitalistischen« Züge des Verpfändens von Land und Ernten aber nur langsam mildern können. Das Geflecht der *Schuld-* und *Pachtabhängigkeiten* zwischen Landbesitzern und Armen ist ungemein komplex. Schon 1939 hatten in Teilen O-Javas 74 % der Bauern Teile oder ihren gesamten Landbesitz verpachtet, d. h. überwiegend den Schuldnern verpfändet. In entlegenen Teilen Javas und besonders der Außeninseln besteht noch jene *»dualistische Wirtschaftsstruktur«* (BOEKE, 1953), in der ein großer Teil der Bevölkerung außerhalb der im klassisch-ökonomischen Sinne gültigen Wirtschaftssysteme lebt, während andernorts eine rein marktwirtschaftlich-exportorientierte (z. B. Plantagen-)Wirtschaft die Ressourcen des Landes nutzt. Dennoch haben die oft fast autark in sich abgeschlossenen, selbstgenügsamen Versorger- und Konsumeinheiten in abgelegenen Landesteilen – besonders in den Zeiten der obsoleten Verkehrsverhältnisse – Indonesien vor dem Zusammenbruch bewahrt. Auch die landbesitzenden Bauern verfügen meist über zu geringe *Betriebsgrößen*, die durch die Erbteilung immer mehr verringert oder im Familienverband gemeinsam weiterbewirtschaftet werden. Die betriebliche Produktionsausrichtung reicht von der Befriedigung des Eigenbedarfs und der Versorgung lokaler Märkte geringer Reichweite bis zu Exportprodukten. Aus den traditionellen gesellschaftlichen Organisationsformen ergeben sich verschiedenartige agrare *Eigentumsverfassungen*. Erblich-individuelle Eigentumsrechte an Grund und Boden finden sich neben Kommunalbesitz der Gemeinden, Dorfverbände und Verwandtengruppen mit gemeinschaftlichen oder individuellen Nutzungsbefugnissen ihrer Mitglieder. Die Besitzgrößenstruktur ist dadurch gekennzeichnet, daß nahezu 83 % der bäuerlichen Betriebe, auf die 43 % aller landwirtschaftlichen Nutzflächen entfallen, *kleiner* als 1,5 ha sind. In den dichtbevölkerten Bewässerungsfeldbaugebieten – wie beispielsweise in W- und Zentral-Java, S-Bali, W-Sumatra – herrschen jedoch Besitzgrößen zwischen *nur 0,1 ha und 0,5 ha* vor. Diese Flächen, an denen nicht selten mehrere Familien partizipieren, zerfallen vielfach in zwei, drei oder mehrere Kleinstparzellen. Im Gegensatz zu diesen, umfangmäßig häufig nur mit deutschen Schrebergärten vergleichbaren Landstücken, von denen ein Großteil der Bevölkerung existentiell abhängig ist, verfügen Dorfbürgermeister und Gemeindebedienstete über Nutzungsrechte an Gemeindeland bis zur zehnfachen Größe, so daß sie, wie die aristokratischen Familien Balis und Lomboks, weit über den Besitz der Dorfgemeinschaften hinausragen (W. RÖLL, 1973, 1976).

Eine »Agricultural Involution« (C. GEERTZ, 1963), eine ständig fortschreitende *Unterteilung* der Betriebsflächen *und* der agrarischen Arbeit auf eine wachsende und immer ärmere Bevölkerung (also ein »Wachstum ohne Entwicklung«), ist dennoch nur begrenzt eingetreten. Der kolonialzeitliche *Zwangsanbau* (Cultuurstelsel – S. 532) oder die hohen Abgaben auf »Apanage«-Land an den Adel in den »Vorstenlanden« und die früheren Verpachtungs- und Arbeitsverpflichtungen für die Zuckerplantagen haben als historische Bürde erhebliche Landprobleme und Armut hinterlassen. Entgegen der Ansicht, daß sich dadurch der javanische Bauer »statisch« verhalte, hat sich die stärker gemischte Wirtschaft (»sawah« mit »kebun« oder »tegalan«, S. 532f.) der Betriebe gerade im früheren Bereich der Zwangswirtschaft besser entwickelt als die nicht davon betroffenen Reisbauern, die unter der zentral-javanischen, einheimischen Fürstenherrschaft verblieben waren. HORSTMANN und RUTZ (1980) kommen bei Bewertung des Zensus zu dem Ergebnis, daß die Anzahl der landwirtschaftlich tätigen Arbeitskräfte jetzt wesentlich langsamer zunimmt als die der ländlichen Gesamtbevölkerung, woraus auf eine steigende Bedeutung der *nicht-agrarischen* Einkommensmöglichkeiten geschlossen wird. Heute sind etwa 1/3 der javanischen Dorfbewohner gezwungen, wenigstens zusätzliche, außeragrarische Arbeit zu suchen und mit einer Vielfalt an Geschäftigkeit und – oft bescheidenen – Nebenerwerben ein Existenzminimum zu finden. Noch immer – und hier zeigen sich auch jene o. a. Schwächen der »Grünen Revolution« – ist die *Einkommensverteilung* unbefriedigend. Das Wirtschaftswachstum und die jährliche Steigerung des Bruttosozialproduktes schreiten um 6–8% im Jahr voran – eine *gerechte Verteilung* der Erträge steht aber noch offen. Es ist noch umstritten, ob die absolute ländliche Armut in Java abgenommen hat. Der Prozentsatz der Armen zeigt zwar eine relativ sinkende Tendenz, ihre absolute Zahl dürfte aber mit dem weiteren Bevölkerungswachstum gestiegen sein (EVERS und HARTMANN, 1981; J. HARTMANN, 1985). In den ökologisch benachteiligten *Armutsgebieten* Javas, wo die *Cassava* als menschliche Nahrung den Reis ersetzen muß, ist die Not noch besonders groß. Die Konzentration von Landbesitz in Händen größerer Bauern, Beamter oder Militärs läßt die Landkonflikte und die Marginalisierung der auf ca. 40% veranschlagten landbesitzlosen Haushalte wachsen. Die problematischen Grundbesitzverhältnisse haben W. RÖLL (1973, 1976), I. BUNDSCHU (1985), A. LEEMANN (1978) u. a. für Java, Bali und Lombok dargestellt.

Eine Besserung der Situation der Ärmsten ist in großen Teilen Indonesiens ein Grundbedürfnis, dessen Befriedigung die *Entwicklungsstrategien* bestimmen sollte. Die gelegentlich geäußerten Theorien einer temporären »Abkoppelung« traditionaler agrarischer Gruppen mit der Förderung einer Subsistenzwirtschaft sind allerdings im dynamischen Sog der heutigen Wirtschafts- und Gesellschaftsentwicklung in allen ASEAN-Ländern kaum mehr realistisch, sie würden zur weiteren *Marginalisierung* der Armutsgruppen führen und werden auch kaum der Bereitschaft gerade des javanischen oder balinesischen Kleinbauern gerecht, sich durch *intensive Landbearbeitung* selbst kleinster Flächen zu behaupten. Ausgeprägte Beharrung auf dem heimischen Boden, wie sie sich z. B. jüngst wieder im Widerstreben gegen eine Transmigration aus dem vom Vulkanausbruch des Galunggung (S. 497) zerstörten Dörfern und Anbaugebieten äußerte, steht ziemlich schroff einer erstaunlichen Mobilität gegenüber, die z. B. die *Stadtmigration* fördert, wo selbst in ärmlichen Slum-Verhältnissen z. T. noch etwas günstigere Existenzmöglichkeiten gefunden werden als in den ländlichen Armutsgebieten. Der Schritt in die *Transmigration* bringt – nach anfänglichen Härten – ebenfalls Besserung der agraren Besitzverhältnisse, bildet aber einen tiefen Einschnitt im sozialen Dasein. *Vorteilhafter* ist die agrarsoziale und ökonomische Struktur im allgemeinen – bis auf alte, übervölkerte Reisbaugebiete, wie z. B. Aceh – auf den prosperierenden Teilen der *Außeninseln*, in den gemischtbäuerlichen und von günstigeren Besitzgrößen bestimmten Betrieben Sumatras (BIROWO, JUNGHANS u. U. SCHOLZ, 1979). Diese Unterschiede wirken bis in die Beurteilung der sozio-ökonomischen Struktur Indonesiens hinein, bei der der persönliche Erfahrungshintergrund der Autoren, je nachdem, ob er überwiegend im problemreichen Java oder in Sumatra geprägt wurde, sich meist in mehr besorgten oder eher zuversichtlichen Beurteilungen der Entwicklungschancen unterscheidet. Auch in *Sumatra* (und in den Trockenfeld- und Baumkulturen der anderen Außeninseln) liegt die durchschnittliche bäuerliche Betriebsgröße nur um 1,5–3 ha, trotz Landreserven und einer Dichte von 65 EW/km$^2$ (gegenüber 733 EW/km$^2$ auf Java), sie ist aber doch größer und diversifizierter als in Java. Begrenzender Faktor ist dort eher Arbeitskräftemangel, nicht Landknappheit. Auch Sumatra kennt Pachtwesen und z. T. ländliche Armut (z. B. unrentable Kautschuk-Kleinbetriebe oder Transmigranten ohne Bewässerungsland, z. T. nur mit Cassava), mehrheitlich stehen sich seine Bauern aber sozio-ökonomisch besser als die von Java, Madura oder Bali (W. CLAUSS u. HARTMANN, 1982; U. SCHOLZ, 1977, 1987).

### *Die »ladang«-Wirtschaft*

Der Brandrodungs-Wanderfeldbau soll in Indonesien noch ca. 2,4 Mio. ha (1980) Anbaufläche und dazu ein Vielfaches dieses Areals einnehmen, das unter Sekundärwald oder Grasbrache der nötigen Regeneration im langjährigen Anbauzyklus harrt. Differenziert durch das Klima, begegnen uns in Indonesien unterschiedliche Formen. Bei den Stämmen in den Regenwäldern und Gebirgen der noch wenig entwickelten Inseln, vor allem bei den Dayak im Inneren von *Kalimantan* (obwohl diese z. T. auch Naßreis kennen) oder in abgelegenen Teilen von *Sulawesi* usw., herrscht noch der *Pflanzstockbau* mit der Erstfrucht *Bergreis* (S. 142) vor. In *Sumatra* ist er dagegen schon bis auf ca. 5 % der landwirtschaftlichen Nutzfläche von *dauerhaften Anbauformen* abgelöst worden (s. u.) und wird nur noch von marginalen Waldvölkern betrieben, während er im melanesiden Kulturbereich, besonders auf *Irian Jaya*, wohin der Reis noch kaum vorgedrungen ist, überwiegend auf *Knollenfrüchte* (Taro, Yams usw.) gerichtet ist. Die *Süßkartoffel* wird dort auf künstlich aufgeschütteten, zeitweise verlagerten Beeten oder Erdhaufen angebaut. Auf den östlichen *Kleinen Sunda-Inseln*, mit Niederschlägen von z. T. weniger als 600–800 mm/Jahr (z. B. Sumba), bewegt sich der Wanderfeldbau dagegen auf isolierten Flekken im schütteren Trockenbusch (mit einzelnen, z. T. schon sukkulenten Bäumen) oder als reine »*Gras-ladang*« in der offenen Savanne (Mais, Bergreis). Die Wirkung des Brandrodungs-Wanderfeldbaus wird dort noch durch jährliches Brennen der Grasflächen vervielfältigt, um die Weideflächen durch jungen Wuchs zu verbessern – z. B. auf Kalk- und Mergelböden der »Savannen-Insel« Sumba, auf Timor, Sumbawa usw. Busch- oder Waldvegetation kann dort nicht wieder aufkommen; es bildet sich eine *Sekundärvegetation* aus feuerresistenten, nährstoffarmen und harten *Gräsern* (Imperata und Saccharum). Ihr starker Wurzelfilz erfordert für das Aufbrechen der »ladang« hohen Arbeitsaufwand und die Verwendung starker Grabstöcke und – anders als im Pflanzstockbau der tropischen Waldgebirge, der die Scholle nicht wendet (S. 150) – Hacken. Die Grabstockmethode erlaubt höchstens, täglich ca. 50 $m^2$ pro Person umzugraben, deshalb werden die Felder meist über die Regenerationsfähigkeit der Böden hinaus zu lange genutzt, so daß die Tragfähigkeit trotz der noch geringen (20 EW/$km^2$) Bevölkerungsdichte bedroht ist. Versuche der Missionen, das Pflügen einzuführen, scheiterten an der Tradition der extensiven Viehhaltung, die nur dem Prestige der Herdenbesitzer, aber nicht zur Arbeit dient (S. 542f. – J. METZNER, 1976); Naßreisbau ist auf den Kleinen Sunda-Inseln deshalb nur örtlich auf etwas günstigeren Böden – auf Regenstau oder in kleinen Bewässerungsprojekten – möglich.

Mit der modernen Agrarintensivierung wird, wo es die Niederschläge und Böden erlauben, die *Ablösung* des Bergreisbaus im Wanderfeld durch Dauerfelder, z. B. Trockenlandreis in regelmäßigen Rotationen mit Leguminosen, Mais usw. (»multiple cropping systems«), forciert, für die bei Einsatz von Düngemitteln und verbesserten Agrartechniken noch Landreserven vorhanden sind. Besonders die zu »alang-alang« (Imperata cylindrica)-Gras degradierten Hügelländer und Aufschüttungsflächen in Sumatra, Kalimantan usw. lassen sich (z. B. mit Hilfe von Traktoren und Scheibenpflügen) in Kultur nehmen und bei angemessenen Fruchtwechseln oder in Verbindung mit *Baum- und Strauchkulturen* als »ladang-Folgekulturen« dauerhaft nutzen. Ökologisch gefährlich ist dagegen das Aufkommen einer modernen, ungeregelten, aber kommerziellen shifting cultivation, z. B. für Mais, Cassava und Soja in Teilen Sumatras, die zur Zerstörung bedeutender Waldreserven führt (U. SCHOLZ, 1982).

*Daueranbau im Trockenland und bäuerliche Baumkulturen*

Während in den meisten Ländern SO-Asiens die *Ablösung* der *shifting cultivation* (ladang) wegen ihres überdimensionalen Landverbrauchs und der ökologischen Schäden bei Übernutzung ein vorrangiges Entwicklungsproblem bildet (S. 155), ist in *Java* und *Bali*, größeren Teilen von *Sumatra*, aber auch von Lombok, Sulawesi, der Molukken usw. der Daueranbau im Trockenland als *Wanderfeldbau-Folgekultur* längst eine Selbstverständlichkeit geworden.
Klimatische Unterschiede spielen bei der Wahl der Nutzpflanzen und der Bodenbearbeitung eine Rolle, die Ausbreitung der Daueranbauformen selbst war aber primär ein wirtschaftsgeschichtlicher Prozeß. Er begann in *Java*, wo die rasche Zunahme der Bevölkerung eine intensivere Nutzung der flächenverzehrenden ladang-Wirtschaft forderte und wo auch die Besiedlung unbewässerbarer Gebiete, besonders der Kalk- und Mergeltafeln, Karstgebiete und Bergländer mit durchlässigen Tuffhängen (am umfangreichsten in *O-Java* und *Madura*), schon früh ein Ausweichen auf den Daueranbau von unbewässerten Nahrungspflanzen, vor allem von *Mais* und *Cassava*, erzwang; diese bilden dort anstelle des Reises die Grundnahrungsmittel. Eine noch stärkere Wirkung, vor allem auf die *Diversifikation des Anbaus*, hatte die holländische Wirtschaftspolitik, die den indonesischen Bauern über seine Selbstversorgung hinaus zum Anbau von »Kolonialwaren«, also von *Exportprodukten*, brachte. Das geschah am krassesten mit der Einführung der *Zwangsbewirtschaftung*, des sogenannten »*Cultuurstelsels*« (1824), das die Bauern verpflichtete, neben dem Reis exportfähige Agrarprodukte anzubauen und statt Steuern etwa 1/5 des Ertrages abzuliefern; z. T. geschah dies auf Umwegen über Zwangsabgaben an heimische Fürsten oder Steuererheber. Widerstand – auch in Europa – gegen diese Praktiken führte um 1870 wieder zur Aufhebung dieses Zwangssystems und zu einem freieren, marktwirtschaftlichen Anbau. Auch dieser nutzte zwar noch den Kolonialherren und brachte einige soziale Härten. Um die Jahrhundertwende setzte sich aber anstelle der Zwangswirtschaften die »sozialethische« Politik durch. Unter einer fortschrittlichen Agrargesetzgebung konnte sich dadurch in wenigen Jahrzehnten, nun vielfach auch aus bäuerlichen Eigeninitiativen, eine *marktorientierte* Wirtschaftsweise

bis in entlegene Landesteile ausbreiten. Mit der Verbindung aus verschiedenen Trockenfeld- und Baumkulturen und der Subsistenzproduktion von Reis entstanden besonders zwischen 1910 und 1930 gemischtbäuerliche Betriebssysteme, die sich z. B. in Sumatra bis heute als vorteilhaft erwiesen haben. Sie trugen auch dazu bei, daß Java und Sumatra in der Entwicklung der tropischen Landwirtschaft weit vorangingen und jenen ökologisch und traditionell vorgezeichneten Dualismus von Naßreis- und Wanderfeldbau schon früh durchbrachen.
Da das *Bewässerungsland* – mit Ausnahme der zusätzlichen Aufnahme von Zuckerrohr und Tabak – dem Naßreis vorbehalten bleiben mußte, war es das *Trockenland*, d. h. überwiegend die früheren ladang-Flächen oder Neurodungen in den Wäldern, das diese zusätzliche (oder in unbewässerten Gebieten neue) Nutzung trug. Die intensive javanische Feldbestellung mit tiefgründiger Bearbeitung mit Hacke oder Pflug, die auch der Bekämpfung der Unkraut- und Wurzelkonkurrenz diente, begünstigte diesen Prozeß. Es entstanden zwei Formen: der *Dauerackerbau* im unbewässerten Land und zum anderen der *gemischte* Anbau von *Baum- und Strauchkulturen*, gegebenenfalls mit untergepflanzten Feld- und Gartenfrüchten. Der erste wird als *»tegalan«* bezeichnet. Er fand, wie erwähnt, zunächst mit den »Ausweichprodukten« bei mangelnden Reisbaumöglichkeiten (meist »palawija«) wie *Mais*, Cassava, Chilli, Gemüse, Süßkartoffeln (Ipomea batatas), im Höhenklima auch mit *Kartoffeln, Kohl,* Tomaten usw., seinen Anfang. *Knollenfrüchte* (Taro, im O Yams usw.) kommen hinzu und bilden auf den melanesid geprägten Inseln im O (aber z. B. auch noch auf Mentawei vor W-Sumatra) die Grundnahrung; im Hochland Irian Jayas kam die *Süßkartoffel* hinzu. Im sumpfigen Küstentiefland, von Kalimantan und Sumatra bis Neu-Guinea, spielt das Mark der *Sago-Palme* diese Rolle. In steigendem Maße werden *Leguminosen* (Erdnüsse, Soja- und Mungbohnen u. a. Hülsenfrüchte), die durch ihre Stickstoffanreicherung die Regeneration der Bodennährstoffe fördern, zum *Fruchtwechsel* im Trockenfeld- wie im Naßreisbau eingesetzt. Die gemischten Gemüse-, Kartoffel- und Trockenfeldrotationen der *Karo-Batak* im Hochland N-Sumatras sind besonders intensiv (»tegalan« in ganz Sumatra: 10% der landwirtschaftlichen Nutzfläche). Sondernutzungen, wie die Strauchleguminose Leucaena leucocephala (= »lamtoro«), die z. B. in *Sikka* (Flores) in konturparallelen Hecken gepflanzt wird, um die Erosion der Tuffböden zu verhindern und eine indirekte Terrassierung entstehen zu lassen, fixieren gleichzeitig Nitrate im Boden, während ihre Blätter ein proteinreiches Viehfutter bieten (J. METZNER, 1976). Die Vorzugsstellung des Reises in der Ernährung und seine Anpassungsfähigkeit an verschiedene Öko-

tope brachten auch die Dauerbestellung von Reis im unbewässerten Feld, im Unterschied zur ladang-Wirtschaft aber nicht mit Pflanzstock in temporär gerodeten und gebrannten Feldern (»Bergreis«), sondern nun im *Dauerackerbau* mit *Pflug*. Als »padi gogo« (von alt-javanisch: »gaga« = trocken) trat dieser *Trockenlandreis* neben den »padi sawah« der Naßfelder und den »padi ladang« der shifting cultivation. Heute werden etwa 17 % der indonesischen Reisflächen mit Trockenlandreis bestellt, der zwar geringere Erträge bringt, bei guter Bestellung und im Fruchtwechsel mit Erdnüssen, Soja u. a. Leguminosen, Mais usw. dennoch zur Versorgung der Bevölkerung in unbewässerbaren Gebieten beiträgt, so daß in der modernen Reistechnologie (S. 145) diese Anbauweise (mit Verbesserungen durch Kunstdünger, Zwischenpflanzen und gemischten Fruchtfolgen) vorangetrieben wird. Am günstigsten ist er in den niederschlagsreichen, *immerfeuchten Tropen* möglich, die ja auch ursprünglich die bevorzugten Gebiete des Bergreisanbaues in der shifting cultivation waren, und *Sumatra* hat bereits große Anteile von Dauertrockenlandreis, besonders in den Transmigrationsgebieten. Mit der Entwicklung trockenheitsresistenter Sorten und Fruchtwechsel gewinnt er auch auf Java und in den übrigen dichter besiedelten, wechselfeuchten Gebieten an Bedeutung. Im Höhengrenzbereich wird Trockenlandreis gern mit Mais (in Reihen) gemischt angebaut.

Günstig, und schon früh auf Java, Sumatra, Bali, Celebes usw. verbreitet, ist die Trockenlandnutzung durch *Baum-* und *Strauchkulturen* (»kebun«), z. T. mit untergepflanzten Ackerfrüchten. Neben den Fruchtbäumen und -sträuchern für den Eigenbedarf und den lokalen Markt (z. B. Papaya, Rambutan [Nephelium lappaceum], Mango u. a., Zuckerrohr, Ananas und Bananen zum direkten Verzehr; meist gemischt, z. T. aber auch schon in Spezialpflanzungen) treten einzelne *Welthandelsprodukte* hervor. Ihre Verbreitung wurde schon durch die kolonialzeitliche Zwangswirtschaft gefördert, voran *Kaffee, Kokospalmen* und *Gewürze* (Nelken, Muskat, Zimt, Pfeffer). Betelpfeffer – sowie Nelken für die gewürzten indonesischen »kretek«-Zigaretten – sind auch für den heimischen Markt von Interesse – 1 kg getrockneter Nelken bringt etwa so viel Ertrag wie 50 kg Rohreis. Dadurch gehören z. B. die Nelken-Bauern im südlichen Sumatra zu den reichsten Indonesiens (wenn auch nicht ohne Risiken durch Pflanzenkrankheiten usw.). Auch *Zimt*, die getrocknete Rinde des Zimtbaumes, bringt in den gemischten Reis/Baumkulturen, z. B. im Minangkabau- oder im Kerinci-Hochland Sumatras, gute Erträge und teilt mit der Nelke den Vorzug *leichter Transportfähigkeit*. Auch *N-Sulawesi* (Manado) und die *Molukken* haben beachtliche Anteile an der kleinbetrieblichen

Gewürz- (Nelken, Muskat) sowie der Kokos-, Kaffee- und Kakaoproduktion. Gemüse, Leguminosen, Mais, Trockenlandreis u. a. werden zusätzlich untergepflanzt, und gerade diese intensive und *gemischte Bodendeckung* erweist sich als besonders geeignet, das Problem der *Dauernutzung* tropischer Böden (S. 38f.) in produktiver und ökologisch adäquater Weise zu lösen; sind doch viele dieser Kulturpflanzen, z. B. Kaffee und viele Frucht- und Gewürzbäume, selbst ursprünglich Gewächse des tropischen Waldes. Diese Wirtschaftsformen gewannen in gemischten, bäuerlichen Betrieben so große Bedeutung, daß sie, vor allem in Kombinationen mit *Kautschuk*, z. B. in Sumatra heute 58% der landwirtschaftlichen Nutzfläche einnehmen. In höheren Lagen (bis 900 m) dominiert z. T. der bäuerliche *Kaffee*-Anbau (meist mit Robusta-Varietäten). Nach dem wenig nachhaltigen Zwangsanbau (»koffiestelsel« bis 1908) in der früheren Kolonialentwicklung, gewannen die bäuerlichen Baumpflanzungen als *Wanderfeldbau-Nachfolgekulturen* dann ab ca. 1910 schnelle Ausbreitung. Anstelle früherer »ladang«-Wechselfelder ergänzen nun marktorientierte Baum- und Strauchkulturen den der Eigenversorgung dienenden, im Gebirge räumlich begrenzten Naßreisbau. Gelenkt durch unterschiedliche Naturausstattung, Marktzugang und andere soziale und ökonomische Gegebenheiten, bildeten sich oft regional ganz spezifische Anbaukombinationen heraus, z. B. »Kaffee-Reisbau-Systeme«, »Kautschuk-Reisbau«-, »Sawah-Zimt«-, »Pfeffer-Reisbau«-, »Sawah-Mischkultur«-Systeme u. a. (U. SCHOLZ, 1987).
Auch die zunehmend auf bisher wenig erschlossene, immerfeuchte Regenwaldgebiete gerichtete *Transmigration* (S. 547) wird in Anpassung an das Ökosystem in wachsendem Maße von der ursprünglich vorgesehenen Erschließung weiterer Reisbaugebiete auf die marktwirtschaftliche Produktion der Baum- und Strauchkulturen (mit ergänzendem Trockenfeldbau) ausgerichtet. Einzelne Gebiete haben sich stärker auf *Pfeffer* spezialisiert (besonders *Lampung* und – mit chinesischen Kleinbetrieben – die Zinninseln *Bangka* und *Belitung*). Auch die – ökologisch nicht unbedenklichen – Einbrüche der modernen, marktwirtschaftlichen *Rodungssiedlung* mit Traktoreneinsatz, z. B. für den Anbau von Sojabohnen, Cassava u. a., sind eine Komponente dieses Trockenlandanbaus.
Stark verbreitet im Trockenfeldbau, unter Baumkulturen, aber auch in Rotation im Reisfeld, ist der *Marktgartenbau*, den wieder der Einfluß des holländischen Gartenbaus und die intensive Wirtschaftsweise javanischer und chinesischer Bauern gefördert haben. Als *Höhen-Marktgartenbau* (S. 191) kann er im kühlen tropischen Gebirgsklima, das den heimischen Anbaugewächsen, dem Reis, aber auch tropischen

Obst- und Gemüsepflanzen, deutliche Grenzen setzt, Gewächse des gemäßigten Klimas lohnend anbauen und bei gutem Marktanschluß (Paßstraßen usw.) günstige Erträge erzielen (Kohl, Kartoffeln, Karotten, Tomaten, Äpfel usw.). So findet sich eine »stockwerkartige« Gliederung des Anbaus tropischer Früchte im Trockenfeld- und Gartenbauland der tieferen, tropischen Klimastufen, daran schließen sich Rotationen von Feld- und Gartenbaugewächsen mit Naßreis nahe der (Klima-)Grenzlagen des Reisbaus (800–1400 m) und schließlich – zwischen der Reisbaugrenze und der absoluten Höhengrenze des Anbaues (im kühlen, nebel- und niederschlagsreichen tropischen Höhenbereich bei max. 2250 m) – die verschiedensten europäischen Obst-, Gemüse- und Feldfrüchte an. Ihre Ausbreitung wurde mit der *Aufsiedlung* ehemaliger *Plantagen* auf unbewässertem Land durch die kleinbäuerliche Landnahme nach der Unabhängigkeit erweitert, manchmal noch durch restliche Schattenbäume der einstigen (Kaffee-) Plantagen erkennbar.

### *Plantagen und Kleinpflanzer*

Natürliche Ressourcen und die kolonialwirtschaftliche Vergangenheit brachten in Indonesien der *Plantagenwirtschaft* hohe Bedeutung (S. 169 ff.). Dem ältesten kolonialwirtschaftlichen *Gewürzhandel* (besonders der *Molukken*) und den *ersten* Pflanzungen eingewanderter *Chinesen* folgten vom frühen 19. Jh. an der Anbau *exportfähiger* Produkte durch die *Bauern* Javas (S. 532) und die Ausbreitung der Zukkerrohr- und Tabakproduktion in Teilen der javanischen Reisfelder (S. 522 u. 540). Die Begründung europäischer *Großbetriebe* auf bisher ungenutztem Land – und damit das Ausgreifen der Kolonialwirtschaft auf die »*Außeninseln*« – begann nach 1860. Der Geschichte der kolonialen Besitzergreifung entsprechend, wurden zunächst auch noch auf *Java* Plantagen angelegt. Wegen seiner dichten Besiedlung und der Reisproduktion (bis zum Zweiten Weltkrieg wichtiges Exportgut) war dort geeignetes Land nur noch begrenzt verfügbar. Dennoch entstanden bis 1939 1,1 Mio. ha Plantagenfläche, die der Sumatras nur wenig nachsteht, allerdings Zuckerrohr und Tabak auf Reisland einschließt. Die besten Möglichkeiten ergaben sich über der Höhengrenze des bäuerlichen Anbaus. Dort waren noch Waldflächen für Nutzpflanzen des tropischen *Höhenklimas* aufschließbar, voran *Tee*, weiter *Kaffee* und *Chinchona*. Der erstere blieb bis heute erhalten, als Strauch des *tropischen Bergwaldes* lösen seine Pflanzungen in Java und N-Sumatra mit einer deutlichen Kulturlandschaftsgrenze in 1200–1500 m die Reisterrassen ab. Die Kaffeeplantagen – wie der Tee von den Holländern zu den »*Bergkulturen*« gerechnet, meist aber mehr in mittleren Höhenlagen angebaut – wurden dagegen stärker durch die bäuerliche Landnahme nach der Unabhängigkeit aufgesiedelt und in gemischten Anbau umgewandelt. Der Anbau des *Chinchona*-Baumes – Rinde für die Chinin-Herstellung zur Malariabekämpfung – wurde besonders von dem deutschen Arzt und Naturforscher F. Junghuhn (1809–1864) gefördert (seit der Entwicklung der modernen Pharmazie gibt es allerdings nur noch kleine Reste).

Die größten Landreserven boten sich im Tiefland *NO-Sumatras* an, wo der sumpfige Küstengürtel schmal ist, aber breite Fußflächen und Schwemmkegel mit *guten Böden* liegen. Ab 1863 erwarben dort holländische Pflanzer vom Sultan von Deli die ersten Landkonzessionen für *Tabak*; nach 1870 folgte die Expansion von *Kautschuk* und nach dem Ersten Weltkrieg die der *Ölpalmenplantagen*; die Gebirgshänge hinauf schlossen sich die *Teepflanzungen* an. So wuchsen binnen weniger Jahrzehnte auf dem vorher nur dünn besiedelten Lebensraum kleiner Gruppen von Küstenmalayen der (bis zur Überflügelung durch die Erdölwirtschaft – die aber z. T. in nächster Nachbarschaft lokalisiert ist) *reichste Wirtschaftsraum* des Archipels und als sein Zentrum die heutige Millionenstadt *Medan* heran. Die *Plantagen* bewirtschafteten zwar nur 8 % des indonesischen Kulturlandes, 1928 erbrachten sie aber 51 % des gesamten Exportwertes. Zur Rodung und Bewirtschaftung war eine umfangreiche Infrastruktur- und Siedlungserschließung und die *Zuwanderung* javanischer und chinesischer Plantagenarbeiter nötig, zu denen später als Siedler die Batak aus dem Hochland stießen, so daß eine starke ethnische Mischung entstand.

Die kapitals- und arbeitsintensiven Plantagen Sumatras erreichten bis 1930 1,4 Mio. ha; 1870 kamen noch 87 % aller indonesischen Exporte aus Java, 1930 bereits zu 56 % von den »Außeninseln«, voran aus NO-Sumatra, wo sich (1939) 89 % der außerhalb Javas gelegenen Plantagenfläche konzentrierte (W. RÖLL, 1979). Die gute Böden suchenden *Tabakplantagen* – mit den berühmten Deli-Deckblättern – besetzten die nährstoffreichen Schwemmkegel aus vulkanischem Aschenmaterial. Da der Tabak regelmäßige *Standortwechsel* braucht, erwarben die Gesellschaften die siebenfache Fläche des jeweiligen Anbauareals und auf eine Ernte folgten sechs Jahre Buschbrache – eine geregelte, großflächige Landwechselwirtschaft. Das brachliegende Land konnten die Plantagenarbeiter und benachbarten Bauern kurzfristig mit Bergreis usw. nutzen, was nach der Unabhängigkeit geradezu zur »Landnahme« verführen und entsprechende Einbußen an Tabakflächen bringen sollte (»jaluran-System«). (In den javanischen »Vorstenlanden« wurde dagegen der Tabakanbau in Rotation auf zwangsgepachteten *Reisfeldern* entwickelt – S. 522.) Nach 1910 gewann die Pflanzung von *Kautschuk* großes Ausmaß, der – als Baum des tropischen Waldes für Latosole und selbst podsolige Böden geeignet – binnen zwei Jahrzehnten große Teile der Fußflächen und Hügelzonen *Sumatras* besetzte (weitere Plantagen auf *Kalimantan* u. a. Inseln; in *Java* kamen die klimatisch angemessenen, regenreicheren Lagen W-Javas in Betracht). Bald faßten Kautschuk, Kaffee usw. auch in *bäuerlichen* Kleinbetrieben Fuß und halfen, die ladang-Wirtschaft zu verdrängen (S. 158). Bestand und Besitzstruktur der Plantagenwirtschaft wurden vom Zweiten Weltkrieg bis zur Konsolidierung des unabhängigen Staates von Zerstörungen, Demontagen, der *Überalterung* der Baumbestände und der Verarbeitungsanlagen sowie der *Verstaatlichung* des kolonialen Besitzes betroffen. Unzureichende neue Leitung, fehlendes Betriebskapital und die *Aufteilung* von Plantagenland an besitzlose Sozialgruppen, oft frühere Plantagenarbeiter, führten zu drastischer Reduzierung der Flächen und der Produktion (K. PELZER, 1978; 1982). Insgesamt sank die Zahl der Plantagenbetriebe von 2400 (1938) auf rd. 1100 (1971), die der Wirtschaftsflächen von 2,5 auf 1,7 Mio. ha, die rotierenden Pachtflächen im javanischen Zuckeranbau von 1,2 auf 0,84 Mio. ha (1977) (RÖLL, 1975). In NO-Sumatra allein wurden ca. 119000 ha Plantagenland von den einstigen Kontraktarbeitern besetzt und aufgeteilt (C. C. CUNNINGHAM, 1958). Staatliche Verwaltung und politische Bewegungen begünstigten diese z. T. spontanen, vielfach aber gelenkten *Landnahmeaktionen*, bei denen es um die Beseitigung der Relikte der Fremdherrschaft wie um die soziale und wirtschaftliche Besserstellung der früheren Landarbeiter, Teilpächter usw. ging. In *Java* gingen die Flächen der *Zuckerpflanzungen* (vielfach mit Zerstörung der Verarbeitungsstätten) stark zurück, viele *Kautschuk-* und besonders *Kaffeeplantagen* an den Vulkanhängen wurden von Kleinbauern mit Trockenfeld- bzw. Höhen-Marktgartenbau (s. o.) aufgesiedelt, was die Siedlungs- und Anbaugrenzen nach oben verschob (z. B. im Raum Malang/Kediri, O-Java allein 43000 ha). Wegen zu kleiner Parzellierung konnte oft nicht einmal der Eigenbedarf der neuen Kleinbauern gedeckt werden, während die Produktion und das Arbeitsplatzangebot schrumpften. In den verbliebenen Großbetrieben sanken die Erträge von 1939–1958 bei Tabak um 85 %, bei Kaffee um 89 %, bei Zucker um 51 %, bei Tee um 42 % und bei Palmöl um 39 %; nur die Kautschukproduktion konnte sich halten (W. RÖLL, 1979). 1957 folgte die Enteignung und *Verstaatlichung* der holländischen Betriebe, später auch der des übrigen ausländischen Kapitals. Erst die Regierung der »Neuen Ordnung« konnte nach der Ablösung der ruinösen »gelenkten Wirtschaft« der Sukarno-Ära 1967 mit der *Rückgabe* des amerikanischen, britischen und belgischen Plantagenbesitzes Rehabilitierungsmaßnahmen einleiten, die dann auch von den indonesischen Staats- und Privatbetrieben intensiv aufgenommen wurden.

Schon früh nahmen die *Bauern* und Kleinpflanzer *Sumatras* (besonders in der Hügel- und Fußflächenzone zwischen Barisan-Gebirge und Küstentiefland, deren arme gelb-roten Podsolböden dadurch eine angemessene Nutzung fanden) den *Kautschukanbau* auf und schon 1930 war er, im gemischten Betrieb neben Reis (s. o.), so stark, daß bereits Überproduktion drohte. Bei primitiven Produktionstechniken und geringem Arbeitseinsatz sind diese Kleinpflanzungen meist wenig gepflegt und bringen kaum 1/4 der ha-Erträge und Qualitäten moderner Plantagen. Sie passen sich aber dem bäuerlichen Arbeitskalender an und haben oft die Funktion einer »Sparkasse«: »Schlafender«, z. T. nicht gezapfter Kautschuk ist oft eine wichtige Reserve und sichert als Zusatzeinkommen zum Reis dem gemischten Betrieb die Existenz; vielfach entstanden die Kautschuk-Haine als *Nachfolgekultur* der »ladang«-Wirtschaft – ein geoökologisch sehr günstiger Ersatz für den tropischen Wald.

Bei der wirtschaftlichen Bedeutung und der Fähigkeit zur Nutzung sonst schwer bestellbarer Böden gewinnen (nun auch spezialisierte und modernisierte) Kleinbetriebe immer größere Verbreitung, z. B. in *Kalimantan, Irian Jaya* usw. Mit den *Transmigrationsprojekten* (S. 547) und der Einführung von »Nucleus Estate«-Pflanzungen für Gruppen von Kleinpflanzern, haben bis 1982 die indonesischen Kautschukkleinbetriebe mit 1,99 Mio. ha gegenüber den Plantagen mit 0,47 Mio. ha – wie auch in Malaysia und Thailand – bereits den 4–5fachen Flächenumfang gewonnen (D. GEINITZ, 1985; Tabelle 7 im Statist. Anhang).

Die *Ölpalme* (S. 174) blieb in Indonesien (bis in die jüngste Vergangenheit) auf Großbetriebe beschränkt. Sie fand nach dem Ersten Weltkrieg in *NO-Sumatra* als *dritte Plantagenfrucht* (nach Tabak und Kautschuk) Eingang. Nach Malaysia wurde Indonesien zum zweitgrößten Palmöl- und Palmkernerzeuger der Erde.

| Plantagenflächen in Indonesien: | 1939 | 1979 |
|---|---|---|
| Kautschuk | 615 627 ha | 443 000 ha |
| Ölpalmen | 105 093 ha | 229 000 ha |
| Tabak | 36 522 ha | 19 000 ha |
| Kaffee | 99 167 ha | 38 000 ha |
| Tee | 138 388 ha | 67 000 ha |

Von den wiederhergestellten *Plantagenflächen* entfielen 1979 35,4% auf *NO-Sumatra*; 11,8% auf das benachbarte Aceh und weitere 5% auf die übrigen Provinzen Sumatras; auf das (immerfeuchte) *W-Java* 14,4%, übriges Java zusammen 16,2% (einschließlich Zucker, Tabak, Kaffee, Tee usw.); auf *Kalimantan* 2,7%, *Sulawesi* 5,8% und die *Molukken* 1,5%; bei beiden letzteren vor allem Kokos- und Gewürzpflanzungen. *Sumatra* mit insgesamt 52,2% und *Java* mit 30,6% überragen also auch auf diesem Sektor das übrige Indonesien.
Der *Teeanbau* wurde in den feuchten Höhenlagen Sumatras und W-Javas ab 1826 versucht; seit 1873 großflächig ausgeweitet, rückte er bis in die Weltspitzengruppe. Mit der o. a. Reduzierung der Plantagen ging der Export von 73500 t (1939) auf 47500 t (1976) zurück; ein beträchtlicher Teil der Plantagen ist aber wieder in intensiver Nutzung; ihre Siedlungen beherbergen einen größeren Dauerarbeiterstamm.
*Kokos-* und *Gewürzanbau* blieben eine Domäne der Bauern (meist kombiniert mit Reisbau) und spezialisierter klein- und mittelgroßer Pflanzungen; die meisten in *N-Sulawesi*, auf den *Molukken* und den *Kleinen Sunda-Inseln.*

### *Die Veränderungen der Zuckerrohrplantagen*

Starke Dynamik kennzeichnet die Entwicklung der *Zuckerrohrplantagen.* Mit ihnen begann die koloniale Pflanzungswirtschaft, da nach der Gründung Batavias *chinesische* Einwanderer dort die ersten Zuckerrohrfelder anlegten. Ab 1830 wurde der Anbau durch holländische Betriebe nach *Zentral- und O-Java* (nicht ins regenreiche W-Java) verlagert und nahm dort seinen großen Aufschwung, der um 1930 den Höhepunkt erreicht und Java zu einem der wichtigsten *Zuckerexporteure* der Erde gemacht hat (1928 entfielen 75% aller Exporte Javas auf Zucker). Der Anbau erfolgte in rotierender *Zwangspacht* auf den Feldern der Reisbauern (S. 522), die über die früheren Anbauvorschriften (»Cultuurstelsel«) und Landrechte des Adels als »Reynoso-System« etabliert wurde. Das trocken-warme, monsunal-wechselfeuchte Klima, intensive *Bewässerung* und gute *vulkanische Böden* boten optimale Erträge (1930: 2,8 Mio. t Zucker/Jahr, mit dem hohen Zuckergehalt des Rohrs von 11,3% und 14,7 t Rohertrag/ha), hinzu kamen rd. 200000 t Braunzuckermolasse (»gula«)/Jahr für den lokalen Konsum. Die Anbaufläche betrug 1930 196592 ha. Da die bäuerlichen Felder meist nur einen Umfang von 0,3– 0,5 ha hatten, wurden größere Blöcke von 5–120 ha zusammengefaßt, wofür eine Umlegung der Fluren in regelhafter Feldeinteilung erfolgte.

Gewöhnlich wurden (einschließlich Bodenbearbeitungszeiten und Ernte) 16 Monate für eine Rohrernte gebraucht (keine »ratoon«-Ernten, d. h. kein zweiter oder Drittausschlag des Rohrs) und danach gewöhnlich im *Fruchtwechsel* zwei Reis- und zwei palawija-Ernten (vorwiegend Sojabohnen) eingebracht, so daß ein insgesamt dreijähriges Rotationssystem entstand. Die Verarbeitung des in den (zwangs-)gepachteten bäuerlichen Feldern erzeugten Rohrs erfolgte in 178 Fabriken (1928). Durch die japanische Kriegsbesatzung, die der Reisproduktion den Vorzug gab, Demontagen und *Zerstörungen* sowie Überalterung der Verarbeitungsanlagen und die Okkupation der Anbauflächen durch Kleinbauern kam es nach der Unabhängigkeit zur dramatischen *Reduktion*, und heute vermag das einstige Exportland kaum seinen Eigenbedarf an Zucker zu decken. Ab 1975 wurde die Produktion durch ein Intensivierungsprogramm wieder verbessert, die Flächenrotation in den Reisfeldern aber eingestellt, da die Ernährungssicherung mit Reis den Vorrang erhielt. Das verbleibende Rohranbauland im bäuerlichen Besitz wurde in *genossenschaftlichen* Gruppierungen mit 30–50 Bauern in Flächen von 10–15 ha zusammengefaßt, unter der Leitung eines Vormannes, und das Rohr an die Fabriken verkauft; durch Abwanderung in andere, z. T. gewerbliche Berufe ist nur noch ein Teil der landbesitzenden Bauern selbst an der Feldarbeit beteiligt. 1981 waren wieder *59 Zuckerfabriken* in Betrieb (davon 51 im Staatsbesitz), noch 34 in O- und 22 in Zentral-Java, während die ersten drei *neuen* Fabriken auf den »*Außeninseln*« hinzukamen. 74 % der Zuckerflächen sind jetzt in *bäuerlicher* Hand, nur in O-Java arbeiten drei Zuckerfabriken mit eigenem Feldbesitz (Die Entwicklung der Zuckerrohrflächen Javas: 1930: 196592 ha; 1950 nur noch 27783 ha, 1961 wieder 83211 ha, 1981: 193148 ha; 1930 zu 100 %, 1981 nur noch zu 26 % von den Fabriken gepachtet bzw. in deren Besitz, dagegen 55 % der Rohrfelder in bäuerlicher Hand – H. BLUME, 1985).

Bis 1975 war die kommerzielle Zuckerproduktion in *Java* konzentriert. (In den übrigen Gebieten erfolgte nur der in ganz SO-Asien übliche Kleinanbau in den Gärten für den Direktverzehr des Rohres bzw. die dörfliche Herstellung brauner Molasse.) Von der kommerziellen Produktion wurden auch 1981 noch 97 % – 1,2 Mio. t – in den Pflanzungen Javas gewonnen. Zugunsten der Intensivierung des Reisbaues entstand jedoch der Plan, den Zucker ganz aus dem bewässerten Naßreisland hinaus zu verlagern. Erste Versuche begannen im unbewässerten Hügelland Javas mit Weltbankunterstützung in den 70er Jahren. Sie werden erweitert, und die jüngere Verlagerung soll zugleich ganz aus Java hinaus auf die »*Außeninseln*« führen, wo nicht nur völlig *neue Zuckeranbaugebiete*, sondern auch mit der Errichtung des »miller-planter«-Systems, d.h. von Zuckerfabriken mit eigenen Rohranbauflächen, eine Umstrukturierung der Zuckerwirtschaft vorgesehen sind. Die Ausbreitung in *unbewässertes* Hügelland (bisherige Anbauobergrenze um 400 m bei Malang, in einzelnen Lagen bis 1000 m) betrug 1981 schon 21 % der javanischen Zuckeranbauflächen, und bis 1988 sollen *außerhalb Javas* 18 neue Fabriken mit eigenen Feldern errichtet werden. Bis 1981 waren schon zwei in *Sumatra* und eine in *Sulawesi* in Betrieb, die weiteren sollen (auch in Kalimantan) zügig folgen. Die neuen Anbauflächen werden überwiegend mit Maschinen bestellt und wesentlich großflächiger angelegt. Sie bringen – im unbewässerten Land – einen geringeren Zuckergehalt, so daß mit der Erzeugung einer sehr viel größeren Biomasse der Ausgleich gesucht werden muß; Ziel ist die möglichst vollständige *Entlastung* des bewässerten *Reisbaulandes* und bis 1988 die Sicherung der *Zuckerselbstversorgung*.

### *Die Viehwirtschaft*

Die Viehwirtschaft spielt eine ambivalente Rolle: es bestehen einerseits beachtliche Viehbestände und eine starke Einbindung in die traditionellen Wirtschafts- und Wertsysteme, zum anderen ist die eigentliche Nutzung meist *extensiv* und die Deckung mit Fleisch und tierischem Eiweiß noch immer defizitär (G. ZIMMERMANN, 1975). Vielfach beschränkt sich die Nutzung der Rinder- und Wasserbüffelbestände auf *Arbeitstiere*, aber in traditionellen Stammesgesellschaften tritt auch das Pflügen zurück und die Büffel- oder Rinderhaltung wird zur *kultischen* (adat-rechtlichen und Totenzeremonien; Büffelopfer, besonders bei den Toraja, Batak, Lampung usw.) oder zur sozialen *Prestigefrage* (ohne Rücksicht auf die Qualität der Tiere, z.B. bei den Minangkabau W-Sumatras). Die wegen ihrer durchlässigen Kalk- und Mergelflächen bis auf schmale, bewässerbare Küstensäume weitgehend auf regenzeitlichen Trockenfeldbau (besonders Mais) angewiesene Insel *Madura* findet in der *Rinderzucht* (mit dem nahen Absatzmarkt Surabaya) einen gewissen Ausgleich. Die Hauptinteressen der Züchter liegen aber auch dort auf dem sozialen Feld: der Tradition der *Ochsenrennen* dieser Insel. Auf *Sumba*, dessen Gras und Savannen die Weidewirtschaft an sich begünstigen, ist es selbst den Anstrengungen der Missionare noch nicht gelungen, das Pflügen der (wenigen) Naßreisfelder mit Büffeln oder Rindern einzuführen; die *Büffel* werden (wie auch in anderen Teilen SO-Asiens, besonders wo zähe, tonige Böden anstehen) allenfalls zum *Trampeln* als Bestellung der Reisfelder genutzt (METZNER, 1976). Eine Weidefläche von über 870000 ha könnte auf dieser Insel das Potential für über 200000 Stück Großvieh bieten, 1973 betrug dort der Bestand aber erst 132000 Stück. Immerhin ist die Rinderhaltung auf den östlichen *Kleinen Sunda-Inseln* (Flores, Timor, Sumba) so angestiegen, daß dort etwa 2/3 des indonesischen Rinderbestandes gehalten und die notwendigen Importe anderer Lebensmittel mit dem Export von Rindern kompensiert werden. Stärker ist der Einsatz zum Pflügen und Ziehen der hochrädrigen Karren auf *Java* (überwiegend Buckelrinder, weiße »Brahmin«) und *Bali*, wo ein graziles, braunes Rind charakteristisch ist.

1976 hatte Indonesien 2,3 Mio. *Wasserbüffel*, davon 1,2 Mio. in den Bewässerungsfeldbaugebieten Javas; die *Rinder* (6,5 Mio.) werden stärker in den Gebieten des Trockenfeldanbaues eingesetzt. Mit dem allmählich steigenden Einsatz von Traktoren, besonders auf den »Außeninseln«, ist ein Rückgang zu erwarten, wie er z. B. schon in Thailand sehr ausgeprägt ist. Erst vereinzelt setzen sich die Ansätze durch, moderne *Vieh-Weidewirtschaftsbetriebe* vom »ranch«-Typ auszubreiten, z. B. in Grassavannen S-Sulawesis, O-Lomboks oder W-Sumatras. Die *Milchwirtschaft* beschränkt sich – auch klimatisch bedingt – auf bescheidenen Hausgebrauch; die Versorgung der *Großstädte* erfolgt häufig durch völkische Minderheiten, wie bei den in ganz SO-Asien auf diesem Gebiet aktiven Sikh (z. B. um Medan). Moderne Abmelkbetriebe (z. B. Lembang b. Bandung) sind noch selten; 1976 wurde etwa erst 20% des Bedarfs durch die eigene Milcherzeugung gedeckt (W. RÖLL, 1979).

Die *Schweinehaltung* unterliegt in den islamischen Landesteilen dem religiösen Tabu, ist aber für die *nicht-islamischen* Gebiete und die Stammeskulturen von Bedeutung. Neben den christlichen Gruppen ist es vor allem die Bauernkaste der hinduistischen *Balinesen*, denen die Schweinehaltung so starken zusätzlichen Ertrag bringt, daß sie z. B. in Transmigrationsgebieten gegenüber ihren javanischen Nachbarn eine günstigere wirtschaftliche Entwicklung nahmen (G. ZIMMERMANN, 1980). Abnehmer sind die *chinesische* Stadtbevölkerung und der *Export* – stärker für Rinder und Büffel – nach Singapur oder Hongkong. In *Irian Jaya* hat die Schweinehaltung *religiös-kultische* Funktion und dient überwiegend dem Ansehen und rituellen Zwecken, kommt aber damit indirekt auch der Ernährung zugute.

*Ziegenhaltung* ist verbreitet (1972: 7 Mio.) und richtet – mit Ausnahme der trockenen Gebiete – bei der üppigen tropischen Vegetation kaum wesentliche Vegetationszerstörungen an. Sie trägt einen nen-

nenswerten Teil der Fleischversorgung. Das gilt auch für *Schaf-* und *Geflügelhaltung* – auch dabei nimmt aber die von Prestige, Kult oder Spielleidenschaft bestimmte Haltung von *Kampfhähnen* für den blutigen Hahnenkampf (am stärksten auf Bali) einen guten Teil der Aufwendungen bzw. des Interesses ein. Beachtlich ist die *Entenhaltung*, besonders in den Reisfeldern, an erster Stelle wieder auf *Bali* und *Java*. Größere Geflügelzuchtbetriebe in Großstadtnähe, wie z. B. in Thailand, sind erst in den Anfängen. *Froschschenkel* gehen in den Export nach Hongkong, Frankreich und in die USA; der zu starke Fang (besonders nachts mit Lampen in den Reisfeldern) führt allerdings schon zur Gefährdung der Bestände bzw. zu ökologischen Lücken.
*Pferde* (kleine Ponies) sind vor allem auf den östlichen »Außeninseln« (von Sumbawa bis Timor und Sulawesi, aber auch in Java und Sumatra) als Trag- und Reittiere verbreitet und in abgelegenen Gebieten noch ein wichtiges Verkehrsmittel.
Bessere *Integration* von Bodennutzungs- und Viehhaltungssystemen ist ein Ziel der agrarischen *Entwicklungsplanung*, einschließlich des Ausbaus der Veterinärdienste (Seuchenschutz, Qualitätssteigerung).

### *Fischerei und Aquakultur*

Fisch steht als Beikost zum Reis und Proteinquelle an erster Stelle. Der Archipel-Staat mit seinen umfangreichen (Schelf-)Meeren, aber auch den Binnenseen, Flüssen und Reisfeldern, bietet reichliche Fangmöglichkeiten, die noch längst nicht voll und rationell ausgeschöpft werden.
*Hochsee- und Küstenfischerei* beschäftigten (1974) ca. 881 000 Personen, davon etwa 600 000 hauptberuflich. Die Provinzen *Riau* (Sumatra) und *S-Sulawesi* stehen an erster Stelle, die Fänge (1974 ca. 800 000 t) sind nur ein Teil des möglichen Potentials und etwa 60–70 % des gesamten Ertrages; den Rest erbringt die *Binnenfischerei*. Die Statistiken können nur annähernde Werte geben, da große Teile des Fanges lokal – z. T. direkt an den Küsten – verkauft werden. Große Unterschiede in der Ertrags- und Absatzlage entstehen durch die Verkehrsaufschließung der Fischerdörfer: an der entlegenen S-Küste Javas z. B. können sie ihren Fang nur lokal verkaufen, während an der gut erschlossenen N-Küste Transport zu den städtischen Märkten und Kühlhäusern möglich ist (BETKE, 1985).
Die *Fischereiflotte* bedarf starker Modernisierung; 1973 waren von 294 770 registrierten Booten erst 2,9 % motorisiert, der Rest kleine

Segelboote; inzwischen haben verschiedene Planvorhaben Fortschritte gebracht. Die Mehrzahl der Motorboote operieren von *Sumatra* und *Kalimantan* aus. Modernisierung, z.B. der Trawler- und der Schleppnetzfischerei, ist im Gang, andererseits besteht allerdings auch die Gefahr der *Überfischung* der indonesischen Meere, und die Java-See wird bereits regelmäßig überwacht. Fischereitrainingszentren in Tegal (Java), Manado (N-Sulawesi), Ambon (Molukken), Sorong, Belawan (Sumatra) und Singaraja (Bali) helfen archipelweit, die Fischerei zu entwickeln.

Weit verbreitet war der Fang von hohen *Bambusgestellen* (»bagan«) aus, sowie mittels großer Reusen und Fischfallen aus Bambuszäunen. Die »bagan« sind nachts besetzt, die Fischschwärme werden mittels Lampen und Feuern angelockt, um mit Fallnetzen gefangen zu werden. Wegen der Überfischung und der Gefährdung der Schiffahrt, besonders der Außenbordmotoren modernerer Fischereifahrzeuge, durch das Treibholz der durch die Brandung zerstörten Gerüste (die ohnehin nur im Lee der entsprechenden Monsunsaison besetzt werden konnten und einen hohen Bambusbedarf aufweisen), wurden diese, z.B. vor Jakarta, wieder eingeschränkt (G. ZIMMERMANN, 1973). Für die Besiedler der *Koralleninseln* vor den Flachküsten ist der Seefischfang naturgemäß der nahezu einzige Lebensunterhalt.

In Nutzung des natürlichen Ökosystems – aber auch unter ständiger Vorsorge für dessen Erhaltung (z.B. Schutz gegen Verschlickung, Übersalzung, Brandungserosion, vor Sauerstoffmangel, vor Überflutung, mit der Fische und Krabben entweichen können usw.) – wurde an den früher von Mangrove besetzten *Flach-* und *Brackwasserküsten* die *»Aquakultur«* ausgebaut. Die Fisch- und Krabbenzucht erfolgt in Tausenden von *Teichen*, 1973 allein in *N-Java, Aceh* und *S-Sulawesi* 184000 ha, seitdem intensiv erweitert; auch internationale Forschungsprogramme haben sich ihrer angenommen (RUDDLE und MANSHARD, 1981; BIRD and SOEGIARTO, 1980; BIRD and ONGKOSONGO, 1980). In China hat die Aquakultur bereits eine über 2000 Jahre alte Geschichte, aber auch Indonesien hat sie schon lange entwickelt; in ganz S- und SO-Asien schätzt man etwa 300000 ha solcher *Brackwasserteiche*, die *N-Küste Javas* ist auf lange Strecken von ihnen gesäumt. *Krabben* und *Garnelen*, deren Brut man durch direktes Salzwassereinfluten einzuleiten sucht, und *Milchfisch* (Chanos chanos), dessen Laich andernorts gefangen und in die Teiche transportiert wird (die planmäßige Anzucht wird erforscht), bilden die Hauptproduktion. In *S-Sulawesi* hat sich ein Netzwerk von Eignern und Pächtern dieser »tambak« (Teiche) mit Händlern und fünf *Kühlhäusern* entwickelt, das tiefgefrorene Krabben nach Japan, Singapur, Hongkong *exportiert*. Über

850000 Arbeitskräfte finden in der Brackwasserfischzucht Beschäftigung. Die Anlage der Brackwasserteiche im Mangrovekustenbereich – die allerdings den Verlust ökologisch wertvoller Naturbereiche (S. 27 u. 106) in Kauf nehmen muß – kann oft jahrelange Arbeit erfordern und bedarf ständigen Schutzes vor Störungen; Möglichkeiten der Düngung, Schädlingsbekämpfung usw. werden wissenschaftlich weiterentwickelt. Kreditgewährung für bäuerliche Eigner und Pächter und die Verbesserung des Vermarktungssystems sollen weitere Steigerungen ermöglichen. Etwa 80 % der Krabbenproduktion kommt bereits aus den Brackwasserzuchtteichen und nur etwa 20 % vom Fang im Meer. In *Kalimantan, Sumatra* und *Java* ist der Anteil der in freier See gefangenen Krabben vorläufig noch etwas höher als der aus den Teichen; in *Irian Jaya* wird der Fang von Trawlern verarbeitet. Auf den *Aru-* und *Kai-Inseln* im äußersten O sind Zuchtperlenanlagen durch japanische Firmen geplant.

Flüsse und Seen bieten auch der *Binnenfischerei* große Möglichkeiten, hier steht *Kalimantan* (mit den großen Rückstauseen, z. B. in den Tiefländern des Kapuas und des Mahakam) an der Spitze, deren oft fluktuierende Ufer große Fischerdörfer auf hohen Pfahlbauten – z. T. auch schwimmende Siedlungen – säumen. Die Verbesserung der Fangmethoden und vor allem der Vermarktungs- und Transportmöglichkeiten ist ein Schlüsselproblem; auch die Binnenseen *Sulawesis* und *Sumatras* werden genutzt. Die Masse des Flußfischfangs bleibt auf den lokalen Märkten in den Ufersiedlungen.

Eine umfängliche Tradition hat die Fischzucht in *binnenländischen Fischteichen*, zwischen den Reisfeldern und selbst in den Dörfern, voran in *W-Java* (mit einem eigenen Fischereiausbildungszentrum in Sukabumi) und in *W-Sumatra* (Minangkabau), die Karpfen und andere Süßwasserfische produzieren; im Küstentiefland zwischen *Jakarta* und dem Hafen Tanjung Priok bestehen etwa 3000 ha Fischteiche.

Ihr Ausbau wird heute verstärkt, seit die traditionelle *Fischerei* in den *Reisfeldern* und Bewässerungskanälen durch die Intensivierung des Reisbaues (Mehrfachernten, möglichst im entwässerten Feld, vor allem aber Düngemitteleintrag und Schädlingsbekämpfungsmittel) beeinträchtigt wird; dennoch bringt der Fang von Fischen und kleineren Wassertieren im Reisfeld nach wie vor eine wesentliche Ergänzung der bäuerlichen Kost. In manchen Fällen werden in den Feldern brunnenartige Vertiefungen angelegt, die bei Rückgang des Wassers in trockeneren Perioden Überlebensmöglichkeiten für Jungfische und Laich ermöglichen sollen.

Auf den Märkten wurde (und wird noch) überwiegend *getrockneter* und *gesalzener Fisch* angeboten. Mit der Erweiterung und Modernisierung von *Kühleinrichtungen*, Vertriebsorganisationen und Verarbeitungsstätten wird allmählich, besonders in den Großstädten, eine verbesserte Versorgung mit Frischfisch ermöglicht.

*Transmigration und spontane Neusiedlung*

Die extreme Überbevölkerung auf Java, Madura, Bali oder Teilen von Lombok und ein riesiges Potential noch kaum berührter Räume, voran in Sumatra, Kalimantan und W-Irian, ließen in Indonesien große, staatlich gelenkte Umsiedlungsaktionen, die »Transmigration« entstehen (S. 183). Diese führt über große *Meeresdistanzen*, meist aus der wechsel- in die immerfeuchte Klimazone und in Territorien *anderer* indonesischer Sprachen und *Kulturen* – die Staatssprache der »Bahasa Indonesia« soll das Zusammenleben fördern.
Die Illusion, die (ländliche) *Überbevölkerung* Javas durch Umsiedlungen *beheben* zu können, ist längst *aufgegeben*; das natürliche Bevölkerungswachstum dieser Insel und die *Zuwanderung* von den anderen Inseln in die Großstädte Javas summieren sich auf ein Vielfaches der möglichen Umsiedlungen. Andererseits sind heute bereits 5 Mio. Javanen unter den 30 Mio. EW der Außeninseln, allein auf Sumatra etwa 3 Mio., davon ein hoher Anteil offizieller und spontaner Transmigranten (U. SCHOLZ, 1983). Auch mit den *veränderten Zielsetzungen* der *Erschließung* der »Außeninseln«, besseren Lebensstandards für landarme Umsiedler und einer *Teilentlastung* der ärmsten Gebiete Javas, der Steigerung der *Nahrungs-* und *agrarischen Exportgüterproduktion* und der Nutzung und nationalen Integration noch menschenarmer und unterentwickelter Großräume hat die »Transmigrasi« in der *Entwicklungspolitik* heute hohen Rang. Selbst Fernziele wie ein verstärktes Bevölkerungspotential für die Aufschließung *Kalimantans* und einer Reiseigenversorgung für diese Insel, die bisher erst zu etwa 25 % selbst gedeckt wird, sind eingeschlossen. Die zunehmende Transmigration in das riesige, kaum erschlossene *Irian Jaya* verdeutlicht die Komponente der *nationalen Integration*. Waren bis 1979 (»Repelita III«) erst rd. 15000 Familien (60–70000 Javanen – dazu allerdings ca. 160000 spontane Zuwanderer – überwiegend Bugis aus Sulawesi) dort angesiedelt, sind für die vierte Planperiode (1984–89) ca. 137000 Familien, d.h. rd. 600000 Zuwanderer, vorgesehen (H. ARNDT, 1983), deren Gewicht bei 1,2 Mio. bis 1,5 Mio. EW deutlich wird. Verbunden mit dem Straßenausbau bieten die neuen Siedlungen Erschließungsimpulse und einen *javanischen* Siedlungsraum nahe der

Grenze gegen Papua-Neuguinea. Das ist nur einer der *politischen* Aspekte. Auch die Schwierigkeiten, in den immerfeucht-tropischen Waldgebieten genug *Agrarland* zu finden (S. 39), und die bereits zunehmende Auslastung Sumatras fördern die Verlagerung neuer Umsiedlungen auf Kalimantan und Irian Jaya. Oft werden die hohen Kosten der »Transmigrasi« kritisiert, sie sollten z. B. besser in Java selbst oder zur Rehabilitierung der »alang-alang«-Savannen in Sumatra und Kalimantan eingesetzt werden. Das *politische* und emotionale Gewicht, die investierten Mittel und Infrastrukturen und die komplexen Ziele haben die Transmigration aber zur *irreversiblen Entwicklungspolitik* gemacht.

Schon die niederländisch-indische Verwaltung siedelte 1905–41 238600 Personen von Java nach Sumatra um (außer den über 350000 nach NO-Sumatra gewanderten javanischen Plantagenarbeitern). Trotz Propaganda kam die »Transmigrasi« in der Sukarno-Ära nur schleppend fort. Erst ab 1972/73 wurden mit der wirtschaftlichen Revitalisierung – auf die *Erdölerträge* gestützt – das *Planziel* von etwa 50000 jährlichen Transmigranten erreicht und bis 1978/79 insgesamt fast *1,3 Mio. Menschen* umgesiedelt. Das Ziel weiterer 500000 Familien (d. h. ca. *2,5 Mio. Personen*) in der dritten Planperiode 1979–84 wurde nur unter Einbeziehung zusätzlicher, spontaner Umsiedler erreicht (H. ARNDT, 1983), der noch weiterreichende Plan für 800000 Familien für »Repelita IV«, 1984/85 – 1988/89, was jährlich etwa 2 Billionen US-$ kosten würde, wird bei der Rezession der Ölerträge (ab 1982) kaum voll erreicht werden.

Das älteste und wichtigste Zielgebiet war das *südlichste Sumatra*. Dieses nur eine kurze Fährzeit entfernte »jenseitige Land« wird bereits als »Little Java in Lampung« bezeichnet und gehört heute schon zur Planungsregion W-Java. Früher erhielt *Lampung* fast 65 % aller offiziellen Transmigranten, die heute 75 % der rd. 4 Mio. EW (360 EW/km$^2$) dieser Provinz ausmachen. Zu kleine Landzuteilungen – besonders für die Erben der Siedler – und gescheiterte Bewässerungsprojekte zwangen z. T. zu Trockenfeldbau und haben dort in den regelmäßig angelegten Reihendörfern bereits wieder *Übervölkerung* und Armut javanischen Ausmaßes gebracht. Erhielten die Siedler früher nur ca. 2 ha (oft unbewässerbaren) Landes, sieht man heute, daß *3–3,5 ha erforderlich* sind. Die unterschiedliche Integration der regionalen Siedlergruppen differenziert den wirtschaftlichen Erfolg; gut stehen meist die wieder ihre traditionellen Gemeinschaften (banjar, subak; S. 518) aufbauenden *Balinesen* da, deren Religion ihnen auch zusätzliche Schweinemast und damit Einkommenserweiterungen erlaubt (G. R. ZIMMERMANN, 1975, 1980). Während anfangs die Siedler mit Feuer,

Axt und Hacke ihr Land rodeten, hat man gelernt, daß es sozial und ökonomisch kaum vertretbar ist, eine *erste Generation* der Siedler als reine »*Pioniere*« aufzuopfern. Nach Erkundung geeigneter Böden und sorgfältiger Planung erster Infrastruktureinrichtungen wird heute (unter forstlicher Exploitation der Werthölzer) maschinell gerodet und ein Teil des Landes und die Häuser den Siedlern fertig bereitgestellt. *Flugverbindungen* sind an die Stelle langer Schiffsüberfahrten getreten, so daß die *Verbindungen* zur Heimat lebendig bleiben – mit dem Effekt des Nachziehens weiterer Umsiedler (»transmigrasi spontan« – indonesisch für freiwilligen Zuzug an den Rand staatlicher Projekte, also abweichend vom Sinn der dort ebenfalls starken, selbständigen und oft »squatter«-artigen Pioniersiedlung) (UHLIG, 1984). Projekte internationaler *Entwicklungshilfe* (deutscherseits z. B. in Sumatra und O-Kalimantan, vgl. JUNGHANS et. al. 1974; K. FASBENDER et al., 1981) und der Weltbank stützen heute die Transmigration. Dennoch bleibt die Wanderung aus der alten Kulturlandschaft und den kompakten Dorfgemeinschaften von Java oder Bali in die völlig verschiedenen tropischen Regenwälder der »Außeninseln« kein leichtes Unterfangen (KEBSCHULL, 1986; CLAUSS et al. 1987; BUNDSCHU, 1987).
Zur Sicherung des *Reisbedarfs* der wachsenden Bevölkerung werden viele Neusiedlungen noch ganz oder partiell (gemischt mit anderen Fruchtarten) mit (Naß-)Reisbau angesetzt, in neuen *Bewässerungsprojekten* oder auf Gezeitenrückstau in den großen Deltas (S. 136). Daneben erweisen sich aber auch hier gemischte, *marktwirtschaftliche* Kulturen aus *Baumfrüchten* und Rotationen einjähriger Trockenlandgewächse als die tragfähigste Nutzung der tropisch-feuchten Waldländer (»Mixed Integrated Farming Systems«).
*Sumatra* nimmt noch immer ca. 60% der Transmigranten auf, der neuere Ausbau wird aber auf *Kalimantan* (15–18% im letzten Jahrzehnt), *Irian Jaya* (12% in den letzten fünf Jahren), Teile *Sulawesis* und der *Molukken* verlagert; die offiziell neu besiedelte Fläche dürfte über 2 Mio. ha betragen (um 1985).
Wirklich *spontane Wanderungen* und Ansiedlungen auf entfernten Inseln unternahmen vor allem die traditionell mobilen *Seefahrervölker*, voran die *Bugis* und *Makassaren* aus S-Sulawesi, sowie die *Banjar* von S-Kalimantan. Sie leiteten z. B. die Deltabesiedlung mit dem Gezeitenreisbau (S. 523) in Kalimantan und Sumatra ein, die *Bugis* siedelten sich aber auch erfolgreich mit Pfefferpflanzungen in Kalimantan an, neuerdings richten sich ihre Wanderungen auf die Küsten W-Irians (S. 588). Erfolgreich waren weiter z. B. Siedler aus *Madura* mit marktorientiertem Bananenanbau in S-Kalimantan, *Balinesen* als kleinbäuerliche, spontane Siedler in Sumbawa usw. Die *Batak* aus dem Toba-

Hochland suchen Neuland am Rande des Plantagentieflandes in NO-Sumatra (CUNNINGHAM, 1958), nachdem dort schon um 1947 die Aufsiedlung großer *Plantagenflächen* erfolgt war (S. 538). Die größten – kaum registrierten – Zahlen bilden aber sicher landsuchende *Javanen*. Allein in *Lampung* sollen jährlich etwa 100000 auf *eigene Initiative* eintreffen. Die zusehends bessere Ausstattung und Organisation der offiziellen Transmigration könnte diese *spontanen* Wanderungen künftig etwas mindern.

Wenig bekannt wurden außer Landes die zusätzlichen *innerprovinziellen* Umsiedlungsprogramme (»Resetelmen Desa«) durch die regionalen Behörden. Schon unter holländischer Verwaltung, z. B. in *Lombok* (RÖLL und LEEMANN, 1982) oder *Sumbawa* begonnen und auf den östlichen *Kleinen Sunda-Inseln* (J. METZNER, 1977, 1983) verbreitet, haben diese lokale und klein-regionale Umsetzungen und Siedlungskonzentrationen gebracht (z. B. Ersatz von Streusiedlung mit Landwechselwirtschaft durch geschlossene Dörfer mit Daueranbau, bessere Versorgung [und Kontrolle] der Bevölkerung usw.). Die Erfolge sind örtlich – z. B. mit der Anlage bewässerter Felder – günstig, andernorts wird aber, ohne den Rückhalt der Transmigrationsorganisation, auch kaum lebensfähige Ansiedlung (z. B. auf Podsol-Böden, mit zu kleinen Betrieben, ohne Ausstattung usw.) betrieben (UHLIG, 1979, 1984). Mangelndes Verständnis für ethnische *Minderheiten* (z. B. Dayak in Kalimantan; Mentawei-Inseln usw.) und für die lokalen Ökosysteme durch ortsfremde, javanische Beamte können dabei auch zu *negativen* Ergebnissen führen.

### *Die forstliche Produktion*

Die Waldbestände – 1962 wurden noch 122 Mio. ha geschätzt (zum Vergleich: Bundesrepublik Deutschland: 7,4 Mio. ha) – befinden sich zu über 90 % in Staatsbesitz; erst ein geringer Prozentsatz unterliegt geregelter, forstlicher *Bewirtschaftung*, besonders die *Teakholz*-»Plantagen«, die im monsunalen Klima O- und Zentral-*Javas*, nach dem Raubbau im 17./18. Jh., seit Ende des 19. Jhs. planmäßig wieder-aufgeforstet wurden und etwa 800000–900000 ha umfassen (1977: 500000 $m^3$ Teakholz); ein Teil im sogenannten »kombinierten land- und forstwirtschaftlichen Anbau« (H. HESMER, 1970). Dessen Kontraktarbeiter oder Bauern können einen ein- bis zweijährigen Anbau von Mais, Trockenlandreis usw. zwischen den jungen Kulturen vornehmen. Am Aufbau einer *Forstverwaltung* (ab 1895) waren zahlreiche deutsche Forstleute beteiligt; noch immer unterbesetzt, vermag

diese aber nur einen Teil der Wälder zu kontrollieren bzw. zu bewirtschaften. Große Teile der *Nadelwälder* (Pinus mercusii) in den Hochländern von Java und Sumatra wurden künstlich aufgeforstet.
Das Schwergewicht der forstlichen Exploitation liegt in den *Regenwäldern* von *Sumatra* und der *Riau*-Inseln, *Kalimantans, Sulawesis*, der *Molukken* und von *Irian* Jaya. Anfänglich nur im Umkreis der großen Flüsse und Küsten (Flößerei), später mit Einsatz großer Traktoren auch weiter im Inland genutzt, wurden sie an ausländische Konzessionäre zum Einschlag vergeben (japanische, amerikanische, philippinische und koreanische Firmen), die zur Wiederaufforstung verpflichtet waren. Seit 1967/68 nahm damit der Einschlag und der *Export* tropischer Hölzer eine sprunghafte Entwicklung, und Indonesien wurde einer der führenden Lieferanten *tropischer Werthölzer* auf dem Weltmarkt, von 3 Mio. $m^3$ (1960) stieg der Einschlag bis über 25 Mio. $m^3$ (1976), der Export (Teak, Meranti, Rami) von 1 Mio. $m^3$ (1968) auf 19 Mio. $m^3$ (1976). Zeitweilig waren die tropischen Hölzer nach dem Erdöl der zweitwichtigste Exportartikel Indonesiens, Japan nahm etwa 60 % davon ab. Große Rodungsflächen (das Planziel waren 18 Mio. ha) wurden nach dem Einschlag in sinnvoller Weise in die *Siedlungsprojekte* (Transmigration) eingebracht.
Später allerdings wurden die schwerwiegenden *ökologischen* Folgen dieses Raubbaus erkannt, mit dem die in Jahrhunderten herangewachsenen Reserven der tropischen Wälder schlagartig reduziert wurden. Infolge des oft profitorientierten, durch Korruption belasteten und schonungslosen Vorgehens der fremden Kontraktoren und bei nur mangelhafter *Wiederaufforstung*, die vor allem bei den eigentlichen Werthölzern weithin *erfolglos* blieb, steigerten sich die Schäden und schmälerten die ökonomischen Zukunftsaussichten (vgl. Tab. 6 im Anhang). Deshalb wurden seit 1971 *Sperren* über die Vergabe neuer Konzessionen verhängt, die 1977 verschärft wurden. Inzwischen wurde der *Export* unbearbeiteten Rundholzes drastisch eingeschränkt. Die Konzessionäre wurden zur örtlichen Weiterverarbeitung unter möglichst hoher Beteiligung indonesischer Arbeitskräfte und Teilhaber verpflichtet, für die ein schneller Ausbau der *Sägewerks-, Sperr-* und *Furnierholz-Industrie* erfolgte. Besonders *Samarinda*, der große Umschlagplatz von der Flößerei auf die Seeschiffahrt in O-Kalimantan, ist eine der führenden Sperrholzproduktionsstätten der Erde geworden. Wiederaufforstungsmaßnahmen, nicht nur in *Kalimantan*, dem größten Einschlagsgebiet, sondern auch auf *Java*, in *O-Bali* und auf den *Kleinen Sunda-Inseln* sollen auch durch starke Degradation entstandene Gras- und Dornbuschsavannen wieder zu Wald regenerieren. Wo die japanische Besatzung und die Nachkriegszeit

einen hohen Anteil der Teakbestände aufgezehrt hatten, wurden mit der Wiederaufforstung auch Maßnahmen gegen die *Bodenerosion* besonders gefördert.
Ökologische Probleme und ökonomische Verluste werden außerdem durch *Waldbrände* verursacht, die meist durch außer Kontrolle geratene Brandrodungen ausgelöst und durch die Auslichtung der Wälder beim Herausschlagen einzelner Wertholzstämme, besonders in vorübergehenden Trockenperioden, begünstigt werden. In *O-Kalimantan* hat z. B. 1982/83 eine der größten Waldbrandkatastrophen aller Zeiten etwa 2–3 Mio. ha Wälder betroffen.

### 3.2.4.6 Die Städte Indonesiens

#### *Die hindu-javanischen, islamischen und früh-kolonialen Herrschaften und Zentren*

Mit den hindu-javanischen Fürstensitzen entstanden die älteren Vorläufer der Städte Indonesiens, von denen freilich nur noch Tempelruinen und überlieferte Namen, selten (z. B. bei Häfen) eine örtliche Kontinuität zeugen (S. 78 und 200). Die Zentren der sumatranischen Seehandelsreiche des 7. Jhs., *Melayu* und *Sri Vijaya*, sind noch mit *Jambi* und Palembang identifizierbar. Die Tempel des *Dieng-Plateaus* (8. Jh.), des buddhistischen *Borobodur* (8./9. Jh.) und des hinduistischen *Prambanan* (9./10. Jh.) überliefern das ältere zentraljavanische *Mataram*-Reich, das im 10. Jh. erlosch, gefolgt von denen O-Javas, wo Madiun wohl schon um 900 erscheint, während die Hauptstadt des bedeutenden Königs Airlangga im *Brantas-Delta* unbekannt ist. Aus der Teilung seines Erbes (11. Jh.) ging wohl auch *Kediri* hervor, das noch als Stadt fortlebt, ebenso die Tempel bei Blitar. Die Ruinenfelder bei *Mojokerto* (O-Java) zeugen von der Hauptstadt *Majapahits* (ab 1293), das Vasallen bis zu den *Molukken* und *Sumatra* hatte, während ihm Sri Vijaya und Pajajaran/Sunda (W-Java, bei Bogor) widerstanden. Seine *Häfen* waren vom 11.–14. Jh. u. a. Tuban und Demak im W und Sedayu, Gresik und Surabaya im O Javas; der Gewürzhandel (Nelken) ließ javanische Kolonien auch auf den *Molukken* (Ternate, Tidore u. a.) entstehen.
Mit dem Eindringen des *Islam* begann der Verfall der javanischen Herrschaften, und *Malacca* (S. 201 u. 460) stieg ab 1350 als Nachfolger Palembangs auf; unter *islamischen Küstensultanaten* blühten die *Hafenstädte* (Jepara, Demak, Gresik, Cirebon, Banten, Brunei u. a.) auf und überwältigten ab 1389 Majapahit, das ab 1478, nach Zerstörungen sei-

ner Hauptstadt, auseinanderbrach. In *Gelgel* (Bali) ließen sich Ende des 15. Jhs. die geflüchteten Herrscher nieder. Den späteren Zusammenbruch (ab 1546) auch der islamischen Küstenherrschaften (unter Demak) nutzten binnenländische Kräfte zur Wiedererrichtung eines (jüngeren) *Mataram*- Reiches mit den späteren Fürstenstädten (»Vorstenlande«) *Surakarta* und *Yogyakarta*, die allmählich auch die ganze N-Küste und Madura unterwarfen. Ihre älteren Häfen und Herrschersitze sowie neue Verwaltungsplätze wurden mit Statthaltern oder Zolleinnehmern besetzt und ließen im 17. Jh. eine Schicht *zentraler Orte* heranwachsen, die allmählich städtische Gestalt annahmen und das Städtenetz des 19. Jhs. vorzeichneten (RUTZ, 1985).

Auf *Celebes* war schon im 16. Jh. Gowa aufgeblüht, aus dem *Makassar* (Ujung Pandang) als Hafen- und Hauptstadt hervorging. Mit der Oberherrschaft über die Fürsten der *Bugis*, aber auch über die (O-Küsten-)Sultanate *Borneos, Sumbawas* (Dompu, Bima) u. a. Inseln stieg es, auf Kosten von Ternate (Molukken), zur führenden Handelsmacht im *östlichen* Archipel auf. Auf *Borneo* hatten frühere Majapahit-Vasallen (z. T. auch arabische Seefahrer) islamische *Küstensultanate* mit Umschlaghäfen vom See- zum Flußverkehr begründet, wie *Brunei* (S. 470), Sambas, Sukadana, *Pontianak* im W und N, *Banjarmasin* (und seinen Binnenfürstensitz Martapura) im S oder *Kutai* (Tenggarong – später *Samarinda*) und Pasir im O. Ab 1511 (Eroberung Malaccas) griffen die *Portugiesen* in den Kampf um den Seehandel ein und gründeten 1576 *Ambon*. Auch die *Spanier* suchten von O her Einfluß zu gewinnen; 1663 mußten sie ihren letzten ost-indonesischen Stützpunkt Tidore aufgeben (1571 hatten sie ihren *philippinischen* Sitz von Cebu nach Manila verlegt – S. 613). 1596 erschienen die *Holländer* erstmals in Banten, und ab 1602 suchte die VOC (Vereenigte Oostindische Companie) den Handel an sich zu ziehen. Sie nahm 1602 *Ambon* ein und gründete weitere Faktoreien und Forts, z. T. in islamischen Küstenterritorien wie Aceh, Gresik, Ternate, Banda, Solor und Kupang (W-Timor), sowie in Johor und Pattani (Malaya bzw. heute S-Thailand). *Banten* (W-Java) geriet in das Ringen zwischen Portugiesen und Holländern. Auf seinem Vasallenstützpunkt Jakatra errichteten die Holländer 1619 *Batavia*, mit dem die Städtegeneration der *kolonialen Stützpunkte* ihren Anfang nimmt.

### *Die heutigen Städte*

Die ländliche Übervölkerung führte das moderne Indonesien in einen *schnellen Urbanisierungsprozeß*. Während die Gesamtbevölkerung 1971–80 jährlich um 2,64 % wuchs, hatten die 50 »Kotamadya« (Siedlungen mit Stadtstatus) eine jährliche Zunahme um 4,6 % zu verzeichnen (WOLFRAM-SEIFERT, 1983; 1987). 1980 waren 21,03 Mio. EW, d. h. 14,3 % der indonesischen Bevölkerung, Bewohner der »Kotamadya«; zusammen mit den weiteren, inoffiziell als »städtisch« anzusprechenden Siedlungen erhöht sich die *städtische Bevölkerung* auf 29,5 Mio., d. h. ca. 20 %. (Tabelle 10 im Anhang)

Im Umland der Großstädte *Javas* beginnen sich bereits Zonen größerer Bevölkerungsdichte herauszubilden, deren Anteil an gewerblich Tätigen und »Landlosen« sowie an Pendlern in die Städte weit über dem Durchschnitt der ländlichen Siedlungen liegt, so daß sich erste, über die Stadtgrenzen hinauswachsende *»Stadtregionen«* abzeichnen (K. HORSTMANN, 1982). Diese Entwicklung wurde mit der Bildung einer *Planungsregion »JaBoTaBek«* aufgegriffen, die Jakarta, Bogor und die westlich und östlich angrenzenden Kabupaten (Landkreise) Tangerang und Bekasi zusammenfaßt, da sich ihre 20 bzw. 30 km von Jakarta entfernten Hauptorte schon zu Gewerbestandorten entwikkelt haben. Mit verbesserten Verbindungen dieser Städte im öffentlichen Nahverkehr und einer Ergänzung des bisherigen N-S-Wachstums Jakartas durch eine verstärkte W-O-Ausdehnung hofft man, durch Dekonzentration auf die vier Stadtkerne und die dazwischen entstehenden Verdichtungsbänder entlang von drei bis vier neuen Bahnlinien die Einwohnerkapazität dieser JaBoTaBek-Region bis zum Jahr 2000 auf 12–13 Mio. EW steigern zu können. Mit den 1980 für den Sonderdistrikt der Hauptstadt *Jakarta* bereits gezählten 6,5 Mio. EW (S. 1983: 7,6 Mio. [FEA, 1986]) und denen der drei anderen Städte bzw. Kabupaten ergeben sich bereits heute fast 10 Mio. Bewohner.

Diese »explosionsartige« Entwicklung ist erst *jung*, denn 1930 hatte Batavia/Jakarta erst ca. 0,5 Mio., 1960 aber schon 3, und 1971 4,6 Mio. EW. Dennoch beschränkt sich – angesichts der fünftgrößten Bevölkerung der Erde – das Wachstum auf relativ wenige, große Städte: fünf *Millionenstädte* und 25 Großstädte über 100000 EW (1980) (Tabelle 10 im Anhang). Die weiteren 25 »Kotamadya« unter 100000 EW und mit ihnen die Mehrzahl der kleineren und mittleren Zentren der ländlichen Gebiete haben an diesem Wachstum nur geringfügigen Anteil, und die entwicklungs- und beschäftigungspolitisch wichtige Stärkung der kleineren Zentren – mit der Schaffung außeragrarischer Arbeitsplätze – kommt nur wenig voran. Bei der hohen Bevölkerungsdichte und noch drei weiteren Millionenstädten auf Java (sowie drei rasch wachsenden Regionalzentren auf Sumatra) kam es, trotz Jakartas vielfacher Bevölkerungszahl, nur partiell zu einer so einseitigen Ausprägung einer einzigen »primate city« (S. 204) wie von Manila oder Bangkok.

Dennoch überragt Jakarta mit seinen Regierungs- und sonstigen administrativen und kulturellen Funktionen und in seiner Anziehungskraft auf Zuwanderer aus ganz Indonesien klar alle Konkurrenten. Lediglich im *übernationalen* Handel und Verkehr wird es von *Singapur*, der britischen Konkurrenzgründung in benachbarter, aber noch verkehrsgünstigerer Lage, übertroffen. An der Stelle eines dörflichen Fürstensitzes wurde *Batavia* (Jakatra – S. 201) 1619 als *holländischer* Stützpunkt auf dem Seeweg zu den Molukken gegründet. Trotz der weder für Java noch Gesamt-Indonesien zentralen *Lage* blieb es Sitz der Niederländisch-Ostindischen Compagnie und später des Generalgouverneurs. 1673 hatte es schon rd. 32000 EW, 1895 115000. Bald mußte man aber die bittere Erfahrung machen, daß die ganz auf den Seehandel orientierte und nach niederländischem Muster eng an Kanälen (»Grachten«) in die Mündung des Ciliwung-Flusses gebaute »*Kota*« (Altstadt) im tropischen *Sumpftiefland* zum *Seuchenherd* (Malaria, Cholera, Typhus) und ein »Grab des weißen Mannes« wurde. Um die Wende vom 18. zum 19. Jh. setzte sich eine den tropischen *Klimabedingungen* besser *angepaßte* Planung durch. 1808 ließ Gouverneur Daendels die Wälle niederlegen, um Luft zu schaffen. Die Grachten wurden zugeschüttet und die alte Gestalt Batavias weitgehend zerstört. Man verlagerte die neuen, locker bebauten Wohnviertel in etwas *höher* und *trocken* gelegene Gebiete (»Weltefreden« – Wohlzufrieden), jetzt das Stadtzentrum, das freilich inzwischen durch die steigende Zuwanderung ebenfalls baulich verdichtet wurde. 1745 erfolgte die Anlage des 60 km südlicher im luftigen Klima (260 m) gegründeten »*Buitenzorg*« (»Ohne Sorgen«), das heutige *Bogor*, das als Sommersitz des Generalgouverneurs zur Gartenstadt und mit seinem alten Botanischen Garten auch als Wissenschaftszentrum heranwuchs. Damit war die *N-S-Achse* vorgegeben, an der sich Batavia-Jakarta (wie schon K. HELBIG [1931] zeigte) bandförmig entwickeln sollte. In der »Kota« rückten Chinesen und untere javanische Sozialschichten ein; nur die Speicherhäuser, Kontore und klassizistischen Repräsentativbauten, heute renoviert, erinnern an ihre alte Bedeutung.

Die Ciliwung-Mündung wurde zum Fischerhafen und -markt (»Pasar Ikan«). Zehn Kilometer östlich entstand der moderne *Hafen* Tanjung Priok. Nach einem Aufstand der Chinesen (1740) waren diese aus der »Kota« verwiesen worden und hatten südwestlich davon die noch heute geschäftige »Chinatown« (S. 202) aufgebaut, das verwinkelte *Glodok*, Zentrum der »Tokos« (chinesische Läden), dessen Einzel-

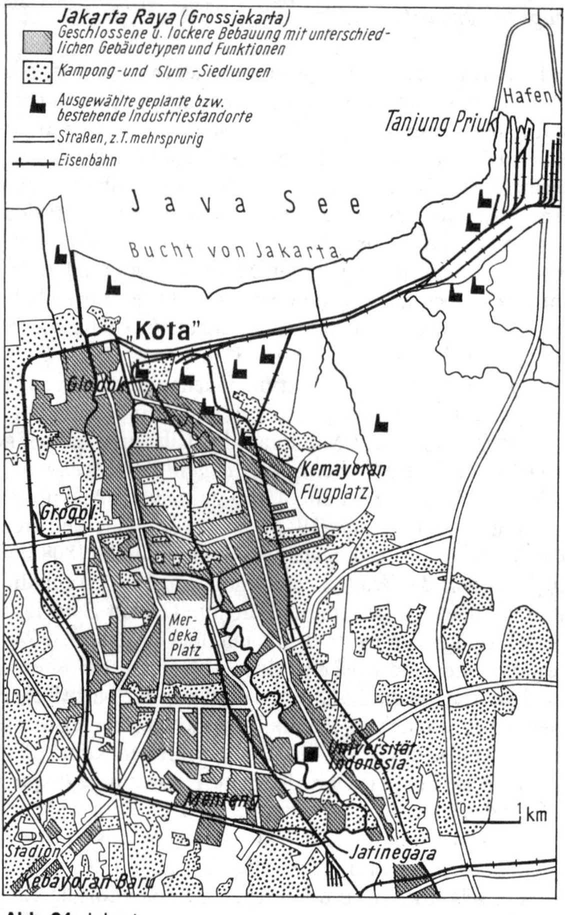


**Abb. 34:** Jakarta
*(Entwurf: W. Röll, 1975)*

und Großhandel den höchsten Geldumlauf des Landes haben soll (E. FICHTER, 1972), wo sich aber auch Handwerk, Banken usw. in der typischen Verbindung mit den Wohnungen drängen.

In den *neuen Wohnvierteln* wuchsen – z. B. um frühere Exerzierplätze wie den Medan Merdeka (Unabhängigkeitsplatz) – Verwaltungsbauten und europäische Wohnviertel, aus denen das heutige *Regierungs-*

*viertel* und Kulturzentrum wurde. Die Prachtstraße Jalan Thamrin mit Botschaften, Warenhäusern, Hotels usw. verbindet es mit den jüngeren Stadtteilen im S. 1867 wurde die erste *Pferdebahn* und 1881 eine *Dampfstraßenbahn* errichtet, 1885 elektrifiziert (18,4 km); hinzu kam 1873 die *erste Eisenbahn* bis *Bogor* (Buitenzorg), der ein weit gefächertes *Bahnsystem* mit einem mehrspurigen Ring um die Stadt bis 1925 folgte. Ergänzt durch den aufkommenden *Autoverkehr* war Batavia dadurch verkehrsmäßig voll erschlossen. Der teilweise Verfall dieses Bahnnetzes nach den Unabhängigkeitsunruhen und die beginnende Umstellung auf die »Autostadt« – auch durch den Ausbau neuer, nur per Auto erreichbarer Vorstädte – begründeten mit dem weiteren Wachstum das rapide steigende *Verkehrschaos*, dem durch Reaktivierung und Erweiterung eines städtischen Eisenbahnnetzes begegnet werden soll, das wieder 20–30 % des (Berufs-)Verkehrs aufnehmen könnte.

Die gehobenen Wohnviertel von Menteng und die moderne Satellitenstadt Kebayoran Baru wuchsen weiter auf Bogor zu; dazwischen verdichteten sich die ursprünglich dörflichen Siedlungen an der Verkehrsachse mit halbstädtischer Bevölkerung und Industriebetrieben. Diese Bandentwicklung entlang einzelner – hoffnungslos überlasteter – Straßenachsen und Kanäle soll durch Auffüllung und mehrstöckige Bebauung der dazwischen freigebliebenen – meist von »kampung« (bzw. Slums – s. u.) besetzten – Flächen verdichtet werden.

Das rasche *Wachsen* des *Pkw-Verkehrs* mit einer jährlichen Zunahme an Fahrzeugen um 13 % (1979) (1983–87 werden weitere 48 % erwartet) und chronisch überfüllte Busse stellen die Funktionsfähigkeit der Hauptstadt oft in Frage. Noch immer sind die »becak« – Fahrradrikschas (offiziell aus den zentralen Stadtteilen verbannt und schon mehrfach reduziert) – unentbehrlich; 1983 wurden in Jakarta 39552 gezählt – jedoch nur 7828 legal registriert. »Bemos« (Dreirad-Motorroller) verstärken diesen »informellen« *Personennahverkehr* und das Verkehrschaos, während sie in den kleineren Städten noch funktionierende Verkehrsträger sind.

Gravierend ist das *Wohnungsproblem* auch in den anderen Großstädten, aber in Jakarta fast bedrohlich. Man schätzt für Java jährlich etwa 500000 Zuwanderer aus den übervölkerten Landgebieten in die Städte; daraus speist sich etwa die Hälfte des ca. *4,7 % jährlichen Wachstums* von *Jakarta* (die andere durch natürlichen Zuwachs). Der Bau städtischer Wohnungen und Infrastruktureinrichtungen kann damit nicht Schritt halten. Dieser Mangel verbindet sich mit der Neigung zur gewohnten Wohnweise, dem »*kampung*«. So ähneln große Stadtteile verdichteten Dörfern (mit Bananenstauden und Fruchtbäumen), aus heimischem Baumaterial errichtet. Oft innerhalb von Baublocks hinter der Randbebauung verborgen, sind diese städtisch-dörflichen *Behelfssiedlungen* immer stärker auch an Bahngleisen, in Sumpfniederungen und anderen Baulücken herangewachsen. Zu Bambus und Holz kamen Wellblech und immer behelfsmäßigere Materialien; in der (Wasser-, Abfall- usw.) *Ver- und Entsorgung* entstand eine problematische Lage. Aus europäischer Sicht ist schwer abzugrenzen, wie weit ein »kampung« noch einem behelfsmäßigen, aber nach heimischen Maßstäben noch tragbaren, in die Stadt übertragenen, ländlichen Lebensstil entspricht oder wie weit er als *Slum* (»gubuk«) zum Elendsquartier geworden ist. Im küstennahen N Jakartas drückt z. T. Salzwasser in die überforderten Brunnen, die Frischwasserzufuhr von S ist am Rande ihrer Kapazität. Die Wohnungsnot – mit ca. 30 % »temporärem« *Hausbestand* und 40 % halbdauerhaften Wohnungen (die etwa für noch 15 Jahre benutzbar sein können, d. h. vorläufig noch als tragbare »kampung« gelten) – ist in kurzer Zeit kaum lösbar; nur 30 %, bewohnt von den *höheren Einkommensklassen*, gelten als befriedigender Baubestand. Da trotz ernsthaften Bemühens um die Wohnungsbaupläne der Bedarf nicht zu decken ist – während der »Repelita III«Planperiode (1979–83) wurden z. B. jährlich rd. 200000 Wohnungen in Indonesien gebaut, davon knapp die Hälfte in Jakarta, wo aber allein ein *jährlicher Bedarf* von ca. *200000* neuen *Wohneinheiten* heranwächst –, wurde zunächst ein »Kampung Improvement Program« (mit Weltbankhilfe) eingeleitet, das mit der Deckung der dringlichsten Bedürfnisse der *Wasserver-* und *-entsorgung* (Standleitungen mit öffentlichen Zapfstellen), Straßenerschließung und Müllentsorgung für ca. 3,8 Mio. Slum-Bewohner die Verhältnisse wenigstens partiell verbessern konnte. Anders als in Singapur, hält man stärker an der Tradition des *ebenerdigen Wohnens* fest, dennoch wird die riesige Agglomeration, in der noch immer ein hoher Anteil der Bevölkerung in hygienisch und sozial kaum tragbaren Verhältnissen lebt und ständige *Neuzuwanderung* alle Fortschritte der Wohnraumbeschaffung wieder aufzehrt, auch stärker in die Höhe wachsen müssen. Nicht nur Wohnraum, auch Geschäfts- und Büroflächen sind knapp und teuer. Zunächst wich man aus den etablierten Vierteln in *neue Vororte*, wie Kemang, Pondok Indah oder Cilandak aus. Angesichts der immer stärkeren Verstopfung der Verkehrsachsen kam es aber – entgegen den Dezentralisierungsplänen – z. T. schon wieder zu *Rückwanderungen* in das Stadtzentrum, wo die Kosten für Büroräume entsprechend steigen.

Jakarta hat die meisten *Beschäftigten* im *produzierenden Gewerbe* (1974: 117400 in Betrieben mit über fünf Beschäftigten) – mehr als das

Doppelte von Surabaya und das Vierfache Bandungs. Das liegt aber noch weit unter den erforderlichen *Arbeitsplätzen*, und ein großer Teil der ärmeren Bevölkerung muß sich den Unterhalt mit *Kleinsthandel*, Sammeln und Verwerten von Abfällen, als Becak-Fahrer und mit verschiedenen Gelegenheitsarbeiten verdienen. Trotzdem empfindet die Mehrzahl der in die Städte – auch in die Slums – Zugezogenen, daß sie hier besser stehen als ländliche Armutsschichten, frei von den sozialen Zwängen und Normen des Dorfes – aber auch entblößt vom sozialen Rückhalt der Dorfgemeinschaft, die manche Notlage abzufangen half. Nur wenige der Stadtwanderer sind aber bereit, in das ländliche Dasein – z. B. auch als Transmigranten – zurückzukehren.

*Die weiteren großen Hafenstädte Javas*

Schon längere Zeit wirkt die zweitgrößte Stadt, *Surabaya*, weit über O-Java hinaus als *Oberzentrum* (RUTZ, 1976) mit *Hafen-*, Handels- und *Industrie*entwicklung, als Anziehungskraft für die Stadtwanderung und als gewerblich bestimmte Stadtregion. 1980 überschritt es die Zwei-Millionengrenze, und während noch vor einem Jahrzehnt höchstens dreistöckige Bebauung herrschte, wachsen jetzt im Stadtzentrum die Hochhäuser empor. Handel und Schiffahrt sind bedeutender als die Verwaltungsfunktion; die industrielle Beschäftigungsquote ist – relativ zur Bevölkerungszahl – höher als in Jakarta. Auch einige Nachbargemeinden wie Sidoarjo und eingemeindete Städte, wie Gresik, Wonokromo oder Waru, haben *neuere Industrien*. Schon außerhalb der sich bildenden *»Stadtregion« Surabaya*, aber noch in ihrem Wirtschaftsraum, schließen sich im O die Küstenstadt *Pasaruan* und weitere Orte mit *Textilindustrie* an. Da auch Surabaya eher bandförmig von N nach S gewachsen ist, entstand eine Stadt- und Industriezone von ca. 35 km Länge; sie dürfte sich bald küstenparallel bis Pasaruan um weitere 50 km und mit ca. 600000 EW ausdehnen.
*Semarang* teilt mit Surabaya weitgehend die Lage, die Funktion und die kolonialwirtschaftliche Entwicklung als Hafenstadt und wurde jüngst ebenfalls Millionenstadt. Heute Hauptstadt der Provinz Central-Java, wuchs es mit der *früheren* Ausfuhr der *Plantagenerzeugnisse* zum wichtigsten Handelsplatz in der Mitte der Insel, obwohl sein Hafen ungünstiger ist und die Schiffe auf der *Reede* ankern und mit Leichtern beladen werden müssen (schwierig bei starken Monsunwinden). Trotz der alten *Bahnlinie* Surakarta – Semarang (1873) und guten Verkehrsverbindungen, einem stark bevölkerten Hinterland und einem *früher* mit Jakarta und Surabaya konkurrierenden *Hafenumschlag*

ging seine *Bedeutung* dann *zurück*. Die Millionenschwelle (1971: 647000 – 1981: 1,025 Mio. EW) wurde mehr durch *Eingemeindungen* überschritten; auch die industriell-gewerbliche Entwicklung der Stadt und ihrer Randgemeinden verlief langsam (HORSTMANN, 1982). Topographisch liegt Semarang nicht an einer Flußmündung und in einer Schwemmlandebene, sondern in einem von der Küste rasch ansteigenden Hügelland. Das verleiht der Stadt eine reizvollere (und gesündere) Lage, beengt aber ihr Wachstum.
Die drei *großen Häfen* Jakarta, Surabaya und Semarang haben im modernen Handel den größten Teil der Funktionen der kleineren Küstenstädte übernommen. Als einstige Sitze islamischer Sultanate sind sie mit dem älteren Seehandel und über beide mit merklichen arabischen Einflüssen verbunden. Heute wurden sie – z. B. Cirebon, Pekalongan, Tegal, Gresik, Probolinggo usw. – zu lokalen Zentren, z. T. mit handwerklichen Traditionen (Batik usw.). Gresik ist mit einigen Industrien und als Fährhafen für *Madura* in die Agglomeration von Surabaya hineingewachsen; Cirebon soll Entlastungsfunktionen für Jakartas Hafen übernehmen. An der sonst verkehrsfeindlichen S-Küste gewinnt durch den heutigen Industrieausbau *Cilacap* etwas an Bedeutung.

### *Die Binnenstädte Javas*

Anders als auf den fast nur von den Küsten her erschlossenen »Außeninseln«, wuchsen im dichtbevölkerten Java auch Binnenstädte heran. Die meisten, wenn auch z. T. mit historischer Bedeutung, blieben allerdings ländliche Zentren in den Reisanbaubecken zwischen den Vulkanen – z. B. *Kediri, Madiun,* Blitar, Garut, Sukabumi, Salatiga, Purwokerto u. a. Einen besonderen Stadttyp bilden die beiden *»Fürstenstädte« Surakarta* (Solo; 1895: 90000 EW; 1980: 470000) und *Yogyakarta* (1895: 72000; 1980: 400000 EW), die 1755/56 in der Nachfolge des islamisch geprägten, jüngeren Mataram-Reiches – nach dessen Unterordnung unter die holländische Kolonialherrschaft und mit merklichen Entwicklungsimpulsen durch diese (W. RÖLL, 1979) – gegründet wurden. Sie sind in traditioneller Anlage auf die großen mauerumwehrten »Kraton« (Fürstenhöfe) und einen vorgelagerten freien Platz (»alun alun«) orientiert (H. LEHMANN, 1936). Beide wirken aber, in ihrer Mischung aus alt-holländischer und javanischer Architektur, chinesischen Händlerstraßen und mehr vom Fahrrad- als vom Autoverkehr erfüllt, eher als *ländliche Residenz-* denn als Großstädte. In »Yogya« blieb der fürstliche Hof mit der Bewahrung altjavanischer Kultur erhalten und ein belebendes Element, auch für den *Fremdenverkehr*, da sich der Fürst (längere Zeit Vizepräsident Indonesiens) der Unabhängigkeitsbewegung angeschlossen hatte und sein »Kraton« als deren erster, provisorischer Regierungssitz diente; auch die Universität ist eine der führenden.

Ein anderer Typ entstand durch *koloniale Gründungen* im gesünderen, binnenländischen *Höhenklima – Bogor*, der Satellit von Jakarta, wurde schon beschrieben. Noch schneller wuchs *Bandung*, Hauptstadt W-Javas (und damit des sundanesischen Insel-Anteiles), und Zentrum des nicht unmittelbar von Jakarta bedienten Teils von *W-Java*. Erst im frühen 19. Jh. als Poststation begründet (mit 94800 EW 1920 und schon 433000 EW 1945), stieg es mit einer jährlichen Wachstumsrate von 7% auf 1,2 Mio. 1971 und 1,46 Mio. 1981 an. Seine Binnenlage wird durch gute Bahn- und Straßenverbindungen und ein hochentwickeltes agrarisches Umland (Reis, Marktgartenbau und Teeplantagen) ausgeglichen. In einem 720 m hohen, vulkanumrahmten Becken steigt die Stadt an Gebirgshängen bis fast 1100 m an. Ihre angenehme Kühle förderte kolonialzeitliches Wachstum als Wohn-, Handels-, Verwaltungs-, Schul- und Hochschulstadt, dazu kam Metall- und Textilindustrie (H.-G. GLAESSER, 1976). Die heimische Oberschicht und chinesische Kaufleute übernahmen die früher kolonial-europäischen, gartenstadtartigen Villenviertel, zugleich folgte eine starke Ballung der Mittel- und neue Zuwanderungen sozial schwächerer Schichten in der W-O verlaufenden Hauptverkehrsachse. Weitere Handels-, Handwerks- und Wohnviertel und industriell-gewerbliche Gebiete gliederten sich im O und W und in der Beckenebene an. In *O-Java* konnte sich *Malang* (1980: 512000 EW) in ähnlicher Lage, Funktion und Gestaltung etwa parallel entwickeln, aber nicht die Bedeutung von Bandung erreichen.

### *Die Städte der »Außeninseln«*

Die Städte der »Außeninseln« sind meist küstennahe Neugründungen. Oft noch weit voneinander entfernt gelegen und mit großen, erst z. T. erschlossenen Einzugsgebieten, sind sie in der jüngsten Zeit doch schnell gewachsen.

In *Sumatra* erreichten 20 den Status einer »Kotamadya«, die alle 1971–80 die hohe Zuwachsrate von jährlich 7,15% erreichten (U. WOLFRAM-SEIFERT, 1982). Darin spiegelt sich das starke *Wirtschaftswachstum* (Erdöl und -gas und Folgeindustrien, Plantagen, bäuerlicher Handelsfruchtanbau). Das schnellste Wachstum hat die bisher einzige Millionenstadt außerhalb Javas, *Medan*, im NO der Insel. Sie entstand – nahe dem Küstensultanat Deli – erst im späten 19. Jh. mit dem Aufschwung des großen *Plantagengebietes*. Ihr Zentrum und die ausgedehnten Gartenstadtviertel zeigen die großzügige Anlage der holländischen *Kolonialstadt* (vgl. Bandung), um die sich die starke chinesische, javanische und später auch Batak-Zuwanderung ihre eigenen Wohn- und Geschäftsviertel schuf, während die heimischen Küsten-Malayen eine Minderheit wurden. Im landfesten Teil der Küstenebene gelegen, wuchs sie mit dem Vorhafen *Belawan* ebenso zu einer Agglomeration zusammen, wie mit dem alten Deli und zahlreichen Plantagensiedlungen, in deren Anbauflächen die Stadt hineinwächst (N. STEIN, 1974). Erst mit großem Abstand folgen im Einflußbereich Medans der Vorort der christianisierten Batak, Pematan Siantar und der W-Küstenhafen *Sibolga*, während im N die alte Sultanstadt *Bandar Aceh* (Kutaraja) ihre Eigenstellung behauptet.

*Padang*, als einziger größerer *W-Küstenhafen* (auch durch Eingemeindungen) stark – bis an die Halbmillionengrenze – gewachsen, ist das (lagebedingt) selbständige Zentrum *W-Sumatras* und der *Minangkabau*, deren (ländlicher) Kernraum ursprünglich das Hochland ist. Dort entstand aus einem kolonialen Militärstützpunkt ein kleineres Binnenzentrum, Bukittinggi, während Padangs Altstadt stärker kolonial-chinesischen Ursprung hat. Weiter südlich sind *Bengkulu* mit älterer, zeitweilig britischer, kolonialer Vorgeschichte und an der Sunda-Straße *Teluk Betung*, als Ein- und Ausfalltor für Java, gewachsen – weniger sprunghaft als die jungen »Erdölstädte« im östlichen Küstentiefland, wie *Jambi*, Pekanbaru oder Dumai. *Palembang*, die Hauptstadt des südlichen Sumatra, liegt ca. 80 km landeinwärts, die Gezeitenmündung des Sungei Musi ist aber noch bis dorthin für Seeschiffe befahrbar. Es war als Sitz des hindu-javanischen Sri Vijaya-Reiches von historischer Bedeutung. Heute ist es Standort und Hafen für Erdölraffinerien und die *Mineraldüngerindustrie* und die zweitgrößte Stadt der Insel (knapp 800000 EW). Im sumpfigen (immerfeucht-tropischen) Stromtiefland ist der ältere Kern am Wasser mit *Pfahlbauten* und mit auf Flößen *schwimmenden Häusern* (»rumah lanting«) entstanden (H. LEHMANN, 1936). Diese Wasseranlage ist auch noch für die *Städte Borneos* kennzeichnend, besonders *Banjarmasin* (S-Kalimantan), *Pontianak*, *Brunei* usw., ähnlich wie für die dörflichen Siedlungen der *Küsten-Malayen*.

In *Pontianak* wurde die »Wasserstadt« des *malayisch-arabischen Sultanats* durch eine *chinesische* Händlerstadt auf dem festen Ufer erweitert, Folge der vom (Gold-)Bergbau des 18./19. Jhs. ausgelösten chinesischen Besiedlung *W-Borneos*, der auch noch kleinere, wohl-

entwickelte Küstenstädte (wie Singkawang) entsprangen, während ältere Sultanssitze – z. B. Sambas – ländlichen Charakter behielten. *Banjarmasin* bietet die lebendige Verbindung eines küstenmalayischen »kampong air« mit *schwimmenden* Siedlungen und Märkten, hölzernen Moscheen und einer moderneren Geschäfts- und Verwaltungsstadt. Die – entgegen der malayisch-bornensischen Tradition der allmählichen Ausdehnung vom Küstensultanat in das Hinterland – erst spät konstituierte Provinz *Zentral-Kalimantan*, überwiegend von Dayak bewohnt, verfügt dagegen nur über einen ländlichen Binnenverwaltungssitz (Palangka Raya).
Die auf dem Wasserweg landein fortschreitende *Erschließung Borneos*, dessen Städte erst in wenigen Fällen durch Überlandstraßen verbunden sind, wird heute durch den *Luftverkehr* gestützt. Noch immer sind aber die inner-insularen Verbindungen schwach, so daß man z. B. von Pontianak nach Banjarmasin oder Samarinda günstiger über Jakarta oder Surabaya fliegt. Entsprechend ist die *Zuordnung* zu diesen Oberzentren, in der *W-Kalimantan* auf *Jakarta*, das übrige Kalimantan (und z. T. auch *Sulawesi*) stärker auf *Surabaya* orientiert sind (J. FRANZ, 1981). Die Hochkonjunktur von *Erdöl* und *Holzeinschlag* brachte das rapide Wachstum von *Balikpapan* und *Samarinda* im vorher entlegenen *O-Kalimantan*; ersteres an offener Küste, aber mit tiefem Fahrwasser, als Zentrum der Erdöl- und Erdgasraffinerie und -verschiffung; *Samarinda* am Unterlauf des Mahakam, mit dem Umschlag und der Verarbeitung des stromab geflößten, tropischen Holzes. Als Verwaltungszentrum hat es den alten Sultanssitz von *Kutai*, Tenggarong, abgelöst. Wenn aber Kalimantan (schon 1971) mit 21,8 % einen höheren Prozentsatz »städtischer Bevölkerung« aufwies als Java/Madura (18,1 %), Sumatra (17,8 %) oder Sulawesi (16,4 %), so ist das ein Ausdruck der extrem dünnen Gesamtbevölkerung auf der großen Regenwaldinsel, von der ein *relativ* viel höherer Anteil in den (wenigen) *Küstenstädten* lebt. Das gilt ähnlich für *W-Irian* (16,4 % »städtisch«), wo sich die Zuwanderung der indonesischen Verwaltung, Militärs usw. in den jungen Küstenzentren (voran *Jayapura* im N und Merauke im S) konzentriert.
Einzige große Stadt der übrigen »Außeninseln«, einst Sitz eines starken Sultanats und kolonialzeitlich durch Fort- und Hafenausbau verstärkt, ist *Ujung Pandang* (= Makassar), die überregional bedeutende Hauptstadt *S-Sulawesis*. Einziger *Haupthafen*, neben zahlreichen kleinen Segelschiffahrts- (und handwerklichen Schiffsbau-)Stützpunkten der Bugis und Makassaren, ist seine Verbindung ins gebirgige Innere (anders als über die Flüsse Kalimatans oder O-Sumatras) auf wenige Straßen, die Küstenschiffahrt und den Flugverkehr angewiesen, wäh-

rend das Innere und die SO-Halbinsel nur ländliche Zentren haben. Erst auf der *Minahasa*-Halbinsel im N ist *Manado* wieder ein (christlich dominiertes) städtisches Zentrum für diese wirtschaftlich gut entwickelte, in sich stark abgeschlossene Region.

Abgesehen von einzelnen, meist *alt-kolonialen* Stützpunkten, wie *Kupang* und *Dili* (W- und O-Timor), *Singaraja* (N-Bali) oder *Ambon* (Molukken), behielten auf den übrigen Inseln die Verwaltungs- und Handelsplätze fast *ländlichen* Charakter, z. T. auch frühere *Kleinfürsten-* und *Sultanssitze,* die häufig nur aus größeren Holzbauten inmitten eines Kampong, sowie Tempeln, Holzmoscheen oder bescheidenen Missionskirchen bestanden, etwa auf *Bali, Sumbawa, Flores, Sumba,* oder den *Molukken.* Auch die wenigen, durch neuere staatliche Bauten herausgehobenen Verwaltungssitze, z. B. *Denpasar*/Bali (das erst der Tourismus belebte) oder *Mataram* (Lombok), gewannen nur begrenztes städtisches Format.

Für die *nationale Planung* wurde Indonesien in *fünf* Hauptentwicklungsregionen gegliedert, für die *Regionalzentren* ausgewiesen wurden oder noch entwickelt werden sollen: *Medan, Jakarta, Surabaya, Ujung Pandang* (Makassar) und *Ambon.* Das letztere zeigt das Streben, die großen Entfernungen und die *insulare Entlegenheit des O* durch ein neues Zentrum auszugleichen. Ambon, bisher Kleinstadt, wuchs inzwischen auf über 200000 EW, während die Millionenstädte Bandung und Semarang – relativ nahe den Zentren Jakarta und Surabaya – auf dieser nationalen Planungsebene tiefer rangieren (RAHIM U. ROELCKE, 1985).

### 3.2.4.7 Rohstoffgewinnung und Industrie

Als Kolonialreich verharrte Indonesien lange in der Rolle eines *Rohstofflieferanten.* Mit der zunehmenden Bevölkerung, besonders der Städte, wuchs der Mangel an Arbeitsplätzen. Beachtlich – und z. T. auf spezialisierte Dörfer konzentriert– waren lediglich die *ländlichen Handwerke* und Heimgewerbe für den täglichen Bedarf, wie die Kunstgewerbe, z. B. Holzschnitzerei und Kleinmöbel, Silberarbeiten, Keramik, Batik usw. Vom Ende des vorigen Jahrhunderts an traten zu Plantagen, Forstwirtschaft und Bergbau die Verarbeitung und Veredelung von Rohstoffen zu *Halbfertigprodukten,* z. B. für Kautschuk, Palm- und Kokosöl, Zucker, Tee, Chinin, Kaffee; Sägewerke; Erdölraffinerien, kleinere *Werften* und Werkstätten für Schiffahrt und Eisenbahn kamen hinzu. *Konsumgüterindustrien* folgten von den 30er Jahren an, fast alle – mit 75 % aller gewerblich Beschäftigten – in den

*Großstädten Javas.* Nur für *Erdölraffinerien,* Zement- oder Margarinefabriken u. ä. entstanden größere Betriebe; von 1,7 Mio. gewerblich Beschäftigten (1937 – d. h. erst 3,5 % aller Erwerbstätigen) waren nur ca. 120000 in etwa 5750 mechanisierten Betrieben tätig (K. HELBIG, 1949). Vieles fiel der japanischen Besatzung und den Unabhängigkeitskämpfen zum Opfer, so daß der junge Staat unter Mangel an industriellen Gütern und mit dem Zusammenbruch der Rohstofferzeugung auch an Devisen für Importe litt. Mit der Abwanderung des holländischen Kapitals und der Fachleute nach der Verstaatlichung des niederländischen Besitzes 1957 (1964 auch der britischen und amerikanischen Unternehmen) schritt der *wirtschaftliche Zusammenbruch* fort; die »gelenkte Demokratie« Sukarnos lähmte die Wirtschaft durch Mangel an Rohstoffen, Maschinen, Ersatzteilen, Stromversorgung und fähigem Management.

### *Der Aufbau der Konsumgüterindustrie*

Die »Neue Ordnung« Suhartos stellte die Arbeitsmöglichkeiten für *ausländische Investitionen* und Experten, für das heimische Kapital und die internationale Kreditwürdigkeit wieder her, so daß die industriellen Ansätze fortentwickelt werden konnten. Die ersten Fünfjahrespläne (REPELITA I und II) belebten oder begründeten Industrien, die *Importsubstitutionen,* Steigerung der Agrarproduktion (Ernährungssicherung) und Belebung *infrastruktureller Engpässe* versprachen. *Kraftfahrzeugmontage, chemisch-pharmazeutische* Betriebe und solche für elektrische und agrarische Geräte, Düngemittel, Textilien, Zement, Futtermittel, Papier-, Leder-, Glas-, Gummi- und Holzverarbeitung wurden – vielfach mit ausländischer Kapital- und technischer Hilfe – (wieder-) aufgebaut. Nur in *wenigen* Fällen wurden *industrielle* Arbeitsplätze im übervölkerten *ländlichen Java* geschaffen; die größeren *Städte* und *Häfen* (selbst mit hohen Arbeitskraftreserven) boten größere Standortvorteile. Die Nahrungs- und Genußmittelindustrie zur Eigenversorgung bildete (1970) noch 34 % aller mittleren und größeren Betriebe (einschließlich Reis- und Ölmühlen). Kleinbetriebe mit geringer Mechanisierung sind noch immer häufig, besonders in den ländlichen Zentren.

1970 waren über 50 % der Beschäftigten im verarbeitenden Gewerbe in Kleinbetrieben (unter fünf Beschäftigten) tätig. Dieses noch *»vorindustrielle Kleingewerbe«* existiert in vielen Formen, vom handwerklichen Familien- bis zum manufakturähnlichen Betrieb und Heimgewerben im Verlagssystem. Sie sind noch eine Stütze für Versorgung

und Industrieaufbau. Mittlere und *größere Unternehmen* beschäftigen seit 1971 erst 32 % der gewerblichen Arbeitnehmer; auch die größeren (z. T. staatlichen) Betriebe durchschnittlich nur ca. 300 Arbeitnehmer. Nur allmählich entstehen neue Verarbeitungsstätten für die Rohstoffe, die die einseitige Orientierung auf *Java* lockern können, wo noch 1970 78 % aller Mittel- und Großbetriebe des Landes lagen (mit 86 % aller gewerblichen Arbeitskräfte). Neben den Hafenstandorten *Jakarta* und *Surabaya,* mit großem Abstand gefolgt von *Semarang, Cirebon, Pekalongan* und *Cilacap,* sowie *Medan* (Sumatra) mit der Verarbeitung von Plantagenprodukten, konnte sich *Bandung* als einziger größerer Binnenstandort der *Textil- und Metallindustrie* profilieren. Die Standortvorteile (geringere Erschließungskosten, Infrastruktur, Verkehr, Energie, Arbeitskräfteangebot, relativ kaufkräftiger Verbrauchermarkt) zogen auch die *jüngere Industrialisierung* mit ca. 40 % der ausländischen und 50 % der inländischen Investitionen wieder in den Großraum *Jakarta,* der auch wegen seiner aktiven chinesisch-stämmigen Geschäftswelt und mit der indonesischen Oberschicht (den politischen Entscheidungsträgern) am attraktivsten ist.
Auch die planerisch gelenkten *Industrieparks* wurden anfangs wieder in *Java* und besonders um Jakarta angesiedelt, wie Pulo Gadang (am Hafen von Tanjung Priok, wo bis 1978 8652 Arbeitskräfte in 142 heimischen und ausländischen Unternehmungen Beschäftigung fanden); weiter (auch mit Einzelstandorten) bei *Surabaya,* dem besonders von Arbeitslosigkeit belasteten *Semarang,* in *Yogyakarta* und an der S-Küste in *Cilacap* usw. Zu diesen Klein- und Mittelbetrieben kamen in den letzten Jahren die Beteiligungen *ausländischen* (besonders *japanischen*) Kapitals und Managements, mit modernen Ausrüstungen und Organisationsformen. Erste Wandlungen werden in der klein- und mittelbetrieblichen *Textilindustrie* von *Bandung* und *Jakarta* spürbar, besonders seit der Rezession durch den Rückgang der Ölkonjunktur (ab 1983). Betriebe mit veralteten Maschinen, wenig geschulten Arbeitskräften und Kapitalmangel für eine Modernisierung vermochten sich – bei sinkender Kaufkraft auf dem Inlandsmarkt und z. T. auch zu geringen Qualitäten – nicht länger zu behaupten. Im Raum *Bandung,* wo die Konzentration der *Textilkleinbetriebe* am höchsten war, mußten rd. 80 Firmen (mit ca. 10000 Beschäftigten) *schließen* (FEER, Aug. 1983). Statt dessen entfalteten sich *moderne Großbetriebe,* z. B. acht indonesisch-japanische, integrierte Textilfabriken in *Jakarta* und an anderen Orten W-Javas. Mit modernen Verfahren und Stoffen – z. B. Polyester-Baumwollgeweben – und höheren Qualitäten dominieren sie nicht nur den heimischen Markt, sondern bringen auch *Exportgewinne,* wozu die älteren Kleinbetriebe kaum fähig waren. Sie werden staatlich geför-

dert, und es zeichnet sich der Prozeß der Verdrängung veralteter Kleinbetriebe durch moderne Großbetriebe ab, wie er in früheren Perioden für die Industrialisierung Europas kennzeichnend war.

*Die neuen rohstofforientierten Großindustrien*

Der schleppenden Entwicklung herkömmlicher Leichtindustrien ist in der jüngsten Zeit ein Umbruch gefolgt: der Aufbau *rohstofforientierter Großindustrien.* Ihre »Multiplikatoreffekte« für arbeitskraftintensive, verarbeitende Industrien sind zwar noch relativ gering und die Rohstofferschließung trägt auch nur begrenzt zur Verbesserung der wirtschaftlichen und sozialen Lage großer Bevölkerungsteile bei (W. RÖLL, 1979), es ist aber nicht zu verkennen, daß Erdöl- und Erdgasgewinnung, -export und -verarbeitung und die gesteuerte Nutzung der Hölzer und der Erzlagerstätten neue Zukunftsaussichten eröffnen. Durch die Vorkommen der Rohstoffe determiniert, aber zugleich mit der entwicklungspolitischen Zielsetzung einer *Dezentralisierung* (aus Java hinaus), wurde ein gewichtiger Anteil dieses jungen, industriellen Ausbaus in andere – z. T. noch wenig besiedelte – Regionen verlagert.

Die *Holzverarbeitung* durchlief diese Wandlung schrittweise, da die Rohstoffe von den »Außeninseln« kommen, die Verarbeitung aber z. T. noch auf *Java* erfolgt. Der Wandel vom Rohholzexport zur eigenen *Weiterverarbeitung* von ca. 80 % des Einschlags (S. 551) war zwar ein Schlag für die Sperrholzfabrikation in Japan, Taiwan und Süd-Korea, die stark indonesisches Rohholz verarbeiteten, brachte aber der eigenen Industrialisierung Fortschritte.

Zunächst war die *Sägewerksindustrie* erheblich gewachsen, vor allem in den Holzexporthäfen *Kalimantans* und *Sumatras.* Dann folgte die Veredelung durch eigene *Sperrholzfabrikation* (»plywood«). In *Java* begründet (*Probolinggo* und *Gresik* in O-Java; 1973: 19000 $m^3$ Jahresproduktion), folgte erheblicher Ausbau auch auf den *holzerzeugenden Inseln* selbst, wo bis 1983 über 60 Fabriken (2,4 Mio. $m^3$/Jahr) entstanden, die meisten in Sumatra und Kalimantan, aber auch sechs auf den *Molukken,* drei in *Sulawesi* und eine in *Irian Jaya.* Für 1985 ist eine Produktion von 6 Mio. $m^3$ projektiert, zur Hälfte für den Export, zur anderen für den heimischen Markt. Während *Javas* Arbeitskräfteangebot zur Weiterverarbeitung drängt, herrscht in *Sumatra* und *Kalimantan* noch *Facharbeitermangel*, und der Exportanteil ist dort höher. 1982/83 hatte der Export des höherwertigen (und Arbeitsplätze schaffenden) *Sperrholzes* zwar noch nicht ganz den Wert des früheren Rohholzexportes erreicht (der durch die Beschränkungen seit 1979 rapide abfiel), auf längere Sicht ist aber mit der Veredelung und dem gedrosselten Einschlag den Interessen Indonesiens besser gedient. Neue Exportmärkte öffnen sich für Sperrholz über Hongkong nach China, den USA und Mittelost. Die Zukunft ist freilich nicht frei von Risiken. Die langfristige Anlieferung geeigneter Hölzer, besonders der meist verarbeiteten Meranti-Stämme (Dipterocarpus-Art), könnte Engpässe bringen; ihr Einschlag ist schon weit ins Innere *Borneos* vorgestoßen, die Anlieferung wird teurer und die Wiederaufforstung erfolgt nur schleppend, für den Meranti scheint sie nur schwer zu gelingen. Die Entwicklung von Kunststoffsubstituten in den Käuferländern kann weitere Einbußen bringen.

Weniger erfolgreich war die Entwicklung der *Papierindustrie.* Die 29 bestehenden Papierfabriken sind meist klein und kapitalschwach, z. T. verarbeiten sie auch andere Fasern als Holz. Deshalb wurde der Aufbau (bzw. die Erweiterung bestehender Fabriken) von elf größeren Projekten in Angriff genommen. 1983 konnte erst die Hälfte des steigenden Eigenbedarfs an Pack-, Schreib- und Zeitungspapier, (Well-) Pappe u. a. Kartonagen gedeckt werden, die andere (z. T. auch der Halbrohstoff Pulpe) mußte noch importiert werden. Größere Fabriken – z. T. gemeinsam mit ausländischen Mutterfirmen – entstanden u. a. in *Sulawesi* (südlich Ujung Pandang), *Pontianak* (W-Kalimantan) und *Pematang Siantar* (N-Sumatra). Für die Weiterverarbeitung des Kautschuks ist vor allem eine *Reifenindustrie* mit mehreren Fabriken in Java und Sumatra aufgebaut worden.

### *Erdöl und Erdgas*

Das stärkste Wachstum brachte die Erschließung neuer *Erdöl-* und *Erdgaslagerstätten* (S. 211). Ihr Anteil am Bruttoinlandsprodukt stieg von 3,1 % (1960) auf 11,6 % (1976); 1980 brachten sie *59 % der Exporterlöse* und deckten 56 % des gesamten Staatshaushaltes.

Die Wiedergewinnung ausländischer Investitionen (seit 1967) war eine Voraussetzung für die »Inwertsetzung« der Bodenschätze. Indonesien hat es verstanden, daraus keine neue, quasi-koloniale Abhängigkeit entstehen zu lassen, sondern die Partnerschaft mit ausländischem Kapital und »know how« zum Vorteil beider zu nutzen. Die indonesische *Erdölförderung* hatte bereits *früher* einmal Weltbedeutung erlangt. Seit 1893 wurden die Felder im südlichen *Aceh* (N-Sumatra) ausgebeutet, nach 1901 folgten die im mittleren *O-Sumatra* (Jambi, Muara Enim), von denen ein *Rohrleitungsnetz* zu den *Raffine-*

*rien* bei *Palembang* gebaut wurde. Auch *Balikpapan* (O-Kalimantan) entstand schon um 1900 als Förder-, Raffinerie- und Verschiffungsplatz, um seit 1938, mit der Entdeckung der Lagerstätten S-Kalimantans, den großen Aufschwung zu beginnen (1930: 29800 – 1980: 281000 EW). 1940 wurden die größten Felder *Sumatras:* Minas, Lirik und Duri (Provinz Riau) mit 7,9 Mio. t/Jahr erschlossen und ihre Erträge konnten, trotz der Einschnitte durch Krieg, Unabhängigkeitskämpfe und Verstaatlichung der Royal Dutch Shell Company, 1960 auf 20,6 Mio. t und 1977 bis 84,5 Mio. t/Jahr gesteigert werden. Damit wurden Brunei und Sarawak überholt und Indonesien zum größten Erdölproduzenten östlich des Persischen Golfes. Trotz des auf den ersten Blick bescheidenen Anteils von 2,7 % der Welterdölförderung nimmt es den zehnten Platz in der OPEC-Produktion ein und konnte wegen des relativ noch geringen Eigenverbrauchs 85 % seiner Förderung (1976/77) dem Export zuführen, in einer (gegenüber dem Nahen Osten) *günstigeren Verkehrslage* zu Japan, Süd-Korea, Taiwan und der W-Küste der USA – und dies neben dem Erdgasexport!

*Rohöl, Erdölprodukte* und *verflüssigtes Erdgas* haben inzwischen die früheren Hauptprodukte, wie Hölzer, Kautschuk, Zinn, Tabak oder Palmöl von der Exportspitze verdrängt. Höhepunkt des »Ölbooms«, in dem sich die schnellen Produktionssteigerungen mit dem sprunghaften Steigen der Welterdölpreise verbanden, waren die späten 70er Jahre; mit den hohen *Gewinnen* konnte Indonesien seine chronisch *defizitäre* Handels- und Zahlungsbilanz *sanieren,* internationale Schulden abtragen, mit *Eigenmitteln Entwicklungsprojekte* anlaufen lassen und weitere Auslandshilfen mobilisieren. Die Preiseinbrüche auf dem Welterdölmarkt haben Mitte der 80er Jahre diesen Aufschwung *gebremst* und Einbußen gebracht, es konnte aber inzwischen durch die Erschließung großer *Erdgaslager* und den Export *verflüssigten Gases* (LNG – S. 216) ein weiterer Pfeiler der Mineralöl- und -gaswirtschaft aufgebaut werden. Verzögerungen in der vom Erdölgewinn finanzierten *Industrieentwicklung* mußten durch die Rücknahme oder Verkleinerung einiger zu ambitionierter Projekte abgefangen werden. Der weltweite Preisverfall bei Erdöl und -gas führte 1986/87 zum niedrigsten Stand des Gesamt-Exportwertes seit 1979 und zwang 1986 zu einer Abwertung der Rupiah um 31 %. Durch eine Diversifikation der Exportgüter soll deshalb die Abhängigkeit vom Welt-Erdölmarkt verringert werden (FEER, Apr. 1987).

1968 wurden die 1958 zunächst verstaatlichten Erdölfirmen im Öl- und Gaskonzern PERTAMINA zusammengeschlossen, der zum *größten Unternehmen* des Landes wuchs. Er gliederte sich über die Förderung und Vermarktung von Öl und Gas hinaus die gesamte *Petrochemie,* eigene *Tankerflotten,* eine Luftfahrtlinie und zahlreiche Wirtschafts- und Entwicklungsprojekte an, bis er 1974 durch eine zu riskante Investitions- und Anleihepolitik eine Staatskrise auslöste und seither strenger begrenzt wird. Seit der Wiederzulassung ausländischer Investitionen (1967) sind außerdem wieder über 40 *internationale Mineralölfirmen* an der Erdöl- und Erdgasexploration und -förderung beteiligt. Sie erhalten langfristige Verträge und finanzieren die Anlagen, technischen Dienste und Versorgungseinrichtungen; die importierten Ausrüstungen gehen an ihren Partner PERTAMINA über, dem auch der Inlandsmarkt vorbehalten bleibt. Neben Abschreibungen für ihre Aufwendungen (bis 40%) wird der Produktionsgewinn im Verhältnis 65:35 bis 85:15 (je nach Förderungshöhe und Ölpreisen) zwischen dem Staat und den ausländischen Gesellschaften geteilt. Von der *N-Spitze Sumatras* und Indonesiens Anspruchsgebieten im Südchinesischen Meer (S. 228f.) bis *Irian Jaya* (und einer mit Australien abgestimmten Meeresgrenze südlich von Timor) wurden (bis 1976) rd. 4 Mio. km$^2$ *Erdöl- und -gasfelder* auf mehreren Inseln und »off-shore«-Feldern in fast allen Schelfgebieten der indonesischen Meere konzessioniert; 1976 erreichte die untermeerische Erdölförderung bereits 23% der Gesamtproduktion. *Sumatra* erbringt noch immer ca. 3/4 der Produktion; die der *Riau*-Provinz wird über Pipelines zum Siak-Fluß und nach *Dumai* gebracht und dort raffiniert – in einer Hafenneugründung, die in wenigen Jahren auf ca. 60000 EW emporgeschnellt ist. Den Raffinerien bei *Palembang* wurden Weiterverarbeitungswerke angeschlossen (s. u.). *Balikpapan* verarbeitet und verschifft die Förderung von *S- und O-Kalimantan* und der großen »off-shore«-Felder. Für die Förderung auf *Java* und in der Java-See wurden in *Wonokromo* (O-Java) und im jungen Industrieverbund von *Cilacap* (S-Küste) *Raffinerien* ausgebaut; auch in *Ceram* und *Irian Jaya* wird gefördert. Im Verbund mit den Raffinerien, Erdgasverflüssigungs- und Transportanlagen (Pipelines, Verschiffung, Tanklager) wurde die *petrochemische Industrie* ausgebaut, die *Düngemittel* und chemische *Industriegrundstoffe,* Plaste usw. herstellt.

Auch diese rohstofforientierten Standorte brachten wieder neue Entwicklungsansätze auf den *»Außeninseln«,* und an vorher nur schwach besiedelten »Urwaldküsten« entstanden Industriestandorte. Der älteste ist der Raffinerie- und Ölverschiffungskomplex am Musi in *Plaju* bei Palembang (S-Sumatra), wo die ersten Mineraldünger- und Harnstoff- (Urea-)fabriken angeschlossen wurden. Ihm folgten in *Aceh* (N-Sumatra) der mit den Erdgasgewinnungs-, -verflüssigungs- und Verschiffungsanlagen für das (1971 entdeckte) *Erdgasfeld* von *Arun* entwickelte Industriekomplex von *Lhokseumawe* mit zwei Düngemittelfabriken, von denen die »ASEAN Aceh Fertilizer«-Werke (Urea-Gewinnung) der erste Betrieb des gemeinsamen ASEAN-Industrieentwicklungsprogrammes ist (S. 222).

Zusammen mit der kürzlich fertiggestellten *Aluminiumschmelze* mit hydroelektrischer Kraft vom *Asahan-Damm* (Abfluß des Toba-Sees), Bauxit von Bintang (Riau), den *Maschinenbaubetrieben* und der *Plantagenaufbereitungsindustrie* von *Medan, Zementfabriken* und *petrochemischer Produktion* im Ölhafen von *Dumai* gehört Lhokseumawe zur *N-Sumatra »Special Development Area«* (S. D. A.). Diese neue Planungskonzeption des integrierten Ausbaus ausgewählter Regionen (mit ausländischen Entwicklungshilfen) soll zunächst in acht Provinzen (drei in Java) nach den geographischen Gegebenheiten und Ressourcen differenzierte *Entwicklungsschwerpunkte* schaffen. Sie sollen auch Verarbeitungsindustrien, Verkehrswege, Siedlungen, Agrarverbesserungen usw. umfassen, damit die neuen Grundstoffindustriestandorte nicht Enklaven in bevölkerungsleeren Räumen bleiben, oder, wie z. B. in Aceh kritisiert wurde, nicht einseitig den Interessen Javas und des Fremdkapitals dienen. Die Standorte sollen nicht nur der Ausbeutung ihrer Ressourcen und *ökologischen Schäden* ausgesetzt werden, sondern *beschäftigungswirksame* Folgeindustrien für die heimische Bevölkerung bringen.

In *Kalimantan* stehen die neuen Großindustriestandorte *umgekehrt* vor der Aufgabe einer »Peuplierung«, da die erst von Erdöl, Erdgas und Holz ausgelöste Konjunktur die *wenigen* verfügbaren *Arbeitskräfte* längst aufgesogen hat. Deshalb soll die eigentlich agrarische Transmigration (S. 547) nach Kalimantan längerfristig dort auch ein *neues regionales* Bevölkerungs- und *Arbeitskräftepotential* bilden. Neben Balikpapan wurde mit der Aufschließung neuer Erdgasfelder vor der Küste 1984 auch in *Bontang* (nördlich Samarinda) ein Erdgas- und Kunstdüngerkomplex (der größte Indonesiens – mit japanischer Beteiligung) in Betrieb genommen.

Auch auf der nur 20 km südöstlich von *Singapur* gelegenen Insel *Batam* (Riau-Archipel) – mit 416 $km^2$ etwas größer als Singapur selbst – sucht Indonesien Anteil am Mineralölraffinerie- und Umschlaggeschäft. Ergänzt durch gemischte *Industrien,* (Frei-)*Hafenanlagen,* Flugplatz, Kraftwerke, Siedlungen und Hotels (Golfplätze und Strände für Singapur-Touristen) entsteht dort eine *Export-, Verarbeitungs-* und *Freihandelszone,* die weitgehend auf die Zusammenarbeit mit (und auf Investitionen aus) *Singapur* abgestellt ist. Diesem wird eine Entlastung seiner Engpässe Raumnot und Arbeitskräfte geboten, zugleich aber auch seine Kapitalkraft für Indonesien mobilisiert. Bisher wird Batam schon von Ölerschließungsfirmen aus Singapur getragen, die dort Stahlkonstruktionen für die off-shore-Ölerschließung montieren.

*Erze, Erzverarbeitung, Kohle und Energie*

*Zinn* rangierte ursprünglich im Export vor Erdöl. Die Lagerstätten auf den Inseln *Bangka, Belitung* und *Singkep* (südlich Sumatra) stehen geo-tektonisch – wie in ihrer kulturlandschaftlichen Entwicklung – im Verband des südostasiatischen Zinngürtels (S. 209). Der Abbau durch *chinesische* Zuwanderer-Kleinbetriebe geht bis ins frühe 18. Jh. zurück; dadurch erhielten die Inseln eine starke chinesische Majorität, die auch ihre agrarische Wirtschaft und Siedlung bestimmt (K. HELBIG, 1940), der chinesischen (Agrar-)Siedlung in den einstigen Goldbergbaugebieten W-Kalimantans ähnlich.
Seit 1954 ging, wegen zeitweiliger Stillegung der Minen, der Verstaatlichung der beiden Zinnschmelzen, veralteter Anlagen und mangelnder Investitionen, abnehmendem Zinngehalt der Erze usw., die Förderung von 54000 t (1949) auf 12770 t (1966) zurück. Nach 1967 wurde neu investiert – darunter der weltgrößte Zinnbagger für *untermeerischen Abbau* –, und seit 1977 wurden mit 24000 t Zinnkonzentrat/Jahr wieder 13 % der Weltproduktion (3. Stelle nach Malaysia und Bolivien) erzielt. Die deutsche »Preussag« hat jetzt den Hauptteil des Zinnbergbaus übernommen und modernisiert; sie wird Mühe haben, sich durch Rationalisierung in der schweren internationalen *Zinnabsatzkrise* (1985) (S. 210 u. 452) zu behaupten. Neue Lagerstätten wurden auf anderen Riau-Inseln und Kalimantan entdeckt.
*SO-Sulawesi* trägt die *Nickelförderung* (I. WILDFÖRSTER, 1980); 1979 wurden (mit kanadischer Beteiligung) die Gruben erneuert und eine Nickelschmelze (für Konzentrat) eingerichtet. Die Anlagen erforderten ein hydroelektrisches Kraftwerk und Verschiffungseinrichtungen, neue Siedlungen usw. in bisher kaum erschlossenen Gebieten. Wegen der weltwirtschaftlichen Rezession (starker Verfall der Nickelpreise) blieb der Gewinn aber bisher aus. Japan ist Hauptabnehmer des Konzentrats (von 1–6 % Nickelgehalt im Roherz auf 75 % Nickel). In *Zentral-Sulawesi* und *Irian Jaya* wurden neue Lager entdeckt; Indonesien ist der *Hauptnickelproduzent* Asiens.
*Kupfer* liefern die seit 1973 erschlossenen Gruben des *»Ertsberges«* (»Freeport Mines« am Puncak Jaya; s. S. 35) in *Irian Jaya* (Jahreskapazität: 250000 t); der Export geht nach Japan und in die Bundesrepublik. Gold, Silber, Diamanten, Mangan und Schwefel werden in geringen Mengen gefördert.

Über den als Industriestandort ausgebauten Hafen *Cilacap* werden auch die schwarzen *Eisensande* der javanischen S-Küste nach Japan ausgeführt; weitere *Eisenerzlager* auf Sumatra, SO-Kalimantan, W-Java, Sulawesi und Flores werden mangels Koks und wegen hoher Transport- und Erschließungskosten noch nicht abgebaut; Uranlager in W-Kalimantan stehen in der Aufschließung. *Bauxit* wird auf der Riau-Insel *Bintang* im Tagebau gewonnen. Die Produktion (etwa 9 Mio. t/Jahr) ging überwiegend nach Japan, inzwischen wurde aber die eigene Aluminiumschmelze an den Asahan-Wasserkraftanlagen (s. o.) in N-Sumatra errichtet. Neue Lagerstätten wurden in Kalimantan entdeckt. *Kohle* wird schon seit 1846 in Bukit Asam (S-Sumatra) und Ombilin (W-Sumatra) gefördert; weiter in O-Kalimantan (am Mahakam). Angesichts der Überalterung der Zechen wäre der (Braun-)Kohleabbau der Erdöl- und -gaskonkurrenz kaum gewachsen, wenn nicht die *Petrochemieplanung* Anreize böte, die Sumatra-Reviere zu modernisieren. Bisher wurden erst wenige Bergbauprodukte in Indonesien zur Weiterverarbeitung gebracht, das Arbeitsplatzpotential ist daher begrenzt (1975: 54000 Beschäftigte in der Erdölwirtschaft, ca. 70000 im Bergbau); weitere Verarbeitungsstätten sind im Aufbau.

### *Stahlindustrie und Hochtechnologie*

Gewagt und krisengeschüttelt, allmählich aber konsolidiert, war Indonesiens Einstieg in die Stahlerzeugung: die *Krakatau-Steelworks* in *Cilegon,* 110 km westlich Jakarta an der *Sunda-Straße.* Der Küstenstandort zwischen den (zur Planungs- und Wirtschaftsregion W-Java – Lampung zusammenwachsenden) Teilen beider Inseln soll entwicklungsstrategische Impulse bieten, ist aber – nahe dem untermeerischen Krakatau-Vulkan – riskant; das Stahlwerk mußte *erdbebensicher* konzipiert werden. Der Standort wurde unter Sukarno gewählt. Die 1963 mit sowjetischer Hilfe begonnenen Bauarbeiten wurden 1965/66 eingestellt. Erst der wirtschaftliche Wiederaufschwung durch das Erdöl erlaubte den Weiterbau mit einem internationalen (auch deutschen) Firmenkonsortium. Die *Metallverarbeitung* ist aufgenommen, der Überseehafen mit Erdgasleitungen, Kraftwerk, Erztransportanlagen, Teile des Stahlwerks (500000 t/Jahr) und Siedlungsneubauten sind gefolgt. Das Erz wird zunächst importiert (aus Schweden und Brasilien); die eigenen Eisenerzlager harren noch der Erschließung (s. o.); ebenso weitere Metallindustrien, Werften usw. Das entwicklungspolitische Ziel ist die Erzeugung von Produkten aus heimischen Rohstof-

fen für *Folgeindustrien,* z. B. den Bau von Landmaschinen und von Ausrüstungen für die Ölpalm-, Zucker- u. a. Raffinerien, die z. T. noch stark auf Importen beruhen. Bisher entstanden Fabriken für Plantagenausrüstungen in *Medan,* für die Zuckerindustrie in *Surabaya* und *Probolinggo* (O-Java) sowie Landmaschinenbau und Reparaturbetriebe. Auch der Ausbau einer eigenen Baumaschinenindustrie, des Schiffbaus, der Telekommunikationsausrüstungen usw. ist im Gange. Die bestehenden *ländlichen Kleinindustrien* (besonders in Zentral- und O-Java) werden als »subcontractors« zur Fertigung und Zulieferung von Teilen für größere Werke und damit zur Importsubstitution, z. B. durch ein (japanisch geführtes) Traktorenwerk in *Semarang,* ausgebaut. Diese Verlagerung entwicklungswirksamer Teilproduktionen in arbeitskraftintensive Kleinunternehmen hat mit landesspezifischen Problemen zu ringen, z. B. der Erziehung zu pünktlicher, exakter und qualitativ gleichwertiger Lieferung. Das trägt zur Modernisierung der Kleingewerbe bei, wird aber durch die ethnische Situation kompliziert, da Staatsbetriebe mit indonesischem Führungspersonal oder indonesisch-ausländische »joint-ventures« dabei meist mit chinesischstämmigen Kleinunternehmen kooperieren müssen, während die Entwicklungsförderung eigentlich bevorzugt den »pribumi«, den Einheimischen, zufließen soll.
Von der Landmaschinen- und Plantagenausrüstungsindustrie sucht Indonesien zu einer breiteren *Maschinen-* und *Kraftfahrzeugbauindustrie* forzuschreiten. In *Jakarta* wird mit der Eigenfabrikation von (Honda-) *Motorrädern* begonnen. Mit japanischen und deutschen Firmen laufen Bemühungen, die *Auto-Remontage* (»assembly plants«) mit der entsprechenden Maschinerie auszubauen, mit dem Fernziel einer eigenen Kfz- (besonders Lkw-)Herstellung, wobei die Wirtschaftlichkeit noch umstritten ist – vgl. das Beispiel Malaysias (S. 456)!
Der kühnste Schritt ist der Einstieg in den *Flugzeugbau* mit dem staatseigenen Nurtanio-Werk in *Bandung.* 1979 begonnen, beschäftigte es 1983 schon 8500 Arbeiter und plant bis 1986 die Ausbildung von ca. 10000 Facharbeitern; Produktion und Konstruktion begannen in Zusammenarbeit mit einem deutschen (Messerschmidt-Bölkow-Blohm) und einem spanischen Werk; nach anfänglicher Remontage steigen laufend die Eigenleistungen. Produziert werden 30–40sitzige, zweimotorige Turbo-Propeller-Maschinen, besonders für kleine Flugzeugpisten entlegener Landesteile, und Hubschrauber. Hauptabnehmer sind die inländischen Fluglinien, der Export ist aber ebenfalls angelaufen. Das zwischen ökonomischen Planern und Technologen kontroverse Projekt wird beweisen müssen, ob es seine Pionierrolle für eine Fortentwicklung modernster *Hochtechnologie* und Chancen

für ein Potential heimischer Facharbeiter, Ingenieure und Zuliefererindustrien – wirtschaftlich und devisensparend – ausfüllen und eine technisch-industrielle Wende einleiten kann, oder ob es als hochtechnisierte »Insel« die Mittel für andere, weniger aufwendige Industrieentwicklungen verschlingt.

### 3.2.4.8 Verkehrsgeographische Situation und Tourismus, Infrastruktur, Bildungswesen

Bei den Dimensionen und der Archipelstruktur Indonesiens hat das Verkehrswesen eine Schlüsselfunktion. Die *insulare Zersplitterung* ist kein unüberwindliches Hindernis, da *See- und Flußschiffahrt* in Geschichte und Gegenwart schon Mittler von Verkehr und Siedlungserschließung waren. Gebirge, Regenwälder, Sümpfe usw. bereiten für den *Landverkehr* weit *schwierigere* Probleme, so daß, wie schon für Sumatra, Kalimantan oder Sulawesi gezeigt wurde, die einzelnen Regionen der großen Inseln im Landverkehr erst partiell miteinander verbunden sind. Die großen Distanzen werden heute mit dem *Luftverkehr* überwunden. Für alle Inseln und Orte außerhalb der zentralen Gebiete um die großen Städte und abseits der Flugplätze (bzw. für den, der den Flugpreis nicht bezahlen kann, sowie den Güterverkehr) ist allerdings nicht nur die *Erreichbarkeit,* sondern vor allem die *Reisedauer* der problematische Faktor. So muß mit öffentlichen Verkehrsmitteln (Bus, See-, Flußschiffe und Fähren), einschließlich der Wartezeiten, besonders bei nur einmaliger Frequenz/Tag, für entlegene Inseln, z. B. *von Jakarta* bzw. *Surabaya* aus nach *Sumbawa* (über Bali und Lombok), nach *SO-Sulawesi* usw., mit 4–5 Tagen, nach *Flores* mit 5–9 Tagen oder nach *Wetar,* zu den *Aru-Inseln* usw. mit bis zu *zwölf Tagen* Reisezeit gerechnet werden. Auch entlegene Flußverkehrspunkte – etwa im Inneren *Kalimantans* – sind (bei z. T. nur 1–2 Fahrten/Monat) z. T. erst in 6–9 Tagen zu erreichen (W. RUTZ, 1976, mit Karten der Verbindungen, Erreichdauer usw.).

#### *Der erste Verkehrsträger: die Schiffahrt*

Einige Küstenvölker sind bewährte *Seefahrer,* voran die Bugis und Makassaren Sulawesis, deren elegante, hölzerne *Segelschiffe* (»prahu«, »prau«) noch heute einen Teil des *interinsularen* Handels bedienen. Ihnen genügen auch kleinere Flußhäfen und flache Strände; ein Pendant dieser alten Handelsfahrer sind die schwimmenden und

Pfahlbausiedlungen alter Seeverkehrszentren, z.B. *Banjarmasins, Palembangs, Pontianaks,* aber auch vieler kleinerer Fluß- und Küstenorte. Die größeren *Häfen* entstanden in der Kolonialzeit; sie mußten für den modernen Überseeverkehr aus den Flußmündungen in moderne Vorhäfen (wie *Tanjung Priok* für Jakarta, *Tanjung Perak* für Surabaya oder *Belawan* für Medan) verlagert werden, während andere, wie *Semarang* oder *Cirebon,* die beide Jakarta entlasten sollen, auf der Reede umschlagen müssen; früher galt das z. T. auch für *Makassar* (Ujung Pandang), bis sein Hafen an freier Küste errichtet wurde.
Noch bis 1957 bediente die »Königlich-Holländische Paketfahrt« (KPM) auf 42 Routen die Inseln und den Hollandverkehr mit etwa 100 Schiffen. Ihr Abzug nach dem Betriebsverbot durch Sukarno stürzte die Inselwelt in schwere Verkehrsengpässe, denn die indonesische Schiffahrt benötigte eine lange Zeit, bis sie angemessen ausgebaut werden konnte. *Überalterte* und zu kleine, meist hoffnungslos überladene Schiffe bestimmten lange den langsamen und unregelmäßigen Verkehr. Auch die Hafenanlagen waren noch lange in schlechtem Zustand (technische Installation, Fahrrinnen, Lagerhallen, Organisation usw.); seit 1970 wird ihre Verbesserung und Instandhaltung intensiver betrieben. Erst in der Gegenwart machen *Modernisierung* und Ausbau des Personen- und Frachtverkehrs mit *neuen Schiffen* größere Fortschritte. In den 80er Jahren wurden die protektionistischen Frachtmonopole für die leistungsschwachen landeseigenen Schiffe eingeschränkt und auch kleinere Häfen für die internationale Schiffahrt geöffnet; 1985 folgte eine drastische Reform der hemmenden und korrupten Zoll- und Hafenprozeduren. Zahlreiche kleinere Reedereien setzten ihre (meist kleinen und veralteten) Schiffseinheiten überwiegend in der regellosen *Trampschiffahrt* ein.
Während *Tanjung Priok* (Jakarta) fast 50% des *Imports* umschlägt (Surabaya 13%, Belawan [Medan] 11%), stehen im *Export* die *Öl- und Holzhäfen* der »Außeninseln« weit an der Spitze; z. B. verließen 1974 4,4 Mio. t Güter über Jakarta das Land, während der junge Ölhafen *Dumai* (O-Sumatra) 42 Mio. t verlud. An den Erdöl- und -gasverschiffungsplätzen (mit Tanklagern, Pipelines usw.) entstanden, wie auch an den Holz- und Erzverladeplätzen, moderne Spezialanlagen.
Neben den internationalen Routen (einschließlich der Spezialtransporter für Öl, Holz, Düngemittel, Erze, Zement usw.) bedient die *interinsulare Schiffahrt* etwa 90 *Häfen* oder *Anlegestellen* (vielfach freie Reede oder Stillwasserbuchten) sowie *Fähren* über die Meeresstraßen (z. B. von Java nach Madura, Bali, S-Sumatra; aber auch zwischen

entlegeneren Inseln). Gerade im interinsularen und Küstenverkehr sind die Segel-»Prauen« noch unentbehrlich, und selbst in den großen Häfen bieten die »Wälder« ihrer Masten ein eindrucksvolles Bild. Die für den Verkehr zwischen den Inseln wichtigen Küsten der indonesischen »Binnenmeere« sind meist flach, relativ ruhig und (über Flußmündungen oder auf Reede) an vielen Stellen *zugänglich*. Die »Außenküsten« zum Indischen und Pazifischen Ozean sind *dagegen verkehrsfeindlich* und brandungsreich: *Padang* (und in geringerem Maße Bengkulu und Sibolga) sind die wenigen Häfen der *W-Küste* Sumatras; an der S-Küste Javas wird *Cilacap* ausgebaut.
Neben dem Seeverkehr ist, besonders auf *Sumatra* und *Kalimantan,* auf den großen, vielfach verzweigten Strömen (auf beiden Inseln je etwa ein Dutzend schiffbarer Stromsysteme) der Binnenverkehr mit größeren *Flußbooten* wichtig, für ausgedehnte Landesteile ist er der einzige Träger des Verkehrs; erst in jüngster Zeit wurde er durch schnelle *Motorboote* verbessert. In den Banjarmasin-Barito-Kahayan-Flußgebieten *S-Kalimantans* allein wird z. B. die Zahl der Fahrgäste auf jährlich ca. 700000 geschätzt. (J. FRITZ, 1979). Diesen Wasserwegen folgt auch die auf den natürlichen Flußdämmen aufgereihte, *malayische Besiedlung,* die meist bis zur Grenze der Schiffbarkeit der Tieflandsströme ins Innere vorgeschoben wurde, während die schnellenreichen Oberläufe und Nebenflüsse von den Einbäumen der *Inlandsvölker,* z. B. der Dayak, befahren werden. An den *Umschlagplätzen* vom *See-* zum *Flußverkehr* in den Unterläufen entstanden die *Zentren* der alten *Sultanate,* die kleinen *Zentral-* und Versorgungsorte im *Inneren* meist am Abzweig von Nebenflüssen oder Inlandsrouten. Oft müssen dort die Handels- (»Pasare«) und Verwaltungssiedlungen im *überschwemmungsreichen* Stromtiefland auf hohen Pfählen errichtet und mittels aufgestelzter *Holzplankenstege* zugänglich gehalten werden. Für den Holztransport ist die *Flößerei* noch bestimmend, meist durch Schleppboote beschleunigt.

### *Der Straßenverkehr und die Eisenbahn*

Der Straßenverkehr bildet dagegen erst in den dicht besiedelten Inseln und Landesteilen ein wirkliches *Verkehrsnetz,* voran auf *Java* und *Bali* oder den Zinn-Inseln *Bangka* und *Belitung*. Schon auf Sumatra, S-Sulawesi, Lombok oder W-Timor erschließt das Straßennetz nur *Teilräume.* Die übrigen Inseln haben meist nur *Fahrwege,* oft nur eine Längs-Trasse, wie *Sumbawa* oder *Flores.* Als erste Gesamtverbindung durch eine große Insel ist erst jetzt der *»Trans-Sumatra-Highway«*

(über 2000 km) gebaut worden. Auf *Kalimantan,* den *Molukken* und *O-Timor* bestehen erst einzelne Küsten- oder Stichstraßen ins Innere; moderne Straßen werden aber z. B. von Balikpapan über Samarinda zur weiteren Aufschließung *O-Kalimantans* vorgetrieben, ebenso in *W-Kalimantan,* wo die einstigen, z. T. gepflasterten Karrenwege aus der holländischen Zeit zunächst wieder verfallen waren. In *Irian Jaya* ist eine (erschließungspolitisch bedeutsame) Straße von der N- zur S-Küste im Bau.

Das Straßennetz *Javas* wurde schon in der Kolonialzeit (beginnend 1808 mit dem »großen Postweg« von *Jakarta* [Batavia] über *Bandung* nach *Surabaya*) gut ausgebaut. In den Jahren der wirtschaftlichen Stagnation fiel es in sehr schlechten Zustand; mit dem Aufschwung und der raschen Verstärkung des motorisierten Verkehrs ist es wiederhergestellt und ausgebaut worden. Im Gesamtdurchschnitt liegen noch immer *66% des Straßen-* (und 100% des Eisenbahn-)Netzes auf *Java* und *Sumatra.* 1978 begann der Bau autobahnartiger *Schnellstraßen,* z. B. Jakarta–Bogor; weiter sind Medan–Belawan, Surabaya–Porong und Jakarta – Teluk Betung (Lampung), mit einem modernen *Fährhafen* an der Sunda-Straße, im Ausbau. Die schnell wachsende Verstädterung und Zunahme des individuellen Kraftfahrzeugverkehrs überfüllen die städtischen Verkehrswege, in den Stoßzeiten in Jakarta besonders schlimm, und der Ausbau des städtischen Straßen- und öffentlichen Personennahverkehrs stellt noch große Aufgaben.

Der *Eisenbahnverkehr* – als Güter- und Massenverkehrsmittel – hat nur in *Java* größere Bedeutung, vor allem mit der W-O-Erschließung der Insel. Das Schienennetz (einschließlich der kurzen Linien auf Sumatra) umfaßt ca. 6600 km, deckt sich aber vielfach mit dem der Straßenerschließung. Lokomotiv- und Anlagenbestände konnten erst z. T. erneuert werden. Einige Zukunftsbedeutung ist für den Schienennahverkehr, z. B. im Großraum Jakarta zu erwarten.

### *Der Luftverkehr – Schlüssel der modernen Entwicklung*

Entfernungen und insulare Zersplitterung ließen den Luftverkehr, besonders *inter-insular* und im Inneren der großen Inseln, sprunghaft wachsen. Neben der nationalen »Garuda«, die Indonesien auch im internationalen Verkehr vertritt (internationale *Flughäfen* sind *Jakarta* [77% des internationalen Verkehrs], *Medan* und *Denpasar* [Bali]), operieren mehrere interne, z. T. auch private Linien, dazu Kleinflugzeuge der Missionsgesellschaften. Es bestehen über 360 *Landeplätze,* von Grasstreifen im Busch bis zu modernen Großflughäfen

(z. B. Surabaya, Ujung Pandang, Palembang); naturgemäß ist die Dichte der Landeplätze gerade in den sonst verkehrsmäßig unerschlossenen Gebieten am höchsten, in *Irian Jaya* z. B. 250 (die Mehrzahl aber nur im Gelegenheitsflugdienst). Auf Flugplätzen entlegener Inseln oder Lokalitäten sind freilich Frequenz und Regelmäßigkeit der Verbindungen oft noch mangelhaft. Den Wert des Flugverkehrs für das Inselreich zeigt schon dessen historische Entwicklung: 1924 erfolgte der erste Probeflug von Holland nach Indonesien, und ab 1928 bestand täglicher Flugdienst zwischen Jakarta, Semarang und Surabaya – bald darauf auch zu den »Außeninseln«. *Sumatra* hatte Ende der 30er Jahre schon 20 Flugplätze, die östlichen Inseln 20 und *Java* 25 (J. FRITZ, 1979). Der Luftverkehr hat dem Archipelstaat (ähnlich wie den Philippinen) ganz *neue Entwicklungsmöglichkeiten* eröffnet und die Infrastruktur des Landes entscheidend verbessert. Selbst die »Transmigration«, die früher lange Seereisen und den endgültigen Abschied vom alten Dorf brachte, wird heute vielfach im Luftverkehr abgewickelt (auch die Heimatbesuche). Der Aufbau der *eigenen Flugzeugindustrie* ist eine Konsequenz dieser Bedeutung des Luftverkehrs.

### *Aspekte der Infrastruktur und des Bildungswesens*

Aufgrund der kolonialen Vorgeschichte, der nationalen Einigung und der Dominanz Javas, wird Indonesien, trotz seiner Größe und Inselnatur, stark *zentralistisch* verwaltet; die Hauptstadt *Jakarta* hat sich zu einem riesigen Apparat entwickelt, wobei es zu Kompetenzüberschneidungen und, wegen der geringen Beamtengehälter und des starken Personalüberhangs in den Beamtenstellen, zu Korruption und schleppender Bürokratie kommt; Verbesserungen sind trotz staatlicher Kampagnen meist noch in der Entwicklung. Das *Dezentralisationsbestreben* hat erst teilweise gegriffen; die Kompetenzen der – vielfach von ehemaligen Militärs gestellten – Gouverneure der 27 *Provinzen* werden relativ stark von Jakarta bestimmt. Die administrative Untergliederung der Provinzen erfolgt in *Kabupaten* (früher *Regentschaften,* etwa Großkreis bis Regierungsbezirk; Regent = der »Bupati«), *Kecamatan* (etwa: Diskrit, Landkreis) und Gemeinden (*Desa*) bzw. »kreisfreie Städte« = *Kotamadya.* Die *Entwicklungsplanung* wird durch die *nationalen* (»BAPPENAS«) und die *regionalen* (»BAPPEDAS«) Planungsbehörden vorangetrieben; eigene Ministerien für die Transmigration oder für Technologie, der staatliche PERTAMINA-Ölkonzern u. a., haben starken Einfluß.

Die *Stromversorgung,* 1966 fast zusammengebrochen, ist erheblich verstärkt worden, leidet aber noch unter Ausfällen. Neben Erdöl- und Erdgas-(Diesel)-Generatoren und Dampfkraftwerken werden Wasserkraftwerke (u. a. Jatiluhur-Damm in W-Java und Asahan [Sumatra]) ausgebaut. Die moderne *Trinkwasserversorgung* beschränkt sich auf die großen Städte, das Wasser ist oft noch nicht hygienisch einwandfrei; erst etwa 40% der städtischen Bevölkerung haben direkte Leitungen, Industriebetriebe oft eigene Brunnen oder Pumpanlagen. Viele sind noch auf Ziehbrunnen und Flußwasser angewiesen, die durch Abwässer und Abfälle verschmutzt werden. In den Slum-Vierteln der Städte wird versucht, durch Standleitungen mit öffentlichen Wasserzapfstellen eine partielle Verbesserung zu schaffen. *Kanalisation* und Kläranlagen bestehen nur in wenigen Großstädten, meist sind sie überaltert und überlastet, der Großteil der *Abwässer* und *Abfälle* gelangt über Gräben und Kanäle in die *Flüsse;* mangelnde sanitäre Einrichtungen führen noch immer zu Cholera- und Typhusfällen. Die *Müllbeseitigung* wurde in *Jakarta* durch Lastwagen verbessert; in den meisten Siedlungen wird der Müll aber noch auf der Straße verbrannt und trägt zur *Luftverschmutzung* bei. Trotz erheblicher Fortschritte in der *Gesundheitsfürsorge,* dem Ausbau von Krankenhäusern, öffentlichen Gesundheitszentren, Impfungen usw. ist der Stand der Hygiene in städtischen Slums und armen Landgebieten noch unbefriedigend.

Erfolgreich war der Ausbau des *Bildungswesens.* Die Alphabetisierungsrate liegt mit 60% im Vergleich zu anderen Entwicklungsländern relativ hoch; in den Städten erreicht sie 80%. Etwa 2/3 der 7–12jährigen besuchen sechsklassige Grundschulen. Zu diesen kommen Privatschulen und ca. 20000 Islam-Schulen (Madrasas), die von ca. 2,5 Mio. Kindern sechs Jahre lang besucht werden, aber kaum allgemeine Bildung vermitteln. Es folgen, nach Fachtypen aufgegliederte, Mittel- und Ober-, Gewerbe- u. a. Fachschulen. Das *Hochschulwesen* ist durch eine sehr hohe Zahl von Universitäten, Technischen und Pädagogischen Hochschulen und Akademien gekennzeichnet, insgesamt gibt es rd. 180 staatliche und 185 private (überwiegend islamische und christliche) Hochschuleinrichtungen, mit zus. etwa 480000 (1982) Studenten. Der Qualität ist diese Vielfalt kaum förderlich; der schnelle Ausbau leidet unter Mangel an qualifizierten Dozenten, die meist unterbezahlt und deshalb zu Mehrfachtätigkeit gezwungen sind. Die Mehrzahl der Studenten verläßt vorzeitig die Hochschulen, nur 10–40% (je nach Hochschule) erreichen nach fünf Jahren das Diplom. Der Überbesatz führt zu Akademikerarbeitslosigkeit. Relativ hohe Studiengebühren beschränken den Studienzugang für niedrige Einkommensklassen; nur 26% der Studierenden waren Bauernkinder, deren Eltern aber mehr als 2/3 der Gesamtbevölkerung bilden (D. LERCHE, 1979). Jede Provinz hat mindestens eine eigene staatliche Universität; gute *Universitäten* sind auf *Jakarta, Yogyakarta* und *Bandung* (Technische Hochschule) konzentriert. In den naturwissenschaftlichen und technischen Disziplinen bzw. in der praxisnahen Ausbildung herrscht noch immer Mangel. Andererseits ist zu bedenken, daß erst seit der Unabhängigkeit dieses Bildungssystem aufzubauen war; qualifizierte Absolventen mit Auslandsstudium steigen entsprechend rasch auf. Seit dem zweiten Fünfjahrplan (1974–79) wurden die Mittel für Bildung kräftig erhöht; bis zur Jahrtausendwende soll eine 100%ige Einschulungsquote erreicht werden; der informelle (Erwachsenen-)Bildungssektor dient besonders *gesundheitspolitischen* Zielen (Familienplanung, Hygienemaßnahmen).

Die Sozialpolitik fördert *Dorfentwicklungsprogramme,* das traditionelle Prinzip der gegenseitigen Hilfe (»gotong royong«); Blinden, Waisen usw. wird durch islamische und christliche Organisationen geholfen, außerdem gibt es spontane Hilfsaktionen für Opfer der Naturkatastrophen (Erdbeben, Vulkanausbrüche, Überschwemmungen) und Subventionierung des Reispreises für städtische Arme. Für die ländliche Entwicklung ist die Verbesserung des *Kreditwesens* für die *Kleinbauern* von Bedeutung.

### *Die Entwicklung des Tourismus*

Unter dem Eindruck des modernen Massentourismus wird oft übersehen, daß in Indonesien schon in der *Kolonialzeit* der Fremdenverkehr eine gewisses Ausmaß hatte: Heute überalterte, aber einst behagliche Hotels und Gästehäuser (»Losmen«) in *Höhenlagen* (z. B. an Paßstraßen, Seen, kleinen Badeorten an heißen Quellen usw.), die von den Holländern gern besucht und dann von den Einheimischen übernommen wurden, finden sich allenthalben in Java, Sumatra, Sulawesi usw. Und wenn in *Bali* vor dem Kriege jährlich etwa 3000 Touristen aus Übersee gezählt wurden (K. HELBIG, 1949), so ist das zwar für heutige Verhältnisse bescheiden, angesichts der Reisemöglichkeiten und -kosten *vor* der Entwicklung des internationalen Flugtourismus aber beachtlich. Dafür spricht auch das damals schon große Interesse am »letzten Tropenparadies« Bali in Literatur und Kunst; erinnert sei z. B. an den deutschen Maler Walter Spies, der, zusammen mit mehreren anderen europäischen Künstlern, auch die Malerei und den Tanz Balis in seiner heutigen Form mit beeinflußt hat. Die Auswirkungen auf Landwirtschaft und Gesellschaft waren aber, bei den geringen Zahlen der Fremden, gering.

Voraussetzung für eine größere Fremdenverkehrswirtschaft war die moderne *Luftverkehrsentwicklung;* sie bietet Indonesien, das im Schnittpunkt des internationalen Linien- und Charterverkehrs zwischen Europa, Japan, USA und Australien mit SO-Asien liegt, gute Chancen. Der Aufschwung eines Massentourismus konnte erst nach der Überwindung des wirtschaftlichen Niederganges, d. h. nach 1966, beginnen. Damals entstanden die ersten *Neubauten* internationaler *Großhotels* in *Jakarta* und *Bali* und 1969 ein Generalplan für den Tourismus; heute weisen beide eine erhebliche Kapazität auf (Bali bereits 1977 fünf große De-Luxe-Hotels und weitere 21 der ersten und zweiten Kategorie – A. LEEMANN, 1978). 1976 kamen schon etwa 250000 Ferntouristen nach Bali (die Statistiken weisen weniger aus, berücksichtigen aber nur die Direktflüge nach Bali und nicht die beachtliche Zahl der über Java anreisenden Touristen). Die internationalen (z. B. Weltbank, Hotelketten usw.), aber auch die von den Fünfjahresplänen und einheimischem Kapital gestützten Hotelbauten stiegen für ganz Indonesien von 122 Häusern mit 6800 Zimmer (1972) schon bis 1976 auf 378 mit rd. 19800 Zimmern (W. RÖLL, 1979) an und sind seitdem zügig ausgebaut worden. Die aus dem Ferntourismus erzielten *Deviseneinnahmen* werden vielleicht überschätzt, sind aber doch beträchtlich, und die Auswirkungen erfassen (über die direkten Arbeitsplätze im Hotelgewerbe und die Verbesserungen der Infrastruktur hinaus) weitere Kreise im mittelbaren Umfeld (Restaurants, Souvenirhandel und Kunstgewerbe, Verleih von Fahrzeugen usw.). Eine oft zitierte ILO-Studie, nach der die Investitionen für ein modernes Hotelzimmer im statistischen Durchschnitt nur 1,5 Arbeitsplätze schaffe, während mit dem gleichen Kapitaleinsatz in der Landwirtschaft 7,6 neue Arbeitsplätze geschaffen werden könnten, ist nur bedingt realistisch, da die Investitionen im Hotelgewerbe aus ganz anderen Sektoren kommen und die Folgewirkungen (vom Devisengewinn bis zu Nebenverdiensten) doch anderen Umfang haben. Hinter den großen Branchen, wie Erdöl und -gas, Holzwirtschaft, Kautschuk oder Palmöl, gilt der Tourismus heute als einer der Wirtschaftszweige mit den *höchsten Zuwachsraten.* 1977 wurden die Bruttoeinkünfte aus dem Fremdenverkehrsgewerbe auf schätzungsweise 80 Mio. US-$ veranschlagt, von denen allerdings nahezu die Hälfte ins Ausland zurückflossen, um Investitionen, Importe für touristische Zwecke usw. abzudecken (RÖLL, 1979). Die Zahl der von der Fremdenverkehrswirtschaft beschäftigten Personen wurde bis 1980 auf etwa 60000 Personen angehoben und ihre jährliche Wachstumsrate auf 10–15 % veranschlagt.

Die beiden Hauptziele sind *Jakarta* und *Bali,* freilich mit ganz unterschiedlichen Urlaubsaktivitäten, Gästen und Aufenthaltszeiten. Die letzteren betragen im langfristigen Landesdurchschnitt für die ausländischen Besucher fünf Tage. In Jakarta überwiegen kurze Aufenthalte und die Hotelbelegungen durch Geschäfts-, Dienst- und Kongreßreisende. Die längeren Aufenthalte auf Bali werden dagegen durch die Verbindung von Badeurlauben mit den Erlebnissen der balinesischen Kultur und der Tropenlandschaft bestimmt, die vom Palmenstrand über die Reisterrassen bis zu den Vulkangebirgen und den Tempeln reiche Eindrücke bieten. Teile *Sumatras,* besonders das Batak-Hochland mit dem *Toba-See, Javas* (Yogyakarta mit Borobodur und Prambanan [S. 552]), Bogor (Botanischer Garten), Bandung (dort auch eine Hotelfachschule mit Schweizer Unterstützung) und einige Vulkangebiete sowie das *Toraja-Land* (Sulawesi) gewinnen als weitere Ziele an Anziehungskraft. 1984 wurden insgesamt etwa 683000 ausländische Besucher gezählt (Tabelle 8 im Anhang), und kaum eines der internationalen *Fernreiseunternehmen* hat Indonesien nicht unter seinen Zielen. Bei den Touristen überwiegen Amerikaner, Japaner, Deutsche (1977: 11763 Reisende aus der Bundesrepublik) und Briten; *Bali* zieht auch einen erheblichen Anteil australischer Charterflüge mit Gruppen- und Individualtourismus an. In den Touristenzentren, z. B. Balis Badeorten Sanur und Kuta, in Denpasar (dessen Verstädterung vom Tourismus gefördert wird, was im Sinne der Planung liegt), am Batur-Vulkan und an einigen bekannten Tempeln – insgesamt in den auch am dichtesten besiedelten (830–930 EW/km$^2$) »Bali-Kultur-Kabupaten« Badung und Gianyar (BUNDSCHU, 1985) – sind die Auswirkungen mit Hotels, Gästehäusern, Restaurants und Bars, Souvenirläden, Bühnen für balinesische Tänze, Strandleben, Ausflugsverkehr usw. prägend und haben das *Sozialgefüge* der Bewohner verändert. Sonst bleibt aber die Auswirkung des Tourismus noch begrenzt, und auch die ursprüngliche Kultur der balinesischen Dörfer (und der anderen vom Tourismus erreichten Gebiete) ist *abseits* der großen Routen noch weitgehend *unberührt* erhalten (abgesehen von anderen Modernisierungseinflüssen durch die wirtschaftlichen Strukturwandlungen). Die Häufung von Tourismuseinrichtungen internationalen Standards bedingt zwangsläufig eine Konzentration auf einzelne Standorte; dort wandern auch spezialisierte Arbeitskräfte von auswärts (besonders Java) zu (G. DRESS, 1979).

Übersehen wird oft, daß auch der *einheimische Tourismus* (neben Java auch schon auf Sumatra, Sulawesi usw.) rasch zunimmt. Besonders die schon genannten (z. T. kolonialzeitlich begründeten) *Höhensiedlungen* sind mit zahlreichen Bungalows gewachsen und an Wochenenden und in den Ferien, vor allem von javanischen Großstädtern, stark frequentiert; auch die Stadtbevölkerung von *Singapur* macht sich mehr und mehr unter den Touristen Indonesiens bemerkbar (vgl. auch die Planung für Batam – S. 571); die Jakarta vorgelagerten Koralleninseln und einige andere Orte an Javas Küsten werden ebenfalls zu Ausflugszielen.

Die *sozialen* und psychologischen Probleme des *Tourismus* und die von ihm ausgelösten *Akkulturationserscheinungen* sind nicht zu unterschätzen, andererseits im riesigen Indonesien noch auf relativ wenige Gebiete begrenzt. Demgegenüber wird den Ferntouristen aber auch die Möglichkeit geöffnet, die Menschen, Probleme und Kulturen des Gastlandes kennen- und besser verstehen zu lernen. Sie tragen sicher (wenn auch nicht immer positiv) zum *Modernisierungsprozeß* des Landes und seiner Gesellschaft bei, dieser ist aber durch die wirtschaftliche Entwicklung ohnehin in Gang und, aus indonesischer Sicht, auch gewollt.

### 3.2.4.9 Politisch-geographische Probleme

In einem Staatsgebiet von der Größe und Struktur Indonesiens haben allein die *Dimensionen* und *Entfernungen* politisch-geographisches Gewicht, z. B. durch die *unterschiedliche* regionale *Erschließung* und Entwicklung, *Bevölkerungsdichte* usw. Das Nebeneinander der vielen *Ethnien* und *Sprachen* – mit dem Bestreben, sie über die »Bahasa Indonesia« zu einer Nation zusammenzuschließen –, das Verhältnis *Javas* (mit vier der fünf Millionenstädte bzw. sieben der 13 größten Städte über 300000 EW) zu den menschenarmen Weiten *Kalimantans* oder der insularen *Entlegenheit* der *Molukken* oder *Kleinen Sunda-Inseln*, und der relative Reichtum des nur mittelstark besiedelten Sumatra, dessen Erträge vielfach dem »staatstragenden« Java zufließen, was zum politischen »Anti-Java-Syndrom« beiträgt, führen zu weiteren Problemen. Das macht den beschwörenden Sinn des Mottos im Staatswappen: »Einheit in der Vielfalt« deutlich – das auch nicht durch Unduldsamkeit gegenüber ethnischer Differenzierung beiseitegeschoben werden sollte! Die bleibende Leistung des ersten Präsidenten Sukarno, unter dessen Führung die Unabhängigkeit errungen wurde, ist der *Zusammenhalt* des Staates – gegen die Versuche, die Kolonialherrschaft mit Waffengewalt wiederherzustellen (1947/48) oder eine *Föderation* von 16 Teilstaaten als »Vereinigte Staaten von Indonesien« (1949/50) unter der niederländischen Krone zu halten, und über alle *separatistischen* Tendenzen hinweg (1949–58). Diese wirken regional z. T. noch heute nach, z. B. im streng islamischen *Aceh* (N-Sumatra) sowie im christlichen *Ambon* (südliche Molukken). Die Ambonesen, schon von den Portugiesen katholisch missioniert und seit 1605 unter der Herrschaft der Holländer, hatten sich besonders stark (als Soldaten, Polizisten, Diener usw.) diesen angeschlossen, kämpften 1947/48 noch auf *holländischer* Seite gegen indonesische Truppen und riefen eine »Republik der Süd-Molukken« aus. Nach ihrem Scheitern sind 15000–17000 (mit Familienangehörigen sollen sie inzwischen auf 35000 angewachsen sein) als *Flüchtlinge,* zusammen mit den meisten »Eurasiern« (den indonesisch-holländischen Mischlingen), in die Niederlande gegangen, wo sie sich z. B. durch Entführungen des indonesischen Botschafters (1970) und eines Eisenbahnzuges in Erinnerung zu bringen suchten, obwohl ihre politischen Ambitionen illusorisch sind. Auch in *Sulawesi* und *Kalimantan* erfolgten Rebellionen; das wirtschaftlich starke Plantagengebiet *NO-Sumatras* hatte in den Wirren um die Unabhängigkeit, gestützt auf holländische Pflanzer, eine eigene Republik ausgerufen und auch auf den christianisierten *östlichen Sunda-Inseln* und *N-Sulawesi* hatte sich eine ost-indonesische Republik zu etablieren versucht.

*Wirtschaftlich* hinterließ Sukarno dagegen das Land im Ruin: Inflationsraten bis zu jährlich 600%, leere Staatskassen und Reisspeicher, Produktion und Export in Agonie. Den Zerreißproben *islamischer* Aufstände und einer versuchten *kommunistischen* Machtübernahme (1965) folgte die – auf das Militär und »Technokraten« gestützte – »Neue Ordnung« *Suhartos.* Der *Wiederaufbau* der *Wirtschaft* erhielt, gesteuert durch relativ realistische und ggf. revidierte Fünfjahrespläne (REPELITA I–IV) den Vorrang. Die Kräfte der parlamentarischen Demokratie wurden (nicht ohne Druck) in drei Gruppen zusammengeschlossen: der staatlich gestützten *Regierungsfront* (»Golkar«), der gemäßigten *islamischen Opposition* und einer *Sammelpartei* der christlichen *Konfessionen* und nationalistischen Gruppen. Die extremen islamischen Fundamentalisten und die Reste der Kommunisten werden energisch unter Kontrolle gehalten.

Die anti-kommunistische Haltung hat sich mit dem politischen Trauma verquickt, das traditionell in ganz SO-Asien wirkt: dem immer noch schwierigen Verhältnis zur *chinesischen* Minderheit (S. 78 u. 511). Außenpolitisch äußert sich das (neben einer kühlen Haltung zur Sowjetunion) in den seit 1965 »eingefrorenen« Beziehungen zur VR China, der die Unterstützung des kommunistischen Aufstands von 1965 vorgehalten wird; auch der erste Besuch eines chinesischen Außenministers seit 20 Jahren in Indonesien (1985) hat erst eine vorsichtige Wiederannäherung in den Handelsbeziehungen gebracht. Eine geo-politische Konsequenz daraus ist, daß Indonesiens Außenpolitik

– zwar in der gemeinsamen Haltung der ASEAN-Gemeinschaft – *Vietnam* die deutlichsten Vermittlungsansätze anbietet. Offensichtlich schätzt Indonesien die »chinesische Gefahr« als gefährlicher und Vietnam als einen gewissen »Puffer« gegen diese ein!
Entscheidend für die Zukunft wird sein, wie weit der *Islam* – dem nominell ca. 83 % der Bevölkerung angehören – auch mit seinen orthodoxen Richtungen in den *säkularen Staat* eingeordnet werden oder andernfalls Indonesien zu einem »islamischen Staat« machen kann – mit Konsequenzen von der Staatsreligion bis zur Rechtsprechung, bürgerlichen Moral und Wirtschaftspolitik, gestützt auf die derzeitige internationale islamische »Renaissance«. Auch dieser Konflikt hat *historische Wurzeln* – von der Überwältigung der *hindu-javanischen* Reiche oder der Herrschaft *islamischer* Küstensultanate über die *Inlandsvölker* der »Außeninseln« bis zu kriegerischen Auseinandersetzungen in der *Kolonialzeit* (B. DAHM, 1983) und dem »Dar ul Islam« (etwa: »Welt des Islam«)-Aufstand 1948–65. Diese islamische Opposition, deren sich die »Neue Ordnung« zu erwehren hat, richtet sich gegen das säkulare Indonesien, dessen Verfassung *Religionsfreiheit* versichert und Rücksicht auf die – zahlenmäßig zwar nicht so starken, im staatlichen und wirtschaftlichen Leben aber gewichtigen – *andersgläubigen Gruppen* (S. 510) nimmt. Ihre größte ist zahlenmäßig nicht faßbar und nicht formal organisiert. Es ist die (in ihrer offiziellen Konfessionszugehörigkeit gemäßigt islamische) Anhängerschaft jenes *hindu-javanischen* Weltanschauungskomplexes, der eher ein synkretistisches Erbe aus alten Überlieferungen und Wertvorstellungen als eine formale Religion ist. Tolerant gegenüber anderen, ist sie der Hauptträger des offiziellen *Staatsethos »Pancasila«*, d. h. »fünf Tugenden« bzw. »ethische Werte«: Glaube an Gott, Humanität, nationale Einheit, Demokratie und soziale Gerechtigkeit. Ihre Anerkennung allgemeiner göttlicher Macht (*verschiedener,* gleichberechtigter *Konfessionen* – statt eines einzigen Gottes Allah) ist der Hauptangriffspunkt des Islam. Auch diesen differenziert *regionale* Vielfalt: in Java sind der *sundanesische W,* Gebiete der alten *Küstensultanate* und *Madura* strenger gläubig, während *Mittel- und O-Java* und die *Großstädte* eher den hindu-javanischen Traditionen zuneigen und liberaler sind. Streng islamisch sind weiter *Aceh* (N-Sumatra), relativ stark (trotz ihres mutterrechtlichen »adats«) auch die *Minangkabau,* sowie z. B. die *Bugis* in S-Sulawesi und die *Sasak* auf Lombok und *W-Sumbawa.*

*Die Eingliederung von Irian Jaya*

Zwei bzw. drei Jahrzehnte nach der Unabhängigkeit erfolgten nochmals bedeutende *Erweiterungen* des territorialen Bestandes. Beide, die Annektionen des westlichen Neuguinea als *Irian Jaya* sowie des früher portugiesischen *O-Timor,* wurden mit der Liquidation der letzten kolonialen Relikte gerechtfertigt.

*Irian Jaya*, das 22% der indonesischen Staatsfläche umfaßt, war einer der letzten, nur randlich erschlossenen »Urwaldräume«, bevölkert von Stämmen auf örtlich noch »steinzeitlicher Kulturstufe«, manche erst nach dem Zweiten Weltkrieg erstmals von der Außenwelt »entdeckt«. Die alten javanischen Reiche und ihre holländischen Nachfolger hatten – außer dem frühen Gewürzhandel – nie starkes Interesse für den »großen Osten«, für die melanesiden Inseln östlich von Flores, gezeigt. Die *holländische* Annektion des W-Teils von *Neuguinea* erfolgte zwar formell schon 1828, um britischen Ansprüchen zuvorzukommen, aber man kümmerte sich erst um dieses abseitige Territorium, als die *deutsche* Besitznahme von *NO-Neuguinea* und des Bismarck-Archipels und die britisch-australische im südöstlichen Teil (»Papua«) 1884 zu einer gegenseitigen Abgrenzung der Interessensphären am 141. Längengrad führte. *Australien* verwaltete nach dem Zweiten Weltkrieg den O-Teil, bis er 1973 als *Papua-Neuguinea* die Unabhängigkeit erhielt. In historischer Perspektive gesehen, liegt Irian Jaya im Trend der *stetigen Ostwärts-Wanderungen* der *malayischen* Völker, die ja bereits das melaneside »Substrat« der östlichen Sunda-Inseln und der Molukken überlagert hatten (S. 61ff.). Bestrebungen der Niederlande und Australiens, die ganze Insel zu einem unabhängigen Gesamt-Neuguinea zu vereinigen, blieben vergebens. Die Auseinandersetzungen um W-Irian führten 1956 zum endgültigen Bruch mit den *Niederlanden,* und 1962/63 wurde dieser Rest des holländischen Kolonialbesitzes annektiert; die Anerkennung (mit Unterstützung der Vereinten Nationen) zog sich – über ein umstrittenes Plebiszit durch Wahlmänner – bis 1969 hin. Seitdem bemüht sich Indonesien um die Assimilation und Entwicklung dieser *neuen Provinz*, die mit 412781 km$^2$ weitaus größer (und unerschlossener) ist als alle anderen (und auch wesentlich größer als ganz Malaysia oder die Philippinen), die mit gut 1,2 Mio. melanesischer (Papua-)Bevölkerung einer *fremden Kultur* angehört und die die Vielfalt noch einmal um über 100 *Ethnien* und *Sprachen,* die mit den Sammelbegriffen »melanesid« oder »Papua« nur unvollständig gekennzeichnet werden, erweiterte. Viele glaubten, daß das Entwicklungsland Indonesien damit eine zu große Bürde übernommen hätte. Mittlerweile sind die Fakten aber international gefestigt, und große *natürliche Ressourcen* (Erdöl und -gas, Kupfer, Nickel u. a. Erze, Hölzer usw.) und neues Land für die Ausdehnung der *»Transmigration«* (S. 547) werden zielstrebig erschlossen. Während im Inneren erst punktuell ökonomische oder politische Positionen gefestigt werden konnten und die christlichen *Missionen* ihre – mit Hilfe von Kleinflugzeugen – betreuten Stammesgruppen nach Möglichkeit gegen außen abzuschirmen suchen, ist die Einwirkung auf die *Küstengebiete* stärker. Etwa ein halbes Dutzend *städtischer* Siedlungen, früher kleine holländische Verwaltungsstützpunkte, sind zu regellos wachsenden und nicht mehr so säuberlich geordneten, asiatischen Städten geworden. *Jayapura* gewinnt als Provinzhauptstadt städtische Konturen und Funktionen; von 14500 EW (1961) stieg es auf rd. 65000 EW 1981 und seitdem rasch weiter. Der (vorwiegend javanischen) *Zuwanderung* durch Verwaltungsdienste, Militär usw. folgte *spontane Migration* in die Städte und an die Küsten durch die mobilen *Bugis,* durch die Bewohner der *Molukken* und der schon etwas weiter entwickelten, zur Provinz gehörigen Insel *Biak* usw., schätzungsweise 160000 Menschen. Planmäßig folgte in den 70er Jahren die Ansiedlung javanischer *Transmigranten*. Bis 1979 waren es rd. 15000 Familien, d. h. ca. 60000 Menschen, allein für die Planperiode 1984–89 sind aber ca. 137000 Familien, d. h. rd. 600000 Zuwanderer vorgesehen. Bis 1982 wurden insgesamt etwa 300000 nicht in Irian beheimatete Indonesier geschätzt, d. h. etwa 1/4 der Bevölkerung von 1,2–1,5 Mio. (P. HASTINGS in FEER, 1982; H. W. ARNDT, 1983). Ein tiefgreifender *Wandel* der Bevölkerungsstruktur zeichnet sich damit ab, und das Ziel, Irian Jaya zum neuen *Siedlungsland* zu machen, wird deutlich. Vom Beispiel der intensiven Landbestellung der javanischen Transmigranten erhofft man sich Auswirkungen auf eine Verbesserung der einheimischen *Agrarwirtschaft.* Naturgemäß wird es noch viele soziale Konflikte und Spannungen geben, da die indonesischen Beamten oft der *Mentalität* einer *anderen Kulturstufe* ziemlich ahnungslos gegenüberstehen – und umgekehrt häufig nicht mehr der stärkste Krieger, sondern ein junger Mann, der sich schnell anzupassen und die Bahasa-Indonesia zu erlernen versteht, an die Stelle des Stammeshäuptlings rückt. Sicher wird es noch eine lange gegenseitige Anpassung brauchen, bis derartige Verständnisschwierigkeiten überwunden werden. Probleme wird die Frage des *Landbesitzes* bringen – traditionell gilt es, auch unbebaut, als Eigentum der heimischen Stämme. Angesichts der willkürlichen kolonialen Grenzziehung greifen *Landbesitzansprüche* auch über die geradlinige *Staatsgrenze* hinweg, die für die Bergstämme ein völlig abstrakter Begriff ist. Eine *Widerstandsbewegung* – OMP (Organisasi Merdeka Papua) – lehnt sich gegen die indonesische Annektion auf.

Ihr harter Kern umfaßt nur kleinere, bewaffnete Gruppen, größer ist das Umfeld der Sympathisanten. Landbesitzstreitigkeiten oder Furcht vor Militäraktionen bringt sie in Bewegung, zeitweilig *fliehen* einige tausend über die (im Urwaldgebirge kaum kontrollierbare) Grenze nach *Papua-Neuguinea,* wo sie unter Stammverwandten sind. Beide Regierungen wiegeln ab, Papua-Neuguinea versucht, die Flüchtlinge zurückzusenden; auch gelegentliche militärische Grenzverletzungen bringen Irritationen. In realistischer Sicht ist das nur 3 Mio. EW zählende, selbst kaum entwickelte *Papua-Neuguinea* mehr daran interessiert, mit seinen rd. 165 Mio. indonesischen Nachbarn friedlich zu kooperieren, als pan-melanesische Träume zu nähren. Stärker sind seit jeher selbstverständliche Bewegungen über die bisher kaum markierte Grenze, Besuche und Feste mit Verwandten oder benachbarten Stammesgruppen usw. Im Küstengebiet übt der »zentrale Ort« *Jayapura,* dessen rasch ausgebautes Angebot an Waren zu billigeren Preisen oder zum Bestaunen vorher nie gesehener Dinge (z. B. Farbfernseher) zum Grenzpendelverkehr führen (zumal in Papua-Neuguinea die nächste städtische Siedlung vergleichbaren Formats weit ostwärts liegt), große Anziehungskraft aus.
Der parallel zur Grenze im Bau befindliche *Trans-Irian-Highway* – 800 km Straße von Jayapura bis Merauke an der S-Küste – wird, trotz immenser Geländeschwierigkeiten, eine weitreichende Erschließungsmaßnahme bilden, die eine stärkere Kontrolle der Grenze und einen Gürtel javanischer Transmigrations-Siedlungen ermöglichen wird. Andere Erschließungsmaßnahmen sind z. B. durch die Lage von *Erzgruben* bestimmt. Landesaufnahme und Erforschung gehen voran – leider wurde aber die Fortführung eines interdisziplinären deutschen Forschungsprojektes bei den bis 1974 noch nahezu unbekannten Eipo-Pygmäen im zentralen Bergland W-Neuguineas von indonesischer Seite nicht genehmigt (HELFRICH et. al, 1979; KOCH 1984).

### *Ost-Timor*

Die von der Natur (Klima, Wasser, Relief, Böden) nicht sehr günstig ausgestattete (S. 492) O-Hälfte der Insel Timor (nur knapp 500 km nördlich von Australien gelegen und früher zwischen Portugiesen und Holländern umstritten) war seit 1565 im Besitz Portugals, als sein letztes koloniales Relikt in S- und SO-Asien aber nur wenig entwickelt worden (1970: noch 90% Analphabeten von 610541 EW). Bei einer austronesischen Mischbevölkerung aus alt-indonesischen (=protomalaischen) und melanesischen Völkern sind die Küstenräume etwas stärker malayisch geprägt (etwa 20%) und von der *katholischen Mission* kulturell beeinflußt; im gebirgigen *Inneren* verharrten die Gebirgsvölker bei ihren *Stammesreligionen;* ihr *Brandrodungs-Wanderfeldbau* und die Viehhaltung lösten starke *ökologische Schäden* durch Wald- und Bodenzerstörung aus (J. METZNER, 1977). Die Verwaltung der Insel – auch ihrer kleinen Kaffeepflanzungen – lag in der Hand einer semi-autochthonen, portugiesisch-asiatischen *Mischlingsschicht.*

1975 zog sich *Portugal* überstürzt von den Besitzansprüchen *zurück* und drei kaum darauf vorbereitete Gruppierungen versuchten, die Kontrolle zu gewinnen: eine pro-indonesische Partei; die (weltanschaulich kaum geschulte, sich an marxistische Ideen anlehnende) »Revolutionäre Front für ein unabhängiges Ost-Timor« (= FRETELIN), die die Unabhängigkeit ausrief und mit Partisanen zu verteidigen suchte, und eine pro-portugiesische Gruppierung, die den Status quo bevorzugt hätte. Dem orientierungslosen Vakuum stand Indonesiens *Forderung* auf Eingliederung aller *kolonialen Relikte* und die Entschlossenheit gegenüber, kein politisch instabiles Territorium in seinem Archipel zu dulden. In einer Militäraktion wurde O-Timor 1976 *besetzt* und als 27. Provinz *eingegliedert* (Hauptstadt Dili).

*Versorgungsschwierigkeiten* und Epidemien, verstärkt durch das Brachliegen vieler Felder während des Umsturzes, Gefechte mit den FRETELIN und die damit verbundene *Evakuierung* der *Gebirgsbevölkerung*, gefolgt vom Zusammenbruch der von der portugiesischen Verwaltung hinterlassenen Infrastruktur führten zur Eskalation bewaffneter *Konflikte* und Anklagen vor dem Sicherheitsrat der UN. Inzwischen sind die gegen Indonesien stimmenden Staaten abgebröckelt und dessen Verwaltung hat – unter einem einheimischen Provinzgouverneur – mit der Konsolidierung von Wirtschaft, Siedlung und Versorgung begonnen.

Wegen weiterer Aktivitäten der FRETELIN verblieb eine relativ starke militärische Präsenz. Die Zusammenarbeit mit internationalen *Hilfsorganisationen* (Rotes Kreuz, Unicef, UN-Flüchtlingskommission) verläuft nicht immer reibungslos; Indonesien reagiert empfindlich auf alle Einwirkungen und betrachtet Timor als interne – nicht als internationale – Angelegenheit. Die in die Küstengebiete evakuierte Gebirgsbevölkerung konnte zurückkehren, wird aber anstelle früherer Streusiedlung zu geschlossener *Dauersiedlung* und Daueranbau angehalten. Wieder ist es die *ethnische* und *sprachliche* Vielfalt – 32 weitere Sprachen –, die die Eingliederung erschwert, verstärkt durch den portugiesisch geprägten *Katholizismus,* der erst zögernd zur Kooperation mit der katholischen Kirche Indonesiens gebracht werden

kann – der Vatikan erkennt noch eine eigene apostolische Verwaltung O-Timors an. Sprachliche Verständigungsschwierigkeiten kennzeichnen die Anfangsjahre, da es in O-Timor nur wenige Sprecher der Bahasa Indonesia gibt und auf indonesischer Seite (außer bei Nachbargruppen in W-Timor) wenig Kenntnis der Sprachen O-Timors oder des Portugiesischen besteht. Erst mit einem indonesischen Schulwesen dürften diese Schwierigkeiten schwinden.
Die Eingliederung beider neuer Territorien, Irian Jayas wie O-Timors, ist wohl *irreversibel* und wird auch von *Australien* und *Papua-Neuguinea* kaum mehr ernsthaft angefochten; im Interesse einer Stabilisierung wurde sie – trotz gewisser Vorbehalte – international akzeptiert.

### 3.2.5 Die Philippinen

#### 3.2.5.1 Landschafts- und Meeresräume

Zwischen dem Südchinesischen Meer, der Sulu- und Celebes-See und dem Pazifik im O sind die Philippinen ein *»Archipelstaat«* mit zahlreichen Nebenmeeren und Buchten, dessen äußerste Punkte von den Batan-Inseln im N, nur reichlich 100 km von *Taiwan* entfernt, bis *Tawi-Tawi* (Sulu-Inseln) knapp vor *N-Borneo* – rd. 5° nördlich des Äquators – reichen. Außer einer Landfläche von 299650 km$^2$ (ähnlich der Größe Italiens) mit rd. 54,4 Mio. EW (202 EW/km$^2$ 1984) werden 510786 km$^2$ Insel- und Meeresfläche beansprucht (S. 230). Der 200–400 km breite Archipel umfaßt 7107 Inseln, von denen 2733 einen Namen tragen, 357 eine Fläche von 2,5 km$^2$, 46 die von 100 km$^2$ und 13 die 1000 km$^2$ überschreiten.
Die Hauptinseln, *Luzon* (104688 km$^2$) und *Mindanao* (94630 km$^2$), umfassen rd. 2/3 der Landesfläche. Luzon bildet mit *Mindoro* und *Masbate* den N-Teil, Mindanao mit den *Sulu-* u. a. Nebeninseln den S. Die zahlreichen Inseln in der Mitte werden als dritte Haupteinheit, die *Visayas,* zusammengefaßt, mit *Panay, Negros, Cebu* und *Bohol* im monsun-tropischen W, dem stark bewaldeten *Samar* und dem übervölkerten *Leyte* im feuchten O. Das langgestreckte *Palawan* und der *Sulu-Archipel* umschließen die Sulu-See.
Die von der *Plattentektonik* (S. 24) mit dem Aufpressen von Krustengestein, junger Gebirgsbildung, *Erdbeben* und zahlreichen – davon noch zwölf aktiven – *Vulkanen* geprägten Inseln sind überwiegend *Bergland;* vor allem *Luzon,* das von meriodionalen Gebirgsketten, von der Cordillera Central (Mt. Pulog, 2924 m) und der wald- und

regenreichen Barriere gegen die Pazifikküste, der Sierra Madre, durchzogen wird. Im S fächern sie sich, vom Mayon-Vulkan (2421 m) überragt, allmählich auf. Nur die *zentrale Tiefebene* mit weitem Schwemmland und der vom Meer abgeschlossenen Laguna de Bay sowie das breite, von den Cordilleren eingeschlossene Cagayan-Tal im N und die Küstenebene von Ilocos im NW bieten größere, von der (Reisbauern-)Bevölkerung dicht besiedelte *Tiefländer.* Die Zentralebene ist das wirtschaftliche und politische Zentrum mit der Metropole *Manila* und über einem Viertel der Gesamtbevölkerung. Aus ihrem SW-Teil erhebt sich der nur 300 m hohe *Taal-Vulkan*, dessen Ausbrüche von 1911 und 1965 je über 1000 Menschenleben forderten, 1977 war er wieder aktiv. Seine Aschen steigern allerdings auch die Bodengüter, und seine doppelte, seenerfüllte Caldera ist eine Touristenattraktion nahe der Hauptstadt. Auch *NO-Mindoro* besitzt einen breiteren Küstensaum, sonst sind die von Waldgebirgen erfüllten Nebeninseln Luzons – wie auch die Zambales-Berge und die Bataan-Halbinsel westlich der Zentralebene – relativ menschenarm.

Auch auf den bevölkerungsreichsten Visayas-Inseln *Cebu, Negros* und *Panay* sind Gebirgsketten landschaftsprägend, auf Negros mit dem Ma-ao-Vulkan (2465 m). Eng begrenzte *Küstenebenen* finden sich in SO-Panay (Iloilo) und NW-Negros, sonst sind dort Hügel- und Plateauländer verbreitet. Auf Kalkgesteinen der Insel *Bohol* liegt geradezu ein Modellgebiet für den tropischen Kegelkarst (S. 37), dort im Volksmund als die »Chocolate-Hills« (etwa: »Pralinenhütchen«) bezeichnet. Karstkuppen, zwischen die aber das Meer eingedrungen (»transgrediert«) ist, sind auch die »100 Inseln« im Lingayen-Golf, NW-Luzon.

Auf *Mindanao* sind das Agusan-Tal zwischen dem zentralen Hochland und der erzreichen O-Kordillere sowie das Cotabato-Tal und die Ufersäume des Lanao-Sees dichter besiedelt. Mit 2954 m ist der Apo-Vulkan der höchste Berg des Landes; Hügel- und Plateauländer nehmen große Teile der Insel ein. Die gebirgige *Zamboanga*-Halbinsel wird vom *Sulu-Archipel* fortgesetzt, viele seiner kleineren Inseln sind gehobene Korallenriffe. *Palawan* ragt als stark bewaldete Bergkette aus dem Meer auf. Trotz ihrer Siedlungsfeindlichkeit bilden die Gebirgsländer mit Edelhölzern und Erzlagerstätten und als ökologische Reserve (z. B. Wasserhaushalt) einen Reichtum der Philippinen.

Ihre *natürliche Vegetation* wird klimatisch in die *monsunal-* und in die *feucht-tropischen* Wälder gegliedert, aber auch durch die *Höhenlagen* differenziert; in höheren Gebirgswäldern Luzons treten Kiefernbestände auf. Rodung und »shifting cultivation« (phil.: »caiñgin«), Holzeinschlag u. a. Waldnutzung (z. B. Rotang-Lianen für »Rattan«-Korbmöbel) haben große Teile der arten-, insekten- und reptilienreichen Wälder zu Sekundärbusch (mit viel Bambus) degradiert. Die wilde Großtierwelt – z. B. Krokodile – ist stark dezimiert – aber bei der isolierten Insellage auch artenärmer als auf dem Festland und den großen Sunda-Inseln (S. 37).

*Das Klima*

Das Klima ist überwiegend maritim, da kein Ort über 100 km vom Meer entfernt ist. Bei den *agrargünstigen* Jahresmitteltemperaturen um 27,3 °C herrschen geringe tropische Jahres- (2,6 °C), Tages- (um 6 °C) und regionale Schwankungen (Januar kühlster, Mai heißester Monat). Auch das jährliche *Regenmittel* von 2000–3000 mm ist für die meisten Nutzpflanzen günstig, weniger als 1500 mm Niederschläge werden kritisch für das Hauptnahrungsmittel Reis, treten aber nur auf Teilen der *Visayas* und *SW-Mindanao* auf. Trockenperioden sind selten, meist fallen Niederschläge während des ganzen Jahres, eine Folge der Inselnatur und engen Nachbarschaft der Klimaregionen: der *monsuntropisch-wechselfeuchten* im bevölkerungsreicheren Mittel- und W-Teil (mit hohen Niederschlägen im SW-Monsun, aber 1–3, regional bis zu 5 trockenen Monaten) und des *immerfeucht-tropischen östlichen* Gebirgsrahmens gegen den Pazifik (Abb. 3), den der NO-Passat trifft. Schwere Schäden richten die *Taifune* (S. 53 u. S. 59) an, die jährlich, oft mehrfach über die Inseln rasen. Die Taifunhäufigkeit nimmt von N nach S ab, *Luzon* und *Visayas* werden besonders betroffen. In wenigen Tagen können ganze Landstriche verwüstet werden. 1984 forderten z. B. Taifune rd. 1800 Todesopfer und Sachschäden in Millionenhöhe.

### 3.2.5.2 Die historisch-geographische Entstehung der Philippinen

Die Filipinos gehören zur *malayischen Völkerfamilie.* Man teilt konventionell die auf seetüchtigen Auslegerbooten, wie sie noch heute im Gebrauch sind, schon vor unserer Zeitrechnung auf die Inseln gewanderten Völker in die proto-(alt-) und die deutero-(jung-)malayischen Stämme ein. Die jüngeren Hypothesen, die statt verschieden alter Wanderungswellen mehr an die Möglichkeiten ökologischer und kultureller Anpassung denken (S. 63), könnten auch auf den Philippinen Revisionen in der ethnologischen Frühgeschichte bringen. Die räumliche Deckung der »jung-malayischen« Bevölkerungen mit den spa-

nisch-katholisch (bzw. im S islamisch) überformten Tiefländern und Küstenstreifen, im Gegensatz zur Verbreitung der erst spät zum Kulturkontakt mit der Außenwelt gekommenen »alt-malayischen« Bergstämme in den Waldgebirgen, ist auffällig. Sie könnte statt der Vorstellungen einer zeitlich gestaffelten Zuwanderung der Ethnien und eines »Rückzugs« bzw. der »Verdrängung« älterer Gruppen in die Gebirge auch für eine Anpassung der Lebens- und Wirtschaftsformen an die unterschiedliche natürliche und zivilisatorische Umgebung sprechen. Gerade angesichts der fast noch rätselhaften Kulturleistungen einiger Stämme (z. B. der Ifugao – S. 68 u. 600) sind noch viele Fragen der frühen Geschichte offen. Die insgesamt abseitige Lage der Philippinen zu den Zentren des einstigen *indischen Kultureinflusses* erklärt, daß dieser *geringer* blieb als etwa auf Java, dennoch ist seine Einwirkung, z. B. noch in Sanskritelementen mittel- und südphilippinischer Sprachen (z. B. im Namen der Visayas-Inseln – vom hinduistischen Sri-Vijaya-Reich, S. 79), erkennbar. Daß aber weder Buddhismus noch Hinduismus bleibenden Einfluß oder Kultbauten (z. B. analog zu Bali oder dem Borobodur) hinterließen, erleichterte später die rasche Ausbreitung des *Christentums* (W. TUCKERMANN, 1926). Auch *chinesische* Kontakte (seit dem 9. Jh. – ihnen wird u. a. der Pflugbau zugeschrieben) und arabischer Einfluß (*Islamisierung des S* seit dem 14. Jh.) wurden wirksam.
Die günstige Lage zwischen dem Malayischen Archipel und O-Asien blieb bis ins 16. Jh. ungenutzt, die Inseln verharrten im *Abseits,* von insular voneinander isolierten Stammesgruppen bewohnt. Das Fehlen jeder zentralen Macht erlaubte es einer Handvoll spanischer Seefahrer, in nur 25 Jahren die Inseln zu erobern.

### *Die kolonial-spanische Prägung*

Die stärkste Abgrenzung der Filipinos gegenüber dem übrigen SO-Asien entstand in den 333 Jahren der *spanischen Kolonialherrschaft* (1565–1898), zu der schließlich noch eine anglo-amerikanische hinzukam.
Die Spanier mußten über zwei Weltmeere und *Mexiko* ausgreifen, um mit nur noch geringen Kräften bis zu dieser äußersten *Peripherie* ihres Weltreiches vorzudringen, von O nach W – allen anderen europäischen (und arabisch-islamischen) Eroberern entgegensegelnd! Die ferne Kolonie blieb zwei Jahrhunderte lang nur mittels der jährlichen Galeone zwischen Acapulco und Manila mit der spanischen Welt verbunden. Erst mit dem *staatlichen Tabakhandel* wuchs ab 1782 ein di-

rekter Verkehr mit *Madrid;* 1815 segelte die letzte Mexiko-Galeone, 1869 öffnete der Suez-Kanal den stärkeren Verkehr mit Europa.

Als *Magellan* auf der Suche nach den »Gewürzinseln« (Molukken) 1521 die Philippinen entdeckte, diese ab 1565 von Legaspi und wenigen anderen erobert und nach Philipp II benannt wurden, geschah das – eigentlich in der portugiesischen Machtsphäre nach der päpstlichen Aufteilung der Weltmeere (S. 82) – nicht zur Gründung einer Handelskolonie, sondern um zu *christianisieren.* A. KOLB deutete (1942) die historischen Konsequenzen an, die beispielsweise bei einer portugiesischen (und dann möglicherweise holländischen oder englischen Eroberung – vgl. Malacca, Molukken) den Philippinen einen ganz anderen Charakter gegeben hätten. Die spanische Beherrschung und Prägung schuf die staatliche Einheit der Filipinos als *einzige,* fast geschlossen *christlich-katholische* Nation Asiens mit allen ihren kulturgeographischen Besonderheiten. Anders als in Lateinamerika entstand aber kein weißer Grundbesitzerstand, und es gab nur wenige, im Land geborene »Kreolen« und Mestizen; die ferne Besitzung wurde nur von *wenigen Beamten* und *Soldaten* regiert, die spanische Kaufmannschaft blieb klein und auf das befestigte *Manila* konzentriert. Das Land verwaltete ausschließlich die *Kirche.* Noch 1810/1860 wurden nur 4–5000 Spanier gezählt. Davon waren über 500 Mönche, die in ihren Konventen über das ganze Land verteilt waren und dieses, zur Wahrung ihres Einflusses, sogar gegen die übrigen Spanier abschirmten. Sie blieben die ausschließlichen Mittler zwischen dem Spanischen und den heimischen Sprachen, was wohl mit erklärt, daß eine so *schnelle Ablösung* des Spanischen durch das erst im 20. Jh. von den *Amerikanern* zur Amtssprache erhobene *Englisch* erfolgen konnte. Die *Mönche* haben Land und Bevölkerung geprägt. Anstelle der einheimischen Weiler gründeten sie in den Ebenen binnen weniger Jahrzehnte ca. 200 jeweils mit regelmäßigem Grundriß um eine Kirche gescharte Siedlungen, Kerne der heutigen »poblaciones«. Nicht nur die Städte, auch die Dörfer (span.: »barrios« – erst 1972 in philip. »barangays« umbenannt), sind um den Mittelpunkt der rechteckigen »Plaza« mit Kirche, Konvent und Schule gruppiert.

Der Weg über Mexiko brachte eine *»lateinamerikanische« Zivilisation* (einschließlich der nordamerikanischen Einflüsse). Sie ersetzte mit anderen Normen (Kleidung, Sitten, Religion, Schulwesen, Musik, Emanzipation der Frau usw.) die heimischen Traditionen und prägte nachhaltig die Mentalität. Was A. KOLB (1942) als eine Verbindung der »Geschmeidigkeit der Malayen« mit den »Umgangsformen eines spanischen Cavalero« und D. BRONGER (1982) als »beschwingte Liebenswürdigkeit und Gelassenheit (einschließlich des »Mañana-Den-

kens«)« charakterisierten, kann mit der ausgeprägten Anpassungs- und Imitationsfähigkeit (besonders nach amerikanischen Vorbildern) auch als *Überlebens- und Improvisationskunst* bezeichnet werden. Diese läßt den Filipino die permanenten wirtschaftlichen und politischen Miseren ertragen und den Verfall oder die Mängel mit langdauernden Provisorien überspielen – z. B. viele der (freilich auch von Erdbeben, Taifunen, Krieg und der tropischen Verwitterung heimgesuchten) Barockkirchen unter Notdächern aus rostigem Wellblech, halbreparierte Häuser und (oft neben schönen Relikten einheimischer und spanischer Bautypen) die Bretterbuden der »Sari-Sari«-Ladenreihen oder die Armada der (schon wieder »nostalgisch-schönen«) bunt aufgeputzten »Jeepney« (Sammeltaxen) und Busveteranen.
Von *Mexiko* her fanden viele *tropische Nutzpflanzen* – wie Mais, Batate (Süßkartoffel), Cassava (Maniok), Erdnuß, Ananas, Kakao, Tabak – ihren Weg auf die Philippinen und nach SO-Asien.

*Die Annektion durch die USA und die Unabhängigkeit*

Nach der Ermordung des späteren Nationalhelden J. Rizal lehnten sich 1898 Teile der Intellektuellen gegen die spanische Herrschaft auf, um sie gegen die der Befreier, der zu dieser Zeit mit Spanien im Krieg (um Puerto Rico und Kuba, 1898/99) stehenden *USA* einzutauschen, die zugleich auch Hawaii gewannen und damit zur *Pazifikmacht* vor den Küsten O-Asiens wurden. Daß der amerikanische Einfluß (allein an der Sprache meßbar: 1970 sprachen 44,7% Englisch, aber es gab nur noch eine traditionsbewußte Oberschicht von 3,6% Spanisch sprechenden Filipinos) trotz der nur gut vier Jahrzehnte währenden, liberaleren Herrschaft den spanischen so stark ergänzt hat, liegt wohl auch am ziemlich gleichzeitigen Aufbruch in die Moderne, in das *Zeitalter* der *Technik,* und damit auch dem entsprechenden Ausbau der *Infrastruktur.* Die Amerikaner gewährten den Philippinen 1935 *Selbstverwaltung.* Dies geschah allerdings unter starken wirtschaftlichen Einbußen für den lebenswichtigen Export der Rohstoffe (Abacá, Zucker, Tabak, Kokos), denn die »Binnengrenze« zu den USA wurde nun durch Zollschranken ersetzt. Nach der Rückeroberung von der *japanischen* Besatzung im Zweiten Weltkrieg 1946 erhielten die Philippinen ihre *Unabhängigkeit* als Republik. Die *Militärstützpunkte* Subic Bay und Clark Air Base auf der Halbinsel Bataan bei Manila blieben jedoch in amerikanischer Hand.
Mit den Amerikanern kam auch die *Mission* (besonders unter den z. T. noch ihren Stammesreligionen anhängenden Bergvölkern [S. 68])

der protestantischen (3,1 %) und *anderer christlicher Kirchen* und Sekten (5,2 %). Weiter entstanden die antikatholische Iglesia ni Kristo und die von der römisch-katholischen Kirche abgespaltene, nationalistische Philippine Independent Church (»Aglipayer«).

### 3.2.5.3 Bevölkerung, Sprachen, Regionen

*Die Sprachen und ihre politische Bedeutung*

Kennzeichnend für die insular und durch die Gebirge stark aufgesplitterte Bevölkerung ist die Existenz von 87 einheimischen *Sprachen* und größeren Dialekten. Elf davon haben als Schriftsprachen größere Bedeutung (Abb. 35) und bilden kulturelle Einheiten, die einen starken Regionalismus lebendig erhalten; sie werden auch im Unterricht der beiden Grundschuljahre verwendet (W. LORCH, 1974).
Waren früher Spanisch und Englisch die Verkehrssprachen, suchen die unabhängigen Philippinen, ähnlich wie Indonesien und Malaysia (S. 101) mittels einer »Nationalsprache«, dem etwa von der Hälfte der Bevölkerung verstandenen »Pilipino«, eine nationale Bindung zu schaffen, auf der Grundlage des *Tagalog,* der Regionalsprache von Mittel-Luzon, durchsetzt mit Lehensworten aus den anderen Sprachen.
Die Mehrzahl der Familien- und topographischen *Namen* sind *spanischen* Ursprungs (selbst einige lateinamerikanische Lehensworte aus Indianerspachen, z. B. »Cacique« für Dorfchef oder Landbesitzer), wurden übertragen. Bedeutend ist – wie in allen großen Städten SO-Asiens – das *Chinesische,* was besonders in Manilas »Chinatown« deutlich wird. Die ca. 0,5 Mio. Auslands-Chinesen (etwa zur Hälfte auf Manila konzentriert) und zahlreiche assimilierte Mischlinge bilden eine einflußreiche Wirtschaftskraft.
In teilweiser Anlehnung an die wichtigsten Sprachgruppen wurden den 74 Provinzen 13 (Wirtschafts- und Planungs-)*Regionen* (à 2,5–5, bzw. Manila mit ca. 7 Mio. EW) übergeordnet: Metro Manila Area, Ilocos Region, Cagayan Valley, Central Luzon, Southern Tagalog (mit Mindoro und Palawan), Bicol (»Bicolandia«: S-Luzon, Masbate u. a. Inseln), Western-, Central- und Eastern-Visayas, Western-Mindanao (mit Sulu), Northern-, Southern- und Central-Mindanao.

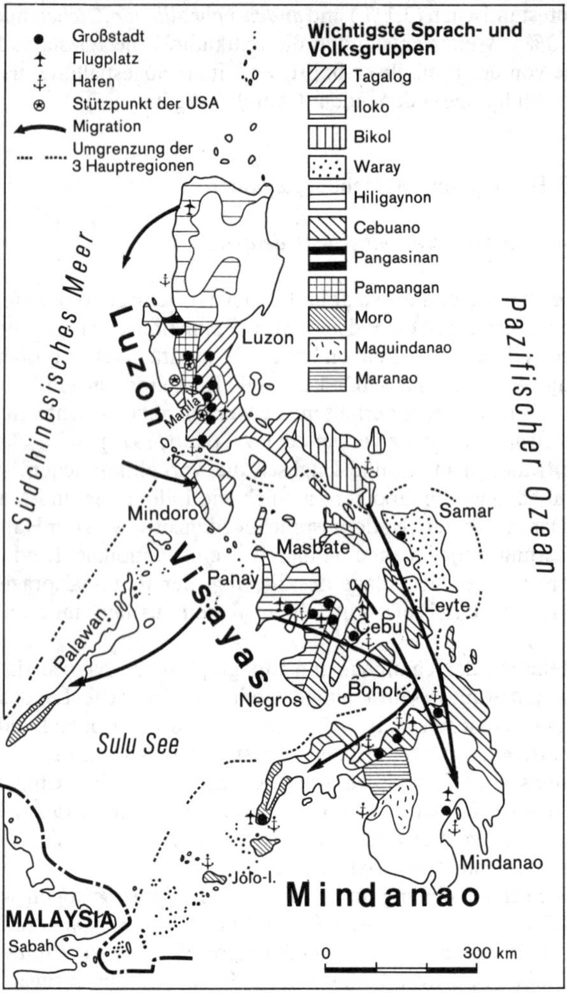


**Abb. 35:** Die Philippinen
Großgliederung und wichtigste Sprach- und Volksgruppen
*(Entwurf: W. Lorch, 1975)*

*Das Moro-Problem*

Von den Spaniern erbten die Philippinen den Konflikt mit den zum *Islam* bekehrten, ihnen sonst aber *stammesverwandten Malayen* der *Sulu-Inseln* und von Teilen *SW-Mindanaos* und *Palawans*. Er begann in welthistorischer Dimension (S. 80), als der über Indonesien zu seinem südöstlichsten Punkt vorgedrungene Islam – nur wenige Jahrzehnte nach seiner Vertreibung aus dem südlichen Spanien – um die ganze Erde herum auf den Philippinen wieder mit den Spaniern zusammenstieß. Dieser Konflikt mit den, von den Spaniern als »neue Mauren« angesehenen, »Moros« lähmt noch heute die Entwicklung des S durch einen latenten, zeitweise aber auch sehr heftigen *Bürgerkrieg*. Die von der Regierung lange vernachlässigten 4–5 % Muslim, in ihrer agrarischen Entwicklung zurückgeblieben, werden von der dynamischen *christlichen Landnahme* in Mindanao (S. 607) bedrängt. Die jüngeren Unruhen begannen in den 60er Jahren. Ab 1972 steigerte sie die Moro National Liberation Front (MNLF) zu einem blutigen Guerillakrieg, der bis 60000 Todesopfer und ca. 1 Mio. Flüchtlinge verursacht haben soll (J. RÜLAND, 1983). Ihre Forderung nach Sezession bzw. völliger außen- und innenpolitischer *Autonomie* für 13 Provinzen – nur fünf davon mit muslimischer Mehrheit – sind unannehmbar, soll die Einheit des Landes gewahrt werden. International entstanden Belastungen, da die Muslime nicht nur Unterstützung in arabischen Ländern (besonders in Libyen), sondern auch bei ihren Glaubensbrüdern bei den mehrheitlich islamischen ASEAN-Partnern (Indonesien und Malaysia) suchen, deren Regierungen aber selbst starke innenpolitische Spannungen mit ihren orthodoxen Muslim-Oppositionsparteien haben. Malaysia wird außerdem von der *Sabah-Frage* (S. 412) tangiert, dessen Küstenvölker enge Verwandte der Moros sind, zu denen Tausende von ihnen emigrierten und dort die Mehrheit der inländischen, nicht-islamischen Dayak-Gruppen (Kadazan) gefährden.
Der Sammelbegriff »Moros« umfaßt Muslim *verschiedener* Volks- und Sprachgruppen, z. B. die Maranao in Lanao, die Maguindanaon in Cotabato, die Tausug und andere Seefahrervölker im Sulu-Archipel, auf der Insel Basilan, auf Palawan usw. (Abb. 35). Deshalb ist ihre Front relativ heterogen und von lokalen Anführern, Differenzen in der religiösen Praxis usw. bestimmt. Nicht zuletzt dank dieser Aufsplitterung gelang es 1980–1984, den Konflikt deutlich zu dämpfen. Mehrere regionale Rebellenkommandeure und Tausende Gefolgsleute legten die Waffen nieder. In einer geschickten Befriedungspolitik wurden sie amnestiert und z. T. in öffentliche Ämter (bis zu Bürgermeistern und einem Provinzgouveneur) eingebunden. Diese –

noch unvollständige – Befriedung brachte der Armee die erwünschte Entlastung, denn anstelle des Moro-Konfliktes im S Mindanaos war nun in dessen christlich dominiertem N und O ein anderer Konflikt mit der kommunistischen NPA gefährlich eskaliert (s. u.). Die religiös gebundenen Moro-Kämpfer stehen diesen kommunistischen Partisanen selbst z. T. feindlich gegenüber.

*Die Bergstämme und Altvölker*

Zu den knapp 10 % der »cultural minorities« werden auch die »protomalayischen« Bergvölker gerechnet, die ihre *Stammeskulturen* (bis auf jüngere Missionseinbrüche) – abseits der von den Spaniern kontrollierten Gebiete – erhalten konnten, z. B. Bontoc, Ifugao, Kalinga, Tinggian, Apayo u. a. in *N-Luzon;* Hanunóo auf *Mindoro;* Bagobo, Tiboli auf *Mindanao* u. a. Während die *Hanunóo* durch Studien H. C. CONKLINS (1957) als Prototyp für »integrale shifting cultivation« (S. 158) bekannt wurden, konnte derselbe mit einer Kartierung der Naßreisterrassen der *Ifugao* (CONKLIN, 1980) eine ungewöhnlich hochstehende Stammeskultur dokumentieren, die – ohne Pflugbau, mit hölzernen Handgeräten – große Systeme 2–10 m hoher, bis über 60° steiler, bewässerter *Terrassen* auf Steilhängen in 500–1500 m ü. M. bestellt. Ihre Familien-Weiler liegen dazwischen auf Hangspornen usw. Etwa 35 % der Terrassen benötigen Steinkerne und -mauern, hinter denen durch Einspülen 25–60 cm tiefer Schlammböden »quasi-natürliche« Reisbauökotope (UHLIG, 1983/84; 1980c) geschaffen wurden – schon längst vor den Kulturkontakten mit der Außenwelt (Abb. 36). Die Reisbestellung auf den fragilen, ständig feucht gehaltenen Böden muß von Hand erfolgen. Die übrigen Gewächse – Süßkartoffeln, Mais, Cassava usw. – werden dagegen in ergänzender »shifting cultivation« bestellt, während sie z. B. von den benachbarten, in stadtähnlichen Großdörfern siedelnden *Bontoc* in Rotation auf steingestützten, entwässerbaren Reisterrassen angebaut werden. Die Zeitrechnung der Familienverbände reicht über acht bis zehn Generationen zu den jeweiligen Terrassensystem-Begründern zurück – $C^{14}$-Datierungen ältester Funde weisen aber bis ins 7.–11. Jh. zurück. Für das gesamte Ifugao-Gebiet (rd. 95 000 EW) vermaß CONKLIN etwa 20 000 km Terrassenmauern. Während die von den Filipinos als »achtes Weltwun-

**Abb. 36:** Reisterrassen und »Sippen-Weiler« der Ifugao, bei Banaue/N-Luzon *(umgezeichnet nach: H. Conklin, 1972)*

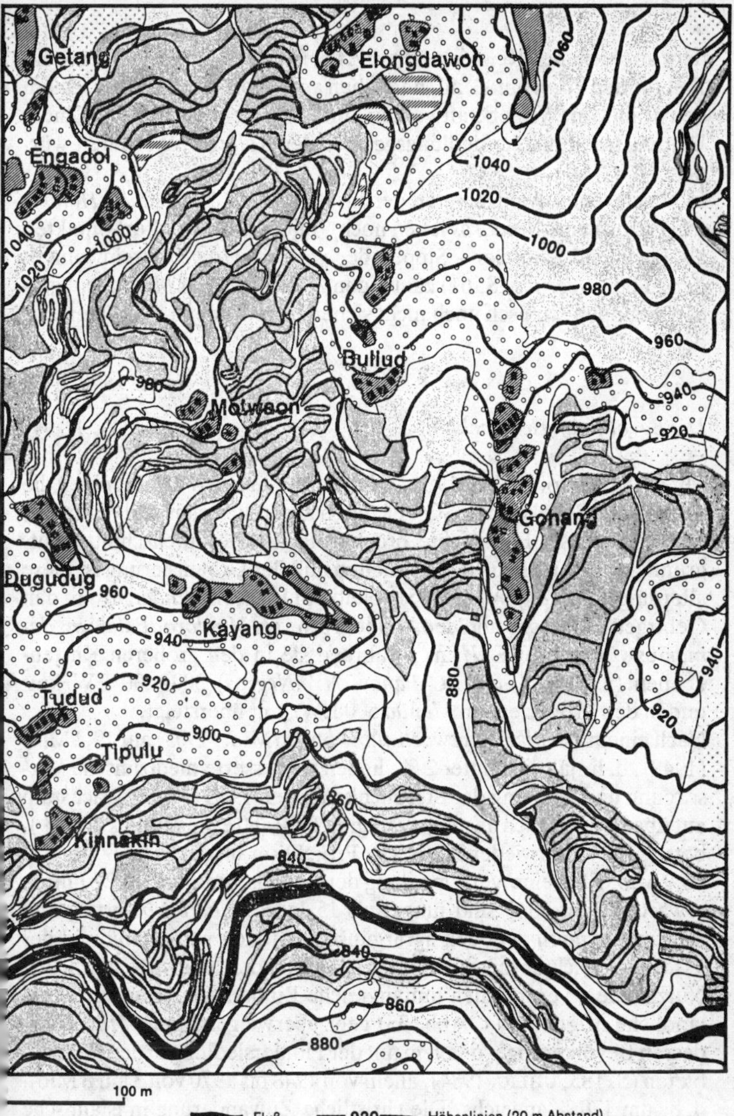


Fluß — 920 — Höhenlinien (20 m Abstand)

Bewässerte Reisfeld-Terrassen (u. a. Zweitfrüchte, Taro)

Sekundärvegetation und freier Hang, Terrassenstufen und Mauerwerk

Trockengelegte Terrassen (Trockenfeld)

Wald (einschl. siedlungsnaher Busch)

Hauspodeste m. Wohnhütten u. Reis-Speichern

Brandrodungsfelder (Knollenfrüchte, Gemüse, Mais)

Umgezeichneter Ausschnitt aus dem mehrfarbigen Blatt Kinnakin (Nó 4) der »Land Use Map Philippines, North Central Ifugao«, 1 : 5 000 von H. CONKLIN (1972)

der« angesehenen Reisterrassen und die Folklore der Ifugao heute ein Ziel für den *Tourismus* sind, herrschen andernorts Konflikte, z. B. um den Bau von Wasserkraftwerken, die, wie der umstrittene Chico-Damm, traditionelle Siedlungsgebiete der *Kalingas* überfluten würden.

In abgelegenen Waldgebieten der Insel *Palawan,* der *Bataan-Halbinsel* (Luzon) und *Mindoros* leben noch – mit geringen Kulturkontakten als Jäger und Sammler – Sippen der *vor-malayischen* Ureinwohner, der zu den *Negritos* (S. 61) zählenden Aëta; auch auf *Mindanao* wurden Gruppen ethnisch noch nicht sicher eingeordneter Altvölker entdeckt.

*Die Bevölkerungsentwicklung*

Mit rd. 54,5 Mio. EW (S. 1984 – FEER, Yb) haben die Philippinen die drittgrößte Bevölkerung SO-Asiens (nach Indonesien und Vietnam) und die höchste EW-Dichte pro km$^2$ im Landesdurchschnitt. Aufgrund der natürlichen Gegebenheiten und der Urbanisierung ist diese allerdings stark *differenziert.* Sie bleibt im Inneren *Mindanaos,* in den Gebirgen *N-Luzons* und den Waldbergen von *Mindoro, Palawan, Samar* usw. unter 50 EW/km$^2$, während sie in den größeren Küstenebenen (*Luzon, Cebu, SO-Panay, NW-Negros*) 300–400 EW/km$^2$ und in den Provinzen um *Manila* 500 EW/km$^2$ übersteigt.

Nach einem *Bevölkerungswachstum* von 7,6 Mio. (1903) auf 19,2 Mio. (1948), d. h. jährlich unter 2 %, ließen verbesserte medizinische Versorgung und Senkung der Sterblichkeitsraten 1948–70 das Wachstum auf über 3 % jährlich ansteigen; es ging 1970–80 etwas zurück (2,7 %), betrug 1984 aber wieder 3,2 %. Die Projektion auf das Jahr 2000 ergibt 76,9 Mio. EW, eine Verdoppelung der Bevölkerung wird in 27 Jahren erwartet; über 60 % sind jünger als 15 Jahre. *Überbevölkerung* und *Besitzzersplitterung* in den agrargünstigen Teilen von *Luzon* und der *Visayas* – Dichten bis über 1000 EW/km$^2$ der landwirtschaftlichen Nutzfläche – verursachen umfangreiche Binnenwanderungen. Diese ländliche *Migration* (s. Abb. 35) geht überwiegend nach *Mindanao,* dessen Bevölkerung, vor allem mit der Pioniersiedlung in den Waldgebieten (S. 183; UHLIG, 1984), allein von 1948 bis 1970 von 3 auf 8 Mio., d. h. um 170 % anwuchs. Die christliche Zuwanderung in islamische Gebiete trug stark zur Eskalation des Konfliktes mit der »Moro«-Bevölkerung bei (K. HAUSHERR, 1972).

### 3.2.5.4 Die Agrarwirtschaft

*Die Lebensgrundlage: Reis*

Mit rd. 53 % der Erwerbstätigen (1976) und ¾ der Exporterlöse bleibt die Landwirtschaft die wichtigste Lebensgrundlage: sie erbrachte (1984) noch 25 % des Bruttoinlandprodukts. Auch auf den Philippinen ist *Reis* (40 % aller Anbauflächen) das Grundnahrungsmittel. Trotz bisher geringer ha-Erträge (1978: 1,84 t/ha) mangels verläßlicher Bewässerung (herkömmlich überwiegend 1 Ernte/Jahr; große Flächen mit Reis auf Regenstau [S. 141]) und trotz Kapitalmangels, Schädlingsbefalles, Taifunschäden, schlechter Drainage usw. konnten die Philippinen seit einigen Jahren die lang erstrebte *Reiseigenversorgung* erreichen. Sie sind bisher die Hauptnutznießer der sogenannten »Grünen Revolution« (S. 144), da sie die neuen *Hochertragssorten* und den Komplex der Intensivierungsmaßnahmen aus erster Hand vom Internationalen Reisforschungsinstitut (IRRI) erhalten, das in Los Baños, Lagunas, inmitten der Hauptreiskammer, der Zentralebene von Luzon, liegt. Die Filipinos haben sich den Neuerungen gegenüber aufgeschlossen gezeigt, vielfach ist ein unternehmerisches Bauerntum entstanden, das von den Innovationen – auch der Mechanisierung – Gebrauch macht und durch staatliche Erweiterung der bisher erst zu ca. 40 % bewässerbaren Reisflächen unterstützt wird. Auch der *Trockenlandreis* im Pflugbau – z. B. auf der Insel *Panay,* unter Baum- und Strauchkulturen auch auf *Luzon* – wurde verbessert und rasch ausgedehnt, ebenso die »Rice Based Cropping Systems«, d. h. die *Rotationen* von Reis mit anderen Fruchtarten.

*Mais* steht mit rd. 33 % der Anbauflächen an zweiter Stelle und ist – vor allem in den reisbauungünstigen Bergländern – Hauptnahrungsmittel für jeden fünften Filipino (besonders *Cebu,* südliches *Mindanao, Cagayan-Tal*). Mit verbesserten Hochertragssorten werden sein Anbau und die Erträge – z. B. im Masagana-Entwicklungsprojekt – gesteigert und verstärkt für Geflügelhaltung und Viehmast eingesetzt. *Knollenfrüchte,* wie Süßkartoffeln (»camote«) und Cassava (Maniok), nehmen bis auf einzelne Ausnahmegebiete in Anbau- und Ernährungsbedeutung ab.

*Die Handelsfrüchte*

Die *Kokosnuß* ist zwar auch Grundnahrungsmittel (Kochöl), heute aber zugleich das wichtigste agrarische *Handelsprodukt.* Von bäuerlicher Pflanzung über zahllose Klein- und Mittelbetriebe bis zu Groß-

plantagen (z. T. auch Pacht oder Verwalter für urbane Eigner) nehmen Kokospalmen 22,2% der Anbauflächen (über 2 Mio. ha) ein, und die Philippinen stehen mit 30% der Kokosnuß- und über 50% der Kopra- und Kokosölerzeugung (1978) an der *Spitze* der *Weltproduktion.* Fast 1/3 der Bevölkerung ist direkt oder indirekt mit der Kokosindustrie verbunden, die auch Kokosflocken, getrocknete Nüsse, Kokosöl usw. hervorbringt (W. LORCH, 1974; J. HOHNHOLZ, 1986).
Zeitweilig hatte das *Zuckerrohr* die wirtschaftliche Bedeutung der Kokosnuß übertroffen und 1974/75 ein Drittel des Exportaufkommens erreicht. Zuckerrohr war schon vor der spanischen Kolonialzeit verbreitet. Im 19. Jh. war Braunzucker aus ländlichen Siedereien (»Muscovado«) einer der wichtigsten Exportartikel. In der amerikanischen Zeit erfolgte der große Aufstieg der modernen Zuckerindustrie, die von 1909 bis 1974 eines der wichtigsten Produkte der Philippinen brachte. Die Zuckerrohranbauflächen nehmen rund 400000 ha ein, davon 51,6% (1980) im N der Insel *Negros,* 27,6% auf *Luzon,* 9,4% auf Panay, der Rest in Cebu, Leyte und Mindanao (BLUME, 1985; 1986). In den Anbau teilen sich rd. 37000 Betriebe, 55% unter 5 ha, 32% 5–25 und 13% 25 bis über 100 ha (1974). Der »Pflanzer«-Typ, der das Rohr an die Raffinerie verkauft, herrscht vor, nur ca. 5% wird von integrierten Anbau/Fabrik-Betrieben (»miller/planter«) angebaut. Die Erträge (pro ha und im Zuckergehalt) sind im internationalen Vergleich relativ gering; bei durchschnittlich 2,4 Mio. t Jahresproduktion deckt der Ertrag aber gut die international zugemessene Exportquote (1,6 Mio. t) und den Landesbedarf, etwa 200000 t gehen zu Hochpreisen in die USA.
Obwohl SO-Asien die früheren Exporte Kubas in die USA an sich ziehen konnte, haben der Preisverfall auf dem Weltmarkt und die Konkurrenz der Länder untereinander den Exportwert auf ca. 10% reduziert, und die gesamte Zuckerindustrie – einschließlich des staatlichen Handelsmonopols und der arbeitslosen bzw. unterbeschäftigten Arbeiter – steckt seit Mitte der 80er Jahre in einer bedrohlichen Krise. Gut 2/5 der Anbauflächen sind in den *Großbetrieben* auf *NW Negros* konzentriert. Der Preisverfall trifft dort die Arbeiter und Kleinpächter besonders hart (die Zuckerrohrpflanzungen blieben bisher von der Landreform [s. u.] ausgenommen), was der kommunistischen NPA dort starken Zulauf bringt.
Die Plantagen für *Ananas* und *Bananen* sind rapide gewachsen, neue Formen des *»Agro-business«,* von heimischen und ausländischen Kapitalsgesellschaften getragen, breiten sich vor allem mit der Neulandgewinnung auf *Mindanao* aus, z. T. geraten sie in Konflikt mit der kleinbäuerlichen Pioniersiedlung. Im Export beider Früchte (vor al-

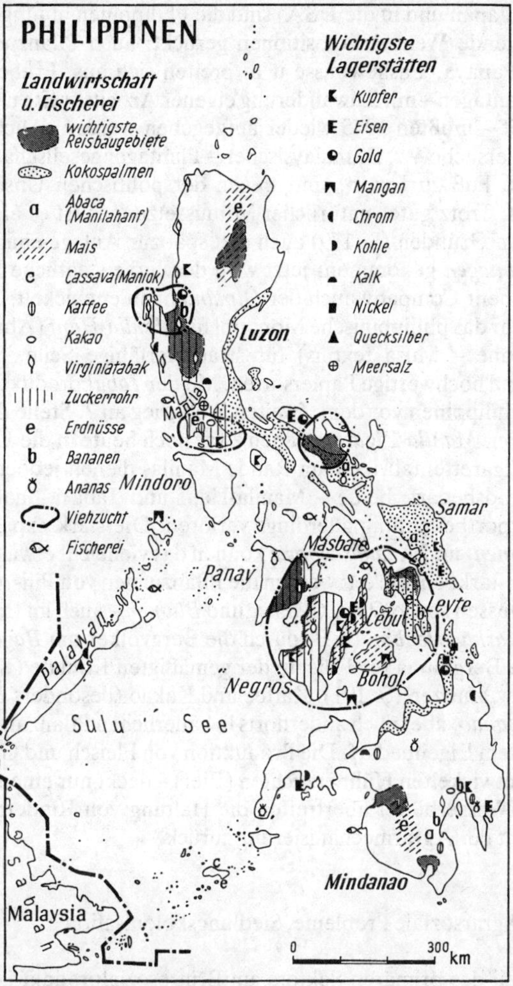


**Abb. 37:** Die Philippinen
Landnutzung und Lagerstätten
*(Entwurf: W. Lorch, 1975)*

lem nach Japan und in die USA) sind die Philippinen in jüngster Zeit in bedeutende Weltmarktpositionen gerückt; auch Pflanzungen für Mango, Papaya, Cashewnüsse u. a. breiten sich aus. Frühere japanische Plantagen – mit Zuwanderung eigener Arbeitskräfte um *Davao* begründet – mußten 1945 wieder aufgegeben werden. Auch gegenwärtige Versuche – z. B. malaysischer – Plantagengesellschaften, auf Mindanao Fuß zu fassen, sind wegen der politischen Unsicherheit gefährdet. Trotz guter natürlicher Voraussetzungen ist es aus sozialpolitischen Gründen (S. 179) auch erst spät zur Anlage einiger *Kautschukplantagen* gekommen; jetzt wird durch die staatliche National Development Company auch der *Ölpalm*anbau entwickelt. Konkurrenzlos war das philippinische Monopol für *Manila-Hanf* (Abacá, eine Faserbanane – Musa textilis) für strapazierfähige Seile, Schnüre, Zwirne und hochwertige Papiersorten. Mit der *Tabak*produktion standen die Philippinen vor dem Zweiten Weltkrieg an 7. Stelle der Weltproduktion. *Manila-Zigarren* gehen zwar noch heute in die USA, die großen Zigarettenfabriken am Rande Manilas dienen jedoch stärker dem Inlandsbedarf; beide – Manila-Hanf und Tabak – haben ihre große Exportbedeutung allerdings verloren. Die stark expandierenden *Bananen-* und *Ananasexporte* können das vielleicht etwas ausgleichen. Verstärkt entwickelt werden die Pflanzungen von Pili-, Cashew- und Erdnüssen sowie *Obst, Gemüse* und *Blumen* – auch im tropischen *Höhen-Marktgartenbau* (z. B. durch die Bergvölker um *Baguio*), die das kühle Bergklima für Früchte der gemäßigten Klimate (Kohl, Tomaten usw.) nutzen (S. 191). Kaffee und Kakao (besonders *Batangas* und *Mindanao,* aber auch andernorts in bäuerlichen Pflanzungen) dienen nur dem Eigenbedarf. Die Produktion von Fleisch und Geflügel – aus gut entwickelten Hühnerzuchten (Eier) – deckt nur einen Teil des Bedarfs; Wasserbüffel übertreffen die Haltung von Rindern, gehen jedoch mit der Agrarmechanisierung zurück.

#### 3.2.5.5 Agrarsoziale Probleme, Siedlungskolonisation

Der Anteil des primären Sektors am Bruttosozialprodukt ist – trotz der hohen Bedeutung der Agrarwirtschaft in der philippinischen Volkswirtschaft – von 35,2 % (1950) auf 23,9 % (1980) gesunken. Die Produktionssteigerung wurde bisher mehr durch *Flächenausdehnung,* der immer engere Grenzen gesetzt sind, als durch *Intensivierung* erreicht (Flächenzunahme 1948–1961: 63,3 %, 1962–1975: 35,9 %).
Die kolonial-spanisch begründete Struktur des Grundeigentums mit einem hohen Anteil (vielfach städtischer) *Großgrundbesitzer* (über

50 ha) – 1971 waren noch 14 % des bebauten Landes in der Hand von nur 0,2 % der Besitzer, dagegen erst 24 % im Eigentum der 61 % Bauern (unter 3 ha) – und die entsprechend hohe Zahl kleiner *Pächter* und *landloser Arbeiter* (in *Zentral-Luzon* fast ¾ der Landbevölkerung) zwangen zur *Agrarreform,* mit deren Durchsetzung die Regierung Marcos anfangs beachtliche Teilerfolge erzielte. An ca. 50 % der über 1 Mio. Pächter konnten begrenzte Landtitel ausgegeben werden. Der Staat entschädigt die früheren Eigentümer, die Bauern können langfristig ihre Schulden tilgen. Mit dem raschen Bevölkerungswachstum stieg wegen der fortschreitenden Erbteilung die Zahl der *Kleinbetriebe* (unter 2 ha) dennoch weiter an, allein von 1960–72 von 41 % auf 70 % (D. BRONGER, 1982).
Verbunden mit der Landreform ist der Anteil der staatlich geförderten *Siedlungskolonisation,* die besonders die überfüllten Teile von Zentral-Luzon und noch mehr der Visayas entlasten soll (R. E. HUKE, 1963). Sie richtet sich vor allem auf *Mindanao* und *Palawan;* bis 1977 konnten 44 Projekte mit 50000 Siedlerfamilien auf rd. 733000 ha durch das Ministry of Agrarian Reform (MAR) geschaffen werden. Das ist aber nur ein Bruchteil der tatsächlichen (*überwiegend spontanen* und z. T. illegalen) Wanderungsbewegungen und *Pioniersiedlungen,* was Konflikte sowohl mit den planmäßigen Siedlungsprojekten als auch mit den »Agro-business«-Landansprüchen bringt. Eine Berechnung von R. HANISCH (1977) ergibt, daß 1960–70 ca. 87000 Personen (ca. 30 % der Neusiedler) staatliche Hilfe erhielten, während im gleichen Zeitraum aber 362000 Personen nach Mindanao zuwanderten. Die Konflikte durch das Vorrücken *christlicher Siedler* in die gewohnheitsrechtlich von *Moro*-Brandrodungs-Wanderfeldbauern beanspruchten Wälder wurden schon angesprochen. Plünderungen und Vertreibungen – beider, der heimischen Moros wie der christlichen Neusiedler – haben verschiedene *Flüchtlingsbewegungen* oder Zwangsumsiedlungen ausgelöst; einige Projekte waren auch der Rehabilitation früherer Rebellen gewidmet.
Durch das MAR werden auch Zusammenschlüsse von Siedlern in »compact farms« gefördert, die ihren Anbau durch gemeinsames Management abstimmen und Agrarkredite, Infrastrukturverbesserungen, gemeinsame Maschinen (»Tractor pools«) usw. erhalten.
Das gesamte *Agrarland* wuchs von 3,8 Mio. ha (1948) auf 6,5 Mio. ha (1972), die *»geerntete Fläche«* (s. u.) von 4,7 Mio. ha auf 9,4 Mio. ha (1972) und sogar auf 10,7 Mio. ha 1975 (R. HANISCH, 1979). Rechnet man pro Siedlerfamilie 4–6 ha Land, so zeigt sich, daß nur 5–8 % des *Neulandes* durch staatliche Siedlungsprojekte, aber ein Vielfaches durch Erweiterungen bestehenden Agrarlandes und besonders durch

die *spontane* Neusiedlung in den Wäldern entstanden ist. Die Steigerung des »geernteten Landes« wurde dagegen durch die *Intensivierung,* wie »double cropping«, *Bewässerung* und *neue Fruchtfolgen,* besonders im Reisbau, erzielt.
Während einerseits die Landreform, Siedlungsprojekte und agrarische Modernisierung – besonders die erfolgreichen Innovationen im Reisbau – die agrarische Entwicklung erheblich vorwärts gebracht haben und die *Marktorientierung* mit verbesserten Reisvarietäten und -technologien, Bewässerungsanlagen usw. einen fortschrittlichen Geist unter den philippinischen Bauern verbreitet haben (G. CASTILLO, 1975), bleibt andererseits trotz der Steigerungen der Produktion und Anbauareale noch immer die *Armut* eines großen Teils der *ländlichen Bevölkerung* ein schweres Problem (R. HANISCH, 1979; J. RÜLAND, 1983).

### 3.2.5.6 Die außeragrarische Wirtschaft

*Holzeinschlag und -verarbeitung*

Die noch 32% betragende *Waldbedeckung* der Philippinen wird durch Raubbau und Brandrodung *gefährdet* (Tabelle 6 im Anhang). Ausländische (besonders japanische und amerikanische) und einheimische Firmen erhielten von der staatlichen Forstverwaltung Einschlaglizenzen, die zeitlich begrenzt und mit Auflagen für Wiederaufforstung, Straßenbau usw. verbunden sind. Nach Bodenzerstörung und Überschwemmungen (Verschottern von Stauseen) durch Kahlschläge werden seit 1972 strengere Bestimmungen durchgesetzt, Konzessionen entzogen, der Brandrodungsbau verboten, die forstliche Nutzung reduziert und der Holzexport mit Sonderzöllen belegt. Der *Export* von Rund- und Schnittholz (⅔ nach Japan) wurde verringert zugunsten der Steigerung einer *einheimischen* Sperrholz-, Furnierholz- und Möbelherstellung. Philippinische Firmen haben deshalb schon Schlagkonzessionen in Indonesien und Sabah erworben, wo aber ebenfalls gedrosselt wird.
Im Haupteinschlagsgebiet *Mindanao* werden die Hiebflächen und Abfuhrwege meist rasch von »squattern« aufgesiedelt (s. o.). Es konnten aber auch permanente Holzeinschlags-, Verarbeitungs- und Exportinstallationen mit planmäßiger Wiederaufforstung, Straßenbau, Siedlungs-, Fabrikations- und Verschiffungsstätten errichtet werden, die eine dauerhafte Entwicklung versprechen, z. B. entstand im einstigen Fischerdorf Mangagoy/Tabon an der O-Küste Mindanaos (HAUS-

HERR, 1982) der größte Holzverarbeitungsplatz der Philippinen. Nur einige Dutzend der über 3800 *Holzarten* werden exportiert, z. B. einige als »philippinisches Mahagoni« gehandelte Dipterocarpus-Arten. Der Kiefernwald im Gebirge N-Luzons (Pinus insularis) liefert Grubenholz und Papierrohstoff; größere Aufforstungen mit Benguet-Kiefern sind geplant (W. LORCH, 1974).

*Die Fischerei*

Die Fischerei ist bedeutend: Mit 1,7 Mio. t Jahresfang (1981; enthalten in dieser Zahl sind allerdings auch hohe Süßwasserfisch-Anteile) gehören die Philippinen, neben Indonesien und Thailand, zu den stärkeren südostasiatischen *Fischereiländern* – auf hoher See auch gegen japanische und indische Konkurrenz (Garnelen [»shrimps«; »prawns«], Langusten und Thunfisch im Export). Die Mangroveküsten sind vielfach in Brackwasserteiche (Milchfisch, Tilapia – Karpfen, Garnelen) umgewandelt worden, die asiatische Entwicklungsbank (ADB) finanziert den weiteren Ausbau größerer Sumpf- und Brackwassergebiete für Fischteiche (S. 194). Die *Laguna de Bay* beeindruckt – z. B. beim Landeanflug auf Manila – durch die Unzahl der dort installierten Fischfangplattformen, Reusen und Fangzäune.
In Navotas (bei Manila) wurden moderne *Fischanlandeeinrichtungen* geschaffen, weitere Hafenausbau- und Fischereiprojekte werden international finanziert. Als billige und (fermentiert) würzige Proteinbeilage ist Fisch ein Grundnahrungsmittel zum täglichen Reis der Filipinos.

*Bergbau und Energiewirtschaft*

Die geologische Geschichte (S. 30) erklärt den *Reichtum* der Philippinen an mineralischen *Bodenschätzen* (Abb. 37); der Bergbau ist wichtiger *Devisenbringer* (15 % des Exportwertes im Mittel 1967–76; 2 % Anteil am BSP). *Kupfer* (große Tagebaugruben auf *Cebu* und *Marinduque*) geht als Konzentrat nach Japan und übertraf 1980 erstmals die Kokosprodukte im Exportwert; eine Kupferhütte entstand auf Leyte. Die Gewinnung von *Gold* steht an erster Stelle in Asien; weiter werden Chromit (Masinloc [Prov. Zambales], neue Lager auf Mindanao), Mangan, Nickel (Insel Nonoc), Kobalt, Quecksilber (aus Zinnoberlagern auf Palawan) für den Export gewonnen. Eisenerze (Halbinsel Larap) gehen nach Japan; für die *Eisenhütten* in *Mindanao* (Iligan) und *Luzon* (bei Manila) wird verkokbare *Kohle* erschlossen (mit Unterstützung der Weltbank, zur Milderung der Abhängigkeit vom Erdölimport). *Kalk* steht für die *Zement*herstellung reichlich zur Verfügung, neuerlich auch als Hochofenzuschlag (von der Insel *Bohol* per Schiff) für den Aufbau einer *Stahlindustrie* in N-Mindanao (s. u.). Entgegen allen Hoffnungen, die Sedimentationsbecken der philippinischen Meere könnten ähnlichen Reichtum an *Erdöl* und -gas bringen wie die der Nachbarn Indonesien, Malaysia und Brunei, haben sich trotz ausgedehnter Exploration diese nur *geringfügig* erfüllt, was die *Energiesituation* schwierig gestaltet. Lediglich das relativ bescheidene »Nido«-Feld vor der Insel *Palawan* und neuerdings kleinere Felder nördlich davon wecken Hoffnungen auf die Förderung von etwa 5% des Eigenbedarfs. Dieser Energiemangel legte nahe, die durch den Vulkanismus gebotenen Möglichkeiten seit 1979 mit *geothermischen* Kraftwerken z. B. am Makiling bei Calamba (Laguna) und Tiwi (Prov. Albay) sowie *hydroelektrische* Stromgewinnung und *Kernkraftwerke* (Bataan) zu nutzen. Die *Stromversorgung* (vielfach nur Dieselgeneratoren) ist – gegenüber den Nachbarländern – noch gering und auf dem Lande häufig noch lückenhaft.

### *Gewerbe, Industrie und Beschäftigungsprobleme*

Im Gegensatz zu Indonesien oder Malaysia genießt die Industrialisierung in der philippinischen Entwicklungsplanung *keine Priorität* (D. BRONGER, 1979, 1982), sondern soll sich mit der Agrarwirtschaft gleichzeitig entwickeln. Das verarbeitende *Gewerbe* erwirtschaftete 1979 ca. 35% des Bruttoinlandprodukts (Statist. B. A. 1981) mit 70% seiner Arbeitskräfte aus *Handwerksbetrieben* (mit über fünf Beschäftigten, die aber nur 5,6% der Wertschöpfung erbrachten). Die Großbetriebe (über 100 Beschäftigte) erzeugten (mit 20% der Arbeitskräfte) dagegen 80% der Wertschöpfung. 1975 waren 513000 Beschäftigte – davon 25% in der *Agrar-* und 25% in der *Textilindustrie* – in Betrieben mit über zehn Arbeitskräften tätig. Der noch relativ geringe großbetriebliche Sektor (darunter »assembly plants« – Remontagewerke ausländischer Auto- und Maschinenfabriken; auch Reifenproduktion) bringt also den einzigen bedeutenden Wert- und Wachstumszuwachs in der industriellen Entwicklung der Philippinen (D. BRONGER, nach ILO Erhebungen). *Energieengpässe,* Rohstoffabhängigkeit vom Ausland, Kapitalknappheit und z. T. noch mangelhafte *Infrastruktur* (Strom, Wasserver- und entsorgung, Verkehrsnetz) – und mangelnde Kaufkraft haben die Entwicklung gehemmt.

Die Verarbeitung eigener mineralischer und agrarischer Rohstoffe wird – zur Erhöhung des Exportwertes – bevorzugt gefördert. Eines der wenigen größeren Industrialisierungsvorhaben, das PHIVIDEC-Stahlwerk in Cagayan de Oro (N-Mindanao), ist erst nach mehrfachen Rückschlägen mit Hilfe japanischer Firmen vorangekommen. Das Hauptproblem der industriellen Struktur und mit ihr der Beschäftigungslage blieb die einseitige *Ballung* der wenigen größeren und der Mehrzahl der kleinen industriell/gewerblichen Betriebe in der Hauptstadtregion *Manila*. Dort sind mehr als 60 % der Industriebeschäftigten (mit 65 % der gewerblichen Wertschöpfung) des Landes konzentriert. Die nationale Entwicklungsplanung forderte daher, besonders im Fünfjahresplan (1978–82) dringend, den weiteren Gewerbeausbau in Manila zu bremsen und »to disperse industries in the regions«. Vorgesehen waren dafür die drei *Regionen* Visayas, Mindanao und Luzon (außerhalb von Metro Manila). Zur Verstärkung dieser (nur begrenzt erfolgreichen) Dezentralisationsbemühungen wurden drei zollfreie *Freihandels-* und *Industrieentwicklungszonen* errichtet, von denen sich die erste in *Mariveles* auf der Halbinsel Bataan am besten entwikkelte und (um 1982) ca. 50 Betriebe verschiedenster Branchen mit zusammen mehr als 25 000 Beschäftigten erreichte. Ähnliche Projekte wurden in *Mactan* bei Cebu und bei *Baguio* (N-Luzon) in Angriff genommen. Die problematische Lage der philippinischen Industrie wird durch ein gespanntes Verhältnis zur Arbeitnehmerschaft verschärft. Bei ausgesprochenen *Billiglöhnen* sind Lohnkämpfe und Streiks so häufig, daß nicht nur die Wettbewerbsfähigkeit der Betriebe leidet, sondern auch ausländische Investoren abgeschreckt werden. Durch Betriebsreduktionen bzw. Konkurse ist die hohe *Arbeitslosenzahl* auf ca. 2,6 Mio. – etwa 12 % aller Beschäftigten (FEER, Aug. 1986) – angestiegen, eine noch größere Zahl gilt als unterbeschäftigt. Die zur Ankurbelung der Wirtschaft erfolgten Liberalisierungen, z. B. der Importe, bringen einheimische Betriebe und damit die Arbeitsplätze eher noch mehr in Bedrängnis. Die Zahl der im Ausland besseren Verdienst suchenden Gastarbeiter soll 1986 auf ca. 390 000 (einschließlich rd. 50 000 als Seeleute) angestiegen sein. Nach der Rückkehr lassen sie sich – an höhere Löhne gewohnt – schwer eingliedern; umgekehrt hofft man, ihre im Ausland erworbenen Kenntnisse für die heimische Wirtschaft nutzen zu können. Die Marcos-Regierung hatte für jeden Industriezweig nur eigene Gewerkschaften zugelassen. Die neue Regierung will Zusammenschlüsse fördern – die größte gewerkschaftliche Gruppierung steht aber den Kommunisten nahe, mit denen sich die neue Regierungskoalition – mit sehr unterschiedlichen Einstellungen zu dieser Frage (s. u.) – noch zu arrangieren sucht. Ne-

ben der politischen Befriedung wird in der Steigerung und verstärkten Dezentralisierung des gewerblich-industriellen Sektors, mit höheren Anreizen für die Beschäftigten – bzw. überhaupt erst einmal der Schaffung eines größeren Arbeitsplatzangebotes – eine der wichtigsten Aufgaben für die neue Regierung liegen. Bisher vermochte die Industrie durch ihr langsames Wachstum (1948–56 noch 12%, 1957–77 nur noch 6% jährlich) wenig zur Linderung dieses dringenden *Beschäftigungsproblems* beizutragen. Sie schuf 1961–75 lediglich 16750 neue Arbeitsplätze/Jahr, d. h. für nur 3,3% der im selben Zeitraum neu auf den Arbeitsmarkt drängenden Menschen. Geringe Produktivität und unzureichende technische Entwicklung verstärken die *Arbeitslosigkeit* und Unterbeschäftigung, die – bei dem starken Bevölkerungswachstum – bedrohlich wird. Während amtliche Zahlen 5,3% Erwerbslose (ca. 8% in den städtischen Gebieten) nennen, schätzt die ILO (International Labour Organisation), daß ca. 25% der Bevölkerung unterbeschäftigt oder arbeitslos sind. (D. BRONGER, 1982; 1987). Die Schaffung neuer Arbeitsplätze und Geburtenbeschränkung sind deshalb dringende Entwicklungsfragen.
Der Arbeitsplatzmangel gibt zugleich den Anstoß zum »Export« philippinischer Arbeitskraft – vom Holzeinschlag in Sabah bis zu den zahlreichen *Gastarbeitern* auf den Baustellen der arabischen Ölstaaten – oder z. B. den Krankenschwestern in europäischen Kliniken. Gerade der Fleiß und die Intelligenz dieser im Ausland Erwerb suchenden Kräfte zeigen, wie dringend die ungleichen Einkommens- und Lebensverhältnisse verbessert und die regionalen Disparitäten abgebaut werden müssen, um die Philippinen vor ökonomischen wie politischen Gefahren zu bewahren und einer seinen ASEAN-Partnern adäquaten Entwicklung und Stabilität zuführen zu können.

### 3.2.5.7 Die Städte

Wenige befestigte Stützpunkte der Spanier bildeten die ältesten städtischen Zentren. Das 1571 begründete *Manila,* an der Mündung des die Laguna de Bay entwässernden Pasig-Flusses in die weite, hafengünstige Manila-Bucht, ragt von Anfang an als einstiger Sitz des spanischen Generalkapitäns und des Erzbischofs heraus. Daneben sind nur das schon 1565 mit einer spanischen Befestigung entstandene *Cebu* und einige kleinere Festungs- und Verwaltungssitze, wie *Vigan* (Ilocos-Küste – NW-Luzon), *Cavite* oder das schon früh zur Kontrolle der Moros befestigte *Jolo,* das auch Sultanssitz und chinesische Händlersiedlung war, als historische *spanische Stadtkerne* erwähnenswert.

Der bedeutendste Stadtkern war *»Intramuros«,* die Keimzelle *Manilas,* mit regelmäßigen, sich rechtwinklig schneidenden Straßen, von einer, 1590 mit chinesischen Arbeitern an der Stelle der tagalischen Siedlung Maynila erbauten, schweren und düsteren Festung eingefaßt. Auch Kirchen und Klöster erhielten starke Mauern, konnten aber den Erdbeben (besonders 1863) nur teilweise trotzen. Damit begann die Aushöhlung des damals 8000 Spanier umfassenden Intramuros und neue Viertel entstanden in höherem, gesünderem Gelände. Leider fiel das historische Intramuros den Bomben des Zweiten Weltkriegs zum Opfer. Erst in den letzten Jahren begann die *Wiederherstellung* der kolonial-barocken Kirchen und einiger altspanischer Häuser.

Bis Ende des 18. Jhs. blieb die Mehrheit der *Spanier* auf den Philippinen in Manila konzentriert. Neben ihnen siedelte sich bald die koloniale Zwischenschicht der »Sangleys« an, der *Südchinesen,* deren Zahl in Manila von rd. 40 (1571) schon um 1650 auf ca. 15000 anwuchs und heute etwa 250000–300000 beträgt (A. KOLB, 1978). Sie wurden jenseits der ersten Pasig-Brücke (1623) in neuen Vororten im Marschenland angesiedelt – mit rechteckigem spanischem Straßenschema. Ihr Zentrum *Binondo* wurde nicht nur zur »Chinatown«, sondern zugleich zum »C. B. D.«, der heutigen *City* von Manila. Das anschließende, ebenfalls ethnisch getrennte, *tagalische Tondo* wurde *Hafenviertel* und ist heute das größte der verschiedenen *Slum-Viertel.* 1978 wurde die Zahl der Slum-Bewohner auf 1,9 Mio. – fast ein Drittel der Bevölkerung Manilas – geschätzt. Die ärmlichsten sind die »Provincianos«, die neuen Zuwanderer vom Lande ohne festes Einkommen, meist »squatter« in elenden Hütten auf fremdem Land (1970 waren z. B. 42,8 % der Bewohner Groß-Manilas in anderen Provinzen geboren; in den Vororten sogar 52,2 % – KOLB, 1978). Dicht daneben leben in etwas besseren Unterkünften die schon regelmäßig, aber wenig verdienenden, seit einigen Generationen ansässigen »Manileños«.

Erst ab 1782 wuchs Manilas Handel mit dem staatlichen *Tabakmonopol* so stark an, daß es direkt Madrid unterstellt wurde; 1815 verkehrte die letzte Mexiko-Galeone; ab 1869 öffnete der Suez-Kanal den starken Verkehr mit Europa. In der *»amerikanischen Phase«* (1894–1941) wuchsen die City auf 600000 und *Groß-Manila* auf 1 Mio. EW. Entsprechend stark war die räumliche Ausdehnung. Die »tropische Musterstadt« des Stadtentwicklungsplanes von 1905 kam nur teilweise zur Ausführung – immerhin mit der großzügigen Wasserfront des Roxas-Boulevards und geraden, sternförmigen Ausfallstraßen. Daß die

»Esteros«, die Priele der einstigen *Marsch*, statt ihres geplanten Ausbaus zu Kanälen weitgehend *zugeschüttet* und *bebaut* wurden, vergrößerte Manilas *Überschwemmungsprobleme* (A. KOLB, 1975). Großzügige amerikanische Wohn-, Verwaltungs-, Club-, Hotel- und Universitätsviertel wuchsen küstenparallel nach S (*Ermita*, Malate, Paco), mit ihnen entstand die *Trennung* von Arbeitsplatz und Wohnung (im Gegensatz zur »Chinatown«!). Nicht mehr der Staat, sondern die Wirtschaft bestimmte das städtische Wachstum. Mit beginnender *Motorisierung* in den 20er Jahren werden die Bungalowsiedlungen der Oberschicht auf die Hügelketten nördlich des Pasig ausgedehnt (San Juan del Monte). Dort scharten sich die Bewohner nicht mehr um Kirche und Plaza; ohne Auto ließ es sich dort nicht leben. Die *»amerikanische Phase«* machte Manila zum »Melting Pot« von Filipinos, Spaniern, Mestizen und Chinesen mit Amerikanern, indischen Händlern, Japanern und anderen; ein modernes Geschäftsleben entstand, mit der *Escolta* – schon in spanischer Zeit die *Geschäftsstraße* – als Hauptader. Die *ethnische* Gliederung der Stadtviertel wurde von der *sozialen* – nach Einkommensklassen – abgelöst (A. KOLB, 1978).
Die *»philippinische Phase«* ab 1946 sieht zunächst, wie in deutschen Städten, einen *Wiederaufbau* nach den schweren *Kriegszerstörungen* im alten Grundriß vor. Damit wird das kommende Verkehrschaos der Innenstadt programmiert. Der Verdichtungsbereich wächst nach verschiedenen Seiten und wandelt frühere Vororte in *Satellitenstädte*. War das als Regierungsviertel konzipierte *Quezon City* kurz vor und nach der Unabhängigkeit entstanden, wuchs als vorläufiger Höhepunkt der »philippinischen Phase« in den letzten 20 Jahren (auf einem ehemaligen Flugplatz) rapide die neue Handels-, Banken- und Einkaufsstadt (Supermärkte) *Makati* heran, deren Ballung eleganter Hochhäuser ein pulsierendes *neues Zentrum* bildet, umgeben von exklusiven – durch Mauern um einzelne Villenviertel abgeschirmten – *Wohngebieten*. Als moderne Erweiterung der Wasserfront Manilas entstand noch in der Marcos-Ära ein ambitiöses Kongreß- und Kulturzentrum vor der Küste auf künstlich gewonnenem Land, mit entsprechender Erweiterung der dort angesiedelten Großhotels.
Die vom wachsenden Mangel an Land und beruflichen Möglichkeiten getragene Migration ist – weit stärker als die Neusiedlung im S (S. 607) – zur *Land-Stadt-Wanderung* geworden, die die in städtischen Gebieten lebende Bevölkerung der Philippinen von 30% (1960) auf 36% (um 1980) und seitdem noch rasch weiter wachsen ließ; die Mehrheit im *Raum Manila*, dessen Bevölkerung von 1960–80 um 144% anwuchs (gegenüber einem Landesdurchschnitt von 77% – D. BRONGER, 1982).

Die 1948 erst 1,7 Mio. (9 % der philippinischen Bevölkerung) umfassende *Hauptstadtregion Metro Manila* (Metropolitan Manila) erreichte 1980 6,6 Mio. EW, d. h. auf 0,28 % der Staatsfläche sind 13,7 % der Bevölkerung zusammengedrängt. An zweiter Stelle folgt Groß-Cebu mit 797000 EW (1980). Es ist das einzige Zentrum mit einiger überregionaler Bedeutung neben dem nahezu neunfach größeren Manila, das eine extreme Verkörperung der südostasiatischen »primate city« (S. 204) bildet.

*Metro Manila* ist ein Komplex aus 16 *zusammengewachsenen* städtischen Siedlungen, darunter die beiden *Millionenstädte* der City von *Manila* (1,6 Mio.) und *Quezon City* (1,1 Mio.) sowie weitere wie *Caloocan* (471000), *Makati* (372000), *Pasay* (286000), *Pasig* (269000 EW) und noch zehn Vorstädte zwischen 100000 und über 200000 EW (1980). Bei 60 % aller *Industriebeschäftigten* entfallen auf die Hauptstadtregion 85 % des Aufkommens an direkten Steuern, 31 % des BSP, 4/5 aller Exporte und mehr als die Hälfte der Industrieproduktion – aber auch der höchste Anteil der *Arbeitslosigkeit.*

Die locker bebauten *Industrieviertel* reihen sich an den Ausfallstraßen auf. Mit Autobahnen und breiten *Schnellstraßen* sucht man den turbulenten Motorverkehr im Fluß zu halten. Eine entscheidende Strukturverbesserung brachte die mit japanischer Hilfe weitgehend als Hochbahn auf Pfeilern angelegte *S-Bahn* (LTR – Light Train Railway System), deren südliche Teilstrecke 1984 in Betrieb genommen wurde, während der Ausbau nach N noch im Gange ist. Als Zentrum des internationalen *See- und Luftverkehrs,* Staats- und Wirtschaftsmetropole und Mittelpunkt des geistigen Lebens, der Massenmedien, des *Tourismus*, fast aller anderen landesweit bedeutenden Institutionen und des *Straßen-* und *Bahnnetzes* von *Luzon* überragt Manila alles andere so stark, daß es kaum abzusehen ist, wie es zu einem ausgewogenen Verhältnis zwischen der Region Manila und den anderen Städten kommen könnte. Auch die Probleme der *Wasserver-* und *-entsorgung* (einschließlich der Überschwemmungen), der *Wohnraumnot,* der *Umwelt- und Luftverschmutzung* usw. stellen noch schwere Aufgaben für diesen extremen urbanen Ballungsraum.

### *Die übrigen Städte*

*Cebu-City* (489000 EW, 1980) ist das historische wie moderne, kulturelle und wirtschaftliche Zentrum der *Visayas.* Mit bedeutenden, barocken Kirchenbauten, dem Fort am Hafen und der historischen Straßenführung blieb sein alter Kern erhalten, die moderne Entwicklung ließ es in breiter Erstreckung von der Küste bis ins Bergland der Insel

Cebu hinauswachsen. Es ist der wichtigste *Knotenpunkt* des für die Inseln vitalen Flug- und Schiffsverkehrs, hat gut entwickelte städtische Funktionen und einige Industrieansätze.
*Iloilo* (244000 EW, 1980) hält mit einem guten Hafen nicht nur die Zentralfunktionen für die Insel *Panay,* sondern hat früher auch Teile der Nachbarinsel *Negros* mitbedient und ein entsprechend lebendiges Geschäftsleben; auf der letzteren ist es inzwischen aber vom Zentrum des Zuckeranbaues, *Bacolod,* nach der Einwohnerzahl (267000) überrundet worden.
Der Größe und wirtschaftlichen Bedeutung *Mindanaos* entsprechend, sind dort an den entgegengesetzten Küsten *Davao* (611000 EW), *Zamboanga* (344000 EW) und *Cagayan de Oro* (228000 EW) in jüngerer Zeit zu einiger Bedeutung herangewachsen. Da die Kriterien der *Unterscheidung* zwischen *»städtischer«* und *»ländlicher«* Bevölkerung und der Rechtsstatus einer »city« sehr weitgefaßt sind – die heutige Verwaltungsgliederung weist 61 »Chartered Cities« aus, von denen aber nur wenige wirklich urbanen Charakter haben –, ist ein statistischer Wert von 35% »städtischer Bevölkerung« *wenig realistisch;* selbst die Mehrzahl der gegenwärtig 29 »Cities« mit über 100000 EW trägt noch stark ländlichen Charakter. Wenn ihre Funktionen auch kaum über ihre Provinzen hinausreichen, deren Verwaltung, Bischofssitz, Krankenhaus, Höhere Schulen und z. T. regionale Universitäten sie beherbergen, so gewinnen einige doch auf den mittelgroßen Inseln oder in naturräumlichen abgekammerten Landesteilen eine gewisse regionale Bedeutung.
Das im kühlen Höhenklima im Gebirge Luzons von den Amerikanern als »Sommerhauptstadt« ausgebaute *Baguio* konnte sich als Touristenzentrum behaupten.

### 3.2.5.8 Verkehr, Infrastruktur, Energieversorgung, Tourismus, Bildungswesen

Insulare Zersplitterung und große Entfernungen erschweren die Verkehrsentwicklung. Die *Straßen* (ca. 60% des Personen- und 40% des Güterverkehrs) genügen, trotz beschleunigten Ausbaus, noch nicht den Anforderungen für eine verbesserte Wirtschaftsentwicklung. Leistungsfähige Schnellstraßen (»Highways«) durchziehen nur die beiden Hauptinseln, das ländliche Straßennetz ist noch unterentwickelt, obwohl z. B. Querverbindungen und Ringrouten um verschiedene Inseln im Ausbau sind. Die Eisenbahn – lediglich auf Luzon (740 km) und eine Kleinbahn auf Panay – bietet nur eine partielle Ergänzung.

Rd. 50 % des *Güterverkehrs* müssen zu *Schiff* bewältigt werden, dennoch ist die Schiffs- und Hafenausstattung im interinsularen Verkehr stark *überaltert*. Mangelhafte Ausrüstung und Wartung, Überladung und Taifunschäden verursachen immer wieder Verluste.
Um so größer ist die Bedeutung des *Luftverkehrs,* der als Träger heute recht starker interinsularer Verbindungen gut ausgebaut wurde; 79 Flughäfen werden bedient, 46 regelmäßig, zwölf davon mit Düsenmaschinen. Der *internationale* Flughafen *Manila* wurde großzügig und modern ausgebaut und hat eine hohe Frequenz; auch die Flugplätze von *Cebu* und *Zamboanga* haben internationalen Status, sind aber überwiegend regionale Knotenpunkte. Mit 70 % der Telefonanschlüsse hat wieder die Region Manila einen überproportionalen Anteil am sehr ungleichmäßig ausgebauten Nachrichtenverkehr. Über Rundfunk und Fernsehgeräte verfügen, auch auf dem Lande, heute die meisten Haushalte. Auf die Schwierigkeiten der Energieversorgung wurde im Zusammenhang mit den Rohstoffen (S. 610) schon hingewiesen; 1977 hatten erst 31 % der Bevölkerung *Stromversorgung,* und diese war räumlich wieder extrem ungleichmäßig – auf über 80 % der Familien in den Städten – aber nur 6–7 % der Familien auf dem Lande – verteilt; oft kommt es zu Stromausfällen.
Der *Tourismus* gewinnt sowohl durch Fernflugreisen als auch durch Inlandsreisen rasch an Bedeutung. In Manila wurde eine extrem hohe Kapazität moderner Hotels (besonders auch für internationale Kongresse) ausgebaut, aber auch Provinzzentren – voran Cebu und Baguio – und vor wenigen Jahren noch wenig erschlossene Attraktionen, wie die Ifugao-Reisterrassen, Strände und Korallenbänke auf verschiedenen Inseln usw., erhalten eine rasche Infrastrukturverbesserung, Hotelneubauten und Straßen- und Flugverbindungen. 1984 wurden 816712 fremde Besucher registriert.
Das Bildungswesen hat einen für Entwicklungsländer überdurchschnittlich *hohen* Standard. Der Anteil der Analphabeten sank von 28 % (1960) auf 11 % (1980), mit dem starken Anteil der *jugendlichen* Bevölkerung schwindet er rasch weiter. Dem Bildungssektor werden 25–30 % des Staatshaushaltes eingeräumt, daneben wirken zahlreiche private und kirchliche Schulen und Hochschulen. Von der enormen Zahl von 3,1 Mio. *höheren Schülern* und ca. 1,3 Mio. *College-Studenten* (1982/83) streben über die Hälfte in die wirtschafts-, sozial- und geisteswissenschaftlichen Fächer, aber nur wenige in die Naturwissenschaften, Ingenieurs- und Landwirtschaftswissenschaften – ein »white collar job« ist das erstrebte Berufsziel. Die Überproduktion von *Akademikern* der theoretischen Fächer führt zu gravierender *Arbeitslosigkeit* oder zu Beschäftigung unter dem Ausbildungsniveau und gleich-

zeitig zu einem *Mangel* an Praktikern in den gehobenen, *technischen* Berufen. Wieder ist die Mehrzahl und besonders die qualitative Spitze der 44 Universitäten im Raum *Manila* konzentriert. Die Abwanderung der Absolventen ins Ausland (USA, arabische Ölstaaten) zieht wertvolle Kräfte ab, während es auf dem Lande an qualifizierten Fachkräften, Ärzten usw. mangelt.

### 3.2.5.9 Soziale und politische Entwicklungsprobleme und der Umsturz von 1986

Der große *Gegensatz* zwischen *arm* und *reich* bzw. ein zu langsam wachsender Mittelstand, extreme regionale Disparitäten, Inflation und grassierende *Arbeitslosigkeit* oder Unterbeschäftigung und die Infrastrukturschwächen verschlechterten laufend die *sozialen, ökonomischen* und *politischen* Verhältnisse. Die Regierung Marcos, die am Anfang ihrer fast 20jährigen Herrschaft durchaus Erfolge in der Stabilisierung des Landes, bei der Eindämmung der Kriminalität und bewaffneter »Privatarmeen« politischer »Clans«, dem modernen Ausbau der Hauptstadt, Teilverwirklichungen der Agrarreform, Verbesserungen der Infrastruktur usw. erzielen konnte, hat durch zu lange Aufrechterhaltung ihrer Sondervollmachten und Regierungsdauer (längere Zeit mittels »martial law«, »Kriegsrecht«), Bereicherung, *Korruption,* Nepotismus, und die immer schlechtere Wirtschaftslage an Ansehen eingebüßt. Konnte sie in den 60er Jahren die bewaffneten Reste der schon unter Präsident Magsaysay geschlagenen, pro-kommunistischen (bäuerlichen) »Huk«-Rebellen auf Luzon ausschalten und in den letzten Jahren auch den *Moro-Konflikt* (S. 598) eindämmen, so wuchs in den 80er Jahren mit der »NPA« (New People's Army), dem *bewaffneten Arm* der illegalen *kommunistischen* Partei (mit rücksichtslosen, bewaffneten Überfällen), geführt von ideologisch geschulten Intellektuellen, eine neue, größere Gefährdung heran. Während alle ASEAN-Partner die Sicherheitsrisiken der *Insurgentenbewegungen* weitgehend ausschalten konnten, stehen Teile der Philippinen, vor allem das schon durch die Moro- und die Landkonflikte exponierte *Mindanao,* die von der Zuckerkrise und Arbeitslosigkeit besonders hart betroffene Insel *Negros* oder unterentwickelte, abseitige Inseln wie *Samar,* aber auch Teile der Hauptinsel Luzon, vor der Gefahr eines Bürgerkrieges. Nervöse Überreaktionen des Militärs, die mehr die bäuerliche Bevölkerung der bedrohten Gebiete als die Untergrundbewegung treffen, verschärften die Lage und hatten das Vertrauen in die Staatsmacht untergraben. In dieser wachsenden wirtschaftlichen und politischen Krise löste 1983 die – dem Diktator Marcos nahestehenden Kräften angelastete – Ermordung des Oppositionsführers B. Aquino einen schnell anwachsenden *bürgerlichen Widerstand* aus. Bei den Präsidentenwahlen im Februar 1986 gelang es dann einer die Bevölkerung rapide mobilisierenden *Koalition* verschiedenster *Oppositionsparteien,* unter der charismatischen Führung der Witwe des Ermordeten, »Cory« Aquino, offensichtlich die Mehrheit der Stimmen zu gewinnen. Als Marcos durch massiven Wahlbetrug dennoch seine Macht zu behaupten suchte, vereinigten sich die opponierenden Politiker mit breiten Massen der Bevölkerung, der katholischen Kirche und Teilen der militärischen Führung zu einem beispiellosen *bürgerlichen Aufstand* und riefen Cory Aquino zur Präsidentin aus. Um einen blutigen Bürgerkrieg zu vermeiden und unter dem Druck des *amerikanischen* Bundesgenossen, der um die Stabilität der Philippinen (und die Erhaltung seiner, für den ganzen Pazifik geostrategisch bedeutenden, *Stützpunkte* Subic Bay und Clark Air Base, beide westlich Manila) besorgt ist, trat Marcos schließlich zurück und ging ins Exil. Während die neue Regierung von einer Welle der Euphorie getragen wird, muß sich erst zeigen, ob sie ihre sehr heterogenen Kräfte einigen und vor allem ob sie die wirtschaftlich katastrophale Lage in absehbarer Zeit sanieren kann. Der sozialen Herkunft nach stammen die meisten Mitglieder der *neuen Koalition* – einschließlich abgesprungener Minister der Marcos-Partei – aus den gleichen Kreisen des reichen *Besitzbürgertums* wie der gestürzte Diktator. Ihr erster Prüfstein wird sein, ob sie die versprochene Besserung der Lage der *ärmeren Bevölkerungsschichten* herbeiführen kann, mit deren Unterstützung sie an die Macht gekommen ist. Das wird zugleich mit darüber entscheiden, ob die kommunistische NPA, der durch den bürgerlichen Aufstand vorübergehend der Wind aus den Segeln genommen wurde, die Masse der ihr in jüngster Zeit zugelaufenen Armen (z. B. der arbeitslosen Zuckerarbeiter von Negros) wird halten können oder ob sie wieder auf den harten Kern wirklicher Revolutionäre zusammenschrumpft, mit denen sie vor wenigen Jahren ihren bewaffneten Widerstand begann. Einerseits erfolgten schon bald nach dem Machtwechsel erneut Überfälle und blutige Zusammenstöße mit dem Militär, andererseits bemüht sich die Präsidentin um einen friedlichen Ausgleich mit den Kommunisten. Mehr rechts stehende Mitglieder ihrer Regierungskoalition sehen das mit Mißtrauen, und die Lösung dieser Frage dürfte für die Dauerhaftigkeit der neuen politischen Konstellation entscheidend werden.

Im Februar 1987 wurde ein 60tägiges Waffenstillstandsabkommen durch neue Kämpfe der NPA gegen die Armee, Polizei und die spontan – und nicht immer kontrolliert – heranwachsenden antikommunistischen Bürgerwehren wieder gebrochen. Die letzteren haben nicht nur auf dem Lande (vor allem auf Mindanao, Negros und Luzon), sondern auch in den »slums« großer Städte (besonders von Davao-City), den Einfluß der NPA eingedämmt. Andererseits endeten auch Demonstrationen für eine Reaktivierung der Agrarreform und neu aufflackernder Moro-Widerstand in blutigen Zusammenstößen. Die Plebiszite und Wahlen von 1987 haben die Stellung der neuen Präsidentin gefestigt, die auch zu stark nach rechts oder links tendierende Kabinettsmitglieder ausschließen konnte. Widerstand und Putschversuche (z. T. von Marcos-Anhängern) konnten mehrfach abgewehrt werden. Auch die umstrittene Erhaltung der amerikanischen Stützpunkte und der ökonomischen und politischen Unterstützung durch den einstigen Kolonialherren, der die Mehrheit der Filipinos noch zustimmt, ist für oder gegen eine Stabilisierung der Lage von Gewicht.

# Abkürzungen

| | |
|---|---|
| ASEAN | **A**ssociation of **S**outh **E**ast **A**sian **N**ations |
| C.B.D. | **C**entral **B**usiness **D**istrict |
| COMECON (RGW) | engl. Abkürzung für **Co**uncil for **M**utual **E**conomic Assistance, Rat für gegenseitige Wirtschaftshilfe (des Ostblocks) |
| EG | **E**uropäische **G**emeinschaften |
| EW | Einwohner |
| EW/$km^2$ | Einwohner pro Quadratkilometer |
| ESCAP | **E**conomic and **S**ocial **C**ouncil for **A**sia and the **P**acific (UN; Sitz Bangkok) |
| FAO | **F**ood and **A**gricultural **O**rganization (UN) |
| FEA | The **F**ar **E**ast and **A**ustralasia (Yearbook), Europa Publ. Ltd., jährl., zuletzt für 1986 |
| FEER | **F**ar **E**astern **E**conomic **R**eview (Hongkong) |
| FEER Yb. | Far Eastern Economic Review ASIA Yearbook (zuletzt 1985) |
| HYV; MV | HYV: **H**igh **Y**ieldung (Rice) **V**arieties (Hochertragsvarietäten); MV: **M**odern **V**arieties |
| ILO | **I**nternational **L**abour **O**rganization (UN) |
| IRRI | **I**nternational **R**ice **R**esearch **I**nstitute, Los Baños b. Manila |
| SEATO | **S**outh **E**ast **A**sian **T**reaty **O**rganization (erloschen) |
| Stat. BA | Statistisches Bundesamt, Wiesbaden |
| (S. ...) | siehe Seite... |
| S. bei Zahlenangaben | Schätzung, Fortschreibung |
| Z | Volkszählung, Zensus |

# Literatur

Die unter »Gesamtes Südostasien und größere Teilgebiete« oder bei den einzelnen Ländern zitierten Titel wurden nur dann wiederholt bzw. verwiesen, wenn aus dem Textzusammenhang nicht hervorgeht, wo sie zu finden sind. Es wird darum gebeten, in Zweifelsfällen beide Teile des Literatur-Verzeichnisses nachzuschlagen.

## Gesamtes Südostasien und größere Teilgebiete

ANDREAE, B.: Agrargeographie. Berlin, New York ²1983

ANGLADETTE, A.: Le Riz. Paris 1966

ARNBERGER, E.: Der tropische Inselraum des Pazifischen Ozeans und die ökologische Zuordnung seiner Inseln; in: Beiträge zur Geographie der Kulturerdteile (Festschrift A. Kolb), Berliner Geogr. Studien 20, 1986

ARNBERGER, E.: Der tropische Inselraum des Indischen Ozeans. Ökologische Inseltypen und ihr Bevölkerungspotential; in: Festschrift 150 Jahre Fankfurter Geogr. Ges. 1836–1986, Frankf. Geogr. Hefte 55, 1986

ATANASIU, N., J. ALKÄMPER: Notwendigkeiten und Möglichkeiten der Steigerung der Reisproduktion; in: Gießener Beitr. zur Entwicklungsforschung I, Bd. 7, 1981

ATLAS OF SOUTHEAST ASIA: Djambatan, Amsterdam 1964

BANNERT, D., D. HELMCKE: s. S. 633

BARKER, R., HERDT, R. W.: Rainfed lowland rice as a research priority – an economist's view; in: IRRI: Rainfed Lowland Rice Los Baños, 1979

BASTIAN, A.: Indonesien oder die Inseln des Malayischen Archipels. Berlin 1884–94 (5 Lieferungen)

BAYARD, D. T.: Excavations at Non Nok Tha, Northeastern Thailand; in: Asian Perspectives 13, 1973

BECHERT, H.: Buddhismus, Staat und Gesellschaft in den Ländern des Theravada-Buddhismus. 2 Bde., Frankfurt, Berlin 1966–67

BEETS, W. C.: Multiple Cropping and Tropical Farming Systems. London, Boulder/Col. 1982

BLUME, H.: Geography of Sugar Cane. Berlin 1985

BOBEK, H.: Aufriß einer vergleichenden Sozialgeographie; in: Mitt. d. Geogr. Ges. Wien 92, 1950

BOBEK, H.: Die Hauptstufen der Gesellschafts- und Wirtschaftsentfaltung in geographischer Sicht; in: Die Erde 60, 1959

BÖHN, D.: Südostasien. Zur didaktischen Erschließung und Literatur; in: Praxis Geographie I, 1986
BRONGER, D.: Regionalentwicklungsstrategien in Süd-, Südost- und Ostasien; in: ASIEN 6 (Deutsche Zeitschr. f. Politik, Wirtsch. u. Kultur), Hamburg 1983
BRONGER, D.: Metropolisierung als Entwicklungsproblem in den Ländern d. Dritten Welt; in: Geogr. Zeitschr. 72, 1984
BRONGER, D.: How big are the Metropolitan Cities? Metropolization in the Far East. The Demographic Dimension; in: ASIEN 14 und 15, Hamburg 1985
BRUENIG, E. F.: Nutzbarmachung des tropischen Regenwaldes: Eldorado oder Pandora?; in: Geogr. Rundschau 36, 1984
BUCHHOLZ. H. J.: Fischerei- und Wirtschaftszonen im Südpazifik; in: Erdkunde 37, 1983
BUCHHOLZ, H. J.: Seerechtszonen im Pazifischen Ozean. Mitt. d. Inst. f. Asienkunde 137, Hamburg 1984
CHANG, T. T.: The Rice Cultures; in: Phil. Trans. Royal Soc., B 275. London 1976a
CHANG, T. T.: The Origin, Evolution, Cultivation, Dissemination, and Diversification of Asian and African Rices; in: Euphytica 25, 1976b
CHANG, T. T., B. S. VERGARA: Varietal diversity and morpho-agronomic characteristics of upland rice; in: IRRI, Annual Report for 1974, Los Baños 1975
CHAPMAN, 1980: s. Thailand
COEDÈS, G.: Les états hindouisés d'Indochine et d'Indonésie, Paris 1948, Neudruck 1964 (engl. Übers.: The Indianized States of Southeast Asia; ed. W. P. Vella; Honolulu 1968)
CONKLIN, H. C.: Hanunóo agriculture. FAO, Rom 1957
COURTENAY, P. P.: Plantation Agriculture. London 1965
CORVINUS, 1984: s. Malaysia
CREDNER, 1935: s. Thailand
CREDNER, W.: Hinterindien; in: F. Klute (Hrsg.): Handb. d. Geogr. Wiss., Bd. Vorder- und Südasien, 1937
DALRYMPLE, D. G.: The Adoption of High-Yielding Grain Varieties in Developing Nations; in: Agricultural History 53, 1979
DELVERT, J.: Géographie de l'Asie du Sud-Est. Que sais je? Nr. 1242, Paris 1967
DOBBY, E. H. G.: South East Asia. London 1950
DOBBY, E. H. G.: The Changing Significance of Rice-Growing in Southeast Asia; in The Malayan Journal of Tropical Geography 3, 1952/53
DOMRÖS, M.: Klima und Böden als begrenzende Basisfaktoren; in: J. Hohnholz (Hrsg.): Die Armut der ländlichen Bevölkerung in der Dritten Welt, Baden-Baden 1980

DRAGUHN, W. (Hrsg.): Der Einfluß des Islams auf Politik, Wirtschaft u. Gesellschaft in Südostasien. Mitt. d. Inst. f. Asienkunde Hbg. 133, Hamburg 1983

DRAGUHN, W. (Hrsg.): Umstrittene Seegebiete in Ost- und Südostasien. Das int. Seerecht und seine regionale Bedeutung. Mitt. d. Inst. f. Asienkunde Hbg. 145, Hamburg 1985

DRESS (1979): s. Indonesien

DÜRR (1975, 1978): s. Indonesien

DÜRR, H., R. HANISCH (Hrsg.): Südostasien – Tradition und Gegenwart. Braunschweig 1986

EICKSTEDT, E. R.: Rassendynamik in Ostasien, Berlin 1944

ESCAP (UN): Asian Highway Route Map 1:1250000, 5 Bl. Bangkok/Tokyo 1975–78

ESCAP (UN): Urbanization in the ESCAP-Region. Colombo 1982

ESCAP (UN): State of the environment in Asia and the Pacific. United Nations Economic and Social Commission for Asia and the Pacific. 2 Bde., Bangkok 1985

ESCAP (UN): Economic and Social Survey of Asia and the Pacific. Bangkok 1985

ESCAP – U. SCHOLZ: Regional overview on environmental and socio-economic aspects of tropical deforestation in the ESCAP region. United Nations Economic and Social Commission for Asia and Pacific. Expert Group Meeting 28. 1.–3. 2. 1986 Bangkok

EVERS, H. D. (ed.): Modernization in Southeast Asia. Oxford U. P., Kuala Lumpur 1973

EVERS, H. D.: Urbanization and Urban Conflict in Southeast Asia; in: Asian Survey 15, 1975

EVERS, H. D.: Urbanization and Urban Conflict in Southeast Asia; in Asian Survey 15, 1975; gekürzt in: Sociology of Southeast Asia, 1980

EVERS, H. D. (ed.): Sociology of Southeast Asia, Readings on Social Change and Development. Oxford U. P., Kuala Lumpur 1980

EVERS, H. D.: Urban Landownership, Ethnicity and Class in Southeast Asian Cities; in: Forschungsschwerpunkt Entwicklungssoziologie, Working Paper 38, Bielefeld 1983

FAO/UNEP: Forest Resources of Tropical Asia, Tropical Forest Resources Assessment Project (GEMS). FAO, Rom 1981

(THE) FAR EAST AND AUSTRALASIA 1986 (17th edition). Europa Publ. Ltd., London (abgek.: FEA)

FAR EASTERN ECONOMIC REVIEW: Hongkong, lfd. Berichterst., 1975–1987 (abgek.: FEER)

FAR EASTERN ECONOMIC REVIEW: Asia Yearbook 1986 (und ältere Jahrgänge). Hongkong (abgek.: FEER Yb.)

FISHER, C. A.: Southeast Asia. A Social, Economic and Political Geography. London 1964

FLOHN, H.: Zur Kenntnis des Monsuns in Ostasien. Stuttg. Geogr. Studien 69 (Lautensach Festschrift), 1957

FLOYD, B. N.: The Rain Forest and the Farmer; in: GeoJournal 6, 1982

FOCHLER-HAUKE, G. (Hrsg.): Der Fischer Weltalmanach, Frankfurt/M. (erscheint jährlich seit 1961 – Hrsg. seit 1985: Hanswilhelm Haefs)

FOCHLER-HAUKE, G.: Minderheiten und Umvolkungsvorgänge in China; in: Festschrift für L. Scheidl, Bd. II, Wien 1967

FRANZ, J.: Zinnbergbau und -verhüttung. Ein Beitrag zur Entwicklung der Regionalstruktur Südostasiens; in: Hottes/Uhlig (Hrsg.), 1984 (s. S. 626)

FRYER, D. W.: Emerging Southeast Asia. London 1970

GEINITZ (1984, 1985): s. Indonesien

GOETZ, H., U. GUNZERT: Südostasien; Geschichte und Gegenwart. Informationen zur politischen Bildung 144, Bonn 1971

GORMAN, CH.: A Priori Models and Thai Prehistory: A Reconsideration of the Beginnings of Agriculture in Southeast Asia, in: Reed, Ch. A. (ed.), 1977 (s. S. 629)

GOSLING, L. A. P., L. Y. C. LIM (eds.): The Chinese in Southeast Asia, 2 Bde., Vol. 2: Identy, Culture and Politics. Singapore 1983

GRANDSTAFF (1980): s. Thailand

GRIST, D. H.: Rice. London 1953 ($^{5}$1975)

GROSLIER, B.: Hinterindien, Kunst im Schmelztiegel der Rassen. Baden-Baden 1960

HAHN, E.: Die Wirtschaftsformen der Erde; in: Petermanns Geogr. Mitt., 1892

HALL, D. G. E.: A History of South-East Asia. London 1955 (Neuaufl. New York 1970)

HAMILTON, W.: Tectonics of the Indonesian Region. US Geol. Survey Prof. Papers 1078, Washington 1979

HEBERER, TH.: Nationalitätenpolitik und Entwicklungspolitik in den Gebieten nationaler Minderheiten in China. Bremer Beitr. z. Geogr. u. Raumplanung 9, 1984

HEINE-GELDERN, R. v.: Südostasien; in: Buschan, G. (Hrsg.): Illustrierte Völkerkunde, Bd. 2, Stuttgart $^{2}$1923

HEINE-GELDERN, R. v.: Urheimat und früheste Wanderungen der Austronesier. Anthropos 27, 1932

HEINE-GELDERN, R. v.: Die kulturgeschichtliche Bedeutung Südostasiens; in: Geogr. Rundschau 9, 1957

HEINZIG, D.: Disputed Islands in the South China Sea (Paracels-Spratlys usw.), Publ. Inst. of Asian Affairs, Hamburg, Wiesbaden, 1976

HEINZLMEIR, H.: Großmächte und ASEAN: Interessenkonstellationen in Südostasien nach dem Ende des Indochinakonfliktes; in: W. Draguhn (Hrsg.): Politik und Wirtschaft in Südostasien nach dem Ende des Vietnam-Krieges. Mitt. d. Inst. f. Asienkunde Hbg. 86, Hamburg 1977

HELBIG, K.: Hinter- und Insel-Indien. Bibliographie 1926–1940; in: Geogr. Jahrbuch, Jg. 57 (1942), Gotha 1943

HERDT, R. W., C. CAPULE: Adoption, Spread and Production Impact of Modern Rice Varieties in Asia. IRRI, Los Baños 1983

HERRES, F. R.: ASEAN. Ein Weg aus der Unterentwicklung? Grenzen und Möglichkeiten regionaler wirtschaftlicher Zusammenarbeit. München 1981

HESMER, H.: Der kombinierte land- und forstwirtschaftliche Anbau. Bd. II: Tropisches und subtropisches Asien, Wiss. Schriftenreihe des Bundesmin. f. Wirtschaftl. Zusammenarbeit 17, Stuttgart 1970

HILGEMANN, W., G. KETTERMANN, M. HERGT: dtv-Perthes-Weltatlas. Großräume in Vergangenheit und Gegenwart. Bd. 10: Südostasien. München/Darmstadt 1977

HILL, R. D. (1977): s. Malaysia

HILL, R. D. (ed.): South-East Asia: A Systematic Geography. Oxford U. P., Kuala Lumpur 1979

HIRTH, P.: Die künstl. Bewässerung; in: Beih. z. Tropenpflanzer, XXXI, 3, Berlin 1928

HOHNHOLZ, J.: Maniok- Anbau in Südostasien, 1980: s. Thailand; Die Kokospalme, 1986: s. Philippinen

HOTTES, K. H.: Plantations – The Modern Structural Change of an Agro-Industrial Complex within Industrial Systems of Developing Countries; in: Hottes/Uhlig (Hrsg.), 1984

HOTTES, K. H., H. UHLIG (Hrsg.): Probleme der Entwicklungsländerforschung in Süd- und Südostasien. Wirtschaftsgeogr. Fallstudien. Materialien zur Raumordnung a. d. Geogr. Inst. d. Univ. Bochum. Bd. XXVII, Bochum 1984 (Vortr. 43. Dt. Geographentag Mannheim 1983)

INFORMATIONEN ZUR POLITISCHEN BILDUNG: H. 147/148: Südostasien. Japan. Neudruck 1983

INFORMATIONEN ZUR POLITISCHEN BILDUNG: Südostasien (H. Uhlig), Nr. 148, Bonn 1972

INSTITUT FÜR ASIENKUNDE, DOKUMENTATIONSSTELLE (Hrsg.): Kurzbibliographien: Burma, Brunei, Thailand. Hamburg 1979

INSTITUT FÜR ASIENKUNDE (Hrsg.): Südostasien aktuell. Inst. f. Asienkunde. Hamburg 1980ff. (erscheint alle zwei Monate)

INTERNATIONAL RUBBER STUDY GROUP: Rubber Statistical Bulletin, 1983 (u. a. Jg.)

IRRI (INTERNATIONAL RICE RESEARCH INSTITUTE): Changes in Rice Farming in Selected Areas of Asia. Los Baños 1975

IRRI: Major Research in Upland Rice. Los Baños 1975

IRRI: Climate and Rice. Los Baños 1976

IRRI: Cropping Systems Research and Development for the Asian Rice Farmer. Los Baños 1977

IRRI: Proceedings of the 1976 Deep Water-Rice Workshop; Los Baños 1977; dito 1978 Workshop; publ. 1979
IRRI: Rainfed Lowland Rice. Los Baños 1979
IVES et al. (1980): s. Thailand
JÄTZOLD, R.: Das System der Agro-Ökologischen Zonen d. Tropen als angew. Klimageographie (m. e. Beisp. aus Kenia); in: 44. Deutscher Geographentag Münster 1983, Wiesbaden 1984
JEFFERSON, M.: The Law of the Primate City; in: Geogr. Review, 1939
JEROMIN, U.: Die Überseechinesen. Ihre Bedeutung für die wirtschaftliche Entwicklung Südostasiens. Stuttgart 1966
JORDAN, C. F., R. HERERA: Tropical Rainforests – are nutrients really critical? in: Nature and Resources 17, 1981
JUNGHANS, K.-H.: Industrialisierung als Entwicklungsinstrument in übervölkerten Agrargebieten Süd- und Südostasiens; in: Z. f. Land- u. Agrarsoziologie 2, 1985
KOLB, A.: Die Wanderungen der Polynesier und die Tarokultur; in: Petermanns Geogr. Mitt. 98, 1954
KOLB, A.: Südostasien im Weltbild unserer Zeit; in: 30. Deutscher Geographentag Hamburg 1955, Wiesbaden 1957
KOLB, A.: Über die Entstehung, das Wesen und die Ausbreitung der chinesischen Kultur; in: Geogr. Zeitschrift 51, 1963
KOLB, A.: Die Pazifische Welt: Kultur- und Wirtschaftsräume am Stillen Ozean. Berlin 1981
KOLB, A.: Südostasien und die Westpazifische Region; in: Geogr. Zeitschrift, Beiheft 58 (Festschr. H. Uhlig), Wiesbaden 1982
KOLB, A.: Das frühe europäische Entdeckungszeitalter im indopazifischen Raum; in: Mitt. d. Geogr. Ges. Hbg. 75, Hamburg 1985
KÜHNE, D.: Südostasien und die Industrienationen im Lichte der politischen Geographie; in: Int. Asienforum 4, 1981
KUNSTADTER, P. (Hrsg.): Southeast Asian Tribes, Minorities and Nations, 2 Bde., Princeton/New Jersey 1967
KUNSTADTER, P., E. C. F. BIRD, SANGA SABHASRI (eds.): Man in the Mangroves. The Socio-economic Situation of Human Settlements in Mangrove Forests (Proc. of an Internat. Workshop in Thailand 1985). The Unites Nations Univ. Tokyo 1986
LAUER, W., P. FRANKENBERG: Untersuchungen zur Humidität und Aridität von Afrika – Das Konzept einer potentiellen Landschaftsverdunstung. Bonner Geogr. Abh. 66, 1981
LEBAR, F. M., G. C. HICKEY, J. K. MUSGRAVE: Ethnic groups of Mainland South-East Asia. Human Relations Area Files Press, New Haven 1964
LE MAY, R.: The Culture of South East Asia, London 1954 (Deutsch: Südostasien; in: Kindlers Kulturgeschichte, München 1967)
LÖFFLER, L. G.: Die Völker Hinterindiens; in: Geogr. Rundschau 9, 1957

LOGAN, J. R.: The Ethnology of the Indian Archipelago and Eastern Asia. 1850

LU, J. L., CHANG, T. T.: Rice in its Temporal and Spatial Perspectives; in: Luh, B. S. (ed.): Rice Production and Utilization. Westport/Conn. 1980

LUBEIGT, 1979: s. Burma

MACHETZKI, R.: Die ASEAN-Länder. Leistungsprofile, Märkte, Kooperationsaussichten. Berlin 1985

MARR, 1982: s. Singapur

MAYER, F.: Petro-Atlas, Erdöl und Erdgas. Braunschweig 1982

McGEE, T. G.: The Southeast Asian City. London 1967

McGEE, T. G.: Rural-urban mobility in South and Southeast Asia: different formulations, different answers; in: McNeill, W. H., R. S. Adams (Eds.): Human migration: patterns and policies. Indiana U. P., Bloomington 1978

McGEE, T. G.: The Changing Cities; in: R. D. Hill (ed.), s. S. 626

MATISOFF, J. A.: Languages of Mainland Southeast Asia. Cambridge U.P., 1982

MATISOFF, J. A.: Linguistic Diversity and Language Contact; in: Highlanders of Thailand. Siehe: McKinnon, W. Bhruksasri (eds.), 1986

MEYNEN, E., E. PLEWE (Hrsg.): Beiheft 58 d. Geogr. Zeitschrift (Festschr. H. Uhlig), Wiesbaden 1982

MISCHUNG, R.: Völkerkunde Hinterindiens; in: Wissen heute, Bd. 4; 1981. Archäologie Hinterindiens und Indonesiens; in: Wissen heute, Bd. 10, Niedernhausen/Ts., 1982

MOORMANN, F., N. VAN BREEMEN: Rice, Soil, Water, Land. IRRI, Los Baños 1978

NEEF, E.: Die theoretischen Grundlagen der Landschaftslehre. Gotha 1967

NEEF, E.: Der Stoffwechsel zwischen Gesellschaft und Natur als geogr. Problem; in: Geogr. Rundschau 21, 1969

NIEUWOLT, S.: Klimageographie der Malaiischen Halbinsel. Mainzer Geogr. Stud. 2, 1969

NITZ, H.-J.: Formen der Zelgenwirtschaft im Kumaon-Himalaya u. seinem Vorland; in: Z. f. Agrargesch. u. Agrarsoziologie 14, 1966

NOHLEN, D., F. NUSCHELER (Hrsg.): Handbuch der Dritten Welt. Bd. 7: Südasien und Südostasien. Hamburg 1983

NORMAN, M. J. T., C. J. PEARSON, P. G. E. SEARLE: The ecology of tropical food crops. Cambridge 1984

O'TOOLE, J. C., T. T. CHANG: Drought and Rice Improvement in Perspective. IRRI, Res. Paper Series 14, Manila 1978

PALACPAC, A. C.: World Rice Statistics. IRRI. Dept. of Agric. Economics, Los Baños 1980

PELZER, K. J.: Die Arbeiterwanderungen in Südostasien. Bonn, Hamburg 1935

PELZER, K. J.: Pioneer Settlement in the Asiatic Tropics. Amer. Geogr. Society, Special Publ. 29, New York 1945 (²1948)

PELZER, K. J.: Land Utilization in the Humid Tropics: Agriculture; in: Proc. of the Ninth Pacific Science Congr., 1957. Bangkok 1958

PRYOR, R. J.: Internal migration in South East Asia: Patterns, Problems and Politics; in: Pryor, R. J. (ed.): Migration and development in South East Asia – a demographic perspective. Kuala Lumpur 1979

PURCELL, V.: The Chinese in South East Asia. London 1951 (²1965)

RATHENBERG, E., T. ROSINY, C. VELDER: Kambodscha – Birma – Laos. Mai's Auslandstaschenbuch Nr. 30, Buchenhain 1970

REED, C. (ed.): Origins of Agriculture. The Hague, Paris, Chicago 1977

RIPLEY, D. S.: Tropisches Asien – Flora und Fauna. Reinbek 1975 (Originalausgabe: 1964, Time-Life Books, New York)

RITTMANN, A.: Vulkane und ihre Tätigkeit. Stuttgart ³1981

RÖLL, W., U. SCHOLZ, H. UHLIG (Hrsg.): Symposium: »Wandel bäuerlicher Lebensformen in Südostasien« 1979, Gießen; in: Gießener Geogr. Schr. 48, Gießen 1980

RUDDLE, K., W. MANSHARD: Renewable natural resources and the environment. UN-University – Nat. Res. and Environm. Series, Vol. 2, Dublin 1981

RUST, W. L.: ASEAN. Regionale Zusammenarbeit im Schatten der Großmächte, Europ. Hochschulschriften, Reihe 31, Polit. Wiss. Bd. 81, Frankfurt/M., Bern, New York 1985

RUTHENBERG, H.: Farming Systems in the Tropics. Oxford ²1976

RUTHENBERG, H., B. ANDREAE: Landwirtschaftliche Betriebssysteme in den Tropen und Subtropen; in: Blanckenburg: Handbuch der Landwirtschaft und Ernährung in den Entwicklungsländern, Bd. 1, S. 125–173, Stuttgart 1982

SANCHEZ, P. A.: Properties and Management of Soils in the Tropics. New York 1976

SAUER, C. O.: Agricultural origins and dispersals. New York 1952

SCHEBESTA, P.: Die Negritos Asiens (Studia Inst. Anthropos, Vols. 6, 12, 13) Wien 1952, 1954 und 1957

SCHELLHORN, K. M.: Die sicherheitspolitische Kooperation der ASEAN-Staaten; in: ASIEN 19, 1986

SCHILLER, O.: Agrarstruktur und Agrarreform in Ländern Süd- und Südostasiens. Hamburg, Berlin 1964

SCHMIDT, 1979: s. Indonesien

SCHOLZ, U.: Die Ablösung und Wiederausbreitung des Brandrodungswanderfeldbaus in den südostasiatischen Tropen – Beispiele aus Sumatra und Thailand; in: Meynen u. Plewe (Hrsg.), 1982 (s. S. 628)

SCHOLZ, U.: Ist die Agrarproduktion der Tropen ökologisch benachteiligt? Überlegungen an Beisp. d. dauerfeuchten Tropen; in: Geogr. Rundschau 36, 1984

SCHOLZ, U.: Deforestation in the Asian Tropics – Causes and Consequences; in: ASIEN 21, Hamburg 1986

SCHUBNELL, H. (ed.): Population Policies in Asian Countries. Contemporary Targets, Measures and Effects. Dräger Foundation and Centre of Asian Studies. Univ. of Hongkong 1984

SENDUT, HAMZAH: City-size distribution of South-East Asia; in: Asian Studies 4, 2. Quezon City 1966. Nachdruck in: Changing South-East Asian Cities, s. Yeung and Lo, 1976 (s. S. 632)

SENFTLEBEN, W.: Political Geography of the South China Sea. Philippine Geogr. Journal, Vol. 20, No. 4, 1976

SIDDAYAO, C. M.: The supply of petroleum resources in South-East Asia. Economic implications of evolving property right arrangements. Kuala Lumpur 1980

SOLHEIM. W. G. II: Reworking Southeast Asian prehistory; in: Paideuma, Mitt. zur Kulturkunde, Vol. 15, 1969

SOLHEIM, W. G. II: Northern Thailand, Southeast Asia, and world prehistory. Asian Perspectives, Vol. 13, 1972

SOLICH, E. J.: Die Überseechinesen in Südostasien. Schr. d. Inst. f. Asienkunde. Hamburg VII, Frankfurt/M. 1960

SPENCER, J. E.: The migration of rice from mainland Southeast Asia into Indonesia; in: J. Barrants (ed.): Plants and the migration of Pacific people. Honolulu 1963

SPENCER, J. E.: Shifting Cultivation in Southeastern Asia. Univ. of California Publications in Geography, 19. Berkeley, Los Angeles 1966

STEENIS, J. J. G. van: Flora Malesiana. Groningen 1950 ff.

STERNSTEIN, L., C. SPRINGER: An Annotated Bibliography of Material Concerning Southeast Asia from Petermanns Geogr. Mitteilungen 1855–1966. The Siam Society, Bangkok 1967

TAUCHMANN et al.: Forschungsprojekt »Seeschweifende Gemeinschaften in SO-Asien« (Vortr. SOA-Symposium, Bielefeld 1985; noch unpubl.). Institut für Völkerkunde, Univ. Köln, 1985

TREGONNING, K. G.: Southeast Asia. A critical bibliography. Tucson/Ariz. 1969

TROLL, C.: Die tropischen Gebirge. Bonner Geogr. Abh. 25, 1959

TROLL, C., K. H. PAFFEN: Karte der Jahreszeitenklimate der Erde; in: Erdkunde 17, 1968

UHLIG, H.: Hill Tribes and Rice Farmers in the Himalayas and South East Asia: Problems of the Social and Ecological Differentiation of Agricultural Landscape Types; in: The Institute of British Geographers, Transactions and Papers 47, 1969

UHLIG, H.: Die Geographie in der Grundlagenforschung und Raumpla-

nung der Entwicklungsländer und ihre Behandlung im Unterricht; in: Der Erdkundeunterricht, Sonderheft 1, Stuttgart 1971
UHLIG, H.: Südostasien, Landeskunde. Informationen zur politischen Bildung 148, Bonn 1972
UHLIG, H.: Der Reisbau im Himalaya; in: Vergl. Kulturgeogr. der Hochgebirge des südl. Asiens. Hrsg.: C. Rathjens, C. Troll, H. Uhlig. Erdwiss. Forschung V, Wiesbaden 1973
UHLIG, H.: Geoecological controls on high-altitude rice cultivation in the Himalayas and mountain regions of Southeast Asia; in: Journal of Arctic and Alpine Research 10, Boulder/Col., 1978
UHLIG, H.: Wassersiedlungen in Monsun-Asien; in: Siedlungsgeogr. Studien (Festschr. G. Schwarz), Berlin, New York 1979c
UHLIG, H.: Geplante und spontane Neusiedlung in Südost-Asien; in: Konflikte durch Veränderungen in der Raumnutzung. Schriften des Zentrums für Regionale Entwicklungsforschung, Univ. Gießen, Bd. 11. Saarbrücken, Fort Lauderdale 1979b
UHLIG, H.: Innovationen im Reisbau als Träger der ländlichen Entwicklung in Südostasien; in: W. Röll, U. Scholz, H. Uhlig (Hrsg.), 1980 (s. Röll et al.)
UHLIG, H.: Traditionelle Reisbausiedlungen in SO-Asien; in: Recherches de Géogr. Rurale, 2 vol., presenté à Frans Dussart, Liège 1980c
UHLIG, H.: Der Reisbau mit natürlicher Wasserzufuhr in Süd- und SO-Asien; in: Festschrift f. Felix Monheim. Aachener Geogr. Arbeiten 14, 1981
UHLIG, H.: Südostasien zwischen Aufwind und Flaute – Neuere politisch- und wirtschaftsgeographische Entwicklungen der ASEAN-Länder, bes. Malaysias; in: Beiträge zur Geographie der Kulturerdteile (Festschrift für A. Kolb), Berliner Geogr. Studien 20, 1986b
UHLIG, H.: Man and Tropical Karst; in: GeoJournal 4, 1. 1980b
UHLIG, H.: Reisbausysteme und -ökotope in Südostasien; in: Erdkunde 37, 1983 (Kartenbeilage) und Erdkunde 38, 1984
UHLIG, H. (Hrsg.): Spontaneous and Planned Settlement in Southeast Asia. Institut für Asienkunde Hamburg (Vertrieb) und Gießener Geogr. Schriften, Bd. 58, 1984
UHLIG, H.: Südostasien – Subkontinent und Archipel – Kulturerdteil – Politisches Spannungsfeld; in: Praxis Geographie 1, 1986a
UN/ESCAP: s. ESCAP (UN)
UNESCO Office of the Regional Adviser for Social Sciences in Asian and the Pacific (Hrsg.): Swidden Cultivation in Asia. 3 Bde., Bangkok 1983–85
UNITED NATIONS: Atlas of Physical, Economic and Social Resources of the Lower Mekong Basis. Bangkok, Washington 1968
VILLIERS, J.: Südostasien vor der Kolonialzeit. Fischer Weltgeschichte Bd. 18. Frankfurt/M. 1965

WAIBEL, L.: Probleme der Landwirtschaftsgeographie. Breslau 1933

WALES, H. G. Q.: The Indianization of China and South-East Asia. London 1967

WALLACE, A. R.: Der Malayische Archipel (gekürzte deutsche Ausgabe von: The Malay Archipelago, London 1869). Frankfurt 1983

WALTER, H. und H. LIETH: Klimadiagramm-Weltatlas. Jena 1960

WARD, M. W.: Recent Population Growth and Economic Development in Asia; in: Pacific Viewpoint, Vol. 1, 1960

WECK, J.: Regenwälder, eine vergleichende Studie forstlichen Produktionspotentials; in: Die Erde 60, 1959

WEISCHET, W.: Die ökologische Benachteiligung der Tropen. Stuttgart 1977 ($^2$1980)

WEISCHET, W.: Agrarwirtschaft in den feuchten Tropen; in: Geogr. Rundschau 36, 1984

WEISCHET, W.: Ökologische Grundprobleme agrarwirtschaftlichen Anbaus in den feuchten Tropen; in: Ehlers, E. (Hrsg.): Ernährung und Gesellsch., Bevölkerungswachstum – Agrare Tragfähigkeit der Erde. Marburger Forum Philippinum. Frankfurt 1983 (Nachdruck in: Entwicklungsländer, Wiss. Buchgem., Darmstadt 1985)

WHEATLEY, P.: Agricultural Terracing; in: Pacific Viewpoint, Vol. VI, 1965

WHEATLEY, P.: Nagara and Commandery. Origins of the Southeast Asian Urban Traditions. The Univ. of Chicago, Dept. of Geography Research Paper 207–208 (470 S.), Chicago 1983

WIENS, H. J.: China's march toward the Tropics. Hamden/Conn., 1954

WILHELMY, H.: Reisanbau und Nahrungsspielraum in Südostasien. Geocolleg. Kiel 1975

WINSTEDT, R. O.: The Malays: A Cultural History. London, Singapore 1956

WISSMANN, H. V.: Süd-Yünnan als Teilraum Südostasiens; in: Z. f. Geopolitik, 1942

WISSMANN, H. V.: Stufen und Gürtel der Vegetation und des Klimas in Hochasien und seinen Randgebieten; in: Erdkunde XIV, 1960, und XV, 1961

WITTFOGEL, K. A.: Wirtschaft und Gesellschaft Chinas. Produktivkräfte, Produktions- und Zirkulationsprozeß. Schr. d. Inst. f. Sozialforschung an der Univ. Frankfurt/M. III, Leipzig 1931

WORKMAN, D. R.: Geology of Laos, Cambodia, South Vietnam and the eastern part of Thailand. Overseas Geol. & Miner. Resources, No. 50, 1977

YEUNG, Y. M., P. C. LO (Hrsg.): Changing South-East Asian Cities: Readings on Urbanization. Oxford U. P., Singapore 1976

## Burma

BANNERT, D., D. HELMCKE: The Evolution of the Asian Plate in Burma. In: Geologische Rundschau 70, 1981

BENDER, F., D. BANNERT, J. BRINKMANN, F. GRAMANN, D. HELMCKE: Geology of Burma. Stuttgart 1983

BRUNEAU, M., L. BERNOT: Une Population Lacustre: Les Intha du Lac Inle (États Shan du sud, Birmanie). In: Journ. d'Agric. Tropicale et de Botanique, Appliquée XIX, 1972

BRUNNSCHWEILER, R. O.: On the Geology of the Indoburman Ranges. In: J. Geol. Soc. Austr. 13, 1966

CRESSEY, P.: The ecological organization of Rangoon, Burma. In: Sociology and Social Research, 1956

DAW THIN KYI: The Old City of Pagan. In: Essays offered to H. G. Luce, Vol. II, ed. B. A. Shin, J. Boisselier, A. B. Griswold. Ascona (Schweiz) 1964

FERGUSON, J. E. (ed.): Essays on Burma. Contributions to Asian Studies 16, Leiden 1981

FLEISCHMANN, K.: Die Wirtschaft Burmas. In: Int. Asienforum 3, 1972

FLEISCHMANN, K.: Die neue Verfassung der Union von Burma. Vorgeschichte, Inhalte, Wirklichkeit. Mitt. d. Inst. f. Asienkunde Hbg. 82, Hamburg 1976

FLEISCHMANN, K.: Arakan, Konfliktregion zwischen Burma und Bangladesh. Mitt. d. Inst. f. Asienkunde Hbg. 121, Hamburg 1981

FÜRER-HAIMENDORF, CH. V.: Die nackten Nagas. Leipzig 1947

GRISWOLD, A., CH. KIM, P. H. POTT: Burma, Korea, Tibet (Kunst der Welt). Baden-Baden 1963

HALL, D. G. E.: Burma. London 1950

HELMCKE, D., G. PÖHLMANN: Geologische Interpretation des zentralen Arakan-Küstenbereiches (Union von Burma) nach LANDSAT-Szenen und ihre kartographische Darstellung. Berliner Geowiss. Abh. 20, 1980

HUTTON, J. H.: The Mixed Culture of the Naga Tribes; in: Journ. Royal Anthropol. Inst. 15, 1965

INSTITUT FÜR ASIENKUNDE HAMBURG, DOKUMENTATIONSSTELLE (Hrsg.): Kurzbibliographien: Burma, Brunei, Thailand. Hamburg 1979

KAUFFMANN, H. E.: Landwirtschaft bei den Bergvölkern von Assam und Nord-Burma; in: Z. f. Ethnologie, 1934

LEACH, E. R.: Political Systems of Highland Burma. A Study of Kachin Social Structure. London 1964 (Reprint), First Published 1954

LEHMAN, F. K.: The Structure of Chin Society. A Tribal People of Burma. In: Illinois Stud. in Anthropology 3, Urbana, 1963

LEHMAN, F. K.: Ethnic Categories in Burma and the Theory of Social Systems; in: Kunstadter (Hrsg.), 1967 (s. S. 627)

LUBEIGT, G.: L'introduction d'une nouvelle culture dans un État socialiste:

le cas de jute en Birmanie. In: Travaux et Documents de Géogr. Tropicale 20 (CNRS), Bordeaux-Talence 1975

LUBEIGT, G.: Le Palmier à Sucre (Borassus flabellifer) en Birmanie Centrale. Publ. du Dépt. de Géographie de l'Univ. de Paris-Sorbonne, No. 8, 1979

MARAN LA RAW: Toward a Basis for Understanding the Minorities in Burma: The Kachin Example; in: Kunstadter (Hrsg.), 1967 (s. S. 627)

MARSHALL, H. I.: The Karen People of Burma. A Study in Anthropology and Ethnology. Columbus/Ohio 1922

REDICK, R. W.: A Demographic and Ecological Study of Rangoon, Burma, 1953. In: Burgess, E. W., D. J. Bogue: Contributions to Urban Sociology, Chicago 1964

ROSINY, T.: Birma. In: Rathenberg, Rosiny, Velder, 1970 (s. S. 628)

RUFFING, B.: Untergrund- und Rebellenorganisationen in Burma. In: Vierteljahresberichte d. Friedr.-Ebert-Stiftung, Bonn 1969

SCHWEINFURTH, U.: The Eastern Marches of High Asia and the River Gorge Country. In: C. Troll (Hrsg.): Landschaftsökologie der Hochgebirge Eurasiens. Erdwiss. Forsch. IV, Wiesbaden 1972

SPATE, O. H. K.: The Burmese village; in: Geographical Review 35, 1945

STAMP, L. D.: The Irawaddy River; in: Geographical Journal 95, 1940

STATISTISCHES BUNDESAMT: Länderkurzbericht – Birma. Wiesbaden 1984

STEINBERG, D.: Burma's Road Toward Development: Growth and Ideology Under Military Rule. Boulder/Col. 1981

STEINBERG, D.: Burma. A Socialist Nation of Southeast Asia. Boulder/Col. 1982

STORZ, H. U.: Burma. Land – Geschichte – Wirtschaft. Schr. des Inst. f. Asienkunde Hbg. 21, Wiesbaden 1967

STRUPP, M.: Chinas Grenzen mit Burma und mit der Sowjetunion. Mitt. d. Inst. f. Asienkunde Hbg. 93, Hamburg 1978

TADAW, S. H.: The Karens of Burma; in: Journ. Burma Research Society XLII, Rangoon 1959

TINKER, H.: The Union of Burma. A Study of the First Years of Independence. London, New York, Toronto 1957 ([4]1967)

TRAGER, F. N.: Burma: From Kingdom to Independence – A Historical and Political Analysis. London 1966

UHRENBACHER, W.: Mandalay, Stätte der burmanischen Könige und der Pagoden; in: Kosmos 12, 1960

WARD, F. K.: The Mekong-Salween Divide as a Geographical Barrier; in: Geogr. Journ. 58, 1921

WARD, F. K.: Ka Karpo Razi, Burmas highest peak; in: Hortic. Journal IX, 1939

WARD, F. K.: Burma's icy mountains. London 1949

WILHELMY, H.: Schwimmende Gärten – eine Intensivform tropischer

Landwirtschaft; in: Beiträge zur Geographie der Kulturerdteile (Festschrift f. A. Kolb), Berliner Geogr. Studien 20, 1986
Literatur zu den Karen und den Bergstämmen s. auch Thailand

## Thailand

ALBRECHT, J.: Thailands Eastern Seaboard Development Programme; in: Südostasien aktuell, Inst. f. Asienkunde Hamburg, Nov. 1984

BAUM, F. et al. (Bundesanstalt f. Bodenforschung): On the Geology of Northern Thailand (m. geol. Karten 1 : 1 Mio); in: Beihefte zum Geol. Jahrbuch 102, Hannover 1970

BOULBET, J.: Paysans de la Forêt. Publ. École Française d'Extrême Orient CV, Paris 1975

BOULBET, J.: Évolution des Paysages Vegeteaux en Thaïlande du Nord-Est. Publ. École Française d'Extrême Orient CXXXVI, Paris 1982

BRITSCH, W. D., Suthiporn CHIRAPANDA, E. LEUCHTMANN: Socio-Economic Conditions of Farmers and Farm Enterprises in the Lamtakhong Self-Help Settlement Project, Thailand. Forschungsstelle für Internat. Agrarentwicklung e. V., Heidelberg 1974

BRUNEAU, M.: Un village du Nord de la Thaïlande: Ban Muang Wa; in: Les Cahiers d'Outre-Mer 90, 1970

BRUNEAU, M.: Ray et utilisation des terres hautes dans la Thaïlande septentrionale; in: Études de Géographie Tropicale offertes à Pierre Gourou. Paris, La Haye, 1972

BRUNEAU, M.: Ethnies, peuplement et organisation de l'espace en Thaïlande septentrionale; in: Les Cahiers d'Outre-Mer 108, 1974

BRUNEAU, M.: Types de cultures commerciales paysannes en Thaïlande septentrionale; in: Travaux et Doc. de Geogr. Tropicale 20 (CNRS), Bordeaux-Talence 1975

BRUNEAU, M.: Recherches sur l'organisation de l'espace dans le Nord de la Thaïlande. (Thèse, Univ. de Paris IV), 2 Bde., Lille, Paris 1980

BRUNEAU, M., G. CABAUSSEL: La Dynamique des Paysages en Zone Tropicale. Carte 1 : 50000: Évolution des paysage de la région de Si Satchanalai (Thaïlande septentrionale); in: Travaux et Doc. de Géogr. Tropicale 9 (CNRS), Bordeaux-Talence 1972

CHAPMAN, E. C.: Shifting Cultivation and Economic Development in the Lowlands of Northern Thailand; in: Internat. Seminar on Shifting Cultivation and Economic Development in Northern Thailand (Chiang Mai 1970), Bangkok 1970

CHAPMAN, E. C.: Villagers as Clients: A Study of Land Development in Northern Thailand; in: Ho and Chapman (eds.), 1973 (s. S. 637)

CHAPMAN, E. C.: Agricultural Intensification and the Role of Forestry in Northern Thailand; in: Ives, Sabhasri, Voraurai (eds.): Conservation and Development in Northern Thailand. Proc. of a Progr. Workshop on Agro-Forestry and Highland-Lowland Interactive Systems, Chiang Mai 1978. The United Nations Univ. Tokyo 1980

CHAPMAN, E. C.: Thailands recent economic growth. The importance of foreign agricultural trade; in: Adams, M. G. (ed.): Economic Development in East- and Southeast Asia: Implications for Australias agriculture in the 1980s. AGPS, Canberra 1984

CHAPMAN, E. C.: The Village in Transition: Perspective on Changes in Rural Northern Thailand, 1965–84. Internat. Conf. on Thai Studies, Austral. Nat. Univ., Canberra 1985

CHIVAKUL, KIAT: Die regionalen Disparitäten in der Südost-Region. Ein Beitrag zur Regionalplanung in Thailand. Diss. TU Berlin, 1975

CHIRAPANDA, Suthiporn, Worwate TAMRONGTANYALAK: Resettlement in Thailand. Bangkok 1980

COUGHLIN, R. J.: The Chinese in Modern Thailand. Hongkong 1963

CREDNER, W.: Siam, das Land der Thai. Stuttgart 1935 (Neudruck: Osnabrück 1966)

DECKEN, K. V. D.: Thailands Seefischerei. Diss. Reihe des Südasien-Instituts der Univ. Heidelberg, Nr. 9, Heidelberg 1969

DELVERT, J.: Note sur la »Plaine de Bangkok«...; in: Bull. de l'Ass. de Géographes Français, 1968

DEMAINE, H., C. J. DIXON: Land tenure patterns and agricultural development in North East Thailand; in: Journ. of the Siam Society 60, 1972

DIXON, C. J.: Settlement and Environment in Northeast Thailand; in: The Journal of Tropical Geography 44, 1978

DÖHRING, K.: Siam, Bd. I–III. Darmstadt, Hagen, Gotha 1923

DONNER, W.: The Five Faces of Thailand. An Economic Geography. Institute of Asian Affairs. Hamburg 1978

DONNER, W.: Lebensraum Thailand. Bonn 1983

DONNER, W.: Thailand ohne Tempel. Lebensfragen eines Tropenlandes. Frankfurt 1984

EVERS, H. D.: Geographische Grundlagen der wirtschaftlichen Entwicklung Thailands; in: Z. f. Wirtschaftsgeographie 4, 1960

EVERS, H. D.: The formation of a Social Class Structure: Urbanization, Bureaucratization and Social Mobility in Thailand; in: Americ. Sociol. Review 1966

EVERS, H. D., R. KORFF: Urban Subsistence Production in Bangkok. Forschungsschwerpunkt Entwicklungssoziologie, Working Paper 25, Bielefeld 1982

EVERS, H.-D., R. KORFF, Suparb PAS-ONG: Trade and State Formation: Siam in the Early Bangkok Period. Forschungsschwerpunkt Entwicklungssoziologie. Working Paper 82, Universität Bielefeld, 1986

FREITAG, U.: Concept, Design and Production of the New ›Atlas of Thailand‹; in: GeoJournal 4, 1980

FREITAG, U.: Geschichte der Kartographie von Thailand; in: Geogr. Zeitschr., Beiheft 58 (Festschr. H. Uhlig), Wiesbaden 1982

FUHS, F. W.: Einige regionale Unterschiede in der Landwirtschaft Thailands. Heidelberg 1975

FUHS, F. W.: Labour Utilization and Farm Income in Rural Thailand. Results of Case Studies in Rural Villages (1969/70). Beiträge zur Südasienforschung, Südasien-Institut Heidelberg, Bd. 48. Wiesbaden 1979

FUHS, F. W.: Agrarverfassung und Agrarentwicklung in Thailand. Beiträge zur Südasienforschung, Südasien-Institut Heidelberg, Bd. 82. Wiesbaden 1985

FUHS, F. W., K. WEBER: Thailand; in: Nohlen/Nuscheler (Hrsg.), Handbuch der Dritten Welt, Hamburg [2]1983

GEINITZ, D.: Cassava-Anbau in Thailand. Exportorientierung und Agrarprotektionismus der Europ. Gemeinschaft; in: Int. Asienforum 16, 1985

GEOLOGICAL SURVEY DIVISION, DEPT. OF MINERAL RESOURCES, BANGKOK: Geol. Map of Thailand (1:1 Mio.), Edition 1982

GRANDSTAFF, T. B.: Shifting cultivation in Northern Thailand; in: Resource Systems, Theory and Methodology Series, No. 3, The United Nations University Tokyo, 1980

HANKS, L.: Rice and Man. Agricultural Ecology in South East Asia. Chicago 1972

HEBERER, TH.: s. S. 625

HELMCKE, D.: On the Variscian Evolution of Central Mainland SE Asia; in: Earth Evolution Sciences 4, 1982

HELMCKE, D., H.-G. LINDENBERG: New data on the »Indosinian« Orogeny from Central Thailand; in: Geol. Rundschau 72, 1983

HELMCKE, D., CHOENGCHAI KRAIKHONG: On the geosynclinal and orogenic evolution of Central and Northeastern Thailand; in: J. Geol. Soc. of Thailand 5, 1982

HENNING, G., K.R. KURZMANN: Regionalplanung in Thailand; in: Int. Asienforum 8, 1977

HIGHHAM, C. F. W., A. KIJNGAM: Ban Chiang and NE Thailand: the palaeoenvironment and economy; in: J. of Archaeol. Science 6, 1979

HINTON, P.: The Karen. Millenarism and the politics of accommodation to lowland states; in: Keyes (ed.), 1979 (s. S. 638)

HO, R. and E. C. CHAPMAN (eds.): Studies of Contemporary Thailand. Australian National University. Canberra 1973

HOHNHOLZ, J.: The Potential and Limitations for Expansion of Agricultural Production in Northern Thailand. Applied Sciences and Development, Vol. 5, Tübingen 1975

HOHNHOLZ, J.: Agrarwirtschaft und Landschaft Südthailands. Ein Ost-West-Vergleich; in: Leupold/Rutz (Hrsg.): Der Staat und sein Territorium. Wiesbaden 1976

HOHNHOLZ, J. (ed.): Thailand – Ländermonographien, Bd. 13, Tübingen 1980

HOHNHOLZ, J.: Maniok-Anbau in Südostasien, ein agrargeographischer Überblick; in: Kulturprobleme außereuropäischer Länder (Festschrift für H. W. Bähr), Stuttgart 1980

HORSTMANN, K.: Länderbericht – Thailand. Allgemeine Statistik des Auslandes. Stat. Bundesamt, Wiesbaden 1967

HURNI, H., Sompok NUNTAPONG: Agro-Forestry Improvements for Shifting Cultivation. Systems Soil Conservation Research in Northern Thailand; in: Mountain Research and Development, Vol. 3/4, 1983

ISHII, Y. (ed.): Thailand, A Rice Growing Society. U. P. of Hawaii, Honolulu 1978

IVES, J. D., SANGA SABHASRI, PISIT VORAURAI (eds.): s.: CHAPMAN, 1980

JANISCH, P.: Aspekte der jüngeren Stadtentwicklung von Haad Yai/Süd-Thailand; in: ASIEN 18, Hamburg 1986

JANISCH, P.: Aspekte aktueller Regionalplanung in Süd-Thailand; in: ASIEN 22, 1987

JOHNSTON, D. B.: Rice Cultivation in Thailand; in: Modern Asian Studies 15, 1981

JUDD, PH.: Irrigated Agriculture in the Central Plain of Thailand; in: Ho/Chapman (eds.), 1973 (s. S. 637)

JUDD, L. C.: Dry Rice Agriculture in Northern Thailand. Data Paper 52, SE Asia Program, Cornell Univ., Ithaca/N. Y., 1964

KANDRE, P.: Autonomy and Integration of Social Systems: the Iu Mien (»Yao« or »Man«) Mountain Population and their Neighbours; in: Kunstadter (Hrsg.); 1967 (s. S. 627)

KEVIE, W. van der: Soil Landscapes and potential Land use in the Central Plain; in: Thai Journ. of Agric. Sciences 1970

KEYES, C. F. (ed.): Ethnic adaption and identity: The Karen on the Thai frontier with Burma. Philadelphia 1979

KLEMPIN, A.: Contribution of State-Directed Settlement to Agricultural Development. South Asia Inst., Heidelberg 1978

KRAUS, W.: Die islamische Minderheit in Süd-Thailand; in: Int. Asienforum 11, 1980

KROEF, J. van der: Thailands Refugee Dilemma: Another Lebanon? in: Int. Asienforum 15, 1984

KUNSTADTER, P.: Implications of Socio-economic, Demographic and Cultural Change for Regional Development in Northern Thailand; in: Ives, Sabhasri, Voraurai (eds.): Conservation and Development in Northern Thailand. Proc. of a Progr. Workshop on Agro-Forestry and Highland-Lowland Interactive Systems, Chiang Mai 1978. The United Nations Univ. Tokyo, 1980

KUNSTADTER, P.: Karen Agro-Forestry: Processes, Functions, and Implications for Socio-Economic, Demographic and Environmental Change in Northern Thailand; in: Mountain Research and Development, Vol. 3/4, 1983

KUNSTADTER, P., E. C. CHAPMAN, SANGA SABHASRI (eds.): Farmers in the Forest; Economic Development and Marginal Agriculture in Northern Thailand. East West Center, Honolulu 1978

LAINÉ, J. P.: Bangkok: problèmes de croissance urbaine; in: Les Cahiers d'Outre-Mer, XXIV, Bordeaux 1972

LEWIS, P. u. E.: Völker im Goldenen Dreieck. Sechs Bergstämme in Thailand. Stuttgart, London 1984

LOETSCH, F.: Der Einfluß des Brandrodungsbaus auf das Gefüge des Tropenwaldes und der Wasserführung der Ströme, untersucht am Beispiel Nordthailands; in: Erdkunde XII, 1958

LÖFFLER, E., W. P. THOMPSON, M. LIENGSAKUL: Quaternary Geomorphological Development of the Lower Mun River Basin, NE Thailand; in: Catena, Vol. 11, 1984

LOUIS, H.: Beobachtungen über die Inselberge bei Hua-Hin am Golf von Siam; in: Erdkunde XIII, 1959

McKINNON, J., W. BHRUKSASRI (eds.): Highlanders of Thailand. Oxford U.P., Oxford, New York, Singapore ([1]1983); Paper edition 1986

MANNDORFF, H.: Veränderungen in den Beziehungen zwischen Tieflandvölkern und Bergstämmen in Nordthailand; in: Sociologus 17/2, 1966

MATZAT, W.: Genese und Struktur der Siedlungen des Lawa-Bergstammes (Nordthailand); in: 40. Deutscher Geographentag Innsbruck 1975, Wiesbaden 1976

MISCHUNG, R.: Meo und Karen: Die Umweltanpassung zweier hinterindischer Bergvölker; in: Paideuma, Vol. 26, 1980

MISCHUNG, R.: Seßhaftigkeit und Intensivierung beim Brandrodungsfeldbau. Fallstudie aus NW-Thailand; in: Paideuma, Vol. 30, 1984

MISCHUNG, R.: Religion und Wirklichkeitsvorstellungen in einem Karen-Dorf Nordwest-Thailands; Studien zur Kulturkunde 69, Wiesbaden 1984

MOTE, F. W.: The Rural »Haw« (Yunnanese Chinese) of NO Thailand; in: Kunstadter (Hrsg.), 1967 (s. S. 627)

NG, R.: Rice Cultivation and Rural Settlement Density in Northeast Thailand; in: Tijdschr. v. Econ. en Soc. Geogr. 1968

NG, R.: Recent Internal Population Movement in Thailand; in: Ann. Am. Ass. of Geogr. 59, 1969

NG, R.: Man and Land in Northeast Thailand; in: Nature and Man in South East Asia (ed. P. A. Stott). London 1978

OBERLÄNDER, L.: Zur Methodik Kosten-Nutzen-analytischer Bewertung verteilungsorientierter Preispolitik, mit empirischen Untersuchungen zur Agrarpreispolitik Thailands und der Europäischen Gemeinschaft; in: Beiträge zur Südasien-Forschung, Universität Heidelberg. Wiesbaden 1985

PENDLETON, R. L.: Thailand. Aspects of Landscape and Life. An American Geographical Society Handbook, New York 1962

PENTH, H.: Old Phrao; in: Journ. of the Siam Soc., Vol. 60, 1972

PENTH, H.: Die Wiederherstellung des Klosters Phra Nòn 1745–96; in: Nachr. Akad. d. Wiss. Göttingen, Phil. Hist. Kl., No. 6, 1974

PIAMPHONGSANT, PRISCHA: Struktur und Entwicklung der Landwirtschaft Thailands. Diss. Hamburg 1971

RIETHMÜLLER R., U. SCHOLZ, NAPAT SIRISAMBHAND, A. SPAETH: Spontaneous Land Clearing in Thailand: The Khorat Escarpment and the Chonburi Hinterland; in: Uhlig, H. (ed.): Spontaneous and Planned Settlement in Southeast Asia. Inst. f. Asienkunde Hamburg und Gießener Geogr. Schr. 58, 1984

ROYAL FORESTRY DEPARTMENT: Types of Forests of Thailand, 1962

ROYAL THAI SURVEY DEPARTMENT: Atlas of Thailand, 1977 ff.

SCHNETZ, M., C. LEITZMANN: Nutrition Habits and Nutritional Status of Settlers in Thailand. In: Diesfield, H. J. (Hrsg.): Medizin in Entwicklungsländern, No. 11, Health Research in Developing Countries. Frankfurt 1982

SCHOLZ, F.: Zum Feldbau des Akha-Dorfes Alum, Thailand; in: Jb. Südasien-Institut der Univ. Heidelberg. Wiesbaden 1968/69

SCHOLZ, U.: Spontane Neulanderschließung in den Waldgebieten Südost-Thailands. Symposium: Wandel bäuerlicher Lebensformen in Südostasien. Gießener Geogr. Schr. 48, 1980 a

SCHOLZ, U.: Die Ablösung und Wiederausbreitung des Brandrodungswanderfeldbaus, 1982 (s. S. 629)

SEIDENFADEN, E.: The Thai Peoples. The Siam Society. Bangkok 1967

SHARP, L., L. M. HANKS: Bang Chan, Social History of a Rural Community in Thailand. Cornell U. P., Ithaca/N. Y. 1978

SHOWCHAYA, PISAREK: Case Study – Thailand I; in: (The Promotion of Secondary Cities) Spatial Planning and Development Conference, Deutsche Stiftung f. Internat. Entwicklung (DSE), Berlin 1985

SILCOCK, T. H. (ed.): Thailand: Social and Economic Studies in Development. Canberra 1967

SILCOCK, T. H.: The Economic Development of Thai Agriculture. Cornell U. P., Ithaca/N. Y. 1970

SKINNER, G. W.: Chinese Society in Thailand. Ithaca/N. Y. 1957

STATISTISCHES BUNDESAMT: Länderkurzbericht – Thailand. Wiesbaden 1985

STERNSTEIN, L.: Settlement Patterns in Thailand; in: The Journal of Tropical Geography 21, 1965

STERNSTEIN, L.: Aspects of agricultural land tenure in Thailand; in: The Journal of Tropical Geography 23, 1967

STERNSTEIN, L.: Thailand. The Environment of Modernization. Sydney 1976

SURARERKS, VANPEN: Agrargeographische und sozialökonomische Struktur in Nord-Thailand (unter besonderer Berücksichtigung der Pachtverhältnisse). Diss. Gießen 1975

SURARERKS, VANPEN: Conflicts in large vs. small scale irrigation; in: Geogr. Zeitschr., Beiheft 58 (Festschr. H. Uhlig), Wiesbaden 1982

SURARERKS, VANPEN: Historical Development and Management of Irrigation Systems in Northern Thailand. Univ. of Chiang Mai / Ford Foundation. Bangkok / Chiang Mai 1986

TAKAYA, Y.: Rice cropping patterns in southern Asian deltas; in: SE Asian Studies 13, Kyoto 1975

THAI-AUSTRALIA TUNG KULA RONGHAI PROJECT: Tung Kula Ronghai Salinity Study. McGowan Internat. Pty. Ltd., 1983

TRAUB, P.: Regionale Unterschiede der Rohrzuckerproduktion in Thailand – ein geographischer Beitrag; in: Zuckerindustrie 111, No. 6, 1986

TROGER, E.: Ban-Pea Lungar. Studie zur Siedlungs-, Wirtschafts- und Bevölkerungsgeographie eines Dorfes in Nordthailand; in: Mitt. d. Geogr. Gesellsch., Wien 1960

TROGER, E.: Struktur und Probleme der Wirtschaft Thailands; in: Mitt. d. Österr. Geogr. Ges., Bd. 104, 1962

UHLIG, H.: Hill Tribes..., 1969 (s. S. 630)

UHLIG, H.: ›Völkerschichtung und Völkerbewegungen‹ in den Gebirgen Thailands im Umbruch der modernen Entwicklung; in: Festschr. für A. Leidlmair, Innsbrucker Geogr. Studien, Bd. 5, Innsbruck 1979a

UHLIG, H.: Wassersiedlungen in Monsun-Asien. 1979c (s. S. 631)

UHLIG, H.: Problems of Landuse and Recent Settlement in Thailands Highland-Lowland Transition Zone; in: Ives, Sabhasri, Voraurai (eds.): Conservation and Development in Northern Thailand. Proc. of a Progr. Workshop on Agro-Forestry and Highland-Lowland Interactive Systems, Chiang Mai 1978. The United Nations Univ. Tokyo, 1980d

UHLIG, H., R. RIETHMÜLLER: Die Wandlungen tropischer Ökosysteme durch Landerschließung und cash crop-Anbau im Bergland Zentral-Thailands; in: Geoökodynamik VII (Festschr. H. Mensching), Darmstadt 1986

WEBER, K.: Shifting cultivation among Thai peasants. Some working hypotheses; in: Jb. Südasien-Institut der Univ. Heidelberg. Wiesbaden 1968/69

WENK, K.: Die Geschichte; Die Kunst (Thailands); in: Hohnholz, J. (Hrsg.), 1980 (s. S. 638)

WOLZ, A.: Rural Employment under a Closing Land Frontier. The Case of Selected Villages in Phitsanulok Province, Thailand. Bonner Stud. z. ländlichen Entwicklung in der Dritten Welt 10. Saarbrücken, Fort Lauderdale 1987

WONGKAW, APICHAT: Landesplanung und Städtebau in Thailand, bezogen auf die Entwicklung der Wirtschaft unter besonderer Berücksichtigung der Agrarstruktur und der Industrieansiedlung. Diss. Aachen 1973

WORLD BANK: Thailand. Toward a Development Strategy of Full Participation. A World Bank Country Study. East Asia and Pacific Regional Office. The World Bank, Washington 1980

YOUNG, G.: The Hill Tribes of Northern Thailand. The Siam Society Monograph Nr. 1. Bangkok 1962

## Laos

ASCHMONEIT, W. (Hrsg.): Laos. Einführende Texte zur traditionalen Kultur und allgemeinen Länderkunde; in: Osnabrücker Dritte Welt-Materialien Nr. 5, 1985

AVIMOR, S.: Laos im neuen Indochina; in: ASIEN 15, Hamburg 1985

BARNEY, G.L.: The Meo of Xieng Khouang Prov., Laos; in: Kunstadter (Hrsg.), 1967 (s. S. 627)

BARTON, T.F.: Outlets to the sea for land-locked Laos; in: The Journ. of Geogr., Vol. 59, 1960

DECKEN, K. V.D.: Militärische und andere materielle und ideelle Einflußnahmen auf die Politik in Laos. Eine Bestandsaufnahme, in: Int. Asienforum 1, 1970

DOMMEN, A.J.: Conflict in Laos. New York/Washington/London [3]1967

FOCHLER-HAUKE, G.: Laos; in: Die geteilten Länder, München 1967

GINSBURG, N.S.: Laos. New Haven 1955

GROSLIER, B.: 1960 (s. S. 625)

HALPERN, J.M.: Economy and Society of Laos; in: Yale University SE-Asia Studies, Monograph Series Nr. 5, New Haven 1964

HALPERN, J., P. KUNSTADTER: Laos: Introduction; in: Kunstadter (Hrsg.), 1967 (s. S. 627)

HEBERER, TH.: 1984 (s. S. 625)

IZIKOWITZ, G.G.: Lamet: Hill Peasants in Indochina. Etnografiska Museet, Göteborg 1951

LAFONT, P.B.: Bibliographie du Laos. Paris 1964

LEBAR, F.M., A. SUDDARD (eds.): Laos. Its People, its Society, its Culture. New Haven 1963

LUTHER, H.U.: Socialism in a Subsistence Economy: The Laotian Way; in: Int. Asienforum 13, 1982

LUTHER, H.U.: Laos; in: D. Nohlen/F. Nuscheler (Hrsg.), Handbuch der Dritten Welt, Hamburg [2]1983

MOERMAN, M.: Ethnic identification in a complex civilization: who are the Lue?; in: American Anthropologist, 1965

NGUYEN THANH HUNG: Zur Entwicklung der vietnamesisch-laotischen Beziehungen; in: Draguhn/Schier (Hrsg.), 1981, [2]1985 (s. S. 643)

OSBORN, G. M. T.: Government and the Hill Tribes of Laos; in: Kunstadter (Hrsg.), 1967 (s. S. 627)
PAVIE, A.: Eine friedliche Eroberung. Indochina 1888 (dt. Ausg. d. frz. Orig., Paris 1947). Herrenalb 1967
PRETZELL, K.-A.: Die Miao in Laos; in: Themenh. d. Aktuellen Informationsdienstes Asien, Inst. f. Asienkunde, Hamburg 1979
SCHULZ, G.: Die Neutralität von Laos – ein Modell?; in: Int. Asienforum 1, 1970
STATISTISCHES BUNDESAMT: Länderkurzbericht – Laos. Wiesbaden 1986
STUART-FOX, M.: Laos in the 1980s; in: Int. Asienforum 13, 1982
TAILLARD, C.: Les Berges de la Nam Ngum et du Mekong (La Plaine de Vientiane). Commissariat Général au Plan, Vientiane 1971
TAILLARD, C.: L'emergence de cultures commerciales au Laos; in: Types de cultures commerciales paysannes en Asie du Sud-est et dans le Monde Insulindien, Centre d'Études de Geogr. Tropicale, Travaux et Documents, de Géogr. Tropicale 20 (CRNS), Bordeaux-Talence 1975
WEGGEL, O.: Minderheiten und Minoritätenpolitik in Laos; in: Südostasien aktuell, Inst. f. Asienkunde, Hamburg, Mai 1986
WISSMANN, H. V.: 1942 (s. S. 632)

## Kambodscha

ADAM, R.: Hat Kambodscha eine Zukunft?; in: ASIEN 3, Hamburg 1982
AVIMOR, S.: Gedanken über Ursachen und Lösungsmöglichkeiten des Konfliktes in und um Kambodscha; in: ASIEN 9, Hamburg 1984
BLANADET, R.: Types de cultures commerciales dans la prov. de Battambang (Cambodge); in: Travaux et Documents de Géorgr. Tropicale 20 (CRNS), Bordeaux-Talence 1975
BONN, G.: Angkor – Die Tempelstadt der Khmer im Dschungel; in: Indo-Asia 1965
BOULBET, J.: 1982 (s. S. 635)
BRIGGS, L. P.: The Ancient Khmer Empire. Transact. of the American Philosoph. Soc., New Series, Vol. 41, Philadelphia 1951
CONDOMINAS, G.: Les Cambodgiens; in: Leroi-Gourhan A., J. Poirier: Ethnologie de l'Union Française. t. II, Paris 1953
DAHM, B.: Die kommunistischen Bewegungen in Vietnam, Laos und Kambodscha. In: W. Draguhn/P. Schier (Hrsg.), [2]1985 (s. u.)
DELVERT, J.: Le Paysan Cambodgien, Paris 1961
DELVERT, J.: Pêche Paysanne et Pêche Commerciale au Cambodge; in: Les Cahiers d'Outre-Mer 78 u. 79, Bordeaux 1967
DELVERT, J.: Le Cambodge. Que sai je? Paris 1983
DRAGUHN, W., P. SCHIER (Hrsg.): Indochina: der permanente Konflikt? Mitt. d. Inst. f. Asienkunde Hbg. 139, Hamburg (No. 117, [1]1981) [2]1985

GARRY, R.: Modernization of rural areas in Cambodia, in: Civilizations XVI, 1966

GARRY, R.: L'urbanisation au Cambodge; in: Civilisations XVII, 1967

GOULIN, C.: Phnom Penh. Étude de Geogr. Urbaine Thèse inédit., Strasbourg 1965

GOULIN, C.: Phnom Penh, notes de géogr. urbaine; in: Les Cahiers d'Outre-Mer 77, Bordeaux 1967

GRABOWSKY, V.: Unter »Roten Khmer« – Eindrücke aus einem Widerstandsgebiet Kambodschas; in: ASIEN 9, Hamburg 1984

GROSLIER, B. PH.: Angkor, Hommes et Pierres. Paris 1956, London, New York [3]1968

GROSLIER, B. PH.: Pour une géographie historique du Cambodge; in: Les Cahiers d'Outre-Mer 104, Bordeaux 1973

GROSLIER, B. PH.: Agriculture et religion dans l'empire angkorien; in: Études rurales, 1974

HEINZLMEIER, H.: Indochina im Spannungsfeld der internationalen Politik; in: ASIEN 1, Hamburg 1981

KALAB, M.: Study of a Cambodian Village; in: Geogr. Journal 134, 1968

KINLOCH, R. J.: Industrialization in Cambodia. Pacific Viewpoint VII, 1966

KROEF, J. M. van der: Kampuchea: patterns of factional conflict and international confrontation; in: ASIEN 5, Hamburg 1982

KRUG, H. J.: Angkor, eine Stätte althinterindischer Kultur; in: Die Erde, 1949/50

KULKE, H.: Der Sturz Sihanouks – Angkors zweiter Tod?; in: Int. Asienforum 1, 1970

LEIFER, M.: Cambodia and her Neighbours; in: Pacific Affairs, 1961/62

MACHETZKI, R.: Die politische und wirtschaftliche Entwicklung in Kambodscha vor und nach dem Ende des Vietnam-Krieges; in: W. Draguhn (Hrsg.): Mitt. d. Inst. f. Asienkunde Hbg. 86, Hamburg 1977

MACHETZKI, R.: Politik der VR China gegenüber Indochina; in: Draguhn/Schier (Hrsg.), [2]1985 (s. o.)

MARTEL, G.: Lovea. Village des environs d'Angkor. Publ. École Franç. d'Extrême-Orient, Vol. XCVIII, Paris 1975

MIGOZZI, J.: Cambodge, Faits et problemes de population. Paris 1973

POURTIER, R.: Les chinois du Cambodge littoral; in: Les Cahiers d'Outre-Mer 93, Bordeaux 1971

RATHENBERG, E. et al.: 1970 (s. S. 629)

SCHIER, P.: Der Konflikt zwischen der Sozialistischen Republik Vietnam und dem Demokratischen Kampuchea und seine Ursachen; in: Draguhn/Schier (Hrsg.), [2]1985 (s. o.)

SCHIER, P.: Der Konflikt um Kambodscha ... und: Zur Rolle der Vietnamesen in Kambodscha – Vietnamisierung oder brüderliche Hilfe?; in: Südostasien aktuell, Hamburg Sept. 1986

STATISTISCHES BUNDESAMT: Länderkurzbericht – Kamputschea. Wiesbaden 1985

STEINBERG, D. J. et al.: Cambodia: Its People, Its Society, Its Culture. Human Relations Area Files Press, New Haven 1957

THEERAVIT, KHIEU, M. BROWN (eds.): Indochina and Problems of Security and Stability in Southeast Asia. Bangkok 1981

THE-QUYEN VU: Von der »Union Indochinoise« zur »Indochinesischen Föderation«? Ein histor. Überblick v. d. Mitte des 19. Jh. bis heute. In: Draghuhn/Schier (Hrsg.), [2]1985 (s. o.)

UHLIG, H.: Kambodscha. Beiträge zur gegenwartsbezogenen Länderkunde eines Krisenherdes in Südostasien; in: Geogr. Rundschau 23, 1971

UHLIG, H.: Kambodscha; in: Länder, Völker, Kontinente. Bd. III, Gütersloh 1985

VENNETIER, P.: La mortalité au Cambodge: ses facteurs; in: Les Cahiers d'Outre-Mer 104, Bordeaux 1970

WEGGEL, O.: Kambodscha 1975/76. Mitt. d. Inst. f. Asienkunde Hbg. 87, Hamburg 1977

WEGGEL, O.: Möglichkeiten einer Lösung des Kambodscha-Konflikts. In: Draguhn/Schier (Hrsg.), [2]1985 (s. o.)

WEGGEL, O.: Die Eroberung Kampucheas durch Vietnam und der chinesische Gesichtsverlust. In: China aktuell, Hamburg 1979

WEGGEL, O.: Bodenreform, Landwirtschaftspolitik und Ernährungssituation in der Volksrepublik Kampuchea; in: Südostasien aktuell, Inst. f. Asienkunde Hamburg, Sept. 1984

WITTMOTT, W. E.: The Chinese in Cambodia. Vancouver 1967

## Vietnam

AU DUONG THE: Der VI. Parteitag der Kommunist. Partei Vietnams; in: ASIEN 23, 1987

AZAMBRE, G.: Hanoi: notes de géographie urbaine. Bulletin Société Etudes Indochinoises. T. XXX, Saigon 1955

CONDOMINAS, G.: Nous avons mangé la forêt. Chronique d'un village Mnong gar; Hauts plateaux de Viet-Nam. Paris 1974

DAHM, B.: Die kommunistischen Bewegungen in Vietnam, Laos und Kambodscha. In: Draguhn/Schier (Hrsg.), [2]1985 (S. 643)

DAUTH, J.: Exodus aus Vietnam. Aus Politik und Zeitgeschichte, Bd. 36, 1979

DRAGUHN, W. (Hrsg.): Politik und Wirtschaft in Südostasien nach dem Ende des Vietnam-Krieges. Mitt. des Inst. f. Asienkunde Hbg. 86, Hamburg 1977

ECKARDT, A., NGUYEN TIEN HUU: Vietnam. Geschichte und Kultur. Eurobuch. Freudenstadt/Württ. 1968

FALL, B. B.: Le Viet-Minh. Paris 1960

FALL, B. B.: The Two Viet-Nams. New York [3]1966

FISHER, C. A.: The Vietnamese problem in its geographical context; in: Geographical Journal, Vol. 131, 1965

FOCHLER-HAUKE, G.: Vietnam; in: Die geteilten Länder. München 1967

GARRY, R.: La stratification éthnique dans les montagnes du Haut-Tonkin et du Sud-Ouest de la Chine; in: Revue Canadienne de Géogr. 1950

GARRY, R.: The Rice-Problem of the Red River Delta, Vietnam; in: Canadian Geogr. Journal, 1951

GOUROU, P.: Les Paysans du Delta Tonkinois. Paris, La Haye 1936, Neudruck 1965 (engl.: The Peasants of the Tonkin Delta. Human Relations Area Files, New Haven/Conn., 1955)

HEINZLMEIER, H.: Die Massenflucht aus Vietnam. Zum historischen Hintergrund. Aus Politik und Zeitgeschichte Bd. 36, 1979

HEINZLMEIER, H.: The Stampede from Vietnam – Background Information; in: GeoJournal 4, 1980

HICKEY, G. C.: Village in Vietnam. New Haven 1964

HICKEY, G. C.: Some Aspects of Hill Tribe Life in South Vietnam; in: Kunstadter (Hrsg.), 1967 (s. S. 627)

HILL, R. D., CHEUNG MAN BIN: Vietnamese agriculture, rhetoric and reality; in: Contemporary Southeast Asia 7, Singapore 1986, S. 292–305

JASPAN, M. A.: Recent Developments among the Cham of Indo-China. The Revival of Champa; in: Asian Affairs, Vol. 57, 1970

JONES, P. M. H.: The industry of North Vietnam. Far Eastern Economic Review, Vol. 29, 1960

KAYE, W.: A bowl of rice divided: the economy of North Vietnam; in: China Quarterly, 1962

KOLB, A.: Vietnam – das südlichste Ostasien; in: Geogr. Zeitschrift, Beiheft 33 (Festschrift E. Plewe), Wiesbaden 1973

KÜNDIG-STEINER, W.: Die Chinesen in Vietnam; in: Geogr. Helvet., Zürich 1962

LAINE, J. P.: Notes sur la situation des plantations de thé et de café au Vietnam méridional; in: Travaux et Documents de Geogr. Tropicale 20 (CRNS), Bordeaux-Talence 1975

LANG, M. H., B. KOLB: Locational Components of Urban and Regional Public Policy in Postwar Vietnam: The Case of Ho Chi Minh City (Saigon); in: GeoJournal 4, 1980

LÊ THÀNG KHÔI: 3000 Jahre Vietnam (bearb. v. O. KAROW). München 1969

LUTHER, H. U.: Der Vietnamkonflikt. Darstellung u. Dokumentation. Berlin 1969

MACHETZKI, R.: Politik der VR China gegenüber Indochina. In: Draguhn/Schier (Hrsg.), [2]1985 (s. S. 644)

MALCHANOWA, I. A., LESKINEN, A. N., A. S. VORONIN: Die Sozialistische Republik Vietnam; in: Geogr. Bausteine, Neue Reihe, Heft 23, Gotha 1982

MCALISTER, J. T. jr.: Mountain Minorities and the Viet Minh: A Key to the Indochina War; in: Kunstadter (Hrsg.), 1967 (s. S. 627)

MOORMANN, F. R.: General soil map of the Republic of Vietnam (Südvietnam). (1:1 Mio.), Da Lat 1961 (FAO)

NG SHUI MENG: The Population of Indochina. Field Report Series No. 7. Institute of Southeast Asian Studies. Singapore 1974

PAGEL, H.: Kaffeeanbau in der Demokratischen Republik Vietnam; in: Wissenschaft und Fortschritt 14, Berlin 1964

PHAM KIM GIAO: Entwicklungsprobleme der Siedlungsstruktur und der Urbanisierung in der Sozialistischen Republik Vietnam; in: Z. f. d. Erdkundeunterricht 34, Berlin 1982

PRUSKIL, W.: Sozialistische Republik Vietnam: Beginn einer neuen Entwicklungsetappe; in: Z. f. d. Erdkundeunterricht 29, 1977

SANSOM, R. L.: The Economics of Insurgency in the Mekong Delta of Vietnam. Cambridge/Mass., London 1970

SCHIER, P.: Der Konflikt zwischen der Sozialistischen Republik Vietnam und dem Demokratischen Kampuchea und seine Ursachen; in: Draguhn/Schier (Hrsg.), $^{2}$1985 (s. S. 643)

SCHLESINGER, A. M.: Das bittere Erbe. Vietnam – Prüfstein der Demokratie. Fischer Taschenbuch, Bd. 902. Frankfurt/M. 1968

SCHRADER, F.: Naturräumliche Regionen und agrarische Landnutzung in der SR Vietnam; in: Geogr. Berichte 111, Gotha 1984

SCHULTZE, E.: Vietnam; in: Geogr. Berichte 41, Gotha 1966

SCHWIND, M.: Republik Vietnam; in: Z. f. Wirtschaftsgeographie 4, 1960

SHABAD, TH.: Economic development in North-Vietnam; in: Pacific Affairs, 1958

ŠILAR, J.: Zur Morphologie und Entwicklung des Kegelkarstes in Südchina und Nordvietnam; in: Petermanns Geogr. Mitt. 107, 1963

STATISTISCHES BUNDESAMT: Länderkurzbericht – Vietnam, Wiesbaden 1985

THOMASIUS, H.: Die Wälder der Sozialistischen Republik Vietnam; in: Petermanns Geogr. Mitt. 124, 1980, 1

THUAN, NGUYEN VAN: An Economic Regionalization of North Vietnam; in: Soviet Geography: Review and Translation, Vol. XI, 1970

TON THAT THIEN: South Vietnam's economy: better than nothing. FEER 1967

TRIGUBENKO, M. J.: Die sozialökonomische Politik der Kommunistischen Partei Vietnams; in: Sowjetwissenschaft, Gesellschaftswiss. Beitr. 38, 1983

TSAI MAN KUEY: Les Chinois du Sud-Vietnam. Paris 1968

UIBRIG, H.: Zur agrarischen und forstlichen Bewertung des Parakau-

tschukbaumes (Hevea brasiliensis) und zu seiner Bewirtschaftung in der SR Vietnam; in: Petermanns Geogr. Mitt. 129, 1985
VELDER, C.: Vietnam; in: Rathenberg u. a., 1970 (s. S. 629)
WEGGEL, O.: Das landwirtschaftliche Entwicklungsmodell der S.R. Vietnam; in: Südostasien aktuell, Inst. f. Asienkunde Hamburg, November 1984
WEGGEL, O.: Der Vielvölkerstaat Vietnam; in: Südostasien aktuell, Inst. f. Asienkunde Hamburg, März 1986
WEGGEL, O.: Indochina: Vietnam, Kambodscha, Laos. München 1987
ZASLOFF, J. J.: Rural resettlement in South Vietnam: the Agroville Program; in: Pacific Affairs, 1962/63

## Malaysia

ALI, S. HUSIN: Malay Peasant Society and Leadership, Oxford U.P., Kuala Lumpur 1975
BAHRIN, T. S. & P. D. A. PERERA: FELDA: 21 Years of Land Development. Kuala Lumpur 1977
BAHRIN, TUNKU SHAMSUL: Utilization and Management of Land Resources in Malaysia; in: GeoJournal 5, 1981
BAHRIN, TUNKU SHAMSUL: Government Pioneer Settlement Programs in Southeast Asia. A Survey. United Nations University Project (Symposium), Kuala Lumpur, 1985 (im Druck: United Nations Univ. Tokyo, 1987)
BUNDESANSTALT F. GEOWISSENSCHAFTEN UND ROHSTOFFE (Hrsg.): Rohstoffwirtschaftliche Länderberichte 26, Malaysia und Brunei, Hannover 1982
CHAI HOU-CHAN: Education and Nation-Building in Plural Societies: The West Malaysian Experience. The Australian Nat. Univ. Development Studies Centre, Monogr. 6, Canberra 1977
CHI SECK CHOO: The Development of Tin Production Systems and their Impact on Regional Development. Inst. f. Kulturgeogr. u. Ekon. Geogr., Rapporter och Notiser 59, Lund 1981
CORVINUS, F.: Probleme der Energieversorgung eines tropischen Entwicklungslandes – Das Beispiel Malaysia. Jahrb. d. Geogr. Ges. zu Hannover 1984
CORVINUS, F.: Strategien zur Substituierung von Erdöl auf dem malayischen Energiemarkt; in: Hottes/Uhlig (Hrsg.), 1984 (s. S. 626)
COURTENAY, P. P.: A Geography of Trade and Development in Malaysia, London 1972
DEISSMANN, G.: Malaysia. Allgemeine Wirtschaftskunde. Studien der Bremer Gesellschaft f. Wirtschaftsforschung e. V., Bremen 1983
DOBBY, E. H. G. et al.: Padi Landscapes of Malaya; in: The Malayan Journ. of Trop. Geogr. 6, 1955, und 10, 1957

EVERS, H. D.: Soziale und regionale Differenzierung als Problem der Entwicklungspolitik, dargestellt am Beispiel Malayas; in: Kulturen im Umbruch, Freiburg/Br. 1962

FISHER, C. A.: The Malaysian Federation, Indonesia and the Philippines: A Study in Political Geography; in: The Geogr. Journ. 118, 1963

FISHER, C. A.: The Geographical Setting of the Proposed Malaysian Federation; in: The Journ. of Trop. Geogr. 17, 1963

FOURTH MALAYSIA PLAN 1981–85: Kuala Lumpur 1981

FREEMAN, J. D.: Iban Agriculture. Colonial Research Studies 18, H. M. S. O., London 1955

FRYER, D. W.: The Plantation Industries – the Estates, Malaysia: A Survey. New York, London 1964

FRYER, 1970 (s. S. 625)

GEDDES, W. R.: The Land Dayaks of Sarawak, Colonial Research Studies 14, H. M. S. O., London 1954

GEINITZ, D.: Die Kautschukwirtschaft..., 1984 (s. S. 657)

GIBBONS, D. S., R. de KONINCK, I. HASAN: Agricultural Modernization, Poverty and Inequality. The Distributional Impact of the Green Revolution in Regions of Malaysia and Indonesia. Farnborough, Hants 1980 ([2]1984)

GOSLING, P.: The Location of »Problem« Areas in Rural Malaya; in: Ginsburg, N.: Geogr. and Econom. Development, Chicago 1960

GOSLING, P.; L. Y. C. LIM (eds.): (s. S. 625)

GREENWOOD, J. F.: Rubber Smallholdings in the Federation of Malaysia; in: The Journ. of Trop. Geography 18, 1964

HAMZAH SENDUT: Patterns of Urbanization in Malaysia; in: The Journ. of Trop. Geography 16, 1962

HAMZAH SENDUT: The Structure of Kuala Lumpur: Malaysia's Capital City, Town Planning Review, Vol, 36, 1965

HANSELMANN, S.: Im Osten die Zukunft? Malaysias »Look East Policy« als Beispiel gesellschaftlicher Modernisierung; in: Int. Asienforum 15, 1985

HARRISSON, T.: Innermost Borneo: Ten Years Exploration and Research; in: The Geogr. Journal 114, 1959

HARRISSON, T.: Inside Borneo, in: The Geogr. Journal 119, 1964

HARRISSON, T.: Tribes, Minorities and the Central Govt. Sarawak, Malaysia; in: Kunstadter (Hrsg.), 1967 (s. S. 627)

HILL, R. D.: Agricultural Land Tenure in West Malaysia, Malaysian Economic Review, Vol. 12, 1967

HILL, R. D.: Rice in Malaya. A Study in Historical Geography. Kuala Lumpur 1977

HILL, R. D.: Agriculture in the Malaysian Region (Geogr. of World Agric. 11). Budapest 1982

HO, R.: Mixed-Farming and Multiple-Cropping in Malaya; in: The Journ. of Trop. Geogr. 16, 1962
HO, R.: Land Settlement Projects in Malaya; in: The Journ. of Trop. Geogr. 20, 1965
HODDER, B. W.: Man in Malaya. London 1959
JACKSON, C. J.: Smallholding Cultivation of Cash Crops; in: Wang Gungwu (ed.): Malaysia: A Survey. New York, London 1964
JACKSON, C. J.: Sarawak. A Geographical Survey of a Developing State, London 1968
KELLER, R.: Agrarpolitik im unabhängigen Malaya 1975–1982, Diss. Zürich, Beitr. z. Kolonial- u. Überseegeschichte, Bd. 30, Wiesbaden 1984
KRÜGER, K.: Industrialisierungspolitik in Malaysia; in: Hottes/Uhlig (Hrsg.), 1984 (s. S. 626)
KÜCHLER, J.: Penang. Kulturlandschaftswandel und ethnisch-soziale Struktur einer Insel Malaysias. Gießener Geogr. Schriften 13, 1968
KÜHNE, D.: Malaysia – Ethnische, soziale und wirtschaftliche Strukturen. Paderborn 1970
KÜHNE, D.: Petaling Jaya, Groß-Kuala Lumpur: Ansatzpunkt einer ethnopluralen, industriell-bürokratisch orientierten Gesellschaftsentwicklung in Malaysia? Mitt. d. Inst. f. Asienkunde Hbg. 42, Hamburg 1971
KÜHNE, D.: Urbanisierung in Malaysia. Analyse eines Prozesses. Schr. d. Inst. f. Asienkunde. Hamburg 42, Wiesbaden 1976
KÜHNE, D.: Malaysia. Tropenland im Widerspiel von Mensch und Natur. Stuttgart 1980
KÜHNE, D.: Vielvölkergesellschaft zwischen Dorf und Metropole. Fortentwicklung und neue Wege der Urbanisation in Malaysia (1970–1980). Schriften d. Inst. für Asienkunde, Hamburg, Bd. 47, Wiesbaden 1986
KULKE, E.: Hemmnisse und Möglichkeiten der Industrialisierung peripherer Regionen von Entwicklungsländern. Empirische Untersuchung über Industriebetriebe in Kelantan/West-Malaysia. Jahrbuch d. Geogr. Ges. zu Hannover, 1986
LEE, Y. L.: Kukup, A Chinese Fishing Village in South-West Malaya; in: The Journ. of Trop. Geogr. 16, 1962
LEE, Y. L.: Agriculture in Sarawak; in: The Journ. of Trop. Geogr. 21, 1965
LEE, Y. L.: Population and Settlement in Sarawak. Singapore 1978
LEY, C. H.: The Muruts of Sabah; in: Kunstadter (Hrsg.); 1967 (s. S. 627)
MALAYSIA: MINISTRY OF FINANCE: Economic Report 1981/82. Kuala Lumpur 1982
MARR, R. L.: Tourism in Malaysia and Singapore (s. S. 653)
McGEE, T. G.: The Cultural Role of Cities, A Case Study of Kuala Lumpur; in: The Journ. of Trop. Geogr. 17, 1963
McGEE, T. G., McTAGGART, W. D.: Petaling Jaya: A Socio-Economic Survey

of a New Town in Selangor, Malaysia. Pacific Viewpoint Monograph 2, Wellington 1967

NEWBOLD, T. J.: Political and Statistical Account of the British Settlements in the Straits of Malacca. 2 vols., London 1839 (Reprint 1971)

NIEUWOLT, S.: Klimageographie (s. S. 653)

OOI JIN-BEE: Mining Landscapes of Kinta; in: The Malayan Journ. of Trop. Geogr. 4, 1955

OOI, JIN-BEE: Rural development in tropical areas, with special reference to Malaya; in: The Journ. of Trop. Geogr. 12, 1959

OOI JIN-BEE: The Rubber Industry of the Federation of Malaya; in: The Journ. of Trop. Geogr. 15, 1961

OOI JIN-BEE: Peninsular Malaysia. London, New York 1976

OSBORN, J.: Area, Development Policy and the Middle City in Malaysia. The Univ. of Chicago, Dept. of Geogr., Res. Paper No. 153, 1974

ROSTOCK, U.: West-Malaysia – ein Entwicklungsland im Übergang. Tübinger Geogr. Schriften 70, 1977

SANDHU, KERNIAL SINGH: Emergency Resettlement in Malaya; in: The Journ. of Trop. Geogr. 18, 1964

SCHEBESTA, P.: Orang-Utan. Bei den Urwaldmenschen Malayas und Sumatras. Leipzig 1927; (1952/57 s. S. 629)

SCHMIDT, E.: Die Entwicklung der Bintulu-Region in Sarawak (Ost-Malaysia) – Sozialgeogr. Konsequenzen weltmarktorientierter Industrialisierung; in: Hottes/Uhlig (Hrsg.), 1984, S. 67–80 (s. S. 626)

SCHMIDT, K. O.: Malaysia, Singapore, Mai's Weltführer Nr. 9. Buchenhain vor München, o. J.

SCHWENK, R. L.: The Potential for Rural Development in the New Seventh Division of Sarawak. A Preliminary Background Report. Inst. of Southeast Asian Studies, Occasional Paper No. 17, Singapore 1973

SEITZ, S.: Langhausgemeinschaft und Brandrodungswanderfeldbau bei den Iban in Sarawak/Borneo; in: Geogr. Rundschau 32, 1980

SELVADURAI, S.: Padi Farming in West Malaysia. Ministry of Agric., Kuala Lumpur 1972

SENFTLEBEN, W.: Neuerschließung und raumrelevante Strukturverbesserung von Altland als zentrales Problem der Bodenpolitik in West-Malaysia. Deutsche Stiftg. f. Entwicklungsländer, Berlin 1971

SENFTLEBEN, W.: Landerschließungsprojekte für Jugendliche in Malaysia. Mitt. d. Inst. f. Asienkunde Hbg. 55, Hamburg 1973

SENFTLEBEN, W.: Die Wahlen in Malaysia 1974. Mitt. d. Inst. f. Asienkunde Hbg. 60, Hamburg 1974

SENFTLEBEN, W.: Background to Agricultural Land Policy in Malaysia. Schr. d. Inst. f. Asienkunde Hbg. 44, Wiesbaden 1978

SILCOCK, T. H., FISK, E. K. (eds.): The Political Economy of Independent Malaya. Canberra, Berkeley, Los Angeles 1963

SINGH, L.: Der Konflikt um Sabah; in: Europa-Archiv, 1968

SUTTER, R.: Nationale Wirtschaftspolitik und internationale Unternehmen in Malaysia. HWWA-Inst. f. Wirtschaftsforschung Hamburg, 1979

SUTTON, K.: Rural Land Development and Resettlement in Sabah, Malaysia; in: Pacific Viewpoint 18 (1), 1977

STATISTISCHES BUNDESAMT: Länderbericht – Malaysia. Wiesbaden 1969

STATISTISCHES BUNDESAMT: Länderkurzbericht – Malaysia, Wiesbaden 1984

STEIN, N.: Der Einfluß der morphologischen Wirksamkeit tropischer Tieflandsflüsse... auf die räumliche Verteilung und Differenzierung der ländlichen Siedlungsformen in den Reisbaugebieten der Malayischen Halbinsel (W-Malaysia). 40. Deutscher Geographentag Innsbruck 1975, Wiesbaden 1976

TREGONNING, K. G.: North Borneo. London 1960

TREGONNING, K. G.: A History of Modern Malaysia and Singapore. Singapore, Kuala Lumpur 1972

UHLIG, H.: Die Volksgruppen und ihre Gesellschafts- und Wirtschaftsentwicklung als Gestalter der Kulturlandschaft in Malaya; in: Mitt. d. Österr. Geogr. Ges., Bd. 105 (Festschr. H. Bobek), 1963

UHLIG, H.: Malaysien – die Struktur des jüngsten Staates in Südostasien; in: Geogr. Rundschau 16, 1964

UHLIG, H.: Bevölkerungsgruppen und Kulturlandschaften in Nord-Borneo; in: Heidelberger Geogr. Arb. 15 (Festschrift G. Pfeifer). Wiesbaden 1966

UHLIG, H.: Die Ablösung des Brandrodungs-Wanderfeldbaues. Wirtschafts- u. sozialgeogr. Wandlungen der asiatischen Tropen am Beispiel von Sabah und Sarawak (Malaysia); in: Deutsche Geogr. Forsch. in der Welt von heute (Festschr. Gentz), S. 85–102. Kiel 1970

UHLIG, H.: Spontaneous and Planned Settlement (s. S. 631)

VLIELAND, C. A.: British Malaya – A Report on the 1931 Census and Certain Problems of Vital Statistics, London 1932

VOON, P. K., S. H. KHOO: Upland Development and Settlement in Malaysia; in: The Malaysian Journ. of Trop. Geogr. 1, Kuala Lumpur 1980

WANG GUNGWU (ed.): Malaysia: A Survey. New York, London 1964

WARD, M. W.: A Review of Problems and Achievements in the Economic Development of Independent Malaya; in: Economic Geography, Vol. 44, 1968

WHEATLEY, D.: The Golden Chersonese; in: Inst. of British Geographers, Transactions and Papers XXI, 1955

WIESNER, J.: Exogene und endogene Faktoren politischer Instabilität in Malaysia – Zum Problem der politischen Integration einer kommunalistischen Gesellschaft; in: Int. Asienforum 1, 1970

WONG, I. F. T.: The present land use of Sabah 1970. Kuala Lumpur 1973

ZAHARAH, B. HJ. MAHMUD: The Dilemma of Modernization of the Dual-Cropping of Peninsular Malaysia; in: The Malays. Journ. of Trop. Geogr. 1, Kuala Lumpur 1980

## Singapur/Brunei

BUCHANAN, I.: Singapore in Southeast Asia – an Economic and Political Appraisal. London 1972

CHEN, P. S. J. (ed.): Singapore: Development, Policies and Trends. Oxford, New York, Melbourne 1983

FLETCHER, N.: The Separation of Singapore from Malaysia. Ithaca/N. Y. 1969

FRANZ, C. J.: Das Sultanat Brunei. Erdölreichtum und Entwicklungsprobleme. Nürnberger Wirtschafts- und Sozialgeogr. Arb. 32, 1980

FRANZ, C. J.: Bevölkerungsprobleme in Brunei; in: Schubnell (Hrsg.); Alte und neue Themen der Bevölkerungswiss., Schr. d. Bundesinst. f. Bevölkerungsforsch. 10 (Harmsen-Festschr.), Boppard/Rh. 1981

HASSAN, RIAZ (ed.): Singapore: Society in Transition. Oxford U. P., Kuala Lumpur 1976

HILL, R. D.: Singapore – An Asian City State; in: GeoJournal 4, 1, 1980

KAYE, B.: Upper Nanking Street Singapore: A Sociological Study of Chinese Households Living on a Densely Populated Area. Singapore 1960

KNÜBEL, H.: Die politische und wirtschaftliche Entwicklung Singapurs; in: Geogr. Rundschau 23, 1971

KÜCHLER, J.: Stadterneuerung in Singapur; in: Geogr. Rundschau 23, 1971

MARR, R. L.: Tourismus in Malaysia und Singapore. Baseler Beiträge zur Geogr. 27, 1982

MOORE, D. J. M.: The First 150 Years of Singapore. Singapore 1969

NEVILLE, R. J. W.: The Areal Distribution of Population in Singapore; in: The Journ. of Trop. Geogr. 20, June 1965

NIEUWOLT, S.: Das Klima von Singapur; in: Mitt. d. Österr. Geogr. Ges., Bd. 106, 1964

NIKLAS, K. P.: Singapore – Beispiel einer weltmarktorientierten Industrialisierungspolitik. Stuttgart, New York 1977

OOI JIN-BEE, CHIANG HAI DING (eds.): Modern Singapore. Singapore 1969

STATISTISCHES BUNDESAMT: Länderkurzbericht – Singapur. Wiesbaden 1985

STATISTISCHES BUNDESAMT: Länderkurzbericht – Brunei. Wiesbaden 1983

SIEMERS, G.: Brunei; in: Ostasien, Südasien, Südostasien: Wirtschaft 1979, Ostasiatischer Verein, Hamburg 1979

SIEMERS, G.: Brunei. Statistischer Gesamtüberblick und neuer Entwicklungsplan (1986–1990); in: Südostasien aktuell, Inst. f. Asienkunde Hamburg, März 1986

TURNBULL, C. M.: A History of Singapore 1819–1975. London, New York, Melbourne 1977
WILDFÖRSTER, J.: Insulares Südostasien; in: G. Fochler-Hauke, A. Karger, W. Schlegel (Hrsg.): Länder, Völker, Kontinente. Gütersloh 1985

## Indonesien

ADIKOESOEMO, SOEPARDIO: Studien zur Bevölkerungsdichte von W-Java. Diss. Mainz 1960
APELL, G. N. (ed.): The society of Borneo. Explorations in the theory of cognative social structure. Amer. Anthropol. Assoc. Publ. No. 6, Washington 1976
ARNDT, H. W.: Transmigration. Achievements, problems, prospects. Bull. of Indonesian Econ. Studies XIX, Canberra 1983
ARNDT, H. W.: Little land and many people; in: FEER, 1984
ATLAS van Tropisch Nederland. Batavia 1938
BEMMELEN, R. W. van: The Geology of Indonesia. The Hague 1970
BENAD, A.: Grüne Revolution in West-Sumatra. Bonner Studien zur ländlichen Entwicklung in der Dritten Welt 1, Saarbrücken, Fort Lauderdale 1982
BETKE, F.: Die »Blaue Revolution« – Eine erneute Entwicklungstragödie? Indonesiens Seefischerei heute; in: Int. Asienforum 16, 1985
BIRD, C. F., A. SOEGIARTO (eds.): Proc. of the Jakarta Workshop on Coastal Resources Management. United Nations University Tokyo, 1980
BIRD, C. F., S. R. ONGKOSONGO: Environmental Changes on the Coasts of Indonesia. United Nations University Tokyo, 1980
BIRO PUSAT STATISTIK: Peta Indeks Kabupaten/Kotamadya dan Kecamatan di Indonesia. (Population of Indonesia, 1980 Population Census). (Seri: P, No. 1–7). Jakarta 1983
BIROWO, A., K. H. JUNGHANS, U. SCHOLZ: Landwirtschaft; in: Kötter et al., 1979 (s. S. 660)
BIROWO, A., G. E. HANSEN: Agricultural and rural development: an overview; in: Hansen, G. (ed.): Agricultural and rural development in Indonesia. Boulder/Col. 1981
BLINK, H.: De Inlandsche Landbouw in Nederlandsch-Indie. s'Gravenhage 1926
BODENSTEDT, A.: Sprache und Politik in Indonesien. Entwicklung und Funktionen einer neuen Nationalsprache. Diss. Reihe No. 3, Südasien-Institut, Heidelberg 1967
BOEKE, J. H.: Economics and Economic Policy of Dual Societies as Exemplified by Indonesia. Haarlem 1953
BOOTH, A., P. McCAWLEY (eds.): The Indonesian economy during the Soeharto era. Oxford, New York, Melbourne 1981

BRAAK, G.: Het Klimaat van Nederlands-Indie. Verh. Koningl. Magnet. en Meteorolog. Observat. Batavia, 8, 1929

BREHM, K.: Die räumliche Mobilität der Bevölkerung in Zentral-Java. Mitt. d. Inst. f. Asienkunde Hbg. 152, Hamburg 1986

BRUNER, E. M.: Urbanization and ethnic identy in North-Sumatra; in: American Anthropologist, Vol. 63, Nr. 3, 1961

BUNDSCHU, I.: Probleme der agraren Grundbesitzverfassung auf Bali. Mitt. d. Inst. f. Asienkunde Hbg. 43, Hamburg 1985

BUNDSCHU, I.: Migrationsverhalten bei Jugendlichen auf Bali (Indonesien); in: ASIEN 22, 1987

BURGER, G.: Agrare Intensivierungsmaßnahmen in Mittel-Java und Probleme ihrer Realisierung; in: Geogr. Rundschau 27, 1975

BURGER, G.: Traditioneller Landbau und Regionalentwicklung im Konflikt. Das Beispiel des Rawa Pening-Beckens in Zentral-Java; in: Gießener Geogr. Schr. 48, 1980

CLAUSS, W.: Economic and social change among the Simalungun Batak of North Sumatra. Bielefelder Studien zur Entwicklungssoziologie 15, Saarbrücken, Fort Lauderdale 1982

CLAUSS, W., J. HARTMANN: Kommerzialisierung und Subsistenzproduktion in Java und Nord-Sumatra: Involution oder Differenzierung? in: Int. Asienforum 13, 1982

CLAUSS, W., H.-D. EVERS, S. GERKE: The Formation of a Peasant Society: Population Dynamics, Ethnic Relations and Trade among Javanese Transmigrants in East Kalimantan, Indonesia. Forschg. Schwerpkt. Entwicklungssoziologie, Universität Bielefeld 1987

COLLIER, W. L. u. a.: Tabasan System, High Yielding Varieties and Rural Change. An Example in Java; in: Prisma, Jakarta 1, 1975

COLLIER, W. L.: Food Problems, Unemployment and the Green Revolution in Rural Java; in: Prisma 9, 1978

COLLIER, W. L.: Fifty Years of Spontaneous and Government Sponsored Migration into the Swampy Lands of Kalimantan: Past Results and Future Projects; in: Prisma, 1980

COLLIER, W. L., SOENTOERO et al.: The Acceleration of Rural Dev. in Java: from Village Studies to a National Perspective. Agro-Econ. Survey, Occas. Papers No. 6, Bogor 1982

CRYSTAL, E.: Tourism in Toraja (Sulawesi, Indonesia); in: Smith, V. L. (ed.): Hosts and guests: the anthropology of tourism. Oxford 1978

CUNNINGHAM, C. E.: Postwar Migration of the Toba Bataks to East Sumatra. Yale University SE Asia Studies, Cultural Report Series No. 5, New Haven 1958

DAHM, B.: Indonesien. Geschichte eines Entwicklungslandes. 1945–1971. Handbuch der Orientalistik. Leiden, Köln 1978

DAHM, B.: Emanzipationsversuche von kolonialer Herrschaft in Südostasien. Die Philippinen und Indonesien im Vergleich. Schr. d. Inst. f. Asienkunde Hamburg 37, Wiesbaden 1974

DAHM, B.: Indonesien – ein historischer Rückblick; in: Kötter et al., 1979 (s. S. 660)

DAHM, B.: Islam in Sumatra; in: Draguhn, W. (Hrsg.): Der Einfluß des Islams, 1983 (s. S. 624)

DECKEN, K. VAN DER: Zur Lage der indonesischen Chinesen; in: Int. Asienforum 2, 1971

DELVERT, J.: L'Indonesie; Paris 1979

DEQUIN, H.: Indonesien. Zehn Jahre danach; Agrarwirtschaft u. Industrie in der Regionalentwicklung. Riyadh 1978

DIXON, J. A.: Cassava in Indonesia: its economic role and use as food; in: Contemporary Southeast Asia, 1982

DOM, TH.: Islam, Politik und Modernisierung in Indonesien; in: Int. Asienforum 4, 1973

DOMRÖS, M.: Über das Vorkommen von Frost auf Java/Indon., insbes. in den Pengalengan Highlands; in: Erdkunde 25, 1976

DOMRÖS, M.: Klima; in: Kötter et al., 1979 (s. S. 660)

DRESS, G.: Wirtschafts- und sozialgeographische Aspekte des Tourismus in Entwicklungsländern, dargestellt am Beispiel der Insel Bali in Indonesien. Wirtschaftswissenschaftl. Forschung und Entwicklung, Bd. 36, München 1979

DÜRR, H.: Regionalentwicklung in Indonesien 1974–1979 – zweiter Fünfjahresplan: Repelita II; in: Geogr. Rundschau 27, 1975

DÜRR, H.: Raumentwicklung und Regionalpolitik in Indonesien und Kalimantan Timur. Habil. Schrift an der TU München, 1978

DÜRR, H.: Raumentwicklung im Dilemma zwischen Wachstums- und Gleichheitszielen. Indonesien als Beispiel; in: Geogr. Rundschau 34, 1982

DUSCHA, W.: Integrationsbestrebungen der ASEAN – Abriß einer Bestandsaufnahme zu Beginn der 80er Jahre; in: Int. Asienforum 13, 1982

ENCYCPLOPAEDIE van Nederlandsch-Indie. 8 Bde., Den Haag 1917 bis 1939

ESCAP (UN): Migration, Urbanization and Development in Indonesia. Comparat. Study III. New York 1981

EVERS, H. D.: Changing patterns of Minangkabau urban landownership; in: Bijdragen tot de Taal-, Land- en Volkenkunde, Vol. 1, 1975

EVERS, H. D.: Urbanization and urban conflict in Southeast Asia; in: Asian Survey, Vol. 9, 1975

EVERS, H. D.: Subsistence Production and Wage Labour in Jakarta. Forschungsschwerpunkt Entwicklungssoziologie, Working Paper 8, Bielefeld 1981

EVERS, H. D., J. HARTMANN: Erklärungsversuche zur Krise der Agrarentwicklung Javas. Forschungsschwerpunkt Entwicklungssoziologie, Working Paper 3, Bielefeld 1981

EVERS, H. D., F. BETKE, SUNDOYO PITOMO: Die Komplexität der Grundbedürfnisse. Eine Untersuchung über städtische Haushalte der untersten Einkommensschichten in Jakarta. Forschungsschwerpunkt Entwicklungssoziologie, Working Paper 43, Bielefeld 1983

FASBENDER, K., A. KOPP, A. NURUT: Experiences, Conclusions and Recommendations from Selected Transmigration Projects. TAD Materialien 10, Hamburg 1981

FEIGE, W.: Vulkane: fruchtbar aber furchtbar; in: Praxis Geographie 1986

FICHTER, E. M.: Der Einzelhandel im siedlungsräumlichen Gefüge von Djakarta. Diss. Köln 1972

FLATHE, H., D. PFEIFFER: Grundzüge der Morphologie, Geologie und Hydrologie im Karstgebiet Gunung Sewu (Java, Indon.); in: Geolog. Jahrbuch 83, 1965

FRANZ, J. C.: Urban hierarchy and spheres of influence – the central place system of Borneo; in: Pacific Science Inter-Congress, Singapore, 1.–4. Sept. 1981

FRITZ, J.: Infrastruktureinrichtungen sowie deren Verteilung in ihrer Bedeutung für ländliche Räume von Entwicklungsländern. Dargestellt und analysiert an der Provinz West-Sumatra, Indonesien. Habil. Schrift an der Landw. Fakultät d. Univ. Bonn, 1978

FRITZ, J.: Verkehr; in: Kötter et al., 1979 (s. S. 660)

FRYER, D. W., J. C. JACKSON: Indonesia. London 1977

FUNKE, F. W.: Orang Abung. Volkstum Süd-Sumatras im Wandel. 2 Bde., Leiden 1958–1961

GARNAUT, R., CHR. MANNIG: Irian Jaya. The Transformation of a Melanesian Economy. Canberra 1974

GEERTZ, C.: The religion of Java. Glencoe 1960

GEERTZ, C.: Agricultural Involution. The Process of Ecological Change in Indonesia. Berkeley, Los Angeles 1963

GEERTZ, C.: Organization of the Balinese Subak; in: Coward, E.W. Jr. (ed.): Irrigation and agricultural development in Asia. Ithaca 1980

GEINITZ, D.: Die Förderung der kleinbäuerlichen Kautschukproduktion in Indonesien: Abai Siat, Entwicklungsbeitrag eines Projektansatzes. Zentrum f. Regionale Entwicklungsforschung d. Univ. Gießen; Materialien 7, 1984

GEINITZ, D.: Zielgruppenorientierte Förderung der kleinbäuerlichen Kautschukwirtschaft in Indonesien und Malaysia. Studien zur integrierten ländlichen Entwicklung, Bd. 13 (Weltarchiv), Hamburg 1985

GIBBONS, D., R. DE KONINCK: s. Malaysia

GLAESSER, H.-G.: Gegenwärtige Strukturprobleme der Stadt Bandung; in: Geogr. Zeitschrift, Beiheft 43, Wiesbaden 1976

GLOVER, I.: The Late Stone Age in Eastern Indonesia; in: World Archaeology 9, 1977

GRETZER, W. K. G.: Grundlagen und Entwicklungsformen der landwirtschaftlichen Erzeugung in Niederländ.-Indien; in: Ber. über Landwirtsch., Sonderheft, Berlin 1939

HALL, C. J. J. VAN, C. VAN DER KOPPEL (Hrsg.): De Landbouw in de Indische Archipel. s'Gravenhage 1946–1954

HANSEN, G. E.: Agricultural and Rural Development in Indonesia. Boulder/Col. 1981

HANSON, A., KOESEBIONO: Settling Coastal Swamplands in Sumatra; in: Developing Economies and the Environment. The SE Asian Experience (C. McAndrews and Chia Lin Sien, eds.). Singapore 1979

HARDJONO, J. M.: Transmigration in Indonesien. Kuala Lumpur, Jakarta, London, Melbourne 1977

HARTMANN, J.: Subsistenzproduktion und Agrarentwicklung in Java/Indon., Bielefelder Studien zur Entwicklungssoziologie, Nr. 13, Saarbrücken, Fort Lauderdale 1981

HARTMANN, J.: Landlessness and Rural Employment in Indonesia. FAO, Rom 1985

HASTINGS, P.: Go east, young man. Jakartas transmigration program gains momentum in Irian Jaya but threatens traditional Melanesian values; in: FEER, 1983

HEILIG, G.: The population of Indonesia. Die Bevölkerung Indonesiens (annot. Bibliogr.). Berlin 1985

HEINZLMEIR, H.: Indonesiens Außenpolitik nach Sukarno, 1965–1970. Mitt. d. Inst. f. Asienkunde Hbg. 78, Hamburg 1976

HELBIG, K.: Batavia. Eine tropische Stadtlandschaftskunde. Math.-Nat. Diss. Hamburg 1931

HELBIG, K.: Landschafts- und Wirtschaftsstufung im südlichen Batakland auf Sumatra; in: Z. f. Erdkunde, 4. Jg., H. 21, 1936

HELBIG, K.: Die ländlichen Siedlungen auf Sumatra; in: F. Klute (Hrsg.), Die ländlichen Siedlungen in verschiedenen Klimazonen, Breslau 1933

HELBIG, K.: Die Insel Bangka; in: Deutsche Geogr. Blätter, Bd. 43, Bremen 1940

HELBIG, K.: Indonesien. Eine auslandskundl. Übersicht der Malaiischen Inselwelt. Stuttgart 1949

HELBIG, K.: Am Rande des Pazifik. Stuttgart 1949

HELBIG, K.: Die Insel Borneo in Forschung und Schrifttum. Mitt. d. Geogr. Ges. Hamburg, Bd. 52, 1955

HELBIG, K.: Das Schicksal der Chinesen auf Borneo; in: Übersee-Rundschau 12, 1968

HELBIG, K.: Eine Durchquerung der Insel Borneo; nach den Tagebüchern aus dem Jahre 1937, 2 Bde., Berlin 1982

HELFRICH, K., U. JACOBSHAGEN, G. KOCH, K. KRIEGER, W. SCHIEFENHÖVEL, W. SCHULTZ (Hrsg.): Beiträge zum interdiszipl. Schwerpunktprogramm d. DFG »Mensch, Kultur und Umwelt im zentr. Hochland von Irian Jaya«. Berlin 1979ff.

HELMCKE, D.: Das Entwässerungssystem der Nord-Seite des Zentralgebirges von Irian Jaya (Indonesien) zwischen Hablifuri und Sepik nach Landsat-Szenen; in: Helfrich, Jacobshagen, Koch et al., 1979ff. (Beitrag 4, 1980)

HELMCKE, D., G. PÖHLMANN, J. POHLMANN: Satellitenkarte 1:500000 von Zentral-Neuguinea (östl. Jayawijaya- und westl. Sepik-Region); in: Helfrich, Jacobshagen, Koch et al., 1979ff. (Beitrag 13, 1983)

HORSTMANN, K.: Die Industrialisierung Indonesiens; in: Verh. 31. Dt. Geographentag Würzburg 1957. Wiesbaden 1958

HORSTMANN, K.: Indonesien. Bevölkerungsproblem und Wirtschaftsentwicklung; in: Geogr. Taschenbuch, Wiesbaden 1958/59

HORSTMANN, K.: Die Bevölkerungsverteilung in Indonesien; in: Die Erde 95, 1964

HORSTMANN, K.: Indonesien. Länderberichte, Allgemeine Statistik des Auslandes. Wiesbaden 1968

HORSTMANN, K.: Stadtregionen auf Java? Erste Annäherung; in: Geogr. Zeitschrift, Beiheft 58, Wiesbaden 1982

HORSTMANN, K., W. RUTZ: The Population Distribution of Java. A Map of Population Density by Sub-Districts and its analysis. I. D. E. Statist. Data Ser. 29, Inst. of Developing Economies. Tokyo 1980

HUGO, G. J.: Indonesia: migration impact on Javanese villages; in: Pryor, R. J. (ed.): Migration and development in Southeast Asia: a demographic perspective. Oxford U. P., Kuala Lumpur 1979

IMBER, W., H. UHLIG: Indonesien (Bild- u. Textband). Bern, München, Wien 1973

JASPAN, M. A.: Social Stratification and Social Mobility in Indonesia. Yogyakarta 1959

JONES, G. W.: The population of North Sulawesi. Gadjah Mada Univ. Press, Yogyakarta 1977

JONES, G. W.: Population growth in Java; in: Garnaut, R. G., P. McCawley (eds.): Indonesia – dualism, growth and poverty. Australian National Univ. Studies, Research School of Pacific Studies, Canberra 1980

JUNGHANS, K. H., H. KÖTTER (Hrsg.): Sumatra Regional Planning Study. Jakarta, Bonn 1974

JUNGHUHN, F. W.: Java. Seine Gestalt, Pflanzendecke und innere Bauart. 2 Bde., Leipzig 1852–1854

KARCHER, W.: Zwischen Modernisierung und Entfremdung. Stand und Tendenzen der Hochschulausbildung in Indonesien; in: Int. Asienforum 16, 1985

KARTAWINATA, K. et al.: The Impact of Man on a Tropical Forest in Indonesia; in: Ambio, Vol. 10, No. 2–3, Oxford 1981

KATILI, J. A.: Geological Environment of the Indonesian Mineral Deposits. A Plate Tectonic Approach. Geol. Survey of Indonesia. Publikasi Teknik – Seri Geologi Ekonomi No. 7, Pertambangan 1974

KEBSCHULL, D.: Transmigration in Indonesia. An Empirical Analysis of Motivation, Expectations and Experiences. TAD-Report 26, Hamburg 1986

KENNEDY, R.: Bibliography of Indonesian peoples and cultures. Yale University SE Asia Studies, New Haven [4]1974

KIKUCHI, H., HAFID et al.: Changes in Community Inst. and Income Distrib. in a West Java Village; und: Technol. Progress and Income Distrib. in a Rice Village in W-Java. IRRI Res. Papers 50 und 55, Manila 1980a und b

KILMASKOSSU, M. S. E., G. S. HOPE: A Mountain Research Programme for Indonesia; in: Mountain Research and Development, vol. 5, 1985

KOCH, G.: Malingdam. Ethnographische Notizen über einen Siedlungsbereich im oberen Eipomek-Tal, zentrales Bergland von Irian Jaya; in: Helfrich/Jacobshagen/Koch et al., 1979ff. (Beitrag 15, 1984)

KOENTJARANINGRAT, R. M. (ed.): Villages in Indonesia. Ithaca/N. Y. 1967

KOENTJARANINGRAT, R. M.: Introcution to the peoples and the cultures of Indonesia and Malaysia. Menlo Park 1975

KOENTJARANINGRAT, R. M.: Javanese culture. Singapore 1985

KÖTTER, H., K. H. JUNGHANS (eds.): West-Sumatra Regional Planning Study. Bonn, Bukittinggi 1972

KÖTTER, H., O. G. ROEDER, K. H. JUNGHANS (Hrsg.): Indonesien. Tübingen, Basel 1979

KRAUSSE, G.: Intra-urban variation in kampung settlements of Jakarta; a structural analysis; in: The Journal of Tropical Geography, 46, 1978

KROEF, J. M. van der: Indonesia in the Modern World. 2 Bde., Bandung 1954–56

KROEF, J. M. van der: Indonesia and Irian Jaya: The enduring conflict; in: ASIEN 16, 1985

KROM, N. J.: Hindoe-javaansche geschiedenis, Den Haag [2]1931

KÜNDIG-STEINER, W.: Indonesien. Beitrag zum Verständnis der wirtschaftlichen Gegenwartsprobleme. Festschr. Vosseler; in: Regio Basiliensis, 1960/2, Basel

LANGENBERG, M. VAN: North Sumatra under Dutch Colonial Rule; in: Review of Indones. and Malayan Affairs, Vol. II, 1977

LEEMANN, A.: Glaubensgemeinschaften auf Lombok; in: Geogr. Helvet. 29, 1974

LEEMANN, A.: Das Erdbeben auf Bali; in: Z. f. Wirtschaftsgeogr. 20, 1976

LEEMANN, A.: Bali. Auswirkungen des balinesischen Weltbildes auf ver-

schiedene Aspekte der Kulturlandschaft und auf die Wertung des Jahresablaufs; in: Ethnologische Zeitschr., Bd. II, 1976
LEEMANN, A.: Sozio-ökonomische Erhebungen zum Tourismus in Bali, Indonesien; in: Z. f. Fremdenverkehr, H. 3, 1978
LEEMANN, A.: Veränderte Methoden der Reisernte. Ländlicher Wandel in Java; in: Geogr. Helvet., H. 4, 1978
LEEMANN, A.: Bali, Insel der Götter. Innsbruck 1979
LEEMANN, A., W. RÖLL: Lombok (Indonesien). Bevölkerungsstrukturierung und Adat. Anthropogeogr., Vol. I, Geogr. Inst. Univ. Zürich, 1983
LEEMANN, A. und W. RÖLL: Lombok (Indonesien): Der Zugang der ländlichen Bevölkerung zum Produktionsfaktor Boden; in: W. Marschall (ed.): Der große Archipel. Ethnol. Helvet. 10, Bern 1985
LEHMANN, H.: Das Antlitz der Stadt in Niederländisch-Indien; in: Festschr. N. Krebs. Stuttgart 1936
LEHMANN, H.: Morphologische Studien auf Java. Geogr. Abhandl. III/9. Stuttgart 1936
LEHMANN, H.: Die Bevölkerung der Insel Sumatra; in: Petermanns Geogr. Mitt. 84, 1938
LEHMANN, H., A. M. SUNARTADIRDJA: Der tropische Karst von Maros und Bone in SW-Celebes (Sulawesi); in: Z. f. Geomorphologie 2, 1960
LEKKERKERKER, C.: Land en volk van Java. Groningen, Batavia 1938
LERCHE, D.: Erziehungssystem; in: Kötter et al., 1979 (s. S. 660)
LEUR, J. C. van: Indonesian Trade and Society. The Hague 1956
LIEM, YOE-SIOE: Die ethnische Minderheit der Übersee-Chinesen im Entwicklungsprozeß Indonesiens. Sozialwiss. Studien zu Internat. Probl., Nr. 52, Saarbrücken, Fort Lauderdale 1980
LINDAUER, G.: Urbanization and Slums as Socio-economic Problems in the Far East and Southeast Asia; in: Int. Asienforum 3, 1972
LOEB, E. M.: Sumatra. Its History, its People. Wien 1935
LÖFFLER, E.: Übersichtsuntersuchung zur Erfassung von Landressourcen in West-Kalimantan, Indonesien; in: Geogr. Zeitschrift, Beiheft 58 (Festschr. H. Uhlig), Wiesbaden 1982
MAI, U.: Small-Town Markets and the Urban Economy in Kabupaten Minahasa (North Sulawesi, Indonesia). Forschungsschwerpunkt Entwicklungssoziologie, Working Paper 36, Bielefeld 1983
MAI, U.: Urbanisierungsprozesse in Kleinstädten der Peripherie: Zur Rolle der Wochenmärkte in der Provinz Nord-Sulawesi, Indonesien. Forschungsschwerpunkt Entwicklungssoziologie, Working Paper 47, Bielefeld 1984
MARSCHALL, W.: Metallurgie und frühe Besiedlungsgeschichte Indonesiens; in: Ethnologica, N. F., 4, 1968
MARSCHALL, W.: Der Berg des Herrn der Erde. Alte Ordnung und Kulturkonflikt in einem indonesischen Dorf. München 1976

MARSCHALL, W. (Hrsg.): Der große Archipel. Schweizer Ethnologische Forschungen in Indonesien; in: Ethnol. Helvet. 10, Bern 1985

MARTINHO, J. S.: Timor. Quatro séculos de colonizaçau portuguese. Porto 1943

MAY, H. J., F. MISPAGEL, F. PFISTER (Hrsg.): Die Insel Sumba; Mächte und Mythen der Steinzeit im 20. Jh. Bonn o. J. (ca. 1980)

McVEY, R. T. (ed.): Indonesia. New Haven/Conn. 1967

METZNER, J.: Mensch und Umwelt im östl. Timor; in: Geogr. Rundschau 27, 1975

METZNER, J.: Malaria. Bevölkerungsdruck und Landzerstörung im östlichen Timor; in: Methoden und Modelle der Geomedizinischen Forschung. Geogr. Zeitschrift, Beiheft 43, Wiesbaden 1976

METZNER, J.: Zur Landschaftserhaltung und Möglichkeiten zur Intensivierung der Landnutzung durch Leucaena leucocephala im Kabupaten Sikka, Flores; in: Erdkunde 25, 1976

METZNER, J.: Die Viehhaltung in der Agrarlandschaft der Insel Sumba und das Problem der saisonalen Hungersnot; in: Geogr. Zeitschr. 64, 1976

METZNER, J.: Bodenrecht und Landschaftswandel in Sikka/Flores; in: Geogr. Zeitschr. 65, 1977

METZNER, J.: Man and Environment in Eastern Timor: A geoecological analysis of the Baucau-Viqueque Area as a possible basis for regional planning. Australian National Univ., Development Studies Center, Monograph No. 8, Canberra 1977

METZNER, J.: Agriculture and population pressure in Sikka, Isle of Flores: A contribution to the stability of agricultural systems in the wet and dry tropics. Australian National University, Development Studies Center, Monograph No. 28, Canberra 1983

METZNER, J.: Palu (Sulawesi). Problematik der Landnutzung in einem klimat. Trockental am Äquator, in: Erdkunde 29, 1980

METZNER, J.: Agrarräumliches Ungleichgewicht und Umsiedlungsversuche auf den östl. Kleinen Sunda-Inseln. Konsequenzen für eine geoökologische Raumplanung. Gießener Beitr. zur Entwicklungsforschung, Reihe 1, Bd. 4, 1978

MÜLLER, W.: Bibliographie deutschsprachiger Literatur über Indonesien. Hamburg, Institut f. Asienkunde, Dokumentations-Leitstelle Asien [3]1983

NOTHOFER, B.: Sprachen; in: Kötter et al., 1979 (s. S. 660)

OOI JIN-BEE: The petroleum resources of Indonesia. Nat. Res. of SE Asia Series; Kuala Lumpur, Oxford 1982

ORMELING, J. F.: The Timor Problem. A Geographical Interpretation of an Underdeveloped Island. Groningen, Djakarta, s'Gravenhage 1956

PALMER, I.: The new rice in Indonesia. UN Res. Inst. f. Social Dev. (UNRISD). Geneva 1976

PALMER, I.: The new rice in Indonesia. Conclusions from four country studies. UN Res. Inst. f. Social Dev. (UNRISD). Geneva 1977

PALMER, I.: The Indonesian economy since 1965: a case study of political economy. London 1978

PANNEKOEK, A. J.: Outline of the Geomorphology of Java; in: Tijdschr. Aardriijksk. Genootschap, 1949

PAPANEK, G. F. (ed.): The Indonesian economy. New York 1980

PARDEDE, J.: Die Batakchristen auf Nordsumatra und ihr Verhältnis zu den Muslimen. Ev. Theol. Diss. Mainz 1975

PARDOKO, H.: Indonesia (population); in: Schubnell, H. (ed.): 1984 (s. S. 630)

PELZER, K. J.: The Swidden Cultivator as Producer of Agricultural Exports. An Indonesian Case Study: in: Wirtschafts- und Kulturräume d. außereuropäischen Welt (Kolb-Festschr.). Hamburger Geogr. Stud. 24, 1971

PELZER, K. J.: Planter and Peasant. Colonial Policy and the Agrarian Struggle in East Sumatra. Verhandl. van het Koninglijk Inst. voor Taal-, Land- en Volkenkunde, No. 48. s'Gravenhage 1978

PELZER, K. J.: Planters against Peasants. The Agrarian Struggle in East-Sumatra. 1947–1958. ibid., No. 97. s'Gravenhage 1982

PICHLER, K. H.: Risikofaktor Vulkan. Dargestellt an Fallbeispielen aus Hawaii, Sizilien, Nordamerika und Indonesien; in: Geogr. Rundschau 37, 1985

PLANCK, U., NYOMEN SUTAWAN: Die Sozialorganisation balinesischer Reisdörfer unter besonderer Berücksichtigung des Subak-Systems; in: Erdkunde, 1983

POLAK, A.: Agrarian developments on Lombok. An attempt to test Geertz's concept of agricultural involution. Tropical Man, Yearbook of the Anthropology Dept. of the Royal Tropical Institute, Amsterdam 1972/1973, Leiden 1976

RAHIM, R., G. ROELCKE: Case Study – Indonesia; in: Spatial Planning and Regional Development: The Promotion of Secondary Cities; Deutsche Stiftung f. Entwicklung (DSE), Rep. of a Conf., Berlin 1985

REID, A.: The Blood of the People. Revolution and the End of Traditional Rule in Northern Sumatra. Oxford U. P., Kuala Lumpur 1979

REINER, E.: Die Molukken. Erg. H. 260 zu Petermanns Geogr. Mitt., Gotha 1956

RIESER, H.: Gezeitenbewässerung. Projekte in Indonesien; in: Wasser und Boden, 1975

ROEDER, O. G.: Indonesien. Mai's Auslandstaschenbücher. Buchenhain 1973

RÖLL, W.: Bevölkerungsdruck und Siedlungsaktivität in Zentral-Java. Ein Beitrag zur Landnahme unterbäuerlicher Sozialgruppen nach dem Zweiten Weltkrieg in Indonesien; in: Geogr. Rundschau 23, 1971

RÖLL, W.: Der Teilbau in Zentral-Java; in: Z. f. Ausländ. Landwirtschaft, 1973

RÖLL, W.: Das Batam-Projekt. Indonesische Entwicklungsplanungen im Riau-Archipel; in: Int. Asienforum 5, 1974

RÖLL, W.: Indonesien; in: Uhlig, H. (Hrsg.), Südostasien, Austral-pazifischer Raum. Fischer Länderkunde, Bd. 3. Frankfurt 1975

RÖLL, W.: Wenig bekannte Formen agrarer Bodennutzung auf Java. Der Surdjan- und Gundukan-Bau; in: Geogr. Rundschau 25, 1974

RÖLL, W.: Probleme der Bevölkerungsdynamik und regionalen Bevölkerungsverteilung in Indonesien; in: Geogr. Rundschau 26, 1975

RÖLL, W.: Die agrare Grundbesitzverfassung im Raum Surakarta. Unters. z. Agrar- und Sozialstruktur Zentral-Javas. Inst. f. Asienkunde. Hamburg 1976

RÖLL, W.: Die Flurverfassung in Zentral-Java; in: Geogr. Zeitschr. 65, 1977

RÖLL, W.: Indonesien. Entwicklungsprobleme einer tropischen Inselwelt. Klett Länderprofile. Stuttgart 1979

RÖLL, W.: Siedlungs- und Agrarstruktur von Pygmäen steinzeitl. Kulturstufe im Bergland von Irian Jaya; in: Geoökodynamik, Bd. 2, Darmstadt 1981

RÖLL, W., A. LEEMANN: Lombok: Staatlich gelenkte inner- und inter-insulare Umsiedlungsmaßnahmen. Ein Beitrag zum Transmigrationsproblem in Indonesien; in: Geogr. Zeitschrift, Beiheft 58 (Festschr. H. Uhlig), Wiesbaden 1982

RÖLL, W., A. LEEMANN: Der Ladang-Bau auf Lombok – Studien zum Wandel eines agraren Bodennutzungssystems; in: Geogr. Helvet. 38, 1983

RÖLL, W., A. LEEMANN: Landarmut und Landlosigkeit auf Lombok. Ein Beitrag zum Verständnis der agrar-sozialen Problematik Indonesiens; in: Z. f. Agrargeographie 2, 1984

RÖLL, W., G. R. ZIMMERMANN: Untersuchungen zur Bevölkerungs-, Siedlungs- und Agrarstruktur im zentralen Bergland von Irian Jaya (West-Neuguinea); in: Helfrich, Jacobshagen, Koch et al., 1979, Beitrag 1 (s. S. 659)

RUDDLE, K., W. MANSHARD: s. S. 629

RUTZ, W.: Indonesien – Verkehrserschließung seiner Außeninseln. Bochumer Geogr. Arb. 27, 1976

RUTZ, W.: Indonesiens Gliederung nach Funktions- und Verwaltungsräumen; in: W. Leupold/W. Rutz (Hrsg.): Der Staat und sein Territorium. Wiesbaden 1976

RUTZ, W.: Javas Bevölkerungsdichte, dargestellt durch eine Bevölkerungsdichtekarte auf der Grundlage von Verwaltungsunterbezirken; in: Die Erde, 1977

RUTZ, W.: Die Städte Indonesiens. Urbanisierung der Erde, Bd. 4. Berlin, Stuttgart 1985

SCHIEL, T.: Rethinking the Concept of »Dual Economy«: Medieval Poland, Majapahit and Modern Java Compared; in: Int. Asienforum 15, 1985

SCHMIDT, H.L.: Indonesien. Rohstoffber. d. Bundesanst. f. Geowiss., Hannover 1976

SCHMIDT, H.L.: Geologie und Lagerstätten; Bergbau, Öl- und Energiewirtschaft; in: Kötter et al., 1979 (s. S. 660)

SCHOLZ, F.: Der Herr des Bodens in Ostindonesien. Diss. Köln 1962

SCHOLZ, U.: Minangkabau. Die Agrarstruktur in W-Sumatra und Möglichkeiten ihrer Entwicklung. Gießener Geogr. Schr. 41, 1977 a

SCHOLZ, U.: Permanenter Trockenfeldbau in den humiden Tropen. Beispiele kleinbäuerlicher Betriebe in Lampung, Süd-Sumatra; in: Gießener Beitr. zur Entwicklungsforschung, Bd. 3, 1977 b

SCHOLZ, U.: Die Landbauzonen Indonesiens; in: Kötter et al., 1979 (s. S. 660)

SCHOLZ, U.: Land Reserves in Southern Sumatra/Indonesien and their Potentialities for Agricultural Utilization; in: GeoJournal 4, Wiesbaden 1980 b

SCHOLZ, U.: Die Ablösung und Wiederausbreitung des Brandrodungswanderfeldbaus in den südostasiatischen Tropen – Beispiele aus Sumatra und Thailand; in: Geogr. Zeitschrift, Beiheft 58 (Festschr. H. Uhlig), Wiesbaden 1982

SCHOLZ, U.: The Natural Regions of Sumatra and their Agricultural Production Pattern – A Regional Analysis. Ministry of Agric., Rep. of Indonesia; Central Res. Inst. for Food Crops (CRIFC), Vol. I, Bogor 1983. Vol. II (maps), Padang 1983

SCHOLZ, U.: Ist die Agrarproduktion der Tropen ökologisch benachteiligt?; in: Geogr. Rundschau 36, 1984

SCHOLZ, U.: Agrargeographie von Sumatra. Eine Analyse der räumlichen Differenzierung der landwirtschaftl. Produktion. Habil. Schrift, Gießen 1986 (künftig: Gießener Geogr. Schriften, 1987)

SCHWEINFURTH, U.: Ost-Timor – zwischen Jakarta und Canberra; in: Außenpolitik, 1975

SCHWEIZER, P.A.: Pancasila – Die indonesische Staatsphilosophie im Laufe der Zeit; in: ASIEN 14, Hamburg 1985

SCHWEIZER, TH.: Konsumverhalten im ländlichen Java; in: Sociologus, 1980

SCHWEIZER, TH.: Die empirische Methode der Ethnologie: Feldforschung am Beispiel einer Dorfstudie auf Java; in: Sociologus, 1982

SCHWEIZER, TH.: Agrarian Transformation? Rice Production in a Javanese Village. Univ. Köln, Inst. f. Völkerkunde, 1985

SEITZ, S.: Langhausgemeinschaft und Brandrodungsfeldbau bei den Iban in Sarawak/Borneo; in: Geogr. Rundschau 32, 1980

SETTEN VAN DER MEER, N.C. VAN: Sawah cultivation in ancient Java.

Aspects of development during the Indo-Javanese period. 5th to 15th century. Oriental Monograph Series No. 22. Faculty of Asian Studies, Canberra 1979

SEVIN, O.: Les Dayak du Centre Kalimantan. ORSTOM, Trav. et Doc. 163, Paris 1983

STATISTISCHES BUNDESAMT: Länderkurzbericht – Indonesien. Wiesbaden 1986

STEIN, N.: Die tropische Landwechselwirtschaft. Problematik und moderne Strukturveränderungen, dargestellt am Beispiel Nordsumatras; in: Geogr. Zeitschrift 60, 1972

STEIN, N.: Der Dolok Sinabung. Vertikale Landschaftsgliederung eines Vulkans im nördl. Batak-Hochland; in: Die Erde 105, 1974

STEIN, N.: Strukturelemente der Kulturlandschaft in Deli (NO-Sumatra) und deren Gefügemuster; in: Geogr. Tijdschr., VIII, 1974

STEIN-CALLENFELS, R. VAN: De inscriptie van Sukabumi. Mededeelingen van het Koninklijk Nederlandsch Akademie van Wetenschapen, afdeeling Letterkunde, 1934

STÖHR, W., P. ZOETMULDER: Die Religionen Indonesiens. Stuttgart 1967

SUNATARDIRDJA, A.: Beiträge zur Geomorphologie von SW-Sulawesi. Diss. Frankfurt 1959

SUNDRUM, R. M.: Inner-provincial migration; in: Bull. of Indonesian Economic Studies 12, 1976

TAD-Report No. 17: Regional Planning for East Kalimantan. Conclusions, Recommendations, Final Report. TAD-BAPPEDA Samarinda/Hamburg (HWWA-Institut), 1980

TAUCHMANN, 1985 (s. s. 630)

TJONDRONEGORO, S. M.: Transmigration problems affecting population mobility in South Sumatra; in: G. Jones, H. Richter (eds.): Population resettlement programs in Southeast Asia. Development Studies Center, Monograph No. 30, Canberra 1982

TJONDRONEGORO, S. M.: Beyond Transmigrasi/Resettlement. The Indonesian Case. Bogor Agric. Univ., Bogor 1983

UHLIG, H.: Die Naturräume; und: Die Bevölkerung und die Grundlagen ihrer Geschichte und Kultur; in: Imber/Uhlig (s. S. 659)

UHLIG, H.: Man and Tropical Karst (bes. Java, Sulawesi, Bali); in: GeoJournal 4, 1980 b

UHLIG, H.: Lage und Großgliederung; Oberflächenformen und Böden; Bevölkerungsverteilung und ethnische Differenzierung; Erschließung des ländlichen Lebensraums und Siedlungsformen; in: Kötter et al., 1979 (s. S. 660)

VAYDA et al.: Interactions between people and forests in East Kalimantan: in: Impact of Science on Society, Vol. 3, 1982

VERSLUYS, J. D. N.: Erscheinungen des Wandels von der Natural- zur Geldwirtschaft in West-Sumba; in: Z. f. Ausländ. Landwirtschaft. Frankfurt 1965

VERSTAPPEN, H. TH.: Djakarta Bay. A Geomorph. Study on Shoreline Development. s'Gravenhage 1953

VERSTAPPEN, H. TH.: A geomorphological reconnaissance of Sumatra and adjacent islands. (Verhandl. of the Royal Dutch Geogr. Soc., K. N. A. G.) 1, Groningen 1973

VETH, P. J.: Java. Geographisch, Ethnologisch, Historisch. 4 Bde., Haarlem 1912

VOLLENHOVEN, C. VAN: Het Adatrecht van Nederlandsch-Indie. 3 Bde., Leiden 1918–1933

VOLZ, W.: Im Dämmer des Rimba. Sumatras Urwald und Urmensch. Breslau 1925

VOSS, F.: Atlas Kalimantan Timur. (Hrsg.: Fasbender und Kebschull) TAD (Transmigr. Area Developm. Proj.). Hamburg 1982

WAGNER, F. A.: Indonesien. Die Kunst eines Inselreichs. Baden-Baden [2]1980

WALLACE, A. R.: Der Malayische Archipel. Hrsg. P. Simons. Übersetzte Auszüge aus: The Malay Archipelago (1869). Frankfurt 1983

WANDER, H.: Die Beziehung zw. Bevölkerungs- und Wirtschaftsentwicklung, dargestellt am Beispiel Indonesiens. Kieler Studien 70, Tübingen 1965

WARD, W. B.: Science and Rice in Indonesia. A. I. D. Science and Technology in Development Series. Boston 1985

WEATHERBEE, D. E.: The Indonesianization of East Timor; in: Contemporary Southeast Asia, Vol. 3, No. 1, 1981

WERTHEIM, W. F.: The Indonesian Town. Studies in Urban Sociology. The Hague, Bandung 1958

WILDFÖRSTER, I.: Die Auswirkungen der europ. Fremdwirtschaft in Indonesien. Diss. Mainz 1959

WILDFÖRSTER, I.: dito; in: Mainzer Geogr. Stud. (Festschr. W. Panzer). Braunschweig 1961

WILDFÖRSTER, I.: Die Nickelmine von Pomalaa auf Sulawesi; in: Geogr. Rundschau 32, 1980

WILDFÖRSTER, I.: Insulares Südostasien; in: Länder, Völker, Erde III. Gütersloh 1985

WITHINGTON, W. A.: Upland Resorts and Tourism in Indonesia. Some Recent Trends; in: Geogr. Review 51, 1961

WITHINGTON, W. A.: The Major Geogr. Regions of Sumatra, Indonesia; in: Ann. Ass. Am. Geogr. 57, 1967

WOLFRAM-SEIFERT, U.: Medan – Die Agglomeration; in: Mitt. d. Geogr. Ges., Bd. 72, Hamburg 1983

WOLFRAM-SEIFERT, U.: Die Entwicklung des Städtesystems in Indonesien; in: Mitt. d. Geogr. Ges. Hamburg, Bd. 76, 1986

ZIMMERMANN, G. R.: Die Bagan in der Bucht von Djakarta. Ein Beitrag zur Küstenfischerei Indonesiens; in: Z. f. Wirtschaftsgeogr. 17, 1973
ZIMMERMANN, G. R.: Die Viehhaltung in Indonesien; in: Geogr. Rundschau 27, 1975
ZIMMERMANN, G. R.: Transmigration in Indonesien. Eine Analyse der interinsularen Umsiedlungsaktionen zwischen 1905 und 1975; in: Geogr. Zeitschrift 63, 1975
ZIMMERMANN, G. R.: Ungeregelte Landerschließung und planmäßige Agrarkolonisation in den Waldgebieten SO-Asiens – das Beispiel Süd-Sumatra; in: Göttinger Geogr. Abh. 66, 1976
ZIMMERMANN, G. R.: »Landwirtschaftliche Involution« in staatlich geplanten, indonesischen Transmigrationsprojekten; in: Gießener Geogr. Schriften 48, 1980
ZIMMERMANN, G. R.: Die Wirtschaftsformationen im südlichen Sumatra (Lampung). Braunschw. Geogr. Studien. N. F. 2. Braunschweig 1980

## Philippinen

BEYER, H. O.: Philippine saga. Manila 1957
BLUME, H.: 1985 (s. S. 622)
BLUME, H.: Zuckerrohrlandschaft auf den Philippinen; in: Beiträge zur Geographie der Kulturerdteile (Festschrift A. Kolb), Berliner Geogr. Studien 20, 1986
BREEMEN, N. VAN et al.: The Ifugao rice terraces; in: N. van Breemen et al.: Aspects of Rice Growing in Asia and the Americas. Misc. Papers. Landbouwhogeschool 7. Wageningen 1970
BRONGER, D.: Die Industrie der Philippinen. Geschichte – Struktur – Entwicklungsprobleme. Mitt. d. Inst. f. Asienkunde Hbg. 108, Hamburg 1979
BRONGER, D.: Problems of regionalization in the Philippines. Aspects of regional planning in developing countries; in: Philippine Geogr. Journal 24, 2, Manila 1980
BRONGER, D.: The relevance of the development center strategy to the Philippines, Aspects of regional planning; in: Philippine Geogr. Journal 24, 4, Manila 1980
BRONGER, D.: Zum Problem der Bestimmung, Abgrenzung und Typisierung von Peripherieräumen der Dritten Welt – das Beispiel der Philippinen; in: Geographie und ihre Grenzen (Gedenkschrift H. Boesch). Zürich 1980
BRONGER, D.: Zentrale Orte und Entwicklungszentren in ihrer Bedeutung für die regionale Entwicklungsplanung – Das Beispiel der Philippinen, in: Geogr. Zeitschrift, Beiheft 58 (Festschrift H. Uhlig), Wiesbaden 1982

BRONGER, D.: Die Philippinen. Raumstrukturen – Entwicklungsprobleme – Regionale Entwicklungsplanung. Inst. f. Asienkunde Hamburg, 1987

BURLEY, T. M.: The Philippines. An economic and social geography. London 1973

CADELINA, R. V.: Adaptive Strategies to Deforestation: The Case of the Ata of Negros Islands, Phil.; in: Gilliman Journal 27, 1980

CASTILLO, G.: All in a Grain of Rice. SE Asian Reg. Centre for Res. in Agric., Laguna (Phil.) 1975

CHAFFEE, F. H. u. a.: Area handbook for the Philippines. Washington 1969

CONKLIN, H. C.: Hanunóo Agriculture, a Report on an Integral System of Shifting Cultivation in the Philippines. FAO Forestry Dev. Papers No. 12, Rom 1957

CONKLIN, H. C.: Ifugao Bibliography. Bibl. Series 11. SE Asian Studies, Yale Univ., Wyoming, Detroit, Michigan 1968

CONKLIN, H. C.: Ethnographic Atlas of Ifugao. New Haven, London 1980

DAHM, B.: Emanzipationsversuche von kolonialer Herrschaft in Südostasien. Die Philippinen und Indonesien. Ein Vergleich. Wiesbaden 1974

DAUTH, J.: Der »verdammte Damm« am Chico-River. In: Entwicklung und Zusammenarbeit, 21. Jg., H. 11, Bonn 1980

EGGERS, G.: Philippinen. Wirtschaftsstruktur und Entwicklungsplanung. Studien der Bremer Gesellschaft für Wirtschaftsforschung e. V., Bremen 1983

FRANK, J., G. HILLMER: Geodokumentation: Philippinen. Mitt. d. Geol.-Paläont. Inst. d. Univ. Hamburg 51, Hamburg 1981

GOWING, P. G.: Mosque and moro. Manila 1964

GREVE, I.: Philippinen. In: Ostasien, Südasien, Südostasien. Wirtschaft. 1979. Ostasiatischer Verein. Hamburg 1979

HANISCH, R.: Staatliche Umsiedlungspolitik – eine Alternative zu Landreformen? Das Beispiel der Philippinen; in: Sociologica Ruralis. Zeitschr. d. Europ. Gesellsch. f. ländl. Soziologie, Vol. XVII, 1977

HANISCH, R.: Philippinen. In: Nohlen/Nuscheler (Hrsg.): Handb. d. Dritten Welt, Bd. 4, Hamburg 1978

HANISCH, R.: Ländliche Armutsgruppen und Agrarpolitik in den Philippinen; in: Hanisch, R., R. Tetzlaff (Hrsg.): Die Überwindung der ländlichen Armut in der Dritten Welt. Frankfurt 1979

HANISCH, R.: Probleme und Perspektiven des Kleinbauernkredits im Reissektor der Philippinen. Darstellungen zur Intern. Politik und Entwicklungspolitik 10, Univ. Hamburg. Baden-Baden 1982

HANISCH, R.: Der Staat, ländliche Armutsgruppen und legale Bauernbewegungen in den Philippinen. Darstellungen z. intern. Politik und Entwicklungspolitik 6, Univ. Hamburg. Baden-Baden 1983

HAUSHERR, K.: Die Entwicklung der Kulturlandschaft in den Lanao-Provinzen auf Mindanao (Philippinen) unter bes. Berücksichtigung des Kulturkontaktes zwischen Islam und Christentum. Diss. Bonn 1972

HAUSHERR, K.: Mangagoy/Tabon, Philippinen. Vom Fischerdorf zum Industriestandort; in: Beiträge zur Südasienforschung 2, Südasien-Institut Heidelberg. Wiesbaden 1982

HICKS, G. L.: Trade and growth in the Philippines. An open dual economy. Ithaca/N. Y. 1971

HOHNHOLZ, J.: Die Kokospalme. Anbau und Nutzung auf den Philippinen; in: Naturwiss. Rundschau, 1986

HUKE, R. E.: Shadows on the Land: an Economic Geography. Manila/Cebu 1963

HUKE, R. E.: Bibliography of Philippine Geography, 1940–1963. Hanover (USA) 1964

KOLB, A.: Die Philippinen. Leipzig 1942

KOLB, A.: Wesen und Wandlungen der Philippinen; in: Übersee-Rundschau 1959

KOLB, A. (mit J. Ehlers und F. Voss): Das Überschwemmungsproblem in Greater Manila; in: Mitt. d. Geogr. Gesellsch., 63, Hamburg 1975

KOLB, A.: Die Chinesen, Japaner und Inder auf den Philippinen. Schr. d. Inst. f. Asienkunde Hamburg 38, Wiesbaden 1974

KOLB, A.: Die Entwicklungsphasen von Greater Manila; in: Leupold, W./ W. Rutz (Hrsg.): Der Staat und sein Territorium. Wiesbaden 1976

KOLB, A.: Groß-Manila. Die Individualität einer tropischen Millionenstadt. Hamburger Geogr. Stud. 34, Hamburg 1978

KREBS, W.: Formation of the Southwest Pacific Island Arc – Trench and Mountain Systems: Plate or Vertical Tectonics? In: Amer. Assoc. Petrol. Geol. Bull. 59, 1975

KRINKS, P. A.: Peasant Colonisation in Mindanao. In: The Journal of Tropical Geography 30, 1970

LEE, J.: Religion und soziale Struktur bei Bergstämmen in Nord-Luzon. Köln 1969

LEWIS, H. T.: Ilocano rice farmers. Honolulu 1971

LORCH, W.: Philippinische Nationalparks; in: Kosmos 12, 1960

LORCH, W.: Philippinen; in: Ostasiatischer Verein, Jahresbericht 1972/73. 1974

LORCH, W.: Philippinen; in: H. Uhlig (Hrsg.): Südostasien – Austral-pazifischer Raum, Fischer Länderkunde, Band 3. Frankfurt 1975

MARGRAF, J., M. VOGGENBERGER: Biological Aspects of the tradit. Agro-Ecosystems of Ifugao, Phil., 5th IFOAM Conference: The importance of biological agriculture in the world of diminishing resources. Witzenhausen 1984

Metro Manila, a ›mega city‹ by the centuries end (reprint from the newspaper MALAYA of April 8, 1985). In: Philippine Geogr. Journal, Vol. 29, No. 1, 2, Manila 1985

RÜLAND, J.: Die Philippinen: von der »Neuen Gesellschaft« zur »Neuen Republik«: in: ASIEN 9, 1983

SIEMERS, G.: Die »Neue Volksarmee« in den Philippinen: Strategisches Patt in einigen Jahren? in: ASIEN 19, 1986

SIMKINS, P. D., F. L. WERNSTEDT: Growth and internal Migration of the Philippine Population 1948–1960. The Journal of Tropical Geography 17, 1960

SIMKINS, P. D., F. L. WERNSTEDT: Philippine Migration: The Settlement of the Digos – Padada Valley, Davao Province. Yale Univ. SE Asia Studies, Monograph Series No. 16, New Haven 1971

STATISTISCHES BUNDESAMT: Länderkurzbericht – Philippinen, Wiesbaden 1984

STATISTISCHES BUNDESAMT: Länderbericht Philippinen, Wiesbaden 1981

STURTEVANT, D. R.: Agrarian unrest in the Philippines. Athens (USA) 1969

TAUCHMANN, K.: Political Integration and Divergence of Normative Traditions: An Example from the Igorots/Philippinen; in: Int. Asienforum 15, 1984

TUCKERMANN, W.: Die Philippinen. Ein kulturgeographischer Rück- und Ausblick. Leipzig, Berlin 1926

VOSS, F.: Typische Oberflächenformen tropischen Kegelkarstes auf den Philippinen; in: Geogr. Zeitschrift 58, 1970

VOSS, F.: Die Entwicklung, Bedeutung und Stellung der Geowissenschaften auf den Philippinen; in: Hamburger Geogr. Stud. 24, 1971

VOSS, F.: Die geologische und morphologische Struktur des aktivsten Vulkangebirges der Philippinen; in: Die Erde 102, Berlin 1971

VOSS, F.: Geology and geomorphology of the Sulu Archipelago. Zeitschr. f. Geomorphologie N. F., Bd. 18, Berlin, Stuttgart 1974

VOSS, F.: Morphologische und tektonische Beziehungen zwischen Philippinen-Graben und Mayon-Vulkan im Osten der Philippinen; in: Die Erde 105, Berlin 1974

VOSS, F.: Die Erdbebentätigkeit auf den Philippinen (1907–1967) und ihre Beziehungen zu den Großformen des Archipels. In: Gerlands Beiträge zur Geophysik, Jg. 83, 1974

VOSS, F.: Die Anwendung photogrammetrischer Methoden für Steuererhebungszwecke auf den Philippinen. Mitt. d. Inst. f. Asienkunde Hbg. 75, Hamburg 1975

VOSS, F.: Ausgewählte agrargeographische Grundzüge der Zentralebene von Luzon, Philippinen; in: Beiträge zur Geographie der Kulturerdteile (Festschrift für A. Kolb), Berliner Geogr. Studien 20, 1986

WERNSTEDT, F. L., J. E. SPENCER: The Philippine island world. Berkeley 1967

WOLFF, F.: Philippinen. Rohstoffwirtschaftliche Länderberichte XV. Bundesanstalt f. Geowiss. und Rohstoffe, Hannover 1978

ZELLER, K.: Die Philippinen. Gesellschaft, Wirtschaft und Politik; in: ASIEN 18, 1986

# Statistischer Tabellenanhang

Tab. 1: Bevölkerung und Bevölkerungsentwicklung – gesamtes SO-Asien und Vergleich

| | Bev. zur Jahresmitte 1970 | 1983 in Mio. | Durchschn. jährl. Bev.-wachstum 1975–80 in % | Durchschn. jährl. Geburtenrate 1975–80 pro 1000 EW | Durchschn. jährl. Sterberate 1975–80 pro 1000 EW | Fläche in Tsd. km² | Bev.-dichte EW/km² |
|---|---|---|---|---|---|---|---|
| Südostasien | 288 | 385 | 2,20 | 35,7 | 12,9 | 4493 | 86 |
| Südasien | 750 | 1014 | 2,29 | 38,3 | 15,3 | 6785 | 149 |
| Ostasien | 984 | 1225 | 1,42 | 21,6 | 7,5 | 11756 | 104 |
| Asien ges. (ohne UdSSR) | 2095 | 2731 | 1,89 | 30,3 | 11,2 | 27576 | 99 |
| Ozeanien (ohne Hawaii) | 19,3 | 24,1 | 1,66 | 21,9 | 9,0 | 8510 | 3 |
| Europa (ohne UdSSR) | 459 | 489 | 0,40 | 14,4 | 10,5 | 4937 | 99 |
| Welt | 3683 | 4685 | 1,77 | 28,9 | 11,4 | 135837 | 34 |

aus: FEA, 1986: nach UN Population Division

Tab. 2: Fläche und Bevölkerung der Staaten SO-Asiens

| Staat | Fläche km² (Stat. BA) | % der Fläche von SO-Asien (Uhlig, 1972) | Ew in Mio. S. nach Böhn, Praxis. Geogr. 1986 | | | EW in Mio. | | EW/km² (Stat. BA) 1985 | EW-Projektion: Aussch. f. d. Jahr 2000, in Mio. (FEER Yb, 1985) | Durchschn. jährl. Wachstum in % 1976–83 (FEER Yb, 1985) |
|---|---|---|---|---|---|---|---|---|---|---|
| | | | 1936 | 1970 | 1986 | 1984, nach S. FEER Yb '85 | letzte Fortschr. (Stat. BA) | | | |
| Burma | 676552 | 15,1 % | 15,5 | 27,5 | 38,5 | 38,9 | 35,7 (1982) | 54,0 | 55,1 | 2,6 % |
| Thailand | 514000 | 11,4 % | 15,0 | 34,0 | 52,0 | 51,7 | 49,6 (1983) | 97,0 | 69,1 | 2,0 % |
| Kambodscha (Kamputchea) | 181035 | 4,0 % | 3,5 | 7,0 | 5,7 | 6,1 | 7,1 (1984) | 39,5 | 8,8 | 1,9 % |
| Laos | 236800 | 5,3 % | 2,0 | 3,0 | 4,0 | 4,0 | 3,58 (1985) | 15,1 | 5,3 | 2,4 % |
| Vietnam | 329556 | 7,3 % | 17,5 | 40,0 | 60,0 | 58,3 | 58,3 (1984) | 176,9 | 78,3 | 2,3 % |
| Festländisches SO-Asien | 1937943 | 43,1 % | 53,5 | 111,5 | 160,2 | 159,0 | 154,28 (1982–1984) | 79,6 | 216,6 | – |
| Brunei | 5765 | 0,1 % | 0,03 | 0,1 | 0,2 | 0,2 | 0,193 (1981) | 33 | 0,3 | 2,6 % |
| Malaysia | 329749 | 7,4 % | 6,0 | 10,0 | 16,0 | 15,3 | 13,4 (1980) | 31 | 21,1 | 2,4 % |
| Singapur | 618 | 0,01 % | 0,4 | 2,0 | 2,5 | 2,5 | 2,53 (1984) | 4092 | 3,0 | 1,2 % |
| Indonesien | 1919443 | 42,6 % | 67,0 | 117,0 | 162,0 | 162,5 | 161,6 (1984) | 85 | 211,4 | 2,1 % |
| Philippinen | 300000 | 6,7 % | 13,5 | 37,0 | 54,0 | 54,5 | 52,0 (1983) | 173 | 76,9 | 2,6 % |
| Insulares SO-Asien | 2555575 | 56,81 % | 86,93 | 166,1 | 234,7 | 235,0 | 215,623 (1980–1984) | 84,3 | 312,7 | – |
| SO-Asien Gesamt | 4493518 | 100 % | 140,43 | 277,6 | 394,9 | 394,0 | 369,903 (1980–1984) | 82,3 | 529,3 | 2,2 % |

Tab. 3: Daten zur Bevölkerungs- und Sozialstruktur in SO-Asien

| Staat | % der Bevölkerung unter 15 Jahren[1] | Durchschn. Lebenserwartung (Jahre)[1] | Säuglingssterblichkeit pro 1000 EW 1983[1] | Ernährung Kalorienversorgung 1980 | | Ärzte pro 1000 EW 1982/83[2] | Krankenhausbetten pro 1000 EW 1982/83[2] | Bildungswesen Alphabeten-Anteil | |
|---|---|---|---|---|---|---|---|---|---|
| | | | | Anzahl[3] | % des Bedarfs[3] | | | Schreib- und Lesekundige an der Bevölkerung über 15 Jahre in %[3] | Schüler[4] an der Bevölkerung im Grundschulalter in %[3] |
| Burma | 37,4 | 54 | 99 | 2174 | 113 | 0,3 | 0,7 | 70 (1980) | 84 (1978) |
| Thailand | 37,0 | 61 | 54 | 2308 | 104 | 0,16 | ? | 86 (1980) | 96 |
| Kambodscha | 42 | 43 | 201 | 2053 | 88 | ? | ? | 41 (1962) | 42 (1972) |
| Laos | 46 | 45 | 128 | 1829 | 97 | 0,05 | 1,0 | 44 (1980) | 96 (1979) |
| Vietnam | 42,5 | 66 | 99 | 1977 | 90 | 0,8 | 5 | 84 (1979) | 116 (1979) |
| Brunei | 43 | 66 | 12,8 | 2959 (1977) | 110 | 0,5 | 3,15 | 64 (1972) | 96 |
| Malaysia | 39 | 64 | 31 | 2625 | 121 | 3,9 | 1,68 | 60 (1980) | 92 (1981) |
| Singapur | 25,1 | 71 | 10,8 | 3158 | 134 | 0,9 | 3,9 | 83 (1980) | 107 |
| Indonesien | 60 | 45,5 | 151,5 | 2315 | 110 | 0,1 | 0,7 | 36 (1976) | 112 |
| Philippinen | 60,9 | 61 | 54 | 2275 | 116 | 0,36 | 1,6 | 75 (1977) | 110 |

[1] Stand 1984; nach FEER, Yb., 1985
[2] Stand 1983/84: nach FEER, Yb., 1985
[3] nach: Statist. Bundesamt (aus: Länderbericht Laos, 1986)
[4] Zahlen über 100 % durch versch. Erfassungsmethoden nach Unterrichtsstufen

Tab. 4: Daten zur Wirtschafts- und Beschäftigtenstruktur in SO-Asien

| Staat | Bruttosozialprodukt je EW in US-$ 1970 | Bruttosozialprodukt je EW in US-$ um 1980[2] | Pro-Kopf-Einkommen in US-$[1] 1983 | Anteil der Landwirtschaft in % des GNP 1983[1] | Industrie[1] in % des GNP 1983[4] | %-Anteil der Beschäftigten[3] in: Handel und Dienstleistungen | Industrie und prod. Gewerbe | Landwirtsch., Fischerei, Forstwirtsch. | Baugewerbe | Regierungs- und öffentl. Dienste |
|---|---|---|---|---|---|---|---|---|---|---|
| Burma | 80 | 190 | 180 | 47,9 | 10,8 | 15,2 | 8,3 | 64,8 | 1,6 | 3,8 |
| Thailand | 197 | 770 | 794,2 | 22,5 | 26,1 | 18,6 | 8,2 | 66,8 | 7,4 | 21,8 |
| Kambodscha | 130 | 50 | ? | ? | ? | ? | ? | 80 | ? | ? |
| Laos | 120 | 80 | 140 | 81,4 | 7 | 19 | 6 | 75 | ? | ? |
| Vietnam (Nord-)<br>(Süd-) | 100<br>230 | 170 | ? | 45,0 | 26,0 | 5 | 14 | 71 | 2,0 | ? |
| Brunei | ? | 17389 | 20800 | 0,06 | 81,2[5] | 23,3 | 9,7 | 5,0 | 18,5 | 77,4 |
| Malaysia | 400 | 1840 | 1981 | 23,0 | 30,0 | 22,8 | 15,3 | 37,0 | 6,6 | 16 |
| Singapur | 1071 | 5240 | 5219 | 0,9 | 51,9 | 40,3 | 27,8 | 1,0 | 7,4 | 21,7 |
| Indonesien | 97 | 560 | 510 | 26,0 | 33,0 | 28,5 | 8,5 | 54,8 | 3,1 | 15,4 |
| Philippinen | 257 | 790 | 656 | 21,8 | 36,4 | 32,2 | 11,5 | 52,2 | 2,9 | 9,7 |

[1] Stand 1983/84; nach: FEER, Yb. 1985
[2] Stand 1970 und 1980, nach Böhn, 1986
[3] Stand 1984; nach: FEER, Yb. 1985
[4] Einschl. Verarbeitung von Erdöl und Erdgas
[5] Am GDP (nicht GNP). GNP: Gross National Product (= Bruttosozialprodukt); GDP: Gross Domestic Product (= Bruttoinlandsprodukt)

Tab. 5: Daten zur Infrastruktur in SO-Asien

| Staat | Anteil der weiterverarb. Prod. an den Gesamtexporten[1] % | Energieverbrauch[1] je EW 1980 kg SKE[3] | Pkw je 100 EW[1] | Fernsprechanschlüsse je 1000 EW[1] (1982) | Fernsehgeräte 1981 je 1000 EW[1] | Pkw[2] | Lkw[2] | Motorräder[2] | Eisenbahn-km[2] |
|---|---|---|---|---|---|---|---|---|---|
| Burma | 3 (1976) | 87 | 1 (1978) | 1 (1971) | – | 66000 (S.)[4] | 35788 | 19000 (S.)[4] | 4438 |
| Thailand | 23 (1979) | 370 | 9 (1981) | 11[5] | 36 (1980) | 467500 (1981) | 352560 | 1,17 Mio. (1981) | 3825 |
| Kambodscha | 6 (1972) | 128 | 4 (1972) | 1 (1972) | 7 (1982) | ? | ? | ? | 619 |
| Laos | 4 (1974) | 127 | 4 (1974) | 2 (1977) | – | 15800 | ? | ? | – |
| Vietnam | ? | 148 | ? | ? | – | ? | ? | ? | 2500 |
| Brunei | 0 (1979) | ? | 228 (1980) | 101 | 137 (1980) | 55000 | 10000 | 2800 | 12 |
| Malaysia | 17 (1979) | 881 | 44 (1978) | 52[5] | 64 | 1,5 Mio. | 124170 | 2,03 Mio. | 1580 |
| Singapur | 46 (1980) | 8544 | 63 (1978) | 329[5] | 166 (1980) | 202092 | 132627 | 141569 | 38 |
| Indonesien | 2 (1980) | 266 | 5 (1981) | 4[5] | 9 (1980) | 791019 | 792255 | 5,3 Mio. | 6637 |
| Philippinen | 21 (1979) | 380 | 10 (1978) | 15 | 21 | 354521 | 432343 (1982) | 225110 | 1140 |

[1] Nach: Statist. Bundesamt (aus: Länderbericht Laos, 1986) [2] Stand 1983/84, aus: FEER, Yb. 1985
[3] In Steinkohleneinheiten [4] (S.) = Schätzung
[5] Durch neue Telekommunikationseinrichtungen inzwischen angestiegen auf: Thailand: 15; Indonesien: 5; Malaysia: 70; Singapur: 430 (z. Vgl. Bundesrepublik Deutschland: ca. 500).
aus FEER, Febr. 1987

**Tab. 6: Landwirtschaft und Wald in SO-Asien**

Agrar: nach FEER, Yb. 1985 (für 1983/84); Wald: ESCAP-FAO-UNEP-U. Scholz für 1981

| Staat | %-Anteil der landw. Nutzfläche an der Gesamtfläche | % der Beschäftigten in der Landwirtschaft 1983/84 | % Agric. Beschäftigte 1967 (nach Uhlig, 1972) | % der Agrar-Erträge am GNP 1983/84[1] | Durchschn. jährl. Rückgang der Primärwald- (»Closed forests«-) Flächen 1976–85 | | Bestand an Primärwald (closed forests) einschl. Nadelwald-Aufforstung | | Sekundärwald (einschl. Brachen des Brandrodungs-Wanderfeldbaus und degrad. Buschland) in 1000 ha |
|---|---|---|---|---|---|---|---|---|---|
| | | | | | in 1000 ha | in % | in 1000 ha | in % der Staatsfl. | |
| Burma | 12,1 | 64,8 | 61 | 47,9 | 100 | 0,3 | 31941 | 49 | 20700 |
| Thailand | 39.9 | 66,8 | 77 | 22,5 | 292 | 3,2 | 9235 | 18 | 7740 |
| Kambodscha | 11 | 80 | 74 | ? | 20 | 0,3 | 7548 (S.) | 43 | 5725 |
| Laos | 3 | 75 | 78 | 81,4 | 113 | 1,3 | 8410 | 36 | 10950 |
| Vietnam (Süd-)<br>(Nord-) | 20 | 71 | 83<br>76 | 45 | 65 | 0,7 | 8770 | 27 | 12420 |
| Brunei | 1 | 5 | ? | 0,06 | 6 | 1,9 | 323 | 55 | 237 |
| Malaysia | 13 | 37 | 54 | 23 | 243 | 1,2 | 20945 | 64 | 4825 |
| Singapur | 10,4 | 1 | 8 | 0,9 | – | – | – | – | – |
| Indonesien | 12 | 54,8 | 65 | 26 | 575 | 0,5 | 113895 | 63 | 44260 |
| Philippinen | 25,9 | 52,2 | 56 | 21,8 | 96 | 1,0 | 9510 | 32 | 3520 |

[1] GNP = Gross National Product (Bruttosozialprodukt)

## Tab. 7: Kautschuk in Malaysia, Indonesien und Thailand

**Kautschuk-Anbaufläche (in Tsd. ha)**
(Quelle: D. Geinitz, 1985, nach: Rubber Statist. Bull.)

| | kommerzielle Plantagen | Kleinpflanzer und bäuerl. Betriebe | Gesamtfläche |
|---|---|---|---|
| **Malaysia:** | | | |
| 1935 | 806,4 | 465,2 | 1271,6 |
| 1965 | 758,8 | 1022,0 | 1780,8 |
| 1982 | 525,7 | 1489,0 | 2014,7 |
| **Indonesien:** | | | |
| 1935 | 595,0 | 687,2 | 1282,2 |
| 1965 | 526,1 | 1609,0 | 2135,1 |
| 1982 | 477,0 | 1996,0 | 2473,0 |
| **Thailand:** | | | |
| 1965 | ? | 735 | 735 |
| 1982 | 75 | 1550 | 1625 |

Entwicklung der **Flächenerträge** in **kleinbäuerlichen Pflanzungen** und in **kommerziellen Plantagen** – in kg/ha (pro ha gepflanzter Fläche in kg Trockenmasse)

| | **Indonesien** | | **Malaysia** | |
|---|---|---|---|---|
| | Plantagen | Kleinbauern | Plantagen | Kleinbauern |
| 1940 | 216 | 417 | 400 | 395 |
| 1982 | 585 | 275 | 1114 | 728 |

(nach: GEINITZ, 1985)

## Tab. 8: Touristen-Ankünfte (nur ASEAN und Burma)

| | Zahl der Besucher 1982 | 1984 |
|---|---|---|
| Burma | 29910 | 28575 |
| Thailand | 2218429 | 2346709 |
| Brunei | ? | 7513 |
| Malaysia | 2093121 | 2873711 |
| Singapur | 2956700* | 2991430 |
| Indonesien | 592000 | 683000 |
| Philippinen | 890807 | 816712 |

* einschl. Besucher unter 24 Std. Aufenthalt

Zusammengestellt nach: FEA, 1986

## Tab. 9: Indonesien: Fläche – Bevölkerung – Bevölkerungsdichte

| | | 1971 | 1977 | 1978 | 1979 | 1980 |
|---|---|---|---|---|---|---|
| **Gesamtfläche**[1] | km² | 1904569 | 1919443 | | | |
| **Gesamtbevölkerung**[2] | Mill. | 119,1[a] | 133,9 | 136,6 | 139,4 | 147,5[b] |
| **Bevölkerungsdichte** | Einw. je km² | 63 | 70 | 71 | 73 | 77 |
| **Jährliche Bevölkerungszunahme** | % | – | 2,0 | 2,0 | 2,0 | – |
| Gesamtbevölkerung nach UN-Schätzungen | Mill. | 122,5 | 141,8 | 145,1 | 148,5 | 151,9 |
| Fläche, Bevölkerung und Bevölkerungsdichte nach **geographischen Regionen und Provinzen** | Verwaltungssitz | Fläche | 1971[3] | 1980[4] | 1971 | 1980 |
| | | | Bevölkerung | | Einwohner | |
| | | km² | 1000 | | je km² | |
| **Große Sunda-Inseln** | | 1334469 | 110508 | 136433 | 83 | 102 |
| **Java und Madura** (Jawa dan Madura) | | 132187 | 76029 | 91309 | 575 | 691 |
| Jakarta (D. K. I. Jakarta Raya)[5] | Jakarta, Hauptstadt – Sonderregion[5] | 590 | 4546 | 6503 | 7705 | 11022 |
| Westjava (Jawa Barat) | Bandung | 46300 | 21621 | 27501 | 467 | 594 |
| Mitteljava (Jawa Tengah) | Semarang | 34206 | 21865 | 25384 | 639 | 742 |
| Yogyakarta (D.I.)[6] | Yogyakarta | 3169 | 2489 | 2750 | 785 | 868 |
| Ostjava (Jawa Timur) | Surabaya | 47922 | 25508 | 29172 | 532 | 609 |
| **Sumatra (Sumatera)** | | 473606 | 20801 | 27985 | 44 | 59 |
| Südsumatra (Sumatera Selatan) | Palembang | 103688 | 3438 | 4621 | 33 | 45 |
| Bengkulu | Bengkulu | 21168 | 519 | 758 | 25 | 36 |
| Lampung | Telukbetung (Tangjung Karang) | 33307 | 2776 | 4613 | 83 | 138 |
| Riau | Pakanbaru | 94562 | 1641 | 2160 | 17 | 23 |
| Jambi | Jambi | 44924 | 1006 | 1447 | 22 | 32 |
| Westsumatra (Sumatera Barat) | Padang | 49778 | 2792 | 3403 | 56 | 68 |
| Nordsumatra (Sumatera Utara) | Medan | 70787 | 6621 | 8373 | 94 | 118 |
| Aceh (D. I. Aceh)[6] | Banda Aceh | 55392 | 2008 | 2611 | 36 | 47 |

| | | | | | | |
|---|---|---|---|---|---|---|
| **Borneo (Kalimantan)** . . . . . . . . . . . . | | 539460 | 5153 | 6717 | 10 | 12 |
| Westborneo (Kalimantan Barat) . . . . | Pontianak | 146760 | 2020 | 2484 | 14 | 17 |
| Mittelborneo (Kalimantan Tengah) | Palangkaraya | 152600 | 702 | 946 | 5 | 6 |
| Südborneo (Kalimantan Selatan) . . . | Banjarmasin | 37660 | 1699 | 2071 | 45 | 55 |
| Ostborneo (Kalimantan Timur) . . . . . | Samarinda | 202440 | 732 | 1215 | 4 | 6 |
| **Celebes (Sulawesi)** . . . . . . . . . . . . . | | 189216 | 8525 | 10422 | 45 | 55 |
| Nordcelebes (Sulawesi Utara) . . . . . | Menado (Manado) | 19023 | 1717 | 2127 | 90 | 112 |
| Mittelcelebes (Sulawesi Tengah) . . . | Palu | 69726 | 914 | 1294 | 13 | 19 |
| Südcelebes (Sulawesi Selatan) . . . . | Ujung Pandang (Makassar) | 72781 | 5180 | 6058 | 71 | 83 |
| Südostcelebes (Sulawesi Tenggara) | Kendari | 27686 | 714 | 942 | 26 | 34 |
| **Kleine Sunda-Inseln (Nusa Tenggara)** | | 84488 | 6618 | 8479 | 75 | 96 |
| **Bali** . . . . . . . . . . . . . . . . . . . . . . . . | Denpasar | 5561 | 2120 | 2470 | 381 | 444 |
| **West-Nusa Tenggara** (Nusa Tenggara Barat) . . . . . . . . . . . | Mataram | 20177 | 2203 | 2724 | 109 | 135 |
| **Ost-Nusa Tenggara** (Nusa Tenggara Timur) . . . . . . . . . . . | Kupang | 47876 | 2295 | 2730 | 48 | 57 |
| Ost-Timur (Timor Timur) . . . . . . . . . . | Dili | 14874 | – | 554 | – | 37 |
| **Molukken (Maluku)** | | | | | | |
| Molukken (Maluku) . . . . . . . . . . . . . . | Ambon | 74505[c] | 1090 | 1410 | 15 | 19 |
| **Irian Jaya** (früher Westirian) . . . . . . . . | Jayapura | 421981[c] | 923[d] | 1169 | 2 | 3 |

[1] Ohne Meeresfläche und (1971) ohne Ost-Timor. Tiefer gegliederten Tabellen liegen z. T. abweichende Angaben zugrunde. – [2] Ohne Landbevölkerung von Irian Jaya. 1971: ohne Ost-Timor. 1977 bis 1979: Projektionen. – [3] Volkszählungsergebnis vom 24. September. – [4] Zweites vorläufiges Volkszählungsergebnis vom 31. Oktober. – [5] D. K. I. = Daerah Kusus Ibukota, Sonderregion der Landeshauptstadt. – [6] D. I. = Daerah Istimewa, Sonderregion.

[a] Volkszählungsergebnis vom 24. September. – [b] Zweites vorläufiges Volkszählungsergebnis vom 31. Oktober. – [c] Bei den Flächen handelt es sich zwar um »offizielle Angaben«, doch sind die tatsächlichen Werte durch Verwaltungsumgliederung von Teilen der Insel Halmahera andere: Molukken 83675 km², Irian Jaya 412781 km². – [d] Einschl. Landbevölkerung, 772654 Personen.

aus: Statistisches Bundesamt: Länderkurzbericht Indonesien (1982)

Tab. 10: Indonesien: EW-Zahlen der Städte über 100000 bzw. Bevölkerungszunahme der größten Städte 1930–1980

| Stadt (Insel) | Einwohner (in 1000) | | | jährl. Zunahme |
|---|---|---|---|---|
| | 1930 | 1971 | 1980 | 1971–1980 |
| Jakarta (Java) | 533,0 | 4579,3 | 6503,5 | 4,7% |
| Surabaya (Java) | 341,7 | 1556,3 | 2027,9 | 3,4% |
| Bandung (Java) | 166,8 | 1200,4 | 1462,6 | 2,4% |
| Medan (Sumatra) | 76,6 | 535,6 | 1379,0 | 13,0% |
| Semarang (Java) | 217,8 | 646,6 | 1026,7 | 6,5% |
| Palembang (Sumatra) | 108,1 | 583,0 | 787,2 | 3,9% |
| Ujung Pandang (= Makassar) (Sulawesi) | 84,9 | 434,8 | 709,0 | 7,0% |
| Malang (Java) | 86,6 | 422,4 | 511,8 | 2,4% |
| Padang (Sumatra) | 52,1 | 196,3 | 480,9 | 16,1% |
| Surakarta (Java) | 163,0 | 414,3 | 469,9 | 1,5% |
| Yogyakarta (Java) | 136,6 | 341,6 | 398,7 | 1,9% |
| Banjarmasin (S-Kalimantan) | 65,7 | 281,7 | 381,3 | 3,9% |
| Pontianak (W-Kalimantan) | 45,2 | 271,6 | 304,8 | 1,4% |
| Tanjung Karang/Telukbetung (Lampung, Sumatra) | | | 284 | |
| Balikpapan (O-Kalim.) | | | 281 | |
| Samarinda (O-Kalim.) | | | 265 | |
| Denpasar (Bali) | | | 261 | |
| Bogor (Java) | | | 247 | |
| Cimahi (W-Java) | | | 246 | |
| Jambi (Sumatra) | | | 230 | |
| Jember (Java) | | | 227 | |
| Cirebon (N-Java) | | | 224 | |
| Kediri (O-Java) | | | 222 | |
| Manado (N-Sulawesi) | | | 217 | |
| Ambon (S-Molukken) | | | 209 | |
| Mataram (Lombok) | | | 199 | |
| Tegal (N-Java) | | | 194 | |
| Pekanbaru (O-Sumatra) | | | 186 | |
| Tasikmalaya (Java) | | | 165 | |
| Madiun (O-Java) | | | 151 | |
| Pematang Siantar (N-Sumatra) | | | 150 | |
| Purwokerta (Java) | | | 149 | |
| Pekalongan (N-Java) | | | 133 | |
| Magelang (Zentr.-Java) | | | 123 | |
| Cilacap (S-Java) | | | 113 | |
| Cianjur (Java) | | | 113 | |
| Sukabumi (W-Java) | | | 110 | |
| Banda Aceh (N-Sumatra) | | | 107 | |
| Probolinggo (O-Java) | | | 100 | |

Quellen: RAHIM u. ROELCKE, 1985; RUTZ, 1976,1985; U. WOLFRAM-SEIFERT, 1982; BIRO PUSAT Statistik, Jakarta, 1971, 1981

# Personenregister

# Sachregister